COURS
DE DROIT CANON

TOME V

SE TROUVE AUSSI

A PARIS CHEZ

Mellier, père, rue Saint-André-des-Arts, 17.
Louis Vivès, rue Cassette, 23.
Maison, rue Christine, 3.
Perisse frères, rue Saint-Sulpice, 38.
Lecoffre, rue du Vieux-Colombier, 29.
Guyot frères, rue Saint-Sulpice, 25.

Paris. — Impr. Lacour et Cie, rue Soufflot, 16.

COURS

ALPHABÉTIQUE ET MÉTHODIQUE

DE DROIT CANON

DANS SES RAPPORTS AVEC LE

DROIT CIVIL ECCLÉSIASTIQUE

CONTENANT

TOUT CE QUI REGARDE LES CONCORDATS DE FRANCE ET DES AUTRES NATIONS,
LES CANONS DE DISCIPLINE, LES USAGES DU SAINT-SIÉGE,
LA PRATIQUE ET LES RÈGLES DE LA CHANCELLERIE ROMAINE,
LA HIÉRARCHIE ECCLÉSIASTIQUE, AVEC DROITS ET DEVOIRS
DES MEMBRES DE CHAQUE DEGRÉ,

En un mot, tout ce qui regarde les personnes, les choses et les jugements,

PAR M. L'ABBÉ ANDRÉ

Chanoine de La Rochelle, Membre de la Société asiatique de Paris,
Membre correspondant de la Société des Sciences historiques de l'Yonne, etc.,
Auteur du *Cours de la Législation civile ecclésiastique.*

Dédié à Monseigneur Jolly, archevêque de Sens

ET REVÊTU DE SON APPROBATION

NOUVELLE ÉDITION

entièrement refondue et considérablement augmentée.

Nulli sacerdotum liceat canones ignorare nec
quicquam facere quod Patrum possit regulis
obviare.
(Cœlestinus, papa, *Distinctio* XXXVIII, *can.* 4.

TOME CINQUIÈME.

———⟨⊚⊚⊚⊚⊚⟩———

PARIS

CHEZ L'AUTEUR

ET A LA LIBRAIRIE CATHOLIQUE DE J. BOULLOTTE

RUE NEUVE-SAINT-PAUL, 10.

———

1853

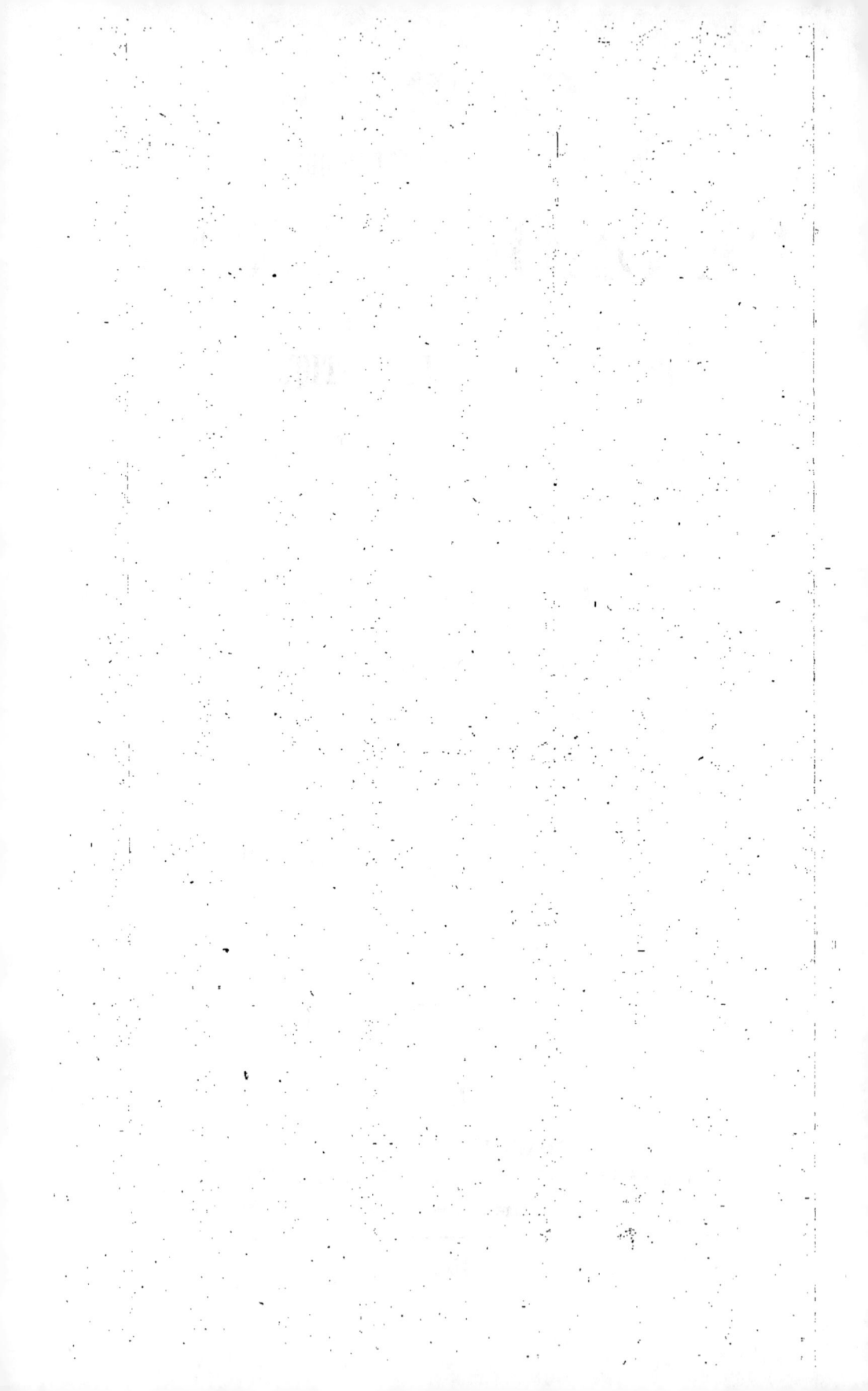

AVERTISSEMENT

En terminant cet ouvrage, nous éprouvons le besoin de remercier ici un grand nombre de nos vénérés Prélats et de nos dignes et savants confrères, qui ont daigné encourager de leurs éloges nos timides efforts et nos faibles travaux, soit en recommandant ce Cours de droit canon dans des circulaires spéciales, des statuts synodaux, des retraites pastorales, soit en le propageant eux-mêmes. C'est pour répondre aux touchantes marques d'intérêt qu'on a bien voulu nous prodiguer de toutes parts, que nous avons différé la publication des derniers volumes, que nous avons travaillé avec une ardeur toujours croissante et que nous n'avons reculé devant aucun sacrifice, tant nous avions à cœur de rendre cette œuvre moins indigne des suffrages dont elle est l'objet. Nous sommes plein de reconnaissance pour les honorables témoignages que nous avons reçus de plusieurs cardinaux, archevêques et évêques de France et d'Italie. Nous en serions assurément fier, si nous n'avions eu d'autre but, en entreprenant ce travail, que de contribuer, suivant la faible mesure de talents qui nous a été départie, à la gloire de Dieu et à l'honneur de la sainte Église, notre Mère, et si nous ne savions combien il est encore imparfait. On nous a tenu compte de notre bonne volonté. Déjà nous avions cité, dans les précédents volumes, quelques-uns de ces honorables témoignages. Qu'il nous soit permis de citer encore dans celui-ci le dernier que nous venons de recevoir, à la date du 21 juillet dernier, d'un vénérable vicaire général, auteur d'utiles et remarquables ouvrages.

« Vos savantes publications, que nous possédons ici, nous
« écrit-il, m'ont vivement intéressé, et en les recommandant à
« nos bons prêtres, qui veulent bien avoir quelque confiance
« en moi, je n'ai fait que céder à un besoin de ma conscience,

« que remplir un devoir de justice. Je suis heureux de pouvoir
« vous donner l'assurance, monsieur le chanoine, que votre
« Cours de droit canonique est déjà dans un bon nombre de
« nos bibliothèques ecclésiastiques, et je puis ajouter qu'il ne
« tiendra pas à moi qu'il n'entre dans tous nos presbytères. Ici,
« grâce à Dieu et au zèle de Monseigneur, l'étude de la science
« sacrée est florissante, et vos ouvrages y seront lus et étudiés
« de plus en plus. » -

Nous devons ajouter cependant que la critique a eu aussi
sa part, et qu'elle est venue tempérer les éloges beaucoup
trop grands qu'on nous a donnés; mais, comme, en général, elle a été très bienveillante et quelque peu fondée, nous
en avons profité avec bonheur et avec reconnaissance. Toutefois, il nous semble convenable de dire que ce qui a été le
plus blâmé, et ce qui peut-être mérite le plus de l'être, se
trouve, non dans cette édition, mais seulement dans la première, qui, pour quelques raisons qu'il ne nous est pas permis d'expliquer ici, n'est pas, en certains points, telle qu'on
pouvait justement le désirer. C'est même ce qui nous a déterminé en grande partie à publier celle-ci qui, à notre avis, est
beaucoup plus exacte et plus correcte, comme l'ont d'ailleurs
remarqué plusieurs personnes compétentes; -elle est surtout
beaucoup plus complète, et beaucoup plus étendue. Nous ne
craignons donc pas de dire, tant la vérité et la bonne doctrine
ont pour nous de charme, que nous sommes le premier à sou-
scrire au blâme que peuvent mériter quelques articles de la
première édition, qui n'était guère en résumé qu'un essai, à
une époque où l'étude du droit canonique était encore totalement négligée. Aussi, dans ce même but, nous serions tout disposé à faire l'échange de l'ancienne édition pour celle-ci, sauf
la différence du prix des deux, en faveur de ceux qui voudraient
profiter de nos nouvelles recherches et de nos travaux ultérieurs.

On a répandu le bruit, nous ne savons dans quel dessein, en
France et en Belgique, que notre ouvrage était écrit dans les

principes de la déclaration de 1682. Nous n'avons pas besoin de dire que c'est là une erreur ou une calomnie évidente et manifeste, contre laquelle nous protestons de toute l'énergie de notre âme. Pour s'en convaincre, il suffit d'ouvrir notre livre ; on y verra que nous y combattons les opinions gallicanes comme dangereuses et comme ayant été constamment désapprouvées par le Saint-Siége ; que nous nous efforçons au contraire d'établir comme autant de vérités, que le Pape, successeur de saint Pierre, vicaire de Jésus-Christ et ayant la primauté d'honneur et de juridiction dans l'Église, est en même temps l'évêque des évêques, le Pontife souverain, c'est-à-dire supérieur aux autres pontifes, et, comme tel, jouissant du privilége de l'infaillibilité, du droit de confirmer ses frères dans la foi par ses jugements irréformables, de convoquer, de présider par lui-même ou par ses légats les conciles généraux et œcuméniques auxquels il est supérieur, ou, si l'on aime mieux, qui ne peuvent être regardés comme tels et en avoir l'autorité, que lorsqu'il les a reconnus, promulgués et revêtus de sa sanction, etc. Voilà quelle est notre doctrine ; elle ne nous semble guère ressembler à celle de la déclaration de 1682.

Mais si, croire de telles vérités et les enseigner avec calme, modération et sans invectives aucunes, comme étant, du moins, les opinions les plus sûres, les plus probables et les plus conformes à la tradition constante et universelle de l'Église, même en France, en nous abstenant toutefois de lancer des anathêmes contre ceux qui sont d'un avis contraire, bien que, dans la pratique, ils agissent comme s'ils étaient de même sentiment que nous ; si, disons-nous, croire de telles vérités, c'est être gallican, nous l'avouons, en ce sens, nous le sommes, parce que nous n'aimons pas les exagérations, et que nous savons tolérer et souffrir ce que l'Église romaine elle-même tolère et souffre.

Si c'est être gallican que de dire que les évêques sont les successeurs des apôtres, et que, comme tels, ils ont une grande puissance dans l'Église, quoique inférieure et subordonnée à celle du Pontife suprême, et qu'ils peuvent et doivent la gouverner dans leurs diocèses respectifs, nous l'avouons encore, nous le sommes, car nous savons qu'il est écrit : *Spiritus sanctus posuit episcopos regere Ecclesiam Dei.*

Si, en un mot, l'on mérite d'être appelé gallican en condamnant, blâmant et rejetant toutes les coutumes et tous les usages qui peuvent en quoi que ce soit léser les droits inaliénables et imprescriptibles du Saint-Siége ou qu'il désapprouve, mais en pensant qu'on peut, et même qu'on doit conserver des coutumes pieuses, bonnes et utiles en elles-mêmes, établies légitimement de temps immémorial, qui ne sont ni *præter legem,* ni *contrà legem,* que le Souverain Pontife connaît et approuve, du moins tacitement, etc., nous l'avouons encore, nous méritons cette qualification de gallican, car, dans l'intérêt même du Saint-Siége, nous sommes convaincu qu'il est bon et utile de conserver et de respecter ces antiques et vénérables coutumes qui n'ont d'autre but que de favoriser la piété des fidèles.

Au résumé, ainsi que nous l'avons déjà dit au commencement de cet ouvrage, nous faisons profession de croire tout ce que croit le Saint-Siége et le Souverain Pontife, nous condamnons tout ce qu'il condamne, nous blâmons et nous réprouvons tout ce qu'il blâme et tout ce qu'il réprouve. Telle est notre foi, tels sont nos sentiments. Nous prions l'incomparable Marie, la Vierge immaculée, dont nous célébrons aujourd'hui la glorieuse Assomption dans le ciel, de les conserver et de les affermir de plus en plus dans notre cœur. Puisse-t-elle bénir cet ouvrage que nous sommes heureux de terminer sous ses auspices et son auguste patronage, le jour anniversaire où nous reçûmes pour la première fois le corps adorable de son divin fils, et où nous nous consacrâmes avec tant de délices, et pour toujours, au doux service de cette bonne et tendre mère! Puisse-t-elle aussi bénir son auteur qui ose le déposer à ses pieds, en la priant d'en accepter l'hommage, comme un gage de sa tendresse filiale! Amen.

Paris, le 15 août 1853.

COURS

ALPHABÉTIQUE ET MÉTHODIQUE

DE DROIT CANON

MIS EN RAPPORT

AVEC LE DROIT CIVIL ECCLÉSIASTIQUE

ANCIEN ET MODERNE.

R

RACHAT.

Nous examinons sous le mot ACHAT si le contrat de vente avec la faculté de *rachat* est ou non licite.

RAPT.

Le *rapt* est un genre de crime par lequel on ravit ou on enlève une personne, soit par violence et contre son gré, ou celui de ses parents ou tuteurs, soit par la voie de la séduction et dans la vue du mariage. Le *rapt*, considéré relativement au mariage, est un empêchement dirimant dont l'origine est très ancienne.

Les canonistes disent que, quand le concile de Trente a déterminé que le *rapt* serait un empêchement dirimant, il n'a fait que renouveler les canons de l'Église. (*Glos., in c. Accedens, de Raptoribus.*) Car l'Église a varié dans l'Occident au sujet du *rapt* et de sa discipline, à trois époques bien différentes. La première commence du temps de Constantin, et finit vers le onzième siècle. Il ne paraît pas que l'Église ait fait aucun canon au sujet du *rapt* avant cet empereur. Le canon 66 des apôtres qui en parle, est du nombre des 35 non avoués en Occident. (*Voyez* DROIT CANON.) Or, durant cette première époque, on a regardé le *rapt*, dans l'Église et dans l'État, comme un empêchement dirimant. (*Concil. Ancyr.* 11; *can. De Raptoribus* 71, *qu.* 1; *Novell.* 143, 150; *Capitul., lib.* VII, *cap.* 395.)

La seconde époque commença sur la fin du dixième siècle en Occident, lorsque l'Eglise latine se relâcha de son ancienne vigueur, c'est-à-dire que dès lors on ne regarda plus le *rapt* que comme un empêchement qui dépendait des circonstances, et régulièrement on ne le déclarait dirimant qu'autant que la personne ravie n'avait pas consenti à l'enlèvement : *Raptor dici non debet, cùm mulieris habuerit assensum.* (*C. Cum causam, de Raptoribus ; c. Accedens. eod.*)

La troisième époque commence au concile de Trente, où se fit, sur les instances des ambassadeurs de Charles IX, le décret suivant, lequel a remis le *rapt* au nombre des empêchements dirimants, et a ordonné des peines, non seulement contre les ravisseurs, mais aussi contre leurs complices : « Le saint concile ordonne et prononce qu'il ne peut y avoir de mariage entre celui qui a commis un enlèvement et la personne qui a été enlevée, tant qu'elle demeure en la puissance du ravisseur. Que si en étant séparée et mise en lieu sûr et libre, elle consent de l'avoir pour mari, il la retiendra pour femme ; mais, cependant ledit ravisseur, et tous ceux qui lui auront prêté conseil, aide et assistance, seront de droit même excommuniés, perpétuellement infâmes, et incapables de toutes charges et dignités; et s'ils sont clercs, ils seront déchus de leur grade. Le ravisseur sera de plus obligé, soit qu'il épouse la femme qu'il aura enlevée, ou qu'il ne l'épouse pas, de la doter honnêtement à la discrétion du juge. » (*Session XXIV, ch. 6, de Reformatione Matrimonii.*)

Le même concile dit dans le chapitre premier de la même session : « Quoiqu'il ne faille pas douter que les mariages clandestins, contractés du consentement libre et volontaire des parties, ne soient valides et de véritables mariages, tant que l'Église ne les a pas rendus nuls, et qu'il faille par conséquent condamner d'anathème, comme le saint concile les condamne, ceux qui nient que de tels mariages soient vrais et valides, et qui soutiennent faussement que les mariages contractés par les enfants de famille sans le consentement de leurs parents sont nuls, et que les pères et mères les peuvent rendre bons : la sainte Église, néanmoins, les a toujours eus en horreur, et toujours défendus, pour de très justes raisons. »

Ces paroles du concile de Trente doivent être conférées avec les principes exposés sous le mot CLANDESTINITÉ. Les mariages des enfants de famille, contractés sans le consentement de leurs parents, ne sont pas nuls par cela même que les parents n'y ont pas consenti, s'ils ont été d'ailleurs revêtus de toutes les formalités qui excluent la clandestinité et le *rapt*, seuls empêchements dirimants prononcés par le concile de Trente. Ce concile déclare néanmoins qu'il a en horreur de tels mariages, défendus anciennement par toutes les lois.

Ce fut vers le onzième siècle que l'Église changea à cet égard sa discipline dans l'Occident. On commença à n'y plus regarder comme nuls les mariages que les enfants de famille contractaient sans le consentement de leurs parents ; on ne regarda comme essentiel que le consentement des parties elles-mêmes (*C. Cum locum ; c. Licet ;*

c. *Tuœ, de Spons.*) ; ce qui dura jusqu'au concile de Trente, où l'on fit des décrets sur les empêchements de la clandestinité et du *rapt*, sans oser toucher aux mariages contractés par les fils de famille sans le consentement de leurs parents, autrement que comme l'on a vu par les paroles rapportées du chapitre 1er de la XXIVme session. Les historiens de ce concile rapportent que cette matière y fut fort agitée, et qu'on était résolu de la terminer au désir de la France ; mais qu'après que le père Lainez eut représenté au concile que si l'on décidait que les mariages des enfants de famille, contractés sans le consentement des parents, étaient nuls, on serait persuadé dans le monde que la doctrine de Calvin, qui les croyait nuls de droit naturel et divin, aurait prévalu ; on se contenta de déclarer que l'Église les désapprouvait.

On distingue deux sortes de *rapt*, le *rapt* de violence, lorsqu'une femme est enlevée par force et contre sa volonté, et qu'elle est placée dans un lieu où elle se trouve sous la puissance de son ravisseur, le *rapt* de séduction, lorsqu'une jeune personne mineure de vingt-cinq ans et de bonne réputation, séduite par des caresses, par des présents, ou par divers artifices, quitte de son plein gré, malgré toutefois ses parents ou ses tuteurs, la maison qu'elle habite pour suivre son ravisseur, et contracter mariage avec lui.

Le *rapt* de séduction n'est point un empêchement dirimant, parce que le texte du concile de Trente ne s'applique qu'au *rapt* de violence : *Decernit sancta synodus inter raptorem et raptam, quamdiù ipsa in potestate raptoris manserit, nullum posse fieri matrimonium.* C'est ici une loi pénale, et une loi pénale doit être prise dans l'acception précise et rigoureuse des termes qui la formulent. Or, ces expressions, *inter raptorem et raptam*, désignent un *rapt* de violence ; car, peut-on dire qu'une femme soit ravie, enlevée du lieu où elle se trouve, lorsqu'elle suit son ravisseur de son plein consentement. Le concile de Trente, dans ce décret, n'a eu pour but que d'assurer le libre consentement au mariage. Or, quand une fille consent à son enlèvement, cette liberté subsiste. Le *rapt* de séduction fait injure, il est vrai, aux parents et aux tuteurs de la personne enlevée, mais cette violence faite aux parents et aux tuteurs n'est point un empêchement dirimant, puisque le mariage des enfants mineurs ne laisse pas d'être valide, quoique leurs pères et mères n'y aient pas consenti. « L'Église, répondit Pie VII à Napoléon (1), qui voulait faire annuler le mariage de son frère Jérôme, l'Église, bien loin de déclarer nuls, quant au lien, les mariages faits sans le consentement des parents et des tuteurs, les a, même en les blâmant, déclarés valides dans tous les temps, et surtout dans le concile de Trente. » Le *rapt* de séduction n'est donc point un empêchement dirimant; il n'y a que le *rapt* de violence qui puisse annuler le mariage ; et encore cet empêchement du *rapt* n'a lieu que lorsque le

***

(1) Nous rapportons cette lettre de Pie VII à Bonaparte sous le mot CLANDESTINITÉ.

mariage est contracté entre le ravisseur et la personne enlevée, avant que celle-ci soit remise en sa pleine liberté.

Ainsi, pour constituer cet empêchement, introduit, ou plutôt, comme nous l'avons dit, renouvelé par le concile de Trente, il faut 1° qu'il y ait *rapt;* c'est-à-dire, il faut que la femme enlevée soit emmenée d'un lieu dans un autre, d'une maison dans une autre maison; il ne suffit pas qu'elle soit transférée d'une chambre dans une autre chambre de la même habitation; mais il faut qu'elle soit transportée dans un endroit séparé, où elle se trouve sous la puissance du ravisseur, et que cet enlèvement ait pour but le mariage; car, si le ravisseur avait seulement dessein de satisfaire sa passion, le *rapt* ne serait point un empêchement dirimant, comme l'a décidé en 1586, la congrégation interprète du concile de Trente. Enfin, il faut que ce soit un homme qui ravisse une femme, car si une femme faisait enlever un homme, le *rapt,* dans ce cas, n'annulerait pas le mariage, parce que le concile de Trente ne parle que d'un homme qui enlève, et ne dit pas un mot de la femme qui serait dans le même cas. Tel est le sentiment de plusieurs canonistes et théologiens.

En second lieu, l'empêchement de *rapt* n'existe qu'entre le ravisseur et la personne enlevée, de sorte que si une femme, même pendant qu'elle est sous la puissance de son ravisseur, épousait un homme étranger à son enlèvement, ce mariage serait valide.

Enfin l'empêchement de *rapt* est perpétuel, pendant que la personne ravie est dans la possession du ravisseur, mais il finit quand elle est mise en liberté. Ainsi, le mariage auquel une personne, qui aurait été enlevée par force et contre son gré, aurait depuis consenti volontairement, serait nul et invalide, si avant la célébration du mariage, elle n'avait été mise dans un lieu de sûreté pour elle, et hors de la possession du ravisseur : *Decernit sancta synodus inter raptorem et raptam, quamdiù ipsa in potestate raptoris manserit, nullum posse fieri matrimonium.* Mais si la personne enlevée a été mise en liberté avant la célébration du mariage, dès-lors l'empêchement de *rapt* a cessé, et le ravisseur peut se marier avec celle qu'il avait ravie, si elle consent à l'épouser. C'est ce qu'a déclaré le concile de Trente par ces paroles : *Quòd si rapta à raptore separata, et in loco tuto et libero constituta, illum in virum habere consenserit, eam raptor in uxorem habeat.*

Outre l'empêchement de *rapt,* le ravisseur et ses complices encourent la peine d'excommunication prononcée par le décret rapporté du concile de Trente, et conforme en ce point aux plus anciens règlements. (*C. Consanguineorum* 3, *qu.* 4; *c. Constituimus* 3, *qu.* 5.)

Comme l'excommunication prononcée par le concile s'encourt *ipso facto,* les ravisseurs s'en doivent faire absoudre, quand ils ont mis en liberté les personnes qu'ils avaient enlevées. L'Ancien Testament condamnait le ravisseur à la dotation et au mariage : *Si se-*

duxerit quis virginem necdum desponsatam dormieritque cum eá, do-
tabit eam et habebit eam uxorem ; si pater virginis dare noluerit, reddet
pecuniam juxtà modum dotis quam virgines accipere consueverint.
(*Exod.* XXII, *vers.* 16 ; *Deut.* XXII, *v.* 28.)

RATIFICATION.

En prenant ce terme relativement à la chancellerie de Rome, on doit plutôt se servir du mot de révalidation ou de réhabilitation, ou même de confirmation qu'Amydenius (1) appelle *gratia revalidatoria.* Il y a cette différence entre la révalidation et la confirmation, que celle-ci n'a effet que du jour qu'elle est faite; au lieu que la révalidation se rapporte au premier temps de l'acte révalidé : *Oculos habet retrò ad principium actûs invalidi.* Il en est de même de la *ratification.*

RATIONI CONGRUIT.

Expression de chancellerie romaine dont on voit l'explication sous le mot COURONNEMENT.

REATU.

(*Voyez* IN REATU.)

RÉAGGRAVE.

(*Voyez* AGGRAVE.)

RECEPTION.

Le mot de *réception* pris pour cet acte qui rend le récipiendaire, c'est-à-dire, celui qui est reçu, membre du corps où on le reçoit, trouve son application aux mots NOVICE, CHANOINE, POSSESSION, PRÉSÉANCE. Si on le prend pour les honneurs qu'on fait à une personne en dignité quand elle arrive dans un lieu, voyez CONSÉCRATION, CHAPITRE, ÉVÊQUE, LÉGAT, PAPE.

RÉCLAMATION.

Quand un religieux se plaint que sa profession est nulle, et demande à rentrer dans le siècle, on appelle sa demande *réclamation,* parce qu'il réclame en effet sa liberté contre les liens de son état où il prétend ne s'être pas engagé suivant les formalités prescrites. Il en est de même d'un ecclésiastique qui réclame contre les ordres sacrés qu'il a reçus.

§ I. RÉCLAMATION *des vœux solennels.*

L'on voit sous le mot VŒU, la force des vœux solennels. Si celui qui les a prononcés librement et suivant toutes les formalités pres-

(1) *De Stylo datariæ, cap.* 15.

crites par l'Église, est obligé d'en remplir les devoirs, il en est autrement lorsque la profession religieuse n'a pas été faite avec liberté ; dans ce cas, elle est nulle, et, comme telle, incapable de produire le moindre effet. Le sujet qui est ainsi devenu religieux, peut réclamer sa liberté sur ce seul fondement, et sa demande sera bien accueillie ; mais, de peur qu'on abuse de ce secours que la loi prête à ceux qui, sous l'apparence d'un engagement valable, gémissent sous le poids des vœux que leur cœur n'a jamais formés, on a marqué exactement les cas et même la forme de la *réclamation* qui tend à les rendre nuls.

Les causes de *réclamation* se tirent de tous les différents cas où la profession religieuse se trouve nulle. Or, elle est telle, 1° quand on a été forcé de la faire ; c'est la disposition du droit canon *in c. Præsens clericus*, 20, *qu.* 3 ; *c. Perlatum, De iis quæ vi metuve fiunt,* et particulièrement du concile de Trente, dont nous allons rapporter en français les deux règlements sur cette matière.

« Le saint concile prononce anathème contre tous ceux, de quelque qualité et condition qu'ils soient, tant ecclésiastiques que laïques, séculiers ou réguliers, même de quelque manière que ce soit, qui contraindraient une fille, ou une veuve, ou quelque autre femme que ce soit, hors les cas exprimés par le droit, à entrer dans un monastère, ou à prendre l'habit de quelque religion que ce soit, ou à faire profession, ou qui donneraient conseil et assistance pour cela, ou qui, sachant que ce n'est pas librement qu'elle entre dans le monastère ou qu'elle en prend l'habit ou fait profession, assisteraient à une telle action et y interposeraient, de quelque façon que ce fût, leur consentement ou leur autorité.

« Déclare également sujets au même anathème ceux qui, sans une juste raison, mettraient, de quelque manière que ce soit, empêchement au saint désir des filles ou autres femmes de prendre le voile ou de faire des vœux.

« Or, toutes les choses susdites qui se doivent observer avant la profession ou dans la profession même, seront gardées non seulement dans les monastères soumis à l'évêque, mais aussi dans tous les autres quels qu'ils soient. Les femmes que l'on nomme pénitentes ou converties demeureront toutefois exceptées, et à leur égard leurs constitutions seront observées. » (*Session XXV, ch.* 18 *du décret de réformation touchant les réguliers et les religieuses.*)

« Nul régulier que ce soit, ajoute le chapitre 19, qui prétendra être entré par force ou par crainte en religion, ou qui dira même qu'il a fait profession avant l'âge requis, ou quelque autre chose semblable, ou qui voudra quitter l'habit pour quelque cause que ce soit ou s'en aller avec l'habit sans la permission des supérieurs, ne sera aucunement écouté, s'il n'allègue ces choses dans les cinq premières années du jour de sa profession, et si encore alors il n'a déduit ses prétendues raisons devant son supérieur et l'ordinaire et non autrement.

« Que si, de lui-même, il a quitté l'habit auparavant, il ne sera, en quelque façon que ce soit, reçu à alléguer aucune raison ; mais il sera contraint de retourner à son monastère et sera puni comme apostat, sans pouvoir cependant se prévaloir d'aucun privilége de sa religion.

« Nul régulier ne pourra non plus, en vertu de quelque pouvoir et faculté que ce soit, être transféré dans une religion moins étroite, et il ne sera permis à aucun régulier de porter en secret l'habit de sa religion. »

2° La profession est nulle quand elle est faite avant l'âge prescrit. (*Voyez* AGE.)

3° Elle est nulle quand elle est faite avant que l'année du noviciat soit finie, à moins que l'on n'ait obtenu dispense du pape pour abréger ce temps, ce qui ne s'accorde qu'à des religieux transférés d'un ordre à un autre, ou à des personnes âgées qui se veulent faire religieuses. Cette année de noviciat, au reste, doit être continue. (*Voyez* NOVICE, VŒU.)

4° Une profession est nulle quand la personne est incapable de faire profession, ou de la faire dans un tel monastère ; par exemple, une personne mariée ne peut se faire religieuse malgré son époux. Un homme ne peut faire profession dans un monastère de filles, ni une fille dans un monastère d'hommes. Un hermaphrodite ne la peut faire dans aucun monastère d'hommes ni de filles. (*Voyez* HERMAPHRODITE.)

5° Une profession est nulle quand on la fait entre les mains d'un supérieur qui n'est pas légitime ou qui n'a point un titre coloré pour exercer la charge de supérieur.

Les religieux qui réclament contre leurs vœux, sont dans l'usage de recourir à Rome pour obtenir du pape un bref de *réclamation*, adressé à l'official du diocèse où se trouve le monastère de la profession. Mais l'opinion commune en France (1), est que ce rescrit n'est pas nécessaire, même quand on a laissé passer les cinq ans prescrits par le concile de Trente, et qu'il suffit de se pourvoir directement devant l'official de l'ordinaire qui est juge compétent. Mais depuis le concordat de 1801, qui a mis à néant tous les anciens priviléges, il serait nécessaire, croyons-nous, de recourir au pape.

La suppression des monastères, pour quelque cause que ce soit, ne décharge point les religieux de leurs vœux.

§ II. RÉCLAMATION *contre les ordres sacrés.*

On n'a pas établi les mêmes règles pour réclamer contre les ordres sacrés que l'on a reçus, que pour la *réclamation* contre les vœux solennels dont on a fait profession. Il n'y a, à cet égard, ni prescription, ni même des causes bien déterminées. Mais, quoiqu'il

---

(1) *Mémoires du clergé*, tom. IV, col. 160.

n'y ait point de loi écrite à cet égard, il est certain que, quand un
ecclésiastique se plaint d'avoir été contraint de recevoir les ordres
sacrés, on l'écoute s'il n'est pas encore prêtre, quoique difficilement
dit Fagnan (1). (*Voyez* CÉLIBAT.) On ne procède pas, en ce cas, devant l'ordinaire, mais on a recours au pape par voie de dispense. Il
en est de cette procédure comme de celle qu'on fait pour la fulmination des rescrits contre la profession religieuse. Il s'y agit de
prouver devant l'official la force et la violence qui ont été faites à
l'impétrant. Il faut ajourner tous ceux qui peuvent y avoir intérêt,
les père et mère, de la violence desquels on se plaint, et, s'ils sont
morts, il faut assigner les plus proches parents ; et, auparavant, il
faut que l'impétrant soit interrogé sur les fonctions qu'il a faites de
ces ordres sacrés, combien de fois il les a exercées, si ça été par
force ou de son propre mouvement, et s'il connaissait, ou non,
qu'autant de fois qu'il exerçait les fonctions, il ratifiait les engagements qu'il avait pris.

RÉCONCILIATION.

Par *réconciliation* on entend une certaine cérémonie ecclésiastique
qui se fait quand une église est polluée, pour la remettre dans l'état
où elle était avant la pollution, c'est-à-dire, telle que l'on puisse y
faire l'office divin.

Pour bien entrer dans le sens de ce mot, il faut savoir que, du
moment qu'une église ou autre lieu saint, est pollué ou violé, on ne
peut plus y faire l'office divin, ni y célébrer les saints mystères.
(*C. Ecclesiæ* 1, 2, *de Consecr., dist.* 1; *c. fin. de Consecr. eccles.*) On ne
peut non plus consacrer une église qui a souffert une *pollution* après
avoir été bénite, qu'on ne l'ait auparavant réconciliée : *Ecclesia
Christi gloriosa est non habens maculam neque rugam, aut aliquid hujusmodi.* Or, on estime qu'une église peut être polluée ou violée en
cinq manières : 1° Par une effusion notable de sang humain, faite
injurieusement : *Quandò in ecclesiâ sanguis humanus in quantitate
notabili ex injuriâ effunditur.* (*C. Proposuisti; cap. ult. de Consecr.
ecclesiæ vel altar.*) Tous ces mots sont remarquables. Il n'y a point de
pollution par l'effusion du sang des animaux, ni par l'effusion peu
considérable du sang humain, ou occasionnée accidentellement par
jeu ou raillerie (2).

2° Une église est violée par un meurtre qui s'y commet, quoiqu'il n'y ait point d'effusion de sang et quoiqu'il ne soit fait qu'en
exécution d'une sentence juridique. L'assassinat ou le martyre d'un
fidèle serait même capable de produire cette pollution, si on le fait
dans l'église même; on dit alors : *Actio displicuit, passio grata fuit.*
La pollution aurait également lieu si le meurtre n'avait pas été consommé dans l'église et que le patient eût expiré dehors. Mais il en

(1) *In cap. Significatum, de Regulis.*

(2) Barbosa, *de Officio et potest. episcop., part.* II, *alleg.* 28, *n.* 36.

serait autrement si la blessure ayant été faite hors de l'église, le blessé y venait mourir. (*Dicto cap. Proposuisti.*)

3° *Quandò humanum semen in ecclesiâ criminosè et notoriè est effusum.* (*Cap. fin., de Consecr. eccles.*) Ces termes de *criminosè, notoriè,* caractérisent les cas où l'on peut dire qu'une église est polluée : *Propter effusionem seminis,* sur quoi les théologiens et les canonistes disputent si le devoir conjugal, *intrà ecclesiam,* produit le même effet

4° La sépulture d'un excommunié dénoncé, d'un hérétique ou d'un infidèle quelconque, viole le lieu saint où elle est faite et rend nécessaire la *réconciliation* de l'église et même l'exhumation du corps, si elle est possible. (*Cap. Consuluisti, de Consecr. eccles.; c. Sacris, de Sepult.*)

Suivant le sentiment le plus commun, le lieu saint n'est pas profané par la sépulture d'un catéchumène. En effet, celui qui se prépare au baptême ne peut plus être regardé comme un infidèle, un païen. Mais l'église sera-t-elle profanée par la sépulture d'un enfant mort sans baptême? Elle le sera, de l'aveu de tous, s'il s'agit d'un enfant dont les parents sont infidèles. L'enfant suit la condition de ses père et mère. Le plus grand nombre des canonistes veut encore qu'elle soit profanée par la sépulture d'un enfant non baptisé, quoique les parents soient chrétiens. Néanmoins, il nous paraît difficile d'appliquer les mots *infidelis* et *paganus,* dont se sert le législateur, à un enfant qui vient de naître. D'ailleurs, comme les parents désirent le baptême pour cet enfant, ne peut-on pas le regarder, jusqu'à un certain point, comme catéchumène? Aussi Pichler (1), dont nous adoptons le sentiment, dit qu'il est plus probable que l'église n'est point profanée par la sépulture d'un enfant de parents chrétiens, mort sans baptême. (*Voyez* SÉPULTURE.)

L'église n'est point polluée par la sépulture d'un excommunié qui n'est point nommément dénoncé, ni par celle d'un suicide, d'un duelliste, ou de tout autre pécheur public, mort dans l'impénitence finale. Autre chose, remarque avec raison Mgr Gousset, est d'être indigne des honneurs de la sépulture, autre chose que la sépulture de celui qui en est indigne profane le lieu saint. On doit, dans ces matières, s'en tenir à la lettre de la loi. Aussi, quoique nous pensions que l'église ou le cimetière ne soient point profanés par la sépulture d'un enfant de parents chrétiens, mort avant d'avoir reçu le baptême, nous reconnaissons avec tous les canonistes qu'on ne doit point l'inhumer dans le lieu destiné aux sépultures des fidèles.

5° Le cinquième et dernier cas où la *réconciliation* d'une église est nécessaire, c'est lorsqu'elle a été consacrée par un évêque excommunié, dénoncé ou notoire, suivant les canonistes Nicolas de Tudeschis, Jean André et Henri de Suse.

Ce sont là les seuls cas où l'on estime qu'une église soit polluée, et qu'elle a besoin d'être réconciliée ; mais comme la matière n'est

(1) *Jus canonicum, lib.* III, *tit.,* 40.

pas favorable, on doit plutôt restreindre qu'étendre la disposition des canons à cet égard, en sorte que la pollution n'a lieu que lorsque ce qu'on vient de voir est arrivé dans l'église même : *Intrà ecclesiam,* ou dans le cimetière contigu. Tout ce qui ne fait pas l'église, ou en est séparé, ne peut souffrir aucune pollution, ni la communiquer à l'église même : *Non pollui dicitur ecclesia,* disent les canonistes, entre autres Barbosa(1), *nisi hæc omnia intrà ipsam ecclesiam verè contingant; extrà portam verò et si propè ecclesiam, imò et in ipsâ portâ, sed extrà clausuram ostii, aliquod furtum commissum non intelligitur ecclesiam violare ; undè si sanguinis aut seminis effusio accidat suprà tectum, vel infrà ecclesiam in aliquâ cavernâ, aut speluncâ vel in aliquâ camerâ, aut cellâ, vel in choro, sacristiâ, turri cymbalorum, tribunâ, aut confessionariis extrà ecclesiam, non polluitur ecclesia, quia illis omnibus et similibus casibus dicitur extrà ecclesiam contigisse.* Tout cela souffre une exception à l'égard du cimetière contigu à l'église. (*Voyez* CIMETIÈRE.)

On trouve, dans le pontifical, les cérémonies et les prières de la *réconciliation* des églises et des cimetières pollués ou violés. Elle est une des fonctions épiscopales que l'évêque peut cependant commettre, quoiqu'on doute (1) s'il peut donner cette commission à un simple prêtre. (*C. Aqua; c. Proposuisti, de Consecr. altar.*) Plusieurs réguliers ont obtenu des papes, parmi leurs autres priviléges, de réconcilier leurs églises violées quand l'évêque serait éloigné de plus de deux lieues, *ultrà duas dietas.* Du reste, en attendant la *réconciliation,* l'évêque, dit Barbosa, peut permettre la célébration des offices et des saints mystères dans l'église polluée, quoiqu'il soit plus convenable qu'il la transfère ailleurs, même sur des autels portatifs. Une église non consacrée, mais seulement bénite, peut être réconciliée par un simple prêtre, *per solam aquæ lustralis aspersionem.* (*C. Si Ecclesia, J. G. verb. Lavetur, de Consecr. ecclesiæ.*)

RECTEUR.

Recteur du mot latin *regere,* signifie régir, gouverner. Ce nom est donné aux supérieurs dans différentes congrégations, mais particulièrement aux curés dans certains pays, comme en Bretagne, et en quelques diocèses du midi. (*Voyez* CURÉ.) On leur donne aussi le nom de *recteurs* en Sardaigne.

RÉDUCTION.

Sous ce mot, on peut parler de la *réduction* des messes et de la *réduction* des fêtes.

§ I. RÉDUCTION *des messes.*

Le concile de Trente, session XXV, chapitre 4, *de Reform.,*

---

(1) *De Jure ecclesiastico, lib.* II, *cap.* 14, *n.* 26.
(2) Barbosa, *de Officio et potest. episc.*, *alleg.* 28.

donne pouvoir aux évêques de faire, dans leur synode diocésain, la *réduction* des messes, c'est-à-dire de diminuer le nombre des messes qu'on est obligé d'acquitter pour une fondation, lorsque les fondateurs ont péri, ou que ce qui faisait un honoraire compétent, parce que l'argent était rare et que tout se donnait à bon compte, ne fait plus qu'une partie de la rétribution taxée par les supérieurs. L'usage en France était néanmoins que les évêques fissent ces sortes de *réductions* de leur propre autorité, et sans synode diocésain, parce que le malheur des temps empêchait les évêques de convoquer leur synode. Mais aujourd'hui qu'ils le peuvent facilement, nous croyons qu'ils doivent suivre les prescriptions du concile de Trente pour la *réduction* des fondations. (*Voyez* FONDATION, § II.)

§ II. RÉDUCTION *des fêtes.*

Le nombre des fêtes en France a été réduit par l'indult du cardinal Caprara. (*Voyez* FÊTES.)

RÉFÉRENDAIRES.

Les *référendaires* sont des officiers de la daterie, à Rome, établis pour examiner les suppliques présentées au pape, et juger du mérite des grâces qui lui sont demandées. Ces officiers sont de deux sortes : les uns sont *référendaires* de la signature de justice, et les autres de la signature de grâce; ils font corps et collège; il faut qu'ils soient docteurs en droit civil et en droit canon; ils vont en habit de prélat, et portent la soutane et le mantelet noir seulement, à l'exception des douze anciens, qui portent le mantelet couleur de paon, c'est-à-dire entre violet et noir. Leur nombre était autrefois plus grand; mais Sixte V, par sa bulle de l'an 1586, les réduisit à cent, *ne referendariorum dignitas ob eorum multitudinem vilescat.* Autrefois la fonction des *référendaires* était exactement employée aux signatures qui passaient par le *concessum;* ils mettaient leur nom au plus haut de la signature du côté gauche, quand ils jugeaient que la grâce pouvait être accordée; mais on ne voit plus de supplique référendée, tant signée par *fiat* que par *concessum.*

RÉFORME.

Nous prenons ici ce mot en deux sens : 1° pour la *réforme* des ordres religieux ou des monastères, sur quoi nous n'avons rien à dire, après ce que l'on voit sous le mot MONASTÈRE; 2° pour la correction des rescrits apostoliques dans les principes de la chancellerie, et c'est de quoi nous allons parler en prenant le terme de *réformation* dans le sens le plus étendu.

La *réformation* des rescrits et provisions est du nombre des secondes grâces qu'on accorde en la chancellerie de Rome; elle sert à suppléer ce qui a été omis, ou à redresser ce qui a été mal écrit ou mal exprimé : *Reformationis gratia ad hoc tendit, ut omissum suppleat, vel malé expressum corrigat, seu emendet* (1).

C'est une règle de chancellerie, que les grâces de *réformation* sont toujours de date courante, pour ne pas nuire au tiers ; il n'y a à cet égard d'exception que pour les *réformations* où il plaît au pape de mettre *fiat sub primâ datâ,* au lieu de mettre simplement *fiat,* comme il fait ordinairement.

Quand on doute de la validité des provisions qu'on a reçues de l'ordinaire, on a recours à Rome, pour en obtenir ce qu'on appelle une nouvelle provision, et que Rebuffe définit ainsi : *Itaque nova provisio est prima papæ provisio ad alterius jàm factæ ab alio confirmationem.* Cette nouvelle provision diffère de la provision qu'on appelle, par opposition, simple, en ce que celle-ci ne se rapporte point, comme l'autre, à une grâce précédente. Les *perindè valere* et *etiam valere* sont aussi des grâces de *réformations,* comme les appellent les officiers de la cour de Rome, qui approchent beaucoup de la nouvelle provision. (*Voyez* PERINDÈ VALERE.)

Quand le solliciteur des expéditions, à Rome, s'aperçoit de quelque faute ou omission dans la supplique déjà enregistrée, mais non encore expédiée, il présente à cet effet une nouvelle supplique avec copie de la date, attachée à la précédente, et demande que tel ou tel défaut qu'il certifie y soient réformés ; si l'expédition est déjà faite, et qu'il soit encore dans le temps favorable du *cui prius* il en use. (*Voyez* CUI PRIUS.)

REFUS.

(*Voyez* SACREMENTS, SÉPULTURE.)

RÉGALE.

La *régale,* en latin *regalia,* est le droit qu'avait autrefois ou que prétendait avoir le roi de jouir des revenus des évêchés vacants dans ses États et de disposer des bénéfices sans charge d'âmes qui en dépendaient, jusqu'à ce que le nouvel évêque eût pris possession de l'évêché, prêté le serment de fidélité et satisfait aux autres formalités qui étaient requises pour la clôture de la *régale.*

§ 1. *Origine de la* RÉGALE.

L'origine du droit de *régale* a paru si obscur à quelques auteurs qu'ils ont cru qu'il fallait s'abstenir de traiter cette matière. On ne doit point s'étonner du partage des sentiments de ceux qui en ont écrit. On peut les distribuer en deux classes.

Les uns soutiennent, et avec raison, que le droit de *régale* n'appartenait au roi que par la concession de l'Église, et les autres prétendaient que ce droit était uni et incorporé par lui-même à la cou-

(1) Mendosa, *de Signatura.*

ronne. Les premiers apportent pour fondement principal de leur sentiment que la collation des bénéfices étant un exercice de l'autorité spirituelle, elle n'est point du ressort de la puissance spirituelle. Les seconds se fondent sur la souveraineté du roi, sur sa qualité de fondateur des églises, celle de gardien, avocat et défenseur des droits et prérogatives des églises de ses États. Le IIe concile général de Lyon, canon 13, en défendant d'étendre le droit de *régale* là où il n'était pas établi dès la fondation des églises ou d'après une ancienne coutume, marque clairement que les rois ne tenaient un pareil droit que de la concession de l'Église.

A l'égard de l'ancienneté de l'exercice du droit de *régale* en France, les uns croient le trouver pour la première fois dans le septième canon du premier concile d'Orléans, tenu en 507 ou 511 ; les autres prétendent que le pape Adrien Ier, qui mourut l'an 795, en est l'auteur et qu'il accorda ce droit à Charlemagne ; d'autres soutiennent que ce droit a été inconnu sous les deux premières races de nos rois, et que ceux de la troisième n'en ont pas joui avant le douzième siècle, savoir l'an 1122, sous le pontificat·de Calixte II, que cette preuve n'est même que pour les provinces de la dépendance de l'empire, et que le plus ancien titre qui fait mention en France du droit de *régale*, est de 1161, dans lequel le roi Louis le Jeune, parlant de l'évêché de Paris, dit : *Episcopatûs et regale in manum nostram venit;* c'est le sentiment de de Marca dans un mémoire qu'il composa à la prière de l'assemblée du clergé de 1655. Depuis le douzième siècle, les bulles des papes qui ont approuvé ou reconnu le droit de *régale* des rois de France, ne sont point rares. Telles sont, entre autres, la bulle d'Innocent III du 15 août 1210, adressée au roi Philippe-Auguste ; celle de Clément IV du 13 septembre 1267, adressée à saint Louis ; celle de Grégoire X du mois de juillet 1271, adressée à l'abbé et au prieur de Saint-Denis, en France, etc.

Pour ce qui est des autres pays, certains auteurs, tel que Van-Espen, ont écrit que l'usage de la *régale* est ancien en Angleterre et en Hongrie ; quelques-uns ajoutent que l'empereur Phocas, qui régnait au commencement du septième siècle, en jouissait dans les églises d'Orient.

La *régale* se divisait en spirituelle et en temporelle. La spirituelle qu'on nomme aussi honoraire, consistait dans le droit qu'avait le roi de conférer les bénéfices pendant la vacance des évêchés ; la temporelle, qu'on nomme aussi utile, est le droit qu'avait le roi de jouir des revenus de l'évêché vacant.

§ II. *Ouverture et clôture de la* RÉGALE.

L'ouverture de la *régale* se faisait par la vacance de l'archevêché ou évêché, et cette vacance pouvait arriver par mort, démission, résignation, translation, promotion de l'évêque à la papauté ou au cardinalat, même sans titre et *sub expectatione tituli*, pourvu que l'évêque eût accepté.

La mort du prélat, *in curiâ*, n'empêchait point l'ouverture de la *régale*. La translation de l'évêque ne donnait ouverture à la *régale* de l'évêché dont il était transféré, que du jour de sa prestation du serment de fidélité pour le nouvel évêché. La démission simple d'un évêché donnait ouverture à la *régale*, du jour que le roi l'avait acceptée par la nomination d'un successeur (1).

La *régale* n'était fermée que du jour que le successeur à l'archevêché ou évêché avait fait signifier à l'économe et au substitut du procureur général sur les lieux, l'arrêt d'enregistrement de son serment de fidélité à la chambre des comptes de Paris avec les lettres patentes de main-levée de la *régale*, et qu'il avait pris possession personnelle de l'archevêché ou évêché. (*Arrêt de règlement du 15 mars 1677.*)

RÉGIONNAIRE.

Titre que l'on a donné dans l'Église depuis le cinquième siècle à ceux à qui l'on confiait le soin de quelque région ou l'administration de quelque affaire dans un certain district. Il y avait des évêques, des diacres, des sous-diacres, des notaires, des défenseurs *régionnaires*. Les évêques *régionnaires* étaient des missionnaires qui avaient le caractère épiscopal, mais qui n'étaient attachés à aucun siége particulier, afin qu'ils pussent aller exercer le saint ministère partout où l'esprit de Dieu et le besoin des peuples le demanderaient.

On donnait aussi anciennement le mot de *régionnaire* aux acolytes qui aidaient les diacres dans les fonctions qu'ils exerçaient dans les divers quartiers de la ville. (*Voyez* ACOLYTE.)

REGISTRATEURS.

Les *registrateurs* sont des officiers de la chancellerie romaine dont on ne comprendra bien les fonctions qu'en se rappelant ce qui est dit sous le mot DATERIE, du nombre et de l'espèce de registres qu'on tient dans la daterie. Ceux où les supplications apostoliques sont enregistrées dépendent des différents officiers qui en sont chargés, et qu'on divise en trois classes, savoir : le collége des clercs, celui des *registrateurs* et celui des maîtres du registre (2).

Les clercs des registres sont en titre d'office au nombre de six ; deux exercent chaque mois, et leur fonction consiste à distribuer également toutes les signatures qui doivent être registrées par chacun des *registrateurs* en cet ordre. Ils ont un livret dans lequel les noms de tous les *registrateurs* sont écrits pour distribuer à cha-

(1) *Mémoires du clergé, tom.* II, *col.* 386 ; *tom.* XI, *col.* 662.

(2) Amydenius, *De Stylo datariæ, lib.* I, *cap.* 36.

cun d'eux les signatures également : au moment de cette distribution, ils marquent au dos de la signature le jour qu'elle est faite
par un simple chiffre qui sert de numéro, et qui tient lieu du *missa*
anciennement établi, lequel n'est plus en usage. Lorsque la signature est registrée, ces officiers mettent au dos de la signature le
jour du *registrata* et le nom du *registrateur*. Tous les quinze jours,
ou environ, les clercs du registre donnent à chaque *registrateur* un
cahier de huit feuilles de papier marqué chacun d'un numéro ; et,
comme il y a vingt *registrateurs*, il y aussi vingt cahiers qui composent un livre de l'office du registre. Ce premier livre est commencé
dès le premier jour du pontificat, et se trouve à peu près rempli
dans la quinzaine, auquel temps on recommence un second livre en
la même manière que le premier ; et, de cette sorte, on continue
jusqu'à la fin de l'année, en sorte que tous les ans, il y a vingt-quatre livres ou environ.

Les *registrateurs* sont aussi en titre et au nombre de vingt,
comme on l'a vu : toute leur fonction consiste à transcrire *de verbo
ad verbum* dans les cahiers qui leur sont donnés les suppliques dis-
tribuées, au dos desquelles ils mettent *lib. tali, fol. tali.*

A l'égard des maîtres des registres, ils sont quatre en titre d'office, et leur fonction est de collationner, ou comme ils appellent,
osculter le registre avec les suppliques, et mettre au dos dans
un R majuscule qui tient toute la page avec la première lettre de
leur nom et le surnom entier ; et à la marge de chaque matière collationnée, ils mettent aussi le surnom ; c'est à ces officiers que l'on
s'adresse pour l'expédition des sumptum. (*Voyez* SUMPTUM.)

REGISTRE.

Un *registre* est un livre public qui sert à garder des mémoires, ou
des actes ou minutes pour la justification de plusieurs faits dont on
a besoin dans la suite.

L'Église a sagement prescrit de tenir des *registres* de baptêmes,
de mariages, de sépultures, d'ordres, de vêtures, etc.

Suivant le concile de Rouen de 1581, et celui de Bordeaux
de 1583, les curés doivent tenir chez eux quatre *registres*. Le premier pour les baptêmes, le second pour ceux qui se confesseront
et qui communieront au temps prescrit par l'Église ; le troisième
pour les mariages ; le quatrième pour les sépultures.

Le concile de Rennes, de 1849, dit qu'il est très-important d'inscrire sur le *registre* tous les noms des baptisés dans l'ordre qu'ils
ont été imposés, avec grand soin, et d'une manière bien lisible.

La plupart des statuts synodaux, notamment ceux de La Rochelle et du Mans, prescrivent la même chose tant pour les actes
de baptême que pour ceux de mariage.

Les *registres* doivent être faits en double, l'un pour être envoyé
au secrétariat de l'évêché, l'autre doit être conservé sous clé dans

la sacristie ou tout autre lieu où il puisse être facilement consulté.

Outre les *registres* de catholicité et ceux de la fabrique, il a été sagement prescrit dans quelques diocèses, d'avoir un *registre parois-sial* dans lequel on inscrit tout ce qu'il y a d'important dans chaque paroisse, comme les fondations faites à l'église, son antiquité, les monuments encore subsistants, les traditions, les usages, les coutumes particulières de la paroisse, le nom des bienfaiteurs qui ont fait des réparations considérables, bâti une chapelle, érigé un autel, ou qui ont donné à l'église des vases sacrés, une cloche, de riches ornements, etc.; les noms des curés qui ont successivement gouverné la paroisse, la date de leur prise de possession, de leur translation, de leur mort, etc.; les jours où l'évêque a visité la paroisse, les principaux mandements ou lettres pastorales qu'il a publiés, les cérémonies qui ont eu lieu surtout pour la confirmation; les noms des enfants qui ont été admis à la première communion ou qui ont été confirmés; l'érection d'un chemin de croix, la concession d'un autel privilégié, l'érection d'une confrérie, et généralement toutes les concessions spirituelles faites à l'église. Il est bon de transcrire sur le *registre* le texte même de ces concessions pour s'en servir dans le cas où l'on viendrait à perdre l'original. Voyez à cet égard le tome III de notre *Cours de législation civile ecclésiastique*.

Autrefois les *registres* religieux de baptêmes, de mariages et de sépultures tenaient lieu de *registres* de l'état civil, et étaient confiés aux curés des paroisses. Mais depuis que tout a été sécularisé en France, il n'en est plus ainsi. (*Voyez* ÉTAT CIVIL.)

En Sardaigne, comme dans beaucoup d'autres États, les *registres* de l'état civil sont tenus par les curés. En Norwége, les *registres* de décès et de naissance sont tenus par les prêtres et les ministres protestants. Une loi du 19 juillet 1845 porte à cet égard, art. 5 : « Les décès et les naissances seront inscrits aussi bien sur les *registres* du prêtre dissident que sur ceux de l'Église de l'État. »

Cet ordre est basé sur l'obligation imposée à l'Église établie de tenir les *registres* civils.

Les secrétariats des archevêchés et évêchés tiennent un *registre* où se trouvent en double toutes les lettres d'ordination. Voici une formule de chacune de ces lettres :

LETTRES DE TONSURE.

N., miseratione divinâ ac Sanctæ Sedis apostolicâ gratiâ episcopus, notum facimus universis, quod anno Domini millesimo octogentesimo, etc., die.... in Ecclesiâ N.... nostræ diœcesis, dilectum nostrum N. filium N. et N., conjugum nostræ diœcesis, idoneum et capacem repertum ad primam clericalem tonsuram ritè et canonicè in Domino promovendum duximus et promovimus.

Datum sub signo nostro, subscriptione secretarii nostri episcopatus, ac sigillo cameræ nostræ, anno et die prædictis.

LETTRES DE TONSURE ET DE CONFIRMATION.

N., miseratione divinâ et Sanctæ Sedis apostolicæ gratiâ, N. archiepiscopus vel *episcopus... notum facimus universis, quod nos die datæ præsentium in superiori sacello domûs nostræ archiepiscopalis N., dilecto nostro N. nostræ diœcesis, filio N., et N. conjugum, examinato sufficienti et idoneo reperto, ac in et de legitimo matrimonio procreato, sacramentum confirmationis et tonsuram in Domino contulimus clericalem. Datum N., sub sigillo cameræ nostræ, anno Domini, etc., die, etc.*

LETTRES DES ORDRES MINEURS.

N., etc., notum facimus universis, quod nos die datæ præsentium in superiori sacello domûs nostræ episcopalis N., missam in pontificalibus celebrantes, dilectum nostrum clericum nostræ N. diœcesis ad acolytatus cæterosque minores ordines ritè et canonicè Domino concedente, duximus promovendum et promovimus. Datum, etc.

LETTRES DE SOUS-DIACONAT.

N., etc., notum facimus, quod nos anno Domini N. die vero sabbati quatuor temporum.... mensis, etc., in superiori sacello domûs nostræ archiepiscopalis N.., sacros et generales ordines et missam in pontificalibus celebrantes, dilectum nostrum N., acolytum N., mediante sub titulo matrimonii, de quo nobis constitit, idoneum et capacem repertum ad sacrum subdiaconatûs ordinem intrà missarum solemnia ritè et canonicè Domino concedente, duximus promovendum et promovimus. Datum, etc.

LETTRES DE DIACONAT.

N., etc., notum facimus, quod nos anno Domini, etc., die vero sabbati antè dominicam passionis, 22 mensis martii in superiori sacello domûs nostræ archiepiscopalis N., sacros et generales ordines et missam in pontificalibus celebrantes, dilectum nostrum N., subdiaconum N. idoneum et capacem repertum ad sacrum diaconatûs ordinem intrà missarum solemnia ritè et canonicè Domino concedente, duximus promovendum et promovimus. Datum, etc.

LETTRES DE PRÊTRISE.

N., etc., notum facimus, quod nos anno Domini, etc., die vero sabbati quatuor temporum antè dominicam quartam adventûs vigesimâ mensis decembris, in superiori sacello domûs nostræ episcopalis N. sacros et generales ordines et missam in pontificalibus celebrantes, dilectum nostrum N., diaconum N., idoneum et capacem repertum ad sacrum presbyteratûs ordinem intrà missarum solemnia ritè et canonicè Domino concedente, duximus promovendum, et promovimus. Datum, etc.

RÈGLE.

On peut prendre ici ce mot sous trois différentes acceptions : on peut l'appliquer aux *règles* d'ordres religieux, aux *règles* de chancellerie, et aux *règles* du droit canon.

§ I. RÈGLES *d'ordres religieux.*

Les *règles* monastiques sont les lois qui s'observent dans les différents ordres religieux. La plupart des anciennes *règles* monastiques n'étaient autre chose que des instructions particulières que les fondateurs des monastères donnaient à leurs disciples, et qui se communiquaient aux autres avec le temps et par tradition; car, dans le commencement, on ne les écrivait presque jamais. De là les divers changements arrivés dans ces *règles,* et l'usage d'observer quelquefois différentes *règles* dans un même monastère. Le Père Mabillon croit que ce fut saint Benoît qui arrêta le premier ces changements de *règles,* en en donnant une particulière qu'il ne fut pas permis de changer. On ne distinguait pas autrefois entre *règles* et constitutions monastiques. Voici les différences que l'on y met aujourd'hui : 1° Les *règles* sont des lois qui ont été prescrites par les fondateurs d'ordres ou les anciens évêques, et qu'on a coutume de renfermer dans la formule de la profession sous le nom de *règles.* Les constitutions sont les statuts qui ont été faits en différents temps par les chapitres généraux ou les congrégations des ordres religieux. 2° La *règle* ne change jamais ou presque jamais ; les constitutions changent souvent selon les circonstances des lieux. 3 La *règle* oblige plus étroitement que les constitutions (1).

On voit sous le mot MOINE la manière de vivre des anciens religieux, avant qu'ils fussent réduits en conventualité ou astreints à l'observation d'une *règle* écrite ; l'on y voit même l'origine et la forme des premières *règles* monastiques, modèles de toutes celles qu'on a faites dans la suite. On en distingue aujourd'hui quatre principales, dont les autres ne sont que des modifications, en sorte qu'il n'est point d'ordres religieux, point de *règles* particulières que l'on ne puisse rapporter à l'une de ces quatre *règles* fondamentales, savoir : la *règle* de saint Basile, celle de saint Augustin, celle de saint Benoît, et enfin celle de saint François.

Autrefois, comme nous le disons ailleurs, chaque monastère était indépendant l'un de l'autre, et, dans cet état, l'évêque seul approuvait leur régime en en permettant l'établissement dans son diocèse: *Monachi non erigant monasteria sine auctoritate et licentiâ episcopi.* (*C. Quidam* 18, *qu.* 2.) Mais lorsque les religieux pensèrent à se réunir en congrégation, sous l'autorité d'un supérieur général, et dans une forme de gouvernement comme monarchique, ainsi que

_____

(1) Mabillon, *In præf. ord., part.* I, *sæcul.* IV, *n.* 35.

nous l'expliquons sous le mot MOINE, ce fut une nécessité de recourir au pape, pour l'approbation de la *règle,* parce que devant être observée dans tous les diocèses d'un royaume, et même dans tous les États du monde chrétien, elle devenait ainsi un objet de discipline générale, sur lequel l'Église seule avait le droit de prononcer ou par elle-même, ou par son chef. De là l'usage constant et la nécessité de l'approbation des papes pour l'établissement des nouveaux ordres religieux, ou des nouvelles *règles* de religion.

§ II. RÈGLES *de chancellerie.*

Les *règles* de la chancellerie romaine sont des anciens règlements que chaque pape confirme, renouvelle ou change même à son élévation au pontificat.

Les *règles* de la chancellerie doivent leur origine aux mandats et aux réserves, qui, en occasionnant de fréquentes expéditions, donnèrent lieu à quelques règlements que le pape Jean XXII trouva bon de recueillir dans un certain ordre, mais qui ne furent à peu près dans l'état où nous les voyons que sous le pontificat de Nicolas V. Depuis ce temps, les *règles* de chancellerie n'ont reçu que de légers changements. L'usage est que chaque pape, après son élection, les renouvelle et les confirme, comme s'il les créait lui-même. Cette formalité est absolument nécessaire, parce qu'on tient à Rome que ces *règles* cessent par la mort des papes, et même par leur renonciation à la papauté. En y procédant, le pape se fait assister de deux abréviateurs du grand parquet, des deux plus anciens auditeurs de Rote, de deux avocats, de deux procureurs, et de plusieurs praticiens de la chancellerie. L'opération finie, le pape déclare que les *règles* qu'il établit, et que l'on publie dans la chancellerie apostolique, n'auront lieu que pendant le temps de son pontificat, ce qui est exprimé dans la préface en ces termes : *S. D. N.* PIUS IX, *normam et ordinem rebus gerendis dare volens, in crastinum assumptionis suæ ad summi apostolatûs apicem, reservationes, constitutiones et regulas infrà scriptas fecit, quas etiam ex tunc suo tempore duraturas observari voluit.*

Les *règles* de la chancellerie apostolique, comme tous les autres décrets du Saint-Siége, doivent être considérées comme de véritables lois de l'Église, et elles sont en vigueur et obligatoires partout où il n'y a point été dérogé par des lois contraires, des concordats ou une coutume légitime.

Or, il s'agit de savoir si elles sont actuellement en vigueur en France. M. l'abbé Bouix, qui a examiné cette question, pense (1) qu'en vertu du concordat de 1801, ces *règles* devraient être considérées comme y étant en vigueur, puisque la bulle de Pie VII, pour la promulgation du concordat, a supprimé, éteint, anéanti tous

(1) *Tractatus de principiis juris canonici, pag.* 292 *et seq.*

les droits, titres, priviléges, prérogatives de toutes les églises de France, et qu'elle les a soumises comme toutes les autres au droit commun. Cependant, l'article 10 du concordat de 1801, a dérogé aux *règles* de la chancellerie en déclarant que *les évêques nommeront aux cures.* Or, d'après la *règle* de chancellerie *de mensibus* pour l'alternative (*voyez* ALTERNATIVE) la nomination aux cures est réservée au pape pour toutes les cures qui viennent à vaquer dans les mois de janvier, février, avril, mai, juillet, août, octobre et novembre, de sorte que les collateurs ordinaires ne peuvent confier que les cures qui vaquent dans les quatre autres mois de l'année.

Ainsi les *règles* de la chancellerie ne sont point en vigueur en France pour la nomination aux cures, puisque le concordat, par un article spécial, y a formellement dérogé. Mais en est-il de même pour la nomination aux canonicats? Il semblerait que non, puisqu'il n'y a dans le concordat aucun article qui déroge en ce point aux *règles* de chancellerie. Mais depuis la promulgation du concordat, les évêques en France ont coutume de nommer non seulement aux cures, mais aux dignités et à tous les canonicats vacants, coutume qui est non seulement contraire aux *règles* de chancellerie, mais au droit commun de collation simultanée, c'est-à-dire qui doit se faire en même temps par l'évêque et par le chapitre, mais encore à l'ancien droit français. Or, une telle coutume qui est usitée depuis plus de quarante ans, qui a l'approbation tacite du Souverain Pontife, qui appelle lui-même du nom de chanoines ceux qui sont nommés par les évêques, et la nécessité d'en agir ainsi, à cause des lois civiles et des rapports indispensables qu'on doit avoir avec le gouvernment, semble avoir totalement dérogé aux *règles* de la chancellerie à cet égard.

Cependant ces raisons ne paraissent pas suffisantes à M. l'abbé Bouix qui remarque que la coutume n'est pas encore prescrite dans les diocèses érigés en 1822, et que dans les autres elle n'est pas revêtue des conditions requises, que d'ailleurs les évêques pourraient aussi facilement présenter à l'agrément du gouvernement la nomination des chanoines, après que la nomination aurait été faite par le pape suivant les *règles* de la chancellerie, que dans le cas où ils nomment eux-mêmes. Il voudrait, en conséquence, qu'on demandât et qu'on obtînt du Saint-Siége, puisque cela est très facile, une solution à cette grave et importante question. Mais cette solution existe par le fait même, ce nous semble, d'après cette règle de droit canon : *Qui tacet, consentire videtur.*

Les *règles* de chancellerie ont pour objet la disposition des bénéfices, la forme de leurs provisions, et la procédure des jugements ecclésiastiques : elles sont au nombre de soixante-douze. Parmi les commentaires qui ont été faits de ces *règles* on distingue surtout ceux de Jean-Baptiste Riganti, en 4 volumes in-folio.

La plupart de ces *règles* se trouvent rapportées dans le cours de cet ouvrage, chacune à la place qui lui convient. Il nous paraît, par conséquent, inutile d'en faire ici l'énumération.

§ III. Règles *du droit.*

Les *règles* du droit sont exprimées en forme de sentences ou de maximes, et composées avec précision, sur les dispositions les plus communes et les moins incertaines du droit. Il y en a quatre-vingt-huit dans la collection du sexte au dernier titre *de Regulis juris*, et onze seulement dans la collection des décrétales. C'est un avantage pour tous de ne les point ignorer ; mais c'est une nécessité pour ceux qui étudient le droit canon. Voici le texte de ces *règles :*

Règles *du droit canon de Boniface* VIII, *in Sexto,* titre *de Regulis juris.*

« Regula prima. Beneficium ecclesiasticum non potest licitè sine institutione canonicâ obtineri.

« Reg. 2. Possessor malæ fidei ullo tempore non præscribit.

« Reg. 3. Sine possessione præscriptio non procedit.

« Reg. 4. Peccatum non dimittitur, nisi restituatur ablatum.

« Reg. 5. Peccati venia non datur nisi correcto.

« Reg. 6. Nemo potest ad impossibile obligari.

« Reg. 7. Privilegium personale personam sequitur et extinguitur cum personâ.

« Reg. 8. Semel malus, semper præsumitur esse malus.

« Reg. 9. Ratum quis habere non potest, quod ipsius nomine non est gestum.

« Reg. 10. Rati habitionem retro trahi, et mandato non est dubium comparari.

« Reg. 11. Cùm sint partium jura obscura, reo favendum est potiùs quàm actori.

« Reg. 12. In judiciis non est acceptio personarum habenda.

« Reg. 13. Ignorantia facti non juris excusat.

« Reg. 14. Cùm quis in jus succedit alterius, justam ignorantiæ causam censetur habere.

« Reg. 15. Odia restringi, et favores convenit ampliari.

« Reg. 16. Decet concessum à principe beneficium esse mansurum.

« Reg. 17. Indultum à jure beneficium, non est alicui auferendum.

« Reg. 18. Non firmatur tractu temporis, quod de jure ab initio non subsistit.

« Reg. 19. Non est sine culpâ, qui rei, quæ ad eum non pertinet, se immiscet.

« Reg. 20. Nullus pluribus uti defensionibus prohibetur.

« Reg. 21. Quod semel placuit, ampliùs displicere non potest.

« Reg. 22. Non debet aliquis alterius odio prægravari.

« Reg. 23. Sine culpâ, nisi subsit causa, non est aliquis puniendus.

« Reg. 24. Quod quis mandato facit judicis, dolo facere non videtur, cùm habeat parere necesse.

« Reg. 25. Mora sua cuilibet est nociva.

« Reg. 26. Ea quæ fiunt à judice, si ad ejus non spectant officium, viribus non subsistunt.

« Reg. 27. Scienti et consentienti non fit injuria, neque dolus.

« Reg. 28. Quæ à jure communi exorbitant nequaquàm ad consequentiam sunt trahenda.

« Reg. 29. Quód omnes tangit, debet ab omnibus approbari.

« Reg. 30. In obscuris minimum est sequendum.

« REG. 31. Eum, qui certus est, certiorari ulterius non oportet.

« REG. 32. Non licet actori, quod reo licitum non existit.

« REG. 33. Mutare consilium quis non potest in alterius detrimentum.

« REG. 34. Generi per speciem derogatur.

« REG. 35. Plus semper in se continet, quod est minus.

« REG. 36. Pro possessore habetur, qui dolo desiit possidere.

« REG. 37. Utile non debet per inutile vitiari.

« REG. 38. Ex eo non debet quis fructum consequi, quod nisus extitit impugnare.

« REG. 39. Cùm quid prohibetur, prohibentur omnia quæ sequuntur ex illo.

« REG. 40. Pluralis locutio, duorum numero est contenta.

« REG. 41. Imputari non debet ei, per quem non stat, si non faciat, quod per eum fuerat faciendum.

« REG. 42. Accessorium naturam sequi congruit principalis.

« REG. 43. Qui tacet, consentire videtur.

« REG. 44. Is qui tacet, non fatetur; sed nec utique negare videtur.

« REG. 45. Inspicimus in obscuris, quod est verisimilius, vel quod plerumque fieri consuevit.

« REG. 46. Is qui in jus succedit alterius, eo jure, quo ille uti debebit.

« REG. 47. Præsumitur ignorantia, ubi scientia non probatur.

« REG. 48. Locupletari non debet aliquis cum alterius injuriâ vel jacturâ.

« REG. 49. In pœnis benignior est interpretatio facienda.

« REG. 50. Actus legitimi conditionem non recipiunt neque diem.

« REG. 51. Semel Deo dicatum, non est ad usus humanos ulterius transferendum.

« REG. 52. Non præstat impedimentum, quod de jure non sortitur effectum.

« REG. 53. Cui licet, quod est plus, licet utique, quod est minus.

« REG. 54. Qui prior est tempore, potior est jure.

« REG. 55. Qui sentit onus, sentire debet commodum, et è contra.

« REG. 56. In re communi potior est conditio possidentis.

« REG. 57. Contrà eum, qui legem dicere potuit apertius, est interpretatio facienda.

« REG. 58. Non est obligatorium, contrà bonos mores præstitum juramentum.

« REG. 59. Dolo facit, qui petit, quod restituere oportet eumdem.

« REG. 60. Non est in morâ qui potest exceptione legitimâ se tueri.

« REG. 61. Quod ob gratiam alicujus conceditur, non est in ejus dispendium retorquendum.

« REG. 62. Nullus ex consilio, dummodo fraudulentum non fuerit, obligatur.

« REG. 63. Exceptionem objiciens, non videtur de intentione adversarii confiteri.

« REG. 64. Quæ contrà jus fiunt, debent utique pro infectis haberi.

« REG. 65. In pari delicto vel causâ, potior est conditio possidentis.

« REG. 66. Cùm non stat per eum ad quem pertinet, quominus conditio impleatur, haberi debet perinde ac si impleta fuisset.

« REG. 67. Quod alicui suo non licet nomine, nec alieno licebit.

« REG. 68. Potest quis per alium, quod potest facere per seipsum.

« REG. 69. In malis promissis, fidem non expedit observari.

« REG. 70. In alternativis electoris est electio, et sufficit alterum adimpleri.

« REG. 71. Qui ad agendum admittitur, est ad excipiendum multo magis admittendus.

« REG. 72. Qui facit per alium, est perinde ac si faciat per seipsum.

« REG. 73. Factum legitimè retractari non debet, licet casus posteà veniat, à quo non potuit inchoari.

« REG. 74. Quod alicui gratiosè conceditur trahi non debet aliis in exemplum.

« REG. 75. Frustrà sibi fidem quis postulat ab eo servari, cui fidem à se præstitam servare recusat.

« Reg. 76. Delictum personæ, non debet in detrimentum ecclesiæ redundare.

« Reg. 77. Rationi congruit, ut succedat in onere, qui substituitur in honore.

« Reg. 78. In argumentum trahi nequeunt, quæ propter necessitatem aliquando sunt concessa.

« Reg. 79. Nemo potest plus juris transferre in alium, quàm sibi competere dignoscatur.

« Reg. 80. In toto partem, non est dubium contineri.

« Reg. 81. In generali concessione non veniunt ea quæ quis non esset verisimiliter in specie concessurus.

« Reg. 82. Qui contrà jura mercatur, bonam fidem præsumitur non habere.

« Reg. 83. Bona fides non patitur, ut semel exactum iterum exigatur.

« Reg. 84. Cùm quid una via prohibetur alicui, ad id alia non debet admitti.

« Reg. 85. Contractus ex conventione, legem accipere dignoscuntur.

« Reg. 86. Damnum quod quis suâ culpâ sentit sibi debet, non aliis imputare.

« Reg. 87. Infamibus portæ non pateant dignitatum.

« Reg. 88. Certum est quod is committit in legem, qui legis verba complectens, contrà legis nititur voluntatem.

« Data Romæ apud Sanctum Petrum, quinque nonas martii, pontificatûs nostri anno quarto (1298). »

Ces *règles* du droit sont de Boniface VIII, l'homme de son temps qui connaissait le mieux les lois, et qui se servit le plus heureusement du droit civil pour la résolution d'un grand nombre de difficultés canoniques. Elles sont d'un grand usage, mais il arrive souvent qu'on en abuse, soit par la mauvaise interprétation qu'on leur donne, soit en les appliquant à des espèces qui ne doivent pas être décidées par ces principes généraux. Les *règles* les plus générales souffrent beaucoup d'exceptions. Nous avions eu intention d'abord, pour cette raison, d'en faire ici un commentaire ; mais pour ne pas nous répéter inutilement, car ces *règles* se trouvent la plupart commentées dans le cours de ce dictionnaire, nous nous contenterons d'en donner la traduction.

Règles *du droit canon.*

« Règle première. On ne peut posséder licitement des bénéfices sans une institution canonique.

« Reg. 2 Un possesseur de mauvaise foi ne peut acquérir la prescription.

« Reg. 3. Il n'y a point de prescription sans possession.

« Reg. 4. On n'obtient la rémission des péchés qu'en réparant le tort qu'on a fait.

« Reg. 5. On n'obtient la rémission des péchés qu'en se corrigeant.

« Reg. 6. Personne n'est obligé à l'impossible.

« Reg. 7. Le privilége personnel suit la personne et il est éteint par la personne du privilégié.

« Reg. 8. On a droit de présumer que celui qui a été convaincu d'un crime peut en avoir commis un autre.

« Reg. 9. Un homme peut ratifier ce qu'on a fait en son nom.

« Reg. 10. La ratification a un effet rétroactif, et n'a pas moins de force qu'aurait eu une procuration.

« Reg. 11. Dans le doute, il faut plutôt se déterminer pour le défendeur que pour le demandeur.

« RÈG. 12. En justice il ne doit point y avoir d'acception de personnes.

« RÈG. 13. L'ignorance de fait excuse, mais non celle de droit.

« RÈG. 14. Celui qui succède au droit d'autrui, peut avoir un prétexte légitime d'ignorance.

« RÈG. 15. Il faut restreindre tout ce qui est odieux, et étendre tout ce qui est favorable.

« RÈG. 16. La grace que le prince accorde doit être fixe et stable.

« RÈG. 17. On ne doit priver personne des droits que la loi lui accorde.

« RÈG. 18. Ce qui est nul dans le principe ne devient point valable dans la suite.

« RÈG. 19. Il y a toujours de la faute de la part de celui qui se mêle des affaires d'autrui, sans en avoir un ordre.

« RÈG. 20. Il est permis d'employer différents moyens de défenses.

« RÈG. 21. On ne peut désapprouver ce qu'on a une fois approuvé.

« RÈG. 22. Il n'est point permis de faire retomber sur une personne ce qu'il y a d'odieux dans l'action d'une autre.

« RÈG. 23. Il faut qu'une personne ait commis un crime pour pouvoir la punir.

« RÈG. 24. Ce qu'on fait par ordre du juge ne peut jamais être regardé comme dol, parce qu'on est obligé de lui obéir.

« RÈG. 25. Le retardement nuit à celui qui est en demeure.

« RÈG. 26. Ce que fait un juge au-delà des fonctions de sa charge est nul.

« RÈG. 27. On ne peut se plaindre de ce qu'on a su et approuvé, ni dire qu'il y a eu dol.

« RÈG. 28. On ne doit pas tirer à conséquence ce qui est contre le droit commun.

« RÈG 29. Ce qui concerne plusieurs personnes doit être approuvé par tous ceux qui y ont quelque intérêt.

« RÈG. 30. Dans les choses obscures, il faut prendre le parti le moins sévère.

« RÈG. 31. Celui qui est assuré d'un fait, ne peut en exiger de nouvelles preuves.

« RÈG. 32. Ce qui n'est point permis au défendeur, ne l'est point non plus au demandeur.

« RÈG. 33. Il n'est point permis de changer de résolution au préjudice d'un tiers.

« RÈG. 34. Les *règles* particulières dérogent aux *règles* générales.

« RÈG. 35. Le plus contient toujours le moins.

« RÈG. 36. Celui qui cesse par fraude de posséder est toujours regardé comme possesseur.

« RÈG. 37. Les clauses inutiles ne vicient point ce qui est valable.

« RÈG. 38. Celui qui attaque ne doit point en tirer avantage.

« RÈG. 39. La loi, en défendant une action est censée défendre tout ce qui est une suite de l'action.

« RÈG. 40. Le nombre de deux suffit pour qu'on puisse se servir du pluriel.

« RÈG. 41. On ne doit point imputer à une personne de n'avoir pas fait ce qu'elle devait faire, quand cela n'a point dépendu d'elle.

« RÈG. 42. L'accessoire suit le principal.

« RÈG. 43. Celui qui se tait est censé consentir.

« RÈG. 44. Celui qui se tait, n'avoue point les faits, mais il ne les dénie point.

« RÈG. 45. Dans les choses obscures, il faut examiner ce qui est plus vraisemblable, ou ce qu'on a coutume de pratiquer.

« RÈG. 46. Celui qui exerce les droits d'un autre doit se conduire comme l'aurait dû faire la personne à laquelle il succède.

« RÈG. 47. Quand on ne prouve pas qu'une personne a su un fait, on présume qu'elle l'a ignoré.

« RÈG. 48. Personne ne doit s'enrichir aux dépens d'autrui.

« RÈG. 49. Dès qu'il s'agit de prononcer des peines, il faut suivre l'interprétation la plus douce.

« RÈG. 50. Les actes approuvés par la loi ne dépendent ni du jour, ni de la condition.

« RÈG. 51. Il n'est point permis d'employer à des usages profanes ce qui est consacré au Seigneur.

« RÈG. 52. Ce qui est nul de plein droit ne peut former aucun empêchement.

« RÈG. 53. Qui peut le plus, peut le moins.

« RÈG. 54. Il y a des matières sur lesquelles le premier en date a le meilleur droit.

« RÈG. 55. Celui qui porte les charges doit avoir les profits.

« RÈG. 56. Dans les choses communes, celui qui s'oppose aux changements est le plus favorable.

« RÈG. 57. On doit se déterminer contre celui qui a pu s'expliquer d'une manière plus claire.

« RÈG. 58. Le serment qui est contre les bonnes mœurs n'oblige point.

« RÈG. 59. C'est un dol de demander ce qu'on est obligé de restituer.

« RÈG. 60. Celui qui a une excuse légitime n'est point en demeure.

« RÈG. 61. Ce qui est accordé par grâce à une personne ne doit point tourner à son préjudice.

« RÈG. 62. Le simple conseil n'oblige point, pourvu qu'il ne soit point donné en fraude.

« RÈG. 63. En proposant une exception, on n'est point censé renoncer aux moyens qu'on a pour le fond.

« RÈG. 64. On doit regarder comme non fait tout ce qui s'est fait contre le droit.

« RÈG. 65. Quand tout est égal, la condition du possesseur est la meilleure.

« RÈG. 66. Lorsqu'il ne dépend point d'une partie qu'une condition ne soit exécutée, on doit agir comme si elle avait été exécutée.

« RÈG. 67. Il n'est point permis de faire sous le nom d'autrui ce qu'on ne peut faire sous son nom.

« RÈG. 68. On peut ordinairement faire par un autre ce qu'on peut faire soi-même.

« RÈG. 69. On ne doit point tenir les promesses qui sont contre les bonnes mœurs.

« RÈG. 70. Lorsqu'il y a une alternative, le choix dépend du débiteur, et il suffit de satisfaire à l'une des choses qui sont proposées.

« RÈG. 71. Celui qui est recevable à intenter une action doit à plus forte raison être admis à proposer des exceptions.

« RÈG. 72. C'est la même chose de faire par un autre que de faire par soi-même.

« RÈG. 73. Ce qui est valable dans son principe ne peut devenir nul dans la suite, quoiqu'il soit depuis arrivé des choses qui auraient rendu nul ce qui a été fait.

« RÈG. 74. Ce qu'on accorde à une personne par une faveur particulière, ne doit pas servir d'exemple aux autres, pour demander la même grâce.

« RÈG. 75. Celui qui ne veut pas tenir ce qu'il a promis à une personne ne doit pas demander que cette personne exécute ce qu'elle lui a promis.

« RÈG. 76. Le délit d'un bénéficier ne doit pas retomber sur son église.

« RÈG. 77. Quand on succède à l'honneur et au profit, on doit succéder aux charges.

« RÈG. 78. Ce qu'on accorde par nécessité ne doit point être tiré à conséquence.

« RÈG. 79. On ne peut donner à un autre plus de droit qu'on n'en a soi-même.

« RÈG. 80. La partie est contenue dans le tout.

« RÈG. 81. On ne comprend pas dans les clauses générales ce qu'il paraît qu'on n'aurait point accordé en particulier.

« RÈG. 82. On ne présume point de bonne foi de la part de celui qui fait un traité contre les lois.

« RÈG. 83. Il n'y a point de bonne foi à exiger deux fois la même chose.

« RÈG. 84. Il n'est pas permis de faire indirectement ce que la loi a défendu d'une manière directe.

« RÈG. 85. Les contrats se règlent sur les conventions, qui font une loi entre les parties qui ont contracté.

« RÈG. 86. On doit s'imputer à soi-même, et non aux autres, la perte qu'on fait par sa propre faute.

« RÈG. 87. Les infâmes sont exclus des dignités.

« RÈG. 88. C'est pécher contre la loi que d'en suivre la lettre, et d'agir contre l'esprit de la loi. »

Nous remarquerons ici, avec un canoniste, que Boniface VIII, tant calomnié par certains auteurs, publia ses *règles* du droit le 3 mars 1298, un peu plus de cinq ans avant sa mort. Bien des gens à qui la mémoire de ce savant pontife n'était pas infiniment chère, ont écrit qu'il était mort comme un chien enragé, et qu'il s'était mangé les bras de désespoir, pour la honte qu'il avait essuyée dans son château d'Anagni. Par malheur, son tombeau ayant été ouvert trois cents ans après sa mort, on trouva son corps tout entier, et qui plus est, ses habits parfaitement sains. Ce phénomène dérouta un peu la fable et les fabulistes. Baillet, qui ne s'étonne pas aisément, dit tout simplement que cette découverte servit *à faire connaître l'excellente complexion du corps de Boniface, lequel se conserva entier tant de siècles dans le tombeau.* Mais un autre auteur réplique que cela ne servit pas moins à faire connaître que son aube était de bonne toile, et ses ornements d'une étoffe admirable. Car enfin tout se trouva également sans corruption.

Il y a aussi dans les décrétales un titre des *règles* du droit divisé en onze chapitres dont il suffira de transcrire ici les rubriques.

CAP. 1. *Omnis res, per quascumque causas nascitur, per easdem dissolvitur.*

CAP. 2. *Dubia in meliorem partem interpretari debent.*

CAP. 3. *Propter scandalum evitandum, veritas non est omittenda.*

CAP. 4. *Propter necessitatem illicitum efficitur licitum.*

CAP. 5. *Illicitè factum obligationem non inducit.*

CAP. 6. *Tormenta indiciis non præcedentibus inferenda non sunt.*

CAP. 7. *Sacrilegus est offendens rem vel personam ecclesiasticam.*

CAP. 8. *Qui facit aliter quàm debet facere non dicitur.*

CAP. 9. *Committens unum peccatum reus est omnium, quoad vitam æternam.*

CAP. 10. *Ignorantia non excusat prælatum in peccatis subditorum.*

CAP. 11. *Pro spiritualibus homagium non præstatur.*

Voici la traduction et le sens de ces *règles:*

« Quand les actions ne sont pas mauvaises en elles-mêmes, et qu'on peut douter de l'intention, il faut toujours les prendre en bonne part. (*Cap. Estote.*)

« Il vaut mieux s'exposer à cause du scandale que d'abandonner la vérité. (*Cap. Qui.*)

« La nécessité rend quelquefois licite ce qui est défendu, comme de ne point observer le jeûne commandé par l'Église, lorsqu'on est malade. (*Cap. Quod non est.*)

« On n'est point obligé d'exécuter les conventions illicites, ou qui sont l'effet de la violence ou de la fraude. (*Cap. Quod latenter.*)

« Il faut qu'il y ait des commencements de preuves, avant de condamner à la question. (*Cap. Cum in.*)

« C'est un sacrilége de s'emparer des droits et des biens de l'Église. (*Cap. Quæ multoties.*)

« Celui qui n'accomplit un précepte que par une crainte servile est regardé de même que s'il ne l'accomplissait pas. (*Cap. Qui ex timore.*)

« Le pasteur qui ne veille pas sur son troupeau est responsable du mal qui y arrive. (*Cap. Quamvis.*)

« Il n'est pas permis de faire la foi et hommage pour les choses spirituelles. » (*Cap. Indignum.*)

RÉGRADATION.

Régradation, d'après l'étymologie du latin, est le vrai mot dont nous avons fait DÉGRADATION. *Régradation* semble en effet mieux exprimer l'état d'un dégradé, qui, sans perdre le caractère de l'ordre, est néanmoins rejeté comme indigne d'en exercer les fonctions (1).

REGRÈS.

Le *regrès* était la révocation de la renonciation que l'on avait faite d'un bénéfice, c'est-à-dire le retour à un bénéfice que l'on avait résigné ou permuté : *Regressus nihil aliud est quàm reversio ad beneficium cessum seu dimissum* (2).

C'est un principe de droit canonique, que quand une renonciation a été une fois faite dans les formes requises, il n'y a plus de *regrès* au bénéfice : *Qui renunciavit beneficio suo, illud repetere non potest.* (*Cap. Ex transmissa; c. Super hoc, de Renunc.; c. Quam periculosum, 7, qu. 1.*)

Les résignations eussent bientôt éludé cette règle, en stipulant le *regrès* dans leurs résignations, s'il n'eût été établi par une autre règle de droit (*Cap. 5, de Reg. jur. in 6°*), que la renonciation à un bénéfice étant un acte légitime, qui ne reçoit ni jour, ni condition, on ne peut y rien stipuler qui gêne la liberté du supérieur, pour conférer le bénéfice . (*C. Cùm pridem, extr. de Pactis; c. Nisi, de Præbend.*) On trouve dans le droit quelques textes favorables au *regrès*. (*C. 1, 17, qu. 2; c. 4, de Regul. in 6°; c. 5, de Renunc.*)

Mais voici comme parle sur cette matière le Concile de Trente : « Tout ce qui a l'apparence d'une succession héréditaire dans les

---

(1) *Bibliothèque canonique*, au mot RÉGRADATION.

(2) Flaminius, *de Resignationibus*, lib. VI, qu. 5.

« bénéfices ecclésiastiques, étant odieux aux saints canons, et con-
« traire aux décrets des Pères, on n'accordera dorénavant à qui que
« ce soit, même d'un consentement commun, faute d'accès, ou *re-*
« *grès,* à aucun bénéfice ecclésiastique, de quelque qualité qu'il soit,
« et celles qui, jusqu'à présent auront été accordées, ne pourront
« être suspendues, étendues ni transférées. Le présent décret aura
« lieu en tous bénéfices ecclésiastiques, et à l'égard de toutes sor-
« tes de personnes, quand elles seraient honorées du titre de car-
« dinal. » (*Session* XXV, *ch.* 7, *de Reform.*)

Toutes ces lois n'empêchent pas que, suivant les canonistes, le
pape ne puisse approuver la stipulation du *regrès* de la part du résignant, et ne puisse encore mieux accorder, *motu proprio* le *regrès*
même : *Regressus conceduntur duntaxat à papâ, et sunt introducti ex
ejus plenariâ potestate, quam in beneficialibus habet ; in his regressibus
judicari debet prout ex litteris apostolicis, concedentibus regressum ap-
paret, et ex verbis signatura, itâ quod nihil addatur, sed forma præscripta observetur.* Ce sont les termes de Flaminius, dans lesquels
Rebuffe même écrivait autrefois (1) et dont il résulte que les *regrès*
doivent se traiter devant le pape et par le pape seul.

On voit, au reste, la différence qu'il y a entre accès, ingrès et
regrès sous le mot ACCÈS. Les accès et ingrès tels qu'ils sont définis
sous ce mot, sont en usage dans les pays d'obédience, où le pape
plenâ potestate autorise les *custodinos,* coadjutoreries, commendes
temporelles et autres choses inconnues en France, et défendues
même par le concile de Trente et par la constitution de saint Pie V,
citée sous le mot ACCÈS.

REGULARIA REGULARIBUS.

Ces mots *regularia regularibus, sæcularia sæcularibus* signifient
qu'il faut être régulier pour pouvoir posséder un bénéfice régulier,
et séculier pour posséder un bénéfice séculier. Cette règle qui est
ancienne et qui avait autrefois de l'importance, est devenue à peu
près inutile pour nous, depuis la suppression des bénéfices.

RÉGULIER.

Ce terme est générique ; il convient à tout ecclésiastique qui a
fait vœu de vivre sous une règle dans un ordre approuvé : il diffère
du mot religieux, en ce que celui-ci s'applique plus particulièrement
aux moines, et en ce qu'il ne déroge pas à la cléricature. On cite ordinairement, pour faire sentir la différence qui règne entre l'un et
l'autre, le passage de Fleury, où cet historien dit : « qu'il y a deux
sortes de religieux, les uns clercs et les autres laïques. Les clercs
vivant en commun, imitaient la vie monastique, pour se précaution-

(1) *Praxis de Regressibus.*

ner contre la tentation de la vie active et la fréquentation des séculiers. » (*Voyez* RELIGIEUX.)

RÉHABILITATION.

On applique ordinairement ce mot à l'état d'une personne que l'on remet dans l'honneur et les droits qu'elle avait perdus : l'on s'en sert surtout en parlant d'un mariage nul, que l'on rend valide. C'est dans ces deux acceptions que nous le prenons ici.

1° Pour ce qui est de la *réhabilitation* d'un infâme ou d'un condamné, voyez INFAMIE, ABSOLUTION, RESCRIT. Il y a encore des *réhabilitations* pour les ordres, mais elles se rapportent plutôt à la matière des dispenses et des irrégularités. (*Voyez* DISPENSE , IRRÉGULARITÉ , INTRUS, SIMONIE.)

2° Réhabiliter un mariage, c'est rendre bon et valide un mariage qui était nul, et qui, néanmoins, avait été contracté ou de bonne foi ou de mauvaise foi par les parties. Il y a quatre moyens de remédier à la nullité d'un mariage : 1° la *réhabilitation;* 2° la cassation ; 3° une vie de frère et sœur; 4° l'éloignement des parties. Nous ne parlons ici que du premier de ces moyens. (*Voyez* SÉPARATION.)

On peut réhabiliter un mariage nul, dans tous les cas où la nullité n'est point de droit naturel ou divin ; on le peut même sans dispense, quand la nullité ne provient point d'un empêchement que l'Église seule peut lever, comme la parenté, ainsi quand le mariage est nul par défaut de consentement, ou à cause d'une erreur. Quant à la personne, on n'a pas besoin de dispense; il suffit que les parties consentent librement et avec connaissance, à se prendre pour mari et femme. On n'est pas même obligé de recourir aux dispenses de l'Église, si ce n'est pour les bans, quand on réhabilite devant le propre curé un mariage bénit par un prêtre qui n'avait pas les pouvoirs.

Quand la nullité du mariage est publique , la *réhabilitation* doit se faire en face de l'Église. C'est le style des dispenses qu'on obtient à Rome pour cela, elles portent que l'official vérifiera et fulminera les brefs ou bulles qui permettent aux parties qui se sont mariées avec des empêchements dirimants publics , de réhabiliter leur mariage; après quoi la célébration s'en fera de nouveau à l'église en présence du propre curé et des témoins. En conséquence l'acte de la célébration du mariage est écrit de nouveau sur les registres du curé, avec mention expresse de la dispense obtenue en cour de Rome.

Quand, au contraire, un mariage contracté en face de l'Église se trouve nul à cause d'un empêchement secret , il n'est pas nécessaire de célébrer une seconde fois le mariage d'une manière publique et solennelle; les parties en ce cas, après avoir obtenu dispense ou de Rome à la pénitencerie, ou de l'évêque, n'ont qu'à se donner l'une à l'autre un nouveau consentement. On a prétendu même que ce nouveau consentement n'était pas nécessaire; mais on a décidé le contraire à la pénitencerie de Rome; et Navarre dit (1) qu'on doit le prêter même à la personne qui ignore l'empêchement, après le lui avoir appris prudemment d'une manière générale. La raison pour laquelle on n'exige pas une seconde célébration solennelle du mariage, quand l'empêchement est secret, c'est que la première a suffi pour le faire passer pour valide, dans le for extérieur, et que rien n'ayant détrompé le public de cette idée, on ne doit pas lui donner connaissance d'un mal auquel on peut remédier légitimement à son insu.

On trouve à la fin du tome II, du *Traité des dispenses* de Collet, corrigé et augmenté par M. Compans, une excellente dissertation de M. Carrière sur la *réhabilitation* des mariages nuls.

Le cardinal Caprara a adressé aux évêques de France, le 22 mai 1803, une instruction sur la *réhabilitation* des mariages nuls contractés pendant la révolution : c'est le document le plus complet qui soit émané de l'autorité apostolique sur cette matière. En voici le texte :

INSTRUCTIO *Joannis Baptistæ* CAPRARA, *in Galliis à latere legati, de matrimoniorum irritorum revalidatione.*

« Undique accepimus innumera propè connubia existere nulliter inita, partemque unam sæpè sæpius renuere in faciem Ecclesiæ sese sistere ad copulationem suam ratam alidamque coram Deo reddendam, quamvis pars altera rectè disposita id velit et satagat. Animadvertentes quot mala quotque discrimina tùm fidelium animabus, tùm familiarum tranquillitati ex hoc irreligioso renuentium ingenio agendique ratione immineant, in amaritudine animi nostri lacrymas fundere cogimur, et miserrimo innocentium compartium statui, in quo ægrè versari coguntur, meritò compatimur. Jamdiù officii nostri sollicitudo premitur, et plurium episcoporum consultationes et innocentium postulata ad nos undique perveniunt. Verum res difficultatibus obnoxia est; pertimescimus enim ne dùm bonum operari nitimur, aliquid mali exoriatur. Sed ut bonum assequamur et imminentia mala præcaveantur, hanc instructionem emittendam ducimus, quâ ordinarius in casibus particularibus hujusmodi se haud difficilè expedire et opportunè providere poterit.

PRIMA INSTRUCTIONIS PARS.

Quoàd matrimonii renovationem, si uterque contrahens rectè disponatur.

« 1º Qui civiliter, sive coràm quocumque extraneo sacerdote duobus saltem testibus præsentibus, ut duntaxat coràm duobus testibus, consensum mutuum de præsenti exprimentes, matrimonium inierunt, tunc temporis, cùm ad proprium parochum seu superiorem legitimum, aut ad alium sacerdotem specialiter et notoriè ab alterutro licentiam habentem, quique à catholicâ unitate non recesserant, aut nullatenus aut nonnisi difficillimè seu periculosissimè recursum habere potuerant, moneantur sic contrahentes de hujusmodi matrimonii validitate, et tantummodo hortentur ut nuptialem benedictionem à proprio parocho recipiant.

« 2º Qui verò ità contraxerunt, sed tunc temporis, cùm absque gravissimâ difficultate

_____
(1) *De Spons.*, cons. IV, n. 14.

seu periculo recursus patebat ad unum ex sacerdotibus præfatis, quique matrimonium quomodocumque inierunt cum aliquo dirimente impedimento absque legitima dispensatione, aut cum dispensatione defectu legitimæ potestatis irrita matrimonium servata forma sancti concilii Tridentini denuo contrahant.

« 3º Si contrahentes communiter habeantur pro legitimis conjugibus, et ipsimet, fortasse ex ignorantia invincibili sint in bona fide, et absque gravis scandali seu perturbationis periculo certiorari nequeant de nullitate matrimonii, hisce in circumstantiis in bona fide relinquendi sunt, quemadmodum per sacros canones disponitur.

« 4º Si contrahentes in mala vel dubia fide versentur, aut si in bona fide existentes, de nullitate matrimonii certiorari possint absque gravis scandali seu perturbationis periculo, unde locus detur matrimonii renovationi, eorum matrimonium in facie Ecclesiæ celebrandum est juxta modum inferius præscriptum.

« 5º Si præter clandestinitatis aliud ecclesiastici juris obstet impedimentum, dispensatio præmittatur juxta indultum inferius exaratum.

« 6º Si nullitas matrimonii occulta sit, seu communiter ignoretur, matrimonium coram proprio parocho, adhibitis saltem duobus testibus confidentibus, secretò ad vitanda scandala contrahendum est ; adnotata deinde particula in secretorum matrimoniorum libro.

« 7º Si verò nullitas publica sit, ad scandalum removendum matrimonium publicè, servata forma sancti concilii Tridentini, celebrandum est : quod si ordinarius, ob peculiares circumstantias, expedire judicaverit ut secretò coram proprio parocho et duobus testibus potius celebretur, secretò celebrari poterit, dummodò tamen publicum scandalum alia ratione removeri possit et quamprimum removeatur.

ALTERA INSTRUCTIONIS PARS.

Quoad rationem convalidandi matrimonium, si ejusdem convalidationem pars una petat, et altera renuat.

« 8º Si hujusmodi renuentia proveniat ex indispositione ad sacramentorum pœnitentiæ et eucharistiæ susceptionem, paternis monitis curandum est ut renuens ritè disponatur.

« 9º Quatenus pars indisposita ad sacramentorum susceptionem ità adduci non possit, et aliundè matrimonii renovationi assentiatur, non erit illicitum ad matrimonii celebrationem procedere, non obstante illius indispositione. Pars enim innocens et instans, attentis circumstantiis, licitè utitur jure suo : Ecclesiæ minister eidem innocenti directè ac licitè reddit jus suum, et indigna renuentis susceptio ejus duntaxat indispositioni tribuenda est.

« 10º Si renuentia oriatur ex ignorantia vel aliquo errore contra leges aut doctrinam Ecclesiæ circa impedimenta matrimonium irritantia, renuens debita cum prudentia et in charitate instruatur. Et quatenus adhuc renuat matrimonium suum in facie Ecclesiæ convalidare, tunc

« 11º Satagendum est ut specialem procuratorem constituat qui ejus nomine matrimonium contrahat de more : aut saltem expresso consensu de præsenti per epistolam directam proprio parocho, vel alteri sacerdoti ordinarii aut parochi licentiam habenti, matrimonium renovetur.

« 12º In hujusmodi matrimonii celebratione, ratio quoque habenda est tùm existentiæ alicujus impedimenti, tùm matrimonii nullitatis sive publicæ, sive occultæ, et servandæ sunt regulæ superiùs numeris 5º, 6º et 7º.

TERTIA INSTRUCTIONIS PARS.

« Si hactenus præscripta obtineri nullatenus possint, et pars una ad celebrationem matrimon juxta superiùs tradita faciendam adduci nequeat : dummodo de præsenti exhibeat consensum remanendi in matrimonio, maturè perpensis urgentibus circumstantiis, et attentis servatisque conditionibus et forma inferiùs præscriptis (nec obstet publicitas fornicariæ copulationis et non justi matrimonii) ad dispensationem in radice matrimonii, seu ad matrimonii sanationem in radice, in casibus particularibus, deveniri posse judicamus, ità ut saltem innocentis partis animæ saluti, prolis legitimitati et familiarum tranquillitati omninò consultum sit, et quamprimùm etiam renuentis animæ saluti provideri possit.

« 13º Ordinarius uti poterit facultate apostolicâ auctoritate inferiùs demandandâ, dispensandi scilicet in radice matrimonii, seu matrimonium in radice sanandi postquàm tamen per indubias duorum saltem testium depositiones, aut per renuentis testimonium in scriptis exaratum, aut per ejusdem assertionem etiam ore tenus factam ipsi ordinario sive alteri ecclesiasticæ personæ ab eo specialiter deputatæ, et in scriptis redigendam, constiterit non solùm renuentem in consensu de præsenti permanere, sed etiam hujusmodi renuentiam ab extrinsecâ causâ ità manare, ut nihil unquam ex eâ deduci aut præsumi possit contrà ipsius actualis consensus permanentiam.

« 14º Si matrimonii nullitas occulta sit, ordinarius ad sanationem seu dispensationem in radice ad evitanda scandala secretò deveniat.

« 15º Si verò nullitas publica sit, ad publicum scandalum removendum ejusmodi dispensatio seu sanatio notoriè perficiatur : aut etiam secretò, si ad aliquam præcavendam perturbationem ità ordinario in Domino visum fuerit ; dummodo tamen locus sit evulgationi peractæ matrimonii sanationis seu dispensationis, quâ publicum scandalum congruè removeatur.

« 16º Si evulgationi ejusmodi dispensationis locus non sit, ob imminentis gravis scandali aut perturbationis periculum, prælaudatus ordinarius per ejusmodi secretam matrimonii sanationem seu dispensationem, innocentis compartis animæ saluti provideat, onerata ejusdem ordinarii conscientia, ut perpensis circumstantiis et pro suâ prudentiâ modum exquirat quo etiam publicum scandalum ex matrimonii nullitatis publica notitia existens, quamprimùm removeatur, monitis interim parochis ut donec ejusmodi publicum scandalum sublatum sit, in admittendis innocentibus conjugibus ad sacramenta, ne ulla scandali præbeatur occasio, iis utantur circumspectionis regulis quæ cuique exploratæ sunt.

« 17º Si præter clandestinitatis impedimentum, aliud juris ecclesiastici forsitan obstet, legitima super eo præmittatur dispensatio, prout etiam cautum est nº 5º.

« 18º Si unus vel uterque contrahens per divortium separatus sit à respectivo conjuge adhuc vivente, tradita instructio et sequens facultatum decretum executioni nullatenus demandentur, nisi priùs et prout de jure constiterit de nullitate respectivi primi matrimonii proveniente ex aliquo canonico impedimento, et nisi priùs ejusdem nullitatis declaratoria sententia ab ordinario lata fuerit.

« 19º Serventur tandem cætera de jure servanda quæ præsenti instructioni non adversantur.

DECRETUM *quo apostolicæ facultates demandantur.*

« De speciali gratiâ, et apostolicâ auctoritate à sanctissimo domino nostro papâ Pio VII nobis benignè concessâ : venerabili in Christo patri episcopo…, sive ejus vicario in spiritualibus generali, infrà scriptas facultates communicamus, quibus etiam per aliam personam ecclesiasticam, in casibus particularibus specialiter deputandam, uti valeant in utroque foro, et ad annum duntaxat à die datæ præsentis computandum, cùm omnibus et singulis Christi fidelibus in propriâ diœcesi degentibus ; et quandò agitur de matrimoniis nulliter quomodocumque contractis, usque ad diem decimam quartam Augusti anni millesimi octogentesimi primi, servatis formâ et tenore præcedentis instructionis, et factâ expressâ mentione apostolici indulti :

« 1º Absolvendi à censuris et pœnis ecclesiasticis, tàm à jure quàm ab homine latis, ad effectum duntaxat apostolicæ gratiæ consequendum ;

« 2º Absolvendi pariter à censuris et pœnis ecclesiasticis ob matrimonii attentatum et incestus reatum incursis, et ab attentatibus et incestus reatibus, et culpis hujusmodi, cum gravi-pœnitentiâ salutari ;

« 3º Dispensandi super quibuscumque impedimentis juris ecclesiastici, etiam primi affinitatis gradûs in lineâ collaterali, et secundi primum attingentis consanguinitatis gradus, exceptis impedimentis ex sacro ordine, et castitatis voto solemniter emisso, et ex crimine machinationis in mortem conjugis cum effectu, provenientibus ; et quatenus mulier rapta fuerit, dummodo extrà potestatem raptoris in loco tuto consistat : servatis in singulis casibus conditionibus de jure servandis ;

« 4º Dispensandi in radice matrimonii, seu matrimonium in radice sanandi, perindè ac si contrahentes, qui ad matrimonium ineundum inhabiles fuerant, et consensum il- legitimè præstiterant, ab initio habiles fuissent, et consensum legitimè præstitissent ;

« 5º Prolem sive susceptam sive suscipiendam, legitimam decernendi et nuntiandi.

« Præsentes denique et cætera documenta ab ordinario aut præsentium executore ex- quirenda et habenda, ut suprà præscriptum est, necnon dispensationis decreta et com- missiones ab ordinario emittendæ; in episcopali archivio diligenter asserventur. Insuper quatenus matrimonii celebrationi locus detur, juxtà regulas superiùs traditas, matri- monii particula in parochiali libro de more referatur, factâ expressâ mentione apostolicæ dispensationis, ut pro omni et quocumque futuro eventu constare possit de matrimonii validitate et prolis legitimitate.

« Datum Parisiis, ex ædibus residentiæ nostræ, die 26 maii 1803.

« *Sign.* J. B. Card. Legat.

« *Et infrà :*

« *Vincentius Ducci,*
« *à secretis in ecclesiasticis.* »

RÉINCIDENCE.

(*Voyez* ABSOLUTION, § II.)

RÉITÉRATION.

Il est des sacrements qu'on ne saurait réitérer sans pécher griè- vement, tels sont ceux qui impriment caractère. Voici à ce sujet le décret du concile de Trente : « Si quelqu'un dit que par les trois sa- crements du baptême, de la confirmation et de l'ordre, il ne s'im- prime point dans l'âme de caractère, c'est-à-dire une certaine mar- que spirituelle et ineffaçable, d'où vient que ces sacrements ne peuvent être réitérés, qu'il soit anathème. »

RELAPS.

On donne ce nom, en général, à quiconque est tombé deux fois dans le même crime ; mais il s'applique particulièrement, en matière de religion, à ceux qui ont changé deux fois d'état, ou qui sont tom- bés de nouveau dans l'erreur d'où ils étaient sortis.

Les canonistes disent qu'on peut tenir principalement pour *relaps,* un homme qui se trouve dans l'un de ces deux cas : 1º s'il est revenu à l'hérésie qu'il avait une fois abjurée (*C. Ad abolendam, de Hære-*

tic.); 2° si étant soupçonné violemment d'hérésie, il y retombe évidemment après s'être purgé des soupçons. (*C. Accusatus, de Hæreticis in* 6°.)

RELEVAILLES.

Cérémonie pieuse à laquelle se soumet une femme chrétienne, lorsqu'elle entre pour la première fois à l'église après ses couches. Cette cérémonie n'est point de précepte, mais seulement de conseil et de dévotion ; elle a été introduite dans l'Église pour imiter la sainte Vierge, qui alla se purifier et présenter son fils au temple, et afin que les femmes nouvellement accouchées rendent grâces à Dieu de leur heureux accouchement. (*Voyez* COUCHE, PURIFICATION.)

RELIGIEUSE.

On appelle *religieuse*, *monialis*, une fille ou une veuve qui a fait vœu de vivre suivant une des règles monastiques approuvées par l'Église.

§ I. RELIGIEUSES, *Origine.*

L'origine des *religieuses* n'est pas différente de celle des religieux. A l'imitation de ceux-ci, la sœur de saint Basile, et principalement sainte Scholastique, la sœur de saint Benoît, fondèrent des communautés de filles dont l'état n'était point encore tel que nous le voyons, soit par rapport aux vœux, soit par rapport à la clôture, car dans ces premiers temps, les vierges, même consacrées solennellement par l'évêque, ne laissaient pas de vivre dans des maisons particulières. Dans la suite, les *religieuses* ont suivi la police et le gouvernement des religieux dont elles ont embrassé la règle, autant que la diversité du sexe le leur a permis. Les principales différences sont la clôture et la nécessité d'être gouvernées par des hommes.

Le président Hénault, fait les observations suivantes sur l'ancien état des *religieuses* en France : « On voit, dit-il (1), par des lettres patentes, données par Philippe-le-Long, l'an 1317, un usage qui paraît bien singulier : on donnait alors le voile de religion à des filles de l'âge de huit ans, et peut-être plus tôt ; quoiqu'on ne leur donnât pas la bénédiction solennelle, et qu'elles ne prononçassent pas de vœux ; il semble cependant que si, après cette cérémonie, elles sortaient du cloître pour se marier, il leur fallait des lettres de légitimation pour leurs enfants, afin de les rendre habiles à succéder ; ce qui fait croire qu'ils auraient été traités comme bâtards sans ces lettres (2). Un fait bien différent, ajoute le même auteur, c'est que plus de deux cents ans auparavant, vers l'an 1109, saint Hugues, abbé de Cluny, dans une supplique pour ses successeurs, où il leur recom-

(1) *Abrégé chronologique de l'Histoire de France,* année 1321.
(2) *Registre 53 du trésor des Chartres,* pièce 190.

mande l'abbaye de filles de Marcigny qu'il avait fondée, leur enjoint de ne point souffrir aucun sujet au-dessous de l'âge de vingt ans, faisant de cette injonction un point irrévocable, comme étant appuyée de l'autorité de toute l'Eglise. On ne doit pas non plus, par rapport aux *religieuses*, omettre un usage qui remonte jusqu'au douzième siècle : on exigeait d'elles qu'elles apprissent la langue latine, qui avait cessé d'être vulgaire; cet usage dura jusqu'au quatorzième siècle, et n'aurait jamais dû finir. »

§ II. RELIGIEUSES, *clôture.*

La matière de cet article se rapporte à ces quatre chefs, dont il est parlé sous le mot CLÔTURE : 1° l'obligation des *religieuses* d'être cloîtrées; 2° le droit des évêques de visiter la clôture des couvents de *religieuses*, de celles même qui se prétendent exemptes de leur juridiction; 3° les permissions et les causes nécessaires aux *religieuses* pour sortir de leurs monastères; 4° en quels cas et par quelle autorité les personnes séculières peuvent y entrer.

§ III. RELIGIEUSES, *supérieure, temporel.*

Les *religieuses*, avons-nous dit, diffèrent des religieux, en ce qu'elles ne peuvent être gouvernées que par des hommes; cela doit s'entendre pour le spirituel et pour toutes les fonctions qui sont interdites aux femmes. (*Voyez* FEMMES.) Car pour ce qui regarde la discipline intérieure du cloître, la supérieure y exerce une autorité à peu près semblable à celle qui est accordée, en général, aux supérieurs des religieux. Ce principe est établi sous le mot ABBESSE, où l'on trouve les règlements du concile de Trente, touchant l'élection des abbesses et supérieures des *religieuses*, les qualités requises pour être élevé à cette charge, et les devoirs et obligations de celles qui y sont parvenues.

Nous remarquons ici que les canons exhortent les évêques et leur font un devoir de veiller sur le temporel des *religieuses*, ce qui se rapporte à la manière de faire les baux des terres et autres dépendances, à l'emploi des revenus, à l'examen des comptes et à la sûreté pour la conservation des deniers. Saint Charles a donné des règles très sages sur tous ces articles dans le premier concile de Milan, en 1565, et le quatrième en 1576. (*Voyez* MONASTÈRE § IV.)

Nous trouvons dans Durand de Maillane, un règlement très sage que fit, sur ce sujet, un archevêque d'Aix, en 1739, pour les *religieuses* de son diocèse. L'article 18 de ce règlement porte : « Quoique ce qui regarde l'administration des biens et revenus appartenant aux communautés *religieuses*, ne puisse point entrer en comparaison avec ce qui concerne la piété, la ferveur et la régularité qui doivent régner dans ces saintes retraites, le soin temporel est cependant un devoir qu'il n'est pas permis de négliger. Les supérieures sont obligées de veiller à ce que les biens de leurs communautés soient régis et ménagés avec une sage et convenable économie, non pour accumuler les richesses vaines et méprisables, mais dans la vue de mettre leurs maisons en état de subsister et de se soutenir. Mais comme des filles renfermées dans un cloître, n'étant point à portée de tout savoir, encore moins de tout faire par elles-mêmes, se trouvent dans la nécessité de s'en rapporter, sur bien des choses, à des personnes étrangères, quelquefois, ou peu intelligentes ou peu attentives, peut-être même peu fidèles, il est à craindre que le temporel des monastères ne tombe peu à peu dans un grand dérangement. Pour prévenir un pareil inconvénient, nous ordonnons aux supérieures et autres *religieuses*, qu'il appartiendra, de tenir prêt tous les ans, un état de tout le temporel de leurs maisons, et un compte exact de toute la recette et de toute la dépense de l'année entière, pour être représentés, examinés et arrêtés par tel député de notre part que nous jugerons à propos de nommer pour cet effet. Défendons, en même temps, à toutes les supérieures, discrètes, conseillères, économes et autres *religieuses*, de faire aucune dépense considérable, telles que sont, achats de maisons, ou autres fonds, constructions de bâtiment, réparations importantes, et autres dépenses semblables, sans avoir auparavant obtenu notre permission expresse. »

Ces dispositions conformes aux saints canons doivent être partout observées.

§ IV. Religieuses, *novices, profession.*

Les règles générales établies pour le noviciat et la profession religieuse, regardent les religieux comme les *religieuses*; il n'y a à cet égard aucune différence, ainsi qu'on peut le remarquer sous les mots novice, profession. Mais pour certaines considérations, on a établi des règles particulières touchant la profession religieuse des filles.

D'abord, on voit sous le mot réclamation, le règlement du concile de Trente, qui défend de mettre obstacle à la vocation des *religieuses*. Autrefois, avant qu'elles fussent toutes réduites en communauté et cloîtrées, l'évêque avait exclusivement le droit de les consacrer et de leur donner le voile, ce qui ne différait pas de la profession qui se fait aujourd'hui avec les solennités prescrites. Un concile de Paris, tenu en 829, réserve expressément à l'évêque le droit de donner le voile aux veuves et aux vierges qui se consacrent à Dieu, et condamne trois abus qui s'étaient glissés de son temps : 1° l'entreprise de quelques prêtres, qui, sans avoir consulté l'évêque, donnaient le voile aux veuves, et consacraient à Dieu les vierges ; 2° celle de quelques femmes qui s'imposaient le voile ; 3° celle de quelques abbesses et *religieuses*, qui s'attribuaient cette autorité à l'égard des veuves et des vierges qui voulaient se retirer du monde.

Le concile de Trente a confirmé expressément ce droit aux évêques, en rendant nécessaire l'examen des filles qui veulent entrer en religion. Voici comment parle à ce sujet ce saint concile, conformément aux canons *Puellæ; Sicut* 20, *qu*. 1 ; *Puella*, 20, *qu*. 2, etc. :

« Le saint concile de Trente voulant pourvoir à la liberté de la profession des vierges qui doivent être consacrées à Dieu, établit et ordonne qu'une fille qui voudra prendre l'habit, ayant plus de douze ans ne le prendra point, et que ni elle ensuite, ni telle autre que ce soit, ne fera point profession, qu'auparavant l'évêque, ou s'il est absent ou empêché, son vicaire général, ou quelque autre par eux commis et à leurs dépens, n'ait soigneusement examiné la volonté de la fille, si elle n'a point été contrainte ou séduite, et si elle sait bien ce qu'elle fait ; et après qu'on aura reconnu son pieux désir et que sa volonté est libre, que du reste elle a les qualités et les conditions requises, conformément à l'ordre et à la règle du monastère, et enfin que la maison lui est propre et convenable, il lui sera permis de faire librement sa profession ; et, afin que l'évêque n'en puisse ignorer le temps, la supérieure du monastère sera tenue de l'en avertir un mois auparavant, et si elle manque de le faire, elle sera interdite de la fonction de sa charge, aussi longtemps qu'il plaira à l'évêque. » (*Session* XXV, *chap*. 17, *de Regul*.)

Tous les conciles provinciaux se sont conformés à ce règlement.

§ V. RELIGIEUSES, *discipline, visite.*

Le premier concile de Milan en 1565, explique avec étendue ce qui regarde la conduite des *religieuses*, leurs emplois et ce qui concerne leur gouvernement spirituel (1).

La fréquentation des parloirs de *religieuses* est expressément défendue, et les évêques doivent y veiller comme à un abus qui blesse l'esprit des règlements touchant la clôture. Le chapitre *Monasteria, de Vitâ et honestate cleric.*, veut qu'on punisse les ecclésiastiques de suspense et les laïques d'excommunication, lorsque, contre la défense de l'évêque, ils continuent leur fréquentation. Cette décrétale a été appliquée aux religieux que la congrégation des cardinaux a déclarés privés *ipso facto*, de voix active et passive, par les visites des *religieuses, per accessum ad monasteria*, sans permission de qui de droit (2). Les proches parents ne sont point compris dans ces défenses.

Le règlement de l'archevêque d'Aix dont nous avons cité un article dans le paragraphe II ci-dessus, s'exprime, à l'occasion du parloir, dans des termes qui méritent d'avoir place ici, l'article 9 est ainsi conçu :

« C'est dans la retraite et le silence que l'âme s'élève à Dieu.

---

(1) *Mémoires du Clergé*, tom. IV, *pag.* 1796 jusqu'à 1828.

(2) Barbosa, *De Jure ecclesiastico*, *cap.* 44, *n.* 153.

Une *religieuse* pour peu qu'elle ait de zèle pour sa perfection, et qu'elle soit attentive sur elle-même, s'aperçoit aisément que lorsqu'elle s'est livrée à quelque dissipation inutile, elle ne retourne aux saints exercices de son état qu'avec une conscience agitée et un cœur desséché. Le parloir est souvent une occasion à cette dissipation si funeste. Une *religieuse* y perd quelquefois dans l'espace de quelques heures, tout cet esprit intérieur qui est si nécessaire à son état, et qu'elle avait acquis par le travail de plusieurs années. C'est pourquoi nous exhortons au nom du Seigneur, toute *religieuse*, d'éviter les parloirs autant qu'il leur sera possible et de n'y demeurer qu'autant que la nécessité, la charité ou une bienséance indispensable le demandera. »

Barbosa établit (1) que les *religieuses* ne doivent admettre des pensionnaires dans leurs monastères, qu'avec la permission de la sacrée congrégation, et sous certaines conditions : comme, que la réception de ces pensionnaires se fasse capitulairement, ou que du moins on ait égard à l'opposition des *religieuses* qui ne le voudraient pas ; que le monastère soit dans l'usage d'en recevoir et qu'elles y soient gardées, *actu retineat;* qu'il y ait un quartier affecté aux pensionnaires pour le dortoir et le réfectoire où les professeurs et les novices ne soient point mêlées ; qu'elles soient au-dessus de sept ans, et au-dessous de vingt-cinq ; qu'elles n'excèdent jamais le nombre permis ; que les pensionnaires entrent seules, vêtues modestement, et qu'étant une fois entrées et admises dans le monastère, elles observent la clôture, et qu'elles y paient d'avance les frais de leur entretien et de leur éducation, et qu'enfin étant une fois sorties du monastère, elles n'y rentrent plus sans la permission des supérieurs. Barbosa s'étend ensuite sur la discipline intérieure et les mœurs des *religieuses*, qui doivent faire l'objet principal des visites de l'évêque.

§ VI. RELIGIEUSES, *translation.*

Nous n'entendons point parler ici de la sortie des *religieuses* qui doivent rentrer dans leur monastère ; cette matière est traitée sous le mot CLÔTURE. Il ne s'agit que de la translation des *religieuses* d'un monastère qui, soit pour cause de pauvreté, soit pour d'autres raisons, ne doit pas subsister. Il est parlé sous le mot TRANSLATION, de la translation personnelle d'une *religieuse*, de son couvent dans un autre.

Nous rappelons sous le mot CLÔTURE, le décret du concile de Trente, session XXV, chapitre 5, qui ordonne la translation des monastères de filles situés à la campagne ou hors des murs des villes, selon que l'évêque le jugera convenable. Le concile de Milan en 1565, fit un autre règlement par lequel il est dit que les monastères pauvres où il n'y a pas suffisamment de revenus pour douze

(1) *De Jure ecclesiastico, cap.* 44.

religieuses, doivent être supprimés et les *religieuses* transférées avec leurs revenus dans d'autres plus anciens (1).

On a décidé que les *religieuses* peuvent être transférées de leurs couvents dans d'autres, par leur évêque, quand elles croient ne pouvoir pas faire leur salut dans le couvent où elles ont fait profession, et ce couvent est alors obligé de leur payer la pension qui est ordonnée par l'évêque (2).

§ VII. RELIGIEUSES, *confesseurs.*

Les confesseurs des *religieuses* sont choisis par les évêques, ou par les supérieurs réguliers, selon qu'elles sont ou ne sont pas exemptes; mais tous doivent recevoir la commission et l'approbation de l'évêque diocésain. Voici ce que dit à cet égard le concile de Trente, session XXV, ch. 10, *de Regularibus:* « Les évêques et autres supérieurs des maisons religieuses, auront un soin particulier que dans la constitution desdites *religieuses* elles soient averties de se confesser et de recevoir la très-sainte eucharistie au moins tous les mois, afin que munies de cette sauvegarde salutaire, elles puissent surmonter courageusement toutes les attaques du démon.

« Outre le confesseur ordinaire, l'évêque ou les autres supérieurs en présenteront, deux ou trois fois l'année, un autre extraordinaire pour entendre les confessions de toutes les *religieuses.*

« Quant à ce qui est de garder le très-saint sacrement dans le chœur du dedans, en l'enclos du monastère, au lieu de le mettre dans l'église publique du dehors, le saint concile le défend nonobstant quelque indult, ou privilége que ce soit. »

Aucun prêtre ne peut confesser des *religieuses* sans un pouvoir spécial de l'évêque ou du Souverain Pontife. Le curé même n'a pas droit, en vertu de son titre, de confesser les personnes du sexe consacrées à Dieu par des vœux solennels; mais leurs confesseurs, lors même qu'elles seraient exemptes de la juridiction de l'ordinaire, ont besoin de l'approbation de l'évêque, ainsi que l'ont réglé les papes Grégoire XVI et Benoît XIII. Les évêques et les prélats des monastères sont tenus de donner aux *religieuses* qui leur sont soumises, deux ou trois fois l'année, un confesseur extraordinaire, comme l'ont spécialement établi Innnocent XII, Benoît XIII et Benoît XIV. Ce dernier pape, dans sa bulle *Pastoralis,* qui est du 5 août 1748, ordonne à toute *religieuse* de se présenter au confesseur extraordinaire, lors même qu'elle ne voudrait pas se confesser à lui. De plus, il enjoint de donner un confesseur particulier à toute *religieuse* qui le demande à l'article de la mort. Enfin, il veut que, si une *religieuse* refuse de s'adresser au confesseur ordinaire, on en députe un autre pour entendre sa confession, *pro certis vicibus;* et il

(1) *Mémoires du Clergé, tom.* IV, *pag.* 1799.
(2) Id. *tom.* VI, pag. 635.

exhorte les évêques à se montrer faciles à cet égard. Il ne convient pas que l'évêque remplace le confesseur extraordinaire, qui doit entendre les confessions des *religieuses* deux ou trois fois par an : Benoît XIV le défend expressément.

Ce que nous avons dit des *religieuses* proprement dites, *de monialibus,* ne s'applique point aux personnes qui se consacrent à Dieu pour soigner les malades ou s'occuper de l'éducation de la jeunesse, sans faire des vœux solennels. On doit néanmoins, pour ce qui concerne la confession et la direction de ces personnes pieuses, se conformer aux règlements de chaque diocèse, quoique les évêques, en leur assignant des confesseurs ordinaires et extraordinaires, ne paraissent pas avoir l'intention d'ôter aux curés le pouvoir qu'ils ont, en vertu de leur titre, d'entendre en confession celles qui sont fixées dans leur paroisse. Quant à celles qui, de l'agrément de leur supérieure, sont en voyage ou se trouvent hors de la communauté, elles peuvent se confesser à tout prêtre approuvé, sauf à se conformer, pour ce qui les concerne, aux institutions de leur congrégation (1).

Saint Charles a fait de beaux règlements sur le choix et la conduite des confesseurs des *religieuses,* dans son premier concile de Milan.

On voit sous les mots APPROBATION, PRÉDICATION, PÉNITENCE, la nécessité d'avoir l'approbation des évêques pour confesser et prêcher dans leur diocèse ; cette nécessité est encore plus grande lorsqu'il s'agit de confesser des *religieuses,* et de leur annoncer la parole de Dieu ; cet article n'est jamais censé compris dans les lettres d'approbation, si elles ne le disent expressément. (*Voyez* PÉNITENCE.) C'est là une pratique générale, et ce qu'en a ordonné l'archevêque d'Aix dans le règlement que nous avons cité ci-dessus, peut presque servir de règle, ou tout au moins de modèle dont on ne s'écarte guère dans les autres diocèses. Nous rapportons en conséquence trois articles de ce règlement.

« ART. 14. Les supérieures ne permettront point qu'aucune *religieuse* se confesse, ni communique de sa conscience avec quelque prêtre, soit séculier, soit régulier, ailleurs que dans le confessionnal, si ce n'est que par nécessité, ou par quelque raison très-importante, elles fussent obligées de permettre que ce fût au parloir, auquel cas les volets ou châssis dont il a été fait mention ci-dessus, dans l'article 2, demeureront fermés.

« ART. 15. Nous défendons à toutes *religieuses* de se confesser à aucun prêtre, soit séculier, soit régulier, si elles ne sont assurées qu'il a notre approbation expresse pour entendre les confessions des *religieuses* dans notre diocèse. Déclarons que le pouvoir d'entendre les confessions des *religieuses* n'est point compris dans l'approbation pour entendre les confessions des fidèles, à moins qu'il n'y soit nommément exprimé : n'entendons toutefois que les *reli-*

---

(1) Le cardinal Gousset, *Théologie morale,* tom. II, pag. 311.

gieuses puissent s'adresser à leur gré et indistinctement pour se confesser à tel prêtre séculier ou régulier, qu'elles voudraient choisir parmi ceux qui sont approuvés expressément pour les entendre. Chaque communauté ayant un confesseur ordinaire, c'est à lui que les *religieuses* doivent communément s'adresser; la multiplicité des confesseurs donnant lieu assez souvent, ainsi que l'expérience l'a fait connaître, à des inconvénients considérables; mais elles pourront quatre fois dans l'année s'adresser pour se confesser à des confesseurs expressément approuvés de nous pour entendre les confessions des *religieuses*. Enjoignons pour cet effet à chaque supérieure de procurer à toute sa communauté quatre fois l'année, quatre ou cinq confesseurs extraordinaires à l'un desquels voulons que toutes les *religieuses*, à leur choix, soient tenues de se présenter, soit pour se confesser, soit au moins pour lui demander sa bénédiction. Permettons en même temps à chaque supérieure d'accorder quelquefois des confesseurs extraordinaires aux *religieuses* particulières, qu'elle saura en avoir un véritable besoin. Déclarons néanmoins que les supérieures ne doivent pas avoir trop souvent cette condescendance; et que si elles se rendaient trop faciles sur ce point, nous nous croirions obligé pour prévenir les inconvénients qui naîtraient d'une trop grande complaisance de leur part, de restreindre la permission que nous leur donnons à cet égard.

« ART 16. Défendons à toutes supérieures des monastères de *religieuses*, de permettre qu'aucun prédicateur, soit séculier, soit régulier, prêche dans leurs églises, chapelles ou parloirs, si elles ne sont bien assurées qu'il est approuvé de nous pour prêcher. Déclarons que ce serait contrevenir à notre défense, si, pour l'éluder, on permettait seulement à un prêtre ou autre, soit séculier, soit régulier, de débiter à la grille du chœur, dans quelque parloir ou ailleurs, un simple discours en forme d'homélie, de conférence ou d'entretien, sous prétexte que celui qui parlerait ainsi, ou n'aurait point été revêtu d'un surplis, ou n'aurait paru qu'avec son habit ordinaire, ou enfin n'aurait fait que lire à voix haute et intelligible un sermon ou discours tel qu'on vient de le désigner, et que lui ou quelque autre aurait composé. »

§ VIII. RELIGIEUSES, *dot.*

Nous avons traité la matière des dots et dotations religieuses sous les mots DOT, NOVICE, RÉCLAMATION.

En peut voir sous le mot ORDRES RELIGIEUX ce que Pie VI dit des *religieuses* et de la suppression de leurs monastères en France en 1790.

RELIGIEUX.

On appelle *religieux* celui qui s'est engagé par un vœu solennel à mener la vie monastique selon la règle de tel ou tel ordre. L'état religieux consiste essentiellement dans la pratique des trois vœux de pauvreté, de chasteté et d'obéissance. La règle de chaque ordre doit être approuvée par l'Église. (*Cap. Cùm ad monasterium, de Stat. monach.; c. Unic. de Voto in* 6°.) Le nom de *religieux* reçoit dans l'usage une signification fort étendue. Sous le nom de moine, on comprend tous les *religieux* en général, et sous le nom de *religieux* ou réguliers, on comprend aussi les moines, *verùm hodie monachorum appellatione indefinitè veniunt omnes religiosi cujuscumque generis.* (*Cap. Quod Dei timorem, de Statu regul.*) Mais, malgré cette corruption des termes que l'usage semble autoriser, il sera toujours utile soit pour l'intelligence des canons, soit pour la clarté et l'ordre des idées, de ne pas confondre les *religieux* et les moines. (*Voyez* ORDRES RELIGIEUX, MONASTÈRE, MOINE.) C'est pour éviter ce mélange, que nous avons parlé des *religieux* en général sous le mot MOINE.

§ I. RELIGIEUX, *obligations, vie et mœurs.*

Il semble qu'après l'émission des trois vœux solennels, on n'ait plus rien à prescrire aux *religieux* sur les obligations morales de leur état, et encore moins après les règlements particuliers de chaque ordre. Cependant les canons ont établi, à leur égard, des règles générales de conduite qui rendent leur contravention encore plus répréhensible.

Il faut observer que tout ce qui a été ordonné touchant la vie et les mœurs des clercs séculiers (*in tit. Ne cleric. vel monach.*), s'applique à plus forte raison, aux *religieux*, à qui il est encore plus expressément ordonné de tendre à la perfection, et d'éviter une foule de choses permises aux simples clercs. (*Voyez* CLERC.)

Il leur est par conséquent défendu de chasser. (*Clem. in agro,* § *Porro, de Stat. monach.*)

De s'adonner à des jeux profanes. (*C.* 1, *ne Cleric.*)

De porter des armes. (*Clem. In agro* § *Quia verò.*)

De laisser entrer dans leur monastère d'autres femmes que des reines ou princesses et les dames de leur suite. (*Voyez* CLOTURE.)

De sortir sans la permission des supérieurs. (*C. Qui verò ; c. Quidam* 16, *qu.* 1; *Clem. In agro* § *Quia verò.*)

D'exercer des offices publics. (*C. Monachi; c.* 2, *de Postulando ; clem. Religiosus, de Stat. monach.*)

De faire profession de médecin ou de chirurgien, si ce n'est dans un cas de nécessité ou de charité. (*Cap. Tua nòs, de Homic.*)

D'être tuteurs ou exécuteurs testamentaires. (*C. fin. dist.* 86 ; *c.* 2, *c. ult. de Testam. in* 6°; *Clem. unic. eod. tit.*)

De cautionner. (*C. Penult. de Fidej.*)

De posséder quoi que ce soit en propre. (*Voyez* PÉCULE.)

De prendre des grades en droit ou en médecine. (*C. Magnoperè; c. Super specula, Ne cleric. vel monach.*)

De choisir leur sépulture, à moins qu'ils ne fussent extrêmement éloignés de leurs monastères. (*Glos. verb. Sepulturam, in c. fin. de Sepult. in* 6°.)

De quitter l'habit de leur ordre sous peine d'excommunication *ipso jure*, prononcée par le chapitre *Ut periculosa, Ne cleric. vel monach. in* 6°, contre ceux qui contreviennent témérairement, *temerarie*, à cette défense. Ce terme *temerarie* a donné lieu à plusieurs exceptions, parmi lesquelles on ne comprend point le cas où un *religieux* cacherait son habit uniquement pour n'être point connu, *ut vivat tanquàm laicus*. On a douté si le *religieux*, devenu évêque, encourait cette excommunication, quand il ne portait point l'habit de son ordre; mais on a décidé que non, parce que bien que cet évêque soit toujours obligé de porter quelque marque de son habit de religion, la décrétale de Boniface VIII n'entend parler que des *religieux* astreints à toutes les rigueurs de la règle sous l'autorité d'un supérieur régulier et non de ceux que l'épiscopat a sécularisés. (*Voyez* le § suivant et le règlement du concile de Trente rapporté sous le mot, RÉCLAMATION.)

Il est encore défendu aux *religieux*, sous peine d'excommunication, de se rendre à la cour des princes sans permission de leurs supérieurs. (*Clem. In agro, de Stat. monach.*)

Les *religieux* doivent obéir à leurs supérieurs et l'on ne doit pas écouter facilement les plaintes qu'ils font à ce sujet. (*C. Cùm in ecclesiis, de Major. et Obed.; c. Cùm ad monasterium, de Stat. monach.; c. Reprehensibilis; c. De priore, de Appellat.; c. Licet, de Offic. ordin.*) (*Voyez* OBÉISSANCE.)

Ils doivent garder le silence dans le cloître à certaines heures. (*C. Cùm ad monasterium, de Statu monach.*)

Ils doivent s'abstenir de la viande autant qu'ils peuvent. (*C. Carnes, de Consec. dist.*)

Ils doivent enfin observer exactement la règle et les statuts particuliers de leur ordre. (*C. Juxtà et seq.* 16, *qu.* 1; *c. Recolentes, de Stat. monach.; c. Cùm ad monast., de Stat. monach.; c. Exiit, de Verb. signif.*)

Les religieux sont tenus d'assister aux processions à moins qu'ils ne soient cloîtrés ou qu'ils ne jouissent de quelque privilége ou exemption. (*Concil. Trid., sess.* XXV, *cap.* 13.) Lorsqu'ils sont convoqués aux conciles provinciaux et aux synodes diocésains, ils sont obligés de s'y rendre. (*Ibid., sess.* XXIV, *cap.* 2.)

Il n'y a rien que de conforme à la bonne discipline dans ce qu'on vient de lire.

Les *religieux* ne peuvent se confesser à d'autres prêtres qui ne sont pas de leur ordre sans la permission de leur supérieur. Si le *religieux* qui voyage est accompagné d'un prêtre de son ordre qui soit approuvé, il doit se confesser à lui; s'il n'est accompagné d'aucun prêtre du même ordre, ou si le prêtre qui l'accompagne n'est point approuvé, il peut se confesser à tout autre approuvé, soit régulier, soit séculier. (Sixte IV et Innocent VIII.)

§ II. Religieux, *évêque, curé.*

Le fameux canon *Statutum* 18, *qu.* 1, *J. G.,* décide que la promotion d'un *religieux* à l'épiscopat le délivre du joug de la règle monastique, et qu'il est rendu dès ce jour habile à succéder aux siens, comme ceux-ci peuvent réciproquement lui succéder. *Absolvitur enim,* dit la Glose, *ab obedientiâ cùm fit de filio pater.* C'est une question parmi les théologiens, dans laquelle nous n'entrerons point, si le *religieux* fait évêque n'est pas toujours obligé au for intérieur de pratiquer ce qui est de l'essence des vœux. La Glose du chapitre *De monachis,* 16, *qu.* 1, dit : *Si monachus transit ad episcopatum, ex toto absolvitur à jurisdictione abbatis.* L'auteur de cette glose paraît en dire autant des *religieux* devenus curés, dans des paroisses où l'abbé n'a aucun droit; mais cela ne s'étend que de l'exemption de l'autorité de l'abbé, pour devenir soumis à celle de l'évêque dans les fonctions du ministère : *Non debet regere ecclesiam secundùm officium monachale.* Car quoiqu'un curé *religieux* puisse donner entre-vifs par forme d'administration, s'il meurt *religieux,* il demeure soumis à l'obéissance envers son supérieur; tout ce qu'il acquiert, il l'acquiert au profit du monastère dans lequel il a fait profession.

On cite différentes épîtres des papes qui exhortent les *religieux* faits évêques d'allier les pratiques de la vie religieuse avec les fonctions sublimes de l'épiscopat.

RELIGION.

Religion est un terme qui a différentes applications. Les théologiens entendent par le seul mot de *religion* une vertu annexée à la justice et qui prescrit le culte dû à Dieu. La *religion* chrétienne est la seule *religion* véritable ; Jésus-Christ en est l'auteur.

On donne aussi un autre sens au mot *religion;* ainsi l'on dit entrer en *religion,* pour dire embrasser la vie religieuse.

RELIQUES.

On appelle ainsi ce qui nous reste d'un saint, et qu'on garde avec respect pour honorer sa mémoire, *Reliquiæ sanctorum ossa.* L'on voit sous le mot IMAGE le décret du concile de Trente où la doctrine de l'Eglise est enseignée touchant la vénération des *reliques.* Le chapitre *Cùm ex eo, de Reliq.* défend de les vendre et d'en exposer de nouvelles qui ne sont point autorisées par le pape, et enjoint aux évêques de ne permettre cette exposition qu'après avoir reconnu par les marques légitimes l'approbation du Saint-Siége. C'est en conséquence de cette injonction que, lorsqu'on obtient de Rome quelque *relique,* il se fait par l'évêque ou par quelqu'un qu'il commet un procès-verbal de visite et de vérification, sans lequel on ne saurait s'en servir : *Cùm ex eo quod quidam sanctorum reliquias exponunt ve-*

*nales, et eas passim ostendunt christianæ religioni detractum sit sæpius :
Ne in posterum detrahatur præsenti decreto statuimus, ut antiquæ reliquiæ amodo extrà capsam nullatenus ostendantur, nec exponantur venales. Inventas autem de novo nemo publicè venari præsumat, nisi priùs auctoritate romani pontificis fuerint approbatæ. Prælati verò non permittant eos qui ad eorum ecclesias causâ venerationis accedunt, variis figmentis, aut falsis documentis decipi, sicut in plerisque locis occasione quæstûs fieri consuevit. (Cap. Cum ex eo, 2.)*

On ne défend point de vendre les calices et les tableaux, parce que la matière du calice et l'industrie du peintre sont estimables à prix d'argent; mais dans les *reliques* des saints il n'y a rien qui puisse être estimé.

Les *reliques* des saints doivent être environnées d'honneur, et l'on ne doit les exposer à la vénération des fidèles que lorsqu'elles sont reconnues et approuvées de l'ordinaire. (*Concil., Avenion., ann.* 1849, *titul.* II, *cap.* 2; *Concil. Lugd., pag.* 61.)

Le culte d'une *relique* établi dans une église, et autorisé par des miracles, y attire les fidèles, même des pays éloignés, c'est ce qu'on appelle pèlerinage. (*Voyez* PÈLERINAGE.)

Le culte ou la vénération des *reliques* a toujours été pratiqué unanimement dans l'Église : tous les pères l'ont regardé comme très-ancien : ils en ont parlé comme d'une pratique qui leur était venue par tradition. On voit par les actes du martyre de saint Ignace, que l'Église honore comme un de ses anciens martyrs, que les fidèles reçurent ses *reliques* avec un respect religieux. (*Voyez* SAINT.)

« Qu'on dépose dans les églises et dans les monastères, disent d'anciennes constitutions de l'Église d'Orient, les corps des saints martyrs, et de tous ceux qui ont combattu avec succès pour la défense de la foi de Jésus-Christ, afin que leurs précieuses *reliques* procurent du soulagement aux malades, aux infirmes, aux languissants, et à tous ceux qui ont besoin de quelques secours. Qu'on en fasse tous les ans parmi les chrétiens la commémoration, et qu'on ne les regarde pas comme des morts ordinaires, mais qu'on les honore avec un profond respect, comme les amis de Dieu, et comme le diadème et la couronne de l'Église, puisque, par l'effusion de leur généreux sang, ils ont relevé la vigueur et l'éclat de la foi chrétienne au-dessus de toutes les religions étrangères (1). »

Aussi, les curés des paroisses, dit le concile de Bourges de l'an 1850, doivent s'appliquer avec un soin tout particulier à rendre et à faire rendre aux saintes *reliques* tout l'honneur qui leur est dû, et faire en sorte qu'elles soient renfermées dans des châsses ou reliquaires propres et convenables. Si elles ne restent pas ordinairement sur l'autel, on doit les renfermer dans un lieu décent et fermant à clé. Dans certaines circonstances, on doit les livrer avec toute la pompe et le respect possible à la vénération des fidèles. Mais il n'est

(1) Le P. Labbe, *Sacrosancta concilia, tom.* II, *pag.* 350.

jamais permis de les mettre sur l'autel dans le lieu où l'on expose le saint sacrement ou sur le tabernacle. On ne doit pas les porter dans les processions ou les prières publiques, sans en avoir obtenu la permission de l'évêque. (*Decret. de Reliquiis.*)

La congrégation des rites défend de porter sous le dais les *reliques* dans les processions. (*Décision du 23 mars* 1686.) Quand on encense la vraie croix, le célébrant ne doit pas être à genoux. Léon XII a décidé, le 27 mai 1826, qu'il peut être toléré et permis de porter sous le dais les *reliques* de la vraie croix et les autres instruments de la Passion de notre Seigneur.

On divise les *reliques* des saints en trois classes ; les *reliques* insignes, les notables et les minimes. On entend par *relique* insigne le corps entier d'un saint, ou un membre entier, comme la tête, un bras, une jambe, ou la partie sur laquelle un martyr a souffert, pourvu qu'elle soit notable et entière. *Insignis reliquia est corpus, caput, brachium, crus aut illa pars integra, et non parva, in quâ passus est martyr, et quæ sit legitimè ab ordinario approbata* (1). On entend par *relique* notable une partie entière du corps qui n'est pas un membre, comme un doigt, une côte, un fragment considérable d'une partie importante de la tête, par exemple d'un bras, d'une jambe, d'une des mâchoires. On entend par *reliques* minimes celles qui ne consistent qu'en quelques petits fragments, quelques parcelles ; telles sont, par exemple, les *reliques* renfermées dans des médaillons ou autres petits reliquaires propres à être suspendus au cou des personnes pieuses. Ainsi le titre de *reliques* convient non seulement au corps entier d'un saint, mais encore à toutes les parties de ce même corps, quelque petites qu'elles soient, pourvu qu'on puisse les voir (2). On donne aussi le nom de *reliques* aux objets qui ont été à l'usage d'un saint, comme les vêtements qu'il a portés, les instruments de son supplice, etc.

On met ordinairement des *reliques* dans les pierres sacrées, mais elles ne sont pas de l'essence de la consécration. (*Voyez* AUTEL.)

REMÉRÉ.

(*Voyez* ACHAT.)

RENÉGAT.

On appelle ainsi ceux qui, après être rentrés dans la vraie religion, qu'ils avaient abandonnée, y renoncent une seconde fois. *Renégat* signifie aussi la même chose qu'apostat, et on donne également ce nom à celui qui renonce à la foi de Jésus-Christ pour embrasser une fausse religion. (*Voyez* APOSTAT.)

(1) *Décision de la congrégation des rites du 8 avril* 1628. — La même congrégation a décidé le 3 juin 1662, que l'os du devant de la jambe, appelé *tibia*, n'était pas une *relique* insigne.

(2) Schmalgrueber, *part.* III.

RENONCIATION.

Nous expliquons la nature, la forme et les effets de la *renonciation* en matière de bénéfice sous les mots DÉMISSION, RÉSIGNATION.

RENTES.

On appelle *rentes* obituaires, celles qui se payent à l'église en raison de quelque obit ou fondation. (*Voyez* FONDATION.)

RENVOI.

On entend ici par ce mot l'ordonnance du juge laïque, par laquelle il renvoyait au juge d'Église ou une cause civile entre ecclésiastiques, ou le procès d'un clerc accusé, soit d'un délit commun dont il ne devait point connaître, soit d'un délit privilégié dont la procédure devait être faite avec l'official conformément aux règles établies alors.

Les clercs accusés de quelque crime que ce fût, suivant l'ancienne jurisprudence canonique et civile, devaient être renvoyés aux juges d'Église, lors même qu'ils ne l'auraient pas demandé, car il ne dépendait pas d'eux d'y renoncer. La jurisprudence actuelle est totalement changée, les clercs criminels sont comme les autres citoyens justiciables des tribunaux civils. (*Voyez* OFFICIALITÉS.)

RÉORDINATION.

C'est l'action de conférer de nouveau les ordres à un homme qui les a déjà reçus, mais dont l'ordination a été jugée nulle.

Le sacrement de l'ordre imprime un caractère ineffaçable, par conséquent il ne peut être réitéré ; mais il y a dans l'histoire ecclésiastique plusieurs exemples d'ordination dont la validité pouvait seulement paraître douteuse, et qui ont été réitérées. Ainsi, au huitième siècle, le pape Étienne III réordonna les évêques qui avaient été sacrés par l'antipape Constantin, son prédécesseur, et réduisit à l'état de laïques les prêtres et les diacres que celui-ci avait ordonnés ; il prétendit que cette ordination était nulle. Quelques théologiens ont cependant cru que le pape Étienne n'avait fait autre chose que réhabiliter les évêques dans leurs fonctions, ce qui nous paraît plus probable.

Quant aux ordinations faites par des évêques schismatiques, intrus, excommuniés, simoniaques, il est de principe, parmi les canonistes, qu'on ne les a jamais regardées comme nulles, mais seulement comme illégitimes et irrégulières, de manière que l'on ne pouvait légitimement en faire les fonctions. Conséquemment, l'Église d'Afrique condamna la conduite des donatistes qui réordonnaient les ecclésiastiques en les admettant dans leur société, mais elle n'en fit point de même à leur égard ; les évêques donatistes qui se réunirent à l'Église furent conservés dans leurs fonctions et dans leurs siéges.

L'usage de l'Église romaine est de réordonner les anglicans, parce qu'elle regarde leur ordination comme nulle et que la forme en est insuffisante. (*Voyez* ANGLICAN.)

RÉPARATIONS.

Les *réparations* et les dépenses nécessaires pour l'entretien des églises ont toujours fait l'objet d'une attention particulière. Nous disons ailleurs que, par l'ancien partage des revenus des églises, il y en avait une portion destinée aux *réparations* et à l'entretien de l'église. (*Voyez* FABRIQUE.)

Le concile de Trente (*session* VII, *chap.* 8 *et session* XXI, *ch.* 8, *de Reform.*) attribue aux évêques un pouvoir très étendu pour ordonner les *réparations* des églises et des presbytères. (*Voyez* FABRIQUE.)

Peckius, auteur allemand, a fait un traité *De ecclesiis reparandis ac reficiendis*, où il comprend parmi ceux qui sont tenus des *réparations* des églises, généralement tous ceux qui leur causent du dommage, tant les laïques que les ecclésiastiques ; et il établit en conséquence en quarante questions de très bons principes, mais qui ne peuvent avoir d'application dans notre jurisprudence actuelle.

Le décret du 30 décembre 1809, article 92, met les grosses *réparations* des édifices consacrés au culte à la charge des communes. L'article 41 du même décret prescrit aux marguilliers et spécialement au trésorier de veiller à ce que toutes les *réparations* soient bien et promptement faites. Voyez à cet égard notre *Cours de législation civile ecclésiastique*.

RÉPONDANT DE MESSE.

Les messes basses doivent être servies au moins par un enfant qui sache répondre au prêtre ; cette fonction ne peut être remplie par des femmes ; le missel le défend expressément et le chapitre *Inhibendum* dit : *Prohibendum est ut nulla femina ad altare præsumat presbytero ministrare.* (*Voyez* FEMME.) Cependant, d'après une décision de la sacrée congrégation des rites, du 27 août 1836, une femme pourrait, en cas de nécessité, *urgente necessitate*, répondre la messe ; mais il ne lui serait pas permis de la servir, et le prêtre devrait porter lui-même le missel d'un côté de l'autel à l'autre, prendre les burettes, etc.

RESCRIT.

Les *rescrits* sont des lettres apostoliques par lesquelles le pape ordonne de faire certaines choses en faveur d'une personne qui lui a demandé quelque grâce. Les *rescrits* sont qualifiés de bulles ou de brefs, selon la forme et le style dans lesquels ils sont rédigés. (*Voyez* BULLE.)

Nous prenons ici le mot *rescrit* dans la signification générale des lettres apostoliques qui émanent de Rome, sous quelque forme qu'elles soient expédiées et de quelque matière qu'elles traitent : *Rescripta quasi rectè scripta ad observantiam juris.*

Dans l'usage, on les prend pour des réponses du pape sur papier : *rescripta bis scripta.* Cette seconde écriture s'entend ordinairement de la concession sur la supplique ou demande.

On n'appelle point du nom de *rescrit* les concessions faites par des inférieurs au pape. (*C. Olim, de Rescript.*)

§ I. *Nature et forme des* RESCRITS *en général.*

Quoique sous le nom de *rescrits* on comprenne généralement toutes les différentes sortes d'expéditions qui se font à Rome, on les distingue par rapport à leur nature en *rescrits* de justice, et en *rescrits* de grâce : on y ajoute les *rescrits* communs ou mixtes qui participent de la nature des deux précédents.

Le *rescrit* de justice est celui qui tend à l'administration de la justice : *Quandò concessa continent justum et honestum et jus commune.* Cette sorte de *rescrit* a lieu régulièrement pour la décision de quelque procès, ou d'une chose dont la contestation doit être portée au Saint-Siége. Dans ce cas le pape nomme des juges délégués, et leur commet la décision ou le jugement de l'affaire en question, par un acte qu'on appelle avec raison *rescrit* de justice, s'agissant de faire rendre la justice à ceux qui la demandent. (*Cap. Sciscitatus ; cap. Pastoralis ; cap. Super litteris, de Rescript.*) (*Voyez* DÉLÉGUÉ.)

Le *rescrit* de grâce est lorsque le pape donne et accorde quelque chose par sa pure libéralité. On l'appelle, selon la nature et l'objet de ses dispositions, privilége, indulgence, dispense, exemption, grâce ou bénéfice. (*C. Gratia, de Rescriptis ; c. Si gratiosè, eod. in* 6°.)

Le *rescrit* mixte est celui qui n'est proprement ni de justice ni de grâce, mais participe à la nature de ces deux *rescrits.* Tels sont les *rescrits* pour les réclamations des vœux ; ces *rescrits* sont de grâce dans leur principe. Mais comme ils ne peuvent être exécutés *de plano,* sans une procédure, qui tient du contentieux et de l'administration de la justice, on peut dire aussi qu'ils sont de justice ; et de là le nom de mixte.

Certains canonistes appellent encore *rescrits* communs ceux qui sont accordés à un ecclésiastique par le pape, d'un côté, pour raison du spirituel, et de l'autre par son souverain pour le temporel ; de cette espèce seraient les *rescrits* du pape pour la légitimation des bâtards, pour la réhabilitation des criminels ou infâmes, pour la naturalisation des clercs étrangers, etc.

On a marqué plusieurs différences entre le *rescrit* de justice et le *rescrit* de grâce. Nous rappellerons ici les principales.

1° La subreption même par ignorance annule le *rescrit* de grâce et tout ce qui s'en suit, et n'annule point le *rescrit* de justice, parce que ce dernier ne donne aucun droit qui puisse nuire au tiers. (*C. Cum nostris, de Concess. præb.*)

2° La grâce subreptice est nulle, quand même l'adversaire de l'impétrant consentirait à son exécution, parce qu'il n'est pas au pouvoir des particuliers de réparer une omission sans laquelle le pape n'eût pas accordé la grâce. Mais dans les *rescrits* de justice ou mixtes, où il ne s'agit que de l'intérêt particulier de ceux qui plaident, ils peuvent sans difficulté convenir et transiger entre eux. (*C. Si diligenti, de Foro competenti.*)

3° Le *rescrit* mixte en général est annulé par la subreption, parce qu'il contient toujours quelque grâce ou privilége; mais on doit accepter le cas où il ne s'agirait que de la subreption d'une disposition particulière de quelque statut, ce qui ne saurait avoir lieu pour les *rescrits* de grâce où tout est de droit étroit. (*C. Quamvis, de Præb. in 6°.*)

4° La signature de grâce est signée par le pape par le mot *fiat*, elle l'est par le mot *concessum* quand c'est le vice-chancelier qui signe; la signature de justice n'est signée que par le mot *placet*.

5° Le *rescrit* de grâce peut être impétré par un tiers sans mandement spécial, même par un laïque. (*C. Accedens, de Præb.*) Les *rescrits* de justice, au contraire, ne peuvent être demandés par autres que par les parties mêmes, sans pouvoir spécial. (*C. Nonnulli, § Sunt, et alii, de Rescript.*)

6° Les *rescrits* de grâce doivent faire mention des priviléges auxquels ils sont contraires, sans quoi les privilégiés n'en sauraient souffrir du préjudice. (*Cap. Constitutus, de Rescript.*) Il en est autrement des *rescrits* de justice, qui ne laissent pas d'être valables, quoiqu'il n'y soit fait aucune mention du privilége de la partie adverse, à moins que ce privilége ne fournît une exception dilatoire, ou ne dût servir de règle à la teneur du *rescrit*. (*C. Cùm ordinem, de Rescript.*)

7° Aux *rescrits* de grâce est attaché un cordon de soie; aux *rescrits* de justice pend un cordon de chanvre plombé. (*C. Licet ad regimen, etc.; cap. Quam gravi, de Crim. falsi.*) (*Voyez* FAUX.)

8° On obtient plus difficilement les *rescrits* de grâce que les *rescrits* de justice. Les premiers sont plutôt présumés faux. (*C. Ad falsariorum, de Crim. falsi.*) (*Voyez* FAUX.)

9° Les *rescrits* de grâce passent sans contradiction, mais non sans examen; au lieu que les *rescrits* de justice ne sont point examinés, mais seulement contredits. (*C. Apostolicæ, 35, qu. 9.*)

10° Les lettres de justice ne sont adressées qu'à des dignitaires ou des chanoines de cathédrale. (*C. Statutum, de Rescript. in 6°.*) Mais les *rescrits* de grâce sont adressés à ceux-là mêmes à qui ils sont accordés, mais l'exécution en est toujours commise à des dignitaires.

11° Dans les *rescrits in formâ pauperum*, qu'on appelle de justice, on doit faire mention de l'état des biens de l'impétrant, *secùs* dans les *rescrits* de grâce. (*Cap. Tuis; cap. Episcopus; cap. Non liceat, de Prœb.; cap. Postulat., de Rescript.*)

12° Les *rescrits* de grâce, comme suspects d'ambition, doivent être accordés et interprétés étroitement, et non point les *rescrits* de justice. (*Cap. Quamvis, de Prœb. in* 6°.)

13° Les *rescrits* de grâce, *rebus adhuc integris*, n'expirent point par la mort de celui qui les a accordés, comme les rescrits de justice. (*C. Si cui, de Prœb. in* 6°; *c. Gratum; c. Relatum, de Officio delegati.*)

14° Un laïque ne peut impétrer pour lui des *rescrits* de grâce, parce qu'il est incapable de bénéfices ; mais il peut obtenir des *rescrits* de justice ou mixtes. (*C. Cum à Deo, de Rescript.; c. Nonnulli, § fin., de Rescript.*)

15° Dans les *rescrits* de grâce, on insère la clause des nonobstances, et non dans les *rescrits* de justice ; on la voit cependant quelquefois dans les uns et dans les autres.

16° Les lettres de grâce sont perpétuelles, les lettres de justice ne sont que pour un an. (*Cap. Si autem; cap. Plerumque, de Rescript.*)

17° Les *rescrits* de justice n'attribuent aucun nouveau droit, ils n'ont pour objet que de commettre la connaissance ou le jugement du droit qui est acquis, au lieu que les *rescrits* de grâce donnent droit à la chose, même avant la vacance de la part du pape.

18° On n'enregistre point les *rescrits* de justice, comme les *rescrits* de grâce.

19° Les *rescrits* de grâce expirent plus difficilement que les *rescrits* de justice.

20° L'omission d'une exception péremptoire ne peut être opposée à l'effet de retarder les *rescrits* de justice ; c'est le contraire à l'égard des *rescrits* de grâce. (*C. Cum ordinem, de Rescript.*)

21° Pour l'effet des *rescrits* de justice, on considère le temps qu'ils ont été présentés, parce que ce n'est que du jour de la présentation que le juge délégué est fondé en juridiction. (*C. Ut debitus, de Appel.*) A l'égard des *rescrits* de grâce, où il n'y a point de condition, on considère le temps de leur date. (*C. Eam te, de Rescript.; c. Tibi qui; c. Duobus, de Rescript. in* 6°.)

22° Dans les *rescrits* de justice, on insère la clause *si preces veritate nitantur*, ou bien elle y est toujours sous-entendue. (*C. de Rescriptis.*) Cette clause n'est point nécessaire dans les *rescrits* de grâce, quoique ce soit assez l'usage de l'y insérer, ou celle-ci : *vocatis vocandis;* la forme sous laquelle l'expédition se fait, décide de cette vérification. La soixante-unième règle de chancellerie porte : *Item, quod in litteris super beneficiis, per constitutionem Execrabilis vacantibus, ponatur clausula,* SI ITA EST, *similiter de quibuscumque narratis informationem facti requirentibus.*

En matière de *rescrits,* le droit canon décide : 1° que le dernier *rescrit* où il n'est pas fait mention du précédent, ne fait rien perdre à celui-ci de sa valeur. (*C. Ex parte, de Officio et potest. judic. deleg.; c. Cæterum, de Rescript.*)

2° Celui qui obtient deux *rescrits* pour le même sujet, sans faire mention du premier dans le second, est privé de l'effet de l'un et de l'autre. (*C. Ex tenore, de Rescript.*) Que si le second parle du premier, celui-ci doit être exhibé, sans quoi le second est nul. (*C. Ex insinuatione.*) Mais il n'est pas nécessaire de faire mention du premier *rescrit,* si le sujet est différent, si le premier *rescrit* est resté inconnu sans signification ; si le premier n'étant que général, le second est spécial, *generali enim per speciale derogatur ;* si enfin le premier était suranné quand le second a été impétré.

3° Le second *rescrit* en révoquant le premier, ne détruit rien de ce qui a été légitimement fait pour son exécution. (*Cap. Causam.*) De deux *rescrits* sur le même sujet et à deux différentes personnes, celui qui est le plus tôt présenté l'emporte. (*Cap. Capitulum, eod.; cap. Duobus, de Rescript. in 6°.*)

4° C'est une grande règle en matière de *rescrits,* qu'on doit faire rapporter tout ce qu'ils contiennent à ce qui en fait le principal objet.

Quant à la forme des *rescrits,* elle est différente, selon la différente nature des causes qui en font la matière. Nous remarquerons en général qu'on expédie à Rome les *rescrits* ou lettres apostoliques par bulles, brefs ou signatures. L'on voit sous chacun de ces mots la forme de ces trois sortes d'expéditions, et l'on voit aussi dans quel cas elles ont lieu. Il y a ensuite de certaines expéditions particulières, dont il est parlé dans le cours de l'ouvrage sous les mots de rapport, tels sont les mandats, les *rescrits In formâ pauperum, Perinde valere, Rationi congruit, Si neutri,* etc. A l'égard des clauses qu'on insère, le nombre en serait presque infini, à les rappeler dans le détail ; il suffit de connaître les principales, telles que les nonobstances dérogatoires, *Motu proprio, Si itâ est,* etc., et de lire ce que nous disons à ce sujet sous les mots BULLE, CLAUSE, MOTU PROPRIO, DÉROGATOIRE (1).

§ II. RESCRITS, *autorité, exécution.*

Il n'est point de *rescrit* qui n'ait son adresse et où le pape ne commette quelqu'un pour son exécution. Celui à qui l'exécution est commise, s'appelle en termes de chancellerie *exécuteur.*

Les canonistes nous apprennent qu'on distingue à Rome deux sortes d'exécuteurs de *rescrits,* le simple et le mixte, *merus et mixtus.*

Le premier est celui à qui le pape commet une commission qui doit être exécutée *de plano* sans information, sans contradiction :

---

(1) Rebuffe, *Praxis, tit. differ, inter rescript.*

ubi nullus prorsùs adest contradictor, tels sont les *rescrits In formâ gratiosâ*.

Quand il y a des informations à prendre, des contradicteurs à combattre ou à appeler, l'exécuteur est mixte, parce que sa commission participe alors du gracieux et du contentieux. Tels sont les brefs de dispense, les provisions *In formâ dignum* dans les pays d'obédience, et enfin tous les *rescrits* où sont imprimées et sous-entendues les clauses *Vocatis vocandis, Si itâ est, Dummodo non sit alteri quæsitum*, etc., *Sine præjudicio juris tertii*.

Dans les *rescrits* adressés aux exécuteurs simples, sont les clauses *Remotâ appellatione, Contradictores compescendo* et *Amoto exinde quolibet illicito detentore*. Ce qui donnant quelquefois lieu à des contestations, fait que l'exécuteur devient mixte, quoiqu'il n'ait d'abord procédé que comme exécuteur simple.

Quand le pape adresse ses *rescrits* aux cardinaux ou aux évêques, il les qualifie de frères : *Venerabili fratri nostro*. Mais dans les adresses particulières à des cardinaux qui ne sont point évêques, il ne leur donne que la qualité de fils, *Dilecto filio*, ainsi qu'à toutes les autres personnes, soit clercs, prêtres, religieux, religieuses, ou laïques, princes ou princesses ; il y a seulement de plus à l'égard des rois ou reines, les mots *Carissimo* ou *Carissima in Christo filia ;* à l'égard des religieuses, *Dilecta in Christo filia*.

Quand le pape désigne dans le *rescrit* l'exécuteur par son propre nom, en parlant de sa dignité, s'il en a une, l'exécution ne passe point aux successeurs ou à d'autres, par subdélégation. L'exécuteur est obligé de remplir sa commission par lui-même, *quia tunc videtur papam elegisse industriam et fidem personæ*. C'est la disposition expresse de la 48ᵉ règle de chancellerie, conforme au chapitre *fin.,* § *Is autem, de Offic. jur. delegati*.

Item, voluit, statuit et ordinavit quod quotiescumque per signaturam suam, vel de ejus mandato factam, super exêquendis aliquibus, cum ad · jectione proprii nominis vel dignitatis cujusvis judex datur, litteræ desuper expediantur, cum expressione quod idem judex executionem faciat per seipsum. Les canonistes décident que l'on n'est point au cas de cette règle par la clause, *Super quo conscientiam tuam oneramus*.

L'article 1ᵉʳ de la loi du 18 germinal an X, porte : « Aucune bulle, bref, *rescrit*, décret, mandat, provision, signature servant de provision, ni autres expéditions de la cour de Rome, même ne concernant que les particuliers, ne pourront être reçus, publiés, imprimés, ni autrement mis à exécution, sans l'autorisation du gouvernement. »

Rome s'empressa de réclamer contre de telles entraves. Le parlement lui-même ne les admettait pas, dit le cardinal Caprara, car il exceptait de la vérification les *provisions*, les *brefs de la Pénitencerie et autres expéditions concernant les affaires des particuliers*.

Effectivement les défenses faites aux évêques de mettre à exécution aucun décret ou constitution de Rome, sans autorisation du roi, ne s'appliquaient pas d'abord aux *rescrits* expédiés à Rome pour l'intérêt ou les affaires des particuliers; il n'y avait que que quelques provinces, dit Durand de Maillane, où il fallait nécessairement des lettres d'attache ou d'annexe avant l'exécution de toute sorte de *rescrits* publics ou privés, indistinctement. Le parlement de Paris, dans le ressort duquel cette pratique n'avait pas lieu, l'y introduisit par un arrêt du 26 février 1768, qui donna lieu à quelques difficultés dans son exécution, elle fut même sursise par des lettres patentes du roi, du 18 janvier 1772. Mais aujourd'hui venir rappeler ces dispositions, c'est un anachronisme et un non sens.

RÉSERVE.

On appelle *réserves* ou *réservations* apostoliques des rescrits ou mandats par lesquels les papes se réservent la nomination et la collation de certains bénéfices, lorsqu'ils viendront à vaquer, avec défense aux électeurs ou collateurs de procéder à l'élection ou collation de ces bénéfices quand ils vaqueront, sous peine de nullité.

§ I. *Origine des* RÉSERVES.

On ignore le temps précis où les *réserves* ont commencé; mais l'on sait que Clément IV, qui fut élevé au pontificat l'an 1265, fit le premier une *réserve* générale et absolue de tous les bénéfices qui viendraient à vaquer en cour de Rome : *Licet ecclesiarum persona-tuum, dignitatum, aliorumque beneficiorum ecclesiasticorum plenaria dispositio ad Romanum noscatur Pontificem pertinere, ità quod non solum ipsa, cùm vacant, potest de jure conferre, verùm etiam jus in ipsis tribuere vacaturis ; collationem tamen ecclesiarum personatuum, dignitatum et beneficiorum apud Sedem Apostolicam vacantium, specialius cœteris antiqua consuetudo romanis pontificibus reservavit.* (**C.** 2, *de Præbend. in* 6°.)

Cette *réserve* déplut aux collateurs : on la restreignit à un mois dans le concile général de Lyon, tenu l'an 1274, d'où a été tiré le chapitre *Statutum, eod. tit. in* 6°, c'est-à-dire que ce concile ordonna que, si le pape ne conférait pas, dans le mois de la vacance, les bénéfices vacants *in curiâ*, les collateurs ordinaires pourraient les conférer.

Boniface VIII et Clément V renouvelèrent cette *réserve* absolue des bénéfices vacants *in curiâ*. (*Extravag. comm.; c. Piœ* 1, *c.* 3, *de Præbendis.*)

Le pape Jean XXII, par sa constitution *Execrabilis*, se réserva la collation de tous les bénéfices dont seraient obligés de se démettre ceux qui seraient pourvus d'autres bénéfices incompatibles.

Benoît XII, successeur de Jean XXII, autorisé par tous ces exemples, particulièrement par la doctrine de Clément IV, dans la décrétale rapportée ci-dessus, se réserva (*in cap. Ad regimen* 12, *de Præb. in extrav. commun.*), non seulement la provision de tous les bénéfices qui vaqueraient *in curiâ,* mais encore de tous ceux qui viendraient à vaquer par la privation des bénéficiers, ou par leurs translations à d'autres bénéfices; de tous ceux qui seraient remis entre les mains du pape; de tous les bénéfices des cardinaux, légats, nonces, trésoriers des terres de l'Église romaine, et des clercs qui, allant à Rome, pour affaires, mourraient, soit en allant ou en revenant, ou à deux journées environ de cette cour; et, enfin, de tous les bénéfices qui vaqueraient à cause que leur possesseur en aurait reçu quelque autre.

Les *réserves* ont été abolies en France par le concordat fait entre Léon X et François 1er. (*Voyez* concordat de Léon X, rub. 2.)

§ II. *Diverses sortes de* RÉSERVES.

Les *réserves* sont ou générales ou spéciales. Les *réserves* générales sont celles qui tombent sur tous les bénéfices d'un royaume ou d'un certain lieu, ou sur certaines dignités. Les *réserves* spéciales sont celles qui ne regardent qu'un certain bénéfice en particulier. Les canonistes rapportent à quatre chefs les bénéfices dont les papes se sont réservé la disposition. 1º La *réserve* à raison du lieu où ces bénéfices ont vaqué, c'est l'espèce de la *réserve* fondée sur la vacance *in curiâ;* 2º la *réserve* fondée sur le temps dans lequel la vacance de certains bénéfices est arrivée : cette *réserve* a lieu dans les églises où l'on suit la règle *de reservatione mensium et alternativâ* (*voyez* ALTERNATIVE.); 3º la *réserve* fondée sur la qualité des personnes qui possédaient les bénéfices qui ont vaqué : elle comprend les bénéfices qui ont vaqué par la mort des cardinaux, des domestiques du pape et des officiers de la cour de Rome; 4º la *réserve* fondée sur la qualité des bénéfices. On y comprend les premières dignités des cathédrales et les principales dignités des collégiales, dont le revenu excède la valeur de dix florins d'or.

Il y a encore des *réserves* qu'on appelle mentales ou tacites; c'est lorsque le pape marque dans une bulle ou bref qu'il veut disposer d'un tel bénéfice en faveur d'une personne qu'il ne nomme point. On dit aussi qu'un bénéfice est réservé au pape d'une manière tacite, par la voie de l'affectation, *affectione.* (*Voyez* AFFECTATION.)

RÉSIDENCE.

On appelle *résidence* la demeure continuelle que fait un bénéficier dans le lieu où est situé son bénéfice, afin qu'il soit toujours prêt à le desservir.

La stabilité des clercs, attachés anciennement dans les églises où ils avaient été placés par leur ordination, emportait nécessairement l'obligation d'y résider. Les canons des anciens conciles sont, à cet égard, très formels; nous ne rapporterons que le seizième du concile de Nicée, après avoir renvoyé à ceux qui se voient sur la même matière, sous les mots EXEAT, TITRE, STABILITÉ, INAMOVIBILITÉ.

Quicumque ac periculosè neque timorem Dei præ oculis habentes, nec ecclesiasticam regulam agnoscentes discedunt ab ecclesiâ, presbyteri, aut diaconi, vel quicumque sub regulâ prorsus existunt: hi nequaquàm debent in aliam ecclesiam recipi, sed omnem necessitatem convenit illis imponi, ut ad suas parochias revertantur; quod si non fecerint, oportet eos communione privari. Si quis autem ad alium pertinentem audacter invadere, et in suâ ecclesiâ ordinare tentaverit non consentiente episcopo, à quo discessit is qui regulæ mancipatur, ordinatione hujuscemodi irritâ comprobetur. (Can. 16.)

Les conciles, jusqu'à celui de Trente, ont fait des règlements en conséquence ; mais comme ils n'ont rien de plus particulier que ceux du concile de Trente même, nous nous bornerons à rapporter ces derniers, en les appliquant à chaque espèce de bénéfices qui, selon la discipline présente de l'Église, demandent *résidence*.

Ces bénéfices sont d'abord tous ceux auxquels est attachée la charge des âmes, et de ce nombre sont les archevêchés et évêchés, dont les prélats sont chargés des âmes de tout le diocèse ;

Les cures, dont les pasteurs, députés pour soulager l'évêque, veillent immédiatement sur la conduite des âmes de chaque paroisse ;

Les abbayes et prieurés conventuels et réguliers, dont les possesseurs sont nommés prélats dans l'Église, et sont chargés du soin de leurs communautés ;

Les chanoines sont aussi obligés à la *résidence*.

1° Pour ce qui concerne la *résidence* des archevêques et évêques, elle a toujours été très expressément recommandée par les canons, dans tous les siècles. (*Tit. de Clericis non resid.*) On peut voir, à cet égard, Thomassin(1). Mais la *résidence* était beaucoup trop négligée au temps du concile de Trente, dont voici le règlement à l'égard des prélats supérieurs. (Session XXIII, ch. 1, *de Reform.*)

« Comme il est de précepte divin, que tous ceux qui sont chargés du soin des âmes, doivent reconnaître leurs brebis, offrir pour elles le sacrifice, et les nourrir par la prédication de la parole de Dieu, par l'administration des sacrements et par l'exemple de toutes sortes de bonnes œuvres ; qu'ils doivent aussi avoir un soin paternel des pauvres et de toutes les autres personnes affligées, et s'appliquer incessamment à toutes les autres fonctions pastorales, et qu'il n'est pas possible que ceux qui ne sont pas auprès de leur troupeau, et qui n'y veillent pas continuellement, mais qui l'abandonnent comme des mercenaires, puissent remplir toutes ces obligations, et s'en acquitter convenablement, le saint concile les avertit et les exhorte, se ressouvenant de ce qui leur est commandé de la part de Dieu, et se rendant eux-mêmes l'exemple et le modèle de leur troupeau, de le repaître et le conduire selon la conscience et la vérité. Et de peur que les choses qui ont été déjà saintement et utile-

---

(1) *Discipline de l'Église*, part. I, liv. II, ch. 31 ; part. II, liv. II, ch. 46 ; part. III, liv. II, ch. 50 ; part. IV, liv. II, ch. 70.

ment ordonnées, sous Paul III, d'heureuse mémoire, touchant la *résidence*, ne soient tirées à des sens éloignés de l'esprit du saint concile, comme si, en vertu de ce décret, il était permis d'être absent cinq mois de suite et continus, le saint concile, suivant et conformément à ce qui a été déjà ordonné, déclare que tous ceux qui, sous quelque nom et quelque prétexte que ce soit, sont préposés à la conduite des églises patriarcales, primatiales, métropolitaines et cathédrales, quelles qu'elles puissent être, quand ils seraient même cardinaux de la sainte Église romaine, sont tenus et obligés de résider en personne dans leurs églises et diocèses, et d'y satisfaire à tous les devoirs de leurs charges, et qu'ils ne s'en peuvent absenter que pour les causes et aux conditions ci-après ; car, comme il arrive quelquefois que les devoirs de la charité chrétienne, quelque pressante nécessité, l'obéissance qu'on est obligé de rendre, et même l'utilité manifeste de l'Église ou de l'État, exigent et demandent que quelques-uns soient absents ; en ce cas, le même saint concile ordonne que ces causes de légitime absence seront par écrit reconnues pour telles par le très Saint Père ou par le métropolitain (1), ou, en son absence, par le plus ancien évêque suffragant qui sera sur les lieux, auquel appartiendra aussi d'approuver l'absence du métropolitain, si ce n'est lorsque ces absences arriveront à l'occasion de quelque emploi ou fonction dans l'État, attachée aux évêchés mêmes ; car ces causes étant notoires à tout le monde, et les occasions survenant quelquefois inopinément, il ne sera pas nécessaire d'en donner avis au métropolitain, qui d'ailleurs aura soin lui-même de juger avec le concile provincial des permissions qui auront été accordées par lui ou par ledit suffragant, et de prendre garde que personne n'abuse de cette liberté, et que ceux qui tomberont en faute soient punis des peines portées par les canons.

« A l'égard de ceux qui seront obligés de s'absenter, ils se souviendront de pourvoir si bien à leur troupeau, avant de le quitter, qu'autant qu'il sera possible, il ne souffre aucun dommage de leur absence. Mais, parce que ceux qui ne sont absents que pour peu de temps, ne sont pas estimés être absents, dans le sens des anciens canons, parce qu'ils doivent être incontinent de retour, le saint concile veut et entend que, hors les cas marqués ci-dessus, cette absence n'excède jamais, chaque année, le temps de deux ou trois mois, tout au plus, soit qu'on les compte de suite ou à diverses reprises, et qu'on ait égard que cela n'arrive que pour quelque sujet juste et honorable, et sans aucun détriment du troupeau. En quoi le saint concile se remet à la conscience de ceux qui s'absentent, espérant qu'ils l'auront timorée et sensible à la piété et à la religion, puisqu'ils savent que Dieu pénètre le secret des cœurs, et que, par

(1) De nos jours, nous avons vu Mgr Parisis, évêque de Langres, et membre de l'assemblée nationale, demander au Saint-Père et en obtenir la permission de ne pas résider.

le danger qu'ils courent eux-mêmes, ils sont obligés de faire son œuvre sans fraude ni dissimulation. Il les avertit cependant et les exhorte, au nom de notre Seigneur, que si leurs devoirs épiscopaux ne les appelle en quelque autre lieu de leur diocèse, ils ne s'absentent jamais de leur église cathédrale pendant l'Avent ni le Carême, non plus qu'aux jours de la naissance et de la résurrection de notre Seigneur, de la Pentecôte et de la fête du Saint-Sacrement, auxquels jours particulièrement les brebis doivent être repues et être récréées en notre Seigneur de la présence de leur pasteur.

« Que si quelqu'un (et Dieu veuille pourtant que cela n'arrive jamais !) s'absentait contre la disposition du présent décret, le saint concile, outre les autres peines établies et renouvelées sous Paul III, contre ceux qui ne résident pas, et outre l'offense du péché mortel qu'il encourrait, déclare qu'il n'acquiert point la propriété des fruits de son revenu échus, pendant son absence, et qu'il ne peut les retenir en sûreté de conscience sans qu'il soit besoin d'autre déclaration que la présente ; mais qu'il est obligé de les distribuer à la fabrique des églises ou aux pauvres du lieu, et s'il y manque, son supérieur ecclésiastique y tiendra la main, avec défense expresse de faire ni passer aucun accord, ni composition qu'on appelle en ce cas ordinairement une convention, pour les fruits mal perçus, par le moyen de laquelle lesdits fruits en tout ou partie lui seraient remis, nonobstant tous priviléges accordés à quelque collége ou fabrique que ce soit. »

Les règlements faits sous Paul III, dont parle ce décret, sont à la sixième session, chapitre 1 et 2, du décret de réformation. Le concile, après avoir représenté en cet endroit la sollicitude avec laquelle le Saint-Esprit oblige les évêques de gouverner l'Église de Dieu, ne punit leur absence par la privation de la quatrième partie des fruits qu'après qu'elle a duré six mois, et n'ordonne là même peine qu'après six autres mois, ce qui est susceptible de l'abus dont parle ce décret, et auquel il a voulu obvier.

2° La *résidence* est également, et même plus expressément enjointe aux curés qu'aux évêques, par les lois ecclésiastiques ; sans rappeler d'autres autorités, voici la continuation du décret du concile de Trente, qui regarde non seulement les curés, mais aussi tous ceux qui possèdent des bénéfices à charge d'âmes :

« Déclare et ordonne, le même saint concile, que les mêmes choses absolument, en ce qui concerne le péché, la perte des fruits et les peines, doivent avoir lieu à l'égard des pasteurs inférieurs, et de tous autres qui possèdent quelques bénéfices ecclésiastiques que ce soit, ayant charge d'âmes ; en sorte, néanmoins, que lorsqu'il arrivera qu'ils s'absenteront pour quelque cause dont l'évêque aura été informé, et qu'il aura approuvée auparavant, ils soient obligés de mettre en leur place un vicaire capable, approuvé pour tel par l'ordinaire même, auquel ils assigneront un salaire raisonnable et suffisant. Cette permission d'être absent leur sera donnée par écrit et gratuitement, et ils ne la pourront obtenir que pour l'espace de deux mois, si ce n'est pour quelque occasion importante.

« Que si étant cités par ordonnance à comparaître, quoique ce ne fût pas personnellement, ils se rendaient rebelles à la justice ; veut et entend, le saint concile, qu'il soit permis aux ordinaires de les contraindre et procéder contre eux par censures ecclésiastiques, par séquestre et soustraction de fruits, et par autres voies de droit, même jusqu'à la privation de leurs bénéfices, sans que l'exécution de la présente ordonnance puisse être suspendue par quelque privilége que ce soit, permission, droit de domestique ni exemption, même à raison de la qualité de quelque bénéfice que ce soit, non plus que par aucun pacte ni statut, quand il serait confirmé par serment ou par quelque autorité que ce puisse être, ni par aucune coutume même de temps immémorial, laquelle en ce cas doit plutôt être regardée comme un abus, et sans égard à aucune appellation ni défense, même de la cour de Rome, ou en vertu de la constitution d'Eugène. Enfin, le saint concile ordonne que tant le présent décret que celui qui a été rendu sous Paul III, soient publiés dans les conciles provinciaux ou épiscopaux ; car il souhaite extrêmement que les choses qui regardent si fort le devoir des pasteurs et le salut des âmes, soient souvent répétées et profondément gravées dans l'esprit de tout le monde, afin que, moyennant l'assistance de Dieu, elles ne puissent jamais être abolies à l'avenir par l'injure du temps, par l'oubli des hommes ou par le non usage. »

Nos derniers conciles provinciaux ont rappelé aux curés cette rigoureuse obligation de la *résidence*. Celui de Rennes, tenu en 1849, s'exprime ainsi : « Les curés dont les fonctions sont quotidiennes et importent au salut des âmes, sont tenus à une *résidence* plus rigoureuse que les chanoines. C'est pourquoi ils ne pourront s'absenter de leur paroisse plus d'une semaine sans la permission de l'évêque.

« Il leur accorde cependant, mais pour une seule fois dans l'année, de s'absenter pendant deux semaines et un seul dimanche. Mais alors, comme en toute autre absence, même pour un court espace de temps, ils doivent pourvoir avec sollicitude à ce que jamais les fidèles ne soient privés de la messe paroissiale et des secours spirituels qui leur sont nécessaires.

« De plus, chaque fois qu'ils auront à voyager hors du diocèse ou des diocèses limitrophes, même pendant le temps accordé ci-dessus, ils devront obtenir de l'évêque la permission et des lettres testimoniales.

« Au reste, nous avertissons les curés que s'ils quittent leur paroisse souvent pendant quelques jours, ou très souvent pendant un seul jour, ils ne satisfont point à leur charge, attendu qu'ils omettraient ainsi certainement plusieurs de leurs devoirs, au grand détriment des âmes.

« Ce que nous venons de dire pour les curés s'adresse également aux aumôniers et chapelains et aux vicaires. Quant aux vicaires, ils ne doivent pas s'absenter, même pour peu de temps, sans prévenir leur curé et avoir son consentement. » (*Decret. XIII, de Residentiâ.*)

Le concile de Paris, tenu la même année, n'est pas moins sévère sur l'obligation de la *résidence* continuelle. « Nous décrétons, dit-il, que les curés, et tous ceux qui ont charge d'âmes, sont tenus à une *résidence* continuelle et non interrompue, suivant les prescriptions des saints canons ; nous déclarons et statuons qu'ils ne pourront, sans la permission de l'ordinaire, s'absenter au-delà d'une semaine, sauf le cas d'une nécessité subite et imprévue, qui ne laisse pas le temps de demander cette autorisation. Dans ce cas, ils devront, le plus tôt possible, informer l'ordinaire de leur départ et de la nécessité, afin qu'il puisse en juger.

« En attendant, pour que les brebis confiées à leur garde ne souffrent pas de leur absence, ils auront soin de se faire remplacer convenablement dans la conduite de leur troupeau, et surtout pour l'assistance des malades qui sont en danger de mort. » (*Titul.* III, *ch.* 2.)

Le concile de Bourges, de l'an 1850, permet aux curés jusqu'à deux mois d'absence dans le cours de l'année ; mais indépendamment de ces deux mois, ils ne peuvent s'absenter quinze jours continus sans la permission de l'évêque. Il ajoute que, bien que les vicaires ne soient pas tenus de droit commun à la résidence, il ne leur est pas permis néanmoins de s'absenter plus de quinze jours continus de la paroisse sans la permission de l'ordinaire. Il les avertit en outre de ne pas s'absenter, même un seul jour sans la permission de leur curé. (*Decretum de Residentiâ, p.* 113.)

Voyez sous le mot ABSENCE, ce que la loi civile a statué relativement aux curés qui ne résident pas dans leurs paroisses, ou qui s'en absentent pour cause de maladie, ou qui en sont éloignés pour cause de mauvaise conduite.

3° Les abbés et autres prélats réguliers sont compris dans le règlement ci-dessus du concile de Trente, qui, comme il est dit expressément, regarde tous les bénéficiers ayant charge d'âmes. C'est à l'évêque à juger des causes légitimes d'absence, à l'égard des abbés et autres supérieurs religieux. (*Session* VI, *ch.* 2, *de Reform.*)

4° Quant aux chanoines, il faut distinguer l'absence momentanée du chœur ou des offices, d'avec une longue absence. (*Voyez* CHANOINE, § III.)

« Il ne sera permis, dit le concile de Trente (*Session* XXIV, *ch.* 12, *de Reform.*), en vertu d'aucuns statuts ou d'aucune coutume à ceux qui possèdent dans lesdites cathédrales ou collégiales, des dignités, canonicats, prébendes ou portions, d'être absents desdites églises plus de trois mois par chaque année, sans préjudice, pourtant des constitutions des églises qui demandent un plus long service : autrement, chacun des contrevenants sera privé la première fois de la moitié des fruits qu'il aura faits siens , à raison même de sa prébende et de sa résidence; que s'il retombe une seconde fois dans une pareille négligence de son devoir, il sera privé de tous les fruits qu'il aurait acquis cette année-là, et s'il y en avait qui persévérassent dans leur contumace, on procédera contre eux suivant les constitutions des saints canons.

« A l'égard des distributions, ceux qui se trouveront aux heures prescrites les recevront, et tous les autres, sans collusion , ni remise, en seront privés suivant le décret de Boniface VIII, qui commence par le mot *Consuetudinem*, que le saint concile remet en usage , nonobstant tous les autres statuts et coutumes. » (*Voyez* DISTRIBUTION.)

On a remarqué que les trois mois de vacance que donne le concile aux chanoines pour gagner les gros fruits, ne sont pas pour s'absenter *ad libitum*, et sans cause; mais seulement pour le faire sans avoir besoin d'obtenir à cet effet la permission du supérieur, et pour cause raisonnable, jugée telle en leur conscience ; c'est-à-dire, que le concile ne leur donne pas trois mois de vacance, mais défend de s'absenter plus de trois mois ; de sorte que c'est plutôt une tolérance qu'une permission. C'était donc bien aller contre l'esprit de cette loi, que de prétendre y satisfaire , sous prétexte que chacune des absences n'était jamais de trois mois entiers. Le concile de Bordeaux en 1624, condamna cet artifice, et ordonna que , dans les trois mois pendant lesquels les chanoines peuvent s'absenter sans encourir aucune peine, on comprendra toutes les absences de l'année, quoique séparées, et que l'on punira , selon la rigueur des canons, les violateurs du précepte de la *résidence* (1).

Quand l'absence est considérable, on procède alors par monitions à l'égard de toutes sortes de bénéficiers obligés à la *résidence*. Le pape Innocent III écrivait à l'archevêque de Palerme que ceux qui s'absentent de leurs églises pendant six mois, en doivent être privés, lorsqu'après trois monitions canoniques, ils ne sont pas revenus pour les desservir. (*Cap.* 11, *Ex tuo, de Cleric. non residentibus; c. Ex parte, eod.*) Les canonistes disent que les monitions doivent être faites de deux en deux mois, en sorte qu'après l'expiration de l'année, le bénéfice de l'absent est vacant et impétrable ; tel est le style de la chancellerie. Dans les provisions qui s'y accordent sur ce genre de vacance, on omet cette clause : *Ex eo quod spretis ordinarii loci monitionibus, ab anno et ultra residere negligit.* Ces termes font clairement entendre que la vacance par désertion ne peut avoir lieu, si les monitions n'ont pas été faites, et que c'est à l'ordinaire du lieu à les faire. C'est la disposition des chapitres 8 et 10 du titre *de Clericis non residentibus.*

Au surplus, les canonistes distinguent trois sortes de *résidence* : la précise, la causative, et la momentanée.

---

(1) Thomassin, *Discipline de l'Église*, part. IV, *liv.* II, *ch.* 71.

La *résidence* précise est celle qui est requise précisément, sous peine de la privation du titre du bénéfice.

La *résidence* causative est celle qui n'est requise que sous peine de la perte des fruits.

Enfin, la *résidence* momentanée s'entend de celle qui n'est pas continuelle, mais dont on peut s'acquitter par intervalle de temps à autre : *Quandoque requiritur continua residentia præcisa, sub privatione tituli ; quandoque requiritur residentia non continua, sed in certis temporibus ; et quandoque requiritur residentia continua, non tamen simpliciter, sed causative et solùm respectu privationis fructuum, ità quod licet non residendo privetur fructibus, titulo tamen privari non possit* (1). Ces mêmes canonistes prétendent que la vacance pour cause d'incompatibilité n'a lieu que dans le premier cas.

La congrégation du concile a déclaré relativement à la *résidence*, 1° que les curés sont obligés à résider si la maladie les surprend dans leur paroisse ; 2° s'il est nécessaire, pour leur guérison, de les transporter ailleurs, l'évêque peut le leur permettre pour trois ou quatre mois. 3° La vieillesse n'excuse point les curés de la *résidence*. 4° Les chanoines, dans leur extrême vieillesse, gagnent les distributions, même quoique absents, s'ils avaient accoutumé de résider. 5° L'évêque peut dispenser de la *résidence* les chanoines, mais non pas les curés, pour les employer aux visites, aux séminaires, et à la conduite des religieuses. 6° L'évêque ne doit donner qu'un an de dispense à un curé qui ne peut résider qu'avec un danger évident de sa vie, à cause de ses ennemis. Si ces inimitiés doivent durer, il doit le porter à se défaire de sa cure, puisque le concile de Trente a révoqué tous les indults perpétuels de ne point résider, même pour des causes justes. 7° Les curés sont obligés à la *résidence* nonobstant la malignité de l'air (2).

RÉSIGNATION.

On distingue trois sortes de *résignations,* les démissions simples, les démissions pour cause de permutation et les démissions en faveur, que l'on appelle ordinairement *résignations*. Nous avons parlé des deux premières aux articles DÉMISSION, PERMUTATION. Celui-ci sera consacré aux *résignations* en faveur.

On appelle *résignation* en faveur l'acte par lequel un titulaire renonce à son bénéfice entre les mains du supérieur, à la charge qu'il en disposera au profit de celui qu'il lui nomme, faute de quoi il entend que sa renonciation demeure nulle et sans effet.

On trouve dans l'histoire ecclésiastique des exemples de plusieurs grands et saints personnages qui ont désigné leurs successeurs dans les évêchés que leur grand âge ou leurs infirmités ne leur permettaient plus d'occuper. C'est ainsi que saint Alexandre nomma saint

---

(1) Navarre, *Cons.* IV, *n.* 1.
(2) Fagnan, *In lib. decret.*, *part.* I, *pag.* 78.

Athanase pour son successeur dans le siége d'Alexandrie, et que saint Athanase choisit saint Pierre pour remplir le même siége après lui. Saint Augustin fut choisi par l'évêque Valère, non seulement pour lui succéder, mais même pour gouverner conjointement avec lui l'église d'Hippone. Saint Augustin lui-même dit à son peuple assemblé avec son clergé : « Je veux que le prêtre Éraclius soit mon successeur ; les notaires de l'église écrivent comme vous voyez ; en un mot, nous faisons un acte ecclésiastique. Car je veux que cela soit assuré, autant qu'il se peut, devant les hommes. Je ne veux cependant pas qu'on fasse pour lui ce qu'on a fait pour moi, ce que le concile de Nicée a défendu. Mon père Valère vivait encore lorsque je fus ordonné évêque, et je tins ce siége avec lui. Mais nous ne savions pas ni lui ni moi là-dessus la défense du concile. Je ne veux pas qu'on reprenne dans Éraclius ce qu'on a repris dans moi. Il demeurera prêtre comme il est, et sera évêque quand il plaira à Dieu. »

Ce langage de saint Augustin à son clergé et à son peuple paraîtrait étonnant, si l'on n'en connaissait pas les motifs. « Je sais, dit-il, combien les églises sont ordinairement toublées après la mort des évêques, et autant que je puis, je dois empêcher que ce malheur n'arrive à celle-ci ; je vous déclare donc à tous ma volonté que je crois celle de Dieu. »

Si tous les évêques eussent été comme saint Augustin, il n'y aurait sans doute point eu d'inconvénients à leur laisser le libre choix de leurs successeurs. Cela eût prévenu les brigues dans les élections ; mais d'un autre côté, on eût donné aux évêques ambitieux la facilité de transmettre leur siége, comme par droit héréditaire, à ceux qu'ils affectionnent, et particulièrement à leurs neveux. Pour parer à cet abus, et maintenir la liberté des élections, le concile d'Antioche de l'an 341, défendit aux évêques, par son vingt-troisième canon, de se donner des successeurs. *Episcopo non licet post se alterum successorem sibi constituere, licet ad exitum vitæ perveniat. Quod si tale aliquid factum fuerit, irrita sit hujusmodi ordinatio. Custodiri autem oportet ecclesiastica constituta, quæ se ità continent non posse aliter episcopum fieri nisi in concilio, et consensu episcoporum eorum duntaxat, qui post obitum ejus qui præcessit habuerint potestatem eum qui dignus fuerit provehendi.*

On voit que dès le cinquième siècle, les simples prêtres s'efforçaient de transmettre leurs bénéfices à des personnes de leur choix. Dans un concile tenu à Rome en 465, le pape Hilaire se plaignit de ce que, *plerique sacerdotes in mortis confinio constituti, in locum suum alios designatis nominibus subrogant, ut scilicet non legitima expectetur electio, sed defuncti gratificatio pro populi habeatur assensu, credentes sacerdotium sicut res caducas atque mortales legali aut testamentario jure posse dimitti.* Tous les Pères du concile s'écrièrent unanimement : *Hæc præsumptio nunquàm fiat : quæ Dei sunt, ab homine dari non possunt.*

L'Église s'est toujours fortement opposée à ce que les bénéfices devinssent héréditaires. Il serait trop long de rapporter ici toutes les lois qu'elle a portées à ce sujet. Nous nous contenterons de citer le premier concile général de Latran. *Auctoritate prohibemus apostolicâ ne quis ecclesias, præposituras, capellanias, aut aliqua ecclesiastica offi- ficia hæreditario jure valeat vindicare, aut expostulare præsumat; quod si quis improbus, aut ambitionis reus attentare præsumpserit, debitâ pœnâ mulctabitur et postulatis carebit.*

On ne doit donc pas être étonné de ne trouver dans le corps du droit canon rien qui ait un rapport direct avec les *résignations* en faveur. En effet ce n'est qu'à la fin du quatorzième siècle, ou au commencement du quinzième, que l'on a commencé d'insérer dans les démissions des prières ou des recommandations en faveur de ce- lui que le résignant affectionnait. Jusqu'en 1520, ou environ, dit Piales, la *résignation* avait été pure et simple quant à la forme : elle était seulement accompagnée d'une prière en faveur du rési- gnataire.

En 1549, on retrancha tout ce qui pouvait caractériser une dé- mission pure et simple : on n'employa plus les prières ; on se con- tenta de mettre dans les procurations, *ad resignandum in manus,* etc. *in favorem tamen.*

Les *résignations* ne sont donc pas bien anciennes dans l'Église. Elles sont même contraires à l'esprit et à lettre des lois canoniques. Le concile de Bourges, tenu en 1584, les défend expressément. Ce qui s'est passé à ce sujet dans le concile de Rome en 1538, sous Paul III, et au concile de Trente suivant les instructions des ambas- sadeurs de Charles IX en est une preuve.

Quoiqu'il en soit de l'origine des *résignations* et des inconvénients qu'on y trouvait, elles n'existent plus aujourd'hui en France : ce qui nous dispense d'examiner avec les canonistes quels sont les bénéficiers qui pouvaient résigner, quels bénéfices étaient sujets à la *résignation,* en faveur de qui les *résignations* pouvaient être faites, quels supérieurs pouvaient les admettre, leur forme, leurs effets, etc.; on peut voir dans les *Mémoires du clergé,* ou dans Durand de Maillane toutes ces questions fort bien traitées, d'après les principes de l'ancienne dis- cipline relative aux bénéfices.

RÉSIGNATAIRE.

Le *résignataire* est celui en faveur duquel une résignation a été faite. (*Voyez* RÉSIGNATION.)

RESTITUTION.

On entend par ce mot la *restitution* du bien mal acquis : ce qui s'applique aux obligations intérieures de la conscience. Elle n'est point, par conséquent, de notre ressort Voyez cependant les mots

OFFICE DIVIN, CHANOINE, où nous parlons des *restitutions* que sont obligés de faire les bénéficiers en certains cas.

On prend aussi ce mot dans un autre sens pour la *restitution* envers un acte nul pour cause de défaut de consentement ou autrement, et dans cette acception, voyez RÉVOCATION, RÉCLAMATION.

RÉTRACTATION.

La *rétractation* de l'erreur, faite par les hérétiques ou schismatiques, est appelée par les canonistes du nom d'abjuration. (*Voyez* ABJURATION.)

RÉTRIBUTION.

(*Voyez* BIENS D'ÉGLISE, OBLATIONS, CASUEL.)

REVALIDATION.

En termes de chancellerie, c'est une seconde grâce que le pape accorde pour revalider, c'est-à-dire pour donner force et valeur à une grâce précédente rendue sans effet par quelque nullité ou autrement. (*Voyez* RÉFORMATION, COURONNEMENT, PERINDE VALERE, RATIFICATION.)

RÉVÉLATION.

Révéler une chose, c'est la déclarer publiquement ou secrètement. Nous appliquons ici ce mot à trois objets : 1° à la *révélation* de la confession sacramentelle ; 2° à la *révélation* sur monitoire ; 3° à la *révélation* des empêchements de mariage. Sur ces trois objets, voyez CONFESSEUR, MONITOIRE, BAN.

RÉVISEURS.

Les *réviseurs* sont des officiers de la chancellerie romaine, d'une expérience consommée, et commis par le dataire pour recevoir les suppliques et les réduire aux termes de droit, des règles de chancellerie, et suivant les intentions du pape. Ils mettent *expediantur litteræ* au bas des suppliques, lorsqu'il faut des bulles, et un C majuscule quand ce sont des matières sujettes à componende.

Après que les *réviseurs* ont revu et corrigé les suppliques, ils mettent la première lettre de leur nom à la marge de la supplique, en bas, à l'extrémité à gauche. Ces suppliques, ainsi revues et corrigées, sont déposées à l'audience du dataire entre les mains de l'officier *de missis*, où chaque expéditionnaire peut les faire arrêter s'il trouve que les *réviseurs* y aient ajouté ou diminué quelque chose contre l'intention du commettant. On paie à cet officier la copie desdites suppliques, que l'on est obligé de prendre souvent, pour être plus assuré des restrictions qui y peuvent avoir été mises ; et quand on ne la prendrait pas, on paie toujours le droit de copie. L'office *de missis* est ainsi appelé parce que de là les suppliques sont envoyées au registre par une petite note qu'un clerc du registre met au dos de la supplique, ce qui tient lieu de *missa.* (*Voyez* REGISTRATEUR, PROVISIONS.)

Quant aux *réviseurs per obitum* et des matrimoniales, voyez DATERIE.

RÉVOCATION.

Ce mot s'applique proprement à l'acte par lequel on retire les pouvoirs qu'on avait donnés à une personne comme mandataire ou procureur.

On emploie aussi le mot *révocation* pour signifier interdit, privation des fonctions ecclésiastiques. Ainsi on révoque un curé desservant de sa paroisse, parce que, d'après les lois civiles, il est révocable *ad nutum,* c'est-à-dire qu'on l'interdit de ses fonctions sans observer les formes canoniques à cet égard. (*Voyez* INAMOVIBILITÉ.)

On se sert du mot DESTITUTION quand il s'agit d'ôter à quelqu'un une charge ou dignité.

On se sert aussi dans ce cas du mot PRIVATION; quelquefois même on emploie le mot DÉPOSITION, bien que, dans le vrai sens des canons, ce dernier mot ne dût s'appliquer qu'à cette peine qui prive un ecclésiastique de l'exercice des ordres qu'il a reçus.

RIT, RITUEL.

Le *rit* ou *rite* est la manière de célébrer le service divin et de faire les cérémonies de l'Église, ce qui n'entre point dans le plan de cet ouvrage. Le *rituel* est le livre où se trouvent ces cérémonies. On emploie indifféremment les mots *rits* et cérémonies pour désigner les lois et les règles de l'Église qui dirigent le culte extérieur de la religion. (*Voyez* CÉRÉMONIES.)

Il y a à Rome une congrégation de cardinaux qu'on appelle la congrégation des *rites,* établie pour régler et décider les difficultés qui peuvent naître sur cette matière. (*Voyez* CONGRÉGATION.)

On distingue le *rit* grec et le *rit* romain. (*Voyez* OFFICE DIVIN.)

ROCHET.

Le *rochet* est un ornement d'évêque ou d'abbé, en forme de surplis, à manches étroites comme celles d'une aube. Tous les prêtres, dans beaucoup de diocèses, s'en servent actuellement, à l'exclusion du surplis. (*Voyez* HABIT, ABBÉ, SURPLIS.)

Le *rochet* n'est évidemment qu'un diminutif de l'aube, serrée par un cordon ; ce mot vient de l'allemand *rock,* qui signifie chemise. Il diffère du vrai surplis en ce qu'il a les manches plus étroites. L'évêque et les chanoines le portent sous leur mosette (*voyez* MOSETTE), avec cette différence que celui des chanoines est en toile de lin unie, et celui de l'évêque garni de dentelles ou broderies. Dans la plupart des diocèses où le surplis à larges manches n'est pas en usage, tous les ecclésiastiques portent le *rochet*. En quelques endroits, on a adopté le *rochet* sans manches, et ailleurs il est avec raison expressément défendu. Car il faut le dire, le *rochet* sans manches, outre qu'il pare fort mal un ecclésiastique et que la forme en est peu gracieuse, s'éloigne prodigieusement de la forme de l'antique habit de chœur. (*Voyez* SURPLIS.)

ROGATIONS.

(*Voyez* ABSTINENCE.)

ROTE.

La *rote* est une cour ou juridiction particulière composée de douze membres, recevant la dénomination d'auditeurs de *rote*. Le tribunal de la *rote* est fort ancien dans Rome; il fut établi pour soulager le pape dans le jugement des affaires qui, n'étant point consistoriales, se traitaient dans le sacré palais, devant Sa Sainteté et ses chapelains, d'où vient le nom d'auditeurs à ceux qui représentent ces anciens chapelains. Le nom de *rote* fut donné au tribunal, soit parce que les juges y servent tour à tour, soit parce que toutes les affaires, et les plus importantes, y roulent successivement, soit enfin, comme dit Ducange, parce que le pavé de la chambre était autrefois de porphyre et taillé en forme de roue.

Dans les premiers temps, la *rote* avait été composée presque uniquement d'Italiens; mais, comme beaucoup d'affaires ecclésiastiques allemandes, espagnoles et françaises ressortissaient à ce tribunal et se trouvaient ainsi jugées exclusivement par des Italiens, il fut convenu que l'Allemagne nommerait un auditeur allemand, l'Espagne un auditeur aragonais et un auditeur castillan, et la France un auditeur français, et que les huit autres places seraient dévolues à huit Italiens, savoir: trois Romains, un Toscan ou un Pérugin à tour de rôle, un Milanais, un Bolonais, un Ferrarais et un Vénitien. Les quatre juges étrangers à l'Italie sont présentés par leurs nations respectives, institués par le pape et déclarés inamovibles. Chaque auditeur a quatre clercs ou notaires sous lui. Ils jugent de toutes les causes bénéficiales et profanes, tant de Rome que des provinces de l'État ecclésiastique, en cas d'appel, et de tous procès des États du pape, au-dessus de cinq cents écus. Les décisions de la *rote* sont exactement recueillies, mais elles n'ont parmi nous qu'une autorité semblable aux déclarations des cardinaux, dont il est parlé sous le mot CONGRÉGATION. Il était convenable que le tribunal de la *rote* renfermât des juges de différents pays; c'était le moyen d'inspirer plus de confiance à chacun d'eux.

Le juge des confidences de la *rote* porte l'habit violet de prélat, avec le rochet, et il a place dans la chapelle papale, sous les protonotaires participants. Il a le droit de connaître si, dans les résignations et permutations de bénéfices, il y a quelque confidence, c'est-à-dire quelque partie simoniaque, et de punir les coupables par la confiscation de leurs bénéfices.

RUBRIQUE.

On donne ce nom au titre d'un livre ou d'un chapitre, ou même d'un paragraphe, dans le corps du droit canon, à raison de ce que ces sommaires étaient autrefois écrits en lettres rouges. On entend aussi par ce mot l'ordre et les règles pour bien célébrer l'office divin, d'où viennent les *rubriques* générales en forme de préface au commencement des bréviaires. On appelle aussi de ce nom certaines petites règles qui étaient ordinairement imprimées en rouge dans le corps du bréviaire pour marquer ce qu'il faut dire dans les divers temps de l'année à chacune des heures canoniales. Gavantus a fait un traité de toutes ces choses, que l'on a commenté et beaucoup étendu dans la suite.

Burcard, maître des cérémonies sous les papes Innocent VIII et Alexandre VI, sur la fin du quinzième siècle, est le premier qui ait mis au long l'ordre et les cérémonies de la messe dans le pontifical imprimé à Rome en 1485, et dans le sacerdotal publié quelques années après. On joignit ces *rubriques* à l'ordinaire de la messe dans quelques missels ; le pape saint Pie V les fit mettre dans l'ordre et sous les titres qu'elles portent encore aujourd'hui. Dès lors on a placé dans les missels les *rubriques* que l'on doit observer en célébrant la messe, dans les rituels celles qu'il faut suivre en administrant les sacrements, etc., et dans les bréviaires celles qu'il faut garder dans la récitation ou dans le chant de l'office divin.

RUSSIE ET POLOGNE.

Le concordat que nous allons rapporter est le premier acte où l'on voit la primauté du Saint-Siége sur les catholiques russes officiellement reconnue par la *Russie* schismatique. Ce document, d'une haute importance, donne aux Églises latines et grecques unies de ce vaste empire une position légale qu'elles n'avaient pas, et leur assure en même temps une administration canonique et des avantages très précieux pour le bien de l'Église catholique dans cet État.

Si l'on examine ce concordat dans le détail de ses dispositions, on voit que dans ce qui concerne la nomination des évêques, le pape y concourt avec l'empereur, sans préjudice de l'institution canonique, qui lui est toujours réservée. L'évêque est seul juge et administrateur des affaires ecclésiastiques dans son diocèse, sauf la soumission canonique due au Saint-Siége.

L'article 15 contient la nomenclature raisonnée des affaires qui doivent être préalablement soumises au consistoire diocésain, avant la décision ou sentence de l'évêque, et qui sont celles qui regardent la discipline en général, les affaires contentieuses entre ecclésiastiques ou par des laïques, pour injures, dommages, etc.; les causes de nullité des vœux monastiques. En ce qui concerne les causes *laïques, mixtes, économiques,* spécifiées aux sous articles 2, 3 et 4, elles sont laissées, après l'examen préalable du consistoire, à la juridiction exclusive de l'évêque.

Le concordat de *Russie* ne mentionne que le traitement de l'évêque et du suffragant du nouveau diocèse de Kherson, parce que la dotation des autres diocèses avait été réglée par des ukases qui ont continué d'avoir force de loi.

CONVENTION *du 3 août* 1847 *entre le Saint-Siége et l'Empereur de* RUSSIE, *publiée par N. S. P. le pape Pie IX, à la suite de son allocution au consistoire secret du 3 juillet* 1848.

« Les soussignés plénipotentiaires du Saint-Siége et de S. M. l'empereur de *Russie,* roi de Pologne, après avoir échangé leurs pleins pouvoirs, ont, en plusieurs séances, examiné et pesé divers chefs de la négociation confiée à leurs soins. Et comme, sur plusieurs points, ils sont arrivés à une conclusion, tandis que d'autres demeurent en suspens, sur lesquels les mêmes plénipotentiaires de sa majesté l'empereur promettent d'appeler toute l'attention de leur gouvernement, tout en posant la condition expresse qu'on arrêtera plus tard, en acte séparé, les points qui doivent donner matière à de nouvelles conférences à tenir dans cette ville de Rome, entre les ministres du Saint-Siége et l'ambassadeur de sa majesté impériale, il a été convenu des deux côtés qu'on fixera dans le présent protocôle les points sur lesquels on est arrivé à un résultat, réservant ceux qui, après d'ultérieures conférences, doivent terminer la négociation. C'est pourquoi, dans les séances des 19, 22, 25 juin et 1er juillet, les articles suivants ont été arrêtés :

« ARTICLE Ier. Sept diocèses catholiques romains sont établis dans l'empire des *Russies* : un archevêché et six évêchés ; savoir :

« 1o L'archidiocèse de Mohilew, embrassant toutes les parties de l'empire qui ne sont point contenues dans les diocèses ci-dessous nommés. Le grand duché de Finlande est également compris dans cet archidiocèse.

« 2o Le diocèse de Wilna, embrassant les gouvernements de Wilna et de Grodno, dans leurs limites actuelles.

« 3o Le diocèse de Telsca ou de Samogitie, embrassant le gouvernement de Courande et de Kowno, dans les limites qui leur sont actuellement assignées.

« 4o Le diocèse de Minsk embrassant le gouvernement de Minsk, par ses limites d'aujourd'hui.

« 5o Le diocèse de Luceorin et Zytomérie, composé des gouvernements de Kiovie et de Volhynie, dans leurs limites actuelles.

« 6o Le diocèse de Kamenieck, embrassant le gouvernement de Podolie, dans ses limites actuelles.

« 7o Le nouveau diocèse de Kherson, qui se compose de la province de Bessarabie, des gouvernements de Kherson, d'Ekatherinoslaw, de Tauride, de Saratow et d'Astracan, et des régions placées dans le gouvernement général du Caucase.

« ART. 2. Des lettres apostoliques, sous le sceau de plomb, établiront l'étendue et les limites des diocèses, comme il est indiqué dans l'article précédent.

« Les décrets d'exécution comprendront le nombre, le nom des paroisses de chaque diocèse, et seront soumis à la sanction du Saint-Siége.

« Art. 3. Le nombre des suffragances qui ont été établies par lettres apostoliques de Pie VI, en 1789, revêtues du sceau de plomb, est conservé dans les six diocèses anciens.

« Art. 4. La suffragance du diocèse nouveau de Kherson sera dans la ville de Saratow.

« Art. 5. L'évêque de Kherson aura un traitement annuel de quatre mille quatre cent quatre vingts roubles d'argent (1). Son suffragant jouira du même traitement que les autres évêques suffragants de l'empire, c'est-à-dire de deux mille roubles d'argent.

« Art. 6. Le chapitre de l'église cathédrale de Kherson se composera de neuf membres, savoir : deux prélats ou dignitaires, le président et l'archidiacre ; quatre chanoines, dont trois rempliront les fonctions de théologal, de pénitencier et de curé ; et trois mansionaires ou bénéficiers.

« Art. 7. Dans le nouvel évêché de Kherson, il y aura un séminaire diocésain : des élèves, au nombre de vingt-cinq, y seront entretenus aux frais du gouvernement, comme ceux qui jouissent de la pension dans les autres séminaires.

« Art. 8. Jusqu'à ce qu'un évêque du rite arménien soit nommé, il sera pourvu aux besoins spirituels des Arméniens catholiques vivant dans le diocèse de Kherson et Kamenieck, en leur appliquant les règles du chapitre 9 du concile de Latran, en 1215.

« Art. 9. Les évêques de Kamenieck et de Kherson, fixeront le nombre des clercs arméniens catholiques, qui devront être élevés dans leurs séminaires aux frais du gouvernement. Dans chacun desdits séminaires, il y aura un prêtre arménien catholique, pour instruire les élèves arméniens des cérémonies de leur propre rite.

« Art. 10. Toutes les fois que les besoins spirituels des catholiques romains et arméniens du nouvel évêché de Kherson le demanderont, l'évêque pourra, outre les moyens employés jusqu'ici pour subvenir à de tels besoins, envoyer des prêtres comme missionnaires, et le gouvernement fournira les fonds qui sont nécessaires à leur voyage et à leur nourriture.

« Art. 11. Le nombre des diocèses dans le royaume de Pologne reste tel qu'il a été fixé dans les lettres apostoliques de Pie VII, en date du 30 juin 1818 ; rien n'est changé quant au nombre et à la dénomination des suffragances de ces diocèses.

« Art. 12. La désignation des évêques pour les diocèses et pour les suffragances de l'empire de *Russie* et du royaume de Pologne, n'aura lieu qu'à la suite d'un concert préalable entre l'empereur et le Saint-Siége, pour chaque nomination. L'institution canonique leur sera donnée par le Pontife romain selon la forme accoutumée.

« Art. 13. L'évêque est seul juge et administrateur des affaires ecclésiastiques de son diocèse, sauf la soumission canonique due au Saint-Siége apostolique.

« Art. 14. Les affaires qui doivent être soumises préalablement aux délibérations du consistoire diocésain, sont :

« 1º *Quant aux personnes ecclésiastiques du diocèse.*

« (*a*). Les affaires qui regardent la discipline en général (celles toutefois d'importance moindre, qui n'entraînent que des peines inférieures à la destitution, à la détention plus ou moins longue, sont jugées par l'évêque, sans qu'il ait besoin de consulter le consistoire, mais avec pleine liberté de le consulter, s'il le juge à propos, sur des affaires de cette nature, comme sur les autres.)

« (*b*). Les affaires contentieuses entre ecclésiastiques, qui regardent les propriétés mobilières ou immobilières des églises.

« (*c*). Les plaintes, les réclamations contre ecclésiastiques, portées ou par des ecclésiastiques, ou par des laïques, pour injures, dommages ou pour obligations non

_____

(1) Le rouble d'argent vaut 4 fr. de notre monnaie, ce qui équivaut à 17,020 fr. pour le traitement de l'évêque et à 8,000 fr. pour son suffragant.

ténues et non douteuses en droit comme en fait, pourvu toutefois que le demandeur préfère cette voie pour défendre ses droits.

« (d). Les causes de nullité des vœux monastiques ; ces causes seront examinées et jugées selon les règles établies dans les Lettres Apostoliques de Benoît XIV *Si datam*.

« 2º *Quant aux laïques*.

« (e). Les causes de mariages, les preuves de la légitimité des mariages, les actes de naissance, les actes de baptême et de décès, etc.

« 3º *Mixtes*.

« (f). Le cas où il est nécessaire d'infliger une pénitence canonique pour crime, contravention ou délit quelconque jugé par les tribunaux laïques.

« 4º *Économiques*.

« (g). Le budget ou la note préalable des sommes qui sont destinées à l'entretien du clergé, l'examen des dépenses, le compte-rendu de ces sommes, les affaires qui regardent la réparation ou la construction d'églises ou de chapelles. Il appartiendra en outre au consistoire de former les listes des ecclésiastiques et des paroisses du diocèse, d'envoyer les encycliques et les autres écrits qui ne regardent pas les affaires d'administration du diocèse.

« ART. 15. Les affaires sus-indiquées sont décidées par l'évêque, après qu'elles ont été examinées par le consistoire, qui n'a cependant que voix consultative. L'évêque n'est nullement tenu d'apporter les raisons de sa décision, même dans les cas où son opinion différerait de celle du consistoire.

« ART. 16. Les autres affaires du diocèse, qualifiées d'*administratives*, et parmi lesquelles sont compris les cas de conscience, de for intérieur, et, comme il a été dit plus haut, les cas de discipline soumis à des peines légères et à des avertissements pastoraux, dépendent uniquement de l'autorité et de la décision spontanée de l'évêque.

« ART. 17. Toutes les personnes du consistoire sont ecclésiastiques, leur nomination et leur révocation appartiennent à l'évêque ; les nominations sont faites de manière à ne pas déplaire au gouvernement. Si l'évêque, averti par sa conscience, juge opportun de révoquer un membre du consistoire, il le remplacera immédiatement par un autre, qui pareillement ne soit pas désagréable au gouvernement.

« ART. 18. Le personnel de la chancellerie du consistoire sera confirmé par l'évêque, sur la présentation du secrétaire du consistoire.

« ART. 19. Le secrétaire de l'évêque, chargé de la correspondance officielle et de la correspondance privée, est nommé directement et immédiatement par l'évêque ; il peut être pris, selon le plaisir du même évêque, parmi les ecclésiastiques.

« ART. 20. Les fonctions des membres du consistoire cessent dès que l'évêque meurt ou se démet de l'épiscopat, et aussi dès que l'administration du siège vacant finit. Si l'évêque meurt ou se démet de l'épiscopat, son successeur, ou celui qui, temporairement, tient sa place (soit qu'il ait un coadjuteur avec future succession, soit que le chapitre élise un vicaire capitulaire suivant la règle des sacrés canons), reconstituera aussitôt un consistoire qui, comme il a déjà été dit, soit agréé du gouvernement.

« ART. 21. L'évêque a la direction suprême de l'enseignement, de la doctrine et de la discipline de tous les séminaires de son diocèse, suivant les prescriptions du concile de Trente, chapitre 18, session XXIII.

« ART. 22. Le choix des recteurs, inspecteurs, professeurs pour les séminaires diocésains est réservé à l'évêque. Avant de les nommer, il doit s'assurer que sous le rapport de la conduite civile, ses élus ne donneront lieu à aucune objection de la part du gouvernement. Lorsque l'évêque jugera nécessaire de renvoyer un recteur, un inspecteur ou quelqu'un des professeurs ou maîtres, il leur donnera aussitôt un successeur de la même manière qui vient d'être indiquée. Il a pleine liberté d'interrompre, pour un temps, ou pour plusieurs cours d'études en même temps et de renvoyer les élèves à leurs parents ; il en avertira aussitôt le gouvernement.

« ART. 23. L'archevêque métropolitain de Mohilew, exercera dans l'académie ecclésiastique de Saint-Pétersbourg, la même autorité que chaque évêque dans son séminaire diocésain. Il est l'unique chef de cette académie, il en est le suprême directeur. Le conseil ou la direction de cette académie n'a que voix consultative.

« ART. 24. Le choix du recteur, de l'inspecteur et des professeurs de l'académie sera fait par l'archevêque, sur le rapport du conseil académique. Ce qui a été dit à l'article 22 est applicable à ces élections.

« ART. 25. Les professeurs et professeurs-adjoints des sciences théologiques sont toujours choisis parmi les ecclésiastiques. Les autres maîtres pourront être choisis parmi les laïques professant la religion catholique romaine, et ceux là devront être préférés qui auront achevé le cours de leurs études dans un athénée supérieur de l'empire, et qui auront conquis leurs grades académiques.

« ART. 26. Les confesseurs des élèves de chaque séminaire et de l'académie ne prendront aucune part dans la direction disciplinaire de l'établissement. Ils seront choisis et nommés par l'évêque ou l'archevêque.

« ART. 27. Après la nouvelle circonscription des diocèses, l'archevêque, assisté du conseil des Ordinaires, arrêtera une fois pour toutes le nombre d'élèves que chaque diocèse pourra envoyer à l'académie.

« ART. 28. Le programme des études pour les séminaires sera rédigé par les évêques. L'archevêque rédigera celui de l'académie, après en avoir conféré avec son conseil académique.

« ART. 29. Lorsque le règlement de l'académie ecclésiastique de Saint-Pétersbourg, aura subi les modifications conformes aux principes dont il a été convenu dans les précédents articles, l'archevêque de Mohilew enverra au Saint-Siège un rapport sur l'académie comme celui qu'a fait l'archevêque de Varsovie, Koromansky, lorsque l'académie ecclésiastique de cette ville fut rétablie.

« ART. 30. Partout où le patronage n'existe pas, ou a été interrompu pendant un certain temps, les curés de paroisse sont nommés par l'évêque ; ils doivent ne point déplaire au gouvernement, et avoir subi un examen et un concours selon les règles prescrites par le concile de Trente.

« ART. 31. Les églises catholiques romaines sont librement réparées aux frais des communautés ou des particuliers qui veulent bien se charger de ce soin. Toutes les fois que leurs propres ressources ne suffiront pas, ils pourront s'adresser au gouvernement impérial pour en obtenir des secours. Il sera procédé à la construction de nouvelles églises, à l'augmentation du nombre des paroisses, lorsque l'exigeront l'accroissement, l'étendue trop vaste des paroisses existantes ou la difficulté des communications.

« A Rome, le 3 août 1847.

« A. card. LAMBRUSCHINI,
« L. Comte de BLOUDOFF,
« A. BOUTENIEFF. »

ALLOCUTION *du Souverain Pontife Pie IX, au Consistoire tenu à l'occasion du Concordat, le 13 juillet* 1848.

« Plein de sollicitude, comme vous le savez, vénérables frères, pour le salut de la famille chrétienne que la volonté divine nous a confiée, nous avons, dès le commencement de notre pontificat, marchant en cela sur les traces de notre prédécesseur Grégoire XVI, de vénérable mémoire, dirigé tous nos soins et toutes nos pensées vers l'arrangement des affaires religieuses dans les immenses États du très puissant empereur de *Russie* et roi de *Pologne*. Vous n'ignorez pas que nous avions conféré à cet effet de pleins pouvoirs à notre vénérable frère le cardinal Lambruschini, évêque de Porto, à cause de sa singulière piété, de sa prudence et de son habileté dans le maniement des affaires ecclésiastiques, et que nous lui avions adjoint notre cher fils Jean Corboli-Bussi, pour l'aider dans ses négociations avec le comte de Bloudoff, envoyé extraordinaire, le comte Boutenieff, ministre plénipotentiaire auprès du Saint-Siége, relativement aux nombreuses et importantes questions religieuses du vaste empire russe; afin que nous puissions plus facilement améliorer l'état de la Religion catholique. Aujourd'hui nous vous annonçons les fruits que nos efforts, fécondés par la grâce divine, ont déjà produits. Et d'abord, vénérables frères, nous vous faisons part de l'extrême consolation que nous éprouvons, soit en considérant que, dans ce consistoire même, nous sommes en mesure de donner à quelques églises russes du rit latin, des pasteurs dont elles avaient le malheur d'être depuis longtemps privées, soit en espérant que bientôt nous pourrons confier les autres églises du même empire et du royaume de Pologne, qui souffrent d'une longue vacance, aux soins d'évêques qui les mèneront dans le sentier du salut. Il a été résolu qu'on érigerait à Kherson un nouveau siége épiscopal, avec un chapitre et un séminaire, conformément au concile de Trente; de plus un suffragant à Saratow, en même temps qu'on fixait les nouvelles circonscriptions de six autres du rit latin, qui existent en *Russie*. Quant aux diocèses du royaume de Pologne, ils ne subissent aucune modification; la Bulle de notre prédécesseur Pie VII, donnée le 30 juin 1818 (1), doit être pleinement observée. Nous n'avons rien négligé pour que les évêques fussent délivrés de toute entrave dans l'administration de leurs diocèses, pour qu'ils pussent remplir tous les devoirs de l'épiscopat, défendre la foi catholique, maintenir la discipline ecclésiastique, former les fidèles à la piété, donner, suivant les règles admirables du concile de Trente, à la jeunesse, à celle surtout qui est appelée au service de Dieu, une bonne éducation, une instruction solide et chrétienne, diriger l'académie ecclésiastique et veiller soigneusement sur elle. En outre, comme il y a en *Russie* un grand nombre de catholiques de rits différents, ils savent que dans le cas où ils n'auraient pas un évêque de leur rite particulier, ils appartiennent à la juridiction de l'évêque latin. Comme aussi un grand nombre de catholiques arméniens sont privés de leur propre évêque dans le diocèse de Kameniec et dans le nouveau diocèse de Kherson, nous ne les laissons pas non plus sans direction religieuse. En effet, non seulement tout ce qui a été prescrit dans le chapitre 9 du concile de Latran, doit leur être appliqué jusqu'à ce qu'ils aient leur évêque; mais les évêques de Kameniec et de Kherson, sont chargés de déterminer un certain nombre de clercs arméniens qu'ils recevront dans leurs propres séminaires, où ils seront soigneusement élevés par un prêtre de leur rite.

« Mais pourquoi vous rappeler ces choses en détail, puisque vous en pouvez largement prendre connaissance dans les divers articles de la convention que nous jugeons devoir faire publier avec notre allocution? Nous déclarons que nous avions accueilli ces articles avant que le très puissant empereur de *Russie* et roi de Pologne nous eût signifié qu'il les acceptait. Rassuré par sa bienveillante déférence, nous n'avons jamais douté qu'il ne les sanctionnât de son assentiment, comme il l'a fait.

« Voilà, vénérables frères, ce que nous avons entrepris et exécuté pour arranger les affaires de l'Église dans l'empire russe.

Il nous reste beaucoup d'autres améliorations importantes à réaliser. Nous entendons parler de la vraie et pleine liberté dont les fidèles ont besoin pour communiquer sans empêchement avec le Siége apostolique, centre d'unité et de vérité, père et maître de toutes les Églises. On comprendra facilement combien ces empêchements nous af-

(1) Cette bulle établissait neuf siéges dans le nouveau royaume de Pologne; un archevêché à Varsovie, avec un suffragant, et huit évêchés, savoir : Augustow ou Seyna (un suffragant), Brzest, Kalisch, Lublin, Plosko (deux suffragants), Poldachie, avec résidence à Janow (deux suffragants), Polotk et Sandomir, auxquels il faut joindre l'évêché de Cracovie, ville libre avec un suffragant. (*Voyez* SUFFRAGANT.)

fligent, si l'on considère que le Saint-Siége, à diverses époques, a réclamé pour que les fidèles ne fussent pas privés du droit de se mettre en relation avec lui, même dans d'autres pays où les âmes ont tant à souffrir de la difficulté de leurs communications. Nous entendons parler des biens à restituer au clergé, des laïques que le gouvernement envoie dans les consistoires des évêques, et qui doivent en être éloignés pour que ceux-ci jouissent d'une parfaite et entière liberté dans leurs délibérations; des lois, en vertu desquelles la validité des mariages mixtes n'est reconnue que dans le cas où un prêtre schismatique gréco-russe les a bénis; de la liberté que les catholiques devraient avoir de porter leurs causes matrimoniales, dans les mariages mixtes, devant un tribunal ecclésiastique apostolique; des lois qui prescrivent l'âge de la profession religieuse, qui détruisent de fait les écoles dans les couvents, qui tiennent éloignés de tous les supérieurs provinciaux, qui s'opposent aux conversions à la foi catholique. Nous éprouvons la plus vive sollicitude pour tant de fils de la célèbre nation ruthénienne qui nous sont si chers, et qui, à cause de la triste, de la déplorable défection de quelques évêques de cette Église ruthéno-romaine, se trouvent au milieu de ces vastes contrées où ils vivent dispersés, dans la plus malheureuse condition, et dans un extrême danger pour leur salut éternel, privés qu'ils sont d'évêques catholiques qui leur servent de guides, les mènent à des pâturages salutaires, les dirigent dans le sentier de la justice, les fortifient par les secours spirituels, les préservent d'illusions dangereuses, des ruses et des machinations des méchants. Ces choses font une telle impression sur notre cœur, qu'avec la grâce de Dieu, nous prendrons tous les moyens nécessaires pour soutenir, sous tous ces rapports, les intérêts de l'Église catholique. Avant que le comte Bloudoff quittât cette capitale pour retourner à Saint-Pétersbourg, nous lui avons fait connaître qu'il porterait à S. M. I., nos désirs, nos réclamations; qu'il les ferait valoir, en grande partie du moins, et qu'il expliquerait oralement les points qui ne peuvent être aussi facilement éclaircis de loin.

« C'est avec grand plaisir que nous apprenons que ce sérénissime prince a consenti à ce que le nouvel évêque de Kherson eût encore un second suffragant; qu'en outre les mariages et les autres causes ecclésiastiques, après la première sentence prononcée par l'évêque qu'elles regardent immédiatement, fussent portées au second degré de juridiction, ou au tribunal du métropolitain, suivant l'usage, ou, si elles ont été jugées en première instance par le métropolitain lui-même, à l'évêque le plus voisin que le Saint-Siége aura muni, à cet effet, de pouvoirs spéciaux qui devront durer pendant un temps convenable; enfin, que pendant les appels antérieurs, ces causes fussent portées à Rome devant le Saint-Siége. Ce n'est pas avec une joie moins sensible, que nous avons appris que des nouvelles récentes qui nous sont arrivées de cette cour impériale et royale, que l'empereur s'occupait sérieusement des autres points ci-dessus énoncés, et qu'il nourrissait l'espoir de les mener à bonne fin.

« C'est pourquoi la confiance que nous avons que ce prince, dans son équité, dans sa justice, dans sa prudence et dans sa magnanimité, se montrera propice à nos désirs, à nos demandes, de manière que nous puissions bientôt vous annoncer que tout ce qui concerne l'Église dans l'empire russe, a reçu la solution que vous désirez, cette confiance s'accroît de jour en jour. Et puisque la déplorable situation des Ruthéniens tient notre esprit dans l'affliction et dans l'angoisse, nous vous répétons que nous sommes dans l'intention, pour remplir les devoirs de notre ministère, de n'épargner aucune démarche pour subvenir de la manière la plus convenable à leurs besoins spirituels. Certain, comme nous le sommes, que les prêtres latins déploient tout ce qu'ils ont de zèle et de ressources pour ne pas les laisser manquer de secours spirituels, nous exhortons du fond de notre cœur, avec amour et avec instance, les Ruthéniens à rester fermes et inébranlables dans l'unité de l'Église catholique; nous conjurons ceux qui seraient sortis du sein de leur mère très aimante, d'y rentrer et d'avoir recours à nous qui sommes disposé à leur fournir tous les moyens de faire leur salut.

« Nous ne cessons pas, vénérables frères, d'adresser les plus humbles et les plus ferventes prières au Dieu très clément, dispensateur de tout bien, pour que, dans l'abondance de ses miséricordes, il regarde d'un œil propice nos soins et nos efforts qui n'ont pour but que d'agrandir la sainte Religion dans laquelle réside le plus ferme soutien des royaumes, l'appui le plus solide de la tranquillité et du bien-être des nations. »

S

SACERDOCE.

Nous parlons du *sacerdoce* sous les mots ORDRE, PRÊTRE. Quant à l'union du *sacerdoce* et de l'empire, voyez PUISSANCE.

SACERDOTAL.

Ce mot s'applique à un bénéfice auquel est attaché l'ordre de prêtrise, ou même un autre ordre ; c'est-à-dire, que celui qu'on en pourvoit, doit être prêtre nécessairement ; delà vient qu'on le nomme *bénéfice sacerdotal*.

On appelle aussi titre *sacerdotal* le patrimoine que l'on a coutume d'affecter à l'ordination des prêtres. (*Voyez* TITRE CLÉRICAL.)

SACRE.

Il est parlé du *sacre* des rois sous le mot CONSÉCRATION. Celui du roi de France se faisait en l'église de Reims, avec l'huile de la sainte ampoule, que l'on dit avoir été envoyée du ciel à saint Remi pour cet effet. On remarque que Pépin, dit le Bref, est le premier roi de France qui se soit fait couronner et sacrer avec les cérémonies de l'Église. Charles X est le dernier qui ait été sacré.

L'empereur Napoléon se fit sacrer dans la cathédrale de Paris, par Pie VII, le 2 décembre 1804.

Quant au *sacre* des évêques, voyez CONSÉCRATION.

SACRÉ.

(*Voyez* CHOSES, CONSÉCRATION.)

SACRÉ COLLÉGE.

On appelle *sacré collége* le corps des cardinaux de l'Église romaine. (*Voyez* CARDINAL.)

SACREMENT.

Le mot de *sacrement*, en général, est employé dans les saintes Écritures pour signifier une chose secrète et sacrée. Dans le livre de la Sagesse, il est dit que les méchants n'ont pas connu les secrets de Dieu : *Nescierunt sacramenta Dei*. (*Chap.* II.) Ce mot, pris dans une signification moins étendue, signifie une chose sainte et sacrée, en tant qu'elle dévoue les hommes à Dieu, et en ce sens il a la même signification que celui de mystère, mot grec qui veut dire le signe extérieur d'une chose sacrée et secrète. Ainsi saint Paul, en parlant du mystère de l'Incarnation, dit : *Manifesté magnum est pietatis sacramentum, quod manifestatum est in carne.*

Le mot de *sacrement* a été mis en usage dès les premiers siècles de l'Église, pour signifier les *sacrements* que Jésus-Christ a institués. En effet, les saints Pères ont attribué les mêmes significations à ces deux mots de mystère et de *sacrement.*

Les *sacrements* de la nouvelle loi, selon la définition du catéchisme du concile de Trente, sont des signes sensibles qui, par l'institution divine, ont la vertu de signifier et de produire la sainteté et la justice : ils ont tous été institués par Jésus-Christ, et le saint concile de Trente prononce anathème contre ceux qui soutiennent le contraire : *Si quis sacramenta novæ legis*, etc., *non fuisse omnia à Jesu Christo Domino nostro instituta, anathema sit.* (*Sess.* XXI, *c.* 2.) Et en effet, il n'y a que Dieu seul qui ait pu donner aux *sacrements*, par sa puissance souveraine, la vertu et la force qu'ils ont.

§ I. Sacrements *en général.*

Il y a sept *sacrements* dans l'Église. Le concile de Trente frappe d'anathème ceux qui disent le contraire : *Si quis dixerit sacramenta esse plura vel pauciora quàm septem : videlicet, baptismum, confirmationem, eucharistiam, pœnitentiam, extremam unctionem, ordinem et matrimonium... anathema sit.* Ce concile explique en treize canons la foi et le dogme de l'Église, sur les *sacrements* considérés en général. (*Sess.* VII.) Nous avons parlé, dans le cours de cet ouvrage, de chaque espèce de *sacrement* en particulier, à l'exception de l'eucharistie, dont nous n'avons parlé que relativement à certains objets de police extérieure sous les mots COMMUNION, CONFESSION, RELIGIEUSE, PAROISSE. On voit sous les mots ÉVÊQUE, VISITE, les droits ou le devoir des évêques touchant l'administration des *sacrements*; ceux des curés, sous le mot PAROISSE; et comment ils doivent être expliqués au peuple, sous les mots PRÉDICATION, DOCTRINE, CATÉCHISME. L'on voit, sous les mots OBLATIONS, HONORAIRES, CASUEL, ce que peuvent recevoir les ecclésiastiques de l'administration des *sacrements.*

Quant à la matière, la forme, le ministre, l'intention du ministre, les effets, le caractère des *sacrements* en général, nous n'en dirons que peu de mots, parce que ces questions sont plutôt du ressort de la théologie que de celui du droit canon.

La matière des *sacrements* en général, est la chose sensible qui se rencontre dans chaque *sacrement.* (*Voyez* FORME.)

Les paroles qui sont jointes avec ces choses sensibles, en sont la forme. Le pouvoir de conférer les *sacrements* n'appartient qu'aux ministres de l'Église, et non aux chrétiens laïques.

L'intention du ministre dans l'administration des *sacrements,* est une action de sa volonté, par laquelle il se propose de conférer un *sacrement,* c'est-à-dire de faire ce que fait l'Église.

Les *sacrements* de la nouvelle loi, confèrent la grâce sanctifiante.

Parmi les *sacrements,* les théologiens distinguent les *sacrements* des vivants, et les *sacrements* des morts.

Les *sacrements* des vivants sont pour les fidèles qui sont en état de grace, afin de les perfectionner et d'augmenter la grâce qu'ils ont reçue : et ce sont les *sacrements* de la confirmation, de l'eucharistie, de l'ordre, de l'extrême-onction et du mariage.

Les *sacrements* des morts sont institués pour donner la vie spirituelle aux personnes qui sont mortes à la grâce, et qui ont besoin d'être justifiées par la grâce : tels sont les *sacrements* de baptême et de pénitence.

Il se fait encore une distinction des *sacrements;* les uns impriment caractère, et les autres ne l'impriment pas. Les premiers sont les *sacrements* de baptême, de la confirmation et de l'ordre qui par conséquent ne peuvent être reçus qu'une fois.

Enfin, l'Eglise a toujours observé certaines cérémonies dans l'administration des *sacrements;* elle les a même rendues publiques et solennelles pour de solides raisons rapportées dans le concile de Trente : 1° elles servent à imprimer le respect dû aux saints mystères; 2° elles font connaître distinctement, et mettent comme devant les yeux les effets que produisent les *sacrements,* dont elles font éclater la sainteté; 3° elles élèvent l'esprit de ceux qui les observent avec attention, et excitent en eux des sentiments de foi et de charité : *Si quis dixerit receptos et approbatos Ecclesiæ catholicæ ritus, in solemni sacramentorum administratione adhiberi consuetos, aut contemni, aut sine peccato à ministris pro libito omitti, aut in novos alios per quemcumque ecclesiarum pastorem mutari posse; anathema sit.* (*Concile de Trente, Session* VII, *can.* 13.)

§ II. *Refus des* SACREMENTS.

Il est établi sous le mot PAROISSE, que les curés sont tenus par un devoir de justice, d'administrer les *sacrements* à leurs paroissiens, même dans les occasions où il y aurait du danger pour leur propre vie (1). Mais l'on demande s'il n'est point de cas où ils peuvent légitimement refuser cette administration? On doit appliquer cette question à chaque espèce de *sacrement* en particulier, parce qu'indépendamment de ce que les curés ne les administrent pas tous, chacun de ces sacrements a des règles particulières qu'il faut voir sous les mots BAPTÊME, CONFIRMATION, PÉNITENCE, EXTRÊME-ONCTION, ORDRE, MARIAGE. Nous ne parlerons ici que du refus de la communion, ou du corps de notre Seigneur Jésus-Christ.

(1) Saint Thomas, 2-2, *qu.* 185, *art.* 5.

Les théologiens et les canonistes enseignent (1) que l'on doit refuser la sainte eucharistie à ceux qui n'ont absolument aucun usage de la raison, et aux pécheurs publics et notoires : *Nolite sanctum dare canibus, neque mittatis margaritas ante porcos.* (*Matth. c.* VII.) *Hic jam quæritur inter dispensatores, ut fidelis quis inveniatur.* (*Cor. c.* IV.) (*Can. Pro dilectione, de Cons., dist.* 2; *cap. Quia de Usur.*)

Ceux qui n'ont aucun usage de la raison, *qui nullum prorsùs habent rationis usum,* ne s'entendent pas toujours des malades à qui l'excès de la maladie a ôté pour un temps la connaissance. Les rituels marquent à ce sujet la conduite que doit tenir un curé, et les précautions qu'il doit prendre.

Le concile de Soissons de l'an 1849 veut qu'on refuse les *sacrements* à tous ceux à qui le droit général ou particulier défendent de les recevoir, soit qu'ils les demandent en secret ou publiquement, spécialement aux hérétiques et schismatiques publics, aux écrivains qui combattent en quelque sorte *ex professo* les dogmes catholiques ou les enseignements de la morale, à moins toutefois que leurs écrits ne soient totalement ignorés. On doit les refuser encore aux excommuniés et interdits notoires, aux femmes de mauvaise vie, à ceux qui ne sont mariés que civilement, aux usuriers condamnés comme tels par sentence juridique, aux ivrognes de profession, en un mot à tous les pécheurs notoires qui ne pourraient les recevoir sans donner un scandale public. Mais on ne doit pas les refuser aux criminels. (*Voyez* COMMUNION, CRIMINELS, PÉCHEURS PUBLICS.)

Quant aux comédiens qui ne sont pas réputés infâmes ni excommuniés, voyez COMÉDIE. (*Titul.* VII, *cap.* 6.)

SACREMENT (SAINT).

On appelle ainsi par excellence le *sacrement* de l'eucharistie, ou le corps adorable de notre Seigneur. On célèbre dans l'Église la fête du très-saint *sacrement* par une procession générale, qui marque le triomphe que l'Église a remporté sur les hérétiques qui ont osé attaquer ce saint mystère. (*Voyez* PROCESSION.)

Ces processions ont donné lieu aux expositions solennelles du saint *sacrement* au culte et à l'adoration des fidèles. (*Concile de Trente, Session* XIII, *can.* 6.) Mais ces expositions et les bénédictions qui les accompagnent ne doivent pas être réitérées trop souvent, de peur que le respect ne diminue et que la piété ne se refroidisse. C'est pourquoi on ne doit l'exposer qu'aux jours marqués par l'Église, et, dans d'autres temps, que par ordre, ou du moins du consentement de l'évêque.

« On ne doit faire les processions solennelles du saint *sacrement,* dit le concile d'Augsbourg, de l'an 1548, que selon les règles de l'Église, et pour des causes graves, et on retranchera tout ce qui

(1) Saint Thomas, qu. 80, art. 9; Barbosa, *de Officio et potest. parochi, cap.* 19 et 20.

est profane. » Le concile de Cologne, de l'an 1549, ajoute qu'il faut en bannir tout ce qui n'est pas propre à exciter la dévotion.

Saint Charles, dans le troisième concile de Milan, défend de porter le saint *sacrement* sur le bord de la mer, sous prétexte de la tempête, ce qui s'applique également au cas d'un incendie. En effet, dit d'Héricourt (1), si la présence du corps de Jésus-Christ, qui n'est point obligé de faire des miracles toutes les fois que les hommes en demandent, ne faisait point cesser la tempête ou l'incendie, cette circonstance pourrait diminuer le respect qu'on doit à l'eucharistie, et devenir un sujet de raillerie pour les hérétiques et pour les impies.

L'eucharistie doit être conservée dans un endroit décent et fermé à clef. Voici le règlement d'Honoré III à cet égard : *Ne propter incuriam sacerdotum divina indignatio gravius exardescat, districtè præcipiendo mandamus, quatenus à sacerdotibus eucharistia in loco singulari, mundo et signato semper honorificè collocata, devotè ac fideliter conservetur, sacerdos verò quilibet frequenter doceat plebem suam, ut cùm in celebratione missarum elevatur hostia salutaris, se reverenter inclinet, idem faciens cùm eam defert presbyter ad infirmum. Quam in decenti habitu superposito mundo velamine ferat, et referat manifestè ac honorificè ante pectus cum omni reverentiâ et timore, semper lumine præcedente, cùm sit candor lucis æternæ, ut ex hoc apud omnes fides et devotio augeatur. Prælati autem hujusmodi mandati graviter punire non differant transgressores : si et ipsi divinam et nostram volunt effugere ultionem. (Cap. Sane, de Celebratione missarum.)*

SACRILÉGE.

Le *sacrilége* est l'abus que l'on fait des choses saintes ou sacrées en les profanant : *Sacrilegium est violatio rei sacræ*. On appelle aussi quelquefois *sacrilége* celui qui se rend coupable du crime de *sacrilége*.

Il se fait sur le crime de *sacrilége* plusieurs distinctions. Lancelot le fait rapporter ou aux choses ou aux personnes (2).

Le *sacrilége, ratione rerum* se commet en trois manières : 1° en dérobant une chose sacrée, dans un lieu aussi sacré, *sacrum de sacro*, comme seraient les vases sacrés dans une église ; 2° une chose non sacrée dans un lieu sacré, *non sacrum de sacro*, comme la montre d'une personne dans l'église ; 3° une chose sacrée dans un lieu non sacré, *sacrum de non sacro*, comme le saint ciboire, dans la maison d'un malade. *Sacrilegium committitur, auferendo sacrum de sacro, vel non sacrum de sacro, sive sacrum de non sacro. (Cap. 21, caus. 17, qu. 4.)*

Le *sacrilége ratione personarum* se commet en maltraitant une personne consacrée à Dieu, contre la disposition du canon *Si quis suadente*, et par un commerce illicite avec ces mêmes personnes.

(1) *Lois ecclésiastiques, part. III, ch. 2.*

(2) *Instit., lib. IV, tit. 5.*

Le crime de *sacrilége* se commet aussi par l'incendie et le violement des lieux sacrés; par la détention injuste et l'usurpation des biens de l'Église.

Enfin, dans un sens étendu, il n'est point de crimes qu'on appelle ecclésiastiques, où il n'entre du *sacrilége*, comme s'agissant toujours du violement des choses qui appartiennent à Dieu ou à la religion. Ces crimes sont la simonie, l'hérésie, le schisme, l'apostasie, le sortilége, le blasphême, le *sacrilége* proprement dit.

Les crimes qu'on appelle civils, parce qu'ils ne regardent directement que les hommes ou la société civile, sont l'homicide, l'adultère, le stupre, le vol, l'usure, le faux, les injures.

C'est aussi une espèce de *sacrilége* lorsqu'on abuse des paroles de la sainte Écriture, et que l'on s'en sert, comme il est dit dans le concile de Trente, pour des usages profanes.

Les canons punissent ceux qui se sont rendus coupables du crime de *sacrilége* et leurs complices, de différentes peines, selon que le *sacrilége* est plus ou moins énorme : *Pro modo sceleris admissi, facinorisque perpetrati, nisi plené satisfecerint, aut de satisfaciendo plenam securitatem exhibuerint, nunc pœnitentiæ beneficium sacrilego penitùs denegatur, nunc anathemate vincitur, nunc perpetuá damnatus infamiá carceri traditur, aut exilio perpetuæ deportationis et depositionis animadversione coercetur, aliquandò etiam pecuniariá pœná mulctabitur.* (*C. Super eo, de Rapt.; cap. Conquestus, de Foro competenti; C. Quisvis* 17, *qu.* 4; *c. Nulli; c. Prædia* 12, *qu.* 2; *c. Omnes, c.* 17, *c.* 4.)

Dans les principes du droit canon, en matière de *sacrilége*, les complices font entière foi les uns contre les autres. (*C. Imprimis* 12, *qu.* 1; *c. Qui autem* 17, *qu.* 4.)

SACRISTAIN, SACRISTIE.

Nous entendons par le premier de ces mots un officier ecclésiastique qui a le soin et la garde des vases et ornements sacrés, déposés dans un lieu qu'on appelle *sacristie, à sacris tenente, vel tuente.* Le chapitre premier, du livre premier, du titre 26 des décrétales, *de Officio sacristæ,* extrait d'un concile de Tolède de l'an 633, marque le rang du *sacristain* et ses fonctions dans ces termes : *Ut sciat se sacrista subjectum archidiacono, et ad ejus curam pertinere custodiam sacrorum vasorum, vestimentorum ecclesiasticorum, seu totius thesauri ecclesiastici, nec non quæ ad luminaria pertinent, sive in cerâ, sive in oleo.*

Voyez sous les mots CUSTODE, TRÉSORIER, noms souvent confondus avec celui de *sacristain,* ce qui est dit de l'état et des fonctions communes à ces trois offices.

Le curé, dans les paroisses où il en est établi, désigne le *sacristain-prêtre.* (*Art.* 30 *du décret du* 30 *décembre* 1809.)

Mais ce dernier article a été modifié par l'art. 7 de l'ordonnance du 12 janvier 1825, d'après lequel, dans les communes rurales, la nomination et la révocation du *sacristain* seront faites par le curé desservant ou vicaire, leur traitement du reste continue à être réglé par le conseil de fabrique, et payé par qui de droit. ◦

L'article 37 du décret du 30 décembre 1809 met le payement du *sacristain* à la charge de la fabrique. Voyez à cet égard notre *Cours de législation civile ecclésiastique.*

SACRISTAIN DU PAPE.

Le *sacristain* du pape qui prend le titre de préfet, est toujours un religieux de l'ordre des ermites de saint Augustin ; et l'on trouve un augustin *Novelli,* qui exerçait cet office dès l'an 1287. Le pape Alexandre VI, donna une bulle en 1497, par laquelle il ordonna que cet office serait toujours conféré à un religieux augustin, quand même il ne serait pas dans la prélature ; mais depuis longtemps les *sacristains* du pape sont évêques *in partibus* (1). Ils ont en leur garde tous les ornements, les vases d'or et d'argent, croix, encensoirs, calices, reliquaires et autres choses précieuses de la sacristie du pape.

Lorsque le pape célèbre la messe pontificalement ou en particulier, le *sacristain* fait en sa présence l'essai du pain et du vin en cette manière : si le pape célèbre pontificalement, le cardinal, qui lui sert de diacre, présente au *sacristain* trois hosties, dont il en mange deux. Si le pape célèbre en particulier, avant l'offertoire, il lui présente deux hosties, dont le *sacristain* en mange une, et un camérier lui verse dans une tasse de vermeil de l'eau et du vin des burettes. Il a soin d'entretenir et de renouveler tous les septièmes jours une grande hostie consacrée pour la donner en viatique au pape à l'article de la mort : il lui donne aussi l'extrême-onction, comme étant son curé.

Lorsque le pape voyage, le *sacristain* exerce une espèce de juridiction sur tous ceux qui l'accompagnent ; et pour marque de sa juridiction, il tient un bâton à la main. Il distribue aussi aux cardinaux les messes qu'ils doivent célébrer solennellement, après avoir fait voir au premier cardinal-prêtre la distribution qu'il en a faite. Il distribue aussi aux prélats assistants les messes qu'ils doivent dire dans la chapelle du pape. Il distribue également les reliques, et signe les mémoriaux des indulgences que les pèlerins demandent pour eux et pour leurs parents.

S'il est évêque ou constitué en dignité, il tient rang dans la chapelle, et en présence du pape, parmi les prélats assistants ; si le pape n'y est pas, il a séance parmi les prélats, selon son antiquité, sans avoir égard à sa qualité de prélat assistant. S'il n'est pas évêque, il prend son rang après le dernier évêque ou après le dernier abbé mitré. Après la mort du pape, il entre dans le conclave en qua-

(1) Le titre d'évêque de Porphyre, *in partibus*, est attaché à cette dignité.

lité de premier conclaviste, dit tous les jours la messe aux cardinaux, et leur administre les sacrements comme aux conclavistes (1).

SAGE-FEMME.

Les *sages-femmes* sont destinées à assister les femmes grosses et à leur aider à se délivrer de leur fruit.

Les conciles ont réglé trois choses par rapport aux *sages-femmes* : 1° qu'elles auront un témoignage de catholicité, ou du curé ou de l'évêque ; 2° qu'elles seront approuvées par l'évêque ou son vicaire ; 3° qu'elles auront soin qu'il se trouve au moins deux personnes qui soient témoins du baptême qu'elles administreront, que le curé pourra interroger, lorsque l'enfant sera porté à l'église. Ces sages dispositions des conciles ne sont plus suivies dans la pratique.

Les mêmes conciles ordonnent aux curés de veiller à l'instruction des *sages-femmes*, en ce qui regarde l'administration du baptême.

Voici une formule du serment que devaient prêter les *sages-femmes* ; elle est à peu près uniforme dans tous les rituels des diocèses :

« Je N. jure et promets à Dieu, le créateur, en votre présence, monsieur, de vivre et de mourir en la foi catholique, apostolique et romaine et de m'acquitter avec le plus de fidélité et diligence qu'il me sera possible, de la charge que j'entreprends d'assister les femmes dans leurs couches, et de ne permettre jamais que ni la mère, ni l'enfant n'encourent aucun accident par ma faute.

« Et où je verrai quelque péril imminent, d'user de conseil et de l'aide des médecins et des chirurgiens, et des autres femmes que je reconnaîtrai entendues et expérimentées en cette fonction. Je promets aussi de ne point révéler les secrets des familles, ni des personnes que j'assisterai ; et de n'user d'aucun moyen illicite, sous quelque couleur ou prétexte que ce soit, par vengeance ou mauvaise affection, et de n'omettre rien de ce qui sera de mon devoir à l'endroit de qui que ce soit ; mais de procurer de tout mon pouvoir le salut corporel et spirituel, tant de la mère que de l'enfant.

« Ainsi Dieu me soit en aide, et ses saints évangiles. »

SAINT.

Nous entendons par ce mot un fidèle que Dieu a admis à la participation de sa gloire dans le ciel. (*Voyez* CANONISATION, IMAGES.) Nous remarquerons ici que la béatification diffère de la canonisation d'un *saint*, non en la manière de procéder à la vérification des vertus et des miracles, mais en ce que, par la béatification, le pape permet seulement de faire l'office d'un *saint* dans un ordre religieux, dans un diocèse ou dans une église particulière ; au lieu que, par la canonisation, le pape permet d'en faire la fête dans toutes les églises

---

(1) Héliot, *tom.* III, ch. 3 ; *Élection du Souverain Pontife*, pag. 86.

catholiques. Le pape Benoît XIV a beaucoup écrit sur la canonisation des *saints* ; nous allons extraire ici quelque chose de son savant ouvrage.

§ I. *Origine de la canonisation des* SAINTS.

Dans les jours de persécution, les combats des martyrs fournissaient aux chrétiens des spectacles de religion. Ils accouraient en foule, pour être les témoins de ces victoires. Ils recueillaient les restes vénérables de ces victimes avec une avidité qui les décélait quelquefois aux tyrans. On s'assemblait dans la suite autour de ces dépôts sacrés, pour célébrer le jour de leur triomphe. On y lisait l'histoire de leur confession et de leurs souffrances. Les actes qu'on en avait dressés entretenaient un commerce d'édification entre les églises éloignées. Les monuments les plus authentiques et les plus vénérables par leur antiquité, nous instruisent de ce détail. On le trouve tout entier dans la lettre des fidèles de Smyrne aux Philadelphiens, sur la mort de saint Polycarpe, leur évêque, disciple de saint Jean l'évangéliste.

« Les juifs, disent-ils, après le récit de sa détention et de sa mort, inspirèrent à Nicétas de prier le proconsul qu'on ne donnât point de sépulture à Polycarpe, de peur que les chrétiens ne quittassent le crucifié pour honorer le corps du bienheureux martyr. Ils ne savaient pas que nous ne pouvions quitter Jésus-Christ, qui a souffert pour le salut de tous ceux qui se sauvent par tout le monde, ni en honorer un autre en sa place ; car nous l'adorons parce qu'il est le Fils de Dieu. Mais nous regardons les martyrs comme ses disciples et ses imitateurs, et nous les honorons avec justice, à cause de leur affection invincible pour leur maître et leur roi... Pour nous, ajoutent-ils, quand ils ont raconté comment on brûla le corps de saint Polycarpe, nous retirâmes *ses os plus précieux que des pierreries*, et nous les mîmes où il était convenable, où le Seigneur nous fera la grâce de nous assembler comme il nous sera possible, pour célébrer avec joie la *fête* de son martyre... » Que ne pouvons-nous pas conclure d'un langage si clair ! On croyait donc déjà, dans les plus beaux jours de l'Église naissante, qu'on devait honorer les *saints* : on conservait donc alors leurs reliques comme des trésors. On s'assemblait donc déjà pour célébrer des fêtes le jour de leur mort : tout ce qui nous reste de monuments des trois premiers siècles, atteste de même le culte des saints martyrs. On pourrait compiler des volumes immenses de ces témoignages.

Le nom de confesseur se donnait alors aux chrétiens, quand ils avaient fait une profession publique de la foi devant les persécuteurs. C'étaient des soldats de Jésus-Christ éprouvés par les supplices, à qui souvent il ne manquait que le dernier coup de la mort. On a étendu ce titre, depuis la paix de l'Église, aux fidèles qui s'endorment dans le sein du Seigneur, après une vie passée dans la persévérance de toute justice, ou l'exercice d'une pénitence laborieuse. Ces saints confesseurs sont entrés plus tard en partage des honneurs que la religion accorde à ses héros. Saint Martin de Tours paraît en avoir joui le premier, du moins en Occident. On peut rapporter au commencement du cinquième siècle l'établissement de sa fête. Elle était ancienne dans son église quand on y célébra le premier concile, l'an 461. « Cet illustre pontife ne donna point son « sang pour la foi, dit Sulpice-Sévère, son historien et son disciple, « mais il ne lui manqua rien que l'occasion de le répandre ; il eut « toutes les vertus, et par conséquent, il mérita toute la gloire des « martyrs. »

C'est sur le même principe que l'Église entière s'est appuyée pour faire honorer la mémoire de ses enfants les plus illustres, lorsque Dieu lui-même a pris plaisir à les glorifier dans le monde par des miracles éclatants. C'est aussi dans ces maximes de la plus ancienne doctrine, qu'il faut chercher l'esprit des formalités qu'on observe dans la canonisation des *saints*.

§ II. *De l'autorité du pape dans la canonisation des* SAINTS.

Le culte des anciens martyrs fut comme le premier cri de la religion dans les témoins oculaires de leurs combats. L'Église vit avec joie ces transports d'admiration, source d'une sainte jalousie qui multiplia souvent ses triomphes : mais toujours attentive à mettre un frein au zèle indiscret, elle ne permit jamais à la multitude des fidèles de donner à son gré des objets à la vénération publique. La confession la plus éclatante et la mort la plus glorieuse ne suffirent point alors pour consacrer authentiquement la mémoire d'un athlète de la foi chrétienne. On attendait qu'il eût été proclamé par la voix des premiers pasteurs ; il leur appartenait de brûler le premier encens sur son cercueil, et c'était de leurs mains que son nom devait être inscrit dans les fastes ecclésiastiques. De là ce titre distinctif de martyrs approuvés, *martyres vindicati*, pour désigner ceux que l'autorité légitime vengeait de l'ignominie de leur supplice, en les mettant en possession des honneurs qu'on doit aux *saints*. De là ces diacres chargés par état de noter le jour de leur mort, d'en recueillir les actes, et d'en faire le rapport à l'évêque diocésain. Saint Cyprien semble faire allusion à ces usages de l'ancienne discipline dans quelques-unes de ses lettres.

On reconnaît l'exercice et l'usage de cette puissance pontificale dans ce trait fameux du grand saint Martin. Un tombeau, dans le voisinage de Tours, était devenu l'objet d'une dévotion populaire, et même un de ses prédécesseurs l'avait accréditée par la consécration d'un autel. Le lieu n'en parut pas moins suspect au saint prélat. Il interroge les premiers du clergé ; leur silence et celui de toute l'antiquité sur l'histoire de sa mort, confirme ses premiers soupçons. Mais il n'ose encore prononcer ; il s'abstient seulement d'approuver ce culte mal éclairé. Bientôt une révélation vient à son secours, et dans ce fameux sépulcre, il découvre aux yeux de tout son peuple les cendres d'un brigand supplicié pour ses crimes.

C'est pour éviter de semblables profanations que les évêques se réservèrent le droit de préconiser les martyrs, et qu'ils se firent un devoir d'examiner leurs titres, avant d'ordonner ou de permettre que la fête en fût célébrée. Prévenir le jugement épiscopal par des hommages prématurés, ce fut toujours une faute grièye dans les premiers siècles de l'Église, qu'on punissait avec sévérité. Nous en trouvons un exemple bien marqué dans Optat de Milève; Lucile, dont tout le monde sait l'histoire, fut traitée sans ménagement, comme coupable d'un péché scandaleux, parce qu'elle s'opiniâtrait à rendre même publiquement les honneurs du culte aux reliques d'un martyr véritable, mais qui n'était pas encore approuvé. Rien de plus formel que le témoignage de cet ancien écrivain, pour constater la différence que mettait entre les martyrs l'approbation solennelle des prélats, si semblable par les caractères essentiels aux jugements de canonisation que l'Église prononce aujourd'hui.

Le culte des saints confesseurs, plus récent dans son origine, et moins appuyé des preuves incontestables de leur sainteté, plus sujet par conséquent à l'illusion, devait encore moins être livré à la discrétion du vulgaire que celui des martyrs. Aussi voyons-nous un grand nombre d'anciennes lois ecclésiastiques, pour réprimer les dévotions arbitraires. Un concile de Cologne, cité par Yves de Chartres dans son décret, interdit aux fidèles toute marque publique de vénération pour des *saints* nouveaux, avant qu'on se fût assuré de l'agrément de l'évêque diocésain. Les empereurs chrétiens usèrent en cette occasion de leur autorité, pour soutenir celle de l'Église : témoin le Capitulaire de Charlemagne de l'an 801, qui contient la même défense.

On n'a jamais pu méconnaître la sagesse de ces règlements : aussi trouvons-nous partout une fidélité inviolable à les observer. Des fêtes ordonnées par les prélats, des reliques exposées par eux à la vénération des fidèles, des translations qu'ils en ont faites eux-mêmes, ou qu'ils en ont permises; ce sont toujours les premières époques dans l'histoire du culte des *saints,* jusqu'aux temps postérieurs, où le droit de l'établir fut attribué sans partage au Saint-Siége apostolique de Rome.

Il serait assez difficile de fixer à cet usage une date certaine. La plupart des canonisations faites par l'autorité du pape, qui remontent avant le dixième siècle, souffrent de grandes contestations. Tout le monde convient que dans le concile de Latran, l'an 993, Jean XV mit au nombre des *saints* le bienheureux Udalric, évêque d'Augsbourg, à la prière de Luitolphe, un de ses successeurs. Mais on trouve encore depuis cette époque une foule de *saints* universellement honorés, quoique leurs noms n'eussent été consacrés que par des prélats particuliers.

Alexandre III, qui vivait en 1170, est donc reconnu communément pour l'auteur de cette réserve. On cite une de ses décrétales, comme la première loi solennelle en cette matière. « N'ayez pas à l'avenir, dit ce pontife, la présomption de décerner à cet homme un culte religieux. Quant il aurait fait une multitude de miracles, il ne vous est pas permis de l'honorer sans l'agrément de l'Église romaine. » *Audivimus quod quidam inter vos diabolicâ fraude decepit, hominem quemdam in potatione et ebrietate occisum, quasi sanctum (more infidelium) venerantur : cùm vix pro talibus in ebrietatibus peremptis, Ecclesia permittat orare. Dicit enim Apostolus : ebriosi regnum Dei non possidebunt. Illum ergò non præsumatis de cætero colere, cùm etiamsi per eum miracula fierent, non liceret vobis ipsum pro sancto absque auctoritate romanæ Ecclesiæ venerari.* (*Cap. Audivimus*, 1, *de Reliq. et Vener. sanctorum.*) Les canonistes français et plusieurs italiens, entre autres Bellarmin, ont vu dans ces paroles, l'établissement d'un droit nouveau, qui parait même n'avoir été généralement adopté que longtemps après.

Quoi qu'il en soit, cette réserve a depuis des siècles entiers la force d'un usage universel ; quelques provinces de l'Église gallicane aussi jalouses de maintenir les prérogatives de l'épiscopat, que zélées pour la gloire du premier Siége apostolique, déclarèrent même expressément dans un concile de Vienne, en demandant au pape Grégoire IX la canonisation de saint Étienne de Die : « Que l'excellence des mérites connus dans les serviteurs de Dieu, n'autorise point les fidèles à les honorer publiquement après leur mort ; mais qu'il faut à leur culte l'approbation du Souverain Pontife. »

C'est pour des raisons importantes que nulle Église n'a réclamé contre ce changement de discipline. La sainteté de ceux qu'on donne pour objets à la vénération publique, ne pouvant jamais être trop assurés, c'est un avantage pour la religion que la sentence de l'évêque diocésain reçoive par les enquêtes des commissaires apostoliques, par les discussions du tribunal romain, et par le jugement du Saint-Siége, promulgué dans tout le monde catholique, une authenticité qui ne laisse rien à désirer. D'ailleurs un décret solennel émané de l'autorité supérieure, et qui s'étend à tout l'univers, annonce d'une manière plus éclatante et plus uniforme la gloire des bienheureux. Les fidèles répandus dans le monde entier apprennent plus tôt à profiter de leurs exemples et de leur intercession.

On attendait autrefois la célébration d'un concile pour canoniser les *saints*. Udalric le fut par Jean XV dans celui de Latran ; saint Gérard par Léon IX, dans un concile romain ; et saint Sturme par Innocent II dans le second de Latran. Cet usage avait alors force de loi. Le pape Urbain II déclare dans une de ses lettres, qu'il faut des miracles attestés par témoins oculaires, et le consentement d'un synode général ; mais cette coutume est abolie. Le pape prononce seul la sentence. Il est vrai que le consistoire général tient en quelque sorte lieu des anciens conciles ; puisqu'on y prend les avis de tous les évêques qui se trouvent dans la capitale du monde chrétien.

On a réduit à sept articles tous les honneurs que l'Église fait rendre aux *saints* canonisés : 1° Leurs noms sont inscrits dans les calendriers ecclésiastiques, les martyrologes, les litanies, et les autres diptyques sacrés. 2° On les invoque publiquement dans les prières et dans les offices solennels. 3° On dédie sous leur invocation des temples et des autels. 4° On offre en leur honneur le sacrifice adorable du corps et du sang de Jésus-Christ. 5° On célèbre le jour de leur fête, c'est-à-dire l'anniversaire de leur mort. 6° On expose leurs images dans les églises, et ils y sont représentés la tête environnée d'une couronne de lumière, qu'on appelle *auréole*. 7° Enfin, leurs reliques sont offertes à la vénération du peuple, et portées avec pompe dans les processions solennelles.

C'est dans tout l'univers chrétien que ce culte est autorisé par le décret de leur canonisation. Quand le Souverain Pontife a déclaré leur sainteté, c'est un devoir pour tous les fidèles de la reconnaître, et de leur payer le juste tribut de respects dus à cette qualité sublime.

La béatification au contraire n'est regardée que comme le préliminaire d'une canonisation. C'est une espèce de permission provisoire, restreinte par sa nature à l'étendue des lieux, ou à la qualité des personnes. Les serviteurs de Dieu reçoivent, en conséquence de ce jugement, le titre de bienheureux. Une ville, une province, un ordre, un diocèse peuvent alors les honorer sous ce nom. Quelquefois on approuve un office particulier, qui ne se récite qu'en secret, sans préjudicier à celui du jour. Mais il faut un indult du pape pour ériger des autels en leur nom, et même pour exposer dans une église ou leurs portraits ou leurs reliques.

Un décret du pape Alexandre VII, de l'année 1659, défend absolument d'étendre aux béatifiés les honneurs qu'on rend légitimement aux *saints* canonisés.

Le pape Urbain VIII, dans son décret du 13 mars 1625, envoyé à tous les évêques, défend 1° de peindre les personnes mortes en odeur de sainteté, la tête couronnée du cercle de lumière, qu'on appelle *auréole*, d'exposer leurs tableaux dans les lieux saints, autels, églises et chapelles, 2° de publier les histoires de leur vie, des relations de leurs vertus et de leurs miracles, sans l'approbation de l'évêque diocésain, assisté de personnes doctes et pieuses. S'il arrive, dans le cours de ces ouvrages, qu'on donne à son héros le titre de *saint* ou de *bienheureux*, il ne faut l'entendre que de la perfection et de l'excellence de ses mérites, sans vouloir prévenir le jugement de l'Église, qui peut seule donner un véritable éclat à sa gloire et à sa sainteté. Les auteurs de pareils écrits doivent mettre à la tête et à la fin de leur livre une protestation, dont la forme est prescrite à cet effet, telle que nous la donnons ci-après. 3° Enfin, il est défendu d'orner leurs tombeaux comme ceux des vrais *saints*, d'y suspendre des lampes allumées, des images et des offrandes.

Protestations prescrites par notre saint père le pape Urbain VIII, pour être mises à la tête et à la fin des livres qu'on fait imprimer sur la vie, les vertus et les miracles des serviteurs de Dieu, qui ne sont ni béatifiés, ni canonisés.

Première protestation, qui se met à la tête du livre.

« Notre saint-père le pape Urbain VIII ayant défendu, par ses décrets des 13 mars 1625, et 5 juillet 1634, d'imprimer sans l'examen et l'approbation de l'évêque diocésain, aucuns livres contenant les actions, les miracles et les révélations des personnes mortes en odeur de sainteté, on regardées comme martyrs : ayant en outre statué par son décret du 5 juin 1631, que dans le cas où l'on donnerait à ces personnes le nom de *saint* ou de bienheureux, on serait tenu de déclarer qu'on n'emploie ce titre que pour exprimer l'innocence de leur vie et l'excellence de leur vertu, sans nul préjudice de l'autorité de l'Église catholique, à laquelle seule appartient le droit de déclarer les *saints*, et de les proposer à la vénération des fidèles : en conséquence de ces décrets auxquels je suis sincèrement et inviolablement soumis, je proteste ici que je ne reconnais pour *saints*, bienheureux, ou pour vrais martyrs, que ceux auxquels le Saint-Siège apostolique accorde ces titres; et je déclare que tous les faits rapportés dans ce livre n'ont qu'une autorité privée, et qu'ils ne peuvent acquérir une véritable authenticité, qu'après avoir été approuvés par le jugement du Souverain Pontife. »

Seconde protestation, qui se met à la fin du livre.

« Je prie le lecteur d'observer que dans ce livre j'ai rapporté beaucoup de traits qui prouvent la sainteté de la personne dont j'ai fait l'histoire. J'y ai raconté des choses qui passent la nature et qu'on pourrait regarder comme de vrais miracles. Mon intention n'est pas de donner ces faits comme approuvés par la sainte Église romaine, mais seulement comme certifiés par des témoignages privés. En conséquence donc des décrets de notre saint-père le pape Urbain VIII, je proteste ici que je n'entends attribuer à la personne dont j'ai fait l'histoire, ni la qualité de bienheureux, ni celle de *saint*, reconnaissant l'autorité de l'Église romaine, à laquelle seule appartient le droit de déclarer ceux qui sont *saints;* j'attends avec respect son jugement, auquel je me soumets de cœur et d'esprit, comme un enfant très obéissant. »

SAINT-CHRÊME.

(*Voyez* CHRÊME.)

SAINT-LOUIS-DES-FRANÇAIS.

La communauté de *Saint-Louis-des-Français*, à Rome, a été instituée, il y a trois siècles, pour l'acquit des pieuses fondations faites par les rois de France et par leurs sujets à Rome.

Cette communauté avait subsisté dans un état plus ou moins florissant jusqu'à la révolution de 1789. Le malheur des temps avait dispersé les prêtres qui en faisaient partie. Elle fut rétablie après l'orage, mais elle n'avait pu encore se rasseoir sur des bases régulières. L'ambassadeur de France, désirant concilier le haut patronage de la France avec les droits du Saint-Siége sur les fondations ecclésiastiques, a provoqué la nomination d'un visiteur apostolique, chargé spécialement de reviser les statuts de la communauté.

Après un sérieux examen qui a donné lieu à quelques modifications, le cardinal-visiteur, nommé par Sa Sainteté, a approuvé ces statuts par un décret solennel, et le Souverain Pontife lui-même a approuvé ce décret par un bref, en date du 10 mars de l'année 1845. La communauté de *Saint-Louis-des-Français* a reçu ainsi son institution canonique en tout ce qui concerne sa direction spirituelle.

L'administration temporelle du pieux établissement demeure entre les mains d'une commission dont les membres sont nommés par l'ambassadeur de France. La communauté se compose, en partie, de chapelains chargés d'acquitter les fonctions du saint ministère en faveur des Français à Rome; et, en partie, de pensionnaires qui viennent dans cette ville étudier les sciences ecclésiastiques.

SAINT-GALL.

(*Voyez* SUISSE.)

SALAIRE.

(*Voyez* CASUEL, HONORAIRE, TRAITEMENT.)

SALUT.

On appelle *salut* un exercice de piété qui se fait dans les paroisses.

SALUTATION.

La *salutation* est de la forme et du style de tous les rescrits. (*Voyez* BULLE, RESCRITS.)

SANCTUAIRE.

On entend par ce mot le lieu où se font les offices divins, ou même celui où l'on célèbre nos plus redoutables mystères.

Dans l'ancienne loi, comme on sait, chaque partie du temple avait sa destination et ses attributs. Il en est autrement dans la loi nouvelle qui nous fait servir Dieu en esprit et en vérité; mais le culte extérieur, avec le respect qui en est inséparable, fait toujours une partie essentielle de nos devoirs, c'est même la preuve la plus sensible, comme aussi la plus consolante de notre religion; de sorte que, sans être asservis aux anciennes pratiques des Juifs, nous en avons qui demandent de nous encore plus de vénération, telle est la célébration de nos saints mystères et tout ce qui en dépend; le lieu surtout où elle se fait et d'où l'Église a voulu tenir écartés les profanes, c'est-à-dire les laïques, sans distinction de sexe, les femmes cependant encore plus que les hommes. Certains statuts synodaux défendent aux femmes et aux filles de quelque qualité qu'elles soient, d'entrer dans les *sanctuaires* et même dans les chœurs des églises. (*Voyez* CHŒUR.)

Les laïques ne peuvent avoir ni bancs, ni places dans le *sanctuaire*. (*Voyez* BANC.)

SATISFACTION.

On peut distinguer la *satisfaction* du prochain à qui l'on a causé quelque dommage, ou en son honneur, ou en ses biens, ou en sa personne, et la *satisfaction* due à Dieu que l'on a offensé.

Pour ce qui regarde la *satisfaction* du prochain, elle se mesure dans le for extérieur selon la nature du dommage et des preuves qu'on en rapporte. (*Voyez* AMENDE, INJURES.)

A l'égard de la *satisfaction* due à Dieu pour nos péchés, nous remarquerons seulement que le concile de Trente, session XIV, canon 14, détermine ce dogme de la *satisfaction* contre les hérétiques.

Quant à la *satisfaction* en matière de censure et d'hérésie, voyez CENSURES, INQUISITION.

SAULT.

(*Voyez* PROMOTION PER SALTUM.)

SCANDALE.

Le *scandale* est une parole ou une action qui donne occasion à un autre de tomber dans le péché : *Quod græcè scandalum dicitur, offensionem, vel injuriam, vel impactionem pedis dicere possumus.* On en distingue de deux sortes, l'actif et le passif. Le premier est celui dont nous nous rendons nous-mêmes coupables par nos mauvaises actions ou par celles qui n'en ont que l'apparence et que nous devons éviter par charité pour le prochain : *Propter proximi charitatem.* Le *scandale* passif est celui dont nous sommes la cause, sans en être coupables ; comme, lorsque notre fortune, notre état excitent certaines personnes à l'envie : *Per accidens autem aliquod verbum vel factum unius est alteri causa peccandi, quando etiam præter intentionem operantis, et præter conditionem operis, aliquis malè dispositus ex hujusmodi opere inducitur ad peccandum* (1).

Les canonistes établissent ces différentes maximes en matière de *scandale* : *Propter scandalum fit quod alias non fieret... Ecclesia tolerat multa propter scandalum... Scandali ratione remittitur rigor juris... Scandalum utilius nasci permittitur, quam quod veritas relinquatur... Propter scandalum evitandum, non debet quis præfici etiam interveniente electione collegii* (2).

C'est pour éviter le *scandale* qu'on a exclu des ordres les irréguliers *ex defectu corporis.* (C. *Hinc etenim, dist.* 49.) (*Voyez* IRRÉGULARITÉ.)

(1) Saint Thomas, 2, 2, qu. 43.

(2) Albéric de Rosat. *Dict. verbo* SCANDALUM ; Felin *in cap. Qui scandalisaverit, de Regul. juris.*

Il est rare qu'un des cas privilégiés ne soit accompagné de *scandale*; mais le *scandale* seul ne fait pas que le délit soit privilégié, parce qu'il peut être plus ou moins grand, comme il peut également se rapporter à une action plus ou moins criminelle. Mais le *scandale* sert de règle pour distinguer dans le for pénitentiel et gracieux, les cas réservés au Saint-Siége, et ceux dont l'évêque peut absoudre, suivant les décrets du concile de Trente, rapportés sous les mots CAS RÉSERVÉS, DISPENSE. (*Voyez* aussi NOTORIÉTÉ.)

SCEAU.

Nous appliquons ici ce mot au *sceau* des expéditions de Rome et au *sceau* des évêques.

1° Les *sceaux* des expéditions qui émanent de la chancellerie de Rome ne sont pas uniformes. On se sert du plomb pour les bulles, et de l'anneau du pêcheur sur cire rouge pour les brefs. On ne met aucun *sceau* aux simples signatures. (*Voyez* BREF, BULLE, FAUX, ANNEAU.)

A la mort du pape, l'un des maîtres des cérémonies brise, en présence du sacré collége, l'anneau du pêcheur que le cardinal camerlingue lui remet. On brise également le *sceau* de plomb de la chancellerie apostolique, remis par le prélat qui en a la garde.

2° Le chapitre *Pervenit, de Fidejussor.*, sert à prouver que le *sceau* des évêques rendait autrefois authentique la pièce où il était apposé; ce qui s'accorde avec ce qui est dit des notaires épiscopaux, sous le mot NOTAIRE. Ce même *sceau* a encore aujourd'hui en France la même valeur pour l'authenticité d'un acte. (*Voyez* FAUX, § II.)

On en use pour les lettres d'ordre, de *visa*, pour les attestations et autres actes semblables; et à cette occasion, les secrétaires des évêques prennent un droit qu'on appelle *droit de sceau*, en partie pour leur salaire, et en partie sous le nom des évêques, comme une reconnaissance de leur autorité. (*Voyez* SECRÉTAIRE.)

Quand le *sceau* d'une pierre sacrée est rompu, il faut la faire consacrer de nouveau. (*Voyez* AUTEL.)

SCHISMATIQUE, SCHISME.

Le mot *schisme*, qui vient du grec, veut dire, en général, division, séparation, rupture.

Le *schismatique* diffère de l'hérétique en ce que celui-ci soutient des dogmes condamnés par l'Église, tandis que le *schismatique* se sépare des pasteurs légitimes et du corps de l'Église : *Hæresis græcè ab electione vocatur, quod scilicet unusquisque sibi eligat quod melius sibi esse videtur, ut philosophi, peripatetici, academici, etc. Schisma à scissurâ animorum nomen accepit. (C. Schisma 24, qu. 1.) Eodem enim cultu, eodemque ritu credit ut cæteri; solo congregationis delectatur dissidio. Superstitio dicta eo quod superflua aut superstatuta observatio* (1).

(1) Saint Isidore, *de Etym.*, *lib.* VIII, c. 3.

On tenait pour *schismatiques*, dans le troisième siècle, ceux qui se constituaient pasteurs, sans ordination, et qui prenaient le nom d'évêques sans avoir reçu l'épiscopat. *Non licebat*, dit saint Cyprien, *communicare schismaticis, et qui negaverunt Christum, et sacrificaverunt, et excommunicatis ab aliis.*

Voici, à ce sujet, la doctrine de ce saint docteur touchant l'unité de l'Église : *Loquitur Dominus ad Petrum,* « *Ego dico tibi, inquit, quia tu es Petrus, et super istam petram ædificabo Ecclesiam meam.* » *Super unum ædificat Ecclesiam, et quamvis apostolis omnibus post resurrectionem suam parem potestatem tribuat et dicat : « Sicut misit me Pater et ego mitto vos, accipite Spiritum Sanctum; » tamen ut unitatem manifestaret, unitatis ejusdem originem ab uno incipientem suâ auctoritate disposuit. Hoc erant utique et cæteri apostoli quod fuit et Petrus pari consortio prædicti et honoris et potestatis. Sed exordium ab unitate proficitur ut una Ecclesia monstretur; quam unam Ecclesiam etiam in cantico canticorum Spiritus Sanctus ex personâ Domini designat, et dicit : « Una est columba mea, perfecta mea, una est matri suæ electa genitrici suæ. » Hanc Ecclesiæ unitatem quæ non tenet, tenere se fidem credit, qui Ecclesiæ renititur et resistit in Ecclesiâ se esse confidit, quandò et beatus apostolus Paulus hoc idem doceat et sacramentum unitatis ostendat, dicens : « Unum corpus et unus spiritus, una spes vocationis vestræ, unus Dominus, una fides, unum baptisma, unus Deus. » Quam unitatem tenere firmiter et vendicare debemus; maximè episcopi qui in Ecclesiâ præsidemus ut episcopatum ipsum unum atque indivisum probemus; nemo fraternitatem mendacio fallat, nemo fidei veritatem perfidâ prævaricatione corrumpat. Episcopatus unus est, cujus à singulis in solidum pars tenetur; Ecclesia una est, quæ in multitudinem latius incremento fecunditatis extenditur, quomodo solis multi radii, sed lumen unum, et rami arboris multi, sed robur unum tenaci radice fundatum, et eum de fonte uno rivi plurimi defluunt, numerositas licet diffusa videatur, exundantis copiæ largitate, unitas tamen servatur in origine. Avelle radium solis à corpore, divisionem locis unitas non capit; ab arbore frange ramum, fructus germinare non poterit; à fonte præcide rivum, præcisus arescet, sic et Ecclesia Domini, luce perfusâ, per orbem totum radios suos porrigit; unum tamen lumen est quod ubique diffunditur, nec unitas corporis separatur. Ramos suos in universalem terram copia ubertatis extendit, profluentes largiter rivos latius pandit, unum tamen caput est et origo una, et una mater est fecunditatis successibus copiosa. Illius fœtu nascimur, illius lacte nutrimur, spiritu ejus animamur, adulterari non potest sponsa Christi, incorrupta est et pudica, unam domum novit, unius cubiculi sanctitatem casto pudore custodit.* (Can. 18, caus. 24, qu. 1.)

L'Église de Rome, à cause de sa primauté, étant le centre d'unité, et le prélat de cette Église étant établi de Dieu le chef de tous les autres, c'est un grand argument pour ôter tout soupçon de *schisme*, dit l'auteur du *Recueil de jurisprudence canonique*, d'être uni de communion à ce chef; au contraire, c'est un grand argument de *schisme* que de se séparer de sa communion : *Qui communione non conso-*

ciatur, alienus est ; qui extrà hanc domum agnum comederit, profanus est ; qui extrà hanc arcam fuerit, peribit regnante diluvio, et quicumque cum Romano pontifice non colligit, spargit (1).

Les deux grands *schismes* qui ont affligé l'Église sont le *schisme* des Grecs et celui qu'on appelle le grand *schisme* d'Occident. L'on voit sous les noms des conciles de CONSTANCE et de BALE comment ce dernier à cessé. L'autre a pour principal auteur Michel Cérullaire, patriarche de Constantinople, dans le onzième siècle. L'Église grecque observait déjà des rits différents de ceux de l'Église latine, comme il se voit sous le mot CONSTANTINOPLE, et les patriarches de cette ville avaient déjà témoigné plusieurs fois un certain penchant au *schisme*, lorsque celui-ci, Michel Cérullaire, leva, pour ainsi dire, le masque, et entreprit d'accuser d'erreur l'Église latine, et de faire un crime aux Latins de consacrer avec le pain sans levain, de manger des viandes suffoquées, de se raser la barbe, d'avoir ajouté au symbole de Nicée le mot *Filioque* (ce qu'il taxait d'erreur), qu'on se donnait le baiser de paix à la messe, avant la communion, qu'on n'honorait pas les reliques des saints et les images, etc. Il est constant que ce sont ces différents articles qui ont servi de prétexte aux Grecs, de ne plus reconnaître le pape pour leur chef et pour celui de l'Eglise. Léon IX fit de vains efforts pour ramener Cérullaire à la vérité et à l'union; on fut obligé de l'excommunier. L'empereur Constantin Monomaque le chassa même du siége de Constantinople, mais tout cela n'empêcha pas que le *schisme* ne fît de grands progrès dans l'Orient; de sorte que, dans les siècles suivants, la plupart des Églises grecques se trouvèrent séparées de l'Église romaine, soit par l'hérésie des Nestoriens, soit par celle des Eutichéens et autres.

La conquête que les Latins firent de la Palestine n'y remédia pas; les Grecs nommèrent toujours un patriarche qui résidait à Nicée, et après que les Turcs se furent de nouveau rendus maîtres de Constantinople, ce patriarche rentra dans son ancien séjour. Les Latins, qui n'avaient point perdu l'espérance de leur conquête, continuèrent cependant de nommer des patriarches, non seulement pour Constantinople, mais aussi pour les autres grands siéges d'Orient, et c'est ce qui donna lieu, dans le concile de Florence, à régler que celui des deux patriarches de Constantinople qui survivrait, demeurerait seul possesseur de la dignité patriarchale pour l'une et l'autre nation; ce qui s'exécuta en effet, sous le pape Nicolas V, en faveur de Grégoire, qui était Grec, demeuré seul patriarche de Constantinople. Mais, comme la réunion qui se fit dans ce concile ne fut pas stable, on nomma encore pendant quelque temps des patriarches latins pour les grands siéges d'Orient. Les différents partis que le *schisme* occasionna dans ce pays ont donné aussi lieu à de nouveaux patriarcats, parmi lesquels on compte celui des Maro-

_____

(1) Saint Jérôme.

nites, réunis sincèrement à l'Église romaine, et dont le prélat qui prend la qualité de patriarche d'Antioche, réside à Canobin, ceux des Arméniens, des Nestoriens, des Eutichéens, des Moscovites et autres dont parle Thomassin (1). (*Voyez* ANTIPAPE, FLORENCE.)

Quand le *schisme* est accompagné de l'hérésie, ce qui est ordinaire, suivant le canon 26, cause 24, question 3, il produit l'irrégularité. (*Voyez* IRRÉGULARITÉ.)

SCIENCE.

Nous ne prenons ici ce terme que relativement à ce que doivent savoir les ecclésiastiques, et à l'irrégularité que produit l'ignorance ou le défaut de *science* nécessaire.

Les canons ont marqué, après la nécessité de la *science* pour les ecclésiastiques, les choses qu'ils doivent savoir et ignorer; les moyens qui leur sont fournis pour apprendre la *science* nécessaire pour chaque ordre, pour chaque charge ou dignité, les peines que méritent les ignorants qui les reçoivent et ceux qui les leur donnent, comment finit ou cesse l'irrégularité du défaut de *science*.

1º Il ne faut pas beaucoup s'étendre pour faire sentir la nécessité de la *science* dans ceux qui sont préposés pour enseigner les autres; les ministres de l'Église sont tous obligés, en général, de savoir ce qui appartient à leurs fonctions pour les bien exercer, mais l'obligation est plus grande et en même temps plus difficile pour ceux qui sont chargés d'instruire les peuples. *Vilissimus computandus est, nisi præcellat scientiâ et sanctitate, qui est honore præstantior.* (*Can.* 45, *caus.* 1, *qu.* 1.) *Si sacerdos est, sciat legem Domini; si ignoret, ipse se arguit non esse Domini sacerdotem. Sacerdos enim est, scire legem, et ad interrogationem de lege respondere* (2). *Sancta rusticitas solum sibi prodest et quantum œdificat ex vitæ merito Ecclesiam Christi, tantum nocet si destruentibus non resistat. Daniel in fine sacristissimæ visionis, justos, ait, fulgere sicut stellas ex intelligentiâ; hoc est doctores, quasi firmamentum; vides quantum inter se distant justa rusticitas et docta justitia.* (*Hieron. Epist. ad Paulin.*) Nous ne joindrons à ces paroles que les citations des textes du droit, où la *science* est expressément recommandée aux ecclésiastiques.

Illiteratos, aut aliquâ parte corporis vitiatos, vel imminutos nullus præsumat ad clericatûs ordinem promovere; quia litteris carens sacris non potest esse aptus officiis: et vitiosum nihil Deo prorsus offerri legalia præcepta sanxerunt. (*C.* 1, *dist.* 36.)

Si in laicis vix tolerabilis videtur inscitia, quanto magis in iis, qui præsunt, nec excusatione digna est, nec veniâ. (*C.* 3, *dist.* 38.)

Beaucoup d'autres canons déclarent irréguliers les gens sans lettres, comme inaptes pour les fonctions sacrées. (*C.* 2, *dist.* 49; *c.* 5,

---

(1) Thomassin, *Discipline de l'Église*, part. IV, liv. I, ch. 4, 5 et 6.
(2) Saint Jérôme, *In Agg.*

dist. 51 ; *c.* 4, *dist.* 55 ; *c.* 7, *de Elect.; c.* 14, *de Ætat. et qualit.;c.* 34, *de Elect. in* 6°; *c.* 4, *de Tempore ord. in* 6°.)

2° Les canons ont marqué ce que les ecclésiastiques, en général, doivent savoir et ce qu'ils doivent ignorer. Il leur est expressément ordonné de savoir les saintes Écritures et la bonne manière de les interpréter. Voyez le chapitre 6 et les chapitres suivants de la distinction 38, et le chapitre 14 de la distinction 37.

Ils doivent connaître également la théologie et les canons.

Ignorantia mater cunctorum errorum, maxime in sacerdotibus Dei vitanda est, qui docendi officium in populis susceperunt. Sacerdotes enim legere sanctas Scripturas frequenter admonet Paulus apostolus, dicens ad Timotheum: «Attende lectioni, exhortationi et doctrinæ ; et semper permane in his.» Sciant igitur sacerdotes Scripturas sanctas, et canones, ut omne opus eorum in prædicatione et doctrinâ consistat : atque ædificent cunctos tam fidei scientia, quam operum disciplina. (*C.* 1, *dist.* 38.)

Nulli sacerdotum liceat canones ignorare, nec quicquam facere, quod Patrum possit regulis obviare. Quæ enim a nobis res digne servabitur si decretalium norma constitutorum, pro aliquorum libitu, licentia populis permissa frangatur. (*C.* 4, *ead. dist.*)

L'Écriture sainte, la théologie et les canons sont trois choses tellement liées, qu'on ne doit pas les séparer dans l'étude que les ecclésiastiques en font ; ils doivent seulement considérer que les divines Écritures sont appelées la base du sacerdoce, et, comme nous le disons sous le mot ÉCRITURE, la base aussi du droit canonique.

Les ecclésiastiques doivent encore apprendre la grammaire, les humanités, la rhétorique, la philosophie, autant qu'ils en ont besoin pour la science de l'Écriture, de la théologie et des canons.

Si quis artem grammaticam noverit, vel dialecticam, ut rationem recte loquendi habeat et inter falsa et vera judicet, non improbamus.

§ 1. *Geometria quoque et arithmetica, et musica habent in suâ scientiâ veritatem : sed non est scientia illa; scientia pietatis est, nosse legem, intelligere prophetas, Evangelio credere, apostolos non ignorare.*

§ 2. *Grammaticorum autem doctrina etiam potest proficere ad vitam, dum fuerit in meliores usus assumpta.* (*Cap.* 10, *dist.* 37.)

Les quatre chapitres suivants de la même distinction parlent dans le même sens. Le concile de Trente (session XXIII, ch. 18), ajoute que les ecclésiastiques doivent encore connaître le chant, la manière de compter les fêtes mobiles, les bissextes, les jours des mois, selon l'usage des Romains, suivi dans le martyrologe et le calendrier, les cérémonies employées dans les offices divins et l'administration des sacrements.

Les canons défendent aux ecclésiastiques la lecture ou l'étude des poésies, des vaines subtilités de la dialectique, les inutiles curiosités de la physique, et généralement tous les livres des gentils qui ne servent point, ou à réfuter leurs erreurs et leurs superstitions, ou à apprendre les *sciences* ecclésiastiques : *Episcopus genti-*

lium libros non legat; hæreticorum autem pro necessitate, aut tempore.
(C. 1, dist. 37.) Sacerdotes Dei, omissis evangeliis et prophetis, vide-
mus comœdias legere, amatoria bucolicorum versuum verba canere, Vir-
gilium tenere, et id, quod in pueris necessitatis est, crimen in se facere
voluptatis. (C. 2, eâd. dist. Hieronym. ad Damasum epist.) Ideò pro-
hibetur christianis figmenta legere poetarum, quia per oblectamenta ina-
nium fabularum mentem excitant ad incentiva libidinum. Non enim so-
lum thura offerendo, dæmonibus immolatur, sed etiam eorum dicta li-
bentius capiendo. (C. 14, eâd. distinct.)

En matière de *science* et d'étude, les ecclésiastiques doivent savoir qu'il y a des choses que nous lisons pour les pratiquer, telles
sont celles qui regardent les mœurs; qu'il y en a d'autres que nous
lisons pour ne les pas ignorer, telles sont celles qui regardent la
foi, et qu'on est obligé de croire; d'autres enfin que nous lisons
pour les rejeter ou les combattre, comme les choses qui corrompent
l'esprit ou le cœur, les vices et les erreurs.

3° Les moyens que l'Église emploie dans le droit canon, pour
avoir des ministres savants, sont, premièrement, l'établissement
des colléges pour les langues nécessaires à l'intelligence de l'Écriture et des conciles, et qu'il y ait, dans chaque collége, deux professeurs entretenus pour enseigner ces langues. (*Clem. 2, de Magist.*)
Elle veut, en second lieu, qu'il y ait des séminaires pour les clercs,
où ils doivent apprendre l'Écriture sainte, la théologie et les canons. (*Voyez* SÉMINAIRE.)

Elle défend d'exiger quoi que ce soit pour la permission d'enseigner. (*C. 1, 2, 3, de Magistr.*) Elle ordonne que ceux qui se présentent aux ordres soient examinés sur leur *science* par des personnes
qui sachent bien la loi de Dieu et celles de l'Église. (*C. 5, dist. 24;*
Concile de Trente, sess. XXIII, ch. 7, de Reformat.) Elle veut enfin
que les bénéfices à charge d'âmes ne soient donnés qu'au concours.
(*Voyez* CONCOURS.)

4° Pour ce qui est de la *science* nécessaire à chaque ordre, le droit
canon établit qu'il ne faut pas donner la tonsure à un homme sans
lettres, et qui ne sait pas au moins lire et écrire, et les principaux
mystères de la foi. (*C. 4, de Temp. ordin. in 6°.*) (*Voyez* TONSURE.)

Les ordres mineurs ne doivent être conférés qu'à ceux qui entendent du moins la langue latine, qui savent quelles sont les fonctions
de ces ordres, qui aient crû en *science* comme en âge, supposé qu'ils
soient conférés l'un après l'autre; qui donnent enfin lieu d'espérer
qu'ils acquerront assez de capacité pour les ordres supérieurs. (*Con-*
cile de Trente, sess. XXIII, ch. 11 et 13, de Reform.)

Le sous-diaconat et le diaconat demandent qu'on sache les choses
nécessaires pour l'exercice de ces ordres, c'est-à-dire qu'ils soient
instruits des sacrements, surtout de celui de l'ordination, et qu'ils
sachent réciter l'office avec intelligence.

Pour recevoir la prêtrise, il faut qu'on soit jugé capable d'enseigner au peuple les choses nécessaires au salut, et de lui admi-

nistrer comme il faut les sacrements. A l'égard de l'épiscopat, voyez ÉVÊQUE.

La *science* des curés doit s'étendre, suivant les canons, sur les Écritures et principalement le psautier (*c.* 1, 5, *dist.* 38), les canons et surtout les pénitentiaux (*ibid.*), le Rituel et le Missel compris sous ces mots : *Officialis liber, sacramentorum liber, baptisterium* (*c.* 2, *dist.* 38) ; le Bréviaire et l'ordinaire compris sous ces mots : *Lectionarius, Antiphonarius, Computus, Homiliæ, per circulum anni.* (*C.* 5, *dist.* 38.) Toute cette *science* s'entend par ce que dit le chapitre 14, *de Ætate et Qualit.*, que les curés doivent être instruits de tout ce qui concerne les offices et les sacrements. (*Voyez* PAROISSE.)

5° On trouve décidé dans les canons, que l'évêque qui a ordonné des gens sans lettres, doit détruire lui-même son propre ouvrage, c'est-à-dire déposer ceux qu'il a ordonnés. (*C.* 5, *dist.* 55.) Ceux qui sacrent des évêques illettrés, doivent être déposés avec ceux qu'ils sacrent. (*C.* 5, *dist.* 51 ; *c.* 15, *de Ætate et Qualitate.*) Il en est de même des examinateurs qui ont admis, par grâce, des ignorants à l'ordination. (*C.* 1, *dist.* 24.) Les évêques mêmes, qui font des prêtres ignorants, doivent être sévèrement punis avec ceux qu'ils ont ordonnés. (*C.* 14, *de Ætate et Qualitate.*) Le chapitre 4, *de Tempore ordin.*, *in* 6°, déclare l'évêque qui confère la tonsure à un illettré, suspens un an de la collation de la tonsure.

6° L'irrégularité du défaut de *science* cesse par la dispense et par la *science* acquise.

Régulièrement, on ne peut dispenser de l'irrégularité du défaut de *science* pour l'exercice des fonctions des ordres ou des bénéfices, qu'un ignorant ne peut faire sans danger de péché. Il n'y a même, dans tout le corps du droit canon, aucun exemple de dispense touchant l'irrégularité de l'ignorance, ni aucun canon qui la permette expressément ; on conclut seulement que le pape peut en dispenser, de ce qu'elle n'est que de droit ecclésiastique. On infère même du chapitre 34, *de Elect. in* 6°, que l'évêque peut admettre à une cure un ecclésiastique qui n'a pas toute la capacité requise, en l'obligeant d'aller étudier. Mais, de quelque part que vienne la dispense, il faut, dit Gibert, qu'elle ait quatre conditions : 1° que le défaut de *science* ne soit pas extrême, et que le sujet soit capable d'acquérir la *science* qui lui manque ; 2° qu'il ne fasse pas de fonctions qui requièrent plus de *science* qu'il n'a pas ; 3° qu'il ait beaucoup de piété ; 4° qu'il y ait disette de sujets. (*C.* 15, *de Ætate et Qualitate; c.* 11, *de Renunc.; c.* 10, *de Renunc.; c.* 1, *dist.; c.* 1, *dist.* 57.)

Si un ignorant, par la voie de l'étude et du travail, devient savant, il cesse d'être incapable. (*C.* 11, *de Renunc.*) Il peut aussi faire cesser cette incapacité, en passant d'un bénéfice supérieur ou à charge d'âmes à un bénéfice simple.

Le Saint-Esprit nous fait assez connaître l'indispensable nécessité de la *science* dans le prêtre, lorsqu'il nous dit que ses lèvres en seront les gardiennes : *Labiæ sacerdotis custodient scientiam.*

SCRIPTEUR.

On donne ce nom, dans la chancellerie romaine, aux officiers qui dressent des bulles et autres rescrits. On ne se sert en France que du mot de *secrétaire*. Il y a cent *scripteurs* ou écrivains apostoliques.

SCRUTATEUR.

Dans les élections des prélats ou autres supérieurs, on appelle *scrutateurs* ceux qui sont commis pour tenir les vases où se jettent les billets ou suffrages, quand les élections se font par scrutin, c'est-à-dire en donnant son suffrage secrètement par des billets fermés, qui se jettent dans un vase quelconque. Le concile de Latran, tenu sous le pape Innocent III, exige, pour les élections qui se font par scrutin, trois *scrutateurs* qui soient du corps des électeurs, et qui, après avoir reçu secrètement les suffrages, les rédigent par écrit, les comparent nombre à nombre, et les publient ensuite devant les électeurs.

SCRUTIN.

Mot tiré du latin, qui, dans son origine, signifie recherche. Ainsi, le *scrutin* est la manière de recueillir les voix secrètement, et sans qu'on sache les noms de ceux qui ont donné leurs suffrages. Par exemple, s'il s'agit d'une élection, on donne aux suffragants autant de billets qu'il y a de personnes qui peuvent être élues, et chacun jetté dans un vase le billet qui contient le nom de la personne qu'il veut élire. (*Voyez* ÉLECTION, SUFFRAGE.)

Il y a, dans les Décrétales, un titre qui a pour rubrique : *de Scrutinio in ordine faciendo,* ce qui signifie l'examen et la recherche que l'on doit faire des qualités de ceux qui aspirent aux saints ordres. (*Voyez* ORDRES.) Le chapitre unique de ce titre semble décider que l'on peut assurer qu'un ordinand ou un éligible est digne des ordres ou de la charge dont il s'agit dans l'élection, quand on juge en conscience qu'il n'en est pas indigne. (*Voyez* ACCEPTION.)

SÉANCE.

(*Voyez* PRÉSÉANCE.)

SECOURS.

Quelques canonistes appellent du nom de *secours* ce que nous appelons *succursale,* parce que cette église succursale est un *secours* pour la paroisse. (*Voyez* SUCCURSALE.)

SECRET.

On distingue trois sortes de *secrets :* le *secret* de la confession, celui du conseil et de confidence, et le *secret* de la conversation ordinaire, sur quoi voyez CONFESSEUR, MONITOIRE, RÉVÉLATION.

SECRÉTAIRE.

On nomme *secrétaire* un officier qui expédie par le commandement de son maître, des lettres, des provisions, des brevets, et qui les rend authentiques par sa signature.

Le concile de Trente (session XXI, chap. 1, *de Reform.*) a réglé ce que peuvent recevoir les *secrétaires* d'évêchés pour les actes du secrétariat, et ils ne peuvent prendre davantage sans péché et même sans se rendre suspects de simonie, en exigeant une chose temporelle à l'occasion d'une chose spirituelle. Lorsqu'ils n'ont point assez des droits légitimes du secrétariat, c'est à l'évêque à les gager de son propre revenu, et l'évêque lui-même ne doit tirer aucun profit particulier de son secrétariat, ni l'affermer à personne. Clément VII a fait à cet égard un décret formel. (*Voyez* GREFFIER.)

Il est néanmoins permis aux *secrétaires* des évêques qui n'ont point d'autres gages, de recevoir un salaire modéré pour l'expédition des dimissoires et des lettres d'ordre. Ce qu'on donne alors ne se donne point en vue de l'ordination; c'est une récompense de leur peine et de leur travail, récompense qu'ils méritent et qu'ils ont le droit d'exiger.

Les évêques assemblés au concile de Londres, en 1321, s'étaient fait une loi de donner sur leurs revenus, à leurs *secrétaires*, des gages suffisants à leur entretien, afin qu'ils pussent délivrer les expéditions gratuitement. C'était aussi le vœu du concile de Trente. Mais, comme il y a, surtout en Italie, un grand nombre d'évêchés dont les revenus sont très modiques, comme le sont aujourd'hui ceux de France, le concile se contenta de défendre aux évêques de tirer personnellement aucun profit de leur secrétariat.

Le *secrétaire* du sacré collège des cardinaux doit être italien.(*Const. Admonet nos* d'Urbain VIII.) Sa charge consiste, pendant la vacance du Saint-Siége, à écrire en conclave, au nom du sacré collège, les lettres souscrites par les trois cardinaux chefs d'ordres et revêtus de leurs sceaux. Il assiste aux congrégations générales, aux réunions des chefs d'ordre; note les ordres et décrets, enregistre toutes les résolutions formées dans les consistoires secrets, dont les minutes lui sont remises par le cardinal camerlingue, lorsqu'il doit sortir du consistoire, où il ne paraît qu'avec l'habit long de laine rouge et le capuchon de même couleur. Il remplit auprès du sacré collège, durant la vacance, les mêmes fonctions que le cardinal *secrétaire* d'État remplit auprès du pape régnant.

SECTION DES BÉNÉFICES.

On entend par *section des bénéfices,* la division d'un seul titre de bénéfice en deux, ce qui s'applique proprement au cas d'un partage abusif que les canons ont toujours condamné, et qui consiste à mettre les revenus d'un côté et les charges de l'autre. *Majoribus ecclesia beneficiis in suâ integritate manentibus inde eorum nimis videtur, ut minorum clericorum præbendæ patiuntur sectionem. Idcircò ut sicut in magnis, itâ quoque in minimis membris, suis firmitatem ecclesia habeat universitatem; divisionem præbendarum, aut dignitatum permutationem fieri prohibemus. (Cap. 8, de Præb.; cap. Cùm causam, eod.)*

La glose de ces décrétales observe qu'elles n'ont en vue que d'empêcher l'abus et la *section* sans cause des bénéfices, mais que rien n'empêche qu'on ne divise un bénéfice quand il vaque, s'il y a une juste cause de le faire, et que les revenus du bénéfice le permettent. Dans ce cas, on ne divise pas le titre, mais on forme deux titres différents qui ont chacun leur titulaire. *Ex justâ causâ potest una præbenda dividi in duas, cùm vacat si facultates sufficiant. (C. Vacante, de Præbend.)* Dans le cas de cette *section*, nécessaire ou utile à l'Église, on observe les mêmes formalités que pour l'union de deux bénéfices.

Si une paroisse est trop étendue pour pouvoir être desservie par un seul titulaire, on divise non le titre, mais le territoire. Il n'arrive jamais qu'on donne au même peuple deux pasteurs en titre, avec une autorité égale pour exercer les mêmes fonctions dans la même église. Cet abus qui s'était introduit en bien des endroits dans le seizième siècle, a été corrigé dans ces derniers temps.

SÆCULARIA SÆCULARIBUS.

(*Voyez* REGULARIA REGULARIBUS.)

SÉCULARISATION.

On appelle *sécularisation* l'acte par lequel un bénéfice régulier devient séculier, ou un religieux est mis au rang des clercs, ou même des laïques.

On distingue donc deux sortes de *sécularisation*, les personnelles et les réelles.

Les premières s'appliquent aux personnes des religieux, et les autres aux bénéfices. A quoi l'on pourrait ajouter une troisième espèce de *sécularisation* qui est mixte, quand on sécularise un monastère avec les religieux qui y ont fait profession religieuse.

1° Pour ce qui est des *sécularisations* personnelles, il faut distinguer celle qui se fait expressément par dispense du pape, d'avec celle que produit l'assécution d'un bénéfice dont les fonctions sont toutes séculières.

A l'égard de la *sécularisation* par dispense, ce qui comprend les translations, voyez VOEU, TRANSLATION, RÉCLAMATION.

Aucun autre bénéfice que l'épiscopat ne sécularise un religieux. (*Voyez* RELIGIEUX, ÉVÊQUE.)

2° La *sécularisation* réelle d'un bénéfice peut avoir lieu pour certaines causes d'utilité ou de nécessité pour l'Église, car la *séculari-*

sation n'est jamais permise, si elle n'est nécessaire ou utile pour le bien des âmes. Nécessaire, comme lorsque la situation du monastère l'empêche d'y observer la régularité, ou que, pour d'autres raisons, il est impossible de le réformer ; utile, comme lorsque le peuple ou le clergé a plus de confiance dans les séculiers que dans les réguliers ; ou qu'il y a juste espérance de remplir les places de personnes qui auront plus de talents et d'amour pour le travail.

3º Régulièrement le changement d'état dans un monastère n'est point regardé comme favorable. Il faut, suivant les conciles, de grandes raisons pour l'autoriser et le rendre légitime. Ces raisons peuvent être, que la règle primitive n'y est plus observée depuis longtemps : qu'au lieu d'observer la pauvreté, les moines ont des propriétés, et qu'il n'y a pas lieu d'espérer qu'accoutumés à ces propriétés qu'on a tolérées dans leurs prédécesseurs, ils veuillent tout mettre en commun, et observer en toutes choses la sévérité des règles et constitutions qui n'étaient déjà plus en usage du temps de leurs prédécesseurs ; et qu'ainsi le changement de l'état régulier en celui de séculier leur sera salutaire, et qu'ils le souhaitent. A ces causes de *sécularisation* on peut en ajouter d'autres, que fournissent les circonstances, et qui sont terminées dans la bulle de *sécularisation* par cette clause ordinaire : *Ad laudem omnipotentis Dei et exaltationem fidei catholicæ et divini cultûs augmentum ac Ecclesiæ N. statum prosperum, honorificum et tranquillum* (1).

C'est une question parmi les canonistes, si l'on peut procéder à la *sécularisation* d'un monastère par l'autorité de l'évêque en certains cas ; mais, quoi que décident le chapitre *Inter quatuor, de Relig.* et la glose du chapitre *Si episcopus, de Paroch.*, il y a longtemps qu'on a recours au pape (2). C'est seulement une nécessité indispensable d'appeler les évêques des lieux, ainsi que tous les intéressés à ce changement d'état.

Par les bulles de *sécularisation*, le pape supprime et éteint l'ordre de la règle que professait le monastère, tout état et essence régulière dans le couvent, cloître, églises, offices claustraux et autres portions monacales, prieurés et bénéfices ; en sorte qu'ils cessent d'être réguliers, et veut que toutes ces choses et tous les biens qui dépendent de l'église ainsi changée deviennent séculiers.

Le pape exempte les moines, ceux qui tiennent les dignités ou des bénéfices réguliers dépendant de ladite église, soit qu'ils aient fait profession expresse, ou bien tacite, de tout engagement de l'observation des constitutions, définitions, règlements, instituts, statuts, coutumes et usages de la règle de saint N. et de tous vœux qu'ils pourraient avoir faits, à la réserve de celui de chasteté. Veut qu'ils puissent porter l'habit séculier, et quitter les marques régulières, sans encourir pour cela les peines d'apostasie et d'inhabilité, la note d'in-

(1) Rebuffe, *Praxis de Erectione ecclesiæ*, n. 8.
(2) *Idem, loc. cit.*, n. II.

famie, ou autres, portées par les constitutions : *De cætero sæculares sint, et pro sæcularibus habeantur et reputentur.*

Il est une autre sorte de *sécularisation* dont ne parlent pas les canonistes, c'est celle par laquelle le pape rend à la communion laïque un clerc engagé dans les ordres sacrés et l'autorise même à contracter mariage. Nous en avons de nos jours un exemple bien remarquable ; c'est le bref de *sécularisation* par lequel Pie VII rendit à la vie purement séculière Charles-Maurice de Talleyrand-Périgord, ancien évêque d'Autun. On sait que, nommé pendant la révolution de 1789 député aux états-généraux, il se déclara pour la constitution civile du clergé, et fit le serment. Ce fut lui qui, le 24 février 1791, sacra les premiers évêques constitutionnels. Il prétendit leur donner l'institution canonique, puis donna sa démission, et se jeta entièrement dans les emplois civils. Pie VI déplora sa conduite dans son bref du 10 mars 1791, et dans celui du 13 avril suivant, il le déclara suspens de toutes fonctions épiscopales. Dans celui du 19 mars 1792, il lui adressa ainsi qu'aux autres évêques constitutionnels de nouvelles monitions canoniques, les avertissant qu'il les excommunierait au bout de cent vingt jours s'ils ne revenaient à résipiscence. Le pape ne prononça pas néanmoins la sentense d'excommunication, et les choses restèrent en cet état jusque sous Pie VII. Talleyrand était devenu ministre, d'abord sous le Directoire, puis sous le Consulat. Ce fut alors qu'il fit la démarche dont il est parlé dans le bref du 29 juin 1802.

A notre très cher fils Charles-Maurice de Talleyrand.

« Pie VII, pape.

« Notre cher fils, salut. Au milieu des accablantes sollicitudes de notre charge apostolique, nous avons été rempli de joie, quand nous avons appris l'ardent désir que vous avez de vous réconcilier avec nous et avec l'Église catholique. Nous avons aussi été très touché de tout ce que nous a écrit, en votre nom et à votre sujet, notre cher fils le cardinal Jean-Baptiste Caprara, notre légat près le premier consul. Les sentiments de votre cœur, qui sont tels que nous les désirions, et que maintenant vous nous découvrez, comme il est convenable de le faire ; la soumission et la pleine obéissance, dont vous faites profession pour le Siége apostolique ; votre application constante à faire ce qui dépend de vous pour achever le grand ouvrage du rétablissement de la religion catholique en France ; le témoignage qu'ont rendu de votre zèle pour la défense et pour les progrès de cette même religion, nos vénérables frères qui sont partis de l'Italie, et qui ont assisté à l'assemblée (1) ; la résolution que vous avez prise d'employer tous les moyens qui seront en votre pouvoir pour obtenir des dispositions favorables à la religion et à l'Église, non seulement sont pour nous des motifs de nous réjouir dans le Seigneur, mais nous déterminent encore à vous traiter favorablement, et à user envers vous d'une indulgence particulière.

« Dilatant donc à votre égard les entrailles de notre charité paternelle, nous vous dé-

(1) Il y avait eu l'hiver précédent à Lyon une consulte où avaient été appelés des députés du Nord et de l'Italie, entre autres quarante-sept prélats et ecclésiastiques avec lesquels M. de Talleyrand, alors ministre des relations extérieures, avait pu souvent conférer.

gageons, par la plénitude de notre puissance, du lien de toutes les excommunications que vous avez pu encourir jusqu'à ce jour, et, après vous avoir ainsi absous, nous vous rétablissons dans notre communion et dans celle du Siége apostolique. De plus, nous vous imposons, par suite de votre réconciliation avec nous et avec l'Église, des distributions d'aumônes pour le soulagement surtout des pauvres de l'église d'Autun que vous avez gouvernée. Mais nous nous abstenons d'en fixer la quantité, ne doutant pas que vous ne subveniez à leurs nécessités avec une abondance proportionnée à votre religion et à votre générosité; et comme votre démission de l'évêché d'Autun (démission que nous avons acceptée), et le renoncement que vous avez fait depuis plusieurs années à toute fonction épiscopale, et même à toute fonction ecclésiastique, vous ont amené au point de nous demander d'être réduit à la simple communion laïque; nous vous ordonnons, après vous avoir ainsi réconcilié avec nous et avec l'Église, de vous abstenir de toute fonction tant épiscopale qu'ecclésiastique, et de vous contenter de la communion laïque. Nous vous accordons aussi le pouvoir de porter l'habit séculier, et de gérer toutes les affaires civiles, soit qu'il vous plaise de demeurer dans la charge que vous exercez maintenant, soit que vous passiez à une autre à laquelle votre gouvernement pourra vous appeler.

« Mais, notre cher fils, au milieu des affaires politiques, vous devez songer combien vous êtes obligé de travailler à la gloire de Dieu, ainsi qu'au bien de la religion catholique, et vous devez avoir toujours devant les yeux les moyens qui peuvent contribuer au succès d'une si grande œuvre. Pour vous y exciter plus puissamment, nous nous servirons de ces paroles de saint Léon, un de nos prédécesseurs : « Il me reste à « vous exhorter d'unir vos travaux à ceux du Siége apostolique ; car la victoire que « Jésus-Christ notre Seigneur a accordée à son Église, en augmentant notre confiance, « ne nous exempte pas pourtant de toute sollicitude. Cette victoire nous a été donnée, « non afin que nous nous livrions au sommeil, mais afin que nos travaux soient plus « doux. Ainsi, nous réclamons encore, dans l'état actuel des choses, le concours de « votre vigilance et de votre sollicitude. »

« Excitez donc votre zèle, déployez et mettez en action toutes les forces de votre esprit pour que la religion catholique pousse de jour en jour plus profondément ses racines dans vos contrées, et que votre puissante nation recouvre cet ancien éclat qui la distingua toujours si glorieusement des autres peuples. Si vous réalisez nos espérances, vous procurerez à cette république une paix et une tranquillité véritables, et vous attirerez sur vous, d'une manière spéciale, la miséricorde divine.

« En attendant, nous présenterons sans cesse à Dieu nos instantes prières, afin qu'il vous accorde la lumière de sa grâce, et nous vous donnons, de la manière la plus affectueuse, la bénédiction apostolique, comme un gage de la bénédiction céleste.

« Donné à Saint-Pierre de Rome, sous l'anneau du pêcheur, le 29 juin 1802, la troisième année de notre pontificat. »

SÉCULIERS.

On prend ce mot dans l'usage en deux significations.

1° On entend par *séculiers* les ministres de l'Église, qui, ne faisant profession d'aucune règle monastique, vivent dans le monde, par opposition aux religieux que l'on dit être éloignés du siècle, et qu'on appelle réguliers, à cause de la règle qu'ils professent : ceux-ci sont clercs depuis que, contre leur premier état, on les a admis à la participation des ordres et aux fonctions du ministère ; mais cette qualité ne leur est, pour ainsi dire, qu'accidentelle : c'est pour cela qu'on ne les comprend pas sous le nom simple de clercs, ni sous ces termes des canons : *Domini sacerdos, ad officium aut militiam clericatus, ad sacerdotium eligi, aliquod ministerium ecclesiasticum agere, ecclesiæ sæculari inservire.*

2° On donne aussi le nom de *séculiers* respectivement aux personnes ecclésiastiques, aux laïques dont l'état est de vivre dans le siècle : on dit dans ce sens juge *séculier*, tribunal *séculier*, cours *séculières*, par opposition aux juges d'églises et aux cours ecclésiastiques.

SÉMINAIRE.

Un *séminaire* est une maison ou communauté où l'on instruit les jeunes ecclésiastiques qui se destinent aux ordres sacrés.

§ I. *Origine et établissement des* SÉMINAIRES.

L'établissement des *séminaires* n'est pas nouveau dans l'Église : on peut en rapporter l'origine, ou à ces communautés de clercs que les anciens évêques formaient auprès d'eux et qu'on renouvela, suivant Thomassin (1) dans le neuvième siècle, ou à ces écoles tant recommandées par les anciens canons. On regarde saint Augustin comme le premier instituteur des *séminaires*, ainsi qu'on le voit dans sa vie écrite par Possidius.

La forme de ces établissements a varié selon les mœurs et les usages des différents siècles : il est parlé des plus anciens dans le canon du second concile de Bazas, tenu en 529, dans le canon 2 du concile de Tolède en 633, dans les Capitulaires de Charlemagne et de Louis le Débonnaire (2), et dans le canon 2 du concile de Paris de l'an 829. Fleury observe (3) que, depuis l'établissement des colléges et des universités, les évêques se sont reposés sur les docteurs des universités, de l'instruction des clercs pour la théologie et les canons, et sur les régents des colléges pour les études inférieures : ce qui a ôté au théologal et au précepteur les fonctions qu'ils exerçaient autrefois. Mais si d'un côté, ajoute Fleury, les universités et les colléges ont rendu les études plus faciles et augmenté la science, les mœurs et la discipline en ont notablement souffert : tant de jeunesse assemblée n'a pu être si aisément contenue par des maîtres étrangers que les clercs d'une ville par un primicier ou un archidiacre sous l'œil de l'évêque. L'étude a été séparée des fonctions des ordres mineurs ; cependant les clercs qui étudiaient dans les universités étaient sans fonctions et vivaient mêlés avec les écoliers laïques ; enfin on a vu qu'il était nécessaire de les en séparer, pour les former à l'état ecclésiastique.

De là est venue l'institution des *séminaires*. Comme on élève les jeunes arbres dans les pépinières, d'où ensuite on les transplante

---

(1) *Discipline de l'Église*, part. I, liv. I, ch. 41.
(2) *Ibid.*, liv. II, ch. 5.
(3) *Institution au droit ecclésiastique*, part. I, ch. 20.

où l'on veut : ainsi l'on a jugé à propos de former les jeunes clercs dans des colléges particuliers, pour les rendre capables de recevoir les ordres et d'être appliqués aux fonctions ecclésiastiques : ce sont ces colléges qu'on appelle *séminaires*. Voici le règlement que le concile de Trente fit sur cette matière. (*Session XXIII, chap.* 18, *de Reform.*)

« Les jeunes gens, s'ils ne sont bien élevés et bien instruits, se laissant aisément aller à suivre les plaisirs et les divertissements du siècle, et n'étant pas possible, sans une toute-puissante et spéciale protection de Dieu, qu'ils se perfectionnent et persévèrent dans la discipline ecclésiastique, s'ils n'ont été formés à la piété et à la religion dès leur tendre jeunesse, avant que les habitudes des vices les possèdent entièrement, le saint concile ordonne que toutes les églises cathédrales, métropolitaines et autres supérieures à celles-ci, chacune, selon la mesure de ses facultés et l'étendue de son diocèse, seront tenues et obligées de nourrir et élever dans la piété et d'instruire dans la profession et la discipline ecclésiastique un certain nombre d'enfants de leur ville et diocèse ou de leur province, si dans le lieu il ne s'en trouve pas suffisamment, en un collége que l'évêque choisira proche des églises mêmes, ou en quelque autre endroit commode pour cela.

« On n'en recevra aucun dans ce collége qui n'ait au moins douze ans, qui ne soit né de légitime mariage, et qui ne sache passablement lire et écrire, et dont le bon naturel et les bonnes inclinations donnent l'espérance qu'il pourra s'engager à servir toute sa vie dans les fonctions ecclésiastiques. Veut le saint concile qu'on choisisse principalement des enfants de familles pauvres ; mais il n'en exclut pourtant pas ceux des familles riches, pourvu qu'ils y soient nourris et entretenus à leurs dépens et qu'ils témoignent le désir et l'affection de servir Dieu et l'Église.

« L'évêque, après avoir divisé ces enfants en autant de classes qu'il trouvera bon, suivant leur nombre, leur âge et leur progrès dans la discipline ecclésiastique, en appliquera ensuite une partie au service des églises, lorsqu'il le jugera à propos, et retiendra les autres pour continuer d'être instruits dans le collége, ayant toujours soin d'en remettre d'autres à la place de ceux qu'il en aura tirés ; de manière que ce collége soit un perpétuel *séminaire* de ministres pour le service de Dieu.

« Et afin qu'ils soient plus aisément élevés dans la discipline ecclésiastique, on leur donnera tout d'abord, en entrant, la tonsure, et ils porteront toujours l'habit clérical ; ils y apprendront la grammaire, le chant, le comput ecclésiastique et tout ce qui regarde les belles lettres et s'appliqueront à l'étude de l'Écriture sainte, des livres qui traitent des matières ecclésiastiques, des homélies des saints et à ce qui concerne la manière d'administrer les sacrements, et surtout à ce qu'on jugera à propos de leur enseigner pour les rendre capables d'entendre les confessions : enfin ils s'y instruiront de toutes les cérémonies et usages de l'Église. L'évêque aura soin encore qu'ils assistent tous les jours au sacrifice de la messe, qu'ils se confessent au moins tous les mois, et qu'ils reçoivent le corps de notre Seigneur Jésus-Christ, selon que leur confesseur le jugera à propos, rendant service les jours de fêtes dans l'église cathédrale, ou dans les autres du lieu.

« Toutes ces choses et toutes les autres qu'il sera nécessaire et à propos d'établir pour le succès de cet ouvrage seront réglées par les évêques, assistés du conseil de deux chanoines des plus anciens et des plus expérimentés, et choisis par les évêques mêmes, selon que le Saint-Esprit le leur inspirera ; et ils tiendront la main, par leurs fréquentes visites desdits collèges, que ce qu'ils auront une fois établi soit toujours observé. Ils châtieront sévèrement les mutins, les dissolus et les rebelles, les incorrigibles, et ceux qui sèmeront parmi les autres les vices et le dérèglement, les chassant même de la maison, s'il en est besoin ; enfin ils auront en une singulière recommandation tout ce qu'ils jugeront qui pourra contribuer à conserver et à affermir un établissement si saint et si pieux, et éloigneront tout ce qui pourrait y apporter obstacle.

« Et d'autant qu'il sera nécessaire de faire fonds de quelques revenus certains pour le bâtiment du collège, pour les gages des maîtres et des domestiques, pour la nourriture et l'entretien de la jeunesse, et pour toutes les autres dépenses ; outre les revenus déjà destinés, en certaines églises et autres lieux, à l'instruction et à l'entretien des enfants qui seront censés dès là même réellement appliqués au nouveau *séminaire*, par le soin et à la diligence de l'évêque du lieu ; les mêmes évêques, assistés du conseil de deux ecclésiastiques du chapitre, dont l'un sera choisi par l'évêque, et l'autre par le chapitre même, et de deux autres ecclésiastiques de la ville, dont l'un sera pareillement nommé par l'évêque, et l'autre par le clergé du lieu, feront distraction d'une certaine partie ou portion de tous les revenus de la mense épiscopale et du chapitre, et de toutes les dignités, personnats, offices, prébendes, portions, abbayes et prieurés, de quelque ordre, même régulier, ou de quelque nature et qualité qu'ils soient, dans des hôpitaux qui sont donnés en titre ou régie, suivant la constitution du concile de Vienne qui commence par *Quia contingit*, et généralement de tous les bénéfices, même réguliers, de quelque patronage qu'ils soient, même exempts, même qui ne seraient d'aucun diocèse, et qui seraient annexes d'autres églises, monastères, hôpitaux ou autres lieux de dévotion, exempts même, quels qu'ils puissent être ; ensemble des fabriques des églises et autres lieux, et de tous autres revenus ecclésiastiques, même des autres collèges, dans lesquels toutefois il n'y aura pas actuellement de *séminaires* d'écoliers, ou des maîtres appliqués à l'avancement du bien commun de l'Église ; car le saint concile veut et entend que ceux-là soient exempts, excepté à l'égard des revenus qui se trouveront superflus, après l'entretien honnête déduit de ceux qui composent lesdits *séminaires* ou lesdites sociétés et communautés, qui, en quelques lieux, s'appellent écoles ; comme aussi des revenus de tous les monastères, à la réserve des mendiants ; même des dîmes possédées de quelque manière que ce soit par des laïques, et sur lesquelles on ait coutume de tirer la contribution pour les subsides ecclésiastiques, ou appartenant à des chevaliers, de quelque ordre ou milice que ce soit, excepté seulement aux frères de Saint-Jean de Jérusalem. Et sera appliquée et incorporée audit collége ladite part et portion de tous les susdits revenus, ainsi distraite ; et même on y pourra joindre et unir quelques bénéfices simples, de quelque qualité et dignité qu'ils soient, aussi bien que des prestimonies ou portions prestimoniales, ainsi qu'on les appelle, avant même qu'elles viennent à vaquer, sans préjudice pourtant du service divin et des intérêts de ceux qui les posséderont : ce qui ne laissera pas d'avoir lieu et de s'exécuter encore que lesdits bénéfices soient réservés et affectés à d'autres usages, sans que l'effet desdites unions et application desdits bénéfices puisse être empêché ou retardé par la résignation qui en pourrait être faite, ni par quelque autre voie que ce soit ; mais elles subsisteront et auront lieu de quelque manière que les bénéfices puissent vaquer, même en cour de Rome, nonobstant toute constitution contraire.

« L'ordinaire pourra, par censures ecclésiastiques et autres voies de droit, et en appelant même, s'il le juge à propos, le secours du bras séculier, contraindre au paiement de ladite part et portion de contribution les possesseurs de chaque bénéfice, dignités, personnats et autres susmentionnés, non seulement pour ce qui les regarde, mais pour la part de contribution qui devra être prise sur les pensions qu'ils auront peut-être à payer sur le revenu ; leur laissant pourtant entre les mains tout le fonds desdites pensions, à la réserve de ladite portion de contribution, dont ils videront leurs mains, nonobstant, à l'égard de tout ce que dessus, tous priviléges et exemptions, quand elles seraient telles, qu'elles dussent requérir une dérogation spéciale, toute coutume, même de temps immémorial, appellation ou allégation quelconque, qui peut être mise en avant pour empêcher l'exécution.

« En cas que, par le moyen desdites unions, qui seraient pleinement exécutées, ou par d'autres voies, le *séminaire* se trouvât totalement doté, ou en partie, alors la portion de chaque bénéfice qui aura été distraite et incorporée par l'évêque, en la manière ci-dessus, sera remise totalement ou en partie, selon que l'état des choses le requerra.

« Que si les prélats des églises cathédrales et autres supérieurs se rendaient négligents à l'établissement et au maintien de tels *séminaires*, ou refusaient de payer leur portion, il sera du devoir de l'archevêque de reprendre vivement l'évêque, et ce sera au synode provincial à reprendre l'archevêque ou autres supérieurs en degré, et à les obliger à tenir la main à tout ce que dessus, et enfin à avoir un soin particulier de procurer et avancer au plus tôt, et partout où il se pourra, un ouvrage si saint et si pieux. A l'égard du compte des revenus dudit *séminaire*, ce sera à l'évêque à le recevoir, tous les ans, en présence de deux députés du chapitre et de deux autres du clergé de la ville.

« De plus, afin qu'avec moins de dépense on puisse pourvoir à l'établissement de telles écoles, le saint concile ordonne que les évêques, archevêques, primats et autres ordinaires des lieux, obligeront ceux qui possèdent des scolastiques, et tous autres qui tiennent des places ou prébendes auxquelles est attachée l'obligation de faire des leçons et enseigner, et les contraindront même, par la soustraction de leurs fruits et revenus, d'en faire les fonctions dans lesdites écoles, et d'y instruire par eux-mêmes, s'ils en sont capables, les enfants qui y seront, sinon de mettre en leur place des gens qui s'en acquittent comme il faut, qu'ils choisiront eux-mêmes, et qui seront approuvés par les ordinaires. Que si ceux qu'ils auront choisis ne sont pas jugés capables par l'évêque, ils en nommeront quelque autre qui le soit, sans qu'il y ait lieu à aucune appellation ; et s'ils négligent de le faire, l'évêque même y pourvoira.

« Il appartiendra aussi à l'évêque de leur prescrire ce qu'ils devront enseigner dans lesdites écoles, selon qu'il le jugera à propos : et à l'avenir ces sortes d'offices ou de dignités que l'on nomme scolastiques ne seront données qu'à des docteurs ou maîtres, ou à des licenciés en théologie ou en droit canon, ou à d'autres personnes capables qui puissent s'acquitter par eux-mêmes de cet emploi ; autrement la provision sera nulle et sans effet, nonobstant priviléges, et coutumes quelconques, même de temps immémorial.

« Que si, dans quelque province, les églises se trouvent en une si grande pauvreté que l'on ne puisse établir des colléges en toutes, alors le synode provincial, ou le métropolitain, avec deux de ses plus anciens suffragants, aura soin d'établir dans son église métropolitaine, ou dans quelque autre église de la province plus commode, un ou plusieurs colléges, selon qu'il le jugera à propos, du revenu de deux ou de plusieurs desdites églises qui ne sont pas suffisantes pour entretenir aisément chacune un collége ; et là seront instruits les enfants desdites églises.

« Au contraire, dans les églises qui ont de grands et puissants diocèses, l'évêque pourra avoir en divers lieux un ou plusieurs pareils *séminaires*, selon qu'il le jugera à propos ; mais ils seront tous entièrement dépendants de celui qui sera érigé et établi dans la ville épiscopale.

« Enfin, si au sujet desdites unions, ou de la taxe, assignation et incorporation desdites parts et portions de contribution, ou par quelque autre occasion que ce soit, il survenait quelque difficulté qui empêchât l'établissement dudit *séminaire*, ou qui le troublât dans la suite, l'évêque, avec les députés ci-dessus marqués, ou le synode provincial, selon l'usage du pays, pourra, suivant l'état des

églises et des bénéfices, régler et ordonner toutes les choses en général et en particulier qui paraîtront nécessaires et utiles pour
l'heureux progrès du *séminaire*, et de modérer même et augmenter,
s'il en est besoin, ce qui a été dit ci-dessus. »

Telle est l'institution des *séminaires* suivant le concile de Trente.
On en voit l'exécution parfaite dans l'histoire et les actes de saint
Charles. Les conciles provinciaux de France ont reçu et amplement
expliqué le réglement que nous venons de rapporter sans en rien
retrancher.

Les *séminaires* avaient disparu dans la tourmente révolutionnaire,
avec toutes les autres institutions religieuses ; mais lorsque la paix
fut rendue à l'Église de France, le Souverain Pontife demanda leur
rétablissement. Il fut en conséquence statué ce qui suit dans le concordat, article 11 : « Les évêques pourront avoir un chapitre dans
« leur cathédrale et un *séminaire* pour leur diocèse, sans que le gou-
« vernement s'oblige à les doter. »

Conséquemment à cette disposition, le cardinal Caprara, dans son
décret du 9 avril 1802, pour la circonscription des nouveaux diocèses, prescrivit en ces termes le rétablissement des *séminaires* :
« Tous les archevêques et évêques qui seront préposés aux églises
« de la nouvelle circonscription, devront, conformément à ladite
« convention, travailler, suivant leurs moyens et leurs facultés, à
« établir, en conformité des saints canons et des saints conciles,
« des *séminaires* où la jeunesse qui veut s'engager dans le service
« clérical, puisse être formée à la piété, aux belles lettres à la dis-
« cipline ecclésiastique. Ils doivent donner à ces *séminaires*, ainsi
« érigés et établis (selon qu'ils jugeront devant Dieu, être le plus
« convenable et le plus utile à leurs églises), des règlements qui
« fassent prospérer l'étude de leurs sciences, et qui insinuent en
« toute manière la piété et la bonne discipline. »

§ II. *Petits* SÉMINAIRES.

– On vient de voir dans le décret du concile de Trente que les *séminaires* n'ont pas été établis seulement pour enseigner la science ecclésiastique et former les prêtres à la vie sacerdotale, mais encore
pour instruire les jeunes gens dans les lettres humaines et leur apprendre les langues, notamment celle de l'Église, sans lesquelles on
ne peut étudier convenablement la sainte Écriture, les Pères, la théologie, le droit canon, etc. De là deux sortes de *séminaires*, les grands
et les petits qu'on appelle aussi écoles secondaires ecclésiastiques.

Les petits *séminaires* ne sont à proprement parler que des colléges ecclésiastiques, tenus par des prêtres, sous la direction de l'évêque, pour éprouver les vocations naissantes et préparer les enfants
par la piété et les études scolastiques à entrer dans les grands *séminaires*. Voici ce que prescrit sur les petits *séminaires* le concile de la
province de Tours, tenu à Rennes en 1849 :

« L'évêque choisira avec soin des hommes instruits, pieux et vertueux, pour leur confier les diverses fonctions à remplir dans le *séminaire*. Et cela ne doit pas être entendu seulement des professeurs proprement dits, mais encore de tous ceux qui, en présidant soit à l'étude, soit à la récréation, doivent conduire les jeunes gens et les former avec une sollicitude continuelle. De cette constante vigilance, en effet, dépendent la conservation des mœurs, la réforme du caractère et le progrès des études.

« Il faut d'abord veiller à n'admettre au *séminaire* que des élèves choisis avec beaucoup d'attention.

« Que les curés s'appliquent donc à découvrir des enfants ou des jeunes gens doués de piété, d'un bon caractère et d'intelligence, afin de les préserver de bonne heure de la contagion du monde, de les garder avec un amour paternel, et de les placer ensuite au *séminaire*. Que les maîtres auxquels ils seront confiés, n'oublient jamais qu'il n'est pas aussi important de leur apprendre les sciences et les lettres que de former leur esprit et leur cœur; bien plus, si leur éducation est mauvaise sous ce dernier rapport, leur habileté dans les lettres humaines sera dans la suite plus préjudiciable qu'utile.

« Pour les études, on suivra la méthode consacrée par une longue expérience. Les élèves seront partagés en différentes classes, de manière à parcourir successivement le cercle des études.

« L'étude de la religion doit être la première de toutes. Qu'elle soit donc enseignée à tous avec le plus grand soin, d'une manière diverse cependant, et appropriée à l'âge de chacun.

« Qu'on s'applique fortement à apprendre et à connaître les langues anciennes, et spécialement la langue latine, consacrée par l'usage perpétuel de notre sainte mère l'Église, interprète de la tradition catholique, et indispensable pour acquérir la science ecclésiastique. Dans chaque classe, autant que possible, qu'on ne néglige pas les écrivains ecclésiastiques en expliquant les auteurs profanes. En s'appliquant à l'étude des langues anciennes, les élèves ne négligeront pas celle de leur langue maternelle; ils en apprendront solidement les principes dès leur enfance, et ils s'exerceront peu à peu à la parler et à l'écrire purement et élégamment.

« L'enseignement de l'histoire et de la géographie sera l'objet d'une attention spéciale de la part du professeur. Cette science si utile en elle-même et sous le rapport des études théologiques, doit être cultivée de nos jours avec d'autant plus d'attention qu'elle a été corrompue par plusieurs écrivains contemporains, en haine de la religion.

« Les élèves apprendront les éléments des mathématiques, et auront quelques notions des sciences naturelles dont la connaissance se répand chaque jour de plus en plus.

« Mais il faut faire en sorte que ces études si multipliées et si diverses, soient organisées avec tant de discrétion que l'accessoire ne l'emporte pas sur le principal, et que l'esprit des élèves ne soit pas surchargé plutôt que cultivé. Que les professeurs usent de conseils, de pieuses exhortations et d'encouragements variés pour exciter une vive émulation dans les études. Qu'ils se conduisent à l'égard de leurs élèves plutôt comme les instituteurs de leur âme, que comme les maîtres de la science, et qu'ils sachent qu'ils tiennent la place du maître céleste, qui, durant sa vie mortelle, appelait les enfants dans son sein, les embrassait et les bénissait en disant : « Laissez les petits enfants venir à moi. » Fidèles à ce saint exemple, qu'ils soignent et respectent l'enfance et la jeunesse, qu'ils usent en toutes choses d'une grande douceur tempérée par la gravité, afin de rendre les années d'étude au *séminaire* agréables et sereines.

« Le saint concile de Trente veut que l'on choisisse de préférence les enfants des pauvres, sans exclure ceux des riches. (*Sess.* XXIII.) Ce qui a lieu particulièrement de nos jours, où l'on voit peu d'enfants des puissants, des riches, s'enrôler sous la bannière de l'Église, parce qu'ils sont éloignés des fonctions sacrées du sacerdoce par les passions et les cupidités du siècle. Par conséquent, l'entretien des *séminaires* repose presque entièrement sur les aumônes des fidèles. Aussi nous exhortons les curés et tous ceux qui s'intéressent au bien de la religion, à ne jamais oublier, parmi tant d'œuvres de piété et de bienfaisance, à ne point négliger les besoins des *séminaires*. » (*Decret.* IX, *n*. 1.)

La question des classiques chrétiens et païens à introduire dans les petits *séminaires* où à en rejeter a été vivement agitée de nos jours ; des évêques ont pris publiquement parti pour et d'autres parti contre les auteurs païens. Nous avons dit sous le mot LANGUES, qu'il y avait eu de l'exagération de part et d'autre. Le Souverain Pontife Pie IX, dans sa sagesse profonde, vient de décider, dans son encyclique *Inter multiplices angustias*, du 21 mars 1853, cette délicate question en ces termes :

« Continuez, dit-il aux évêques, continuez comme vous le faites, de ne rien épargner pour que les jeunes clercs soient formés de bonne heure dans vos *séminaires* à toute vertu, à la piété, à l'esprit ecclésiastique, pour qu'ils grandissent dans l'humilité, sans laquelle nous ne pouvons jamais plaire à Dieu, pour qu'ils soient profondément instruits et avec tant de vigilance des lettres humaines et des sciences plus sévères, surtout des sciences sacrées, qu'ils puissent, sans être exposés à aucun péril d'erreur, non seulement apprendre l'art de parler avec éloquence, d'écrire élégamment, en étudiant aussi bien les ouvrages si excellents des saints Pères, que les écrits des auteurs païens les plus célèbres, après qu'ils auront été soigneusement expurgés, *ab omni labe purgatis.* »

On voit que le Saint-Père n'exclut pas entièrement de l'enseignement des petits *séminaires* les écrivains païens les plus célèbres, pourvu qu'on en ait fait disparaître tout ce qui pourrait porter atteinte à la piété et à la vertu des jeunes gens, mais qu'on doit surtout donner la préférence aux ouvrages si excellents et si sages des saints Pères, *ex sapientissimis sanctorum patrum.*

Dans nos petits *séminaires,* on forme très bien les jeunes gens à la piété, à la vertu et à la science, mais, selon nous, cela ne suffit pas; il nous semble qu'en général on néglige trop ce qui tient à la bonne éducation, c'est-à-dire la politesse, le bon ton, les bonnes manières qui font aimer la religion et qui donnent de l'influence au prêtre. On ne voit que trop souvent, il faut l'avouer, de la rusticité, du laisser aller, des manières peu courtoises, pour ne pas dire choquantes, chez certains ecclésiastiques. La politesse et l'urbanité qui devraient distinguer le clergé vont très bien avec la piété et la modestie qu'ordinairement elles rehaussent.

Le concile de Bordeaux de l'an 1850 l'a très bien compris, car il veut qu'on apprenne aux enfants les règles de la politesse et de l'urbanité, qu'on leur inculque de bonne heure ces prévenances, ces égards qui rendent la piété douce et aimable et qu'on les forme à une certaine élégance de mœurs; que pour cela, ils prennent l'habitude de ne tutoyer personne, si ce n'est seulement leurs proches parents comme leur frères et sœurs. *Urbanitatis leges addiscant pueri, et ad quamdam morum elegantiam informentur. (Titul.* V, *cap.* 2.)

En conséquence, le même concile veut que les jeunes gens s'appliquent à bien parler leur langue maternelle, à observer exactement les règles de la lecture et de la prononciation, à bien savoir l'orthographe, afin qu'ils puissent toujours s'exprimer dans leur conversation, comme dans leurs écrits, d'une manière pure et correcte. A l'étude des langues latine et grecque, ils doivent joindre celle de l'histoire sacrée et profane en même temps que celle de la géographie, s'adonner à l'étude du chant ecclésiastique, etc.

Quant aux auteurs classiques, le concile veut que les études des clercs ne soient pas purement profanes, mais qu'on les approprie surtout, en beaucoup de choses, à la vocation ecclésiastique et aux fonctions qu'ils sont appelés à remplir, et par conséquent on doit joindre aux auteurs profanes quelques extraits des Pères et des écrivains ecclésiastiques grecs et latins, afin qu'en comparant la doctrine des auteurs chrétiens et païens, les élèves comprennent combien grande est la lumière que la révélation a répandue sur la connaissance de Dieu, de l'homme et de la morale.

Le concile de Soissons dit la même chose. Il veut que dans les auteurs profanes on ait soin de faire disparaître tout ce qui pourrait porter atteinte à la pureté des jeunes gens, *ut, quæ castas mentes possunt offendere, suppressa expellantur.* Mais que, dans les hautes classes surtout, on ait soin de donner aux élèves de nombreux extraits des saints Pères et des docteurs, *non pauca sanctis Ecclesiæ Patribus et Doctoribus selecta, summopere curandum erit. (Titul.* XVIII, *cap.* 1.) Le concile de Lyon désire que, tout en conservant les auteurs païens dans les *séminaires,* on y introduise plus largement que par le passé des extraits des saints Pères.

L'Église est et doit être le seul juge de ce qui regarde l'éducation de ses ministres, et de la manière de les former à la science comme à la vertu; aussi dans tous les temps s'est-elle appliquée à remplir ce devoir; comme nous le voyons dans les saints canons et les constitutions des Souverains Pontifes. Mais l'autorité civile, toujours trop portée, surtout en France, à s'ingérer dans les choses ecclésiastiques, a prétendu que l'éducation de tous les citoyens lui appartenait. Elle a voulu, en conséquence, réglementer ce qui concerne les *séminaires*; elle est allée jusqu'à limiter dans chaque diocèse le nombre des élèves du sanctuaire, à fixer le nombre des *séminaires* eux-mêmes, et à désigner les lieux où ils seraient établis; elle a voulu même s'occuper des supérieurs et des directeurs, ainsi que du costume des élèves. Tel a été le but des funestes ordonnances du mois de juin 1828, contre lesquelles a réclamé l'épiscopat français tout entier.

Le but de notre ouvrage étant de faire voir en quoi le droit civil ecclésiastique se rapporte ou diffère avec le droit canonique, nous devons rappeler ici les documents émanés de l'autorité séculière relativement aux *séminaires* depuis leur rétablissement en France après le concordat de 1801.

D'abord le gouvernement reconnaît, conformément au concordat, que les archevêques et évêques peuvent avec son *autorisation* établir des *séminaires* dans leurs diocèses. (*Art.* 11, *de la loi du* 18 *germinal an* X.) Cette *autorisation* est évidemment une entrave à la liberté des évêques, qui ont le droit imprescriptible de se former des coopérateurs dans l'œuvre du salut, et, par conséquent, des *séminaires*; car si le gouvernement peut donner une *autorisation*, il peut aussi la refuser. L'article 23 de la même loi de germinal an X ajoute : « Les évêques seront chargés de l'organisation de leurs *séminaires*, et les règlements de cette organisation seront soumis à l'approbation du premier consul. » On voit par là quel esprit animait le gouvernement, esprit parlementaire et gallican qu'on ne saurait trop déplorer et trop combattre, et qui n'est pas moins funeste à l'État qu'à l'Église. Voici donc la première loi relative à l'établissement des *séminaires*; nous la faisons suivre de l'exposé des motifs que le conseiller d'État Portalis lut au Corps Législatif.

Loi *du* 23 *ventôse an* XII (14 *mars* 1804) *relative à l'établissement de* SÉMINAIRES *métropolitains*.

« ARTICLE 1er. Il y aura, par chaque arrondissement métropolitain, et sous le nom de *séminaire*, une maison d'instruction pour ceux qui se destinent à l'état ecclésiastique.

« ART. 2. On y enseignera la morale, le dogme, l'histoire ecclésiastique et les maximes de l'Église gallicane (1). On y donnera les règles de l'éloquence sacrée.

_____

(1) *Les Maximes de l'Église Gallicane !* Tout l'esprit de la loi est dans ce mot.

« ART. 3. Il y aura des examens ou exercices publics sur les différentes parties de l'enseignement.

« ART. 4. A l'avenir, on ne pourra être nommé évêque, vicaire général, chanoine, ou curé de première classe, sans avoir soutenu un exercice public, et rapporté un certificat de capacité, sur tous les objets énoncés en l'article 2.

« ART. 5. Pour toutes les autres places et fonctions ecclésiastiques, il suffira d'avoir soutenu un exercice public sur la morale et sur le dogme, et d'avoir obtenu, sur ces objets, un certificat de capacité (1).

« ART. 6. Les directeurs et professeurs seront nommés par le premier consul, sur les indications qui seront données par l'archevêque et les évêques suffragants.

« ART. 7. Il sera accordé une maison nationale, et une bibliothèque, pour chacun des établissements dont il s'agit, et il sera assigné une somme convenable pour l'entretien et les frais desdits établissements.

« ART. 8. Il sera pourvu par des règlements d'administration publique, à l'exécution de la présente loi. »

EXPOSÉ *des motifs du projet de loi relatif à l'organisation des* SÉMINAIRES *métropolitains, lu au corps législatif le 12 ventôse an XII, par M. Portalis, conseiller d'État.*

« Citoyens législateurs, la convention passée le 26 messidor an IX entre le gouvernement français et le pape Pie VII, porte en l'article 11, que les évêques pourront avoir un *séminaire* pour leur diocèse, sans que le gouvernement s'oblige à le doter.

« Les articles organiques de cette convention autorisent également les *séminaires* par plusieurs dispositions formelles, et ils exigent que les règlements qui pourront être faits par les évêques pour cet objet, soient soumis à l'approbation du premier consul.

« Les *séminaires* sont des établissements destinés à former des ecclésiastiques. On fait remonter l'origine de ces établissements aux communautés des clercs, que les évêques réunissaient auprès d'eux dans les premiers âges du christianisme. Les clercs n'étaient point alors obligés d'étudier les sciences humaines : ils n'apprenaient que les choses qui appartiennent à la religion. Si nous voyons dans ces premiers siècles des évêques et des prêtres très versés dans la philosophie, dans la littérature et dans les sciences qu'on appelait profanes ou sciences du dehors, c'est que ces évêques et ces prêtres avaient apporté dans l'Église les connaissances qu'ils avaient acquises avant leur conversion (2).

« L'invasion des barbares changea la face de l'Europe civilisée. Telle est la condition de notre malheureuse espèce, dont le but se trouve subordonné à tant d'événements et de révolutions diverses. De grandes nations, dit un auteur célèbre, croupissent des siècles entiers dans l'ignorance. On voit ensuite poindre une faible aurore, enfin le jour paraît, après lequel on ne voit plus qu'un long et triste crépuscule.

« On s'aperçut de la décadence des études dans les Gaules dès la fin du sixième siècle, c'est-à-dire environ cent ans après l'établissement des Francs.

« Les études et les connaissances auraient disparu partout après la chute de l'empire romain si elles n'avaient été conservées par les clercs. Elles trouvèrent heureusement

---

(1) Nous n'avons pas besoin de dire que ces dispositions sont tombées en désuétude, et qu'il ne pouvait en être autrement, malgré les tentatives qu'on fit en 1830 pour les faire revivre. L'ordonnance du 25 décembre de cette année n'eut pas plus de succès.

(2) Est-ce à dire que les évêques et les prêtres doivent ignorer la littérature, la philosophie et les sciences profanes ou du dehors? Tel n'est pas assurément l'esprit de l'Église, et les saints canons ont toujours prescrit le contraire. N'est-ce pas le clergé qui a conservé la littérature, et les sciences, comme Portalis le proclame lui-même ? Il ne fallait donc pas dire que *les clercs n'étaient point obligés alors d'étudier les sciences humaines.* Alors comme aujourd'hui pour *apprendre les choses qui appartiennent à la religion* et les enseigner ensuite aux autres, il fallait avoir étudié préalablement les sciences humaines.

SÉMINAIRE. 115

un asile dans les communautés religieuses et dans les temples. Les ouvrages des historiens, des philosophes, des poètes et des orateurs romains, étaient comme en dépôt dans les monastères. Le latin banni du commerce habituel de la société, s'était réfugié dans les chants de l'Église et dans les livres de la religion.

« On vit dans son siècle, et on est toujours plus ou moins dépendant des circonstances dans lesquelles on vit (1). Il était impossible que les clercs fissent de bonnes études, quand il n'y avait plus qu'eux qui eussent le loisir et la volonté d'étudier.

« La longue minorité du genre humain dura jusqu'au règne de Charlemagne. Ce prince fonda un vaste empire par ses conquêtes et par ses lois, et avec les matériaux de la religion il construisit l'Europe.

« Il amena des grammairiens de Rome. Il ordonna à tous les évêques et à tous les abbés de ses États d'établir des écoles pour l'enseignement des lettres humaines, dont il présenta la connaissance comme infiniment utile et favorable à l'intelligence des divines Écritures (2). Il voulut ainsi propager la religion par les sciences et les beaux-arts, et assurer la stabilité et le progrès des beaux-arts et des sciences, par les progrès et la stabilité de la religion même.

« Le mouvement fut donné; tous les conciles du temps sanctionnèrent par leurs décisions les grandes vues que Charlemagne avait manifestées dans ses ordonnances (3).

« Quel spectacle plus étonnant au milieu de l'ignorance et de la barbarie, que celui de l'alliance sacrée de la religion et des sciences, alliance si heureusement conçue et consommée par le génie de ce grand homme!

« De là on vit sortir toutes les écoles connues sous le nom d'*universités*, dans lesquelles on se proposa d'enseigner toutes les choses divines et humaines. La première et la plus célèbre de toutes fut l'université de Paris, dont l'abbé Fleury fixe l'établissement à la fin du douzième siècle.

« Les divers peuples cessèrent d'être étrangers les uns aux autres. On accourait de toutes parts pour recevoir le même enseignement et la même doctrine. Les mœurs s'adoucirent, les relations se multiplièrent; et insensiblement l'Europe, en s'éclairant, ne fut plus qu'une grande famille composée de diverses nations, qui continuant à être divisée par le territoire, se trouvèrent unies par la religion, les sciences et les mœurs.

« On sait quelle était la constitution des universités. Elles étaient composées de quatre facultés : les arts, la médecine, le droit et la théologie.

« On ne pouvait presque parvenir à aucune place sans avoir étudié dans ces écoles, et sans y avoir pris des degrés qui étaient un témoignage public et légal de la capacité des étudiants.

« On s'aperçut bientôt que les personnes qui se destinaient à la cléricature perdaient l'esprit de leur état par leur commerce avec cette foule de compagnons d'étude qui se destinaient aux différentes professions de la vie civile.

« On établit alors les *séminaires* tels que nous les connaissons. Ils eurent une grande influence sur le retour et le maintien de la discipline. Les *séminaires* étaient moins des maisons d'étude que des maisons de retraite et de probation; car nous trouvons que les universités s'étaient constamment opposées à ce qu'on fondât des écoles de théologie dans les *séminaires*.

« L'université de Paris avait à cet égard, obtenu divers arrêts qui avaient fait droit à sa réclamation.

« Nous savons que des universités moins privilégiées n'avaient point eu le même suc-

(1) Hélas ou! ; l'auteur de ce rapport en est un exemple frappant.
(2) C'est précisément ce que nous disons dans la note ci-dessus. L'Église a toujours regardé la connaissance des lettres humaines, *comme infiniment utile et favorable* à l'intelligence des divines Écritures, de la théologie, de la science ecclésiastique en un mot. C'est pourquoi les petits *séminaires* doivent être sous son unique dépendance et sa direction immédiate.
(3) Mais ces grandes vues de Charlemagne, qui les lui avait inspirées? N'est-ce pas l'Église à qui en revient la principale gloire?

cès. Celle de Rennes succomba dans une contestation qu'elle eut à soutenir contre l'évêque de Nantes, pour une école de théologie, établie dans le *séminaire* de cet évêque.

« Mais il n'est pas moins certain que l'enseignement des universités était le véritable enseignement national; que les citoyens qui se destinaient à certaines professions ne pouvaient y parvenir, s'ils n'avaient étudié et pris des grades dans quelques-unes des universités autorisées, et que les ecclésiastiques eux-mêmes ne pouvaient posséder de grands bénéfices, ni même une cure, dans une ville mûrée, s'ils n'étaient gradués.

« Les universités n'existent plus ; elles ont cédé aux révolutions et au temps, comme les autres ouvrages des hommes.

« Quelle est même l'institution civile, politique ou religieuse, qui ait pu résister à l'esprit de délire et de faction qui a désolé la France?

« Nos maux sont oubliés, un génie vaste et puissant les répare.

« Déjà, citoyens législateurs, on s'est occupé des lycées et des écoles spéciales pour la propagation des sciences humaines ; il s'agit aujourd'hui de la religion qui prêta jadis un si grand secours aux sciences et aux lettres, et qui est un auxiliaire si utile de la puissance dans les affaires de la société.

« En rendant à la grande majorité des citoyens français le culte de leurs pères, et en rendant à tous la liberté de conscience et l'exercice de leurs différents cultes, vous avez contracté l'engagement de leur assurer les moyens d'avoir constamment des pasteurs et des ministres dignes de leur confiance.

« La loi du 18 germinal an X a pourvu aux académies ou *séminaires* des communions protestantes.

« Dans le projet de loi qui vous est soumis, on s'est occupé des *séminaires* pour les catholiques.

« Le gouvernement, en reconnaissant, par le concordat, la liberté qu'a chaque évêque d'établir un *séminaire* dans son diocèse, n'a fait que rendre hommage au droit naturel d'inspection qu'ont les évêques sur la vocation, les principes et les mœurs des personnes qui se destinent à la cléricature. Sous ce point de vue, les *séminaires* ne sont pour ainsi dire que le régime intérieur; aussi le gouvernement a déclaré qu'il ne s'engageait point à les doter.

« Mais il a paru nécessaire de remplacer l'enseignement public et national des universités : des écoles spéciales remplissent cet enseignement pour la jurisprudence et la médecine. Sur le modèle de ces écoles spéciales, le projet de loi établit par chaque arrondissement métropolitain une maison d'instruction pour ceux qui se proposent d'embrasser l'état ecclésiastique.

« Il y a dix métropoles. Les maisons dont nous parlons seront donc au nombre de dix. On a toujours observé que la multitude des petits collèges nuisait au progrès des bonnes études. Les professeurs habiles sont rares, les moyens d'exciter l'émulation sont plus difficiles dans de petits établissements qui échappent à l'attention publique : quelques grandes écoles, placées à certaines distances et sous la protection du gouvernement, appellent davantage l'émulation et le talent, et sont plus assurées de produire de grands effets.

« L'État ne pouvait demeurer indifférent sur l'éducation des ecclésiastiques; il lui importe que les ministres de la religion soient tous citoyens, il lui importe que chacun remplisse fidèlement les devoirs de la profession qu'il embrasse ; mais pour bien remplir ces devoirs, il faut les connaître : l'ignorance n'est bonne à rien, elle nuit à tout; elle serait surtout dangereuse dans une classe d'hommes qui doivent être d'autant plus instruits qu'ils sont chargés d'instruire les autres.

« Mais les circonstances ne permettaient point à l'État de doter soixante *séminaires* ; et il n'eût pu dans aucun temps, se promettre de faire prospérer un tel nombre d'établissements, dont la multiplicité seule eût empêché la bonne organisation.

« Le projet de loi porte que, dans les maisons d'instruction dont il s'agit, on enseignera la morale, le dogme, l'histoire ecclésiastique, les maximes de l'Église gallicane, et qu'on y donnera les règles de l'éloquence sacrée.

« Les anciens s'étaient attachés plus particulièrement que nous à l'étude de la morale. La raison en est que leur religion n'avait que des rits, et qu'elle ne se mêlait en aucune manière de l'enseignement public. Chez eux, la morale était confiée aux législateurs et aux philosophes : les prêtres conservaient le dépôt des pratiques et des anciennes traditions; mais c'étaient les philosophes et les législateurs qui prêchaient la vertu et la règle des mœurs. Le célèbre *Panætius* recommandait la sagesse et les devoirs, tandis que l'augure *Scævola* ordonnait les sacrifices et les cérémonies du culte.

« Depuis l'établissement du christianisme, il existe un sacerdoce, chargé d'annoncer toute vérité, de recommander tout ce qui est bon, tout ce qui est saint, tout ce qui est juste, tout ce qui est aimable; de donner des conseils aux parfaits et des préceptes à tous.

« Dans les premiers siècles de l'Église, les règles des mœurs, prêchées et développées par les Lactance, les Chrysostôme, les Augustin, les Jérôme, les Ambroise, conservèrent ce caractère d'évidence, de grandeur et de dignité, que le génie et la piété de ces grands hommes imprimaient à tout ce qui sortait de leur bouche ou de leur plume.

« Nous savons que dans la suite on n'eut, pour professeurs de morale, que des scolastiques, amis des abstractions, que des esprits subtils qui, dans les siècles d'ignorance, sont les beaux esprits; mais il ne serait pas juste de faire un reproche particulier aux ecclésiastiques de ce qui ne fut que la suite du malheur des temps. Alors, sans doute, on se perdit en vaines questions sur le libre et le volontaire, sur la béatitude formelle ou intuitive, et sur mille autres points de controverse, qui fatiguaient la raison sans l'éclairer.

« Mais le beau siècle de Louis XIV n'a-t-il pas produit les admirables Essais de Nicole et les excellents traités des Bossuet et des Fénelon?

« L'enseignement d'une morale religieuse importe plus que l'on ne pense au bien de l'humanité; elle fixe les incertitudes parce qu'elle consiste en maximes positives; elle règle le sentiment en s'emparant du cœur; elle console la raison en lui laissant entrevoir toutes les jouissances que l'on ne peut avoir que par le sentiment.

« En développant la morale évangélique dans son auguste simplicité, en prêchant la fidélité aux lois, l'amour du prochain et toutes les vertus sociales, en écartant la prétendue science des opinions probables, qui n'étaient que le fruit d'une fausse métaphysique, les ministres de la religion deviendront les vrais bienfaiteurs de l'humanité.

« Dans l'enseignement du dogme, on cherchera surtout à donner un appui à la morale.

« La morale suppose un Dieu législateur, comme la physique suppose un Dieu créateur et premier moteur de toutes les causes secondes.

« On ne bâtira pas de systèmes contentieux sur des objets qui n'ont jamais été définis par l'Église.

« On ne cherchera que dans les Écritures et la tradition, qui sont les uniques fondements de la foi, les vérités sacrées qui nous découvrent les desseins impénétrables de l'auteur de la nature sur les enfants des hommes.

« L'étude de l'histoire ecclésiastique est nécessaire à ceux qui se donnent au ministère des âmes. Cette histoire nous offre toute la suite du christianisme depuis son établissement. On y voit la succession constante de la doctrine, les variations de la discipline dans les choses qui ne sont point fondamentales, et le tableau des mœurs dans les différents siècles.

« L'histoire est un cours de sagesse pratique, dans lequel on apprend à se dégager de toutes les aspérités d'une vaine théorie.

« On distinguera dans les princes qui ont professé la foi catholique, ce qu'ils ont fait comme chrétiens, d'avec ce qu'ils ont fait comme princes; et, depuis que les papes et les évêques ont possédé des seigneuries et ont eu tant de part aux affaires temporelles, on ne confondra point ce qu'ils ont pu faire en qualité de seigneurs temporels, avec ce qu'ils pouvaient et devaient faire comme évêques et comme chrétiens.

« Les opinions qui ont prévalu dans certains siècles et qui ont disparu dans d'autres, nous apprennent à distinguer la vérité d'avec ce qui n'est qu'opinion.

« Le spectacle de nos controverses, si souvent occasionnées par des abus de mots ou par des futilités inintelligibles, nous invite à nous méfier de nous-mêmes, à être moins précipités dans nos jugements, moins jaloux de nos propres pensées, enfin à nous tenir en garde contre des disputes qui ont si souvent dégradé l'esprit humain et désolé le monde.

« Le grand avantage de l'histoire est de nous présenter, non de simples faits isolés, comme ceux qui nous sont fournis par l'expérience journalière, mais des exemples complets, c'est-à-dire des faits dont on puisse voir à la fois le principe et les suites. Ainsi, un schisme éclate, on voit par les dissensions qui ont autrefois déchiré l'Église, la cause qui produit ces sortes de désordres et de scandales, les effets terribles qu'ils ont produits et les sages mesures qui les ont terminés. On devient, en considérant le passé, moins entêté et plus conciliant sur les affaires présentes; on est plus disposé à tous les sacrifices qui, sans altérer la substance de la religion, peuvent conserver le grand principe de l'unité ecclésiastique.

« En général, les maximes et les préceptes ne nous suffisent pas, il faut des exemples. Peu de gens, dit Tacite, distinguent, par la seule force du raisonnement, ce qui est bon d'avec ce qui est mauvais, ce qui est juste de ce qui ne l'est pas. La plupart ne s'instruisent que par les choses qu'ils voient arriver aux autres. L'exemple parle aux passions et les engage dans le parti de la sagesse. Selon l'expression d'un écrivain, la science et le génie, sans les leçons de l'expérience et de l'histoire, sont ce qu'on croyait autrefois qu'étaient les comètes, des météores éclatants, irréguliers dans leurs cours et dangereux dans leurs approches, qui ne peuvent servir aucun système et qui sont capables de les détruire tous.

« L'Église est une dans tout ce qui est de foi et de discipline fondamentale; mais chaque portion de cette Église peut avoir ses maximes et des coutumes particulières. Tout ecclésiastique français doit donc chercher à connaître les maximes de l'Église gallicane.

« Le principe de l'indépendance de la puissance publique dans le gouvernement temporel des États, celui qui réduit les droits du sacerdoce aux choses purement spirituelles, et qui ne reconnaît dans les chefs de l'Église et dans les autres ministres du culte, qu'une autorité réglée par les canons et les saints décrets, appartiennent sans doute au droit public de toutes les nations chrétiennes. Mais ces principes ont été moins obscurcis en France; ils y ont reçu moins d'atteinte qu'ailleurs (1).

« Les Français ont également conservé avec plus de fidélité toutes les maximes sur les droits des évêques et des curés; ils ont toujours été moins favorables aux priviléges et aux exemptions.

« On ne doit pas se contenter dans les *séminaires* d'enseigner tout ce qui regarde le fond de la science ecclésiastique; on doit encore y donner les règles de l'éloquence sacrée.

« L'éloquence est un grand moyen de présenter au cœur et à l'esprit ce que l'on peut peindre à l'œil.

« Comment les ministres de la religion, dont la mission est de prêcher et d'enseigner,

---

(1) Nous aurions beaucoup de choses à dire sur cet alinéa et le précédent; nous nous contenterons de renvoyer aux mots INDÉPENDANCE, LÉGISLATION, LIBERTÉS DE L'ÉGLISE GALLICANE.

pourraient-ils négliger l'art de la parole, le plus étendu, le plus beau et le plus puissant de tous les arts?

« C'est avec le ministère de la parole que les apôtres ont conquis le monde. Saint Paul étonna l'Aréopage en annonçant aux membres de ce sénat auguste le Dieu inconnu qu'ils adoraient et qu'ils ne connaissaient pas.

« Ce sont les grands intérêts de la patrie qui avaient produit les orateurs de l'ancienne Grèce et de l'ancienne Rome. L'éloquence est née dans nos temps modernes avec les grands intérêts de la religion.

« Quel effet ne produisit pas la peinture éloquente du jugement dernier, faite pas Massillon dans son sermon sur le petit nombre des élus! A la voix de cet orateur, une grande assemblée se lève par un mouvement spontané et frissonne.

« La voix de Bossuet retentissait dans toutes les capitales et dans toutes les cours, quand ce ministre de l'Évangile représentait l'incertitude des choses humaines et peignait le bruyant fracas de la chute des empires.

« Aucune nation ne peut rivaliser avec la nôtre pour l'éloquence de la chaire. Ce genre de supériorité est une propriété nationale que nous devons être jaloux de conserver.

« Après avoir fixé l'enseignement des séminaires, nous avons voulu constater dans le projet de loi les bons effets de cet enseignement. Les aspirants à la cléricature seront obligés de soutenir des exercices publics et de rapporter des certificats de capacité. Ces certificats sont le supplément des anciens grades.

« La garantie exigée pour s'assurer de la capacité des aspirants est même mieux organisée qu'elle ne l'était autrefois; car, sous l'ancien régime, on était dirigé par des lois qui remontaient à des époques éloignées et qui, voulant uniquement bannir l'ignorance et la barbarie, ne s'étaient proposé que la propagation des sciences en général. On était parti du principe que toutes les sciences sont sœurs et qu'il suffisait d'avoir fait quelques progrès dans une science quelconque pour avoir droit à des places et à des fonctions étrangères à cette science. Ainsi, les canonistes enseignaient qu'un gradué en médecine avait toute la capacité requise pour occuper une cure dans une ville murée, ou une dignité dans un chapitre. L'opinion des canonistes avait été adoptée par la jurisprudence.

« Aujourd'hui tout rentre dans l'ordre. Les études et les grades dans une science ne rendront capables que des fonctions pour lesquelles cette science est requise. Il faudra avoir étudié le droit et non la médecine, pour remplir des fonctions judiciaires, et un ecclésiastique, s'il n'a les connaissances de son état, ne sera point jugé capable de remplir les fonctions importantes du sacerdoce.

« On n'exige pas les mêmes preuves de capacité pour toutes les fonctions sacerdotales. Il suffira à un curé de seconde classe, à un desservant, à un simple vicaire, d'avoir soutenu un exercice public sur la morale et sur le dogme. Ce sont là des choses dont la connaissance est indispensable pour tous les ministres de la religion, parce qu'elles tiennent à la substance de la religion même. Mais l'étude de l'histoire ecclésiastique, celle des maximes de l'Église gallicane et des règles de l'éloquence sacrée, seront nécessaires aux évêques, aux vicaires généraux, aux chanoines, aux curés de première classe, c'est-à-dire, à tous ceux qui administrent en chef les diocèses ou qui participent plus ou moins à cette administration, ainsi qu'aux pasteurs qui exercent le ministère curial dans les villes importantes qui exigent une plus grande connaissance des choses et des hommes (1).

« Nous avons dit que l'enseignement des maisons d'instruction établies par le projet de loi, doit remplacer l'enseignement national des universités. Il doit donc être sous la surveillance du magistrat politique, comme l'était celui des universités, qu'il remplace.

(1) Il est remarquable que l'étude des maximes de l'Église gallicane est prescrite à tous ceux qui administrent en chef les diocèses, ou à ceux qui participent plus ou moins à cette administration.

En conséquence, les directeurs et professeurs seront nommés par le premier consul (1).

« Cependant, l'enseignement dont il s'agit devant être à la fois national et ecclésiastique, il ne saurait être étranger à la sollicitude des évêques. Le choix du premier consul sera donc éclairé par l'indication qu'ils feront des sujets à choisir.

« Quoiqu'il soit porté par le projet de loi qu'il y aura une maison d'instruction ou un *séminaire* par chaque arrondissement métropolitain, il est évident que ces établissements ne sont point particuliers à chaque métropole, mais qu'ils sont institués pour le bien et pour l'utilité de l'Église de France en général. En conséquence, on ne s'en rapporte pas uniquement, pour le choix des directeurs et des professeurs, à la désignation qui pourra être faite par l'archevêque; on fait concourir tous les évêques suffragants. Par cette mesure, le vrai talent ne sera pas exposé au danger d'être oublié, méconnu, ou d'être repoussé par la prévention particulière d'un seul homme.

« Aucun établissement ne peut exister sans dotation. Autrefois les lois de l'État autorisaient les évêques et leur enjoignaient même de doter ces établissements en y unissant des bénéfices. C'était la disposition formelle de l'article 24 de l'ordonnance de Blois, de l'article 1er de l'édit de Melun, et de l'article 6 de l'ordonnance de 1629. Dans le moment actuel, cette ressource manque puisqu'il n'y a plus de bénéfices. La dotation des *séminaires* ne peut donc être qu'à la charge de l'État. Mais, de toutes les dépenses publiques, cette dépense ne saurait être ni la moins utile, ni la moins favorable. Les lois romaines plaçaient tout ce qui regarde le culte dans la classe des choses qui appartiennent essentiellement au droit public et qui intéressent d'une manière particulière les mœurs d'une nation et le bonheur des hommes.

« Nous ajouterons ici que la circonstance de la dotation fournie par l'État est un nouveau motif de mettre les établissements dont il s'agit sous la surveillance du gouvernement, et de confier au magistrat politique la nomination des directeurs et professeurs; car, dès-lors, l'État est vrai fondateur de ces établissements. Or, l'Église a toujours applaudi avec reconnaissance aux droits que se réservait un fondateur dans l'acte par lequel il signalait quelque libéralité ou quelque bienfait. C'est de là que sont nés tous les droits de patronage, et tous ceux que nos anciens souverains exerçaient sur les églises cathédrales et sur une foule d'autres bénéfices.

« Il n'a pas été possible de fixer d'avance la dotation de chaque *séminaire*; cette dotation est subordonnée à une multitude de circonstances qui ne sont pas susceptibles d'être calculées avec précision; elle doit donc être laissée, ainsi que plusieurs autres objets secondaires, à l'arbitraire du gouvernement, qui peut plus facilement, par la connaissance que lui donnent les détails journaliers de l'administration, combiner les ressources avec les besoins. L'office de la loi est de donner le premier être à une institution et de fixer les grandes maximes qui doivent la régir. Mais, après avoir donné le mouvement et la vie à un établissement, le pouvoir créateur se repose et laisse agir le pouvoir qui exécute.

« Vous avez actuellement sous les yeux, citoyens législateurs, toute l'économie du projet de loi sur les *séminaires*. Si la religion est utile et nécessaire à l'État, ces établissements sont nécessaires à la religion. Comment pourrait-elle subsister, si l'on ne lui ménageait pas les moyens de perpétuer la succession de ses ministres?

« En donnant à ceux qui se destinent à la cléricature la facilité de s'instruire, vous les préparez à être aussi bons citoyens que pasteurs vertueux et aimables, vous écartez d'avance la superstition et le fanatisme qui sont le produit ordinaire de l'ignorance.

« Achevez donc, citoyens législateurs, le grand ouvrage du rétablissement du culte; ouvrage admirable qui a été comme le terme de nos tempêtes politiques, qui a réconcilié la patrie avec tous ses enfants, et qui semble avoir fait une seconde fois descendre du ciel les vertus destinées à décorer et à consoler la terre. »

_____

(1) Voilà où l'on voulait en venir; voilà aussi où est le danger.

DÉCRET *du* 30 *septembre* 1807, *portant établissement de bourses et demi-bourses, dans les* SÉMINAIRES *diocésains.*

« NAPOLÉON, etc. ;

« Voulant faire prospérer l'établissement des *séminaires* diocésains, favoriser l'éducation de ceux de nos sujets qui se destinent à l'état ecclésiastique, et assurer aux pasteurs des églises de notre empire des successeurs qui imitent leur zèle, et qui, par leurs mœurs, et l'instruction qu'ils auront reçue, méritent également la confiance de nos peuples, nous avons décrété, etc.

« ART. 1er. A dater du premier janvier prochain, il sera entretenu à nos frais dans chaque *séminaire* diocésain, un nombre de bourses et de demi-bourses, conformément au tableau ci-joint (1).

« ART. 2. Les bourses et demi-bourses seront accordées par nous sur la présentation des évêques.

« ART. 3. Notre trésor public paiera annuellement pour cet objet, 400 fr. par bourse, et 200 fr. par demi-bourse. »

DÉCRET *du* 9 *avril* 1809 *concernant les élèves des* SÉMINAIRES.

« ART. 1er. Pour être admis dans les *séminaires*, maintenus par l'article 3 de notre décret du 14 mars, comme écoles spéciales de théologie, les élèves devront justifier qu'ils ont reçu le grade de bachelier dans la faculté des lettres.

« ART. 2. Les élèves actuellement existants dans lesdits *séminaires*, pourront y continuer leurs études, quoiqu'ils n'aient pas rempli la condition ci-dessus.

« ART. 3. Aucune autre école, sous quelque dénomination que ce puisse être, ne peut exister en France, si elle n'est régie par des membres de l'université impériale et soumise à sa règle.

« ART. 4. Le grand maître de notre université impériale et son conseil accorderont un intérêt spécial aux écoles secondaires que les départements, les villes, les évêques, ou les particuliers voudront établir, pour être consacrées plus spécialement aux élèves qui se destinent à l'état ecclésiastique.

« ART. 5. La permission de porter l'habit ecclésiastique pourra être accordée aux élèves desdites écoles, dont les prospectus et les règlements seront approuvés par le grand maître et le conseil de l'université, toutes les fois qu'ils ne contiendront rien de contraire aux principes généraux de l'institution.

« ART. 6. Le grand maître pourra autoriser, dans nos écoles secondaires ou lycées, des fondations de bourses, demi-bourses, ou toutes autres dotations, pour des élèves destinés à l'état ecclésiastique. »

ORDONNANCE *du* 5 *octobre* 1814 *qui autorise les archevêques et évêques à établir des écoles ecclésiastiques.*

« LOUIS, etc.

« Ayant égard à la nécessité où sont les archevêques et évêques de notre royaume, dans les circonstances difficiles où se trouve l'Église de France de faire instruire, dès l'enfance, des jeunes gens qui puissent ensuite entrer avec fruit dans les grands *séminaires*, et désirant leur procurer les moyens de remplir avec facilité cette pieuse intention, ne voulant pas toutefois que les écoles de ce genre se multiplient sans raison légitime.

(1) Nous ne rapportons pas ce tableau qui est aujourd'hui sans objet.

« Sur le rapport de notre ministre secrétaire d'État de l'intérieur;

« Nous avons ordonné et ordonnons ce qui suit :

« Art. 1er. Les archevêques et les évêques de notre royaume pourront avoir, dans chaque département, une école ecclésiastique dont ils nommeront les chefs et les instituteurs, et où ils feront élever et instruire dans les lettres des jeunes gens destinés à entrer dans les grands *séminaires*.

« Art. 2. Ces écoles pourront être placées à la campagne et dans les lieux où il n'y aura ni lycée, ni collége communal.

« Art. 3. Lorsqu'elles seront placées dans les villes où il y aura un lycée ou un collége communal, les élèves, après deux ans d'étude, seront tenus de prendre l'habit ecclésiastique.

« Ils seront dispensés de fréquenter les leçons desdits lycées et colléges.

« Art. 4. Pour diminuer autant qu'il sera possible les dépenses de ces établissements, les élèves seront exempts de la rétribution due à l'université par les élèves des lycées, colléges, institutions et pensionnats.

« Art. 5. Les élèves qui auront terminé leurs cours d'études, pourront se présenter à l'examen de l'université, pour obtenir le grade de bachelier ès-lettres; ce grade leur sera conféré gratuitement.

« Art. 6. Il ne pourra être érigé, dans un département, une seconde école ecclésiastique qu'en vertu de notre autorisation, donnée sur le rapport de notre ministre secrétaire d'État de l'intérieur, après qu'il aura entendu l'évêque et le grand maître de l'université.

« Art. 7. Les écoles ecclésiastiques sont susceptibles de recevoir des légs et des donations, en se conformant aux lois existantes sur cette matière.

« Art. 8. Il n'est, au surplus, en rien dérogé à notre ordonnance du 22 juin dernier, qui maintient provisoirement les décrets et règlements relatifs à l'université.

« Sont seulement rapportés tous les articles desdits décrets et règlements contraires à la présente. »

ORDONNANCE *du 5 juin 1816, contenant répartition des fonds destinés à l'amélioration du sort du clergé, et qui comprend dans cette répartition la dépense à laquelle donnera lieu la création, dans les* SÉMINAIRES, *de 1000 bourses nouvelles, destinées à l'éducation des ecclésiastiques.*

« LOUIS, etc.

« Un des grands objets de notre sollicitude a toujours été de venir au secours du clergé, et de faire cesser la détresse affligeante où il se trouve réduit, particulièrement dans les campagnes, etc.

« Art. 1er. Il sera créé dans les *séminaires* 1000 bourses nouvelles destinées à l'éducation des ecclésiastiques. Le montant de ces bourses et la dépense de la répartition ou de l'augmentation des bâtiments et des mobiliers, seront pris sur un crédit d'un million, qui sera porté au budget de l'intérieur, exercice 1816, chapitre *Du clergé*, et qui à cet effet sera prélevé, etc (1). »

ORDONNANCE *du 16 juin 1828, sur les écoles secondaires ecclésiastiques* (2).

« CHARLES, etc.

« Sur le rapport de notre ministre secrétaire d'État des affaires ecclésiastiques;

« Notre conseil des ministres entendu;

(1) Le reste de l'ordonnance n'a pas de rapport aux *séminaires*.
(2) La première ordonnance du 16 juin est rapportée sous le mot JÉSUITES.

« Nous avons ordonné et ordonnons ce qui suit :

« ART. 1er. Le nombre des élèves des écoles secondaires ecclésiastiques, instituées par l'ordonnance du 5 octobre 1814, sera limité dans chaque diocèse, conformément au tableau que, dans le délai de trois mois, à dater de ce jour, notre ministre secrétaire d'État des affaires ecclésiastiques soumettra à notre approbation.

« Ce tableau sera inséré au *Bulletin des lois*, ainsi que les changements qui pourraient être ultérieurement réclamés, et que nous nous réservons d'approuver, s'il devient nécessaire de modifier la première répartition.

« Toutefois, le nombre des élèves placés dans les écoles secondaires ecclésiastiques ne pourront excéder vingt mille.

« ART. 2. Le nombre de ces écoles et la désignation des communes où elles seront établies seront déterminés par nous, d'après la demande des archevêques et évêques, et sur la proposition de notre ministre des affaires ecclésiastiques.

« ART. 3. Aucun externe ne pourra être reçu dans lesdites écoles. Sont considérés comme externes les élèves n'étant pas logés et nourris dans l'établissement même.

« ART. 4. Après l'âge de quatorze ans, tous les élèves admis depuis deux ans dans lesdites écoles seront tenus de porter un habit ecclésiastique.

« ART. 5. Les élèves qui se présenteront pour obtenir le grade de bachelier ès-lettres, ne pourront, avant leur entrée dans les ordres sacrés, recevoir qu'un diplôme spécial, lequel sera susceptible d'être échangé contre un diplôme ordinaire de bachelier ès-lettres, après que les élèves seront engagés dans les ordres sacrés.

« ART. 6. Les supérieurs ou directeurs des écoles secondaires ecclésiastiques, seront nommés par les archevêques et évêques, et agréés par nous.

« ART. 7. Les archevêques et évêques adresseront, avant le premier octobre prochain, les noms des supérieurs et directeurs actuellement en exercice à notre ministre des affaires ecclésiastiques, à l'effet d'obtenir notre agrément.

« ART. 8. Les écoles secondaires ecclésiastiques, dans lesquelles les dispositions de la présente ordonnance, en date de ce jour, ne seraient pas exécutées, cesseront d'être considérées comme telles, et rentreront dans le régime de l'université. »

L'apparition des deux ordonnances du 16 juin 1828, provoqua, de la part des évêques, un *Mémoire au roi*, qui réclamait contre la nécessité de l'agrément, l'affirmation par écrit, et la limitation arbitraire du nombre des élèves. Quant à l'injonction d'affirmer qu'on est étranger à toute congrégation religieuse non légalement établie en France, elle était une violation manifeste de l'article 8 de la Charte de 1814 qui régissait alors la France. Ces deux ordonnances sont donc actuellement plus que jamais souverainement illégales, et surtout en opposition formelle avec les saints canons. Elles ont été rapportées par la loi du 15 mars 1850 qu'on peut voir dans le tome III de notre *Cours de législation civile ecclésiastique*. Voici le texte du *Mémoire au roi*, document trop important pour ne pas trouver place ici.

MÉMOIRE *présenté au roi par les évêques de France au sujet des ordonnances du 16 juin 1828, relatives aux écoles secondaires ecclésiastiques.*

SIRE,

« Le temps ne calme pas la douleur que les évêques de votre royaume ont éprouvée à l'occasion des ordonnances du 16 juin ; au contraire, ils sentent qu'elle devient plus vive et plus profonde à mesure qu'ils voient s'approcher le terme fatal de leur exécution. Les alarmes de la conscience viennent encore se joindre à cette douleur pour la rendre insupportable. Si les évêques ne devaient, en effet, que demeurer spectateurs passifs des choses qui se préparent, ils espéreraient du moins dans l'acceptation de cette cruelle épreuve, un adoucissement que la résignation et la patience leur rendraient méritoire; mais frappés des coups les plus sensibles par une main qu'ils sont accoutumés à bénir, il ne leur sera pas permis de se contenter de gémir en secret, et d'attendre en silence l'accomplissement des mesures qui doivent les désoler et affliger leurs églises. On leur demande de coopérer eux-mêmes directement à des actes qu'ils ne peuvent s'empêcher de regarder comme humiliants pour la religion, durs pour le sacerdoce, gênants et vexatoires pour l'autorité spirituelle, dont ils ne doivent compte qu'à Dieu parce que lui seul leur en a confié l'exercice. On veut que, par un concours direct et immédiat de leur part, ils paraissent approuver ce que les principes leur semblent condamner, et qu'ils travaillent eux-mêmes à serrer des entraves que la liberté évangélique leur interdit de souffrir; placé ainsi entre les plus chères affections et les devoirs les plus sacrés, l'épiscopat français ne sait comment satisfaire à la fois au sentiment du cœur et au cri de la conscience, pleins d'une inquiétude que des ennemis même n'oseraient leur reprocher, les évêques tournent leurs regards tour à tour vers le ciel où préside la Majesté suprême dont ils doivent respecter les ordres, et vers le trône où est assise la *seconde Majesté* dont ils voudraient contenter jusqu'au moindre désir.

« Dans leur anxiété, sire, après avoir invoqué par de longues supplications les lumières et les secours qui viennent d'en haut, les évêques ne croient pas s'écarter des bornes du respect et de la soumission dont il leur appartient plus qu'au reste des fidèles de donner l'exemple, s'ils essaient de déposer aux pieds du roi, comme ils savent que quelques-uns de leurs collègues réunis à Paris l'ont déjà fait par l'organe d'un d'entre eux avant la publication des ordonnances, leurs inquiétudes et leurs craintes, en suppliant sa bonté d'apporter à ces ordonnances des modifications qui les arrachent à la cruelle alternative où elles vont les placer; ils n'obéissent point à l'exigence des passions, ils n'empruntent pas leur langage; ce n'est même qu'après avoir maîtrisé le premier mouvement de la douleur, qu'ils viennent faire entendre au roi très chrétien la voix plaintive de la religion et les douloureux accents de l'Église à celui qu'elle aime à nommer le *premier-né de ses fils*.

« Les évêques n'ignorent pas qu'on leur conteste le droit d'examen et de discussion sur les ordonnances du 16 juin, qu'on affecte de ne les regarder que comme des règlements d'ordre légal qui appartiennent à la puissance séculière; on ne cesse de leur rappeler que ces ordonnances ne blessent en aucune manière les intérêts de la religion ni le pouvoir ecclésiastique, ils ne doivent intervenir que pour se soumettre et seconder l'action du gouvernement. Plût à Dieu qu'il en fût ainsi! On les verrait ce qu'ils sont toujours, zélés et fidèles, commander le respect et l'obéissance autant par leur exemple que par leurs discours; mais il est au contraire trop manifeste que les ordonnances sont de nature à porter l'atteinte la plus déplorable à la prospérité de la religion catholique en France, et qu'elles attaquent dans plusieurs de leurs dispositions l'honneur et l'autorité de l'épiscopat. Ces motifs sont plus que suffisants pour légitimer, nous ne dirons pas les *résistances*, mais l'inaction des évêques qui peuvent bien supporter un joug onéreux, mais qui ne sauraient se l'imposer eux-mêmes. C'est ce qui résulte de l'examen approfondi des deux ordonnances sous quelque point de vue qu'on les envisage, soit dans l'ensemble, soit dans les détails.

« L'une et l'autre ordonnances semblent reposer sur ce principe bien contraire aux droits de l'épiscopat dans une matière évidemment spirituelle, puisqu'il regarde la perpétuité même du sacerdoce, savoir, que les écoles secondaires ecclésiastiques, autrement appelées petits *séminaires*, seraient tellement du ressort et sous la dépendance de l'autorité civile, qu'elle seule peut les instituer et y introduire la forme et les modifications qu'elle jugerait à propos, les créer, les détruire, les confier à son gré à des supérieurs de son choix, en transporter la direction, en changer le régime comme elle le voudra, sans le concours des évêques, même contre leur volonté et cela sous prétexte que, les lettres humaines étant enseignées dans ces écoles, cet enseignement est du ressort exclusif de la puissance séculière.

« C'est en vertu de ce principe que huit écoles secondaires ecclésiastiques ont été tout d'un coup, sans avertissement, sans ces admonitions préalables qui conviennent si bien à une administration paternelle, arrachées au gouvernement des évêques sous lequel elles prospéraient, pour être soumises au régime de l'université. C'est encore par une conséquence de ce principe qu'il est ordonné qu'*à l'avenir*, sans avoir égard à l'institution de l'évêque, non plus qu'à sa responsabilité devant Dieu et devant les hommes, *nul ne pourra demeurer chargé, soit de la direction, soit de l'enseignement dans une des écoles secondaires ecclésiastiques, s'il n'a affirmé par écrit qu'il n'appartient à aucune congrégation religieuse non légalement établie en France.* C'est toujours de ce principe que découlent les autres dispositions qui limitent au gré de l'autorité laïque le nombre des élèves qui doivent recevoir dans ces mêmes écoles l'éducation ecclésiastique, qui déterminent les conditions sans lesquelles ils ne peuvent la recevoir, et qui, enfin, statuent que désormais cette éducation ne sera donnée, que la vocation au sacerdoce ne pourra être reconnue et dirigée dès son commencement sans l'intervention de cette même autorité laïque; car les supérieurs ou directeurs doivent obtenir l'agrément du roi avant de s'ingérer après la mission des évêques, dans la connaissance et dans la direction de cette vocation.

« Voilà jusqu'où conduit un principe fondé sur une prétention exorbitante, un principe mal conçu, faussement appliqué, et trop largement étendu à des objets devant lesquels la raison, la justice et la conscience le forcent à s'arrêter; voilà aussi comme il provoque des réclamations, des froissements, des luttes très-pénibles, que l'on aurait évitées, si l'on avait su se renfermer dans ces bornes en deçà desquelles il n'y a qu'hésitation et que faiblesse, comme il n'y a au-delà que violence et que collision.

« Que le principe donc de l'autorité de la puissance civile à l'égard des petits *séminaires* soit réduit à ses justes limites, et tout alors rentrera naturellement dans l'ordre, parce que rien ne sera compromis. Essayons de les déterminer avec précision.

« Que le prince doive avoir et qu'il ait en effet sur les écoles ecclésiastiques, destinées à perpétuer le sacerdoce, l'inspection et la surveillance nécessaires pour assurer l'ordre public, empêcher la transgression des lois, maintenir les droits et l'honneur de la souveraineté; qu'il puisse exiger, exécuter par lui-même la réforme des abus qui intéressent l'ordre civil; qu'il doive même, en qualité d'*évêque du dehors*, provoquer la réforme des abus dans l'ordre spirituel, et prêter l'appui du bras séculier pour le maintien des règles canoniques, on en convient; qu'il soit libre d'accorder ou de refuser à ces établissements une protection, des priviléges, des bienfaits, dans l'intention de favoriser les progrès de la foi, en contribuant à perpétuer les ministres de l'Évangile, la religion n'est pas ingrate et lui rendra au centuple, pour prix de sa munificence, nonseulement la reconnaissance et l'affection, mais encore le dévouement et les services; qu'ainsi les écoles ecclésiastiques reçoivent une sanction qui les fasse jouir de tous les avantages dont sont en possession tous les autres établissements légalement reconnus; qu'elles aient la capacité d'acquérir, de vendre, de posséder, etc.; que ces avantages même ne leur soient accordés qu'à de certaines conditions, sans l'accomplissement desquelles elles ne pourraient en jouir : rien dans tout cela qui excède le pouvoir politique, qui envahisse le pouvoir spirituel; mais au-delà l'usurpation est à craindre, elle est bien prochaine.

« Prétendre, par exemple, qu'aucune école destinée à former à la piété, à la science et aux vertus sacerdotales, ne peut exister sans l'autorité du prince; que les évêques, soumis d'ailleurs à toutes les lois, ne puissent réunir les jeunes Samuels que le Seigneur appelle dès l'enfance au saint ministère, afin de les rendre plus propres à desservir l'autel et le tabernacle ; qu'ils n'aient pas la liberté de confier l'éducation, la direction, l'enseignement de cette chère et précieuse tribu, aux maîtres qu'ils jugeront les plus habiles, les plus capables de la diriger à travers mille dangers jusqu'au terme de sa vocation ; qu'ils ne puissent bénir et *multiplier cette moisson de prophètes*, c'est vouloir asservir l'Église dans ce qu'elle a de plus indépendant, c'est porter atteinte à sa mission divine ; c'est contredire témérairement ces paroles qui regardent tous les temps : *Allez et enseignez*; c'est s'inscrire en faux contre l'histoire de l'Église. Au sein de la persécution, elle était libre de former des clercs dans les prisons et dans les catacombes ; en lui donnant la paix, les empereurs n'ont pas assujetti à leurs règlements les écoles et les monastères où elle recueillait l'espérance de son sacerdoce, et s'ils sont quelquefois intervenus, ce n'est que par leur protection, leur libéralité, ou dans des choses purement temporelles. Depuis, l'Église n'a pu se dessaisir des droits que lui a confiés son fondateur.

« Si elle accepte les faveurs des princes à la condition de quelques priviléges qui touchent au spirituel, comme les droits de nomination, de patronage, etc. (*voyez* NOMINATION, PATRONAGE), elle peut prendre des engagements avec eux, elle se les impose, mais elle ne les reçoit pas ; elle les remplit, mais en cela elle n'obéit qu'à elle-même.

« Et qu'on ne dise pas qu'il ne s'agit ici que de l'enseignement des lettres humaines, qui est du ressort de la puissance civile ; qu'on remarque qu'il est question d'écoles ecclésiastiques où cet enseignement n'est qu'un accessoire dont, après tout, la religion pourrait se passer, et que le principal, qui emporte tout le reste, est évidemment du ressort de l'autorité spirituelle. Les ordonnances elles-mêmes établissent cette différence. La première statue, article 2, que « nul ne pourra demeurer chargé soit de la direction, « soit de l'enseignement, *dans une des maisons d'éducation dépendantes de l'université,* » et elle ajoute : « *ou dans une des écoles secondaires ecclésiastiques.* » La distinction est formelle, et cependant tout y est compris, tout y est placé sous la même autorité.

« La seconde ordonnance va plus loin encore et d'une manière plus expresse ; on n'y a pas même eu la précaution d'y laisser un moyen de défense contre les reproches d'une usurpation évidente ; on n'y invoque pas même le prétexte tiré de l'enseignement des lettres humaines, car l'article 6 de cette ordonnance n'exige pas l'agrément de la puissance civile pour les professeurs qui enseignent les lettres humaines dans ces écoles, mais pour les supérieurs ou directeurs, eux qui sont spécialement chargés de la connaissance, de la culture et de l'examen approfondi de la vocation ecclésiastique, et de former les élèves à la piété, la doctrine, la science et toutes les vertus nécessaires à cette vocation sainte ; d'où il s'ensuit que c'est l'essentiel même des écoles ecclésiastiques, et ce qui appartient en propre aux évêques, que l'on semble vouloir partager avec eux.

« Ce n'est pas l'intention sans doute, nous croyons même que les facilités qui seront données pour l'agrément, réduiront à presque rien cette formalité ; mais cette formalité peut devenir dangereuse du moment qu'elle est commandée : les systèmes changent avec les hommes, et celui qui a pour but l'asservissement de l'Église, qui a déjà obtenu depuis peu sur elle d'importants avantages, s'en prévaudrait un jour, et pourrait exiger d'autres concessions, si d'avance on ne se mettait en garde contre des prétentions exagérées.

« D'après cet exposé, il résulte en premier lieu, que les ordonnances qui ont prononcé sur les petits *séminaires* ont bien pu leur communiquer l'existence légale, et avec elle tous les avantages temporels et civils qui l'accompagnent, qu'elles peuvent aussi leur accorder des secours, des donations, des maisons pour s'établir ; mais qu'elles ne peuvent rien sur leur existence *proprement dite*, puisque c'est une conséquence de la mission divine que les évêques, en se conformant d'ailleurs aux lois du pays sur tout le reste, aient le droit d'assurer et de perpétuer la prédication de l'Évangile, l'administration des sacrements et les bienfaits d'un ministère qui a pour objet le salut des âmes. La manière d'user de ce droit, ou plutôt de remplir ce devoir, peut être différente suivant les temps et les besoins ; mais l'exercice n'en appartient pas moins aux évêques, il ne saurait leur être contesté.

« Il ne servirait de rien de dire qu'autrefois il n'y avait pas de petits *séminaires*, ou s'il y en avait, qu'ils n'étaient pas semblables à ceux qui existent actuellement. Quand cela serait vrai, le droit des évêques ne peut avoir été infirmé par le non exercice, et l'on ne saurait invoquer ici la prescription ; mais on est loin d'admettre qu'il n'y eût pas de petits *séminaires;* on prouverait, au contraire, par les monuments les plus authentiques, que l'Église et l'État en ont formellement reconnu et même recommandé l'établissement (1).

« Il résulte, en second lieu, de ce principe, que la forme du principe où les aspirants au saint ministère doivent être reçus, examinés, élevés, dirigés dans leur vocation ; que leur nombre, leurs qualités, celles des maîtres qui les enseignent et qui les conduisent dans cette route céleste, sont aussi du ressort de l'autorité spirituelle : c'est aussi porter atteinte à son indépendance, c'est lui mettre des entraves que de lui imposer des conditions qui lui ôteraient ou qui gêneraient sa liberté dans le choix de ceux qu'elle est chargée de séparer pour l'œuvre du Seigneur, et des conducteurs qu'elle reconnaît être les plus habiles pour amener cette œuvre à sa perfection.

« Il s'ensuit encore que, si la puissance séculière croit pouvoir refuser ou retirer ses faveurs, ses priviléges, et tous les avantages de *l'existence légale,* même la faculté d'enseigner les lettres humaines, à des prêtres qui, individuellement ou collectivement, suivent, pour leur régime intérieur, la règle d'une congrégation ou d'un ordre dont la loi ne reconnaît pas *l'existence,* elle ne peut exclure ces prêtres de l'enseignement des écoles ecclésiastiques pour ce seul fait, du moment où, appelés par les évêques, soumis en tout à la juridiction de l'ordinaire comme tous les autres prêtres des diocèses, où ils sont préposés à cet enseignement et à cette direction.

« Les évêques sont donc en droit de conclure, et ils le concluent presque à l'unanimité, qu'il leur paraît répugner à la conscience de soumettre à la sanction du roi la nomination des supérieurs et directeurs de leurs petits *séminaires,* parce que cette obligation est contraire à la pleine et entière liberté dont les évêques doivent jouir dans la direction de ces établissements, en raison de leur nature et de leur destination. Est-il rien qui appartienne plus à l'autorité spirituelle, que le droit d'examiner la vocation des sujets qui aspirent au sacerdoce, de former ces sujets aux vertus sacerdotales, ce qui renferme évidemment celui de choisir des hommes chargés de faire cet examen, de juger ces vocations, de former à ces vertus ? Comment donc les évêques pourraient-ils reconnaître dans l'autorité civile, le pouvoir d'agréer ou de rejeter les hommes qu'ils auraient chargés de cette mission toute spirituelle ? et ne serait-ce pas reconnaître ce pouvoir, que de contribuer à mettre à exécution l'article 6 de la seconde de ces ordonnances ?

« Si l'on objecte que les évêques sont déjà soumis à des formalités semblables, pour ce qui concerne la nomination des vicaires généraux, chanoines et curés, il est facile de répondre que, quant aux curés, c'est en vertu d'une clause formelle du concordat de 1801, et par suite avec le consentement exprès du Souverain Pontife, lequel, lorsque le bien de la religion l'exige, peut restreindre l'usage de cette pleine et entière liberté que Jésus-Christ a donnée à son Église, ce qui excède le pouvoir d'un évêque à l'égard de ces droits sacrés dont il n'est que le dépositaire. Quant aux vicaires généraux et aux chanoines, on sait que cet *approuvé,* imposé plus tard sous un régime despotique et par une puissance soupçonneuse, n'est regardé que comme une simple formalité qui n'influe en rien sur l'institution canonique, non plus que sur l'exercice des pouvoirs qu'elle con-

(1) Voir le concile de Trente, session XXII, ch. 48 ; Édit de Blois ; ordonnances de Louis XIV ; Fleury, cinquième discours sur l'histoire ecclésiastique.

fère ; tandis que la nécessité de l'agrément royal pour les supérieurs ou directeurs d'un petit *séminaire* une fois admise, le refus de cet agrément pourrait jeter le désordre dans cet établissement précieux, et peut-être même en entraîner la ruine.

« Les évêques concluent, secondement, qu'il ne leur paraît pas non plus possible de concilier avec cette sainte et pleine indépendance dont ils doivent jouir dans l'organisation de leurs écoles ecclésiastiques, l'obligation de fournir des déclarations individuelles de la part des directeurs ou supérieurs qu'ils y appelleraient. Un évêque ne peut s'interdire la faculté de donner une règle spéciale aux directeurs et professeurs de ses petits *séminaires*, de les assujettir même à des vœux au for intérieur, d'établir ainsi une espèce de congrégation, afin de faire régner et plus de piété et plus d'harmonie entre des prêtres destinés à former de jeunes clercs à la perfection sacerdotale, à faire observer une règle sévère, à les édifier par toutes sortes de bons exemples, à leur inspirer, à leur rendre familier l'amour du détachement de soi-même, de l'obéissance, de la pauvreté et des autres conseils évangéliques, dont la pratique, dans un certain degré, est si propre à assurer les fruits du sacré ministère. Est-il rien de plus spirituel de sa nature, qu'une congrégation religieuse et séparée de toute *existence légale* ? Si les évêques peuvent reconnaître dans l'autorité séculière le droit de donner ou de refuser à une congrégation religieuse cette *existence légale,* ils ne peuvent lui reconnaître le droit de défendre à l'autorité spirituelle d'approuver, d'établir, de diriger ces congrégations toutes spirituelles, d'en employer les membres à des fonctions également spirituelles, et conséquemment à former les jeunes clercs à la science et aux vertus ecclésiastiques. Or, ce serait reconnaître ce droit dans l'autorité civile, que d'exécuter l'article 2 de la première ordonnance, qui défend généralement, sans aucune distinction, d'employer à la direction de l'enseignement dans les écoles secondaires ecclésiastiques, tout homme qui appartiendrait à une congrégation non légalement établie en France.

« En troisième lieu, les évêques concluent que la conscience ne leur permet pas davantage de coopérer d'une manière active aux articles 1 et 3 de la seconde ordonnance, qui limite le nombre des élèves dans les écoles secondaires ecclésiastiques, et qui en exclut les externes, parce que ce serait vouloir en quelque sorte limiter les vocations, et mettre des obstacles à une grâce dont ils doivent, au contraire, autant qu'il est en eux, favoriser les progrès et assurer la fin. Qu'ils se soumettent d'une manière passive, aux mesures qui interdiraient aux jeunes gens appelés au sacerdoce, l'entrée de leurs écoles secondaires, c'est tout ce qu'on peut exiger d'eux ; mais il serait indigne de leur caractère de s'engager à les repousser du sanctuaire, ou à les écarter du chemin qui peut les y conduire, sous le prétexte que le nombre en est trop grand, ou que n'ayant pas les moyens de payer une pension exigée, ils ne peuvent suivre des écoles que comme externes ; il serait également contraire aux devoirs des évêques de reconnaître, par une coopération positive, un droit funeste à la religion, à une époque surtout où la rareté des prêtres est la grande plaie de l'Église, et où il faut en convenir, l'éducation donnée dans les institutions laïques est telle, en général, que les vocations ecclésiastiques s'y perdent loin de s'y développer. La puissance séculière n'est pas d'ailleurs jugée compétente pour connaître jusqu'où s'étendent les besoins de l'Église, et où doivent s'arrêter les secours qui lui sont nécessaires.

« Sire, à l'appui des motifs que les évêques ont l'honneur d'exposer à Votre Majesté, pour justifier une conduite qu'on ne manquera pas, peut-être, de lui présenter comme une révolte contre son autorité, ils pourraient invoquer cette liberté civile et cette tolérance religieuse, consacrées par les institutions que nous devons à votre auguste frère, et que Votre Majesté a juré aussi de maintenir ; mais ils ne veulent point entrer dans une question de droit public, dont les maximes et les conséquences ne sont pas encore bien fixées, sur laquelle les plus habiles eux-mêmes sont divisés d'opinion, et qui les jetterait dans une discussion susceptible de s'étendre et de se resserrer, selon les temps et les systèmes toujours mobiles, toujours variables.

« Ils ont examiné dans le secret du sanctuaire, en présence du souverain juge, avec la *prudence et la simplicité* qui leur ont été recommandées par leur divin maître, *ce qu'ils devaient à César comme ce qu'ils devaient à Dieu* : leur conscience leur a répondu qu'*il valait mieux obéir à Dieu qu'aux hommes*, lorsque cette obéissance qu'ils doivent premièrement à Dieu, ne saurait s'allier avec celle que les hommes leur demandent. Ils ne résistent point, ils ne profèrent pas tumultueusement des paroles hardies, ils n'expriment pas d'impérieuses volontés ; ils se contentent de dire avec respect comme les apôtres, *non possumus*, nous ne pouvons pas, et ils conjurent Votre Majesté de lever une impossibilité toujours si douloureuse pour le cœur d'un sujet fidèle vis-à-vis d'un roi si tendrement aimé.

« Jusqu'ici nous n'avons considéré, dans les nouvelles ordonnances, que ce qu'elles nous paraissent avoir de contraire à la liberté du ministère ecclésiastique, relativement à l'éducation des clercs et à la perpétuité du sacerdoce ; mais, sire, nous n'aurions pas satisfait à l'un des devoirs que Votre Majesté aime toujours que nous remplissions auprès d'elle, celui de lui faire connaître la vérité sans déguisement, si nous lui taisions les autres funestes conséquences que ces ordonnances peuvent avoir pour la religion. Pasteurs du troupeau de Jésus-Christ, notre sollicitude ne doit pas se borner à former les guides qui seront destinés à le conduire, sous notre direction, aux pâturages de la vie éternelle ; le soin du bercail tout entier nous regarde, et ce serait pour nous une illusion et une erreur impardonnables si nous croyions avoir acquitté tout ce que demande la charge pastorale, du moment où nous n'avions rien négligé pour assurer de bons prêtres à nos églises. C'est sans doute la première et la plus essentielle de nos obligations, pour laquelle nous ne saurions faire trop de sacrifices ; mais, tout ce qui peut avoir quelque influence sur la sanctification des âmes, réclame aussi de nous une vigilance, une attention et des efforts continuels.

« Or, il n'est que trop manifeste que les dispositions des ordonnances qui tendent à interdire rigoureusement l'accès de nos écoles ecclésiastiques à une certaine classe de fidèles qui ne se destineraient pas au sacerdoce, seront très fatales à la foi et aux mœurs. Nous le disons sans orgueil et sans vouloir déprécier les institutions publiques, dans nos *séminaires* le lait de la plus saine doctrine coule toujours pur et abondant ; les précautions pour conserver sans tache l'innocence du jeune âge sont portées d'autant plus loin que nous aspirons à ne présenter au service des saints autels qu'une virginité sacerdotale : le respect pour les lois, l'amour pour le monarque et la fidélité à tous les autres devoirs de la vie sociale y sont enseignés, développés, inculqués avec d'autant plus de force dans les esprits et dans les cœurs, que nous avons à former des hommes qui seront obligés, par état, de prêcher toute leur vie la connaissance de ces devoirs et d'en commander la pratique au nom du ciel ; les vertus auxquelles on y exerce les élèves sont d'autant plus solides qu'ils doivent en soutenir l'honneur par les plus courageux exemples. De quel effroi la religion n'a-t-elle donc pas dû être saisie ! que de larmes n'a-t-elle pas dû répandre en entendant l'arrêt qui exclut à jamais, de la perfection de ses enseignements, les enfants de tant de familles honorables qui auraient voulu confier à une vigilance plus maternelle ce qu'elles ont de plus cher, et souvent ce que l'État a de plus précieux ! Mais combien cet effroi a-t-il augmenté, combien ces larmes sont-elles devenues plus amères lorsqu'elle a vu répudier de l'instruction publique les maîtres les plus capables de former la jeunesse aux vertus du christianisme, quand même ils ne seraient pas reconnus comme les plus habiles pour leur enseigner les lettres humaines ! Déjà elle n'avait pu voir, sans pousser de profonds soupirs, l'usage de l'autorité qu'elle doit exercer sur l'éducation de l'enfance, affaibli, restreint et presque réduit à une simple voix consultative ; elle n'avait pu que s'affliger de la nouvelle humiliation qu'on lui a fait subir en lui retirant la confiance que lui avait témoignée le feu roi quelques années auparavant ; ses alarmes redoublent avec sa douleur depuis qu'elle voit écarter avec tant de précautions, d'auprès des générations qui s'élèvent, ces infatigables et zélés précepteurs de l'adolescence qu'elle a comptés, dans tous les temps, au nombre de ses plus puissants auxiliaires.

« Sire, nous ne poussons pas plus loin nos considérations, quoiqu'elles se présentent en foule; Français, nous ne voulons pas récriminer contre notre siècle ni contre le système d'éducation organisé dans notre patrie; évêques, nous devons être attentifs aux périls qui environnent la jeunesse, espérance de l'Église et de l'État. S'il ne nous est pas donné de la préserver entièrement de tous les dangers qui la menacent, nous devons désirer et demander avec instance qu'on ne repousse pas, du moins, les moyens salutaires qui peuvent en diminuer le nombre et en affaiblir l'excès.

« Sire, quelque profonde que soit l'affliction des évêques de se trouver dans la pénible nécessité de contrister peut-être Votre Majesté en lui demandant d'apporter aux mesures qu'elle a ordonnées des tempéraments qui dissipent leurs alarmes, ils se consolent cependant et se rassurent par la pensée que ces mesures n'ont été prises qu'à regret, et dans cette persuasion que, si elles pouvaient s'allier avec les devoirs du christianisme, elles devenaient indispensables à cause de la rigueur des temps. Ils ne s'abusent donc pas en espérant que les conseils de Votre Majesté, plus éclairés par les observations de l'épiscopat, s'empresseront de lui proposer des modifications capables de satisfaire à la fois à ce qu'exigent la dignité souveraine et l'autorité de la conscience, la paix publique et les trop longues douleurs de la religion. Oui, sire, ce sont tous les évêques de France qui sollicitent de Votre Majesté le remède des maux dont ils portent tous ensemble le poids accablant, et non plus seulement les évêques isolés qui cherchent à détourner un malheur prochain. S'il en est parmi eux, quoique en très petit nombre, qui diffèrent d'opinion sur la conduite à tenir dans ces circonstances difficiles, il n'en est pas un seul qui ne partage les sentiments de l'affliction commune et qui ne croie fermement que la piété du fils de saint Louis ne repoussera pas les respectueuses doléances que l'épiscopat tout entier ose prendre la confiance de lui adresser.

« Plus d'une fois, sire, les évêques de votre royaume se sont vus obligés de défendre ainsi, par leurs supplications au pied du trône, la cause sacrée de leurs Églises contre les envahissements de la puissance séculière, déposée entre les mains de ces corps antiques si respectables et si utiles à la monarchie, mais qui, malheureusement pour la religion et pour l'État, se croyaient quelquefois obligés à soumettre à leur juridiction l'autorité du prince et celle des pontifes, réunissant ainsi en une seule main le glaive de la justice, la houlette du pasteur et le sceptre des rois. L'épiscopat, alors protégé par ses priviléges, soutenu par son crédit, placé, par sa situation sociale, dans une parfaite indépendance, luttait, en quelque sorte, à force égale avec la magistrature; il lui était donné de réunir dans une seule et même action tous ses moyens, et de soutenir avec avantage les attaques livrées à l'indépendance de son ministère. Alors, sire, il suppliait, il implorait l'assistance de l'autorité souveraine; il lui parlait toujours avec une dignité pleine de mesure; toujours il en était écouté avec bienveillance et souvent avec succès. Aujourd'hui, privé de ses anciennes ressources, dispersé sans pouvoir se concerter d'une manière facile, mais, toutefois, investi des mêmes droits spirituels et responsable de l'atteinte qu'il y laisserait porter par négligence ou par faiblesse, il supplie encore; et la voix de ses prières et de ses larmes sera d'autant plus puissante sur le roi très-chrétien, qu'il n'existe plus aucun prétexte qui puisse faire soupçonner les évêques de vouloir employer d'autres moyens pour le fléchir.

« Si, malgré cette situation humble et respectueuse, capable de *réduire au silence les langues les plus imprudentes*, il se trouvait encore des hommes qui osassent prêter à notre zèle et à nos instances les couleurs de la révolte, et nous traduire devant la France et devant Votre Majesté comme des sujets rebelles, relevant alors nos fronts humiliés, nous repousserions avec une juste indignation d'aussi odieuses calomnies; tous ensemble nous répéterions avec assurance ces expressions de fidélité que nos prédécesseurs portèrent autrefois au pied du trône de votre auguste aïeul, à la suite d'une de ces assemblées générales dont la discipline ecclésiastique et les plus chers intérêts de la religion appellent si impérieusement le retour ; nous vous dirions, sire, « qu'au milieu des « maux qui nous affligent, votre prospérité et votre gloire sont le sujet de nos plus « tendres et de nos plus vives acclamations ; que soutenir et défendre les droits sacrés « de votre couronne sera toujours pour nous l'objet d'une noble et sainte jalousie ; que « plus nous sommes obligés de chercher à conserver la liberté d'un ministère qu'on ne « saurait essentiellement nous ravir, plus nous nous croyons engagés à donner l'exem- « ple de la soumission ; que cette obligation ne nous servira jamais que pour porter « plus loin notre obéissance et lui donner plus de mérite ; que nul ne peut nous dispenser « des moindres devoirs de véritables Français, et qu'enfin, dans ce royaume, où Votre « Majesté est partout chérie et révérée, nous ne lui connaissons d'autres ennemis que « ceux qui nous accusent de l'être et qui n'oublient rien pour décrier auprès d'elle nos « respects, notre amour et notre inébranlable fidélité (1).

« Nous sommes avec respect, sire,
de Votre Majesté,
Les très humbles, très obéissants et fidèles sujets et serviteurs,

« Les cardinaux, archevêques et évêques de l'Église de France.

« A. J. Cardinal de Clermont-Tonnerre,
Archevêque de Toulouse, doyen des évêques de France.

« Au nom de l'épiscopat Français.

« Paris, le 1er août 1828. »

§ III. Des grands SÉMINAIRES.

Si les petits séminaires exigent, avec raison, comme nous venons de le voir, tant de sollicitude de la part des évêques, les grands séminaires où les jeunes gens sont préparés à recevoir les ordres sacrés et à remplir bientôt les fonctions du sacerdoce, en méritent encore davantage. Aussi Sa Sainteté Pie IX, dans son encyclique du 9 novembre 1846 (2), presse vivement les évêques de s'occuper des grands séminaires.

« Comme vous n'ignorez pas, leur dit-il, que la bonne éducation des clercs est le seul moyen de procurer à l'Église de bons ministres, et qu'elle exerce une grande influence sur tout le cours de la vie, continuez à faire tous vos efforts pour que les jeunes clercs soient formés dès leurs tendres années à la piété, à une vertu solide, à la connaissance des lettres, à l'étude des hautes sciences, surtout des sciences sacrées. C'est pourquoi n'ayez rien tant à cœur que d'établir des séminaires pour les clercs, selon les préceptes des Pères de Trente (Sess. XXIII, cap. 18, de Reform.), là où il n'y en aurait pas, d'augmenter, s'il est besoin, ceux qui existent, de leur donner d'excellents supérieurs et maîtres, et de veiller incessamment à ce que les jeunes clercs y soient élevés dans la crainte du Seigneur, dans l'amour de la discipline ecclésiastique, qu'ils y soient formés à la connaissance surtout des sciences sacrées, selon la doctrine catholi-

(1) Harangue au roi pour la clôture de l'assemblée de 1730.
(2) Voyez cette lettre encyclique à la suite de cet article.

que et sans aucun danger d'erreur, des traditions de l'Église, des écrits des saints Pères, des cérémonies et des rites sacrés, afin que par là vous ayez de courageux et habiles ouvriers, qui, animés de l'esprit ecclésiastique et formés par de bonnes études, puissent cultiver le champ du Père de famille et soutenir avec gloire le poids des combats du Seigneur. »

Le même Souverain Pontife dit encore dans son encyclique du 21 mars 1853 aux évêques de France (1) :

« Continuez de ne rien épargner pour que les jeunes clercs soient formés de bonne heure dans vos *séminaires* à la vertu, à la piété, à l'esprit ecclésiastique..., mais encore et surtout pour qu'ils puissent acquérir la science parfaite et solide des doctrines théologiques, de l'histoire ecclésiastique et des sacrés canons, puisée dans les auteurs approuvés par le Saint-Siége. Ainsi, cet illustre clergé de France, où brillent tant d'hommes distingués par leur génie, leur piété, leur science, leur esprit ecclésiastique et leur respectueuse soumission au Siége apostolique abondera de plus en plus en ouvriers courageux et habiles qui, ornés de toutes vertus, fortifiés par le secours d'une science salutaire, pourront dans la suite des temps vous aider à cultiver la vigne du Seigneur, répondre aux contradicteurs, et non seulement affermir les fidèles de France dans notre très sainte religion, mais encore propager cette religion dans de saintes expéditions chez les nations lointaines et infidèles, comme ce même clergé l'a fait jusqu'ici, à la grande gloire de son nom pour le bien de la religion et le salut des âmes. »

Les conciles provinciaux, notamment celui de Rennes de l'an 1849, prescrivent en conséquence les choses suivantes : « Les évêques doivent s'appliquer à mettre à la tête des *séminaires* des directeurs éminents en piété, remarquables par la science, consommés en sagesse, aux soins laborieux desquels ils puissent confier les jeunes clercs, qui doivent être instruits, et surtout formés à la discipline ecclésiastique.

« Il est à désirer que tous les directeurs assistent aux exercices communs du *séminaire*, au moins au réfectoire où les jeunes clercs prennent leurs repas, et aux récréations, autant que le temps et leur santé le leur permettront, se trouvant au milieu des élèves pour prendre part à leurs conversations, leur donner des témoignages de charité et de bienveillance, leur apprendre plus encore par leurs exemples que par des préceptes, les règles de toutes les convenances ecclésiastiques.

« Qu'ils entretiennent souvent les élèves de la vie et des vertus cléricales, du ministère et des fonctions ecclésiastiques, de la liturgie et des cérémonies, de la manière d'agir envers les supérieurs et toute espèce de personnes.

« Rien ne contribue à la sainteté sacerdotale plus que la méditation

(1) On peut voir cette encyclique à la suite de cet article.

ou l'oraison mentale assidue ; on apprendra aux élèves la méthode et les diverses pratiques d'oraison, de sorte que, convaincus des avantages et de la nécessité de ce pieux exercice, ils ne l'abandonnent jamais pendant le cours de leur vie.

« Personne ne sera admis à suivre les cours de théologie sans avoir été auparavant examiné avec soin sur la philosophie. Ensuite on enseignera pendant trois ans, ou même pendant quatre ans, la théologie dogmatique et morale, qui doit toujours être la partie principale des études ecclésiastiques. Le concile avertit que, dans cet enseignement, on devra se servir de la forme scolastique et de la langue latine.

« Il y aura, en outre, exposition et interprétation de la sainte Écriture, ce trésor céleste que l'Esprit-Saint a dispensé aux hommes avec une très-grande libéralité. (*Concil. Trid. Sess.* V, *de Reform.*, *c.* 1.) On s'attachera spécialement à l'explication du livre des psaumes, des quatre Évangiles, des actes des apôtres et des épîtres.

« De plus, on donnera, dans un cours spécial, des notions de droit canonique, à moins que cet enseignement ne trouve sa place dans le cours même des études théologiques.

« On fournira aux élèves les livres et les moyens indispensables pour étudier l'histoire : la connaissance en est nécessaire en soi ; elle aide encore puissamment à acquérir avec plus de perfection la science complète des matières théologiques.

« Enfin, on les initiera au difficile ministère de la prédication de la parole divine par des préceptes et des exercices publics.

« En quelque genre d'étude que ce soit, il ne suffit pas aux élèves d'être attentifs aux leçons des professeurs ; il faut encore qu'ils exposent de vive voix ce qu'ils ont appris, et qu'ils le fassent toujours en latin pour la philosophie et la théologie ; qu'on les accoutume à l'argumentation scolastique ; qu'on leur donne souvent aussi des questions à traiter par écrit ; enfin, deux fois par an, qu'ils subissent un examen sur les matières qu'ils auront étudiées. » (*Decret.* IX, *n.* 2.)

Les autres conciles provinciaux se sont aussi occupés de régler ce qui concerne les *séminaires.* Nous ne saurions reproduire ce qu'ils ont dit à cet égard sans nous exposer à des répétitions inutiles.

§ IV. *Administration temporelle des* SÉMINAIRES.

Le concile de Bordeaux, de l'an 1850, ordonne expressément deux choses à cet égard : la première, que l'économe rende exactement et fidèlement ses comptes au supérieur tous les mois, et à l'évêque tous les trois mois ; la seconde, de ne rien faire dans l'intérieur du *séminaire* ou pour des réparations, ou pour quoi que ce soit qui pourrait entraîner à de grandes dépenses, sans en avoir préalablement prévenu l'évêque et avoir obtenu son assentiment. (*Titul.* V, *cap.* 1, *n.* 8.)

Sous le rapport légal, voyez sous le mot biens d'église le titre V du décret du 6 novembre 1813, relatif aux biens des *séminaires.*

LETTRE ENCYCLIQUE *à tous les patriarches, primats, archevêques et évêques.*

« PIE IX, PAPE.

« Vénérables Frères, salut et bénédiction apostolique.

« Depuis plusieurs années, nous tâchions, vénérables Frères, de remplir avec vous, selon nos forces, la charge si laborieuse et pleine de sollicitude de l'épiscopat, et de paître sur les montagnes d'Israël, au milieu des eaux vives et des plus riches pâturages, la portion du troupeau du Seigneur confiée à nos soins, quand, par suite de la mort de notre très illustre prédécesseur, Grégoire XVI, dont la mémoire et les glorieuses actions, gravées en lettres d'or dans les fastes de l'Église, feront toujours l'admiration de la postérité, nous avons été, contre toute notre attente et par un impénétrable dessein de la divine Providence, élevé au Souverain Pontificat, non sans une grande inquiétude d'esprit et une vive appréhension. En effet, si la charge du Ministère Apostolique a toujours été regardée comme fort grave et périlleuse, c'est surtout dans les conjonctures si difficiles où se trouve engagée la république chrétienne qu'elle est à redouter. Aussi, connaissant notre faiblesse et considérant les devoirs extrêmement importants de l'Apostolat suprême, surtout dans des circonstances aussi fâcheuses, nous n'aurions pu que nous abandonner à la tristesse et aux larmes, si nous n'avions placé toute notre espérance dans le Dieu notre Sauveur, qui n'abandonne jamais ceux qui espèrent en lui; et qui, pour faire éclater la grandeur de sa puissance, emploie de temps en temps au gouvernement de l'Église les instruments les plus faibles, afin que tous connaissent de plus en plus que c'est Dieu lui-même qui, par son admirable Providence, gouverne et défend son Église.

« Une autre consolation éminemment propre à nous soutenir, c'est de penser que, dans nos efforts pour le salut des âmes, nous vous avons pour aides et coopérateurs, vous, Vénérables Frères, qui, appelés à partager notre sollicitude, vous appliquez avec tant de soin et de zèle à remplir votre ministère et à combattre avec courage.

« Aussi, du moment où, placé, sans mérite de notre part, sur cette Chaire sublime du Prince des Apôtres, nous avons reçu, dans la personne du Bienheureux Pierre, des mains du Prince éternel des Pasteurs, la charge divine et si importante de paître et de gouverner, non seulement les agneaux, c'est-à-dire tout le peuple chrétien, mais encore les brebis, c'est-à-dire les évêques, nous n'avons rien eu tant à cœur que de vous faire entendre à tous l'expression de notre tendresse et de notre charité.

« C'est pourquoi, à peine avons-nous, selon l'usage de nos prédécesseurs, pris possession du Suprême Pontificat dans notre basilique de Latran, que nous vous adressons ces lettres, pour exciter votre éminente piété, afin que, redoublant d'activité et d'efforts pour veiller nuit et jour sur le troupeau confié à vos soins, et combattant avec une fermeté et une constance épiscopale contre le terrible ennemi du genre humain, vous formiez, en vaillants soldats de Jésus-Christ, comme un rempart inexpugnable pour la défense de la maison d'Israël.

« Nul d'entre vous n'ignore, Vénérables Frères, que, dans ce siècle déplorable, une guerre furieuse et acharnée est faite au catholicisme par des hommes qui, liés entre eux par une société criminelle, repoussant les saines doctrines et fermant l'oreille à la voix de la vérité, produisent au grand jour les opinions les plus funestes et font tous leurs efforts pour les répandre dans le public et les faire triompher. Nous sommes saisi d'horreur et pénétré de la douleur la plus vive quand nous réfléchissons à tant de monstrueuses erreurs, à tant de moyens de nuire, à tant d'artifices et de coupables manœuvres dont se servent les ennemis de la vérité et de la lumière, si habiles dans l'art de tromper, pour étouffer dans les esprits tout sentiment de piété, de justice et d'honnêteté, pour corrompre les mœurs, fouler aux pieds tous les droits divins et humains, ébranler la religion catholique et la société civile, et même les détruire de fond en comble, s'il était possible. Vous le savez, en effet, Vénérables Frères, ces implacables ennemis du nom chrétien, emportés par une aveugle fureur d'impiété, en sont venus à ce degré inouï d'audace que, *ouvrant leur bouche aux blasphèmes contre Dieu* (1), ils ne rougissent pas d'enseigner publiquement que les augustes mystères de notre religion sont des erreurs et des inventions des hommes; que la doctrine de l'Église catholique est opposée au bien et aux intérêts de la société; et ainsi ils ne craignent pas de renier le Christ lui-même et Dieu. Pour mieux tromper les peuples et entraîner avec eux dans l'erreur les esprits inexpérimentés et sans science, ils feignent de connaître seuls les voies du bonheur; ils s'arrogent le titre de philosophe, comme si la philosophie, dont le propre est la recherche des vérités naturelles, devait rejeter ce que Dieu lui-même, auteur suprême de la nature, a daigné, par un insigne bienfait de sa miséricorde, révéler aux hommes pour les conduire dans le chemin du bonheur et du salut. C'est en violant ainsi toutes les règles du raisonnement qu'ils ne cessent d'en appeler à la puissance et à la supériorité de la raison humaine, qu'ils l'élèvent contre la sainte foi du Christ, et qu'ils ont l'audace de prétendre que celle-ci est opposée aux lumières de la raison. On ne saurait certainement rien imaginer de plus insensé, de plus impie, de plus contraire à la raison elle-même; car, quoique la foi soit au-dessus de la raison, il ne peut jamais exister entre elles aucune opposition, aucune contradiction réelle, parce que toutes deux émanent de Dieu même, source unique de l'immuable et éternelle vérité : et ainsi elles doivent s'entre aider, la droite raison démontrant, soutenant et défendant la vérité de la foi, et la foi affranchissant la raison de toutes les erreurs, l'éclairant, l'affermissant et la complétant par la connaissance des choses divines. C'est avec la même perfidie, Vénérables Frères, que ces ennemis de la révélation divine, vantant sans mesure le progrès humain, voudraient, par un attentat téméraire et sacrilége, l'introduire dans la religion catholique, comme si cette religion était l'œuvre, non de Dieu, mais des hommes, ou une invention philosophique susceptible de perfectionnements humains. Les auteurs de ces misérables délires méritent bien le reproche que Tertullien adressait aux philosophes de son temps, qui voulaient donner au monde *un christianisme stoïcien, platonicien et dialecticien* (2). Puisqu'il est certain que notre très-sainte Religion n'a pas été inventée par la raison humaine, mais que c'est Dieu même qui l'a fait connaître aux hommes dans son infinie clémence, chacun comprend sans peine que cette religion emprunte toute sa force de l'autorité du même Dieu qui l'a révélée, et qu'elle ne peut être ni diminuée, ni perfectionnée par la raison de l'homme. La raison humaine, il est vrai, pour n'être pas trompée dans une affaire de telle importance, doit examiner avec soin le fait de la révélation divine, afin d'être assurée que Dieu a parlé, et afin que sa soumission à sa parole divine soit raisonnable, comme l'enseigne avec une grande sagesse l'Apôtre (3). Qui ignore, en effet, ou peut ignorer que la parole de Dieu mérite une foi entière, et que rien n'est plus conforme à la raison que cet acquiescement et cette soumission inébranlables aux manifestations d'un Dieu qui ne peut être trompé, ni tromper!

« Qu'elles sont nombreuses, qu'elles sont admirables, qu'elles sont éclatantes, les preuves qui doivent convaincre entièrement la raison humaine que la religion du Christ est divine, et que *toutes nos croyances ont leur première racine dans le Seigneur des Cieux* (4), de sorte qu'il n'y a rien de plus certain que notre foi, rien de plus digne de notre confiance, rien de plus saint, rien qui repose sur des principes plus solides! C'est là, en effet, cette foi, vraie maîtresse de la vie, guide sûr dans les voies du salut, victorieuse

(1) *Apocalypse* XIII, 6.
(2) *De Præscriptionibus, cap.* 8.
(3) *Épître aux Romains,* XIII, 1.
(4) Saint Jean Chrysostôme, *homil.* I *in Isaïam.*

de tous les vices, mère et nourrice féconde des vertus, confirmée par a naissance, la vie, la mort, la résurrection, la sagesse, les prodiges, les prédictions de son divin auteur et consommateur Jésus-Christ ; brillant de toutes parts de la lumière d'une doctrine supérieure, enrichie des trésors des richesses célestes, illustrée par les oracles de tant de Prophètes, par l'éclat de tant de miracles, par la constance de tant de martyrs, par la gloire de tant de saints ; portant partout les lois salutaires du Christ, et acquérant toujours de nouvelles forces au sein des plus cruelles persécutions, elle s'est répandue dans tout l'univers, depuis le lever du soleil jusqu'à son coucher, armée du seul étendard de la croix ; et foulant aux pieds les idoles, dissipant les ténèbres des erreurs, triomphant d'ennemis de tout genre, elle a éclairé des lumières de la connaissance divine tous les peuples, les nations les plus barbares, les plus différentes de caractère, de mœurs, de lois et de coutumes ; elle les a soumises au joug si doux du Christ, leur a donné à toutes la paix, les a comblées de biens. Ces événements portent tellement l'empreinte de la sagesse et de la puissance divines, qu'il n'est pas d'esprit qui ne puisse aisément comprendre que la foi chrétienne est l'œuvre de Dieu. Aussi, la raison humaine, convaincue par tant de preuves évidentes que Dieu est l'auteur de la foi, ne doit pas s'élever plus haut ; mais, méprisant les difficultés et repoussant tout doute, il faut qu'elle se soumette à la foi, persuadée que celle-ci ne propose rien à la croyance et à la pratique des hommes qu'elle n'ait reçu de Dieu.

« On voit aussi par là combien est grande l'erreur de ceux qui, abusant de la raison, et traitant les oracles divins comme une œuvre de l'homme, osent les expliquer à leur gré et les interpréter témérairement, quand Dieu lui-même a établi une autorité vivante pour enseigner et maintenir le vrai et légitime sens de sa céleste révélation, et pour terminer, par un jugement infaillible, toutes les controverses en matière de foi et de mœurs, afin que les fidèles ne tournent pas à tout vent de doctrine, entraînés dans les pièges de l'erreur par la perversité des hommes. Or, cette autorité vivante et infaillible n'existe que dans cette Église que le Seigneur Jésus-Christ a bâtie sur Pierre, chef, prince et pasteur de toute l'Église, et à qui il a promis une foi toujours infaillible ; Église qui a toujours vu les Pontifes légitimes se succéder sans interruption depuis Pierre sur sa chaire, comme héritiers et défenseurs de sa doctrine, de sa dignité, de son honneur et de sa puissance. Et parce que *là où est Pierre, là est l'Église* (1), et parce que *Pierre parle toujours par le Pontife Romain* (2), *qu'il vit toujours dans ses successeurs, juge par eux* (3), et *offre la vérité de la foi à ceux qui la cherchent* (4) ; il est nécessaire d'entendre les divins oracles dans le sens qu'a retenu et retient cette Chaire Romaine du Bienheureux Pierre, laquelle, *mère et maîtresse de toutes les Églises* (5), a toujours conservé pure et inviolable la foi reçue du Seigneur Jésus-Christ, et l'a enseignée aux fidèles, offrant à tous le chemin du salut et l'enseignement d'une vérité exempte de corruption. Là est cette *Église principale d'où sort l'unité du sacerdoce* (6) ; là est cette métropole de la piété, dans laquelle se trouve *la pleine et parfaite solidité de la religion chrétienne* (7), dans laquelle a toujours subsisté dans sa force *la primauté de la Chaire Apostolique* (8), à laquelle, *à cause de sa prééminence, toute Église, c'est-à-dire les fidèles, quelque part qu'ils se trouvent, doivent recourir* (9), et avec laquelle *quiconque refuse de recueillir, est par là même convaincu de dissiper* (10).

(1) Saint Ambroise, *in Psalmum* 40.
(2) *Concil. Chalced., act.* II.
(3) *Synod. Ephesin., act.* III.
(4) Saint Pierre Chrysologue, *Epistol. ad Eutich.*
(5) *Concil. Trid., sess.* VII, *de Baptism.*
(6) Saint Cyprien, *Epistola* 55 *ad Cornel. Pontif.*
(7) *Litter. synod. Joann. Constantinop. ad Hormisd. Pontif.* ; Sozomène, *histor., lib.* II, *cap.* 8.
(8) Saint Augustin, *Epist.* 162.
(9) Saint Irénée, *lib.* III, *contrà hæreses, cap.* 3.
(10) Saint Jérôme, *Epist. ad Damas. Pontif.*

« Nous donc, qu'un impénétrable jugement de Dieu a placé sur cette chaire de vérité, nous faisons de vives instances dans le Seigneur à votre éminente piété, Vénérables Frères, pour que vous travailliez avec toute l'ardeur du zèle à prémunir et exhorter les fidèles confiés à vos soins, afin qu'affermis dans ces principes, ils ne se laissent pas tromper et entraîner dans l'erreur par ces hommes qui, livrés à des passions détestables, et sous prétexte de favoriser le progrès humain, mettent tout en œuvre pour détruire la foi, la soumettre, ainsi que la parole divine, par un renversement impie, à la raison, et ne craignent pas d'outrager ainsi le Dieu qui, dans son infinie bonté, a daigné, par sa céleste religion, ouvrir aux hommes la route du bonheur et du salut.

« Déjà vous connaissez, Vénérables Frères, les autres monstrueuses erreurs et les artifices par lesquels les enfants de ce siècle font une guerre si acharnée à la religion catholique, à la divine autorité de l'Église, à ses lois, et s'efforcent de fouler aux pieds les droits de la puissance, soit ecclésiastique, soit civile. Tel est le but des coupables manœuvres contre cette Chaire Romaine du Bienheureux Pierre, sur laquelle le Christ a établi le fondement inexpugnable de son Église. Tel est le but de ces sectes secrètes, vomies du sein des ténèbres pour la ruine et de la religion et des États, sectes déjà plusieurs fois frappées d'anathème par les Pontifes Romains nos prédécesseurs, dans leurs lettres Apostoliques (1), lesquelles, par la plénitude de notre puissance Apostolique, nous confirmons, voulant qu'elles soient observées avec un grand soin. Tel est le but de ces très insidieuses sociétés bibliques qui, renouvelant l'ancien artifice des hérétiques, ne cessent de répandre à un très grand nombre d'exemplaires et à grands frais, les livres des divines Écritures traduits, contre les très saintes règles de l'Église, dans toutes les langues vulgaires, et souvent expliqués dans un sens pervers. Ces livres sont offerts gratuitement à toute sorte de personnes, même aux plus ignorants, afin que tous, rejetant la divine tradition, la doctrine des Pères et l'autorité de l'Église catholique, entendent les oracles divins selon leur jugement particulier, en pervertissent le sens et tombent ainsi dans les plus grandes erreurs. Grégoire XVI, de glorieuse mémoire, à qui nous avons succédé malgré notre indignité, suivant en cela l'exemple de ses prédécesseurs, a réprouvé ces sociétés par ses Lettres Apostoliques (2), et nous voulons aussi qu'elles soient condamnées. Tel est le but de cet épouvantable système d'indifférence pour toute religion, système absolument opposé aux lumières de la raison elle-même, et à l'aide duquel les apôtres de l'erreur, ôtant toute distinction entre la vertu et le vice, la vérité et l'erreur, l'honnêteté et la turpitude, prétendent que les hommes peuvent obtenir le salut éternel dans quelque religion que ce soit, comme s'il pouvait jamais y avoir accord entre la justice et l'iniquité, entre la lumière et les ténèbres, entre le Christ et Bélial. Tel est le but de cette infâme conjuration contre le sacré célibat des clercs, laquelle, ô douleur! trouve faveur même dans quelques ecclésiastiques qui, misérablement oublieux de leur propre dignité, cèdent lâchement aux attraits des voluptés. Tel est le but de cette perverse manière d'enseigner surtout les sciences philosophiques, laquelle trompe déplorablement une jeunesse inexpérimentée, la corrompt et lui verse le fiel du dragon dans la coupe de Babylone. Tel est le but de l'exécrable doctrine dite du *Communisme*, doctrine totalement contraire au droit naturel lui-même, et qui ne pourrait s'établir sans que les droits, les intérêts, les propriétés de tous, et la société humaine elle-même fussent renversés de fond en comble. Tel est le but des menées profondément ténébreuses de ceux qui, cachant la rapacité du loup sous la peau de brebis, s'insinuent adroitement dans les esprits, les séduisent, par les dehors d'une piété plus élevée, d'une vertu plus sévère, les enchaînent doucement, les tuent

---

(1) Constitution *In Eminenti* de Clément XII, Constitution *Providas* de Benoît XIV, Constitution *Ecclesiam à Jesú Christo* de Pie VII, Constitution *Quo graviora* de Léon XII. — Ces constitutions se trouvent sous le mot FRANCS-MAÇONS.

(2) Lettre encyclique à tous les évêques *Inter præcipuas machinationes*. — Nous avons rapporté cette encyclique sous le mot LIVRES.

dans l'ombre, détournent les hommes de toute pratique religieuse, égorgent et mettent en pièces les ouailles du Seigneur.

« C'est là, enfin, pour ne rien dire d'une foule d'autres choses qui vous sont assez connues, c'est là que tend cette peste effroyable de livres et de libelles qui surgissent de toutes parts pour enseigner le mal, livres habilement écrits, pleins de fourberie et d'artifice, et qui, répandus en tous lieux et à grands frais, pour la ruine du peuple chrétien, disséminent partout des doctrines empoisonnées, pervertissent les esprits et les cœurs, surtout des ignorants, et causent à la religion un mal immense.

« Au milieu de ce déluge général des erreurs et de cette licence effrénée dans les pensées, dans les discours, dans les écrits, les mœurs se perdent, la très sainte religion du Christ est méprisée, la majesté du culte divin méconnue, la puissance de ce Siège Apostolique est vivement assaillie, l'autorité de l'Église est attaquée et réduite en une honteuse servitude, les droits des Évêques sont foulés aux pieds, la sainteté du mariage est violée, tous les pouvoirs sont ébranlés ; ces maux et tant d'autres qui pèsent sur la société, soit chrétienne, soit civile, nous obligent, Vénérables Frères, à confondre nos larmes avec les vôtres.

« Dans des conjonctures aussi critiques pour la religion, vivement frappé de l'obligation où nous sommes devant Dieu de veiller au salut de tout le troupeau du Seigneur, il n'y a rien certainement dans le devoir de notre ministère Apostolique que nous ne soyons disposé à entreprendre pour procurer, selon nos forces, le bien de toute la famille chrétienne. Mais nous faisons un pressant appel dans le Seigneur, à votre insigne piété, à votre courage, à votre prudence, Vénérables Frères, pour que, appuyés sur le secours du Ciel, et unissant vos efforts aux nôtres, vous défendiez avec intrépidité la cause de Dieu et de la sainte Église, selon le poste que vous occupez et la dignité dont vous êtes revêtus. Vous comprenez avec quelle générosité vous devez combattre, instruits comme vous l'êtes du nombre et de la grandeur des blessures de l'Épouse sans tache de Jésus-Christ, et de la violence des assauts que lui livrent ses ennemis. Et d'abord vous savez qu'il est de votre devoir de soutenir, de défendre avec toute la vigueur épiscopale la doctrine catholique, et de veiller avec le plus grand soin à ce que le troupeau qui vous est confié y demeure inébranlablement attaché, puisque, *à moins de l'avoir conservé dans son intégrité et sa pureté, nul ne peut éviter la perte éternelle* (1). Tournez donc toute votre sollicitude pastorale vers le maintien et la conservation de cette foi, et ne cessez d'en soigner l'instruction dans tous, d'affermir les chancelants, de reprendre ceux qui osent s'élever contre, de fortifier ceux qui s'y montrent faibles, et ne souffrez rien de ce qui pourrait tant soit peu altérer la pureté de cette foi. Ce n'est pas avec moins de zèle que vous devez entretenir dans tous l'union avec l'Église catholique, hors de laquelle il n'y a point de salut ; et l'obéissance envers cette Chaire de Pierre, laquelle est comme le fondement inébranlable sur lequel repose tout l'édifice de notre très sainte religion. Travaillez avec la même constance à faire observer les saintes lois de l'Église, éminemment propres à faire fleurir la vertu, la religion, la piété. Mais comme un des principaux devoirs de la *piété est de démasquer les ténébreuses menées des impies, et de combattre en eux le démon, dont ils se font les instruments* (2), nous vous conjurons de mettre tout en œuvre pour découvrir au peuple fidèle les embûches, les fourberies, les erreurs, les artifices, les machinations si multipliées des hommes ennemis, et le détourner de leurs écrits pestilentiels ; exhortez-le assidûment à fuir, comme il ferait à la vue d'un serpent, les factions et les sociétés des impies, et à éviter très soigneusement tout ce qui porterait atteinte à l'intégrité de la foi, de la religion et des mœurs.

« C'est pourquoi, ne vous lassez jamais de prêcher l'Évangile, afin que le peuple

---

(1) Symbole *Quicumque.*
(2) Saint Léon, *Sermo* VIII, *cap.* 4.

chrétien, toujours plus pénétré des très-saintes maximes de la loi chrétienne, avance dans la science de Dieu, évite le mal, fasse le bien et marche dans les voies du Seigneur. Et parce que vous savez que vous êtes les représentants du Christ, qui s'est toujours montré doux et humble de cœur, et qui est venu appeler, non les justes, mais les pécheurs, nous donnant l'exemple et nous invitant à marcher sur ses traces, ayez soin de corriger et de reprendre, dans un esprit de douceur et de mansuétude, par des avis et des conseils paternels, ceux que vous verrez transgresser les commandements de Dieu et s'écarter du chemin de la vérité et de la justice; employez les prières et les réprimandes en toute bonté, patience et doctrine, sachant que *souvent, dans les corrections, bonté obtient plus que la sévérité, l'exhortation plus que la menace, la charité plus que l'autorité* (1). Faites aussi tout ce qui dépendra de vous, Vénérables Frères, pour que les fidèles pratiquent la charité, cherchent la paix, et ne négligent rien pour les conserver, de sorte que, étouffant toutes les dissensions, les inimitiés, les rivalités, les rancunes, ils se chérissent mutuellement, s'unissent dans une même pensée, un même sentiment, une même volonté en Jésus-Christ notre Seigneur. Appliquez-vous à inculquer au peuple chrétien l'obéissance et la soumission dues aux princes et aux puissances, en lui enseignant, selon l'avis de l'Apôtre (2), qu'il n'est point de pouvoir qui ne vienne de Dieu, et que ceux-là résistent à l'ordre établi de Dieu et provoquent leur condamnation, qui résistent au pouvoir, et, par conséquent, que nul ne peut violer sans crime le précepte d'obéir au pouvoir, à moins qu'on ne lui commande des choses contraires aux lois de Dieu et de l'Église.

« Mais, comme *rien ne contribue tant à former les autres à la piété et au culte de Dieu que la vie et l'exemple de ceux qui se sont consacrés au divin ministère* (3), et que la conduite du peuple est le plus souvent la reproduction de celle des prêtres, vous comprenez, dans votre haute sagesse, Vénérables Frères, que vous ne sauriez travailler avec trop de zèle à faire briller dans le clergé la gravité des mœurs, la pureté de vie, la sainteté et la science, à maintenir l'exacte observation de la discipline ecclésiastique établie par les saints canons, et à lui rendre sa vigueur et son éclat là où elle serait tombée. C'est pourquoi, comme vous le savez, en vous gardant d'imposer trop tôt les mains à qui que ce soit, selon le précepte de l'Apôtre, vous ne devez initier aux saints ordres et appliquer aux fonctions saintes que ceux qui, après d'exactes et rigoureuses épreuves, vous paraîtront ornés de toutes les vertus, recommandables par leur sagesse, propres à servir et honorer vos diocèses, éloignés de tout ce qui est interdit aux clercs, appliqués à l'étude, à la prédication, à l'instruction, *capables de servir de modèle aux fidèles dans le discours, dans la conduite, dans la charité, dans la foi, dans la chasteté* (4), capables encore d'inspirer le respect à tous, de former, d'exciter, d'enflammer le peuple à la pratique de la religion chrétienne; *car il vaut certainement mieux*, ainsi que l'observe notre prédécesseur, Benoît XIV, d'immortelle mémoire, *n'avoir que peu de prêtres, mais bons, capables et utiles, que d'en avoir un grand nombre qui ne seraient pas propres à édifier le Corps du Christ, qui est l'Église* (5). Vous n'ignorez pas que vous devez vous enquérir avec plus de soin encore des mœurs et de la science de ceux qui sont chargés de la conduite des âmes, afin que, comme des fidèles dispensateurs des travaux de la grâce de Dieu, ils s'appliquent continuellement à nourrir et assister le peuple qui leur est confié, par l'administration des sacrements, par la prédication de la parole divine, par l'exemple des bonnes œuvres, et que, en le pénétrant de l'esprit et des maximes de la religion, ils le fassent marcher dans le sentier du salut. Vous savez que, dans les curés, l'ignorance de leurs devoirs ou la négligence à les remplir a pour conséquence la cor-

---

(1) *Concil. Trident., sess.* XIII, *cap.* 1, *de Reform.*
(2) *Épître aux Romains,* XIII, 1, 2.
(3) *Concil. Trident., sess.* XXII, *cap. de Reform.*
(4) *Épître à Timothée,* IV, 12.
(5) *Lettre encyclique* Ubi primum.

ruption des mœurs dans le peuple, le relâchement de la discipline chrétienne, l'abandon des pratiques religieuses, l'irruption dans l'Église des désordres et de tous les vices. De peur que la parole de Dieu, qui, *pleine de vie, de puissance, et plus pénétrante que le glaive à deux tranchants* (1), a été établie pour le salut des âmes, ne devienne infructueuse par la faute de ses ministres, ne vous lassez jamais, Vénérables Frères, d'exiger des prédicateurs de la parole divine que, se pénétrant bien de l'extrême importance de leurs fonctions, ils s'appuient, dans l'exercice du ministère évangélique, non sur la force des raisonnements de la sagesse humaine, non sur les efforts et les artifices d'une vaine et fastueuse éloquence, mais sur l'assistance de l'esprit et de la vertu d'en haut, que, traitant dignement la parole de vérité et prêchant le Christ crucifié, au lieu de se prêcher eux-mêmes, ils annoncent au peuple, d'un style clair et intelligible, mais plein de gravité et de noblesse, les dogmes et les préceptes de notre sainte religion, selon la doctrine de l'Église catholique et des Pères; que, par des explications détaillées des devoirs particuliers de chacun, ils les détournent tous du crime, les portent à la piété, et qu'ainsi les fidèles, imprégnés et nourris de la parole de Dieu, s'abstiennent de tous les vices, pratiquent les vertus, et puissent éviter les peines éternelles et obtenir la gloire céleste. Dans votre sollicitude épiscopale, avertissez assidûment tous les ecclésiastiques, et exhortez-les à considérer mûrement le ministère qu'ils ont reçu de Dieu, afin qu'ils en remplissent exactement les obligations, qu'ils aient souverainement à cœur la gloire de la maison de Dieu, qu'ils s'adonnent sans relâche à la prière, à la récitation des heures canoniales conformément au précepte de l'Église, dans la vue d'obtenir le secours divin pour l'accomplissement de leurs si importants devoirs, d'apaiser Dieu et de le rendre propice au peuple chrétien.

« Comme vous n'ignorez pas, Vénérables Frères, que la bonne éducation des clercs est le seul moyen de procurer à l'Église de bons ministres, et qu'elle exerce une grande influence sur tout le cours de la vie, continuez à faire tous vos efforts pour que les jeunes clercs soient formés dès leurs tendres années à la piété, à une vertu solide, à la connaissance des lettres, à l'étude des hautes sciences, surtout des sciences sacrées. C'est pourquoi, n'ayez rien tant à cœur que d'établir des *séminaires* pour les clercs, selon les préceptes des Pères de Trente (2), là où il n'y en aurait pas, d'augmenter, s'il est besoin, ceux qui existent, de leur donner d'excellents supérieurs et maîtres, et de veiller incessamment à ce que les jeunes clercs y soient élevés dans la crainte du Seigneur, dans l'amour de la discipline ecclésiastique, qu'ils y soient formés à la connaissance surtout des sciences sacrées, selon la doctrine catholique et sans aucun danger d'erreur, des traditions de l'Église, des écrits des saints Pères, des cérémonies et des rits sacrés, afin que par là vous ayez de courageux et habiles ouvriers qui, animés de l'esprit ecclésiastique et formés par de bonnes études, puissent cultiver le champ du Père de famille et soutenir avec gloire le poids des combats du Seigneur. Dans la conviction où vous êtes que rien n'est plus propre à entretenir et conserver la dignité et la sainteté de l'ordre ecclésiastique, que la pieuse institution des exercices spirituels, favorisez de toutes vos forces cette œuvre salutaire, ne cessez pas d'exhorter tous ceux qui ont été appelés à l'héritage du Seigneur à se retirer dans quelque lieu propre à ces exercices, afin que, libres des affaires extérieures et entièrement appliqués à la méditation des vérités éternelles et divines, ils puissent se purifier des souillures contractées au milieu de la poussière du monde, se retremper dans l'esprit ecclésiastique, se dépouiller du vieil homme et de ses œuvres, et se revêtir de l'homme nouveau, qui a été créé dans la sainteté et la justice. Si nous vous avons parlé un peu longuement de l'éducation et de la discipline du clergé, que ce soit sans regret de votre part, car vous n'ignorez pas qu'il y a une foule d'hommes qui, dégoûtés de la divergence, de l'inconstance et de la mobilité des erreurs, sentent la

(1) *Épître aux Hébreux*, IV, 12.
(2) *Sess.* XXIII, *cap.* 48, *de Reform.*

nécessité de professer notre sainte religion, et que, avec le secours de Dieu, ils se décideront d'autant plus facilement à embrasser la doctrine, les préceptes et les pratiques de cette religion, qu'ils verront davantage que le clergé se distingue du reste des hommes par la piété, la pureté de vie, par la réputation de sagesse et l'exemple de toutes les vertus.

« Enfin, très chers Frères, nous avons la douce conviction que, embrasés, comme vous l'êtes, d'une ardente charité envers Dieu et les hommes, enflammés d'un grand amour pour l'Église, enrichis de vertus presque angéliques, doués d'un courage épiscopal et de prudence, animés tous d'un même et saint désir, marchant sur les traces des Apôtres, imitant, comme il convient à des évêques, celui dont vous êtes les ambassadeurs, Jésus-Christ, modèle de tous les pasteurs, devenus par votre union la forme et la règle du troupeau, éclairant des rayons de votre sainteté le clergé et le peuple fidèle ; ayant des entrailles de miséricorde, et compatissant vivement au sort de ceux qui s'égarent dans les ténèbres de l'ignorance et de l'erreur, nous avons la douce conviction, disons-nous, que vous êtes disposés, suivant l'exemple du Pasteur de l'Évangile, à voler avec amour à la recherche des brebis qui se perdent, à les charger avec une tendresse paternelle sur vos épaules, à les ramener au bercail, et que vous n'épargnerez ni soins, ni conseils, ni travail pour remplir religieusement les devoirs de la charge pastorale ; pour mettre à l'abri de la rage, des attaques et des embûches des loups ravisseurs les brebis rachetées par le sang précieux de Jésus-Christ, confiées à vos soins et qui nous sont toutes bien chères, pour les détourner des poisons de l'erreur, les conduire dans les bons pâturages et les faire aborder, à force de soins, d'instructions et d'exemples, au port du salut éternel.

« Procurez de toutes vos forces, Vénérables Frères, la gloire de Dieu et de l'Église, et, par votre activité, votre zèle, votre vigilance et votre accord, faites que, toutes les erreurs étant dissipées et les vices extirpés, la foi, la religion, la piété, la vertu prennent chaque jour de l'accroissement en tout lieu, et que tous les fidèles, renonçant aux œuvres de ténèbres, se conduisent d'une manière digne des enfants de la lumière, cherchent en tout le bon plaisir de Dieu et s'appliquent à produire toute sorte de bonnes œuvres. Au milieu de tant de graves embarras, de difficultés et de dangers inséparables, surtout en ces temps, de votre charge épiscopale, ne vous laissez pas abattre par la crainte, mais cherchez votre force dans le Seigneur ; et confiants en la puissance de sa grace, pensez que du haut du ciel *il a les yeux fixés sur ceux qui combattent pour la gloire de son nom, qu'il applaudit ceux qui s'y présentent avec courage, qu'il aide ceux qui combattent avec générosité et couronne les vainqueurs* (1).

« Comme nous vous chérissons tous bien vivement dans les entrailles de Jésus-Christ, et que nous ne désirons rien tant que de vous aider de notre amour, de nos conseils, de notre pouvoir et de travailler avec vous à la gloire de Dieu, à la défense et propagation de la foi catholique, et au salut de ces âmes pour lesquelles nous sommes prêt à sacrifier, s'il le faut, notre vie, venez, nous vous en conjurons, Vénérables Frères, venez avec un cœur ouvert et une entière confiance à ce Siége du bienheureux Prince des Apôtres, centre de l'unité catholique et faîte de l'épiscopat, d'où l'épiscopat tire lui-même son origine et toute son autorité ; venez à nous, chaque fois que vous croirez avoir besoin du secours et de la protection de notre autorité et de celle de ce Siége.

« Nous avons la confiance que nos très chers Fils en Jésus-Christ, les princes, se rappelant dans leur piété et religion que *la puissance royale leur a été donnée, non seulement pour le gouvernement du monde, mais surtout pour la défense de l'Église* (2), et que nous soutenons en même temps *la cause de l'Église, celle de leur royaume et de leur salut, pour*

(1) Saint Cyprien, *Epist.* 77 *ad Nemesianum et cœteros martyres.*
(2) Saint Léon, *Epist.* 156, al. 125, *ad Leonem Augustum.*

qu'ils jouissent en paix de leur autorité sur leurs provinces (1), ils favorisent, par leur se-cours et leur autorité, les vœux et les désirs que nous formons en commun, et qu'ils défendent la liberté et la prospérité de l'Église, *afin que la droite du Christ prenne la dé-ense de leur empire* (2).

« Pour obtenir l'heureux accomplissement de ces choses, allons avec confiance, véné-rables Frères, au trône de la grâce, et pénétrés tous d'un vif sentiment d'humilité, adressons sans relâche au Père des miséricordes et au Dieu de toute consolation les plus instantes prières, pour que, par les mérites de son Fils unique, il daigne répandre sur notre faiblesse l'abondance des dons célestes, qu'il terrasse nos ennemis par sa vertu toute-puissante, qu'il fasse fleurir partout la foi, la piété, la dévotion, la paix, et que, en dissipant toutes les erreurs et toutes les oppressions, l'Église jouisse d'une tranquil-lité si désirable, et qu'il n'y ait plus qu'un troupeau et qu'un pasteur.

« Mais, pour que le Dieu très clément écoute plus facilement nos prières et exauce nos vœux, recourons à l'intercession de la très sainte Mère de Dieu, l'immaculée Vierge Marie, notre très douce mère, notre médiatrice, notre avocate, notre espérance la plus ferme, la source de notre confiance, et dont la protection est ce qu'il y a de plus puis-sant et de plus efficace auprès de Dieu. Invoquons aussi le prince des Apôtres, à qui le Christ a remis les clefs du royaume des cieux, qu'il a donné pour pierre fondamentale à son Église, contre laquelle les portes de l'enfer ne pourront jamais prévaloir, et son collègue dans l'apostolat Paul, ainsi que tous les saints habitants du ciel, déjà couron-nés et en possession de la palme, afin qu'ils fassent descendre sur tout le peuple chré-tien les trésors de la miséricorde divine.

« Enfin, comme présage des dons célestes, et en témoignage de notre grande cha-rité pour vous, recevez la bénédiction apostolique que nous donnons du fond de notre cœur à vous, nos vénérables Frères, à tous les ecclésiastiques et aux fidèles laïques confiés à vos soins.

« Donné à Rome, près Sainte-Marie-Majeure, le IX novembre de l'an MDCCCXLI, de notre pontificat le premier. »

LETTRE ENCYCLIQUE Inter multiplices augustias *de notre Saint-Père le pape Pie* IX.

A nos bien-aimés fils les cardinaux et à nos vénérables frères les archevêques et évêques de France.

« PIE PP. IX,

« Bien-aimés fils et vénérables frères, salut et bénédiction apostolique.

« Au milieu des angoisses multipliées dont nous sommes accablé de toutes parts dans le soin de toutes les Églises qui nous a été confié malgré notre indignité, par un des-sein impénétrable de la divine Providence, et en ces temps si durs, où le nombre est trop grand de ceux dont l'apôtre a dit *qu'ils ne pourront plus souffrir la saine doctrine, mais qu'ils auront recours à une foule de docteurs propres à satisfaire leurs désirs, qu'ils se fortifieront de plus en plus dans le mal, étant dans l'erreur et y faisant tomber les autres* (1), nous éprouvons la plus grande joie lorsque nous tournons nos yeux et notre esprit vers cette célèbre nation française, illustre à tant de titres et qui a glorieusement mérité de nous. C'est avec une souveraine consolation pour notre cœur paternel que nous voyons dans cette nation, par la grâce de Dieu, la religion catholique et sa doctrine salutaire croître de jour en jour, fleurir et dominer, et avec quel soin et quel zèle, vous, nos chers fils et vénérables frères, appelés à partager notre sollicitude, vous vous efforcez de rem-

(1) Saint Léon *Epist. 43, al. 34, ad Theodosium Augustum.*
(2) *Idem, ibid.*
(3) IIe *Épître à Timothée, ch. IV, v. 3 et 4 ; ch. III, v. 13.*

plir votre ministère et de veiller à la sûreté et au salut du cher troupeau dont vous avez la garde. Cette consolation est encore singulièrement augmentée par les lettres si respectueuses que vous nous écrivez et qui nous font connaître de plus en plus avec quelle piété filiale, avec quel amour, avec quelle ardeur vous vous glorifiez d'être dévoués à nous et à cette Chaire de Pierre, centre de la vérité catholique et de l'unité, chef, mère et maîtresse(1) de toutes les Églises, à laquelle toute obéissance et tout honneur sont dus(2), à laquelle, à cause de sa primauté, il faut que toute Église s'unisse, toute Église, c'est-à-dire les fidèles qui sont sur tous les points de la terre(3).

« Nous n'éprouvons pas une moindre satisfaction de savoir que vous rappelant sans cesse vos graves fonctions épiscopales et vos devoirs, vous déployez tous vos soins de pasteurs et toute votre vigilance, afin que les prêtres de vos diocèses, marchant chaque jour plus dignement dans les voies de leur vocation, donnent au peuple l'exemple de toutes les vertus et accomplissent exactement la charge de leur ministère; afin que les fidèles qui vous sont confiés, chaque jour nourris plus abondamment des paroles de la foi et confirmés par l'abondance des grâces, croissent dans la science de Dieu et s'affermissent dans la voie qui conduit à la vie, et afin que les malheureux qui errent rentrent dans le chemin du salut.

« Nous savons, et c'est encore pour notre cœur une douce consolation, avec quel empressement, accueillant nos désirs et nos avis, vous vous appliquez à tenir des conciles provinciaux, afin de garder intact et pur dans vos diocèses le dépôt de la foi, afin de transmettre la saine doctrine, d'augmenter l'honneur du culte divin, de fortifier l'institution et la discipline du clergé, de promouvoir et d'affermir partout, par un heureux progrès, l'honnêteté des mœurs, la vertu, la religion, la piété.

« Nous éprouvons aussi une vive joie de voir que dans un grand nombre de diocèses, où des circonstances particulières n'y mettaient pas obstacle, la liturgie de l'Église romaine a été rétablie, selon nos désirs, grâce à votre zèle empressé. Ce rétablissement nous a été d'autant plus agréable que nous savions que, dans beaucoup de diocèses de France, à cause de la vicissitude des temps, on n'avait pas gardé ce que notre saint prédécesseur Pie V avait prescrit avec prudence et sagesse dans ses lettres apostoliques du 7 des ides de juillet 1568, commençant ainsi : *Quod à nobis postulat.* (4).

« Mais en vous rappelant toutes ces choses, au grand bonheur de notre âme et à la louange de votre ordre, bien-aimés Fils et Vénérables Frères, nous ne pouvons néanmoins dissimuler la grande tristesse et la peine qui nous accable en ce moment, lorsque nous voyons quelles dissensions l'antique ennemi s'efforce d'exciter parmi vous pour ébranler et affaiblir la concorde de vos esprits. C'est pourquoi, remplissant le devoir de notre ministère apostolique et avec cette profonde charité que nous avons pour vous et pour ce peuple fidèle, nous vous écrivons ces Lettres dans lesquelles nous nous adressons à vous, bien-aimés Fils et Vénérables Frères, et en même temps nous vous avertissons, nous vous exhortons et vous supplions de repousser avec la vertu qui vous distingue et de faire disparaître entièrement toutes les dissensions que ce vieil ennemi s'efforce d'exciter, vous rapprochant, vous serrant dans les liens de la charité, unanimes dans vos sentiments, et vous efforçant avec toute humilité et douceur de garder en toutes choses l'unité d'esprit dans le lien de la paix. Par cette sagesse, vous montrerez que chacun de vous sait combien la concorde sacerdotale et fidèle des esprits, des volontés et des sentiments est nécessaire, et sert à la prospérité de l'Église et au salut éternel des hommes. Et si jamais vous avez dû entretenir parmi vous cette concorde des esprits et des volontés, c'est aujourd'hui surtout que, par la volonté de notre très-cher fils en Jésus-Christ, Napoléon, empereur des Français, et par les soins de son

1) Saint Cyprien, *Epist. 45*; saint Augustin, *Epist.* 162 *et alii.*
2) *Concil. Ephes., Act.* IV.
3) Saint Irénée, *Adversùs hœreses, cap.* 3.
4) Voyez cette bulle sous le mot OFFICE DIVIN, *tom.* IV, *pag.* 227.

gouvernement, l'Église catholique jouit chez vous d'une paix, d'une tranquillité, d'une protection entières. Cet heureux état de choses dans cet empire et la condition des temps doit vous exciter plus vivement à vous unir dans le même esprit de conduite, dans les mêmes moyens, afin que la divine religion de Jésus-Christ, sa doctrine, la pureté des mœurs, la piété poussent partout en France de profondes racines, que la jeunesse y trouve plus facilement une meilleure et plus pure éducation, et que par là soient arrêtées et brisées ces tentatives hostiles qui déjà se manifestent, par les menées de ceux qui furent et sont encore les ennemis constants de l'Église et de Jésus-Christ.

« C'est pourquoi, bien-aimés Fils et Vénérables Frères, nous demandons de plus en plus et avec toute l'instance possible, que dans la cause de l'Église, dans la défense de sa sainte doctrine et de sa liberté, et dans l'accomplissement de tous les autres devoirs de votre charge épiscopale, vous n'ayez rien plus à cœur que de montrer entre vous une union parfaite, que d'être unis dans les mêmes pensées et les mêmes sentiments, nous consultant en toute confiance, nous et ce Siége apostolique, dans les questions de tout genre qui peuvent s'élever, afin de prévenir ainsi toute espèce de dissentiment.

« Et, avant tout, comprenez jusqu'à quel point une bonne direction du clergé intéresse la prospérité de la religion et de la société, afin que vous ne cessiez pas, dans une parfaite union d'esprit, de porter sur une affaire de si grande importance vos soins et vos réflexions. Continuez, comme vous le faites, de ne rien épargner pour que les jeunes clercs soient formés de bonne heure dans vos *séminaires* à toute vertu, à la piété, à l'esprit ecclésiastique, pour qu'ils grandissent dans l'humilité, sans laquelle nous ne pouvons jamais plaire à Dieu, pour qu'ils soient profondément instruits et avec tant de vigilance des lettres humaines et des sciences plus sévères, surtout des sciences sacrées, qu'ils puissent, sans être exposés à aucun péril d'erreur, non seulement apprendre l'art de parler avec éloquence, d'écrire élégamment, en étudiant aussi bien les ouvrages si excellents des saints Pères, que les écrits des écrivains païens les plus célèbres, après qu'ils auront été soigneusement expurgés, mais encore et surtout acquérir la science parfaite et solide des doctrines théologiques, de l'histoire ecclésiastique et des sacrés canons, puisée dans les auteurs approuvés par le Saint-Siége. Ainsi cet illustre clergé de France, où brillent tant d'hommes distingués par leur génie, leur piété, leur science, leur esprit ecclésiastique et leur respectueuse soumission au Siége apostolique, abondera de plus en plus en ouvriers courageux et habiles, qui, ornés de toutes les vertus, fortifiés par le secours d'une science salutaire, pourront dans la suite des temps vous aider à cultiver la vigne du Seigneur, répondre aux contradicteurs, et non seulement affermir les fidèles de France dans notre très-sainte religion, mais encore propager cette religion dans de saintes expéditions chez les nations lointaines et infidèles, comme ce même clergé l'a fait jusqu'ici, à la grande gloire de son nom, pour le bien de la religion et pour le salut des âmes.

« Vous êtes comme nous pénétrés de douleur à la vue de tant de livres, de libelles, de brochures, de journaux empoisonnés, que répand sans relâche de toutes parts et avec fureur l'ennemi de Dieu et des hommes, pour corrompre les mœurs, renverser les fondements de la foi et ruiner tous les dogmes de notre très sainte religion; ne cessez donc jamais, Bien-aimés Fils et Vénérables Frères, d'employer toute votre sollicitude et toute votre vigilance épiscopale pour éloigner unanimement avec le plus grand zèle le troupeau confié à vos soins de ces pâturages pestilentiels; ne cessez jamais de l'instruire, de le défendre, de le fortifier contre cet amas d'erreurs par des avertissements et par des écrits opportuns et salutaires. Et ici nous ne pouvons nous empêcher de vous rappeler les avis et les conseils par lesquels, il y a quatre ans, nous excitions ardemment les évêques de tout l'univers catholique à ne rien négliger pour engager les hommes remarquables par le talent et la saine doctrine à publier des écrits propres à éclairer les esprits et à dissiper les erreurs des ténèbres en vogue. C'est pourquoi, en vous efforçant d'éloigner des fidèles commis à votre sollicitude le poison mortel des mauvais livres et des mauvais journaux, veuillez aussi, nous vous le demandons avec instance, témoigner toute votre bienveillance et toute votre protection aux hommes qui, animés de l'esprit catholique et versés dans les lettres et dans les sciences, consacrent leurs veilles à écrire et à publier des livres et des journaux pour que la doctrine catholique soit propagée et défendue, pour que les droits dignes de toute vénération de ce Saint-Siége et ses actes aient toute leur force, pour que les opinions et les sentiments contraires à ce Saint-Siége et à son autorité disparaissent, pour que l'obscurité des erreurs soit chassée et que les intelligences soient inondées de la douce lumière de la vérité. Votre charité et votre sollicitude épiscopale devra donc exciter l'ardeur de ces écrivains catholiques animés d'un bon esprit, afin qu'ils continuent à défendre la cause de la vérité catholique avec un soin attentif et avec savoir; que si, dans leurs écrits, il leur arrive de manquer en quelque chose, vous devrez les avertir avec des paroles paternelles et avec prudence (1). Au surplus, votre sagesse n'ignore pas que les ennemis les plus acharnés de la religion catholique ont toujours dirigé, quoique vainement, la guerre la plus violente contre cette Chaire du Bienheureux Prince des Apôtres, sachant fort bien que la religion elle-même ne pourra jamais ni tomber, ni chanceler, tant que demeurera debout cette Chaire fondée sur la Pierre, dont ne triomphent jamais les portes superbes de l'enfer (2), et dans laquelle est entière et parfaite la solidité de la religion chrétienne (3). C'est pourquoi, Fils Bien-aimés et Vénérables Frères, nous vous le demandons de tout notre pouvoir, conformément à la grandeur de votre foi dans l'Église et à l'ardeur de votre piété pour cette Chaire de Pierre, ne cessez jamais d'appliquer d'un seul cœur et d'un seul esprit tous vos travaux à ce point surtout, de sorte que les populations fidèles de la France, évitant les erreurs et les piéges que leur tendent des hommes perfides, se fassent gloire d'adhérer fermement et avec constance à ce Siége apostolique par un amour et un dévouement chaque jour plus filial, et de lui obéir, comme il est juste, avec le plus grand respect. Dans toute l'ardeur de votre vigilance épiscopale, ne négligez donc jamais rien, ni en action, ni en paroles, afin de redoubler de plus en plus l'amour et la vénération des fidèles pour ce Saint-Siége, et afin qu'ils reçoivent et qu'ils accomplissent avec la plus parfaite obéissance tout ce que ce Saint-Siége enseigne, établit et décrète.

« Ici nous ne pouvons nous empêcher de vous exprimer l'extrême douleur que nous avons ressentie lorsque, parmi d'autres mauvais écrits publiés en France, il nous est parvenu un *Mémoire* écrit en français, et imprimé à Paris, avec ce titre : *Sur la situation présente de l'Église gallicane relativement au droit coutumier,* dont l'auteur contredit de la manière la plus manifeste ce que nous vous recommandons et inculquons avec tant de sollicitude. Nous avons envoyé ce *Mémoire* à notre Congrégation de l'*Index,* afin qu'elle le réprouve et le condamne (4).

« Avant de terminer cette lettre, Bien-aimés Fils et Vénérables Frères, nous vous exprimons de nouveau combien nous désirons que vous rejetiez toutes ces discussions et toutes ces controverses, qui, vous le savez, troublent la paix, blessent la charité, fournissent aux ennemis de l'Église des armes avec lesquelles ils la tourmentent et la combattent. Ayez donc surtout à cœur de garder la paix entre vous et de la maintenir entre tous, vous rappelant sérieusement que vous remplissez une mission au nom de Celui qui n'est pas un Dieu de dissension, mais un Dieu de paix, qui n'a jamais cessé de recommander et d'ordonner à ses disciples la paix, et de la mettre au-dessus de tout. Et en vérité le Christ, comme chacun de vous le sait, « a mis tous les dons et les récompenses de sa

---

(1) Le Souverain Pontife fait ici allusion au journal l'*Univers* qui avait été condamné par Mgr l'archevêque de Paris.

(2) Saint Augustin, *In Psal. contr. part. Donat.*

(3) *Litt. synodic. Joann. Constantinopol. ad Hormisd.*

(4) La sacrée congrégation de l'*Index* a effectivement condamné ce *Mémoire* par un décret du 26 avril suivant.

« promesse dans la conservation de la paix. Si nous sommes héritiers du Christ, de-
« meurons dans la paix du Christ ; si nous sommes enfants de Dieu, nous devons être
« pacifiques, doux de cœur, simples dans leurs paroles, unis d'affection, fidèlement at-
« tachés entre eux par les liens de la concorde (1). »

« La connaissance et l'assurance que nous avons de votre vertu, de votre religion et
de votre piété ne nous permettent pas de douter que vous, Bien-aimés Fils et Vénérables Frères, vous n'acquiesciez de tout cœur à ces paternels avis, à ces désirs et à ces
demandes que nous vous adressons, que vous ne veuilliez détruire jusqu'à la racine
tous les germes de dissension et combler ainsi notre joie, vous supportant les uns les
autres en charité et avec patience, unis et travaillant avec accord à la foi de l'Évangile,
continuant avec un zèle toujours plus vif à faire sentinelle auprès du troupeau confié à
votre sollicitude, accomplissant avec soin toutes les fonctions de votre lourde charge,
jusqu'à la consommation des saints dans l'édification du corps de Jésus-Christ. Soyez
bien persuadés que rien ne nous est plus agréable ni plus à cœur que de faire tout ce
que nous saurons pouvoir servir à votre avantage et à celui des fidèles. Néanmoins,
dans l'humiliation de notre cœur, nous prions Dieu et nous lui demandons de répandre
toujours sur vous avec faveur l'abondance des grâces célestes, de bénir votre travail et
vos soins de pasteurs, afin que les fidèles confiés à votre vigilance marchent de plus en
plus agréables à Dieu en toutes choses, fructifiant chaque jour en toutes sortes de bonnes œuvres. En présage de cette divine protection et en témoignage de l'ardente charité
avec laquelle nous vous embrassons dans le Seigneur, nous vous donnons avec amour et
du fond du cœur la bénédiction apostolique à vous, nos chers Fils et Vénérables Frères, à tout le clergé et aux fidèles laïques de vos églises.

« Donné à Rome, près de Saint-Pierre, le 21 mars l'an 1853, de notre Pontificat,
le septième.

« PIE PP. IX. »

SÉNAT.

Sénat vient du mot latin *senis* qui signifie vieillard.

On donne ce nom dans l'Église au chapitre cathédral qui, par son
institution, est le conseil né de l'évêque diocésain, car un chapitre
doit être composé d'hommes instruits, prudents, expérimentés et
remarquables par la gravité et la maturité de l'âge. Le chapitre assiste l'évêque toutes les fois qu'il est nécessaire dans les délibérations et affaires importantes. *Canonici episcopo, quoties oportuerit,*
dit Pie IX, *in deliberandis agendisque gravioris momenti rebus consilium operamque præbeant, illiusque senatum constituant. (Bulle d'érection de l'évêché de Fort-de-France.)*

Le concile de Trente (*sess.* XXIV, *ch.* 12, *de Reform.*) et tous les
autres conciles ont donné au chapitre cathédral le nom de *sénat*,
Ecclesiæ senatus, jusqu'à celui de Paris, en 1849, qui dit : *In capitulo
cathedrali quod est episcopi senatus. (Tit.* I, *cap.* 7.)

Le sacré collège des cardinaux (*voyez* CARDINAL), est au Souverain Pontife, toute proportion gardée, ce que le chapitre est à l'évêque, et de
même qu'à la mort de l'évêque, la juridiction est dévolue au chapitre, de
même à la mort du pape la puissance spirituelle passe au sacré collége, qui est vraiment le chapitre, le *sénat* de l'Église universelle.

(1) Saint Cyprien, *De Unitate Ecclesiæ.*

Muratori nous apprend qu'au temps d'Alexandre III, les cardinaux étaient appelés *sénateurs* (1).

SÉMI-PRÉBENDE.

(*Voyez* PRÉBENDE.)

SENTENCE.

En matière canonique, une *sentence* est un jugement rendu sur quelque différend par des juges inférieurs, et dont on peut appeler. Il y a une *sentence* définitive, une *sentence* interlocutoire, une *sentence* provisionnelle. La *sentence* définitive est celle par laquelle le juge termine, autant qu'il est en lui, le différend principal des partis. La *sentence* interlocutoire est celle par laquelle le juge prononce sur quelques incidents, sans terminer le différend principal. La *sentence* provisionnelle est celle par laquelle le juge pourvoit à certains besoins, tels que le culte divin, la subsistance d'une personne, etc., en attendant que le différend principal soit terminé. (*Cap. Etsi 5, de Sentent., in* 6°.)

Selon le droit commun, on doit écrire toutes les *sentences*, et on ne peut ni les prononcer, ni les exécuter les jours de dimanches et de fêtes, sous peine de nullité. Dans la juridiction ecclésiastique, il faut trois *sentences* conformes avant que les *sentences* des juges d'Église aient force de chose jugée, et on peut appeler trois fois.

On appelle *sentences ex informatâ conscientiâ* le pouvoir qui appartient à l'évêque, de juger en certaines circonstances graves et pressées extra-judiciairement, sans recourir aux formes prescrites par les officialités. Le concile de Trente et nos derniers conciles provinciaux autorisent les évêques à prononcer quelquefois de ces sortes de *sentences*. Mais ils ne doivent le faire que dans des cas rares, et que lorsqu'il y aurait de graves inconvénients à recourir aux formes judiciaires. (*Voyez* OFFICIALITÉS.)

SENTENCE DES PÈRES.

Les *sentences* des saints Pères et des docteurs de l'Église, *dicta sanctorum Patrum*, ont beaucoup d'autorité dans le droit canon, en ce qui regarde la religion; elles font la matière d'un très-grand nombre de canons dans le décret: *Ne innitaris prudentiæ tuæ. Prudentiæ suæ innititur qui, ea quæ sibi agenda vel dicenda videntur, Patrum decretis, præponit.* (*C. 4, de Constit.*)

Voyez, sous le mot DOCTEUR, quels sont les docteurs de l'Église.

SÉPARATION.

Nous prenons ici ce mot relativement au mariage dans la signification la plus étendue: 1° pour la dissolution du contrat de ma-

_____

(1) *Rerum ital.*, 2, 1, *part.* II, *pag.* 540.

riage ; 2° pour la simple *séparation à toro* entre les mariés. Dans ces deux cas on peut se servir du mot *divorce : Divortium est dissolutio matrimonii, quæ utroque vivente conjuge contingit. Sed et simplicem tori separationem divortium non malè appellamus* (1). Comme le nom de divorce rappelle à l'esprit certains usages des Romains que l'Église n'a point adoptés, on n'use communément parmi nous que des noms de dissolution, *séparation*.

§ I. Séparation, *dissolution du mariage*.

Nous établissons sous le mot MARIAGE, le principe de l'indissolubilité du mariage que Jésus-Christ même a canonisé ; ce qui s'entend d'un mariage contracté sans aucun empêchement dirimant, et avec les formalités dont l'omission l'aurait rendu nul ou non valablement contracté. Or, un tel mariage ne peut être dissous que par la mort naturelle de l'un des conjoints, ou par la profession religieuse de tous les deux avant la consommation du mariage. On ajoute une troisième cause de dissolution, qui est la conversion d'un infidèle marié à la foi catholique. (*Concile de Trente, Sess.* XXIV, *du sacrement de mariage.*)

1° La mort civile ne rompt pas le lien du sacrement de mariage, elle rend seulement celui des mariés qui est mort civilement, incapable des actes civils et du droit qu'il aurait aux conventions matrimoniales, ou aux successions qui, sans cette mort civile, lui appartiendraient. (*Voyez* MORT CIVILE.)

Il n'en est pas de même de la mort spirituelle, c'est-à-dire, de la profession religieuse ; car des théologiens ont été jusqu'à soutenir qu'il est de foi que la profession des vœux solennels rompt le lien d'un mariage qui n'a pas été consommé, et qu'il est permis à la partie qui reste dans le siècle de se marier légitimement à un autre.

La raison qu'ils en donnent, c'est qu'on a toujours reconnu cet usage dans toute l'Église, et qu'en remontant jusqu'aux apôtres, on ne voit pas quand cet usage de l'Église universelle a commencé. Quoi qu'il en soit, le concile de Trente l'a renouvelé et confirmé par ce canon : *Si quis dixerit matrimonium ratum, non consummatum, per solemnem religionis professionem alterius conjugum non dirimi : anathema sit.* (*Sess.* XXIV, *can.* 6.)

Voici quelques-uns de nos anciens canons renouvelés par le concile de Trente. (*Can. Scripsit nobis 37, qu.* 2; *c. Verum; c. Ex publico, de Convers. conjug.; c. Commissum, de Spons.*) Le mariage considéré comme une simple promesse par paroles de présents en face de l'Église, s'appelle *matrimonium ratum.* Quand cette promesse a été suivie de l'usage des droits que donne le mariage, on l'appelle *consummatum ;* et on appelle *legitimum et non ratum* le mariage de deux infidèles contracté suivant les lois de leur pays.

---

(1) Lancelot, *Instit. can., lib.* II, *tit.* 16.

Pour que la profession religieuse de l'un des mariés rompe le mariage non consommé, il faut : 1° qu'elle soit faite de vœux solennels, et non de vœux simples (*cap. Ex parte, de Conv. conjug.*); 2° que toutes les formalités prescrites y soient observées (*voyez* PROFESSION); 3° que le mariage n'ait point été consommé; car s'il l'a été, la profession religieuse ne le dissout point, au moins dans l'Église latine, où l'on ne suit pas, comme dans l'Orient, la novelle 22 de Justinien, suivant laquelle les vœux solennels rompent le lien du mariage même consommé. Dans l'Église latine une personne mariée peut bien se faire religieuse après avoir consommé son mariage, mais en observant certaines règles et sans que le mariage soit pour cela dissous. Il faut : 1° que les deux époux y consentent (*C. Quidam intravit, de Convers. conjug.; can. Si quis conjugatus* 27, *qu.* 2); 2° que les deux mariés, chacun de son côté, fassent solennellement profession dans un ordre religieux approuvé, ou au moins que l'un d'eux se faisant religieux, l'autre qui demeure dans le siècle, s'engage à la chasteté par le vœu de continence perpétuelle. (*C. Cùm sit prædictus, de Conv. conjug.*)

Si la femme n'avait consenti que par violence à l'entrée de son mari dans le monastère, elle est en droit de le redemander, et, en ce cas, on doit obliger le mari de retourner avec son épouse. (*Cap. Accedens, de Conv. conjug.*) Que si, après être ainsi sorti du monastère, la femme venait à décéder, on n'obligerait pas le mari à rentrer dans le cloître : il serait seulement tenu de s'abstenir de mariage, parce que, s'il n'a pu sans le consentement de sa femme se faire religieux, il était en son pouvoir de renoncer aux droits et à l'usage du mariage. (*C. Quidam, eod.*)

Quoique la profession religieuse suffise pour dissoudre un mariage qui n'a point été consommé, la réception des ordres sacrés n'a pas la même force : de sorte que celui qui, après s'être marié, a reçu les ordres sacrés avant la consommation du mariage, doit entrer dans un monastère ou retourner avec sa femme. (*C. unic., de Voto et vot. redempt.*)

2° Nous disons, sous le mot EMPÊCHEMENT, § IV, n. VI, que si deux infidèles déjà mariés, l'un des deux vient à se convertir à la foi, leur mariage n'est pas pour cela dissous. Les canonistes n'appliquent point cette décision au cas où le conjoint qui reste dans l'infidélité ne veut pas cohabiter avec l'autre, ou n'y cohabiter qu'avec danger pour la foi du converti : *Item si alter infidelium conjugum ad fidem catholicam convertatur, et alter, qui in infidelitate remansit, vel nullo pacto, vel non sine blasphemiá divini nominis, vel ut catholicum ad mortale peccatum protrahat, ei cohabitare voluerit; conversus quasi priore matrimonio dissoluto, licitè ad secunda vota convolare poterit, et communis proles ipsi converso assignabitur : quod si conversum ad fidem et uxor conversa sequatur, antequàm propter causas prædictas legitimam maritus ducat uxorem, eam recipere compelletur.* Ce sont là les termes de Lancelot, fondés sur les chapitres *Quantò* et *Gaude-*

mus, de Divort., auxquels il est bon d'opposer ces paroles du glossateur : *Sed contrà videtur : nam inter infideles matrimonium est verum.* (*Dict. cap. Quanto et sup. de Sacram. matr.*, § 1.) *Undè videtur quod non possint separari ob defectum baptismi. Nam Christus interrogatus à Judæis qui non habebant baptismum, respondit, quod Deus conjunxit, homo non separet.* (*C. De infidelibus, de Consang. et affin.*) *Item matrimonium fuit institutum longè ante baptismum, scilicet in statu innocentiæ in paradiso, et ibi recepit indissolubilitatem suam, cùm fuit dictum :* « *Et erunt duo in carne unâ,* » *ut habetur in c.* 1, *de Voto in* 6°, *et in c. Fraternitatis* 35, *qu.* 10.

3° Les Grecs regardent l'adultère de l'une des parties unies par le sacrement du mariage comme un moyen de dissolution, après laquelle les parties peuvent passer à de secondes noces, comme s'il n'y avait point eu de premier mariage. L'Église latine, au contraire, a toujours décidé que l'adultère ne peut donner lieu qu'à une *séparation* d'habitation, sans dissoudre le lien formé par le sacrement. (*Canon* 7 *du Concile de Trente, session* XXIV.) Cette diversité entre l'Église d'Orient et celle d'Occident, sur un point aussi important, vient des différents sens qu'on a donnés à ces paroles de Jésus-Christ : *Quicumque dimiserit uxorem suam, nisi ob fornicationem, et aliam duxerit, mœchatur ; et qui dimissum duxerit, mœchatur.* (*Luc.* ch. XVI, *v.* 18.)

4° Il est dit, sous le mot RÉHABILITATION, qu'il y a quatre moyens pour remédier à la nullité d'un mariage. Le moyen de cassation se pratique dans les cas où le mariage, étant nul, ne peut être réhabilité. Casser un mariage, ce n'est pas annuler un mariage valide, parce que le mariage est indissoluble de droit divin, et que l'Église ne le peut rompre. Casser un mariage nul, c'est déclarer qu'il n'a pas été valablement contracté : *Non valuit, non tenuit.*

Il est décidé que le laps de temps ne rend pas valable un mariage contracté au préjudice d'un empêchement dirimant. (*C. Non debet, de Consang. et Affin.*)

Pour dissoudre un mariage, il faut avoir des preuves claires et constantes que l'empêchement subsistait dans le temps de la célébration. (*C. De illo; c. Super eo, de Eo qui cognovit,* etc.; *c. Relatum, Qui matrim. accus. possunt.*)

Lorsque deux personnes dont le mariage est nul ne peuvent ni le faire réhabiliter, par ce que l'Église n'accorde point de dispense pour l'empêchement qui le rend nul; ni le faire casser, parce qu'elles ne peuvent donner à l'Église des preuves de sa nullité, elles doivent prendre le parti de vivre ensemble comme frère et sœur, et, si cela ne se peut, de s'éloigner l'un de l'autre. (*C. Consultationi; c. Laudabilem, de Frigid.*)

§ II. SÉPARATION *de corps et de biens.*

Pour ce qui est de la simple *séparation* des mariés, qu'on appelle aussi du nom de divorce, on en distingue de deux sortes : l'une de

corps, *quoàd torum;* l'autre de biens, *quoàd mensam et habitationem.*
Celle-ci se fait toujours d'une manière authentique. L'autre se fait
aussi authentiquement en justice; mais elle se peut faire secrètement, par le droit qu'a l'un des époux de refuser, en certains cas,
le devoir à l'autre, avec qui il consent cependant d'habiter pour éviter le scandale. Il ne s'agit ici que des *séparations* authentiques.

Les causes de *séparation* de corps sont : 1° le danger du salut,
*judicio Ecclesiæ, propter alterius conjugam in hæresim aut apostasiam
lapsum. (C. Quando et de illa, de Divort.)*

2° Le danger de la vie, si un époux a attenté sur la vie de l'autre
époux, ou par le fer, ou par le poison, ou par quelque autre violence. *(C. Litteras, de Restit. spol.)* Le pape Alexandre III, sur les
chap. 1 et 2, *de Conjug. lepros.,* ne veut pas que la lèpre sur-
venue à l'un des époux serve de cause à l'autre pour demander la
séparation.

3° La mauvaise conduite d'un époux, qui, par ses désordres,
pourrait porter l'autre au péché. *(C. Quæsivit, de Divort.)*

4° L'adultère ; mais cette cause, ainsi que la précédente, ne doivent être proposées qu'avec les preuves les plus claires; et il faut
que la personne qui en fait le fondement de sa demande en *séparation* ne soit en aucun de ces cas qui la rendent, suivant le droit, non
recevable dans une pareille plainte : comme si elle est dans le même
cas, si elle a elle-même prostitué son conjoint, ou lui a pardonné
expressément ou tacitement, si l'adultère n'a été commis que par
force, etc.

5° Enfin les mauvais traitements, et tout ce qui excède les bornes
d'une correction domestique et maritale, sont aussi une juste cause
de *séparation.* Quoique souvent les mauvais traitements ne mettent
pas la femme en péril de sa vie, il suffit qu'ils soient considérables,
eu égard à la qualité des personnes ; car ce qui n'est point une cause
de *séparation* raisonnable entre des personnes de basse naissance,
pourra l'être entre des personnes d'une condition différente : cela
dépend beaucoup de la prudence des juges et des circonstances.

6° Quand l'un des époux est atteint de folie furieuse, et qu'il y
a, par conséquent, de fâcheux accidents à craindre.

7° Lorsque l'époux a volontairement et sciemment infecté son
épouse d'une maladie honteuse.

La loi civile ne reconnaît pas toutes ces causes de *séparation* de
corps; elle n'admet que : 1° l'adultère de l'un des époux; 2° les excès, sévices ou injures graves ; 3° la condamnation à une peine infamante. *(Code civil, art.* 229, 231, 232.)

Régulièrement, c'est aux juges d'Église à connaître des *séparations à toro. (Can. Sæculares, qu.* 2.) Mais cette compétence est nulle
en France dans la pratique. Néanmoins nous constatons ici le droit
imprescriptible de l'Église.

Si le mari obtient en justice d'être séparé de sa femme, *quoàd torum et habitationem,* il n'est plus obligé de lui rendre le devoir : il

en est dispensé pour le reste de ses jours. Il n'est pas même obligé, en conscience, de la reprendre, à moins que la cause de la *séparation* ayant cessé, celle des parties qui n'avait pas demandé la *séparation* ne veuille être réintégrée dans son premier état. Il faut remarquer que toutes les raisons que les époux peuvent alléguer pour demander leur *séparation*, n'autorisent pas une *séparation* perpétuelle, mais seulement pour le temps qu'elles subsistent; car, dès qu'elles cessent, il faut que les personnes mariées se remettent ensemble, parce que le lien du mariage, qui est indissoluble, les oblige alors à rentrer sous le joug où il les a mises en se mariant (1).

Lorsque les causes de *séparation* sont secrètes, il n'est pas permis aux époux de se séparer avant la sentence du juge, à moins qu'il n'y ait péril dans le délai, parce qu'autrement ils se sépareraient souvent pour les motifs les plus frivoles et ils rempliraient la société de troubles et de scandales; mais quand les causes de *séparation* sont de notoriété publique, la plupart des canonistes enseignent que les parties peuvent se séparer de leur autorité privée et sans attendre la sentence du juge, parce que dans ce cas, l'époux qui se retire, ne donne point sujet de trouble, de scandale et de diffamation. *Si notorium est mulierem ipsam adulterium commisisse, ad eam recipiendam vir, qui illam dimiserat, cogi non debet. (Cap. Significat., de Divoritiis.)*

Lorsque la *séparation* se fait de gré à gré, elle peut avoir lieu pour toutes les causes admises par le droit canon, mais lorsqu'elle se fait contre le gré de l'un des époux, par exemple, lorsque la femme veut se retirer malgré son mari, régulièrement parlant, elle ne peut le faire que pour une cause admise par le droit civil; autrement son mari pourrait la faire rentrer sous le toit conjugal. On a dit régulièrement parlant; car lorsqu'il y a danger, par exemple, qu'un mari entraîne sa femme dans l'hérésie, dans l'infidélité, dans quelques crimes, elle peut se séparer même malgré son époux, parce que, selon le droit naturel et divin, rien ne doit nous empêcher de nous garantir du danger de pécher et de nous damner.

L'on voit sous le mot ADHÉSION, les cas où la demande en adhésion peut avoir lieu.

Le Code civil a statué ainsi qu'il suit, relativement à la *séparation* de corps.

« ART. 306. Dans le cas où il y a lieu à la demande en divorce pour cause déterminée, il sera libre aux époux de former demande en *séparation* de corps.

« ART. 307. Elle sera intentée, instruite et jugée de la même manière que toute action civile; elle pourra avoir lieu par le consentement mutuel des époux.

« ART. 308. La femme contre laquelle la *séparation* de corps sera prononcée pour cause d'adultère, sera condamnée par le même ju-

(1) *Conférences de Paris, tom.* II, *pag.* 106.

gement et sur la réquisition du ministère public, à la réclusion dans une maison de correction pendant un temps déterminé, qui ne pourra être moindre de trois mois, ni excéder deux années.

« Art. 309. Le mari restera le maître d'arrêter l'effet de cette condamnation, en consentant à reprendre sa femme.

« Art. 311. La *séparation* de corps emportera toujours la *séparation* de biens. »

Quant à la simple *séparation* de biens, qui n'a rien de commun avec la *séparation* de corps, elle ne produit d'effets que par rapport aux intérêts civils, et ne change en rien l'état des conjoints par rapport au devoir conjugal. Voici ce que le Code civil a statué sur la *séparation* de biens :

« Art. 1443. La *séparation* de biens ne pourra être poursuivie qu'en justice par la femme dont la dot est mise en péril, et lorsque le désordre des affaires du mari donne lieu de craindre que les biens de celui-ci ne soient point suffisants pour remplir les droits et reprises de la femme.

« Toute *séparation* volontaire est nulle.

« Art. 1444. La *séparation* de biens, quoique prononcée en justice, est nulle, si elle n'a point été exécutée par le paiement réel des droits et reprises de la femme, effectué par acte authentique jusqu'à concurrence des biens du mari, ou au moins par des poursuites commencées dans la quinzaine qui a suivi le jugement, et non interrompues depuis.

« Art. 1445. Toute *séparation* de biens doit, avant son exécution, être rendue publique par l'affiche sur un tableau à ce destiné, dans la principale salle du tribunal de première instance, et de plus, si le mari est marchand, banquier ou commerçant, dans celle du tribunal de commerce du lieu de son domicile, et ce, à peine de nullité de l'exécution.

« Le jugement qui prononce la *séparation* de biens remonte, quant à ses effets, au jour de la demande.

« Art. 1446. Les créanciers personnels de la femme ne peuvent, sans son consentement, demander la *séparation* de biens.

« Néanmoins en cas de faillite ou de déconfiture du mari, ils peuvent exercer les droits de leur débitrice jusqu'à concurrence du montant de leurs créances.

« Art. 1447. Les créanciers du mari peuvent se pourvoir contre la *séparation* de biens prononcée et même exécutée en fraude de leurs droits ; ils peuvent même intervenir dans l'instance sur la demande en *séparation* pour la contester.

« Art. 1448. La femme qui a obtenu la *séparation* de biens, doit contribuer, proportionnellement à ses facultés et à celles du mari, tant aux frais du ménage qu'à ceux d'éducation des enfants communs.

« Elle doit supporter entièrement ces frais, s'il ne reste rien au mari.

« Art. 1449. La femme séparée, soit de corps et de biens, soit de biens seulement, en reprend la libre administration.

« Elle peut disposer de son mobilier, l'aliéner.

« Elle ne peut aliéner ses immeubles sans le consentement du mari, ou sans être autorisée en justice, à son refus...

« Art. 1451. La communauté dissoute par la *séparation*, soit de corps et de biens, soit de biens seulement, peut être rétablie du consentement des deux parties.

« Elle ne peut l'être que par un acte passé devant notaire, et avec minute, dont une expédition doit être affichée dans la forme de l'article 1445.

« En ce cas, la communauté rétablie reprend son effet du jour du mariage; les choses sont remises au même état que s'il n'y avait point eu de *séparation,* sans préjudice néanmoins de l'exécution des actes qui, dans cet intervalle, ont pu être faits par la femme en conformité de l'article 1449.

« Toute convention par laquelle les époux rétabliraient leur communauté sous des conditions différentes de celles qui la réglaient antérieurement, est nulle. »

SÉPULCRE.

On appelle *sépulcre* l'endroit de l'autel ou de la pierre sacrée dans lequel on place ordinairement des reliques. (*Voyez* AUTEL.)

SÉPULTURE.

Nous appliquerons ici ce mot, 1° au lieu où la *sépulture* doit être faite; 2° à qui elle doit être donnée; 3° à la forme des enterrements; 4° à la violation de *sépulture*.

§ I. *Lieu de la* SÉPULTURE.

Les Juifs, les Romains et les chrétiens se sont toujours fait un devoir de donner aux morts une *sépulture* honorable. Il n'y avait cependant autrefois que les corps des martyrs qui fussent enterrés dans les églises. On inhumait les autres dans les cimetières seulement, et l'empereur Constantin fut le premier qui se fit enterrer sous le portique du temple des apôtres à Constantinople. L'empereur Honorius, à son imitation, fit dresser son tombeau dans le porche de l'église de Saint-Pierre à Rome. Ces exemples furent bientôt suivis. Sous le pape Léon, l'usage de se faire enterrer aux porches et à l'entrée des églises était presque général. Dans la suite, on obtint la *sépulture* dans l'intérieur des temples; mais les évêques étaient attentifs à n'accorder cette grâce qu'à ceux qui avaient été pendant leur vie d'une piété distinguée. C'est ce que prouve un très grand nombre de conciles que nous croyons inutile de rappeler ici, notamment de France; nous ne citerons que le concile de Meaux, canon 72, et le concile de Tribur, canon 17 de l'année 705 (1).

Cette discipline fut négligée dans les siècles de relâchement, à tel point que les personnes illustres, pour se distinguer du commun des fidèles qu'on enterrait pour certains droits pécuniaires dans les églises, recherchèrent à être enterrées dans des lieux particuliers et surtout dans le chœur.

Cette prérogative fut accordée d'abord aux personnes de la première considération, et dans la suite elle fut donnée aux patrons et fondateurs : ce qui était déjà établi dans le treizième siècle. (*Cap. Nullus* 13, *qu* 3; *c. Ecclesiam, de Consecrat., dist.* 1.)

C'est là l'origine du droit honorifique des fondateurs des églises touchant leur *sépulture;* il ne fut dans l'origine qu'une grâce que l'Église voulait bien leur accorder; ils en ont fait ensuite un droit de rigueur. Pour ce qui est des particuliers, ils ont obtenu des *sépultures* dans l'église paroissiale par certaines rétributions, à peu près comme des places pour les bancs.

L'Église a toujours désapprouvé les *sépultures* dans les temples chrétiens; elle a souvent fait des efforts pour les empêcher. Tantôt elle a, par les défenses les plus expresses, repoussé des lieux saints ceux à qui la sainteté de leur vie n'avait pas acquis le droit d'y être ensevelis : *Nemo in ecclesiâ sepeliatur, nisi fortè talis sit persona sacerdotis, aut cujuslibet justi hominis, qui per vitœ meritum talem vivendo suo corpori defuncto locum acquisivit.* (*Theodul. Aurelian., cap.* 9.) Tantôt elle a voulu, par des ménagements en faveur des prétentions qui paraissaient établies, proscrire celles qui cherchaient à s'élever; mais, lors même qu'elle use de condescendance, on la voit rappeler scrupuleusement les fidèles à l'observation des règles. Si elle permet d'enterrer sous les porches et portiques des églises, c'est pour empêcher qu'aucune *sépulture* n'ait lieu dans les églises mêmes : *Prohibendum etiam, secundùm majorum instituta, ut in ecclesiâ nullatenus sepeliantur (mortui), sed in atrio aut in porticu, aut extrà ecclesiam; infrà ecclesiam verò aut propè altare ubi corpus Domini et sanguis conficitur, nullatenus habent licentiam sepeliendi.* (*Concile de Nantes de l'an* 900, *can.* 6.) Si elle y admet tous les ecclésiastiques sans distinction, c'est qu'elle les suppose tous saints, comme leur vocation les y engage : *Nullus mortuus infrà ecclesiam sepeliatur, nisi episcopi, aut abbates, aut digni presbyteri, vel fideles laici.* (*Concile de Mayence de l'an* 813, *can.* 52.) Si elle leur associe quelquefois les fondateurs et même les bienfaiteurs, c'est que par là le plus grand nombre est exclu. Elle ne permet d'exceptions qu'autant qu'elles ne pourront être héréditaires : *Nemo christianorum præsumat quasi hæreditario jure de sepulturâ contendere* (2). Elle ne tolère un titre suspect que pour en donner un véritable à ses

(1) Voyez ce canon dans notre *Histoire des Conciles*, tom. IV, *pag.* 59.
(2) Le P. Labbe, *Sacrosancta concilia*, tom. II, *pag.* 1125.

ministres contre ceux qu'elle doit éloigner : *Prohibemus ne corpora defunctorum in ecclesiis sepeliantur, nisi sit fundator, vel patronus, vel capellanus ecclesiæ, nisi de licentiâ episcopi* (1).

Le zèle de l'Église de France est particulièrement remarquable sur cette partie de la discipline ancienne : les enterrements dans l'église sont proscrits par beaucoup de conciles du royaume (2). Les Capitulaires, qui présentent la réunion des deux autorités, s'énoncent en ces termes : *Nullus deinceps in ecclesiâ mortuus sepeliantur.* Presque tous les rituels et statuts synodaux les défendent également. (*Voyez* CIMETIÈRE.)

Pour ce qui regarde les *sépultures* sous le rapport légal, voyez notre *Cours de législation civile ecclésiastique.*

§ II. *A qui est due la* SÉPULTURE *ecclésiastique.*

La *sépulture*, en général, est du droit des gens; les nations les plus barbares ensevelissent les morts, ou par religion, ou par humanité. (*Voyez* CIMETIÈRE.) Les chrétiens, dont les corps sont comme les temples du Saint-Esprit, le font par piété ou par charité; c'est une œuvre de miséricorde. Voici sur ce sujet les belles paroles de saint Augustin : *Jacet corpus exanime ac gelidum, homo sine homine, cadaver sine spiritu; acclamatur, nec respondet ; vocatur, et non exaudit : deperditis vitalibus functionibus, qui fuit non est, nemo suorum adjuvat, nec ipse auxilium postulare potest ; quam ob causam nos eo magis commoveri æquum est : potest enim qui fame aut siti laborat, vel ex puteo, vel ex profluente recreari ; qui nudus est foliis vestes contexere, qui ægrotat majorem in aliis miseriam cogitando se consolari, et captivus in captivitate, et peregrinus sub frigido cœlo respirat : at mortuus, cùm anima sensuque careat, nec quo se vertat, nec quid imploret ampliùs, nec vim habet implorandi ; nihil mirum igitur si insit à naturâ in humanis pectoribus singularis ergà defunctos pietas ac miseratio.*

C'est un devoir de la part des curés, et en même temps un droit, de faire ensevelir tous leurs paroissiens dans l'église ou le cimetière de la paroisse, quand les paroissiens décédés n'ont pas choisi leur *sépulture* ailleurs, ou qu'ils ne sont pas dans quelqu'un des cas pour raison desquels l'Église défend de les ensevelir, ou solennellement ou dans un lieu saint. Voici les cas d'interdit de la *sépulture* :

Le premier de ces interdits ne prive que de l'accompagnement et des cérémonies de l'enterrement, et il n'a lieu, suivant le droit, que dans trois cas : 1° lorsque le défunt a été exécuté pour ses crimes. (*C.* 12, *caus.* 24, *qu.* 5.) La raison est que la *sépulture* solennelle est un honneur dont ces personnes, que leur genre de mort rend infâmes, sont manifestement indignes. Il est cependant des pays où

---

(1) Le P. Labbe, *Sacros. concil.*, pag. 752.

(2) On peut voir dans notre *Histoire des Conciles*, un grand nombre de canons qui le défendent.

l'on ne suit pas cet interdit, et où un prêtre accompagne les suppliciés, revêtu du surplis et de la chape, sans néanmoins chanter.

2° Les clercs d'une église interdite, qui meurent pendant l'interdit qu'ils ont exactement gardé, sont dans le cas d'être enterrés dans le cimetière sans sonner les cloches, et sans employer les autres solemnités. (*C.* 11, *de Pœnit. et remis.*) Le temps d'interdit est un temps de silence et d'humiliation.

3° Ceux qui étant coupables de rapine ou de profanation des églises, n'ont voulu satisfaire qu'à leur mort, lorsqu'ils ne le pouvaient plus. (*C.* 2, *de Rapt.*) Le refus de satisfaire, quand on le pouvait, n'est pas excusé par la volonté de le faire quand on ne le peut plus.

La seconde espèce d'interdit renferme la première, et on la refuse à tous ceux à qui on ne doit donner les sacrements qu'à l'heure de la mort, ou à qui on doit les refuser : tels sont ceux qui veulent mourir dans un péché public, ou qui meurent dans un péché connu, sans avoir témoigné le désir d'en vouloir sortir. Il n'y a que trois cas dans le droit où la *sépulture* en terre sainte soit refusée à dés gens qui ont reçu les sacrements.

1° Ceux qui étant allés au tournois pour se battre avec des armes, et faire ainsi ostentation de leurs forces, meurent, après qu'on leur a administré les sacrements, de la blessure qu'ils ont reçue dans le combat. (*C.* 1 *de Torneam.*)

2° Les duellistes qui meurent dans le duel (*voyez* DUEL), après même avoir donné des marques de pénitence, et reçu quelque sacrement. (*Concile de Trente, sess.* XXV, *ch.* 19, *de Reform.*)

3° Ceux qui, excommuniés pour leurs crimes énormes, sont absous à la mort, sur la promesse des satisfactions auxquelles ils sont obligés, et dont les parents ne veulent pas s'acquitter après leur mort. Ce cas est exprimé dans le chapitre 7, *tit. de Rapt. et incend.*

La raison pour laquelle dans ces cas on donne les sacrements, et on refuse la *sépulture,* est que les sacrements qu'on donne à la mort, sont nécessaires et utiles pour le salut, au lieu que la *sépulture* dans un lieu saint est quelquefois nuisible au défunt, suivant ce qui est dit dans les canons 16 et 17 de la cause 13, question 2. *Cùm gravia peccata non deprimunt, hoc prodest mortuis, si in ecclesiâ sepeliantur, quod eorum proximi, quoties ad eadem sacra loca veniunt, suorum quorum sepulchra aspiciunt, recordantur, et pro eis Domino preces fundunt, nam quos peccata gravia deprimunt, non ad absolutionem potiùs, quàm ad majorem damnationis cumulum, corum corpora in ecclesiis ponuntur.*

Le droit canon n'interdit expressément la *sépulture* ecclésiastique, à cause de la mort dans le péché, qu'aux personnes qui suivent les hérétiques et ceux qui les favorisent en quelque manière que ce soit. (*C.* 8, *c.* 13, *de Hæret.; c.* 2, *de Hæret. in* 6º.)

Ceux qui sont coupables de rapine, et qui ne veulent pas restituer avant leur mort, quoiqu'ils le puissent. (*C.* 2, *de Rapt.*)

Il en est de même de l'incendiaire qui meurt sans vouloir réparer le dommage causé. (*C. 32, caus. 23, qu. 5.*)

Ceux qui, ayant l'âge de raison, se tuent par désespoir ou par quelque autre passion. (*C. 11, de Sepult. c. 12, 22, qu. 5.*)

Les excommuniés qui meurent sans demander l'absolution de l'excommunication dont ils se connaissent liés, et qui est d'ailleurs publique. (*C. 12, de Sepult.*)

Les religieux à qui on trouve du pécule au temps de leur mort. (*C. 2, 4, de Stat. monach.*) (*Voyez* PÉCULE.)

Les usuriers manifestes qui ne veulent pas renoncer à leur usure manifeste, ni restituer les intérêts usuraires qu'ils ont injustement perçus. (*C. 3, 5, de Usur.*)

Ceux qui, n'ayant pas satisfait à leur devoir pascal, meurent sans donner des marques de repentir. (*C. 12, de Pœnit. et remiss.*)

Ceux à qui l'entrée de l'église est interdite, s'ils meurent pendant ces interdits sans aucun signe de pénitence. (*C. 10, de Excom. in 6°.*)

On ajoute à ces personnes à qui le droit refuse la *sépulture* ecclésiastique, parce qu'elles meurent dans le péché, les enfants morts sans baptême, s'ils sont hors du sein de leur mère, à cause du péché originel ; les infidèles, les schismatiques, les apostats (1). Ces derniers sont exclus par l'excommunication qui les affecte ; et les infidèles n'étant point dans l'Église, on n'a pas cru même nécessaire de marquer qu'ils ne devaient pas y être inhumés. (*C. 12, de Sepultur. ; c. 7, de Cons. eccles.*)

Suivant le droit, le cimetière est pollué par l'enterrement qu'on y fait d'un excommunié ; et il est interdit pour toujours, quand on y enterre un hérétique, ou quelqu'un de ceux qui favorisent les hérétiques. (*C. 7, de Conseer. eccles. ; c. 2, de Hæret. in 6°.*) (*Voyez* POLLUTION.)

Les clercs qui enterrent en terre sainte les fauteurs des hérétiques, doivent être déposés pour toujours (*C. 13, de Hæret.*), et s'ils y enterrent ceux dont parle le chapitre 2, *de Raptoribus et incendiariis,* c'est-à-dire, le voleur et l'incendiaire des églises qui refusent de satisfaire, ils doivent être privés de leur office et de leur bénéfice, *deponuntur ab officio et beneficio.* S'ils y enterrent un usurier manifeste, mort dans son péché, ils sont déclarés suspens par le chapitre 3, *de Usur.* Ils encourent en outre l'excommunication par la *sépulture* qu'ils accordent aux hérétiques, ou à ceux qui les favorisent en quelque façon ; aux excommuniés et interdits nommément, aux usuriers manifestes, et au temps d'un interdit. (*C. 2, de Hæret. in 6°; Clem. 1, de Sepult.*)

Parmi les cas de refus de *sépulture* que nous venons de rapporter, d'après le droit canon, il en est plusieurs qui ne sont plus suivis dans la discipline actuelle de France, par exemple, pour ce qui

(1) *Mémoires du clergé, tom. v, pag.* 1643.

regarde l'obligation de satisfaire au devoir pascal. Chacun doit, à cet égard, se conformer aux ordonnances de son diocèse et aux décrets des conciles de sa province métropolitaine.

D'après nos derniers conciles provinciaux de Reims, de Sens, etc., on doit refuser la *sépulture* ecclésiastique aux infidèles et aux excommuniés nominativement, car dans ce cas, le cimetière serait pollué. On doit la refuser encore aux hérétiques et aux schismatiques publics, ainsi qu'à ceux qui ont abjuré la foi catholique, à ceux qui sont morts en se battant en duel, à moins qu'avant de mourir, ils n'aient donné des signes de repentir, à ceux qui, jouissant de leur raison, se sont suicidé, enfin à tous ceux qui refusent avec une impiété scandaleuse et par devant témoins les derniers sacrements de l'Église. On ne doit pas non plus donner la *sépulture* chrétienne aux enfants morts sans baptême.

Le concile d'Aix de l'an 1850 veut qu'on refuse aussi la *sépulture* ecclésiastique à ceux qui attaquent et combattent *ex professo* dans des livres ou écrits publics la religion catholique et aux concubinaires notoires qui n'ont donné aucun signe de pénitence. (*Titul.* XI, cap. 6, § 2.)

Pour ne pas s'écarter des lois canoniques, un pasteur ne doit, généralement parlant, refuser son ministère qu'à ceux qui meurent dans l'impénitence, et lorsque l'impénitence est tellement publique, tellement scandaleuse, que ce serait un nouveau scandale que de rendre à ceux qui ont été, jusqu'au dernier moment, rebelles à l'Église et à Dieu, les honneurs qui sont réservés à ceux qui meurent dans la communion des saints. Et comme il s'agit d'infliger une espèce de peine, dans le doute si elle est applicable dans tel cas particulier, le parti le plus sûr, et le seul équitable, est de se déclarer pour l'indulgence : *In dubiis odiosa sunt restringenda.* S'il est possible, on fera bien dans ce cas de consulter l'évêque.

Il est à propos de remarquer que les décédés doivent être enterrés dans le cimetière affecté au lieu qu'ils ont habité. Ainsi, lorsqu'il y a plusieurs communes dans une paroisse, et que chaque commune a un cimetière, le défunt doit être enterré dans celui de sa commune, quand même il ne serait pas situé dans le chef-lieu de la paroisse. S'il y a plusieurs paroisses dans une seule commune, c'est dans le cimetière paroissial qu'il doit être enterré. Enfin, si une fraction de paroisse ou de commune possède un lieu consacré aux *sépultures*, c'est dans ce dernier que doit se faire l'inhumation du décédé habitant cette fraction de paroisse ou de commune. (*Décision du ministre de l'intérieur, du 26 thermidor an XII-14 août 1804.*) (*Voyez* CIMETIÈRE.)

Quoique les registres de la paroisse soient moins nécessaires pour les *sépultures* que pour les baptêmes et les mariages, les curés ne doivent pas négliger de faire inscrire les actes de *sépulture*. Les registres sont des espèces de diptyques qui renferment les noms de ceux qui sont morts dans la communion de l'Église. (*Voyez* REGISTRE.)

§ III. *Forme des* SÉPULTURES *ou enterrements.*

Les rituels des diocèses marquent le temps que l'on peut ou que l'on doit laisser les corps défunts sans les inhumer. La congrégation des rites a décidé que les héritiers peuvent rendre le convoi ou l'enterrement de leurs parents décédés aussi pompeux que bon leur semble pour le nombre des personnes, clercs ou laïques, qui y assistent processionnellement, et pour le luminaire ; et dans ce cas c'est à ceux qui font les frais à faire le choix des personnes ; le curé ne le peut faire qu'à leur défaut.

La même congrégation a décidé que les confréries ne peuvent assister aux convois sans y être expressément appelées, et dans ce cas elles ne doivent point porter de croix.

Tous ceux qui ont été appelés pour assister aux funérailles doivent se rendre à l'église paroissiale du défunt. Si le corps est déposé dans une église particulière, c'est à cette église que l'on se rend ; mais c'est toujours au curé du défunt à lever le corps pour le porter et le conduire dans l'église de la paroisse où il doit être inhumé, après toutefois l'avoir présenté dans l'église de la paroisse pour y recevoir sa bénédiction.

C'est au curé qu'il appartient de régler l'heure de l'enterrement et d'indiquer le chemin que l'on doit prendre pour parvenir à l'église où le défunt a choisi sa *sépulture*. Le curé est obligé de conduire le corps de son paroissien jusqu'à la porte de l'église. Il peut y entrer avec son clergé, mais sans chanter aucun office.

Les curés ne doivent pas exiger une plus forte rétribution pour la *sépulture* des étrangers que pour celle des habitants, et ils doivent s'acquitter gratuitement de ce devoir envers les pauvres. Telles sont, à cet égard, les décisions de la congrégation des rites [1].

Suivant le concile d'Aix en 1585, et celui de Bordeaux en 1624, on ne peut faire l'oraison funèbre de personne, sans la permission de l'évêque [2].

Par le canon *Nullus, dist.* 79, il est défendu de ne procéder à l'élection des papes et des évêques qu'après l'enterrement du prédécesseur ; et dans le chapitre *Bonæ memoriæ,* § *Electionem, de Elect.,* le pape casse l'élection d'un archiprêtre faite avant l'enterrement du défunt.

§ IV. *Violation de* SÉPULTURE.

La violation de *sépulture* chez les Romains était réputée pour l'un des plus grands crimes, comme on en juge par les lois, au code *tit. de Sepult. violat.* Il l'est aussi encore aujourd'hui parmi les chrétiens. Le concile de Reims, tenu l'an 1583, exige une permission expresse de l'évêque pour l'exhumation des corps enterrés, et l'ex-

(1) Barbosa, *de Officio et potestate parochi,* cap. 20.
(2) *Mémoires du Clergé,* tom. IV, pag. 1653.

travagante *Detestandæ feritatis, de Sepult.*, prononce excommunica-tion, *ipso facto,* contre tous les violateurs de *sépulture.*

SERMENT.

Le *serment* est un acte de religion par lequel celui qui jure, prend Dieu pour témoin de sa sincérité et de sa fidélité, ou pour juge ou vengeur, s'il est infidèle : *Juramentum est divini nominis attestatio.* (*C. fin. de Jurament.*)

§ I. *Différentes espèces de* SERMENT.

Le *serment* qui se rapporte à un fait présent ou passé s'appelle assertoire, et celui qui a droit à l'avenir, est appelé promissoire.

Quand on jure en prenant Dieu à témoin, le *serment* se fait alors, comme disent les théologiens, *per simplicem Dei contestationem;* mais si, attestant un fait, on s'impose seulement à soi-même une peine, au cas qu'il ne soit point véritable, le *serment* est alors exé-cratoire; *fit per execrationem.*

Quand on affirme par un *serment* une chose fausse, on commet proprement le crime de *parjure;* mais, dans un sens étendu, on le commet aussi quand on viole le *serment* promissoire, c'est-à-dire, quand on n'accomplit point les promesses que l'on a faites avec *serment.*

Le parjure est une espèce de blasphême, parce qu'on peut infé-rer que son auteur ne croit point en Dieu qu'il a pris pour témoin de sa parole. (*Voyez* BLASPHÊME, PARJURE.)

On établit en matière de *serment,* comme autant de règles fondées sur le droit : 1° Que le *serment* se peut faire de vive voix, par écrit ou par signe, en levant la main droite comme font les séculiers, ou la mettant sur la poitrine, comme font les ecclésiastiques, ou en touchant le livre de l'Évangile, le crucifix, ou des reliques.

2° Que le *serment* en soi est licite, bon de sa nature, et un acte de religion, quand il est fait avec nécessité, avec vérité, avec pru-dence et avec justice : *Animadvertendum est quod jusjurandum hos habeat comites, veritatem, judicium atque justitiam; si ista defuerint, nequaquam erit juramentum, sed perjurium.* (*C. caus.* 11, *qu.* 2.) Jé-sus-Christ n'a condamné dans l'Évangile que les *serments* exécra-toires, sans nécessité et par mauvaise habitude. (*C. Si Christus, de Jurejur.*)

3° Celui qui affirme avec *serment* une chose fausse, la croyant vé-ritable, n'est point parjure ; mais le jurement est téméraire, lors-qu'on ne s'est pas suffisamment instruit du fait. (*C. Is autem* 22, *qu.* 2.)

Le *serment* de faire une chose illicite ou injuste n'oblige point, non plus que celui qui a été extorqué par force, violence et crainte. (*Tot. caus.* 22, *qu.* 4; *c. Pervenit; c. Cùm quidam; c. Sicut; c. Quanto personam; c. Abbas; c. Ad audientiam, de Jurejur. Non est obligatorium contrà bonos mores præstitum juramentum.* (*Reg.* 58, *juris in* 6°.) Le *serment* pour une chose mauvaise n'oblige pas. Ainsi les *serments* que font les membres des sociétés secrètes ne sont pas obligatoires. (*Voyez* FRANCS-MAÇONS.)

Il en est de même du *serment* inconsidéré dont l'accomplissement jetterait dans un plus grand mal, ou exposerait au danger de perdre son salut. (*C. Si aliquid* 22, *qu.* 4; *c. Si verò, de Jurejur.*)

La promesse faite avec serment sous une condition expresse ou implicite, ne lie point, si cette condition manque. (*C. Quemadmodùm, de Jurejur.*)

Enfin, quand deux personnes se sont engagées réciproquement par *serment* à faire certaine chose, si l'une des deux manque à exécuter ce qu'elle a promis, l'autre est déliée de son *serment.* (*C. Sicut, de Jurejur.*)

4° On punissait autrefois les ecclésiastiques convaincus de parjure, avec la même rigueur que les fornicateurs et les adultères, c'est-à-dire qu'ils étaient déposés. (*C. Quærelam, de Jurejur.*) Le pape Luce III ne prononce que la suspense. (*In c.* 2, *de Fidejuss.*)

5° Les *serments* faits à Dieu et pour Dieu peuvent finir par les mêmes voies que le vœu. (*Voyez* vœu.) Ceux qui sont faits au profit du prochain, peuvent finir par la remise de ce dernier, par l'irritation et par la dispense dans le cas où le *serment* n'a pas été fait légitimement.

On n'est point obligé d'exécuter les ordres d'une personne, quoiqu'on s'y soit engagé par un *serment* solennel, quand cette personne ordonne quelque chose qui est contraire aux bonnes mœurs. Lorsqu'un *serment* est conçu en termes généraux, il faut l'expliquer de manière qu'il ne contienne rien de contraire aux bonnes mœurs et aux règles de droit. (*Cap. Veniens, extra.*) C'est pourquoi s'il arrivait que celui qui s'est engagé par *serment* à obéir à tous les ordres d'une autre personne, en reçut qui l'obligeassent à faire quelque chose qui fût contraire à un *serment* précédent, cette personne ne serait point tenue de l'exécuter, parce qu'on présume qu'elle n'aurait point fait le dernier *serment,* si elle avait cru qu'on lui ordonnât quelque chose qui fût contraire au premier. (*Cap. Quia personam, ibid.*)

Les *serments* qu'on fait de ne point obéir au supérieur légitime, ou qui peuvent indirectement donner atteinte à l'obéissance qui lui est due, ne doivent point être observés. (*Cap. Si verò.*)

Les prélats ou les chanoines qui ont juré à leur réception d'observer les statuts et les coutumes du chapitre, ne sont point obligés d'observer ces statuts, quand ils prescrivent des choses impossibles, illicites, ou contraires aux libertés de l'Église. (*Cap. Contingit.*)

§ II. SERMENT *de fidélité des évêques.*

On voit dans une lettre d'Yves de Chartres au pape Pascal II, que de son temps, l'usage du *serment de fidélité* des évêques de France fait au roi, était regardé comme très ancien, et qu'on était persuadé que les évêques l'ont toujours prêté.

Il nous reste peu de chose du *serment de fidélité* prêté par les évêques de France aux rois de la première race, soit que ce qui s'est passé à cet égard n'ait pas été recueilli, ou que cette cérémonie n'ait pas été observée exactement, l'Église ne possédant point alors de domaines considérables qui aient donné lieu à cette précaution.

Cet usage, sous les rois de la seconde race, est plus explicite; on en a même conservé plusieurs formules, qui ont été différentes, suivant les circonstances des temps et les conjonctures des affaires qui ont obligé de les exiger. Par l'une de ces formules, il paraît que le roi recevait le *serment de fidélité* des évêques qui n'étaient pas sacrés. Dans la même formule, l'évêque jure et promet de faire résidence personnelle en son diocèse, selon que le droit et les saints canons l'ont ordonné.

La formule du *serment de fidélité* qui est en usage présentement en France se trouve dans l'article 6 du concordat. (*Voyez* CONCORDAT.) Cependant les évêques aujourd'hui prêtent *serment* comme les fonctionnaires publics.

Le *serment de fidélité* usité sous le concordat de Léon X était conçu en ces termes : « Je jure le très saint et sacré nom de Dieu, sire, « et promets à Votre Majesté, que je lui serai, tant que je vivrai, « fidèle sujet et serviteur, et que je procurerai son service et le bien « de son État de tout mon pouvoir ; que je ne me trouverai en aucun « conseil, dessein ni entreprise d'iceux : et s'il en vient quelque « chose à ma connaissance, je le ferai savoir à Votre Majesté. Ainsi « me soit Dieu en aide et ses saints Évangiles. »

On peut voir dans les concordats de chaque nation la formule du *serment* que prêtent les évêques.

SERVICE DIVIN.

Ce sont les prières, le saint sacrifice, les offices et les cérémonies qui se célèbrent dans l'Église, et dans lesquelles consiste le culte extérieur.

Sous le mot OFFICE DIVIN, on voit en quoi consiste l'office divin, par rapport aux prières qui le composent, l'obligation de ceux qui doivent le réciter et la manière dont il doit être récité en particulier et chanté en public.

SERVICES RELIGIEUX.

(*Voyez* ANNIVERSAIRE.)

SEXTE.

Le *sexte* est la collection des décrétales que le pape Boniface VIII fit faire, l'an 1298, par trois docteurs que nous nommons sous le mot DROIT CANON, où nous parlons aussi de la forme et de l'étymologie du *sexte*.

SICILE.

Pour ce qui regarde le concordat du royaume des Deux-Siciles, voyez NAPLES.

SIÉGE.

On entend en général par *siége,* la chaire sur laquelle sont assis les pasteurs de l'Église pour enseigner les peuples. (*Voyez* CATHÉDRALE.) On ne s'en sert ordinairement que pour exprimer le *siége* apostolique, le *siége* épiscopal et le *siége* abbatial; et c'est aussi dans ces trois acceptions que nous en parlerons.

On peut voir sous le mot PROVINCE ce que nous avons dit des différents *siéges* de patriarches et de primats.

§ I. SIÉGE *apostolique.*

Le *siége apostolique* est le *siége* épiscopal de la ville de Rome, que l'on nomme par excellence le *Siége apostolique* ou le *Saint-Siége,* à cause de la primauté et de la dignité du chef des pasteurs, qui y est assis. (*Voyez* APOSTOLIQUE.)

Le *Saint-Siége,* le pape, l'Église romaine, la cour de Rome, le *Siége* apostolique, sont des expressions que les canonistes font presque toujours synonymes, quoique certains de ces termes paraissent demander une explication particulière.

Nous n'avons donc rien dit sous le mot PAPE qui ne soit applicable à celui-ci; nous ne nous répéterons point. Nous observerons seulement; 1º que, par le terme de *Saint-Siége* on se forme une idée de stabilité et de succession que n'emporte pas le simple mot de pape; de là vient que tout ce qui émane du *Saint-Siége* n'est point révoqué par la mort du pape, comme le sont les simples grâces qui, ayant été accordées par le pape même, n'ont pas été exécutées de son vivant. Sur quoi les nouveaux papes ont cru nécessaire de s'expliquer par différentes régles de chancellerie. (*Voyez* COURONNEMENT, CUI PRIUS, LÉGAT.) Voici ce que porte la quatorzième, *de Revocatione facultatum quibusvis concessarum.*

Item revocavit quascumque facultates et litteras desuper confectas, per quas cuicumque sui prædecessores romani pontifices, quibusvis personis ordinariam collationem, seu aliam dispositionem beneficiorum ecclesiasticorum, de jure vel consuetudine habentibus, et quâvis etiam patriarchali, archiepiscopali, aut aliâ dignitate, vel alio, non tamen cardinalatûs honore fungentibus, quâvis consideratione, vel intuitu, etiam motu proprio; et ex certâ scientiâ, ac de apostolicæ potestatis plenitudine concesserant, aut quamdiù vixerint, vel suis ecclesiis seu monasteriis præessent, aut ad aliud tempus, de beneficiis ecclesiasticis generaliter reservatis seu affectis, ad eorum collationem, provisionem, præsentationem, electionem, et quamvis aliam dispositionem, commu-

niter vel divisim spectantibus, disponere liberè et licitè valerent aut etiam ad id per eosdem præcessores vicarii perpetui, vel ad tempus constituti forent.

La règle 63 révoque toutes les facultés accordées pour des décimes, des indulgences et le choix d'un confesseur. La soixante-quatrième révoque aussi les facultés de percevoir les émoluments des offices de la cour de Rome pendant le temps de certaines vacances ; ce qui a été ainsi établi, disent les canonistes, *ut sic reiteratur obedientia Sedi apostolicæ debita.*

Ce ne sera point se répéter que de rappeler ici, comme nous l'avons fait sous certains mots, les textes du droit qui établissent quelques principes généraux à l'égard du *Saint-Siége : Sedes apostolica prima auctoritate et dignitate, licet Antiochena sit prior tempore.* (*C. Nunc autem, dist.* 21; *c. Rogamus* 24, *qu.* 1; *c. Nemo* 10, *qu.* 3.

Ipsius est major auctoritas in judiciis. (*C. Patet; c. Ipsi sunt* 9, *qu.* 9.)

Constitutiones ipsius sedis ab omnibus sunt servandæ. (*C. Sequens, dist.* 11.)

Nulli permittitur de ejus judicio judicare. (*C. Nemini* 18, *qu.* 4; *c. Nunc autem, dist.* 21.)

Peccatum infidelitatis incurrit qui Sedi apostolicæ obedire contemnit. (*C. Si qui, in fin. dist.* 81; *c. Qui cathedram, dist.* 23.)

In Dubiis arduis ad eam est recurrendum. (*C. Non licuit et seq., dist.* 17 ; *c. Frater; c. Post medium* 16, *qu.* 22; *c. Rogamus* 2, *qu.* 1.)

In libris sive opusculis quidquid approbat Sedes apostolica est tenendum. (*C. Si romanorum et seq. dist.* 19.)

Sine ejus auctoritate non debet generale concilium celebrari. (*Dist.* 18, *Per tot.*)

Ipsi immediatè subjecti maximè propinqui se debent annuè præsentari. (*C. Juxtà, dist.* 23.)

Sine ejus judicio episcopi condemnari non possunt. (*C. Accusatus et seq.* 3, *qu.* 6; *c. Antiquis* 9, *qu.* 3.)

Malè damnati restituuntur per ipsum. (*C. Fuit; c. Fratres* 9, *qu.* 9.)

Sine ejus auctoritate nullus episcopus potest sedem mutare. (*C. Mutationes* 7, *qu.* 1.)

Romana Ecclesia nunquàm à tramite apostolicæ traditionis errasse probatur. (*C.* 9, 10, 11, *caus.* 24, *qu.* 1.) Cette dernière vérité est de foi. (*Voyez* PAPE.)

On voit sous le mot CARDINAL la part qu'ont les cardinaux qui sont à Rome au gouvernement de l'Église quand le *Siége* apostolique est rempli. Mais pour le temps de la vacance, voyez PAPE, ÉLECTION, COURONNEMENT.

§ II. SIÈGE *épiscopal.*

Le *siége* épiscopal signifie ici le *siége* d'un évêque ou archevêque. Voyez ce qui en est dit, relativement à son origine et son établissement, sous les mots ÉVÊCHÉ, PROVINCE.

On voit, sous le mot CHAPITRE, la part qu'avaient autrefois et qu'ont aujourd'hui les chanoines de la cathédrale au gouvernement du diocèse quand le *siége* épiscopal est rempli. Nous ne parlerons ici que de la part qu'ils y ont quand le siége est vacant.

· Le droit canon et ses interprètes nous enseignent : 1° que, dès qu'un évêque est dépouillé du titre de son évêché, soit par la mort naturelle, soit par toute autre voie marquée par les canons, il n'a plus aucune aucune autorité, et sa juridiction passe au chapitre avec tout ce qui en dépend. (*C. Ei; c. Cùm olim, de Majorit. et obed.*) On n'excepte que le cas de force majeure où le pasteur ne serait ravi à son troupeau que pour un temps, ou par des infidèles entre les mains desquels on doit toujours le considérer comme présent dans son église. Les grands vicaires et officiaux de l'évêque, en pareille conjoncture, continueraient de gouverner le diocèse en son nom et même sous ses ordres.

2° Le *siége* une fois vacant, le chapitre est de droit en possession de la juridiction épiscopale. (*C. Charitatem,* 12, *qu.* 12.)

3° Le chapitre doit, dans les huit jours de la vacance, établir un official ou grand vicaire, ou confirmer celui qui est déjà établi : c'est la disposition expresse du concile de Trente. Ces huit jours commencent *à die scientiæ vacationis.* « Quand le *siége* sera vacant, le chapitre, dans les lieux où il est chargé de la recette des revenus, établira un ou plusieurs économes fidèles et vigilants, qui aient soin des affaires et du bien de l'église pour en rendre compte à qui il appartiendra. Sera tenu aussi expressément, dans huit jours après le décès de l'évêque, de nommer un official ou vicaire, ou de confirmer celui qui se trouvera remplir la place, qui soit au moins docteur en droit ou licencié en droit canon, ou qui soit enfin capable de cette fonction, autant qu'il se pourra faire. Si on en use autrement, la faculté d'y pourvoir sera dévolue au métropolitain ; et si cette église est elle-même métropolitaine, ou bien qu'elle soit exempte, et que le chapitre ait été négligent, comme il a été dit, alors le plus ancien évêque entre les suffragants, à l'égard de l'église métropolitaine, et l'évêque le plus proche à l'égard de celle qui se trouvera exempte, auront le pouvoir d'établir un économe et un vicaire capables desdits emplois. L'évêque qui sera ensuite choisi pour la conduite de ladite église vacante, se fera rendre compte par lesdits économe et vicaire, et par tous autres officiers et administrateurs, qui, pendant le *siége* vacant auront été établis par le chapitre ou par d'autres en sa place, quand ils seraient même du corps du chapitre, de toutes les choses qui le regardent et de toutes leurs fonctions, emplois, juridiction, gestions et administrations quelconques, et aura faculté de punir ceux qui y auront fait faute, et malversé, encore que lesdits officiers eussent déjà rendu leur compte, et obtenu quittance et décharge du chapitre, ou des commissaires par lui députés. Sera pareillement tenu ledit chapitre de rendre compte au même évêque des papiers appartenant à l'église, s'il en est tombé quelques-uns entre les mains dudit chapitre. » (*Sess.* XXIV, *ch.* 16, *de Reform.*)

Le nombre de vicaires que le chapitre doit nommer n'est point déterminé; il dépend de l'état et de la grandeur du diocèse, et même de l'usage (1). En France l'usage est de nommer deux vicaires généraux pour les évêchés et trois pour les archevêchés. Le chapitre peut nommer pour vicaires qui bon lui semble, pourvu qu'il ait les qualités requises par le concile; mais, *cæteris paribus*, s'il y a des chanoines capables dans le chapitre, ils doivent être préférés. Régulièrement le vicaire du chapitre doit être établi sans condition ni limitation de temps, quoique rien n'empêche que le chapitre ne limite ses pouvoirs, et pour le temps et pour les fonctions. Mais la congrégation des évêques et des réguliers a décidé que le chapitre ne pouvait le révoquer *ad nutum, nisi ex causâ benevisâ.* (*Voyez* CHAPITRE, § II.)

4° Suivant la plupart des canonistes, le chapitre est pendant la vacance du *siége* dans tous les droits de l'évêque par rapport à la juridiction. On n'excepte que ce qui lui est expressément interdit par le droit. (*Glos. et DD. in c. His quæ, in c. Cùm olim, de Major. et obed., in c. Illa ne sede vacante. Glos. verb. Sede vacante in c. Ad abolendam de Hæret. Glos. eod. verb. in Clem. eod. tit. Glos. verb. Reservari, in c. Quia sæpè, de Elect. in 6°.*)

Quelques auteurs ont cru, sur le fondement du chapitre 2 *Ne sedes,* que, le *siége* vacant, les pouvoirs des chapitres ne s'étendent qu'à certains cas déterminés par le droit, pour les besoins de l'église vacante. De ce nombre sont Panorme et plusieurs autres canonistes, mais suivant l'éditeur des *Mémoires du clergé* (2), il paraît que l'opinion contraire a prévalu en France. Quoi qu'il en soit, voici, d'après les canonistes, ce que le chapitre peut ou ne peut pas faire.

Le chapitre peut absoudre de l'excommunication comme en pouvait absoudre l'évêque (3).

Il peut de même, comme l'évêque, approuver les confesseurs, corriger et punir les ecclésiastiques délinquants, *quatenus episcopus poterat* (4).

Le chapitre a aussi les mêmes droits qu'avait l'évêque, pour connaître du crime d'hérésie (*C. Ad abolendam*); pour visiter le diocèse après l'année de la dernière visite (*Abbas in c. Cùm olim, de Major. et obed.*); pour faire des statuts dont les évêques successeurs ne puissent empêcher l'exécution, *dummodò sint capitulariter facta, justa et salubria ad augmentum cultûs divini non verò in præjudicium Ecclesiæ* (5); pour les exécutions testamentaires (6); pour les reddi-

---

(1) Barbosa, *de Officio et potest. episcop., part.* III, *alleg.* 54, *n.* 165.

(2) *Tom.* II. *pag.* 527; *tom.* X, *pag.* 1721.

(3) Rebuffe, *Praxis de Devol., n.* 63.

(4) Barbosa, *De Officio et potest. episc., part.* III, *alleg.* 72, *n.* 183.

(5) Zerola, *Praxis episcopalis.*

(6) Covarruvias, *in c. Joannes, de Testamentis.*

tions de comptes de la part des administrateurs des lieux pieux (1);
pour le droit d'établir un vicaire, soit pour le spirituel, soit pour le
temporel (2); pour le droit de déposer et d'interdire (*C. His qui, in
fin. de Major. et obed.; c. unic. eod. in* 6°); pour la dispense de naissance illégitime, pour un bénéfice simple (3); pour toutes les dispenses, et absolutions que le concile de Trente accorde aux évêques (4);
pour tout ce qui est de la juridiction volontaire et la connaissance
des causes en première instance, dont parle le concile dans la session XXIV, chapitre 20, *de Reform.* (5); pour le droit d'assister à
la célébration des mariages, et de donner à des prêtres la permission d'y assister, selon la forme du concile de Trente, session XXIV,
chapitre 1er *de Reform.* (6); pour la concession des indulgences, qui
est plutôt un acte de juridiction que de l'ordre (*C. Accedentibus, de
Excess. prælat.*); pour l'établissement d'économes. (*C. Cùm vos, de
Officio ordin.*)

5° Tous ces différents droits passent aux grands vicaires établis
par le chapitre, et même, suivant plusieurs canonistes, en ce qui requiert un pouvoir spécial (7). Mais remarquons que, comme le chapitre n'a tant de pouvoir, pendant la vacance du *siége*, que parce
qu'il a succédé à l'évêque en tout ce qui est de la juridiction, il ne
peut exercer aucun des droits qui sont attribués à l'évêque par voie
extraordinaire, comme par délégation, *à lege aut ab homine.* (*C. Pastoralis*, § *Prætereà, de Officio ordin.*) Il se fait cependant à cet égard
la distinction des délégations qui tournent en droit commun,
d'avec les autres (8).

Le chapitre ne peut pas conférer les bénéfices dont l'évêque
seul a la collation, quand le *siége* est rempli. (*C.* 2, *Ne sede vacànte;
c.* 1, *eod. in* 6°.)

6° En ce qui est de l'ordre, le chapitre a le droit de faire exercer
par d'autres évêques toutes les fonctions épiscopales : *pontificalia,
ut ordines conferendi, chrisma conficiendi, consecrandi basilicas et hujusmodi.* (*Glos. in cap. His quæ, et in c. Si episcopus, de Suppl. negl.
præl. in* 6°.) Le concile de Trente (Session VII, chapitre 10 et session XXIII, chapitre 10 *de Reform.*) a corrigé la décrétale de Boniface VIII, sur le chapitre *Cùm nullus, de Tempore ordin. in* 6° en ce
qu'il ne permit au chapitre d'accorder des dimissoires aux clercs du
diocèse, qu'après l'année de la vacance du *siége*, à l'exception des
ecclésiastiques, qui, à raison des bénéfices dont ils ont été pourvus,
sont obligés de se faire promouvoir aux ordres. Le chapitre qui

---

(1) Barbosa, *De Offic. et potest. episc.* alleg. 6, *n.* 6
(2) Zerola, *Praxis episcopalis.*
(3) Navarre, *de Tempore ordin.*, cons. 28.
(4) Garcias, *de Benef.*, part. v, cap. 7, *n.* 41.
(5) Barbosa, *Ibid.*, alleg. 6, *n.* 6.
(6) Id. *Ibid.* alleg. 32, *n.* 123.
(7) Garcias, *de Benef.*, part. v, cap. 7, *n.* 28.
(8) Barbosa, *de Offic. et potest. episc.*, alleg. 73, *n.* 25.

contrevient à ce règlement du concile de Trente, encourt l'interdit, et l'ordinand est privé de tout privilége clérical.

Après l'année, c'est le vicaire établi par le chapitre qui doit accorder les dimissoires, pourvu toutefois qu'il en ait reçu expressément les pouvoirs (1). Le chapitre peut, comme le vicaire, accorder après l'année des dispenses pour les interstices; et quand une fois les dispenses ou les dimissoires sont accordés, l'avènement du nouvel évêque au *siége* ne les fait pas expirer (2).

7º Enfin le chapitre doit exercer les droits de l'évêque pendant la vacance du *siége*, de manière qu'il ne résulte de son administration ni innovation, ni préjudice pour l'église vacante, *cùm non sit qui episcopale jus tueatur.* C'est l'avis que donnent les canons et les canonistes, et qu'on applique à toutes les communautés, dont le chef a laissé par sa mort son église veuve. (*Cap.* 1, *Ne sede vacante; c. Si quâ de rebus* 12, *qu.* 2; *c. Sanctorum, dist.* 70; *c. Cùm clerici, de Verb. signif.*)

Les chapitres, en France, pendant la vacane du *siége*, n'ont que des grands vicaires à établir, et non des administrateurs, puisque les évêchés n'ont plus de biens à administrer, et que le mobilier des palais épiscopaux n'est pas la propriété des évêques. *Voyez* du reste sous le mot BIENS D'ÉGLISE, le titre II du décret du 6 novembre 1813, sur l'administration des biens des menses épiscopales.

C'était autrefois une question, en France, si les chapitres pouvaient destituer les officiaux de l'évêque, *sede vacante;* mais elle a été décidée en faveur des chapitres, qui peuvent aussi révoquer, même sans expliquer la cause, les grands vicaires qu'ils ont nommés pour gouverner les diocèses.

L'opinion la plus commune parmi les auteurs français, est que les chapitres entrent dans tous les droits qui ne sont pas personnels à l'évêque, mais qui regardent la juridiction épiscopale, si bien que la défense que le concile de Trente fait aux chapitres de donner des dimissoires dans l'année de la vacance, n'est regardée, en France, que comme une simple exhortation à laquelle la plupart des chapitres se sont conformés, parce qu'il n'y a point ordinairement de nécessité absolue d'ordonner de nouveaux ministres pendant la première année de la vacance du *siége*.

D'Héricourt (3) est du sentiment de ceux qui estiment que la concession des indulgences n'étant qu'un acte de juridiction, peut être faite par le chapitre, le *siége* vacant. Plusieurs auteurs, et entre autres le Père Thomassin, pensent le contraire (4). Dans le doute, nous croyons que les chapitres feraient mieux de s'abstenir.

Par dérogation au droit commun, le *siége* épiscopal vacant des

(1) Rebuffe, *Praxis, de Form. vic.*, n. 47.
(2) Gonzalez, *Ad regul.* 8 *cancell.*
(3) *Lois ecclésiastiques.*
(4) *Discipline de l'Église,* part. I, *liv.* III, *ch.* 10.

évêchés des colonies, est administré par le premier vicaire général. Telle est la disposition de la bulle d'érection de ces évêchés. *Voyez* COLONIES.)

§ III. SIÉGE *abbatial*.

Le *siége* abbatial est le *siége* d'un abbé prélat qui, par sa mort, rend son église veuve.

Nous n'avons rien autre chose à dire ici, sinon que la communauté succède à l'abbé pendant la vacance du *siége* abbatial, comme le chapitre succède à l'évêque. (*Voyez* ABBÉ.)

SIGNATURE.

La *signature* est une sorte de rescrit expédié en papier, sans aucun sceau, contenant la supplication, la *signature* du pape ou de son délégué, et la concession de la grâce : *Signatura est scriptura in papyro conscripta à papá vel ejus delegato absque sigillo, in medio scripta, partes supplicationum, papæque concessionem breviter continens* (1).

§ I. SIGNATURE, *assemblée*.

La *signature* est ainsi appelée de sa partie la plus noble, qui est le seing du pape. On en distingue de deux sortes : la *signature* de justice, et la *signature* de grâce.

La première a lieu dans les matières contentieuses ; l'autre, dans les matières bénéficiales.

Chacune s'entend d'une espèce de bureau dans la chancellerie qui a son préfet, c'est-à-dire, un officier député pour présider à l'assemblée où se traitent les matières, soit de grâce, soit de justice.

L'officier de l'assemblée où sont proposées les matières de grâce, s'appelle préfet de la *signature* de grâce : c'est ordinairement un prélat, et quelquefois un cardinal, député par commission.

Ce préfet signe toutes les grâces qui sont *ad ordinariam*, c'est-à-dire, qui ne doivent pas être signées par le pape. Mais comme c'est toujours le pape qui fait la grâce, et que cet officier n'est que l'interprète de ses volontés, ce dernier ne signe point, qu'il ne mette, *in præsentiâ D. N. P. P.*

L'assemblée de la *signature* de grâce est composée des mêmes prélats référendaires de ladite *signature,* qui ont également voix dans la *signature* de justice, et de plusieurs autres qui sont députés par Sa Sainteté ; mais ils ne sont jamais moins de douze. Il y a aussi l'auditeur de la chambre, un auditeur de rote, un protonotaire du nombre des participants, un clerc de chambre, un abréviateur du grand parquet, et le régent de la chancellerie, lesquels s'y trouvent pour conserver et défendre leurs droits.

Quant à la *signature* de justice, le pape commet pareillement un

(1) Rebuffe, *Praxis, de Signaturâ.*

cardinal ou quelqu'autre prélat de la cour de Rome, des mieux versés dans le droit civil et canonique, pour présider aux assemblées où se trouvent les référendaires de ladite *signature,* pour rapporter les affaires dont ils ont été chargés par les parties. C'est là que s'expédient les commissions, délégations, rescrits, et autres affaires portées aux tribunaux où s'exercent la justice et la juridiction contentieuse. (*Voyez* RESCRIT.)

§ II. SIGNATURE, *rescrit, forme.*

Pour ce qui est de la forme de la *signature,* comme rescrit, on la divise ordinairement en trois parties; savoir : la supplique, le seing du pape et la concession.

1º La première partie de la *signature,* qui est la supplique, se trouve suffisamment expliquée sous le mot SUPPLIQUE.

2º La seconde partie, qui est le seing du pape, doit être expliquée en cet endroit. Nous avons observé que le préfet de la *signature* de grâce signe parmi les matières bénéficiales celles qui sont *ad ordinariam,* c'est-à-dire qui ne doivent pas être signées par le pape. Ces matières sont toutes celles qui n'ont rien d'extraordinaire, soit par rapport aux dispenses qu'il faut obtenir, soit à cause de l'importance du bénéfice. Ainsi, toutes les *signatures* qui portent dispense, ou qui sont pour dignités *in cathedrali vel collegiatâ,* prieurés conventuels, canonicats *in cathedrali,* sont signées par le pape; les autres sont signées par le préfet de la *signature.*

Quand c'est le pape qui signe, son seing se fait en trois manières: 1º par *fiat ut petitur;* 2º par *fiat,* et la première lettre de son nom ensuite; 3º par *fiat motu proprio,* sans ajouter *ut petitur.*

Le pape emploie le *fiat ut petitur* pour toutes les premières grâces.

Il emploie la seconde manière de signer pour les grâces réformées.

Enfin, le *motu proprio* est mis en faveur des cardinaux et des personnes à qui Sa Sainteté veut témoigner de l'affection.

Quand c'est le vice-chancelier, ou un autre commis du pape qui signe, il met *concessum ut petitur in præsentiâ D. N. P. P.,* et après, les lettres initiales de son nom.

Quand le pape n'est pas présent, le commis ne met pas quelquefois *in præsentiâ,* et d'autres fois aussi il met *concessum in formâ,* quand il veut marquer que la grâce soit en la forme de droit; ce que le pape fait de même par le *fiat in formâ.*

Enfin, aux grâces réformées, le commis met simplement *concessum* et les premières lettres de son nom.

Dans les commissions non adressées aux parties, le pape met *placet;* et si l'affaire regarde la chambre, il met *videat camera :* si elle touche la religion, il met *videat protector.*

Les grâces qui sont signées par *fiat* sont toujours préférées aux provisions par *concesssum,* quand même le pourvu en cette dernière forme serait en possession. (*Voyez* DATE.)

Personne autre que le pape, la chancellerie même, et les légats *à latere,* ne peuvent signer les grâces qu'il leur est permis d'accorder par *fiat,* mais seulement par *concessum.* On n'excepte que le pénitencier, à qui il est permis de signer par *fiat in formâ, fiat in speciali, fiat de expresso,* mais non par *fiat motu proprio,* parce que son office ne se rapporte qu'aux absolutions que les pécheurs doivent demander, suivant ces paroles de l'Évangile, *petite et accipietis.*

Aujourd'hui l'on signe par double *fiat* et par double *concessum,* pour obvier aux faussetés ; l'un est à la place ordinaire, entre la demande et la concession ; et l'autre à la marge des clauses ou de la disposition.

C'est une règle que la concession du pape se rapporte toujours aux qualités exprimées dans la supplique, quand les clauses de la concession n'en retranchent rien.

C'en est une autre que les *signatures,* suivant le sens littéral du mot, doivent être par écrit, et qu'on n'en admettrait la preuve par témoins qu'en trois cas : 1° s'il ne s'agissait que de prouver la qualité et la nature de la grâce accordée ; 2° pour la décharge de la conscience au for intérieur ; 3° pour prouver la teneur de la *signature* égarée, dans lequel cas on a plutôt recours aux registres de la chancellerie (1).

C'est encore une maxime de chancellerie, que la *signature* signée du prédécesseur n'est jamais changée par le successeur. On obtient dans ces cas des lettres de *perindè valere,* avec la clause *rationi congruit,* si l'on doute de la première impétration. (*Voyez* PERINDÈ VALERE, COURONNEMENT.)

On ajoute foi à la *signature* dans la bulle, quand elle est approuvée et vérifiée par le registre des *signatures,* où un abréviateur a soin de les transcrire ou de les extraire, ce qui s'appelle *sumptum.* (*Voyez* SUMPTUM, BULLE.)

3° La troisième partie de la *signature* se trouve expliquée sous le mot CONCESSION.

On ajoute à ces trois parties de la *signature,* le *committatur* et la date ; le *committatur* est expliqué sous le mot FORME et la date sous le mot DATE. Sous le mot PROVISION on voit les diverses formalités à observer pour rendre la *signature* parfaite.

SIGNIFICATION.

La *signification* est un acte par lequel on notifie quelque chose à une autre personne. Cette formalité était autrefois essentielle en matière bénéficiale.

SI ITA EST.

C'est la clause familière dans les rescrits, et dont l'effet est de les rendre nuls, si l'exécuteur ne trouve pas que les choses soient

(1) Rebuffe, *Praxis, de Signaturâ.*

telles qu'elles ont été exposées au pape. (*Voyez* RESCRIT, OBREP-
TION.)

SIMONIAQUE.

On donne ce nom à une personne qui s'est rendue coupable du
crime de simonie, ou à l'acte même qui en est infecté.

SIMONIE.

On définit la *simonie*, une volonté réfléchie d'acheter ou de vendre
les choses spirituelles ou qui tiennent au spirituel. *Simonia est stu-
diosa voluntas sive cupiditas emendi vel vendendi aliquid spirituale,
vel spirituali annexum* (1).

§ I. *Étymologie et division de la* SIMONIE.

On sait que la *simonie* tire son nom de Simon le Magicien, qui
proposa aux apôtres de lui vendre les dons du Saint-Esprit pour de
l'argent : *Obtulit eis pecuniam dicens : Date et mihi hanc potestatem,
ut cuicumque imposuero manus, accipiat Spiritum Sanctum.* (*Act. Apost.
c. VIII.*) Le prophète Balaam et Giézi, serviteur d'Élysée, avaient
déjà donné deux célèbres exemples de la *simonie*, dans l'ancienne
loi ; mais, suivant la remarque des docteurs, ils n'avaient pas fait,
des sacrements et des dons du Saint-Esprit, la matière de leur cupidité, comme Simon, d'où vient que le crime de la *simonie* a plutôt
tiré sa dénomination de ce dernier que des autres. C'est aussi sur le
fondement de ce passage remarquable du Nouveau Testament que
l'on n'a pas ajouté à la définition de la *simonie* ces mots de la glose
du chapitre *Qui studet* 1, *qu.* 1, suivie par plusieurs canonistes, *cum
opere subsecuto*, parce que Simon le Magicien ne fut pas maudit par
saint Pierre, comme simoniaque, pour avoir acheté ou voulu acheter
le Saint-Esprit, que saint Pierre savait bien ne pouvoir être vendu,
mais à cause de la volonté déterminée que Simon avait de l'acheter,
et de son ambition ou avarice. De là aussi la *simonie* qu'on appelle
mentale, et qui ne pourrait avoir lieu, si l'on admettait la définition
de la susdite glose : *Simonia et voluntas emendi vel vendendi res sacras cum effectu.*

On distingue deux sortes de *simonie* : l'une défendue de droit divin, l'autre par le droit ecclésiastique.

La première a lieu quand on donne une chose temporelle pour en
acquérir une qui, de sa nature, est spirituelle, comme les sacrements
ou qui est jointe à une chose spirituelle, comme les bénéfices et les
vases sacrés.

La *simonie* de droit ecclésiastique est, suivant les canonistes,
celle qui n'est défendue que par les canons, et qui n'est point proprement une *simonie* : *Sunt autem eæ simoniæ de jure tantùm positivo,*

---

(1) Lancelot, *Inst. can.*, *lib.* III, *tit.* 3.

*quæ committuntur in emptione et vinditione officiorum temporalium ec-
clesiasticorum. Item eæ quæ fiunt in commutationibus beneficiorum alias
licitis, sine tamen auctoritate pontificis, aut episcopi, alteriusque prælati ad quem de jure, aut consuetudine spectat auctoritatem consensum-
que præbere. Item renunciationes beneficiorum alias licitæ, cùm nihil
temporale intercedat, prohibitæ tamen ab Ecclesiá, ut ego renuntio beneficium in favorem Joannis, ut Joannes quod possidet, resignet alteri,* etc.

Une autre division, plus généralement reçue, de la *simonie*, est
celle qu'on en fait en mentale, conventionnelle et réelle.

La *simonie* mentale est celle qui est conçue par l'imagination, avec
l'adhésion de la volonté, sans aucun pacte, ni tacite ni exprès. On
en distingue de deux sortes : celle qui est purement mentale, c'est-
à-dire qui se commet par le désir, sans aucun acte extérieur; telle
est la *simonie* d'un ecclésiastique qui veut acheter un bénéfice, sans
s'en expliquer. L'autre *simonie* mentale est celle où la volonté est
suivie d'un acte qui ne se fait cependant point connaître, comme
lorsqu'un collateur préfère, sur deux concurrents, celui de qui il
attend plus d'avantages.

La *simonie* conventionnelle est celle où il est entré quelque pacte
exprès ou tacite, sous quelque forme que ce soit. On en distingue
encore de deux sortes : celle qui se commet par la seule convention
des parties, sans qu'il soit donné ni reçu aucune chose de part et
d'autre : on l'appelle purement conventionnelle ; et l'autre, qu'on
appelle mixte, consiste, outre la convention de la tradition de la
chose convenue, au moins par l'une des deux parties; elle participe
de la *simonie* purement conventionnelle par la mutuelle convention,
et de la *simonie* réelle par la tradition de la chose convenue par l'une
des deux parties contractantes.

La *simonie* réelle est l'exécution de la convention faite par les
deux parties, c'est-à-dire par le paiement effectif, en tout ou en
partie, de la chose promise, soit que le don précède ou suive l'acte
simoniaque.

Il s'est formé, dans ces derniers temps, une sorte de *simonie* qui
participe de la nature de celles que nous venons de définir, quoiqu'elle paraisse singulière dans son espèce. C'est la confidence dont
il est parlé sous le mot CONFIDENCE. Le pape saint Pie V, par la
constitution *Intolerabilis*, a condamné cette espèce de *simonie*.

La *simonie* est, de sa nature, un péché mortel et un énorme sacrilège. Le chapitre *Audivimus* 1, *caus.* 1, *qu.* 5, l'a nommé express-
sément sacrilège, *à sacrilegio quoque hoc facinus non dispar dixerim;*
car, par la *simonie*, on traite indignement et sans aucun respect les
choses saintes et spirituelles, ce qui est toujours un sacrilège. Que
ce soit un péché mortel, on le voit clairement par les actes des apôtres (*ch.* VIII), où saint Pierre menace de la damnation éternelle Simon le Magicien, en lui disant : *Pecunia tua tecum sit in perditionem,
quoniam donum Dei existimasti pecuniá possideri.* Sur quoi le pape

Urbain II, dans le chapitre *Salvator* 8, *caus.* 1, *qu.* 5, dit : *Nec apostolus emptionem Spiritùs Sancti, quam benè fieri non posse noverat, sed ambitionem quæstus talis et avaritiam, quæ est idolorum servitus, exhorruit, et tum maledictionis jaculo percussit.* On voit encore, dans plusieurs autres canons, combien est énorme le crime de *simonie.* Ainsi, dans le chapitre *Quisquis* 5, *caus.* 1, *qu.* 1, la *simonie* est appelée *piaculare flagitium;* dans le chapitre *Reperiuntur* 7, *caus. et qu. ead. execrabile flagitium.* Le chapitre *Eos qui*, 21, *caus. et qu. ead,* compare les simoniaques au traître Judas, *qui Judæis Dei occisoribus Christum vendidit.* Le pape Pascal, voulant exprimer en peu de mots toute la malice que renferme la *simonie*, dit en propres termes : *Patet simoniacos, veluti primos et præcipuos hæreticos, ab omnibus fidelibus respuendos... Omnia enim crimina ad comparationem simoniacæ hæresis quasi pro nihilo reputantur.* (*Cap. Patet* 27, *caus.* 1; *qu.* 7.)

§ II. *Comment la* SIMONIE *se commet, et les cas où elle a lieu.*

Les auteurs remarquent que, depuis que l'Église a commencé à augmenter ses revenus, la *simonie* s'est introduite partout; d'abord pour l'ordination, ensuite pour les bénéfices : ce qui a obligé dans tous les temps les Pères et les conciles de s'élever contre cette lèpre si universellement répandue.

Le canon *Salvator*, du pape Urbain II, *caus.* 1, *qu.* 3, nous apprend comment on se rend coupable du crime de la *simonie*, par ces paroles : *Quisquis igitur res ecclesiasticas, (quæ dona Dei sunt, quoniam à Deo fidelibus et à fidelibus Deo donantur, quæ ab eodem gratis accipiuntur et ideò gratis dari debent), propter sua lucra vendit vel emit, cum eodem Simone donum Dei possideri pecuniá existimat. Ideò qui easdem res non ad hoc, ad quod institutæ sunt, sed ad propria lucra munere linguæ, vel indebiti obsequii, vel pecuniæ largitur, vel adipiscitur, simoniacus est : cùm principalis intentio Simonis fuerit sola pecuniæ avaritia, id est idolatria, ut ait apostolus Paulus.*

Le pape saint Grégoire avait aussi déjà établi, dans le chapitre 114, cause 1, question 1, que l'on commettait le crime de *simonie* par *munus à manu, ab obsequio et à linguá. Munus quippè ab obsequio est subjecto indebitè impensa. Munus à manu, pecunia est. Munus à linguá, favor.* Le canon *Totum* 1, *qu.* 5, dit précisément sur la même matière, que sous le mot d'argent on comprend toutes les choses qui entrent dans le domaine des hommes : *Totum quidquid homines possident in terrá, omnia quorum domini sunt pecunia vocatur; servus sit, vas, arbor, ager, pecus, quidquid horum est pecunia dicitur. Ideò autem pecunia vocata est, quia antiqui totum, quod habebant, in pecoribus habebant.*

A ces trois manières de commettre la *simonie*, les canonistes en ajoutent quelques autres qu'ils expriment par ce distique :

> Munus, lingua, timor, caro, cum famâ populari,
> Non faciunt gratis spirituale dari.

Mais pour ne point trop étendre les occasions ou les cas de *simonie*, on doit se borner à la règle de saint Grégoire, assez sévère pour faire craindre qu'il n'y ait dans l'Église plus de simoniaques qu'on ne croit.

Le *munus à manu* se fait expressément ou tacitement, en remettant une dette, ou en recevant de l'argent, ou autre chose; l'aumône même, qui est une œuvre pieuse, mais qui renferme une chose temporelle, ne peut faire la matière d'une stipulation pour parvenir à un bénéfice. (*C. Non est* 1, *qu.* 1; *c. Ex multis* 1, *qu.* 3.) Les présents qui sont si modiques qu'ils ne peuvent pas être censés capables de porter l'évêque à conférer les ordres, ou le collateur à conférer le bénéfice, ne sont point condamnés comme simoniaques; *secùs*, s'ils ont pu déterminer la volonté du collateur. (*C. Etsi quæstiones, de Sim.; c. Judiciis* 1, *quæst.* 1.)

Le chapitre *Jacobus, de Simoniâ*, condamne les droits d'entrée dans les églises comme simoniaques. Et les chapitres 8 et 9, *de Simoniâ* décident qu'il y a *simonie* d'exiger de l'argent pour l'entrée en religion, pour la concession des prieurés et chapelles, pour l'institution des prélats, pour la concession de sépulture, pour le chrême, pour l'huile sainte, pour la bénédiction de ceux qui se marient, ou pour les autres sacrements, et ce nonobstant toute coutume contraire : *Quia diuturnitas temporis non diminuit peccata, sed auget.* Mais voyez à ce sujet les mots HONORAIRES, OBLATIONS, CASUEL. Suivant le concile de Trente (session XXIV, ch. 18, *de Reform.*), les examinateurs préposés par l'évêque, ne peuvent rien recevoir pour l'examen, à peine de *simonie* contre eux, et contre celui qui est examiné qui leur donne.

Quand un ecclésiastique a un droit acquis et certain à un bénéfice et non simplement un droit à acquérir et incertain, *jus ad rem aut incertum*, il peut, sans aucune *simonie*, payer une somme qu'on exige de lui pour se rédimer d'une vexation injuste qu'on lui fait, en l'empêchant d'en prendre possession, et d'en faire les fonctions; parce qu'alors il ne s'agit plus de chose temporelle donnée pour une chose spirituelle, puisqu'on en avait le droit entièrement acquis. (*Glos. in cap. Matthæus, de Simoniâ.*)

Munus ab obsequio. On commet *simonie* lorsqu'on rend un service temporel pour avoir une chose spirituelle, comme un bénéfice; ou que le collateur confère un bénéfice en récompense d'un tel service, même d'un service spirituel dont le collateur était tenu, et non d'un service spirituel rendu directement à l'Église et pour l'Église. (*Can. Cùm essent, de Simoniâ; can. Ecclesiasticis* 12, *qu.* 2.) Le pape Célestin Ier écrivant aux évêques de la Pouille et de la Calabre, dit dans le chapitre *Quid proderit, dist.* 61, qu'il est permis aux ecclésiastiques de servir Dieu dans les églises, avec espérance de parvenir aux dignités qui y sont établies. Le pape Gélase dans le chapitre *Consuluit* 9, *dist.* 74, veut qu'on engage les clercs à bien s'acquitter de leurs fonctions spirituelles, par l'espérance de quelque utilité temporelle. Enfin, saint Grégoire le Grand dit, dans le chapitre *Ecclesiasticis* 12, *qu.* 2, que ceux qui travaillent utilement pour l'Église, méritent d'en être récompensés. Ainsi, quoiqu'un chanoine qui ne va au chœur uniquement que pour sa rétribution, soit coupable de la *simonie* mentale, s'il rectifie ses intentions, et que, prenant pour fin principale de remplir ses devoirs, il ait aussi en vue par ses assiduités de parvenir à un meilleur bénéfice, il n'est alors coupable d'aucune *simonie* sur le fondement des canons cités.

La fin principale d'une action en détermine donc le caractère en cette matière. Si elle consiste à obtenir un bénéfice, l'action est simoniaque; si c'est au contraire pour remplir les devoirs de la religion ou de la société civile, quoique l'on ait en conséquence quelque dessein sur un bénéfice, l'action est licite. (*Glos. in cap. Cùm essent, de Simoniâ.*)

A l'égard de ceux qui n'entrent dans l'état ecclésiastique et ne prennent les ordres que pour obtenir des bénéfices d'un parent ou d'un ami, ou pour vivre plus à leur aise, ils commettent au moins une *simonie* mentale. Cette espèce de *simonie*, dit un auteur, est bien commune (1).

Munus à linguâ. On tombe dans la *simonie* quand on confère un bénéfice, non eu égard au mérite du sujet, mais à la prière d'un tiers. (*C. Nonnulli* 1, *q.* 1.)

Les auteurs font plusieurs distinctions touchant les prières en matière de bénéfices, par rapport à la conscience. Nous ne devons pas entrer dans ce détail, non plus que dans cette foule de cas particuliers que proposent et décident les casuistes touchant la *simonie*; il nous suffit de remarquer, après ce que nous avons dit, que toute convention, quelle qu'elle soit, pour parvenir à un bénéfice, est réputée *simonie* par les canons. (*C. Quam pio,* 2, *caus.* 1, *quæst.* 2; *cap. Constitutus; cap. Super; c. Prætereà; c. Functiones, de Pact.; c. Quæsitum, de Rer. permut.; c. Tua nos.; c. De hoc* 11, *de Simoniâ; cap. Cùm essent, eod.*)

§ III. *Preuve* de la SIMONIE.

Les canonistes établissent que le crime de *simonie* se prouve de la même manière que les autres crimes, c'est-à-dire, par tous les moyens qui expriment les deux vers écrits sous le mot PREUVE.

La présomption et les conjectures sont admises contre cette espèce de crime, parce que ceux qui le commettent, prennent toutes les précautions possibles pour en dérober la connaissance. (*C. Sicut, de Simoniâ.*) Mais comme il y aurait du danger à se décider sur de simples présomptions dans une matière si grave, on exige que les présomptions soient fortes et convaincantes. (*Gloss. in c. Insinuatum, de Simoniâ.*)

Par les mêmes raisons, les canonistes prétendent que l'on doit

---

(1) *Recueil de jurisprudence canonique, verbo* SIMONIE.

admettre, dans les informations de ce crime, toutes sortes de témoins comme s'agissant d'un crime caché : *Testes alias inhabiles admittuntur etiam ad probandum crimen simoniæ.* Ils ne paraissent excepter que l'ennemi capital, le parjure, et ceux contre qui on a plusieurs objets à proposer. Le témoignage même du complice est admis, pourvu qu'il n'ait pas participé au présent ou à la matière du crime. (*Gloss. in cap. Veniens, de Testib.*)

C'est néanmoins une règle établie par le chapitre *Per tuas, de Simoniá,* de ne jamais admettre la preuve d'une *simonie* réelle, que contre les personnes que l'on peut vraisemblablement soupçonner de ce crime.

§ IV. *Peines des* SIMONIAQUES.

La *simonie* a été condamnée dans l'Église dès qu'elle y a paru ; elle n'a pu, dans la suite, s'y introduire sans que les conciles et les canons n'aient tonné contre elle, sous quelque forme qu'elle se soit montrée. Mais ce vice, enfant de la cupidité, se reproduisant comme l'hydre à cent têtes, ne finira vraisemblablement qu'avec les biens de ce monde, et l'on aura toujours à exercer la rigueur des lois, tant qu'il y aura dans les divers emplois ecclésiastiques autre chose que des devoirs à remplir.

Autrefois, les ordres faisaient l'objet de la *simonie,* parce qu'ils procuraient les biens et les honneurs que l'on a attachés dans la suite aux bénéfices ; et de là la nullité des ordinations, ou du moins la déposition des clercs ordonnés par *simonie,* dans les anciens canons des décrets (*Caus.* 1, *quæst.* 1 *et* 3), et la nullité des collations ou provisions des bénéfices, prononcée dans les textes du nouveau droit. (*Tit. de Simoniá; Extravag. Cùm detestabile, de Simoniá.*)

Lorsque les bénéfices furent détachés des ordres, on ne paya plus pour se faire ordonner, mais seulement pour devenir bénéficier. Aujourd'hui encore, on emploie des moyens simoniaques pour obtenir des paroisses plus ou moins lucratives, des canonicats, etc.

Les peines que l'on voit écrites contre ceux qui se font ordonner, ou ceux qui confèrent les ordres, ne reçoivent plus guère leur application dans le temps où nous vivons, parce que la *simonie,* sans rien perdre de ses droits, encore moins de l'honneur qu'elle mérite, n'a fait que changer d'objet dans l'emploi de ces moyens. C'est aux biens et aux avantages temporels, attachés aux divers emplois ecclésiastiques, qu'on en veut. Or, à cet égard, l'extravagante de Paul II déclare celui qui s'est rendu coupable d'une *simonie* réelle, *in ordine aut in beneficiis,* atteint d'excommunication réservée au pape. A quoi sont conformes les conciles de Constance et de Bâle, et la constitution *Simoniacæ* de saint Pie V.

Cette excommunication a lieu contre ceux qui participent au crime de *simonie* occulte ou manifeste, de quelque état ou condition qu'ils soient; les clercs sont suspens *ipso jure,* quand ils ont été ordonnés par *simonie.* (*C. Sanè* 5, *qu.* 1 ; *c. Inquisitionis, de Accus.*)

On n'a imposé des peines si sévères contre les simoniaques, que parce que la *simonie* est considérée dans l'Église comme le plus grand crime. On en jugera par ce que nous avons dit ci-dessus, § I, et par ces canons : *Simonia pestis est quæ sua magnitudine alios morbos vincit.* (*C. Sicut, de Simon.*) *Sicut enim pestis inficit hominem, itâ simonia inficit, quia ipsum inhabilitat ad officii executionem.* (*C. Omnis, de Simoniâ.*) *Omnia enim crimina ad comparationem simoniacæ hæresis, quasi pro nihilo reputantur.* (*Patet, I, qu. 7.*)

Il paraît clairement par divers textes du droit canon (*c.* 26, *de Simoniâ; c.* 36, *Ex insinuatione, eod., J. G.*), que la *simonie* commise par un autre que le pourvu, et à son insu, opère la vacance du bénéfice, parce que ce vice s'attache toujours à la provision de quelque part qu'il vienne ; et d'ailleurs, personne ne doit profiter d'un pacte criminel : *Beneficia non pactis, sed justis titulis quærantur.* On n'excepte que le cas où la *simonie* aurait été commise en fraude du pourvu, et dans le dessein de lui nuire. (*Cap.* 37, *de Simoniâ.*)

Le chapitre 33, *eod.*, marque une autre exception dans le cas d'un abbé élu canoniquement, dont quelques moines non seulement à son insu, mais contre sa volonté expresse, avaient donné de l'argent à l'évêque, pour obtenir sa confirmation.

La glose des règles du droit applique à la *simonie* la dix-huitième de ces règles : *Non firmatur tractu temporis, quod ab initio subsistit.* En sorte que les provisions obtenues par *simonie* étant nulles *ab initio* (règle 36 de chancellerie) le laps du temps ne peut couvrir cette nullité, même dans le cas dont il vient d'être parlé ; lorsqu'un tiers aurait commis la *simonie*, à l'insu et sans la participation du pourvu.

Certains canonistes ont cru sur le fondement du chapitre *Cùm super, de Confes.*, et de l'extravagante *Cùm detestabile* de Paul II, que le simoniaque perdait non seulement le bénéfice dont il a été pourvu par *simonie*, mais tous les autres qu'il possède au temps de la *simonie*. Cette décision n'est point cependant clairement établie dans les textes cités : d'où l'on doit conclure par la règle *Odia restringenda*, que si le coupable de *simonie* est devenu par ce crime incapable d'obtenir de nouveaux bénéfices, comme étant tombé dans l'irrégularité, il n'est point privé de ceux qu'il possédait auparavant.

On prétend que l'extravagante *Cùm detestabile* n'a pas lieu pour *simonie* en ingression de religion, ni contre les religieux qui ont acheté les suffrages pour être élus supérieurs ; cette opinion est néanmoins combattue d'une manière qui paraît la plus conforme à la saine doctrine. On peut voir à cet égard les Institutes du Droit canonique de Lancelot, au livre IV.

On n'encourt point les peines de l'extravagante *Cùm detestabile*, par la *simonie* mentale, ni même par la *simonie* conventionnelle au for extérieur, quand elle est occulte : *solum Deum habet lutorem.* (*C.* 13, *de Simoniâ.*)

Celui qui a reçu quelque chose par *simonie* doit en faire la restitution, non à celui qui l'a donnée, mais à l'Église ou aux pauvres, ou bien elle doit être employée en œuvres pies (1).

§ V. *Dispense, absolution de la* SIMONIE.

Parmi les peines qu'on a attachées à la *simonie,* sont des censures qui rendent irréguliers les ecclésiastiques qui s'en sont rendus coupables. C'est pourquoi l'évêque peut dispenser de toutes les censures produites par la *simonie* occulte, ainsi que le grand pénitencier de Rome, suivant les principes établis ailleurs (*voyez* DISPENSE, IRRÉGULARITÉ, PÉNITENCERIE), et que pour la *simonie* volontaire et notoire, il faut se pourvoir en cour de Rome à la daterie.

De ce que l'évêque ne peut dispenser ou absoudre que de la *simonie* occulte, il s'ensuit que sa dispense ou son absolution ne produit aucun effet au for extérieur, si ce n'est dans le cas où il dispense de la *simonie* commise à l'insu du pourvu, et après une démission entre les mains de la part de ce dernier. (*C. Præsentium,* 1, *quæst.* 5.) Mais ordinairement on a recours au pape dans ce cas, comme dans tous ceux où l'on veut se munir d'une nouvelle provision de bénéfices. On fait une démission entre les mains de Sa Sainteté, et soit que le pourvu ait eu part à la *simonie,* soit qu'il y ait participé, ce que l'on ne manque pas d'exprimer, ainsi que les fruits perçus, le pape, après la formalité de la componende observée, confère de nouveau le bénéfice au pourvu, en le dispensant de toute *simonie* (2).

SI NEUTRI, SI NULLI, SI ALTERI.

Termes de chancellerie qui s'appliquent à certaines provisions de bénéfices dont nous expliquons la forme ou le cas sous le mot CONCESSION.

SI PER DILIGENTEM.

C'est une clause que l'on insère dans les provisions de cour de Rome, sur permutation, lorsque l'impétrant obtient avec ses provisions quelque dispense. Elle est marquée ainsi dans les signatures : *Committatur archiepiscopo N. sive ejus officiali,* avec la clause *si per diligentem.* Elle est étendue en ces termes dans les bulles : *Si per diligentem examinationem dictum N. idoneum esse repereris, super quo conscientiam tuam oneramus prioratum prædictum,* etc.

SOCIALISME.

Nous disons sous le mot COMMUNISME ce que c'est que le *socialisme,* et nous y citons l'encyclique du 8 décembre 1849 que nous croyons devoir rapporter ici à cause de son importance. On peut voir aussi, sous le mot SÉMINAIRE, l'encyclique du 9 novembre 1846, dans la-

---

(1) Saint Thomas, 2, *qu.* 33, *art.* 7.
(2) Rebuffe, *Praxis.*

quelle Pie IX qualifie cette doctrine d'exécrable, de contraire au droit naturel et renversant la société humaine elle-même.

LETTRE *encyclique* Nostris et nobiscum *de notre Saint-Père le pape Pie IX, aux archevêques et évêques d'Italie.*

« PIE IX, PAPE.

« VÉNÉRABLES FRÈRES, SALUT ET BÉNÉDICTION APOSTOLIQUE.

« Vous savez et vous voyez comme nous, vénérables Frères, par quelle perversité ont prévalu en ces derniers temps certains hommes perdus, ennemis de toute vérité, de toute justice, de toute honnêteté, qui, soit par fraude et par des artifices de toute espèce, soit ouvertement et jetant comme une mer en furie son écume, la lie de leurs confusions, s'efforcent de répandre de toutes parts, parmi les peuples fidèles de l'Italie la licence effrénée de la pensée, de la parole, de tout acte audacieux et impie, pour ruiner dans l'Italie même la religion catholique et, si cela pouvait jamais être, pour la renverser jusque dans ses fondements. Tout le plan de leur dessein diabolique s'est révélé en divers lieux; mais surtout dans la ville bien-aimée, siége de notre Pontificat suprême, où, après nous avoir contraint de la quitter, ils ont pu se livrer plus librement pendant quelques mois à toutes leurs fureurs. Là, dans un affreux et sacrilége mélange des choses divines et des choses humaines, leur rage monta à ce point que, méprisant l'autorité de l'illustre clergé de Rome et des prélats qui, par notre ordre, demeuraient intrépides à sa tête, ils ne les laissèrent pas même continuer en paix l'œuvre sacrée du saint ministère, et que sans pitié pour de pauvres malades en proie aux angoisses de la mort, ils éloignaient d'eux tous les secours de la religion et les contraignaient de rendre le dernier soupir entre les bras des prostituées.

« Bien que depuis lors la ville de Rome et les autres provinces du domaine pontifical aient été, grâces à la miséricorde de Dieu, rendues, par les armes des nations catholiques, à notre gouvernement temporel; bien que les guerres et les désordres qui en sont la suite aient également cessé dans les autres provinces de l'Italie, ces ennemis infâmes de Dieu et des hommes n'ont pas cessé et ne cessent pas leur travail de destruction; ils ne peuvent plus employer la force ouverte, mais ils ont recours à d'autres moyens, les uns cachés sous des apparences frauduleuses, les autres visibles à tous les yeux. Au milieu de si grandes difficultés, portant la charge suprême de tout le troupeau du Seigneur, et rempli de la plus vive affliction à la vue des périls auxquels sont particulièrement exposées les Églises de l'Italie, c'est pour notre infirmité, au sein des douleurs, une grande consolation, Vénérables Frères, que le zèle pastoral dont, au plus fort même de la tempête qui vient de passer, vous nous avez donné tant de preuves, et qui se manifeste chaque jour encore par des témoignages de plus en plus éclatants. Cependant la gravité des circonstances nous presse d'exciter plus vivement encore, de notre parole et de nos exhortations, selon le devoir de notre charge apostolique, votre fraternité, appelée au partage de nos sollicitudes, à combattre avec nous et dans l'unité les combats du Seigneur, à préparer et à prendre d'un seul cœur toutes les mesures par lesquelles, avec la bénédiction de Dieu, sera réparé le mal déjà fait en Italie à notre religion très sainte, et seront prévenus et repoussés les périls dont un avenir prochain la menace.

« Entre les fraudes sans nombre que les susdits ennemis de l'Église ont coutume de mettre en œuvre pour rendre odieuse aux Italiens la foi catholique, l'une des plus perfides est cette opinion, qu'ils ne rougissent pas d'affirmer et de répandre partout à grand bruit, que la religion catholique est un obstacle à la gloire, à la grandeur, à la prospérité de la nation italienne, et que, par conséquent, pour rendre à l'Italie la splendeur des anciens temps, c'est-à-dire des temps païens, il faut mettre à la place de la religion catholique, insinuer, propager, constituer les enseignements des protestants et leurs conventicules. On ne sait ce qui en de telles affirmations est le plus détestable, la perfidie de l'impiété furieuse ou l'impudence du mensonge éhonté.

« Le bien spirituel par lequel, soustraits à la puissance des ténèbres, nous sommes transportés dans la lumière de Dieu, par lequel, la grâce nous justifiant, nous sommes faits les héritiers du Christ dans l'espérance de la vie éternelle, ce bien des âmes, émanant de la sainteté de la religion catholique, est certes d'un tel prix qu'auprès de ce bien toute gloire et tout bonheur de ce monde doivent être regardés comme un pur néant : *Quid enim prodest homini si mundum universum lucretur, animæ verò suæ detrimentum patiatur ! aut quam dabit homo commutationem pro animâ suâ* (1)? Mais bien loin que la profession de la vraie foi ait causé à la race italienne les dommages temporels dont on parle, c'est à la religion catholique qu'elle doit de n'être pas tombée, à la chute de l'empire romain, dans la même ruine que les peuples de l'Assyrie, de la Chaldée, de la Médie, de la Perse, de la Macédoine. Aucun homme instruit n'ignore en effet que non seulement la très sainte religion du Christ a arraché l'Italie des ténèbres de tant et de si grandes erreurs qui la couvraient toute entière, mais encore qu'au milieu des ruines de l'antique empire et des invasions des Barbares ravageant toute l'Europe, elle l'a élevée dans la gloire et la grandeur au-dessus de toutes les nations du monde, de sorte que, par un bienfait singulier de Dieu, possédant dans son sein la chaire sacrée de Pierre, l'Italie a eu par la religion divine un empire plus solide et plus étendu que son antique domination terrestre.

« Ce privilége singulier de posséder le Siége apostolique, et de voir par cela même la Religion catholique jeter dans les peuples de l'Italie de plus fortes racines, a été pour elle la source d'autres bienfaits insignes et sans nombre ; car la très sainte religion du Christ, maîtresse de la véritable sagesse, protectrice vengeresse de l'humanité, mère féconde de toutes les vertus, détourna l'âme des Italiens de cette soif funeste de gloire qui avait entraîné leurs ancêtres à faire perpétuellement la guerre, à tenir les peuples étrangers dans l'oppression, à réduire, selon le droit de la guerre alors en vigueur, une immense quantité d'hommes à la plus dure servitude ; et en même temps illuminant les Italiens des clartés de la vérité catholique, elle les porta par une impulsion puissante à la pratique de la justice, de la miséricorde, aux œuvres les plus éclatantes de la piété envers Dieu et de bienfaisance envers les hommes. De là, dans les principales villes de l'Italie, tant de saintes basiliques et autres monuments des âges chrétiens, lesquels n'ont pas été l'œuvre douloureuse d'une multitude réduite en esclavage, mais qui ont été librement élevés par le zèle d'une charité vivifiante, à quoi il faut ajouter les pieuses institutions de tout genre consacrées, soit à l'éducation de la jeunesse, aux lettres, aux arts, à la sainte culture des sciences, soit enfin au soulagement des malades et des indigents. Telle est donc cette religion divine, qui embrasse sous tant de titres divers le salut, la gloire et le bonheur de l'Italie, cette religion que l'on voudrait faire rejeter par les peuples de l'Italie. Nous ne pouvons retenir nos larmes, Vénérables Frères, en voyant qu'il se trouve, à cette heure, quelques Italiens assez pervers, assez livrés à de misérables illusions pour ne pas craindre d'applaudir aux doctrines dépravées des impies, et de conspirer avec eux la perte de l'Italie.

« Mais vous n'ignorez pas, Vénérables Frères, que les principaux auteurs de cette détestable machination ont pour but de pousser les peuples, agités par tout vent de perverses doctrines, au bouleversement de tout ordre dans les choses humaines, et de les livrer aux criminels systèmes du nouveau *Socialisme* et du *Communisme*. Or, ces hommes savent et voient, par la longue expérience de beaucoup de siècles, qu'ils ne doivent espérer aucun assentiment de l'Église catholique, qui, dans la garde du dépôt de la révélation divine, ne souffre jamais qu'il soit rien retranché aux vérités proposées de la foi ni qu'il y soit rien ajouté. Aussi ont-ils formé le dessein d'attirer les

(1) *Saint Matthieu*, XVI, 26.

peuples Italiens aux opinions et aux conventicules des protestants, dans lesquels, répètent-ils sans cesse afin de les séduire, on ne doit voir autre chose qu'une forme différente de la même vraie religion chrétienne, où l'on peut plaire à Dieu aussi bien que dans l'Église catholique. En attendant, ils savent très-bien que rien ne peut être plus utile à leur cause impie, que le premier principe des opinions protestantes, le principe de la libre interprétation des saintes Écritures, par le jugement particulier de chacun. Ils ont la confiance qu'il leur deviendra plus facile, après avoir abusé d'abord de l'interprétation en mauvais sens des Lettres sacrées pour répandre leurs erreurs, comme au nom de Dieu, de pousser ensuite les hommes, enflés de l'orgueilleuse licence de juger des choses divines, à révoquer en doute même les principes communs du juste et de l'honnête.

« Puisse l'Italie, Vénérables Frères, puisse l'Italie, où les autres nations ont coutume de puiser les eaux pures de la saine doctrine, parce que le Siége apostolique a été établi à Rome, ne pas devenir pour elles désormais une pierre d'achoppement et de scandale! puisse cette portion chérie de la vigne du Seigneur ne pas être livrée en proie aux bêtes! puissent les peuples italiens, ayant bu la démence à la coupe empoisonnée de Babylone, ne jamais prendre des armes parricides contre l'Église-Mère! Quant à nous et quant à vous, que Dieu, dans son jugement secret, a réservés pour ces temps de si grand danger, gardons-nous de craindre les ruses et les attaques de ces hommes qui conspirent contre la foi de l'Italie, comme si nous avions à les vaincre par nos propres forces, lorsque le Christ est notre conseil et notre force, le Christ, sans qui nous ne pouvons rien, mais par qui nous pouvons tout (1). Agissez donc, Vénérables Frères, veillez avec plus d'attention encore sur le troupeau qui vous est confié, et faites tous vos efforts pour le défendre des embûches et des attaques des loups ravisseurs. Communiquez-vous mutuellement vos desseins, continuez, comme vous avez déjà commencé, d'avoir des réunions entre vous, afin qu'après avoir découvert, par une commune investigation, l'origine de nos maux, et, selon la diversité des lieux, les sources principales des dangers, vous puissiez y trouver, sous l'autorité et la conduite du Saint-Siége, les remèdes les plus prompts, et qu'ainsi, d'un accord unanime avec nous, vous appliquiez, avec l'aide de Dieu et avec toute la vigueur du zèle pastoral, vos soins et vos travaux à rendre vains tous les efforts, tous les artifices, toutes les embûches et toutes les machinations des ennemis de l'Église.

« Pour y parvenir, il faut prendre une peine continuelle, de peur que le peuple, trop peu instruit de la doctrine chrétienne et de la loi du Seigneur, hébété par la longue licence des vices, ne distingue qu'à peine les embûches qu'on lui tend et la méchanceté des erreurs qu'on lui propose. Nous demandons avec instance de votre sollicitude pastorale, Vénérables Frères, de ne jamais cesser d'appliquer tous vos soins à ce que les fidèles qui vous sont confiés soient instruits, suivant l'intelligence de chacun, des très-saints dogmes et des préceptes de notre religion, et qu'ils soient en même temps avertis et excités par tous les moyens à y conformer leur vie et leurs mœurs. Enflammez pour cette fin le zèle des ecclésiastiques, surtout de ceux qui ont charge d'âmes, afin que, méditant profondément sur le ministère qu'ils ont reçu dans le Seigneur, et ayant devant les yeux les prescriptions du concile de Trente (2), ils se livrent avec la plus grande activité, selon que l'exige la nécessité des temps, à l'instruction du peuple, et s'appliquent à graver dans tous les cœurs les paroles sacrées, les avis de salut, leur faisant connaître, dans des discours brefs et simples, les vices qu'ils doivent fuir pour éviter la peine éternelle, les vertus qu'ils doivent rechercher pour obtenir la gloire céleste.

« Il faut veiller spécialement à ce que les fidèles eux-mêmes aient profondément gravé dans l'esprit le dogme de notre très-sainte religion sur la nécessité de la foi catholique

(1) Saint Léon le Grand, *Epistola ad Rusticum Narbonensem.*
(2) Sess. v, ch. 2; sess. xxiv, ch. 4 et 7 *de Reformatione.*

pour obtenir le salut(1). Pour cette fin, il sera souverainement utile que, dans les prières publiques, les fidèles, unis au clergé, rendent de temps en temps de particulières
actions de grâces à Dieu pour l'inestimable bienfait de la religion catholique, qu'ils
tiennent tous de sa bonté infinie, et qu'ils demandent humblement au Père des miséricordes de daigner protéger et conserver intacte dans nos contrées la profession de cette
même religion.

« Cependant vous aurez spécialement soin d'administrer à tous les fidèles, dans le
temps convenable, le sacrement de Confirmation, qui, par un souverain bienfait de
Dieu, donne la force d'une grâce particulière pour confesser avec constance la foi catholique, même dans les plus graves périls. Vous n'ignorez pas non plus qu'il est utile,
pour la même fin, que les fidèles, purifiés des souillures de leurs péchés, expiés par une
sincère détestation et par le sacrement de Pénitence, reçoivent fréquemment avec dévotion la très-sainte Eucharistie, qui est la nourriture spirituelle des âmes, l'antidote
qui nous délivre des fautes quotidiennes et nous préserve des péchés mortels, le symbole
de ce seul corps dont le Christ est la tête, et auquel il a voulu que nous fussions attachés par le lien si fort de la foi, de l'espérance et de la charité, afin que nous soyons
tous ce seul corps, et qu'il n'y ait pas de schismes parmi nous (2).

« Nous ne doutons pas que les curés, leurs vicaires et les autres prêtres qui, dans
certains jours, et surtout au temps du jeûne, se livrent au ministère de la prédication,
ne s'empressent de vous prêter leur concours en toutes ces choses. Cependant, il faut
de temps en temps appuyer leurs soins par les secours extraordinaires des exercices
spirituels et des saintes missions, qui, lorsqu'elles sont confiées à des hommes capables, sont, avec la bénédiction de Dieu, très-utiles pour réchauffer la piété des bons,
exciter à une salutaire pénitence les pécheurs et les hommes dépravés par une longue
habitude des vices, faire croître le peuple fidèle dans la science de Dieu, lui faire produire toute sorte de biens, et, le munissant des secours abondants de la grâce céleste, lui inspirer une invincible horreur pour les doctrines perverses des ennemis de
l'Église.

« Du reste, en toutes ces choses, vos soins et ceux des prêtres vos coopérateurs ten-
dront particulièrement à faire concevoir aux fidèles la plus grande horreur pour ces crimes qui se commettent au grand scandale du prochain. Car vous savez combien, en
divers lieux, a grandi le nombre de ceux qui osent blasphémer les saints du ciel et
même le très-saint nom de Dieu, ou qui sont connus comme vivant dans le concubinage
et y joignant parfois l'inceste, ou qui, les jours fériés, se livrent à des œuvres serviles,
leurs boutiques ouvertes, ou qui, en présence de plusieurs, méprisent les préceptes du
jeûne et de l'abstinence, ou qui ne rougissent pas de commettre de la même manière
d'autres crimes divers. Qu'à la voix de votre zèle le peuple fidèle se représente et considère sérieusement l'énorme gravité des péchés de cette espèce, et les peines très-sévères
dont seront punis leurs auteurs, tant pour la criminalité propre de chaque faute que
pour le danger spirituel qu'ils ont fait courir à leurs frères par la contagion de leur
mauvais exemple. Car il est écrit : *Væ mundo ò scandalis..... Væ homini illi per quem
scandalum venit* (3).

« Parmi les différents genres de piéges par lesquels les plus subtils ennemis de
l'Église et de la société humaine s'efforcent de prendre les peuples, un des principaux
est assurément celui qu'ils avaient préparé déjà depuis longtemps dans leurs criminels
desseins, et qu'ils ont trouvé dans l'usage dépravé du nouvel art de la librairie. Ils s'y
donnent tout entiers, de sorte qu'ils ne passent pas un jour sans multiplier, sans jeter

---

(1) Ce dogme, reçu de Jésus-Christ, et enseigné par les Pères et les conciles, se trouve aussi dans les formules
de profession de foi, soit dans celles qui sont en usage chez les latins, soit dans celles qui sont en usage chez les
Grecs ou chez les autres nations catholiques de l'Orient.

(2) Concile de Trente, sess. XIII, *Decret. de SS. Eucharistiæ sacramento, cap.* 2.

(3) Saint Matthieu, XVIII, 7.

dans les populations les libelles impies, des journaux, des feuilles détachées, pleins de mensonges, de calomnies, de séductions. Bien plus, usant du secours des sociétés bibliques, qui, depuis longtemps déjà, ont été condamnées par le Saint-Siége (1), ils ne rougissent pas de répandre de saintes bibles, traduites, sans qu'on ait pris soin de se conformer aux règles de l'Église (2), en langue vulgaire, profondément altérées et rendues en un mauvais sens avec une audace inouïe, et, sous un faux prétexte de religion, d'en recommander la lecture au peuple fidèle. Vous comprenez parfaitement dans votre sagesse, Vénérables Frères, avec quelle vigilance et quelle sollicitude vous devez travailler pour que les fidèles fuient avec horreur cette lecture empoisonnée, et se souviennent, pour ce qui est nommément des divines Écritures, qu'aucun homme, appuyé sur sa propre prudence, ne peut s'arroger le droit et avoir la présomption de les interpréter autrement que ne les a interprétées et que ne les interprète la sainte Église notre mère, à qui seule notre Seigneur le Christ a confié le dépôt de la foi, le jugement sur le vrai sens et l'interprétation des livres divins (3).

« Il sera très utile, Vénérables Frères, pour arrêter la contagion des mauvais livres, que des livres de même volume, écrits par des hommes de science distinguée et saine, et préalablement approuvés par vous, soient publiés pour l'édification de la Foi et la salutaire éducation du peuple. Vous aurez soin que ces mêmes livres, et d'autres livres de doctrine également pure, composés par d'autres hommes, selon que le demanderont les lieux et les personnes, soient répandus parmi les fidèles.

« Tous ceux qui coopèrent avec vous dans la défense de la Foi auront spécialement en vue de faire pénétrer, d'affirmer, de graver profondément dans l'esprit de vos fidèles la piété, la vénération et le respect envers ce Siége suprême de Pierre, sentiments par lesquels vous vous distinguez éminemment, Vénérables Frères. Que les peuples fidèles se souviennent qu'*ici vit et préside, en la personne de ses successeurs, Pierre, le prince des apôtres* (4) *dont la dignité n'est pas séparée de son héritier indigne* (5). Qu'ils se souviennent que Jésus-Christ Notre Seigneur *a placé sur cette Chaire de Pierre l'inexpugnable fondement de son Église* (6) *et qu'à Pierre il a donné les clefs du royaume des Cieux* (7) *et pour cela il a prié, afin que la foi de Pierre ne faillît jamais, et ordonné à Pierre de confirmer ses frères dans cette foi* (8), de sorte que le successeur de Pierre, *le Pontife romain, tenant la Primauté dans tout l'univers, est le vrai Vicaire de Jésus-Christ, le chef de toute l'Église, le Père et le docteur de tous les chrétiens* (9).

« C'est dans le maintien de cette union commune des peuples, dans l'obéissance au Pontife romain, que se trouve le moyen le plus court et le plus direct pour les conserver dans la profession de la vérité catholique En effet, on ne peut se révolter contre la foi catholique sans rejeter en même temps l'autorité de l'Église romaine, en qui réside le Magistère irréformable de la Foi, fondé par le divin Rédempteur, et en qui conséquemment a toujours été conservée la tradition qui vient des Apôtres. De là vient que les hérétiques anciens et les protestants modernes, si divisés dans le reste de leurs opinions, se sont toujours entendus pour attaquer l'autorité du Siége Apostolique, qu'ils n'ont pu, en aucun temps, par aucun artifice, par aucune machination, amener

---

(1) On a sur ce sujet, outre les décrets antérieurs, l'Encyclique de Grégoire XVI du mois de mai 1844, commençant par ces mots : *Inter præcipuas machinationes*, que nous avons rappelée nous-même dans notre encyclique du 9 novembre 1846. — Cette dernière encyclique se trouve dans cet ouvrage sous le mot SÉMINAIRE, et l'autre sous le mot LIVRE.

(2) Voyez le n° 4 des règles dressées par les Pères du concile de Trente et approuvées par Pie IV dans la Constitution *Dominici gregis* du 24 mars 1564, et l'addition faite par la congrégation de l'*Index*, en vertu de l'autorité de Benoît XIV, le 17 juin 1757. Ces règles se trouvent toutes, d'ordinaire, en tête de l'*Index* des livres défendus — Nous rapportons nous-même ces règles sous le mot INDEX.

(3) Voyez le concile de Trente, session IV, dans le décret: *De editione et usu sacrorum librorum.*

(4) Concile d'Éphèse, act. III et saint Pierre Chrysologue, *Epistola ad Eutichen.*

(5) Saint Léon le Grand, *Sermo in anniv. Assump. suæ.*

(6) Saint Matthieu, XVI, 18.

(7) *Ibid.*, V, 19.

(8) Saint Luc, XXII, 34, 32.

(9) Concile œcuménique de Florence, *In definit. seu decret. unionis.*

à tolérer même une seule de leurs erreurs. Aussi, les ennemis actuels de Dieu et de la société humaine n'omettent rien pour arracher les peuples italiens à notre obéissance et à l'obéissance du Saint-Siége, persuadés qu'alors il leur sera possible de parvenir à souiller l'Italie de l'impiété de leur doctrine et de la peste de leurs nouveaux systèmes.

« Quant à cette doctrine de dépravation et à ces systèmes, tout le monde sait déjà qu'ils ont pour but principal de répandre dans le peuple, en abusant des mots de liberté et d'égalité, les pernicieuses inventions du *Communisme* et du *Socialisme*. Il est constant que les chefs soit du *Communisme*, soit du *Socialisme*, bien qu'agissant par des méthodes et des moyens différents, ont pour but commun de tenir en agitation continuelle et d'habituer peu à peu à des actes plus criminels encore les ouvriers et les hommes de condition inférieure, trompés par leur langage artificieux et séduits par la promesse d'un état de vie plus heureuse. Ils comptent se servir ensuite de leur secours pour attaquer le pouvoir de toute autorité supérieure, pour piller, dilapider, envahir les propriétés de l'Église d'abord, et ensuite celles de tous les autres particuliers, pour violer enfin tous les droits divins et humains; amener la destruction de Dieu et le bouleversement de tout ordre dans les sociétés civiles. Dans un si grand danger pour l'Italie, il est de votre devoir, Vénérables Frères, de déployer toutes les forces du zèle pastoral pour faire comprendre au peuple fidèle que s'il se laisse entraîner à ces opinions et à ces systèmes pervers, ils le conduiront à son malheur temporel et à sa perte éternelle.

« Que les fidèles confiés à vos soins soient donc avertis qu'il est essentiel à la nature même de la société humaine que tous obéissent à l'autorité légitimement constituée dans cette société; et que rien ne peut être changé dans les préceptes du Seigneur, qui sont énoncés dans les Lettres sacrées sur ce sujet. Car il est écrit : *Subjecti estote omni humanæ creaturæ propter Deum sive Regi, quasi præcellenti, sive ducibus, tanquam ab eo missis ad vindictam malefactorum, laudem verò bonorum; quia sic est voluntas Dei, ut benefaciente obmutescere faciatis imprudentium hominum ignorantiam : quasi liberi; et non quasi velamen habentes malitiæ libertatem, sed sicut servi Dei* (1). Et encore : *Omnis anima potestatibus sublimioribus subdita sit : non est enim potestas nisi à Deo : quæ autem sunt à Deo ordinatæ sunt : itaque qui resistit potestati, Dei ordinationi resistit : qui autem resistunt, ipsi sibi damnationem acquirunt* (2).

« Qu'ils sachent encore que, dans la condition des choses humaines, il est naturel et invariable, que même, entre ceux qui ne sont point dans une autorité plus élevée, les uns l'emportent sur les autres, soit par diverses qualités de l'esprit ou du corps, soit par les richesses ou autres biens extérieurs de cette sorte : et que jamais, sous aucun prétexte de liberté et d'égalité, il ne peut être licite d'envahir les biens ou les droits d'autrui ou de les violer d'une façon quelconque. A ce sujet, les commandements divins, qui sont gravés çà et là dans les livres saints, sont fort clairs et nous défendent formellement non seulement de nous emparer du bien d'autrui, mais même de le désirer (3).

« Que les pauvres, que les malheureux se rappellent surtout combien ils doivent à la religion catholique, qui garde vivante et intacte et qui prêche hautement la doctrine de Jésus-Christ, lequel a déclaré qu'il regarderait comme fait à sa personne le bien fait aux pauvres et aux malheureux (4). Et il a annoncé d'avance à tous le compte particulier qu'il demandera, au jour du Jugement, sur les œuvres de miséricorde, soit pour récompenser de la vie éternelle les fidèles qui auront accompli ces œuvres, soit pour punir de la peine du feu éternel ceux qui les auront négligées.

« De cet avertissement du Christ notre Seigneur et des avis très sévères qu'il a donnés

(1) 1ère Épître de saint Pierre, II, 13.
(2) Saint Paul aux Romains, XIII, 1 *et seq.*
(3) Exode XX, 15, 17; Deutéronome, V, 19, 21.
(4) Saint Matthieu, XVII, 15; XXV, 40, 45.

touchant l'usage des richesses et leurs dangers (1) avis conservés inviolablement dans l'Église catholique, il est résulté que la condition des pauvres et des malheureux est de beaucoup plus douce chez les nations catholiques que chez toutes les autres. Et les pauvres obtiendraient dans nos contrées des secours encore plus abondants si, au milieu des récentes commotions des affaires publiques, de nombreux établissements fondés par la piété de nos ancêtres pour les soulager n'avaient été détruits ou pillés. Au reste, que nos pauvres se souviennent, d'après l'enseignement de Jésus-Christ lui-même qu'ils ne doivent point s'attrister de leur condition : puisque, en effet, dans la pauvreté, le chemin du salut leur est préparé plus facile, pourvu toutefois qu'ils supportent patiemment leur indigence, et qu'ils soient pauvres non seulement matériellement, mais encore en esprit. Car il dit : *Beati pauperes spiritu, quoniam ipsorum est regnum cœlorum* (2).

« Que le peuple fidèle tout entier sache que les anciens rois des nations païennes et les chefs de leurs républiques ont abusé de leur pouvoir beaucoup plus gravement et beaucoup plus souvent ; et que par là il reconnaisse qu'il est redevable aux bienfaits de notre très sainte religion si les princes des temps chrétiens, redoutant, à la voix de cette religion, le *jugement très sévère qui sera rendu sur ceux qui commandent*, et le supplice éternel destiné aux pécheurs, *supplice dans lequel les puissants seront puissamment torturés* (3) ont usé à l'égard des peuples, leurs sujets, d'un commandement plus clément et plus juste.

« Enfin, que les fidèles confiés à vos soins et aux nôtres reconnaissent que la vraie et parfaite liberté e l'égalité des hommes ont été mises sous la garde de la loi chrétienne, puisque le Dieu tout-puissant, qui *a fait le petit et le grand et qui a un soin égal de tous* ne soustraira *au jugement la personne de qui que ce soit* (4) et n'aura égard à aucune grandeur : il a fixé le jour où *il jugera l'univers dans sa justice en Jésus-Christ, son fils unique, qui doit venir dans la gloire de son Père avec ses anges, et qui rendra alors à chacun selon ses œuvres* (5).

« Si les fidèles, méprisant les avis paternels de leurs pasteurs et les préceptes de la loi chrétienne que nous venons de rappeler, se laissent tromper par les promoteurs des machinations du jour, s'ils consentent à conspirer avec eux dans les systèmes pervers du *Socialisme* et du *Communisme*, qu'ils sachent et qu'ils considèrent sérieusement qu'ils amassent pour eux-mêmes auprès du divin Juge des trésors de vengeance au jour de la colère, et qu'en attendant il ne sortira de cette conspiration aucun avantage temporel pour le peuple, mais bien plutôt un accroissement de misères et de calamités. Car il n'est pas donné aux hommes d'établir de nouvelles sociétés et des communautés opposées à la condition naturelle des choses humaines ; et c'est pourquoi le résultat de pareilles conspirations, si elles s'étendaient en Italie, serait celui-ci : l'état actuel des choses publiques serait ébranlé et renversé de fond en comble par les luttes de citoyens contre citoyens, par des usurpations, par des meurtres, puis quelques hommes enrichis des dépouilles du grand nombre saisiraient le souverain pouvoir au milieu de la ruine commune.

« Pour détourner le peuple fidèle des embûches des impies, pour le maintenir dans la profession de la religion catholique et l'exciter aux œuvres de la vraie vertu, l'exemple et la vie de ceux qui se sont voués au sacré ministère a, vous le savez, une grande puissance. Mais, oh ! douleur, il s'est trouvé en Italie des ecclésiastiques, en petit nombre, il est vrai, qui ont passé dans les rangs des ennemis de l'Église et ne les ont pas peu aidés à tromper les fidèles. Pour vous, Vénérables Frères, la chute de ces hommes a été un nouvel aiguillon qui vous a excités à veiller avec un zèle de plus en plus actif

(1) Saint Matthieu, xix, 23 *seq.*; saint Luc, vi, 4 ; xviii, 22 *seq.*; Épître de saint Jacques, v, 1, *seq.*

(2) Saint Matthieu, v, 3.

(3) Sagesse, vi, 6, 7.

(4) *Ibidem*, vi.

(5) Actes, xvii, 31.

à maintenir la discipline du clergé. Et ici, voulant, selon notre devoir, prendre des me
sures préservatrices pour l'avenir, nous ne pouvons nous empêcher de vous recommander
de nouveau un point sur lequel nous avons déjà insisté dans notre première Lettre Encyclique aux évêques de tout l'univers (1), et nous vous rappelons de n'imposer jamais
légèrement les mains à personne (2) et d'apporter le soin le plus attentif dans le choix
de la milice ecclésiastique. Il faut une longue recherche, une minutieuse investigation
au sujet surtout de ceux qui désirent entrer dans les ordres sacrés; il faut vous assurer
qu'ils se recommandent par la science, par la gravité des mœurs et par le zèle du culte
divin, de façon à donner l'espoir certain que, semblables à des lampes ardentes dans la
maison du Seigneur, ils pourront par leur conduite et par leurs œuvres procurer à votre troupeau l'édification et l'utilité spirituelles.

« L'Église de Dieu retire des monastères, lorsqu'ils sont bien conduits, une immense
utilité et une grande gloire, et le clergé régulier vous porte à vous-mêmes, dans votre
travail pour le salut des âmes, un secours précieux; c'est pourquoi nous vous demandons, Vénérables Frères, d'abord d'assurer, de notre part, aux familles religieuses de
chacun de vos diocèses, qu'au milieu de tant de douleurs nous avons particulièrement res-
senti les maux que plusieurs d'entre elles ont eu à souffrir dans ces derniers temps, et
que la courageuse patience, la constance dans l'amour de la vertu et de leur religion
dont un grand nombre de religieux ont donné l'exemple, a été pour nous une source
de consolations d'autant plus vives qu'on en a vu d'autres, oubliant la sainteté de leur
profession, au grand scandale des gens de bien, et remplissant d'amertume notre cœur
et le cœur de leurs frères, prévariquer honteusement. En second lieu, vous aurez soin
d'exhorter en notre nom les chefs de ces familles religieuses et quand cela sera nécessaire, les supérieurs qui en sont les modérateurs, à ne rien négliger des devoirs de leur
charge pour rendre la discipline régulière là où elle s'est maintenue de plus en plus vi-
goureuse et florissante, et pour la rétablir dans toute son intégrité et toute sa force là
où elle aurait reçu quelque atteinte. Ces supérieurs rappelleront sans cesse, et par les
avertissements, et par les représentations, et par les reproches aux religieux de leurs
maisons qu'ils doivent sérieusement considérer par quels vœux ils se sont liés envers
Dieu, s'appliquer à tenir ce qu'ils lui ont promis, garder inviolablement les règles de
leur institut, et, portant dans leur corps la mortification de Jésus, s'abstenir de tout
ce qui est incompatible avec leur vocation, se donner tout entier aux œuvres qui entretiennent la charité envers Dieu et le prochain, et l'amour de la vertu parfaite. Que sur
toutes choses les modérateurs de ces ordres veillent à ce que l'entrée n'en soit ouverte
à aucune personne qu'après un examen approfondi et scrupuleux de sa vie, de ses mœurs
et de son caractère, et que personne n'y puisse être admis à la profession religieuse
qu'après avoir donné, dans un noviciat fait selon les règles, des preuves d'une véritable
vocation, de telle sorte qu'on puisse à bon droit présumer que le novice n'embrasse la
vie religieuse que pour vivre uniquement en Dieu et travailler, selon la règle de son institut, à son salut et au salut du prochain. Sur ce point, nous voulons et entendons
que l'on observe tout ce qui a été statué et prescrit, pour le bien des familles religieuses, dans les décrets publiés le 25 janvier de l'année dernière par notre congrégation sur
l'état des réguliers, décrets revêtus de la sanction de notre autorité apostolique.

« Après vous avoir ainsi parlé du clergé régulier, nous tenons à recommander à votre fraternité l'instruction et l'éducation des clercs mineurs; car l'Église ne peut guère
espérer trouver de dignes ministres que parmi ceux qui, dès leur jeunesse et leur premier âge, ont été, suivant les règles prescrites, formés à ce ministère sacré. Continuez
donc, Vénérables Frères, à user de toutes vos ressources, à faire tous vos efforts pour
que les recrues de la milice sacrée soient autant que possible reçues dans les séminaires

(1) Novembre 1846. — Elle est rapportée ci-dessus sous le mot SÉMINAIRE.
(2) Iᵉʳ Épître à Timothée, v, 22.

ecclésiastiques dès leurs plus jeunes ans, et pour que, rangées autour du Tabernacle du Seigneur, elles grandissent et croissent comme une plantation nouvelle dans l'innocence de la vie, la religion, la modestie, l'esprit ecclésiastique, apprenant en même temps, de maîtres choisis, dont la doctrine soit pleinement exempte de tout péril d'erreur, les lettres, les sciences élémentaires et les hautes sciences, mais surtout les lettres et les sciences sacrées.

« Mais comme vous ne pourrez que difficilement compléter l'instruction de tous les clercs mineurs dans les séminaires; comme d'ailleurs les jeunes gens de l'ordre laïque doivent assurément être aussi l'objet de votre sollicitude pastorale, veillez également, Vénérables Frères, sur toutes les autres écoles publiques et privées, et, autant qu'il est en vous, mettez vos soins, employez votre influence, faites vos efforts pour que dans ces écoles les études soient en tout conformes à la règle de la doctrine catholique, et pour que la jeunesse qui s'y trouve réunie, instruite dans les lettres, les arts et les sciences, n'ait que des maîtres irréprochables sous le rapport de la religion et des mœurs, qui, lui enseignant aussi la véritable vertu, la mettent en mesure de reconnaître les piéges tendus par les impies, d'éviter leurs funestes erreurs et de servir utilement et avec éclat la société chrétienne et la société civile.

« C'est pourquoi vous revendiquerez la principale autorité, une autorité pleinement libre sur les professeurs des disciplines sacrées et sur toutes les choses qui sont de la religion ou qui y touchent de près. Veillez à ce qu'en rien ni pour rien, mais surtout à ce qui touche les choses de la religion, on n'emploie dans les écoles que des livres exempts de tout soupçon d'erreur. Avertissez ceux qui ont charge d'âmes d'être vos coopérateurs vigilants en tout ce qui concerne les écoles des enfants et du premier âge. Que les écoles ne soient confiées qu'à des maîtres et à des maîtresses d'une honnêteté éprouvée, et que pour enseigner les éléments de la foi chrétienne aux petits garçons et aux petites filles on ne se serve que de livres approuvés par le Saint-Siége. Sur ce point nous ne pouvons douter que les curés ne soient les premiers à donner l'exemple, et que, pressés par vos incessantes exhortations, ils ne s'appliquent chaque jour davantage à instruire les enfants des éléments de la doctrine chrétienne, se souvenant que c'est là un des devoirs les plus graves de la charge qui leur est confiée (1). Vous devrez de même leur rappeler que dans leurs instructions soit aux enfants, soit au peuple, ils ne doivent jamais perdre de vue le catéchisme romain publié, conformément au décret du Concile de Trente, par l'ordre de saint Pie V, notre prédécesseur d'immortelle mémoire, et recommandé à tous les pasteurs des âmes par d'autres Souverains Pontifes, notamment par Clément XIII, comme *un secours on ne peut plus propre à repousser les fraudes des opinions perverses, à propager et à établir d'une manière solide la véritable et saine doctrine* (2).

« Vous ne vous étonnerez pas, Vénérables Frères, si nous vous parlons un peu longuement sur ce sujet. Votre prudence, assurément, a reconnu qu'en ces temps périlleux nous devons, vous et nous, faire les plus grands efforts, employer tous les moyens, lutter avec une constance inébranlable, déployer une vigilance continuelle pour tout ce qui touche aux écoles, à l'instruction et à l'éducation des enfants et des jeunes gens de l'un et de l'autre sexe. Vous savez que, de nos jours, les ennemis de la religion et de la société humaine, poussés par un esprit vraiment diabolique, s'attachent à pervertir par tous les moyens le cœur et l'intelligence des jeunes gens dès le premier âge. C'est pourquoi il n'y a pas de moyen qu'ils ne mettent en œuvre, il n'y a pas d'entreprise audacieuse qu'ils ne tentent pour soustraire entièrement à l'autorité de l'Église et à la vigilance des sacrés pasteurs les écoles et tout établissement destiné à l'éducation de la jeunesse.

« Nous avons donc la ferme espérance que nos très chers fils en Jésus-Christ, tous

---

(1) Concile de Trente, session xxiv, *ch. 4*; Benoît xiv, Constitution *Etsi minimd*, du 7 février 1742.
(2) Lettre encyclique à tous les évêques, du 14 juin 1761.

les princes de l'Italie, aideront votre fraternité de leur puissant patronage, afin que vous puissiez remplir avec plus de fruit les devoirs de votre charge que nous venons de rappeler. Nous ne doutons pas non plus qu'ils n'aient la volonté de protéger l'Église et tous ses droits, soit spirituels, soit temporels. Rien n'est plus conforme à la religion et à la piété qu'ils ont héritée de leurs ancêtres, et dont ils se montrent animés. Il ne peut pas échapper à leur sagesse que la cause première de tous les maux dont nous sommes accablés n'est autre que le mal fait à la religion et à l'Église catholique dans les temps antérieurs, mais surtout à l'époque où parurent les protestants. Ils voient, par exemple, que le mépris croissant de l'autorité des sacrés Pontifes, que les violations chaque jour plus multipliées et impunies des préceptes divins et ecclésiastiques, ont diminué dans une proportion analogue le respect du peuple pour la puissance civile, et ouvert aux ennemis actuels de la tranquillité publique une voie plus large aux révoltes et aux séditions. Ils voient de même que le spectacle souvent renouvelé des biens temporels de l'Église envahis, partagés, vendus publiquement, quoiqu'ils lui appartinssent en vertu d'un droit légitime de propriété, et que l'affaiblissement, au sein des peuples, du sentiment de respect pour les propriétés consacrées par une destination religieuse, ont eu pour effet de rendre un grand nombre d'hommes plus accessibles aux assertions audacieuses du nouveau *Socialisme* et du *Communisme*, enseignant que l'on peut de même s'emparer des autres propriétés et les partager ou les transformer de toute autre manière pour l'usage de tous. Ils voient de plus retomber peu à peu sur la puissance civile toutes les entraves multipliées jadis avec tant de persévérance pour empêcher les pasteurs de l'Église d'user librement de leur autorité sacrée. Ils voient enfin qu'au milieu des calamités qui nous pressent, il est impossible de trouver un remède d'un effet plus prompt et d'une plus grande efficacité que la religion et l'Église catholique refleurissant et reprenant sa splendeur dans toute l'Italie, l'Église catholique qui possède, on n'en peut douter, les moyens les plus propres à secourir les indigences diverses de l'homme dans toutes les conditions.

« Et, en effet, pour employer ici les paroles de saint Augustin : « L'Église catholi-
« que embrasse non seulement Dieu lui-même, mais encore l'amour et la charité pour
« le prochain, de telle sorte qu'elle a des remèdes pour toutes les maladies qu'éprou-
« vent les âmes à cause de leurs péchés. Elle exerce et enseigne les enfants d'une
« manière appropriée à leur âge, les jeunes gens avec force, les vieillards avec tran-
« quillité, chacun, en un mot, selon que l'exige l'âge, non pas seulement de son corps
« mais encore de son âme. Elle soumet la femme à son mari par une chaste et fidèle
« obéissance, non pour assouvir le libertinage, mais pour propager la race humaine et
« conserver la société domestique. Elle met ainsi le mari au-dessus de la femme, non
« pour qu'il se joue de ce sexe plus faible, mais afin qu'ils obéissent tous deux aux
« lois d'un sincère amour. Elle assujettit les fils à leurs parents dans une sorte de ser-
« vitude libre, et l'autorité qu'elle donne aux parents sur leurs enfants est une sorte
« de domination compatissante. Elle unit les frères aux frères par un lien de religion
« plus fort, plus étroit que le lien du sang, elle resserre tous les liens de parenté et
« d'alliance par une charité mutuelle qui respecte les nœuds de la nature et ceux
« qu'ont formés les volontés diverses. Elle apprend aux serviteurs à s'attacher à leurs
« maîtres, non pas tant à cause des nécessités de leur condition que par l'attrait du
« devoir; elle rend les maîtres doux à leurs serviteurs par la pensée du maître com-
« mun, le Dieu suprême, et leur fait préférer les voies de la persuasion aux voies de la
« contrainte. Elle lie les citoyens aux citoyens, les nations aux nations, et tous les
« hommes entre eux, non seulement par le lien social, mais encore par une sorte de
« fraternité, fruit du souvenir de nos premiers parents. Elle enseigne aux rois à avoir
« toujours en vue le bien de leurs peuples; elle avertit les peuples de se soumettre aux
« rois. Elle apprend à tous, avec une sollicitude que rien ne lasse, à qui est dû l'hon-
« neur, à qui l'affection, à qui le respect, à qui la crainte, à qui la consolation, à qui

« l'avertissement, à qui l'exhortation, à qui la discipline, à qui la réprimande, à qui le
« supplice, montrant comme toutes choses ne sont pas dues à tous, mais qu'à tous est
« due la charité et à personne l'injustice (1). »

« C'est donc notre devoir et le vôtre, Vénérables Frères, de ne reculer devant aucun
labeur, d'affronter toutes les difficultés, d'employer toute la force de notre zèle pastoral pour protéger chez les peuples italiens le culte de la religion catholique, non seulement en nous opposant énergiquement aux efforts des impies qui trament le complot
d'arracher l'Italie elle-même du sein de l'Église, mais encore en travaillant puissamment à ramener dans la voie du salut ces fils dégénérés de l'Italie qui déjà ont eu la
faiblesse de se laisser séduire.

« Mais tout bien excellent et tout don parfait vient d'en haut ; approchons donc avec
confiance du trône de la grâce, Vénérables Frères, ne cessons pas de prier avec supplication, de conjurer par des prières publiques et particulières le Père céleste des lumières
et des miséricordes, afin que, par les mérites de son Fils unique notre Seigneur Jésus-
Christ, détournant sa face de nos péchés, il éclaire, dans sa clémence, tous les esprits
et tous les cœurs par la vertu de sa grâce ; que domptant les volontés rebelles il glorifie
la sainte Église par de nouvelles victoires et de nouveaux triomphes, et que, dans toute
l'Italie et par toute la terre, le peuple qui le sert croisse en nombre et en mérite. Invoquons aussi la très sainte Mère de Dieu, Marie la Vierge immaculée, qui, par son
tout-puissant patronage auprès de Dieu, obtenant tout ce qu'elle demande, ne peut pas
demander en vain. Invoquons avec elle Pierre, le prince des Apôtres, Paul, son frère
dans l'apostolat, et tous les Saints du ciel, afin que le Dieu très clément, apaisé par
leurs prières, détourne des peuples fidèles les fléaux de sa colère et accorde, dans sa
bonté, à tous ceux qui portent le nom de chrétiens, de pouvoir par sa grâce et rejeter
tout ce qui est contraire à la sainteté de ce nom et pratiquer tout ce qui lui est
conforme.

« Enfin, Vénérables Frères, recevez, en témoignage de notre vive affection pour vous,
la bénédiction apostolique que, du fond de notre cœur, nous vous donnons avec amour,
et à vous, et au clergé, et aux fidèles laïques confiés à votre vigilance.

« Donné à Naples, au palais de Portici, ce 8 décembre 1849, de notre pontificat
la 4e année.

« PIE IX Pape. »

SOCIÉTÉS BIBLIQUES.

Les *sociétés bibliques* sont condamnées depuis longtemps par le
Saint-Siége, comme on peut le voir dans l'encyclique du mois de
mai 1844 de Grégoire XVI, rapportée sous le mot LIVRES, et dans
l'encyclique du 8 décembre 1849 qui se trouve sous le mot SOCIALISME.

SOCIÉTÉS SECRÈTES.

On voit, sous le mot FRANCS-MAÇONS, les constitutions des Souverains Pontifes portées contre les *sociétés secrètes*, et les dangers
qu'elles renferment pour la religion dans celle du 8 décembre
1849 rapportée ci-dessus sous le mot SOCIALISME.

SODOMIE.

Les anciens canons ordonnent de déposer les clercs qui seront
convaincus du crime de *sodomie*, ce qui est confirmé par le troisième

(1) Saint Augustin, *de Moribus catholic. Ecclesiæ, lib. 1.*

concile de Latran, *in cap.* 4, *de Excess. prælat.* Le pape Pie IV a attaché expressément, par sa bulle de l'an 1568, à ce crime abominable, la peine de privation de plein droit contre les bénéficiers qui s'en sont rendus coupables. *Tam dirum nefas sceleris quo civitates igne conflagrarum exercentes, omni privilegio clericali, officio, dignitate ac beneficio ecclesiastico præsentis canonis auctoritate privamus.*

Sodomia est infandum contrà naturam peccatum, sic dictum ab urbe Sodomâ quæ igne de cœlo absumpta fuit, in vindictam immanissimi hujusce sceleris. Consistit in coitu libidinoso cum personâ indebitâ, seu ejusdem sexûs : vel debitâ quidem, sed in vase indebito. Hinc Sodomia duplex, perfecta una, altera imperfecta. Prior, est concubitus masculi cum masculo, feminæ cum feminâ, sive mares inter se coeant in vase præpostero, sive in ore ; sive feminæ anteriori vase utantur, aut posteriori. Posterior est concubitus viri cum feminâ extrà vas naturale.

Les lois civiles condamnaient autrefois les sodomites à être brûlés vifs (1).

SOLDAT.

(*Voyez* ARMES, IRRÉGULARITÉ.)

SOMMISTE.

C'est le nom qu'on donne dans la chancellerie romaine à un officier dont les fonctions sont de faire faire les minutes, et de les faire plomber.

Autrefois le *sommiste* était un des clercs de la chambre, mais le pape saint Pie V l'en démembra et l'érigea en office séparé, que possède le cardinal chancelier.

Le *sommiste* admet dans les bulles des clauses qu'il n'est pas permis aux abréviateurs de recevoir, par les règles de la chancellerie.

SOMNAMBULISME.

(*Voyez* MAGNÉTISME.)

SONGES.

(*Voyez* ASTROLOGIE.)

SORCIER, SORCELLERIE.

On appelle *sorcier* celui qui s'efforce de faire quelque chose par la puissance du démon et par des moyens diaboliques, en se servant d'enchantements, de maléfices, de *sortiléges*.

Nous entendons ici par tous ces différents mots l'art de la magie, dont l'exercice est réprouvé par les canons. Lancelot définit ainsi les *sorciers* (2) d'après les canons *Sortilegi*, 26, qu. 1; c. *Aliquanti,*

---

(1) Code théodosien, *liv* IX, *tit.* 17.
(2) *Instit.*, *lib.* IV, *tit.* 5.

eâd. quæst. 5 : *Sunt autem sortilegi qui prætextu religionis, per quos-dam sorte divinationis scientiam profitentur aut quarumcumque scripturarum inspectione facta futura promittunt.* Les laïques, ajoute cet auteur, qui pratiquent ces sortes de divinations et de *sortiléges,* doivent être frappés d'un anathème perpétuel, et les clercs dégradés, conformément à ces différents textes du droit : *c. Illud sane, in fin.* 26, *qu.* 2; *c. Aliquanti* 26, *qu.* 5 ; *c. Si quis ariolos; c. Admoneat* 25, *qu.* 7.

Le fameux canon *Si per sortiarias, caus.* 33, *qu.* 1, *cap.* 4, permet la dissolution du mariage, qui ne peut se consommer après beaucoup de prières, à cause du maléfice appelé *nouement d'aiguillettes.* Les conciles provinciaux de Tours en 1583, de Narbonne en 1609, frappent d'anathème ceux qui pratiquent cette sorte de maléfice(1). Ce qui fait penser que, dans tous les temps, l'Église a reconnu que Dieu peut permettre que le démon exerce sur la terre par lui-même, ou par le ministère des méchants, une puissance dont les effets ne servent qu'à mieux faire éclater celle de Jésus-Christ, ou à remplir des desseins impénétrables aux hommes. La glose dudit canon *Si per sortiarias,* remarque expressément que l'impuissance de maléfice n'a rien de commun avec celle dont parlent les décrétales au titre *de Frigidis.* Mais voyez à ce sujet le mot IMPUISSANCE.

On ne saurait douter qu'il n'y ait eu en effet des *sorciers* qui ont fait un pacte avec le démon, pour opérer par son moyen des choses extraordinaires qu'ils n'auraient pu faire sans cela. L'Écriture, les Pères, les conciles, les rituels, le consentement des différentes nations qui ont fait des lois contre les *sorciers,* les différents arrêts qui les ont condamnés, et les témoignages d'un grand nombre de personnes dignes de foi; tout cela est une preuve convaincante de la possibilité et de la réalité des *sorciers.*

Denisart, en sa Collection de jurisprudence, rapporte un arrêt du parlement de Paris, du 9 mai 1597, par lequel un nommé Jean Belon, prêtre, curé de Saint-Pierre-de-Lampes, diocèse de Bourges, fut condamné pour crime de *sorcellerie* à être pendu et étranglé, et ensuite brûlé.

SORT DES SAINTS.

On appelle *sort* ou *sorts des saints,* en latin, *sortes sanctorum,* une espèce de divination usitée autrefois parmi les chrétiens. Elle consistait à ouvrir quelque livre de l'Écriture sainte, et à prendre le premier verset qu'on rencontrait pour un pronostic de ce qui devait arriver. Le concile d'Agde en 506 condamna cette superstition qui était fort commune en Orient et en Occident.

SORT OU SORTILÉGE.

(*Voyez* SORCIER.)

(1) *Mémoires du clergé,* tom. V, *pag.* 670, 682.

SOUS-DIACONAT , SOUS-DIACRE.

Le *sous-diaconat* est un des trois ordres majeurs. Celui qui en est revêtu s'appelle *sous-diacre*. Le *sous-diaconat* n'a pas toujours été au nombre des ordres majeurs ou sacrés. Il n'imposait point autrefois la nécessité du célibat, et les chorévêques pouvaient le conférer. Voyez à ce sujet les mots CÉLIBAT, ORDRE. L'on voit sous ce dernier mot la forme que l'on observe dans l'ordination des *sous-diacres*.

SOURD.

Le *sourd* peut se marier, s'il peut faire connaître sa volonté. (*Voyez* MUET.)

SOUS-INTRODUITES.

On nommait autrefois *femmes introduites*, en latin, *subintroductæ*, celles que les ecclésiastiques tenaient dans leurs maisons, ou par charité, ou pour avoir soin de leurs affaires domestiques. Le troisième canon du premier concile général de Nicée défend à tout évêque, prêtre, diacre, ou autre clerc, d'avoir aucune femme *sous-introduite*, si ce n'est la mère, la tante, la sœur et les autres personnes qui sont hors de tout soupçon. (*Voyez* AGAPÈTES.)

SOUTANE.

(*Voyez* HABIT, § I.)

SOUVERAIN.

Le pape qu'on appelle *Souverain* Pontife, parce qu'il est le premier de tous les évêques et le chef de l'Église, est en même temps *souverain* temporel des États romains. Cette souveraineté, soit qu'on la fonde sur la donation des empereurs ou sur une longue prescription, n'en est pas moins d'une légitimité si évidente qu'aucun *souverain* temporel ne peut en avoir de plus sûre.

« Il n'y a pas en Europe de souveraineté plus justiciable, dit le comte de Maistre (1), s'il est permis de s'exprimer ainsi, que celle des *Souverains* Pontifes. Elle est comme la loi divine : *Justificata in semetipsâ*. Mais ce qu'il y a de véritablement étonnant, c'est de voir les papes devenir *souverains*, sans s'en apercevoir, et même à parler exactement malgré eux, une loi invisible élevait le siége de Rome, et l'on peut dire que le chef de l'Église universelle naquit *souverain*. De l'échafaud des martyrs, il monta sur un trône qu'on n'apercevait pas d'abord, mais qui se consolidait insensiblement comme toutes les grandes choses, et qui s'annonçait dès son premier âge par je ne

(1) *Du Pape.*

sais quelle atmosphère de grandeur qui l'environnait sans aucune cause humaine assignable. »

C'est une chose extrêmement remarquable, mais nullement ou pas assez remarquée, que jamais les papes ne se sont servis de l'immense pouvoir dont ils sont en possession pour agrandir leur État. Qu'y avait-il de plus naturel, par exemple, et de plus tentatif pour la nature humaine, que de se réserver une portion des provinces conquises sur les Sarrasins et qu'ils donnaient au premier occupant pour repousser le croissant qui ne cessait de s'avancer? Cependant jamais ils ne l'ont fait, pas même à l'égard des terres qui les touchaient, comme le royaume des Deux-Siciles, sur lequel ils avaient des droits incontestables, au moins selon les idées d'alors, et pour lequel néanmoins ils se contentèrent d'une vaine suzeraineté, qui finit bientôt par la *haquenée*, tribut léger et purement nominal, que le mauvais goût du siècle leur dispute encore.

Nous rapportons sous le mot PAPE, § VI, ce que nos derniers conciles provinciaux ont dit de la *souveraineté* temporelle du pape; nous ne pouvons qu'y renvoyer.

On affecte de donner au pape le titre de *souverain* étranger, même lorsqu'il parle et qu'il agit comme chef de l'Église. Rien n'est plus faux ni plus injuste. Sans doute le pape, comme prince purement temporel et *souverain* des États romains, est un étranger pour les Français qui, dans les choses temporelles, ne dépendent nullement de lui et ne peuvent lui être soumis en aucune manière. Mais le pape, comme chef de l'Église, comme vicaire de Jésus-Christ, n'est pas plus un prince étranger pour les catholiques français que pour tous les catholiques du monde entier, il en est le père en même temps que le chef suprême : *Pater patrum. (Concil. Chalc., sess.* III.) Or, un père n'est jamais étranger au sein de sa famille, et il n'y a que des enfants dénaturés qui regardent comme un étranger celui qu'ils doivent aimer, respecter et vénérer comme un père. Les vrais catholiques se feront toujours un devoir d'appeler du doux nom de père celui qui veut bien les appeler ses fils chéris et bien aimés.

On appelle le pape du nom de Père, *Pater*, parce qu'il est le vicaire de Dieu même, qui est le Père et le Créateur de tous. De là vient aussi que le pape appelle tous les chrétiens ses enfants, et que ceux-ci l'appellent leur père : *Videte*, dit saint Jean, *qualem charitatem dedit nobis pater, ut filii nominemur et simus. (Cap. Quam gravi, de Crim. fals.; cap. ult. de Pact. in* 6°.)

On doit être soumis aux *souverains* temporels. (*Voyez* PUISSANCE.)

SPECTACLES.

On entend sous ce nom toutes les assemblées profanes, mais particulièrement les lieux destinés à des représentations de pièces de théâtre.

Nous rapportons sous le mot COMÉDIE ce que les conciles de Soissons et de Rennes, tenus en 1849, disent du danger des *spectacles*, toujours nuisibles à l'innocence et aux mœurs.

Les *spectacles* sont défendus aux clercs dans les églises et les jours de fêtes et de dimanches, pendant le service divin. (*Voyez* CLERC, COMÉDIE, FÊTES.)

Le troisième concile de Carthage, de l'an 397, canon 11, parle ainsi des *spectacles* : « Que les ecclésiastiques ne donnent point de *spectacles* mondains, qu'ils n'y assistent même pas, car on ne le permettrait pas à de simples laïques, parce qu'il n'a jamais été permis à des chrétiens de se trouver dans des lieux où le nom de Dieu est déshonoré. »

SPIRITUEL.

(*Voyez* INDÉPENDANCE.)

SPOLIATION.

L'Église de France possédait, à l'époque de la révolution de 1789, d'immenses richesses qu'elle avait acquises de la manière la plus légitime. (*Voyez* ACQUISITION, BIENS D'ÉGLISE.) Mais, par la plus inique de toutes les *spoliations*, l'État, de sa propre autorité et par le seul droit de la force, s'appropria tous les biens de l'Église, dont la valeur s'élevait à plus de trois milliards, et les revenus à plus de cent cinquante millions. Elle consomma cette *spoliation* sacrilége par le décret du 2 novembre 1789, ainsi conçu :

« L'Assemblée nationale décrète : 1° que tous les biens des ecclésiastiques sont à la disposition de la nation, à la charge de pourvoir d'une manière convenable aux frais du culte, à l'entretien de ses ministres et au soulagement des pauvres, sous la surveillance et d'après les instructions des administrateurs de provinces.

« 2° Que dans les dispositions à faire pour subvenir à l'entretien des ministres de la religion, il ne pourra être assuré à la dotation d'aucune cure, moins de 1,200 livres par année, non compris le logement et les jardins en dépendant. »

Par ce décret, l'État spolia non seulement toutes les abbayes avec leurs immenses dépendances, mais encore des milliers d'édifices de toutes sortes : communautés, colléges, hôtels-Dieu, cathédrales, presbytères, séminaires, etc., édifices, pour la plupart, vastes, solides, imposants, dont l'Église avait orné la France, et dont l'État s'est emparé pour en faire des casernes et des prisons, ou pour y établir des institutions anti-catholiques. Un décret du 28 octobre et 5 novembre 1790 statua sur ceux de ces édifices qui devaient être conservés, et ordonna la vente de tous les autres au profit de la nation, ainsi que celle de tous les biens fonds dont l'Église retirait son revenu pour l'entretien de ses ministres, la nourriture des pauvres, la conservation et l'ornement de ses temples.

De ce que l'État avait la force matérielle en main, il ne s'ensuit pas qu'il ait agi selon la justice ; car s'il en était ainsi, il n'y aurait aucune différence entre la force et le droit, et alors il faudrait effacer le mot de morale du code des nations. « Quand un peuple est soulevé par la révolte et désorganisé par l'anarchie, dit monseigneur Parisis, évêque de Langres (1), il se livre à des actes violents, qu'il faut bien subir en fait, comme on subit un orage, mais qu'il serait souverainement imprudent et faux de reconnaître ensuite en droit comme des actes réguliers. » La *confiscation* des biens ecclésiastiques eut absolument le même principe que le pillage des églises, l'anarchie : or, qui oserait dire que de nos jours la dévastation de Saint-Germain-l'Auxerrois et la démolition de l'archevêché de Paris aient été des opérations régulières et légitimes ? Un gouvernement qui consacrerait un pareil principe inviterait le peuple à venir, au premier accès de colère, dévaster et démolir le château des Tuileries. Dire que cette confiscation est un acte malheureusement consommé et d'une réparation difficile, cela peut se soutenir ; mais dire que l'on a fait une action légitime en mettant la main sur le bien d'autrui et en disant tout seul ce bien est à moi, c'est abjurer toute justice et toute raison. Aussi M. Dupin lui-même déclare qu'*il n'approuve en aucune façon l'emparement total effectué en 1791 de la dotation immobilière du clergé* (2).

La *spoliation* des biens ecclésiastiques n'eut donc jamais pu devenir pour l'État un titre suffisant de propriété. La société eut éprouvé d'énormes et interminables déchirements, si la honte et le discrédit, qui toujours s'attachent à une *spoliation*, fussent restés empreints sur ces biens usurpés à l'Église. Aucune puissance humaine, aucune combinaison législative n'eût pu, à moins d'une réparation entière, remédier au malaise social qui en fût résulté. Cette double tâche de rapine et de sacrilége eût apparu sans cesse aux consciences chrétiennes, comme un reproche importun jetant l'inquiétude dans les contrats, l'amertume dans les alliances, le trouble au sein des familles.

Le premier consul qui voulait faire cesser l'anarchie qui désolait l'État, et y rétablir la paix intérieure, le comprit parfaitement. Aussi demanda-t-il au chef de l'Église, dans le concordat qu'il stipula avec lui, l'abandon de tous les biens ecclésiastiques *aliénés*. Le Souverain Pontife y consentit, et l'article 13 du concordat porte : « Sa Sainteté... déclare que ni elle, ni ses successeurs ne troubleront en aucune manière les acquéreurs des biens ecclésiastiques aliénés. » Il est à remarquer que la nécessité sociale n'avait lieu que pour ceux des biens ecclésiastiques qui avaient été *aliénés* et nullement pour ceux qui étaient encore entre les mains de la religion. Ceux-ci restaient dans le domaine de l'Église, attendu qu'aucune des raisons qui réclamaient l'abandon des uns ne demandait la cession des autres.

(1) *Des empiétements, partie* II, *ch.* 4.
(2) *Manuel du droit ecclésiastique, pag.* 45.

On connaît ce principe de droit : *Qui de uno affirmat negat de altero.* Parmi les biens ecclésiastiques, les uns étaient aliénés, les autres ne l'étaient pas : l'Église dit : Je fais abandon des premiers; puisqu'elle ne dit rien des seconds, il est clair qu'elle se les conserve. Cette distinction si frappante, si incontestable, si textuellement exprimée, a toujours été maintenue par le Saint-Siége. D'un côté, jamais il ne permit qu'on inquiétât les acquéreurs des biens aliénés, quelque modique, quelque dérisoire même que fût la somme pour laquelle avaient été faites ces aliénations révolutionnaires : mais aussi jamais il ne reconnut à l'État le droit de posséder les biens ecclésiastiques non aliénés. Et le gouvernement paraît l'avoir reconnu lui-même, puisque par arrêté du 26 juillet 1803 (7 thermidor an XI), il décréta, article 1er : « Les biens des fabriques non aliénés, les rentes dont « elles jouissaient, et dont le transfert n'a pas été fait, sont rendus « à leur destination. »

Maintenant comment se fait-il que l'État se soit néanmoins attribué et les rentes et la propriété des biens ecclésiastiques non compris dans la concession du Souverain Pontife, puisqu'ils n'étaient pas *aliénés?* Pour échapper à ce redoutable reproche, nos jurisconsultes gallicans n'ont pas rougi d'avancer que la loi toute seule, en déclarant les biens ecclésiastiques propriété de l'État, les avait *aliénés?* N'est-ce pas dire que toutes les fois qu'on peut s'approprier impunément le bien d'autrui, il est permis de le faire? Heureusement que cette interprétation inouïe, sanctionnée pourtant par le conseil d'État (*avis du 12 juin* 1829), est formellement démentie par le concordat, puisqu'il n'entend faire d'abandon qu'à des *acquéreurs.*

Mais voilà que l'État, s'appuyant sur les paroles mêmes qui l'excluent de cette concession, l'État détenteur d'une énorme portion de biens ecclésiastiques *non aliénés* (1), l'État, qui n'en est à aucun titre l'*acquéreur,* ose se les attribuer cependant de sa seule autorité, et en dispose absolument comme si ses droits de propriété n'étaient pas contestables ! n'est-ce pas une excessive modération de langage que de qualifier de simple empiètement une telle façon d'agir.

Cependant on ne se contenta pas de consommer cette *spoliation,* ajoute Mgr de Langres, on en fit un principe d'après lequel tout se régla dans la suite. Ainsi le conseil d'État, sans prendre aucunement l'avis de l'Église, sans s'occuper des conventions sacrées et tout inviolables prises avec elle, décide tantôt que, « si les curés de « certaines communes ont été autorisés à rester en possession des « objets qui faisaient autrefois partie des cures, c'est *par exception* » (*avis du 25 janvier* 1807); tantôt que les églises métropolitaines ou diocésaines sont restées la propriété de l'État; tantôt que les égli-

---

(1) Les biens ecclésiastiques non aliénés que l'État possède encore injustement aujourd'hui, produisent un revenu annuel de plus de quarante millions de francs, et l'o n ose appeler traitement, salaire même, la faible indemnité qu'on donne chaque année au clergé !

ses paroissiales et les presbytères ont été remis par l'État, non au diocèse ou aux paroisses, non pas même aux fabriques qui sont des établissements mixtes, mais aux communes dont ils sont, disent les jurisconsultes de l'État, devenus la propriété définitive ; ils enseignent que les fabriques sont chargées en premier lieu de l'entretien, de la construction de ces édifices, mais que néanmoins la propriété en appartient toujours exclusivement à la commune, tellement que la fabrique est sans qualité pour réclamer en cas de contestation l'interprétation de la vente d'une église ou d'un presbytère. C'est ce qui résulte de nombreux avis du conseil d'État et surtout de celui qui fut donné par les comités réunis de législation et de l'intérieur le 10 octobre 1836. Quoiqu'il en soit de ces divers avis du conseil d'État, les églises et les anciens presbytères non aliénés n'en restent pas moins propriété véritable de l'Église et par conséquent des fabriques. Voyez à cet égard notre *Cours de législation civile ecclésiastique.*

Aujourd'hui c'est par les préfectures seules que se règle tout ce qui a rapport à ces bâtiments si essentiellement ecclésiastiques. Ainsi chaque année des fonds sont affectés par le gouvernement à titre de secours pour aider à la réparation des églises et presbytères dans chaque diocèse. Eh bien, ces fonds sont envoyés directement aux préfets qui en font l'application comme ils l'entendent, sans que l'évêque soit obligé à donner son avis, sans même qu'il reçoive communication ni de l'envoi de la somme ni de sa quotité.

Mais au moins quand il s'agit de construire ou de modifier notablement ces édifices exclusivement destinés au culte catholique, le clergé qui doit plus que tous en avoir l'usage est-il admis à diriger les plans, à surveiller l'exécution, y a-t-il un droit de participation quelconque ? Non, l'État ne lui en attribue aucun. Il est bien sûr cependant qu'on ne voudrait pas faire construire un tribunal sans avoir l'avis de la magistrature, pas une caserne sans celui des chefs militaires, pas une halle même sans celui de quelques personnes livrées au commerce : cependant tous les jours on construit des presbytères, des églises, des autels, des tabernacles sur le seul avis d'un conseil municipal, sans que ni le premier pasteur, ni le pasteur immédiat soient ni consultés ni même écoutés.

Nous ne dirons pas tout ce que ce système produit d'énormités et de fausses dépenses dans des constructions que ne peuvent diriger précisément ceux qui doivent le plus s'en servir ; mais nous demandons s'il était possible de pousser plus loin et la *spoliation* de l'Église et son humiliation, et pour ainsi dire son expulsion de son propre domaine. Elle proteste et ne cessera de protester contre une aussi odieuse *spoliation*.

STABILITÉ.

Les clercs étaient autrefois soumis à la *stabilité* dans les églises où on les attachait à leur ordination. Nous rapportons ailleurs les canons qui établissent cette loi de *stabilité*. (*Voyez* EXEAT, INAMO-VIBILITÉ.)

STATIONNAIRE.

On donnait le nom de *stationnaires* aux acolytes qui autrefois servaient dans les églises. (*Voyez* ACOLYTE.)

STATUE.

(*Voyez* IMAGE.)

STATUTS.

Les *statuts* sont des règlements de discipline ecclésiastique. On en distingue de trois sortes; les *statuts* des ordres religieux, ceux des évêques et les *statuts* des chapitres.

I. Touchant les *statuts* et constitutions des ordres religieux, nous n'avons rien à dire de plus que ce qui se voit sous les mots RÈGLE, GÉNÉRAL, OBÉISSANCE, MONASTÈRE.

II. Les *statuts* et mandements des évêques doivent être exécutés dans toute l'étendue du diocèse; ceux qui ne sont que de police extérieure ecclésiastique doivent être observés par tous les corps séculiers et réguliers. (*Voyez* SYNODE, MANDEMENT.)

III. Pour les *statuts* et règlements qui regardent les chapitres cathédraux, nous examinerons 1° si ces chapitres peuvent en faire; 2° s'il est nécessaire que ces *statuts* soient autorisés et confirmés par l'évêque; 3° si, sans cette autorisation, ces *statuts* obligent les successeurs de ceux qui les ont faits.

1° D'après la glose *Ni verbum constituendum* (*distinct.* 18), chaque communauté, chaque église peut se donner quelque droit, s'imposer quelque obligation : *Potest aliquod jus statuere;* et d'après saint Augustin (1) : *Unaquæque ecclesia privatis conventionibus, et propriis informationibus, pro locorum varietate, prout cuique visum est, et subsistit, et regitur.* Tel est le droit commun, tous les canonistes en conviennent. Ainsi les chapitres ont le droit de faire des *statuts* obligatoires tant pour les membres du chapitre que pour les titulaires du bas chœur.

Or, sur quelles matières le chapitre peut-il faire de semblables *statuts* sans l'approbation de l'évêque? Le glossateur du chapitre *Constitutionum*, § *Statutum, de Verborum significatione in* 6°, en fait le détail. Ces matières se réduisent à ce qui concerne l'intérêt seul et l'utilité particulière du corps. Par exemple, le chapitre peut régler ce qui concerne l'heure et le jour où les capitulants doivent s'assembler pour traiter les affaires qui les concernent, et statuer sur toutes ces affaires dans lesquelles l'évêque n'a nul intérêt. Barbosa re-

---

(1) *In lib. de Fide Christi.*

marque (1) que, pour que ces *statuts* soient légitimes, 1° ils doivent être faits dans le lieu destiné aux assemblées capitulaires; 2° la moitié des capitulants au moins doivent y assister; 3° tous ont dû y être appelés en la manière accoutumée; 4° le *statut* a dû être conforme à l'avis de la plus grande et plus saine partie. En outre, il ne faut pas que ces *statuts* soient contraires aux canons, ni aux anciennes coutumes de ces églises. Ainsi Innocent III (*Cap. 6, de Constitutionibus*) et Honorius III (*Cap. Cùm consuetudinis*), annulent des *statuts* des chanoines de Troyes et de Paris qui changeaient d'anciens et honorables usages sans le consentement de l'évêque.

2° L'on voit par ce qui précède que dès qu'il s'agit de choses importantes ou qui peuvent concerner l'autorité de l'évêque, les chapitres ne peuvent rien ordonner sans l'autorisation de leur prélat. Cela est fondé sur la discipline générale : *Ut presbyteri sine conscientiâ episcoporum nihil faciant.* (*Concil. d'Arles, can.* 19.) De là vient que, dans tout ce qui concerne le service divin, la réduction ou l'augmentation de certains titulaires du chœur, dont l'institution cependant dépend du chapitre, ledit chapitre ne peut rien statuer sans l'approbation de l'évêque, parce que ces matières tiennent à l'état de l'Église, dont les intérêts sont confiés à l'évêque de droit divin.

Les nouvelles bulles de circonscription pour la Bavière, la Prusse et les provinces du Haut-Rhin exigent aussi la sanction épiscopale comme condition de la validité de ces *statuts*. (*Voyez* BAVIÈRE , PRUSSE.)

L'évêque a le droit de juger de l'opportunité des *statuts* et, par suite, selon les circonstances, principalement en cas de réclamation de la minorité du chapitre, celui de les abroger complétement et sans recours. (*Cap. Cùm omnes.*)

3° Ceux qui ont fait des *statuts* n'y sont obligés qu'autant qu'ils s'y sont légitimement assujettis, et il est constant qu'ils peuvent, quand ils le jugeront convenable, prendre une délibération différente ou contraire. A plus forte raison, ces *statuts* n'obligent-ils leurs successeurs qu'autant qu'ils s'y soumettent, soit par un consentement tacite, soit par une nouvelle adhésion, suivant cette maxime de droit : *Par in parem non habet imperium.* Ceci s'entend du chapitre en corps; car chaque chanoine en particulier doit soumission et obéissance à l'autorité et aux décisions du corps. Ainsi donc, si l'on veut que ces *statuts* soient invariables et obligatoires à perpétuité pour les chapitres, il est nécessaire qu'ils soient revêtus de l'autorisation de l'évêque.

Dans le décret de ratification du concordat, le cardinal Caprara dit que : « Dans l'établissement des *statuts* des chapitres, comme aussi « dans les changements qu'on y voudra faire, *on se conformera reli-* « *gieusement à ce que prescrivent les saints canons,* et on aura égard aux « usages et aux louables coutumes autrefois en vigueur, en les ac-

(1) *De Canonicis et dignitatibus, cap. ultim., n.* 16.

« commodant à ce qu'exigeront les circonstances. La faculté sera
« néanmoins laissée à leurs successeurs de changer ces *statuts*, si les
« circonstances le leur font juger utile et convenable, après avoir
« pris l'avis de leurs chapitres respectifs. » (*Voyez* CHAPITRE.)

C'est une maxime en matière de *statuts* que, *non fit extensio ad similia, omissum in statutis habendum pro omisso*. Les canonistes établissent encore : 1° que le serment de garder les *statuts* d'un corps quel qu'il soit, ne regarde que ceux qui sont déjà faits, et non ceux qui pourront se faire dans la suite, à moins que celui qui a prêté ce serment n'ait eu intention de l'étendre aux *statuts* présents et futurs, ou que la formule du serment ne renferme les uns et les autres ; 2° le serment de garder les *statuts* n'oblige que quand les *statuts* eux-mêmes obligent, c'est-à-dire, quand ils n'ont rien d'injuste : *Juramentum non est vinculum iniquitatis*.

STÉRILITÉ.

La *stérilité* n'est pas un empêchement dirimant de mariage, dans les personnes qui peuvent user du droit qu'il donne. Elle peut servir de prétexte, selon quelques jurisconsultes, aux princes et aux souverains, de faire casser leur mariage, mais il est constant que ce n'est pas par ce défaut qu'ils en obtiennent la cassation : c'est sur la raison d'impuissance exposée au pape, qu'ils sont cassés lorsque les papes accordent cette demande. La raison de cette règle est que la *stérilité* peut cesser avec le temps. (*Voyez* IMPUISSANCE.)

STYLE.

On appelle *style* de la cour de Rome, les réglements faits dans les différents tribunaux de cette cour, pour fixer la forme et les différentes manières de dresser les suppliques qui peuvent y être présentées et les rescrits qui en émanent. (*Voyez* SUPPLIQUE, RESCRIT.)

Le *style* de la cour de Rome a force de loi. On distingue cependant dans ces matières les clauses essentielles et que le tribunal prescrit comme des formalités nécessaires, et les clauses indifférentes que l'usage a introduites et qu'on ne conserve que pour s'y conformer.

Suivant la définition de Balde, le *style*, en matière de droit, est une coutume générale. Décius distingue : « le *style*, dit-il, ne peut s'appeler coutume que respectivement à l'écriture, *in scribendo*, et l'on n'applique le nom de coutume qu'aux actions, *in actibus*. » L'opinion de Balde a paru plus juste aux auteurs qui ont écrit sur le *style* de la chancellerie de Rome. *Consideratur stylus*, dit Amydenius, *primo modo, pro ordine scribendi, verbi gratia, in litteris apostolicis.* « *Innocentius episcopus, servus servorum Dei, etc.* » *Alio modo acciditur stylus pro observantiâ consuetâ in aliquo loco et pro jure non scipto ; et proptereâ stylus consuetudo mos et observantia ut plurimùm confunduntur licet reverà inter se differant.* Cet auteur dit que le *style,* pris dans ce sens, tient lieu de loi dans tous les tribunaux de la cour romaine, ainsi que l'attestent une foule de canonistes : *stylus hoc modo definitus, sive sit palatii sive datariæ, sive concellariæ, sive signaturæ, sive denique totius curiæ, servandus est pro lege* (1).

Régulièrement, en matière de grâce, les défauts contre le *style* rendent le rescrit suspect de fausseté.

C'est une règle, en fait de *style,* que comme il est susceptible de variation, on doit suivre le plus récent. *Stylus curiæ (modo albus, modo niger), est sui naturâ mutabilis, et proptereà probandus est posterior.* Amydenius observe que cette règle ne peut s'appliquer au *style* de la daterie, que par rapport à la différente nature des grâces qui s'accordent dans un temps, et sont refusées dans un autre : *Et stylus quoque tempore conformatur concessioni gratiarum.*

SUB EODEM TECTO.

On ne peut posséder sans dispense deux bénéfices dont le titre est dans la même église, *sub eodem tecto;* mais on fait à cet égard certaines distinctions qui partagent les auteurs sur la nécessité de cette dispense.

SUBREPTION.

(*Voyez* OBREPTION.)

SUBSIDE CARITATIF.

On appelait autrefois *subsides caritatifs,* certains droits perçus par des évêques qui allaient à des conciles, ou qui faisaient d'autres voyages pour l'utilité de leurs églises; on leur donnait le nom de *caritatifs,* parce que le paiement en était fait à titre de charité. Ce droit a été abrogé dans l'Église de France.

Barbosa (2) et plusieurs autres canonistes établissent sur les différentes autorités du droit : 1° que l'évêque et les prélats supérieurs, avec l'avis de leur chapitre, sont fondés à exiger dans leurs nécessités le *subside caritatif* de la part de ceux qui leur sont soumis : *Quia in his quæ ad charitatem spectant prout est hujusmodi, illis tenemur obnoxii quibus beneficia recipimus.* (*C. Conquerente, in fin., de Offic. ordin.; c. Cùm apostolus, verò sustinemus, de Censib.; c. Cùm in officiis, de Testam.*);

2° Que ce *subside* n'est point taxé, mais qu'il dépend des circonstances (3):

3° Que le pape peut exiger ce *subside,* de tous les ecclésiastiques

(1) Mendosa; *Regul.* 8, *qu.* 4, *n.* 13; *Regul.* 34, *qu.* 56, *n.* 1.

(2) *De Jure ecclesiastico, lib.* III. *cap.* 21, *n.* 44.

(3) Navarre, *Cons.* 5, *de Censibus.*

et de toutes les églises (*Cap.* 1, *de Præb.* in 6°; *Clem.* 1, *Ut lite pend.*) ;

4° Que les cardinaux ont le même droit dans l'étendue de leurs titres, et les légats dans leurs provinces, *cùm habent plenæ legationis officium ;*

5° Que les patriarches, les primats et les archevêques n'ont point ce privilége dans l'étendue de leur ressort, parce qu'ils n'y ont qu'une manière de juridiction extraordinaire et limitée par le droit ;

6° Que la cause de ce *subside* doit être d'une nécessité évidente et pressante, telle que pour les frais des bulles, ou de la consécration, pour les dettes que l'évêque a contractées légitimement pour la défense de son église, ou pour la cause commune du diocèse; ou par des voyages auprès du pape, etc. ;

7° Que ce *subside* ne doit être payé que par les ecclésiastiques possédant des bénéfices. *A personis clericorum ratione suorum beneficiorum, et propter eorum redditus peti posse.* (*Dict. cap. Conquerente; cap. Cùm apostolus.*)

SUBURBICAIRE.

On donnait autrefois ce nom aux provinces d'Italie qui composaient le diocèse de Rome, *suburbicariæ regiones.* On en comptait ordinairement dix, dont six étaient nommées *urbicaires,* et quatre *suburbicaires; suburbicariæ regiones ac provinciæ sic dictæ in Italiâ quod urbis vicarii jurisdictioni subditæ essent, ut urbicariæ quæ à præfecto urbis administrabantur* (1).

SUCCESSEUR.

On appelle *successeur* celui qui succède à un autre dans une charge ou dans ses biens. (*Voyez* ci-après SUCCESSION.)

Les canonistes distinguent le *successeur* à un bénéfice par résignation du *successeur* par mort, *per obitum.*

SUCCESSION.

Pour la *succession* des ecclésiastiques, le droit canon distingue leur pécule patrimonial d'avec celui de l'Église, c'est-à-dire les biens qu'ils tiennent de leur famille, d'avec ceux qu'ils ont acquis des fruits de leurs bénéfices. L'Église doit succéder à ces derniers et les parents aux autres. Et afin que les ecclésiastiques n'éludent pas cette loi par des dispositions testamentaires et même entre vifs, on a établi qu'ils ne pourraient pas disposer par testament des biens acquis des deniers de l'Église, et qu'ils ne pourraient en disposer entre vifs que jusqu'à la concurrence d'une somme modique en fa-

_____
(1) Ducange, *Glos. concil. Nicæn.*

veur des pauvres. (*C. Cùm in officiis; c. Ad hæc præsentibus, de Testam.; cap. penul. et ult. de Pecul. cler.; can. Episcopi* 12, *qu.* 1.) Il ne paraît pas que les clercs soient déclarés incapables de succéder à leurs parents par aucun canon; et en effet ils ne font aucun vœu particulier de pauvreté pour être exclus des *successions.*

En France les ecclésiastiques succèdent à leurs parents, et ceux-ci leur succèdent, sans faire aucune distinction des biens acquis des biens de l'Église, où non. (*Voyez* TRAITEMENT, *in fin.*)

Le Code civil parle des *successions* depuis l'article 718 jusqu'à l'article 892.

Pour la *succession* des religieux voyez NOVICE, PROFESSION, PÉCULE.

SUCCURSALE.

Une *succursale* est une église dans laquelle on fait le service paroissial, ou parce que les habitants sont trop éloignés de la paroisse, ou parce que les paroissiens sont en trop grand nombre. On a employé le mot de *succursale,* parce que cette nouvelle église est d'un grand secours pour la paroisse, ou plutôt pour les habitants. On établit ordinairement une *succursale* lorsqu'on n'est pas précisément au cas de l'érection d'une nouvelle paroisse. Les mêmes canons qui permettent aux évêques d'ériger des cures, leur laissent le droit de juger s'il n'est besoin que de simples *succursales.* La *succursale* n'est point un titre de bénéfice; elle est régie par un vicaire amovible (1). C'est donc bien à tort qu'on appelle aujourd'hui *succursales* les paroisses rurales, dont plusieurs ont des annexes ou *succursales,* c'est-à-dire des églises de secours, car le mot *succursale,* qu'on le remarque bien, dérive du mot secours, tellement que quelques canonistes appellent indifféremment *secours* ou *succursales,* les églises dont nous parlons. (*Voyez* PAROISSE.)

Pour l'établissement d'une *succursale,* l'évêque n'est point obligé d'observer les formalités qu'on observe pour l'érection des cures, parce qu'en effet ce n'est point une nouvelle paroisse. Le vicaire qui dessert la *succursale,* n'est pas différent du vicaire qui travaille dans la paroisse même. Il est amovible. La cire, les oblations et le reste du casuel dans la *succursale* appartiennent de droit au curé, comme celles de la paroisse même. Le saint sacrement et l'huile des infirmes y sont gardés, parce que c'est principalement par rapport aux enfants nouvellement nés et aux malades, que cet éloignement est préjudiciable. Il n'est pas ordinaire qu'on y marie et qu'on y enterre, parce que cela se peut faire à la paroisse, sans inconvénient. A l'égard des offices divins, la grand'messe de paroisse, le prône, les instructions de paroisse, tout cela se fait dans la *succursale* les dimanches et fêtes; on doit en excepter les quatre grandes fêtes de

_____

(1) Lacombe, *Jurisprudence canonique,* au mot ÉRECTION, art. 10.

l'année, et celle du patron où tout le peuple doit aller à la paroisse; la communion pascale doit aussi s'y faire.

Pour ce qui regarde les *succursales*, telles qu'on les entend aujourd'hui sous le rapport légal, voyez notre *Cours de législation civile ecclésiastique*.

SUCCURSALISTE.

(*Voyez* DESSERVANT.)

SUFFRAGANT.

C'est le nom qu'on donne à un évêque ou à son évêché, respectivement à l'archevêque dans la province duquel il se trouve : *Suffraganeus dicitur episcopus uno archiepiscopo subditus.* (*Cap. Pastoralis, in princip., de Offic. ordin.; cap. 1, de Foro compet. in* 6°.)

Ce nom vient, ou de ce que les évêques de la province élisaient l'archevêque ou confirmaient autrefois son élection, ou de ce qu'ils portaient leur suffrage dans le concile provincial. On appelle donc un évêque, *diocésain* relativement à son propre diocèse; *ordinaire* par rapport à sa juridiction; et *suffragant,* dans le sens qu'on vient de voir. On appelle aussi quelquefois de ce dernier nom, le simple grand vicaire d'un évêque. (*Voyez* ÉVÊQUE *in partibus*.)

On donne en Allemagne le nom de *suffragants* aux évêques coadjuteurs sans future succession, parce que les diocèses étant fort étendus, les évêques ont besoin d'aides pour les administrer.

L'on voit, sous le mot ARCHEVÊQUE, les droits qu'ont les archevêques sur leurs *suffragants*. Voyez aussi PROVINCE.

On donne souvent le nom de *suffragant* à celui qui a droit de porter son suffrage dans une assemblée. (*Voyez* le mot suivant.)

SUFFRAGE.

Le *suffrage* est la voix ou l'avis que l'on donne dans une assemblée où l'on délibère de quelque chose, où l'on élit quelqu'un pour une charge, un bénéfice, etc. Ce mot de *suffrage* vient du latin *suffragium,* qui signifiait de l'argent, comme il paraît par la huitième novelle de Justinien, *ut judices sine suffragio fiant;* et par la sixième novelle *qui emerit præsulatum per suffragium, episcopatu et ordine ecclesiastico excidat.*

L'on voit sous le mot ÉLECTION, les trois différentes manières de porter son *suffrage* dans une élection, suivant le chapitre *Quia propter,* par scrutin, par compromis, par inspiration. La voie du scrutin est celle dont on use le plus communément. Le chapitre *Quia propter* dit que celui qui aura en sa faveur la plus grande et la plus saine partie des *suffrages* sera canoniquement élu; et les canonistes établissent sur ce chapitre que le plus grand nombre des *suffrages* se compte par rapport à ceux qui ont droit à l'élection, et non par rapport à ceux qui y assistent.

Quant à cette partie que l'on appelle la plus saine, qui peut l'emporter sur celle qui n'est supérieure que par le nombre, on en juge par le mérite et le zèle des suffragants. Mais comme on a reconnu que ce jugement, sur la plus saine partie des *suffrages,* était une source de procès et de comparaisons odieuses, dans presque toutes les communautés on se sert de scrutins secrets, et l'on ne choisit les scrutateurs que pour empêcher les abus. C'est la forme prescrite par le concile de Trente pour les réguliers. (*Voyez* ÉLECTION.)

Voici l'ordre que l'on doit garder dans les élections par une brième exposition du procès-verbal que l'on y doit faire.

Le procès-verbal doit contenir la date du jour, et même de l'heure de l'assemblée, et du lieu où on la tient. (*Can.* 2, *dist.* 79.)

On y doit faire mention de la convocation et de tous ceux qui sont présents, ainsi que des absents, et de leur appel ou opposition. (*C.* 3, 28, 36, *de Elect.*) (*Voyez* ABSENT.)

Si parmi les électeurs il n'y en a aucun qui de droit préside à l'assemblée, il faut la commencer par l'élection d'un président. On abhorre dans l'Église les corps acéphales, c'est-à-dire sans chef. (*Voyez* ACÉPHALE.)

Il est nécessaire de faire mention des cérémonies, prières et autres formalités qui ont précédé l'élection, s'il y en a de prescrites soit par le droit, soit par l'usage : *In electionibus, non tantùm quod de jure, sed quid de consuetudine obtineat, inspiciendum.*

La pragmatique avait réglé pour l'élection des prélats, que les électeurs s'assembleraient à l'église pour y entendre la messe du Saint-Esprit ; que, s'étant confessés, ils y communieraient ; et qu'ensuite, assemblés dans le chapitre, ils feraient tous entre les mains du président, et le président entre les mains de celui qui le suit, le serment dont voici la formule. (*Voyez* PRAGMATIQUE.)

Ego N. juro et promitto omnipotenti Deo et sancto N. vel sanctæ N. sub cujus vocabulo dedicata est ecclesia, eum eligere quem credam futurum esse in spiritualibus et temporalibus utiliorem, nec illi vocem dare, quem verisimiliter scivero promissione aut datione alicujus rei temporalis, seu prece per se aut per alium interpositâ, aut alias qualitercumque directè, aut indirectè per se electionem procurare.

Les électeurs qui donnaient leur *suffrage* par procureurs, et les compromissaires étaient aussi tenus de se confesser, de communier et de prêter le même serment.

On distingue dans les élections la voix active et la voix passive : la première est le *suffrage* même de chaque électeur, considéré par rapport à celui qui le donne, et en tant qu'il a le droit de le donner ; la voix passive est ce même *suffrage* considéré par rapport à celui en faveur duquel il est donné. Il y a des capitulants qui ont voix active et passive, c'est-à-dire qui peuvent élire et être élus ; d'autres qui ont voix active seulement, sans pouvoir être élus, tels que ceux qui ont passé par certaines places auxquelles ils ne peuvent être promus de nouveau, ou du moins seulement après un certain temps ; enfin, ceux qui sont de la maison, sans être capitulants, n'ont point voix active ni passive; ceux qui sont suspens ne peuvent pareillement élire ni être élus.

Ceux qui ont voix active doivent tous donner leurs *suffrages* en même temps et dans le même lieu.

Les *suffrages* doivent être purs et simples; on ne reçoit point ceux qui seraient donnés sous condition, ou avec quelque alternative ou autre clause qui les rendraient incertains.

L'élection doit être publiée en la forme ordinaire, aussitôt que tous les capitulants ont donné leurs *suffrages,* afin d'éviter toutes les brigues et les fraudes, et ce serait une nullité de différer la publication pour obtenir préalablement le consentement de celui qui est élu.

Reste à traiter ici la question de savoir s'il est plus utile de donner les *suffrages* en secret qu'en public dans les délibérations communes.

On ne trouve dans le droit aucune décision, suivant laquelle on soit obligé d'opiner plutôt en public qu'en particulier, si l'on ne veut dire que le chapitre *Quia propter* suppose que le tout se passe en secret, par la voix du scrutin qu'il propose comme la première et principale voie d'élection. Mais le concile de Trente s'en est expliqué formellement par rapport aux élections parmi les religieux, et cela pour éviter les suites fâcheuses du ressentiment même entre des gens obligés de vivre en commun. Pour cette même raison, le décret du concile de Trente, qui est à cet égard suivi par tous les réguliers, ne s'applique point aux élections dans les corps séculiers dont les membres ne mènent point une vie commune. Les titres et les usages font règle pour ces derniers; mais le secret n'y serait-il pas plus utile en certains cas, et doit-il être également observé par les religieux en toute sorte d'élection? Voici les distinctions que nous avons cru devoir faire à cet égard.

Dans les élections aux charges des corps même séculiers, où l'on ne peut guère décemment louer les membres que l'on veut élire en présence des autres éligibles, encore moins alléguer des motifs particuliers pour l'exclusion de ceux-ci, le secret nous paraît non seulement utile, mais nécessaire:

Mais là où il ne s'agit que de l'élection à quelque office du bénéfice vacant, dont le titulaire n'existe point encore, il n'y a aucun de ces inconvénients, et c'est souvent un bien qu'un électeur pose les raisons qui le déterminent à son choix devant ceux qui n'en ont pas de si avantageuses à l'Église pour faire le leur. Cela peut et doit même procurer une réunion de volontés en faveur du plus digne.

Nous en disons autant des délibérations qui ont pour objet quelque changement ou quelque réforme dans les statuts, usage ou discipline du corps. Dans celles-ci, où il n'entre aucune personnalité, les délibérants ne sauraient trop bien se communiquer réciproquement leurs idées pour le mieux, outre que de pareilles résolutions ont besoin d'être autorisées par les supérieurs à qui par conséquent il est nécessaire de démontrer la sagesse et la légitimité de leurs causes. (*Voyez* STATUTS.)

Au surplus, toutes ces raisons sont ou doivent être inutiles pour les délibérations, dont l'unanimité est si évidemment libre et agréable à tous, qu'on peut les regarder, avec quelque fondement, comme l'ouvrage de Dieu.

SUICIDE.

(*Voyez* HOMICIDE.)

SUISSE.

Nous croyons devoir placer sous ce mot le concordat passé entre le gouvernement du canton de Saint-Gall et le Souverain Pontife, pour l'érection d'un évêché. On y verra qu'il est question, dans cet important document, de plusieurs choses qui étaient autrefois en usage en France, et qui ne sont plus actuellement en vigueur, comme l'alternative, les prébendes, les élections.

L'abbaye de Saint-Gall était la plus célèbre, la plus riche et la plus belle de la *Suisse*. Fondée au lieu qu'avait habité le saint solitaire Gallus, l'un des premiers apôtres de l'Helvétie, elle vit bientôt se former autour d'elle une ville importante. L'abbé était seigneur de la ville et des environs, et prince du Saint-Empire. Il comptait environ cent mille sujets. Cet état de choses dura jusqu'à la désastreuse époque où, appelée et favorisée par la trahison, une invasion française vint bouleverser l'état politique et toutes les institutions monastiques de la *Suisse*. L'abbaye fut supprimée et à la place on érigea un chapitre.

En 1823, le pape établit un évêché pour Saint-Gall, mais uni à celui de Coire. Le gouvernement du canton y donna son assentiment provisoire, mais seulement pendant la vie de l'évêque de Coire, se réservant à son décès, de procéder à la séparation définitive des deux diocèses. Ce cas prévu ayant eu lieu en 1833, le grand-conseil s'empressa, en effet, de décréter la soustraction d'obédience au futur évêque, et la séparation des deux diocèses se trouva ainsi totalement, bien que très irrégulièrement, accomplie. Les protestations pontificales étant demeurées sans effet, il ne resta au Saint-Siége, pour pourvoir à l'administration spirituelle de ses ouailles, dans cette partie de la *Suisse*, qu'à leur préposer un vicaire général provisoire, ce qui fut fait par le ministère de la nonciature.

Par suite de circonstances qu'il serait trop long de rapporter, le gouvernement étant devenu plus modéré et plus équitable, le Souverain Pontife prononça par un décret du 23 mars 1836, la séparation des diocèses de Coire et de Saint-Gall, et enfin au mois d'octobre 1844 on conclut le concordat suivant.

CONVENTION *relative à l'érection d'un nouvel évêché à Saint-Gall, en*
SUISSE.

« ART. 1er. Par suite de la dissolution du lien qui l'adjoignait à l'évêché de Coire, le diocèse de Saint-Gall sera réorganisé en évêché indépendant et renfermé dans les limites politiques du canton.

« ART. 2. L'évêque aura sa résidence à l'église catholique principale actuelle du canton, laquelle, en conservant sa qualité d'église paroissiale, prendra le nom de cathédrale de Saint-Gall.

« ART. 3. Le nouveau chapitre de la cathédrale de Saint-Gall sera composé de cinq chanoines capitulaires résidants (1), savoir : d'un doyen, unique dignitaire, et de quatre chanoines (2), puis de huit ruraux ou titulaires et de trois coadjuteurs ou vicaires (3).

« ART. 4. La charge d'âmes et la juridiction habituelle sur les paroissiens de la principale église appartiendront au chapitre résidant qui l'exercera de la manière habituelle avec le concours des trois coadjuteurs. Les trois vicaires capitulaires seront employés aux cérémonies du culte, ainsi qu'aux fonctions spirituelles de la paroisse.

« ART. 5. Les chanoines résidants formeront le conseil ecclésiastique ordinaire de l'évêque; ils l'assisteront dans l'administration du diocèse aussi bien que dans la direction et surveillance du séminaire épiscopal, et ils exerceront les fonctions sacrées dans la cathédrale. Conformément aux prescriptions canoniques, l'un d'eux sera désigné par l'évêque pour les fonctions de *pénitencier*, et un autre pour celles de *théologal*, chargé à jours fixes de l'instruction religieuse.

« ART. 6. Pour le premier choix de l'évêque, le collège catholique du grand-conseil présentera au Saint-Siége une liste de cinq ecclésiastiques éligibles, sur lesquels le Saint Père choisira un sujet auquel Sa Sainteté accordera l'institution canonique.

« ART. 7. A chaque future vacance du siége épiscopal, le droit d'élection de l'évêque appartiendra au chapitre de la cathédrale; il sera exercé en commun par les chanoines résidants et les chanoines non résidants, dans les premiers trois mois, à compter du jour de la vacance. Toutefois, il ne faudra pas que la personne de l'élu soit désagréable au collège catholique du grand-conseil.

« ART. 8. L'évêque nommé recevra du Saint-Père l'institution canonique, aussitôt que son élection aura été reconnue conforme aux prescriptions canoniques, et dès que les qualités de l'élu auront été également reconnues conformes aux prescriptions canoniques, en suivant la pratique usitée en pareils cas dans les autres églises de la *Suisse*.

« ART. 9. Il est exigé pour l'éligibilité d'un sujet, outre les qualités spécifiées par les canons, qu'il soit prêtre séculier, et qu'il soit ressortissant du canton de Saint-Gall; ou qu'au moins il y ait exercé, pendant un certain temps, des fonctions ecclésiastiques; et, dans les deux cas, qu'il se soit, pendant quelques années, occupé avec mérite et distinction du ministère pastoral, de l'enseignement public ou de l'administration du diocèse.

« ART. 10. L'évêque de Saint-Gall prêtera aux mains des délégués du gouvernement cantonnal, le serment suivant : « Je jure et promets sur le saint Évangile, fidélité et « obéissance au gouvernement du canton. Je promets, en outre, de n'entretenir, ni en « *Suisse*, ni au dehors, des relations suspectes, ni d'entrer en participation de projets ou « de liaisons qui pourraient mettre en péril le repos public. »

« ART. 11. La première composition du chapitre cathédral, se fera de la manière suivante : L'évêque étant institué par l'autorité du Saint-Siége, il recevra du Saint Père l'autorisation de nommer, *au nom de Sa Sainteté*, le doyen et les chanoines rési-

---

(1) Les cinq chanoines résidants seront : le grand vicaire, les trois prêtres déjà chargés de l'administration spirituelle de la paroisse, et le régent supérieur du séminaire.

(2) Le diocèse de Saint-Gall étant divisé en huit chapitres ruraux, l'on a affecté à chacun d'eux un représentant au chapitre cathédral, afin d'y assurer une influence prépondérante au clergé de la campagne.

(3) Ces trois coadjutoreries existaient déjà; ainsi cette institution n'a rien de nouveau.

dants et non résidants, ainsi que les vicaires, en les choisissant parmi les ecclésiastiques, non désagréables au conseil d'administration catholique, et de leur conférer l'institution canonique.

« Art. 12. Dans le cas de vacances futures, le doyen du chapitre sera toujours nommé par l'évêque. Avant de prendre possession de sa prébende et d'en toucher le revenu, il faudra qu'il ait reçu son institution canonique du Saint-Siège.

« Art. 13. Quant au décanat, et à tous les autres canonicats, chaque fois qu'ils viendront à vaquer, il sera remis au conseil d'administration catholique, dans le terme de six semaines, à dater du jour de la vacance, une liste de sept candidats doués des qualités requises, du nombre desquels il pourra, s'il le veut, effacer dans le même terme de six semaines ceux des candidats qui, pour cette fois, lui seraient moins agréables; mais en tout cas, il faudra toujours que, sur les autres candidats proposés, trois restent maintenus sur la liste des éligibles pour un choix libre, et de ce nombre le nouveau chanoine devra être élu, dans le terme d'un mois, de la manière suivante:

« Pour les canonicats qui viendront à vaquer dans les mois de janvier, mars, mai, juillet, septembre, le chapitre intégral, c'est-à-dire les chanoines résidants et non résidants réunis, présenteront au conseil d'administration les propositions ci-dessus désignées; et sur les candidats maintenus sur la liste capitulaire, l'évêque choisira le nouveau chanoine, auquel il conférera en même temps l'institution canonique. Pour les canonicats, au contraire, qui tomberont en vacance dans les autres mois de l'année, l'évêque formera et remettra aux mains du conseil d'administration catholique, la liste électorale, et sur les sujets qui y seront demeurés au libre choix du chapitre, celui-ci, dans sa réunion complète, conférera le canonicat vacant. Les chanoines, ainsi nommés par le chapitre recevront l'institution canonique du Saint-Siège. Les trois vicaires capitulaires sont toujours librement nommés et canoniquement institués par l'évêque, qui les choisira parmi tous les ecclésiastiques éligibles du canton.

« Art. 14. Ne sont éligibles au chapitre que des prêtres séculiers, réunissant les qualités canoniques en général, et qui, spécialement, appartiennent au diocèse de Saint-Gall, ou qui y auront exercé un temps assez long, avec zèle et prudence, le ministère pastoral, ou quelques autres fonctions ecclésiastiques, ou qui se seront particulièrement distingués et rendus recommandables dans l'administration paroissiale, dans la direction du séminaire ou dans l'instruction publique.

« Art. 15. Le séminaire du diocèse de Saint-Gall, institué pour l'éducation des candidats du sacerdoce, sera placé, suivant les prescriptions ecclésiastiques, sous la direction de l'évêque. Le conseil d'administration catholique lui assignera les localités et les fonds nécessaires à sa situation actuelle.

« Art. 16. Le revenu épiscopal est fixé à 4,000 florins (1); celui du doyen à 1,200 florins; ceux des chanoines capitulaires à 1,000 florins; et ceux des vicaires capitulaires à 350 florins chacun (2). Les chanoines non résidants, toutes les fois qu'ils seront convoqués au chapitre, auront droit à une indemnité de voyage ou de vacation. Les émoluments de celui des chanoines qui sera chargé du rectorat de la paroisse de Saint-Gall, seront portés à 1,200 florins.

« Art. 17. Outre les émoluments ci-dessus fixés, il sera assigné à l'évêque, au doyen et à chacun des chanoines résidants, des demeures décentes et gratuites; les localités jugées nécessaires seront convenablement entretenues par les soins du conseil d'administration catholique. Il sera de même assigné à l'évêque et à sa cour, par l'administration des affaires diocésaines, pour sa chancellerie et pour ses archives, ainsi que pour le séminaire, des localités convenables.

« Art. 18. L'évêque aura à s'entendre avec le conseil d'administration catholique,

(1) Le florin vaut un peu plus de deux francs de France.
(2) Il faut observer que sur son revenu l'évêque est chargé de l'entretien de son chancelier ou secrétaire, ainsi que de ses visites pastorales.

pour la fixation des taxes de chancellerie, par exemple : pour affaires matrimoniales, pour séances du conseil ecclésiastique, et tout autre titre auquel elles pourront être exigées.

« ART. 19. Sur les revenus de la mense épiscopale, pendant la vacance du siége, une moitié sera allouée à l'évêque nouvellement élu, pour l'aider à former son nouvel établissement; l'autre moitié restera à la disposition de l'administrateur du diocèse.

« ART. 20. Pour fonder et assurer à tout jamais l'entretien de la cathédrale et du séminaire épiscopal, ainsi que les revenus fixés à l'évêque et à son chapitre, sont alloués, en forme de dotation perpétuelle, les capitaux suivants : pour l'église cathédrale et les prébendes qui y sont annexées, 200,000 florins; pour le séminaire et les prébendes y annexées, 75,000; pour la mense épiscopale et les prébendes du chapitre, 160,000 florins. Ces sommes seront distraites du reste des fonds généraux de la corporation catholique, pour être, au moment de l'érection de l'évêché, affectées auxdits instituts, en titres d'obligations dûment hypothéquées; elles seront assurées et déclarées *biens de fondation* inaliénables, et séparément administrées, pour garantir la recette libre et régulière des rentes, et pour assurer l'inaliénable possession, ainsi que le service des revenus, les titres de la dernière partie de la dotation générale de l'évêché seront déposés aux archives du diocèse, ou en tout autre lieu sûr, désigné par l'évêque et par le conseil d'administration.

« ART. 21. Il est expressément spécifié et garanti, que l'église cathédrale et le séminaire épiscopal seront à jamais et dans tous les cas, maintenus dans leurs dotations respectives.

« ART. 22. Pour faciliter l'administration de l'évêché de Saint-Gall, tous les documents relatifs au diocèse, de quelque espèce qu'ils puissent être, seront retirés des anciennes archives épiscopales, et remis à la nouvelle chancellerie épiscopale de Saint-Gall.

« ART. 23. Pour le cas où d'autres cantons, avec leurs populations catholiques, voudraient à l'avenir s'agréger au diocèse de Saint-Gall, les arrangements relatifs à cette accession sont réservés à des négociations ultérieures. »

SUJET.

Les canons emploient le nom de *sujet* pour signifier une personne, ou même une église soumise à l'autorité d'une autre : *Subjecti archiepiscopo dicuntur episcopi ipsius suffraganei.* (C. *Quod sedes, de Officio ordin.*)

SULPICE (SAINT-).

C'est le nom d'une célèbre société de prêtres séculiers, dont l'établissement, à Paris, a pour objet l'instruction et l'éducation des jeunes ecclésiastiques dans les séminaires. L'état de ces prêtres est tout libre. Ils ne font aucun vœu, ni simple, ni solennel. Ils ne sont liés entre eux que par un noble zèle qu'ils accompagnent de toute la science nécessaire pour remplir l'Église de bons et saints ministres des autels. (*Voyez* COMMUNAUTÉ ECCLÉSIASTIQUE.)

SUMPTUM.

En termes de chancellerie romaine, *sumptum* signifie l'extrait ou copie de la signature, pris dans le registre où elle a été transcrite. Ce *sumptum* a lieu principalement en deux cas, quand l'expédition levée s'est égarée ou qu'elle est impugnée de fausseté. Régulièrement dans ces cas on a recours à la signature qui fait plus de foi que l'expédition, quand elles sont contraires. (*Voyez* BULLE.) Le maître du registre en tire une copie duement collationnée, au bas de laquelle il met de sa main ces mots : *Sumptum ex registro supplicationum apostolicarum collationatum per me ejusdem registri magistrum.* Après quoi cet officier plie le bas de la feuille de cette copie, pour y appliquer le sceau du registre en cire rouge. Cette copie ainsi dressée s'appelle *sumptum.* Elle est intitulée du nom du pape sous lequel la signature a été expédiée ; elle ne contient point en haut le diocèse, ni la nature de la grâce à la marge ; elle est écrite en large, au lieu que les signatures sont écrites du long de la demi-feuille.

Les canonistes qui ont traité des usages de la chancellerie, ne sont pas d'accord entre eux sur l'autorité des *sumptum* (1).

SUPÉRIEUR.

Le nom de *supérieur* est dû à quiconque exerce une autorité qui lui donne des droits de juridiction sur les autres ; tels sont les évêques, les *supérieurs* des juges ordinaires, et particulièrement les *supérieurs* de religieux. Nous parlons de ces derniers, et par rapport à leur élection, et par rapport à leur autorité, sous les mots ABBÉ, GÉNÉRAL, SUFFRAGE, OBÉISSANCE.

SUPERSTITION.

Saint Isidore, en son traité des étymologies, définit ainsi la *superstition* : *Superstitio dicta eo quod sit superflua aut superstatuta observatio. Alii dicunt à senibus ; quia multis annis superstites pietatem delirant et errant superstitione quâdam ; nescientes quæ vetera colant, aut quod veterum ignari assuescunt.* La *superstition* est prise dans un plus mauvais sens dans les canons *Quia æstimat.* 25, *qu. ult.; Illud* 26, *qu.* 2; *Quisquis, dist.* 50. (*Voyez* SCHISME.)

Les évêques doivent veiller à ce qu'il ne s'introduise aucune pratique superstitieuse dans leurs diocèses.

SUPPLIQUE.

Une *supplique* est une requête que l'on présente aux supérieurs ecclésiastiques, et surtout au pape, pour en obtenir quelque grâce. On distingue dans les *suppliques* ce qui est essentiel et de la substance de la demande, de ce qui n'est que de style ou purement accidentel. C'est une règle générale pour toutes *suppliques,* que tous les faits essentiels qui y sont énoncés seront véritables, sinon la grâce est nulle.

(1) Amydenius, *De Stylo datariæ, lib.* I, *cap.* 37 ; Gomez, *Ad regul., de non judic.,* *qu.* 1; Rebuffe, *Praxis ad tertiam partem signat.*

La *supplique* est ainsi appelée du mot *supplicat*, employé par l'impétrant dans le mémoire qu'il fait présenter au pape pour obtenir ce qu'il désire.

C'est une règle générale pour toute *supplique*, que tous les faits essentiels qui y sont énoncés soient véritables, sinon la grâce est nulle. (*Cap. Olim., 25, extr. de Rescript.*)

SUPPLIQUE *pour demander à Rome dispense d'un vœu de chasteté ou d'entrée en religion, afin de pouvoir se marier.*

Eminentissime et Reverendissime Domine,

Puella quædam annos quindecim (vel...) *circiter nata, scienter et liberè votum emisit perpetuæ castitatis servandæ* (vel *amplectendi statum religiosum*); *nunc verò confessarii judicio in certum discrimen salutis veniret, nisi nuberet. Quapropter, humiliter et enixè supplicat votum sibi commutari ad effectum contrahendi matrimonium. Dignetur Eminentia vestra responsum dirigere ad me, infrà scriptum.* (Il faut mettre ici le lieu, le diocèse et le royaume où demeure celui qui écrit, et ses qualités.)

On adresse la lettre, par la voie de l'évêché, à S. Em. Mgr le Grand-Pénitencier, à Rome.

SUPPLIQUE *pour demander à Rome dispense de l'empêchement de disparité de culte qui existe entre catholique et hérétique.*

Eminentissime, etc.,

N. è parochiâ vulgò N. diœcesis N. in Galliâ, suppliciter expetit dispensationem disparitati cultûs ut matrimonium licitè inire posset cum N. religionis pseudo reformatæ, quo scripto consentit ut futura sponsa liberè religionem catholicam profiteatur, et in ejus sinu proles futura instituatur. Causæ sunt : 1° *amor mutuus qui virtutem et famam N. exponit;* 2° *ætas;* 3° *paupertas;* 4° *angustia loci;* 5° *multitudo hæreticorum loci illius. Dignetur, etc.*

SUPPRESSION.

On peut appliquer ce mot à la *suppression* d'un monastère. (*Voyez* ORDRES RELIGIEUX, TRANSLATION.)

SURPLIS.

Le *surplis*, dans le principe, n'était rien autre chose que l'aube, mais plus ample et avec des manches plus larges. La coutume s'étant introduite parmi les ecclésiastiques, surtout dans le Nord, de porter des robes fourrées de peau, afin de se garantir du froid, il fallut donner au corps de l'aube plus d'ampleur, et plus de largeur aux manches, et on l'appela dès lors *superpelliceum, tunica superpellicia-*

lis (1); en français, *surpelisse*, habit que l'on met sur la fourrure, d'où est venu le mot *surplis*. Etienne de Tournay, qui vivait dans le douzième siècle, définit ainsi le *surplis* dans sa lettre au cardinal Albinus : « Un habit blanc qui descend jusqu'aux talons. » *Superpelliceum novum, candidum et talare* (2). Dans la suite, ces longues robes ayant été trouvées incommodes, on les fit plus courtes, et bientôt on poussa les choses si loin à cet égard, que plusieurs conciles, comme nous le disons sous le mot HABIT, § II, élevèrent la voix et ordonnèrent que le *surplis* descendît au moins jusqu'au milieu de la jambe : *Clerici habeant superpellicea ultra medias tibias longa.* Ces lois sont depuis tombées en désuétude. De plus, les fourrures ayant cessé d'être en usage, les larges manches dont nous avons parlé, devenues gênantes, furent rejetées en arrière, et, il y a environ un siècle et demi, on eut la singulière et bizarre idée de les plisser pour leur donner une forme qu'on a cru plus élégante, et qui n'est que ridicule. Telle est l'origine du *surplis* à ailes. Déjà, dans plusieurs diocèses, on a eu le bon esprit d'y renoncer, pour adopter le *surplis* à larges manches, qui est le véritable *surplis*. Mais comme aujourd'hui les larges manches sont sans objet, on ferait très-sagement d'adopter partout le *surplis* connu sous le nom de rochet. (*Voyez* ROCHET.)

Nous avons lu avec une extrême surprise, dans certaines ordonnances diocésaines, que le *surplis* à ailes était le seul *canonique*, et comme tel rigoureusement prescrit à l'exclusion du rochet. Nous croyons, au contraire, nous, que rien n'est plus anticanonique, plus incommode et surtout plus ridicule. Cependant, dans les rares diocèses où il est encore en usage, comme dans celui de Paris, qui devrait au moins donner en cela l'exemple du bon goût, les ecclésiastiques doivent le porter par égard pour l'autorité de l'évêque qui le prescrit, toutefois en protestant avec respect et déférence contre une telle anomalie.

Tous les conciles et tous les auteurs anciens qui parlent du *surplis* en font une aube plus courte pour l'administration des sacrements ; or qu'on s'imagine une aube sans manches ou avec des ailes, et l'on comprendra tout de suite l'inconvenance d'affubler des ailes à ce vêtement sacré, et, l'on verra tout ce qu'il y a d'anticanonique et de contraire aux saintes règles de l'Église dans notre *surplis* français. Le rochet tel que le portent les chanoines est donc le seul *surplis* véritable et canonique, nul prêtre ne devrait jamais en porter d'autres, et les évêques devraient sévèrement interdire les rochets sans manches et plus encore les *surplis* à ailes qui disparaîtront bientôt, il faut l'espérer, comme ont disparu naguère les bonnets carrés, dont on rit aujourd'hui, qui avaient la même origine et qui ont partout fait place à la barrette.

(1) Krazer, *De Apostolicis eccles. occid. liturgiis, pag.* 367.
(2) *Idem, pag.* 868.

Mais, dit-on, le rochet est l'insigne de l'évêque et du chanoine. Nous n'avons effectivement pas été peu surpris en lisant encore ceci dans une ordonnance diocésaine : « Les chanoines et les chantres sont seuls autorisés à porter le rochet, il est interdit à tout autre. » Non, le rochet, c'est-à-dire l'aube courte, car il ne faut pas oublier l'origine et la destination du *surplis*, n'est pas plus l'insigne du chanoine ou même de l'évêque que l'aube longue destinée au saint sacrifice. Autrefois, comme le démontre très bien le savant Thomassin, tous les clercs, sans aucune exception, portaient l'aube longue et à plus forte raison l'aube courte que nous appelons aujourd'hui rochet ou *surplis* à manches. L'insigne du chanoine est sa mosette ou son manteau qui le distingue des autres prêtres. (*Voyez* MOSETTE.)

On a dit aussi qu'on avait consulté Rome pour savoir si l'on devait permettre aux prêtres de porter le rochet et que la réponse avait été négative. Nous n'en sommes pas étonné, parce que la question a été mal posée et que le rochet de Rome, spécial aux prélats, ne ressemble en rien à nos rochets ou *surplis* à manches ; mais, que l'on pose la question telle qu'elle doit l'être, c'est-à-dire, qu'on demande s'il est permis aux prêtres ou à tout autre clerc de porter le rochet, c'est-à-dire le *surplis* à manches ou aube courte, et la réponse sera très certainement affirmative. Que d'un autre côté l'on demande s'il est permis aux prêtres de porter un rochet sans manches ou un *surplis* à ailes, qui ne sont ni l'un ni l'autre un vêtement sacré et que l'on ne voit que dans notre France, et la réponse, nous en avons la certitude, sera indubitablement négative.

Le concile de Bourges, célébré en 1850, décide que les chantres seulement et les laïques porteront le *surplis* sans manches, mais nullement les prêtres, à moins que ce ne soit pour entendre les confessions ou porter les sacrements au loin à la campagne. (*Decretum, de Habitu chorali clericorum.*)

Sans blâmer la décision du concile, il nous semble qu'il serait plus convenable que les chantres ou autres laïques, qui remplissent les fonctions de clercs, portassent le *surplis* à manches comme les autres, ou plutôt, ce qui serait plus conforme à la règle, qu'ils ne portassent aucun vêtement clérical.

Les clercs minorés ont le droit de porter le *surplis* ; le tonsuré le reçoit aussi des mains de l'évêque. Ce vêtement représente, par sa blancheur, l'innocence et la pureté de cœur avec laquelle on doit approcher des saints mystères, et il est le symbole du nouvel homme qui fut créé dans l'innocence et la sainteté (1).

SUSPENS.

On appelle ainsi celui qui a encouru la suspense, ou qui est dans les liens de cette censure.

(1) Corsetti, *Praxis sacrarum rituum et cœremoniarum*, pag. 479.

SUSPENSE.

La *suspense* est une censure ecclésiastique, par laquelle on défend à un clerc d'exercer le pouvoir qui lui a été confié par l'Église à cause de son ordre ou de son office ou bénéfice ecclésiastique : *Suspensio est inhabilitas quædam ordinum vel officiorum executionem impediens*(1).

Quoique le nom de *suspense*, dit Gibert, ne paraisse pas dans les canons avant la fin du quatrième siècle, la chose qu'il signifie se voit dans ceux qui contiennent la discipline des premiers siècles.

La *suspense* est une censure très anciennement usitée dans l'Église. On en trouve des vestiges, dit le cardinal de la Luzerne, dans des conciles du sixième siècle. Elle suppose, comme toutes les censures, une faute grave. Nous voyons cependant, dans le droit, des exemples de *suspenses* infligées pour la faute d'autrui : entre autres le pape Honoré III, ordonna qu'un jeune homme qui avait été fait diacre à l'âge de treize ans, resterait à la honte de l'évêque qui l'avait ordonné, suspens de son ordre jusqu'à ce qu'il eût atteint l'âge porté par les canons. (*Cap. Vel non est compos. de Tempor. ordin.*) Le sujet ordonné ne subissait pas à proprement parler une peine, puisqu'en le supposant innocent, il n'aurait pas dû exercer avant l'âge canonique, si l'âge pour la réception des ordres eût été exigé.

On distingue trois sortes de *suspenses*; la première *ab ordine*, des saints ordres, c'est-à-dire, que l'ecclésiastique n'en peut pas faire les fonctions. La seconde, *ab officio*, c'est-à-dire, qu'elle suspend des fonctions qui appartiennent à un clerc, à cause d'un bénéfice ou d'une charge qu'il occupe dans l'Église. La troisième *à beneficio*, c'est-à-dire, de l'office et de la juridiction ecclésiastique qui appartiennent à un bénéficier, à raison de son bénéfice.

Celui qui est suspens, conserve néanmoins son ordre, son bénéfice, son rang; en quoi la *suspense* est différente de la dégradation qui fait perdre tous les droits aux ordres et aux bénéfices. Il est aisé de confondre la *suspense* avec la déposition, et même avec l'irrégularité. Cela arrive dans tous les cas où la déposition est prononcée par les canons, pour en être relevé après la pénitence par l'évêque seul. Cela arrive encore quand on met parmi les cas de *suspense* ceux où le droit exclut de la promotion aux ordres non reçus, en même temps qu'il prive de l'exercice des ordres reçus ; ce qui est proprement l'irrégularité. On confond aussi la *suspense* avec l'interdit, quand on mêle parmi les cas de *suspense* ceux où l'entrée de l'église est défendue pour quelque temps.

La *suspense* est ou totale, ou partielle, et elle peut être considérée comme telle en deux sens. Elle est totale, quand elle comprend tous les ordres et tous les bénéfices de celui contre qui elle est pro-

_____

(1) Anton. *In tract. de Suspens.*

noncée, elle est aussi totale *quoàd totum in parte*, quand elle comprend ou tous les ordres ou tous les bénéfices. Elle peut être aussi appelée dans ce cas, partielle, *quoàd in toto*. Mais elle est proprement telle, quand elle ne comprend que certains ordres, ou l'office séparément du bénéfice. Or, c'est une règle que la *suspense* des ordres supérieurs ne renferme pas celle des ordres inférieurs; et que la *suspense* des ordres ne comprend pas celle des bénéfices, et *vice versâ*. Mais toute faute qui suspend des ordres reçus, suspend aussi de la réception des autres; quoique, quand le canon suspend d'une fonction inférieure pour une faute commise touchant cette fonction, il ne suspend pas pour celle des fonctions supérieures. La *suspense*, comme l'on dit, sans queue ou addition, s'entend de la *suspense* totale; et quiconque est suspens des fonctions des ordres dans une église, l'est aussi dans toutes les autres (1).

Or, dans cette acception, la *suspense* est ou prononcée par le droit, ou de sentence à prononcer par le juge : *Alia canonis, alia judicis, sicut excommunicatio et interdictum* (2). Les cas où la *suspense* est prononcée par le droit sont presque infinis. Gibert les a réunis en grande partie dans l'ouvrage cité en note, nous ne le suivrons pas dans ses détails, mais nous remarquerons à ce sujet, 1° que la *suspense* ne regarde que les fautes qu'on peut expier par une pénitence de quelque temps; car si elles méritent une pénitence plus longue, c'est le cas de la déposition (*voyez* DÉPOSITION); 2° qu'il n'y a point de mépris ou d'abus des fonctions ecclésiastiques, tant soit peu considérable, qui ne soit puni de quelque *suspense* convenable à la qualité de la faute; 3° que tout homme qui a eu les ordres, ou quelque charge ecclésiastique, ou bénéfice, peut être frappé de *suspense*; 4° que tout homme à qui le bruit public attribue un crime de déposition, doit être suspendu jusqu'à ce qu'il se soit justifié, et que sa justification soit connue : il n'en est pas de même s'il est seulement accusé, et qu'il ne soit pas contumace à paraître.

À l'égard de la *suspense ab homine*, tous ceux qui ont le pouvoir d'excommunier peuvent suspendre.

Par rapport à la forme de la *suspense*, elle doit être précédée de monitions, non seulement quand le droit l'ordonne expressément, mais encore toutes les fois que la faute, séparée de la contumace, ne mérite pas la *suspense*; que si c'est une *suspense* prononcée par sentence, les preuves de la faute doivent être certaines, et l'on doit faire mention de cette certitude dans la sentence qui l'ordonne : *Quia constat te commisisse..... Ideò ab officio et executione ordinum tuorum suspendimus* (3). À l'égard de la *suspense* par le seul fait, la monition n'est jamais requise si elle n'est expressément ordonnée par le droit.

(1) Gibert, *Traité des usages de l'Église gallicane.*
(2) Lancelot, *Instit. can.*, *lib.* IV, *tit.* 15.
(3) *Pontifical romain.*

Le mépris de la *suspense*, marqué par la continuation à faire, pendant la *suspense*, les fonctions dont elle exclut, doit être puni de l'excommunication majeure, et l'est quelquefois *ipso jure*; mais il produit toujours l'irrégularité contre le coupable. (*Clem. 3, de Pœnit.*, *c. 2, dist. 55; c. 2, de Cler. excom.; c. 9, eod.; c. 1, de Sent. excom. in 6°.*) Mais on dispute si cette irrégularité est encourue par le clerc qui viole la *suspense* dans les ordres mineurs. Le plus grand nombre des auteurs est pour la négative.

A ces peines on peut ajouter la nullité des actes de juridiction faits pendant la *suspense* : tels sont l'approbation pour l'administration des sacrements, les dispenses, les statuts, l'absolution, quelquefois la privation du bénéfice, si la *suspense* porte sur le bénéfice, etc. Mais pour que les actes faits pendant la *suspense* de l'office soient nuls dans le for extérieur, il faut que la *suspense* ait été dûment dénoncée et publiée.

On demande si les actes faits et les fonctions exercées contre la *suspense*, par les ecclésiastiques qui l'ont encourue, sont valides? Il faut distinguer, à cet égard, ceux qui sont nommément dénoncés de ceux qui ne le sont pas; il faut distinguer aussi les actes qui exigent la juridiction de ceux qui ne la supposent pas. Les fonctions qu'exerce un suspens qui n'est pas dénoncé, sont valides quoique illicites : ainsi le décide la bulle de Martin V, *Ad evitanda scandala*. Le suspens dénoncé exerce aussi validement les fonctions qui n'exigent pas de juridiction. Le baptême, l'eucharistie conférés par lui, sont valides, quoiqu'il se charge d'un péché; mais si l'ecclésiastique est suspens et dénoncé nommément, les fonctions qui supposent juridiction sont radicalement nulles : Telle serait l'absolution donnée par un prêtre qui aurait subi une sentence de *suspense* dûment publiée.

La *suspense* finit par l'absolution qui s'accorde sur la satisfaction de la part du suspens, par le laps du temps pour lequel la *suspense* a été portée, par la cassation et par la révocation, même par la dispense.

Toutes les fois que la durée de la *suspense*, qui s'encourt par le seul fait, est laissée à la volonté du supérieur, la *suspense* finit quand il permet les fonctions défendues par la *suspense*. (*C. 2, de Non ord.*)

Il y a plusieurs *suspenses* réservées au pape, telles sont celles contenues dans les textes suivants : *C 33, de Testib. et attest.; c. 8, de Tempor. ord.; c. 13, eod.; c. 1 et 2, de Ordin. ab episcop.; c. de Tempor. ordin. in 6°; c. 45, de Simon.; c. 1, de Cler. prom. per saltum; Concil. Trident., sess. XXIII, cap. 14; c. 32, de Excom., c. 1, 2, 3, de Eo qui furtivè*, etc.; *Extravag. unic. de Vot.; Extrav. 3, de Privil.; Extrag. 1, de Elect.; Extravag. 1, de Sim.; Concil. Trident., sess. XXIV, de Ref. 14; c. 10, de Apostatis : c. 2, de Cler., vel monach.*

Les cas ordinaires qui font encourir la *suspense* sont, 1° de recevoir les ordres avant l'âge compétent; 2° de les recevoir d'un autre

évêque que du sien propre, sans dimissoire et lettres testimoniales
de vie et mœurs (*voyez* DIMISSOIRE); 3° de recevoir un ordre supérieur
sans avoir reçu l'inférieur ; 4° de recevoir les ordres hors des temps
destinés à l'ordination ; 5° de recevoir plusieurs ordres en un même
jour ; 6° de les recevoir pour de l'argent ; 7° d'être concubinaire
public; 8° d'avoir violé les ordonnances du diocèse auxquelles la *censure* est attachée.

SYNCELLE.

Autrefois les évêques, pour prévenir tout mauvais soupçon sur
leur conduite, s'étaient imposé la loi d'avoir toujours auprès d'eux,
la nuit comme le jour, un ecclésiastique d'une vertu reconnue. On
appelait cet ecclésiastique *syncelle*, à raison de ce qu'il couchait dans
la chambre du prélat. (*Voyez* ACOLYTE.)

L'emploi des *syncelles* devint, dans la suite, si considérable en
Orient que, suivant la remarque du père Thomassin, les frères
et les enfants des empereurs le recherchèrent; et à leur exemple
les évêques, même les métropolitains, se firent un honneur de la
qualité de *syncelles*. C'est de là que les *syncelles* prirent occasion
de faire entendre que leur dignité les élevait au-dessus des évêques
et des métropolitains.

Dans le synode tenu à Constantinople en 1624, contre le patriarche Cyrille Lucar, qui voulait répandre dans l'Orient les erreurs de
Calvin, le *protosyncelle* paraît comme la seconde dignité de l'église
de Constantinople.

SYNDIC.

On appelait autrefois *syndics* ceux que nous appelons maintenant
administrateurs ou économes.

On distinguait trois sortes de *syndics* ecclésiastiques : 1° les
syndics particuliers de chaque corps et communauté ; 2° les *syndics*
généraux du clergé ; 3° les *syndics* des diocèses.

Les *syndics* particuliers de chaque communauté ne sont rien autre
chose que les administrateurs ou économes. (*Voyez* ÉCONOME.) A
l'égard des *syndics* généraux du clergé, voyez AGENT, car les agents
du clergé avaient succédé aux *syndics* généraux.

Les *syndics* des diocèses ont été établis pour solliciter et poursuivre les affaires qui intéressaient le diocèse dans tous les tribunaux où elles étaient portées. Leur établissement était plus ancien
que n'était celui des députés aux bureaux diocésains, qu'on appelait
aussi *syndics* du clergé des diocèses.

SYNODAL.

Synodal se dit de ce qui est relatif au synode, comme un statut
synodal, une ordonnance *synodale*, c'est-à-dire qui est émanée du
synode. (*Voyez* SYNODE.)

On appelle lettre *synodale* celle que les pères d'un concile adressent au clergé et aux fidèles. (*Voyez* SYNODIQUE.)

SYNODATIQUE.

(*Voyez* CATHÉDRATIQUE.)

SYNODE.

Le terme de *synode* s'applique à toute sorte de conciles. (*Voyez* CONCILE.) Mais nous ne le prenons ici que pour l'assemblée diocésaine, où se rendent tous les curés du diocèse, sur la convocation de leur évêque pour y faire quelques règlements ou quelques corrections sur la discipline et la pureté des mœurs, c'est ce qu'on appelle *concile diocésain,* mais plus communément aujourd'hui *synode.* Ainsi le *synode* est l'assemblée des prêtres du diocèse, sous la présidence et la direction de l'évêque; il est réuni pour traiter des intérêts religieux du diocèse.

Anciennement les *synodes* ou conciles diocésains se tenaient fréquemment et à peu près comme les conciles provinciaux, lorsque les affaires le requéraient. (*Dist.* 18, *per totum.*) Il n'y avait pour cela aucun temps déterminé; on les convoqua dans la suite deux fois l'an, jusqu'au temps du concile de Latran sous Innocent III, qui ordonna, *in c. Sicut olim, de Accus.,* de convoquer tous les ans les *synodes* diocésains, de même que les *synodes* provinciaux. Le concile de Bâle, session XXV, ordonna de les tenir deux fois l'an. Sur quoi le concile de Trente, session XXIV (*de Reform. c.* 2), a fait le règlement suivant :

« Les *synodes* de chaque diocèse se tiendront aussi tous les ans; et seront obligés de s'y rendre, même tous les exempts qui, sans leurs exemptions, y devraient assister; et qui ne sont pas soumis à des chapitres généraux, bien entendu, toutefois, que c'est à raison des églises paroissiales, ou autres séculières, même annexes, que tous ceux qui ont le soin quels qu'ils soient, sont obligés de se trouver au *synode.* Que si les métropolitains ou les évêques, ou quelques-uns des autres susmentionnés, se rendent négligents en ce qui est ici prescrit, ils encourront les peines portées par les saints canons. »

Il n'y a donc que les curés qui soient tenus d'aller au *synode;* à moins, comme dit Panorme *in c. Quod super, de Major. et obed.,* que l'évêque ne voulût y procéder à la réformation générale des mœurs, ou sur d'autres objets qui intéressent tout le clergé en général. *Tunc omnes venire tenentur itâ tamen quòd ecclesiis non subtrahere divinum officium* (*fin. dist.* 18); *omnes etiam tenentur servare statuta synodalia.* (*C.* 1, *c. fin. de Constit. in* 6o.)

Benoît XIV a fait un traité fort détaillé et très savant, où rien n'est omis de tout ce qui regarde les matières des *synodes* diocésains, et la manière de les tenir. On peut aussi consulter Gavantus.

Les évêques font quelquefois approuver dans leurs *synodes*, les règles de conduite et de discipline ecclésiastique qu'ils veulent proposer à ceux dont l'Église leur a confié la conduite. Cette approbation générale du clergé, dit d'Héricourt (1), leur donne plus de force et plus d'autorité, nous ajoutons, et plus de stabilité, car elles ne sont ordinairement en vigueur que durant le règne de l'évêque qui les a faites, et nous avons vu dans un diocèse, en moins de vingt ans, quatre ordonnances diocésaines différentes. C'est là un inconvénient qui porte quelquefois les prêtres à ne plus attacher aucune importance à ces sortes d'ordonnances, bien que cependant elles obligent en conscience, car les évêques ont droit de faire des ordonnances pour la police ecclésiastique de leur diocèse hors des assemblées synodales et sans le concours de leur clergé ; elles doivent être suivies comme des lois, même après la mort de l'évêque qui les a faites, à moins qu'elles n'aient été révoquées par quelqu'un de ses successeurs (2).

« Il est certain que les *synodes* ne sont pas absolument nécessaires, dit le cardinal de la Luzerne (3), qu'ils ne sont pas nécessaires en ce sens que, d'après l'institution de Jésus-Christ, les diocèses ne puissent être régulièrement et légitimement gouvernés que par la réunion des évêques et des prêtres. Mais les *synodes* sont infiniment utiles pour le bon gouvernement des diocèses, pour le maintien et l'accroissement du bien, pour la réforme du mal. A raison des grands objets d'utilité que présente le *synode*, l'Église a imposé aux évêques l'obligation de le tenir : et c'est en ce sens seulement qu'on peut dire qu'il est nécessaire. Mais en ordonnant aux évêques de tenir leurs *synodes*, l'Église ne leur a pas enjoint de régler toutes les affaires de leurs diocèses dans le *synode* : elle ne leur a pas défendu de faire hors du *synode* des règlements et des ordonnances même générales. Ces ordonnances faites par l'évêque solitairement ne sont pas moins obligatoires dans leur principe, que les statuts qu'il fait en *synode*. Mais les *statuts synodaux se concilient plus de confiance et de respect, ont un effet plus certain, une obéissance plus prompte et plus facile.* »

Benoît XIV, dans son grand ouvrage *De Synodo diœcesanâ*, regarde les *synodes* diocésains comme infiniment utiles ; il en recommande fortement la tenue ; mais cependant il dit qu'ils ne sont pas entièrement et absolument nécessaires : que les évêques, qui, par quelques empêchements, se trouvent dans l'impuissance de convoquer leur *synode*, ne doivent pas se décourager, mais qu'ils doivent savoir que d'autres moyens leur sont donnés de subvenir aux besoins de leur troupeau, et de procurer son bien spirituel, et qu'ils doivent apprendre par l'exemple des autres, à suppléer le défaut

(1) *Lois ecclésiastiques*, part. I.
(2) Thomassin, *Discipline de l'Église*, part. IV, liv. I, ch. 84 et 85.
(3) *Droits et devoirs des évêques, et des prêtres*, pag. 1446.

des *synodes*. *Quemadmodum enim concilia generalia, quamvis summoperè utilia, non sunt tamen absolutè et simpliciter necessaria pro Ecclesiæ universalis regimine; ità episcopales synodi et si maximè fructuosæ, non tamen absolutè necessariæ dicendæ sunt pro rectá diœcesum administratione : cùm alii suppetant modi assequendi eumdem finem ad quem synodi tendunt* (1).

Nous croyons la tenue des *synodes* infiniment utile, et c'est par cette raison que l'Église, surtout dans ces derniers temps, l'a si fréquemment ordonnée. Nous pensons que, soit à raison de cette grande utilité, soit d'après les règles de l'Église, les évêques ne doivent point s'en abstenir, à moins de très graves et très fortes raisons.

Mais il est bien important de remarquer ici que les prêtres, quelque soit leur dignité ou leur rang dans le diocèse, ne peuvent que donner des *avis* dans un *synode* diocésain, et qu'il n'appartient qu'à l'évêque seul de juger, de prendre des décisions quelconques, et de publier des ordonnances. La doctrine contraire, c'est-à-dire celle qui prétend que les prêtres sont, comme les évêques, juges de la foi, a été justement flétrie en 1794 par Pie VI, dans la bulle dogmatique *Auctorem fidei*, qui condamne entre autres erreurs les propositions 9, 10 et 11 du *synode* de Pistoie, dans lesquelles il est dit que :
« La réforme des abus en fait de discipline ecclésiastique dans les
« *synodes* diocésains, doit également dépendre de l'évêque et des
« curés, et que sans la liberté de décision, on ne doit pas la soumis-
« sion aux ordres des évêques; que les curés et les autres prêtres
« sont juges de la foi avec l'évêque dans le *synode*; que les décisions
« des autres siéges, même majeurs, ne s'acceptent que par le *sy-*
« *node* diocésain. »

Le concile de Rennes, célébré en 1849, dit à cet égard : « Si l'évêque, dans le *synode* demande l'avis du clergé sur des statuts à promulguer, que tous sachent bien que l'évêque n'est tenu à cela par aucune loi, et que nul prêtre n'a le droit de vote décisif. Si quelqu'un, entraîné par de fausses doctrines, soutient le contraire, et ose affirmer que la réformation des abus touchant la discipline ecclésiastique dépend également de l'évêque et des curés dans les *synodes*, et doit être sanctionnée par eux et l'évêque, ou que sans la liberté de la décision, l'obéissance n'est pas due aux mandements et aux ordonnances des évêques, que celui-là sache qu'il avance une doctrine condamnée par l'Église comme fausse, téméraire, attentatoire à l'autorité épiscopale, subversive du gouvernement hiérarchique, favorisant l'hérésie d'Aérius, renouvelée par Calvin. » (Const. de Pie VI, *Auctorem fidei, propos.* 9.)

Dans le *synode*, les prêtres apportent à l'évêque le tribut de leurs lumières et de leur expérience; mais, selon le droit, ils ne jouissent pas du privilége du *suffrage décisif*. Lorsque les canonistes parlent

(1) *Lib. I, cap.* 2, *n.* 5.

des délibérations qui ont lieu dans les réunions synodales, cela s'entend des discussions qui ont pour but d'éclaircir les matières, de mettre les prêtres à même de se former leur opinion et d'exprimer ensuite des avis motivés, lesquels exercent nécessairement une grande influence sur les décisions de l'évêque. Comme l'évêque, dans le jugement des affaires ordinaires, se fait assister d'un conseil composé de ses vicaires généraux, de son chapitre et souvent de plusieurs autres personnes ecclésiastiques, sans être astreint à suivre les avis de ce conseil, ainsi dans les affaires d'une grande importance ou qui touchent aux intérêts généraux du diocèse, il convoque autour de lui le *synode*, qui est un conseil plus nombreux et plus imposant, puisqu'il représente tout le clergé du diocèse; il consulte cette assemblée, il recueille soigneusement ses observations, il consent même à les discuter, mais il ne renonce pas au pouvoir qui lui appartient de décider souverainement.

Sans doute, l'évêque pourrait, s'il le jugeait à propos, accorder *voix délibérative* aux divers membres du *synode*. On trouve dans l'histoire des exemples de cette concession. Cependant ces exemples sont peu nombreux, et l'on conçoit très bien à cet égard la prudente réserve des évêques. S'ils se laissaient aller à la pente naturelle du cœur, ils accorderaient toujours une faveur qui renferme un témoignage d'affection et de confiance envers leur clergé; mais ils sont obligés de respecter les règles, et ils doivent prendre garde à ne pas porter atteinte à des droits qui ne sont pas une prérogative personnelle, qui forment, pour ainsi dire, le domaine successif de tout l'épiscopat, et qui, pour cela même, ne peuvent jamais être aliénés. Car il arrive que les faits, quand ils se renouvellent souvent, et à plus forte raison quand ils sont constamment répétés, tendent par la nature des choses à se transformer en droit. Ainsi, dans la controverse soulevée dans le siècle dernier sur les droits du clergé du second ordre, l'argument le plus spécieux apporté par les partisans d'une doctrine erronée était tiré précisément du fait du suffrage décisif accordé dans quelques *synodes* aux simples prêtres. Il fallut, ce qui à la vérité n'était pas difficile, que les défenseurs de la vraie doctrine prouvassent, par les actes mêmes de ces assemblées que le suffrage ainsi exercé dans ces rares circonstances n'était que l'effet d'une libre et bienveillante concession des prélats qui présidaient ces *synodes*. Nous n'avons pas cru devoir négliger cette observation, afin que l'on comprenne qu'un évêque n'est pas toujours libre, dans une réunion canonique, de se livrer sans réserve à l'expansion des sentiments d'estime et de confiance dont il est pénétré pour son clergé, et qu'il y a des limites sacrées devant lesquelles il doit s'arrêter.

Le concile de Tours de l'an 1583 indique très bien le but du *synode* diocésain : «Comme il est du devoir d'un évêque de connaître les siens, surtout ceux qui sont chargés de fonctions ecclésiastiques dans son diocèse, et plus particulièrement encore ceux auxquels le

soin des âmes est confié ; comme il est aussi de la sollicitude pastorale, pour l'utilité de la religion chrétienne, d'exiger d'eux qu'ils
rendent compte de l'administration des choses spirituelles et temporelles, le concile a décrété que les chapitres..., les recteurs des
églises paroissiales..., et les autres qui, par le droit ou la coutume,
doivent être convoqués, ou ont coutume d'assister aux *synodes* épiscopaux, seront tenus de comparaître chaque année, aux jours fixés
dans chaque diocèse, pour rendre compte de leur administration en
présence des évêques eux-mêmes. »

En conséquence nos derniers conciles provinciaux, notamment
celui de Rennes, ont décidé ce qui suit :

1° Chaque année, si les circonstances le permettent, le clergé
diocésain sera réuni dans chaque diocèse.

2° Quand l'évêque jugera à propos de célébrer le *synode*, la convocation sera faite canoniquement ; or les sacrés canons ne tendent
pas tant à attribuer à quelqu'un le droit d'assister au *synode*, qu'à
imposer l'obligation de s'y présenter à tous ceux que l'évêque y
convoque suivant le droit ou la coutume. Comme en outre, dans nos
diocèses, le grand nombre de ceux qui ont charge d'âmes, ne permet pas que tous soient appelés, seront convoqués les chanoines de
l'église cathédrale, et parmi ceux qui ont charge d'âmes, tous ceux
qui jouissent d'un titre inamovible, auxquels seront adjoints un ou
deux prêtres de chaque canton. » (*Decret.* VII.)

On y convoque aussi le supérieur et les professeurs du grand
séminaire et le supérieur du petit séminaire.

Les statuts d'un *synode* ne sont point adoptés par les prêtres. Le
synode n'adopte ni ne rejette, il se contente de donner des avis et
d'éclairer l'évêque sur ce qu'il convient de faire. L'évêque seul est
législateur dans son diocèse et dans son *synode*, avancer le contraire,
ce serait tomber dans le richérisme et dans les erreurs du *synode* de
Pistoie.

Dans les premiers siècles de l'Église, on voit beaucoup de conciles, mais il n'est nulle part question des *synodes* diocésains. On a
fait de grandes recherches pour savoir à quelle époque ils ont commencé ; après beaucoup de variétés d'opinions qui durent encore actuellement, il paraît certain, dit Nardi (1), qu'ils n'ont commencé
qu'au sixième ou septième siècle. Les *synodes* diocésains, dit-il,
commencèrent à la fin du sixième siècle, quand les conciles provinciaux devinrent moins fréquents. Ils naquirent de la volonté des
évêques qui rassemblaient leur clergé pour publier les lois des conciles précédents, pour s'assurer de la science, des mœurs, de l'exactitude des prêtres. *Decernimus, ut dùm in quâlibet provinciâ concilium
agitur, unusquisque episcoporum admonitionibus suis intrà sex mensium
spatia omnes abbates, presbyteros, diaconos atque cleros, seu etiam omnem conventum civitatis ipsius, ubi præesse dignoscitur, necnon et cunc-*

_____

(1) *Des curés et de leurs droits dans l'Église.*

tam diœcesis suœ plebem aggregare nequaquam moretur : quatenus coram eis plenissime omnia reseret, quœ eodem omnia in concilio acta vel definita esse noscuntur. (*Cap. Decernimus* 17, *dist.* 18.)

Le cardinal de la Luzerne pense comme Nardi, que l'origine des *synodes* diocésains, ne remonte pas au delà du sixième siècle. « La « plus ancienne loi ecclésiastique que je connaisse qui prescrive la « tenue des assemblées diocésaines, dit-il (1), est le concile de « Huesca en Espagne, de l'an 597. Les évêques de ce concile or- « donnent que tous les ans chacun d'eux formera une assemblée de « tous les abbés, de tous les prêtres et diacres de son diocèse. » Tel est aussi, à notre avis, l'origine des *synodes* diocésains.

Il y avait autrefois des témoins *synodaux*. On peut voir sous le mot TÉMOIN quelles étaient leurs attributions.

SYNODIQUE.

Synodique se dit de ce qui est émané du synode, comme une lettre *synodique,* ou lettre circulaire qu'un concile écrit aux prélats absents, aux églises, ou en général aux fidèles, pour les instruire de ce qui s'est passé dans le concile, et le leur notifier. On trouve de ces lettres *synodiques* dans la collection des conciles. La plupart de nos derniers conciles provinciaux ont écrit de ces lettres qu'on appelle plus communément *synodales* (2) pour publier et promulguer les décrets du concile après la sanction du Saint-Siége.

T

TABAC.

Il sied peu aux ecclésiastiques de fumer, et les fidèles en général s'en scandalisent, aussi plusieurs conciles désapprouvent l'usage du *tabac* à fumer dans les clercs et les invitent à s'en abstenir. *A tabaco fumifico, quod apud nos virum ecclesiasticum non decet, abstineant.* (*Concil. Burdigal., ann.* 1850, *titul.* IV, *cap.* 12.) Cependant le concile de Bourges, célébré en 1850, en tolère l'usage, si, par hasard le *tabac* est nécessaire à la santé, pourvu qu'on fume en secret et jamais en public ni en présence d'autres personnes. *Tabaci fumum hauriendi morem à clericis frequentatum improbamus; si cui tamen id sanitatis causâ necessarium fuerit, privatim eo utatur, nunquam autem publicè, vel aliis contentibus aut spectantibus.* (*Decret. de Vitâ et honest. cleric.*)

(1) *Droits et devoirs des évêques et des prêtres,* pag. 1455.

(2) Le dernier concile d'Avignon se sert du mot *synodique,* ceux de Sens, de Bourges, d'Aix et de Rennes emploient, au contraire, celui de *synodale.*

TABERNACLE.

Le *tabernacle* placé sur l'autel pour conserver la sainte eucharistie doit être, suivant les règles de l'Église, en bois, en marbre ou en bronze. *Tabernaculum ligneum, aliave materia constans,* dit le quatrième concile provincial de Milan.

D'après une décision de la congrégation des évêques du 26 octobre 1575, le *tabernacle* doit être doré à l'extérieur, et l'intérieur doit être garni d'étoffe de soie. *Tabernaculum regulariter debet esse ligneum, extrà deauratum, intùs verò aliquo panno serico decenter contectum.*

Un décret de la congrégation des rites, du 22 janvier 1701, défend de mettre un vase de fleurs devant la porte du *tabernacle*, lorsqu'elle présente l'image de notre Seigneur, afin de ne pas empêcher les fidèles de voir cette image et de la vénérer ; mais on peut placer un vase de fleurs à côté du *tabernacle* ou plus bas. Il est également défendu, par un décret de la même congrégation, en date du 31 mars 1821, de placer sur le *tabernacle* des reliques ou des images des saints. Il est dans l'ordre, en effet, et de toute convenance, selon la remarque de Gavantus (1), que notre Seigneur soit plus élevé que ses saints. *Decet enim sedere Dominum suprà servos suos.* Enfin elle a encore décrété le 5 septembre 1845, qu'il n'était pas permis de déposer sur l'autel, devant la porte du *tabernacle*, les reliques d'un saint, le jour où l'on célèbre sa fête, quand bien même il existerait à cet égard une coutume immémoriale.

Plusieurs conciles et le cérémonial des évêques ne veulent pas que, dans les cathédrales, le *tabernacle* soit placé au maître-autel (voyez AUTEL), mais dans une chapelle particulière richement ornée. La raison de cette défense est que, parmi les fonctions pontificales, il en est un grand nombre qui demandent que l'évêque ait le dos tourné à l'autel, ce qui ne convient pas lorsqu'on y conserve le saint sacrement (2).

Quoique le corps de notre Seigneur ne touche pas immédiatement au *tabernacle*, puisqu'il est ordinairement renfermé dans le ciboire, on bénit cependant le *tabernacle*, parce qu'il est réellement la demeure de l'homme Dieu. La formule de la bénédiction est la même, dit Cavalieri (3), que pour l'ostensoir. Cette bénédiction est réservée à l'évêque ; mais, comme elle ne se fait pas avec l'onction du saint-chrême, il peut en donner la commission à un simple prêtre.

Les conciles ont souvent ordonné aux prêtres et aux curés de tenir constamment les *tabernacles* fermés pour empêcher des sacrilèges.

(1) *In Rubricis Missalis, tit.* 22.

(2) Catalani, *Comment. in Rit. rom., tom.* I, *pag.* 251.

(3) *Tom.* IV, *pag.* 146.

TABLEAU.

(*Voyez* IMAGE.)

TALION.

C'est le nom de la peine qu'on infligeait autrefois aux calomniateurs. Elle est établie dans l'Ancien Testament et par les lois des douze tables. (*Exode, ch.* XXI; *Deut., ch.* XIX.) *De pœnâ syncophante et calumniœ : non misereberis ejus, sed animam pro animâ, oculum pro oculo, dentem pro dente exiges.* C'est-à-dire que le calomniateur doit être puni de la même peine que méritait le crime qu'il avait malicieusement imputé à l'innocent, ou du même dommage qu'il lui avait causé : *Damnum illatum simili damno pensabatur. Veluti si oculus eruatur ei, qui oculum excuserit alteri; unde retaliare dicimus cùm par pari refertur.*

Jésus-Christ a aboli le *talion* par son Évangile. Les Romains le modifièrent par le droit prétorien, en sorte que par le droit civil et canonique, on ne punit plus les calomniateurs que selon les circonstances plus ou moins aggravantes de leur calomnie. Les jurisconsultes observent que la peine du *talion* occasionnait l'impunité des crimes.

TALMUD.

Quoique l'Église put tirer du *Talmud* la confirmation de la vérité catholique, elle s'est néanmoins constamment efforcée, et non sans raison, de détruire ce livre. C'est ce qui eut lieu, notamment en France, au treizième siècle, où, selon les antiques usages romains, il fut brûlé publiquement. Malgré les essais tentés à diverses époques de purger le *Talmud* de ses passages les plus scandaleux, Jules III se vit obligé, après un examen itératif et approfondi, de le livrer aussi aux bûchers du saint office, en 1554, et d'ordonner, l'année suivante, à tous les évêques de suivre son exemple. Plus tard, le pape Clément VIII, dans la constitution *Cùm hebrœorum*, a interdit absolument le *Talmud* aux chrétiens et aux juifs.

TAXE.

Les différentes expéditions de la cour de Rome sont taxées d'après la nature des dispenses ou grâces accordées.

Le produit de ces *taxes* est employé à payer les dépenses de la chancellerie romaine, l'agent des affaires ecclésiastiques, qui reste à Rome, et les frais de correspondance; le reste est employé en œuvres pies.

Amydénius (1) défend la cour de Rome de toutes les imputations

(1) *Traité du style et de la daterie, liv.* I, *ch.* 35.

d'avarice qu'ont allégué ses ennemis en différents temps. Il nous apprend que le pape Innocent X ordonna, par un réglement du 1er novembre 1645, que tout le produit des componendes sur les dispenses matrimoniales serait déposé au Mont-de-Piété, pour y être employé en des aumônes et autres bonnes œuvres.

Par la soixante-septième règle de la chancellerie, il est défendu aux officiers de ladite chancellerie de rien exiger au delà de leurs droits : *Item, idem D. N. exactionibus quas sanctitas sua, non sine displicentiâ plerumque fieri intellexit per officiales romanæ curiæ, qui constitutis sibi emolumentis pro exercitio officiorum quæ obtinent non contenti, ultrâ, à prosequentibus negotiorum quorumdam expeditionem in eâdem, exigere non verentur, obviare volens, districtè præcipiendo inhibuit, omnibus et singulis quævis officia in eâdem curiâ obtinentibus, ne de cætero quicquam prætextu officiorum quæ obtinent, quovis colore, etiam celerioris expeditionis, ultrâ emolumenta hujusmodi exigere, seu ad hunc effectum expeditionem eorum quæ eis incumbunt, malitiosè differre, sub excommunicationis et præter illam suspensionis à perceptione emolimentorum hujusmodi pro primâ ad semestre, et pro secundâ ad annum, et pro tertiâ vicibus quibus sic excesserint, privationis officiorum per eos obtentorum, in quibus sic excesserint pœnis. Ac voluit, quod sanctæ Romanæ Ecclesiæ vicecancellarius et camerarius, excedentes ipsos respectivè prout eis subsunt per subtractionem emolumentorum eorumdem, ac alias, ut præmittitur compellant ad hujusmodi illicitis exactionibus abstinere et contrà eos per prædictas pœnas; et alias prout melius expedire viderint, procedant.*

TÉMOINS.

Le droit canon établit différentes choses fort utiles sur les qualités, le nombre et l'examen des *témoins*.

1° On n'admet pas comme *témoins* les impubères, les furieux, les aliénés, les infâmes; ceux-ci cependant sont admis quelquefois en certaines causes graves, comme de simonie : on n'admet pas non plus les parents, les alliés, les domestiques, les complices; mais dans les mariages, où il s'agit surtout de parenté, on admet de préférence les parents qui la connaissent mieux que tout autre : *Qui melius recipi debent quam illi qui melius sciunt et quorum est interesse.* (*Cap. Videtur, 3, Qui matrim. accus. possunt.*) (*Voyez* MARIAGE.)

On ne peut pas être *témoin* dans sa propre cause et dans toutes les choses où l'on peut avoir quelque intérêt. Ainsi, le dénonciateur, l'accusateur, le juge, ne peuvent être *témoins : Nullus unquàm præsumat esse simul accusator, et judex, vel testis.* (*Cap. Nullus, 1, caus. 4, qu. 1.*)

2° Relativement au nombre des *témoins*, on admet généralement qu'il doit y en avoir au moins deux. *Licet quædam causæ sint quæ plures quàm duos exigant testes, nulla est tamen causa, quæ unius testimonio, quamvis legitimo, terminetur.* (*Cap. Licet 23, de Testibus.*) Cependant, à cause de la qualité de la personne et dans certaines choses un seul *témoin* suffit; ainsi, par exemple, un prêtre peut attester qu'il a baptisé un enfant; quand il s'agit d'un mariage incestueux, qui doit être contracté entre parents, le témoignage seul de la mère suffit. (*Cap. Super eo*, 22, *de Testibus.*) Il en est de même dans les choses qui n'apportent de préjudice à personne, comme quand il s'agit de la consécration d'une église, de la volonté d'un mourant qui demande les sacrements, etc.

Il y a néanmoins des causes où, d'un autre côté, deux *témoins* ne peuvent suffire. Le droit canon en demande trois pour les *testaments.* (*Voyez* TESTAMENT.) Dans la cause des évêques, le chapitre *Nullam* porte ce qui suit : *Nullam unquàm damnationem episcoporum esse censemus, nisi aut antè legitimum numerum episcoporum, qui fit per duodecim episcopos, aut certè probata sententia per 71 testes, qui et accusare possint.* (*Cap. Nullam* 3, *caus.* 2, *qu.* 5.) Après avoir rapporté ce canon, Gratien fait la réflexion suivante, qui est remarquable : *Quorum vita adeò laudabilis ut omnibus imitanda appareat, de quorum assertione nulla dubitatio nasci poterit, eorum testimonio duorum aut trium, quilibet jure convinci et damnari poterit.*

Les *témoins* doivent être interrogés personnellement, à moins qu'ils ne soient malades ou autrement empêchés. *Si qui testium valetudinarii sunt et senes, aut paupertate depressi, ità quod non possint ad vestram præsentiam adduci, ad ipsos recipiendos, mittatis personas idoneas et discretas.* (*Cap. Si qui*, 8, *de Testibus.*)

Les *témoins* doivent prêter serment de dire la vérité. *Nullius testimonio, quantumcumque religiosus existat, nisi juratus deposuerit, in alterius præjudicium debet credi.* (*Cap. Nuper*, 51, *de Testibus.*) Le serment prêté, les *témoins* doivent être examinés séparément, et interrogés sur tout ce qui peut faire connaître la vérité : leurs dépositions doivent être écrites. *Cùm causam quæ inter archiepiscopum Ravennatensem ac commune Favent, diversis judicibus duxerimus committendam... Mandamus, quatenus recipias testes, quos utraque pars duxerit producendos; de singulis circumstantiis diligenter inquirens, de causis videlicet, personis, loco, tempore, visu, auditu, scientià, credulitate, famà et certitudine, cuncta plenè conscribas.* (*Cap. Causam*, 37, *de Testibus.*) Les *témoins* ne doivent dire que ce qu'ils savent d'eux-mêmes, et non ce qu'ils ont appris des autres. On doit leur lire la déposition qu'ils ont faite, afin de savoir s'ils y persévèrent ou s'ils ont quelque chose à ajouter ou à retrancher.

On doit publier les dépositions, afin que les parties intéressées puissent, s'il y a lieu, opposer des exceptions contre les personnes ou les choses déposées. *Super dictis testium, cùm fuerint publicata, publicè potest disputari.* (*Cap. In causis*, 15, *de Testibus.*)

Le Code de procédure civile statue à cet égard ce qui suit :

« ART. 260. Les *témoins* sont assignés à personne ou à domicile...

« ART. 262. Les *témoins* seront entendus séparément, tant en présence qu'en l'absence des parties.

« Chaque *témoin*, avant d'être entendu, déclarera ses nom, profession, âge et demeure, s'il est parent ou allié de l'une des parties, à quel degré, s'il est serviteur ou domestique de l'une d'elles; il fera serment de dire la vérité : le tout à peine de nullité.

« ART. 268. Nul ne pourra être assigné comme *témoin*, s'il est parent ou allié en ligne directe de l'une des parties, ou son conjoint, même divorcé.

« ART. 271. Le *témoin* déposera, sans qu'il lui soit permis de lire aucun projet écrit. Sa déposition sera consignée sur le procès-verbal; elle lui sera lue, et il lui sera demandé s'il y persiste; le tout à peine de nullité : il lui sera demandé aussi s'il requiert taxe.

« ART. 272. Lors de la lecture de sa déposition, le *témoin* pourra faire tels changements et additions que bon lui semblera; ils seront écrits à la suite ou à la marge de sa déposition; il lui en sera donné lecture, ainsi que de la déposition, et mention en sera faite, le tout à peine de nullité.

« ART. 273. Le juge commissaire pourra, soit d'office, soit sur la réquisition des parties ou de l'une d'elles, faire au *témoin* les interpellations qu'il croira convenables pour éclaircir sa déposition; les réponses du *témoin* seront signées de lui, après lui avoir été lues, ou mention sera faite s'il ne veut ou ne peut signer; elles seront également signées du juge et du greffier, le tout à peine de nullité.

« ART. 274. La déposition du *témoin*, ainsi que les changements et additions qu'il pourra y faire, seront signées par lui, le juge et le greffier; et si le *témoin* ne veut ou ne peut signer, il en sera fait mention; le tout à peine de nullité. Il sera fait mention de la taxe, s'il la requiert ou de son refus. »

Les femmes ne peuvent être *témoins* des actes civils. Il n'en est pas de même des actes ecclésiastiques. Les parrain et marraine sont l'un et l'autre *témoins* du sacrement du baptême. Quant au mariage, le concile de Trente n'ayant déterminé ni le sexe, ni l'âge, ni la qualité des *témoins*, les femmes pourraient aussi bien que les hommes, être *témoins* de la célébration du sacrement de mariage. Cependant il paraît décent que les femmes soient exclues, toutes les fois qu'on peut avoir des hommes. S'il n'est pas nécessaire qu'un *témoin* soit majeur, il faut dans tous les cas qu'il soit en état de connaître l'acte à la validité duquel il est appelé à concourir par sa présence. (*Voyez* à cet égard le mot CLANDESTINITÉ.)

Autrefois les conciles nommaient des espèces de censeurs ecclésiastiques qu'on nommait *témoins* synodaux. Ils étaient chargés de découvrir les abus et les désordres et de les faire connaître à ces assemblées qui cherchaient les moyens d'y remédier. Le quatrième concile de Latran, canon 6, ordonna l'établissement de ces *témoins* ou censeurs pour chaque province; à cet exemple, on en nomma dans les synodes pour chaque diocèse.

Le concile de Narbonne, en 1227, canon 14, enjoignit à tous les évêques de nommer des *témoins* synodaux dans chaque paroisse, pour faire des perquisitions exactes de l'hérésie et de tous les autres crimes publics, et leur en faire ensuite leur rapport.

L'établissement des *témoins* synodaux a duré autant que l'usage des conciles provinciaux et diocésains. Il serait donc possible qu'on songeât à les rétablir. Quoiqu'il en puisse être, on trouve dans le quatrième concile de Milan, tenu en 1576, chapitre 6, une énumération exacte de tous les devoirs des *témoins* synodaux et de toutes les choses dont ils doivent informer l'évêque. On y voit aussi leurs qualités et la forme du serment qu'ils doivent prêter. Ce que Benoît XIV a rappelé et expliqué en son Traité du synode diocésain (1). On peut aussi consulter à cet égard le père Thomassin (2).

TEMPOREL.

Il est très important, en plusieurs occasions, de distinguer le *temporel* du spirituel en matières ecclésiastiques. (*Voyez* MATIÈRE.)

TEMPS PROHIBÉ.

On entend par *temps prohibé* pour le mariage, le temps qui s'écoule depuis le premier dimanche de l'Avent jusqu'au jour de l'Épiphanie inclusivement, et depuis le mercredi des Cendres jusqu'au dimanche de *Quasimodo*, aussi inclusivement. (*Voyez* EMPÊCHEMENT, § III.)

A s'en tenir strictement à la lettre du droit canon, on pourrait, dans le *temps prohibé*, bénir sans dispense un mariage qui se ferait sans aucune solennité, c'est-à-dire où il n'y aurait ni festin, ni réjouissance; mais la dispense de l'évêque est nécessaire (3).

TERRIER.

Tel est le nom qu'on donne à un livre qui contient l'état de certains biens fonds et héritages de la campagne. (*Voyez* ARCHIVES.)

TERRITOIRE.

On appelle *territoire* l'étendue ou la circonscription d'une paroisse ou d'un diocèse. Un évêque ne peut exercer sa juridiction hors du *territoire* du diocèse qui lui a été assigné par le Souverain Pontife, et un curé hors du *territoire* de sa paroisse, à moins que l'évêque, par un privilége spécial, ne lui donne une juridiction plus étendue. (*Voyez* ÉVÊQUE, CURÉ.)

La division de *territoire* pour les évêchés doit être faite par le pape et non par l'autorité civile, comme l'a prétendu à tort la funeste constitution civile du clergé. (*Voyez* CIRCONSCRIPTION, CONSTITUTION.)

(1) *Lib.* IV, *cap.* 3.
(2) *Discipline de l'Église*, part. IV, liv. II, ch. 85, n. 8.
(3) Reiffenstuel, *Jus canonicum*, tom. IV, pag. 121.

L'évêque fait la division de *territoire* pour les paroisses. En France, il est obligé pour cela de s'entendre avec l'autorité séculière. *Voyez* à cet égard notre *Cours de législation civile ecclésiastique.*

TESTAMENT.

Le *testament* est un acte par lequel un homme déclare sa dernière volonté pour la disposition de ses biens. Le *testament* est ainsi appelé, pour marquer que c'est une déclaration de notre volonté faite devant des témoins. Il contient une disposition de dernière volonté, qui ne commence par conséquent à avoir son effet qu'après la mort du testateur, et qui peut toujours être par lui révoquée jusqu'au dernier moment de sa vie. Le Code civil définit ainsi le *testament :* « Art. 895. Le *testament* est un acte par lequel le testateur dispose pour le temps où il n'existera plus, de tout ou en partie de ses biens et qu'il peut révoquer. »

Le pape Alexandre III décide (*Cap. Cùm esses et cap. Relatum, de Testam.*) que les curés peuvent recevoir les *testaments* de leurs paroissiens, en présence de deux ou trois témoins ; et que les dispositions de dernière volonté en faveur de l'Église ou des pauvres, *intuitu Ecclesiæ,* sont valables pourvu qu'elles aient été prononcées en présence de deux ou trois témoins. La glose de ces deux décrétales tient qu'elles ne doivent s'entendre que pour les legs pieux en ce qu'elles ordonnent, touchant le nombre de deux ou trois témoins, et que lorsque le *testament* contiendra d'autres dispositions, il faudra y observer les formalités du droit civil. Quoi qu'il en soit, il faut en France, pour la validité des *testaments,* se conformer exactement aux prescriptions du Code civil. Cependant il faut bien remarquer que les canons exigent que l'on se conforme à l'intention du défunt, lors même que le *testament* ne serait pas selon les formes prescrites par les lois civiles. Sans parler des décrets d'Alexandre III et de Grégoire IX, cités par tous les canonistes, nous ferons remarquer que le second concile de Lyon, de l'an 567, et le cinquième concile de Paris, de l'an 614, défendent, sous peine d'excommunication, de faire casser les donations ou *testaments* faits par des clercs ou des religieux en faveur des églises ou de qui que ce soit. Ils ordonnent expressément qu'on exécute la volonté du défunt, quoique, soit par nécessité, soit par ignorance, il ait omis dans son *testament* quelques-unes des formalités requises par la loi : *Quia multæ tergiversationes infidelium Ecclesiam Dei quærunt collatis privare denariis, secundùm constitutionem præcedentium pontificum, id convenit inviolabiliter observari, ut testamentó quæ episcopi, presbyteri, seu inferioris ordinis clerici, vel donationes, aut quæcumque instrumenta propria voluntate confecerint, quibus aliquid ecclesiæ, aut quibuscumque personis, conferre videantur, omni stabilitate subsistant. Specialiter statuentes, ut etiam si quorumcumque religiosorum voluntas, aut necessitate, aut simplicitate faciente, aliquid à legum sæcularium ordine visa fuerit discrepare, vo-*

*luntas tamen defunctorum debeat inconvulsa manere, et in omnibus, Deo
auspice, custodiri. De quibus rebus si quis animæ suæ contemptor aliquid alienare præsumpserit usque ad emendationis suæ, vel restitutionis
rei ablatæ tempus, à consortio ecclesiastico, vel à christianorum convi-
vio habeatur alienus* (1).

Autrefois les curés pouvaient légalement recevoir les *testaments ;*
il n'en est plus de même aujourd'hui. Mais au moins ils peuvent dans
l'occasion donner des conseils utiles à cet égard.

Voici quelques-unes des dispositions du Code civil, relatives aux
testaments. Il en distingue de trois sortes : 1° le *testament* olographe ;
2° le *testament* par acte public ; 3° le *testament* mystique.

§ I. TESTAMENT *olographe.*

« ART. 967. Toute personne pourra disposer par *testament*, soit
sous le titre d'institution d'héritier, soit sous le titre de legs, soit
sous toute autre dénomination propre à manifester sa volonté.

« ART. 968. Un *testament* ne pourra être fait dans le même acte
par deux ou plusieurs personnes, soit au profit d'un tiers, soit à titre de disposition réciproque et mutuelle.

« ART. 969. Un *testament* pourra être olographe, ou fait par acte
public ou dans la forme mystique.

« ART. 970. Le *testament* olographe ne sera point valable, s'il n'est
écrit en entier, daté et signé de la main du testateur : il n'est assujetti à aucune autre forme. »

Le *testament* olographe est le plus commode et le plus sûr. 1° Il
doit être écrit *en entier* de la main du testateur. Un seul mot écrit
d'une main étrangère dans le corps du *testament* le rendrait nul ;
mais il peut être écrit sur papier non marqué : il n'est pas nécessaire pour la validité de cet acte qu'il soit écrit sur papier timbré.
2° Le *testament* olographe doit être daté sous peine de nullité. La
date consiste dans l'énonciation de l'an, du mois et du jour où l'acte
a été passé : elle peut se mettre en chiffres ; sa place n'est point déterminée ; il suffit qu'elle soit avant la signature. L'obligation de dater un *testament* olographe, n'emporte pas celle d'indiquer le lieu où
il a été fait, puisqu'il peut être fait dans une province comme dans
une autre. 3° Le *testament* doit être signé ; sans signature, la disposition ne peut être regardée que comme le projet d'un *testament :* mais
la loi n'exige pas qu'il soit fait mention de la signature dans le texte
de l'acte, comme elle l'exige pour le *testament* solennel. La place de
la signature n'est pas indifférente comme celle de la date ; elle doit
être placée à la fin de l'acte : tout ce qui est après la signature n'est
pas censé être dans l'acte, et doit être regardé comme non avenu.
Cependant la cour royale de Rennes a jugé valable un *testament* ainsi
conçu : « Fait et écrit en entier, après mûres réflexions , par moi

(1) Le P. Labbe, *Sacrosancta concilia, tom. v, pag.* 848.

Pauline d'Espinosse, veuve Guyot, qui ai signé après lecture et méditation, fait au Croisic, le 20 janvier 1806. » L'arrêt a été confirmé par la cour de cassation, le 20 avril 1813.

La signature doit être celle du nom de famille, et non pas celle d'une terre ou d'un sobriquet. Cependant elle serait valable, si elle était conforme à la manière de signer dont le testateur se sert habituellement : la foi publique l'exige ainsi. Les évêques ayant l'usage, dans les écrits de leurs fonctions pastorales, de signer seulement par une croix, par les initiales de leurs prénoms, et en indiquant leur diocèse, l'ont quelquefois suivi dans leurs *testaments*. Selon la jurisprudence, ce mode de signer n'annule point les dispositions. Mais il faut remarquer, dit M. l'abbé Corbière (1), que si la cour suprême a maintenu le *testament* de M. Loison, évêque de Bayonne, signé † J.-J., c'est parce que ce prélat, depuis sa promotion, avait adopté cette manière de signer; que c'était par cette signature qu'il était reconnu, et qu'il certifiait habituellement les actes civils et ceux de son ministère. Il serait donc à craindre que le *testament* d'un évêque, mort peu de temps après son élévation à l'épiscopat, ne fût annulé, s'il n'avait qu'une telle souscription.

Si un *testament* contenait plusieurs dispositions dont les unes fussent datées et les autres non datées ou non signées, celles-ci seraient nulles et les autres valables. On peut les regarder comme autant de *testaments* différents, la nullité des uns n'entraînant pas la nullité des autres; *utile per inutile non vitiatur.*

FORMULE DE TESTAMENTS OLOGRAPHES.

I.

Ceci est mon *testament*.

Je donne tous mes biens, meubles et immeubles, et généralement tout ce que je laisserai à ma mort à (*nom, prénoms et profession du légataire.*)

Je casse et révoque tous les *testaments* que je pourrais avoir faits précédemment, voulant que celui-ci soit le seul exécuté, comme contenant seul ma dernière volonté.

Fait à (*nom du lieu*), par moi (*nom, prénoms, profession et domicile du testateur*), le (*date du jour, du mois et de l'année*), et ai signé.

(*La signature du testateur en toutes lettres.*)

II.

Je donne et lègue à Jean-Baptiste N., prêtre, domicilié à N., tous les biens, meubles et immeubles, qui se trouvent à mon décès dans la maison que j'habite à N., sans en rien excepter ni réserver. Je nomme pour légataire universel, Pierre N., horloger à N. pour en

(1) *Droit privé, tom.* II, *pag.* 409.

recueillir tous mes biens, meubles et immeubles, excepté ceux dont je viens de disposer.

Je le charge de mes honneurs funèbres, selon sa discrétion et sa volonté. Je le charge de donner cent francs aux pauvres de la paroisse à laquelle j'appartiens actuellement, et de récompenser mes domestiques et les autres personnes qui m'auront rendu des services dans ma dernière maladie.

Fait à N. le quatre mai mil huit cent cinquante trois. (*Signature du testateur.*)

III.

Je soussigné, Théophile-Auguste N., propriétaire à N., déclare que le présent écrit est mon *testament*, que je veux être fidèlement et ponctuellement exécuté après ma mort. Je charge pour cet effet Louis N., demeurant à N., d'y veiller exactement, et d'en prendre soin comme pour lui-même.

Je donne et lègue à (*mettre les dispositions qu'on veut faire.*)

Je veux que mon corps soit enterré à N., et qu'on fasse célébrer cent messes pour le repos de mon âme.

Fait à N. le, etc. (*Signature du testateur.*)

Au reste, le testateur peut adopter telle formule qu'il voudra. Nous avons eu moins en vue de donner des modèles à suivre, que de faire connaître la manière dont on peut rédiger son *testament*. Il faut avoir soin surtout de faire connaître clairement ses volontés.

On peut garder son *testament* olographe sans en donner connaissance à personne, ou le déposer cacheté, soit chez un ami, soit chez un notaire. Ce dépôt ne demande aucune solennité : il suffit que le *testament* se trouve à la mort du testateur.

§ II. Testament *par acte public.*

Le Code civil a statué ce qui suit relativement au *testament* par acte public :

« Art. 971. Le *testament* par acte public est celui qui est reçu par deux notaires, en présence de deux témoins, ou par un notaire, en présence de quatre témoins.

« Art. 972. Si le *testament* est reçu par deux notaires, il leur est dicté par le testateur, et il doit être écrit par l'un de ces notaires tel qu'il est dicté.

« S'il n'y a qu'un notaire, il doit également être dicté par le testateur, et écrit par ce notaire.

« Dans l'un et l'autre cas, il doit en être donné lecture au testateur en présence des témoins.

« Il est fait du tout mention expresse.

« Art. 973. Ce *testament* doit être signé par le testateur : s'il déclare qu'il ne sait ou ne peut signer, il sera fait dans l'acte mention expresse de sa déclaration, ainsi que de la cause qui l'empêche de signer.

« ART. 974. Le *testament* devra être signé par les témoins : et néanmoins, dans les campagnes, il suffira qu'un des deux témoins signe, si le *testament* est reçu par deux notaires, et que deux des quatre témoins signent s'il est reçu par un notaire.

« ART. 975. Ne pourront être pris pour témoins du *testament* par acte public, ni les légataires, à quelque titre qu'ils soient, ni leurs parents ou alliés jusqu'au quatrième degré inclusivement, ni les clercs de notaires par lesquels les actes seront reçus. »

Un ecclésiastique peut être témoin dans le *testament* qui contient un legs en faveur de la paroisse à laquelle il est attaché, même lorsque le *testament* ordonne la célébration des messes dans l'église de cette paroisse. Cet ecclésiastique ne peut être regardé comme légataire. Ainsi jugé par un arrêt de la cour de cassation, du 11 septembre 1809. De même le mari peut être témoin au *testament* de sa femme, car ce n'est pas lui qui est légataire.

Si l'un des témoins n'avait pas les qualités requises, le *testament* serait nul. Mais s'il y avait plus de témoins que la loi n'en exige, l'incapacité de ceux dont la présence n'est point nécessaire, ne rendrait pas le *testament* nul : *Utile per inutile non vitiatur.*

§ III. TESTAMENT *mystique.*

Le *testament* mystique est un acte de dernière volonté que le testateur écrit lui-même ou qu'il fait écrire par une autre personne, et qui est ensuite présenté, clos et scellé à un notaire : on l'appelle *mystique* parce qu'il est destiné à demeurer secret. Le Code civil en parle comme il suit :

« ART. 976. Lorsque le testateur voudra faire un *testament* mystique ou secret, il sera tenu de signer ses dispositions, soit qu'il les ait écrites lui-même, ou qu'il les ait fait écrire par un autre. Sera le papier qui contiendra ses dispositions, ou le papier qui servira d'enveloppe, s'il y en a une, clos et scellé. Le testateur le présentera ainsi clos et scellé au notaire et à six témoins au moins, ou il le fera clore et sceller en leur présence, et il déclarera que le contenu en ce papier est son *testament* écrit et signé de lui, ou écrit par un autre et signé de lui : le notaire en dressera l'acte de suscription, qui sera écrit sur ce papier ou sur la feuille qui servira d'enveloppe; cet acte sera signé tant par le testateur que par le notaire, ensemble par les témoins. Tout ce que dessus sera fait de suite, et sans divertir à autres actes, et en cas que le testateur, par un empêchement survenu depuis la signature du *testament,* ne puisse signer l'acte de suscription, il sera fait mention de la déclaration qu'il en aura faite, sans qu'il soit besoin, en ce cas, d'augmenter le nombre des témoins. »

Tous les témoins doivent signer; mais ici, il importe peu qu'ils soient légataires et parents du testateur ou des légataires. Les dispositions du *testament* mystique étant inconnues, le motif qui a dicté l'article 975, n'est point applicable à l'article 976.

« ART. 977. Si le testateur ne sait signer, ou s'il n'a pu le faire, lorsqu'il a fait écrire ses dispositions, il sera appelé à l'acte de suscription un témoin, outre le nombre porté par l'article précédent, lequel signera l'acte avec les autres témoins; et il y sera fait mention de la cause pour laquelle ce témoin aura été appelé.

« ART. 978. Ceux qui ne savent ou ne peuvent lire, ne pourront faire de dispositions dans la forme du *testament* mystique.

« ART. 979. En cas que le testateur ne puisse parler, mais qu'il puisse écrire, il pourra faire un *testament* mystique, à la charge que le *testament* sera entièrement écrit, daté et signé de sa main; qu'il le présentera au notaire et aux témoins, et qu'au haut de l'acte de suscription, il écrira en leur présence, que le papier qu'il présente est son *testament* : après quoi, le notaire écrira l'acte de suscription, dans lequel il sera fait mention que le testateur a écrit ces mots en présence du notaire et des témoins; et sera, au surplus, observé tout ce qui est prescrit par l'article 976.

« ART. 980. Les témoins appelés pour être présents aux *testaments* devront être mâles, majeurs, sujets du roi, jouissant des droits civils. »

Les théologiens examinent la question de savoir si les *testaments* qui ne sont pas revêtus des formalités légales obligent en conscience. Nous l'avons établi ci-dessus.

THÉOLOGAL.

Théologal est le nom d'une dignité dans les églises cathédrales dont nous allons exposer l'établissement, ainsi que les qualités, les droits et les devoirs de celui qui l'exerce.

§ I. THÉOLOGAL; *origine, établissement.*

En distinguant l'office de précepteur de celui de *théologal*, on croit trouver les plus anciens vestiges de ce dernier dans le commentaire de Balsamon, qui observe *in c.* 19, *concil. Trull.*, qu'entre les dignitaires de l'église de Constantinople, il y en avait un qu'on appelait le *docteur*, qui avait sa place auprès du patriarche; mais cet auteur n'a pas remarqué le temps de l'établissement de ce docteur.

D'autres cherchent l'origine des *théologaux* dans les anciennes écoles d'Alexandrie.

Ce qu'il y a de certain, c'est que la discipline qui consiste à affecter une prébende dans les chapitres, pour la subsistance du *théologal,* a commencé dans l'Église de France. On cite divers Capitulaires confirmés par le second concile de Châlons-sur-Saône, en 813, et par les conciles de Meaux et de Langres en 845. Le troisième concile de Latran, sous Alexandre III, et le quatrième sous Inno-

cent III, adoptèrent cette discipline, et en firent un règlement général, que le pape Honoré III renouvela. (*Tot. tit. de Magistris.*)

Le quatrième concile de Latran, *in c. Nonnulli, eod.*, ordonne
l'établissement d'un maître dans chaque église cathédrale, et borne
aux métropoles l'établissement d'un *théologal*, pour enseigner aux
prêtres l'Écriture sainte, et principalement ce qui concerne le gouvernement des âmes, avec assignation du revenu d'une prébende,
sans que pour cela ce *théologal* devienne chanoine.

Le concile de Bâle, session V, étendit cet établissement dans les
cathédrales, et ordonna que le *théologal* serait un chanoine, prêtre,
licencié, ou bachelier formé en théologie.

Enfin, le concile de Trente, session XXV, chapitre 1er du décret
de réformation, après avoir déclaré s'en tenir à toutes les précédentes constitutions des Souverains Pontifes, et des conciles approuvés, s'y attachant avec affection, et y ajoutant même quelque chose
de nouveau, dit : « Dans les églises métropolitaines ou cathédrales,
si la ville est grande et peuplée;... le saint concile ordonne que la
première prébende qui viendra à vaquer de quelque manière que ce
soit, excepté par résignation, soit et demeure réellement, et de fait,
dès ce moment-là, et à perpétuité, destinée et affectée à cet emploi,
pourvu néanmoins que cette prébende ne soit chargée d'aucune autre fonction incompatible avec celle-ci. Et en cas que dans lesdites
églises, il n'y eut point de prébende, ou aucune au moins qui fût
suffisante, le métropolitain lui-même, ou l'évêque, avec l'avis du chapitre, y pourvoira, de sorte qu'il y soit fait des leçons de théologie ;
soit par l'assignation du revenu de quelque bénéfice simple, après
néanmoins avoir donné ordre à l'acquit des charges, soit par la contribution des bénéficiers de sa ville ou de son diocèse, soit de quelque autre manière qu'il sera jugé le plus commode, sans que pour
cela, néanmoins, on omette en aucune façon les autres leçons qui se
trouveront déjà établies, ou par la coutume ou autrement. »

Le quatrième concile de Latran, *in dict. cap. Nonnulli*, attribue
au métropolitain le droit de choisir le *théologal ;* mais cet office n'était
point alors en titre. Le concile de Trente n'a rien déterminé précisément sur cette question ; on rapporte seulement une réponse de la
congrégation du concile, qui a déclaré que la collation de la prébende
théologale appartient à ceux à qui elle appartenait ; d'où l'on conclut
que le choix du *théologal* appartient à l'évêque (1).

La bulle donnée pour la nouvelle circonscription, des diocèses établis en 1817, ordonne qu'il y ait un *théologal* en chaque chapitre.

Toutes les bulles particulières d'érection d'évêchés établissent
également un *théologal* dans chaque chapitre, suivant la prescription des anciens canons. Voyez entre autres, sous le mot COLO-
NIE, la bulle d'érection de l'évêché de Fort-de-France.

_____

(1) Fagnan, *in cap. Nonnulli, de Magistris, n.* 38 *et seq.; Mémoires du clergé,* tom. III,
pag. 1083.

§ II. *Qualités, devoirs et droits des* THÉOLOGAUX.

Les conciles de Latran et de Trente n'ont rien déterminé d'une manière précise sur les qualités du *théologal*. On en conclut seulement que les Pères du concile de Trente ont souhaité que les fonctions de cet office fussent exercées par un gradué, ou par une personne autrement capable. Il n'y a plus de gradué en France.

C'est une opinion commune que les termes de *theologus* et *magister,* qui semblent signifier un docteur en théologie, ont été employés par Innocent III, *in dict. cap. Nonnulli,* moins dans le sens des degrés que des fonctions.

Les mêmes conciles bornent les fonctions du *théologal,* à l'explication et aux leçons de la théologie; mais le concile de Bâle les soumet à l'obligation de résider, de prêcher et de faire des leçons deux fois par semaine. Barbosa dit que pour le temps, l'heure et la manière de leçons de théologie, le règlement en appartient à l'évêque; que le *théologal* a trois mois de vacance, juillet, août, septembre, et que pendant les leçons, il est censé présent au chœur pour les fruits et distributions.

Le *théologal* doit être prêtre, par la nature même de ses fonctions.

THÉOLOGIE

La *théologie* est la science qui traite de Dieu, *sermo de Deo.* Dans un sens plus étendu, la *théologie* s'entend de cette science par laquelle on arrive à la connaissance des choses divines, par le moyen de celles qui nous sont révélées. (*Voyez* SCIENCE.)

TIARE.

La *tiare* est la triple couronne du pape qu'on appelle autrement le règne, *regnum.* La *tiare* et les clefs sont les marques de la dignité papale. La *tiare* est la marque de son rang et les clefs celle de sa juridiction. Dès que le pape est mort, on représente ses armes avec la *tiare* seulement.

L'ancienne *tiare* était un bonnet rond, élevé et entouré d'une couronne. Boniface VIII y en ajouta une autre et Benoît XII une troisième. C'est donc seulement au quatorzième siècle que la *tiare* reçut la forme qu'elle a aujourd'hui, et qui n'a plus varié. Quelques auteurs disent que le premier pape qui porta la *tiare* à trois couronnes fut Urbain V, qui régna dans le même siècle. (*Voyez* PAPE, § VII.)

TITRE.

Ce terme signifie tout acte qui établit quelque droit, quelque qualité, et il se prend aussi pour la cause en vertu de laquelle on possède ou on réclame une chose.

§ I. Titres *des églises.*

Les archevêchés, évêchés, chapitres, paroisses, fabriques et tous autres établissements religieux doivent conserver tous les *titres* qui les concernent. (*Voyez* ARCHIVES.)

Après le concordat qui a supprimé tous les anciens diocèses et qui en a fait une nouvelle circonscription, des *titres* émanés du Saint-Siége ont établi de nouveaux diocèses avec la délimitation de leur territoire, leurs droits, leurs prérogatives, etc. Nous allons donner ici, comme modèle, un de ces *titres*, généralement peu connus, parce que, renfermés dans les archives des évêchés, peu de personnes sont à même d'en prendre connaissance. Voici le texte même du *titre* d'érection de l'archevêché de Paris, dont l'original, signé de la propre main du cardinal Caprara, est sous nos yeux et en notre possession.

Nos Joannes Baptista, tituli sancti Honuphrii, S. R. E. presbyter cardinalis CAPRARA, *archiepiscopus, episcopus Æsinus SS. DD. nostri* PII *papæ* VII, *et Sanctæ Sedis apostolicæ ad primum Galliarum reipublicæ consulem, universamque gallicanam nationem à latere legatus.*

« Universis præsentes litteras inspecturis salutem in Domino.

« Inter cæteras archiepiscopales ecclesias quas Sanctissimus dominus noster Pius PP. VII in adimplementum conventionis à plenipotentiariis S.S. et gubernii gallicanæ reipublicæ Parisiis initæ, et per apostolicas sub plumbo litteras incipientes *Ecclesia Christi* sub datum Romæ apud sanctam Mariam Majorem, anno Incarnationis dominicæ 1801, 18° calendas septembris, anno pontificatûs ejus secundo, confirmatæ de potestatis apostolicæ plenitudine erexit per suas pariter sub plumbo litteras quarum initium *Qui Christi Domini* sub datum Romæ apud sanctam Mariam Majorem eodem anno tertio calendas decembris, locum habet Parisiensis Ecclesia, quam pro uno archiepiscopo sic in archiepiscopalem constitutam et erectam ei octo episcopales Ecclesias Versalliensem, Meldensem, Ambianensem, Atrebatensem, Cameracensem, Suessionensem, Aurelianensem et Trecensem in suffraganeas assignavit (1). Cùm verò Sanctitas Sua iisdem apostolicis litteris mandarit nobis qui apud inclytum Naupoleonem Bonaparte primum Galliarum reipublicæ consulem, gallicanamque nationem ejusdem Sanctitatis Suæ et Sanctæ Sedis apostolicæ de latere legati munere fungimur, ut juxtà hanc ejus prædictæ archiepiscopalis ecclesiæ erectionem ad eam constituendam procedentes cum congruâ ejusdem archiepiscopo præstandâ assignatione decerneremus tùm sanctum titularem patronum sub cujus invocatione in eâ metropolitanâ ecclesiâ templum majus sit appellandum, tùm dignitates et canonicos ejus capituli juxtà præscriptum sancti concilii Tridentini efformandi, tùm ejusdem diœcesis circuitum, novosque fines, quæ quidem omnia per peculiare decretum à nobis emittendum fieri præceperit. Hinc nos mandatis sanctissimi domini obtemperantes, ejusque facultatibus nobis clementissimè elargitis utentes, ad omnipotentis Dei laudem, et beatæ Mariæ virginis in cœlum assumptæ honorem, civitatem prædictam ad archiepiscopalis civitatis gradum redintegramus, et, quatenus opus sit, de novo erigimus, et ecclesiam sub invocatione beatæ Mariæ virginis in cœlum assumptæ in metropolitanam erigimus pariter et instituimus cum omnibus et singulis

(1) Cette circonscription métropolitaine a été changée par le concordat de 1817, et par l'érection en métropole de l'évêché de Cambrai ; voyez CAMBRAI et CONCORDAT de 1817.

juribus, prærogativis, exemptionibus et privilegiis, quibus aliæ metropolitanæ de jure vel consuetudine gaudere solent, in eâque capitulum ex dignitatibus et canonicis secundùm numerum, ut infrà, postmodum præfiniendum, erigimus et instituimus; ità ut dignitates et canonicatus in numero, ut infrà, præfiniendo metropolitanæ Ecclesiæ Parisiensis capitulum existant et constituant, atque in eâ dignitates et canonicatus pro tempore obtinentes chori servitium, divina officia, sacrasque functiones persolvere, et pœnitentiarii ac theologi adimplere numera insigniis quoque convenientibus decorati, eo modo et forma de quibus rëlatè ad hæc omnia peculiariter inferiùs disponemus omnimodo teneantur.

« Et quoniam duabus Ecclesiis Rhemensi scilicet et Senonensi temporum difficultates et circumstantiæ locorum minimè passæ sunt, ut sanctissimus dominus noster vehementer optarat, archiepiscopalis cathedræ honorem conservari, ut tamen tàm illustrium ecclesiarum, quæ in novo hoc rerum ordine supressæ sunt atque extinctæ, memoria et nomen aliquo pacto retineatur, de præfatâ apostolicâ auctoritate tùm generationem in apostolicis sub plumbo litteris *Qui Christi Domini*, tùm in specialibus sub annulo piscatoris die 29 novembris anni 1801 à Sanctitate Suâ nobis tributis, titulum et denominationem earumdem Ecclesiarum Rhemensis et Senonensis quarum, ut præfertur, saltem pars diœcesis aliqua intra Parisiensis metropolis fines continetur, Parisiensi Ecclesiæ adjungimus et applicamus, ità ut primo futurus, et pro tempore existens Parisiensis antistes, appellari semper debeat archiepiscopus Parisiensis, Rhemensis et Senonensis ; non intendentes tamen per hanc nostram Parisiensi Ecclesiæ factam titulorum adjunctionem et applicationem ullam, aliam Parisiensi antistiti, præter eam quam hujus decreti nostri tenore eidem expressè tribuimus, jurisdictionem adscribere.

« Parisiensi verò ecclesiæ sic ut præfertur erectæ et constitutæ octo episcopales ecclesias, nempe Versalliensem, Meldensem, Ambianensem, Atrebatensem, Cameracensem, Suessionensem, Aurelianensem et Trecensem tanquàm suffraganeas de suprà dictâ apostolicâ auctoritate perpetnò subjicimus et supponimus, ità ut tàm primo futurus quàm pro tempore existens archiepiscopus Parisiensis pleno metropolitico jure in easdem octo Ecclesias potiri debeat et possit, eodem prorsus modo quo cæteri metropolitani in suffraganeas ecclesias eorumque episcopos utuntur, potiuntur et gaudent.

« Pro diœcesi verò Parisiensis ecclesiæ assignamus civitatem ipsam Parisiensem, nec non integrum territorium unius provinciæ, seu regionis, nimirum Sequanæ cum omnibus et singulis civitatibus, oppidis, pagis et vicis juxtà enumerationem, ut infrà dicemus faciendam in ipsâ provinciâ seu regione existentibus, ità ut civitas Parisiensis et territorium provinciæ seu regionis hujusmodi novo et pro tempore existenti archiepiscopo Parisiensi subjecta sint ; in ipsâ autem civitate Parisiensi et diœcesi, ut præfertur præscripta novus et pro tempore existens Parisiensis archiepiscopus omnem jurisdictionem sive ordinariam, sive delegatam in personas tàm sæculares quàm ecclesiasticas et loca pia quæcumque prout aliis archiepiscopis competit liberè et absolutè exercere valeat ac exerceat ad formam tamen decretorum concilii Tridentini, et apostolicarum constitutionum.

« Cùm verò juxtà receptam et constantissimè servatam ab apostolicâ Sede praxim et consuetudinem illud hoc loco præstandum esset, ut singulorum *locorum et parœciarum* ex quibus Parisiensis diœcesis coalescere debebit, diligens hoc loco enumeratio perficeretur, ne ullo unquàm tempore de ipsis limitibus, et super exercitio spiritualis jurisdictionis à Parisiensi antistite exercendæ oriri dubium possit, utque omnis inter eumdem antistitem, conterminosque episcopos controversiarum præcidatur occasio, quod ad *loca* quidem nempe civitates, pagos et vicos quæ diœcesim Parisiensem constituere debebunt, eorumdem distinctè numerandorum loco tabulam topographicam authenticâ formâ exaratam huic nostro decreto adjungimus in quâ circuitus et fines ejusdem Parisiensis diœcesis diligentissimè descripti sunt quod verò ad parœcias pertinet, cum earum erectio et divisio, ut infrà disponemus, peragi debeat à primo in eâdem ecclesiâ archiepiscopo constituendo, de apostolicâ potestate præcipimus et mandamus, ut postquàm novam parœciarum in totâ diœcesi Parisiensi circumscriptionem et erectionem perfecerit, hujusmodi erectionis et circumscriptionis decretum (descriptis in eo cujusque parœciæ titulo, invocatione, qualitate, extensione, terminatione, limitibus, congrua, adnotatisque nominibus civitatum, pagorum et locorum in quibus singulas parœcias erexerit) authentica formâ ac duplici exemplo curet quàm citissimè exarandum quorum quidem exemplarium alterum una cum hoc authentico pariter decreto nostro, et ei adjuncta tabulâ topogràphica in ecclesiæ Parisiensis archivo ad perpetuam rei memoriam cautè asservandum erit, cæterùm verò exemplar nobis maturè reddendum erit, ut decreto nostro generali novæ omnium gallicanarum ecclesiarum circumscriptionis ad perpetuam quoque memoriam in apostolicæ Sedis archivo custodiendo adjungere valeamus.

« Ad ejus porrò archiepiscopalis ecclesiæ dotationem seu congruos redditus pro futuro et pro tempore existente ejusdem archiepiscopo constituendos animum nostrum adjicientes, cùm eam ipsam dotationem gallicanum gubernium, memoratæ conventionis vigore in se susceperit, eamque ejus statui respondentem, ut indè archiepiscopalem dignitatem decenter tenere, et onera eidem imposita sustinere valeat, eos proinde redditus, obventionesque perpetuas Parisiensi ecclesiæ ejusque archiepiscopo primo futuro et pro tempore existenti adscribimus et assignamus qui ad præfatæ conventionis adimplementum quamprimùm decernendi et constituendi erunt.

« Eidem prætereà archiepiscopo suisque successoribus pro tempore existentibus ædem seu archiepiscopium pro decenti et commodâ ejus habitatione sufficiens effectivè assignandam, in quo idem residentiam suam facere debebit perpetuò concedimus et addicimus.

« Hisce omnibus constitutis, ad cætera gradum facientes quæ pertinent ad eamdem Parisiensem ecclesiam ordinandam, postulat rerum ordo ut ab ejusdem ecclesiæ capitulo ducamus exordium, inter cætera enim quæ nobis à Sanctissimo Domino nostro in sæpè laudatis apostolicis litteris mandata sunt, alterum est ut suppressis jàm à S. S. antiquis omnibus gallicani territorii capitulis, novos in singulis metropolitanis, et cathedralibus ecclesiis constitueremus ; quod quidem jàm superiùs peregimus, ecclesiam beatæ Mariæ virginis in cœlum assumptæ in metropolitanam instituentes, dùm in eâ capitulum quoque cum dignitatibus et canonicis uno eodemque tempore ereximus. Sed cùm eò loci dignitatum ipsarum et canonicatuum numerum minimè designaverimus eam ob causam quod nobis exploratum non sit quot potissimum in eâ constituere expediens sit, idque primo futurus ejusdem ecclesiæ archiepiscopus tutiùs et faciliùs judicare possit, ideò attentâ facultate subdelegandi à S. S. per memoratas apostolicas litteras nobis concessâ eidem primo futuro archiepiscopo, de præfatâ apostolicâ auctoritate committimus, facultatemque concedimus, ut posteaquàm canonicè institutus ejusdem ecclesiæ regimen actu consecutus erit, eum dignitatum et canonicatuum numerum quem ad ejusdem necessitatem, utilitatem atque decorem magis expedire judicabit, ad Tridentini concilii præscriptum præfiniat pro totidem ecclesiasticis viris futuris dictæ metropolitanæ ecclesiæ dignitatibus et canonicis, qui illius capitulum à nobis, ut suprà erectum constituant, et apud eam personaliter resideant, certisque ab eodem futuro archiepiscopo, in statutis ut infrà vel condendis vel moderandis, præfiniendis diebus et temporibus horas canonicas tàm diurnas quàm nocturnas, cæteraque divina officia, servatâ ecclesiæ disciplinâ ad instar aliarum metropolitanarum ecclesiarum recitare, decantare et psallere, eidem ecclesiæ laudabiliter deservire debeant et teneantur archiepiscopo in pontificalibus peragendis juxtà receptas consuetudines ministrent et inserviant, eumdemque in diœcesis, prout in jure constitutum, est adjuvent administratione.

« Potissimum verò duos ex canonicatibus constituat, quibus juxtà ejusdem Tridentini concilii leges adnexum sit theologi ac pœnitentiarii munus à canonicis qui ad eos promoti fuerint secùndùm canonicas sanctiones fideliter adimplendum.

« Præfatis verò dignitatibus et canonicis ut primo idem futurus archiepiscopus ea insignia, et choralia indumenta concedere valeat quæ antiquæ ecclesiæ Parisiensis usui magis respondeant, de specialissimâ gratiâ, pari apostolicâ auctoritate facultatem indulgemus.

« Volumus tamen ut præfatus primofuturus archiepiscopus Parisiensis, postquàm hæc omnia, quoàd capitulum metropolitanæ suæ peregit, actuum à se perfectorum-exemplaria duo, authenticâ formâ exarata nobis reddenda curet, ut utrique nostram approbationem adjungamus, perpetuum apostolicæ sanctionis delegatæ auctoritatis nostræ vi factæ argumentum futurum; quorum exemplarium alterum, eidem appositâ confirmatione nostrâ remittemus in Parisiensis ecclesiæ archivo custodiendum, alterum verò unà cum generali decreto nostro Litterarum apostolicarum executoriali in apostolicæ Sedis archiviis ad perpetuam memoriam asservabitur.

« Ut verò Parisiensis metropolitana ecclesia capituli erectione peractâ, tàm salutaris institutionis utilitatem et ornamentum celeriùs valeat percipere, primo futuro itidem archiepiscopo, de specialissimâ gratiâ eâdem, auctoritate apostolicâ indulgemus, ut dignitates omnes etiam principales et canonicatus à primævâ earum erectione vacantes pro primâ hâc vice idoneis ecclesiasticis viris liberè et licitè conferre possit.

« Cæterùm ut in eâdem metropolitanâ ecclesiâ in iis, quæ illius capitulum concernunt, ecclesiastica disciplina servetur, eidem primo futuro ejus archiepiscopo curæ erit ut antiqua ejus ecclesiæ jàm apostolicâ auctoritate suppressæ ac de novo nunc erectæ statuta, ordinationes, capitula, decreta, in quibus opportunè ea omnia sancita sunt quæ pertinent ad ejus prosperum et felicem statum, regimen, gubernium, et directionem ad divinorum officiorum, aliarumque ecclesiasticarum functionum, anniversarium et suffragiorum celebrationem, servitium chori præstandum, cæremonias ac ritus in prædictâ ecclesiâ, ejusque choro, capitulo, functionibus et aliis actibus capitularibus hujusmodi servandos, officiales et ministros dictæ ecclesiæ necessarios deputandos et amovendos, ac ministeria per ipsos obeunda, ac quascumque alias res in præmissis et circâ præmissa quomodolibet necessarias et opportunas; ea omnia, uti dicebamus, antiqua statuta, ordinationes, capitula, decreta, quantum ejusdem metropolitanæ ecclesiæ nunc de novo erectæ, et capituli in eâ constituti vel constituendi rationes patientur, et in iis in quibus locum habere poterunt, pro suo arbitrio et prudentiâ, collatisque cum eodem capitulo consiliis restituat, sequatur et revocet in observantiam; ità ut eidem archiepiscopo, prævio capituli suffragio, non solùm liceat eadem statuta, ordinationes, capitula decreta reformare, interpretari, in meliorem formam redigere, sed etiam alia de novo et ex integro, licita tamen et honesta, ac sacris canonibus minimè adversantia per eos ad quòs pertinet et pro tempore spectabit observanda sub pœnis in contravenientes infligendis, condere, et præscribere, quemadmodum nos de præfatâ apostolicâ auctoritate plenam eidem, liberam et omnimodam facultatem, potestatem et auctoritatem concedimus et impertimur.

« Deindè parochialibus ecclesiis omnibus universi gallicani territorii à nobis in suprà memorato generali decreto nostro litterarum apostolicarum executoriali, apostolicâ auctoritate suppressis, de eâdem auctoritate primo futuro archiepiscopo Parisiensi tenore præsentis decreti injungimus et mandamus, ut secundùm ea quæ in supradictæ conventionis approbationem à Sanctissimo Domino nostro sancita sunt apostolicis litteris *Ecclesia Christi* tot in Parisiensi diœcesi novo circuitu finibusque, ut suprà à nobis circumscripta ecclesias eligat, easque in parochiales quàm citissimè erigat, quot necessariæ ipsi videbuntur, diligentissimâ ratione habita tùm copiæ tùm necessitatis fidelium curæ suæ subjectorum, ne illis doctrinæ pabula, sacramentorum subsidia, atque ad æternam salutem assequendam adjumenta ullo pacto deesse possint. Eos verò redditus qui, ut in supradictâ conventione statutum est, assignandi erunt singulis parochialibus ecclesiis sic erigendis pro congruâ rectorum sustentatione idem archiepiscopus prædictis parochialibus ecclesiis earumque rectoribus pro tempore futuris perpetuò attribuat atque constituat.

« Iisdem ecclesiis ità in parochiales erectis archiepiscopus ipse rectores dabit iis dotibus et prærogativis instructos, quas sancti ecclesiæ canones requirunt, atque, ut tranquillitas eò magis in tuto sit, gubernio acceptos, qui in stato territorio ab eodem archiepiscopo certis limitibus præfiniendo curam animarum exerceant, omniumque hanc in rem ab se peractorum acta eo modo et formâ quâ suprà expositum est duplici exemplo conficiat, quorum alterum in ecclesiæ Parisiensis archivo custodiendum erit, alterum verò nobis quamprimùm reddendum.

« Futuris etiam et pro tempore existentibus archiepiscopis Parisiensibus ad supradictas parochiales ecclesias, dùm illas in posterum vacare contigerit, idoneas pariter personas ecclesiasticas juxtà ea de quibus in sæpè laudatâ conventione statutum est promovendi et instituendi de præfatâ apostolicâ auctoritate facultatem indulgemus.

« Seminarium prætereà, ut in eâdem conventione statutum est, ad erudiendam in pietate, litteris, omnique ecclesiasticâ disciplinâ juventutem quæ clericalis militiæ est viam ingressura quibus poterit modis ac temporalibus adjumentis ad sacrorum canonum, et Tridentini concilii sanctiones primo futurus Parisiensis archiepiscopus in civitate prædictâ Parisiensi curet instituendum, eique sic erecto et constituto eas leges præscribat tùm quoàd scientiarum studia, tùm quoàd omnem pietatis et disciplinæ rationem quæ magis accommodatæ ejusdem ecclesiæ utilitati, temporumque circumstantiis ei in Domino videbuntur.

« Illud etiam pro viribus sibi curandum proponat, ut mons pietatis, si nondùm existat, pro pauperum, quorum specialis et diligentissima debet esse cura pastorum, levamine et subsidio, quò citiùs fieri possit, erigatur. (*Voyez* MONT-DE-PIÉTÉ.)

« In id demùm sedulò incumbat ut Parisiensis metropolitana ecclesia, si reparatione aliquâ indigeat, vel sacris supellectibus pro decenti pontificalium usu, divinique cultûs exercitio vel omninò vel non satis instructa sit, ad utramque rem ei necessaria subsidia comparentur.

« Hâc itaque Parisiensi metropolitanâ ecclesiâ, ut suprà erectâ, finibus ejusdem designatis, cæterisque statutis quæ capituli parœciarum, seminariique institutionem, totamque ejus ordinationem respiciunt, nos de speciali et expressâ apostolicâ auctoritate, civitatem Parisiensem in archiepiscopalem, ut præfertur erectam, itemque memoratam atque attributam provinciam seu regionem, et in eâ contentos utriusque sexûs habitatores et incolas tàm laicos quàm clericos et presbyteros novæ prædictæ Parisiensi ecclesiæ ejusque futuris omnibus pro tempore præsulibus pro suis civitate, territorio, diœcesi, clero et populo perpetuò assignamus et respectivè supponimus atque subjicimus, ità ut liceat personæ metropolitanæ Parisiensi præfatæ ecclesiæ sic erectæ et institutæ in archiepiscopum tàm pro primâ hac vice quàm aliis futuris temporibus apostolicâ auctoritate præfiniendæ (quemadmodùm eidem de simili auctoritate præcipimus et mandamus) per seipsum vel per alios ejus nomine veram, realem, actualem et corporalem possessionem seu quasi regiminis, administrationis, et omnimodi juris diœcesani in prædictâ civitate et ejus ecclesiâ et diœcesi ac mensâ archiepiscopali assignatâ vel assignandâ, vigore litterarum apostolicarum provisionis de suâ personâ liberè apprehendere, apprehensamque perpetuò retinere, eidemque futuro ac pro tempore existenti archiepiscopo Parisiensi, ut præter collationem parœciarum eo modo qui in suprà memoratâ conventione ac in præsenti decreto statutus est, quæcumque alia cum curâ et sine curâ ecclesiastica beneficia quomodolibet nuncupata juxtà formas relatè ad Gallias ante regiminis immutationem statutas, ac salvis reservationibus et limitationibus tunc temporis vigentibus, personis idoneis pleno jure conferendi et de illis providendi de eâdem speciali apostolicâ auctoritate potestatem omnem concedimus et impertimur.

« Tali pacto provisum nobis fuisse videtur iis rebus omnibus quæ ad Parisiensis ecclesiæ statutum in omne reliquum tempus firmandum et componendum conducant ut cuicumque dubio, quæstionibusque aditus sit occlusus.

« Quòd si fortè aliquæ excitentur controversiæ, aut super intelligentiâ, sensu, executione hujus decreti nostri dubium aliquod exoriatur, quoniam Sanctissimo Domino nostro visum est iisdem in litteris ad controversias hujusmodi dijudicandas, et ad ea generatim perficienda omnia quæ per se ipsa Sanctitas Sua efficere posset, amplissimis facultatibus nos instruere, declaramus ea dubia quæstionesque, nullis excitatis contentionibus quæ ecclesiæ non minùs quàm reipublicæ tranquillitatem perturbare possent, confestim ad nos deferri debere, ut eas explicare, dissolvere, componere et respectivè interpretari, de præfatâ apostolicâ auctoritate, possimus.

« Hæc autem omnia in præsenti decreto contenta ab iis ad quos spectat inviolabiliter observari volumus, non obstantibus quibuscumque in contrarium facientibus etiam speciali et individuâ mentione dignis, cæterisque quæ Sanctitas Sua in Litteris voluit non obstare.

« In fidem quorum præsentes manu nostrâ signatas, secretarii nostræ apostolicæ Legationis subscriptione, nostro sigillo muniri mandavimus.

« Datum Parisiis, ex ædibus nostræ residentiæ, hâc die 10 aprilis 1802.

J. B. Card. Legat.

Place du † grand sceau.

Place du † petit sceau.

« Gratis etiam scriptura.

Reg. 61.

« J. A. Sala apostolicæ legationis secretarius. »

§ II. TITRE *clérical ou sacerdotal.*

On appelle ainsi le *titre* que les ecclésiastiques sont obligés de se constituer quand ils reçoivent les premiers ordres sacrés, afin que, s'ils ne parviennent pas à posséder des bénéfices, ils aient de quoi subsister.

On n'a pas toujours entendu, comme on le fait aujourd'hui, par le mot *titre*, les moyens d'existence d'un ecclésiastique. D'après les anciennes lois de l'Église, tout ordinand devait, en recevant les ordres, recevoir en même temps une affectation spéciale et fixe dans une église déterminée. *Ut sine titulo factâ ordinatio..., et in quâlibet ecclesiâ quilibet titulatus est, in eâ perpetuò perseveret. (Cap. Postulasti, de Jure patron.)* L'emploi ultérieur du mot *titre*, pour désigner une charge ecclésiastique, est la conséquence immédiate de cette dernière signification; comme à cette charge se rattachait subséquemment un bénéfice, celui-ci prit lui-même le nom de *titre*, et du bénéfice à l'avantage principal qu'il procure la transition étant toute naturelle, l'usage a prévalu d'entendre par le mot *titre* les moyens d'existence nécessaires à un clerc.

Les articles organiques, voulant faire revivre ces anciens *titres cléricaux*, avaient statué (art. 26), qu'aucun ecclésiastique ne pourrait être ordonné s'il ne justifiait d'une propriété produisant au moins 300 francs de revenu annuel. Mais le cardinal Caprara dit, dans ses réclamations contre les articles organiques, que si l'on exigeait, pour les ordinands, un *titre clérical*, de 300 francs de revenu, il était indubitable que cette clause ferait déserter partout les ordinations et les séminaires. Le décret du 28 février 1810, art. 2, a rapporté cette disposition; en conséquence, l'État n'exige plus aujourd'hui de *titre clérical.* (*Voyez* ARTICLES ORGANIQUES.)

Ce *titre,* cependant, est prescrit par le concile de Trente. (Sess. XXI, ch. 2, *de Reform.*) Ainsi un évêque, pour ne pas s'écarter de l'esprit de l'Église, ne doit admettre aux ordres sacrés que les sujets nécessaires ou utiles à son diocèse; il ne doit pas en ordonner d'autres, à moins qu'ils n'aient un *titre clérical.*

Nos derniers conciles provinciaux d'Avignon, de Bordeaux, de Bourges, de Sens, de Reims, etc., ont en conséquence, rétabli, autant que possible, le *titre clérical.* Comme en France, les biens ecclésiastiques avaient été entièrement aliénés, les clercs qui jusqu'à présent n'avaient pu être promus aux ordres sacrés avec un *titre* de bénéfice, n'ayant pour la plupart ni pension, ni patrimoine étaient dispensés de la loi du concile de Trente par leurs évêques avec l'assentiment du Saint-Siége. Mais à l'avenir, dit le concile de Bourges, nul ne sera admis au sous-diaconat, sans un *titre* ecclésiastique, conformément à la règle du concile de Trente. *In posterum nullus ad officium subdiaconi admittatur, nisi sub aliquo titulo ecclesiastico, ad normam Tridentini.*

Le droit canon distingue trois sortes de *titres,* sans l'un desquels il n'est pas permis d'élever un clerc à l'ordre du sous-diaconat: savoir le *titre* de bénéfice, le *titre* de pauvreté religieuse, et le *titre* de patrimoine. Pour qu'un clerc puisse être ordonné sous-diacre sur un *titre* de bénéfice, il faut qu'il soit constant qu'il en est canoniquement pourvu, qu'il en jouit paisiblement, et que le revenu en est suffisant pour un honnête entretien, *quod sibi ad victum honestè sufficit.* A défaut d'un bénéfice, on peut être promu aux ordres sacrés sous le *titre* de profession religieuse; mais il faut que l'évêque s'assure que ceux qui se présentent pour recevoir les ordres sur le *titre* de pauvreté religieuse, en ont véritablement fait profession; il ne peut ordonner, sous ce *titre,* que les réguliers profès. Quant au clerc, qui n'a ni le *titre* de bénéfice, ni le *titre* de pauvreté religieuse, il peut être ordonné avec un *titre* patrimonial. Mais ce *titre* doit être fondé sur un immeuble ou sur une rente perpétuelle ou viagère; l'argent comptant, les biens meubles, le revenu que l'on ne posséderait que pour un temps, ne pourraient servir de *titre.* Il faut, de plus, que le clerc jouisse actuellement et paisiblement du revenu patrimonial; les espérances les mieux fondées ne suffisent pas: et il en est de même d'un revenu contesté. Enfin, le revenu doit être suffisant pour la subsistance d'un clerc, ou au moins de la quotité fixée par les règlements du diocèse.

Le droit, pour ce qui regarde le *titre* de bénéfice, n'a plus d'application parmi nous, puisqu'il n'existe plus de bénéfice. Si l'on n'ordonnait que ceux des clercs qui peuvent se procurer un *titre* patrimonial, il faudrait laisser le plus grand nombre des paroisses sans prêtre et sans culte. Nous avons néanmoins rappelé l'ancienne discipline, afin qu'on la connaisse et qu'on puisse la suivre quand il n'existe pas de raisons d'en dispenser.

§ III. Titre *canonique*.

Le *titre canonique* est le droit d'exercer une juridiction ecclésiastique. Ceux qui remplissent quelque dignité ou quelque emploi dans l'Eglise doivent avoir reçu leur mission des supérieurs ecclésiastiques ; on ne peut y posséder aucune dignité ou office sans un *titre canonique,* de sorte que la possession la plus longue n'empêche pas que l'ordinaire ne puisse disposer de la dignité ou de l'office, si le possesseur n'a pas un *titre* légitime. (*Reg.* 1, *Juris, in* 6°.) Celui qui exercerait sans *titre canonique* serait un intrus. (*Voyez* INTRUS.)

Le *titre* légitime est celui qui a toutes les conditions requises ; on nomme *titre* coloré, au contraire, le *titre* émané de celui qui est en droit de nommer, quoiqu'il y ait quelque défaut de la part de celui-ci, ou bien de la part du pourvu, ou enfin dans la forme des provisions ; ainsi, par exemple, quand un supérieur légitime donne juridiction à un excommunié, cette concession est invalide à cause du défaut qui est en celui qui la reçoit, mais qui n'est pas connu publiquement ; le *titre* de cet excommunié est un *titre coloré*. Le *titre* feint est celui qu'on suppose faussement avoir été concédé par celui qui en a le droit, et qui, effectivement, ne l'a pas concédé.

TITULAIRE.

On appelle *titulaire* le possesseur d'un bénéfice en titre. On donne aussi le nom de *titulaire* à un évêque *in partibus*, parce qu'il n'a que le titre de l'évêché sans diocèse. (*Voyez* ÉVÊQUE, § VII.) Pour la même raison, on nomme chanoines *titulaires,* en certains États, ceux que nous appelons en France chanoines honoraires.

TOMBE.

(*Voyez* CIMETIÈRE, SÉPULTURE.)

TONSURE.

La *tonsure* n'est autre chose qu'une cérémonie sainte, établie par l'Eglise, pour faire entrer dans l'état ecclésiastique, ceux qui la reçoivent et les disposer aux saints ordres. On l'appelle *tonsure* parce que la principale action de cette cérémonie est de couper les cheveux ; ce qui signifie que les clercs en entrant dans l'état ecclésiastique, ne doivent travailler désormais qu'à se dépouiller du vieil homme pour se revêtir du nouveau, dont le surplis qu'on leur met est le symbole.

C'est une opinion commune, que la couronne des clercs doit son origine au zèle des anciens moines, qui se rasaient la tête pour se rendre plus méprisables aux hommes.

La *tonsure* n'est point un ordre. (*Voyez* ORDRE, DIMISSOIRE.) Elle met seulement au rang des clercs ceux qui la reçoivent : *Filii charissimi*, dit l'évêque, en finissant l'ordination des tonsurés, *animadvertere debetis, quod hodie de foro Ecclesiæ facti estis ; cavete igitur ne propter culpas vestras illa perdatis, et habitu honesto, bonisque moribus atque operibus, Deo placere studeatis, quod ipse concedat per Spiritum Sanctum suum.*

Soit que la *tonsure* ait été en usage dès les premiers siècles, dit l'auteur des *Conférences d'Angers*, soit qu'elle n'ait commencé à y être que vers la fin du cinquième, soit qu'autrefois on la conférât séparément, soit qu'elle ne fût qu'une partie de la cérémonie qu'on observait dans la collation du premier des ordres, il est hors de doute que l'usage en est si généralement établi depuis plusieurs siècles, que tous ceux qui ont été élevés aux ordres, ont commencé par la *tonsure* ; il faut donc dire qu'il est nécessaire de la recevoir avant de recevoir les ordres. *Ut qui jam clericali tonsurâ insigniti essent, per minores, ad majores ascenderent.* (Concile de Trente, session XXIII, ch. 2, de Reform.)

Le chapitre suivant du même concile dit qu'on ne recevra point à la première *tonsure* ceux qui n'auront pas reçu le sacrement de confirmation, et qui n'auront pas été instruits des premiers principes de la foi, ni ceux qui ne sauront pas lire ou écrire, et de qui on n'aura pas une conjecture probable qu'ils aient choisi ce genre de vie, pour rendre à Dieu un service fidèle, et non pour se soustraire par fraude à la juridiction séculière.

Quant à l'âge requis pour recevoir la *tonsure*, voyez AGE.

Les conciles, notamment celui de Rennes, célébré en 1849, veulent que les clercs portent la *tonsure* apparente. *Corona semper conspicua insignitus procedat.* (*Decret.* XII.) Le port de la *tonsure* est pour le clerc un devoir sacré. L'Église lui en fait une obligation rigoureuse. Elle veut toujours voir resplendir sur sa tête cette décoration auguste du royal sacerdoce. Elle ne lui permet de s'en dépouiller que dans le cas d'un danger véritable. *Honestè tonsi et coronatiincident, nisi fortè justa causa exegerit habitum transformare.* (*Concil. Oxford., ann.* 1222.)

TOSCANE.

Un concordat fut conclu en 1848 avec la *Toscane;* il eut pour but de rétablir l'autorité des évêques et de leur donner la liberté de correspondre avec Rome. On y spécifia qu'en tout ce qui concerne la juridiction ecclésiastique, on observera les dispositions des saints canons et spécialement du concile de Trente. Nous rapportons en conséquence ce concordat, bien qu'il en fut conclu un nouveau le 25 avril 1851. Mais, comme on le verra dans la lettre que le Souverain Pontife adressa, au mois de juin de la même année, aux évêques de la *Toscane*, ce concordat n'est que provisoire, et le Saint-Père ne le considère que comme le prélude d'une convention plus ample par laquelle seront définitivement réglés, dans la *Toscane*, les rapports entre l'Église et l'État. Après la publication de ce concordat, le gouvernement toscan prit diverses mesures destinées à en assurer l'exécution. La plupart de ces actes étaient conformes à l'esprit et à la lettre du concordat; mais deux circulaires adressées aux évêques semblaient le contredire et le violer de la manière la plus formelle. Plus tard, la publicité donnée à une lettre adressée au nom de Sa Sainteté aux évêques de la *Toscane* par le cardinal Antonelli, apprit que le Saint-Siège, tout en maintenant les principes posés dans le concordat, avait, dans sa sagesse, fait au gouvernement de *Toscane* des concessions temporaires motivées par les circonstances exceptionnelles des temps et des lieux.

CONCORDAT DE 1848, *entre le Saint-Siége et Léopold* II , *grand-duc de* TOSCANE.

« ART. 1er. Les évêques jouiront d'une liberté complète pour toutes les publications relatives à leur ministère.

« ART. 2. La censure préventive des ouvrages qui s'occupent *ex professo* des matières religieuses sera exclusivement réservée aux Ordinaires. Appartiennent à cette classe tous les livres ou écrits dans lesquels, sous quelque prétexte que ce soit, on se propose de traiter des sujets d'Écriture sainte, de catéchisme, de liturgie, de piété, de théologie dogmatique ou morale, de théologie naturelle, de morale, d'histoire sainte et ecclésiastique, de droit canon.

« ART. 3. Les évêques seront libres de confier à qui bon leur semblera le soin de la prédication évangélique, en faisant, d'une manière quelconque, connaître au gouvernement les noms des prédicateurs qu'ils voudraient envoyer hors des États du Grand-Duc.

« ART. 4. Toutes les communications des évêques et des fidèles avec le Saint-Siége sont libres, y compris celles des réguliers, avec leurs supérieurs généraux.

« ART. 5. Le gouvernement de Son Altesse I. et R. se prêtera dans la mesure de ses moyens, aux réclamations des évêques pour la défense de la religion et de la morale.

« ART. 6. Eu égard aux circonstances des temps, le Saint-Siége ne fera pas difficulté de déférer aux tribunaux laïques les causes personnelles des ecclésiastiques en matière civile, ainsi que les causes réelles qui concernent les possessions et les autres droits temporels des Clercs, des Églises, des Bénéfices et des autres fondations ecclésiastiques.

« ART. 7. Toutes les choses spirituelles ou ecclésiastiques appartiennent exclusivement au jugement de l'autorité ecclésiastique, suivant la règle des saints canons.

« ART. 8. Néanmoins, quand il s'agira du droit de patronage laïque, il sera permis aux tribunaux laïques de juger les questions relatives à la succession de ce droit. Dans les causes matrimoniales, après les sentences émanées de l'autorité ecclésiastique, suivant les règles des saints canons, les tribunaux civils pourront juger des effets civils qui en dérivent.

« ART. 9. Le Saint-Siége ne s'opposera pas à ce que les magistrats laïques jugent les ecclésiastiques pour tout délit étranger à la religion, tout en maintenant à l'autorité ecclésiastique le libre exercice de la correction disciplinaire.

« ART. 10. Pour les délits qualifiés contraventions, tels que la violation des lois de finance, les tribunaux laïques n'appliqueront aux ecclésiastiques que la peine pécuniaire.

« ART. 11. Quand un ecclésiastique sera reconnu coupable d'un délit qui emporte une peine infamante, il devra être enfermé ou relégué dans un lieu séparé des autres condamnés, sans être soumis à aucune exposition.

« Art. 12. Tant dans l'arrestation que dans la détention des ecclésiastiques, on usera de tous les égards dus à leur caractère; avis sera donné à l'autorité ecclésiastique de leur arrestation.

« Art. 13. Dans le cas de condamnation à mort prononcée contre un ecclésiastique, les actes du procès et la sentence seront communiqués à l'évêque pour la dégradation du condamné, au terme fixé par les saints canons. Si l'évêque n'y trouve aucune difficulté, il prononce la dégradation dans le délai d'un mois. Au cas contraire, l'évêque expose à Son Altesse I. et R. les motifs qui lui paraissent favorables au condamné; une commission composée de trois évêques de l'État, choisis par le Saint-Siége sur six évêques proposés par le Grand-Duc, examine ces motifs. Si elle les trouve mal fondés, elle en avertit immédiatement l'évêque, pour qu'il procède sans autre appel à la dégradation. Si elle les juge bons, elle fait un rapport motivé à Son Altesse, en recommandant le coupable à sa clémence.

« Art. 14. L'administration des biens ecclésiastiques et de tout ce qui forme le patrimoine de l'Église est laissée à la libre disposition des évêques et des autres auxquels il appartient, conformément au droit canon.

« Art. 15. Pour toutes les autres choses qui concernent la religion et l'Église et le gouvernement des diocèses, on observera les dispositions des saints canons, et spécialement du concile de Trente. »

LETTRE APOSTOLIQUE *aux archevêques et évêques du grand-duché de* TOSCANE.

« PIE PP. IX.

« Vénérables Frères, salut et bénédiction apostolique.

« Notre très cher fils en Jésus-Christ Léopold II, archiduc d'Autriche, grand-duc de *Toscane* et duc de Lucques, désirant vivement, à cause de l'éminence de sa piété, réviser en certains points les lois en vigueur dans ses États et les mettre en harmonie avec la législation ecclésiastique, a fait récemment de pressantes instances auprès de nous pour que, dans ce but et pendant un certain temps, nous usions d'indulgence en certaines choses. Ce prince, animé des sentiments les plus religieux, n'a d'ailleurs rien plus à cœur que de stipuler pour l'avenir avec ce Siége Apostolique une convention en vertu de laquelle il soit heureusement pourvu au règlement et à la marche des affaires ecclésiastiques dans les pays soumis à sa domination.

« Ne pouvant douter, Vénérables Frères, que ce même très cher fils en Jésus-Christ ne se hâte, à cause de sa sincère piété et de son amour pour l'Église catholique, de faire une convention pour régler dans ses États les affaires ecclésiastiques selon nos désirs, nous avons cru qu'il y avait lieu de nous rendre à sa demande. C'est pourquoi notre très cher fils Antonelli, cardinal de l'Église romaine, pro-préfet de nos affaires publiques, agissant en notre nom, et notre cher fils le noble Jean Baldasseroni, conseiller intime d'État et président du conseil des ministres en *Toscane*, agissant au nom du Grand-Duc, investis l'un et l'autre de pleins pouvoirs, ont commencé des négociations et ont provisoirement arrêté quelques règles ratifiées par nous et par notre très cher fils en Jésus-Christ, nous vous les avons adressées, afin que vous en ayiez une connaissance plus parfaite et que vous sachiez bien la ligne de conduite à suivre en conséquence de ces mêmes règles.

« Nous avons éprouvé une grande joie de ce qu'entre autres choses il a été statué, comme vous le verrez, que l'autorité ecclésiastique aura une complète liberté pour toutes les choses qui se rapportent au saint ministère, de façon que vous pourrez exercer librement votre autorité épiscopale, tant pour la promulgation des dispositions qui sont du ressort des fonctions pastorales, que pour la censure des ouvrages et des écrits et le choix des dispensateurs de la divine parole. C'est aussi une heureuse et sage mesure que celle qui assure à tous le pouvoir de communiquer librement avec cette chaire de saint Pierre, centre de l'unité catholique, et qui reconnaît, conformément aux sacrés canons, que toutes les causes spirituelles et ecclésiastiques doivent appartenir exclusivement à la juridiction de la puissance sacrée.

« Notre consolation fut grande lorsque le même très cher fils en Jésus-Christ annonça et déclara positivement qu'il voulait faire tourner toute sa force et tout son pouvoir à l'honneur de la morale et du culte divin, à la défense de notre très sainte religion, et vous prêter l'appui de sa puissance pour que vous puissiez exercer votre autorité épiscopale.

« Nous avons donc de justes raisons d'espérer que, non seulement les dispositions provisoirement convenues dans les articles susdits, et spécialement celles qui ont pour objet la défense des droits de l'Église, auront leur plein effet, mais encore que, dans la pratique, on en écartera avec soin tout ce qui pourrait léser ces mêmes droits. Et comme, néanmoins, il restera encore à régler beaucoup de choses qui pourraient exciter un certain trouble dans les âmes, votre devoir sera, ô Vénérables Frères, de nous les exposer, en nous faisant connaître les besoins particuliers de chaque diocèse.

« Vous n'ignorez pas, Vénérables Frères, la guerre acharnée que l'on fait de toutes parts à l'Église catholique, c'est pourquoi nous vous exhortons et excitons afin que, dans l'ardeur de votre piété, vous vous opposiez, avec un zèle toujours croissant, comme un solide rempart pour la défense de la maison d'Israël. Vous savez parfaitement, dans votre sagesse, que l'on doit apporter d'autant plus de longanimité et de force à la défense de notre très sainte religion, qu'elle est environnée de plus graves périls, par suite des exécrables et criminelles machinations de ses ennemis. Il est évident pour vous comme pour tous que c'est à l'aide de monstrueuses doctrines, d'écrits vraiment pestilentiels et d'abominables artifices que les ennemis de la religion cherchent, jusque dans ces contrées, à corrompre les mœurs, à dépraver les cœurs et les âmes, s'adressant particulièrement à la jeunesse, à cause de son ignorance, et s'efforçant de les faire tomber dans l'erreur et de les amener à mépriser, à fouler aux pieds, à détruire les dogmes vénérables de notre sainte religion. Oui, ils essaient de détourner les fidèles du culte catholique pour les précipiter dans les abîmes de la perdition ; ils tâchent de bouleverser et de confondre tous les droits divins et humains, et de semer partout le plus terrible venin de l'incrédulité.

« C'est pourquoi, Vénérables Frères, vous comprenez avec quel soin, avec quelle vigilance, avec quelle sollicitude nouvelle vous devez, maintenant plus que jamais, dans l'exercice de votre ministère, venger la vertu outragée et manier avec fermeté le glaive de l'esprit, qui est la parole de Dieu. Combien vous devez être animés d'une vive ardeur pour soutenir les luttes de la foi, pour défendre les lois de l'Église, pour émousser le fer des ennemis, pour anéantir les doctrines dépravées et protéger le troupeau confié à votre garde contre les exécrables desseins et les efforts d'hommes remplis de perversité, pour l'éloigner avec vigilance de leur détestable contact et l'abreuver toujours de plus en plus des eaux salutaires de l'Évangile, pour l'avertir et l'exhorter à persévérer fermement dans la pratique des vérités catholiques et à ne pas se laisser tromper par les maîtres de l'erreur et par ceux qui enseignent aux peuples la dépravation.

« Chacun de vous le sait, rien ne porte mieux les autres à la vertu, à la piété et au culte de Dieu que la vie et l'exemple de ceux qui se sont voués au divin ministère ; ne cessez donc pas, Vénérables Frères, de recommander instamment à vos ecclésiastiques qu'ils n'oublient jamais leur propre vocation et leur dignité ; qu'ils évitent tout ce qui leur est défendu et qui n'est pas de leur ministère ; qu'ils soient l'exemple des fidèles par leurs paroles, par leurs conversations, par leur charité, par leur foi, par leur chasteté ;

qu'ils s'abstiennent des affaires et des soins du siècle, ainsi que des vanités du monde; qu'ils s'affermissent dans la prière et dans la méditation des choses divines, et qu'ils s'appliquent à remplir, en toute occasion, leurs devoirs avec piété et religion. Les lèvres du prêtre doivent être les dépositaires de la science, afin qu'il puisse répondre aux fidèles qui désirent apprendre de leur bouche à connaître la loi. Nous vous en conjurons donc, ne vous lassez pas de stimuler assidûment ceux qui sont, ou déjà initiés au sacerdoce, ou sur le point d'y être admis, afin qu'ils ne suspendent jamais l'étude des doctrines, de celles surtout qui sont du domaine du ministère sacré; qu'ils lisent plus souvent les divines Écritures, ou plutôt qu'elles soient toujours dans leurs mains; qu'ils aient entre eux de fréquentes conférences, spécialement sur la théologie morale et la science des sacrés rites, afin que versés dans les salutaires doctrines ils puissent, sous votre direction, combattre les combats du Seigneur, aider au salut des âmes et instruire ceux qui sont dans l'ignorance ou l'erreur. Ne cessez pas d'exciter et d'enflammer continuellement le zèle des curés, afin qu'ils remplissent avec toute l'ardeur, la science et la sollicitude possibles, les fonctions dont ils sont chargés; qu'ils ne se lassent jamais d'administrer au peuple chrétien la parole divine, les sacrements de l'Église et la dispensation des grâces infinies de Dieu; qu'ils n'aient rien plus à cœur que de ramener dans les sentiers de la vertu ceux qui s'en sont écartés, d'exhorter leur troupeau à la connaissance de la saine doctrine, d'instruire les jeunes gens avec une ardeur persévérante dans les enseignements de la foi, et de les initier autant que possible à la pratique de la vertu et des bonnes mœurs. Personne de vous, Vénérables Frères, n'ignore combien il est utile et nécessaire à la société chrétienne, et aussi à la société civile, particulièrement en ces temps si difficiles, que les ministres de l'Église soient capables; or, ils ne peuvent l'être si les jeunes clercs ne sont instruits avec soin. Veillez donc très activement, avec la plus grande vigilance et d'une manière toute spéciale, à ce qu'ils soient formés, dès les premières années de leur séminaire, à la piété et à l'esprit religieux, sous des maîtres distingués et pleins d'expérience, à l'abri des périls de l'erreur quelle qu'elle soit et de toutes profanes nouveautés; qu'ils soient instruits dans les lettres humaines, dans les sciences plus sérieuses, et spécialement dans la science profonde des choses sacrées et divines; de sorte qu'ainsi ornés de savoir et de vertu, ils puissent travailler, dans leur temps, à la plus grande gloire de Dieu, concourir au salut éternel des âmes et combattre ceux qui s'y opposent. Ne soyez jamais avares de prévenances, ni de conseils, afin que, dans vos diocèses, l'éducation chrétienne du peuple, et particulièrement de la jeunesse, soit encouragée et développée; que l'enseignement catholique soit en honneur dans les écoles et qu'on en bannisse les influences des livres empoisonnés, des libelles et des journaux qui enseignent et propagent le mal. Votre piété exemplaire nous est un sûr garant, ô Vénérables Frères, que, vous empressant de répondre à nos désirs, vous appliquerez avec le plus grand zèle votre sollicitude épiscopale et votre constance à la défense intrépide de la cause de l'Église. Vous ne négligerez rien, afin que, parmi les peuples confiés à votre soin, vous puissiez reconforter les faibles, rallier ceux qui se sont égarés, ramener dans le droit chemin ceux qui s'en sont écartés, et réhabiliter ceux qui ont vécu jusqu'ici dans l'abjection. Soyez bien persuadés que rien ne nous sera plus agréable et ne nous causera plus de joie que votre ardeur à faire tout ce qui peut contribuer à assurer la prospérité de vos Églises. Nous supplions très humblement et très ardemment le Père des miséricordes, le Dieu de toute consolation, de bénir vos efforts et vos fatigues, de répandre sur vous en toute circonstance et sur le troupeau confié à votre vigilance, les grâces les plus abondantes. Comme gage de cette protection divine et de notre affection toute particulière pour vous, nous vous accordons, du plus profond de notre cœur, à vous, Vénérables Frères, et à tous les fidèles, clercs et laïques de vos diocèses, notre bénédiction apostolique.

« Donné à Rome, près Saint-Pierre, le 21 juin 1851, la 6e année de notre pontificat. »

TRADITEUR.

Autrefois, dans le temps des persécutions, on donnait ce nom à ceux qui, pour éviter le martyre, livraient aux persécuteurs les saintes Écritures. Le concile d'Arles de l'an 314, ordonna que ceux qui seraient coupables d'avoir livré les Écritures ou les vases sacrés, ou déféré leurs frères, seraient déposés de l'ordre du clergé.

TRADITION.

On entend par *tradition* la parole de Dieu émanée ou de la bouche de Jésus-Christ même, ou recueillie par les apôtres inspirés du Saint-Esprit, ou transmise de vive voix par les premiers fidèles à leurs successeurs ; elle est comme consignée dans les conciles, dans les écrits des Pères, et dans l'uniformité de croyance de toutes les Églises.

La *tradition* divine est ce que Dieu nous a révélé, ou par Jésus-Christ, ou par ses apôtres inspirés du Saint-Esprit. On ne met au nombre des *traditions* apostoliques, suivant la règle de saint Augustin (1) que ce qui est généralement enseigné et pratiqué par toute l'Église, sans qu'on en sache le commencement. (*C. Ecclesiasticarum, can. 7, 8 et 9, dist. 11.*)

Le concile de Trente, session IV, dit touchant les *traditions* de l'Église : « Le saint concile, suivant l'exemple des Pères orthodoxes, reçoit tous les livres, tant de l'Ancien que du Nouveau Testament, puisque le même Dieu est auteur de l'un et de l'autre, aussi bien que les *traditions*, soit qu'elles regardent la foi ou les mœurs, comme dictées de la bouche même de Jésus-Christ, ou par le Saint-Esprit, et conservées dans l'Église catholique par une succession continue, et les embrasse avec un pareil respect et une égale piété. »

La *tradition* a pour objet les dogmes de foi et les règles des mœurs. Car les règles des mœurs font partie de la foi, aussi bien que les dogmes : ainsi c'est un article de foi que les fornicateurs, les impudiques, les avares, les parjures, etc., n'auront point de part dans le royaume de Dieu, et ainsi des autres vérités de l'Évangile. La *tradition* humaine tire sa force de l'autorité de l'Église : elle regarde la discipline, le culte extérieur ou les pratiques de religion.

Il y a des règles pour discerner la *tradition* divine de la *tradition* humaine : 1° la *tradition* n'est pas divine, lorsqu'on trouve son commencement dans les conciles, ou dans quelques règlements humains, ou bien lorsque c'est une croyance particulière à une Église ; cette *tradition* s'appelle aussi ecclésiastique ; au lieu qu'un dogme embrassé par toute l'Église, doit être regardé comme étant de *tradition* divine. Ainsi le consentement unanime des Pères sur un dogme est un témoignage sûr que le dogme est de *tradition* divine. Le concile

(1) *De Baptism. contr. Donat., lib. v, c. 28.*

de Trente défend même qu'on donne à l'Écriture une interprétation contraire au sentiment unanime des Pères.

On ne met au nombre des *traditions* apostoliques que ce qui est généralement enseigné et pratiqué par toute l'Église, sans qu'on en sache le commencement. C'est la règle que donne saint Augustin (1) et Vincent de Lérins (2).

Il y a une grande différence, sans doute, entre la *traditon* divine et la *tradition* apostolique, puisque celle-ci tire son origine immédiate des hommes; mais cette origine n'est humaine qu'en ce que le canal a été creusé de main d'homme; quant à l'eau qu'elle transmet, elle jaillit de la source divine. En effet, « les apôtres, dit Tertu- « lien (3), nous sont garants que, dans les institutions qu'ils ont « créées, ils n'ont point puisé dans leur propre volonté, mais transmis « fidèlement aux peuples l'économie établie par Jésus-Christ. »

Cette différence ne pouvait échapper aux Pères de l'Église, remarque le docteur Phillips (4); cependant ils présentent quelquefois la *tradition* apostolique comme divine, et la *tradition* divine comme apostolique. Le pape saint Léon Ier s'exprime dans ce sens sur le jeûne du carême, et saint Augustin fait dériver la validité du baptême des hérétiques de la *tradition* apostolique. Et son opinion est fondée; car les deux *traditions* se sont intimement mêlées l'une à l'autre; transmise par l'organe des apôtres, la *tradition* divine est devenue apostolique, et la *tradition* apostolique a pris un caractère divin, à raison et de la source où elle fut puisée et de l'inspiration du Saint-Esprit qui dirigea les apôtres dans toutes leurs institutions; tel est le nœud au moyen duquel ceux-ci relièrent le droit divin au droit humain, le dogme à la discipline.

C'est dans cette relation intime des *traditions* apostoliques avec la révélation divine qu'il faut chercher la raison de la vénération spéciale de l'Église pour tout ce qui remonte aux temps primitifs. Ces *traditions* sur lesquelles reposent, outre le jeûne du carême, une foule d'autres institutions et usages ecclésiastiques, telles que la célébration du dimanche, la fixation de la fête de Pâques, l'usage de s'abstenir de la célébration des saints mystères les deux derniers jours de la semaine sainte (*can. Sabbato*, 13, *dist.* 3, *de Consecr.*), l'Église les a toujours observées avec le plus grand respect, et s'est constamment montrée peu disposée à y introduire des changements. (*Can. Hoc vestræ*, 10, *dist.* 11.) Voilà pourquoi, dès les premiers âges du christianisme, on reconnaissait la *tradition* apostolique à son universelle diffusion sur toute la terre, et l'on peut admettre avec saint Augustin, comme une règle certaine, que toute institution généralement en vigueur à cette époque, dont l'histoire ne montre

(1) *De Baptism. contr. Donat.*, lib. v, c. 3.
(2) *Commonitorium*, c. 3.
(3) *De Præscript.*, c. 6.
(4) *Du droit ecclésiastique*, tom. III, pag. 339.

pas l'origine dans la création d'un concile, tire nécessairement sa source d'une *tradition* apostolique. (*Can. Catholica, 8, dist.* 11; *Can. Illa,* 11, *dist.* 12.) « Vous demandez, dit saint Jérôme (1), où cela est écrit ? Dans les actes des apôtres ; mais, alors même que l'on n'aurait point ici l'autorité d'un document écrit, l'accord unanime de toute la terre tiendrait lieu de prescription. » *Tradition* apostolique et diffusion universelle : ces deux faits marchent toujours l'un à côté de l'autre et impriment à une prescription le sceau de l'immutabilité. La *tradition* apostolique donne à tout ce qui émane d'elle un caractère auguste qui commande le respect et repousse toute pensée modificatrice, et l'accord unanime de l'Église exclut toute raison de rien changer à ce qui en est l'objet, bien que la chose en elle-même soit muable de sa nature. Au contraire, les divers usages des églises particulières sont facilement susceptibles de modifications. (*Can. Illa,* cit. § *Alia verò* 1; *can. Omnia* 12, *dist.* 12.)

Aussi l'Église a-t-elle conservé jusqu'à ce jour le dépôt inaltéré des *traditions* apostoliques. Ce que nos pères avaient trouvé dans l'Église, ils nous l'ont conservé ; ce qu'ils avaient appris, ils nous l'ont enseigné ; ce qu'ils avaient reçu de leurs pères, ils l'ont transmis à leurs enfants. (*Can. Quorum,* 6, *dist.* 68.) A l'imitation de saint Paul, qui crut devoir se concerter avec ses collègues dans l'apostolat (*Galat.* II, 2), quoiqu'il fut, ainsi qu'eux, inspiré du Saint-Esprit, l'Église a constamment consulté l'enseignement et les institutions du passé donnant ainsi à tous un grand exemple.

C'est ainsi que les successeurs des apôtres ont transmis à leur tour aux générations postérieures les préceptes qu'ils avaient recueillis de la bouche ou dans les écrits des disciples de Jésus-Christ, mais tout en établissant, selon le besoin, sur la base des *traditions* apostoliques, de nouvelles règles et de nouvelles institutions. Par là se sont formées les *traditions* ecclésiastiques (*can. Illud, dist.* 12), les *traditions* des pères, les règles des anciens, *traditiones paternæ, traditiones patrum, veterum regulæ* (*can. Quia,* 6, *dist.* 44), qui ne sont que la suite et le développement des *traditions* apostoliques, et auxquelles on a donné ces noms pour les distinguer de celles-ci (2). Ce que nous avons dit des unes, peut également sans doute se dire des autres : création humaine, elles sont sujettes à changement comme tout ce qui émane de l'homme ; mais elles ont été puisées, elles aussi, à la même source divine, et grand nombre d'elles se sont pareillement répandues dans toute l'Église ; car la même foi, transmise par la même *tradition*, devait naturellement engendrer l'uniformité de discipline. Aussi l'Église a-t-elle toujours entouré ces *traditions* de vénération et de respect, de telle sorte que le pape Nicolas Ier repoussait comme ridicule la seule pensée de vouloir s'en écarter (*can. Ridiculum,* 5, *dist.* 12), et que le pape

(1) *Dialog. contr. Lucifer.,* n. 8, tom. II, col. 1637.
(2) Ferraris, *Prompta bibliotheca canonica,* verb. TRADITIO.

Sirice allait même jusqu'à déclarer que l'évêque qui s'éloignait des *traditions* antiques, s'il n'était pas tout-à-fait dans l'hérésie, était du moins sur une des voies qui y conduisent.

Et l'on ne doit pas s'étonner de la grande importance que les papes ont attribuée aux *traditions;* entre toutes les Églises, celle où Pierre, le prince des apôtres, avait établi sa chaire, devait naturellement se montrer la plus fidèle gardienne de la tradition apostolique, et, par suite, de toutes celles qui s'y rattachaient. *Apud nos enim in convulsis radicibus vivit antiquitas, cui decreta Patrum sanxere reverentiam.* (*Can. Apud*, 7, *c.* 25, *qu.* 1; *Can. Quis nesciat*, 11, *dist.* 11.) Aussi Libère et Sixte III invoquent-ils la *tradition* qu'ils ont reçue du premier pontife chrétien, et Léon, dans une lettre aux évêques de Sicile, leur déclare en propres termes qu'une transgression des prescriptions de l'Église romaine ne peut être accueillie indifféremment par le chef de la chrétienté, par la raison que, mère de la dignité sacerdotale, cette Église est en même temps l'institutrice chargée d'enseigner aux autres l'ordre qui doit régner dans le royaume de Dieu. (*Can. Præceptis*, 2, *dist.* 12.) Gélase s'exprime dans le même sens, dans une lettre aux évêques de Lucanie (1).

Jamais droit écrit ne jouit d'une autorité pareille à celle dont furent environnées les *traditions* dans les premiers siècles de l'Église. Les chrétiens, encore pleinement imprégnés de l'esprit du divin législateur, se guidaient dans toute leur conduite à la lumière de la foi de l'Église. Aussi, dans ce temps-là, la *tradition* divine, orale et écrite, et la *tradition* apostolique et ecclésiastique qui s'y rattachait, suffisaient amplement au maintien de la foi et de la discipline, et il n'était pas besoin d'ériger en formules de lois écrites les règles qu'elles présentaient à l'obéissance des fidèles. Mais alors que, l'Église étendant de plus en plus ses conquêtes, la vivacité de croyance qui distinguait les premiers chrétiens se fut graduellement affaiblie, l'Église sentit la nécessité, en usant de ses pleins pouvoirs et prenant conseil de sa mission, de particulariser davantage les règles évangéliques, d'en établir de nouvelles, et, pour leur assurer un plus grand respect, de les revêtir de la forme de l'Écriture. Néanmoins, ces lois écrites elles-mêmes, qui portent plus spécialement le nom de *canons*, l'Église et les papes en particulier ne les ont pas puisées à une autre source que celle de la parole divine. (*Cap. Qualiter et quando*, 24, 10, *de Accus.*) Tous les canons ne sont que des déductions du dogme, ils émanent tous de la doctrine et n'ont d'autre objet que de la réduire en pratique. D'après cela, il est facile de se rendre compte de la grande vénération de l'antiquité chrétienne pour le droit ecclésiastique, formé de cette manière, et l'on comprend sans peine que l'on ait mis presque sur le même rang que les décrets et les décisions dogmatiques les prescriptions disciplinaires de l'Église. (*Can. Igitur*, 5, *c.* 25, *qu.* 2.) De là ces dénominations de

_____

(1) Hardouin, *Concil.*, tom. III, col. 900, *Epist.* 5, *c.* 9.

sancti, sacri, sacratissimi et venerandi canones. (Can. Sanctorum, 2, dist. 70; can. Sanctis, 110, c. 11, qu. 1; can. Postquam, 11; can. De his, 34, dist. 50; can. Ex sacrorum, 14, 15, c. 12, qu. 2; can. Pervenit, 9, dist. 50; can. Obitum, 10, dist. 61.)

TRADUCTION DE LA BIBLE.

(Voyez LIVRE, § I.)

TRAFIC.

Les canons interdisent aux clercs tout *trafic*, tout négoce, tout commerce, tout gain sordide ou indigne de leur état. (Conciles de Carthage, en 390; de Chalcédoine, en 451; d'Aquilée, en 791; de Paris, en 829; de Londres, en 1102; de Latran, en 1179; d'Avignon, en 1368; de Reims, en 1583; de Bordeaux, de la même année; de Bourges, en 1584; constitution de Benoît XIV, *Apostolicæ servituti*.) (*Voyez* NÉGOCE.)

TRAITEMENTS ECCLÉSIASTIQUES.

On appelle *traitement* l'émolument accordé par l'État aux fonctionnaires publics. De là on a donné le nom de *traitement* à l'indemnité due au clergé pour la spoliation de ses biens; c'est à tort sans doute, mais ce mot est consacré par la section III du titre IV des articles organiques; nous devons donc l'employer ici dans ce sens.

Le *traitement* est la récompense d'un service rendu. De là il suit : 1° qu'il est dû du jour de la prise de possession régulièrement constatée : or, la prise de possession est constatée, pour les vicaires généraux et pour les chanoines, par le chapitre; pour les curés desservants et vicaires, par le bureau des marguilliers. Les grands vicaires capitulaires sont rétribués à dater de leur élection, mais seulement après que leur nomination a été agréée par le roi; 2° que le *traitement* n'est pas dû s'il n'y a pas eu de service fait. Voyez à cet égard notre *Cours de législation civile ecclésiastique*.

Pour la quotité des *traitements* voyez BÉNÉFICE, § IV.

I. Les *traitements* ecclésiastiques représentent-ils et remplacent-ils les bénéfices aliénés par l'État? Cette question (1) dépend évidemment des conditions que l'État s'est imposées en aliénant ces bénéfices et en fondant les *traitements* ecclésiastiques, et de celles que le pouvoir ecclésiastique a exigées ou acceptées en sanctionnant la vente des biens du clergé, et en instituant de nouveaux titres à la place des anciens bénéfices. La réponse à cette question doit se trouver tout entière dans les lois d'appropriation et de vente par l'État des biens

---

(1) Nous empruntons une partie de cette question à une dissertation que M. l'abbé Mathieu a insérée dans ses *Devoirs du Sacerdoce*.

du clergé ; dans les bulles, brefs, etc. du pape sanctionnant cette aliénation ; dans les lois et décrets sur l'érection de nouveaux titres ecclésiastiques, et dans la fondation de ces titres par le pouvoir ecclésiastique.

1° En saisissant et en aliénant les biens du clergé, l'État s'est imposé la condition et l'obligation de pourvoir autrement aux fins auxquelles ils étaient employés par l'Église. Nous allons citer en preuve de cette assertion quelques-unes des principales lois sur la matière.

La loi du 2 novembre 1789 porte :

« ART. 1er. Tous les biens ecclésiastiques sont à la disposition de la nation, à la charge de pourvoir, d'une manière convenable, aux frais du culte, à l'entretien de ses ministres et au soulagement des pauvres, sous la surveillance et d'après les instructions des administrateurs des provinces.

« ART. 2. Dans les dispositions à faire pour subvenir à l'entretien des ministres de la religion, il ne pourra être assuré à la dotation d'aucune cure moins de 1,200 livres par année, non compris le logement et les jardins en dépendant. »

L'État s'impose les mêmes obligations en abolissant les dîmes, la loi du 21 septembre 1789 porte :

« ART. 5. Les dîmes de toute nature et les redevances qui en tiennent lieu..... sont abolies, sauf à aviser aux moyens de subvenir d'une autre manière, à la dépense du culte divin, à l'entretien des ministres des autels, au soulagement des pauvres, aux réparations et reconstructions des églises et presbytères, etc.

« ART. 13. Les dépôts, droits de côte-morte, dépouilles, vacat, droits censéaux, deniers de saint Pierre et autres du même genre établis en faveur des évêques, archidiacres, archiprêtres, chapitres, curés primitifs et tous autres..... sont abolis, sauf à pourvoir ainsi qu'il appartiendra, à la dotation des archidiacres et des archiprêtres qui ne seraient pas suffisamment dotés. »

Il s'impose également les mêmes conditions et obligations en décrétant la saisie et vente des immeubles affectés à l'acquit des fondations ; la loi du 10 février 1791 porte :

« ART. 1er. Les immeubles réels affectés à l'acquit des fondations, des menses et autres services...., seront vendus dès à présent, dans la même forme et aux mêmes conditions que les biens nationaux.

« ART. 2. Pour tenir lieu, aux curés et autres, attachés auxdites églises... de la jouissance qui leur avait été laissée provisoirement pour l'acquit desdites fonctions, il leur sera payé, jusqu'à ce qu'il en soit autrement ordonné, sur le trésor public, par les receveurs des districts, l'intérêt à quatre pour cent, sans retenue, du produit net de la vente desdits biens.

« ART. 3. Toute vente d'immeubles réels desdites fondations faites jusqu'à présent dans les formes.... sont validées,.... à la charge de l'intérêt à quatre pour cent, payable sur le trésor public.... »

La loi du 19 juillet 1792 ordonne la vente des palais épiscopaux, en mettant également le logement des évêques à la charge de l'État. (Art. 1, 2 et 3.)

L'État s'impose la même obligation, en décrétant la vente des immeubles affectés aux fabriques des églises ; la loi du 19 août 1792 porte :

« ART. 1ᵉʳ. Les immeubles réels affectés aux fabriques des églises cathédrales, paroissiales et succursales.... seront vendus dès à présent.

« Pour tenir lieu aux fabriques.... de la jouissance qui leur avait été laissée provisoirement...., il leur sera payé sur le trésor public.... l'intérêt à quatre pour cent, sans retenue, du produit net de la vente d'iceux. »

Nous pourrions citer beaucoup d'autres dispositions de notre législation qui imposent à l'État les mêmes obligations; mais celles-ci suffiront bien, ce nous semble, pour prouver, avec la dernière évidence, qu'en s'appropriant et en aliénant les biens du clergé, l'État s'est imposé la condition, ou s'est reconnu l'obligation de pourvoir aux fins auxquelles ces biens de toute nature étaient consacrés, c'est-à-dire, aux frais du culte, à l'entretien de ses ministres, au soulagement des pauvres, aux réparations et reconstructions des églises et des presbytères, etc., ainsi qu'il est formellement spécifié dans les lois que nous avons citées.

2° Mais l'autorité ecclésiastique compétente a-t-elle ratifié ces aliénations et agréé les conditions auxquelles elles furent faites par l'État? oui. En effet, ces aliénations sont ratifiées par l'article 13 du concordat (*Voyez* CONCORDAT de 1801); elles sont, en outre, spécialement ratifiées par la bulle de Pie VII, du 18 des calendes de septembre 1801, portée pour la ratification du concordat. (*Voyez* cette bulle sous le mot CONCORDAT.) Et les conditions que l'État s'était imposées, les obligations qu'il s'était reconnues de pourvoir autrement aux fins auxquelles les biens du clergé étaient consacrés, non seulement ont été acceptées par l'Église, mais elles ont été exigées et plus ou moins formellement stipulées. Il est dit, dans la bulle sus-mentionnée : « Quoique nous eussions vivement désiré que « tous les temples fussent rendus aux catholiques pour la célébra- « tion de nos divins mystères, néanmoins, comme nous voyons clai- « rement qu'une telle condition ne peut s'exécuter, nous avons cru « qu'il suffisait d'obtenir du gouvernement que toutes les églises « métropolitaines, cathédrales, paroissiales, et autres, non aliénées, « nécessaires au culte, fussent remises à la disposition des évê- « ques.... Mais les églises de France étant par là même dépouillées « de leurs biens, il fallait trouver un moyen de pourvoir à l'honnête « entretien des évêques et des curés. Aussi le gouvernement a-t-il « déclaré qu'il prendrait des mesures pour que les évêques et les « curés de la nouvelle circonscription eussent une subsistance conve- « nable à leur état. Il a également promis de prendre des mesures

« convenables pour qu'il fût permis aux catholiques français de
« faire, s'ils le voulaient, des fondations en faveur des églises.... »
(*Voyez* FONDATIONS.) Les articles 12, 14 et 15 du concordat, formulent ces divers engagements de l'État envers l'Église.

Du reste, il ne peut venir en pensée à personne, qu'en ratifiant
l'aliénation de ses biens par l'État, l'Église n'eut pas voulu ratifier
les conditions que l'État s'était imposées, les obligations qu'il s'était
reconnues, de subvenir autrement aux besoins que ces biens étaient
destinés à satisfaire. Donc, et par les lois qui ont déclaré *biens nationaux* les biens du clergé, et par celles qui les ont aliénés, et par
le concordat, etc., l'État est resté avec l'obligation de satisfaire,
par des moyens quelconques, par lesquels l'État pourvoit aux frais
du culte, à l'entretien de ses ministres, au soulagement des pauvres, aux réparations et reconstructions des églises, etc., représentent non les bénéfices ecclésiastiques, mais les revenus de ces
bénéfices.

Cette dernière conclusion nous semble pleinement évidente; mais
il n'est pas inutile de l'environner de nouvelles lumières. L'assemblée nationale en déclarant dans son décret du 2 novembre 1789,
rapporté plus haut, que *tous les biens ecclésiastiques sont à la disposition de la nation, à la charge d'être pourvu par elle, d'une manière
convenable, aux frais du culte, à l'entretien de ses ministres, et au soulagement des pauvres*, montre l'intention bien positive de rester dé-
tentrice du fonds, et de ne fournir que ce qui sera nécessaire pour
représenter les revenus de ce fonds. Cela est tellement clair, qu'elle
décrète qu'*il ne pourra être assuré moins de 1200 livres par an, non
compris le logement et les jardins, à la dotation d'aucune cure.*
Les conditions que l'État s'impose par le décret d'abolition des
dîmes, porte évidemment le même caractère; mais cet esprit se
montre surtout dans les décrets des 10 février 1791 et 19 août 1792,
qui assurent aux fabriques et aux prêtres attachés au service des
églises, l'*intérêt à quatre pour cent du produit net de la vente des immeubles réels qui étaient affectés aux fabriques et à des fondations.*

Sans doute le législateur n'a pas dit formellement, toutes les fois
qu'il a pourvu, par des moyens quelconques, aux frais du culte, à
l'entretien de ses ministres, au soulagement des pauvres, aux réparations et reconstructions des églises et des presbytères, etc.,
qu'il voulait par là satisfaire à l'obligation qu'il s'était reconnue
en aliénant les fonds du clergé, et que, détenteur de ces fonds, il
en représenterait ainsi les revenus; mais aussi cela n'était nullement nécessaire; et puisqu'il s'était si souvent et si formellement
imposé ces conditions et reconnu ses obligations, il est bien évident
que par tout ce qu'il décrète et statue, pour y pourvoir, il satisfait à
ses obligations antérieures : or, il s'est déclaré détenteur des fonds,
et ne vouloir représenter que les revenus.

L'exception confirme la règle ; or, il y a toute une législation ex-
ceptionnelle pour restituer, soit aux hôpitaux, soit aux fabriques,

tous les anciens biens, dits nationaux, qui, à une certaine époque, n'ont pas été aliénés, ou pour le recouvrement desquels il n'aurait été fait aucune démarche juridique. Les lois, décrets et arrêtés des 4 ventôse, 7 messidor, an VII, et 27 frimaire, an XI, etc., cèdent toutes les rentes de cette nature aux hospices, et par là l'État satisfait à l'une des obligations qu'il s'est reconnues, celle du soulagement des pauvres.

L'arrêt du 7 termidor, porte :

« ART. 1er. Les biens des fabriques, non aliénés, ainsi que les rentes dont elles jouissent, et dont le transfert n'a pas été fait, sont rendus à leur destination.

« ART. 2. Les biens des fabriques des églises supprimées seront réunis à ceux des églises conservées, et dans l'arrondissement desquelles ils se trouveront. »

Les décrets du 15 ventôse, an XIII, du 31 juillet 1806, etc., etc., sont dans le même esprit, et satisfont de même à certains besoins matériels des églises. Cette intention se montre surtout d'une manière frappante, dans l'un des considérants de ce dernier décret.

Ainsi, des quatre obligations que l'État s'est reconnu obligé de remplir, par l'effet de l'aliénation des biens du clergé, il en est trois auxquelles il a satisfait par de nouvelles fondations, acceptées ou exigées par le pouvoir ecclésiastique, soit en restituant les biens non aliénés, soit en dotant les hôpitaux, en fondant des bureaux de charité, soit en imposant certaines charges aux communes, pour l'entretien, réparations et reconstructions des églises, des presbytères et les frais du culte, etc. Toutefois, ces fondations ne font plus une masse identique dont les revenus doivent être divisés en quatre parties ; chacune à sa destination propre. Par conséquent, il n'est point satisfait par là aux besoins personnels du clergé, et il n'a rien à prétendre sur ces fondations.

D'ailleurs, aucune fondation n'a été faite pour l'entretien des ministres du culte : l'État a pourvu à ses besoins par un *traitement* annuel, qui, comme nous l'avons déjà vu, représente le revenu, et non le capital des anciens bénéfices. Il suit de ceci, que ce *traitement* non seulement ne représente que le revenu, mais encore qu'il ne représente que la part du revenu qui était destinée à l'entretien des ministres du culte.

3º En érigeant de nouveaux titres, l'Église a accepté non seulement les fondations susdites, mais aussi le *traitement* fait au clergé, comme représentant la part des revenus des anciens bénéfices qui étaient destinés à l'entretien des ministres du culte.

Nous avons cité plus haut la bulle de Pie VII ; voici maintenant comment s'exprime le cardinal légat *à latere*, dans le décret d'érection des nouveaux diocèses, etc. : « Après avoir érigé les églises mé- « tropolitaines et cathédrales, il nous resterait encore à régler ce « qui regarde leur dotation et leurs revenus, suivant la pratique « observée par le Saint-Siége ; mais, attendu que le gouvernement

« français, en vertu de la convention mentionnée, a pris sur lui le
« soin de cette dotation, pour nous conformer néanmoins, autant
« qu'il est possible, à cette coutume dont nous venons de parler,
« nous déclarons que la dotation de ces mêmes églises sera formée
« des revenus qui vont être assignés par le gouvernement à tous les
« archevêques et évêques, et qui, comme nous l'espérons, seront
« suffisants pour leur donner les moyens de soutenir décemment les
« charges attachées à leur dignité, et d'en remplir dignement les
« fonctions... Les mêmes archevêques et évêques déclareront que
« les revenus qui devront être assignés à chaque église paroissiale,
« conformément à ce qui a été réglé par la convention ci-dessus
« mentionnée, tiendront lieu à ces églises de dotation. » Voilà le
commentaire bien clair et bien formel de cette stipulation du concordat : « Art. 14. Le gouvernement assurera un *traitement* convenable
aux évêques et aux curés, dont les diocèses et les cures seront compris dans la circonscription nouvelle. » Ainsi, aux yeux de l'Église,
et elle l'a formellement et solennellement déclaré dans le décret
d'érection des nouvelles églises et des nouveaux titres, les *traitements* ecclésiastiques non seulement représentent et remplacent la
partie des revenus des anciens bénéfices qui étaient destinés au
clergé, mais *ils sont la dotation en revenus des nouvelles églises métropolitaines, cathédrales et paroissiales; dotation destinée au soutien des
charges épiscopales et curiales,* ou à l'entretien des ministres du
culte.

Il nous semble donc que la nature des *traitements* ecclésiastiques
ne peut être plus claire : ils sont une indemnité due par le gouvernement, stipulée par l'Église, et qui représente une des quatre parties des revenus des anciens bénéfices. (*Voyez* BÉNÉFICES.)

II. La nature des *traitements* ecclésiastiques n'a-t-elle pas changé?
l'État n'en a-t-il pas fait un simple salaire?

Nous savons que divers arrêts des cours royales et de la
cour de cassation, ont jugé en ce sens, et que le budget ecclésiastique est annuellement voté en ce même sens par les chambres. Nous
étions dans l'intention d'examiner ceci avec quelque détail, mais les
simples questions préjudicielles que nous allons poser, nous ont fait
juger cet examen complètement inutile. En effet, une loi, et à plus
forte raison toute une législation comme celle par laquelle l'État
s'est reconnu l'obligation, en conséquence de l'aliénation des biens
du clergé, de subvenir aux frais du culte, à l'entretien de ses ministres, etc., ne peut être révoquée que par une loi postérieure qui ait
une égale autorité, et qui formule expressément la révocation; or,
nous ne connaissons, et l'on ne cite aucune loi de cette nature. Aussi
la législation susdite, sauf des particularités modifiées par des
lois postérieures, et toujours dans le même sens, est en pleine
vigueur.

Mais l'État peut-il changer la nature des obligations qu'il s'est
reconnues envers le clergé? Non; car la nature de ces obligations

résulte d'actes irrévocablement accomplis, et non d'une charge que l'État se soit librement imposée.

En outre, l'État peut-il changer la nature d'obligations formellement et solennellement stipulées par un tiers, et sans le concours de ce tiers?... Poser cette question, c'est la résoudre.

Sans doute, l'État peut tout cela matériellement et nominativement, puisqu'il est dépositaire de la force; mais nous parlons pour d'autres que pour ceux qui ne voient que la lettre, qui tue; nous parlons pour ceux aux yeux de qui il n'y a que l'esprit qui vivifie.

Pourrions-nous, d'ailleurs, accepter le *traitement* ecclésiastique comme un salaire de l'État, et ne plus y voir une indemnité bénéficiale? Qu'on y prenne garde; demander cela, c'est demander si nous pouvons nous regarder comme ministres d'une religion nationale, dont le pouvoir politique serait le chef suprême... Tout cela nous semble trop clair pour qu'il ne soit pas superflu d'entrer dans l'examen dont nous parlions.

III. Les *traitements* ecclésiastiques imposent-ils les obligations qu'imposait la partie des revenus qu'ils représentent, en sorte que les lois canoniques sur la matière leur soient applicables?

Oui, et d'abord par conclusion. En effet, puisqu'en aliénant les biens du clergé, l'État s'est reconnu l'obligation d'indemniser l'Église, en représentant les revenus des bénéfices pour subvenir aux frais du culte, à l'entretien de ses ministres, au soulagement des pauvres, aux réparations et reconstructions des édifices, etc.; puisque l'Église a ratifié cette aliénation, accepté et stipulé ces *traitements* qui représentent les revenus des bénéfices aliénés, puisqu'elle a solennellement déclaré que ces *traitements* forment la dotation des nouvelles églises; il semble de toute évidence que ces *traitements* imposent les mêmes obligations que les revenus des bénéfices qu'ils représentent, en sorte que les lois canoniques sur la matière, leur sont tout à fait applicables.

Mais entrons dans les détails de quelques preuves directes. La bulle de ratification porte : « Comme il faut dans l'Église veiller à « l'instruction des ecclésiastiques, et donner à l'évêque un conseil « qui lui aide à supporter le fardeau de l'administration spirituelle, « nous n'avons pas omis de stipuler qu'il existerait dans chaque ca- « thédrale conservée, un chapitre; et dans chaque diocèse un sémi- « naire. » Le décret d'érection du cardinal légat porte à cet égard ce qui suit : « Parmi les autres choses que notre très-saint père nous « a ordonnées dans les lettres apostoliques..., il nous a recommandé « en particulier, de prendre les moyens que les circonstances pour- « ront permettre, pour qu'il soit établi de nouveaux chapitres..., et « nous avons reçu à cet effet... la faculté de subdéléguer pour tout « ce qui concerne cet objet. Usant donc de cette faculté qui nous a « été donnée, nous accordons aux archevêques et évêques qui vont « être nommés, le pouvoir d'ériger un chapitre dans leurs métropo- « les et cathédrales respectives, dès qu'ils auront reçu l'institution

« canonique et pris en main le gouvernement de leur diocèse, y éta-
« blissant le nombre de dignités et d'offices qu'ils jugeront convena-
« bles dans les circonstances, pour l'honneur et l'utilité de leurs mé-
« tropoles et cathédrales, *en se conformant à tout ce qui est prescrit par*
« *les conciles et les saints canons*, et à ce qui a été constamment ob-
« servé dans l'Église. Nous exhortons les archevêques et évêques,
« d'user le plus tôt qu'il leur sera possible de cette faculté pour le
« bien de leur diocèse, l'honneur de leurs églises... pour la gloire de
« la religion, et pour se procurer à eux-mêmes un secours dans les
« soins de leur administration ; se souvenant de ce que l'Église pre-
« scrit touchant l'érection et l'utilité des chapitres... Or, afin que la
« discipline ecclésiastique, sur ce qui concerne les chapitres, soit ob-
« servée dans ces mêmes églises métropolitaines et cathédrales, les
« archevêques et évêques qui vont être nommés, auront soin d'éta-
« blir et d'ordonner ce qu'ils jugeront dans leur sagesse être utile
« au bien de leur chapitre, à leur administration, gouvernement et
« direction, à la célébration des offices, à l'observance des rites et des
« cérémonies, soit dans l'Église, soit au chœur, et à l'exercice de
« toutes les fonctions qui devront être remplies par ceux qui en pos-
« séderont les offices et les dignités. La faculté sera néanmoins lais-
« sée à leurs successeurs de changer ces statuts, si les circonstances
« le font juger utile et convenable, après avoir pris l'avis de leurs
« chapitres respectifs. Dans l'établissement de ces statuts, comme
« aussi dans les changements qu'on y voudra faire, *on se conforme-*
« *ra religieusement à ce que prescrivent les saints canons*, et on aura
« égard aux usages et aux louables coutumes autrefois en vigueur,
« en les accommodant à ce qu'exigeront les circonstances. »

Il nous semble qu'on ne peut rien désirer de plus clair sur l'article des chapitres, pour lesquels cependant, il n'avait pas été stipulé
de *traitement*, et dont le Souverain Pontife confiait l'entretien aux
évêques, puisque leur *traitement* est déclaré dotation de leurs églises. Les pièces authentiques ne sont peut-être pas aussi satisfaisantes sur l'article des curés, citons-les cependant. Le concordat
porte : « Art. 9. Les évêques feront une nouvelle circonscription des
paroisses de leur diocèse.. ; art. 10, les évêques nommeront aux cures.., art. 14, le gouvernement assurera un *traitement* aux curés...
dont les cures seront comprises dans la circonscription nouvelle.. »
« Après avoir établi les nouveaux diocèses, dit la bulle de ratifica-
« tion, comme il est nécessaire que les limites des paroisses le soient
« également, nous voulons que les évêques en fassent une nouvelle
« distribution. Le droit de nommer les curés appartiendra aux évê-
« ques, qui ne pourront choisir que des personnes douées des quali-
« tés requises par les saints canons. »

Enfin dans le décret d'érection, le cardinal légat établit plusieurs
choses qui nous semblent fort claires : 1° que les curés ont remplacé
tous les anciens titulaires de bénéfices à charge d'âmes, quel que
fût leur nom ou leur titre ; 2° qu'ils ont tous les mêmes offices, les

mêmes obligations, les mêmes droits et devoirs qu'avaient les anciens titulaires de bénéfices à charge d'âmes, 3° qu'ils sont soumis aux lois ecclésiastiques qui règlent la matière, comme l'étaient les anciens titulaires. Or, il nous semble qu'il n'en faut pas davantage pour décider la question que nous avons posée. Si cependant on désire quelque chose de plus explicite et de plus formel, voici deux décisions authentiques de la sacrée pénitencerie, qui en mentionne une précédente du Saint-Siége, et qui devront satisfaire à toutes les exigences.

« On a demandé souvent, dit Mgr Devie (1), si le *traitement* que les ecclésiastiques reçoivent du gouvernement, devait être regardé comme un revenu de bénéfice, et être grevé des mêmes obligations de conscience. Nous répondons affirmativement, et nous appuyons cette réponse sur une décision de la pénitencerie, adressée au supérieur du séminaire de Namur, et à d'autres prêtres, dont la teneur suit :

DECRETUM SACRÆ PŒNITENTIARIÆ.

An salaria quæ in Belgio solvuntur à gubernio pastoribus et canonicis induant naturam beneficiorum seu bonorum ecclesiasticorum, et annexam habeant obligationem inhærentem his bonis, scilicet strictam et canonicam obligationem expendendi superflua pauperibus seu causis et residentiæ, sub pœnâ non faciendi fructus suos ?

Sacra pœnitentiaria, perpensis expositis, respondit jâm à Sanctâ Sede, de concilio secreto congregationis, responsum fuisse affirmativè.

Datum Romæ, die 19 *januarii* 1819.

Sacra pœnitentiaria, consulta an illa responsio applicari debeat salariis quæ pastoribus et canonicis regni Galliarum à gubernio solvuntur, respondendum censuit affirmativè.

Datum Romæ, in sacrâ pœnitentiariâ, die 19 *augusti* 1821.

Monseigneur de Belley, qui rapporte ces deux décisions, ajoute ce qui suit :

« Tous les ecclésiastiques qui tirent un *traitement* du gouvernement et qui remplissent des emplois équivalents à ceux qui étaient regardés comme bénéfices, tels que les évêques, les chanoines, les curés, les succursaux, sont donc obligés, par justice, à la résidence et à l'accomplissement des devoirs attachés à la place qu'ils occupent ; ils sont encore obligés à verser leur superflu dans le sein des pauvres, ou à faire d'autres bonnes œuvres, comme l'étaient les anciens bénéficiers. Qu'on lise attentivement les théologiens et les casuistes sur cet important article, et on se tracera une conduite différente de celle qu'on suit malheureusement trop souvent pendant la vie, et à l'article de la mort. »

Cette conclusion du très digne évêque de Belley, nous semble conçue en termes trop généraux, trop peu explicites, et par consé-

---

(1) *Rituel de Belley*, tom. I, part. IV, tit. 2, § 8, édit. de 1834.

quent capables d'inquiéter certaines consciences. Après avoir posé les principes incontestables sur la matière, nous croyons très important d'entrer dans quelques détails pratiques. C'est surtout ici qu'il faut être réservé, ne tirer des principes que ce qui y est réellement contenu, et ne pas imposer certains devoirs que des conditions de position nouvelle rendent où impossibles ou onéreux, au delà de ce que peut l'homme. Il faut reconnaître les conséquences des principes, mais ne pas imposer des fardeaux qu'on ne voudrait pas toucher du bout du doigt !

IV. Quelle est la mesure exacte des devoirs que le *traitement* ecclésiastique impose au clergé ?

Nous avons démontré précédemment que le *traitement* ecclésiastique est une indemnité bénéficiale qui représente la partie des revenus des bénéfices, laquelle était destinée à l'honnête entretien des bénéficiers ; d'où il suit que les *traitements* ecclésiastiques imposent aux titulaires les mêmes obligations que les revenus dès bénéfices imposaient aux bénéficiers, pourvu d'ailleurs que la position et la conduite des titulaires actuels soit ce qu'étaient celles des bénéficiers. Il serait donc important de savoir quelles obligations les revenus bénéficiaux imposaient aux bénéficiers ; mais comme l'enseignement commun sur la matière se trouve dans toutes les théologies, nous nous contentons d'y renvoyer. Tout le monde sait que les bénéficiers étaient obligés *sub gravi* et même *ex justitiâ,* d'employer le superflu des revenus en œuvres pies (1) ; donc la même obligation incombe aux titulaires actuels. Mais il est nécessaire de savoir en quoi consistent les *traitements* ecclésiastiques, parce qu'on pourra nous dire qu'il est impossible qu'aucun titulaire ait du superflu de son *traitement*.

Le *traitement* du clergé se compose : 1º de la somme votée annuellement au budget de l'État, et payée trimestriellement aux titulaires, conformément aux articles organiques et les lois subséquentes, 2º du logement des évêques et des curés, et des jardins qui en dépendent (*art.* 71 et 72) ; 3º des suppléments de *traitement* faits aux titulaires par les départements ou par les communes (*art. org.* 67 ; *arrêté du* 18 *germinal an* XI) ; 4º des fondations qui ont pour objet l'entretien des ministres du culte (*art. org.* 73) ; 5º enfin ce *traitement* se compose de toute espèce de casuel connu sous le nom d'oblations. (*Art. org.* 68 *et* 69.)

Ainsi, et pour nous résumer, le *traitement* ecclésiastique se compose de tout ce dont jouissent, de tout ce que touchent et de tout ce à quoi ont droit les ecclésiastiques, légalement, en leur qualité d'évêque, de chanoine, de vicaire général, de curé ou de vicaire. C'est ainsi que le gouvernement a satisfait à l'obligation qu'il s'était reconnue et à l'engagement qu'il avait pris dans le concordat, de faire aux membres du clergé un *traitement* suffisant et convenable ;

(1) Liguori, *Theologia moralis, lib.* III, n. 490.

tout le monde voit bien que le gouvernement n'aurait pas satisfait à ce devoir en assurant un *traitement* qui, pour le clergé du second ordre, est de 300, 850, 1,200 et 1,500 fr. L'autorité ecclésiastique qui stipulait pour le clergé de France, ayant laissé au gouvernement le soin de régler ce *traitement* comme il l'entendrait, il lui était parfaitement loisible de l'assurer de telle manière ou de telle autre. La constitution civile du clergé et le décret du 24 juillet 1790, interdisaient toute espèce de casuel, de quête ou passion; mais aussi ils portaient le *traitement* en argent, pour le clergé du second ordre, depuis le premier vicaire épiscopal et les premiers curés, jusqu'au dernier vicaire de campagne de 700 livres à 6,000 livres, somme qui vaudrait bien aujourd'hui de 1,200 fr. à 10,000 fr.

Nous pouvons donc dire en général que le *traitement* ecclésiastique tel qu'il est maintenant est suffisant, sauf quelques exceptions, et que plusieurs titulaires ont du superflu.

Mais le superflu des titulaires actuels peut-il être le même que celui des anciens bénéficiers?

Non, car les positions et les conditions ne sont plus les mêmes. Tous les bénéficiers étaient inamovibles, et ne pouvaient être dépossédés que par un jugement canonique dont les formalités rendaient les cas extrêmement rares. (*Voyez* INAMOVIBILITÉ.) Par conséquent, les bénéficiers avaient leur avenir assuré, et un cas de maladie, d'infirmité ou de vieillesse, ne les dépossédait pas. Leur superflu par conséquent était facile à compter, comme il peut l'être encore pour les curés de canton, et pour tous ceux qui, à l'article de la mort, ont à faire des dispositions testamentaires pour des fonds d'origine ecclésiastique.

Mais il n'en va pas ainsi pour le pauvre curé ou recteur de succursale. Outre qu'il est très rare qu'il ait du superflu d'une année à l'autre, rien ne lui est moins assuré que son titre, et il ne peut compter sur aucun avenir. S'il parvenait à se créer du superflu annuel de son *traitement*, une rente qui pût représenter l'inamovibilité des anciens bénéficiers, et lui assurer son existence, nous dirions que ce qui est au delà est du superflu, jusques-là nous n'oserions pas même dire qu'il a le suffisant.

Cela posé, il est facile de voir ce que peut être le superflu d'un chanoine, d'un curé de canton ou doyen, et enfin d'un curé de succursale ou recteur. Or, nous disons que pour tous, dès qu'il y a superflu, soit pendant la vie, soit à l'article de la mort, l'enseignement théologique, le droit canon et les décisions de la sacrée pénitencerie sont applicables aux ecclésiastiques à *traitement* comme ils l'étaient aux bénéficiers.

TRANSACTION.

En matières ecclésiastiques, les *transactions* peuvent avoir lieu même sur les choses spirituelles. Les canons ne réprouvent que les actes simoniaques, où le spirituel est donné en considération du temporel; ils permettent le transport ou la cession mutuelle de deux droits ou deux choses spirituelles, et c'est par le moyen de cette distinction que la glose sur le chapitre *Statuimus, de Transact.*, concilie ces autorités opposées en apparence sur la question, si indistinctement on ne peut transiger sur les choses spirituelles. Les canons *Generalis, dist.* 54; *Ex antiquis*, 10, *qu.* 2; *Casellas; Si illic* 23, *qu.* 4, *Ad quæstiones, de Rer. permut.*, sont pour l'affirmative; ceux qui suivent sont pour la négative : *Quam pio* 1, *qu.* 2; *Cùm pridem; Pactiones, de Pact.; Constitutus, de Transact.; Decimas quas* 13, *qu.* 2; *In Ecclesiastico* 1, *qu.* 1; *Super eo, de Transact.*

TRANSLATION.

C'est l'acte par lequel on transfère une chose ou une personne d'un lieu à un autre. Ce mot reçoit ici trois applications particulières, c'est-à-dire qu'il doit y être parlé de la *translation*, 1° des bénéfices, 2° des bénéficiers, 3° des religieux.

§ I. TRANSLATION, BÉNÉFICE.

On distingue deux sortes de *translations* de bénéfices : les *translations* perpétuelles, et celles qui ne sont qu'à temps.

Les *translations* à temps n'apportent ordinairement aucun changement au titre des bénéfices; ce n'est plutôt qu'une *translation* de la desserte du bénéfice que du bénéfice même, comme si une église paroissiale était, soit à cause de la ruine de l'édifice, soit à cause de la disette d'habitants, transférée à une église voisine ou à une succursale de la même paroisse. (*Voyez* SUCCURSALE.) Cette *translation*, qui se fait par l'autorité de l'évêque, n'érigerait point en cure l'église voisine ou la succursale, et ne changerait rien par conséquent au titre de la paroisse qui serait abandonnée.

Il n'en est pas de même des *translations* perpétuelles. Comme elles se font par la suppression du titre de l'église que l'on veut quitter, et par la nouvelle création de ce même titre dans l'église que l'on veut occuper, elles changent l'état du bénéfice transféré, et lui font perdre ses priviléges : *Translata ecclesia, omnia jura ad eam pertinentia transeunt in ecclesiam ad quam facta est translatio* (1). Mais ces formalités ne peuvent se faire sans grande cause et sans les formalités nécessaires.

Les causes pour les *translations* d'évêchés sont : la petitesse du lieu, son état ruiné, le petit nombre du clergé séculier et régulier, le peu de population, les habitants avec lesquels l'évêque ne saurait vivre.

Pour les *translations* des abbayes et autres bénéfices, le voisinage des hérétiques qui empêcheraient le service divin, le mauvais air du

(1) Fagnan, *In c. Extirpanda*, § *Qui verò, de Præbend.*, n. 6.

lieu, la difficulté des chemins pour y arriver, les voleurs répandus, lorsqu'on ne peut les expulser, le plus grand bien du bénéfice, et enfin la commune utilité de l'Église; c'est sur toutes ces choses qu'on doit dresser le procès-verbal *de commodo et incommodo*.

Les *translations* des évêchés ne se font que par l'autorité du pape : celles des autres bénéfices peuvent être faites par les ordinaires, avec les mêmes formalités que pour les érections. (*Voyez* ÉRECTION.)

Le concile de Mayence et quelques capitulaires de nos rois ordonnent aux évêques de visiter les monastères, et de voir s'ils sont dans un lieu et dans un état convenable, et s'ils doivent être transférés dans un autre lieu. Un décret du pape Boniface, rapporté par Yves de Chartres, défend qu'un monastère soit transféré, si ce n'est de l'avis et du consentement de l'évêque.

A l'égard de la *translation* des monastères des religieuses, voyez RELIGIEUSES.

Sur le fondement de cette règle de droit, *semel Deo dicatum*, *de Regulis juris in* 6°, on ne peut mettre, dans un décret de *translation*, que l'église abandonnée devienne un lieu séculier et profane ; on y laisse, selon l'exigence des cas, des prêtres pour y faire le service divin. Une église, d'où l'on transfère le siége épiscopal, est érigée ordinairement en cure. Il ne s'agit point ici des succursales ou annexes démembrées des paroisses matrices. (*Voyez* PAROISSE, SUCCURSALE.)

§ II. TRANSLATION *des évêques.*

Dans les premiers siècles de l'Église, les *translations* d'évêques étaient généralement regardées comme une espèce d'adultère spirituel, pernicieux à l'Église, scandaleux au peuple, et ne procédant que d'avarice et d'ambition. C'est ce qui explique pourquoi les Pères dans tous les temps se sont si fortement élevés contre ces sortes de *translations*, faites sans utilité de l'Église et sans nécessité.

Le concile de Nicée, canon 15, défend aux évêques, aux prêtres et aux diacres de passer, contre la règle, d'une église à une autre. Le concile de Sardique va encore plus loin. Voyant que les ariens méprisaient ce canon du concile de Nicée et passaient volontiers d'une église moindre à une plus riche, par conséquent par avarice ou par ambition, sous prétexte qu'ils y étaient appelés par le peuple, les canons 1 et 2 de ce concile privent de la communion laïque, même à la mort, les évêques qui passaient d'un siége à un autre.

Mais l'Église a toujours distingué les *translations* faites par avarice ou ambition, des *translations* faites canoniquement par nécessité et pour l'utilité, en condamnant les unes et approuvant les autres. (*Can.* 14, *Apostolorum; can. Mutilationes,* 34, *caus.* 7, *qu.* 1.) Socrate en rapporte jusqu'à quatorze exemples (1). Ces *translations*, quoiqu'en disent certains canonistes, se sont toujours faites par

_____
(1) *Hist. eccles.*, lib VII, cap. 36.

l'autorité du Saint-Siége. *Non tamen sine sacrosanctæ romanæ Sedis auctoritate et licentiâ.*

Les canons n'ont jamais permis les *translations* des évêques que lorsque la nécessité ou l'utilité des églises l'ont demandé ; la nécessité, quand le siége épiscopal a été détruit ou qu'il a passé entre les mains des infidèles, ou que quelque semblable raison a mis l'évêque dans l'impuissance de faire ses fonctions dans son église ; l'utilité, lorsque l'évêque, qui a des talents extraordinaires, se trouve dans un petit évêché, où il n'y a rien à faire, par rapport à ses talents, et qu'on a lieu de croire qu'il fera de grands biens dans un siége plus élevé. L'utilité des Églises peut encore requérir la *translation*, lorsque l'évêque a le malheur de déplaire au peuple qu'il gouverne, par la faute du peuple, et qu'il est désiré par un autre peuple qui promet de profiter de ses peines. (*C. 13, de Ap.*) C'est encore à cause de la même obligation de demeurer dans le titre de son ordination, que les canons ont ordonné des peines très-sévères contre ceux qui se font transférer. (*C. 2, de Elect.*) Il y en a qui ont voulu qu'on leur refusât la communion même laïque à la mort ; les autres ont voulu qu'ils fussent privés de l'évêché qu'ils avaient, en punition de ce qu'ils l'avaient méprisé, et de celui qu'ils avaient voulu avoir, pour les punir de leur ambition. (*C. 3, de Translat.*) Ces règles, étant jugées très-justes et très-importantes, ont été insérées dans le corps du droit.

La rigueur des canons contre les *translations* des évêques, fondée sur leur étroite obligation de demeurer dans le titre de leur ordination, l'élévation de la dignité épiscopale, et l'importance de juger sainement des justes causes des *translations,* et d'être ferme à refuser la dispense, lorsque la nécessité et l'utilité des Églises ne la demandent pas ; toutes ces raisons ont fait réserver au Saint-Siége l'autorité de transférer les évêques. (*C. 2, de Translat.*) Ainsi les *translations* d'évêques ne peuvent pas même appartenir aux légats *à latere,* sans un indult spécial du Saint-Siége. (*C. 3, de Offic. leg.*)

Le droit qu'avaient les Souverains Pontifes de transférer un évêque d'un siége à l'autre, semblait contestable à plusieurs canonistes, dans les derniers siècles ; craignant de décider cette grave question, ils en appelaient, pour son éclaircissement, à l'expérience des siècles à venir. Le temps a marché, et les évènements ont montré que le pape pouvait non seulement transférer des évêques, mais qu'il avait en lui la puissance de changer la circonscription des diocèses de tout un royaume, de priver les évêques de leur ancien siége, et de placer de nouveaux évêques sur les siéges anciens et nouveaux. C'est là ce qui eut lieu en France, en 1801, lors du rétablissement public du culte. Le concordat de 1801 et les bulles de ratification et de circonscription, publiées à cette occasion, constatent un pouvoir qui existait, sans avoir été exercé depuis dix-huit siècles. Nous y ajouterons les documents suivants, qui n'ont pas besoin de commentaire.

Lettre *de quatorze évêques exilés à Londres*.

« Très saint père,

« Nous ne dissimulons pas à votre béatitude la grave douleur qui affecta nos âmes, aussitôt que nous reçûmes les lettres de Votre Sainteté, en date du 15 août 1801, l'an second de son pontificat. Cette douleur est si profonde que, bien qu'il n'y ait pour nous aucun devoir plus cher et plus élevé que d'écouter autant qu'il est en notre puissance, avec une déférence entière, les conseils de votre paternité, cependant cette même douleur nous laisse non seulement incertains et flottants, mais encore nous contraint, malgré nous, à tempérer notre obéissance.

« La force de ces lettres est telle, que si elles obtiennent jamais ce qu'elles prescrivent, en un seul instant, toutes les églises épiscopales qui existent en France deviendront veuves. Votre Sainteté ne nous apprend pas, et pour avouer librement la vérité, nous-mêmes nous ne concevons pas, comment la viduité subite de toutes les églises de ce vaste empire produira l'effet salutaire de la conservation de l'unité et du rétablissement en France de la religion catholique.

« Certainement l'expérience de toutes les calamités qui depuis beaucoup d'années déchirent la patrie, montre assez tout ce que nous devons craindre des maux et des malheurs qui résulteront pour la chose catholique, de cette viduité simultanée et universelle : la voie à suivre pour éviter ces maux ne peut être ouverte à Votre Sainteté que par une assemblée de tous les évêques de l'Église gallicane.

« Nous ne voulons pas parler ainsi, pour faire entendre qu'il nous est pénible et désagréable de faire un pas en arrière, à travers ces temps de douleurs et de deuil; au contraire, dans notre faiblesse, nous éprouverions une consolation pour chacun de nous, et un bonheur ineffable pour tous, en nous voyant déchargés d'un si grand fardeau, si toutefois il était permis de penser à quelque *consolation* et à quelque *bonheur*, après que nos esprits ont été brisés sous le poids de tant de maux.

« Mais le droit de notre ministère semble nous demander de ne pas souffrir que l'on rompe jamais facilement ce lien qui nous a unis aux églises immédiatement confiées à notre sollicitude, par la Providence de Dieu, très bon et très haut.

« Nous conjurons ardemment Votre Sainteté, de consentir à ce que dans un écrit qui sera transmis incessamment, il nous soit permis d'expliquer et de développer plus au long les arguments sur lesquels nous appuyons notre sentiment. Cependant, remplis de confiance dans l'affection véritablement paternelle de Votre Sainteté à notre égard, nous espérons qu'elle ne déterminera rien de plus sur cette affaire, jusqu'à ce qu'elle ait pesé avec toute l'équité et toute la prudence dont elle est capable, les motifs que des fils allègueront devant un père si pieux.

« Prosternés aux genoux de votre béatitude, nous implorons de toute la force de notre âme la bénédiction apostolique; nous sommes les très dévots et très obéissants fils de Votre Sainteté. »

Londres, 27 septembre 1801.

Lettre *de M. Bernier au ministre des relations extérieures sur les démissions*.

25 septembre 1801.

« A peine les anciens évêques résidant en France ont-ils connu les dispositions du bref de Sa Sainteté le pape Pie VII, du 15 août dernier, qu'ils se sont empressés d'y obéir; rien n'est plus expressif et plus conforme à l'esprit de paix qui doit caractériser les ministres de la religion, que les dispositions qu'ils ont manifestées.

« Leur doyen d'âge, l'évêque de Marseille, vieillard de quatre-vingt-douze ans, fait pour donner l'exemple à ses collègues, a écrit à Mgr Spina : « Je reçois avec respect

« et soumission filiale, le bref que vous m'adressez de la part de Notre Saint Père le
« Pape; plein de vénération et d'obéissance pour ses décrets; et voulant toujours lui
« être uni de cœur et d'esprit, je n'hésite pas à remettre entre les mains de Sa Sainteté
« ma démission de l'évêché de Marseille. Il suffit qu'elle l'estime nécessaire à la con-
« servation de la religion en France, pour que je m'y résigne. »

« Par attachement pour la religion, écrivait le même jour l'évêque de Senlis, ci-
« devant premier aumônier de Louis XVI, pour conserver l'unité catholique, pour pro-
« curer l'avantage et le bien des fidèles et seconder les paternelles invitations de Sa
« Sainteté, j'abandonne volontairement et de plein gré le siège épiscopal de Senlis, et
« j'en fais la libre démission entre les mains de Sa Sainteté. »

« L'évêque de Saint-Claude l'avait précédé. Il écrivait dès le 16 du même mois : « Je
« respecte trop les ordres de Sa Sainteté pour ne pas m'y conformer. Aucun sacrifice
« ne me coûtera, lorsqu'il s'agira du rétablissement de la religion et de la gloire de
« son divin auteur. »

« Évêque pour le bien des peuples, a dit l'évêque de Saint-Papoul, je cessera
« de l'être pour que rien ne s'oppose à leur union future, trop heureux de pouvoir, à
« ce prix, contribuer à la tranquillité de l'Église et à la prospérité des Français. »

« Je me regarde comme heureux, a dit, dans le même esprit l'évêque d'Alais,
« de pouvoir concourir par ma démission, autant qu'il est en moi, aux vues de sagesse,
« de paix et de conciliation que Sa Sainteté s'est proposées. Je prie Dieu de bénir ses
« pieuses intentions et de lui épargner les contradictions qui pourraient affliger son cœur
« paternel. »

« Les démissions des évêques de Saint-Malo et d'Angers respirent les mêmes sentiments, le même esprit de paix, de déférence et de soumission. »

Extrait d'une lettre du cardinal Consalvi en réponse à une note du gouvernement français.

« Le soussigné cardinal secrétaire d'État chargé de faire connaître les intentions de
Sa Sainteté, relativement à une lettre à lui communiquée et contenant des demandes du
conseiller d'État Portalis, a l'honneur de vous exposer ce qui suit, afin que vous vouliez
bien le transmettre à cette personne respectable.

« Le Saint Père n'a rien de plus à cœur que la prompte et entière exécution de la
convention signée à Paris, le 15 juillet 1801.....

« Sa Sainteté a reçu jusqu'ici les réponses de vingt-sept évêques. Elles sont conformes à ses désirs. Ils ont résigné librement leurs diocèses. Sa Sainteté est prévenue
qu'elle en recevra d'autres encore. Les évêques résidant à Londres se sont tous refusés,
excepté cinq. Les réponses des autres ne sont pas arrivées, et on ne sait pas si, dans
leur dispersion actuelle, tous ont reçu le bref, quoiqu'on sache que la transmission a eu
lieu. On n'a pas la réponse des autres évêques auxquels, par un bref transmis en même
temps que celui qui est relatif aux démissions, on a dû demander le consentement pour
le démembrement de leur église et de leur diocèse, qui sont incorporés dans la nouvelle
circonscription des diocèses de France.

« Les règles de l'Église et l'usage constant du Saint-Siége apostolique dans ces circonstances, exigeaient que Sa Sainteté attendît les réponses aux brefs transmis. Cet
égard est exigé encore dans l'intérêt du corps nombreux et respectable des titulaires
français. Cela ôte d'ailleurs tout prétexte de plainte à un grand nombre d'entre eux,
frappés du coup inattendu de la demande de leur démission.

« Il serait utile, pour l'union pacifique du concordat, qu'ils ne vinssent pas se plaindre de n'avoir pas même été entendus, puisqu'ils s'offensent tant de n'avoir pas été entendus auparavant et réclament contre la brièveté du temps assigné de dix jours qu'ils
appellent *indiscret et excessif*. Mais, dans une affaire de cette importance, et dans l'état

actuel et extraordinaire des choses, dans des circonstances si impérieuses, Sa Sainteté ne veut voir que la religion elle-même et s'apprête à passer sur toutes les règles canoniques, *sauf le dogme*. Sa Sainteté veut faire, en cette circonstance extraordinaire, *tout ce qui ne lui est pas impossible*.

« En conséquence, quoique procéder à la destitution de toute juridiction des titulaires (ce qui est nécessairement une suite d'une suppression d'anciens siéges et d'une création de nouveaux); quoique procéder au démembrement de diocèses qui, appartenant à d'autres évêques, seront compris dans la nouvelle circonscription, *quoique cette action soit un pas si fort, surtout fait sans le consentement ou l'interpellation des évêques; quoiqu'il n'y en ait aucun exemple dans les dix-huit siècles de l'Église*, Sa Sainteté s'est déterminée, pour obtenir le rétablissement de la religion en France et témoigner au premier consul sa condescendance *en tout ce qui ne lui est pas impossible*, à envoyer, comme elle le fait, sa bulle concernant la nouvelle circonscription des diocèses français, telle qu'elle lui est demandée.

« Indépendamment de cette demande, le gouvernement en adresse une seconde, comme l'annonce la note de M. le conseiller Portalis, et la lettre du cardinal légat qui marque les intentions qu'on lui a manifestées dans une audience du premier consul.

« En nommant aux nouveaux diocèses, après l'arrivée de la bulle de la circonscription, il veut que les sujets nommés soient immédiatement institués au nom du Saint-Siége, et prennent le gouvernement de leurs églises.

« A cet effet, on a demandé à Son Éminence, dans le quatrième article du mémoire présenté, conformément aux ordres du premier consul, par M. l'abbé Bernier, si Son Éminence était autorisée à conférer dans le moment la juridiction aux nouveaux évêques nommés, de manière qu'on pût les consacrer le plus tôt possible, après leur nomination.

« Le pape seul, suivant la discipline établie depuis tant de siècles, doit donner aux évêques l'institution canonique; il n'est pas d'usage que le pape commette à d'autres l'exercice d'un droit si considérable. *Cela s'est toujours fait ainsi*, et directement par le Saint-Siége.

« On a constamment suivi les formes accoutumées et nécessaires pour connaître l'aptitude du sujet. On faisait dresser par les légats et par les nonces le procès d'information ordinaire; ils les adressaient à Sa Sainteté; on procédait à l'instruction des sujets nommés, en plein consistoire; successivement on expédiait les bulles.

« L'article 4 de la convention a expressément confirmé ce droit, il dit : « Sa Sain- « teté conférera l'institution canonique, selon les formes établies par rapport à la « France avant le changement de gouvernement. »

« Ces formes étaient celles qui sont précitées, on les lit dans le concordat entre Léon X et François Ier. (*Voyez* CONCORDAT de Léon X.)

« Nonobstant tout ceci, Sa Sainteté, ferme dans le projet de faire, en ce cas extraordinaire, pour assurer l'avantage de la religion et pour être agréable au premier consul, *tout ce qui ne lui est pas impossible*, s'est déterminée à transgresser des règles si universellement prescrites, ainsi que l'usage constant de l'Église et la convention elle-même qui a été signée avec le gouvernement français.

« Sa Sainteté envoie un bref au cardinal légat, et l'autorise, lorsque la nomination du premier consul aura été terminée, et lorsqu'il aura fait dresser les actes accoutumés dans une forme sommaire pour plus de célérité, enfin, lorsqu'il se sera assuré lui-même de l'aptitude des sujets, à les instituer sur-le-champ au nom de Sa Sainteté, et à leur conférer, par le moyen de lettres patentes, la juridiction canonique d'autorité de Sa Sainteté. Ils pourront donc sur-le-champ être consacrés, et aller vaquer à la direction de leurs églises. Ensuite, dans un terme de six mois, ils recevront les bulles du Saint-Siége. Sa Sainteté annoncera leur nomination dans un consistoire selon le style, et fera part de l'institution qui leur aura été conférée, en cas extraordinaire, par le cardinal légat, au nom de Sa Sainteté..... »

Nous ne rapportons pas le reste de cette lettre qui a rapport aux évêques constitutionnels. On la trouvera en entier dans l'*Histoire du pape Pie* VII, par M. Artaud, tom. Ier, pag. 184, édit. in-12.

§ III. TRANSLATION *des bénéficiers*.

Anciennement, lorsque chaque clerc était attaché pour toujours à l'église où l'évêque l'avait placé, à son ordination, il était défendu aux ecclésiastiques en général de passer d'une église à une autre (*Voyez* EXEAT, INAMOVIBILITÉ); mais cette défense n'empêchait pas, sans doute, que l'évêque ne pût, pour le besoin de son église et pour d'autres causes, ordonner des *translations*, et faire passer les clercs à de nouvelles églises, où leur ministère était plus nécessaire; rien ne prouve mieux cet usage que l'origine des permutations, devenues par la suite de vraies *translations*.

Ce n'est donc point principalement contre les *translations* des clercs inférieurs que tous les Pères se sont élevés; c'est contre les évêques qui, ayant été une fois donnés et consacrés à une certaine église, en sont les pasteurs perpétuels et les époux. De sorte que, suivant le langage de ces mêmes Pères, un évêque qui quitte facilement son église et en épouse une autre, commet une espèce d'adultère spirituel, comme nous le disons ci-dessus. C'est là l'idée que donnèrent de ces *translations* les ariens, à qui le canon 15 du concile de Nicée, rapporté sous le mot EXEAT, ne faisait aucune impression. A quoi l'on voulut obvier, dans le concile de Sardique, par les deux premiers canons, où, sur la proposition d'Osius, on régla que les évêques qui passeraient de cette manière d'une église à une autre, seraient privés de la communion laïque, même à la mort : *Ità ut nec laïcam in fine communionem talis accipiat, si verò omnibus placet, statuit, synodus respondit, placet.*

La rigueur de ces canons ne tombait que sur les *translations* irrégulières et ambitieuses. Dans ce même temps, comme aujourd'hui, on ne croyait pas qu'un évêque fût tellement obligé de rester sur le siége où il avait été consacré, qu'on ne pût l'en tirer, même pour l'utilité de l'Église. Cette dernière raison n'a jamais connu de règle, ou elle en a toujours fait l'exception. (*Can. Apostolorum; c. Mutationes, can.* 19 *et seq. caus.* 7, *qu.* 1.)

Il paraît, par ces canons et plusieurs autres monuments anciens, que c'était au concile provincial, qu'on appelait *perfectum synodum*, à déterminer la nécessité et l'utilité de la *translation*. Il n'est point permis à un évêque, dit le premier des canons attribués aux apôtres, de quitter son diocèse pour passer à un autre évêché, à moins qu'il n'y ait quelque cause juste, raisonnable, et pour le plus grand bien de l'Église; c'est aux évêques de la province, assemblés dans le concile, à examiner si les raisons qu'on propose suffisent pour autoriser la *translation*. C'est ainsi qu'Alexandre fut transféré de l'église de Cappadoce à celle de Jérusalem.

Dans la suite, les *translations* des évêques ont été mises au nombre des causes majeures réservées au pape. (*Tit. de Translat. episc.*) (*Voyez* ÉVÊQUE, CAUSES MAJEURES.)

Dans le concile de Pise, tenu en 1499, Alexandre V promit qu'il ne transférerait point d'évêques malgré eux, sans de justes causes, et qu'avec le consentement de la plus grande partie des cardinaux. Le concile de Constance renouvela ce décret, et le concile de Bâle le confirma. C'est sur ces autorités, dit le père Thomassin, que Fagnan se fonde pour soutenir, contre le sentiment de plusieurs canonistes, que le pape peut transférer un évêque, même malgré lui (1).

En France, en vertu du concordat de 1801, les *translations* ne se peuvent faire que du consentement du roi ou de l'empereur et sur sa nomination.

§ IV. TRANSLATION, *religieux.*

On distingue, à l'égard des religieux, deux sortes de *translations* : les unes sont simples *de ordine ad ordinem*, les autres sont *ad effectum beneficii.*

I. Les *translations* simples d'un ordre à un autre, appelées *translations ad perpetuum et in fratrem*, se font *ad strictiorem, ad æqualem*, ou *ad laxiorem ordinem.*

Par *translation ad strictiorem*, on entend le passage d'un religieux à un ordre plus étroit, ou à une discipline plus austère; *ad æqualem*, à un ordre d'une égale austérité; *ad laxiorem* ou *mitiorem*, à un ordre plus mitigé, à une discipline plus douce et à une observance de la règle moins étroite. (*C. Cùm singula, de Præb. in 6°.*)

1° C'est une règle générale fondée sur le chapitre *Licet, de Regularibus et transeuntib.*, que tout religieux qui se sent porté par un mouvement de pur zèle à l'observance d'une règle plus austère pour parvenir à une plus grande perfection, peut passer de son ordre à un autre, après avoir demandé la permission de son supérieur; mais sans être obligé de l'obtenir.

Sur quoi les canonistes établissent que, pour qu'une pareille *translation* se fasse régulièrement dans l'esprit de cette décrétale et des bulles suivies, il faut : 1° que la règle du second ordre soit réellement plus austère que celle du premier, ce qui se décide, non par ce que ces règles prescrivent dès leur première institution, mais par ce qui se pratique au temps de la *translation.*

Les uns prétendent que la règle plus austère est celle où il y a plus de prières, de méditations, où l'on travaille plus au salut des âmes; les autres, celles où la vie est plus dure et plus austère.

---

(1) Fagnan, *In c. Cùm ex illo*, n. 8, *de Translat. episc.*; Thomassin, *Discipline de l'Église*, part. IV, *liv.* II, *ch.* 56; part. III, *liv.* II, *ch.* 40; part. II, *liv.* II, *ch.* 44; part. I, *liv.* II, *ch.* 24, et 25.

2° Il faut que l'ordre d'où le religieux veut sortir n'ait pas obtenu un privilége dérogatoire au chapitre *Licet*, c'est-à-dire qu'aucun religieux ne puisse sortir pour passer *ad strictiorem*, sans la permission de ses supérieurs. Les jésuites ont obtenu des papes Pie IV et Pie V le même privilége, avec l'exception de l'ordre des chartreux, où les membres de la société peuvent se rendre, *licentiâ petitâ, etsi non obtentâ*, ce que le pape Pie IV a étendu à tous les mendiants *per communicationem*, après l'extravagante de Martin IV *Viam ambitiosæ, de Regularibus*, que Fagnan (1), auteur d'une grande expérience, dit être reçue dans l'usage.

3° Il ne faut pas que cette *translation* tourne à la perte ou au déshonneur de la première religion. *Quis non debet esse lapis offensionis, vel causa scandali. (C. 2, de Præscript.; c. Nisi cùm pridem, § Pro gravi, de Renunc.)*

4° Il faut que le religieux soit véritablement animé de l'esprit de Dieu, *et non moveatur ex temeritate seu levitate;* on présume toujours les meilleures intentions jusqu'à ce que le contraire soit prouvé.

5° Le religieux doit demander la permission pour cette *translation* à son supérieur immédiat; c'est l'opinion de Fagnan, qui dit que ce supérieur n'est ni le général, ni le provincial, mais le supérieur du monastère.

6° Le religieux doit être profès; s'il n'était que novice, il pourrait sortir librement, sans observer ces formalités.

7° Il doit aussi être sujet à un supérieur; car s'il était exempt, et qu'il ne dépendît que du pape, comme un évêque, un abbé, un général, il faudrait non seulement qu'il demandât, mais qu'il obtînt la permission du pape. *(C. Dilectus, de Renunc.)*

8° Cette permission doit être demandée par le religieux avant de sortir du monastère, avec humilité, et en exprimant la cause de la *translation*, qui ne peut être que le désir bien ordonné d'une vie plus pénitente.

9° Après que le religieux a demandé cette permission, quoiqu'il ne soit pas obligé de l'obtenir, il faut qu'il donne à son supérieur un temps convenable pour répondre.

10° Le supérieur n'est tenu de donner cette permission, qu'étant assuré de la réception bénévole du religieux qui la demande, c'est-à-dire que le monastère du second ordre ou le religieux veut passer est prêt à le recevoir.

11° Ce dernier monastère ne doit recevoir le religieux que muni des lettres dimissoires de son supérieur, ou des actes juridiques qui constatent son refus injuste, *ne detur religioso occasio vagandi seu apostatandi. (Innoc. in c. fin. n. 2, de Renunc.)* On doute cependant si un religieux qui a été directement au monastère de l'ordre plus étroit, sans observer ces formalités, peut être revendiqué par ses supérieurs; certains textes du droit canon paraissent autoriser la

---

(1) *In c. Dilecti, de Renunc.*, n. 30.

négative sur ce principe divin, *Qui Spiritu Dei aguntur, non sunt sub lege*. Mais, par rapport aux inconvénients, il vaut mieux tenir le contraire.

12° Le religieux qui a observé toutes les formalités requises n'est censé véritablement transféré et déchargé des obligations de sa première règle que quand il a fini son noviciat d'une année et fait nouvelle profession dans le second ordre où il a passé (1).

Les religieuses peuvent être également transférées *ad strictiorem*. *Virgines sacræ, si pro lucro animæ suæ propter districtiorem vitam ad aliud monasterium pergere disposuerint, ibique commorare decreverunt, synodus concedit.* (*Can. 1, caus. 2, quæst. 4.*) Les canonistes disent que, depuis la décrétale *Periculoso*, et particulièrement depuis la bulle de saint Pie V, il faut, pour cette *translation*, le consentement du pape (2).

2° Les *translations ad æqualem* ne peuvent avoir lieu par le même motif qui justifie les *translations ad austeriorem*; les causes ordinaires sont les mauvais traitements faits au suppliant, dans son monastère, pour avoir voulu y vivre régulièrement et y établir la réforme; la calomnie ou la perte de sa réputation dans l'ordre ou dans le monastère; la mauvaise situation du lieu, la pauvreté des parents. Cette dernière cause ne donne lieu qu'à la sécularisation *ad tempus*, c'est-à-dire qu'après la mort des parents le religieux est obligé de retourner dans son cloître. (*Voyez* OBÉISSANCE.) Fagnan établit que, pour la *translation ad æqualem*, et fondée sur une de ces causes, il faut, non seulement demander le consentement de son supérieur, mais l'obtenir avec celui de la communauté. (*Glos. in c. Cùm singula, verb. Canonicè, in 6°.*) Et si le monastère n'est pas exempt, il faut, de plus, le consentement de l'évêque, à moins que la *translation* ne se fît dans un monastère du même diocèse, également soumis à la juridiction de l'évêque, dans lequel cas la *translation*, se faisant sans préjudice des droits de l'évêque, son consentement n'est point nécessaire.

A l'égard de pareilles *translations*, qui ne sont fondées sur aucune des causes ci-dessus ou équivalentes, le pape seul peut les permettre et les autoriser puisqu'elles sont contraires au droit. (*Cap. Proposuit, de Concess. J. G.*)

3° Les *translations ad laxiorem* sont sans doute moins favorables que les *translations in æqualem*; le concile de Trente les a défendues dans le décret rapporté sous le mot RÉCLAMATION. (Session XXV, ch. 19, de Regul.) Cependant on les autorise par les mêmes causes, quoique Fagnan soutienne qu'on ne peut absolument admettre, pour cause de celles-là, que les infirmités des religieux; il dit que les causes rapportées dans le nombre précédent ne peuvent servir que pour les *translations ad æqualem*, et que ce n'est que par le relâche-

(1) Fagnan, *In c. Licet, de Regularibus*.
(2) *Ibid., loc. cit.,* n. 61 et 62, Amydénius, *de Stylo datariæ, cap. 15, q. 16, n. 125.*

ment des auteurs modernes qu'on s'en est servi pour les autres. Il ajoute que, dans les *translations ad laxiorem*, il faut obtenir le consentement du supérieur et de la communauté, mais que plusieurs estiment que c'est au pape seul à accorder les *translations ad majorem ordinem vel etiam ad parem ex causâ, sed non ad minorem*. (*Glos. in c. Non est vobis, verb. Permittatis, de Regul.*)

Fagnan, sur le chapitre *Dilecti, de Renunc.*, dit qu'un religieux ne peut point passer d'un ordre austère à un doux et relâché sans avoir une raison légitime, et que, quand il se ferait dispenser par le pape, cette dispense ne le mettrait pas en sûreté de conscience, si elle n'était pas fondée sur de fortes raisons. Il ajoute que lors même qu'on aurait une cause légitime d'être transféré à un ordre plus relâché, il n'y a point d'autre supérieur que le pape qui puisse accorder cette dispense. La raison qu'il en donne, c'est qu'il n'appartient qu'à lui seul de dispenser du droit commun. Or, ces sortes de *translations* sont sévèrement défendues par le droit, comme il paraît dans diverses décrétales du titre *de Regularibus*, par l'extravagante de Martin IV du même titre dans laquelle il est défendu aux mendiants, sous peine d'excommunication encourue par le seul fait, de passer en d'autres ordres à la réserve de celui des Chartreux.

Quelques auteurs, dit Ducasse (1), prétendent que cette extravagante est abrogée par un usage contraire. Mais Fagnan qui a été si longtemps dans la pratique de la cour romaine, et qui par conséquent doit en être mieux instruit que ces auteurs qui n'ont pas la même expérience, atteste que, dans les *translations* de cette nature, les généraux ou les procureurs généraux des ordres se sont toujours adressés au pape pour obtenir à cet égard les dispenses nécessaires. De plus, ajoute Ducasse, le concile de Trente dans le chapitre 19 de la session XXV, *de Regularibus*, dit en termes formels que nul régulier ne pourra, en vertu de quelque pouvoir et faculté que ce soit, être transféré dans une religion moins étroite. Ainsi, cette déférence est non seulement autorisée par des constitutions des papes, mais encore par un concile général.

Navarre objecte contre ce décret que le concile n'a eu d'autre intention que d'ôter aux supérieurs des réguliers la liberté de dispenser sur ce point leurs inférieurs, sans connaissance de cause. Mais si l'on examine avec attention les termes de ce décret, on trouvera sans doute qu'étant si généraux, ils ne souffrent pas la restriction qu'on prétend leur donner. Car 1° ces mots *nul régulier*, qui sont des termes généraux et négatifs renferment toutes sortes de réguliers, et ceux qui sont dispensés avec cause par leurs supérieurs et ceux qui le sont sans aucun motif légitime; 2° quand le concile se sert de ces termes : *en vertu de quelque pouvoir et faculté que ce soit*, il est évident qu'il exclut et les facultés juridiques, et celles que l'on donne sans connaissance de cause, parce que s'il n'avait eu in-

---

(1) *Pratique de la juridiction ecclésiastique*, tom. II, pag. 285.

tention que d'exclure celles-ci, il n'aurait pas employé ces termes ; *en vertu de quelque pouvoir et faculté que ce soit*, il est évident qu'il exclut et les facultés juridiques, et celles que l'on donne sans connaissance de cause, parce que s'il n'avait eu intention que d'exclure celle-ci, il n'aurait pas employé ces termes ; mais il eut dit, comme il fait en de semblables sujets, *sous quelque prétexte que ce soit*. Il faut pourtant remarquer qu'il y a des ordres religieux dont les généraux ont sur cette matière des priviléges particuliers.

Les auteurs sont partagés sur la question de savoir si le religieux transféré *ad æqualem* ou *ad laxiorem* est obligé de faire une nouvelle profession après un noviciat. Rebuffe (1) tient que, dans le cas de *translation*, le religieux transféré n'est point obligé de faire une nouvelle profession, parce qu'il en a déjà fait une nouvelle dans l'ordre qu'il quitte, et que toutes les religions étant semblables dans ce qu'elles ont d'essentiel, c'est-à-dire dans les trois vœux, celui qui en a professé une les a professé toutes ; mais cette opinion n'est pas la plus commune ; elle est contraire à la pratique de la daterie, où l'on ne dispense du second noviciat et de la nouvelle profession que quand la *translation* se fait d'un monastère à un autre, dans la même congrégation ou dans le même ordre, et que l'observance y est égale ou plus étroite, *par aut arctior* (2).

On ne reconnaît guère en France les *translations ad æqualem* parce qu'elles paraissent ne pouvoir être fondées sur aucune cause légitime, mais on y admet les *translations ad strictiorem*, comme aussi *ad laxiorem*, pour les mêmes causes que Fagnan dit être de nouvelle invention.

II. Régulièrement par le chapitre *Cùm Singula, de Præbend. in* 6º, le religieux d'un monastère ne peut posséder un bénéfice dans un autre monastère sans y avoir été transféré par permission du pape, et c'est ce qu'on appelle *translation ad effectum beneficii*, parce qu'elle se fait dans la vue de posséder un bénéfice.

Voici une règle de chancellerie que Rebuffe, en ses additions, a expliquée par le sens et l'exemple d'une formule. Elle est la cinquante-neuvième, et la soixante-neuvième suivant cet auteur : *De clausulis ponendis in litteris religiosorum*.

Item voluit, quod si petatur aliquem in religiosum recipi, et sibi de quo vis beneficio ecclesiastico provideri, per simplicem signaturam fiat : receptio hujusmodi duntaxat detur, adjecto, si potens idoneus sit, aut aliud canonicum non obsistat : et exprimatur si certus numerus regularium sit ibidem, cui etiam non derogeretur, nisi expressè concedatur, et si numerus iste non existat, ponatur dummodò receptionis locus hujusmodi nimiùm proptereà non gravetur. Possintque executores provisionis, hujusmodi, ad receptionem emissionis provisionis, non expectato probationis anno, procedere.

(1) *Praxis de Translatione monachorum.*
(2) Amydénius, *de Stylo datariæ*, cap. 15, qu. 18.

Lorsqu'un religieux d'un ordre où l'on peut tenir des bénéfices se fait transférer dans un autre où l'on possède des bénéfices, s'il se fait pourvoir en même temps d'un bénéfice de l'ordre où il passe, les provisions peuvent porter la *translation in ipso actu provisionis de consensu superiorum utriusque ordinis.*

TRAPPISTES.

Nous avons rapporté sous le mot ABBÉ, § II, un décret de la congrégation des réguliers qui concerne ces religieux.

TRENTE.

Cette ville, capitale du Trentin en Italie, est célèbre par le dernier concile général dont nous allons parler assez succinctement.

Les progrès de l'hérésie de Luther, de Zuingle et de Calvin, indépendamment du relâchement de la discipline, firent sentir à tout le monde la nécessité pressante d'un concile pour remédier à tous les maux qui affligeaient l'Église. L'empereur Charles-Quint le sollicita lui-même pendant longtemps, et le pape Paul III donna une bulle pour la convocation d'un concile général à Mantoue, le 23 mai 1537. Il y exposa qu'ayant toujours désiré de purger l'Église des nouvelles hérésies, et d'y rétablir l'ancienne discipline, il n'avait pas trouvé d'autre moyen que d'assembler un concile général, et il fit en même temps notifier sa bulle à tous les princes. La réponse des princes protestants fut, en substance, qu'ils ne voulaient pas d'un concile où le pape et les évêques assisteraient comme juges. Luther s'emporta même, en cette occasion, avec une audace extrême, contre l'autorité du pape. D'un autre côté, le duc de Mantoue, n'ayant pas voulu accorder sa ville pour la tenue du concile, le pape prorogea jusqu'en novembre l'ouverture du concile, sans désigner le lieu. Ensuite, par une autre bulle, il le prorogea jusqu'en mai 1538 et désigna la ville de Vicence. Il nomma quelques cardinaux et quelques prélats pour travailler à la réforme : en conséquence, ils firent un long mémoire où ils exposaient les abus à réformer; 1º ceux qui regardaient l'Église en général; 2º ceux qui étaient particuliers à l'Église de Rome. Le pape Paul III proposa lui-même la réforme en plein consistoire, mais les sentiments étant partagés, on les renvoya au jugement du concile.

Aucun évêque ne s'étant rendu à Vicence, le pape prorogea le concile jusqu'à Pâques 1539; et sur un nouveau partage d'avis en consistoire, le pape suspendit le concile convoqué jusqu'au temps qu'il lui plairait de le tenir.

Enfin, au bout de trois ans, et en 1542, après bien des contestations entre le pape, l'empereur et les princes catholiques sur le lieu du concile (car ceux-ci voulaient qu'il se tînt en Allemagne, comme à Ratisbonne ou à Cologne, et le pape Paul III exigeait qu'il se tînt en Italie), la ville de *Trente,* proposée par le pape, fut acceptée par les princes catholiques.

En conséquence, le pape indiqua par une bulle le concile de *Trente* pour le 16 mars de l'année suivante 1543, et nomma pour ses légats les cardinaux del Monte, évêque de Palestrine, Marcel Cervin, prêtre, et Polus, diacre. Mais les contestations qui survenaient tous les jours firent différer encore de deux ans l'ouverture du concile, qui ne se fit qu'au 13 décembre 1545.

En 1547, la ville de *Trente* ayant été menacée d'une maladie contagieuse, on lut, dans la huitième session, le 11 mars 1547, le décret de la translation du concile à Bologne, contre l'opposition des Espagnols et autres sujets de l'Empereur, ce qui excita de grandes contestations et donna lieu à ce formulaire de foi que l'Empereur fit dresser par trois théologiens, en vingt-six articles, sous le nom d'*interim*.

Sur ces entrefaites, le pape Paul III mourut, l'an 1549, et le cardinal del Monte lui succéda sous le nom de Jules III. Le nouveau pape rétablit bientôt le concile de *Trente*, par une bulle du 4 mars 1550. Le cardinal Marcel Crescentio, président du concile, fit lire dans la onzième session, le 1er mai 1551, un décret portant que le concile était commencé de nouveau et qu'il indiquait la session suivante au 1er septembre.

De nouvelles disputes survenues entre les ambassadeurs de l'Empereur et les légats du pape, produisirent, après la quinzième session, le 25 janvier 1552, une nouvelle inaction dans le concile; la plupart des évêques se retirèrent, même de *Trente*, au bruit de la guerre entre l'Empereur et Maurice, électeur de Saxe.

Cette retraite donna lieu à la seizième session, le 28 mai 1552. On y lut un décret qui suspendait le concile jusqu'à ce que la paix et la sûreté eussent été rétablies; en sorte qu'il demeura suspendu près de dix ans, c'est-à-dire jusqu'à l'an 1562, qu'il fut convoqué de nouveau par le pape Pie IV, successeur de Jules III, mort en 1555.

Ce pape nomma pour son premier légat au concile, Gonzague, cardinal de Mantoue. Il se trouva, en conséquence, dans la dix-septième session, le 18 janvier 1562, cent douze prélats et plusieurs théologiens; on y lut la bulle de convocation et un décret pour la continuation du concile, avec la clause *proponentibus legatis,* qui passa, malgré l'opposition de quatre évêques espagnols, qui représentèrent que cette clause, étant nouvelle, ne devait point être admise, et que, d'ailleurs, elle était injurieuse aux conciles œcuméniques.

On avait déjà arrêté, dans les premières congrégations, qu'on déciderait à la pluralité des suffrages particuliers, comme on avait fait au dernier concile de Latran, et non par le suffrage des nations, comme on avait fait au concile de Constance; et que ceux qui étaient chargés de procuration n'auraient point voix délibérative dans le concile.

Durant la première période du concile, la France aida généreusement et de toute sa force aux saintes intentions du Saint Père ; sous le pontificat de Pie IV, elle prit le rôle que Charles-Quint avait tenu dès les premiers temps du concile et que son successeur n'avait pas abandonné. Elle adressa au concile et au Saint-Père des ambassadeurs chargés de messages injurieux, et s'appliqua surtout à retarder l'ouverture des travaux. Le gouvernement de Catherine de Médicis était aussi piqué du désir d'accommoder les protestants, de les ménager et de leur sacrifier quelque chose de la foi catholique. A la tête des conseils de la régente était Michel de L'Hospital, dont on fait un grand homme et qui n'était qu'un homme sans foi. Sur toutes ces choses il voulait gouverner l'Église. Il refusa d'abord de reconnaître le concile et retarda le départ des évêques pour *Trente*. Comme les protestants, il réclama un concile libre, c'est-à-dire un concile où l'autorité du pape fut méconnue et dont le premier article fut la rupture avec Rome et la remise des intérêts de l'Église entre les mains du pouvoir temporel. Il trouvait que les pères de *Trente* ne devaient pas s'occuper de questions dogmatiques : elles lui paraissaient peu nécessaires aux catholiques et inutiles aux hérétiques ; il désirait qu'on s'appliquât à la réformation de l'Église, sur laquelle il exposait ses vues, dont le premier article était l'abolition de la papauté. De son côté l'empereur demandait que le concile accordât le mariage aux prêtres, abandonnât les biens ecclésiastiques à leurs spoliateurs et fît participer les hérétiques aux sacrements.

Nous citons ces extravagances pour montrer quelle sorte de concours les pouvoirs temporels prêtent à l'Église et quels services ils lui demandent. Néanmoins, en présence de ces folies, l'Église ne brisait pas tout rapport avec ces puissances. Mêlée aux choses du monde, elle doit y vivre et y travailler au salut des âmes avec les seuls éléments qui sont sous sa main. Sans acquiescer à leurs prétentions, elle mettait toute sorte de condescendance envers les puissances de la terre ; elle respectait le caractère d'autorité dont étaient revêtus leurs représentants. Sans céder à la violence et sans s'irriter, le concile ne répondait rien aux bravades de Lansac, aux discours des huguenots, de Guy du Faure et d'Arnaud du Ferrier. Il leur laissait même la faculté de faire à l'assemblée des propositions, bien que souvent elles fussent inutiles ou dangereuses, et que leur moindre inconvénient fut le retard qu'elles apportaient aux travaux des pères.

On lut dans la dix-neuvième session, le 14 mai 1562, les lettres de créance contenant les pouvoirs des ambassadeurs de France. C'étaient les sieurs Saint-Gelais de Lansac, Arnaud du Ferrier et du Faure, seigneur de Pibrac, président au parlement de Toulouse, et depuis, avocat général au parlement de Paris. Ces derniers arrivèrent à *Trente* quelques jours après de Lansac et furent reçus avec lui dans une congrégation tenue à cet effet le 26 mai. C'est là que

le sieur de Pibrac fit, au nom du roi, ce célèbre discours, où l'on remarque plus que de la franchise. Le promoteur du concile répondit
au discours du sieur de Pibrac en disant, que les artifices de satan,
si ingénieusement découverts dans ce discours, ne prévaudraient
jamais contre le saint concile, parce que Jésus-Christ, qui y présidait et en qui ils mettaient leur confiance, saurait bien renverser tous
les efforts du démon.

Dans l'intervalle de la vingt-deuxième session à la vingt-troisième,
les ambassadeurs de France présentèrent aux légats les articles de
réformation qu'ils avaient dressés ; ils étaient au nombre de trente-
deux : voici principalement ce qu'on y demandait :

Que l'on ne fît point d'évêques qui ne fussent point vertueux et
capables d'instruire ;

Qu'on abolît la pluralité des bénéfices sans s'arrêter à la distinction des compatibles et incompatibles ;

Qu'on fît en sorte que chaque curé eût assez de revenu pour entretenir deux clercs et exercer l'hospitalité ;

Qu'on expliquât, à la messe, l'Évangile au peuple et la vertu
des sacrements, avant de les administrer ;

Que les bénéfices ne fussent donnés, ni à des étrangers, ni à des
indignes ;

Qu'on abolît, comme contraires aux canons, les expectatives, les
regrès, les résignations et les commendes ;

Qu'on réunît les prieurés simples aux bénéfices à charge d'âmes
dont ils auraient été démembrés ;

Que les évêques ne fissent rien d'important sans l'avis de leur
chapitre ;

Que les chanoines résidassent continuellement dans leurs églises ;

Qu'on n'excommuniât qu'après trois monitions, et seulement pour
de grands péchés ;

Qu'il fût ordonné aux évêques de donner les bénéfices à ceux qui
les fuyaient et non à ceux qui les demandaient, et qui, par cette
raison, s'en déclaraient indignes ;

Que les synodes diocésains s'assemblassent au moins une fois
tous les ans, les provinciaux tous les trois ans et les généraux tous
les dix ans.

On peut reconnaître dans le cours de cet ouvrage, par les différents décrets du concile, qui y sont rapportés, que toutes ces demandes n'eurent pas leur effet.

Le concile de *Trente* fut souscrit par quatre légats, deux cardinaux, trois patriarches, vingt-cinq archevêques, cent soixante-huit
évêques, trente-neuf procureurs pour les absents, sept abbés et
sept généraux d'ordre. Le pape Pie IV le confirma par la bulle suivante, du 26 janvier 1564.

Les décrets du concile de *Trente*, dit le docteur Phillips (1), ren-

_____

(1) *Du Droit ecclésiastique dans ses sources, pag.* 321.

ferment des trésors de sagesse qui ne laissent qu'un vœu à former : c'est que les salutaires réformes qu'ils édictaient eussent été universellement adoptées et constamment pratiquées. Le but que s'était proposé cette sainte assemblée était de restaurer, autant que possible, la discipline plus rigide des premiers siècles ; c'est dans cette vue qu'elle a remis formellement en vigueur trente canons et décrétales de l'ancien droit, par exemple , sur l'invocation et la vénération des reliques et des saintes images, sur les réguliers et les religieuses. Mais on se méprendrait complétement sur les intentions du concile , si l'on concluait de ce fait au plus léger amoindrissement de l'autorité des autres parties du *Corpus juris canonici;* tout ce qui n'a pas été l'objet d'une abrogation explicite reste intact et dans toute sa force.

L'étude du concile de *Trente* est d'un grand intérêt, mais elle est environnée de difficultés qui viennent de ce que le concile ne se règle point sur le système du *Corpus juris canonici*, mais traite des divers sujets sans s'assujétir à d'autre ordre que celui dans lequel les circonstances les avaient présentés à sa délibération. A cette cause , il faut en ajouter une autre : la défense faite par Pie IV, dans sa bulle de confirmation *Benedictus Dominus,* que nous rapportons ci après, à tout clerc et à tout laïque de publier, sans l'autorisation expresse du Siége apostolique, aucune glose ou commentaire sur le concile de *Trente,* avec injonction d'avoir, dans tous les cas douteux, à s'adresser à Rome pour en avoir des éclaircissements. C'est dans ce but, que, peu après, Pie IV institua par la bulle *Alias nonnulas ,* la congrégation des cardinaux. On mit en doute dans le principe si cette congrégation était investie du droit d'interprétation, Paul V la lui conféra explicitement et , à partir de là, elle porta le titre de *Congrégation interprète du concile de Trente.* La bulle *Immensa* de Sixte-Quint, du 22 janvier 1587, vint encore élargir notablement le cercle de ses attributions et lui donna le droit de rendre, en matière de discipline , après un rapport préalable au pape , des déclarations authentiques (1).

Il a toujours été maintenu en principe , à Rome , qu'au pape seul, ou à ceux qu'il mandatait pour cela, il pouvait appartenir de donner une interprétation du concile de *Trente.* Voilà pourquoi les gloses publiées par des membres de la congrégation, telles que celles du cardinal Antoine Caraffa et de Mirancola , évêque de Téano , sont restés à l'abri de toute attaque , tandis que les *Remissiones ad universa decreta concilii Tridentini,* de Barbosa, ainsi que l'édition du concile avec gloses, par Gallemart ont été mis à l'*index,* et qu'un auteur espagnol s'est vu frappé d'excommunication pour un commentaire dans la langue de son pays. C'est ainsi qu'en réservant toute décision à l'autorité la plus compétente et la plus sûre, il a été coupé court à une foule de controverses qui n'auraient pas manqué

(1) Voir le recueil de ces déclarations, à dater de Benoît XIV, dans le *Thesaurus resolutionum sacræ congregationis concilii,* Rom. 1745-1826, 84 vol. in-4°.

de se produire sur le sens des décrets du concile de *Trente*. Du reste, le concile lui-même n'avait rien négligé pour sauvegarder à cet égard l'autorité du pape, *ut in his salva semper Sedis apostolicæ auctoritas et sit et esse intelligatur*. Il résulte nettement de cette déclaration que non seulement le pape peut, dans les prescriptions qu'il croit devoir émettre, s'écarter de celles du concile, mais que sa simple signature apposée à une prescription dérogatoire équivaut à une abrogation formelle (1).

Enfin, en ce qui concerne l'époque où le concile commença à avoir force de loi, cette époque se fixe naturellement au 26 janvier 1564, date de la confirmation du pape. Toutefois, cette date ne pouvait être rigoureuse que pour Rome ; il était juste de fixer un terme plus éloigné pour les autres pays. Le 1er mai suivant fut désigné par Pie IV comme le jour à dater duquel les décrets de réformation devaient sortir leur effet. Cette disposition, émise par la bulle *Sicut sacrorum* du 15 des calendes d'août 1564, ne pouvait évidemment se rapporter aux décrets dogmatiques qui ne connaissent, pour la date de leur force obligatoire, que celle de l'instant même où ils sont connus ; mais elle était d'une grande importance, pour la discipline, notamment à l'égard de la résignation des bénéfices que le concile ne permettait pas de conserver.

La confirmation du concile de *Trente* par le pape fut suivie peu après de la promulgation expresse et obligée dans les différents diocèses. Parmi les gouvernements qui provoquèrent cette formalité, celui de Venise fut le premier qui donna l'exemple. Sigismond, roi de Pologne, et Philippe II, roi d'Espagne, ne se montrèrent pas moins empressés. Il n'y eut que les possessions néerlandaises de ce dernier où la publication rencontra quelques difficultés sans néanmoins l'empêcher d'avoir lieu. Il n'est pas possible d'émettre le moindre doute à cet égard (2). Ce furent les rois de France, ce qui fait peu d'honneur à notre nation, qui opposèrent les plus grands obstacles à l'admission du concile de *Trente* dans leurs États. Se réclamant, dans cette circonstance, avec une nouvelle ardeur, des prétendues libertés de l'Église gallicane, dont on voyait la sentence de mort dans les décrets de réforme du concile de *Trente,* on ne tarissait pas en raisons pour les repousser et en expédients pour leur interdire l'entrée du territoire. A douze reprises différentes, l'épiscopat français sollicita des rois la promulgation sans pouvoir l'obtenir. En présence d'une telle obstination, que restait-il à faire aux évêques ? Ne plus prendre conseil que des inspirations de leur conscience, et, usant d'une initiative qui est dans l'essence même de leurs rapports de subordination vis à vis du chef de l'Église et dans leur mission auprès des peuples, de faire solen-

(1) Benoît XIV, *de Synodo diœcesand*, lib. XIII, c. 24, n. 23 ; Giraldi, *Exposit. jur. Pontif.*, tom. II, col. 1072.

(2) Benoît XIV, *De Synodo diœcesaná*, lib. VI, c. 6, n. 2.

nellement eux-mêmes la promulgation refusée par le pouvoir temporel. Ce devoir, ils le reconnurent dans la déclaration du clergé de l'année 1615, et ils l'accomplirent sans conditions ni réserve, et sans tenir autrement compte d'une opposition qu'ils regardaient avec raison comme non avenue. Voici en quels termes ils s'expriment :

« Les cardinaux, archevêques, évêques, prélats et autres ecclésiastiques soussignés, représentant le clergé général de France, assemblés au couvent des Augustins à Paris, après avoir mûrement délibéré sur la publication du concile de *Trente*, ont unanimement reconnu et déclaré qu'ils sont obligés par leur devoir et conscience à recevoir, comme de fait ils reçoivent ledit concile, et promettant de l'observer autant qu'ils peuvent par leur fonction et autorité spirituelle et pastorale ; et, pour en faire une plus ample, plus solennelle et plus particulière réception, sont d'avis que les conciles provinciaux de toutes les provinces métropolitaines de ce royaume doivent être convoqués en chaque province en six semaines au plus tard, et que les seigneurs, archevêques et évêques absents en doivent être suppliés par lettre de la présente assemblée, jointe à la copie de l'acte présent, parce que et afin que, dans le cas que quelque empêchement retarde l'assemblée desdits conciles provinciaux, le concile sera néanmoins reçu des synodes diocésains premièrement suivants et observés dans les diocèses ; ce que tous les prélats et ecclésiastiques soussignés ont promis et juré de procurer et faire effectuer autant qu'il leur est possible. »

Bulle de Pie IV *pour la confirmation du concile œcuménique et général de* Trente.

« Pie, évêque, serviteur des serviteurs de Dieu.

« *Pour en conserver le perpétuel souvenir.*

« Béni soit Dieu, père de notre Seigneur Jésus-Christ, le père des miséricordes et le Dieu de toute consolation, qui a daigné jeter les yeux sur sa sainte Église, battue et agitée de tant d'orages et de tant de tempêtes, et qui a donné, enfin, aux maux qui la travaillaient tous les jours de plus en plus, le remède dont elle avait besoin et qu'elle attendait depuis si longtemps. Paul III, de pieuse mémoire, notre prédécesseur, dans le désir d'extirper plusieurs hérésies pernicieuses, de corriger les mœurs, de rétablir la discipline ecclésiastique et de procurer la paix et la concorde entre les chrétiens, aurait, il y a longtemps, convoqué, dans la ville de *Trente*, le concile œcuménique et général, qui dès lors, aurait été ouvert, et où il se serait tenu quelques sessions. Le même concile depuis, ayant été convoqué de nouveau dans la même ville par Jules, son successeur, après quelques autres sessions qui s'y seraient tenues, n'aurait pu encore être pour lors achevé à cause de divers obstacles et embarras qui seraient survenus : de sorte qu'au grand déplaisir de tous les gens de bien, il aurait été discontinué, pendant que tous les jours de plus en plus l'Église implorait ce remède. Mais aussitôt que nous serions entré au gouvernement du Siége apostolique, nous aurions incontinent commencé, sur l'assurance en la miséricorde de Dieu, et par le zèle pastoral que notre devoir nous inspirait, de travailler à la conclusion de cet ouvrage si saint et si nécessaire, et favorisé des pieuses inclinations de notre cher fils en Jésus-Christ, Ferdinand, empereur élu des Romains, et de tous les autres rois, républiques et princes de la chrétienté ; nous aurions enfin obtenu ce que nous avions tâché sans cesse de procurer par nos soins et par nos veilles continuelles, et ce que nous avions tant demandé par nos prières jour et nuit au Père des lumières. De manière que plusieurs évêques et autres prélats considérables, sur nos lettres de convocation et par leur propre zèle, s'étant rendus, de toutes les nations de la chrétienté, dans ladite ville, en un nombre très grand et digne d'un concile œcuménique, outre plusieurs autres grands personnages recommandables par leur piété, par leur science dans les saintes lettres et par leur connaissance des lois divines et humaines ; les légats du Siège apostolique présidant audit concile, et nous, de notre part, favorisant encore la liberté de l'assemblée, jusque-là que, par nos lettres écrites à nos légats, nous lui aurions laissé volontiers l'entière liberté de ses sentiments dans les choses mêmes qui sont proprement réservées au Siège apostolique, tout ce qui restait à traiter, définir et ordonner touchant les sacrements et autres choses qui avaient paru nécessaires pour détruire les hérésies, ôter les abus et corriger les mœurs, aurait été discuté avec tout le soin possible et dans une entière liberté par le saint concile, et défini, expliqué et ordonné avec toute l'exactitude et toute la circonspection qui s'y pouvaient apporter. Toutes ces choses étant ainsi achevées, le concile aurait été clos et terminé dans une si grande concorde et union de tous ceux qui y assistaient, qu'il aurait paru visiblement qu'un consentement si unanime était l'ouvrage du Seigneur dont nos propres yeux et ceux de tout le monde étaient avec nous dans l'admiration. Aussitôt, nous aurions ordonné des processions publiques dans cette ville où le clergé et le peuple auraient assisté solennellement avec beaucoup de dévotion ; et nous nous serions appliqué à faire rendre grâces à Dieu et à lui témoigner nos justes reconnaissances par une faveur si singulière et pour un si grand bienfait de sa divine majesté, puisqu'en effet le succès si favorable du concile nous donne une espérance très grande et presque certaine que de jour en jour l'Église tirera encore de plus grands avantages de ses décrets et de ses ordonnances.

« Cependant, ledit concile, par le respect qu'il a eu pour le Siège apostolique, et suivant les traces des anciens conciles, nous ayant demandé, par un décret rendu à ce sujet dans une session publique, la confirmation de tous ses décrets, qui ont été rendus sous notre pontificat et du temps de nos prédécesseurs ; nous, ayant été informé de la demande dudit concile, premièrement par lettres de nos légats, et ensuite depuis leur retour par ce qu'ils nous ont fidèlement rapporté de la part dudit concile : après une mûre délibération à ce sujet avec nos vénérables frères, les cardinaux de la sainte Église romaine, et après avoir, avant toutes choses invoqué l'assistance du Saint-Esprit ; ayant reconnu tous lesdits décrets être catholiques, utiles et salutaires au peuple chrétien ; à la gloire de Dieu tout-puissant, de l'avis et du consentement de nosdits frères aurions de l'autorité apostolique confirmé aujourd'hui, dans notre consistoire secret, tous et chacun lesdits décrets, et ordonné qu'ils seraient reçus et gardés par tous les fidèles, comme par la teneur des présentes, et pour un plus ample éclaircissement, nous les confirmons et ordonnons qu'ils soient reçus et observés.

« Mandons en vertu de la sainte obéissance et sous les peines établies par les saints canons et autres plus grièves, même de privation, et telle qu'il nous plaira de les décerner, à tous et à chacun de nos vénérables frères, les patriarches, archevêques, évêques et quelques autres prélats de l'Église que ce soit, de quelque état, rang et dignité qu'ils soient, quand ils seraient honorés de la qualité de cardinal ; qu'ils aient à observer exactement lesdits décrets et statuts dans leurs églises, villes et diocèses, soit en jugement ou hors de jugement ; et qu'ils aient soin de les faire observer inviolablement, chacun par ceux qui leur sont soumis, en ce qui les pourra regarder ; y contraignant les rebelles, et tous ceux qui y contreviendront, par sentences, censures et autres peines ecclésiastiques, suivant même qu'elles sont portées dans lesdits décrets ; sans égard à appellation, et implorant même pour cela, s'il en est besoin, l'assistance du bras séculier.

« Avertissons pareillement, et conjurons par les entrailles de la miséricorde de notre Seigneur Jésus-Christ, notre très cher fils l'empereur élu, et tous les autres rois, républiques et princes de la chrétienté, qu'avec la même piété avec laquelle ils ont favorisé le concile, par la présence de leurs ambassadeurs, et avec la même affection pour la gloire de Dieu et pour le salut de leurs peuples; par le respect aussi qui est dû au Siége apostolique et au saint concile, ils veuillent appuyer de leur secours et assistance les prélats qui en auront besoin pour exécuter et faire observer les décrets dudit concile, sans permettre que les opinions contraires à la doctrine saine et salutaire du concile aient entrée parmi les peuples de leurs provinces, mais les défendant et interdisant absolument.

« Au reste, pour éviter le désordre et la confusion qui pourrait naître, s'il était permis à chacun de mettre au jour des commentaires et des interpellations telles qu'il lui plairait sur les décrets du concile; faisons expresse défense de l'autorité apostolique, à toutes personnes, tant ecclésiastiques, de quelque rang, dignité et condition qu'elles soient, que séculières, de quelque puissance et autorité qu'elles puissent être; aux prélats, sous peine de l'interdit de l'entrée de l'église, et à tous les autres quels qu'ils soient, sous peine d'excommunication encourue dès là même, d'entreprendre sans notre autorité, de mettre en lumière de quelque manière que ce soit, aucun commentaire, glose, annotation, remarque, ni généralement aucune sorte d'interprétation sur les décrets dudit concile, ni de rien avancer à ce sujet, à quelque titre que ce soit, quand ce serait sous prétexte de donner plus de force auxdits décrets, de favoriser leur exécution, ou sous quelque autre couleur que ce soit.

« Que s'il y a quelque chose qui paraisse obscur à quelqu'un, soit dans les termes, soit dans le sens des ordonnances, et qui lui semble pour cela avoir besoin de quelque interprétation ou décision; qu'il ait recours au lieu que le Seigneur a choisi, c'est-à-dire au Siége apostolique, d'où tous les fidèles doivent tirer leur instruction, et dont le saint concile même a reconnu avec tant de respect l'autorité. Si donc, au sujet desdits décrets il s'élève quelques difficultés et quelques questions, nous nous en réservons l'éclaircissement et la décision, ainsi que le saint concile l'a lui-même ordonné; et nous sommes prêt, comme il se l'est promis de nous avec justice, à pourvoir au besoin de toutes les provinces, en la manière qui nous paraîtra la plus commode, déclarant nul et de nul effet tout ce qui pourrait être fait et entrepris contre la teneur des présentes, par qui que ce soit et par quelque autorité que ce puisse être, avec connaissance ou par ignorance. Et afin qu'elles puissent venir à la connaissance de tout le monde, et que personne ne puisse alléguer pour excuse qu'il les a ignorées, voulons et ordonnons, que dans l'église du prince des apôtres, au Vatican, et dans celle de Saint-Jean de Latran, au temps que le peuple a coutume de s'y assembler pour y assister à la grand'messe, les présentes soient lues publiquement et à haute voix, par les huissiers de notre cour. Et qu'après que lecture en aura été faite, elles soient affichées aux portes desdites églises, à celles de la chancellerie apostolique, et au lieu ordinaire du Champ-de-Flore; et que là elles soient laissées quelque peu de temps, afin qu'elles puissent être lues et connues d'un chacun; et lorsqu'elles en seront ôtées, y laissant des copies selon la coutume, qu'elles soient données à imprimer dans cette sainte ville de Rome, afin qu'elles puissent être plus commodément portées par toutes les provinces et royaumes de la chrétienté. Enjoignons et ordonnons qu'aux copies écrites ou signées de la main de quelque notaire public et autorisées du sceau et de la signature de quelque personne ecclésiastique constituée en dignité, il soit ajouté foi sans aucune difficulté. Que nul donc ne soit assez hardi, pour enfreindre aucunement ces présentes de confirmation, d'avertissement, de défense, de réserve et de déclaration de notre volonté touchant les susdites ordonnances et décrets; ou pour y contrevenir par une entreprise téméraire. Et si quelqu'un ose commettre quelque attentat, qu'il sache qu'il encourra l'indignation de Dieu tout-puissant et de ses bienheureux apôtres saint Pierre et saint Paul.

« Donné à Rome, dans Saint-Pierre, le 26e de janvier, l'an de l'Incarnation de Notre-Seigneur mil cinq cent soixante-quatre, le cinquième de notre pontificat.

« PIE, évêque de l'Église universelle.

« F. cardinal PISANI, évêque d'Ostie, doyen, etc. »

Il ne sera peut-être pas hors de propos de faire connaître ici les raisons et les prétextes que le gouvernement français a eus de ne point admettre, comme l'ont fait les autres États catholiques, les décrets du concile de *Trente*. Nous emprunterons ces raisons aux auteurs gallicans eux-mêmes.

1° La session IV donne aux évêques le pouvoir de punir les auteurs et imprimeurs des libelles diffamatoires, ce qui, d'après les gallicans, est réservé en France aux juges séculiers, comme si, en cette circonstance, les évêques ne pouvaient pas punir les coupables de peines canoniques et les tribunaux de peines temporelles.

2° Session VI, chapitre 10, le concile donne au pape le pouvoir de nommer des évêques en remplacement de ceux qui ne résident pas, ce qui est contraire au privilége accordé au chef de l'État de nommer aux évêchés, comme si les concessions que le pape fait dans un concordat ne prouvaient pas, au contraire, son droit suprême dans l'Église, relativement à la nomination des évêques. (*Voyez* NOMINATION.)

3° Session VII, chapitres 15 et 22, session IX, chapitre 8, session XVIII, chapitre 8, le concile donne la disposition des hôpitaux, des colléges, des fabriques et des confréries des laïques aux évêques, avec la disposition des fruits et la reddition des comptes, et les fait exécuteurs de la dernière volonté des testateurs, toutes choses, disent encore nos auteurs gallicans, qui appartiennent en France aux juges séculiers, comme si, en France, la magistrature et le gouvernement n'avaient pas usurpé sur toutes ces choses les droits inaliénables et imprescriptibles de l'Église, qui a reçu de Jésus-Christ même la mission d'instruire et d'exercer les œuvres de miséricorde.

4° Session XXIV, chapitre 10. On accorde aux évêques la punition de ceux qui contractent des mariages clandestins et des témoins qui y ont assisté, ce qui, au sentiment de nos auteurs, est réservé aux juges séculiers en France, les évêques n'ayant le pouvoir que de juger de la validité ou de l'invalidité des mariages, comme si ce n'était pas à la puissance de l'Église qu'il appartient *exclusivement* de régler les choses qui touchent au mariage en quelque façon que ce soit. (*Voyez* MARIAGE.)

5° Session XXI, chapitre 8. On donne aux évêques la connaissance des réparations des églises, avec pouvoir de séquestrer les fruits des bénéfices, ce qui en France est réservé aux juges séculiers, comme si en France on avait le privilége exclusif de fouler aux pieds tous les saints canons faits à cet égard dans un grand nombre de conciles tenus dans ce royaume même comme ailleurs.

6° Session XXIV. On donne aux évêques la connaissance des concubinages et des adultères, ce qui a toujours été réservé en France aux juges séculiers, comme si l'Église devait rester étrangère et indifférente à la punition des crimes les plus fortement condamnés dans l'Évangile.

7° Session XXV, chapitre 5. Le concile excommunie les rois et les princes qui auront permis le duel, ce qui est contre l'autorité du roi, comme si l'Église n'avait pas le droit d'excommunier les rois et les princes aussi bien que leurs sujets quand, par leurs crimes, ils méritent cette terrible punition. (*Voyez* EXCOMMUNICATION.)

8° Session XXV, chapitre 20. Le concile de *Trente* veut que toutes les constitutions des papes, en faveur des ecclésiastiques, soient exécutées; ce qui est trop général, au jugement des gallicans, parce qu'il y a plusieurs décrétales extravagantes que la France n'a jamais reçues, comme si la France pouvait, sans se rendre coupable de schisme, recevoir ou rejeter des lois et constitutions qui regardent et obligent l'Église entière.

9° Même session et même chapitre. Le concile veut qu'en tous les décrets on comprenne toujours l'autorité du Siége apostolique, *semper intelligatur Sedis apostolicæ auctoritas.* C'est, de l'aveu des gallicans, mettre le pape au dessus du concile. Par conséquent, le concile de *Trente,* œcuménique et infaillible, décide contre eux cette question, comme si d'ailleurs il était possible qu'il y eût un concile œcuménique sans pape, c'est-à-dire sans la sanction, la promulgation et l'approbation du pape.

10° Session XXIII, chapitre 18 et ailleurs, il est ordonné que toutes les causes des évêques soient renvoyées ou rapportées au pape, pour être par lui terminées; ce qui est contre l'autorité des conciles provinciaux, et les libertés de l'Église gallicane, article 33, comme si les causes majeures des évêques n'étaient pas réservées au Souverain Pontife, même par un grand nombre de conciles provinciaux du royaume. (*Voyez* CAUSE.)

11° Session XXIV, chapitre 20. Le concile permet au pape d'évoquer à lui les causes des ecclésiastiques pendantes devant les ordinaires, ce qui est contraire aux libertés de l'Église gallicane, article 45, comme si le pape n'était pas l'ordinaire des ordinaires et que sa juridiction ne s'étendît pas sur tous les diocèses du monde catholique.

12° Session XV, chapitre 5 et ailleurs, le concile ordonne que, sans avoir égard aux oppositions, les ordonnances des évêques seront exécutées, ce qui est trop général, et contraire aux appels comme d'abus, etc. Les appels comme d'abus sont effectivement si précieux! (*Voyez* APPEL COMME D'ABUS.)

Les canonistes gallicans citent encore plusieurs autres décrets du concile de *Trente* qui portent atteinte à nos *anciennes maximes.* Mais ce que nous venons d'en rapporter suffit pour prouver que le concile de *Trente,* comme nous le disons ci-dessus, après le docteur Phillips, prononçait une sentence de mort contre les prétendues libertés de l'Église gallicane, ce qui doit les rendre plus que suspectes à quiconque tient à l'intégrité de la foi catholique. Il n'en faut pas davantage pour les lui rendre fort odieuses.

Pour bien connaître le concile de *Trente,* il faut en lire l'histoire par Pallavicini, dont M. l'abbé Migne a donné une traduction, précédée de celle même du concile et accompagnée de plusieurs dissertations et autres documents plus ou moins importants sur ce célèbre concile.

TRÉSORIER.

C'est le nom d'un office dans les églises cathédrales, et dont les fonctions sont à peu près les mêmes que celles du sacristain ou custode. La différence la plus essentielle qu'il semble y avoir entre le *trésorier* et le sacristain, c'est que, suivant le droit canon, le sacristain est une fonction et non une dignité, au lieu que, suivant l'usage de plusieurs chapitres, le chanoine *trésorier* est regardé comme un dignitaire. Il a la garde du trésor, des reliques, des vases sacrés, des ornements et habits ecclésiastiques.

Autrefois, dans plusieurs églises de France, le *trésorier* était une dignité ou personnat qui avait ordinairement sous lui un ou plusieurs officiers, ce qui le distinguait du sacristain.

Dans les saintes chapelles de Paris, de Vincennes, de Bourges, le *trésorier* était la première dignité du chapitre.

Pour le *trésorier* des fabriques, voyez notre *Cours de législation civile ecclésiastique.*

TRÊVE DE DIEU.

Il est beaucoup parlé dans l'histoire ecclésiastique et dans les conciles, notamment dans ceux du onzième siècle, de la paix que les évêques voulaient établir, autrefois, pour empêcher les désordres que commettaient les seigneurs dans leurs guerres particulières. Cette paix n'ayant pu être établie en France, dit Fleury (1), on se réduisit à une *trève* pour certains jours, c'est-à-dire, que depuis le mercredi au soir jusqu'au lundi matin, personne ne prendrait rien par force, ne tirerait vengeance d'aucune injure, et n'exigerait point de gage d'une caution. Quiconque y contreviendrait, paierait la composition des lois, comme ayant mérité la mort, ou serait excommunié ou banni du pays. On nomma cette convention la *trève de Dieu,* et l'on crut qu'il l'avait approuvée, par un grand nombre de punitions exemplaires sur ceux qui l'avaient violée. On y consacra les derniers jours de la semaine plutôt que les autres, en vue des

_____
(1) *Histoire ecclésiastique, liv.* LIX, *n.* 41.

mystères qui y furent accomplis, la cène de notre Seigneur, sa passion, sa sépulture et sa résurrection. Cet établissement fut confirmé dans divers conciles, et notamment dans le troisième concile
de Latran, d'où ont été tirés les deux chapitres du titre IX des décrétales, *de Treugâ et pace, Extravag. comm.*

L'époque la plus ancienne à laquelle on puisse rapporter cette
institution, est l'an 1032 ou 1034. Peu à peu elle fut adoptée en
France et en Angleterre, mais non sans résistance, surtout de la
part des Normands. Elle fut confirmée par le pape Urbain II, au
concile tenu à Clermont, l'an 1095. Voyez à cet égard notre *Histoire des conciles, tome IV.*

TRIBUNAUX ECCLÉSIASTIQUES.

(*Voyez* OFFICIALITÉS.)

TRONE.

Par respect pour la dignité épiscopale, on doit élever un *trône* à
l'évêque dans sa cathédrale et dans toutes les églises de son diocèse quand il les visite. (*Voyez* CHAIRE ÉPISCOPALE.)

Le Souverain Pontife donne à quelques évêques qu'il veut honorer
d'une manière spéciale le titre d'assistants au TRÔNE PONTIFICAL.

TUTELLE, TUTEUR.

Par le canon *Generaliter* 16, *qu*. 1, les ecclésiastiques séculiers et
réguliers sont déclarés exempts de *tutelle,* comme d'une charge dont
les fonctions les divertiraient de celles de leur état : *Generaliter
sancimus, omnes viros reverendissimos episcopos, nec non presbyteros,
sive diaconos et subdiaconos et principuè monachos, licet non sint clerici, immunitatem ipso jure omnes habere tutelæ, sive testamentariæ,
sive dativæ, sive legitimæ : et non solùm tutelæ esse eos expertes, sed
etiam curæ : non solùm pupillorum et adultorum, sed et furiosi, et surdi
et muti, et aliarum personarum, quibus tutores vel curatores à vete-
ribus legibus dantur, eos tamen clericos et monachos hujusmodi habere
beneficium sancimus, qui apud sacrosanctas ecclesias vel monasteria
permanent, non divagantes, neque circà divina ministeria desides : cùm
propter hoc ipsum beneficium eis indulgemus, ut, aliis omnibus derelic-
tis, Dei omnipotentis ministerii inhæreant.* Le chapitre *Pervenit,
dist.* 86, leur défend même de se charger de quelque gestion que ce
soit, dans des vues d'intérêt ; il leur permet seulement d'administrer, par un principe de charité, les biens des pupilles et des orphe-
lins, quand ils jugeront que d'autres s'en acquitteraient à leur préjudice : *Nisi fortè qui legibus minorum ætatum tutelas, sine curationes
inexcusabiles attrahantur aut qui civitatis ipsius episcopus ecclesiasticarum rerum commiser et gubernacula vel orphanorum, ac viduarum*

quæ indefensæ sunt, et earum personarum quæ maximè ecclesiastico indigent adminiculo, propter timorem Dei. Si quis verò transgressus fuerit hæc præcepta, correctioni ecclesiasticæ subjaceat.

L'article 427 du Code civil dispense de la *tutelle*.. :

« Les présidents et conseillers de la cour de cassation, le procureur général et les avocats généraux en la même cour :

« Les préfets ;

« Tous citoyens exerçant une fonction publique dans un département autre que celui où la *tutelle* s'établit. »

Un avis du conseil d'État, du 20 novembre 1806, rend cet article applicable aux curés, vicaires, et à toutes personnes qui exercent les fonctions religieuses. Cet avis du conseil d'État est ainsi conçu :

« Le conseil d'État qui, d'après le renvoi ordonné par Sa Majesté, a entendu le rapport de la section de législation sur celui du ministre des cultes, tendant à savoir si les ecclésiastiques desservant des cures ou des succursales peuvent réclamer l'application de l'article 427 du Code Napoléon.

« Est d'avis que la dispense accordée par cet article à tout citoyen exerçant une fonction publique dans un département autre que celui où la *tutelle* s'établit, est applicable, non seulement aux ecclésiastiques desservant des cures ou des succursales, mais à toutes personnes exerçant pour les cultes des fonctions qui exigent résidence, dans lesquelles ils sont agréés par Sa Majesté, pour lesquelles ils prêtent serment. »

TYRAN.

Le concile de Constance a fait un décret contre ceux qui enseignent qu'il est permis d'ôter la vie à un *tyran*. Le concile condamna cette doctrine comme hérétique, scandaleuse et introductive de trahison, sédition et perfidie, et tous ceux qui, opiniâtrément la soutiennent, hérétiques, et comme tels, punissables suivant les saints décrets. (*Voyez* PUISSANCE.)

U

UNION.

On entend par *union* la jonction d'un bénéfice ou d'une église, faite par l'autorité de l'évêque ou du supérieur ecclésiastique.

Il s'est passé plusieurs siècles avant qu'il fût question d'unir des églises ou des offices ecclésiastiques. En effet, tant que les églises ne furent point entièrement formées, et que le nombre des fidèles s'accrut, loin de diminuer le nombre des ministres de l'autel, il fallut au contraire le multiplier, et il paraît que ce sont les malheurs qu'éprouvèrent les Églises vers le septième siècle, qui ont donné lieu aux premières *unions* de bénéfices.

Les inondations successives des barbares qui désolèrent alternativement les Gaules, l'Espagne, l'Italie et l'Afrique, avaient détruit plusieurs villes autrefois très considérables. Les églises étaient abattues, les biens du clergé dissipés, le peuple dispersé. Il devint souvent nécessaire de réunir deux évêchés voisins, afin que l'évêque eût un peuple suffisant pour former une église, et assez de biens pour subsister lui et son clergé.

Les *unions* d'évêchés sont plus fréquentes en Italie vers ce temps que partout ailleurs. De toutes les provinces de l'empire, c'était elle qui avait le plus souffert. Les ravages successifs des Huns, des Érules, des Vandales, des Goths et des Lombards, pendant près de deux cents ans, en avaient entièrement changé la face ; Rome, cette capitale du monde, et Milan, si florissante depuis que les derniers empereurs y avaient fixé leur résidence, étaient déchues de leur ancienne splendeur. Un grand nombre de villes de moindre importance étaient entièrement ruinées, de sorte qu'elles n'étaient plus qu'une solitude, et que leurs évêques se trouvaient sans peuple. Saint Grégoire fut obligé d'unir plusieurs évêchés. La ville de Minturnes avait été détruite, et l'évêque voisin de Formie demandait que cet évêché fût uni au sien. Le saint pape consentit à une demande si juste. Il unit les deux évêchés de Cumes et de Misènes pour les raisons du voisinage de ces deux villes, de la solitude où elles étaient réduites, et de la pauvreté de leurs églises.

Dans la suite, il a toujours été nécessaire de faire des *unions* de bénéfices. Les guerres qui détruisent les villes et les campagnes, les vicissitudes du commerce, qui prend un autre cours et porte ailleurs la population et l'abondance, les autres changements qui sont une suite ordinaire des choses, et qui arrivent toujours dans l'état des villes et des paroisses, ont obligé d'unir des évêchés et des cures.

§ I. *Différentes espèces d'*UNIONS.

Les canonistes ont coutume de distinguer deux espèces d'*unions ;* l'une qu'ils appellent réelle, et celle qu'ils nomment personnelle. L'*union* réelle est celle par laquelle deux bénéfices sont unis pour toujours. Les *unions* personnelles ou *ad vitam*, étaient celles par lesquelles on unissait à un bénéfice dont un ecclésiastique était revêtu tous les autres bénéfices dont il se trouvait, ou dont il pouvait être revêtu dans la suite, de quelque qualité qu'ils fussent. Les *unions* personnelles ou temporelles sont faites pour un temps seulement, ou en faveur d'une certaine personne (1) : *Temporalis unio, quandò ad tempus fit utpote ad vitam ejus cui conceditur, et sic fit, contemplatione*

(1) Rebuffe, *Praxis, de Union. benefic.*, n. 9.

*personæ et per ejus mortem expirat. (Cap. Novit. vers. Ne plus caruis-
set, Ne sede vacante; cap. Quoniam abbas, de Offic. deleg.)*

Fleury [1] rapporte une lettre du pape Innocent III, écrivant, l'an
1206, au patriarche de Constantinople, où il est dit : « Vous nous
demandez encore la permission de diminuer le nombre des évêchés
trop grand en vos quartiers. Nous donnerons pouvoir au légat de le
faire, quand la nécessité ou l'utilité le demandera ; mais avec votre
consentement, sans toutefois unir les évêchés ; mais en en conférant
plusieurs à une même personne, afin que s'il faut en user autrement
dans un autre temps, on puisse changer plus aisément ce que l'on
aura fait. » Voilà, dit l'historien, le commencement des *unions* personnelles de bénéfices pour la vie du titulaire, dont on a beaucoup
abusé depuis. Car, ajouterons-nous, les *unions* personnelles furent
un moyen inventé par la cupidité pour éluder les canons et faire
rentrer sous un nouveau nom, dans l'Église, la pluralité des bénéfices qui en avait été bannie par les conciles. (*Voyez* INCOMPATIBILITÉ.)

L'*union* réelle, selon tous les canonistes, peut se faire de trois
manières différentes. La première consiste à unir tellement les deux
bénéfices, qu'il n'y ait plus qu'un titre ; ce qui peut se faire, ou en
éteignant le titre du bénéfice que l'on veut unir, et en unissant ses
biens, droits et revenus à celui auquel on veut faire l'*union,* ou en
incorporant les deux titres, de sorte qu'ils n'en forment plus qu'un.

La seconde est de laisser subsister le bénéfice uni, mais de sorte
qu'il devienne un accessoire et une dépendance de celui auquel il est
uni. C'est pourquoi les canonistes l'appellent *unio accessoria, seu ad-
jectiva,* ou *minus principalis.* Dans les cas d'une *union* de cette espèce, le titulaire perçoit les fruits des deux bénéfices ; il doit desservir le principal en personne, et commettre un vicaire pour l'autre,
s'il ne peut le desservir lui-même, et s'il est chargé de quelque service personnel pour la conduite des âmes. (*C. Recolentes, in fin. de
Stat. monach.*)

Enfin, on unit deux bénéfices de la troisième manière, en les laissant dans l'état où ils étaient auparavant, sans aucune dépendance
l'un de l'autre, quoiqu'ils ne doivent avoir qu'un titulaire, et que ce
titulaire doive en percevoir les revenus. C'est cette espèce d'*union*
que les canonistes appellent unir *æquè principaliter.* C'est ainsi que
saint Grégoire, comme nous le disons ci-dessus, unit les deux évêchés de Cumes et de Misènes, ceux de Velletri et des trois Taver-
nes. L'*union* de l'archevêché de Vienne et de l'évêché de Romans,
avant la révolution, était de cette espèce, ainsi que celle de Sisteron et de Forcalquier, de Vence et de Grasse, etc. (*C. Quia monasterium, de Relig. domib.*)

Aujourd'hui, depuis la nouvelle circonscription des diocèses
faite en vertu des concordats de 1801 et de 1817, plusieurs évêchés
et archevêchés se trouvent unis ensemble, ainsi l'archevêque de Lyon

---

[1] *Histoire ecclésiastique, liv.* LXXVI, *n.* 25.

est en même temps archevêque de Vienne, celui de Sens est aussi évêque d'Auxerre, celui d'Aix est archevêque d'Arles et d'Embrun, celui de La Rochelle est évêque de Saintes, etc. (*Voyez* CIRCONSCRIP-TION, CONCORDAT.)

Les *unions* de bénéfices faites par le pape s'exécutent en vertu de bulles données ou en forme gracieuse, ou en forme commissoire. Une bulle en forme gracieuse est celle où le pape fait l'*union* de son propre mouvement, et suppose qu'elle sera exécutée sans les procédures nécessaires pour vérifier son utilité ou sa nécessité. Une bulle en forme commissoire est celle par laquelle le pape nomme un commissaire *in partibus*, pour la fulminer selon la forme prescrite par les canons et les ordonnances, c'est-à-dire lorsqu'il se sera assuré, par la procédure ordinaire, qu'il y a utilité ou nécessité de faire l'*union*.

Les cures peuvent être unies entre elles comme les évêchés ; c'est un des moyens que fournit le concile de Trente pour pourvoir à la pauvreté des curés. *Possunt episcopi facere uniones perpetuas quarumcumque ecclesiarum parochialium, et aliorum beneficiorum curatorum, vel non curatorum cum curatis, propter eorum paupertatem, et in cæteris casibus à jure permissis.* (Sess. XXI, ch. 5, *de Reform.*)

Les *unions* des cures à d'autres bénéfices peuvent se faire de deux manières différentes ; les unes qui sont à l'avantage de la cure, et par lesquelles le curé gagne de la considération et de l'aisance ; les autres qui se font aux dépens de la cure, pour subvenir aux besoins d'un établissement ou d'un bénéfice. Les *unions* de cures de la première espèce sont certainement très favorables : ainsi, rien n'empêche qu'on n'unisse une cure à un canonicat de cathédrale, si la cure et la prébende sont dans la même ville, et surtout dans la même église. Aussi la plupart des cures des cathédrales sont unies aux chapitres (1).

Les *unions* de cures de la seconde espèce sont, au contraire, très défavorables. Les cures sont des bénéfices si nécessaires à l'Église, il est si intéressant pour une paroisse que son pasteur jouisse de tous les revenus qui forment sa dotation, qu'il est étonnant qu'on se soit jamais déterminé à prendre les biens d'une cure pour les unir à d'autres bénéfices, ou à d'autres établissements souvent moins importants et moins nécessaires. L'Église a toujours réprouvé ces *unions*. Avant le concile de Latran, les évêques unissaient des cures aux prébendes de leur cathédrale pour suppléer à leur pauvreté ; ce concile défendit à l'avenir de pareilles *unions*. Le concile de Trente proscrivit absolument toute *union* de cures à d'autres bénéfices en ces termes : « Dans toutes les *unions* qui se feront, soit pour les causes que nous venons de dire, ou autres, les églises paroissiales ne seront jamais unies à aucuns monastères, ni à aucunes abbayes, dignités ou prébendes d'églises cathédrales, ou collégiales, ni à aucuns autres bénéfices simples...; et, celles qui s'y trouveront unies,

(1) Voyez ci-après un arrêt du conseil d'État à cet égard.

seront revues par les ordinaires, suivant le décret déjà rendu dans ce même concile sous Paul III, d'heureuse mémoire, qui s'observera aussi pareillement dans les *unions* qui auront été faites depuis qu'il a été rendu jusqu'à présent, nonobstant quelques termes que ce soit sous lesquels elles puissent avoir été conçues, qui seront tenus pour être suffisamment exprimés. » (Session XXIV, ch. 13, *de Reform.*)

§ II. *Des* DÉSUNIONS *de bénéfices.*

Les *désunions* de bénéfices ne sont autre chose que le rétablissement des bénéfices unis dans leur premier état, lorsque le bien de l'Église le demande. Autant les *unions* sont défavorables, autant les *désunions* doivent être favorables. L'Église est ennemie de la destruction; elle ne se porte que difficilement à supprimer des établissements qui n'ont été formés que pour son service. Elle doit donc voir volontiers cesser les causes qui les avaient fait détruire, et se prêter aisément à les rétablir dans leur premier état. L'Église permet seulement et tolère les *unions;* c'est une conséquence nécessaire qu'elle approuve et désire les *désunions.*

Le pouvoir de désunir les bénéfices appartient à celui qui a le droit de les unir : *Qui unire potest, potest et dissolvere* (1). C'est donc le pape seul qui peut désunir les bénéfices consistoriaux, les évêchés, les monastères, puisque c'est à lui qu'appartient le pouvoir exclusif de les unir.

Comme l'évêque a le pouvoir d'unir tous les bénéfices ou offices de son diocèse, excepté dans quelques cas particuliers où le droit et l'usage l'ont réservé au pape ; de même, hors de ces cas particuliers, le pouvoir d'unir ou de désunir les cures ou autres offices de son diocèse doit lui appartenir. En France, l'évêque unit ou désunit les paroisses, mais il ne peut le faire sans le concours du gouvernement, à cause du traitement que celui-ci se charge de faire pour le titulaire de la paroisse désunie. (*Voyez* ARTICLES ORGANIQUES , TRAITEMENT.)

Les causes des *désunions* sont, comme celles des *unions,* la nécessité ou l'utilité de l'Église. En général, dit Rebuffe, les mêmes causes qui suffisent pour opérer l'*union* suffisent pour la *désunion.*

Une *désunion* est nécessaire, lorsque l'*union* est devenue nuisible et préjudiciable à l'Église. La paroisse d'une ville détruite et réduite en solitude, a été unie à celle d'un village voisin. La ville s'est repeuplée dans la suite, et est devenue considérable. C'est un mal qu'une ville considérable n'ait pas son église et son pasteur au dedans de ses murs; la *désunion* doit être regardée comme nécessaire.

Une *désunion* est utile, quand les causes de l'*union* cessent, ou lorsqu'une *union,* utile dans son origine, est devenue inutile par la suite. Dans l'un et l'autre de ces cas, il est avantageux pour l'Église

(1) Rebuffe, *Praxis benef., de Union. revoc., n.* 15.

que le bénéfice soit rétabli dans son ancien état, ou que ses biens soient réunis à quelque autre établissement plus utile que celui auquel ils étaient unis précédemment.

Les causes de l'*union* cessent, quand elle n'a été faite que pour procurer à l'Église un nouvel établissement, si cet établissement parvient dans la suite à être suffisamment doté : il en est de même quand cet établissement a été supprimé. Une *union* devient inutile à l'Église lorsque la fin pour laquelle elle a été faite ne peut plus être remplie.

Si l'*union* n'est qu'une *union* de fait, et qu'il n'y ait eu ni formalités préalablement observées, ni décret rendu, il est évident qu'elle n'existe point.

Sous la législation actuelle, un évêque peut, sans abus, opérer l'*union* d'une cure au chapitre de son diocèse. Cette *union* peut avoir lieu du vivant du titulaire de sa cure et sans son consentement et l'évêque peut ordonner que les fonctions curiales seront exercées par un vicaire amovible. C'est ce qui résulte de l'arrêt du conseil d'État suivant :

ARRÊT *du conseil d'État du 14 juillet 1824, lequel, en statuant sur l'appel comme d'abus dirigé par un curé contre un évêque, décide que le principe d'inamovibilité des pasteurs du second ordre n'est pas applicable aux curés des églises cathédrales, et que le pouvoir disciplinaire des évêques peut s'exercer sur les prêtres discrétionnairement, hors les cas prévus par les canons, sans avoir entendu l'inculpé.*

« LOUIS, etc.

« Sur le rapport de notre ministre de l'intérieur ;

« Vu le mémoire adressé à notre ministre par le sieur Pierre-Claude Chasles, prêtre chanoine du chapitre cathédral de la même ville : ledit mémoire tendant à faire déclarer abusivement rendues trois ordonnances de M. l'évêque de Chartres, en date des 8 novembre 1821, 19 janvier et 3 décembre 1823.

« Savoir, la première, parce que dans cette ordonnance, M. l'évêque de Chartres aurait agi en vertu de pouvoirs à lui conférés par une bulle du pape, non reçue dans le royaume, et ce, au mépris des dispositions des articles 1 et 3 de la loi du 8 avril 1802, et autres lois du royaume; la deuxième et la troisième, en tant que, par ces deux ordonnances, M. l'évêque de Chartres aurait privé le réclamant des fonctions du titre de curé inamovible, en contravention aux dispositions de ladite loi de 1802, des règles de droit canonique reçues en France, des dispositions expresses de l'édit du 29 janvier 1686, de l'article 24 de celui du mois d'avril 1695, et de la déclaration donnée à Marly, le 15 janvier 1731; la troisième, seulement en ce que la sentence d'interdit qu'elle contient aurait été fulminée contre les formes et les règles canoniques ;

« Vu les ordonnances rendues par M. l'évêque de Chartres, les 8 novembre 1821 et 7 janvier 1822, portant érection et contenant les statuts du chapitre de sa cathédrale; ensemble notre ordonnance du 30 du même mois de janvier 1822, portant approbation de la dernière de ces ordonnances épiscopales ;

« Vu la lettre adressée le 6 décembre 1822, par notre ministre de l'intérieur à M. l'évêque de Chartres, dans l'intention de lui faciliter les moyens de mettre les établissements ecclésiastiques de son diocèse en harmonie avec ceux des autres siéges du royaume et, notamment, de lui faire connaître que l'expérience avait démontré les inconvénients inséparables de l'existence en une même église cathédrale, d'une cure distincte et indépendante du corps du chapitre; que, pour y remédier et pour faire cesser les divisions interminables entre le corps capitulaire et le curé, soit à l'occasion de la célébration des offices, de l'administration des deux fabriques, de l'exercice des diverses fonctions religieuses, soit pour l'ordre des préséances, feu M. le cardinal du Belloy, avait proposé, dès 1807, la *réunion* de la cure de Notre-Dame de Paris au chapitre métropolitain et la délégation des fonctions curiales, en l'acquit du chapitre, à un archiprêtre chanoine, choisi par l'archevêque et révocable par lui, et que, cette mesure consacrée dans ce temps par un décret du dernier gouvernement, avait depuis été adoptée par un grand nombre d'évêques, et consacrée de nouveau par plusieurs de nos ordonnances;

« Vu l'ordonnance rendue par M. l'évêque de Chartres, le 19 janvier 1823, portant *réunion* à perpétuité du titre curial de son église cathédrale au chapitre de ce diocèse, et statuant que le chapitre en corps sera chargé des offices divins et que les autres fonctions curiales seront confiées à un ecclésiastique choisi par l'évêque entre les chanoines, qui portera le titre de curé de Notre-Dame, sera révocable à la volonté dudit évêque et n'aura de compte à rendre de l'exercice de ses fonctions qu'à lui et à ses vicaires généraux; ensemble notre ordonnance du 9 juillet suivant, portant approbation de ladite ordonnance d'*union*;

« Vu l'ordonnance rendue par M. l'évêque de Chartres, le 3 décembre 1823, portant que M. Chasles cessera de jouir du titre et des émoluments de curé de la paroisse de Notre-Dame de Chartres, qu'il s'abstiendra d'en faire les fonctions, qu'il lui retire tout pouvoir d'entendre les confessions et d'annoncer la parole de Dieu;

« Vu les diverses consultations à l'appui du recours du sieur Chasles, les lettres en réponse de M. l'évêque de Chartres et toutes les pièces produites;

« Vu la loi du 9 avril 1802;

« Sur le moyen d'abus proposé contre l'ordonnance épiscopale du 8 novembre 1821;

« Considérant que le recours en cas d'abus, contre les actes émanés des supérieurs ecclésiastiques, ne compte, aux termes de l'article 8 de la loi du 8 avril 1802, qu'aux personnes intéressées;

« Que l'ordonnance rendue le 8 novembre 1821, par M. l'évêque de Chartres, portait seulement que le curé de la cathédrale prendrait rang et séance au chapitre diocésain et qu'il aurait le titre de chanoine.

« Que dès lors le réclamant était sans intérêt et, par conséquent, non recevable à en poursuivre la réformation;

« Considérant en outre que cette ordonnance a d'ailleurs été annulée par l'ordonnance postérieure du 7 janvier 1822, revêtue de notre approbation royale du 30 du même mois et dans laquelle il n'est fait mention d'aucun acte du Saint-Siége qui n'aurait pas été reçu et publié dans le royaume; d'où il suit que, dans toutes les suppositions, le recours comme d'abus serait sans fondement;

« Sur le moyen d'abus proposé contre les ordonnances épiscopales des 19 janvier et 3 décembre 1823, en tant qu'elles auraient dépouillé le réclamant des fonctions et du titre de curé inamovible;

« Considérant que s'il est hors de doute qu'un curé ne peut être privé de ses fonctions et de son titre que par une sentence de déposition rendue selon les formes, communiquée et confirmée par nous, l'inamovibilité du titulaire n'emporte pas la perpétuité de l'office; qu'il est également hors de doute qu'une cure peut être supprimée par son *union* à une autre cure ou à tout autre établissement ecclésiastique, dans les formes prescrites par les lois, lorsque l'utilité des fidèles, ou les nécessités du service religieux le commandent;

« Considérant que, dans l'espèce, la cure de Notre-Dame a été unie par l'évêque de ce diocèse, avec notre approbation, au chapitre cathédral ;

« Qu'une *union* semblable, qui n'a jamais été considérée comme abusive, lorsqu'elle était justifiée par les circonstances, ainsi qu'il résulte de l'ancienne jurisprudence de nos cours, est devenue indispensable à cause de la destruction d'un grand nombre d'églises qui a nécessité dans presque tous les diocèses, l'établissement simultané, dans une même église, d'un chapitre cathédral et d'une paroisse, ainsi que le prouvent plusieurs décrets rendus successivement, à dater de l'année 1807, et plusieurs ordonnances par nous rendues ; lesdits décrets et ordonnances portant approbation de trente-trois *unions* de cette nature, opérées par trente-trois archevêques ou évêques de notre royaume, dans leurs diocèses respectifs ;

« Considérant que, si les canons de l'Église ont prescrit aux chapitres-curés de faire exercer les fonctions curiales en leur acquit, par des vicaires perpétuels, c'est toutefois, sous la condition que les évêques ne jugeront pas, sans quelque raison particulière, tirée de l'intérêt de la bonne administration de leur diocèse, *bono ecclesiarum regimine,* que le contraire doit être plus avantageux ;

« Considérant que si les anciennes lois du royaume prescrivent pareillement l'établissement des vicaires perpétuels, ces lois étaient relatives à un état de choses qui n'existe plus ;

« Qu'alors, d'une part, les *unions* de l'espèce de celle dont il s'agit, avaient le plus souvent pour but unique d'augmenter la dotation du chapitre ;

« Et que les vicaires en chapitre étaient destituables et amovibles à leur volonté ;

« Qu'aujourd'hui, au contraire, les vicaires chargés d'une partie des fonctions curiales, en l'acquit du chapitre, ne sont nommés et révocables que par l'évêque ; que les *unions* des cures aux chapitres ont exclusivement pour objet, ou de maintenir le bon ordre dans les églises ou métropoles, ou de prévenir les dissensions du clergé et le scandale des fidèles, d'où il suit que les dispositions des lois anciennes sont sans application dans l'espèce ;

« Considérant enfin que l'*union* de la cure de Notre-Dame de Chartres, a eu lieu à l'époque du nouvel évêché de Chartres, en exécution de la nouvelle circonscription du royaume ;

« Que, par suite de l'établissement de cet évêché, l'église de Notre-Dame a été érigée en cathédrale et que cette érection a rendu l'*union* nécessaire ;

« Que la cause même de l'*union* ne permettait aucun délai dans son exécution ;

« Et que, dès lors, l'ancien curé dont le titre était éteint par l'*union*, et qui ne pouvait plus en exercer les fonctions, ne pouvait, dans le cas d'exception où il se trouvait placé, se prévaloir des anciennes règles qui prescrivent que le titulaire d'un bénéfice continue à en recueillir les fruits jusqu'à sa mort, même après l'*union* de ce bénéfice à un autre :

« Sur le moyen d'abus proposé contre la sentence d'interdiction contenue dans l'ordonnance épiscopale du 3 décembre 1823 ;

« Considérant qu'à l'époque où cette interdiction a été prononcée, l'*union* de la cure au chapitre étant consommée, le réclamant n'était plus que chanoine et que, dès lors, son évêque a pu en tout état de cause, ainsi qu'il l'a fait, lui retirer, sans jugement préalable, des pouvoirs qu'un simple prêtre ne peut conserver qu'aussi longtemps que son évêque le juge convenable.

« Sur le rapport du comité du contentieux, notre conseil d'État entendu, nous avons ordonné et ordonnons ce qui suit :

« ART. 1er. Le recours comme d'abus dirigé par le sieur Chasles, contre trois ordonnances rendues par Mgr l'évêque de Chartres, les 8 novembre 1821, 19 janvier et 3 décembre 1823, est rejeté. »

UNIVERSITÉ.

On donne ce nom en Europe, depuis le douzième siècle, à quelques écoles célèbres et privilégiées.

L'inondation des Barbares, qui s'établirent sur les ruines de l'empire romain en Occident, avait fait tomber les études; et s'il y resta quelque étincelle de lumière dans le sixième et le septième siècle, nos pères en ont eu l'obligation aux monastères et aux maisons épiscopales. On y enseignait la grammaire, la dialectique et l'écriture, et tous les hommes qui se distinguèrent jusqu'au huitième siècle sortirent de ces écoles.

Charlemagne, appelé à juste titre le restaurateur des lettres, mit tout en œuvre pour les rétablir : il ordonna, par un capitulaire fait à Aix-la-Chapelle, en 789, qu'on établît des écoles dans les maisons des évêques et dans les monastères, pour enseigner les psaumes, le plain-chant, le comput, la grammaire, et qu'on pourvût ces écoles de livres catholiques très corrects. Il en établit une dans son palais, qui fut très-célèbre jusqu'au règne de Charles-le-Chauve. Il honora les savants, les combla de biens, les attira chez lui : et c'est à ses bienfaits que la France est redevable du fameux Alcuin, l'honneur de son siècle. (*Voyez* SÉMINAIRE.)

La plupart des écrivains ont voulu faire remonter à ces écoles l'établissement de l'*Université* de Paris, et attribuer à Charlemagne la gloire de sa fondation : mais ce sentiment n'est pas fondé; les écoles de Paris ne prirent le nom d'*université* que vers la fin du douzième siècle, ou au commencement du treizième.

Sous les rois de la troisième race, Paris était devenu la capitale du royaume; les grands et les gens d'affaires, qui accompagnent toujours la cour des princes, y établirent leur résidence et y attirèrent après eux les artisans du luxe et les marchands. Les maîtres s'y rendaient de toutes parts, parce que cette ville était la plus riche du royaume, et qu'ils y trouvaient plus de gens en état de connaître leur mérite : le nombre et la célébrité des maîtres y attirèrent un grand nombre d'écoliers de l'Angleterre, de l'Allemagne, de tout le Nord, de l'Italie et de l'Espagne.

C'est à cette époque qu'on y voit briller Guillaume de Champeaux et ses disciples, Pierre Abailard, Albéric de Reims, Pierre Lombard, Hildebert de Tours, Robert Pullus, l'abbé Rupert et Hugues de Saint-Victor. C'est alors que ces écoles prirent la dénomination d'*université d'études, universitas studiorum*, parce qu'on y enseignait toutes les sciences qu'il fallait aller apprendre en divers lieux.

Les maîtres de ces écoles n'avaient pas formé de corps jusque-là, et n'étaient pas soumis à des règlements particuliers. Ils convinrent d'en former un, et ils dressèrent entre eux des statuts qu'ils furent tenus de suivre. On ignore quels ils étaient; mais on les trouve confirmés par une bulle d'Innocent III, donnée en 1209. Quelques années après, Philippe Auguste leur donna des règlements qu'on ne connaît pas non plus, mais qui se trouvent référés dans quelques édits, déclarations et statuts particuliers postérieurs.

L'*université* de Bologne date à peu près du même temps. En 1220, le pape Honorius témoignait, par une bulle, que l'étude des bonnes lettres avait rendu la ville de Bologne célèbre par tout le monde. Successivement il en a été établi, sur leur modèle, dans tous les différents États qui composent l'Europe.

On comptait, en France, à l'époque de la révolution, vingt *universités*, en y comprenant celles d'Orange et d'Avignon; savoir : celles de Paris, Orléans, Toulouse, Bordeaux, Bourges, Caen, Angers, Poitiers, Nantes, Reims, Valence, Aix, Montpellier, Besançon, Douai, Strasbourg, Dijon et Nancy.

Toutes les *universités* avaient été établies par l'autorité réunie des papes et des souverains; aussi presque toutes avaient-elles un conservateur des priviléges royaux, et un autre des priviléges apostoliques. Les priviléges dont les *universités* de France jouissaient leur avaient été accordés à l'instar de ceux de l'*université* de Paris; elles étaient composées du même nombre de facultés, et elles enseignaient les mêmes sciences.

Un des principaux priviléges de l'*université* de Paris était autrefois l'exercice des fonctions du conservateur apostolique. Il connaissait de toutes les difficultés qui s'élevaient sur les priviléges de l'*université* et sur leur exécution. Les conservateurs apostoliques s'étaient érigé un tribunal; ils tenaient leur audience au chapitre des Mathurins. Ce tribunal était composé du conservateur, comme président, de son vice-président, d'un greffier, d'un promoteur, de deux notaires et d'un greffier particulier des appellations interjetées du conservateur.

Les appels des sentences de la conservation étaient relevés en cour de Rome, ou au concile général. Pour les relever, il fallait prendre des lettres qu'on appelait *apostolos*, ou lettres dimissoires. Mais il n'était jamais permis de citer aucun suppôt de l'*université*, sans l'avoir préalablement cité devant le conservateur.

Le juge conservateur des priviléges apostoliques était au choix de l'*université*, qui a toujours pris un des évêques de Senlis, de Beauvais ou de Meaux. Il connaissait de toutes les matières dont la connaissance appartenait de droit commun à l'évêque de Paris ou à son official. Toutes sortes de personnes, sans excepter les évêques, même celui de Paris, étaient obligés d'obéir à ses citations.

L'*université* jouissait de l'exemption des tailles, du logement des gens de guerre, des tutelles, curatelles et autres charges publiques. Elle avait encore d'autres priviléges; elle avait aussi plusieurs droits: les plus importants étaient de donner des degrés et d'accorder des lettres de nomination sur certains collateurs à ceux qui avaient obtenu un degré, soit celui de maître ès-arts, soit celui de bachelier en théologie, en droit ou en médecine.

Les personnes chargées de l'enseignement dans les *universités* sont partagées en quatre facultés, savoir : de théologie, de droit, de médecine et des arts. On comptait dans quelques-unes cinq facultés, parce qu'on divisait celle de droit en deux : l'une appelée la *faculté de droit civil,* l'autre la *faculté de décret* ou *de droit canon.*

La première faculté était celle de théologie. Dans l'origine de l'*université* de Paris, tous les docteurs de la faculté de théologie enseignaient. On leur avait accordé le droit d'enseigner publiquement, en leur conférant la qualité de docteur. Ils ouvraient donc, quand ils le jugeaient à propos, une école, et recevaient tous les écoliers que leur réputation leur attirait. Il y avait presque autant d'écoles que de docteurs particuliers.

Il se forma dans la faculté de théologie de Paris, vers le treizième et le quatorzième siècle, différentes sociétés particulières, dont les plus fameuses étaient celles de Sorbonne et de Navarre. Les fondateurs de ces sociétés y instituèrent des chaires de théologie permanentes qui devaient être remplies par ceux de leurs membres qu'elles jugeraient plus en état d'enseigner.

Ces professeurs étant choisis dans un plus grand nombre de docteurs, et ayant nécessairement pour auditeurs tous les jeunes gens qui composaient leur maison, devinrent bientôt plus célèbres, et eurent un plus grand nombre d'écoliers que les docteurs qui enseignaient dans les différents endroits de la ville. Insensiblement l'usage des écoles particulières se perdit, et il ne resta plus de chaires destinées à l'enseignement de la théologie, que dans les maisons de Sorbonne et de Navarre. La maison de Sorbonne avait six professeurs, dont deux étaient de fondation royale, et celle de Navarre en avait quatre, qui étaient tous de fondation royale.

La seconde faculté des *universités* est celle de droit civil et canonique. On voit l'origine de cette faculté dès le commencement de l'*université* de Paris. On y a longtemps professé le droit civil et canonique, comme dans toutes les autres *universités* du royaume, avec moins de réputation cependant que dans quelques autres villes, où le mérite extraordinaire de quelques professeurs avait attiré un concours prodigieux d'étudiants de toutes les provinces de France et des pays étrangers.

Nous ne dirons rien des deux autres facultés de médecine et des arts qui ont moins de rapport au plan de notre ouvrage.

Le recteur de l'*université* de Paris convoquait les assemblées générales de l'*université* et y présidait. Il avait juridiction sur tous les membres de ladite *université,* en première instance, et pour les choses qui regardaient la police et la discipline du corps. Il avait droit de visiter tous les colléges de l'*université,* etc.

On ne sera peut être pas fâché de trouver ici le nom de toutes les anciennes *universités* catholiques de l'Europe, avec l'année de leur fondation. Nous allons en conséquence en donner la liste par ordre alphabétique.

Années de la fondation des universités de l'Europe.

Aberde, en	1494	Grenade	1537
Abo	1740	Gripswalde	1456
Aix	1409	Groningue	1614
Alcala	1517	Guatimala	1628
Altorf	1579	Halle	1694
Angers	1398	Harderswick	1648
Avignon	1303	Heidelberg	1346
Avila	1445	Helmstad	1576
Bacca	1533	Ilerda	1549
Bâle	1459	Ingolstad	1410
Besançon	1594	Inspruch	1677
Bologne	1388	Jène	1549
Bordeaux	1473	Kiel	1669
Bourges	1464	Konisberg	1544
Breslaw	1702	Leipsick	1408
Caen	1452	Leide	1575
Cahors	1332	Lima	1614
Cambridge	1140	Louvain	1425
Cervera	1717	Lunden	1606
Coimbre	1441	Macerata	1540
Cologne	1158	Marpourg	1526
Compostelle	1532	Mayence	1482
Copenhague	1497	Messine	1548
Cracovie	1364	Mexico	1551
Derpt	1632	Montpellier	1289
Dijon	1722	Moscou	1754
Dillingen	1549	Nantes	1460
Dole	1426	Onate	1543
Douai	1563	Orange	1365
Duysbourg	1656	Origuela	1555
Elbing	1542	Orléans	1302
Erford	1392	Ossune	1549
Évora	1579	Oviedo	1535
Florence	1321	Oxford	895
Francfort sur l'Oder	1506	Paderborn	1592
Francker	1585	Palencia	1179
Fribourg en Brisgaw	1460	Padoue	1190
Gandie	1549	Pampelune	1608
Genève	1365	Paris, vers l'an	900
Giessen	1607	Parme	1509
Girone	1710	Pau	1722
Glascow	1454	Pavie	1361
Goettingue	1734	Pérouse	1307
Gratz	1585	Perpignan	1349

Pise	1560	Sigen	1589
Poitiers	1431	Strasbourg	1588
Pont-à-Mousson	1573	Tarragone	1570
Prague	1348	Tolède	1475
Quito	1586	Tortose	1540
Reggio	1752	Toulouse	1228
Reims	1548	Trèves	1473
Rome, *année incertaine*, — collège		Tubingue	1477
de la Sapience	1303	Turin	1405
Rostock	1419	Upsal	1477
Saint-André	1411	Utrecht	1636
Saint-Domingue	1558	Valence en Dauphiné	1452
Saint-Pétersbourg	1747	Valence en Espagne	1470
Salamanque	1200	Valladolid	
Saltzbourg	1629	Vienne en Autriche	1365
Saragosse	1474	Vilna	1579
Séville	1531	Wirtsbourg	1403
Sienne	1387	Wittemberg	1502

L'*université* actuelle de Paris n'a que le nom de commun avec les *universités* dont nous venons de parler et qui florissaient dans l'ancienne France. Celles-ci avaient disparu, comme tant d'autres établissements utiles, dans la tempête révolutionnaire, lorsque Napoléon profitant des circonstances qui lui parurent favorables, fonda l'*université* actuelle, d'abord par les lois du 11 floréal an X et du 10 mai 1806, puis par le décret du 17 mars 1808 en 144 articles qui l'organisa, et enfin par deux autres décrets du 17 septembre de la même année et du 15 novembre 1811, qui complétèrent l'œuvre.

L'*université* catholique de Louvain, a été instituée en 1834, par Sa Sainteté Grégoire XVI, sous la direction des évêques de la Belgique. Elle fut établie d'abord à Malines, puis transférée à Louvain.

USAGE.

C'est une grande règle en matière ecclésiastique, que les anciens *usages* particuliers des églises doivent être conservés lorsqu'ils n'ont rien de contraire aux mœurs ni aux lois générales de l'Église. (*Can. Galliarum* 25, *qu.* 2.)

L'évêque ne peut que corriger les *usages* abusifs ou superstitieux dans le service divin.

Il en est des *usages* comme des coutumes, les uns sont légitimes et revêtus de toutes les conditions qui leur donnent force de lois, mais d'autres, au contraire, ne sont que des abus qu'il faut réprimer. Nous disons, sous le mot COUTUMES, tout ce qui peut les légitimer. Le concile d'Amiens de cette présente année 1853 s'exprime ainsi sur les *usages* ou coutumes qu'on peut suivre.

« L'obligation d'observer les lois de l'Église et les constitutions apostoliques qui ont rapport à la discipline générale est universelle; mais il est cependant juste et salutaire, comme l'entend le Saint-Siége lui-même, de garder ces coutumes locales, qui, tout en s'écartant de certaines prescriptions particulières du droit commun, satisfont aux conditions voulues par ce droit, de telle sorte qu'elles ne dépassent point les limites qu'il trace. Pour remplir ces conditions, il est nécessaire que ces coutumes, fondées sur des motifs raisonnables ou sur de véritables nécessités, ne tendent ni à troubler l'ordre hiérarchique, ni à relâcher le nerf de la discipline ecclésiastique, ni à mettre en relief aucun principe abusif, ni à restreindre ou à entraver l'exercice de la suprême puissance, attribut exclusif du Pontife romain, à qui, dans tous les cas particuliers, il appartient de juger ce que dans chaque coutume le plus grand bien et l'utilité de l'Église permettent d'approuver. Sans ces conditions, les coutumes ne peuvent être rendues légitimes par aucune prescription, si ancienne qu'elle soit. (*Voyez* COUTUME.)

« Parmi nous, cela est constant, sont en vigueur certaines coutumes qui remplissent les conditions exigées. Nous les divisons en trois catégories, celles de la première sont nombreuses et ont leur cause dans la situation, sous divers rapports, extraordinaire, que le renversement et ensuite le rétablissement des choses ecclésiastiques ont fait en France à la religion, la situation où elle se trouve encore. L'Église a été dépouillée de ses biens, il n'y a plus de bénéfices proprement dits. La loi canonique n'a pas force de loi aux yeux de la puissance civile, cette puissance ne reconnaît pas les immunités ecclésiastiques, de là une foule d'exceptions au droit commun qu'il a été absolument impossible d'éviter. Les coutumes de la seconde catégorie ne sont pas aussi directement produites par cette inexorable nécessité, mais elles ont cependant leurs racines dans l'état de choses qui en est la suite, ou bien elles sont imposées par d'autres besoins que le temps a créés au sein de nos Églises. Dans la troisième catégorie peuvent être comprises certaines coutumes qui procurent l'édification des fidèles, bien loin de lui être contraires, et qui profondément entrées dans les mœurs, dans les habitudes, sont devenues l'objet d'un tel attachement qu'on ne pourrait les abolir sans froisser et irriter au plus haut degré les populations catholiques.

« Quant à ces coutumes, nous avons la confiance que le Siége Apostolique en jugera comme il a jugé en une autre occasion de l'état général du clergé français. En France, la plus grande partie des curés préposés au gouvernement des paroisses sont amovibles, et c'est là assurément une grave dérogation au droit commun; néanmoins le Souverain Pontife a jugé que cet état de choses que des raisons légitimes ont fait établir, ne devait pas être aboli et qu'il fallait le maintenir (1). Or, les coutumes dont nous parlons sont aussi

_____

(1) L'amovibilité des curés préposés au gouvernement des paroisses, étant une *grave dérogation au droit commun*, ne peut être une coutume légitime, elle ne peut être *main-*

fondées en raison, elles ne se trouvent affectées d'aucun des vices qui rendent toute coutume radicalement nulle, et nous l'attestons, leur maintien ne dérive d'aucune prétention contraire aux prérogatives et aux enseignements du Saint-Siége. La situation de nos Églises demande donc qu'après s'être assuré de la réalité de nos besoins, le Saint-Siége Apostolique veuille bien ne pas désapprouver ces coutumes pour nos diocèses, et permettre qu'elles soient maintenues, comme il l'a déjà fait pour certains points dérogeant au droit commun, formulés dans les décrets de notre concile de Soissons. » (*Cap.* 6.)

De nos jours, on a cherché à défendre et à faire revivre en France d'anciens *usages* et coutumes contraires au droit commun ; on a voulu réveiller des *usages* que le malheur des temps et l'esprit de schisme avaient implantés parmi nous et qui ont pour but de mettre des bornes à la puissance du Souverain Pontife. Un *Mémoire* anonyme a même été composé dans cette intention et envoyé clandestinement à tous les évêques de France et aux supérieurs des séminaires. Les *usages* et les mauvaises coutumes qu'on voulait y faire prévaloir ont appelé l'attention du Souverain Pontife qui a condamné ce *Mémoire* dans l'encyclique du 21 mars 1853, rapportée sous le mot SÉMINAIRE, et celle du concile d'Amiens qui en a proscrit la doctrine en ces termes :

« Il est toujours nécessaire de repousser les erreurs qui ébranlent ou qui diminuent l'obéissance due au Souverain Pontife ; mais, dans le temps présent et dans notre pays, des raisons toutes particulières imposent l'obligation de mettre cette obéissance catholique tellement à l'abri, qu'au milieu de toutes les attaques, de toutes les embûches, elle soit préservée et demeure entière et intacte.

« Parmi ces raisons particulières, nous comprenons spécialement un écrit imprimé sans nom d'auteur et intitulé : *Sur la situation présente de l'Église gallicane relativement au droit coutumier;* on l'a envoyé non seulement aux évêques, mais encore aux supérieurs des séminaires, et grand nombre d'ecclésiastiques l'ont déjà lu. Quoi qu'il en soit des illusions au moyen desquelles la conscience de l'auteur a pu se déguiser à elle-même le véritable caractère de son œuvre, ce livre a manifestement pour but de restreindre, d'entraver l'exercice de la puissance pontificale. Il enseigne, en effet, ou il insinue ce qui suit :

« I. Ce n'est point par le jugement du pape seul que doit être résolue la question lorsqu'il s'agit de concilier le droit des réserves qui appartient au Souverain Pontife avec le droit propre de l'évêque au gouvernement ordinaire de son diocèse. Il faut alors faire interve-

tenue par conséquent que *provisoirement,* comme l'a décidé le Souverain Pontife. La France doit revenir, en cela, au droit commun dès qu'elle le pourra sans inconvénient, et c'est ce que plusieurs conciles provinciaux ont déjà posé en principe, car l'amovibilité est très funeste au bien de la religion. (*Voyez* INAMOVIBILITÉ.)

nir le droit coutumier comme une règle d'après laquelle le différend doit être décidé.

« II. Soutenir que, lorsque le pape presse dans certains diocèses, où elle est encore en vigueur, l'abolition d'une coutume contraire au droit commun, les évêques peuvent légitimement s'opposer à ce changement, aussi longtemps du moins que n'a pas été reconnue la nécessité qui le motive, est une opinon qui ne manque point de probabilité.

« III. Dans les contrées où un lien avait été formé entre l'Église et l'État, ce fut une coutume raisonnable de ne considérer comme obligatoires les constitutions apostoliques relatives à la discipline de l'Église que lorsqu'elles avaient été préalablement promulguées dans chaque diocèse en vertu du *placet* du pouvoir civil.

« IV. Aujourd'hui les évêques français peuvent légitimement, en vertu de la coutume, et sauf les cas extraordinaires, ne pas reconnaître comme obligatoires pour eux les constitutions apostoliques relatives à la discipline qui n'ont pas encore été promulguées dans les diocèses de France.

« V. Chez nous, dans l'état actuel de la question, un évêque peut légitimement, en vertu des principes du droit coutumier, exclure de son diocèse, non pas seulement d'une manière provisoire, mais absolument, la liturgie romaine.

« VI. Dans un assez grand nombre de leurs décisions récentes, les congrégations romaines, instituées par les Souverains Pontifes pour l'administration générale de l'Église, suivent une voie nuisible au bien des Églises de France.

« VII. La nécessité de recourir à Rome, conformément à la décision de la Congrégation du Concile, dans le cas où un prêtre est frappé de suspense, *ex informatâ conscientiâ*, paraît blesser l'autorité métropolitaine.

« VIII. On ne voit aucune raison à la prétention en vertu de laquelle la congrégation romaine du Concile, sous prétexte de suppléer des omissions, s'est arrogé le droit d'introduire des additions dans les actes des conciles provinciaux.

« IX. Le mouvement qui porte à embrasser la liturgie romaine ne doit nullement être approuvé.

« A ces assertions se rattachent divers autres points enseignés ou insinués dans le livre en question.

« Nous tenons pour souverainement dignes de réprobation les affirmations et opinions susdites, et nous les condamnons, soit comme contraires à la saine doctrine, soit du moins comme opposées à l'esprit de l'Église, comme injurieuses pour le Saint-Siége apostolique, et, sous certains rapports, pour les évêques.

« De plus, tout en donnant à entendre qu'il désire la continuation de conciles provinciaux, l'auteur du *Mémoire* a soin de suggérer que les évêques ont une autre voie à suivre, et il représente la collection des églises de France qui n'ont aucun centre particulier d'au-

torité et de juridiction, comme un corps qui peut délibérer, agir,
rendre des décisions. Par là il introduit un principe subversif du
gouvernement ecclésiastique et plein de périls ; car, l'expérience des
temps passés l'atteste, des circonstances peuvent venir où un tel
principe favoriserait singulièrement des tentatives schismatiques..
Il est d'ailleurs évident, que cette prétention égare et jette en
dehors du droit chemin. C'est bien l'*usage* de l'Église, c'est même
l'une de ses prescriptions, que, sur un grand nombre de points, les
évêques délibèrent par conseils et par actes communs, lorsque le
bien de leurs diocèses le demande ; mais l'Église, qui est une armée
dont rien ne trouble la bonne ordonnance et où tout se fait avec
ordre, n'a pas voulu que ces résolutions communes fussent prises en
vertu d'un concert arbitraire, en dehors de toutes règles et sans
l'intervention du Souverain Pontife. C'est, en effet, l'ordre établi
avec une grande sagesse : d'abord que les évêques de chaque province, convoqués par le métropolitain, se réunissent pour tenir un
concile en forme ; ensuite que les décrets de tous les conciles provinciaux soient, avant leur publication, soumis au jugement du Saint-
Siége, afin que l'action des évêques, ramenée à l'unité dans le chef
de l'Église, devienne véritablement commune. Lors donc que les
évêques se trouvent obligés de déclarer ou d'établir, en les revêtant
d'une sanction commune, des règles touchant la doctrine, les mœurs
et les choses ecclésiastiques, les conciles provinciaux sont la bonne
voie, la voie conforme à la pratique de l'Église, la voie que tracent
les canons et qu'approuve le Saint-Siége apostolique. A moins
d'obstacles et de nécessités extraordinaires et pressantes, dans lesquelles même on ne doit agir qu'avec l'intention de soumettre le plus
tôt possible au Souverain Pontife tout ce qui aura été fait, nous reconnaissons hautement que cette voie est la seule que nous devions
suivre.

« Nous avons indiqué sommairement ce que contient le livre en
question. Mais si l'on cherche d'où émane l'esprit que nous avons
réprouvé dans cet écrit et dont il est pour ainsi dire tout infecté,
un examen approfondi et scrupuleux nous fait remonter à deux opinions d'où il sort comme l'eau de la source. La première de ces opinions nie que l'autorité du Souverain Pontife soit pour le gouvernement de l'Église la puissance suprême et proclame l'existence d'une
autre puissance qui serait supérieure à cette autorité. La seconde
affirme que les jugements solennels du Souverain Pontife rendus
ex cathedrâ, en matière de foi, ne sont pas irréformables par eux-
mêmes et qu'ils ne deviennent tels qu'en vertu de certaine sanction
qui leur est extrinsèque. Il est en effet aisé de comprendre comment
on peut pécher d'une infinité de manières contre l'autorité du Vicaire
du Christ dès qu'on cesse de reconnaître cette autorité pour ce qu'elle
est réellement. C'est pourquoi nous défendons absolument d'enseigner les deux opinions susdites dans les églises, les séminaires et
les écoles de nos diocèses. » (*Cap.* 5.)

USURE.

L'*usure* est un gain ou un profit, quel qu'il soit, qu'on prétend tirer du prêt que l'on fait de quelque chose qui se consume par l'usage : *Usura est quidquid ultrà sortem mutuatam percipitur, dicta ab usu, quia scilicet pro usu pecuniæ recipitur* (1). Le droit canon s'exprime dans le même sens. (*C. Usura; c. Plerique* 14, *qu.* 3; *c. Si quis clericus, eâd. caus., qu.* 4.)

Suivant le droit canonique, le mot *usure* n'est pas distingué du mot *fœnus*, dont parlent les jurisconsultes. Le droit canon n'entend parler de l'*usure* ou intérêt qu'à l'égard du prêt appelé *mutuum* seulement, et dans ce sens il la réprouve comme contraire à la charité et aux textes sacrés de l'Écriture. Nous ne citerons que celui-ci : *Mutuum date, nihil indè sperantes.* (Luc. cap. VI.) *Si fœneraveris homini, id est mutuam pecuniam tuam dederis, à quo aliquid plus quàm dedisti, sive illud triticum sit, sive vinum, sive oleum, sive quodlibet aliud, si plus quàm dedisti, expectas accipere, fœnerator es, et in hoc improbandus, non laudandus.* (*C.* 1, *caus.* 14, *qu.* 5.)

On distingue plusieurs espèces d'*usures*, l'*usure* réelle et l'*usure* mentale, l'*usure* expresse et l'*usure* palliée, l'*usure* du sort principal, et celle du gain usuraire, l'*usure* suivant le taux de la loi et celle qui le surpasse, l'*usure* active et l'*usure* passive.

L'*usure* réelle est lorsqu'il y a quelque pacte exprès ou tacite de se faire donner quelque chose au-dessus du capital qu'on prête. L'*usure* mentale est lorsque celui qui prête a pour intention principale de tirer de l'emprunteur quelque profit ou quelque service : *Spes facit hominem usurarium sicut simoniacum.* (*Glos. in sum. Quod autem.*) Mais il faut remarquer, avec la glose du chapitre *Consuluit, de Usur.*, qu'il n'est pas défendu à celui qui prête d'espérer du débiteur quelque reconnaissance, si sa principale intention est de faire plaisir à son ami et de lui donner des marques de son affection. Ce qui se comprend, suivant l'observation de saint Antonin, lorsque le prêteur prêterait également son argent quand même il n'attendrait aucune reconnaissance de celui qui le reçoit.

L'*usure* expresse et explicite consiste en ce qu'on tire quelque profit du prêt en vertu du prêt. L'*usure* palliée est celle qui se rencontre dans les autres contrats où l'on s'efforce de cacher le vice de l'*usure*.

L'*usure* du sort principal est lorsqu'on tire des intérêts de l'argent prêté, à cause de la somme prêtée. L'*usure* du gain usuraire est ce qu'on appelle anatocisme, c'est-à-dire l'intérêt de l'intérêt.

L'*usure* suivant le taux de la loi est, en France, le cinq pour cent. Celle qui est plus forte est au delà du taux. (*Voyez* ci-après.)

L'*usure* active est celle du créancier qui prête à *usure* et qui exige

(1) Lancelot, *Inst. tit.* VII.

quelque chose au delà de ce qu'il a prêté. L'*usure* passive est celle du débiteur qui paie l'*usure* à son créancier.

Autrefois l'*usure* fut défendue par les ordonnances de nos rois comme une chose condamnée par l'Écriture sainte, et par les décrets des conciles et des papes. On cite à ce sujet divers capitulaires, et successivement l'ordonnance de saint Louis, faite à Melun l'an 1211, et renouvelée en 1354 ; l'ordonnance de Philippe le Bel, donnée à Poissy le 8 décembre 1312, et qui porte : « Nous déclarons que nous avons réprimé et défendu, et encore réprimons et « défendons toutes manières d'*usure*, de quelque quantité qu'elles « soient causées, comme étant de Dieu et des saints Pères défen- « dues ; mais la peine de corps nous ne mettons mie, fors contre « ceux qui les plus grosses *usures* de même quantité ; ains voulons « être donnée simplement et de pleine barre défense à tous ceux à « qui seront demandées, afin qu'ils ne les soient tenus de payer, et « répétition de ceux qui les auront payées, de quelque manière ou « quantité soient-icelles *usures*. »

On trouve la même défense dans l'ordonnance de Louis XI, de 1442, de Louis XII en 1510, de Henri III en l'ordonnance de Blois. L'article 202 de cette dernière ordonnance est ainsi conçu : « Faisons défense à toutes personnes, de quelque sexe ou condition « qu'elles soient, d'exercer aucune *usure*, prêt de deniers à profit ou « intérêts..., encore que ce fût sous prétexte de commerce public. »

Ces ordonnances ont été abrogées ; l'assemblée constituante permit d'abord l'intérêt du prêt, en réglant qu'on ne pourrait excéder le taux fixé par la loi. La convention alla plus loin ; laissant aux parties la liberté de fixer la quotité des intérêts, elle déclara, par son décret du 6 floréal an III, l'argent purement marchandise. Mais la cupidité se porta tout de suite à de si grands excès, et l'*usure* prit un tel accroissement que la convention fut obligée de rapporter ce décret par un autre du 2 prairial suivant.

Tel était l'état des choses, lorsque le Code civil a paru. Il continua de permettre l'intérêt du prêt et permit de plus aux parties d'excéder l'intérêt légal, c'est-à-dire l'intérêt fixé par la loi, toutes les fois que la loi ne le prohibait pas. Voici les dispositions du Code civil sur cette matière :

« Art. 1905. Il est permis de stipuler des intérêts pour simple prêt, soit d'argent, soit de denrées ou autres choses mobilières.

« Art. 1906. L'emprunteur qui a payé des intérêts qui n'étaient pas stipulés ne peut ni les répéter, ni les imputer sur le capital.

« Art. 1907. L'intérêt est légal ou conventionnel. L'intérêt légal est fixé par la loi. L'intérêt conventionnel peut excéder celui de la loi toutes les fois que la loi ne le prohibe pas.

« Le taux de l'intérêt conventionnel doit être fixé par écrit. »

Mais la loi du 3 septembre 1807, qui est en vigueur, déroge à cet article 1907. Cette loi porte :

« Art. 1er. L'intérêt conventionnel ne pourra excéder, en matière civile, cinq pour cent, ni, en matière de commerce, six pour cent, le tout sans retenue.

« Art. 2. L'intérêt légal sera, en matière civile, de cinq pour cent, et, en matière de commerce, six pour cent aussi sans retenue.

« Art. 3. Lorsqu'il sera prouvé que le prêt conventionnel a été fait à un taux excédant celui qui est fixé par l'article premier, le prêteur sera condamné, par le tribunal saisi de la contestation, à restituer cet excédant, s'il l'a reçu, ou à souffrir la réduction sur le principal de la créance, et pourra même être renvoyé, s'il y a lieu, devant le tribunal correctionnel pour y être jugé conformément à l'article suivant.

« Art. 4. Tout individu qui sera prévenu de se livrer habituellement à l'*usure* sera traduit devant un tribunal correctionnel, et, en cas de conviction, condamné à une amende, qui ne pourra excéder la moitié des capitaux qu'il aura prêtés à *usure*.

« S'il résulte de la procédure qu'il y a eu escroquerie de la part du prêteur, il sera condamné, outre la peine ci-dessus, à un emprisonnement qui ne pourra excéder deux ans.

« Art. 5. Il n'est rien innové aux stipulations d'intérêts par contrat ou autres actes faits jusqu'au jour de la publication de la présente loi. »

Les théologiens ont expliqué les conditions qu'on exige pour les différents titres en vertu desquels il est permis de percevoir quelque intérêt du prêt. Craignant de nous trop écarter du but que nous nous sommes proposé dans cet ouvrage , nous nous contenterons de consigner ici diverses décisions émanées de Rome sur cette matière.

Benoît XIV dit que (1) : « Ça toujours été, et que c'est encore la « doctrine de l'Église catholique , établie sur l'accord unanime de « tous les conciles, des Pères et des théologiens , que tout profit tiré « du prêt, c'est-à-dire, suivant le langage de l'école, sans que le « prêteur ait le titre du lucre cessant ou du dommage naissant, ou « un autre titre extrinsèque au prêt, est usuraire et défendu par le « droit naturel, divin ou ecclésiastique. »

Ce grand pape enseigne la même doctrine dans l'encyclique *Vix pervenit*, adressée aux patriarches, archevêques et évêques d'Italie. Il y approuve et confirme les principes suivants :

« 1° L'espèce de péché qui se nomme *usure*, et qui a son siége propre dans le contrat de prêt, consiste en ce que celui qui prête, veut qu'en vertu du prêt même , qui , de sa nature , demande qu'on rende seulement autant qu'on a reçu , on lui rende plus qu'il n'a prêté , et prétend, en conséquence , qu'outre son capital, il lui est dû un profit à raison du prêt. C'est pourquoi tout profit de cette nature est illicite et usuraire : *Omne propterea hujusmodi lucrum quod sortem superat, illicitum et usurarium est.*

« 2° Pour excuser cette tache d'*usure*, on alléguerait en vain que

(1) *De Synodo diœcesanâ, lib.* VII, *c.* 47.

ce profit n'est pas excessif, mais modéré; qu'il n'est pas grand, mais petit; que celui de qui on l'exige à raison du prêt n'est pas pauvre, mais riche; qu'il ne laissera pas la somme prêtée oisive, mais qu'il l'emploiera très-utilement, soit à améliorer sa fortune, soit à l'acquisition de nouveaux domaines, soit à un commerce lucratif; puisque l'essence du prêt consistant nécessairement dans l'égalité entre ce qui est fourni et ce qui est rendu, cette égalité une fois rétablie par la restitution du capital, celui qui prétend exiger de qui que ce soit quelque chose de plus, à raison du prêt, s'oppose à la nature même de ce contrat, qui est déjà pleinement acquitté par le remboursement d'une somme équivalente. Par conséquent, si le prêteur reçoit quelque chose au-delà du capital, il sera tenu de le restituer, par une obligation de cette justice qu'on appelle commutative, et qui ordonne de garder inviolablement dans les contrats l'égalité propre à chacun, et de le réparer exactement, si elle a été violée.

« 3° Mais, en établissant ces principes, on ne prétend pas nier que certains titres qui ne sont pas intrinsèques au prêt, ni intimement unis à sa nature, ne puissent quelquefois concourir fortuitement avec lui, et donner un droit juste et légitime d'exiger quelque chose en sus du capital. On ne nie pas non plus qu'il n'y ait plusieurs autres contrats d'une nature entièrement différente de celle du prêt, par lesquels on peut placer et employer son argent, soit pour se procurer des revenus annuels, soit pour faire un commerce, un trafic licite, et en retirer un profit honnête.

« 4° Or, comme dans cette multitude de divers genres de contrats, si l'égalité n'y est pas observée, tout ce que l'un des contractants reçoit de trop, produit, non l'*usure* (n'y ayant pas de prêt ni exprès, ni pallié), mais une autre espèce d'injustice qui n'est pas moins réelle et qui emporte également l'obligation de restituer. Au contraire, si tout y est réglé selon l'exacte justice, il n'est pas douteux que ces divers genres de contrats ne fournissent plusieurs moyens licites d'entretenir et d'étendre le commerce pour le bien public. Mais à Dieu ne plaise que des chrétiens pensent que ce soient les *usures*, ou de semblables injustices, qui puissent faire fleurir les commerces utiles, puisque les oracles sacrés nous apprennent que *c'est la justice qui élève les nations, et que le péché rend les peuples misérables* (1).

« 5° Mais il faut observer avec soin que ce serait faussement et témérairement qu'on se persuaderait qu'il se trouve toujours, ou avec le prêt, d'autres titres légitimes, ou même séparément du prêt, d'autres contrats justes, par le moyen desquels titres ou contrats, toutes fois qu'on prête à un autre, quel qu'il soit, de l'argent, du blé, ou quelque autre chose du même genre, il soit toujours permis de recevoir quelque profit modéré, au-delà du sort principal assuré en entier. Si quelqu'un pensait ainsi, son opinion serait certaine-

_____

(1) *Proverbes*, ch. XIV, v. 34.

ment contraire, non seulement aux divines Écritures et au jugement de l'Église catholique sur l'*usure,* mais au sens commun et à la raison naturelle. Personne ne peut ignorer qu'on soit tenu, en plusieurs cas, de secourir son prochain par le prêt pur et simple, conformément à ces paroles de Jésus-Christ : *Ne rejetez pas celui qui veut emprunter de vous* (1) ; et qu'il y ait bien des circonstances où l'on ne peut faire d'autre contrat juste et licite que le prêt. Ainsi, quiconque veut veiller à la sûreté de sa conscience, doit, avant toutes choses, examiner avec soin s'il a véritablement, avec le prêt, un titre légitime ou un contrat différent du prêt, qui puisse justifier et rendre exempt de toute tache d'*usure* l'intérêt qu'il cherche à se procurer...

« Que ceux qui se croient assez de lumières et de prudence pour oser décider sur ces matières qui demandent une grande connaissance de la théologie et des sacrés canons, évitent les deux extrêmes, qui sont toujours vicieux ; car quelques-uns jugent des choses avec tant de sévérité, qu'ils condamnent tout profit qu'on tire de son argent, comme illicite et usuraire : quelques autres, au contraire, sont si indulgents et si relâchés, qu'ils se persuadent que tout profit est exempt d'*usure ;* qu'ils ne s'attachent pas trop à leurs opinions particulières ; qu'avant de donner des décisions, ils consultent plusieurs auteurs renommés ; et qu'ils suivent les sentiments les plus conformes à la raison et à l'autorité. S'il s'élève des contestations sur la légitimité de quelques contrats particuliers, on doit s'abstenir de toute censure et de toute qualification injurieuse à l'égard des opinions contraires, surtout si ces opinions sont appuyées sur la raison et les suffrages de célèbres auteurs ; car les injures et les invectives blessent la charité, et sont un sujet de scandale pour les peuples. »

Il a paru depuis quelque temps un grand nombre de décisions de la sacrée pénitencerie et du saint office, sur le prêt de commerce et l'intérêt légal. Il suffira d'en rapporter ici quelques-unes, pour faire connaître à cet égard l'esprit du Saint-Siége.

Consultation *de Mgr l'évêque de Rennes.*

« Episcopus Rhedonensis, in Galliâ, exponit sacræ congregationi inquisitionis, non eamdem esse confessariorum suæ diœcesis sententiam de lucro percepto ex pecuniâ negatioribus mutuo datâ ut ea ditescant. De sensu epistolæ encyclicæ *Vix pervenit* acriter disputatur. Ex utrâque parte momenta afferuntur ad tuendam eam quam quisque amplexus est sententiam, tali lucro faventem aut contrariam. Indè querelæ, dissentiones, denegatio sacramentorum plerisque negotiatoribus isti ditescendi modo inhærentibus, et innumera damna animarum.

« Ut animarum damnis occurrant nonnulli confessarii mediam inter utramque sententiam viam se posse tenere arbitrantur. Si quis ipsos consulat de istiusmodi lucro, illum ab eo deterrere conantur. Si pœnitens perseveret in consilio pecuniam mutuo dandi

___
(1) *Matth.,* ch. v, v. 42.

negotiatoribus, et objiciat sententiam tali mutuo faventem multos habere patronos, et insuper non fuisse damnatam à Sanctâ Sede non semel eâ de re consultâ; tunc isti confessarii exigunt ut pœnitens promittat se filiali obedientiâ obtemperaturum judicio Summi Pontificis, si intercedat, qualecumque sit; nec, hâc promissione obtentâ, absolutionem denegant, quamvis *probabiliorem* credant opinionem contrariam tali mutuo. Si pœnitens non confiteatur de lucro ex pecuniâ sic mutuo datâ, et videatur in bonâ fide, isti confessarii, etiamsi nunc percipiat istiusmodi lucrum, eum absolvunt, nullâ eâ de re interrogatione factâ, quandò timent ne pœnitens admonitus restituere aut à tali lucro abstinere recuset.

« Inquirit ergò dictus episcopus Rhedonensis :

« 1º Utrùm possit horum posteriorum confessariorum agendi rationem probare?

« 2º Utrùm alios confessarios rigidiores ipsum adeuntes consulendi causâ possit hortari, et istorum agendi rationem sequantur, donec Sancta Sedes expressum eâ de quæstione judicium ferat? »

† C. L. episcopus Rhedonensis.

Réponse *du pape Pie* VIII, *du 16 août* 1830.

« Sanctissimus dominus noster Pius, divinâ providentiâ papa VIII, in solitâ audientiâ R. P. D. assessori sancti officii impertitâ, auditâ relatione superiorum dubiorum unà cum voto eminentissimorum DD. cardinalium inquisitorum generalium respondit :

« Ad primum : non esse inquietandos ;

« Ad secundum : provisum in primo. »

Consultation *de* M. Gousset, *professeur de théologie au séminaire de Besançon*.

« 1º An confessarius ille possit absolvi, qui licet Benedicti XIV et aliorum Summorum Pontificum de usurâ definitiones noverit, *docet* ex mutuo divitibus aut negotiatoribus præstito percipi posse, præter sortem, lucrum quinque pro centum, etiam ab iis qui nullum omninò alium quàm legem civilem titulum habent, mutuo extrinsecum?

« 2º An peccet confessarius, qui dimittit in bonâ fide pœnitentem qui ex mutuo exigit lucrum lege civili statutum absque extrinseco lucri cessantis, aut damni emergentis, aut periculi extraordinarii titulo? »

Réponse *de la sacrée pénitencerie, du* 16 *septembre* 1830.

« Sacra pœnitentiaria, diligenter maturèque perpensis propositis dubiis, respondendum censuit.

« Ad primum : Confessarium de quo in dubio non esse inquietandum, quousque Sancta Sedes definitivam decisionem emiserit, cui paratus sit se subjicere, ideòque nihil obstare ejus absolutioni in sacramento pœnitentiæ.

« Ad secundum : Provisum in præcedenti, dummodo pœnitentes parati sint stare mandatis Sanctæ Sedis. »

Les décisions que nous venons de rapporter ont été renouvelées et envoyées officiellement à diverses époques, savoir : par la sacrée pénitencerie, à Mgr l'évêque de Vérone, le 31 août 1831; par le saint office, avec l'approbation du pape Grégoire XVI, à Mgr l'évêque de Viviers, le 31 août 1831; par la sacrée pénitencerie, au docteur Awaro, professeur de théologie à Pignerol, le 11 février 1832; par le même tribunal, à Mgr l'évêque d'Acqui, le 22 novembre 1832; et à Mgr l'évêque d'Arras, le 8 juin 1834.

Consultation *de M. Denavit, professeur de théologie au séminaire de Lyon.*

« Quandò sacræ pœnitentiariæ dubia circà materiam usuræ proponuntur, semper remittit ad doctrinam S. P. Benedicti XIV, quæ reverà sat clara et perspicua est pro iis qui bonâ fide eam perscrutari volunt. Attamen sunt quidam presbyteri qui contendunt licitum esse percipere auctarium quinque pro centum solius vi legis principis absque alio titulo vel damni emergentis vel lucri cessantis; quia, inquiunt, lex principis est titulus legitimus, cùm transferat dominium in præscriptione, et sic prorsùs annihilat legem divinam et legem ecclesiasticam quæ usuras prohibent.

« Cùm hæc ità se habeant, orator infrà scriptus, existimans nullo pacto esse licitum recedere à doctrinâ Benedicti XIV, denegat absolutionem sacramentalem presbyteris qui contendunt legem principis esse titulum sufficientem percipiendi aliquid ultrà sortem absque titulo vel lucri cessantis vel damni emergentis.

« Quare infrà scriptus orator humiliter supplicat ut sequentia dubia solvantur :

« 1º Utrùm possit in conscientiâ denegare presbyteris præfatis ?

« 2º Utrùm debeat ? »

Réponse *de la sacrée Pénitencerie, du 16 septembre* 1830.

« Sacra Pœnitentiaria diligenter ac maturè perpensis dubiis propositis, respondendum esse censuit : Presbyteros de quibus agitur non esse inquietandos, quousque Sancta Sedes *definitivam* decisionem emiserit, cui parati sint se subjicere, ideòque nihil obstare eorum absolutioni in sacramento pœnitentiæ. »

Autre consultation de M. Denavit.

« Ex responso sacræ Pœnitentiariæ ad oratorem infrà scriptum directo die 16 septembris 1830, absolvendi sunt presbyteri, qui contendunt legem principis esse titulum sufficientem et legitimum aliquid percipiendi ultrà sortem in mutuo, absque alio titulo à theologis communiter admisso, donec Sancta Sedes definitivam decisionem emiserit cui parati sint se subjicere : et huic responso humiliter et libenter acquiesco.

« Attamen, salvo sacræ Pœnitentiariæ responso præfato, consultis auctoribus probatis, et attentâ doctrinâ omnium ferè seminariorum Galliæ ac præsertim eorum quæ à presbyteris congregationis sancti Sulpicii diriguntur, sententia quæ rejicit titulum legis civilis tanquàm insufficientem, videtur longè probabilior, securior, et sola in praxi tenenda, donec Sancta Sedes definierit : quapropter fidelibus, qui à me consilium petunt utrùm possint auctarium percipere ex mutuo, et qui nullum habent titulum à theologis communiter admissum præter titulum legis civilis, respondeo eos non posse præfatum auctarium exigere, et denego absolutionem sacramentalem, si exigant. Pariter denego absolutionem iis qui, perceptis hujuscemodi usuris, id est vi solius tituli legis, nolunt restituere.

« Quæritur : 1º utrùm duriùs et severiùs me habeam ergà hujuscemodi fideles ?

« 2º Quæ agendi ratio in praxi tenendâ ergà fideles, donec Sancta Sedes definitivam sententiam emiserit ? »

Réponse *de la sacrée Pénitencerie, du 11 novembre* 1831.

« Sacra Pœnitentiaria, perpensis dubiis quæ ab oratore proponuntur, respondet :

« Ad primum : affirmativè; quandò quidam ex dato à sacrâ Pœnitentiariâ responso liquet fideles hujusmodi, qui bonâ fide ità se gerunt, non esse inquietandos.

« Ad secundum : provisum in primo; undè orator priori sacræ Pœnitentiariæ responso sub die 16 septembris 1830, sese in praxi conformare studeat. »

Consultation *du chapitre de Locarno.*

Très saint Père,

« Le chapitre de la collégiale de Locarno, diocèse de Côme, territoire suisse, possède la plus grande partie de ses prébendes en numéraire, provenant principalement de l'abolition des dîmes opérée par un décret du gouvernement. Les revenus de cet argent doivent être employés à fournir à la subsistance des chanoines, et à faire face aux charges des bénéficiers.

« D'après les circonstances des temps et des lieux on ne trouve pas à placer son argent en immeubles productifs ; d'abord il arrive très rarement que des biens-fonds soient mis dans le commerce, et, d'autre part, la concurrence, à raison de la population, les rend tellement chers, qu'ils ne rapportent annuellement que le deux et demi pour cent, ce qui diminuerait excessivement les prébendes déjà par elles-mêmes bien minces.

« Les baux à cens ou à rente perpétuelle sont défendus par les lois du pays, et n'offrent point de sûreté, parce qu'il n'y a pas de bureaux d'hypothèques qui assurent que les fonds ne sont pas grevés et qu'ils présentent une garantie suffisante. D'ailleurs, ceux qui demandent à emprunter pour subvenir à leurs affaires, refusent ordinairement de grever leurs biens de cens, aimant mieux payer annuellement des intérêts à raison du quatre ou du cinq pour cent.

« Cela posé, on demande : 1° si la subsistance honnête et nécessaire des bénéficiers, qui ne peut provenir que du produit des capitaux de ces prébendes, est, dans une telle circonstance, un titre suffisant et équivalent aux autres titres approuvés par l'Église, pour qu'il leur soit permis de prêter l'argent qui forme la dotation desdites prébendes, moyennant l'intérêt de quatre ou cinq pour cent, avec hypothèque sur des immeubles, et caution de personnes notoirement solvables, afin d'assurer la perpétuité des prébendes.

« 2° Si, dans l'hypothèse que ce titre soit reconnu admissible, on peut l'étendre en faveur des églises, monastères, établissements religieux et même des pupilles et autres personnes qui se trouvent dans les mêmes circonstances, et ont besoin de faire fructifier leurs propres deniers, afin de se procurer un honnête entretien.

« 3° Si les lois et procédures civiles, qui maintenant approuvent généralement de semblables contrats et les font exécuter, de même que le commun et tacite consentement des peuples qui, par l'usage établi depuis des siècles, semble, à raison de la plus grande facilité qu'ils offrent, les avoir substitués aux autres contrats plus compliqués et plus difficiles, suffisent à les justifier.

« 4° Si, à cet égard, on peut s'en rapporter à l'autorité de l'ordinaire et de plusieurs ecclésiastiques pieux et prudents, qui, à raison des susdites circonstances, opinent en faveur de semblables contrats et les approuvent.

« 5° Quel poids peuvent avoir, dans le cas présent, les raisons que donne Scipion Maffei, dans ses trois livres *sur l'emploi de l'argent,* dédiés à Benoît XIV, et approuvés par l'inquisiteur de Padoue, en 1744.

« 6° Si la bulle *de Usuris,* donnée par Benoît XIV, d'heureuse mémoire, en 1745, probablement à la suite de l'ouvrage de Maffei, peut au n° 3 de l'article *de Contractu autem,* s'interpréter en faveur de pareils contrats.

« 7° En supposant ces contrats illicites, quel parti faut-il prendre à l'égard de ceux qui sont déjà passés et des intérêts qu'on a déjà perçus ?

« 8° Si dans tous les cas, on ne pourrait pas rendre ces sortes de contrats licites par la cession qu'on se ferait faire de l'immeuble affecté à la garantie du capital, à la charge par le cédant à qui on en laisserait la jouissance, de servir la prébende, sauf aux bénéficiers à courir les chances d'une semblable convention, dans laquelle on insérerait les clauses usitées dans les baux à rente.

« Les suppliants osent demander très humblement à Votre Sainteté une décision précise sur les doutes ci-dessus exposés, laquelle leur servirait de règle pour la tranquillité de leur conscience et celle de leurs frères en Jésus-Christ, généralement troublée à ce sujet. »

Locarno, 13 août 1831.

RÉPONSE *du saint office, du* 31 *mai* 1831.

» Propositis superioribus capituli collegiatæ Locarni precibus, quæ jam per manus unà cum DD. consultorum suffragiis distributæ fuerant, Em. et Rev. DD. dixerunt.

« Ad 1, 2, 3, 4, non esse inquietandos, et acquiescant dummodò parati sint stare mandatis Sanctæ Sedis.

« Ad 5, 6, 7, 8, consulant encyclicam Benedicti XIV, *Vix pervenit*, et probatos auctores. »

Le 7 septembre 1831, N. S. P. le pape Grégoire XVI, a approuvé la réponse des cardinaux.

« Sanctissimus D. N. Gregorius XVI, in solà audientià R. P. D. assessori S. Officio impertità, eminentissimorum resolutiones approbavit. »

CONSULTATION *de Mgr l'évêque de Viviers.*

« Beatissime Pater,

« Quidam sacerdotes diœcesis nostræ Vivariensis, in Galliâ, in suis ad plebem concionibus publicè prædicant licitum esse percipere *auctarium legis* ex pecuniâ mutuo datâ, nullâ factâ præviâ monitione circa clausulam in variis responsis curiæ Romanæ appositam : *modo sint parati stare mandatis Sanctæ Sedis.* Quam prædicationem ægrè ferentes plerique pastores...

« 1° Utrùm clausula, *modò sint parati stare mandatis Sanctæ Sedis,* sit exprimenda in publicis concionibus ?

« 2° An sacerdotes qui contrà faciunt sint improbandi ?

RÉPONSE *de la sacrée Pénitencerie du* 7 *mars* 1835.

« Sic igitur Pœnitentiaria quæstionem à theologis agitatam de titulo ex lege principis desumpto, haud quaquàm voluit definire ; sed solummodò normam proponere, quam confessarii tutò sequerentur ergà pœnitentes qui moderatum lucrum lege principis statutum acciperent *bonâ fide, paratique essent stare mandatis Sanctæ Sedis.*

« Qui itaque absolutè docent in sacris concionibus licitum esse ex mutuo percipere titulo legis civilis, reticitis enunciatis conditionibus, christiano populo potiùs propria, quàm Sanctæ Sedis placita proponunt, et partis judicis sibi temerè assumentes, privatâ auctoritate definiunt quæstionem, quam Sancta Sedes nondùm voluit definire. Quæ cùm ità sint, profectò vides horum agendi rationem probari minimè posse. »

CONSULTATION *de Mgr l'évêque de Nice.*

« In fasciculis quorum titulus, *Annali delle scienze religiose,* vol. 1, n. 1, pag. 128, et *l'Ami de la Religion,* 2 *avril* 1835, legitur responsum, quod eminentissimus cardinalis pœnitentiarius major dedit die 7 martii 1835, illustrissimo ac reverendissimo episcopo Vivariensi in quæstione ab ipso circa usuram proposita. Exposuerat enim præsul nonnullos verbi Dei præcones docere, in publicis concionibus, licitum esse lucrum ex mutuo percipere titulo legis civilis, quin ullum verbum faceret de illâ conditione responsis à S. Pœnitentiariâ nuper satis appositâ, quâ cautum est ut pœnitentes lucrum ex mutuo legis civilis titulo percipientes *parati esse debeant stare mandatis Sanctæ Sedis,* ac postulaverat an illi sacerdotes essent improbandi.

« Cujus precibus benignè annuens eminentissimus pœnitentiarius major respondit, S. Pœnitentiariam haud quaquàm voluisse responsis illis quæstionem à theologis de titulo ex lege principis desumpto definire, sed solummodò normam proposuisse, quam confessarii tutò sequerentur ergà pœnitentes qui moderatum lucrum lege principis statum acciperent *bonâ fide, paratique essent stare mandatis Sanctæ Sedis,* ac proinde *minima probari posse* illorum concionatorum agendi rationem, qui absolutè docent in sacris concionibus licitum esse lucrum ex mutuo percipere titulo legis civilis reticitis enuntiatis conditionibus.

« Quidam attendentes ad illa verba in responso apposita, *bonâ fide,* contendunt juxtà normam à S. Pœnitentiariâ confessariis pluries propositam, illos tantùm sacramentaliter absolvi posse, nullo imposito restitutionis onere, qui lucrum enuntiatum bonâ fide percepissent; alii è contrà asserunt etiam illos, qui dubiâ vel malâ fide dictum lucrum percepissent absolvi posse, nullo imposito restitutionis onere, dummodò parati sint stare mandatis Sanctæ Sedis; et aiunt hanc clausulam, *bonâ fide,* non respicere onus restitutionis, sed potiùs honestatem agentis et absolutionem quam confessarii impertiri nequeunt pœnitentibus in malâ fide constitutis, nisi priùs de patrato in malâ fide pœniteant : et hoc deducunt ex ipsâ postulatione episcopi Vivariensis. Non petierat episcopus, aiunt, utrùm pœnitentes dubiâ vel malâ fide constituti obligandi essent ad restitutionem, sed tantùm utrùm improbandi essent concionatores illi qui nullâ enuntiatâ conditione, licitum usum mutui prædicti prædicabant : cùmque Sancta Sedes nondùm quæstionem definierit, et patratum in malâ fide, licet per se non inducat onus restitutionis, semper tamen inducit culpæ reatum, hinc eminentissimum improbasse aiunt istorum agendi rationem, qui reticitis conditionibus *bonâ fide et standi mandatis Sanctæ Sedis,* licitum usum dicti mutui absolutè prædicabant : quin loqueretur eminentissimus de obligatione restitutionis, de quâ non postulabat præsul. Deducunt quoque ex conditione à Sacrâ Pœnitentiariâ requisitâ in pœnitentibus standi mandatis Sanctæ Sedis, quæ dispositio dubium necessariò aut supponit aut excitat de honestate mutui prædicti.

« Cùmque hinc et inde sint viri summæ pietatis, et non spernendæ auctoritatis, ut animarum quieti in re tàm frequenti et seria provideatur, per humiliter petitur :

« An pœnitentes qui moderatum lucrum, solo legis titulo ex mutuo, dubiâ vel malâ fide perceperunt, absolvi sacramentaliter possent nullo imposito restitutionis onere, dummodo de patrato ob dubiam vel malam fidem peccatum sincerè doleant, et filiali obedientiâ parati sint stare mandatis Sanctæ Sedis. »

Réponse *du saint office, du* 17 *janvier* 1838.

« In congregatione generali sanctæ romanæ et universalis inquisitionis habitâ in conventu sanctæ Mariæ suprà Minervam, coràm eminentissimis et reverendissimis DD. S. E. R. cardinalibus contrà hæreticam pravitatem generalibus inquisitoribus proposito, suprà dicto dubio, iidem Eminentissimi et Reverendissimi DD. dixerunt.

« Affirmativè, dummodò parati sint stare mandatis Sanctæ Sedis. »

USURIER.

L'*usurier* est celui qui se rend ou s'est rendu coupable du crime d'usure.

On peut juger du mal que font les *usuriers* dans la société civile, indépendamment de celui qu'ils se font à eux-mêmes, par tout ce que les lois de toutes les nations ont établi contre eux. Les païens mêmes ont regardé l'usure comme un vice contraire à la loi naturelle : on trouve dans les ouvrages de Plutarque, un petit traité *de vitando ære alieno,* composé exprès pour faire connaître l'injustice de l'usure. Il dit que les ravages qu'elle fait dans la société doivent détourner les hommes d'emprunter à intérêt, parce que l'usure est comme la rouille qui ronge et consume tout : *Quid dicam de usuris, s'écrie saint Augustin (ad Maced. epist. 54), quas etiam ipsæ leges et judices reddi jubent ? An crudelior est qui subtrahit pauperem fœnore ? hæc atque hujusmodi malè utique possidentur, et vellem ut restituerentur, sed non est quo judice repetantur. Jàm verò, si prudenter intueamur quod scriptum est : fidelis hominis totus mundus divitiæ sunt ; infidelis autem, nec obolus. Nonne omnes, qui sibi videntur gaudere licitè conquisitis, eisque uti nesciunt, aliena possidere convincimus ? Hoc enim certè alienum non est, quod jure possidetur. Hoc autem jure quod justè ; et hoc justè quod bene. Omne igitur, quod malè possidetur, alienum est malè ; malè autem possidet, qui malè utitur. (C. 1, Causa 14, q. 3.)*

Le droit canon punit les *usuriers* de l'infamie, de l'excommunication, de la privation des offices et bénéfices, et même de la sépulture ecclésiastique. Il défend aussi de leur arrenter ou louer des maisons : *Multiplicibus autem pœnis sacri canones usurarios insequuntur; nam præter inustam infamiam nec ad ecclesiam, nec ad communionem admittuntur altaris, nec quisquam de manu eorum oblationes accipiet. Et si clerici fuerint, tàm officii, quàm beneficii ecclesiastici periculum patientur.*

Nullus quoque sub pœnis in Gregorianâ constitutione comprehensis manifestis usurariis, aut locabit domos aut conductas habere permittet. Sed et in hoc scelere decesserint, ecclesiasticâ carebunt sepulturâ. (Lancelot, *Instit.*, lib. XXXIV, tit. 7; c. *Quia ex omnibus cum tit. de Usur.*; c. *Pia, de Excom. in* 6º.)

Voici quelques dispositions des anciens canons, relatives aux *usuriers* : « Les clercs *usuriers,* dit le concile d'Arles, de l'an 314, canon 12, doivent être excommuniés, suivant la loi de Dieu. »

« Parce que plusieurs ecclésiastiques, s'adonnant à l'avarice et à l'intérêt sordide, oublient l'Écriture divine qui dit : *Il n'a point donné son argent à usure,* et prêtent à douze pour cent, le saint et grand concile a ordonné, que si, après ce règlement, il se trouve quelqu'un qui prenne des *usures* d'un prêt, qui fasse quelque trafic semblable, qui exige une moitié au delà du principal, ou qui use de quelque autre invention pour faire un gain sordide, il sera déposé et mis hors du clergé. » (1er *concile général* de Nicée, an 325, can. 17.)

« Il est défendu aux clercs de prêter à *usure,* comme étant un péché condamnable, même dans les laïques, et contraire aux prophètes et à l'Évangile. » (1er *concil. de Carthage,* an 348, can. 13.)

« Si l'on découvre que quelqu'un des clercs ait pris des *usures,* il sera dégradé et excommunié. Si un laïque en est convaincu, et qu'il se corrige, on lui pardonnera ; s'il persévère dans cette iniquité, on le chassera de l'Église. »(*Concile d'Elvire*, quatrième siècle, can. 20.) (*Voyez* ci-dessus, USURE.)

USURPATEURS, USURPATION.

L'Église a souvent réclamé contre les *usurpateurs* de ses biens, et elle a considéré comme tels les bénéficiers mêmes qui aliènent sans juste cause. (*Caus.* 12, *qu.* 2.) (*Voyez* ALIÉNATION.)

A l'égard de ceux qui s'en emparent, les canons les punissent de l'excommunication. (*Caus.* 12, *qu.* 2.) Voici le décret qu'a fait à ce sujet le concile de Trente, session XXII, chapitre 11, *de Reformatione :*

« Si quelque ecclésiastique ou laïque, de quelque dignité qu'il soit, fût-il même empereur ou roi, a le cœur assez rempli d'avarice, qui est la racine de tous les maux, pour oser convertir à son propre usage, et usurper soi-même ou par autrui, par force ou par menaces, même par le moyen de personnes interposées, soit ecclésiastiques, soit laïques, par quelque artifice que ce puisse être, les juridictions, biens, cens et droits, même féodaux et emphytéotiques, les fruits, émoluments, et quelques revenus que ce soit, de quelque église ou bénéfice séculier ou régulier, mont-de-piété, et de quelques autres lieux de dévotion que ce puisse être, qui doivent être employés aux nécessités des pauvres et de ceux qui desservent, ou pour empêcher par les mêmes voies que lesdits biens ne soient perçus par ceux auxquels de droit ils appartiennent ; qu'il soit soumis à l'anathème, jusqu'à ce qu'il ait entièrement rendu et restitué à l'église et à son administrateur ou au bénéficier, lesdites juridictions, biens, effets, droits, fruits et revenus dont il se sera emparé, ou qui lui seront avenus de quelque manière que ce soit, même par donation de personne supposée ; et qu'il en ait ensuite obtenu l'absolution du Souverain Pontife. Que s'il est patron de ladite église, outre les susdites peines, il sera privé dès là même du droit de patronage. Et tout ecclésiastique qui aura consenti ou adhéré à telles sortes d'*usurpations* et entreprises exécrables, sera soumis aux mêmes peines, privé de tous bénéfices et rendu inhabile à quelques autres que ce soit, et même après l'entière satisfaction et absolution, sera suspendu de la fonction de ses ordres, tant qu'il plaira à son ordinaire. ». (*Voyez* SPOLIATION.)

UTRECHT.

La ville d'*Utrecht*, en Hollande, a été érigée en métropole par la lettre apostolique de Pie IX, en date du 4 mars 1853, qui rétablit en Hollande la hiérarchie catholique. Cette ville avait déjà été élevée à la dignité de métropole par Paul IV en 1559. Elle a aujourd'hui quatre siéges suffragants, Harlem, Bois-le-Duc, Breda et Ruremonde. (*Voyez* au supplément le mot HOLLANDE.)

V

VACANCE.

La *vacance* est l'état d'une chose qui n'est pas remplie ou occupée. Cette qualification s'applique particulièrement aux offices, bénéfices et dignités. Ainsi, la *vacance* du siége d'un prélat, de la paroisse d'un curé, est lorsque personne n'est pourvu de la prélature ou de la paroisse.

Nous avons parlé, sous le mot SIÉGE, de ce qui se fait pendant la *vacance* du Siége apostolique et du siége épiscopal. Nous allons parler ici des *vacances* de plein droit et des *vacances* après jugement; mais auparavant, nous établirons des principes généraux sur la nature des *vacances*.

§ I. *Principes généraux sur la nature des* VACANCES.

Les bénéfices vaquent, en général, de trois manières : de fait et de droit; de droit et non de fait ; de fait et non de droit. Nous entendons ici par bénéfices les siéges épiscopaux, les canonicats et les paroisses.

Un bénéfice vaque de fait et non de droit, lorsque personne n'a droit au bénéfice, et que personne ne le possède, tel est le cas de la *vacance* par mort, et de la démission. (*C. Susceptum, de Rescript. in* 6°; *c. Quamvis tibi, de Præb., eod.; c. fin. de Verb. signif. in* 6°.)

Un bénéfice vaque de droit et non de fait, lorsque le bénéficier, privé du droit qu'il a sur son bénéfice, le détient et le possède; tel est le cas d'un intrus, ou d'un ecclésiastique qui, nonobstant la *vacance* de droit encourue, posséderait toujours son bénéfice. (*C. Cùm nostris, de Concess. præb. J. G.; c. Licet episcopus, de Præb. in* 6°.)

Un bénéfice vaque de fait, non de droit, lorsqu'un titulaire légitime ne possède pas son bénéfice, comme au cas d'une longue absence, qu'on peut prendre pour une désertion ou un abandonnement tacite. (*C. 1, de Cleric. non resid.*)

Le bénéfice est toujours censé appartenir à celui qui y a droit, préférablement à celui qui ne le possède que de fait, et ce droit est acquis par la seule collation, quoique le collataire ou le pourvu n'ait pas pris possession, quoique même la collation n'ait pas été expédiée : *Per solam collationem acquiritur jus plenum et perfectum in beneficio.* (*C. Si tibi absenti, de Præb. in* 6°, *J. G., verb. Habueris; c. Cùm inter canonicos, vers. Discretioni, de Elect.; c. fin. de Concess. præb. in* 6°.)

Un bénéfice n'est pas censé vaquer par la mort ou par la résignation de celui qui ne le possédait que de fait : *Ejus qui non habebat jus.* (*C. Si gratiosè, de Rescript. in* 6°; *c. unic. J. G. de Eo qui mitt. in poss.*)

Régulièrement, par le simple mot de *vacance,* on peut comprendre les toutes différentes sortes de *vacances* (*c. Cùm nostris, de Concess. præb.*); mais les canonistes établissent qu'on doit entendre celle de fait et celle de droit.

§ II. VACANCE *de plein droit.*

Un bénéfice est dit vaquer de plein droit dans les cas déterminés par la loi : *Beneficium amittitur ipso jure, quandò jus statuit ob aliquam causam criminis, fortè vel aliam justam beneficium amittendum* (1).

Dans les premiers siècles, lorsqu'un ecclésiastique avait été élevé à un degré supérieur, ou appliqué à un emploi différent de celui qu'il remplissait auparavant, il n'était pas nécessaire qu'il donnât une démission de celui qu'il quittait, l'évêque en disposait *de plano,* sans autre formalité. Cette règle paraît avoir été suivie jusqu'à l'abus de la pluralité des bénéfices, dont on voit l'histoire ailleurs (*voyez* INCOMPATIBILITÉ), et qui donna lieu aux premiers décrets du troisième concile de Latran, auquel le quatrième, tenu sous Innocent III, ajouta que quiconque ayant un bénéfice à charge d'âmes, en recevrait un second de même espèce, serait privé du premier *de plein droit,* et même serait dépouillé du second, s'il s'efforçait de les retenir tous deux. (*C. 28 De multá, de Præbendis.*)

Le second concile de Lyon, tenu sous le pontificat de Grégoire X, confirmant le décret du troisième concile de Latran, qui enjoignait aux pourvus des bénéfices-cures de prendre les ordres convenables, ne se contenta pas de décerner la peine de privation *ipso jure* du bénéfice, il ajouta la clause *nullá etiam præmissá monitione,* c'est-à-dire que le collateur ordinaire pouvait conférer librement le bénéfice vacant *ob defectum promissionis,* sans être assujetti à faire au possesseur aucune monition canonique.

Ce sont là les premiers exemples d'une *vacance ipso jure* ou *ipso facto,* expressément marquée dans le droit. A leur imitation, on en établit dans la suite plusieurs autres.

Le premier genre de *vacance* sur lequel on peut, de droit, conférer le bénéfice, est celui qu'opère la mort naturelle du pourvu. (*C. Susceptum, de Rescriptis in 6°.*)

Les bénéfices vaquent de droit par la démission. (*Tot. tit. de Renunc.*)

Les bénéfices deviennent vacants de plein droit pour cause d'incompatibilité. (*C. Referente* 7; *c. Prætereá* 14; *c. De multá* 28, *de Præb.; c. Quia non nulli, de Clerc. non resid.; extrav. Execrabilis,* § *Qui verò, de Præb.; concil. Trid., sess.* VII, *c.* 4.) (*Voyez* INCOMPATIBILITÉ.)

La translation d'un prélat à une autre église, donne lieu à la va-

---

(1) Rebuffe, *de Mo.}. amitt. benef.*

cance de la première, laquelle s'ouvre quand l'autre cesse, suivant les canonistes. (*C. In apibus, § Translatus* 7, *qu.* 1; *c. Quantò, de Translat. episc.; c. Cùm singula, § Prohibemus, de Præb. in* 6º.) (*Voyez* TRANSLATION.)

Le droit prive un élu de tous ses droits, lorsqu'il s'ingère, par lui ou par d'autres, dans l'administration du bénéfice auquel il a été élu. (*C. Avaritia* 5, *de Electione in* 6º.) Le bénéfice vaque par la cassation de l'élection, ou par le refus de la postulation. (*C. Consideravimus; c. Super eo; c. Cùm similibus, de Elect.; extrav. Ex debito, § Hujus-modi, de Elect. inter commun.*) Il n'y a à la vérité aucune *vacance* dans ces cas, puisque l'élection sert plutôt à la faire cesser; mais c'est toujours, dans le fond, une privation de droit, que l'on peut considérer en quelque sorte comme une nouvelle *vacance*.

La promotion à l'épiscopat fait vaquer de plein droit les bénéfices du nouvel évêque : *Post adeptionem possessionis et consecrationem secutam.* (*C. Cùm in cunctis, § Cùm verò, de Elect.; concil. Trid., sess.* VII, *c.* 9; *sess.* XXVI, *de Ref. c.* 2.) (*Voyez* INCOMPATIBILITÉ.)

La profession des armes fait vaquer les bénéfices. (*C. ult. de Cleric. non resid.*) Il n'en est pas de même du simple port d'habits séculiers et laïques, lequel ne fait encourir que la suspense suivant le droit. (*Clem.* 2, *de Vitâ et honest. cleric.; concil. Trid., sess.* XIV, *de Reform. c.* 6.) (*Voyez* ARMES, HABIT.)

L'hérésie, l'apostasie et le schisme font vaquer les bénéfices de plein droit des hérétiques et de leurs complices. (*C. Ad abolendam, J. G. de Hæret.*) Il en est de même de la simonie. (*Voyez* SIMONIE.)

Le crime de faux fait vaquer le bénéfice de plein droit. (*Voyez* FAUX.) L'assassinat également (*c.* 1, *de Homicid., in* 6º), mais non le simple homicide. (*Voyez* HOMICIDE.)

Le violement de la suspense fait vaquer les bénéfices. (*C.* 1, § *finali; c. Cupientes, § Cæterùm, de Elect. in* 6º.) (*Voyez* SUSPENSE.)

Le crime de sodomie fait vaquer les bénéfices de plein droit ainsi que l'inceste. (*Voyez* INCESTE, SODOMIE.)

Le crime de confidence fait aussi vaquer les bénéfices de plein droit. (*Voyez* CONFIDENCE.)

Un bénéfice vaque par la déposition ou privation prononcée de plein droit, ou par jugement. (*C. Ex litteris; c. Grave, de Excess. prælat.*) (*Voyez* DÉPOSITION.) Les bénéfices vaquent de plein droit dans tous les cas exprimés par les titres de fondation, ou par des statuts.

Il est à remarquer que la *vacance* de plein droit n'a lieu que dans les cas expressément marqués par le droit ; en sorte que dans tous les autres cas, et pour les autres crimes, quelque graves qu'ils soient, il faut un jugement qui déclare le bénéfice vacant (1).

On dit qu'un bénéfice vaque *in curiâ*, c'est-à-dire en cour de Rome, quand celui dont la mort donne lieu à la *vacance* est décédé où le pape tient sa cour, ou à deux diètes, *ultrà duas dietas*, c'est-à-

_____
(1) Rebuffe, *de Mod. amitt. benef.*

dire à deux journées ou à vingt lieues autour du lieu où le pape réside actuellement.

VAGABOND.

On a fait de sages règlements, 1° contre les ecclésiastiques et prêtres errants et *vagabonds* (voyez EXEAT, MESSE) ; 2° sur le mariage des *vagabonds* (voyez DOMICILE) ; 3° contre les pauvres errants d'un lieu à un autre. (*Voyez* PAUVRES.)

Les *vagabonds* et gens sans aveu, sont en général ceux qui n'ont ni domicile, ni profession, ni métier, ni biens, ni certificat de bonnes vie et mœurs, délivré par des personnes dignes de foi.

Les *vagabonds* sont obligés d'observer les lois des lieux par où ils passent, telles que les lois des jeûnes, des abstinences, des fêtes, etc., sans cela ils ne seraient soumis à aucunes lois, n'étant pas sujets à celles de leur patrie.

VARIATION.

En général, le collateur ne peut conférer successivement le même bénéfice à deux personnes. *Omnis variatio in jure reprobatur.*

Cependant ce n'est point varier dans la collation d'un bénéfice que de le conférer au même ou à deux personnes, par différents titres, ou à un autre après le refus d'un premier collataire absent. *Varietas collationum quœ fit diverso jure admittitur in eâdem personâ.* Quand il arrive que la collation est faite à plusieurs, le premier en date l'emporte.

Dans une élection solennelle et proprement dite, où l'on observe les formalités du chapitre *Quia propter,* les électeurs ne peuvent plus varier dès qu'elle a été rendue publique. (*Voyez* ÉLECTION.) Mais dans les autres élections communes où l'on n'observe point les formalités du chapitre *Quia propter,* les votants peuvent varier tout le temps de l'élection, soit qu'ils donnent leur voix en public ou en secret, de bouche ou par écrit. Il ne faut souvent que le raisonnement du dernier électeur, pour éclairer et faire revenir tous les autres.

VASES SACRÉS.

Les *vases sacrés* sont les vaisseaux destinés à la célébration des saints mystères, comme le calice et la patène qui doivent être consacrés par l'évêque. On place encore parmi les *vases sacrés,* le ciboire, l'ostensoir et les *vases* des saintes huiles. Ceux-ci n'ont pas besoin de consécration, on se contente de les bénir, et ils peuvent l'être par les prêtres avec l'autorisation de l'évêque.

Nous remarquerons ici que les *vases sacrés* peuvent faire matière de simonie, et qu'on ne peut les aliéner pour être employés à des usages profanes, qu'après leur avoir fait changer entièrement de nature : *Quia ob ecclesiœ necessitatem possunt hujusmodi vendi quan-*

tùm ad temporalia, modo non cariùs vendantur ob consecrationem vel benedictionem ; non debent tamen vendi, nisi alteri ecclesiæ ad usum sacrum. Quandò autem calix aut alia ornamenta vendenda forent ob instantem necessitatem laïco, tùm priùs essent confringenda, et in aliam formam mutanda ; si tamen laicus sacra vasa emeret ad usum sacrum, non essent confringenda, sed in suâ integritate relinquenda (1).

Parmi les *vases* que nous pouvons nommer simplement *ecclésiastiques*, trouvent leur place : les burettes, le bénitier portatif, l'encensoir, la navette, le bassin du *lavabo*, la lampe, etc. Plusieurs auteurs placent dans ce dernier rang les *vases* des saintes huiles qui, en effet, ne sont point l'objet d'une bénédiction particulière, comme le ciboire et le croissant de l'ostensoir. Le pontifical romain n'a même aucune formule spéciale de bénédiction pour ces *vases*. On désigne ordinairement ces derniers *vases* sous le nom d'argenterie de l'église en y ajoutant les chandeliers, les croix, etc.

Les seuls ministres de l'eucharistie, c'est-à-dire l'évêque, le prêtre et le diacre pouvaient anciennement toucher les *vases sacrés*, qui se réduisaient au calice et à la patène. Un décret du concile de Laodicée, tenu sous le pape saint Sylvestre, défendait même aux sous-diacres de les toucher. C'est le concile de Brague, sous Jean III, qui leur en accorda la permission. Il est prouvé par les ordres romains que les acolytes avaient cette prérogative. Chez les Grecs, il existait un gardien spécial des *vases sacrés* auquel on donnait le nom de *savophilax* ou de *céméliarque*. A Rome, le diacre saint Laurent remplissait cette charge.

Les *vases sacrés*, c'est-à-dire le calice, la patène et tous les autres ornements qui touchent immédiatement le corps et le sang de notre Seigneur, comme les corporaux et les palles ne peuvent être touchés par les laïques et encore moins par les femmes. (*Cap. Sacras, 25, dist.* 23.) Il n'y a que les sous-diacres qui aient le privilége de toucher les *vases sacrés*, quand ils ne contiennent pas actuellement le corps et le sang de Jésus-Christ. Les clercs minorés n'ont pas ce droit. (*Cap. Non oportet,* 30; cap. *Non Liceat,* 31, *dist.* 23.) Mais quand ils contiennent *actu* le corps et le sang de Jésus-Christ, ils ne peuvent être touchés que par les prêtres et les diacres, à l'exclusion même des sous-diacres. (*Cap. Non oportet,* 25, *dist.* 23.)

Pour les *vases* aux saintes huiles voyez HUILES.

Il est de toute convenance que les *vases sacrés* qui touchent immédiatement le corps et le sang de notre Seigneur soient en argent doré, et la plupart des conciles provinciaux et des statuts synodaux prescrivent qu'au moins la coupe du calice et la patène soient en argent doré à l'intérieur, le pied peut être en cuivre argenté. Il doit en être de même du ciboire et de la custode de l'ostensoir. (*Voyez* CALICE, CIBOIRE, OSTENSOIR.)

---

(1) Saint Thomas, *In* IV, *dist.* 25 ; Sylvius, *verb.* SIMONIA , *qu.* 12.

Il est certain, dit M. l'abbé Pascal (1), et nous sommes complètement de son avis, qu'avec un peu de bonne volonté, dans les campagnes même les plus pauvres, on pourrait avoir des *vases* d'argent, du
moins en ce qui regarde le calice tout entier avec sa patène, le ciboire, et les boîtes ou *vases* aux saintes huiles. Un prêtre zélé vient
facilement à bout de ces dépenses, quand il en a la ferme volonté.
N'arrive-t-il pas assez souvent qu'on a, dans ces églises, plusieurs
objets secondaires qui semblent dépasser les moyens ordinaires
tandis que le calice et la patène sont du plus vil prix? S'il peut y
avoir, dans une église, quelque magnificence supérieure à ses ressources habituelles et connues, ne doit-on pas surtout l'employer à
l'égard de ces deux *vases sacrés*?

Les *vases sacrés* ne doivent être employés qu'à la célébration des
divins mystères, et de saints papes ont ordonné aux prêtres de ne
s'en servir que dans l'église. *Hic constituit sacerdotes et levitas in usu
quotidiano non uti et in ecclesiâ tantùm* (2). Plusieurs conciles généraux et particuliers ont fait des défenses expresses, de se servir de
vases sacrés pour des usages profanes; entre autres le concile de
Brague, tenu en Portugal dans le septième siècle, qui punit de peines sévères les prêtres qui abusaient des *vases sacrés*. Il en fait une
description affreuse, et dit que ceux qui tomberont à l'avenir dans
ce désordre, seront privés de leurs dignités, les laïques excommuniés et les religieux déposés.

VÉNÉRABLE.

Le titre de *vénérable* se décerne par un décret de la congrégation
des rits. C'est le premier que le Saint-Siége donne à une personne
décédée en odeur de sainteté; on procède ensuite à la béatification,
et c'est par la canonisation que Rome décerne le titre de saint à la
personne qui a pratiqué les vertus au sublime degré. (*Voyez* BÉATI-
FICATION, CANONISATION, SAINT.)

On donne le nom de *vénérable* à celui dont la réputation de sainteté est approuvée judiciairement. Ainsi, selon la coutume de la congrégation des rits, tous ceux en faveur desquels on a signé la commission de l'introduction, dans les causes de béatification, sont dé-
signés sous le nom de *vénérable*. Cependant, dans un sens plus
étendu, comme on le voit dans l'histoire, principalement à Rome,
plusieurs personnages, surtout les évêques et les prêtres, morts en
odeur de sainteté, furent quelquefois décorés du titre de *vénérable*,
suivant la remarque du cardinal Baronius (3) sur ce titre attribué à
Bède, titre que le martyrologe romain lui accorde; mais le même
Baronius prétend, d'après Ilduin et Marianus Scoto, que le nom de
saint peut être également donné au *vénérable* Bède.

(1) *Origines liturgiques.*
2) *Concil.*, tom. I, pag. 728. *In vitâ Stephani* I.
3) *Annal. ad. ann.* 731.

On a aussi quelquefois donné le surnom de *vénérable* aux Souverains Pontifes, comme on le voit dans les synodes romains tenus sous les papes Hilaire et Boniface II; parfois aussi aux évêques, comme on le voit dans la première conférence de Carthage entre les catholiques et donatistes, aux martyrs, aux princes même catholiques, etc. Mais le titre de *vénérable* n'est donné aujourd'hui, suivant la coutume de la congrégation des rits, qu'aux saints personnages dont la cause est introduite, comme nous le disons ci-dessus, pour procéder à leur béatification (1).

VENTE.

(*Voyez* achat.)

VERTU DES CLERCS.

(*Voyez* clerc.)

VÊTEMENTS ECCLÉSIASTIQUES.

(*Voyez* habit, aube, surplis.)

VÊTURE.

On appelle ainsi la cérémonie de la prise d'habit de religion par un novice; sur quoi, voyez profession, religieuse, vœu, novice. Les prières qui accompagnent cette cérémonie sont différentes dans les divers ordres ou congrégations religieuses, mais en général elles sont instructives et édifiantes; elles font souvenir ceux qui prennent l'habit monastique des obligations qu'il leur impose, et des vertus par lesquelles ils doivent l'honorer.

VIATIQUE.

Voyez, touchant l'administration du saint *viatique,* les mots sacrement, malade, paroisse, communion.

VICAIRE.

Vicaire est un nom générique qui signifie une personne qui n'exerce qu'en second les fonctions d'un office : *vicarius à vice vulgò dicitur, estque is qui vicem alterius obtinet, et in locum ejus succedit.* (*C.* 1, 2, *de Offic. vicarii.*) Nous avons à parler ici des différentes sortes de *vicaires,* que l'on remarquera par les articles suivants.

§ I. Vicaires *généraux.*

Le grand *vicaire* ou *vicaire* général représente l'évêque dans l'administration de la juridiction volontaire et gracieuse, car la conten-

(1) Azevedo, *de Beatificatione,* etc., *lib.* i, *cap.* 37.

tieuse est exercée par l'official. Cependant les canonistes ne gardent pas exactement cette distinction ; car, dans le droit canonique, le *vicaire* général de l'évêque est appelé tantôt *vicarius*, tantôt *missus*, ou *missus dominicus*, et tantôt *officialis*. (*Cap. Quoniam* 14 *extr. de Officio jud. ordinar.* ; *cap.* 2 *extrà de Regul.* ; *Clem.* 9, *de Rescript.* ; c. *Ab isto* 35, *qu.* 6.)

Nous avons parlé ailleurs de l'établissement, ou au moins de l'origine des grands *vicaires*. (*Voyez* OFFICIAL.)

Les droits des grands *vicaires* sont honorifiques ou utiles. Les droits honorifiques consistent dans la préséance sur toutes les autres dignités ecclésiastiques, dans les assemblées publiques où ils ont droit de paraître en qualité de grands *vicaires*, parce qu'ils représentent l'évêque et qu'ils sont revêtus de son autorité.

Les derniers conciles provinciaux de Soissons et de Bordeaux s'expriment ainsi à cet égard : *Vicarii generales, qui munus exercent archidiaconorum, quorum nomine insigniti sunt, apud nos habentur ut primœ dignitates cathedralis ecclesiœ. Ipsi in choro et extrà, post episcopum immediatè veniunt, sicut mos apud Galliarum ecclesias, à concordato anni 1801, universè invaluit. Non sunt titulo canonici, nec fruuntur canonicorum juribus ; neque ipsis incumbunt canonicorum munia, nisi desumpti fuerint à capitulo, suumque canonicatum servaverint.*

Un grand *vicaire* a une juridiction ordinaire attachée à sa dignité, et non déléguée, dans laquelle il exerce comme l'évêque. (*Cap.* 2, *de Consuetudine in* 6° ; *cap. Romana, de Appellat. in* 6°.) Il ne peut cependant point exercer les fonctions qui concernent l'ordre épiscopal, ni conférer les bénéfices sans commission expresse et particulière, ni substituer un autre *vicaire* pour lui communiquer dans toute son étendue le même pouvoir qu'il a par ses lettres ; quoiqu'il puisse commettre, en cas de besoin, certaines fonctions de son ministère à des ecclésiastiques. (*Gloss. in cap.* 2, *de Offic. vicar. in* 6°.)

Les pouvoirs du grand *vicaire* se règlent d'un côté sur les dispositions générales du droit, et, de l'autre, sur le contenu de sa commission, qui supplée à ce que le droit n'exprime point et quelquefois retranche de ce qu'il exprime ; car l'évêque peut dans la commission limiter le pouvoir de grand *vicaire*, et lui défendre de prendre connaissance de certaines affaires qui sont d'ailleurs censées comprises dans les commissions générales. Voici la liste des matières sur lesquelles les évêques donnent ordinairement juridiction à leurs *vicaires* généraux.

1° De régir, administrer et gouverner tout le diocèse, ses églises et lieux quelconques, tant au spirituel qu'au temporel.

2° De visiter et réformer les paroisses, les collégiales et chapelles quelconques, les congrégations, confréries, monastères, colléges, hospices et autres lieux pies quelconques ; ainsi que de faire tout ce qui tient à ce droit de visite, et de statuer et décider tout ce qui lui paraîtra utile ou nécessaire, soit dans ses visites, soit à toute autre occasion.

3° De donner, en l'absence de l'évêque, des lettres dimissoires pour la tonsure, les ordres mineurs et sacrés, ainsi que d'examiner les ordinands et leurs titres, et de les approuver.

4° De prêcher et faire prêcher; d'examiner, approuver, déléguer et révoquer les prédicateurs.

5° De convoquer le synode diocésain, d'y corriger et réformer tout ce qui regarde la discipline cléricale, et d'exécuter tout ce qui est nécessaire à cette fin.

6° D'entendre les confessions sacramentelles de toutes sortes de pénitents et de les absoudre; d'examiner et approuver tous les confesseurs; de les déléguer pour entendre les confessions, comme de révoquer les approbations et facultés qui leur ont été accordées.

7° De réserver des cas épiscopaux; d'infliger des censures et peines ecclésiastiques; d'absoudre des cas quelconques réservés à l'évêque, de quelque manière que ce soit, ainsi que des censures portées par lui ou par quiconque en avait le droit de par lui.

8° D'administrer tous les sacrements, excepté la confirmation et l'ordre; de donner toute permission et tout pouvoir de les administrer, et de faire toutes les fonctions épiscopales ou pastorales, sauf celles qui dépendent du caractère épiscopal.

9° De dispenser des vœux et des serments lorsqu'il y a cause juste de dispense; de dispenser des jeûnes, des fêtes et autres lois ecclésiastiques, ainsi que de toute irrégularité provenant d'un délit occulte, et de tous les cas dans lesquels l'évêque peut dispenser.

10° De bénir les églises, les chapelles, les oratoires, les cimetières et autres lieux dédiés au culte, ainsi que de réconcilier ceux qui auraient été pollués ou profanés après la bénédiction.

11° De bénir les cloches, les ornements et linges qui doivent servir à de saints usages ou au saint sacrifice de l'autel.

12° De substituer à sa place un ou plusieurs *vicaires* pour cause d'absence, ou tout autre empêchement, et de leur déléguer et commettre à eux ou à tout autre les facultés susmentionnées, ou quelqu'une d'elles.

13° Enfin de décider, de faire, de régir, de décerner et d'exécuter toutes autres choses quelconques qui peuvent, de quelque manière que ce soit, appartenir à l'office de *vicaire* général, quand même elles seraient de telle nature qu'elles auraient besoin d'une délégation toute spéciale.

Si le *vicaire* général avait le caractère épiscopal, l'évêque pourrait de plus lui déléguer tout ce qui ne peut être fait que par l'évêque, l'administration de la confirmation, l'ordination, la dédicace des églises, la consécration des autels et des calices, la bénédiction solennelle du chrême et des saintes huiles, la concession d'indulgences, et toutes autres fonctions propres aux évêques.

Les qualités requises dans un *vicaire* général sont : 1° d'avoir au moins vingt-cinq ans, comme l'enseignent communément les canonistes. 2° Il doit être au moins clerc. (*Cap. In nona* 16, *qu.* 7.) De plus, il a passé en usage, en France, qu'un évêque ne puisse prendre pour *vicaire* général que des clercs ayant le caractère sacerdotal. 3° Il doit être habile dans les sciences qui lui enseignent à bien remplir ses fonctions, autrement comment serait-il un secours à l'évêque, et comment mériterait-il la confiance du clergé? C'est pourquoi il devait autrefois avoir pris des degrés en théologie ou en droit canon ; aujourd'hui au moins doit-il être versé dans l'une et dans l'autre de ces sciences, et bien connaître ce qui concerne les fonctions cléricales, sacerdotales et pastorales, puisqu'il doit juger dans ces matières, suppléer les défauts, corriger les excès ; en un mot, il doit avoir les qualités de l'évêque, puisqu'il doit au besoin le remplacer en tout. Cependant nous avons connu des *vicaires* généraux qui avaient tout au plus la science nécessaire pour gouverner convenablement une médiocre paroisse de campagne. Les évêques ne doivent appeler à ces éminentes fonctions que des hommes recommandables par la science, la prudence et la piété, et n'avoir aucun égard à la naissance ou autre considération humaine. 4° Le *vicaire* général doit avoir aussi une haute probité de vie et de mœurs ; « car, dit saint Pierre Chrysologue (1), si c'est la science qui fait le maître, c'est la bonne vie qui soutient l'autorité du magistrat, et quand on pratique ce qu'on enseigne, on dispose les sujets à la soumission. » Il doit prendre garde, dans son administration, de n'être ni trop indulgent, ni trop relâché, ni trop rigide, ni trop sévère. « Car, dit saint Grégoire (2), l'administrateur doit savoir si bien se modérer qu'il soit craint et respecté dans ses caresses, aimé et révéré dans ses réprimandes ; en sorte qu'il ne s'avilisse jamais par de lâches complaisances, qu'il ne se rende jamais odieux par une inconvenante dureté. »

L'article 36 de la loi du 18 germinal an X, qui portait que les *vicaires* généraux des diocèses vacants continueraient leurs fonctions après la mort de l'évêque, ce qui était contraire aux canons, a été rapporté par l'article 5 du décret du 28 février 1810. (*Voyez* ARTICLES ORGANIQUES.)

DÉCRET *du 26 février* 1810 *relatif aux* VICAIRES *généraux.*

« ART. 1er. Tout ecclésiastique qui, ayant pendant trois ans consécutifs rempli les fonctions de *vicaire* général, perdrait cette place soit par suite d'un changement d'évêque, soit à raison de son âge ou de ses infirmités, aura le premier canonicat vacant dans le chapitre du diocèse.

« ART. 2. En attendant cette vacance, il continuera de siéger dans ce chapitre avec le titre de chanoine honoraire.

« ART. 3. Son temps de vicariat général lui sera compté pour son rang dans le chapitre.

« ART. 4. Il recevra, jusqu'à l'époque de la nomination de chanoine titulaire un traitement annuel de 1,500 francs. »

(1) *Serm.* 207.
(2) *Moral.*, lib. XX, c. 3.

Une ordonnance du 29 septembre 1824 statue la même chose, dans les termes suivants :

ORDONNANCE *du 29 septembre* 1824 *relative aux* VICAIRES *généraux.*

« Lorsqu'un *vicaire* général, jouissant, en cette qualité, d'un traitement sur notre trésor, aura perdu sa place, après trois ans consécutifs d'exercice, soit par suite d'un changement d'évêque, soit en raison de son âge et de ses infirmités, nous nous réservons d'accorder audit *vicaire* général hors d'exercice, s'il n'est pas pourvu d'un canonicat, un secours de 1,500 francs par an, jusqu'à sa nomination au premier canonicat vacant dans le chapitre diocésain, soit à un autre titre ecclésiastique susceptible d'être présenté à notre agrément, ou jusqu'à ce qu'il nous plaise de lui conférer, dans tout autre diocèse, une chanoinie à nous due, à cause du serment de fidélité (1), de joyeux avènement ou de droit de régale, et qu'il en ait été mis en possession. »

ORDONNANCE *du 29 juin* 1816 *relative au traitement des* VICAIRES *généraux et des chanoines.*

« LOUIS, *etc.*

« ART. 1er. Les *vicaires* généraux et chanoines nommés par les évêques et agréés par nous depuis le premier avril 1814, ou qui obtiendront cet agrément à l'avenir, recevront leur traitement à compter du jour de leur nomination. »

§ II. *Comment finissent les pouvoirs des grands* VICAIRES.

Les pouvoirs d'un grand *vicaire* finissent par différentes voies. Ils cessent, dit Rebuffe (2) d'une manière expresse ou tacite : expresse par la révocation, tacite, par la mort, par la démission, par l'interdiction du prélat constituant.

C'est une opinion commune que l'évêque ayant choisi librement ses grands *vicaires* pour les associer à ses travaux et les rendre ainsi coopérateurs de son ministère, il peut, avec la même liberté, ne point les employer quand bon lui semble : *Et sic potest episcopus pro libito revocare vicarium, seu officialem destituere. (Clem. Et si principalis, ubi glos. de Rescript.)* Il le peut, dit Rebuffe, quand même il aurait juré de ne le point faire, quoique dans ce cas il ait besoin d'absolution pour son parjure. De quelque manière que la révocation soit parvenue, il doit s'abstenir de toute fonction relative à sa commission révoquée : cependant s'il faisait quelques actes avant la signification de sa révocation, ces actes seraient valables : *Cùm circà factum error communis facit jus. (Can. Infamis 3, qu. 7, J. G.)*

Les pouvoirs des grands *vicaires* finissent d'une manière tacite par la mort des prélats qui les ont établis et avec qui, dans le droit, ils ne faisaient qu'une même personne et n'avaient qu'une même juridiction ; c'est pour cette raison que les *vicaires* généraux ne peuvent alors continuer d'exercer aucune fonction, pas même pour juger

---

(1) Ces droits de joyeux avènement, de fidélité, etc., n'existent plus.

(2) *Praxis de Form. vicar.*, n. 102.

une affaire dont ils auraient pris connaissance, leur juridiction meurt entièrement avec celui qui en était la source ; à la différence des juges délégués qui, suivant la décision d'Urbain III (*cap. Gratum, de Offic. et potest. jud. deleg.*), peuvent remplir leur commission même après la mort de leur commettant. Nous devons observer que les actes faits par les grands *vicaires* avant la signification de leur révocation, sont déclarés valables, ainsi que nous venons de le dire ; de même, si les prélats étaient décédés loin de leurs diocèses, les actes faits par les grands *vicaires* avant la nouvelle de leur mort, seraient également valables par un effet de la même erreur commune.

Les pouvoirs des grands *vicaires* sont révoqués tacitement par la démission des prélats qui les ont constitués ; mais on demande si cette révocation s'opère aussi tacitement par la simple démission du prélat entre les mains du roi, ou seulement par l'admission du pape ; il a été décidé qu'il était nécessaire que la démission fût admise par le pape pour produire cet effet ; ce qui est fondé sur les raisons exprimées dans le chapitre *Inter corporalia, de Translat. episc.*, et qui se réduisent toutes à celle-ci, savoir : que le lien ou le mariage spirituel de l'évêque ne peut être dissous que de la même manière qu'il a été contracté : *Eodem genere unumquodque dissolvitur, quo colligatum fecit.*

Quand il arrive que le prélat constituant est excommunié, suspens ou interdit, les pouvoirs de ses grands *vicaires* sont suspendus comme les siens, si bien qu'ils ne peuvent les exercer sous peine d'irrégularité. On n'excepte que le cas où, tant le prélat que les grands *vicaires*, ignoreraient lesdites censures.

L'usage en France est que l'évêque peut constituer plusieurs grands *vicaires* qui ont tous solidairement le droit d'exercer la juridiction volontaire ; en sorte que l'évêque en nommant un nouveau grand *vicaire*, n'est point censé avoir voulu révoquer ceux qui étaient honorés de cet emploi, quand même il n'en ferait aucune mention dans les lettres.

L'évêque ne peut établir de grand *vicaire*, qu'après avoir obtenu ses bulles et avoir pris possession ; mais il n'est pas nécessaire qu'il soit déjà sacré.

§ III. Vicaires *capitulaires*.

(*Voyez* chapitre, § II.)

§ IV. Vicaire *forain*.

Le *vicaire* forain, appelé quelquefois doyen rural, est celui que l'évêque établit sur certaines parties du diocèse, et qui exerce hors de la ville où est le siége épiscopal, la juridiction qui lui est déléguée. Sa juridiction, au reste, est telle que l'évêque veut bien la lui donner, d'où il suit que, dans certains diocèses ils ont plus d'autorité que dans d'autres.

Le *vicaire* forain est spécialement chargé de surveiller les curés et autres prêtres de son district, de visiter les églises et autres lieux pies, selon l'ordre de l'évêque ; de notifier aux curés et recteurs des églises les lettres pastorales et autres mandements de l'évêque et de veiller à ce qu'elles soient publiées et exécutées ; de visiter les curés malades, de leur administrer les sacrements, de faire célébrer leurs funérailles, de prendre soin des paroisses qui seraient vacantes et d'avoir d'autres soins semblables selon qu'il lui est prescrit par son évêque. Ce sont à peu près les fonctions dont les évêques chargent aujourd'hui les archiprêtres et les doyens ruraux. (*Voyez* DOYENS.)

Le *vicaire* forain diffère du *vicaire* général, 1° en ce que l'évêque ne lui soumet qu'un certain district du diocèse, et ne lui délègue qu'une certaine autorité, restreinte et déterminée ; tandis qu'il délègue sa juridiction générale sur tout le diocèse au *vicaire* général ; 2° il diffère, en ce qu'on appelle du *vicaire* forain, soit au *vicaire* général, soit à l'évêque, parce qu'ils sont censés le même tribunal ; or l'appel doit être porté de l'inférieur au supérieur et non d'égal à égal ; 3° ils diffèrent en ce que les causes graves, telles que l'hérésie, etc., ne se commettent point au *vicaire* forain, mais bien au *vicaire* général ; 4° ils diffèrent en ce que le *vicaire* forain n'a aucune préséance sur le clergé et ne peut précéder les curés ou recteurs plus anciens d'ordre ou d'institution, sauf dans les congrégations ou conférences dont l'évêque le nomme président ; tandis que l'office de *vicaire* général est censé conférer la dignité et, par cette raison, donne la préséance.

§ V. VICAIRE *apostolique.*

On appelle *vicaires apostoliques,* les évêques que le pape nomme aux anciens siéges situés maintenant dans des pays infidèles, tels que la Turquie, l'Afrique, et à qui il donne autorité, dans un pays quelconque, à titre de *vicaires* immédiats du Saint-Siége dont ils relèvent directement, tandis que les évêques locaux dans un pays hiérarchiquement organisé dépendent des métropolitains. Il y a des *vicaires* apostoliques dans les missions, les colonies, les États hérétiques, comme autrefois en Angleterre. (*Voyez* ANGLETERRE.)

Le *vicaire apostolique* est constitué par le pape pour exercer certaines fonctions dont Sa Sainteté peut seule commettre l'exercice ; les exemples des *vicariats apostoliques* étaient autrefois plus fréquents. Voyez à ce sujet les mots PROVINCE, ÉVÊQUE *in partibus,* MISSION, LÉGAT.

Sous ces différents mots il est parlé du *vicaire apostolique,* dont les fonctions s'exercent indéfiniment dans une certaine partie d'une province ou d'un royaume. Benoît XIV (1) nous apprend que le pape nomme souvent des *vicaires apostoliques* pour le gouvernement d'un diocèse particulier, soit que le siége épiscopal soit vacant, ou qu'é-

(1) *De Synodo diœcesanâ, lib.* I, *cap.* 9, *n.* 8.

tant rempli, le prélat titulaire ne puisse faire ses fonctions. Cela a été ainsi réglé par une bulle de Sixte V, et les pouvoirs de ce *vicaire apostolique* sont réglés et modifiés par la congrégation des évêques et des réguliers ; ils sont ordinairement très amples et l'on doit toujours y supposer le pouvoir de convoquer le synode diocésain.

Le pape donne le titre de *vicaire apostolique* aux évêques qu'il envoie dans les missions orientales, tels que les évêques français qui sont présentement dans les royaumes de Tonquin, de la Cochinchine, Siam et autres. (*Voyez* MISSION.)

Il y a six *vicaires apostoliques* en Afrique, pour le cap de Bonne-Espérance, l'Arabie, l'Égypte, la Haute et la Basse-Guinée, l'Ile-Maurice et Tunis.

Il y en a neuf en Amérique : les Antilles anglaises ; l'île de la Trinité, les baies d'Hudson et de James, Curaçao, la Jamaïque, Demerary, Surinam, Nouveau-Mexique et les Monts-Rocheux.

Dans l'Amérique méridionale, les *vicariats apostoliques* ont été érigés en évêchés par Pie IX. (*Voyez* COLONIES.) Les *vicariats* de la Nouvelle-Écosse ont été érigés par Grégoire XVI en deux évêchés, Halifax et le cap Breton.

En Asie, il y a trente *vicaires apostoliques* : celui d'Alep, celui de l'Asie-Mineure, les dix-huit de la Chine et royaumes adjacents et les dix des Indes orientales.

En Europe, les huit *vicariats apostoliques* d'Angleterre ont été érigés en évêchés par Pie IX, le 24 septembre 1850. (*Voyez* ANGLETERRE.) Ceux de Hollande l'ont été le 4 mars 1853. On y compte encore les *vicariats apostoliques* des Trois-Duchés, Anhalt-Coeten, Anhalt-Dessau, Anhalt-Bernebury ; la Bosnie, Constantinople, l'Allemagne (missions septentrionales), Gibraltar, la Moldavie, celui de la Saxe, les trois de l'Écosse, celui de Sophia, capitale de la Bulgarie, la Suède, la Valachie et l'abbaïe de Saint-Maurice, dans le Bas-Valais.

Dans l'Océanie, il y a six *vicariats apostoliques* : Batavia, la Mélanésie, l'Océanie occidentale, l'Océanie orientale, l'Océanie centrale et les îles Sandwich. Le *vicariat* de la Nouvelle-Hollande a été partagé en quatre évêchés, érigés par Grégoire XVI.

Les *vicaires apostoliques* sont presque tous évêques *in partibus;* beaucoup ont des coadjuteurs évêques.

§ VI. VICAIRES *de paroisse.*

Nous entendons ici par *vicaires* de paroisse, les prêtres qui aident les curés dans leurs fonctions paroissiales : ces prêtres qu'on appelle aussi secondaires sont amovibles et n'ont pour tout titre que la mission ou l'approbation de l'évêque qui peut par conséquent les changer ou les révoquer à son gré.

Suivant l'article organique 31, en cela assez conforme au droit canon, les *vicaires* sont nommés et révoqués par l'évêque.

Quelques canonistes, comme Van-Espen (1) prétendent que les *vicaires* des curés étant destinés à travailler sous eux, et à les soulager dans les fonctions de leur ministère, c'est aux curés qu'appartient le droit de les choisir.

Quoiqu'il en soit de ce sentiment admis par les frères Allignol (2), il se réduit à rien dans la pratique, car l'évêque a le droit de continuer ou de retirer les pouvoirs des ouvriers qui travaillent dans son diocèse; il peut les limiter pour le temps et pour le lieu, et les *vicaires* qui n'ont pas à cet égard l'approbation nécessaire comme les curés, ne peuvent mépriser la révocation de leurs pouvoirs, sans encourir les peines de ceux qui les exercent sans approbation.

« Si le curé a droit de choisir ses *vicaires,* dit Durand de Maillane, il doit avoir aussi la faculté de les renvoyer. La conséquence paraît juste ; cependant on ne peut s'empêcher de dire que tant d'autorité de la part des curés sur leurs *vicaires*, serait souvent désavantageuse aux paroissiens et surtout aux *vicaires* eux-mêmes, à qui il faudrait demander s'ils n'aiment pas mieux travailler dans la dépendance de leur évêque qui les protége, que dans celle des curés qui ne les respectent pas toujours assez. »

C'est aux évêques à juger de la nécessité qu'il peut y avoir d'établir des *vicaires* dans les paroisses. Le concile de Trente leur attribue ce pouvoir. (Sess. XXI, ch. 4, *de Reform.*) Les évêques seuls doivent nommer les *vicaires,* disent les conciles : *vicarii ab episcopo eliguntur.* Ils peuvent par conséquent donner un *vicaire* à un curé contre son consentement, *invito parocho,* et lui retirer celui dont il serait satisfait.

« Il ne faut pas confondre un *vicaire* avec un *délégué,* dit Bergier (3), celui-ci n'a le pouvoir de faire légitimement que la fonction pour laquelle il est député nommément, il ne peut pas déléguer un autre pour la remplir à sa place. Un *vicaire* n'est pas député à une seule fonction, mais à toutes choses : *Ad omnes causas,* selon l'expression des canons; il peut donc déléguer un autre prêtre pour administrer le sacrement du mariage, etc. Nous faisons cette remarque, parce que nous avons vu plus d'une fois élever sur ce point des doutes mal fondés. »

(1) *Jus canonic., part.* II, *tit.* 6, *cap.* 6.

(2) *De l'état actuel du clergé en France.* Les frères Allignol se plaignent, dans une note, de ce qu'on aurait imprimé dans toutes les nouvelles éditions du *Dictionnaire théologique* de Bergier, l'article *vicaire,* dans lequel ce savant théologien établirait le sentiment qu'ils ont embrassé. Or, nous avons sous les yeux la première édition du Dictionnaire de Bergier, inséré dans l'*Encyclopédie méthodique,* et nous certifions que l'article *vicaire* est tout semblable à celui de l'édition publiée à Besançon en 1827 ; seulement Bergier renvoie au *Dictionnaire de Jurisprudence,* où se trouve effectivement l'article dont on parle ; mais cet article n'est nullement de Bergier et est signé par les initiales G. B. C. Nous devons ajouter que les articles de ce dictionnaire, auquel renvoie souvent Bergier, sont écrits, la plupart, dans un mauvais esprit.

(3) *Dictionnaire de théologie,* art. VICAIRE.

Ce sentiment est enseigné par Barbosa, par le cardinal Gousset (1), par le cardinal de la Luzerne, par Mgr Bouvier, etc.

« Que les *vicaires* respectent le curé comme leur supérieur, dit le concile de Paris de l'an 1849, et qu'ils lui obéissent avec charité, soit dans l'exercice de leurs fonctions, soit dans le partage qu'il en fait entre eux, dans les limites de son pouvoir ; qu'ils ne se permettent point de s'absenter de la paroisse, et d'abandonner pour quelque temps leur poste sans le consentement du curé, qui, lui-même, quand il en sera besoin, en demandera la permission à l'évêque, suivant les règles établies dans le diocèse. (*Voyez* RÉSIDENCE.)

« Nous rappelons de même aux curés qu'ils doivent honorer leurs *vicaires*, comme les prêtres de Jésus-Christ, les aimer comme des frères, les soulager comme leurs coopérateurs, en prenant volontiers pour eux-mêmes la part la plus grande des sollicitudes et des travaux.

« Que s'il venait, ce qu'à Dieu ne plaise, à surgir quelque sujet de division entre les curés et les *vicaires*, qu'ils s'abstiennent soigneusement de toute plainte qui pourrait blesser la charité et scandaliser les fidèles ; qu'ils s'empressent de rétablir entre eux la bonne harmonie, ou qu'ils s'adressent avec confiance à l'évêque qui est, lui, le pasteur du troupeau et le père commun de tous. » (*Cap.* 8, *de Parochis et eorum vicariis*.)

Les curés ne doivent jamais oublier que leurs *vicaires* sont leurs égaux dans le sacerdoce et qu'ils sont leurs coadjuteurs, dans l'exercice des fonctions du ministère sacré. Ils doivent donc les traiter comme des frères, les avertissant et les exhortant avec une bienveillance toute paternelle, les recevant avec bonté et les honorant devant la paroisse.

Les *vicaires* de leur côté doivent se rappeler sans cesse ce qu'ils sont à l'égard des curés dont ils remplissent les fonctions sous leur propre direction. Ils doivent donc avoir pour eux beaucoup de respect et d'obéissance dans tout ce qui regarde l'exercice du saint ministère, se montrer toujours irréprochables dans leur conduite comme dans leurs paroles, tant à l'égard des curés eux-mêmes que devant les paroissiens et autres personnes qui seraient prévenues et mal disposées contre le pasteur. Les *vicaires* doivent surtout entourer de soins, d'égards, d'attentions et de prévenances les curés âgés, infirmes et malades, les aider autant qu'il est en eux et les consoler dans leurs peines et leurs souffrances.

Ainsi les *vicaires* agiront sagement en s'abstenant d'aller dans des maisons et chez des personnes connues pour faire de l'opposition au curé, et, en général, de ne recevoir aucune invitation dans la paroisse, malgré le curé qui est ordinairement plus à même que le *vicaire* de voir et d'apprécier les inconvénients qui pourraient en résulter.

(1) *Théologie morale.*

De droit commun, en vertu de la mission qui leur est confiée, les *vicaires* peuvent dire la messe dans l'église paroissiale et entendre les confessions des personnes valides et des malades, même contre la volonté du curé. Mais pour toutes les autres fonctions, ils ne pourraient les remplir, si le curé s'y opposait, à moins que l'évêque n'en ait ordonné autrement.

Dans quelques diocèses, les évêques ont établi la vie commune entre les curés et les *vicaires* qui vivent sous le même toit et à la même table. Le concile d'Avignon, célébré en 1849, en manifestait le vœu en ces termes : *Hortamur quoque episcopos comprovinciales nostros, ut quam primùm fieri poterit, ad communem vitam ineundam parochos et vicarios perducere studeant,* « *bonum enim est et jucundum habitare fratres in unum.* » (*Tit.* VI, *de Clero, cap.* 5, *de Paroch. et aliorum cleric. officiis.*)

Le concile de Bordeaux de l'année suivante dit que rien n'est plus propre à former les *vicaires* à la piété, à la vertu, à l'exercice du saint ministère, et à les éloigner de tout danger, que cette vie commune. *Ad quæ omnia multùm proderit, si eodem tecto, eâdem mensâ, et indivisâ demum vitæ societate, parochus et vicarii utantur.* (*Cap.* 11, *de Vicariis paroch.*) Celui d'Aix dit dans le même sens : *Maximè commendat synodus exoptatque ut in eâdem domo maneant et ad eamdem mensam consedeant parochus et vicarii, sicque securiùs et efficaciùs unanimes sint.* (*Cap.* 7, *de Paroch. vicariis.*)

Outre les *vicaires*, il y a, dans certaines paroisses, des prêtres que l'on appelle habitués ; leurs fonctions sont de dire la messe, de chanter l'office, etc. (*Voyez* HABITUÉS)

§ VII. VICAIRES *perpétuels.*

On appelle ainsi les curés des paroisses où de gros décimateurs, en qualité de curés primitifs ou autrement, étaient obligés de nommer un *vicaire* en titre irrévocable.

Autrefois, toutes les cures étaient en titre et possédées par des prêtres séculiers. Vint ce temps d'ignorance, où comme nous le disons ailleurs, les moines s'emparèrent des paroisses. Obligés dans la suite de rentrer dans leurs cloîtres, ces religieux retinrent les dîmes et le droit de nommer un *vicaire* en qualité de curé primitif, ce qui fut imité par les chapitres et autres communautés, à qui, soit par union ou autrement, les paroisses furent confiées.

Ce *vicaire* à qui les détenteurs donnaient une modique congrue, était amovible, exposé tous les jours à une révocation préjudiciable au bien de sa paroisse. A quoi les conciles voulurent obvier en ordonnant que les *vicaires* choisis pour gouverner les paroisses, seraient perpétuels et ne pourraient être institués et destitués que par l'évêque. Le *vicaire* perpétuel une fois établi ne diffère proprement du curé que de nom ; son titre est perpétuel comme celui de ce dernier. L'amovibilité des curés dans les paroisses a toujours été regardée comme très préjudiciable, ainsi que nous le disons et le démontrons sous la mot INAMOVIBILITÉ.

§ VIII. VICAIRE *de chœur.*

On appelle ainsi celui qui supplée l'hebdomadier. (*Voyez* HEBDO-MADIER.)

VICAIRIE.

C'est l'état ou la charge d'un *vicaire.* Il y en a donc d'autant de sortes qu'il y a de *vicaires.* On distingue les *vicairies* apostoliques, épiscopales, paroissiales; voyez à cet égard les différents articles du mot VICAIRE.

VICARIAT.

On peut prendre ce mot dans le même sens que le précédent, c'est-à-dire, pour l'état ou commission d'un *vicaire,* comme en effet on l'emploie communément dans cette acception; car on appelle lettres de *vicariat,* la commission d'un évêque à son grand vicaire.

VICE-CHANCELIER.

(*Voyez* CHANCELIER.)

VICE-GÉRANT.

Dans les anciennes officialités, on donnait ce nom à un officier ecclésiastique établi par l'évêque pour être le lieutenant de l'official, lui servir de conseil et le remplacer en cas d'absence, maladie, récusation ou autre légitime empêchement. (*Voyez* OFFICIALITÉS.)

VICE-LÉGAT.

Un *vice-légat* est un officier que le pape envoie dans quelque ville pour y faire la fonction de gouverneur spirituel et temporel, quand il n'y a point de légat ou de cardinal qui y commande. (*Voyez* LÉGAT.)

VIDAME.

Le *vidame* était autrefois l'administrateur des affaires temporelles d'un prélat : *Vicedominus qui vice domini res ipsius administrat.* (*C. Diaconum ; c. seq. dist.* 89 ; *c. Consulere, de Simon.*) (*Voyez* ADMINISTRATEUR.)

Les abbayes avaient aussi leurs *vidames.* Il est question dans plusieurs titres et dans l'histoire, de ceux des abbayes de Saint-Denis, de Saint-Maur des fossés, etc. Les comtes du Vexin n'avaient pas dédaigné d'être les *vidames* de Saint-Denis, et c'était en cette qualité qu'ils portaient l'oriflamme.

VIE ET MŒURS.

(*Voyez* ATTESTATION, CLERC, RELIGIEUX, ÉVÊQUE.)

VIEILLARDS.

Les *vieillards* peuvent se marier validement. L'Église a toujours été dans l'usage de leur permettre le mariage comme un secours pour la faiblesse attachée à leur âge : *Nuptiarum bonum semper est quidem bonum, sed in populo Dei fuit aliquandò legis obsequium, nunc est infirmitatis solatium. Filiorum quippe procreationi operam dare, non canino more per usum promiscuum fœminarum, sed honesto ordine conjugali, non est in homine improbandus affectus : et ipsum tamen laudabiliùs transcendit et vincit cœlestia cogitans animus christianus. Sed quoniam, sicut ait Dominus : « Non omnes capiunt verbum hoc, quæ potest capere, capiat : » quæ se non continet nubat ; quæ non capit, deliberet ; quæ aggressa est, perseveret : nulla adversario detur occasio : nulla Christo subtrahatur oblatio. (Causa 27, quæst. 1, cap. 41.)* Tous les *vieillards* ne sont pas impuissants. Mais l'Église désapprouve la conduite insensée de quelques-uns d'entre eux qui, dans un âge avancé, se marient à de jeunes personnes. C'est au confesseur à les en détourner, cependant on ne peut pas absolument refuser de les marier, puisque l'Église n'a rien décidé sur ce sujet.

VIENNE.

Le quinzième concile général fut assemblé à *Vienne* en Dauphiné, par ordre du pape Clément V, l'an 1311. Les causes de ce concile étaient l'extinction de l'ordre des templiers, et le rétablissement de la discipline. Il s'y trouva trois cents évêques, les deux patriarches d'Antioche et d'Alexandrie, plusieurs abbés et prieurs, et trois rois, Philippe le Bel, roi de France, Édouard II, roi d'Angleterre, et Jacques II, roi d'Aragon.

L'ouverture de ce concile se fit le 13 octobre 1311, par une première session où le pape fit un sermon, dans lequel il exposa les causes de la convocation du concile. Il se passa ensuite un an jusqu'à la seconde session. On l'employa en conférences sur l'affaire des templiers, dont l'ordre fut aboli par sentence provisoire, le 22 mars de l'année 1312. Dans la seconde session tenue le 3 avril 1312, on en publia définitivement la suppression en présence du roi Philippe le Bel, de son frère et de ses trois fils.

Le pape Clément V avait mandé à tous les évêques d'apporter au concile de *Vienne* des mémoires de tout ce qu'il convenait d'y régler pour le bien de l'Église. Nous avons deux de ces mémoires, l'un de Guillaume Durand, évêque de Mende, et l'autre d'un prélat dont on ignore le nom, mais qui est un ouvrage digne d'un grand évêque. Ce dernier propose divers moyens pour le rétablissement de la discipline et le retranchement de plusieurs abus, entre autres, la quantité des excommunications sur des sujets légers, les voyages fréquents des ecclésiastiques à Rome, etc.

Le mémoire de l'évêque de Mende n'est pas moins remarquable : il désire qu'on rappelle l'antiquité, et dit que de parler contre les anciens canons, c'est blasphémer contre le Saint-Esprit qui les a inspirés : il veut qu'on réduise les dispenses à de justes bornes : il recommande la tenue des conciles provinciaux : il demande une sérieuse réforme dans la cour de Rome, dans les évêques, dans tout le clergé, etc.

On termina dans ce concile le célèbre différend de Philippe le Bel avec le pape Boniface VIII. Le concile déclara que le pape Boniface avait été catholique, et n'avait rien fait qui le rendît coupable d'hérésie, comme on le prétendait. Mais pour contenter le roi, le pape fit un décret portant qu'on ne pourrait jamais reprocher au roi, ni à ses successeurs, ce qu'il avait fait contre Boniface. Le concile condamna quelques erreurs attribuées à Jean d'Olive, frère mineur, et en même temps les bégards et béguines ou fratricelles, ses sectaires. (*Voyez* béguines.) Le pape voulut aussi réunir entre eux les frères mineurs, et lever les scrupules de ceux qui se plaignaient que le corps de l'ordre n'observait pas fidèlement la règle de saint François ; il fit à cet effet une grande constitution qui n'eut pas le succès désiré. Elle fut cependant approuvée en consistoire secret le 5 mai, et publiée le lendemain à la troisième et dernière session du concile.

Le concile de *Vienne* fit plusieurs autres constitutions touchant les réguliers, qu'on a insérées dans le recueil des Clémentines. (*Clem.* 1, *de Regul.; Clem. Dudum, de Sepult. in agro* 1, *de Stat. monach.* 1, *de Relig. dom.*) Il fit aussi un décret concernant les hôpitaux, *in c. Contigit, de Relig. dom. Clem.*

Enfin, le concile de *Vienne* pour résoudre les longues contestations élevées entre les évêques et les réguliers, touchant les exemptions, et vivement agitées dans cette assemblée, fit deux constitutions touchant les priviléges des religieux et les autres exempts, l'une pour les soutenir contre les vexations des prélats, l'autre pour réprimer l'abus. (*Clem. Fréquentes, de Excess. prælat.; Clem. Religiosi, de Privil.; Clem. Eos, Qui de sepult.; Clem.* 1, *de Testam.*) Les autres constitutions regardent les mœurs et la conduite du clergé. (*Clem. Diœces. de Vitâ et honest. c.* 2, *eod. c.* 3, *de Ætat. et qualit. c.* 2, *eod.*)

Le concile révoqua la fameuse bulle *Clericis laïcos* de Boniface VIII, avec ses déclarations sur l'immunité des clercs. (*Clem. unic., de Immun*) Ce même concile renouvela la fête du saint sacrement instituée quarante-huit ans auparavant par le pape Urbain IV, mais dont la bulle n'avait point eu d'exécution. (*Clem. Si demon. de Relig.*) Enfin, pour faciliter la conversion des infidèles, le concile établit l'étude des langues orientales. Il ordonna qu'en cour de Rome, et dans les uni-

versités de Paris, d'Oxford, de Bologne, et de Salamanque, on établirait des maîtres pour enseigner les trois langues, hébraïque, arabique
et chaldéenne, deux maîtres pour chacune, qui seraient stipendiés
et entretenus en cour de Rome par le pape : enfin on ordonna la levée d'une décime pour la croisade, c'est-à-dire le recouvrement de
la terre sainte (1).

VILLE.

On observe exactement dans la chancellerie romaine la distinction
du mot *ville, civitas*, d'avec le mot diocèse, *diœcesis*, sur le fondement
du chapitre *Rodulphus, de Rescriptis*.

Par le premier, on entend, selon le style de Rome, le lieu où est
le siége épiscopal, quoiqu'un évêché n'érige point une *ville* en cité,
en sorte que, lorsque le bénéfice dont on accorde des provisions se
trouve situé dans la *ville* épiscopale, on se contente d'exprimer le
nom de cette *ville*, comme *Parisiensis, Senonensis;* au lieu que, quand
le bénéfice est situé hors de cette *ville*, mais dans le diocèse, on
écrit *Parisiensis diœcesis, Senonensis diœcesis* ; c'est la remarque de
Pérard Castel (2), qui dit : 1° qu'en matière odieuse, *vox diœcesis,
vox civitas*, sont pris étroitement; 2° que l'erreur du diocèse dans
l'expression d'un impétrant ne lui nuit en rigueur que quand il y a
du dol.

Le concile de Bâle, session XXXI, chapitre 3, ordonne que nul
ne pourra être pourvu d'une cure dans une *ville* murée s'il n'est gradué dans une des quatre facultés, ou s'il n'a étudié pendant l'espace
de trois ans en théologie dans une université. Ce décret fut adopté
par la pragmatique et ensuite par le concordat de Léon X, mais il ne
l'a pas été par le concordat de 1801, de sorte que depuis cette
époque il n'est plus question de gradués.

VIOL.

Le *viol*, que l'honnêteté de notre langue ne permet pas de désigner sous les différentes acceptions qu'il reçoit en latin, est le commerce charnel illicite avec une vierge, ou une veuve vivant honnêtement. Dans le sens propre et strict, il est pris pour la cessation de
la virginité. (*C. Lex illa Stuprum*, 36, *qu.* 1.) S'il a été commis avec
une veuve vivant honnêtement, le coupable sera soumis à une pénitence et puni d'une amende : si c'est avec une vierge, il doit la doter
selon sa condition, et la prendre pour son épouse, à moins que le
père ne veuille pas y consentir ; dans ce cas, il suffit de la doter. Si
le père consent, et que lui-même refuse de l'épouser, il pourra être
poursuivi corporellement et excommunié, et renfermé dans un monastère pour y faire pénitence. (*C.* 1 *et* 2, *de Adult.*) Le clerc qui a

(1) Baluze, *Concil.*
(2) *Pratique de la cour de Rome*, tom I, *pag.* 270.

déshonoré une vierge, ne pouvant pas l'épouser s'il est dans les ordres sacrés, il sera déposé dans le for contentieux. (*Panorm. in c. Et si clerici judic.; c. Si quis clericus dist.* 3; *c. Latos*, 2, *qu.* 7.) Celui qui a déshonoré des vierges consacrées à Dieu sera déposé, s'il est clerc, et excommunié, s'il est laïque : autrefois le droit civil l'aurait condamné à la peine capitale. Le prêtre qui a forniqué avec sa fille spirituelle ou pénitente, sera déposé, fera pénitence pendant douze ans, entrera ensuite dans un monastère. Si la femme aussi est laïque, après avoir distribué ses biens aux pauvres, elle se renfermera aussi dans un monastère (*C.* 9, *Si quis sacerdos*, 30, *qu.* 1; *c. Omnes quos*, 40, *qu.* 1.)

VIOLATION.

En prenant ce mot dans le sens de pollution, voyez RÉCONCILIATION; en le prenant pour le violement d'une censure que l'on n'observe point, voyez INTERDIT, SUSPENSE, EXCOMMUNICATION, CENSURE.

VIOLENCE.

La *violence* est un empêchement de mariage. (*Voyez* EMPÊCHEMENT, § IV, n° VII.)

VISA.

On appelait ainsi les lettres d'attache de l'évêque ou de son grand vicaire, par lesquelles, après avoir vu les provisions de cour de Rome, il déclarait qu'il avait trouvé l'impétrant capable pour le bénéfice dont il s'agissait; les lettres étaient appelées *visa*, parce qu'elles commençaient par ces termes : *visâ apostolicâ signaturâ*.

C'est aux évêques à qui de droit commun il appartient d'accorder le *visa*, ou l'institution ecclésiastique soit pour les cures, soit pour tout autre office.

VISITE.

Nous prenons ici ce mot pour la *visite* que l'évêque fait dans les églises de son diocèse, et par similitude l'archevêque dans sa province, l'archidiacre dans son archidiaconé, et le supérieur régulier dans les monastères soumis à son gouvernement.

§ I. VISITE *archiépiscopale.*

Il paraît que les *visites* des archevêques dans les diocèses de leurs suffragants étaient fréquentes, même en France, dans les siècles qui ont précédé le concile de Trente, lequel, par le décret rapporté ci-dessous, reconnaît ce droit des archevêques sous ces deux conditions : 1° qu'ils aient visité leur diocèse; 2° que le sujet de la *visite* ait été approuvé par le concile provincial, sur quoi les canonistes établissent que l'archevêque a les mêmes pouvoirs dans la *visite* de sa province, qu'il avait de droit commun avant le concile de Trente, et, de plus, ceux que le concile provincial peut lui attribuer. (*Cap. Cùm apostolus, J. G. verb. Archiepiscopi; c. Sopitæ, super eo, de Censib.*)

L'usage des *visites* provinciales de la part des archevêques a cessé en France, sans aucune loi expresse, même avant la révolution. L'assemblée générale du clergé, convoquée à Melun, avait cependant reconnu ce droit des archevêques, sans faire mention des conditions requises par le concile de Trente. Elle avait même réglé dans un assez grand détail ce qui concerne les droits des archevêques dans la *visite* des diocèses de leur province (1).

§ II. VISITE *épiscopale.*

La *visite* épiscopale est un droit et un devoir indispensable de l'évêque. Ce droit et ce devoir sont essentiellement attachés à son caractère et fondés sur sa qualité de premier pasteur. Ils sont donc imprescriptibles et d'institution divine. C'est pour cela que les conciles, tant anciens que nouveaux, recommandent si souvent la *visite* épiscopale. *Decrevimus ut antiquæ consuetudinis ordo servetur, et annuis vicibus diœcesis ab episcopo visitetur.* (*C. Decrevimus* 10, *qu.* 2; *c. Placuit; c. Episcopis, eod.; c. Inter cœtera, de Offic. ordin.; c. Romana; c. Procurationes; c. Cum venerabilis, de Censib. in* 6°.) Le concile de Meaux, de l'an 845, canon 19, après avoir rapporté la nécessité de faire cette *visite,* par l'exemple même des apôtres, appelle répréhensible et damnable la coutume de certains évêques, qui ne visitent jamais ou qui visitent rarement par eux-mêmes les peuples qui leur sont confiés. Les conciles de Paris, de l'an 831, et de Valence, en 855, parlent dans le même sens. Charlemagne, dans son capitulaire de l'an 769, enjoint aux évêques de s'acquitter de ce devoir par eux-mêmes tous les ans dans chaque paroisse de leur diocèse. Le second concile de Cologne, en 1559, attribue à la négligence des évêques sur ce point la naissance des hérésies du seizième siècle. Celui d'Aquilée, de l'an 1596, réduit à l'obligation de la *visite* la principale partie du gouvernement des évêques.

Les Pères du concile de Trente n'avaient sans doute pas d'autres idées, quand ils firent sur cette matière le décret suivant, renouvelé par les conciles provinciaux de France, d'Aix, de Bordeaux, de Reims, etc.

« Tous les patriarches, primats, métropolitains et évêques, ne manqueront pas tous les ans, de faire eux-mêmes la *visite,* chacun de leur propre diocèse, ou de la faire faire par leur vicaire général, ou par un autre visiteur particulier, s'ils ont quelque empêchement légitime de la faire en personne. Et si l'étendue de leur diocèse ne leur permet pas de la faire tous les ans, ils en visiteront au moins,

_____

(1) *Mémoires du clergé,* tom. VII, *pag.* 61; tom. II, *pag.* 213 *et suiv.*

chaque année, la plus grande partie; en sorte que la *visite* de tout leur diocèse soit entièrement faite dans l'espace de deux ans, ou par eux-mêmes, ou par leurs visiteurs.

« Les métropolitains, après avoir achevé tout à fait la *visite* de leur propre diocèse, ne visiteront point les églises cathédrales, ni les diocèses des évêques de leur province, si ce n'est pour cause dont le concile provincial ait pris connaissance, et qu'il ait approuvée.

« Les archidiacres, doyens et autres inférieurs, qui jusqu'ici ont accoutumé de faire légitimement la *visite* en certaines églises, pourront à l'avenir continuer de la faire, mais par eux-mêmes seulement, du consentement de l'évêque, et assisté d'un greffier. Les visiteurs pareillement qui seront députés par un chapitre qui aura droit de *visite*, seront auparavant approuvés par l'évêque; mais pour cela l'évêque ne pourra être empêché de faire séparément de son côté la *visite* des mêmes églises, ou de la faire faire par son visiteur, s'il est occupé ailleurs. Au contraire, lesdits archidiacres et autres inférieurs seront tenus de lui rendre compte dans le mois, de la *visite* qu'ils auront faite, et de lui représenter les dépositions des témoins, et tous les actes en original, nonobstant toutes coutumes, même de temps immémorial, exemptions et priviléges quelconques.

« Or, la fin de toutes les *visites* sera d'établir une doctrine sainte et orthodoxe, en bannissant toutes les hérésies; de maintenir les bonnes mœurs, de corriger les mauvaises, d'animer le peuple au service de Dieu, à la paix et à l'innocence de la vie, par des remontrances et des exhortations pressantes; et d'ordonner toutes les autres choses que la prudence de ceux qui feront la *visite* jugera utiles et nécessaires pour l'avancement des fidèles, selon que le temps, le lieu et l'occasion le pourront permettre.

« Mais afin que toutes ces choses aient un succès plus facile et plus heureux, toutes les personnes dont nous venons de parler, à qui il appartiendra de faire la *visite* sont averties, en général et en particulier, de faire paraître pour tout le monde une charité paternelle et un zèle vraiment chrétien; et que, se contentant d'un train et d'une suite médiocre, ils tâchent de terminer la *visite* le plus promptement qu'il sera possible, y apportant néanmoins tout le soin et toute l'exactitude requise. Qu'ils prennent garde pendant la *visite*, de n'être incommodes ni à charge à personne par des dépenses inutiles. »

L'on voit dans ce règlement à qui il appartient de faire des *visites*, pourquoi elles doivent être faites, et dans quel temps on doit les faire; *quis, cur quandò*. Comme nous ne pouvons transcrire de même ici les autres décrets de ce concile, que les évêques ou autres visiteurs ne manquent jamais de consulter dans toutes ses parties, quand ils vont faire leurs *visites*, nous les citerons tous par ordre successif. (Session VI, ch. 3 et 4; session VII, ch. 7 et 8, session XII, ch. 8 et 9; session XIII, ch. 1er; session XIV, ch. 4;

session XXI, ch. 8; session XXIV, ch. 3, 9 et 10; session XXV, ch. 6 et 11.)

Suivant l'ancienne discipline de l'Église, il n'y avait rien d'exempt de la correction et *visite* de l'évêque ; tout était soumis à sa juridiction. Mais les exemptions s'étant depuis introduites, il y eut des exemptions à cet égard; mais, malgré ces exemptions, c'est une discipline établie sur les décrets du concile de Trente, sur les conciles de Milan, etc, et sur les décisions des papes, que toutes sortes de cures ou églises paroissiales possédées par des séculiers ou réguliers, dépendantes des corps exempts ou non exempts, situées dans les monastères ou abbayes, même chefs-d'ordre, sont sujettes à la *visite* de l'évêque diocésain. (Concile de Trente, session VII, ch. 7 et 8; session XXI, ch. 8, *de Reform.;* Constitution *Inscrutabili* de Grégoire XV.)

Quant aux personnes, tous les ecclésiastiques en général sont soumis aux *visites* et à la correction ou de l'évêque, ou d'autres supérieurs.

Gavantus (1) a marqué dans le détail tout ce qui doit précéder, accompagner et suivre la *visite* épiscopale; il recommande aux prélats de porter dans leurs *visites* sa pratique abrégée sur cette matière, avec le concile de Trente, le pontifical, le rituel, les statuts synodaux et provinciaux, l'état des lieux et des personnes qui sont à visiter, et enfin les procès-verbaux des dernières *visites*.

L'évêque doit faire avertir de sa *visite* chaque curé quelque temps auparavant, afin que le peuple se prépare à le recevoir, que les enfants se disposent à la confirmation, et que les marguilliers mettent leurs comptes en état. L'évêque peut aussi, selon le besoin, envoyer sur les lieux des ecclésiastiques, pour rendre la *visite* plus facile et plus heureuse; les cloches doivent annoncer cette *visite,* principalement la veille, et tout doit être prêt le jour de l'arrivée du pasteur, pour le recevoir dans la forme prescrite dans le pontifical, pour la réception des prélats ou légats ; c'est-à-dire, que le clergé doit se rendre processionnellement au-delà des portes de la ville, dans un lieu tapissé; d'où le prélat après avoir baisé la croix, se rend à l'église sous le dais ou baldaquin qu'on lui offre aux portes de la ville.

La description de ce qui fait la matière ou l'objet de la *visite,* doit être prêt, quand l'évêque arrive sur les lieux. Voici ce qu'un curé doit être exact à représenter au prélat qui visite sa paroisse. Il doit d'abord sortir et exposer dans la sacristie tous les meubles, ornements et vases sacrés de son église, et en présenter l'état ou inventaire. Il y doit joindre les livres qui sont à l'usage de l'église, comme le missel, l'antiphonaire et le rituel.

Il doit représenter aussi l'état des reliquaires, avec leurs attestations; les titres des indulgences et autels privilégiés; l'inventaire

(1) *Praxis comped.*, *verbo* VISITATIO.

des droits, priviléges, et en même temps des charges et des bornes de sa paroisse ; les statuts et les usages particuliers dans le service divin, s'il y en a dans son église; l'état ou l'inventaire des biens fonds et des revenus de son église; l'état des églises, chapelles et oratoires qui sont situés dans l'étendue de sa paroisse, avec leurs charges; un pareil état des sociétés, confréries, congrégations et autres corps pieux qui sont dans sa paroisse, des monastères, tant d'hommes que de filles, avec leurs propres titres, et le nombre des religieux ou religieuses, de prêtres, diacres, sous-diacres et autres clercs qui y habitent, etc.

Il doit ensuite présenter tous ses registres de baptêmes, mariages, sépultures, etc., les décrets synodaux et autres règlements du diocèse.

A l'égard des ecclésiastiques en particulier, que l'évêque doit visiter, ils doivent se tenir prêts à fournir leurs lettres d'ordre, leur pouvoir pour confesser, pour célébrer la messe dans un tel lieu, et pour les autres fonctions sacerdotales dont ils s'acquittent, les livres ecclésiastiques dont ils doivent faire usage, tels que le missel, le bréviaire, etc.

C'est sur tous ces différents objets, et sur d'autres qui regardent les bâtiments mêmes des églises, et les choses qui y servent à l'administration des sacrements et au service divin, que le prélat en *visite*, fixe ses attentions. Le concile d'Aix, en 1585, est entré particulièrement dans le détail à ce sujet.

L'évêque en *visite* doit ordonner sur le champ ce qui ne demande pas une plus longue délibération, et renvoyer à son conseil les ordonnances qu'il serait imprudent de publier sitôt.

L'évêque doit commencer sa *visite* par la ville, par son église cathédrale, avant de venir aux paroisses; c'est le règlement d'Innocent IV dans le concile de Lyon, et des conciles provinciaux de France. Les canons obligent les évêques de visiter chaque paroisse en particulier, et à ne pas mander plusieurs curés en un même lieu pour les visiter.

Fagnan remarque sur le chapitre *Ut juxtà, de Offic. ordin.*, que l'évêque doit suivre dans la *visite* des religieuses la clémentine *Attendentes, de Statu monach.*; dans la *visite* de l'église cathédrale, l'extravagante *Debent, de Officio ordin.*, et enfin dans la *visite* des églises, la décrétale citée *Ut juxtà, de Officio*.

L'évêque en *visite* doit se souvenir qu'il procède en père et en pasteur plutôt qu'en juge : il doit agir avec beaucoup de prudence : *Omnia exquirat, cautè audiat, ità tamen quæ offeruntur recipiat, ut nec fidem habeat, nec fidem deneget; duce verò christianâ prudentiâ, probet, quæ vera, quæ commentitia.* Ce sont les termes du concile d'Aquilée en 1596. Il ne doit rien statuer dans sa *visite* que de ce qui peut se juger *de plano et sine formâ et strepitu judicii.* Suivant les maximes des décrétales, rappelées par Fagnan, l'évêque *visite* pour corriger plutôt que pour punir; il ordonne des remèdes salutaires, au lieu d'infliger des peines graves, à moins que l'honneur de Dieu et le salut des peuples ne l'exigent.

Les évêques doivent pourvoir dans leurs *visites*, à ce que les églises soient fournies de livres, croix, calices, ornements, et autres choses nécessaires pour la célébration du service divin, à l'exécution des fondations, à l'enlèvement des bancs qui empêcheraient le service divin, et donner tous les ordres qu'ils estimeront nécessaires pour la célébration, pour l'administration des sacrements, et la bonne conduite des curés et autres ecclésiastiques. (*Voyez* BANCS, FABRIQUES, FONDATIONS, etc.)

§ III. VISITE, *religieux.*

(*Voyez* CHAPITRE, § V.)

§ IV. VISITE *et soin des malades.*

(*Voyez* MALADE.)

VISITEUR.

Le *visiteur* est celui qui a le droit de visiter les églises ou monastères dans les termes que l'on vient de voir.

VOCATION.

Les marques de la *vocation* à l'état ecclésiastique sont d'y entrer avec une intention droite, c'est-à-dire, de n'y chercher ni la gloire du monde, ni les revenus, ni une vie douce et sensuelle, mais de s'y proposer le travail et la peine, pour procurer la gloire de Dieu, le salut des âmes et sa propre sanctification. C'est la disposition que le concile de Trente requiert de ceux qui doivent recevoir la tonsure. (Session XXIII, ch. 1, *de Reformat.*)

Pour la *vocation* religieuse, voyez NOVICE.

VŒU.

Le *vœu* est une promesse faite à Dieu de quelque bonne œuvre à laquelle on n'est pas obligé : *votum est promissio deliberati Deo facta de meliori bono.* C'est la définition que donnent du *vœu* les théologiens, lesquels ajoutent que, pour former un véritable *vœu*, il faut le concours de ces trois choses : *Deliberatio, propositum voluntatis, et promissio in quâ perficitur ratio voti.*

§ I. *Nature et division des* VŒUX.

On distingue plusieurs espèces de *vœux*; la principale division qui s'en fait et qu'on attribue à Alexandre II est en simples ou solennels. (*C. Consuluit, Qui Cler. vel. vov.*

Le *vœu* simple est une promesse faite à Dieu, sans solennité ou sans un certain genre de solennité : tels sont les *vœux* que l'on fait, non seulement dans le monde, mais encore dans certaines communautés séculières, en particulier ou en public.

Le *vœu* solennel est celui qui se fait avec certaines formalités dans un corps de religion approuvée par l'Église. Ce *vœu* est exprès et explicite, quand il est fait avec les solennités requises. Ces solennités sont, selon l'opinion commune, la profession publique des trois *vœux* de pauvreté, de chasteté et d'obéissance entre les mains d'un supérieur légitime qui l'accepte. La formule des *vœux* solennels n'est pas la même dans toutes les communautés ; mais quelle qu'elle soit, elle produit toujours le même effet par rapport aux nouveaux engagements que contractent ceux qui font des *vœux* de religion. Le *vœu* solennel tacite est celui qu'opère la prise d'habit religieux dans certaines circonstances. (*Voyez* PROFESSION.) Le *vœu* solennel implicite est celui de continence que l'Église a attaché à la réception des ordres sacrés.

On divise encore les *vœux* en absolus ou conditionnels, en réels ou personnels, et en réels ou personnels tout ensemble.

Le *vœu* absolu est celui qu'on fait sans aucune condition et qu'on est obligé d'exécuter aussitôt qu'il a été fait. Il peut être perpétuel ou pour un temps, affirmatif ou négatif.

Le *vœu* conditionnel est celui que l'on fait sans condition ; ce *vœu* n'oblige qu'après l'exécution de la condition. Il est pénal, quand on s'oblige en cas qu'on revienne en convalescence, ou autre semblable.

Le *vœu* réel est celui qui a pour objet une chose qui est en dehors de la personne qui le fait, comme quand on promet à Dieu de donner une certaine somme aux pauvres.

Le *vœu* personnel se prend dans la personne même ou dans ses actions, comme quand on promet de se faire religieux, de faire un tel pèlerinage, un tel jeûne, etc.

Le *vœu* réel et personnel tout ensemble, qu'on appelle *vœu* mixte, est celui dont la matière consiste tant dans la personne ou dans les actions, que dans les biens de celui qui le fait : comme quand on fait *vœu* d'aller en pèlerinage à une église, et d'y faire tel don ou telle aumône.

Un *vœu* pour être valide, doit être fait librement, d'une chose possible, bonne et plus agréable à Dieu que contraire.

Le *vœu* doit être libre : chacun sent la nécessité de cette condition. Pour être obligé de remplir cette promesse, il faut avoir fait cette promesse volontairement, sans contrainte, et avec la connaissance de cause nécessaire. D'où il suit que le *vœu* fait par un homme qui n'a pas l'usage de sa raison, soit pour cause d'ivresse, de folie, de violence, ou pour défaut d'âge est absolument nul.

Les théologiens et les canonistes disputent beaucoup sur le degré de raison requis pour valider un *vœu,* et particulièrement celui d'un enfant qui n'a pas atteint l'âge de puberté. Nous n'entrons point ici dans cette discussion qui regarde plus spécialement les théologiens.

§ II. Vœu, *formé*.

Nous venons de voir quelle est la nature des *vœux*, et leurs différentes espèces : s'agissant ici des *vœux* de religion, dans un ordre légitimement approuvé, nous observerons qu'on ne sait pas bien quand l'usage de les faire comme on les fait aujourd'hui a commencé; il est certain que, dans les premiers monastères de saint Antoine et des abbés ses successeurs, il n'y avait aucune formule de profession : on ne faisait pas même de *vœux* particuliers ; on s'engageait simplement à suivre la vie monastique, et cet engagement n'avait pas pour objet déterminé une règle particulière : ceux qui le contractaient se soumettaient à l'observance de celle qui, au jugement de leurs supérieurs, était la plus parfaite ou la plus convenable à leur vocation. D'où il arrivait, comme l'observe le père Mabillon en son histoire des Bénédictins, qu'il y avait quelquefois plusieurs règles dans un seul monastère. Ce savant auteur ajoute, que la règle de saint Benoît est la première qui prescrive la forme de profession par laquelle on s'engage à l'observer. Elle est telle qu'elle s'observe encore chez les Bénédictins. On y trouve ces trois engagements qui comprennent tous les autres dans l'état de la vie religieuse ou cénobitique. 1° La stabilité, la pureté des mœurs et l'obéissance, ce qui vaut autant dire que les trois *vœux* d'obéissance, de pauvreté, de chasteté, que l'on prononce dans les autres ordres religieux. Car, bien que les franciscains s'engagent d'une manière plus particulière à la pratique de la pauvreté, elle est essentielle à la vie monastique. Saint Benoît lui-même, qui n'en parle point dans sa formule de profession, au moins d'une manière expresse, en a fait un précepte dans sa règle au chapitre 33. *Ne quis præsumat, aliquid habere proprium nullam omninò rem, neque codicem, neque tabulas, neque graphium, sed nihil omninò.* Voyez ce que nous avons dit de ces trois espèces de *vœux* sous les mots OBÉISSANCE, PÉCULE, CÉLIBAT.

Nous avons parlé suffisamment de la forme de la profession religieuse sous les mots NOVICE, PROFESSION, RÉCLAMATION. On y voit que, suivant le droit des décrétales (*cap. 22, de Regul.; cap. 1, de Regul. in 6°*), il n'est pas nécessaire que la profession religieuse se fasse avec solennité pour produire son effet, et que de simples actes extérieurs suffisent pour opérer l'engagement d'un religieux. D'où vient la distinction des professions tacites et des professions expresses. Dans les premiers siècles de l'Église, il suffisait de prendre l'habit monacal pour être réputé moine : mais alors la profession religieuse n'emportait pas un engagement irrévocable comme aujourd'hui. Il paraît par la novelle de Justinien, que la profession religieuse n'était accompagnée, du temps de cet empereur, d'aucune solennité particulière. Saint Basile témoigne désirer dans sa lettre à Amphiloque, que l'on n'admette ni témérairement, ni en secret les professions des vierges et même des religieux. Voici quelle était la forme particulière des professions dans l'ordre de saint Benoît, suivant la teneur même de la règle de ce saint fondateur (1).

Suscipiendus autem in oratorio, coràm omnibus, promittat de stabilitate suâ, et conversione morum suorum et obedientiâ, coràm Deo et sanctis ejus; ut si aliquandò aliter fuerit, ab eo se damnandum sciat quem irridet de quâ promissione suâ faciat petitionem ad nomen sanctorum quorum reliquiæ ibi sunt et abbatis præsentis. Quam petitionem manu suâ scribat, aut certè si non scit litteras, alter ab eo rogatus scribat : et ille novitius signum faciat, et manu suâ eam super altare ponat. Quam dùm posuerit incipiat ipse novitius mox hunc versum : « Suscipe me, Domine, secundùm eloquium tuum, et vivam, et non confundas me ab expectatione meâ, » quem versum omnis congregatio tertiò respondeat, adjungentes : Gloria Patri. Tunc ipse frater novitius prosternatur singulorum pedibus, ut orent pro eo : et jàm ex illâ die in congregatione reputetur.

C'est sur ce modèle que la congrégation de Saint-Maur a ordonné dans ses constitutions, partie I, section 1, chapitre 15, *de admittendis novitiis ad professionem et solemni votorum emissione*, n. 6 et 7.

Post offertorium missæ, novitius stans antè gradus altaris, clarâ et intelligibili voce pronuntiabit suam professionem sub hâc formâ quam leget ex schedulâ propriâ manu scriptâ.

In nomine Domini nostri Jesu Christi, amen. Anno à nativitate ejusdem, millesimo N... die verò N... mense N... ego frater N... de loco N... diœcesis N... promitto stabilitatem et conversionem morum meorum, et obedientiam secundùm regulam sancti Benedicti, prout in constitutionibus congregationis sancti Mauri declaratur observanda, coràm Deo et sanctis ejus, quorum reliquiæ habentur in hoc monasterio N... in diœcesi N... in præsentiâ reverendi patris Domini N... qui recepit professionem, et monachorum ejusdem monasterii; ad cujus rei fidem, hanc schedulam seu petitionem manu propriâ scripsi et subsignavi, die et anno quibus suprà.

§ III. *Effets des* VŒUX.

Ruina hominis post vota retractare. (Prov. XX, 25.) La pratique des *vœux* est aussi ancienne que la religion; et quoique la forme en soit différente, il ne peut jamais y avoir de différence entre eux par rapport à la promesse, c'est-à-dire que le *vœu* simple et le *vœu* solennel ne diffèrent point entre eux quant à la matière et à la raison du *vœu,* mais seulement par la loi positive de l'Église qui a introduit la solennité de l'engagement, comme le dit Boniface VIII *in cap.* 1, *de Voto et voti redempt. in* 6°.

Le *vœu* solennel opère un empêchement dirimant de mariage : c'est la discipline de l'Église latine, depuis environ le sixième siècle. Le concile de Trente a fait à ce sujet le décret suivant : *Si quis*

_____

(1) *De disciplinâ suscipiendorum fratrum, cap.* 58.

dixerit regulares castitatem solemniter professos posse matrimonium contrahere, contractumque validum esse nonobstante voto; anathema sit. (Sess. XXIV, c. 9; c. Meminimus, Qui cler. vel vov.; cap. unic. de Vot. et voti redempt. in 6°.)

Le *vœu* simple ne produit pas le même effet : il empêche de contracter mariage et le rend criminel, mais il ne l'annule pas : *Cùm votum simplex matrimonium impediat contrahendum, non tamen dirimat jàm contractum. (C. 6, Qui clerici vel vov.)*

Les *vœux* solennels de religion, qui sont à présent des empêchements dirimants de mariage dans l'Église latine sont, dit saint Thomas (1) ou les *vœux* solennels de religion qu'on fait dans un corps de religieux approuvé par le pape, ou les *vœux* solennels de chasteté que les sous-diacres promettent de garder en recevant le sous-diaconat. Les *vœux* simples qui sont des empêchements dirimants, sont, celui de chasteté perpétuelle, celui d'entrer en religion ou de ne jamais se marier. Tous ces différents *vœux* sont absolument incompatibles avec l'état du mariage.

On a demandé si les *vœux* simples qu'on fait publiquement et d'une manière solennelle dans les communautés ou congrégations séculières, ne sont que des empêchements de mariage prohibitifs. La raison de douter est que ces congrégations ressemblent beaucoup aux ordres religieux où l'on professe une règle approuvée par l'Église, et que les supérieurs y reçoivent aussi les engagements de ceux qui s'y font recevoir : mais on tient le contraire parce qu'il n'y a de véritables *vœux* solennels que dans les corps proprement religieux, et l'Église reçoit ces congrégations comme des corps séculiers. Le *vœu* de stabilité n'est pas d'une autre nature que le *vœu* simple.

Pour donner une juste idée des *vœux* de certaines communautés séculières auxquels on ajoute un serment de perpétuelle stabilité, on peut dire 1° qu'ils sont des empêchements prohibitifs pour ceux qui n'en sont pas dispensés; 2° qu'ils n'en sont plus pour ceux qui le sont; 3° qu'ils ne sont pas des empêchements dirimants pour ceux qui les ont faits, quand même ils n'en seraient pas dispensés, parce que le *vœu* simple n'est pas un empêchement dirimant, et que le *vœu* de ces communautés séculières est simple; 4° le serment de stabilité que l'on joint aux *vœux*, est de même nature que les *vœux* mêmes; ce serment n'y change rien, et de quelque manière qu'il soit conçu, il n'est pas plus absolu que les *vœux*. Les supérieurs à qui le pape accorde le pouvoir de dispenser des *vœux*, ont aussi le droit de dispenser du serment de stabilité. Il n'en résulte donc pas un empêchement dirimant pour ceux qui se marient sans en être dispensés (2).

A l'égard des jésuites, le pape Grégoire XIII a déclaré, par sa

---

(1) *Secund., secund., qu.* 88, *n.* 7.

(2) *Conférences de Paris sur le mariage, tom.* II, *liv.* III, *confér.* I, § 2.

bulle *Ascendente,* que les *vœux* simples des jésuites seraient des empêchements dirimants à l'égard de ceux qui demeurent dans la société et qui ne sont pas dispensés, quoiqu'ils n'y aient pas encore fait des *vœux* solennels; mais qu'ils ne seraient plus des empêchements dirimants pour ceux qui sortiraient de la société avec une dispense du pape ou du général.

§ IV. *Dispense des* VŒUX.

Le *vœu* cesse : 1° par l'accomplissement.

2° Par la mort, à moins que le *vœu* ne fut réel; dans lequel cas, l'obligation passe aux héritiers du défunt qui l'a fait. (*C. Ex parte, de Censib.*)

3° Par la cessation de sa cause : par exemple si l'on avait fait *vœu* de donner une somme quelconque, tous les mois à un pauvre, et que ce pauvre fut devenu riche.

4° Par l'irritation : nous entendons par ce mot l'acte par lequel un supérieur annule le *vœu* de ceux qui dépendent de lui, ou en suspend l'exécution. Le droit d'irriter ainsi les *vœux* d'autrui ne peut convenir qu'aux pères, par rapport à leurs enfants (*cap. Mulier,* 14 *qu.* 6); aux supérieurs de communauté par rapport à leurs religieux; aux époux par rapport à leurs conjoints, et enfin aux maîtres par rapport à leurs domestiques. Les théologiens entrent à cet égard dans un détail d'exemples et d'hypothèses qui ne peuvent trouver place ici (1).

5° Par la dispense : régulièrement, pour dispenser d'un *vœu,* il faut avoir juridiction dans l'Église. Un prêtre ne le peut, quelque étendus que soient ses pouvoirs pour l'absolution des péchés et même des censures.

Les évêques sont en possession de dispenser de toutes sortes de *vœux,* excepté ceux de chasteté perpétuelle, de religion et des trois pèlerinages de Jérusalem, de Saint-Jacques de Galice, et du tombeau des apôtres saint Pierre et saint Paul à Rome, dont la dispense a été réservée au pape, moins par le droit que par la coutume. Ces *vœux* ne sont même réservés au Saint-Siége que quand ils sont certains, parfaits et même absolus, et qu'ils ont pour objet une matière qui y est expressément réservée : car, s'ils ne sont pas tels, l'évêque peut en dispenser.

Le pape peut dispenser de toutes sortes de *vœux;* les canonistes romains n'exceptent pas même les *vœux* solennels. Quelques autres canonistes prétendent que les *vœux* solennels de religion sont indispensables de droit naturel et divin, et que l'Église ne peut jamais permettre que des religieux se marient. Cependant saint Thomas a enseigné une doctrine opposée dans ses Commentaires sur le maître des sentences, et celle-ci a prévalu. On la fonde sur des anciens ca-

(1) *Traité des dispenses, part.* II, *liv.* IV, *ch.* 2, *§* 3.

nons qui tolèrent les mariages des moines, et sur la décrétale citée de Boniface VIII, qui a décidé positivement que la solennité des *vœux* de religion n'a été établie que par l'Église, et qu'elle en peut dispenser.

Fagnan (1) rappelle les trois opinions des théologiens et des canonistes sur cette célèbre question : la première, que le pape ne peut absolument dispenser des *vœux* solennels; la seconde, qu'il le peut par la plénitude de sa puissance, et la troisième, que les grandes raisons de la dispense règlent à cet égard les pouvoirs du pape. Sur quoi il dit : *Quæ istarum trium opinionum sit verior, fateor me nescire, et satis potest quælibet sustineri; ideò nullam assero.* La vérité est que le pape use quelquefois de cette dispense pour de grandes causes, mais toujours en tirant le religieux de son état : car tous les canonistes conviennent que le pape ne saurait dispenser des *vœux* solennels un religieux qui resterait toujours religieux : *Quia implicat contradictionem,* dit Fagnan, *ut quis remaneat monachus, et non habeat essentiam monachatûs, quæ consistit in tribus votis substantialibus.* Si le pape dispense des *vœux* solennels, il peut à plus forte raison dispenser pour de bonnes et légitimes raisons de l'engagement à la chasteté qui est attachée aux ordres sacrés, parce que le concile de Trente ne fonde ce *vœu* implicite de continence que sur une loi ecclésiastique : *Non obstante lege ecclesiasticâ.* (Sess. XXIV, ch. 9.) Dans ces derniers temps, le pape Pie VII a dispensé de leurs *vœux* plusieurs prêtres et religieux qui avaient déjà contracté des mariages civils. (*Voyez* CÉLIBAT.)

Le cardinal Caprara publia à cet égard un induit où se trouvent les conditions suivantes :

« Ex unâ parte oratoris N. oblata petitio continebat quod ipse impetu superiorum tempestatum abreptus nuptias cum N. antè diem 15 augusti 1801, nulliter attentavit. Nos, de apostolicâ speciali et expressâ auctoritate, proprio oratoris ordinario facultatem communicamus sive per se, sive per aliam ecclesiasticam personam ab eo specialiter deputandam, memoratos orationem et mulierem, dummodò indubia pœnitentiæ signa exhibeant, à censuris et pœnis ecclesiasticis ob præmissa incursis, à sacrilegiis, attentatibus et excessibus hujusmodi auctoritate apostolicâ in utroque foro hâc vice respectivè absolvendi, in formâ Ecclesiæ consuetâ, injunctâ utrisque pro modo culparum pœnitentiæ salutari, aliisque injunctis de jure injungendis; firmis quoad oratorem manentibus tàm irregularitate, præmissis contractâ, quàm inhabilitate ad quodcumque sacrorum ordinum exercitium, ad quævis ecclesiastica officia et beneficia sive obtenta, sive obtinenda.

« Nos insuper, paternæ obsequentes clementiæ SS. DD. NN. qui, ob Ecclesiæ pacem et alias gravissimas causas, è re christianâ duxit ad ampliora descendere indulgentiæ et benignitatis exempla, laudato ordinario facultatem impertimur, cum eodem oratore, quem ad simplicem laicorum communionem hoc ipso traductum, nec non omnibus juribus et privilegiis clericalibus prorsùs spoliatum remanere apostolicâ auctoritate declaramus, quatenus... super recensito sancti ordinis impedimento matrimonium cum eâdem duntaxat muliere, servatâ formâ concilii Tridentini, denuò contrahere, vel publicè,

(1) *In capite Cùm ad monasterium, de Statu monachorum.*

præmissis solemnitatibus ab Ecclesiâ præscriptis, vel privatè, illis prætermissis solemnitatibus, coràm prælaudato ordinario, aut proprio oratoris parocho canonicè instituto et duobus testibus confidentibus, prout idem ordinarius ad reparanda, sive ad vitanda scandala magis expediri pro suâ prudentiâ judicaverit... simili auctoritate apostolicâ expressâ, in utroque pariter foro, misericorditer et gratis dispenset, prolemque sic susceptam, sive suscipiendam, legitimam declarando ; ità quod hujusmodi dispensatio ad remanendum tantùm in matrimonio jàm cum prædictâ muliere contracto, non verò ad contrahendum cum aliâ neque ad secundas nuptias ineundas oratori suffragetur ; et si, quod absit, extrà licitum matrimonii usum deliquerit, sciat se contrà sextum præceptum *sacrilegè* facturum, præsentibus una cum executionis decreto inter curiæ episcopalis registra diligenter assignatis, atque in parochiali libro, in quo hujusmodi matrimonii particula referri debet, accuratè annotatis, ut pro quocumque eventu futuro de illius validitate ac prolis legitimitate constare valeat. »

6° Par la commutation : le *vœu* ne finit pas proprement par la commutation, mais la matière en est changée en une autre, ou meilleure, ou égale, ou d'un moindre prix. C'est l'opinion commune des docteurs que chacun peut changer de lui-même la matière de son *vœu* en quelque chose qui soit évidemment meilleure, si ce n'est dans les cas des cinq *vœux* réservés au pape. Régulièrement tous ceux qui ont le pouvoir ordinaire ou délégué de dispenser d'un *vœu,* ont aussi le pouvoir de les commuer : la commutation, ainsi que la dispense, est du ressort de la juridiction. Un simple confesseur ne peut commuer les *vœux,* s'il n'en a reçu le pouvoir du pape ou de l'évêque. Les évêques eux-mêmes ne peuvent commuer les *vœux* réservés au pape que dans des cas à peu près semblables à ceux où ils en peuvent dispenser. Mais les confesseurs approuvés par les supérieurs légitimes, tels que sont les évêques, et, selon plusieurs théologiens, les prélats réguliers à l'égard de leurs inférieurs, peuvent ordinairement, en vertu des bulles du jubilé, commuer en œuvres pies tous les *vœux,* excepté ceux de religion et de chasteté perpétuelle, totale et absolue : car ils pourraient commuer un *vœu* conditionnel de chasteté, aussi bien que le *vœu* de ne point se marier, de garder la chasteté conjugale, et autres de pareille nature qui ne sont pas réservés au Saint-Siége (1).

7° Enfin le *vœu* cesse par une juste réclamation. (*Voyez* RÉCLAMATION.)

L'assemblée nationale a prohibé les *vœux* solennels par le décret du 13 février 1790.

Pour bien comprendre le sens du décret de février 1790, il faut remarquer qu'autrefois la profession des *vœux* solennels emportait mort civile (*voyez* MORT CIVILE), de sorte que celui qui faisait de tels *vœux,* ne pouvait plus succéder à ses parents ; l'assemblée nationale n'a fait que déclarer que la loi ne prendrait plus ces sortes de *vœux* sous sa protection et que désormais elle ne les reconnaîtrait plus.

(1) Compans, *Traité des dispenses*

Mais de ce que la loi civile ne reconnaît plus et ne protége plus les *vœux* solennels, il ne s'ensuit nullement qu'on ne puisse en faire en France. L'Église les autorise aujourd'hui comme par le passé ; de sorte qu'en France, comme ailleurs, les ordres religieux d'hommes et de femmes reçoivent les *vœux* solennels prescrits par leurs statuts. Ceux qui les ont émis peuvent y être infidèles, rentrer dans le siècle et contracter même des mariages civils, sans que l'État ait à s'en occuper. Tel est le sens de la loi de février 1790.

Voyez sous le mot ORDRES RELIGIEUX, ce que Pie VI dit des *vœux* solennels, et en particulier du décret du 13 février 1790.

Quelques canonistes et théologiens pensent cependant qu'il n'y a plus de *vœux* solennels en France. D'après nos lois, disent-ils, tout Français, quelque *vœu* qu'il ait fait d'ailleurs, peut validement hériter, disposer et tester ; le *vœu* perpétuel et solennel de pauvreté, qui entraîne après soi une espèce de mort civile, et par conséquent l'incapacité d'hériter, de disposer et de tester, n'est donc plus possible en France. Or, il est de principe que les trois *vœux* de religion ne sont point solennels les uns sans les autres ; dans les trois *vœux* de pauvreté, de chasteté et d'obéisssance que l'on émet en faisant profession dans un ordre dûment approuvé, ne sont plus des *vœux* solennels. Ils ajoutent, que le Saint-Siége, consulté sur ce sujet, a répondu dans le même sens le 24 avril 1831 ; qu'une autre réponse adressée par la sacrée pénitencerie à l'évêque du Mans, le 3 février 1841, porte que les religieuses jouissent des mêmes faveurs spirituelles que si leurs *vœux* étaient solennels, ce qui veut dire qu'ils ne le sont pas ; qu'il en est de même des religieux, c'est-à-dire que leurs *vœux* ont cessé d'être solennels aujourd'hui comme ceux des religieuses.

Ces raisons ne nous paraissent pas très convaincantes. D'abord dans la décision de la sacrée pénitencerie, il ne s'agit que des religieuses, et l'on ne peut rien en déduire relativement aux religieux, puisque leur condition dans des troubles politiques est tout à fait différente de celle des religieuses. D'ailleurs, ces raisons sont purement négatives. En second lieu, les raisons que l'on tire de la loi civile n'ont pas plus de force, car la puissance civile ne peut en aucune manière annuler des *vœux* solennels. Au reste, Grégoire XVI, malgré l'existence des lois civiles en France, a formellement déclaré, au témoignage de dom Guéranger, abbé de Solesmes, que les bénédictins de cette abbaye contractaient des *vœux* solennels.

D'ailleurs, comme la solennité ou la non solennité des *vœux* dépend de la volonté de l'Église, le pape peut déclarer que dans tel ordre les *vœux* sont solennels, de telle sorte que celui qui les a émis est toujours inhabile à contracter validement mariage et à posséder en propre quoi que ce soit ; mais qu'il n'en est pas ainsi dans tel autre ordre, soit d'hommes, soit de femmes (1).

(1) Schmalgrueber, *tom.* III, *part.* III, *pag.* 121.

VOIE CANONIQUE.

Cette expression signifie qu'on n'emploie que des formes et des moyens légitimes et autorisés par les canons, pour faire quelque élection, ou quelque autre acte ecclésiastique.

VOILE.

Le droit canon distingue six espèces de *voiles :* 1° le *voile* de probation, qu'on donne encore aujourd'hui aux novices , et qui est ordinairement blanc ; 2° le *voile* de profession, qu'on donne aux religieuses lorsqu'elles font leurs vœux ; 3° le *voile* de consécration, que l'évêque seul donnait aux vierges à certains jours, suivant les rits solennels prescrits par le pontifical, et qui n'est plus en usage. C'est ainsi que s'explique le canon suivant : *Devotis virginibus, nisi aut epiphaniorum die, aut in albis paschalibus, aut in apostolorum natalitiis, sacrum velamen imponatur, nisi forsan gravi languore correptis viduas autem velare nullus pontificum, attentet. (Cap. Devotis, caus.* 20, *qu.* 1.) Thomassin (1) remarque que l'évêque donnait le *voile* aux vierges et le prêtre aux veuves ; 4° le *voile* d'ordination , dont on ornait autrefois les diaconesses ; 5° le *voile* d'observation qu'on donnait autrefois aux veuves, et qui était distinct de celui des vierges (2).

Prendre le *voile*, c'est se faire religieuse, parce que c'est une marque distinctive de cet état, et cet usage est ancien, il date au moins de la fin du quatrième siècle. Dans l'*Histoire de l'académie des inscriptions* (3), il y a un mémoire dans lequel il est prouvé que la réception du *voile* n'était jamais séparée de la profession religieuse, qu'aucune fille n'en était revêtue qu'au moment où elle prononçait ses vœux, et que c'était l'évêque qui faisait cette cérémonie. (*Voyez* PROFESSION.)

VOIX.

Voix est un terme que l'on fait synonyme de suffrage. (*Voyez* SUFFRAGE.)

On distingue la *voix* active et la *voix* passive dans une élection ; une personne à l'une et l'autre, lorsqu'elle a droit de donner sa *voix* pour l'élection, et qu'elle peut être élue elle-même.

Il y a encore *voix* délibérative et *voix* prépondérante ou conclusive.

On a *voix* délibérative dans une assemblée lorsque le suffrage qu'on y porte est compté.

La *voix* prépondérante ou conclusive est celle d'un président de compagnie, qui, dans un partage de *voix*, fait pencher la balance

(1) *Discipline de l'Église, part.* III, *liv.* II, *ch.* 40 , *n.* 5 et 6.
(2) Barbosa, *Jus. univ., lib.* I, c. 44, *n.* 15.
(3) *Tome* V, *page* 173.

du côté qu'il se range, même dans un cas d'égalité : c'est-à-dire, que le président, après avoir recueilli onze différentes *voix*, dont six d'un côté et cinq de l'autre, peut se ranger du côté des cinq, et l'emporter ainsi sur les six autres.

Dans plusieurs compagnies, le président ne jouit pas de ce droit ; dès qu'il y a une *voix* de plus d'un côté que d'un autre quand son tour vient d'opiner, il faut qu'il se joigne au plus grand nombre ; et dans d'autres, il peut n'avoir que la liberté de se ranger du côté que bon lui semble, sans que sa *voix* soit prépondérante et conclusive ; cela dépend des usages.

Mais le droit commun, fondé sur divers textes du droit, et particulièrement sur la glose du chapitre *Si Genesi, de Elect.*, les doyens et autres présidents en dignité des chapitres, ont la *voix* prépondérante.

On dit qu'une personne a *voix* excitative, quand elle peut agir pour en faire élire une autre ; et *voix* consultative, quand elle n'a que des raisons et des remontrances à alléguer.

S'il n'y a pas de *voix* prépondérante, et que les suffrages se trouvent partagés, on doit revenir aux *voix*, et se déterminer pour le plus digne, s'il s'agit d'une élection. Si une partie des électeurs se retire, tout leur droit passe à ceux qui restent, comme le droit de ceux qui ont élu un indigne passe à ceux qui ont élu un sujet capable, quoique ceux-ci fussent en moindre nombre.

VOYAGEUR.

On entend par *voyageurs* ceux qui ne font que passer dans un lieu et qui n'ont pas l'intention d'y faire un long séjour.

Les *voyageurs*, comme les étrangers et les vagabonds, sont tenus partout aux lois générales de l'Église, telles que celles du jeûne, de l'abstinence, de l'assistance à la messe. En effet, ils sont, en quelque lieu qu'ils se trouvent, les enfants et les sujets de l'Église, et par conséquent obligés à lui obéir. Mais ils ne sont point tenus aux lois particulières du pays qu'ils ont quitté, suivant cette règle de saint Augustin qui veut qu'on abandonne les usages de son pays, pour se conformer aux usages de celui où l'on est. *Cùm Romæ fueris, romano vivito more. Cùm fueris alibi, vivito sicut ibi.*

Mais les *voyageurs* ne sont point dispensés d'observer les lois de leur pays, lorsqu'ils le quittent par fraude et pour éluder la loi. Un concile de Milan, tenu sous saint Charles Borromée, a condamné ceux qui venaient de Milan uniquement pour y jouir de la liberté qu'on a de n'y pas jeûner les quatre premiers jours de carême. Rien d'ailleurs de plus conforme au droit canon qui établit que nul ne peut se prévaloir de la fraude dont il se rend coupable, et à la droite raison qui s'oppose à ce qu'on décharge de la loi celui qui s'absente uniquement pour la transgresser. *Fraus et dolus alicui patrocinari non debent.*

VULGATE.

On appelle ainsi la version des saintes Écritures dont l'Église se sert. *Voyez*, sous le mot LIVRE, le décret du concile de Trente, session IV, qui la déclare authentique.

Par cette décision, dit Bellarmin, l'Église nous a assuré que dans tout ce qui concerne la foi et les mœurs, la *Vulgate* n'a aucune erreur, et que les fidèles peuvent y ajouter une foi entière. Mais les Pères du concile, ajoute ce savant cardinal, n'ont pas prétendu par là préférer la *Vulgate* aux originaux, c'est-à-dire au texte hébreu.

En effet, la langue hébraïque étant la langue originale des livres saints, il n'est pas douteux que, lus dans leur source, ils paraissent encore plus dignes de l'Esprit-Saint qui les a dictés ; car leur noblesse et leur simplicité, connues de plus près, les font révérer davantage. Ainsi, sans rien perdre du respect qui est dû à la *Vulgate*, ni rien diminuer de l'authenticité que le concile de Trente lui a pour toujours assurée, on doit reconnaître que la connaissance du texte original est infiniment utile à l'Église pour appuyer sa foi et fermer la bouche aux hérétiques. Le cardinal Cajétan avait coutume de dire : qu'entendre seulement le texte latin, ce n'était pas entendre la parole de Dieu, mais celle du traducteur, qui pouvait faillir ; et saint Jérôme avait raison de dire : que prophétiser et écrire des livres sacrés était l'effet du Saint-Esprit, au lieu que les traduire était l'ouvrage de l'esprit humain.

FIN DU TOME CINQUIÈME ET DERNIER.

SUPPLÉMENT ET ADDITIONS

BRABANT.

(*Voyez* ci-après HOLLANDE.)

CHILI.

Le *Chili* n'est qu'un petit État dont la population ne dépasse guère onze cents mille habitants. Il y a un archevêché à Santiago et trois évêchés à San-Carlos, à la Conception et à Coquimbo. Dès les premiers temps de son pontificat, Pie IX établit à Rome une légation pour le *Chili* qui n'a qu'un chargé d'affaires près le Saint-Siége, appartenant à la légation de Madrid. Le *Chili* n'est régi par aucun concordat.

CONFRÉRIES.

Les *confréries* rétablies depuis le concordat de 1801, jouissent des mêmes priviléges et des mêmes indulgences que celles qui avaient été érigées canoniquement avant cette époque. C'est ce qu'a décidé en ces termes un décret de la congrégation des indulgences, en date du 14 mai 1853.

Utrùm sodalitates quæ canonicè existebant ante concordatum 1801, *amiserunt de facto sua privilegia et indulgentias ?*

Sacra congregatio indulgentiis ac sacris reliquiis præposita sub die februarii 1847, *respondit : Negativè quoàd sodalitates olim legitimè existentes et deindè sub eisdem titulo, legibus, habitu (ubi tamen gestare liceat) noviter ac canonicè erectas. In quarum, etc.*

COSTA-RICA.

Un concordat a été conclu en 1853 avec la république de *Costa-Rica*, dans l'Amérique méridionale. Il y a été stipulé que la religion catholique devra y jouir en paix et en liberté de tous les droits dont elle est en possession, en vertu de son institution divine et des dispositions portées par les sacrés canons; que dans toutes les écoles l'éducation et l'enseignement devront toujours être en harmonie avec la doctrine de la religion catholique; que l'évêque de Saint-Joseph et les autres prélats qui seront établis dans cette république, lorsqu'on y érigera de nouveaux diocèses, auront toute liberté de remplir les devoirs de leur charge, d'exercer leur juridiction, de sur-veiller les écoles, en un mot, de diriger et de gouverner leurs diocèses, surtout en ce qui touche la doctrine théologique et les au-tres sciences ecclésiastiques. Il a été arrêté pareillement qu'une do-tation décente, convenablement constituée d'une manière sûre et n'impliquant aucune servitude, sera attribuée à l'Église et à ses mi-nistres, que les fidèles de cette république pourront communiquer librement avec le Siége apostolique, centre de l'unité et de la vérité catholique, et que les ordres religieux pourront s'y établir en se ré-gissant d'après leurs propres régles. Le droit qu'a l'Église d'acqué-rir et de posséder est reconnu et sanctionné. Il est convenu que des secours seront donnés pour que les infidèles qui habitent sur le ter-ritoire de cette république, reçoivent en temps opportun la lumière de l'Évangile et embrassent le christianisme. Toutes les précautions ont été prises par Pie IX pour que la discipline ecclésiastique soit remise en vigueur et gardée avec soin dans les choses même dont le concordat ne fait pas mention.

D'un autre côté, le Souverain Pontife ayant égard au bien qui ré-sultera de cette convention pour l'Église catholique, et tenant compte en particulier des revenus attribués à l'Église catholique et à ses ministres, accorde au président de la république de *Costa-Rica* et à ses successeurs dans cette charge le droit de nommer aux siéges épiscopaux et à certains autres bénéfices lorsqu'ils deviendront vacants.

DRAPEAUX.

A ce que nous avons dit des *drapeaux,* dans le tome II, nous ajou-terons que la congrégation des évêques et des réguliers, dans une lettre en date du 15 janvier 1848, déclare qu'on ne doit point lais-ser introduire dans les églises de *drapeaux profanes,* cette introduc-tion étant tout à fait inconvenante et envers la dignité du culte et envers la sainteté du lieu. On ne doit bénir que les *drapeaux* recon-nus par le gouvernement et destinés à l'armée et à la milice natio-nale. Ainsi il est défendu d'apporter à l'église et de bénir des *dra-peaux* de sociétés d'ouvriers.

ÉDUCATION.

A ce que nous avons dit de l'*éducation* sous les mots ÉCOLES, ÉTU-DES, nous devons ajouter ce que le concile d'Amiens, tenu au mois de janvier de cette année, 1853, a statué sur cette importante ques-tion.

§ I. *Directoire pour les écoles et l'*ÉDUCATION.

« Le principe fondamental qui doit présider au régime des écoles, c'est que l'*éducation* a pour but de former les jeunes gens à la vie chrétienne surtout, et en même temps à la vie civile et aux sciences qui s'y rapportent. Les colléges, qui sont pour les enfants comme une seconde famille, ne doivent pas satisfaire moins parfaitement à ce devoir que l'*éducation* domestique à laquelle ils suppléent.

« Pour que les écoles soient vraiment dirigées vers cette fin, il ne suffit pas que les jeunes gens assistent aux instructions religieuses qui leur transmettent la connaissance des vérités surnaturelles, mais il est nécessaire en outre que les leçons qu'ils reçoivent dans les classes, non seulement ne nuisent pas à la culture chrétienne des esprits, mais lui servent et profitent, de sorte que la religion soit comme une âme qui donne le mouvement à la masse des études et se répande dans tout le corps de l'enseignement. Cet ordre a dû sans doute être toujours suivi dans l'*éducation* de la jeunesse ; mais les conditions du temps présent l'exigent plus strictement encore, car il n'est rien que l'*éducation* ne doive tenter pour rendre les jeunes gens fermes et robustes dans la foi, puisqu'au sortir des écoles ils sont entourés de tous côtés par les séductions et les assauts des mauvaises doctrines.

« Dans cette organisation chrétienne des études, il faut porter une attention spéciale sur trois grandes parties de l'enseignement, qui embrassent les lettres, l'histoire et la philosophie. Leur sage direction dépend d'une vérité que les professeurs doivent méditer avant tout, et sur laquelle roule toute *éducation* chrétienne, savoir, que l'ordre naturel et l'ordre surnaturel, quoique essentiellement distincts, sont tellement unis chez les chrétiens, que par suite de cette union l'ordre naturel reçoit de l'autre des lumières supérieures, qui le pénètrent et le perfectionnent de diverses manières.

« Et d'abord, dans la littérature, on voit briller les éléments du beau naturel, que le génie de l'homme perçoit et élabore par ses propres forces. Ce genre de beauté se fait remarquer dans un grand nombre d'ouvrages païens, où il consiste, en grande partie dans un soin exquis de la forme et dans un art merveilleux. Mais après que l'Évangile eut éclairé et échauffé les âmes, lorsqu'il eut ouvert à l'intelligence et au cœur de l'homme des régions plus hautes et de plus vastes espaces, on vit apparaître un nouvel ordre de beauté surnaturelle, qui, plus sublime en soi, perfectionne la substance de l'autre ordre, et, tout en recevant les formes du beau naturel, produit néanmoins sa propre expression, comme le prouvent une foule de livres, de poèmes et de discours dans lesquels éclate la majesté du génie chrétien. Les professeurs ne doivent donc pas expliquer les monuments de la littérature païenne sans exposer aussi les principes et les modèles de la littérature chrétienne, en ayant soin de bien faire remarquer l'influence des éléments qui lui sont propres.

« Il faut en dire autant de l'histoire. On retrouve chez tous les peuples les éléments naturels de la société civile, savoir : la famille, le mariage, les relations des parents et des enfants, la distinction des riches et des pauvres, les droits publics et privés, le pouvoir et l'obéissance de tout ce qui rattache à cet ordre de choses. Mais il est évident que chez les peuples éclairés par la lumière surnaturelle de l'Évangile, ces termes ont une signification, à certains égards, différente de celle qu'ils avaient dans les ténèbres du paganisme, et que la notion chrétienne de ces éléments sociaux, non seulement diffère beaucoup des idées corrompues qui dominaient chez les païens, mais aussi qu'elle est bien supérieure aux notions même justes qu'ils pouvaient concevoir par la seule lumière naturelle. D'où il suit que les principes de la société civile, élaborés et comme transformés par la vertu de la révélation évangélique, ont été élevés à un dégré supérieur de dignité et d'excellence. Que les professeurs d'histoire n'épargnent donc aucun soin pour faire saisir graduellement à leurs élèves cette union des éléments naturels et de l'élément surnaturel, ainsi que les merveilleux effets qu'elle a produits.

« Quant à la philosophie, il y a sans doute dans les écoles catholiques, plusieurs éléments que la puissance de l'esprit humain a fourni même aux philosophes païens ; mais il y en a d'autres qui ne dérivent pas de cette unique source. Il est très faux de dire que l'enseignement de la philosophie soit chez nous le produit de la seule raison naturelle ; car d'abord, les professeurs ont, dans la doctrine catholique, une règle qui leur indique les thèses à rejeter, et qui les avertit en outre que tel ou tel raisonnement renferme quelque chose de vicieux, par cela même qu'il conduit à des conclusions contraires aux dogmes. De là vient que dans les écoles catholiques, il y a un parfait et solide accord pour démontrer philosophiquement plusieurs vérités, sur lesquelles on ne trouve que le doute et les plus grandes dissensions dans les écoles qui ne marchent pas à la lumière de la foi. Ceux donc qui soutiendraient que les leçons de philosophie dans les colléges catholiques doivent être faites de telle sorte qu'on s'y tienne en dehors de la lumière surnaturelle, rêveraient une abstraction purement fictive, où, si cette abstraction avait réellement lieu, l'enseignement philosophique, perdant l'unité qu'il y a dans nos écoles, *s'égarerait à la suite des doctrines diverses et étrangères* (S. Paul aux Hébreux, XII, 9), et le plus souvent *se laisserait emporter à tout vent de doctrines* (S. Paul aux Éphésiens, IV, 14) comme il arrive dans les écoles soustraites à notre influence. En second lieu, il y a plusieurs vérités sur Dieu et ses attributs, sur l'origine de l'univers, la Providence, la religion, les vertus, la fin de l'homme, que la philosophie chrétienne est unanime à démontrer, tandis qu'avant l'époque où la lumière évangélique s'est levée sur le monde, la sagesse païenne ne possédait pas ces vérités de premier ordre et ne songeait pas même à les chercher. Enfin les Pères de l'Église, les théologiens les plus éminents et quelques illustres philosophes chrétiens, en embrassant l'ensemble des vérités, en contemplant leur irradiation réciproque, sont arrivés par là, comme on le sait, à des conceptions de l'ordre le plus élevé, qui ont fait pénétrer, même dans les questions philosophiques, les rayons d'une plus vive lumière. La philosophie, ayant donc des relations multiples avec la lumière surnaturelle, étant dirigée, vivifiée et agrandie par elle, on livrerait l'esprit des jeunes gens à une bien dangereuse illusion sur les forces de la raison, si l'enseignement était conçu de telle sorte qu'ils pussent attribuer à la seule opération de la raison le bon emploi, les progrès et la perfection de l'enseignement philosophique dans nos écoles. Les professeurs doivent donc leur faire comprendre que cette science, à divers égards, n'est pas chez nous celle qu'un philosophe formerait par le seul secours de l'esprit humain, mais celle que la théologie, fondée sur la révélation, éclaire, régularise et complète.

« Après avoir posé ces règles générales, nous jugeons à propos d'ajouter des avis particuliers qui répondent avec plus de précision aux besoins de l'*éducation* à notre époque.

§ II. *Des études littéraires.*

« Dans le concile de Soissons nous avons déjà réglé plusieurs choses touchant les études. Nous avons dit avec quel soin et dans quelle mesure proportionnée à l'âge des élèves l'enseignement sacré doit être donné. Nous avons aussi recommandé de grandes précautions à l'égard des livres. On doit assurément continuer à se servir des ouvrages les plus célèbres des auteurs païens : la force de l'esprit humain, qui brille dans ces écrits, est un véritable don de Dieu, et il est certain que ce genre d'étude a été fort utile aux plus grands écrivains chrétiens. Mais il ne faut admettre ces livres dans les écoles qu'après qu'ils ont été expurgés de tout ce qui pourrait offenser une âme chaste (1). De plus, en expliquant les monuments de la littérature profane, les professeurs doivent saisir toutes les occasions de faire ressortir par la comparaison la supériorité des doctrines du christianisme : ils doivent aussi puiser fréquemment à des sources chrétiennes les sujets de composition qu'ils donnent à traiter aux élèves dans les luttes scholastiques. Quant à ce qui concerne le choix des livres et la manière dont ils doivent être répartis, nous avons déjà touché cette importante matière dans le concile de Soissons, lorsque nous disions qu'il fallait donner une large place aux écrivains de l'antiquité dans les études classiques, mais qu'on devait aussi avoir grand soin de mettre sous les yeux des élèves, surtout dans les classes supérieures, de nombreux extraits des saints Pères et des docteurs de l'Église. Cette prescription commençait déjà à développer le principe d'une restauration heureuse ; car, dans ces matières, il faut procéder graduellement et avec maturité. Le moment est venu de compléter cet ordre. Nous estimons qu'un grand nombre d'ouvrages chrétiens, latins, grecs et français, écrits avec talent, doivent être adoptés, comme livres classiques, dans les écoles de notre province, soit par extraits, soit entiers,

(1) Voyez pour ces livres l'encyclique du 21 mars 1852 rapportée sous le mot SÉMINAIRE.

s'ils ne sont pas trop longs ; et que cette mesure doit être exécutée de telle sorte que les âmes des jeunes gens soient abondamment abreuvées de ces eaux vivifiantes dans le cours de leur *éducation* littéraire, et qu'elles puisent assidûment l'esprit chrétien dans un commerce familier avec ces auteurs. Et en effet, si l'on fait attention à l'influence contagieuse de ce siècle, il est à craindre que ces jeunes intelligences ne puissent être, pendant plusieurs années, dans un contact journalier avec les maximes, les exemples et l'esprit de la littérature païenne, sans que bien souvent la constitution chrétienne des âmes ne soit affaiblie en respirant cette atmosphère et qu'au sortir des écoles, elles ne soient, pour cette raison, trop peu en état de repousser les séductions des mauvaises doctrines, à moins que, grâce à la sage fréquentation des auteurs chrétiens, une inspiration religieuse, toujours vivante, n'ait continuellement agi sur elles pour les fortifier. Il faut remarquer en outre que beaucoup d'enfants admis dans les établissements, viennent de familles médiocrement chrétiennes ; qu'après avoir achevé leurs études ils sont lancés au milieu d'une société qui ne s'appuie plus comme autrefois sur des institutions catholiques ; qu'enfin, livrés à des études ou à des fonctions d'où la religion est maintenant absente, ils sont privés des secours puissants, au moyen desquels, dans les siècles passés, l'*éducation* chrétienne de la jeunesse adulte se continuait jusque dans la virilité. Pour cette raison, quand elle serait seule, il faut profiter avec plus de prévoyance des précieuses années passées au collége, il faut que, même dans l'enseignement littéraire, l'enfance soit continuellement nourrie de notions, de sentiments et d'exemples catholiques, et que l'âme tendre des adolescents, jetée dans un moule chrétien, en reçoive profondément l'empreinte à l'âge où elle offre le moins de résistance à la forme qu'on doit lui imprimer.

« Nous sommes persuadés que cette manière d'enseigner peut être adoptée, sans qu'on fasse injure par là aux usages reçus pendant une longue série d'années dans les colléges catholiques. Les annales de l'Église nous font voir en effet que bien des choses qui, à certaines époques, ne présagent rien de funeste, deviennent ensuite, quand les circonstances sont changées, dangereuses ou même nuisibles. Il y a bien des choses, non mauvaises par elles-mêmes, qu'il est bon de tolérer et même de régler, de peur qu'elles ne viennent à être corrompues par les plus graves abus. Il y en a beaucoup qui, confirmées par l'usage, ne doivent pas être réformées prématurément jusqu'à ce qu'on ait suffisamment préparé les voies à un ordre de choses plus salutaire.

« Après avoir posé ces principes, qui tiennent à l'essence de la méthode à suivre dans l'enseignement des lettres, nous laissons de côté les questions littéraires, dont nous n'avons pas à nous occuper. Nous voulons seulement repousser des assertions injurieuses à l'Église que nous avons vu se produire à l'occasion de controverses qui ont eu lieu. Il n'est pas possible de passer ici sous silence l'opinion de quelques écrivains ennemis de la religion catholique, qui, pour recommander l'emploi à peu près exclusif de la littérature païenne dans les colléges, affectent de mépriser comme barbare la langue qu'on retrouve dans les meilleurs écrits des Pères, et qui a été consacrée par la liturgie même de l'Église. Ils ne comprennent pas qu'en conservant les éléments et les locutions de l'idiôme antique, l'Église catholique a formé avec eux une langue élaborée de telle sorte qu'elle s'adapte d'une manière intime aux sentiments chrétiens et aux objets qui les inspirent. Ces écrivains devraient rougir d'outrager cette sainte Mère, qui, héritière et gardienne de la parole divine, s'est toujours montrée la nourrice soigneuse et la sage protectrice de toutes les sciences humaines qui servent à dissiper la barbarie. Éloignons donc de nos écoles une assertion également fausse et indécente : elle offenserait les oreilles des élèves et scandaliserait leurs âmes.

§ III. *De l'histoire.*

« En suivant la voie ouverte par saint Augustin dans son livre de la *Cité de Dieu*, les professeurs doivent, quand l'occasion s'en présente et autant qu'ils le jugeront utile, faire remarquer à leurs élèves comment, au milieu des vicissitudes humaines, se manifeste la divine Providence, qui, selon l'expression de l'Écriture, se *jouant dans l'univers*, se sert souvent des hommes comme d'aveugles instruments de sa sagesse, et, sans ôter à l'homme son libre arbitre, dirige toutes les choses et conduit les événements vers des fins supérieures, que les acteurs eux-mêmes ne prévoient ni ne soupçonnent. Pour appliquer cette méthode avec succès, les professeurs ne doivent pas s'en rapporter à leur jugement ni à celui de tout auteur qui leur tombera sous la main, mais prendre pour guide les écrivains le plus généralement estimés.

« Lorsqu'ils traitent l'histoire des peuples anciens, ils doivent ramener le récit détaillé des faits à des conclusions qui se rapportent à la religion. Ils montreront que les vérités avaient été diminuées, que les mœurs s'étaient corrompues à mesure que la lumière qui avait brillé sur le berceau du genre humain s'était obscurcie parmi les nations, et que la philosophie humaine était ou impuissante à extirper les mauvaises doctrines, ou fertile en doctrines plus mauvaises encore. Mais, en faisant le tableau des erreurs répandues partout, ils ne négligeront pas de recueillir les restes et les fragments de vérités qui se rencontrent dans les monuments de l'antiquité ou qu'on y découvrira par suite des progrès de la science, et qui paraissent conformes par quelque endroit aux récits et aux affirmations des livres saints. En effet, quoique la vérité de la religion chrétienne, appuyée sur ses propres fondements, n'ait pas besoin de ces secours, ces recherches de l'érudition ont leur utilité et trouvent leur place dans la défense de la religion, comme on le voit par l'exemple de beaucoup d'apologistes et des Pères de l'Église.

« Mais lorsqu'ils examinent les mœurs, la condition civile et les institutions politiques de ces peuples, ils doivent faire comprendre à leurs élèves qu'elles s'adapteraient bien mal à la sagesse et au génie des peuples chrétiens. Ils prendront garde que l'imagination des élèves se laisse gagner par une admiration irréfléchie qui leur inspirerait un juste mépris pour la société dans laquelle ils doivent vivre, et leur ferait rêver une imitation insensée des institutions païennes. Les engouements de ce genre sont une excitation aux troubles politiques, ainsi que l'a prouvé la lamentable expérience faite à la fin du dernier siècle.

« En exposant l'histoire des peuples chrétiens, ils entreront dans de plus grands développements. Ils s'attacheront particulièrement à rétablir et à éclaircir ces portions de l'histoire que les préjugés et les calomnies des écrivains protestants ou impies, et même de certains catholiques, ont essayé d'obscurcir et de défigurer. Quand il s'agit des siècles pendant lesquels la société politique était, de la base au sommet, appuyée sur la loi catholique, ils doivent caractériser les deux principes qui étaient alors en présence. L'un, violent et rebelle, était une émanation de la férocité presque indomptable des peuples barbares. L'autre était le principe chrétien, qui agissait en sens contraire par le travail continuel et par les règlements des papes et de l'Église ; la lutte de ces deux principes et l'ascendant croissant du principe chrétien sont le pivot sur lequel roule l'explication de cette époque. Après avoir tracé l'histoire des Souverains Pontifes, ils la couronneront par quelques observations générales. Embrassant la succession des vicaires de Jésus-Christ depuis le premier siècle jusqu'à nos jours, ils feront remarquer qu'on n'a jamais vu nulle part une suite de principes qui puisse lui être comparée pour le courage, la prudence, la justice, la modération et pour les merveilles de la charité. Qu'ils fassent, en outre, attention que les desseins et les actes de plusieurs papes du moyen-âge, même inscrits dans le catalogue des saints, ont été défigurés non pas seulement en passant, mais systématiquement, par quelques théologiens et par quelques auteurs d'histoires ecclésiastiques, appartenant pour la plupart au dernier siècle, mais encore trop répandus parmi nous. Qu'ils dissipent donc les ténèbres de ces erreurs ; ils comprendront qu'il serait d'autant plus honteux que la mémoire de ces papes eût à souffrir dans les écoles catholiques que l'on a vu, de notre temps surtout, des écrivains protestants la justifier et la venger par esprit d'équité. Il ne sera pas non plus superflu de faire voir combien a été honorable et utile pour la religion chrétienne l'institution des ordres monastiques, dont l'influence a été si avantageuse non seulement à l'Église, mais aussi à la société civile.

« Comme, en outre, de nos jours, la souveraineté temporelle du pape, attaquée par les armes d'une rébellion sacrilège, a été aussi en butte à une armée de sophismes, ils signaleront les racines qu'elle a dans la haute antiquité chrétienne; ils démontreront la légitimité de son origine et de sa conservation, ainsi que sa nécessité évidente pour le bien de tout le monde chrétien. Ils le feront avec d'autant plus d'empressement qu'un sujet particulier de joie se rattache pour nous à cette grande cause. Il y a peu de temps que notre nation, en prenant récemment sa défense, a remporté une victoire qui a été le triomphe de toute l'Église et qui a rajeuni une de nos plus anciennes gloires.

« Enfin, lorsque les professeurs traiteront cette partie de l'histoire qui se rapporte aux temps modernes, et qui a été altérée par toute espèce d'interprétations erronées, nous les avertissons surtout de prémunir soigneusement les jeunes gens contre les aberrations et les préjugés de certaines classes d'écrivains. Les uns tâchent de glorifier les inventeurs, les fauteurs des hérésies : ils les préconisent comme des défenseurs de la liberté, tandis qu'ils accusent d'intolérance et de persécution l'Église catholique, qui a réprimé leurs erreurs comme elle en avait le droit, avec une inébranlable fermeté. D'autres affectent de ne pencher d'aucun côté ; ils tiennent dans l'indifférence la vérité et l'erreur, ne craignent pas d'appeler vaines disputes de mots les combats que l'Église a soutenus contre les hérésies. D'autres enfin, surtout lorsqu'il s'agit des événements politiques, attribuant tout à une sorte de fatalité, à la nécessité des circonstances ou à la loi du progrès de l'humanité, s'efforcent de justifier de tout reproche les plus grands coupables. Nous exhortons dans le Seigneur les professeurs de nos établissements d'*éducation* à porter leur attention sur tous ces points, à réfuter, comme il faut le faire, toutes ces erreurs, afin qu'en prenant pour règle la vérité catholique, ils travaillent à donner à leurs auditeurs de saines notions sur l'histoire.

§ IV. *De la philosophie.*

« Quant aux discussions philosophiques qui touchent la religion, les professeurs doivent avoir avant tout sous les yeux les constitutions apostoliques qui ont condamné les diverses erreurs philosophiques de notre époque, et spécialement cet enseignement contenu dans la lettre encyclique adressée par le pape Grégoire XVI à toute l'Église en 1834 : « Il est bien déplorable de voir dans quel excès de « délire se jette la raison humaine, lorsqu'un homme se laisse pren- « dre à l'amour de la nouveauté, et que, malgré l'avertissement de « l'apôtre, s'efforçant d'être *plus sage qu'il ne faut,* trop confiant « aussi en lui-même, il pense qu'on doit chercher la vérité hors de « la religion catholique, où elle se trouve sans la plus légère tache, « et qui est par là même appelée et est en effet la colonne et l'iné- « branlable soutien de la vérité. Vous comprenez très-bien, Véné- « rables Frères, que nous parlons ici de ce fallacieux système de phi- « losophie récemment inventé, et qu'on doit tout à fait improuver,

« système où, entraîné par un amour téméraire et sans frein des
« nouveautés, on ne cherche pas la vérité là où elle est certaine-
« ment, mais où, laissant de côté les traditions saintes et aposto-
« liques, on introduit d'autres doctrines vaines, futiles, incertaines,
« qui ne sont pas approuvées par l'Église, et sur lesquelles les
« hommes les plus vains pensent faussement qu'on puisse établir et
« appuyer la vérité même. » Il faut y joindre ces paroles de l'Encyclique publiée par le même Pape en 1832 : « Embrassant surtout
« dans votre affection paternelle ceux qui s'appliquent aux sciences
« ecclésiastiques et aux questions de philosophie, exhortez-les for-
« tement à ne pas se fier imprudemment sur leur esprit seul, afin
« qu'ils ne s'éloignent pas de la voie de la vérité et qu'ils ne se lais-
« sent pas entraîner dans la route des impies. Qu'ils se souviennent
« que Dieu est le *guide de la sagesse et le réformateur des sages*
« (Sap. VII, 15), et qu'il ne peut se faire que nous connaissions
« Dieu sans Dieu, qui apprend aux hommes par le Verbe à con-
« naître Dieu (1). C'est le propre d'un orgueilleux ou plutôt d'un
« insensé de peser dans une balance humaine les mystères de la foi
« qui surpassent toute intelligence, et de se fier sur notre raison,
« qui est faible et infirme par la condition de la nature humaine. »

« Ces Encycliques ont posé une règle de doctrine que personne
ne doit avoir la témérité de violer, soit en restreignant la signification des mots, soit en l'étendant au delà du sens naturel et qui se
présente d'abord, ainsi que cela est arrivé à quelques écrivains. Mais
on doit s'y conformer exactement, comme l'ont fait et le font réellement nos professeurs.

« De plus, il faut remarquer que dans les questions touchant la
condition de la raison humaine, il y a deux opinions extrêmes, tout
à fait contraires à la doctrine catholique ; l'une qui affirme que, dans
l'état de la nature déchue, les forces de la raison sont entièrement
détruites ; l'autre qui prétend que toutes les notions religieuses qui
éclairent l'humanité sont une émanation de la raison humaine. L'É-
glise a coupé la racine de la première erreur en condamnant la doctrine de Luther et de Baïus sur l'état de l'homme après la chute.
L'autre supprime, non pas seulement quelques articles de foi parti-
liers, mais encore la foi catholique tout entière, puisqu'elle nie qu'il
y ait eu une révélation divine. Entre ces deux extrêmes se rencontrent des opinions qui, excluant l'une et l'autre erreur, sont librement discutées dans les écoles catholiques. Mais autre chose est de
considérer spéculativement une opinion, autre chose est de la faire
passer dans l'enseignement des colléges, en la présentant aux jeunes
gens comme la doctrine qui doit former leur intelligence. Il faut, en
cette matière, une grande circonspection, afin d'écarter les thèses
qui, à raison de la propension des esprits et de l'influence des erreurs
régnantes offrent un danger réel, et afin d'enseigner celles qui éloi-

(1) Saint Irénée, *lib.* IV, *ch.* 10.

gnent plus sûrement le péril. Or, comme il est certain que la principale séduction qui se fasse sentir de nos jours est dans ce qu'on appelle le rationalisme, comme les jeunes gens, quittant les écoles pour entrer dans le monde, sont poussés de tous côtés vers cette route funeste, nous avertissons nos professeurs qu'ils doivent choisir les opinions les plus propres à fermer la voie du rationalisme et éviter celles qui paraîtraient en faciliter l'entrée. Pour qu'ils le fassent plus sûrement, nous leur signalons, soit les arguments par lesquels le Docteur Angélique établit qu'il a été nécessaire que les hommes reçussent, par le moyen de la foi, non seulement ce qui est au dessus de la raison, mais aussi ce qui peut être connu par la raison; soit les preuves par lesquelles un célèbre apologiste du siècle dernier, dont les écrits sont très-répandus parmi nous, a démontré contre les déistes et les athées cette nécessité de la révélation (1); soit enfin ce remarquable passage d'un éminent théologien de nos jours : « Lorsque « nous parlons de la faculté qu'a la raison humaine de connaître Dieu « et de prouver son existence, nous voulons parler de la raison suffi- « samment exercée et développée; ce qui a lieu à l'aide de la société « et des secours qui se trouvent dans la société, et que ne peut certai- « nement se procurer celui qui est nourri et qui grandit hors du « commerce des autres hommes (2). » C'est en méditant ces considérations, ces arguments, qu'ils comprendront pourquoi et en quel sens on dit qu'une intervention ou instruction divine a été nécessaire à l'homme. Cette thèse une fois établie, l'erreur des rationalistes qui nient toute révélation est détruite radicalement, autant qu'on peut le faire par des arguments philosophiques.

« Que si, dans le cours de leurs leçons, ils touchent les questions psychologiques, dans lesquelles on examine à quel degré les signes sont utiles ou nécessaires pour que la faculté de concevoir, innée dans l'homme, se développe et s'exerce, qu'ils prennent garde de ne rien dire qui renferme ou semble renfermer la négation de la force interne par laquelle l'âme saisit la vérité, et sans laquelle les signes eux-mêmes ne pourraient être compris. Du reste, quel que soit leur sentiment sur les questions dont il s'agit ici, ils doivent savoir qu'il ne leur est pas permis de qualifier d'une manière injurieuse l'opinion contraire.

« En attaquant le rationalisme, qu'ils prennent garde de réduire à une sorte d'impuissance l'infirmité de la raison humaine. Que l'homme jouissant de l'exercice de sa raison puisse concevoir et même démontrer plusieurs vérités métaphysiques et morales, telles que l'existence de Dieu, la spiritualité, la liberté et l'immortalité de l'âme, la distinction essentielle du bien et du mal ; c'est ce qui résulte de la constante doctrine des écoles catholiques. Il est faux que la raison soit tout à fait impuissante à résoudre ces questions ;

(1) Bergier, *Traité de la religion.*
(2) Perrone, *Des lieux théologiques,* part. III, sect. 1, c. 1.

que les arguments qu'elles proposent n'aient rien de certain et
qu'ils soient détruits par des arguments opposés de même valeur.
Il est faux que l'homme ne puisse admettre naturellement ces vérités qu'autant qu'il croit d'abord à la révélation divine par un acte
de foi surnaturel ; qu'il n'y ait pas de préambules de la foi qui puissent être connus naturellement, ni des motifs de crédibilité, par
lesquels l'assentiment devienne raisonnable. Ces erreurs ne fortifie-
raient pas assurément, elles corrompraient au contraire la réfutation du rationalisme. Si quelques uns, sous le nom de traditionalistes
ou sous tout autre nom, tombaient dans ces excès, ils s'égareraient
certainement loin de la droite voie de la vérité.

« De plus, comme dans la controverse sur la raison humaine on a
beaucoup discuté sur la loi surnaturelle, et qu'on ne l'a pas toujours
fait avec exactitude, nous ajouterons aux avis que nous donnons à
nos professeurs une observation relative à la distinction réelle de la
loi divine naturelle et de la loi divine positive, distinction qu'il faut
préserver de toute illusion et de toute ambiguïté. Il faut reconnaître
que, suivant la doctrine commune des Pères et des théologiens,
cette distinction doit être considérée sous deux rapports. Premièrement, sous le rapport de l'*objet,* car les préceptes de la loi divine
naturelle, exprimant les relations essentielles de Dieu et de l'homme
et des hommes entre eux, sont contenus dans la volonté nécessaire
de Dieu, tandis que les préceptes de la loi divine positive dépendent de sa volonté libre. Secondement, sous le rapport du *sujet,* car,
l'homme jouissant de l'exercice de sa raison, peut concevoir la vérité au moins des premiers préceptes de la loi divine naturelle, lors
même qu'il n'a pas connaissance des monuments de la révélation ou
qu'il ignore s'il y a eu une révélation ; mais il ne peut connaître les
préceptes propres de la loi divine positive qu'autant qu'il connaît
préalablement, à quelque degré, les documents de la révélation, dont
l'Église conserve le dépôt. Pour maintenir la distinction dont il
s'agit, les deux points qui viennent d'être marqués sont requis,
et ils suffisent. Que nos professeurs suivent cette règle pour enseigner à leurs élèves une saine doctrine sur cette importante matière.

« Que si les divers avertissements consignés dans ce directoire
sont fidèlement suivis, nous avons la confiance que l'*éducation,* dans
nos collèges, atteindra plus parfaitement son but, et que nous verrons s'accroître heureusement le nombre de ces jeunes gens qui,
sortis de nos écoles pour se disperser dans le monde, conservent
une foi robuste au milieu des dangers de ce siècle. » (*Décret* XVI.)

ÉCRIVAINS CATHOLIQUES.

Nous avons dit sous le mot AFFAIRES POLITIQUES, quelle conduite
devaient tenir les ecclésiastiques à l'égard de la politique, ici nous
rappellerons, d'après le concile d'Amiens, les règles que doivent sui-

vre les *écrivains catholiques*. Voici comment s'expriment les Pères de ce concile dans le quinzième décret : *De scriptoribus catholicis.*

« On voit, de nos jours, un grand nombre d'*écrivains* catholiques, ecclésiastiques et laïques, s'empresser de payer leur tribut à la religion par des livres et même par des feuilles périodiques. Cette ardeur à écrire peut faire beaucoup de bien ou beaucoup de mal, selon la direction qui lui est donnée, il faut donc employer certaines précautions afin de prévenir tous les excès autant que possible. Mais en même temps, nous devons juger avec la plus grande équité les résultats de ces travaux, afin qu'en réprimant la licence on n'entrave pas un zèle digne d'éloges.

« Au milieu de la fermentation des esprits sont survenues, il y a plusieurs années, des choses blâmables et même des choses déplorables qui ont fait gémir l'Église de Jésus-Christ. Ensuite se sont montrés aussi de divers côtés des défauts et des taches qui ont certainement fait tort à des controverses utiles. Mais il a été fait davantage encore pour le bien et l'avantage de l'Église, et peut-être quelques esprits en ont-ils trop perdu le souvenir.

« Si nous revenons par la pensée au commencement de cette période où l'ardeur des discussions a prévalu, nous verrons qu'alors, dans notre pays, dominaient soit chez les fidèles, soit parmi une partie du clergé, des opinions malheureuses, plus ou moins opposées aux prérogatives du Saint-Siége et qui fournissaient aux ennemis de l'Église des armes pour opprimer sa liberté, opinions transmises à notre siècle par le siècle précédent. Or, peu à peu, grâce à une discussion énergique, les préjugés se sont dissipés, les saines opinions se sont ranimées et ont prévalu.

« Il faut se rappeler aussi la célèbre lutte des *écrivains catholiques* contre cet état de choses persistant et déjà comme invétéré, qui foulant aux pieds la liberté de l'Église dans l'éducation de la jeunesse, préparait pour un terme peu éloigné la ruine inévitable de la religion en France. Cette lutte, soutenue pendant un long espace de temps, a tellement remué les esprits des catholiques ; leur volonté, sous la direction de l'épiscopat, s'est tellement accrue et fortifiée, que le pouvoir politique a fini par lui céder. La machine dont la compression étouffait partout la vie s'est disloquée, et un champ plus libre a été ouvert à la réédification chrétienne.

« Il ne faut pas oublier non plus quelles idées dominaient, il n'y a pas bien longtemps encore, sur les idées liturgiques. On ne connaissait presque pas les constitutions apostoliques touchant ces matières, on avait une répugnance préconçue contre la liturgie romaine, et la science ecclésiastique était tellement oblitérée sur certains points que la liberté si dangereuse de fabriquer des livres liturgiques particuliers, ou de les changer à volonté, était considérée par beaucoup de gens comme l'état normal et régulier. Tout le monde sait que c'est à une salutaire controverse qu'il faut attribuer en grande partie les lumières jetées sur cette question et le mouvement des esprits, en présence duquel tant d'évêques et de synodes ont pu faire éxécuter plus facilement les constitutions apostoliques relatives à la liturgie.

« Dans ces conflits, il arrive souvent, et ceci ne doit pas être mis en oubli, que les *écrivains* dont les efforts tendaient à amener un meilleur état de choses sur les points en question voyaient des hommes, même pieux, les traiter de zélateurs emportés, non seulement à cause de quelques exagérations et de quelques vivacités excessives qu'on pouvait en effet leur reprocher, mais à cause du fond même de la cause qu'ils soutenaient. L'événement a prouvé que ces accusations n'étaient pas conformes à l'équité, puisqu'il est évident aujourd'hui que les efforts qui avaient donné lieu à toutes ces inculpations ont enfin abouti à cet heureux résultat dont le Saint-Siége apostolique et l'Église se réjouissent. Si tout le monde voulait bien avoir présente à l'esprit cette importante expérience, on résisterait plus aisément à l'entraînement irréfléchi qui fait lancer des accusations de la même espèce, ce dont aujourd'hui encore quelques personnes ne s'abstiennent peut-être pas. Mais pour conserver plus sûrement l'équité à l'égard des *écrivains catholiques,* il faut avant tout prendre garde que l'Église a toujours entendu laisser aux auteurs qui n'enfreignent pas les règles relatives à la doctrine, aux bonnes mœurs et au gouvernement ecclésiastique, la jouissance d'une liberté convenable dans les controverses. L'obéissance catholique consiste dans une soumission légitime des esprits, et non dans une compression arbitraire. S'il est nécessaire que tout ce qui est sanctionné par l'autorité de l'Église reste à l'abri de toute atteinte, il est aussi équitable et utile, ces limites étant posées, qu'il y ait des controverses dont l'effet, à la longue, est d'amener ou de réaliser le développement de la science ecclésiastique. Plus il importe de maintenir avec fermeté dans nos diocèses les lois destinées à réprimer la licence, et plus il est nécessaire d'user d'une grande modération à l'égard des *écrivains* recommandables, afin de leur assurer, conformément aux règles de l'Église, une liberté et une sécurité raisonnables. Rien, en effet, n'ébranle peut-être plus fortement dans les âmes l'obéissance prescrite par le droit, que l'amour immodéré de la domination exigeant l'obéissance alors que le droit ne le commande pas. Ce tempérament nécessaire de l'autorité à l'égard des *écrivains catholiques,* les Souverains Pontifes l'ont toujours recommandé, soit par leurs constitutions, soit par leur manière d'agir. L'un d'eux, Benoît XIV, si célèbre par sa science et son équité, a établi des règles pleines de sagesse dont il est nécessaire que l'esprit soit observé chez nous, pour que la faculté légitime d'opiner et d'écrire soit à la fois dirigée et protégée.

« Voici, en effet, les avis que le pape donne aux rapporteurs et aux consulteurs de la congrégation de l'*Index,* leur ordonnant de s'y conformer dans l'examen et le jugement des livres :

« Qu'ils se souviennent que leur charge ne leur est pas confiée

« pour qu'ils cherchent par tous les moyens à procurer la proscrip-
« tion du livre soumis à leur examen, mais pour l'examiner avec une
« application vigilante et un esprit calme, de manière à pouvoir en
« rendre compte fidèlement à la congrégation et lui faire connaître
« les véritables raisons qui doivent motiver un jugement équitable,
« la proscription, la correction ou le renvoi, selon que le livre mé-
« rite l'un ou l'autre.

« On a eu soin jusqu'à présent, et il en sera toujours ainsi, nous
« n'en doutons pas, de n'admettre, comme rapporteurs ou comme
« consulteurs dans ladite congrégation, que des hommes versés dans
« la science à laquelle ont rapport les livres dont l'examen leur est
« respectivement confié. C'est aux artistes seuls qu'il appartient de
« donner un avis sur des œuvres d'art. Mais si par erreur on confie
« à quelque censeur ou consulteur la discussion d'une matière étran-
« gère à ses études particulières, et si celui qu'on a choisi le recon-
« naît à la lecture du livre, il se rendra coupable devant Dieu et
« devant les hommes, qu'il le sache bien, s'il ne s'empresse d'en
« instruire la congrégation ou son secrétaire, confessant qu'il n'a
« pas les connaissances nécessaires pour ce travail et demandant
« qu'on mette à sa place quelqu'un qui en soit capable. . . . .

« Qu'ils sachent qu'on doit juger des opinions et des sentiments
« divers exprimés dans chaque livre avec un esprit libre de tout pré-
« jugé. Qu'ils mettent de côté toute affection particulière de nation,
« de famille, d'école, d'institut; qu'ils fassent abstraction de l'esprit
« de parti; qu'ils aient uniquement devant les yeux les dogmes de la
« sainte Église et la doctrine commune des catholiques, qui est con-
« tenue dans les décrets des conciles généraux, dans les constitu-
« tions des Pontifes romains et dans le consentement des pères et
« des docteurs orthodoxes. Qu'ils se rappellent qu'il est des opi-
« nions en grand nombre qui paraissent plus certaines à une école,
« à un institut, à une nation, et qui cependant sont rejetées et atta-
« quées par d'autres catholiques, sans aucun détriment de la foi ou
« de la religion, tandis que les opinions contraires sont soutenues,
« le Siége apostolique le sachant et le permettant, et laissant cha-
« que opinion de cette nature dans le degré de probabilité qu'elle
« peut avoir.

« Nous avertissons aussi que l'on doit avoir grand soin de se rap-
« peler qu'on ne peut porter du véritable sens d'un auteur un juge-
« ment équitable, si on n'a lu son livre dans toutes ses parties et si
« on n'a pris la précaution de comparer entre eux les divers passa-
« ges. Que l'on ait grande attention de ne pas perdre de vue le des-
« sein général de l'auteur et le but qu'il se propose, afin de ne pas le
« juger sur telle ou telle proposition détachée du contexte et exa-
« minée, abstraction faite de l'ensemble du livre. Il arrive souvent,
« en effet, qu'un auteur exprime en certains endroits négligemment
« et obscurément ce qu'il explique ailleurs distinctement et avec
« netteté; de sorte que les paroles obscures qui présentaient les ap-

« parences d'un mauvais sens se trouvent parfaitement éclairées, et
« que la proposition douteuse devient irréprochable.

« Si des expressions équivoques échappent à un auteur d'ailleurs
« catholique et d'une réputation hors d'atteinte sous le rapport de
« la doctrine et de la religion, la justice demande que ses paroles
« soient autant que possible expliquées avec bienveillance et prises
« dans le bon sens.

« Que les censeurs et consulteurs aient toujours présentes ces
« règles et autres semblables qu'ils trouveront facilement dans les
« auteurs qui traitent de ces matières. Ils pourront ainsi, dans l'ac-
« complissement de leur charge, observer tout ce qu'ils doivent à
« leur conscience, à la réputation des auteurs, au bien de l'Église,
« à l'utilité des fidèles. . . . .

« Dans l'instruction de notre prédécesseur le pape Clément VIII,
« que nous avons déjà citée (1), il est dit avec beaucoup de sagesse
« et de prudence : « Les choses qui peuvent nuire à la réputation du
« prochain, et surtout à la réputation des ecclésiastiques et des
« princes et celles qui sont contraires aux bonnes mœurs et à la dis-
« cipline chrétienne, doivent être corrigées. » Puis un peu plus bas :
« Que l'on écarte les bons mots et les railleries lancées contre la
« réputation du prochain et susceptibles de diminuer la bonne opi-
« nion que peuvent avoir de lui les autres hommes. » Et plût à Dieu
« qu'en ce temps de licence et de désordre, on ne vît point paraître
« tant de livres de cette espèce dont les auteurs, divisés de senti-
« ments, se déchirent et s'accablent d'injures les uns les autres, flé-
« trissant de leur censure des opinions que l'Église n'a pas encore
« condamnées, poursuivant leurs adversaires, l'école et le corps au-
« quel ils appartiennent et les tournant en ridicule, au grand scan-
« dale des bons et à la grande joie des hérétiques, qui triomphent
« de voir les catholiques divisés se déchirer de la sorte. Nous com-
« prenons bien qu'il n'est pas possible que toute discussion soit ban-
« nie du monde, surtout en un temps où le nombre des livres aug-
« mente incessamment : *car il n'y a pas de bornes à la manie de faire*
« *des livres,* comme il est dit dans l'Ecclésiaste (2), et nous
« savons d'ailleurs que de la discussion peut quelquefois résulter
« un grand bien, mais nous n'en avons pas moins raison de vouloir
« que dans la défense des opinions on garde la mesure, et dans les
« écrits la modération chrétienne. « Ce n'est pas inutilement, dit
« saint Augustin (3), que les esprits s'exercent, pourvu que la dis-
« cussion soit modérée et que ceux qui disputent ne s'imaginent pas
« savoir ce qu'ils ignorent. » Ceux qui, pour excuser l'âpreté de
« leurs écrits, parlent d'ardeur pour la vérité et de zèle pour la pu-
« reté de la doctrine, devraient comprendre qu'il faut également te-

(1) *Tit. de Correctione librorum*, § 2.

(2) *Chapitre* XII.

(3) *Enchiridion, c.* 39, *in fin.*

« nir compte de la vérité, de la douceur évangélique et de la charité
« chrétienne. . . . .

« Que l'on réprime donc la licence de ces *écrivains* qui, ainsi que le
« disait saint Augustin (1) : « Attachés à leur opinion, non parce qu'elle
« est vraie, mais parce que c'est leur opinion, » non seulement blâ-
« ment les opinions des autres, mais encore les qualifient et les dé-
« crient avec grossièreté ; qu'il ne soit permis à personne de pré-
« senter dans ses écrits ses opinions particulières, comme des
« dogmes certains et définis par l'Église, ni de traiter d'erreurs les
« opinions contraires ; car rien ne serait plus propre à exciter des
« troubles dans l'Église, à susciter ou à entretenir la discorde parmi
« les docteurs et à dissoudre les liens de la charité chrétienne. »

« On voit par ces règles, non seulement quelle charité les *écrivains catholiques* doivent observer entre eux, mais aussi avec quelle
équité paternelle l'autorité ecclésiastique doit procéder à leur égard.
Il faut entourer d'une bienveillance particulière les *écrivains* laïques
qui, bien qu'impliqués dans les affaires du siècle, consacrent spontanément leurs travaux et leur vie à la défense de la religion et
remplissent ainsi un double office pour lequel on ne doit pas montrer
peu d'estime. Si autrefois, dans des circonstances plus favorables,
beaucoup de membres du clergé pouvaient consacrer un temps considérable à composer de savants ouvrages dans l'intérêt de l'Eglise,
presque tous, aujourd'hui, sont enchaînés incessamment par les
devoirs du ministère sacré, de sorte qu'ils n'ont plus la même liberté
pour écrire. Il est donc très utile que des auteurs laïques, dévoués
de cœur et d'âme à la foi catholique et au Saint-Siège, viennent
s'adjoindre en auxiliaires à la milice ecclésiastique. En outre, qui
ne comprend que les laïques, surtout dans la polémique quoti-
dienne, peuvent sans inconvénient mettre en avant bien des choses
qu'il ne serait pas également convenable de voir soutenues par des
ecclésiastiques. Ceux-ci s'élancent au combat avec plus d'impétuo-
sité, et c'est précisément pour cela qu'ils ont besoin d'une attention
plus vigilante pour observer les règles prescrites par le Souverain
Pontife que nous venons de citer et pour conserver en tout des formes de langage irréprochables. Mais quand on reconnaît que leurs
travaux, pris dans leur ensemble, sont dignes d'éloges, il ne faut
pas se choquer outre mesure de quelques taches accidentelles
échappées à l'inattention d'une plume trop rapide ou qu'une ardeur
excessive n'a pas su prévenir, et nous pensons qu'en ces occasions
il vaut mieux leur adresser des avis bienveillants que de durs reproches. Du reste, nous nous plaisons à donner à plusieurs des ces
écrivains les louanges que méritent leur ardeur pour la défense de
la vérité, l'oubli de leur propre intérêt, la patience dans l'adversité,
la modération dans la prospérité et quelquefois l'éclat du talent.

« Nous devons le rappeler aussi, il est nécessaire qu'une bonne

(1) *Confessions, liv.* XII, *ch.* 25, *n.* 34.

direction mette les *écrivains catholiques* à l'abri des erreurs et des fautes où ils pourraient tomber. C'est pourquoi nous les avertissons et nous les conjurons de ne jamais oublier qu'ils remplissent dans l'armée du Seigneur le rôle de troupe auxiliaire ; que tout le monde n'est pas appelé à traiter les questions théologiques, qui exigent une science très peu répandue parmi les laïques, et que, par conséquent, lorsque de telles questions se présentent, il leur serait très utile de consulter des ecclésiastiques distingués par la doctrine, la piété et la prudence, et de recevoir leur avis. Ils savent aussi que la sagesse chrétienne impose le devoir de n'entreprendre les choses difficiles qu'après mûre réflexion et qu'avec les appuis nécessaires. Ils ont à cœur de ne s'écarter en rien de la droite voie de la vérité, qu'ils persévèrent donc dans cette ferme et salutaire conviction que le moyen assuré d'atteindre ce but est, en écrivant, d'avoir toujours les yeux tournés vers l'épiscopat et surtout vers le Siége apostolique. »

ÉTATS-UNIS.

L'Église des *États-Unis* d'Amérique est aujourd'hui dans un état très florissant. Nous allons dire un mot de sa hiérarchie actuelle. Il y a moins d'un demi-siècle, on ne comptait dans toute l'étendue de son vaste territoire qu'un seul évêque et actuellement il y a six archevêques et 25 évêques.

Ce fut le pape Pie VI qui érigea l'évêché de Baltimore, le 6 avril 1789, et celui de la Nouvelle-Orléans en 1793.

Le 8 avril 1808, Pie VII fit de Baltimore une métropole et créa les quatre évêchés de New-York, de Boston, de Louisville et de Philadelphie.

Le même pape créa en 1820 les églises de Richemond et de Charlestown; en 1821 celle de Cincinnati.

En 1826, Léon XII érigea l'évêché de Saint-Louis.

Le 15 mai 1829, Pie VIII créa l'évêché de Mobile.

Grégoire XVI a créé, en mars 1833, l'évêché de Détroit; en mai 1834, celui de Vincennes; le 28 juillet 1837, ceux de Natchez, de Dubuque et de Nashville; le 11 août 1843, celui de Pittsbourg; le 28 novembre de la même année, ceux de Hartford, de Little-Roch, de Chicago et de Milwaukie.

Pie IX a créé, le 24 juillet 1846, l'évêché d'Orégon-City et celui de Walla-Walla; le 23 avril 1847, ceux de Cléveland, d'Albany et de Buffalo; le 4 mai de la même année, ceux de Providence et de Galveston; le 31 mai 1850, celui de Nesqualy, et le 16 juillet de la même année, ceux de Savannah, Wecling et Saint-Paul de Minesota.

Le même jour, 19 juillet 1850, le pape divisa le territoire des *États-Unis* en six provinces ecclésiastiques et leur donna pour métropoles respectives Baltimore qui était jusque-là celle de toutes les églises de l'Union, la Nouvelle-Orléans, New-York, Cincinnati,

Saint-Louis et Orégon-City. A ces six provinces il faut joindre deux vicariats apostoliques, celui du Nouveau-Mexique et celui des Monts-Rocheux.

La province de Baltimore comprend l'archevêché de Baltimore, dans le Maryland, auquel est joint le district de Columbia. Les évêchés de Philadelphie et de Pittsbourg, dans la Pensylvanie, l'évêché de Philadelphie comprend aussi l'État de Delaware ; les évêchés de Richemond et de Weeling, dans la Virginie ; l'évêché de Charlestown, dans la Caroline du Sud, à laquelle est jointe la Caroline du Nord ; l'évêché de Savannah, dans la Georgie, à laquelle est jointe la Floride et l'évêché de Providence ; en tout, huit diocèses.

La province de la Nouvelle-Orléans comprend le diocèse de la Nouvelle-Orléans, dans la Louisiane ; le diocèse de Mobile, dans l'Alabama ; le diocèse de Galveston, dans le Texas ; le diocèse de Natchez, dans le Mississipi, et celui de Little-Roch, dans l'Arkansas. En tout, cinq diocèses.

La province de New-York comprend le diocèse d'Albany et le diocèse de Buffalo, tous les trois dans l'État de New-York. Le diocèse de New-York comprend aussi l'État de New-Jersey. Dans la même province se trouvent l'évêché de Boston, dans le Massachusetts, auquel sont joints les États de New-Hampshire, de Maine et de Vermont, et le diocèse de Hartford, dans le Connectitut auquel est joint l'État de Rhode-Island. En tout, cinq diocèses.

La province de Cincinnati comprend le diocèse de Cincinnati et le diocèse de Cleveland, dans l'Ohio ; le diocèse de Louisville, dans le Kentuky ; le diocèse de Vincennes dans l'Indiana, et celui de Détroit, dans le Michigan. En tout, cinq diocèses.

La province de Saint-Louis comprend le diocèse de Saint-Louis, dans le Missouri ; le diocèse de Nashville, dans le Tennessée ; le diocèse de Chicago, dans les Illinois ; le diocèse de Dubuque dans l'Iowa ; le diocèse de Milwaukie, dans le Wisconsin, et le diocèse de Saint-Paul, dans le territoire de Minesota. En tout, six diocèses.

La province d'Orégon-City comprend le diocèse d'Orégon-City, le diocèse de Nesqualy et le diocèse de Walla-Walla. En tout, trois diocèses. L'évêché de Vancouver, dans la même province, érigé par Pie IX, le 26 juillet 1846, ne peut être proprement compris dans la hiérarchie des *États-Unis*; ce diocèse et celui de la Nouvelle-Calédonie, ainsi que celui de la princesse Charlotte, se trouvant dans les possessions anglaises. Du reste, il n'y a, pour les trois diocèses de cette province compris dans les *États-Unis*, avec l'archevêque qu'un seul évêque. L'archevêque d'Orégon-City est chargé du diocèse de Nesqualy.

La hiérarchie catholique des *États-Unis* se compose donc de six archevêques, de vingt-cinq évêques et de deux vicaires apostoliques.

Il y a en outre dans les *États-Unis* plus de douze cent cinquante églises et au moins six cents stations visitées par intervalles.

Le Saint-Siége traite dans ce moment avec le gouvernement des

États-Unis de l'établissement d'une nonciature apostolique à Washington.

ÉTUDES LITTÉRAIRES.

Le concile d'Amiens, tenu en 1853, trace ci-dessus, sous le mot ÉDUCATION, § II, les règles et la conduite qu'on doit suivre en cette matière.

GUATIMALA.

La république de *Guatimala* dans l'Amérique centrale a tout récemment posé les bases d'un concordat avec le Saint-Siége.

HISTOIRE.

On peut voir ci-dessus sous le mot ÉDUCATION, § III, comment les professeurs, d'après le concile d'Amiens, de l'an 1853, doivent enseigner l'*histoire*.

HOLLANDE.

L'Église catholique en *Hollande* a été organisée hiérarchiquement par la lettre apostolique de Notre Saint Père le pape Pie IX, du 4 mars 1853. Jusque-là elle comprenait dans les Pays-Bas, 1° les trois vicariats apostoliques de Bois-le-Duc, de Bréda et de Ruremonde, gouvernés par trois vicaires apostoliques revêtus du caractère épiscopal et du titre d'évêques *in partibus infidelium;* 2° ce qu'on appelait proprement la mission de *Hollande*, divisée en six missions que gouvernaient autant d'archiprêtres, sous l'autorité de l'internonce apostolique en résidence à La Haye, lequel avait le titre de président ou vice-supérieur de la mission. Il n'agissait que comme à la place du pape, qui s'était pour ainsi dire réservé d'être le supérieur immédiat de cette mission, rattachée ainsi au Saint-Siége par un lien plus étroit. Ce titre de vice-supérieur ne datait que des dernières années du dernier siècle. Auparavant, et depuis l'établissement du schisme janséniste, la mission de *Hollande* était gouvernée par les nonces en résidence à Bruxelles, avec le titre de supérieurs. Avant le schisme et depuis 1583, la mission de *Hollande* avait été régie par des vicaires apostoliques qui avaient remplacé les évêques d'Utrecht.

Aujourd'hui les trois vicariats de Bois-le-Duc, de Bréda et de Ruremonde sont devenus, avec la même circonscription, trois diocèses ayant des évêques titulaires, investis de la juridiction et de tous les droits et pouvoirs que confère cette charge. Quant à la mission, elle a été divisée en deux diocèses, l'archevêché d'Utrecht et l'évêché de Harlem. Utrecht est métropole de cinq nouveaux diocèses, dont la réunion forme une province eclésiastique.

LETTRES APOSTOLIQUES *de* N. S. P. *le pape pour le rétablissement de la hiérarchie épiscopale en* HOLLANDE.

PIE IX, pape.

Ad perpetuam rei memoriam.

« Depuis le jour où, par un dessein caché de la divine Providence, ne méritant rien de pareil et n'y pensant pas, nous fûmes élevé au faîte du Siége Apostolique, nous avons mis tous nos soins et tout notre zèle, comme le demandait la charge qui nous était imposée, à assurer la conservation et le salut spirituel des fidèles du Christ dans toutes les parties du monde. Après que, par la bénédiction du Seigneur, il nous eut été donné d'accomplir dans le florissant royaume d'Angleterre la restauration de la Hiérarchie épiscopale, commencée par notre prédécesseur, d'heureuse mémoire, Grégoire XVI, nous avons tourné nos efforts et nos sollicitudes vers une autre partie choisie de la vigne du Seigneur, vers les contrées illustres de la *Hollande* et de Brabant, ayant vu la possibilité de les réformer par la même institution, comme nous désirions ardemment de le faire. Nous nous représentions sans cesse quelle fut, dès les premiers siècles de l'Église, la situation de ce pays, où, introduite dès la fin du septième siècle par un homme enflammé de l'esprit apostolique, saint Clément Willibrod, et par les ministres évangéliques qu'il s'était adjoints, la religion chrétienne, comme tous les anciens monuments l'attestent, produisit aussitôt les fruits les plus abondants, de sorte qu'en 696, saint Sergius Ier, notre prédécesseur, érigea l'église d'Utrecht et lui donna pour évêque Willibrod lui-même, qu'il revêtit de sa propre main des insignes sacrés. Il serait trop long de rappeler tout ce que ce saint pasteur si digne de louanges, saint Boniface, qui le remplaça, et qui a mérité le titre d'apôtre de la Germanie, ainsi que les évêques qui leur succédèrent, dont plusieurs sont inscrits au nombre des Saints, firent de glorieux et par quels travaux ils propagèrent la foi catholique dans ces régions, jusqu'à l'année 1559, où le pape Paul IV, notre prédécesseur, l'y vit si florissante, qu'il jugea convenable d'y établir une province ecclésiastique. Par ses Lettres apostoliques commençant par ces mots : *Super universos,* et en date du quatre des Ides de mai, le siége d'Utrecht, élevé au rang de métropole, fut revêtu de tous les droits et priviléges attachés à ce titre, et cinq églises furent érigées pour être ses suffragantes, savoir : Harlem, Deventer, Liewerden, Groningue, Middelbourg.

« Cette vigne bien-aimée du Seigneur étant ainsi plus fortement entourée et munie de remparts plus solides, on devait espérer qu'elle produirait des fruits de plus en plus abondants ; mais bientôt après, ce qu'on ne saurait trop déplorer, l'homme ennemi entreprit par tous les moyens de la dévaster, de la bouleverser et de la ruiner. On ne sait que trop quels maux et quelles plaies l'hérésie calviniste fit à ces églises si florissantes. L'effort et la violence des hérétiques furent poussés à ce point, que le nom catholique parut comme éteint dans ces contrées, et qu'il ne restait presque plus d'espérance de réparer une telle défaite. Cependant les Pontifes romains, on le sait, ne négligèrent rien pour mettre obstacle et remédier autant que possible à de si grands maux. Voyant les pasteurs chassés, frappés ou mis à mort, et voulant rassembler les restes de ce troupeau dispersé, Grégoire XIII, d'illustre mémoire, envoya comme vicaire apostolique un homme éprouvé et enflammé du zèle de la gloire de Dieu, Sasbold Vosmer, qui, plus tard, revêtu par Clément VIII du titre et du caractère d'Archevêque de Philippes, et ayant obtenu des meilleurs instituts et des sociétés régulières un grand nombre d'ouvriers sacrés, travailla avec succès, par le secours de Dieu, au rétablissement de la religion renversée.

« Les Pontifes romains successeurs de ceux que nous venons de nommer agirent dans le même but et avec le même zèle, particulièrement Alexandre VII, qui, à l'origine du schisme janséniste, ne cessa de s'opposer vigoureusement à ce monstre, à cette peste, pour en comprimer, en briser la violence. Innocent XII, Clément XI, Benoît XIII, Benoît XIV et nos autres prédécesseurs s'appliquèrent de même, soit par des vicaires apostoliques revêtus de la dignité épiscopale, soit par des nonces du Saint-Siége, à soutenir et à fortifier, en leur assurant les secours spirituels, les catholiques de la *Hollande* et du Brabant, qu'une si affreuse et si cruelle tempête avait réduits à l'extrémité, afin de préparer le jour où la miséricorde du Seigneur permettrait de rendre à ces églises leur première forme et leur ancien éclat.

« Le Père des miséricordes, le Dieu de toute consolation, a daigné, dans sa bonté, accorder aux travaux incessants des Pontifes romains le fruit si longtemps désiré. Aujourd'hui, ce qu'ils ont voulu, peut être accompli, et nous rendons grâce de toute notre âme au Dieu dispensateur de tout bien, d'avoir réservé cette joie à notre humilité. Notre prédécesseur d'illustre mémoire, Grégoire XVI, le sérénissime roi de ce royaume y donnant son assentiment dans un esprit d'équité, avait réglé beaucoup de choses avec une grande sagesse et préparé les voies pour rétablir entièrement en ce pays la discipline ecclésiastique. Des négociations avaient même été ouvertes en 1841 pour la reconstitution de la hiérarchie épiscopale ; mais, les circonstances s'y opposant, il ne crut pas devoir presser cette affaire, et il la remit à un temps plus opportun, après avoir revêtu du caractère épiscopal les vicaires apostoliques du Brabant et pris diverses autres mesures propres à faciliter dans la suite cette restauration si désirée. Ayant devant les yeux les beaux exemples de nos prédécesseurs et voulant, autant que nous le pouvons, procurer le bien de cette partie chérie du troupeau du Seigneur, nous avons résolu d'accroître autant qu'il est en nous dans le royaume dont nous parlons la prospérité de la religion catholique.

« Considérant dans leur ensemble la situation et les progrès des affaires catholiques dans cette contrée, ainsi que le grand nombre de catholiques qui s'y trouvent ; voyant diminuer chaque jour les obstacles qui s'opposaient avec tant de force au maintien et au développement de la religion ; ayant la confiance que ces obstacles disparaîtront tout à fait par la réforme des lois fondamentales, commencée dans un esprit d'équité et de justice par les chefs du gouvernement, connaissant avec certitude la bienveillance du sérénissime roi envers ceux de ses sujets qui professent la religion catholique, nous avons cru que le temps était venu où la forme du régime ecclésiastique dans le royaume de *Hollande* pouvait être ramenée à celle dont jouissent les nations fidèles, là où aucune cause particulière n'exige qu'elles soient régies par le ministère extraordinaire des vicaires apostoliques ou par tout autre ministère exceptionnel. Cela nous a été d'ailleurs demandé instamment et à diverses reprises, non seulement par nos bien-aimés fils de toute condition qui habitent ces contrées, mais aussi par les vicaires apostoliques eux-mêmes et par tout le clergé ; comment notre amour paternel aurait-il pu résister à leurs prières ?

« Et cela devant être de la plus grande utilité à ces prélats et à leurs églises, nous voulons et ordonnons qu'ils continuent à adresser les rapports de la situation de leurs siéges et de leurs troupeaux à la Congrégation de la Propagande, qui jusqu'ici a donné des soins particuliers et attentifs à ces contrées, et qu'ils nous informent par l'intermédiaire de la même Congrégation de tout ce que, pour l'accomplissement de leur devoir et le bien spirituel des fidèles, ils se sentiront dans l'obligation de porter à notre connaissance.

« Pour tout le reste, en ce qui touche à la charge pastorale, l'archevêque et les évêques susmentionnés jouiront de tous les droits et pouvoirs dont jouissent les archevêques et les évêques catholiques des autres pays ; en vertu du droit commun établi par les sacrés canons et par les constitutions apostoliques, ils peuvent et pourront donc user de tous ces droits et pouvoirs, comme aussi ils seront astreints aux mêmes obligations qu'impose aux autres archevêques et évêques la discipline commune et générale de l'Église catholique. En conséquence, tout ce qui a été en vigueur dans l'ancien état des églises de *Hollande* ou dans leur condition subséquente de missions, résultant de constitutions spéciales, de priviléges ou de coutumes particulières, ne produira désormais ni droit ni obligation. Et pour écarter toute ambiguïté, dans la plénitude de notre autorité apostolique, nous ôtons à ces constitutions spéciales, priviléges de toute sorte, coutumes établies et en vigueur même de temps immémorial, toute force d'obliger et de créer un droit. A l'archevêque et aux évêques de *Hollande*, il appartiendra de déterminer ce qui touche à l'exécution du droit commun et les choses qui sont laissées à l'autorité des évêques par la discipline générale de l'Église. Nous promettons de les assister volontiers de notre autorité apostolique et de leur apporter tout notre concours pour la gloire du nom de Dieu et le salut des âmes.

« Afin de donner une preuve plus certaine de cette résolution où nous sommes, nous voulons que ces prélats, après avoir été revêtus du titre et des droits d'évêques ordinaires, conservent néanmoins les avantages et pouvoirs plus amples dont ils jouissaient auparavant en qualité de vicaires du Siége apostolique, ou dont jouissent les autres vicaires apostoliques par la largesse du même Saint-Siége. Nous voulons pareillement qu'il soit entendu que l'archevêque d'Utrecht et les prélats ses suffragants, chacun dans l'exercice des fonctions qui leur incombent, aient, comme il est juste, plein pouvoir et pleine liberté. En soumettant ces églises suffragantes et leurs territoires à la juridiction du métropolitain d'Utrecht, nous les dégageons désormais de l'autorité et dépendance de tout autre métropolitain ou archevêque auquel elles auraient pu avoir été soumises, en tout ou en partie, dans leur état de vicariats ou de missions. Nous concédons, en conséquence, à l'archevêque d'Utrecht le droit et la faculté d'user de tous les insignes, honneurs, ornements, priviléges et prérogatives des prélats métropolitains.

« Et comme jusqu'à ce jour l'état du catholicisme en *Hollande* a été tel que les ressources temporelles convenables manquent aux pasteurs et aux nécessités de chaque église épiscopale, nous avons l'espérance presque certaine que nos chers fils les fidèles de Jésus-Christ, dont nous avons reçu de tout cœur les prières instantes et réitérées pour le rétablissement de la hiérarchie épiscopale, et dont nous avons accompli les vœux, s'empresseront maintenant et ne cesseront pas à l'avenir d'aider plus largement de leurs aumônes et de leurs offrandes les pasteurs que nous mettons à leur tête, afin qu'ils puissent pourvoir à l'établissement des Siéges apostoliques, à la prospérité et à l'accroissement de la religion catholique.

« Enfin, élevant les yeux vers Jésus-Christ, l'auteur et le consommateur de notre foi, nous le supplions avec instance de daigner consolider et assurer par son divin secours ce que, pour le bien et l'avantage de l'Église catholique, nous avons jugé bon de faire et d'établir dans le royaume de *Hollande*, remplissant de la vertu de sa grâce céleste tous ceux dont le devoir est de contribuer à l'exécution de ces décrets, afin qu'ils s'acquittent avec plus de zèle et de soin pour la gloire de Dieu des offices et charges qui leur sont confiés.

« Déterminé par ces motifs et par d'autres de la plus grande gravité, après en avoir préalablement délibéré, comme l'importance de l'affaire le demandait, avec nos Vénérables Frères les Cardinaux de la sainte Église romaine, de la Congrégation de la Propagande, que nous avons chargés de l'examiner mûrement, et qui nous ont de plus en plus confirmé dans la résolution que nous avions prise, levant les yeux vers la Montagne d'où vient le secours du Tout-Puissant, implorant le secours de la Vierge Mère de Dieu, invoquant l'intercession des saints Apôtres Pierre et Paul et des autres saints, de ceux surtout qui, en répandant leur sang pour le Christ, ont illustré l'Église de *Hollande*, nous avons jugé devoir enfin mettre la main à une œuvre si salutaire. C'est pourquoi, de notre propre mouvement et science certaine, et après mûre délibération, en vertu de la plénitude de l'autorité apostolique, pour la plus grande gloire du Dieu tout-puissant et le plus grand bien de l'Église catholique, nous voulons et décrétons que dans le royaume de *Hollande* et de Brabant refleurisse, conformément aux règles communes de cette même Église, la hiérarchie des évêques ordinaires, lesquels prendront les noms des siéges que, par ces présentes Lettres apostoliques, nous érigeons et constituons en province ecclésiastique.

« Nous décrétons donc et voulons que cinq siéges soient érigés et fondés dès à présent, savoir : Utrecht, Harlem, Bois-le-Duc, Bréda et Ruremode. Rappelant à notre mémoire les monuments illustres de l'Église d'Utrecht, tenant compte surtout de la disposition des lieux, et ayant égard encore à d'autres raisons, nous relevons ce siége autrefois si illustre, mais aujourd'hui comme enseveli, et nous ne pouvons nous empêcher de le mettre ou de le rétablir dans la dignité de métropole ou d'archevêché, dont l'avait revêtu notre prédécesseur Paul IV, d'illustre mémoire, et de lui assigner comme évêchés suffragants les quatre siéges ci-dessus, ainsi que par la teneur des présentes, en vertu de notre autorité apostolique, nous les lui assignons, joignons et attribuons.

« A ce siége archiépiscopal ou métropolitain d'Utrecht, nous attribuons les provinces dont suit l'indication : d'abord la province même d'Utrecht, d'où il tire son nom, les provinces de Groningue, de la Gueldre, de la Frise, de Drenthe, qui formaient jusqu'à ce moment la plus grande partie de la mission appelée proprement mission de *Hollande*.

« A l'Église suffragante de Harlem, nous assignons les autres provinces ou régions qui, jusqu'à présent, comprises dans cette mission de *Hollande*, étaient soumises à un président ou vice-supérieur.

« Quant aux autres Églises, nous voulons et décrétons qu'elles aient chacune les provinces, districts ou comtés et régions dont elles étaient jusqu'à présent en possession, de sorte que chacune de ces Églises épiscopales et suffragantes susdites de Bois-le-Duc, de Bréda et de Limbourg, ainsi qu'il est disposé dans les Lettres apostoliques datées du 2 juin 1840, commençant par ces mots : *Universalis ecclesiæ*, et dans celle en date du 9 mars 1841, commençant par ces mots : *Universi Dominici gregis*. Ainsi, dans tout le royaume de *Hollande* et de Brabant, il y aura une seule province ecclésiastique composée d'un archevêque ou métropolitain et de quatre évêques suffragants, dont le zèle et la sollicitude pastorale, nous en avons la confiance dans le Seigneur, fortifieront de plus en plus la religion catholique dans ce pays et lui feront prendre de plus heureux développements. C'est dans cette espérance que nous nous réservons dès à présent, à nous et à nos successeurs dans le Siége apostolique, de partager cette province en plusieurs dès que cela deviendra nécessaire, d'augmenter le nombre des diocèses, d'en changer les limites et de faire, en un mot, en toute liberté, ce qui paraîtra opportun et expédient devant le Seigneur.

« Nous décrétons que ces présentes Lettres apostoliques ne pourront en aucun temps être attaquées pour subreption, obreption, défaut d'intention de notre part, ni pour aucun autre vice quelconque ; qu'elles seront toujours valides et conserveront toute leur force ; qu'elles devront en toutes choses avoir leur effet et être observées inviolablement, nonobstant toutes dispositions générales ou spéciales, sanctionnées soit par le Siége apostolique, soit par les canons des conciles synodaux, provinciaux ou même universels ; que ces dispositions se rapportent soit aux anciens siéges de la *Hollande*, soit aux missions, soit aux vicariats apostoliques qui y furent ensuite constitués ; qu'elles touchent aux droits et priviléges soit des églises, soit des lieux pies, et quand bien même elles auraient été confirmées, soit par serment, soit par la sanction apostolique ; nonobstant, disons nous, toutes ces dispositions ou toutes autres à ce contraires, quelles qu'elles soient. A toutes et à chacune d'elles en tant qu'elles feraient obstacle aux dispositions ci-dessus, nous dérogeons expressément à celles même auxquelles on ne déroge que par une mention spéciale ou par l'observation de toute autre forme particulière. Nous déclarons nul et sans force tout ce qu'on pourra tenter de contraire, quelle que soit l'autorité qui le tente et qu'elle le fasse sciemment ou par ignorance. Et nous voulons que les exemplaires de ces Lettres, même imprimés, s'ils sont revêtus de la signature d'un notaire public et du sceau d'une personne constituée en dignité ecclésiastique, fassent foi et qu'on y voie l'intimation de notre volonté absolument comme si cet original était représenté.

« Donné à Rome, près Saint-Pierre, sous l'anneau du pêcheur, le quatrième jour de mars de l'an MDCCCLIII, de notre Pontificat l'an septième.

« A. CARD. LAMBRUSCHINI. »

ALLOCUTION *de* N. S. P. *le Pape* Pie IX *dans le consistoire secret du* 7 *mars* 1853, *sur le rétablissement de la hiérarchie en* HOLLANDE.

« VÉNÉRABLES FRÈRES,

« Il a plu au Père des miséricordes, au Dieu de toute consolation, de donner à nos angoisses si douloureuses un grand adoucissement, et nous avons voulu vous le faire partager, sans aucun retard, certain, Vénérables Frères, que votre joie sera égale à la nôtre. Nous vous annonçons donc que, par une grâce singulière de la clémence divine, le jour si désiré vient de luire où nous pouvons rétablir, dans le royaume florissant de la *Hollande* et du Brabant, la hiérarchie ordinaire des évêques selon les règles communes de l'Église, et pourvoir ainsi de la manière la plus efficace au salut et à la prospérité de cette partie bien-aimée du troupeau du Seigneur. Personne de vous n'ignore, Vénérables Frères, quelle a été, depuis les premiers siècles de la religion chrétienne, la situation de ces contrées, et comment, dans le septième siècle, par les soins de saint Villibrod, si illustre par ses vertus apostoliques, et de ses compagnons dans le saint ministère, ces peuples reçurent et apprirent la religion divine et la doctrine du Christ notre Seigneur, dont les progrès furent tels que peu après notre prédécesseur, saint Sergius Ier, crut devoir ériger le siége épiscopal d'Utrecht et en donner à Villibrod lui-même la charge et le gouvernement. Vous savez aussi avec quel soin, quelle persévérance, quelle application le même saint Villibrod, saint Boniface, qui mérita le titre glorieux d'Apôtre de la Germanie, et dans les temps postérieurs d'autres Évêques, dont plusieurs sont inscrits au catalogue des saints s'efforcèrent de propager chaque jour de plus en plus la foi catholique dans ces mêmes régions, ne reculant devant aucun danger pour l'inculquer aux habitants de ces contrées et pour les maintenir dans l'observance de ces saints préceptes. Par le secours de la grâce divine notre sainte religion y prit une telle consistance, de tels accroissements et y devint si florissante, qu'en 1559, notre prédécesseur Paul IV, d'illustre mémoire, crut devoir investir, par ses lettres apostoliques, le siége épiscopal d'Utrecht, du titre et des droits et priviléges d'église métropolitaine, et ériger cinq autres siéges épiscopaux comme suffragants de cette église archiépiscopale.

« Et plût à Dieu que l'homme ennemi n'eût jamais semé la zizanie dans cette partie si aimée du champ du Seigneur, qui, heureusement cultivée, devait produire des fruits de jour en jour plus abondants et plus beaux! Plût à Dieu que jamais au sein de ces peuples fidèles n'eussent fait irruption les ennemis de la religion catholique, s'efforçant par tous les moyens de les arracher de ses bras! Nous ne voulons pas rappeler ici les perturbations à jamais déplorables de cette époque et les maux si grands et si connus par suite desquels au souverain détriment des fidèles, ces églises si florissantes furent misérablement abattues et ruinées. Vous savez comment les Pontifes romains, dont la vigilance pastorale ne néglige jamais ce que réclament les périls extrêmes des membres souffrants du Christ, tentèrent tout ce qu'il était possible de tenter pour porter secours à ces églises affligées et pour détourner les terribles calamités qui y opprimaient les fidèles. Il n'est donc pas nécessaire de vous rappeler par quels soins paternels, avec quelle sagesse et quelle prévoyance Grégoire XIII, Clément VIII, Alexandre VII, Clément IX, Innocent XII, Benoît XIII, Benoît XIV et nos autres prédécesseurs ont travaillé, sans interruption, à secourir les catholiques de la *Hollande* et du Brabant, à faire revivre ces églises et à leur rendre leur ancien éclat. Toutes ces choses vous sont parfaitement connues, Vénérables Frères. Vous savez aussi avec quelle sollicitude notre prédécesseur Grégoire XVI, d'illustre mémoire, employa tous ses soins à régler dans ces contrées d'une manière de plus en plus favorable les affaires de la religion et à y constituer la discipline ecclésiastique. Le sérénissime Roi favorisant son action, il établit beaucoup de choses en ce pays avec autant de sagesse que de prévoyance ; mais quoiqu'il eût toujours présent à la pensée le rétablissement si désiré de la hiérarchie épiscopale, il ne crut pas que les circonstances lui permissent de presser cette affaire et se contenta d'augmenter dans le Brabant le nombre des vicaires apostoliques revêtus de la dignité épiscopale.

« Nous éprouvons donc une grande joie en voyant que, malgré notre indignité, la divine clémence semble nous avoir réservé l'accomplissement d'un projet que nos prédécesseurs ont préparé avec tant de zèle et avec tant de peine. Depuis que, par le jugement impénétrable de Dieu, nous avons été élevé à cette Chaire sublime du Prince des Apôtres, nous avons, avec la plus grande ardeur et la plus vive sollicitude, appliqué nos soins et nos pensées aux affaires ecclésiastiques de ce royaume. Comme l'exigeait la charge de notre ministère apostolique et l'amour particulier que nous portons aux fidèles de ce pays, nous n'avons rien eu plus à cœur que de faire tout ce qui pouvait procurer leur bien et celui de notre religion très sainte. C'est pourquoi notre âme a été remplie d'une consolation ineffable lorsque nous avons vu arriver le temps si désiré, où, au grand avantage des affaires catholiques et des fidèles de ces contrées, il devenait possible d'y rétablir la hiérarchie épiscopale conformément aux règles communes de l'Église. Nous avons reconnu, en effet, que dans ce royaume la religion catholique progressait chaque jour par la grâce de Dieu ; que le nombre déjà si considérable des catholiques qui l'habitent y augmentait encore, que le Sérénissime Roi y était plein de bienveillance pour ses sujets catholiques ; qu'enfin, chaque jour s'amoindrissaient les obstacles qui s'opposaient autrefois au bien de notre religion et qui finiront par disparaître tout à fait ; l'esprit d'équité et de justice dont sont animés ceux qui gèrent et administrent les affaires de ce gouvernement m'en donne la confiance. Ajoutons, Vénérables Frères que non seulement les vicaires apostoliques, mais encore tout le clergé et un grand nombre de laïques de toute condition, nous ont adressé des prières réitérées pour obtenir ce rétablissement de la hiérarchie épiscopale. Vous comprenez, Vénérables Frères, avec quelle joie nous les avons reçus, ayant depuis si longtemps mis tous nos soins, toutes nos sollicitudes, tout notre zèle, toute notre application à disposer les choses pour atteindre cette heureuse issue. C'est pourquoi, après avoir pris les conseils de nos Vénérables Frères les Cardinaux de la sainte Église romaine, de la Congrégation de la Propagande, que nous avions chargés d'examiner cette grave affaire, rien ne pouvait nous être plus agréable et plus doux que de rétablir selon nos désirs la hiérarchie épiscopale dans la *Hollande* et le Brabant. Nous avons donc ramené dans ce royaume le régime ecclésiastique à la forme qu'il a chez les autres nations les plus civilisées, et où aucune raison particulière n'exige le ministère extraordinaire des vicaires apostoliques. Y instituant une province ecclésiastique, nous avons décrété que cinq siéges épiscopaux y seraient dès à présent érigés, savoir : Utrecht, Harlem, Bois-le-Duc, Breda, Ruremonde. Et nous rappelant un passé illustre et les monuments du siége d'Utrecht, qui, ainsi que nous l'avons dit, fut investi par Paul IV, notre prédécesseur, des honneurs et priviléges de l'épiscopat ; considérant en outre l'utilité plus grande de notre religion très sainte et les nécessités des circonstances, nous n'avons pas hésité à rétablir le siége d'Utrecht dans son ancienne dignité d'Église métropolitaine, lui donnant pour suffragants les quatre autres siéges épiscopaux. Voilà, Vénérables Frères, ce que nous avons cru devoir vous dire brièvement et sommairement du rétablissement de la hiérarchie épiscopale, accompli à la grande joie de notre âme dans la *Hollande* et le *Brabant* ; mais nous avons donné ordre que nos lettres apostoliques rendues à ce sujet vous soient communiquées, afin que vous puissiez avoir une plus entière et plus pleine connaissance de tout ce qui touche à cette affaire. »

JOURNALISTES.

(Voyez ci-dessus ÉCRIVAINS CATHOLIQUES.)

LÉGAT.

Nous avons rapporté, sous le mot LÉGAT, § II, l'arrêté du 18 germinal an X qui prescrivait au cardinal Caprara les formalités à observer pour exercer ses fonctions en France et le discours qu'il prononça à cette occasion ; mais nous n'avons rien dit du serment qu'exigeait l'article 1er de cet arrêté. Il est d'autant plus important de réparer cette omission, que, par la plus étrange aberration d'esprit, M. l'abbé Prompsault, dans un pamphlet dirigé contre l'encyclique du 21 mars 1853, s'appuie de ce document pour établir que, *loin d'être abrogées par le concordat de 1801, les maximes et les libertés de l'Église gallicane, telles que Pithou les formula à l'usage du gouvernement, ont acquis un caractère de légalité canonique* (1).

Pour réfuter de telles assertions, il suffit d'exposer les faits tels qu'ils se sont passés dans cette mémorable circonstance. Il avait été convenu dans les séances préliminaires à la promulgation du concordat, que le *légat* ne prononcerait pas de serment à la cérémonie de l'audience, mais seulement le discours dont nous parlons ci-dessus.

Ce ne fut que le 9 avril, jour même de l'audience, que M. Portalis avertit le cardinal Caprara qu'il devait prononcer un serment dont il lui fit connaître en même temps l'exigence et les termes. Le *légat* protesta contre cette prétention et déclara qu'il ne pouvait s'y soumettre sans dépasser ses instructions et ses pouvoirs. M. Portalis insista, représentant que tout était prêt, que le premier consul avait manifesté sa volonté, qu'il ne fallait pas s'exposer à voir tout arrêter par l'accomplissement de ce qui devait être considéré comme une simple formalité. Au fond, il ajoutait qu'on ne tenait point à la formule telle qu'elle avait été rédigée, que le cardinal pouvait en changer les termes, et qu'après tout, durant la lecture du serment, il pourrait, si bon lui semblait, réciter un *Pater,* la question des termes du serment lui paraissait de peu d'importance.

Le cardinal prit la formule, la modifia en soulignant les mots qu'il changeait, durant la cérémonie, et, prononça le serment selon la forme qu'il lui avait donnée.

Le lendemain, parut dans le *Moniteur* le récit de l'audience. La

(1) *Observations sur l'Encyclique du 21 mars 1853.*

feuille officielle, soit par inadvertance, soit par une habileté destinée à répondre aux passions du moment, reproduisit non pas la
formule prononcée, mais celle que M. Portalis avait soumise au
légat.

Quant à celle qu'avait proférée le cardinal, elle fut insérée dans
le journal officiel de Rome.

Voici ces deux formules ; leur rapprochement suffira à en montrer
les différences mutuelles :

FORMULE *du serment prêté entre les mains du premier consul par le cardinal légat, telle qu'elle est rapportée dans le* Moniteur, *n°* 200,
20 *germinal an* X.

« Jean-Baptiste Caprara, cardinal-prêtre de l'Église romaine, *légat à latere* du Saint-
Siége apostolique ; auprès de Napoléon Bonaparte, premier consul de la république de
France et auprès de la nation française ; les mains sur ma poitrine, je jure et promets,
sur ma parole de cardinal et sur mes ordres sacrés, au premier consul de la république
de France, que je n'exercerai mes fonctions de *légat* et que je n'userai des facultés qui
m'ont été accordées par le Saint-Siége qu'autant de temps que je serai dans la république et qu'il plaira au premier consul ; de sorte qu'aussitôt qu'il m'aura notifié sa
volonté, je déposerai sur-le-champ et d'une manière convenable en ses mains le titre et
les droits de *légat*.

« De plus, lorsque ma légation sera finie, je remettrai à celui qui me sera désigné
par le premier consul de la république de France les registres concernant tous les actes
que j'aurai faits, et encore, que j'observerai les constitutions, les lois, les statuts et les
usages de la république, et que je ne dérogerai en aucune manière à l'autorité et à la
juridiction du gouvernement de la république, aux *droits, libertés et priviléges de l'Église
gallicane*. En foi de quoi, j'ai souscrit les présentes et les ai fait sceller de mon sceau. »

FORMULE *de promesse lue par le cardinal légat lorsqu'il a été admis à
l'audience du premier consul, le 9 avril 1802, suivant l'édition
de Rome.*

« Je promets au premier consul que je n'exercerai mes fonctions de *légat* et que je
n'userai des facultés qui m'ont été accordées par le Saint-Siége qu'autant de temps que
je serai dans la république, et qu'il plaira au premier consul ; de sorte qu'aussitôt qu'il
m'aura notifié sa volonté, je déposerai sur-le-champ et d'une manière convenable en
ses mains le titre et les droits de *légat*.

« De plus, dès que ma légation sera finie, je remettrai à celui qui me sera désigné
par le premier consul les registres contenant tous les actes que j'aurai faits, et encore,
que j'observerai les statuts, les usages de la république et que je ne dérogerai jamais à
la juridiction et aux droits du gouvernement. En foi de quoi j'ai lu publiquement cette
présente promesse que je fais. »

Reste à savoir si les faits se sont réellement passés comme nous
venons de le dire, et laquelle des deux versions, celle du *Moniteur*
ou celle du journal officiel de Rome, est la véritable.

Toutes les preuves se réunissent en faveur de la version romaine.

Nous en avons d'abord pour garant le témoignage irrécusable du
ministre plénipotentiaire de France à Rome, M. Cacault ; lequel

écrivait, le 12 mai 1802, un mois à peine après l'audience, à M. Portalis lui-même (1) : « Il (le pape) a vu avec peine qu'après avoir « décidé que la réception du *légat* aurait lieu sans qu'il prêtât de ser- « ment, et qu'on renfermerait ce serment dans un discours au pre- « mier consul, il a fallu que le *légat* prêtât un serment séparé. En- « suite, *ce même serment a été rapporté dans* le *Moniteur d'une manière* « INEXACTE. »

Secondement, nous en avons pour témoin les plaintes authentiques du Saint-Siége ainsi que l'établit ce passage d'une note diplomatique adressée par le cardinal Consalvi à M. Cacault (2) ; « Par ordre du « Saint-Père, y est-il dit, le soussigné ne doit pas vous laisser « ignorer que plusieurs *concomitances*, qui ont suivi la publication « faite en France du concordat du 13 juillet 1801, et de la bulle qui « le contient, ont affecté la sensibilité de Sa Sainteté et l'ont remis « dans un embarras difficile, relativement même à la publication « qu'on doit faire ici du concordat. » Les *concomitances* dont parle ici le ministre de Pie VII, ne peuvent évidemment se rapporter qu'a faits et aux actes qui ont accompagné la publication du concor Paris, c'est-à-dire l'exigence du serment, l'insertion d'une formu inexacte au *Moniteur* et l'addition des articles or

Troisièmement, nous trouvons une pr   dans les actes mêmes du Saint-Siége et dans l   in Pontife. L'al- locution tenue dans le   20 mai 1802, et toutes les pièces et docu   des négociations et du concordat ainsi que ce concor   ont été imprimées par ordre du pape et publiés par l'im   de la R. chambre apostolique. Dans ce recueil authentique   les yeux, le discours con- venu d'avance, et la   que prononça le cardinal Caprara sont insérés   le premier en français, le second en latin et sous ce ti   *Verba promissionis quam cardinalis legatus in præfatâ primâ admissione è scripto recitavit.* Comment supposer que le Saint-Siége ait osé altérer la vérité dans une telle circons- tance et pour des documents d'une telle gravité?

Ajoutons d'ailleurs que le Souverain Pontife lui-même, dans l'al- locution du 24 mai a soin de renvoyer aux annexes du recueil et leur confère ainsi, si l'on peut le dire, une plus grande et plus vénérable authenticité. Voici les propres paroles de Pie VII au sacré collége.

Conscius ille (*cardinalis legatus*) *sensuum nostrorum qui sunt omnes ad una spiritualia conversi, et ad religionem in Galliâ restituendam, certum fecit gubernium numquàm in suo legationis munere attentatum iri contra jura gubernii ac nationis, statuta ac consuetudinis reipu- blicæ, seque ad gubernii beneplacitum in eodem munere continuaturum, esse, prout ex enunciatâ sylloge cognoscere potestis.*

On remarquera avec quel soin les paroles du Saint Père sont iden-

(1) Cette lettre se trouve dans notre tome I, pag. 289.
(2) Cette note est aussi rapportée dans le tome I, pages 289 et 290.

tiquement conformes au texte de la version romaine du serment, et combien elles s'éloignent de la prétendue version française.

De ces divers ordres de preuves, il résulte manifestement :

1º Que la formule du serment insérée au *Moniteur* n'est pas la vraie ; 2º que la version française n'a point passé sans réclamations de la part du Saint-Siége.

Ainsi la question se trouve résolue contre les assertions et les commentaires erronés de M. Prompsault.

LIBERTÉS DE L'ÉGLISE GALLICANE.

On nous a demandé avec une sorte de blâme, pourquoi, en rapportant les divers documents émanés du Saint-Siége contre la déclaration de 1682 et les *libertés de l'Église gallicane,* nous n'avions rien dit de l'allocution prononcée par Pie IX dans le consistoire tenu le 17 décembre 1847, cependant si explicite. Nous avons répondu à cette demande tant par égard pour le prélat qui en avait été l'occasion et que, du reste, les documents que nous avions rapportés étaient suffisants pour établir notre thèse. Nos raisons n'ont pas paru satisfaisantes. Nous ne serons donc pas plus sage ni plus réservé que Pie IX, et nous dirons ici ce que le pontife a dit plus tard.

Mgr T..., dans un mandement en date du 14 août 1847 s'était exprimé ainsi :

« La foi de Pie IX est la nôtre ; *il respecte nos doctrines particulières,* et loin de vouloir que la prééminence de son Siége soit défendue par une sagesse dépourvue de sobriété, il n'a garde de condamner une modération de principes éminemment propres à ramener au giron de l'Église les esprits égarés. Non, ce ne serait pas lui qui voudrait jamais contrister toute une grande Église, en flétrissant du nom d'*erreur* jusqu'à l'enseignement de cette école célèbre surnommée *le concile permanent des Gaules* (1). Il sait, ce grand pontife, que tout ce qui cherche à s'imposer parmi nous au moyen de la témérité ou de la violence, dure peu dans notre pays, et que *nous autres français,* nous ne savons pas plus nous résigner à *subir les tyrannies d'une certaine école* (2) que les tyrannies de toute autre sorte. »

Le Souverain Pontife Pie IX, faisant allusion à ce qu'on vient de lire, s'exprime ainsi dans son allocution du 17 décembre 1847 :

« Maintenant, vénérables frères, nous vous communiquons l'extrême surprise dont nous avons été profondément affecté, quand un écrit émané d'un homme en dignité ecclésiastique, et publié par lui, est parvenu jusqu'à nous. En effet, cet homme parlant dans cet écrit de certaines doctrines qu'il appelle *les traditions des Églises de son*

(1) La Sorbonne, dont presque tous les membres soutenaient les principes de la déclaration de 1682.

(2) Mgr Th. qualifie ainsi ceux qui soutiennent les doctrines du Saint-Siége.

pays, et par lesquelles il prétend restreindre les droits de ce Siége apostolique, *n'a pas rougi* d'affirmer que ces traditions étaient en estime parmi nous. Loin de nous, certes, vénérables frères, la pensée ou l'intention de nous éloigner jamais, pour si peu que ce soit, des enseignements de nos ancêtres ou de laisser amoindrir en rien l'autorité du Saint-Siége.

« Oui, sans doute, nous attachons du prix aux traditions particulières; mais à celles seulement qui ne s'écartent pas du sens de l'Église catholique; mais par dessus tout, nous révérons et nous défendons très fortement celles qui sont d'accord avec la tradition des autres Églises, et avant tout avec cette sainte Église romaine, à laquelle, pour nous servir des paroles de saint Irénée, *il est nécessaire à cause de sa primauté, que se rattache toute l'Église, c'est-à-dire les fidèles qui sont partout,* et dans laquelle s'est conservée par ceux qui sont partout, cette tradition qui vient des apôtres. »

Ces paroles sont remarquables, dit M. Guillois (1); c'est en présence du sacré collége que Sa Sainteté blâme celui qui *n'avait pas rougi* d'affirmer que les doctrines gallicanes (c'est-à-dire l'opinion de ceux qui prétendent que le concile général est supérieur au Pape, et que le Pape n'est point infaillible) étaient tenues par elle en estime; c'est en présence du sacré collége qu'elle proclame que ces mêmes doctrines, *par lesquelles on prétend restreindre les droits et les prérogatives du Saint-Siége, s'écartent du sens de l'Église catholique.* De plus, Pie IX, en terminant l'allocution dont nous venons de citer un extrait, déclare que sa volonté est qu'elle soit rendue publique; et s'adressant non plus aux cardinaux, mais à tous les patriarches, archevêques et évêques du monde catholique, il les conjure tous et chacun de rester attachés à la chaire de Pierre, et de se confondre dans le même sentiment et *la même doctrine.* Tout cela, nous le répétons, est bien frappant, et ne saurait être trop médité. Qui pourrait encore regarder la question comme douteuse? qui pourrait hésiter encore à embrasser des doctrines que le successeur de Pierre déclare être d'accord avec la tradition de la sainte Église romaine, à abandonner celles qui y sont opposées?

Dira-t-on qu'il ne faut point s'en rapporter à ce que disent les papes en faveur des prérogatives de leur siége, parce qu'ils sont parties intéressées? à cela nous répondons avec Bossuet : (2) « Par la même raison, on ne devrait pas non plus s'en rapporter aux évêques et aux prêtres, quand ils parlent de leur dignité. *Nous devons dire tout le contraire;* car Dieu inspire à ceux qu'il place dans les rangs les plus sublimes de son Église, des sentiments de leur puissance conformes à la vérité, afin que s'en servant dans le Seigneur avec une sainte liberté et une pleine confiance, quand l'occasion le demande, ils vérifient cette parole de l'apôtre : *Nous avons reçu l'esprit*

(1) *Explication du catéchisme,* tom. I, page 527, sixième édition.
(2) *Defensio cleri gallic.,* part. III, lib. x, c. 6.

de Dieu, par lequel nous connaissons les dons qu'il nous a accordés (1).

On peut voir encore contre les *libertés de l'Église gallicane,* l'encyclique du 21 mars 1855, rapportée sous le mot SÉMINAIRE.

MARIAGE CIVIL.

Nous avons dit sous le mot MARIAGE, que l'acte civil qu'on a fastueusement et faussement décoré du nom de *mariage civil,* n'est tout simplement qu'un concubinage public, ou, si l'on aime mieux, qu'un concubinage légal, ce qui est encore plus déplorable et plus scandaleux; car on ne s'explique une telle aberration d'esprit, de la part d'hommes graves et réfléchis, comme doivent l'être la plupart des législateurs, que par le malheur des temps. Un fait aussi inouï n'a pu s'établir qu'à la suite de la funeste et à jamais lamentable révolution de 1793, que des hommes qui se prétendent honnêtes, qui se croient même d'habiles politiques, veulent encore justifier. Ce fait, dont on ne se rend pas assez compte, est un de ceux qui ont le plus démoralisé la société civile. De bons esprits, éclairés par l'expérience, commencent aujourd'hui à le comprendre et demandent, avec raison, qu'on modifie sur ce point notre Code civil. Ce serait assurément ce qu'on pourrait faire de mieux pour consolider la société qui chancelle sur ses bases et qui menace de s'écrouler, si l'on ne se hâte de l'étayer d'institutions religieuses, car un auteur payen, Plutarque, a dit avec beaucoup de sagesse, qu'établir un gouvernement sans religion, c'est vouloir bâtir une ville dans les airs. Or, qu'est-ce autre chose, que constituer une société sur des unions matrimoniales que ne sanctionnent pas la divinité et la religion? Nous craignons bien que l'état de choses actuel ne subsiste encore trop longtemps. Néanmoins, nous pensons qu'on agirait sagement en discutant cette question par tous les moyens possibles, afin de réformer sur ce point l'opinion publique qui n'a été que trop faussée. Le législateur, en faisant présider la religion au *mariage,* ne porterait aucune atteinte à la liberté de culte et de conscience, car il n'existe aucun culte qui ne voie dans le *mariage* un acte religieux et qui ne demande à la divinité d'y intervenir d'une manière quelconque. Les chrétiens surtout savent qu'il ne peut y avoir d'union légitime véritable et indissoluble que celle que Dieu lui-même consacre. *Quod Deus conjunxit, homo non separet.*

Quoiqu'il en puisse être, un savant et respectable ecclésiastique nous prie de faire connaître la décision suivante qu'il a obtenue à cet égard de la sacrée Pénitencerie. On y verra qu'on ne fait que tolérer, *toleratur,* que l'acte civil précède le *mariage* religieux.

Eminentissime et reverendissime Domine.

Lege civili adhuc in Galliis vigente vetitum est, ne quis sacerdos matrimonium inter fideles celebret, priusquam actum civilem coram officiali

(1) 1. Cor. II, 12.

municipali expleverint; quàm quidem legem suis presbyteris ille ipse ad cujus diœcesim pertineo, episcopus Andegavensis imposuit. Verùm haud mediocriter hujusmodi statuto gravatur conscientiâ fidelium, Em. et Rev. Domine; qui cùm ex concilio Tridentino matrimonium contrahere non debeant nisi præsente parocho et in facie Ecclesiæ, coguntur profanâ in domo, coràm homine seculari, per verba de præsenti contrahere. Neque etiam videtur veritati seu juri ecclesiastico consentaneum, quòd officialis municipalis, in nomine legis declaret matrimonio junctos, anteaquàm Ecclesiæ limen adierint. Atque hùc accedit, quòd clarissimæ memoriæ cardinalis Zelada, litteris anno 1793, die verò mensis maii 28 datis, episcopo Lucionensi responderit : « Curare fideles debere con- « trahère matrimonium coràm testibus et quidem, quoad fieri possit, « catholicis, priusquàm municipalitati se præsentes sistant, ut prescrip- « tam à naturali conventu declarationem faciant. »

Quæ, cùm ità sint, Sanctitas Sua dignanter respondere velit postulanti :

1° An liceat presbytero, animarum curam gerenti, id exigere, ut fideles actum civilem priùs expleant, quàm ad celebranda eorum matrimonia in facie Ecclesiæ procedat.

2° Si licitum illud non sit, parocho quid tandem agendum? Nùm tenetur instruere fideles sibi commissos de obligatione contrahendi matrimonium primùm in facie Ecclesiæ?

3° Anne potiùs expediat tacere de obligatione hujusmodi, nihilque intereà facere quo fideles in errorem inducantur?

Dignetur Eminentia Vestra rescribere ad, etc.

RESCRIPTUM S. PŒNITENTIARIÆ.

In præsentibus Galliæ circumstantiis, cùm parochi per civilem legem impediantur ne matrimonio assistant antequàm testimonium acceperint de civili illo actu jàm facto, toleratur, ut civilis idem actus præcedat, attamen fideles sedulò docendi sunt matrimonium verum tunc solummodò contrahi, cùm vir et mulier mutuum consensum declarant coràm parocho et testibus juxtà formam à Tridentino concilio præscriptam. De quibus omnibus legenda illa sunt, quæ fusius tradit et monet Benedictus XIV in litteris Reddite sunt nobis, quæ extant in suo bullario tom. III, supplem° tertio et in posteriori editione sui operis de Synodo diœcesanâ, lib. VI, cap. 7.

Data Romæ in S. Pœnitentiariâ die 24 julii 1831.

PHILOSOPHIE.

(*Voyez* ÉDUCATION.)

PROFESSEUR.

Le concile d'Amiens, célébré en 1853, donne aux *professeurs* catholiques des conseils pleins de sagesse. (*Voyez* ci-dessus ÉDUCATION.)

PROTONOTAIRES APOSTOLIQUES.

Le collége des *protonotaires apostoliques* remonte à la plus haute antiquité. Il a possédé jusqu'à ces derniers temps les priviléges les plus considérables. Pie IX a cru devoir les ramener à des proportions plus réduites et moins indépendantes de la juridiction des ordinaires. Le bref suivant contient ces modifications; mais pour diminués que soient ces priviléges, ils demeurent assez grands pour maintenir le collége des *protonotaires apostoliques* au premier rang de la hiérarchie prélatice.

BREF *relatif au collége des* PROTONOTAIRES *apostoliques.*

PIE IX, PAPE.

Ad perpetuam rei memoriam.

« Des pouvoirs particuliers et des priviléges ont été accordés et attribués à certaines personnes ou à certains corps pour récompenser leurs mérites ou pour accroître leur dignité; mais quoiqu'ils les tiennent de la munificence des Pontifes romains, nous croyons devoir diminuer ou même abroger entièrement ceux que nous jugeons moins appropriés au temps et moins conformes au bien public. Le collége des sept notaires, institué par saint Clément I, notre prédécesseur, pour écrire et transmettre à la postérité les actes des martyrs, est dans l'Église romaine d'une haute antiquité. L'excellence de leurs fonctions leur fit donner le titre de *protonotaires*, et ils furent honorés de nombreux et singuliers priviléges. Sixte V, notre prédécesseur, d'heureuse mémoire, non seulement confirma ces priviléges antiques, mais encore il en donna de nouveaux et de plus grands par sa Lettre Apostolique *sub plumbo*, en date des nones de février de l'année 1586. Mais ce collége, réduit à peu de chose par les vicissitudes du temps, se trouvant enfin presque anéanti, notre prédécesseur Grégoire XVI, d'illustre mémoire, lui rendit ses sept membres et son ancienne splendeur par sa constitution du 6 des ides de février 1838.

« Considérant aujourd'hui que, parmi les priviléges particuliers mentionnés dans ladite Lettre de Sixte V, il en est qui ne répondent plus à la condition présente des temps ni à l'utilité publique, nous avons pensé qu'il fallait modifier les uns, ou les soumettre à certaines conditions, et abroger entièrement les autres. D'abord, le privilége de conférer le grade de docteur *in utroque jure*, accordé au collége des *protonotaires* par la Lettre de Sixte V, a été depuis longtemps restreint par la Lettre Apostolique *sub plumbo*, en date du 4 des calendes de septembre de l'an 1744, dans laquelle Benoît XIV, d'heureuse mémoire, arrête et ordonne qu'il ne sera permis aux *protonotaires apostoliques* de conférer le laurier de doctorat *in utroque jure* qu'à quatre personnes chaque année; qu'ils ne pourront le conférer à des personnes absentes, mais seulement à des personnes en réalité présentes à Rome, et après un examen minutieux et sévère fait par les *protonotaires* eux-mêmes personnellement et en corps, conformément à la Lettre Apostolique en forme de Bref d'Urbain VIII, publiée le 5 septembre 1629. Dans la Lettre Apostolique même que nous venons de rappeler, voulant donner un témoignage de bienveillance et d'estime au collége des *protonotaires*, Benoît XIV lui-même augmenta ensuite ce nombre, accordant qu'à l'avenir ce collége pût conférer le doctorat dans l'un ou l'autre droit ou dans l'un et l'autre (*in alterutro sive utroque jure*) non plus seulement à quatre, mais à six personnes, pourvu qu'elles fussent réellement présentes à Rome et que les formes et conditions prescrites et expliquées dans la Lettre Apostolique rappelée ci-dessus fussent observées.

« Nous, maintenant, ayant en vue le bien commun, de notre propre mouvement et science certaine, et après mûre délibération, dérogeant auxdites Lettres Apostoliques de Sixte V, d'Urbain VIII, de Benoît XIV et de Grégoire XVI, nos prédécesseurs, autant qu'il en est besoin, mais quant aux choses qui sont en opposition avec notre présente constitution, nous reconnaissons et nous confirmons aux *protonotaires apostoliques*, qui sont dits communément du nombre des participants, le privilége de conférer les grades de docteur en théologie et de docteur dans l'un et l'autre droit, en observant, toutefois, les conditions qui vont être expliquées; mais nous leur ôtons et nous abolissons celui de conférer le grade de docteur, en philosophie, en médecine, ès-arts, ès-sciences ou autres Facultés.

« Or, nous voulons et nous ordonnons qu'ils puissent conférer le titre de docteur en théologie à quatre personnes seulement, et celui de docteur dans l'un des deux ou dans les deux droits, de même à quatre personnes qui devront, dans tous les cas, être présentes à Rome, mais à la condition de nous adresser préalablement à nous ou à nos successeurs sur le Siége Apostolique, un rapport sur ces aspirants au grade de docteur, sans quoi la collation de ce grade serait nulle et non avenue. Nous prescrivons aussi ce que notre prédécesseur Benoît XIV a déjà prescrit, que si, par une cause quelconque, ledit nombre de personnes à promouvoir à ce grade ne se trouvait pas atteint une année, on ne puisse le remplir et compléter les années suivantes.

« Nous ordonnons en outre que, pour procéder à l'examen des candidats, les *protonotaires* soient toujours au nombre de cinq au moins, et que si quelques-uns d'entre eux se trouvant empêchés, ce nombre ne pouvait être atteint, ils s'adjoignent pour le compléter des professeurs de l'Archigymnase Romain; et, enfin, qu'ils observent dans cet examen, pour constater la science des aspirants au grade de docteur, tout ce qui a été prescrit par notre prédécesseur Léon XII dans sa constitution : *Quod divina sapientia*, sans quoi nous déclarons que la concession du titre de docteur sera nulle.

« Nous voulons, en outre, et ordonnons que chaque année ils fassent un rapport sur les grades qui auront été conférés, à la congrégation des cardinaux de la sainte Église romaine, préposée à la direction des études, et que, conformément à la règle de la constitution sus-mentionnée de Benoît XIV, un état des promotions contenant les noms et prénoms des personnes promues, soit déposé dans le mois, à partir du jour de la promotion, aux archives du collège romain, soit par le secrétaire de ce collège, soit par les personnes promues elles-mêmes, et qu'après ce dépôt la promotion soit tenue pour légitime et ait tous les effets que comporte le droit. Autrement, ce titre de docteur sera nul et de nul effet, et la personne promue ne pourra s'en prévaloir en aucune manière.

« Quant à l'exercice du privilége dont jouissent les *protonotaires*, d'après la constitution de Sixte V, de créer chaque année un *protonotaire*, sans exception ni priviléges, c'est-à-dire purement honoraire, nous voulons et ordonnons qu'à l'avenir ils n'aient ni le droit ni le pouvoir d'élever personne à cet honneur et à ce grade sans nous avoir préalablement consulté, nous ou nos successeurs sur le Siége Apostolique. Nous retirons entièrement aux *protonotaires* le privilége de créer des notaires ou officiers publics. Nous leur ôtons complétement, en outre, et nous abrogeons le privilége accordé aux *protonotaires* par la susdite constitution de Sixte V, de légitimer les personnes nées d'un commerce illicite pour les rendre habiles à recueillir des successions par testament ou autrement, ou pour les déclarer aptes aux honneurs, dignités, charges publiques ou privées, comme il est dit plus au long dans ladite Lettre du pape Sixte V. Nous déclarons nul encore et nous abrogeons entièrement cet autre privilége, d'après lequel les *protonotaires* apostoliques, leurs parents, alliés et domestiques, avaient le pouvoir et le droit de porter, tant à Rome que dans toute l'étendue des États de l'Église, des armes prohibées sans autre autorisation ni permission spéciale.

« Les Pontifes romains sont dans l'usage de conférer l'honneur du *protonotariat* non seulement aux sept *protonotaires* dits participants, mais encore à d'autres ecclésiastiques, lesquels sont assimilés aux premiers, bien qu'ils ne soient points participants, nous voulons et ordonnons, pour qu'une plus grande différence les distingue, que les sept *protonotaires* participants, libres et exempts des ordinaires et de leur juridiction, relèvent immédiatement de nous et du Siége Apostolique, et que les *protonotaires* à l'instar des participants, soit ceux qui ont déjà été élevés à cet honneur, soit ceux qui le seront dans la suite, demeurent complétement soumis aux ordinaires des lieux selon les règles du droit commun, comme par la teneur des présentes nous les y soumettons entièrement, et qu'ils ne puissent, à l'avenir, exercer les fonctions pontificales sans leur assentiment.

« De plus, nous ratifions et confirmons aux *protonotaires* participants le privilége de l'autel portatif, sous cette loi cependant et à cette condition qu'ils ne pourront jamais le dresser dans des maisons étrangères, à moins qu'ils ne s'y logent eux-mêmes comme voyageurs ou comme hôtes, et que la messe qui sera célébrée, ou par eux-mêmes ou par un prêtre séculier ou régulier approuvé, sur cet autel portatif dressé dans un lieu toujours décent et aux jours solennels, ne comptera pour l'accomplissement du devoir ecclésiastique qu'aux *protonotaires* eux-mêmes, à leurs parents et alliés habitant avec eux et à leur domesticité, mais jamais à d'autres personnes.

« Quant aux *protonotaires* à l'instar des participants qui sont déjà créés ou qui seront créés dans la suite, nous leur ôtons le privilége de l'autel portatif et leur accordons seulement l'indult d'un oratoire privé soumis à la visite et à l'approbation de l'ordinaire, dans lequel ils pourront librement, aux jours solennels, en présence de leurs parents et alliés cohabitant avec eux et de leurs serviteurs, célébrer eux-mêmes ou faire célébrer la messe par tout prêtre légitimement approuvé, séculier ou régulier, à quelque ordre qu'il appartienne.

« Nous statuons, décrétons et ordonnons ces choses nonobstant la règle de notre Chancellerie Apostolique, *de jure quæsito non tollendo*; nonobstant les Lettres apostoliques ci-dessus mentionnées de Sixte-Quint, d'Urbain VIII, de Benoît XIV et de Grégoire XVI, nos prédécesseurs; nonobstant les autres constitutions et ordonnances apostoliques, même celles qui requièrent mention spéciale; nonobstant, en outre, le serment, les statuts, les usages et priviléges du susdit collège des *protonotaires*, quoique revêtus de la confirmation apostolique ou de toute autre; nonobstant les indults; nonobstant les Lettres apostoliques quelconques, concédées, confirmées ou renouvelées contrairement à ce qui précède, les tenant toutes et chacune d'elles pour pleinement et suffisamment indiquées par la teneur des présentes, et tout autant que si elles avaient été rapportées mot à mot, nous y dérogeons, ainsi qu'à toutes autres, quelles qu'elles soient, à ce contraires, seulement pour cette fois, spécialement et expressément et autant qu'il est nécessaire pour l'effet des présentes, voulant qu'en tout autre chose elles demeurent dans toute leur force.

« Donné à Rome, près Saint-Pierre, sous l'anneau du Pêcheur, le 9 février 1853, l'an VII de notre pontificat.

« A. CARD. LAMBRUSCHINI. »

RATIONALISME.

(*Voyez* ÉDUCATION § IV.)

FIN DU SUPPLÉMENT.

NOTICES

BIOGRAPHIQUES ET BIBLIOGRAPHIQUES

SUR LES CANONISTES CITÉS DANS CET OUVRAGE (1).

A

ABBANI.

On a d'*Abbani* l'ouvrage suivant : *De Immunitate ecclesiasticâ*, Rome, 1553, in-folio. Nous n'avons pu rien trouver sur la vie de ce canoniste.

ABELLY.

Louis *Abelly*, grand vicaire de Bayonne, curé de Paris, et ensuite évêque de Rodez, naquit dans le Vexin français, en 1603. Il se démit de son évêché en 1667, trois ans après y avoir été nommé, pour vivre en solitaire dans la maison de Saint-Lazare, à Paris. Il y mourut en 1691 après avoir publié plusieurs ouvrages. Les principaux sont : *De l'obéissance et soumission qui est due à notre Saint Père le Pape en matière de foi*, Paris, 1654, in-8°; *Défense de la hiérarchie de l'Église et de l'autorité du Pape*; Paris, 1659, in-4°; *Enchiridion episcopalis sollicitudinis complectens illius ministerii quascumque partes, cum appendice de officiis vicarii generalis et officialis*, Paris, 1668, in-4°. Cet excellent ouvrage a été réimprimé plusieurs fois. L'édition que nous avons consultée est de Besançon, 1837, in-4°. Il a fait encore plusieurs ouvrages de piété, la *Vie de saint Vincent-de-Paul*,

---

(1) Nous avons parlé dans ces notices de plusieurs canonistes qui ne sont pas cités dans cet ouvrage ; nous aurions même voulu parler de tous, s'il eût été possible, afin de faire connaître le mérite de chacun et les principes bons ou mauvais dans lesquels ils sont écrits. Nous comprenons tout ce qu'un pareil travail pourrait avoir d'utilité et d'importance pour l'étude du droit canon ; mais nous avouons en toute humilité que nous l'avons trouvé au-dessus de nos forces. En attendant que quelqu'un plus habile que nous ne l'entreprenne, nous donnons ces notices telles quelles, persuadé qu'elles pourront servir à plusieurs de nos lecteurs et les guider dans les ouvrages qu'ils voudraient se procurer sur les diverses matières canoniques. Quelques détails de ces notices sont empruntés au *Dictionnaire historique* de Feller.

des *Méditations,* etc. *Abelly* était un homme rempli de toutes les vertus sacerdotales et pastorales. La doctrine de ses ouvrages est en conséquence très pure et très orthodoxe.

ACOSTA.

(*Voyez* SIMON.)

AFFRE.

Denis-Auguste *Affre,* né à Saint-Rome, diocèse de Rodez, archevêque de Paris, mort glorieusement dans sa ville archiépiscopale, le 27 juin 1848, nous a laissé trois ouvrages qui peuvent être consultés utilement par les canonistes : 1° *Traité de l'administration temporelle des paroisses,* 1 vol. in-8°, qui eut plusieurs éditions ; 2° *De la propriété des biens ecclésiastiques,* Paris, 1837, 1 vol. in-8°. Ce traité, fort solide, fut écrit à l'occasion de la spoliation des terrains de l'ancien archevêché de Paris ; 3° *De l'appel comme d'abus,* Paris, 1845, 1 vol. in-8°.

AGIER.

Pierre-Jean *Agier,* né le 28 décembre 1748 à Paris, y mourut le 22 septembre 1823, président de chambre à la cour royale de Paris. Il embrassa avec chaleur la cause de l'Église constitutionnelle, et il l'a soutenue jusqu'à la fin de sa carrière franchement et sans détour. Le président *Agier* ne se borna pas, pendant sa vie, à la carrière de la magistrature ; il ambitionna celle d'écrivain, et a publié, sur différentes matières, vingt-deux volumes, sans compter les brochures de circonstance et divers articles fournis à la nouvelle édition de Denisart et à la *Chronique Religieuse.* Nous ne citerons que les deux qui suivent : *Traité sur le mariage dans ses rapports avec la religion et les lois nouvelles de France,* 1800, 2 vol. in-8° ; *Justification de Fra-Paolo Scarpi,* 1811, 1 vol. in-8°. Dans ces deux ouvrages, comme dans tous les autres sortis de sa plume, *Agier* a été le défenseur du jansénisme. Il dit en propres termes, dans son *Traité du mariage,* où il attaque le concile de Trente, que cette assemblée *est dépourvue de tout caractère d'œcuménicité.* Il n'en faut pas davantage pour faire connaître et apprécier la doctrine de cet auteur.

AGUIRRE.

Joseph-Saenz d'*Aguirre,* né à Lograno dans la Vieille-Castille, en 1613, fut un des ornements de l'ordre de saint Benoît, dans le dernier siècle. D'abord premier interprète des livres saints dans l'université de Salamanque, ensuite censeur et secrétaire du tribunal du saint office, il fut honoré de la pourpre par Innocent XI, l'an 1686, en récompense de son zèle pour l'autorité du Saint-Siége. Il mourut à Rome en 1699. Ses principaux ouvrages sont : *Defensio cathedræ sancti Petri contrà declarationem cleri gallicani editam anno 1682*, Salamanque 1683, in-folio. Bossuet peint ainsi son adversaire : « Le cardinal d'*Aguirre* est la lumière de l'Église, le modèle des mœurs, l'exemple de la piété. » *Collectio conciliorum Hispaniæ*, Rome, 1753, 6 vol. in-folio. Cette collection est recherchée, quoiqu'on puisse y désirer plus de critique. La meilleure est celle de 1693 et 1694.

ALAGONA.

On a de Pierre *Alagona* : *Totius juris canonici compendium*, 2 vol. in-4°, Rome, 1622.

ALBANI.

Jean-Jérôme *Albani*, né en 1504, à Bergame, d'une famille noble, se consacra à l'étude du droit canonique et civil. Saint Pie V, qui l'avait connu lorsqu'il était inquisiteur à Bergame, ne fut pas plutôt élevé à la papauté, qu'il l'honora de la pourpre en 1570. *Albani* était veuf et avait des enfants : ce fut la crainte qu'il s'en laissât gouverner, qui empêcha le conclave de l'élire pour pape, après la mort de Grégoire XIII. Il mourut en 1591. Nous avons de lui plusieurs ouvrages de jurisprudence canonique. Les principaux sont : *Disputatio de immunitate ecclesiasticâ*, Rome, 1553, in-folio; *Liber de potestate papæ et concilii*, Venise, 1558, 1561, in-4°; *De cardinalibus, et de donatione Constantini*, 1584, in-folio.

ALBÉRIC DE ROSAT.

(*Voyez* ROSAT.)

ALBERSTECHI.

Salomon *Alberstechi* est auteur de l'ouvrage qui a pour titre : *De potestate cardinalium vel impedito papa*, in-4°.

ALBIZI.

François *Albizi*, de Césène, cardinal, mourut en 1684, âgé de 61 ans. Il dressa la bulle contre le livre de Jansénius, sous Urbain VIII. On a de lui : *De Jurisdictione cardinalium in propriis titulis*, in-4°, Rome, 1666, 1668; *De Inconstantiâ in judiciis cum decisionibus Rotæ*, Rome, 1698, in-folio. Le cardinal *Albizi* était un des plus célèbres canonistes d'Italie, ses ouvrages sont très recherchés.

ALLATIUS.

Léon *Allatius* ou *Allacci*, né dans l'île de Chio en 1586, mourut au mois de janvier 1669, à l'âge de 83 ans. On a de lui plusieurs ouvrages dans lesquels on trouve beaucoup d'érudition, et beaucoup de zèle pour l'orthodoxie et pour l'unité catholique. Nous ne citerons que le suivant qui a rapport au droit canon : *De Ætate et interstitiis in collatione ordinum*, Rome, 1688, in-8°.

ALTERI.

Marius *Alteri*, sur la vie duquel nous n'avons pu rien découvrir, est auteur d'un ouvrage fort utile et très estimé qui a pour titre : *De censuris ecclesiasticis... cum explicatione bullæ cœnæ Domini*, Rome, 1618, 2 vol. in-folio.

ALTESERRA.

(*Voyez* HAUTESERRE.)

ALVARES PEGAS.

(*Voyez* PEGASE.)

ALVIN.

Nous ne connaissons Etienne d'*Alvin* que par l'ouvrage suivant qui a été mis à l'*index* par un décret du 16 mars 1621 : *Tractatus de potestate episcoporum, abbatum, aliorumque prælatorum*, Paris, 1614, in-8°.

ALZEDO.

Maurice d'*Alzedo* a publié à Lyon, 1630, un vol. in-8° qui a pour titre : *De præcellentiâ episcopalis dignitatis deque episcopi functionibus ac potestate in creditâ sibi ecclesiâ regendâ, visitandâ, administrandâ, nec non de generalis vicarii auctoritate.*

AMBROSINI.

On a d'Alexandre *Ambrosini* : *De immunitate et libertate ecclesiasticâ*, Parme, 1612, in-4°.

AMYDÉNIUS.

Nous avons de Théodore *Amydénius* un ouvrage intitulé : *Tractatus de Officio et jurisdictione datarii, et de Stylo datariæ*, Venise 1634, 1 vol, in-fol., et Cologne 1701. Nous avons cité *Amydénius* dans toutes les matières qu'il a traitées. Mais nous devons avertir qu'il a été mis à l'*index* par un décret du 10 décembre 1653.

ANANIA.

Jean *Anania* ou Jean d'*Ananie*, jurisconsulte du quinzième siècle, professa le droit à Bologne. Il se fit remarquer par sa piété et son érudition. On a de lui : *Commentaires sur les décrétales*, 5 vol. in-folio, 1555. Un traité de la magie intitulé : *De revocatione feudi alienati*, Lyon, 1546, in-4°. *Anania* mourut en 1458, dans un âge avancé.

ANCHARANO.

Pierre d'*Ancharano*, de la famille des Farnèse, naquit à Bologne vers l'an 1330. Balde fut son maître dans le droit civil et canonique. Le disciple se rendit digne de lui. (*Voyez* BALDE.) Il fut choisi, en 1409, par le concile de Pise, pour le défendre contre ceux qui désapprouvaient cette assemblée. Il démontra, contre les ambassadeurs du duc de Bavière, que ce concile était légitimement convoqué; qu'il avait droit de procéder contre Grégoire XII et Benoît XIII. Il mourut à Bologne en 1410 ou 1417. On a de lui : *Commentaria in quinque libros decretalium et super Clementinas, cum scholiis,* Bologne, 1581, 5 vol. in-folio; et Venise, 6 vol.; *In decretales repertorium,* 4 vol., sans date ni lieu.

ANDRÉ.

Jean *André,* le plus célèbre canoniste du quatorzième siècle, naquit à Bologne et y mourut de la peste en 1348, après y avoir professé le droit canon pendant 45 ans. On a de lui des *Commentaires sur les Clémentines,* in-folio, 1471, Mayence et Lyon, 1552; *Commentaires sur les six livres des décrétales,* Mayence, 1455, in-folio, Venise, 1581, 5 vol. in-folio, 1583, 2 vol. in-folio, 1612, 4 vol. in-folio. Toutes ces éditions sont bonnes.

ANDREUCCI.

Andreucci, est auteur de : *Hierarchia ecclesiastica,* Rome, 1766, 2 vol. in-4°.

ANTONELLI.

Jean-Charles *Antonelli,* est auteur des deux ouvrages suivants : *De regimine ecclesiæ episcopalis,* Venise, 1692, in-4°; *De juribus et oneribus clericorum,* Rome, 1699, in-folio.

ARMACHANI.

On a de Richard *Armachani : Defensorium curatorum contra eos qui privilegiatos se dicunt,* Paris, 1625, et 1633, in-8°.

ASSEMANI.

Joseph-Simon *Assemani,* maronite, archevêque de Tyr, chanoine du Vatican, né en 1687, mort à Rome, octogénaire, le 14 janvier 1768, était très versé dans les langues orientales. On a de lui plusieurs excellents ouvrages, entre autres : *Bibliotheca juris orientalis canonici et civilis,* Rome, 1762, 5 vol. in-4°. Le troisième volume de cet ouvrage, devenu la proie des flammes dans un incendie qui dévora une partie de la bibliothèque du Vatican, est depuis lors extrêmement rare. *De ecclesiis, earum reverentiâ et asylo, atque con-*

cordantiâ et imperii, Rome, 1766, in-folio; *Ad eumdem librum additio-
nes,* Lyon, in-8°; *Dissertatio de sacris ritibus,* 1757, in-4°. Ces deux
ouvrages sont de Joseph-Louis *Assemani,* professeur de syriaque à
la Sapience et qui mourut en 1782.

AUGUSTINUS.

Antoine *Augustinus,* né à Sarragosse, évêque de Lérida, puis archevêque de Tarragone, en Espagne, a été l'un des plus savants
canonistes de son siècle, dit M. l'abbé Crouzet, sachant exactement
l'antiquité, aimant et respectant la discipline des premiers siècles.
Nous avons de lui : *Juris pontificii veteris epitome,* Tarragone, 1611,
2 vol. in-folio, Rome, 1614 et Paris, 1641, 2 vol. in-folio. *De emen-
datione Gratiani,* Tarragone, 1587, in-4°; Paris, 1672, in-8°, avec
des notes de Baluze. Il entreprit cette collection pour suppléer aux défauts que tous les savants ont reprochés à Gratien;
il y aurait plus complétement réussi, s'il n'avait pas fait un trop
grand nombre de divisions et de sous-divisions, qui répandent dans
son ouvrage la confusion qu'on a reprochée à Gratien. Toutes les
éditions que nous citons sont bonnes; toutefois celle de Rome, de
1614, est la plus belle. On a encore d'*Augustinus : Antiquæ collectiones decretalium cum notis.* Rome, 1584, in-folio, réimprimé à Paris en 1609 et en 1621, in-folio.

A l'âge de 25 ans, *Augustinus* qui avait étudié dans les plus célèbres universités d'Espagne, Alcala et Salamanque, et qui était venu
se perfectionner à Bologne, publiait un traité fameux sur le droit
civil, où il faisait servir les antiquités romaines à la science du droit.
Paul III le nomma auditeur de rote, Jules III l'envoya en Angleterre, Paul IV le consacra évêque et le chargea de diverses négociations en Allemagne. Il assista au concile de Trente, où il eut une
grande importance, et mourut archevêque de Tarragone, en 1586.

AUFRERI.

Étienne *Aufreri,* canoniste et jurisconsulte du quinzième siècle,
président du parlement de Toulouse, s'est fait un nom par ses ouvrages. Tels sont : *De officio et potestate judicis et ordinarii. Accessit
tractatus de potestate secularium super Ecclesiis ac personis et rebus
ecclesiasticis. Item de potestate Ecclesiæ super laïcis,* etc. Paris, 1514,
Cologne, 1597, in-8°. Les droits des juridictions ecclésiastiques et
civiles y sont bien distingués. L'auteur avait bien étudié ces matières, ayant été longtemps official; *Decisiones curiæ archiepiscopalis
Tolosanæ,* Lyon, 1616, in-4°. Cet ouvrage traite principalement de
la forme de procéder dans les cours d'église. *Tractatus de recusa-
tionibus.*

AVILA.

Étienne d'*Avila,* jésuite espagnol, mort à Lima en 1601, a laissé quelques ouvrages de droit ecclésiastique, entre autres : *De Censuris ecclesiasticis*, Lyon, 1609.

AVRIGNY.

Hyacinthe-Robillard d'Avrigny, né en 1675 à Caen, jésuite en 1601, mourut l'an 1719. Il est auteur des *Mémoires chronologiques et dogmatiques pour servir à l'histoire ecclésiastique, depuis 1600 jusqu'en 1716, avec des réflexions et des remarques critiques*, 4 vol. in-12. On s'est plaint que, dans cet ouvrage, estimable par l'exactitude des dates et par plusieurs faits très bien développés, les remarques critiques sont poussées quelquefois jusqu'à la satire ; et c'est sans doute ce qui l'a fait supprimer à Rome par un décret du 2 septembre 1727. Mais ce défaut est réparé par des avantages qu'on trouve rarement réunis dans les ouvrages de ce genre. On ne peut donc le lire qu'avec permission de l'autorité ecclésiastique.

AZPILCUETA.

Martin *Azpilcueta*, surnommé Navarre ou Navarrais, parce qu'il était né dans le royaume qui porte ce nom, fit ses études en France, à Cahors et à Toulouse. Devenu prêtre et chanoine régulier de Saint-Augustin, il enseigna la philosophie, la politique et la jurisprudence à Toulouse, à Salamanque et à Coïmbre ; on le consultait de tous les pays comme l'oracle du droit. C'était un des plus grands hommes de son siècle. Le célèbre Covarruvias fut un de ses disciples. Il était, par sa sœur, Marie *Azpilcueta*, mère de saint François Xavier, oncle du saint, et bien digne de lui. Il mourut à Rome le 21 juin 1580, à 93 ans. On a de lui : *Conciliorum sive responsorum, libri V, juxta ordinem Decretalium dispositi*, 2 vol. in-4°, Rome, 1602. *Omnia opera canonica*, Venise, 1588, 3 vol. in-folio, Rome, 1590, Lyon, 1595, Cologne, 1616. Le recueil de ses ouvrages a été imprimé en 6 vol. in-folio, à Lyon, en 1597, et à Venise en 1602.

B

BACCHINI.

Dom Benoît *Bacci* ou *Bacchini*, né à San-Donino, dans le Parmesan, en 1651, entra dans la congrégation du Mont-Cassin, et s'y distingua d'abord par ses sermons. Sa santé délicate ne lui permettant plus les travaux de la chaire, il s'adonna à ceux du cabinet. C'était un savant universel. Il mourut à Bologne, le 1er septembre 1721. On a de lui d'excellents ouvrages, entre autres : *De Ecclesiæ hierarchiæ originibus*, Modène, 1703, in-4°, dissertation pleine d'érudition. Ellies Dupin réfuta cet ouvrage, ce qui suffit pour en signaler le bon esprit.

BAGOT.

Jean *Bagot*, jésuite, né à Rennes en 1590, enseigna successivement la philosophie et la théologie, fut censeur des livres à Rome, ensuite supérieur de la maison professe à Paris où il mourut le 22 août 1664. On a de lui : *Defensio juris episcopalis*, Paris, 1655, in-8°; Rome, 1659, in-8°, traduit en français, 1655, in-8°.

BALDE.

Pierre *Balde de Ubaldis*, de Pérouse, professa, dans le quatorzième siècle, le droit à Pérouse, à Padoue et à Pavie. Il mourut de la morsure d'un chien enragé, vers 1400, après avoir recommandé qu'on l'enterrât en habit de cordelier. On trouve beaucoup d'ouvrages de ce jurisconsulte, formant six tomes, réunis en trois volumes in-fol. *Super decretales*, Lyon, 1551, Venise, 1571, in-4°, Venise, in-folio, 1575 et 1595. La première fois que *Balde* parut dans sa chaire de Pavie, les étudiants s'écrièrent en voyant son physique peu agréable : *Minuit præsentia famam*. Ce célèbre jurisconsulte répondit sans se déconcerter : *Augebit cætera virtus*. Il fut le professeur de Grégoire XI.

BALLERINI.

Pierre *Ballerini*, né à Vérone en 1698, prêtre très savant, mourut en 1764. On a de lui : *De vi ac ratione primatûs romanorum pontificum et ipsorum infaillibilitate*, Vérone, 1766, in-4°. Il travaillait avec son frère Jérôme, prêtre comme lui, mais qui s'occupait plutôt des questions d'histoire et de critique.

BALSAMON.

Théodore *Balsamon* fut d'abord diacre et garde des chartes de l'Église de Constantinople, et ensuite patriarche d'Antioche pour les Grecs. Il commenta le *Nomocanon* de Photius, dont Bévéridge donna une édition avec des notes imprimées à Oxford, en 1672, in-folio. Il fit un *Recueil d'ordonnances ecclésiastiques* et des *réponses* à plusieurs questions du droit canon, dans lesquelles il s'emporte beaucoup contre l'Église latine. Il mourut vers 1214. La *Bibliothèque du droit canonique* de Justel renferme les deux premiers ouvrages, et le droit grec et romain de Leunclavius contient le dernier. (*Voyez* JUSTEL.)

Le commentaire de *Balsamon*, dit M. Crouzet, aussi bien que les canons et les épîtres des Pères qu'il explique, sont plus utiles pour l'ancienne discipline et le droit des orientaux, que pour la législation actuelle. Il faut surtout en le lisant, ne pas perdre de vue que l'auteur est un grec schismatique. Au résumé, son recueil est précieux.

BALTUS.

Jean-François *Baltus,* né à Metz, en 1667, entra chez les jésuites. Il mourut bibliothécaire de Reims, en 1743. On a de lui plusieurs ouvrages. Nous ne parlerons ici que du suivant qui est exact et fort curieux : *Réponse à l'Histoire des oracles de Fontenelle,* Strasbourg, 1707 et 1708, 2 vol. in-12.

BALUZE.

Étienne *Baluze,* né à Tulle en 1630. En 1670, le roi érigea en sa faveur une chaire de droit canon au collége royal. Il mourut à Paris en 1718, à 87 ans. Les gens de lettres regrettèrent en lui un savant profond, et ses amis un homme doux et bienfaisant. Peu de savants ont eu une connaissance plus étendue des manuscrits et des livres. Nous avons de lui plusieurs éditions du livre de son bienfaiteur de Marca, *De Concordia sacerdotii et imperii,* 1704, in-folio. (*Voyez* MARCA.) *Capitularia regum Francorum,* rangés dans leur ordre et augmentés des collections d'Ansegise et de Benoît, diacre, avec de savantes notes, 2 vol. in-folio, Paris, 1677. C'est l'édition la plus exacte et la plus complète des capitulaires des rois de France. *Vies des papes d'Avignon,* depuis 1307 jusqu'en 1376, 2 vol. in-4°, 1697. Cet ouvrage fut mis à l'*index* par un décret du 22 décembre 1700. Supplément aux conciles du père Labbe, 1683, in-folio. Nous avons de lui encore plusieurs autres ouvrages dans lesquels on reconnaît un homme qui possède l'histoire ecclésiastique et profane, le droit canon ancien et moderne, et les Pères de tous les siècles.

BANNEZ.

Dominique *Bannez,* jacobin espagnol, professeur de rhétorique à Alcala, à Valladolid et à Salamanque, mourut à Médina del Campo en 1604, âgé de 77 ans. C'était un homme très pieux et il fut le confesseur de sainte Thérèse; il était plus théologien que canoniste. On a de lui un long *Commentaire,* en 6 gros vol. in-folio, sur la somme de saint Thomas, dont il défendit la doctrine avec chaleur. Les canonistes consultent son traité *de Jure et justitiâ,* Venise, 1595, in-folio.

BARBOSA.

Augustin *Barbosa* était très habile dans la science du droit civil et canonique. Philippe IV lui donna l'évêché d'Ugento, dans la terre d'Otrante, en 1648. Il mourut l'année d'après. Nous avons de lui un traité *de Officio episcopi.* On croit que *Barbosa* ne fit que corriger ce livre. Feller raconte que son domestique lui apporta du poisson dans une feuille de papier manuscrit; que *Barbosa* courut tout de suite au marché pour acheter le cahier d'où on avait tiré cette feuille, et que le manuscrit contenait le livre *De officio episcopi.* L'ouvrage intitulé *Remissiones doctorum super varia loca concilii Tri-*

dentini, etc., a été mis à l'*index*, par un décret du 27 avril 1621, parce que la bulle de Pie IV défend de publier aucun commentaire sur le concile de Trente. (*Voyez* TRENTE.) Les ouvrages de *Barbosa* sont très nombreux; ils ont été souvent imprimés en France, en Italie, en Espagne, dans les Pays-Bas, et recueillis à Lyon sous le titre de *Opera omnia canonica*, 1716 et années suivantes, 16 vol. in-folio. Il y en a une autre édition, également de Lyon, imprimée en 1645, sous le titre de *Augustini Barbosæ collectanea doctorum in jus pontificium, et tractatus varii*, 20 vol. in-folio.

BARRUEL.

Augustin *Barruel*, naquit le 2 octobre 1741, à Villeneuve-de-Berg, en Vivarais, dans les Cévennes. Son père, lieutenant-général de cette province, l'envoya terminer ses études chez les jésuites. Le jeune *Barruel* y prit le goût de la vie de ses maîtres, et entra dans leur société. Il mourut le 5 octobre 1820, lorsqu'il commençait sa 81e année. On a de lui beaucoup d'ouvrages, entre autres : *Du Pape et de ses droits religieux*, à l'occasion du concordat français, Paris, 1803, 2 vol. in-8°.

BARTHEL.

Jean-Gaspard *Barthel*, jurisconsulte allemand, naquit en 1697, à Kitzingen, dans le pays de Wurtzbourg. Il étudia le droit de bonne heure, et alla se perfectionner à Rome. Il y eut pour maître le fameux cardinal Lambertini, depuis pape sous le nom de Benoît XIV. Il retourna dans sa patrie en 1727, fut nommé régent au séminaire, et professeur de droit canon à l'université. Il devint dans la suite, doyen des chanoines et vice-chancelier de l'université. Le premier, il rattacha le droit canonique à l'histoire, pénétra dans l'esprit des lois de l'Église, approfondit la constitution ecclésiastique de l'Allemagne, qui a son organisation et ses principes à part, tandis qu'auparavant toute l'étude du droit canonique consistait à répéter les décrétales et les commentaires de Rome. Il mourut à Wurtzbourg le 8 avril 1761. Ses principaux écrits sont : *De jure reformandi antiquo et novo*, Wurtzbourg, 1744, in-4°; *De restituta canonicorum in Germaniâ electionum politicâ*, ibid, 1749; *Dissertatio historico-canonica publica de pallio*, 1753, in-4°; *Historia pacificationum imperii circa religionem consistens*, 1756, in-4°; *Dissertatio de canonicâ episcoporum Germaniæ electione*, Wurtzbourg, 1799.

BAUNY.

Étienne *Bauny*, de la compagnie de Jésus, est auteur de *Nova beneficiorum praxis*, Paris, 1648, in-folio.

BEGNUDELLI-BASSI.

On a de *Begnudelli-Bassi* : *Bibliotheca juris canonico-civilis practica*, *seu repertorium quæstionum, magis practicarum in utroque foro etiam animæ*, Frisingue, 1712, 4 vol. in-folio, Cologne, 1747, 4 vol. in-folio.

BÉHOTTE.

Adrien *Béhotte*, archidiacre de Rouen, mort en 1636. Nous avons de lui : *De antiquo jure procurationum, aliarumque præstationum, quæ archiepiscopis, episcopis et archidiaconis debentur*, Rouen, 1635, in-4°. Cet ouvrage est dirigé contre l'envahissement des laïques. *Traité sur les libertés de l'Église gallicane*.

BELLARMIN.

Robert *Bellarmin*, cardinal et archevêque de Capoue, né à Monte-Pulciano en 1542, se fit jésuite à l'âge de 18 ans. Il mourut en 1621 au noviciat des jésuites, où il s'était retiré au commencement de sa maladie. Grégoire XV alla visiter le cardinal mourant, qui lui adressa ces paroles : *Domine non sum dignus*, etc.; paroles qui marquent jusqu'à quel point le cardinal *Bellarmin* portait son respect pour le vicaire de Jésus-Christ. Il n'y a point d'auteur qui ait défendu plus vivement la cause de l'Église, et les prérogatives du Saint-Siége. Ce savant cardinal a enrichi l'Église de plusieurs ouvrages. Nous recommandons aux amis du Saint-Siége et à tous les canonistes les suivants : *De potestate Summi Pontificis in rebus temporalibus*, Rome, 1610, in-8°. Cet ouvrage a été publié contre Barclay ; *Apologia pro Romano Pontifice*, Rome, 1609, in-4° ; *Novæ declarationes cardinalium ad decreta concilii Tridentini*, Lyon, 7634, in-4°; *Controversiæ*, Ingolstadt, 1587, in-8°. La meilleure édition de *Bellarmin* est celle de Venise, 7 vol. in-folio.

BELLEVUE.

Jacques de *Bellevue*, jurisconsulte et canoniste célèbre, plus connu encore par ses ouvrages que par sa vie, vivait dans le quatorzième siècle. Il professait le droit à Pérouse en 1314. Il a laissé : *De excommunicatione* ; *Practica juris in sexto*; *De foro competenti curiæ Romanæ*; *De usu feudorum*; *In novellas Justin., aliasque legum partes commentaria*; *Praxis judiciaria in criminalibus*, Cologne, 1580.

BENE.

Nous avons de Thomas del *Bene* : *De officio inquisitionis*, Lyon, 1666, 1680, 2 vol. in-folio, ouvrage très savant et fort estimé; *De immunitate et jurisdictione ecclesiasticâ*, Avignon, 1659, Lyon, 1674, 2 vol. in-folio.

BENOIT XIV.

Benoît XIV, naquit à Bologne en 1675, de l'illustre famille des Lambertini. Après s'être distingué dans ses études, il fut fait successivement chanoine de la basilique de Saint-Pierre, consulteur du

Saint-Office, votant de la signature de grâce, promoteur de la foi, avocat consistorial, secrétaire de la congrégation du concile, canoniste de la sacrée pénitencerie, archevêque titulaire de Théodosie en 1724, enfin cardinal en 1728. Clément XII le nomma à l'archevêché de Bologne en 1731. Après la mort de ce pontife en 1740, Lambertini eut quarante-quatre voix pour lui, et fut élu pape sous le nom de *Benoît* XIV. Chaque année de son pontificat a été marquée par quelque bulle pour réformer des abus, ou pour introduire des usages utiles. Il mourut en 1758. Tous les ouvrages de ce savant pape ont été édités plusieurs fois; l'édition Remondi est estimée; la plus complète est celle de Prato, 1839, in-4°, en 17 vol. Le traité *De Synodo diœcesanâ,* que nous avons souvent cité dans cet ouvrage, et qu'un canoniste ne peut se dispenser de connaître, est le plus répandu des ouvrages de *Benoît* XIV, et un des meilleurs livres qu'on ait sur la discipline de l'Église. Les quatre derniers volumes de ses œuvres sont un recueil de ses brefs et de ses bulles. On remarque dans tous ses écrits une vaste érudition et une profonde connaissance du droit civil et canonique, de l'histoire sacrée et profane.

BERARDI.

Charles-Sébastien *Berardi,* professeur de droit canonique à l'université de Turin, né à Oneille en 1719. Il mourut en 1770. On a de lui : *Commentaria in jus ecclesiasticum universum,* 4 vol. in-4°, Turin, 1752, Venise, 1776, Milan 1846. Les ouvrages de *Berardi* sont très savants et méritent d'être étudiés.

BERARDIER.

Denis *Berardier,* docteur et syndic de la faculté de Paris, né à Quimper, fut en même temps grand-maître du collége de Louis-le-Grand. Il mourut en 1794, âgé de 74 ans. Il a publié : *Principes de la foi sur le gouvernement de l'Église,* en opposition avec la constitution civile du clergé, ou *Réfutation du développement de M. Camus,* Paris, 1791, in-8°.

BERGIER.

Tout le monde connaît le mérite de ce savant apologiste de la religion. Nous avons emprunté quelques passages de son *Dictionnaire de théologie;* nous nous sommes servi de l'édition même qui fait partie de l'*Encyclopédie méthodique.* Feller lui reproche d'avoir travaillé à ce pernicieux ouvrage, vaste magasin d'erreurs de tous les genres, répertoire monstrueux où l'art le plus infernal a partout adroitement mêlé le mensonge, l'impiété et le vice avec l'histoire, les sciences et les arts. Mais M. Pérennès justifie complétement *Bergier.* Il montre que son association aux incyclopédistes avait des motifs plausibles, et qu'il y avait été encouragé par les hommes les plus religieux et en particulier par l'archevêque de Paris, de la métropole duquel il était chanoine.

Pour ce qui regarde le droit canonique, *Bergier* renvoie ordinairement au *Dictionnaire de jurisprudence de l'Encyclopédie méthodique*, ce qui a fait croire à quelques-uns, que ces articles émanaient de la plume de notre savant apologiste. Mais il n'en est rien, et plusieurs de ces articles sont écrits dans des principes tout opposés à ceux de *Bergier,* c'est-à-dire contraires à la saine doctrine.

BÉVÉRIDGE.

Guillaume *Bévéridge,* évêque anglican de Saint-Asaph en Angleterre, mort en 1708, à 71 ans, mérite l'estime des savants de sa patrie et des pays étrangers. Bossuet était en commerce de lettres avec lui. Ses principaux ouvrages sont : *Pandectæ canonum apostolorum et conciliorum,* 1672, 2 vol. *in-folio.* Ce livre qui n'est pas commun est enrichi de remarques fort estimées. *Codex canonum Ecclesiæ primitivæ vindicatus et illustratus,* Londres, 1638, in-4°. Voyez sous le mot DROIT CANON ce que nous disons de cet ouvrage. Il est réimprimé dans les *Patres apostolici* de Cotellier, et c'est là que nous l'avons consulté. Il défend l'autorité des canons apostoliques.

Bévéridge est encore auteur de *Réflexions sur la religion,* et d'*Institutions* chronologiques. Tous ces ouvrages sont pleins d'érudition; le style en est noble, et l'auteur y fait paraître beaucoup de modestie. Il est à regretter, remarque Feller, qu'avec tant de lumières, *Bévéridge* n'ait pas eu celle de la vraie foi qui les affermit toutes; et que ce défaut l'ait entraîné dans des inconséquences et des préventions contre les catholiques.

BÈZE.

Théodore de *Bèze,* protestant, naquit à Vezelay, en 1519, et mourut à Genève en 1605, à l'âge de 86 ans. On a de lui : *Liber de hæreticis à civili magistratu puniendis,* 1554, in-8°. Ce curieux ouvrage, imprimé par Robert Estienne, est devenu fort rare. Les calvinistes l'ont supprimé partout, et se sont bien gardés, par conséquent, de le faire réimprimer dans la collection des œuvres de cet écrivain.

BIANCHI.

Jean-Antoine *Bianchi,* religieux observantin, naquit à Lucques, le 2 octobre 1686. Après avoir professé, pendant plusieurs années, la philosophie et la théologie, il remplit les principaux emplois de son ordre. Il fut aussi conseiller de l'inquisition à Rome, et examinateur du clergé romain. Il est particulièrement connu par un ouvrage qu'il écrivit par ordre du pape Clément XII, et qui est intitulé : *Della podestà e polizia della Chiesa, trattati due contro le nuove opinioni di Pietro Giannone,* Rome, 5 vol. in-4°, de 1745 à 1751. Dans ce traité, l'auteur combat les opinions énoncées par Giannone dans son *Histoire du royaume de Naples*, et contraires au pouvoir temporel du Saint-Siége. L'ouvrage du père *Bianchi* lui mérita l'approbation du Souverain Pontife. Il est fort rare en France; on prétend même qu'il n'y en a que quatre exemplaires, dont l'un appartient à la bibliothèque de M. de Lamennais à Ploërmel. *Bianchi* mourut à Bologne le 18 janvier 1758.

BINER.

Joseph *Biner*, jésuite allemand, mort vers l'an 1778, a donné un excellent ouvrage intitulé : *Apparatus eruditionis ad jurisprudentiam præsertim ecclesiasticam.* La cinquième édition en a été faite à Augsbourg, 1766-1767, 7 vol. in-4°. Il y en a une édition en 13 vol. in-4°, imprimée à Augsbourg. Ce sont des annales pleines de recherches et de faits qu'on ne trouve pas ailleurs, au moins rassemblés comme dans cet ouvrage.

BINSFELD.

Pierre *Binsfeld*, né dans le duché de Luxembourg, fut évêque d'Azat *in partibus infidelium,* et devint suffragant du prince électeur. Après avoir édifié l'Église par la régularité de ses mœurs, par son zèle et ses travaux, il mourut à Trèves, le 24 novembre 1598. Il a composé : *Enchiridion theologiæ pastoralis,* Douai, 1617, ouvrage peu recherché aujourd'hui, parce qu'il en a paru de meilleurs depuis sur cette matière; *Commentarius in titulum juris canonici de simoniâ,* Cologne, 1604, in-8°, Trèves, 1605, in-12, ouvrage estimé; *Tractatus maleficorum et saganarum,* Cologne, 1623.

BLONDE.

Cet avocat canoniste s'associa avec Maultrot, Camus, Mey, Aubry, etc., pour faire des Mémoires en faveur des pasteurs du second ordre, contre ceux du premier. Laborieux, érudit, et plein de bonne foi, *Blonde* manquait d'impartialité et d'esprit.

BLONDEAU.

Claude *Blondeau*, avocat au parlement de Paris, a donné en 1689, sous le nom de *Bibliothèque canonique,* la *Somme bénéficiale* de Bouchel, enrichie de beaucoup de notes et d'arrêts. Il mourut au commencement du dix-huitième siècle. (*Voyez* BOUCHEL.)

BOCHEL.

(*Voyez* BOUCHEL.)

BŒHMER.

Juste Henning *Bœhmer,* protestant, né à Hanovre le 29 janvier 1674, fut chancelier de l'université de Halle et doyen de la faculté de droit.

Il mourut le 11 août 1749. On a de lui 1° un *Corps de droit*, avec des variantes, des notes, etc., Halle, 1747. Quoique protestant, *Bœhemer* est plus modéré, plus juste envers les catholiques que la plupart des auteurs de cette communion. Il dédia cet ouvrage à Benoît XIV qui le reçut avec bonté. 2° *Jus ecclesiasticum protestantium*, Halle, 1738, 5 vol. in-4°, où il donne plus d'essor aux préjugés de sa secte que dans le précédent, et où l'on trouve ces petits artifices que l'esprit de parti ne manque jamais de mettre en usage quand il en trouve l'occasion favorable. 3° *Jus parochiale*, un vol. in-4°, Halle, 1738, 4° Des *Observations sur l'institution au droit ecclésiastique de Fleury*. Le cardinal Gerdil a combattu quelques-uns des principes du *Jus parochiale* de *Bœhmer*. Le docteur Phillips cite souvent *Bœhmer* dans ses *Principes de droit ecclésiastique*.

Georges-Louis *Bœhmer*, fils du précédent, né à Halle, en 1715, est mort à Gottingue le 17 août 1797. Il s'occupa aussi de droit canonique et de droit féodal. On a de lui : 1° *Principia juris canonici*, Gottingue, 1762, in-8°; 2° *Observationes juris canonici*, Gottingue 1767, in-8°, et quelques autres ouvrages de droit féodal.

BŒKN.

Nous devons à ce canoniste : *Commentaria in jus canonicum universum*, Salzbourg, 1735, 3 vol. in-folio.

BOICH.

Henri *Boich* est auteur d'un *Commentaire* sur les cinq livres des décrétales, Venise, 1576, in-folio. Il existe, dit-on, de ce commentaire une édition gothique fort recherchée des connaisseurs.

BOILEAU.

Jacques *Boileau*, naquit à Paris, en 1635, et y mourut en 1716, doyen de la faculté de théologie. Il fut d'abord vicaire général de Sens, et ensuite chanoine de la Sainte-Chapelle, en 1694. Il était frère de Despréaux, et avait comme lui l'esprit porté à la satire et à la plaisanterie. Ses ouvrages roulent sur des matières singulières, qu'il rend encore plus piquantes par un style dur et mordant, et par mille traits curieux. Il les écrivait toujours en latin, *de crainte*, disait-il, assez mal à propos, *que les évêques ne les censurassent*. Les principaux sont : *De antiquis jure presbyterorum in regimine ecclesiastico*, 1678, in-8°, sous le nom supposé de Claude Fontéius. *De antiquis et majoribus episcoporum causis*, 1678, in-4°. *De re beneficiariâ*, 1710, in-8°. *Traité des empêchements du mariage*, à Sens, sous le titre de Cologne, 1691, in-12, l'auteur, pour de bonnes raisons, ayant déguisé le lieu de l'impression. *Boileau* est encore auteur d'autres ouvrages, tels que *Historia confessionis auriculariæ, historia flagellantium*, etc. Il y a bien des choses fausses et hasardées dans les ouvrages de Jacques *Boileau* qui était partisan du richérisme. (*Voyez* RICHER.) Il y établit des paradoxes révoltants, tels que cette proposition : *Maintenant que l'Église est sur son déclin, et qu'elle vieillit, il arrive rarement que les mauvaises pensées soient des péchés mortels.* Après de telles assertions, on ne doit pas être surpris de la morale qui se trouve dans son *Histoire des flagellants* et le traité *De lactibus impudicis.* Qu'il sied bien, dit Feller, à de tels docteurs d'afficher le rigorisme!

Boileau a été réfuté par Chrétien Loup. (*Voyez* LOUP.)

BOIS (DU).

Louis *Du Bois,* avocat au parlement, mourut sur la fin de l'année 1670. Il fit paraître, par ordre de Colbert : *Maximes du droit canonique de France, enrichies de plusieurs observations tirées des conciles, des pères, de l'histoire ecclésiastique, des libertés de l'Église gallicane, et des décisions des cours et des meilleurs auteurs,* Paris, 2 vol, in-12. Cet ouvrage parut d'abord sans nom d'auteur, puis il fut augmenté par Denis-Simon. Il eut plusieurs éditions, Paris 1686, 1693, c'est la quatrième, revue par Simon, 1679, 1703. Il fut mis à l'*index* par décret du 18 juin 1680. On n'en sera pas étonné quand on saura que l'auteur dit dans sa préface : « J'ai appliqué les articles des libertés de l'Église gallicane, rédigés par M. Pithou, autant que j'ai pu, à chaque matière. » (*Voyez* PITHOU.)

On a de Nicolas *du Bois* un ouvrage de médiocre mérite intitulé : *Explicatio regularum utriusque juris,* Louvain, 1653, in-8°.

BOLGENI.

Jean-Vincent *Bolgeni,* né à Bergame, en Italie, le 22 janvier 1733, mort à Rome le 3 mai 1811, entra chez les jésuites, en 1747. Le pape Pie VI, instruit de son mérite, l'appela à Come et le nomma théologien de la pénitencerie. On a de lui entre autres ouvrages : *De l'épiscopat,* ou *de la puissance de gouverner l'Église,* 1789, in-4°, en Italien; *Dissertation sur la juridiction ecclésiastique,* Rome, 1789, in-8°; *Examen de la véritable idée du Saint-Siége,* Macérata, 1785, in-8°, réimprimé plusieurs fois.

BONACINA.

Martin *Bonacina,* savant canoniste, naquit à Milan, et mourut en 1631, en se rendant où Urbain VIII l'avait nommé nonce. On a de lui : *De legitimâ Summi Pontificis electione,* Lyon, 1637, in-folio.; *Traité des Bénéfices; Théologie morale.* Ces différents ouvrages ont été imprimés à Venise, en 1754, 3 vol. in-folio.

BONICHON.

François *Bonichon,* prêtre de l'Oratoire, ensuite curé à Angers, mort en 1662, est auteur d'un ouvrage intitulé : *Pompa episcopalis,* Angers, 1650, in-folio. Ce livre, devenu rare, fut composé lorsque Henri Arnauld fut fait évêque d'Angers. On a encore de lui un gros in-4°, intitulé : *L'Autorité épiscopale défendue contre les nouvelles entreprises de quelques réguliers mendiants,* Angers, 1658, ouvrage estimé.

BORDENAVE.

On a de Jean de *Bordenave,* un ouvrage fort important pour les chanoines et qui a pour titre : *État des églises cathédrales et collégiales, où il est amplement traité de l'institution des chapitres et des chanoines,* Paris, 1643, in-folio. On a encore du même auteur : *État des cours ecclésiastiques ou de l'autorité et juridiction des grands vicaires, et des officiaux et juges d'église,* Paris, 1625, in-4°.

BOSIO.

François *Bozius* ou *Bosio,* prêtre de l'Oratoire, mort en 1635, a laissé plusieurs ouvrages importants, tels que : *De temporali Ecclesiæ monarchiâ,* Rome, 1661, 2 vol. in-4°, imprimé aussi à Cologne, en 1602, in-12. Il ne faut pas le confondre avec son frère, Thomas *Bosio,* aussi oratorien, et dont on a de savants ouvrages intitulés : *De signis Ecclesiæ,* Rome, 1591, 2 vol. in-folio ; *De jure statûs, sive de jure divino et naturali eccclesiasticæ libertatis et potestatis,* Rome, 1600, in-4°.

BOUCHEL.

Laurent *Bouchel* ou *Bochel,* avocat au parlement de Paris, mort dans un âge avancé en 1629, était de Crépi en Valois. On a de lui plusieurs ouvrages pleins d'érudition. *Les décrets de l'Église gallicane,* Paris 1609, 1621, in-folio. *Bibliothèque du droit français,* Paris, 1671, 3 vol. in-folio. *Bibliothèque canonique,* 1689, 2 vol. in-folio. Ces ouvrages sont dirigés par les bons principes et bien éloignés des fausses maximes qui depuis se sont introduites dans le droit civil et canonique. Cependant dans les *Decreta Ecclesiæ gallicanæ,* il y a certaines tendances qui ont fait mettre cet ouvrage à l'*index, Donec corrigatur,* par un décret du 3 juillet 1623. Cette collection, si elle était corrigée, serait fort utile, car elle renferme toutes les décisions synodales de France ; elle est d'ailleurs faite avec beaucoup de soin et rangée par ordre de matières.

BOUIX.

M. l'abbé *Bouix,* ancien jésuite français et actuellement à Rome, publie à Paris, à la librairie Lecoffre, une série de traités sur le droit canonique dont voici l'énumération : 1° *De principiis juris canonici,* un vol. in-8° ; 2° *De Capitulis,* 1 vol. in-8° ; 3° *De Jure liturgico,* un vol. in 8° ; 4° *De Jure Ecclesiæ relativé ad societates civiles ;* 5° *De Papâ ;* 6° *De cardinalibus, legatis et nuntiis ;* 7° *De Romanis congregationibus ;*

8° *De Episcopis;* 9° *De Parocho;* 10° *De religiosis ordinibus.* Les trois premiers de ces traités ont paru et peuvent faire juger de ce que seront les autres. Ils sont écrits avec beaucoup de méthode et dans des principes très orthodoxes. A notre avis, M. l'abbé *Bouix*, dans certaines questions, est un peu exagéré. Sauf ce léger défaut, ses ouvrages sont appelés à servir utilement l'Église, surtout dans les séminaires. Il agite et traite fort bien un grand nombre de questions d'un haut intérêt pour la France. Nous ne saurions que nous réjouir de la publication de ces divers traités et d'en recommander l'étude.

Quand nous disons que, sur quelques points, il y a peut-être un peu d'exagération dans les *Institutions canoniques de M. Bouix*, qu'on n'aille pas croire que nous partagions en cela le sentiment de M. Delacouture qui en parle ainsi (1) : « On peut dire à l'avance ce « que sera le nouvel ouvrage de droit canon qu'on tarde si peu à « nous annoncer. Sacrifier impitoyablement nos usages et nos liber-« tés, resserrer la juridiction des évêques dans les plus étroites limi-« tes, exagérer sans mesure les droits de la puissance spirituelle, « enfin trancher toutes les questions dans le sens le plus outré; tel « est, il y a tout lieu de le présumer, l'esprit qui dominera dans ces « nouvelles *Institutions canoniques*. A ce point de vue, il faut en con-« venir, elles seront bien le contre-pied du *Manuel* de M. Lequeux. » Ce sera là, sans doute, leur mérite. Ce jugement, du reste, est d'une *exagération outrée*, car si l'ouvrage de M. l'abbé *Bouix* était tel qu'on veut bien le dépeindre ici, nous serions le premier à le blâmer et à lui annoncer le même sort qu'à celui de M. Lequeux. A Rome, qu'on le sache bien, on aime encore moins qu'en France les *exagérations*. On n'y veut pas plus qu'on porte atteinte aux droits des évêques qu'à ceux du Saint-Siége; on sait y respecter aussi bien et mieux qu'ailleurs les vraies libertés et les usages légitimes. (*Voyez* USAGES.)

M. l'abbé *Bouix* a encore publié un volume in-8°, intitulé : *Du concile provincial, ou traité des questions de théologie et de droit canon qui concernent les conciles provinciaux.* Cet ouvrage a mérité la recommandation de plusieurs éminents prélats et un bref du Souverain Pontife, en date du 20 décembre 1851. L'auteur l'a divisé en cinq parties; la première traite de la nature du concile provincial, la deuxième des personnes qui composent le concile et de leurs attributions ; la troisième du concile par rapport au Saint-Siége; la quatrième des opérations du concile provincial et du droit qui les règle, et la cinquième du cérémonial.

BOULAY (DU).

Du Boulay, avocat et canoniste, a composé une *Histoire du droit public ecclésiastique français.* Cette édition sans date, dite de Lon-

---

(1) *Observations sur le décret de la congrégation de l'Index du 27 sept. 1851 pag. 19 et 20.*

dres, a été imprimée à Paris en 1750, un vol. in-4°. Il en existe une autre en 2 vol. in-12. Voltaire pense que d'Argenson a travaillé à cet ouvrage. Il est écrit dans les principes des parlementaires jansénistes.

L'édition in-4°, est suivie d'un tome second intitulé : *Histoire du droit canonique et du gouvernement de l'Église,* in-4°, dit aussi de Londres. On attribue ce volume à Brunet.

BRANCACCI.

François-Marie *Brancacci,* d'une illustre maison originaire de Naples, successivement évêque de Capacio, de Viterbe, de Porto, ensuite cardinal sous Urbain VIII, en 1674, mourut en 1675. Il fut même proposé pour être placé sur la chaire pontificale, après la mort de Clément IX, mais il y eut exclusion de la part des Espagnols. Nous avons de lui un ouvrage estimé qui a pour titre : *Dissertationes de privilegiis cardinalium in propriis capellis, de optione sex episcopatuum cardinalium; de Pactionibus cardinalium, quæ vocantur conclavis capitula,* etc.; Rome, 1672, in-folio.

BRASCHI.

On a de *Braschi* un ouvrage savant et important au point de vue historique, intitulé : *De libertate Ecclesiæ in conferendo ecclesiastica beneficia,* Lyon, 1718, 4 vol. in-folio.

BRUNET.

Jean-Louis *Brunet,* né à Arles en 1688, est mort à Paris en 1747, fut reçu avocat au parlement de Paris, en 1717, et donna plusieurs ouvrages sur les matières canoniques : *Le Parfait notaire apostolique et procureur des officialités,* 2 vol. in-4°, Paris, 1730; livre qui n'était pas commun, mais on l'a réimprimé à Lyon en 1773, on y trouve toutes les formules des diverses pièces ecclésiastiques. *Les Maximes du droit canonique de France,* par Louis Dubois, qu'il a revues, corrigées et beaucoup augmentées. *Histoire du droit canonique et du gouvernement de l'Église,* Paris, 1720, 1 vol. in-12. Des *Notes* sur le *Traité de l'abus* de Févret. Une nouvelle édition des *Droits et libertés de l'Église gallicane,* augmentée de différentes pièces et de notes, 1731, 4 vol. in-folio.

Tous ces ouvrages marquent beaucoup d'érudition; mais les opinions de l'auteur ne sont pas toujours d'accord avec celles des canonistes les plus estimés, ni, par conséquent, avec la saine doctrine. Cependant l'auteur ne donne pas ses opinions, qui étaient celles des canonistes parlementaires, comme incontestables, car il termine son *Histoire du droit canonique* par ces paroles : « Je n'ai « garde de proposer mes décisions comme des règles indubitables. « Je les soumets très respectueusement, aussi bien que tout ce petit « ouvrage, au jugement et à la censure de l'Église. » (Pag. 405.)

BUCCA.

Nous avons de Jean *Bucca, De stylo curiæ auditoris cameræ,* Rome, 1561, in-4°.

BURCHARD.

Il était évêque de Worms, au commencement du onzième siècle, et mourut le 20 août 1025. Il a fait un *Recueil de canons,* dont nous parlons sous le mot DROIT CANON. Ce recueil en 20 livres a été imprimé en 1 vol. in-folio, en 1549.

BURDI.

François *Burdi,* jésuite, est auteur de : *Commentaria in regulas juris canonici,* Palerme, 1641, in-fol., autre édition en 1661.

BZOVIUS.

Abraham *Bzovius,* dominicain polonais, né à Crozovie en 1567, mourut en 1637, âgé de 70 ans. On a de lui : *Pontifex romanus,* Cologne, 1619, in-fol., ouvrage très bon et curieux qui se trouve dans le tome Ier de Roccaberti.

C

CABASSUT.

Jean *Cabassut,* prêtre de l'oratoire, professeur de droit canon à Avignon, est né en 1604 à Aix, où il mourut en 1685. Il est auteur du *Juris canonici theoria et praxis,* qui est souvent cité dans le cours de cet ouvrage. Gibert en a donné une édition in-folio en 1738 avec des notes qui ne s'accordent pas toujours avec les principes de l'auteur, dont l'ouvrage ne gagne rien à ce commentaire. On a aussi de ce canoniste un *Traité de l'usure,* et un ouvrage in-folio, imprimé à Lyon en 1685, et qui a pour titre : *Notitia ecclesiastica conciliorum, canonum, veterumque Ecclesiæ rituum :* on y trouve une notice des conciles, l'explication des canons, une introduction à la connaissance des rits anciens et nouveaux de l'Église et des principales parties de l'histoire ecclésiastique. On en a donné un bon abrégé à Louvain, en 1776, un vol. in-8°, et un meilleur encore à Paris, en 1838, en 3 vol. in-8°. C'est cette édition que nous avons citée de préférence.

Cabassut était un homme d'un esprit droit; d'un caractère doux, d'un jugement solide, d'une prudence consommée, d'une vertu sans tache. Il écrit avec élégance et avec dignité; son latin est pur, coulant, harmonieux; ses décisions sont sages et sévèrement orthodoxes. Aussi les parlementaires lui reprochent-ils amèrement de n'être pas assez *pur Français.*

CÆVALLOS.

Jérôme de *Cævallos,* espagnol, est auteur d'un ouvrage très savant, mais qui a été mis à l'*Index* le 12 décembre 1623, et qui a pour titre : *De cognitione per viam violentiæ in causis ecclesiasticis, et inter personas ecclesiasticas;* Cologne, 1620, in-folio, autre édition en 1687.

CAMPANILI.

Jean-Jérôme *Campanili,* docteur en droit et évêque de Larcedone, puis d'Isermie, mort à Naples en 1626, est auteur de : *Diversorium juris canonici,* Naples, 1620, in-folio.

CAMPEGGI.

Thomas *Campeggi* ou *Campegio,* neveu du cardinal Laurent *Campeggi,* lui succéda dans l'évêché de Feltri. Paul III l'envoya ensuite, en qualité de nonce, à Worms, en 1530. Il était, en 1545, à l'ouverture du concile de Trente, et ce fut lui qui, dans la seconde session, porta les pères du concile à décider qu'on traiterait ensemble des dogmes et de la réformation. Il mourut à Rome, le 11 janvier 1564, âgé de 64 ans. Ce prélat a laissé plusieurs traités où l'on s'étonne de trouver plusieurs maximes que n'avoue pas la saine théologie ; le plus curieux et le plus considérable a pour titre : *De auctoritate sanctorum conciliorum,* Venise, 1561. L'auteur y suppose que le pape peut être déposé dans un concile général, mais dans le cas seul où il serait tombé en hérésie, ce qu'il regarde comme possible. Dans tout autre cas, le concile n'a aucun droit sur le Souverain Pontife ; il peut seulement refuser de lui obéir dans ce qu'il commanderait de contraire aux intérêts de l'Église. Il accorde au Pape le droit ordinaire de convoquer les conciles ; mais il déclare qu'à son refus ce droit est dévolu aux cardinaux, puis aux princes, et il enseigne même que les évêques pourraient s'assembler de leur propre mouvement. Quelle doctrine et quelle extravagance ! Considérant le pape comme le chef du concile, il veut que les décrets soient publiés en son nom ; mais il ne reconnaît son infaillibilité, non plus que celle du concile, que dans les décisions de foi. Les mêmes principes règnent dans ses autres *traités :* il prouve l'obligation de la résidence des pasteurs, sans la croire de droit divin ; il s'élève contre la pluralité des bénéfices et la simonie, et s'efforce en même temps de justifier les réserves et les annates, dont il ne fait remonter l'origine qu'au concile de Venise, en 1311 ; il reconnaît au pape le droit d'établir un empêchement dirimant pour les mariages des catholiques avec les hérétiques qu'il regarde cependant comme indissolubles. Dans son traité *De cœlibatu sacerdotum non abrogando,* Venise, 1554, in-8°, il prouve qu'il ne faut point abolir la loi qui oblige au célibat ceux qui sont dans les ordres sacrés.

Quelques auteurs lui attribuent le traité *De auctoritate et potestate romani pontificis,* Venise, 1550, in-8°, mais il est plus probable qu'il est d'Alexandre *Campeggi,* son cousin qui fut créé cardinal en 1551 par Jules III et qui mourut en 1554, âgé de 50 ans.

CANISIUS.

Henri *Canisius,* né à Nimègue, vers le milieu du seizième siècle, enseigna, pendant 21 ans, le droit canon à Ingolstadt. On ignore la date de sa mort; mais on sait qu'il vivait encore en 1609. C'était un homme d'une érudition vaste; et, ce qui est plus rare, sage et modeste. On a de lui : *Summa juris canonici,* in-4°, Ingolstadt, 1600, 1615, Paris, 1659, in-8°, Cologne, 1660, in-12 et 1662, in-4°; *Notæ in regulas juris canonici,* Ingolstadt, 1600, in-4°. Ces notes qui sont fort estimées se trouvent à la fin de l'ouvrage précédent. *Opera quæ de jure canonico reliquit,* Louvain, 1649, in-4°, Cologne, 1662, in-4°. Ces deux éditions, dont la première est la meilleure, embrassent toutes les œuvres de ce savant canoniste sur le droit ecclésiastique. *Prælectiones academicæ in duos titulos singulares juris canonici :* I. *De decimis primitiis et oblationibus;* II. *De usuris,* Ingolstadt, 1609, in-12.

CAPISTRAN.

Saint Jean de *Capistran,* est né en 1385 à Capistran, ville de l'Abruzze d'où il prit son nom. Il entra dans l'ordre de saint François et signala son zèle et son éloquence dans le concile de Florence pour la réunion de l'Église grecque avec l'Église romaine, dans la Bohême contre les hérétiques et dans la Hongrie contre les Turcs. Il mourut en 1456. Alexandre VII le canonisa en 1690. On a de lui un grand nombre d'écrits : *De papæ et concilii auctoritate et ejusdem speculum clericorum,* etc., Venise, 1580, in-folio. Ce livre est rare et important par son autorité. Un *Traité de l'excommunication,* un autre *Sur le mariage,* etc.

CAPRARA.

Les diverses pièces émanées du cardinal *Caprara,* et insérées dans ce *Cours de droit canon,* nous obligent à en donner ici une notice.

Jean-Baptiste *Caprara,* cardinal-prêtre du titre de Saint-Onuphre, né à Bologne le 29 mai 1733, était fils du comte de Montecuculli; mais il prit le nom de sa mère, Marie-Victoire *Caprara,* dernier rejeton de cette maison. Ses connaissances en droit politique fixèrent sur lui l'attention de Benoît XIV, qui l'envoya à Ravenne, à l'âge de 25 ans, en qualité de vice-légat. *Caprara* devint nonce, en 1767 à Cologne, 1775 à Lucerne, en 1785 à Vienne, reçut du pape Pie VI le chapeau de cardinal le 18 juin 1792, et en 1800 fut fait évêque d'Iési. En 1801, Pie VII le nomma légat *à latere* auprès du gouvernement français, et il présida la magnifique fête du 18 avril 1802, dans l'église de Notre-Dame, cérémonie qui avait pour objet le rétablissement du culte. Il fut nommé en 1803, archevêque de Milan. Mais il continua d'habiter à Paris, où il est mort le 21 juin 1810. Les pouvoirs de légat lui avaient été retirés lorsque le pape fut emmené prisonnier en France. Il fut inhumé au Panthéon, aujourd'hui Sainte-Geneviève, par décret impérial.

On a reproché au cardinal *Caprara* son dévouement à Bonaparte, et quelques décisions qui ont paru peu conformes aux principes d'une saine théologie, entre autres sur la légitimité de la vente des biens nationaux.

CARENA.

César *Carena*, de Cremone, vivait dans le dix-septième siècle. On a de lui : *De officio inquisitionis*, Bologne, 1668, in-folio, Lyon 1669, in-folio.

CARRANZA.

Barthélemy *Carranza*, né en 1503, à la Miranda, dans la Navarre, entra chez les Dominicains, et y professa la théologie avec éclat. On l'envoya au concile de Trente en 1546; il y soutint avec beaucoup de force et d'éloquence, que la résidence des évêques est de droit divin. Philippe II, roi d'Espagne, le nomma à l'archevêché de Tolède. On l'accusa à tort de penser comme Luther, et il passa pour cela un grand nombre d'années en prison, ce qu'il supporta avec beaucoup de patience et de résignation. Il mourut en 1575 au couvent de la Minerve à Rome, après avoir protesté, les larmes aux yeux, et prêt à recevoir son Dieu, qu'il ne l'avait jamais offensé mortellement en matière de foi, et que néanmoins il reconnaissait pour juste la sentence rendue sur ce qui avait été allégué et prouvé contre lui. Les principaux ouvrages de cet homme vertueux sont : *Summa conciliorum*, Paris, 1558, in-8°, Lyon, 1568, in-12, 1681, in-4°. Cet ouvrage qui peut servir d'introduction à l'histoire ecclésiastique et qui est très utile pour l'étude du droit canonique a été souvent réimprimé. *Traité de la résidence des évêques et des autres pasteurs*, imprimé à Venise en 1547, in-4°.

CARRÉ.

Guillaume-Louis-Julien *Carré*, jurisconsulte, professeur de procédure civile à l'école de droit de Rennes, naquit dans cette ville le 21 octobre 1777, et y est mort subitement dans le mois d'avril 1832, au moment où il allait faire son cours. On a de lui un grand nombre d'ouvrages de jurisprudence. Nous avons consulté son *Traité du gouvernement des paroisses*, un gros vol. in-8°, édition de 1833. Cet ouvrage est très méthodique, l'auteur y examine tout ce qui concerne les paroisses dans leur rapport avec les lois et les règlements d'administration publique. Comme tous les jurisconsultes, il accorde trop à l'autorité civile.

CASTEL.

François-Pérard *Castel*, de Vire, en Normandie, avocat au grand conseil, banquier expéditionnaire en cour de Rome, mourut en 1687 Il laissa plusieurs ouvrages où la théorie et la pratique des matières de bénéfices sont exposées savamment. Les plus recherchés sont : *Définitions du droit canon*, Paris, 1700, in-fol., avec les remarques de Du Noyer; *Règles de la chancellerie romaine*, 1685, in-fol. Nous avons cité ces deux ouvrages. On a encore de lui : *Questions notables sur les matières bénéficiales*, Paris, 1689, 2 vol. in-fol. Cet ouvrage ne peut guère avoir d'utilité aujourd'hui.

CAVALIERI.

Jean-Michel *Cavalieri*, natif de Bergame de l'ordre des ermites de saint Augustin, mourut le 6 janvier 1757, après avoir publié : *Commentaria in authentica sacræ rituum congregationis decreta*, etc. Brescia et Bergame, 1743, 3 vol. in-4°, Venise, 1758, Augsbourg, 1764, 5 vol. in-folio. Cet ouvrage est plein de recherches, mais il contient une critique un peu trop âpre des observations de Merati.

CELLOT.

Louis *Cellot*, né à Paris, entra dans la société des jésuites en 1605, fut recteur de la Flèche, ensuite provincial de son ordre en France. Il mourut à Paris le 20 octobre 1658, âgé de 70 ans. Urbain VIII ayant envoyé Richard Smith, anglais, en Angleterre, avec le caractère d'évêque de Chalcédoine, les réguliers se plaignirent qu'il les troublait dans l'exercice de leurs fonctions ; il se fit à cette occasion une espèce de schisme parmi les catholiques de ce royaume. Pour terminer le différend, le pape déclara que le prélat n'était point ordinaire en Angleterre ; mais un simple délégué avec un pouvoir limité, qui pouvait être révoqué. Cette dispute donna naissance aux ouvrages de la hiérarchie de Hallier et du père *Cellot*. Celui-ci, intitulé : *De hierarchiâ ecclesiasticâ et hierarchis*, libri IX, Rouen, 1641, in-folio, est aussi favorable aux réguliers que l'autre leur est contraire. (*Voyez* HALLIER.) Mais *Cellot* alla trop loin, et son livre fut mis à l'*index, donec corrigatur*. On a encore quelques autres ouvrages de *Cellot*, entres autre le *Premier concile de Douzy, tenu en* 871, avec des notes, Paris, 1656, in-4°, et quelques ouvrages de Hincmar, etc.

CHANUT.

Pierre *Chanut* fut abbé d'Issoire, et ensuite aumônier de la reine Anne d'Autriche. Il a fait plusieurs traductions, entre autres celle du *Concile de Trente*. Paris, 1686, in-12. Le style de cette traduction est faible et languissant, mais elle est fort exacte. C'est ce qui nous a déterminé à nous en servir dans les diverses citations que nous avons faites du concile de Trente. *Chanut* mourut en 1695.

CHARLAS.

Antoine *Charlas*, prêtre de Conserans, mourut dans un âge avancé, en 1698, à Rome, où il s'était fixé quelques années avant sa mort. On a de lui : *Tractatus de libertatibus Ecclesiæ gallicanæ*, Liége, 1684, 4 vol. in-4°. Le but de l'auteur n'était d'abord que d'attaquer différents abus introduits par les jurisconsultes et les magistrats français, sous prétexte de conserver les libertés de leur Église. Mais un de ses protecteurs à la cour de Rome l'engagea à étendre la matière, et à traiter des droits du pape, qu'il croyait violés dans les articles du clergé de France, en 1682. La dernière édition, en 1720, à Rome, 3 vol. in-4°, est bien plus ample que la première. C'est un ouvrage savant et écrit avec pureté. *De Primatu Summi Pontificis*, in-4°; *De la puissance de l'Église*, contre Maimbourg ; *Causa regaliæ*, contre Noël Alexandre, Liége, 1685, in-4°. Le savoir, la modestie, la piété, distinguaient l'abbé *Charlas*.

CHOKIER.

Jean-Ernest de *Chokier-Surlet* naquit à Liége d'une famille noble, le 14 janvier 1571. Il fit bâtir dans sa ville natale une maison pour les pauvres incurables, et une autre pour les filles pénitentes ou repenties. Il se distingua par sa sagesse, ses lumières, son zèle pour les lettres et son application à l'étude, particulièrement de la jurisprudence et des antiquités romaines. Il mourut à Liége dans la 79e année de son âge, en 1650. Il fut d'abord chanoine de Saint-Paul à Liége, puis chanoine de la cathédrale, abbé séculier de Visé, et enfin vicaire-général de Ferdinand de Bavière, évêque et prince de Liége. On a de lui un grand nombre d'ouvrages. *De permutatione beneficiorum*, Rome, 1700, in-folio. *Vindiciæ libertatis Ecclesiæ*, 1630, in-4°. *Commentaria in regulas cancellariæ Alphonsi Soto*, imprimé à Liége en 1658, 1 vol. in-4°.

Son frère, Erasme de CHOKIER, est auteur de l'ouvrage qui a pour titre : *De Juridictione ordinarii in exemptos et horum ab ordinario exemptione*, Cologne, 1629, 2 vol. in-4°.

CIAMPINI.

Jean-Justin *Ciampini*, maître des brefs de grâce, préfet des brefs de justice, et ensuite abbréviateur et secrétaire du grand parquet, naquit à Rome le 13 avril 1633. Il abandonna l'étude du droit pour la pratique de la chancellerie apostolique. Il mourut en 1698. On a de lui beaucoup d'ouvrages en italien et en latin, très savants, mais peu méthodiques, dont la diction n'est pas toujours pure. On a donné une collection de ses œuvres avec sa vie, Rome, 1747, 3 vol. in-folio. C'est un service qu'on a rendu au public, car ses ouvrages étaient rares et recherchés. Nous signalerons surtout aux canonistes les deux suivants qui sont curieux et savants : *De Viccancel-*

lario, Rome, 1697, in-4°; *Dissertatio historica de abbreviatorum statu, dignitate et privilegiis,* Rome, 1691, in-folio, 1696, in-4°.

CIRON.

Ciron a fait des notes utiles et savantes sur la collection des décrétales d'Honorius III, par Tancrède. (*Voyez* TANCRÈDE.)

COHELIUS.

Jaques *Cohelius,* est auteur d'un traité sur le cardinalat qui est l'un des meilleurs que nous ayons sur cette matière. Il a pour titre : *Notitia cardinalatús, in quá de cardinalium origine, dignitate, præeminentiá, privilegiis,* etc., 1653, in-folio.

COLLET.

Pierre *Collet,* prêtre de la congrégation de la Mission, docteur et ancien professeur de théologie, né à Ternay dans le Vendômois, le 6 septembre 1693, et mort le 6 octobre 1770, s'est fait un nom distingué parmi les théologiens, et a mérité l'estime des personnes pieuses, par ses écrits et par ses mœurs. Ses ouvrages sont en grand nombre. Nous ne nous sommes servi que du *Traité des dispenses,* qu'il publia en 1753, en 3 vol. in-12. Il en a paru, en 1788, une édition corrigée et augmentée par M. Compans, 2 vol. in-8°; puis une autre en 1827, augmentée d'une dissertation de M. Carrière, sur les mariages nuls. Cette édition a de grands avantages sur les deux premières. Nous avons cité aussi son *Traité de l'Office divin.*

COMBE.

Guy du Rousseaud de la *Combe,* avocat au parlement de Paris, et mort en 1749, a donné, entre autres ouvrages, un *Recueil de jurisprudence canonique bénéficiale,* pris sur les Mémoires de Fuet, 1 vol. in-folio, 1748. Nous avons consulté et cité l'édition de 1781. On trouve à la fin de ce recueil le texte de la pragmatique, le concordat de Léon X et les bulles, indults des papes, et les ordonnances, édits et déclarations de nos rois, concernant les matières canoniques et bénéficiales, par ordre chronologique.

Il ne faut pas confondre Rousseaud de la *Combe* avec Pierre de *Combes,* qui publia un *Recueil tiré des procédures civiles faites en l'officialité de Paris, et autres officialités du royaume,* Paris, 1705, in-folio.

CONTARINI.

Gaspard *Contarini,* cardinal, né à Venise, en 1483, était de l'ancienne famille des *Contarini* de Venise, féconde en hommes illustres dans les armes et dans les lettres. Paul III l'honora de la pourpre romaine en 1535, et l'envoya légat en Allemagne en 1541, et l'année d'après à Bologne, où il mourut le 24 août âgé de 59 ans. On lui doit plusieurs *Traités de philosophie*, *de théologie et de politique*, imprimés à Paris en 1571, 2 vol. in-folio, ainsi que d'autres ouvrages, telle qu'une *Somme des conciles*, etc. Nous signalerons surtout deux livres sur les devoirs des évêques, très utiles pour la conduite des premiers pasteurs et qui ont pour titre : *De potestate pontificis in usu clavium; De potestate Pontificis.*

COQUILLE.

Guy *Coquille*, né à Decise dans le Nivernais, en 1523, seigneur de Romenai et avocat au parlement de Paris, mort en 1603, à 80 ans, conserva jusqu'au dernier moment la mémoire la plus fidèle et l'esprit le plus sain. Henri IV lui offrit une place de conseiller d'État, s'il voulait quitter la province; mais il la refusa. A des lumières très étendues sur le droit coutumier, *Coquille* joignait un cœur très modeste et plein de probité. Ses ouvrages ont été recueillis à Bordeaux en 1703, en 2 vol. in-folio. Son *Traité des libertés de l'Église gallicane*, composé en 1594, la même année où parurent les articles de P. Pithou, en contient les développements et les principes.

CORGNE.

Pierre *Corgne*, chanoine de Soissons, né dans le diocèse de Quimper, vers 1710, était docteur de Navarre; il mourut en janvier 1794. Il est auteur des bons ouvrages suivants : *Défense légitime des droits et pouvoirs des évêques dans l'Église*, Paris, 1763, 2 vol. in 4°; l'assemblée du clergé de l'année 1760 lui accorda 4,000 livres de gratification pour cet ouvrage; *Dissertation sur la dispute entre saint Étienne et saint Cyprien*, 1725; *Sur le concile de Rimini*, 1733; *Sur le pape Libère*, 1736; *Mémoire dogmatique et historique touchant les juges de la foi*, 1736, in-8°. *Dissertation sur le monothélisme et sur le sixième concile général*, 1741.

CORONA.

Nous avons de Mathias *Corona* ou de la *Couronne* deux ouvrages savants et estimés, qui ont pour titre : *De potestate et dignitate cardinalium, nuntiorum, legatorum*, Liége, 1673, in-folio; *De potestate judiciali episcoporum, dignitate et potestate archiepiscoporum et jure militari præsulum*, Liége, 1673, in-folio.

CORRADUS.

Pyrrhus *Corradus*, de Terra-Nuova, diocèse de Rossano dans la Calabre, protonotaire apostolique, chanoine de Naples, et grand inquisiteur à Rome, vivait dans le dix-septième siècle. Nous avons de lui : *Praxis beneficiaria*, Cologne, 1679, un vol. in-folio, et *Praxis dispensationum apostolicarum*, Venise, 1656, in-folio. Ce dernier ouvrage est justement estimé des canonistes; il est le plus complet et le plus utile que nous connaissions sur les dispenses. Nous avons eu occasion de le citer assez souvent. On le trouve dans le *Cours complet de théologie* de M. l'abbé Migne, tom. XIX, col. 9. Nous nous sommes servi de l'édition de Cologne, 1697, les deux ouvrages en deux tomes réunis en un seul volume in-folio. Le *Praxis beneficiaria,* est très utile pour connaître les usages de la daterie et de la chancellerie romaine.

CORVIN.

Jean-Arnold *Corvin,* est auteur d'un excellent traité intitulé : *Jus canonicum per aphorismos explicatum*, Amsterdam, 1548, in-12. Doujat en a donné une édition en un vol. in-12, Paris, 1671. M. P. J. Carle, docteur en théologie, en a publié une traduction qui a pour titre : *Code du droit canon d'après les aphorismes d'Arnold Corvin,* Paris, 1841, 1 vol. in-18. C'est cette traduction que nous avons citée. On a encore de lui : *De personis, atque beneficiis ecclesiasticis,* Francfort, 1709, 2 vol. in-4°.

COUCHOT.

Couchot, avocat au parlement de Paris, a donné au public : *Dictionnaire civil et canonique de droit et de pratique*, 1 vol. in-4° ; *Le Praticien universel*, revu par Rousseaud de Lacombe, Paris, 1737, 2 vol. in-4° ou 6 vol. in-12.

COVARRUVIAS.

Didace *Covarruvias* ou Diégo *Covarrubias* y Leyva, fils d'un architecte de la cathédrale de Tolède, appelé *Covarruvias,* du nom de sa ville natale, naquit à Tolède en 1512. Après avoir étudié les langues et la jurisprudence sous d'habiles maîtres, Diégo enseigna le droit canon à Salamanque, et fut reçu, à l'âge de 26 ans, parmi les professeurs du collége d'Oviédo. Envoyé au concile de Trente, il y fut chargé, conjointement avec Hugues Buoncompagno (depuis Grégoire XIII), de faire dresser le décret de réformation. Diégo s'acquitta seul de ce travail. Il fut nommé, à son retour du concile, à l'évêché de Ségovie. Ce savant mourut à Madrid le 27 septembre 1577, âgé de 65 ans. Ses ouvrages, écrits en latin, nous offrent une connaissance profonde du droit canon et de la théologie. Ils furent imprimés à Madrid sous le titre de *Opera omnia canonica,* in-fol., en 1610, à Anvers en 1627 et 1638, à Lyon, en 1661, en 2 vol. in-fol., et à Genève, en 1679, 2 vol. in-fol. Mais la plus complète est celle qui a paru à Genève, avec des additions d'Ybanez de Faria, 1762, 5 vol. in-fol.

COZZA.

Laurent *Cozza,* né le 31 mai 1654 à Saint Laurent de la Grotte, d'autres disent à Bolsena, diocèse de Montefiascone, entra à 15 ans dans l'ordre des frères mineurs observantins. Il contribua beaucoup, en 1713, à la réunion du patriarche grec d'Alexandrie avec l'Église romaine. Il jouit de l'estime et de la considération de tous les papes sous le pontificat desquels il vécut, et Benoît XIII, pour récompenser ses services, le promut, le 9 décembre 1726, au cardinalat. *Cozza* présida avec distinction plusieurs congrégations pontificales, et mourut le 17 janvier 1729, emportant les regrets de tous ceux que le spectacle de ses vertus avait édifiés, et ceux du Saint-Père en particulier, qui voulut assister à ses obsèques. On a de ce prélat plusieurs bons ouvrages, entre autres : *De schismate ecclesiarum*, Rome, 1719.

CRESPET.

Pierre *Crespet*, religieux célestin, né à Sens, en 1543, mourut en 1594, âgé de 51 ans, après avoir refusé un évêché que Grégoire XIV voulait lui donner. On a de lui entre autres ouvrages : *Summa catholicæ fidei, nec non totius juris canonici*, Lyon, 1598, in-folio.

CRISPINO.

Nous avons de *Crispino* un ouvrage savant et utile écrit en italien, et qui a pour titre : *Trattato della visita pastorale*, Rome, 1844, in-4°.

CROUZET.

M. l'abbé *Crouzet*, prêtre du diocèse d'Autun, a traduit de l'allemand le *Droit ecclésiastique* du docteur Phillips. (*Voyez* PHILLIPS.) Il l'a fait suivre d'un *Essai de bibliographie du droit canonique* qui peut être utilement consulté. Mais il n'a pas toujours porté des jugements sûrs et impartiaux sur les ouvrages qu'il cite, faute, sans doute, de les bien connaître. Il faut bien se garder, surtout dans une matière aussi vaste et aussi délicate, de juger les auteurs *à priori* ou par voie de déduction. Ce n'est pas ainsi que procède la sage et savante congrégation de l'*Index* dans l'examen des livres qui lui sont soumis, et qui doit être en cela notre modèle. Nous avons dit dans un avertissement placé en tête de notre troisième volume, que nous avions à nous plaindre du jugement trop précipité de notre savant confrère. Nous en avons été d'autant plus surpris, que nous faisons gloire de professer, comme lui, un dévouement inviolable au Saint-Siége. Nous aimons à croire, comme son éditeur nous l'a fait espérer, que dans une prochaine édition de son ouvrage, il fera disparaître ce qu'il a dit d'injuste à notre égard.

On trouve dans l'*Essai de bibliographie* la nomenclature de près de cinq mille ouvrages, production de plus de quinze cents auteurs. M. l'abbé *Crouzet* avoue que ne pouvant porter un jugement implicite sur chacun des ouvrages contenus dans cette vaste nomenclature, il a dû se borner à un très petit nombre de notes appréciatives, et qu'il n'a rien dit d'un bon nombre de livres recommandables peut-être, parce qu'il lui a été impossible de se procurer des éléments suffisants d'appréciation. Il faudrait effectivement beaucoup de temps et des recherches infinies pour bien juger tous les auteurs qui ont écrit sur le droit canon, et faire suffisamment connaître les diverses éditions qui ont été faites de leurs ouvrages. Nous n'avons pas non plus nous-même cette prétention.

CUYEK.

Henri Van-Cuyek, né à Culemberg, dans la Gueldre, official et grand vicaire de l'archevêque de Malines, et ensuite évêque de Ruremonde, où il mourut en 1609. On a de lui un grand nombre d'ouvrages de controverse. Les canonistes citent son *Speculum concubinariorum sacerdotum,* Cologne, 1509, et Louvain 1601, in-8°. Il a aussi des discours sur les devoirs des chanoines, la tonsure cléricale, etc.

D

DANTOINE.

Jean-Baptiste *Dantoine,* avocat au parlement, nous a donné : *Les règles du droit, traduites en français avec des explications et des commentaires sur chaque règle,* Bruxelles, 1742, 1 vol. in-4°.

DAOYZ.

Étienne *Daoyz,* bénédictin espagnol et chanoine de Pampelune, mort en 1619, était très versé dans le droit civil et canonique, comme il l'a prouvé par les deux ouvrages suivants : *Juris pontificii summa seu Index copiosus,* etc. Bordeaux, 1613, 1624, in-fol. ; cette table extrêmement utile pour comparer les anciens canons a été réimprimée à Milan, en 1746, en deux vol. in-folio ; *Index juris civilis,* Venise, 1610, in-folio.

DAVID.

Jean *David,* mort au commencement du dix-huitième siècle, abbé commendataire de l'abbaye des Bons-Hommes-lès-Angers, a laissé plusieurs ouvrages dont le plus important est : *Des jugements canoniques des évêques,* Paris, 1671, in-4°.

DELACOUTURE.

M. l'abbé *Delacouture* a publié en 1852 un livre intitulé : *Observations sur le décret de la congrégation de l'Index du 27 septembre* 1851, etc. Le but de cet ouvrage est de justifier, autant que posssible, le *Manuale juris canonici* de M. l'abbé Lequeux, dont il fait un grand éloge, bien que cet ouvrage ait été l'objet d'une condamnation de l'*Index,* ce qui nous paraît un peu téméraire. Selon

M. *Delacouture,* « les décrets de la congrégation de l'*Index* n'ont eu jusqu'à présent et n'ont encore qu'une autorité simplement directive, et ne deviennent seulement obligatoires que lorsqu'ils sont promulgués par les évêques. » Ce passage suffit pour faire voir que ce livre est écrit dans un mauvais esprit. (*Voyez* INDEX.)

On s'explique d'ailleurs l'antipathie de M. l'abbé *Delacouture* contre les décrets solennels et obligatoires de la congrégation de l'*Index,* quand on sait que le *Dictionnaire universel d'histoire et de géographie* de Bouillet a été réédité, en 1851, avec l'approbation de Mgr l'archevêque de Paris, donnée, comme il est dit dans l'approbation même, sur l'examen et le rapport fait par M. *Delacouture,* et que cet ouvrage a été mis à l'*index* par décret du 1er juillet 1852. Nous ne serions pas étonné que les *Observations* eussent le même sort.

DEVOTI.

Jean *Devoti,* prélat et canoniste italien, né à Rome, le 11 juillet 1740, devint professeur de droit canon au collége de la Sapience, en 1764, évêque d'Anagny, en 1789, archevêque de Carthage *in partibus,* camérier secret du pape Pie VII, secrétaire des brefs aux princes, consulteur des congrégations de l'*Immunité* et de l'*Index.* Nous avons de lui : *Institutiones canonicæ,* 4 vol. in-8°, réimprimés plusieurs fois, et en 1814 avec des additions. Nous avons cité l'édition de Gand, 2 vol. in-8°. *Jus canonicum universum,* 3 vol. : cet ouvrage n'a pas été terminé ; *De novissimis in jure legibus. Devoti* est mort à Rome le 18 septembre 1820, âgé de 73 ans.

DIANA.

Antonin *Diana,* clerc régulier de l'ordre des Théatins de Palerme, mourut le 22 juillet 1663, à l'âge de 68 ans. Il a laissé divers ouvrages, Anvers, 1667, 9 vol. in-folio. Les canonistes distinguent : *De primatu solius D. Petri.*

DIAZ.

Jean-Bernard *Diaz,* évêque de Calahorra, était fils illégitime d'une maison illustre d'Espagne. Il se trouva au concile de Trente, en 1552, et mourut en 1556. Il est auteur de divers ouvrages en latin et en espagnol : *Practica criminalis canonica,* Alcala, 1594, in-folio, Mayence, 1666, in-4°, Louvain, 1560, Lyon, 1569, in-8° ; *Regula juris,* etc.

Il ne faut pas le confondre avec Manuel *Diaz,* jésuite, qui a laissé *Promptuarium juris,* 2 vol. in-folio.

DICASTILLO.

Jean *Dicastillo,* jésuite, né à Naples en 1585 et mort à Ingolstadt en 1653, laissa entre autres ouvrages · *De juramento et de cen-*

suris et pœnis ecclesiasticis, Anvers, 1661, in-folio; *De justitiâ et jure,* Anvers, 1651, in-folio. Cet ouvrage est peu connu.

DOMAT.

Jean *Domat,* avocat du roi au siége présidial de Clermont, naquit dans cette ville le 30 novembre 1625. Il mourut à Paris le 14 mars 1696, à l'âge de 70 ans. Il devint l'arbitre de sa province par son savoir, par son intégrité, par sa doctrine. Les solitaires de Port-Royal, avec lesquels il était très lié, prenaient ses avis, même sur les matières de théologie. On a de lui un excellent ouvrage intitulé : *Lois civiles dans leur ordre naturel,* avec un ample *Traité du droit public,* Paris, 1689, 5 vol. in-4°. Nous avons consulté l'édition imprimée à Paris en 2 vol. in-folio, 1777.

DORIAT.

Nous avons de *Doriat : Prænotiones canonicæ,* Venise, 1772, in-4°.

DOUJAT.

Jean *Doujat,* doyen des docteurs de la faculté de droit en l'université de Paris, et premier professeur royal en droit canon, naquit à Toulouse d'une famille de distinction, et mourut à Paris, le 27 octobre 1688, âgé de 79 ans. *Doujat* est auteur de plusieurs ouvrages d'histoire, de géographie, de droit civil et de droit canon. Son meilleur est *Prænotiones canonicæ,* en cinq livres, un vol. in-4°, Paris, 1687. Nous avons consulté l'édition de Venise, de 1742, qui est la sixième. *Histoire du droit canonique, avec la chronologie des papes,* que nous lui avons empruntée. (*Voyez* PAPE, § IV.) Cette histoire en un volume in-12, a eu plusieurs éditions. Paris, 1677, 1685 et 1698. On a aussi de cet auteur une édition latine des *Institutes du droit canonique* de Lancelot, Paris, 1685, 2 vol. in-12, avec beaucoup de notes. Le premier ouvrage qu'il publia sur le droit canonique est *Specimen juris ecclesiastici apud Gallos recepti.* Paris, 1684, 2 vol. in-12. *Doujat* possédait un grand nombre de langues : le grec, le latin, l'hébreu, le turc, l'anglais, l'italien et l'espagnol.

DRAPPIER.

Guy *Drappier,* né en 1624, était curé de Saint-Sauveur de Beauvais, paroisse qu'il gouverna pendant cinquante-neuf ans, et où il mourut le 3 décembre 1716, âgé de 92 ans. Les principaux ouvrages qui nous restent de lui sont : *Traité des oblations,* Paris, 1685, un vol. in-12; *Tradition de l'Église touchant l'extrême-onction,* où l'on fait voir que les curés en sont les ministres ordinaires, Lyon, 1699, in-12; *Traité du gouvernement des diocèses en commun, par les évêques et les curés,* Basle (Rouen), 1707, 2 vol. in-12; *Défense des abbés commendataires et des curés primitifs,* La Haye, 1685, in-12. C'est une invective continuelle contre les uns et les autres, quoique le titre promette autre chose. L'auteur combat le droit des curés primitifs avec plus d'érudition que de solidité. Cet ouvrage fut mis à l'*index* par un décret du 29 mai 1690. *Drappier,* contempteur de la bulle *Unigenitus,* publia plusieurs écrits en faveur de Quesnel, son ami.

Roch DRAPPIER, avocat au parlement de Paris, né à Verdun en 1685, mort à Paris en 1734, laissa un *Recueil de décisions sur les matières bénéficiales,* dont la meilleure édition est en deux vol. in-12, Paris, 1732, et un *Recueil de décisions sur les dîmes,* etc., réimprimé en 1741, in-12, augmenté par Brunet d'un *Traité de champart.*

DUAREN.

François *Duaren,* natif de Saint-Brieuc, en Bretagne, célèbre professeur de droit à Bourges, mourut dans cette ville en 1559, à 50 ans. C'était, suivant de Thou, le plus savant jurisconsulte de son temps, après Alciat, son maître. Il joignait à la jurisprudence les belles-lettres et une exacte connaissance de l'antiquité. Il fut l'un des plus grands adversaires des calvinistes, bien que gallican. Il vécut célibataire. On a de lui : *De sacris Ecclesiæ ministeriis et libertate Ecclesiæ gallicanæ adversus Romanam aulam,* Paris, 1551, in-4°. Cet ouvrage a été mis à l'*index. Prohibetur hæc defensio; Duareni verò liber permittitur, si fuerit correctus.*

DUCASSE.

François *Ducasse,* natif de l'ancien diocèse de Lectoure, était grand vicaire et official de Carcassonne, puis archidiacre et official de Condom, où il termina ses jours en 1706. Il donna au public deux traités fort estimés : l'un de la *Juridiction ecclésiastique,* à Agen, in-8°, 1695, et l'autre de la *Juridiction volontaire,* imprimé aussi à Agen, in-8°, 1697. Ils furent réimprimés à Paris en 1702, d'abord séparément en 2 vol. in-8°, puis en un seul vol. in-4°, à Toulouse, en 1706, sous le titre de *Pratique de la juridiction ecclésiastique volontaire, gracieuse et contentieuse.* Il paraît que cet ouvrage eut au moins six éditions. On a aussi de cet auteur un *Traité des droits et obligations des chapitres des églises cathédrales,* Toulouse, 1706, un vol. in-12.

Ducasse était profondément versé dans l'Écriture ; les saints Pères et les canonistes anciens et modernes. Ses mœurs, dit Feller, étaient dignes d'un homme de son état. On lira ses ouvrages avec fruit.

DUPERRAI.

Michel *Duperrai,* avocat au parlement de Paris en 1661, bâtonnier de son corps en 1715, mourut à Paris, doyen des avocats, en 1730, âgé d'environ 90 ans. Il était fort versé dans la jurisprudence civile et canonique. Ses ouvrages sont remplis de recherches; mais ils manquent de méthode, et renferment plus de doutes que de décisions. Les principaux sont : *Traité des portions congrues des curés et vicaires perpétuels*, Paris, 1720, 1 vol. in-12 ; *Traité des dispenses de mariage et de leur validité ou invalidité*, Paris, 1719, 1 vol. in-12 ; *Traité de l'état et de la capacité des ecclésiastiques pour les ordres et les bénéfices*, Paris, 1703, in-4º, ou 2 vol. in-12 ; *Traité des moyens canoniques, pour acquérir et conserver les bénéfices et biens ecclésiastiques*, Paris, 1726, 4 vol. in-12 ; *Traité sur le partage des fruits des bénéfices entre les bénéficiers et leurs prédécesseurs ou leurs héritiers, et les charges dont ils sont tenus*, Paris, 1722, 1 vol. in-12 ; *Traité historique et chronologique des dîmes*, Paris, 1720, 1 vol. in-12 ; autre édition augmentée par Brunet, en 2 vol. in-12 ; *Traité des droits honorifiques et utiles des patrons et curés primitifs, de leurs charges et de celles des décimateurs*, Paris, 1710, 1 vol. in-12 ; *Notes et Observations sur l'édit de 1695, concernant la juridiction ecclésiastique*, Paris, 1723, 2 vol. in-12 ; *Observations sur le concordat fait entre Léon X et François Ier*, Paris, 1722, 1 vol. in-12 ; *Questions sur le concordat*, Paris, 1723, 2 vol. in-12.

DUPIN.

Louis Ellies *Dupin*, né à Paris, en 1657, d'une famille ancienne, originaire de Normandie. Il fit paraître dès son enfance beaucoup d'inclination pour les belles-lettres et pour les sciences. Il embrassa l'état ecclésiastique, et reçut le bonnet de docteur en Sorbonne en 1684. Il avait déjà préparé des matériaux pour sa bibliothèque universelle des auteurs ecclésiastiques, dont le premier volume parut in-8º en 1686. La liberté avec laquelle il portait son jugement sur le style, la doctrine et les autres qualités des écrivains ecclésiastiques éveilla l'attention de Bossuet qui en porta des plaintes à de Harlay, archevêque de Paris. Ce prélat obligea *Dupin* à rétracter un grand nombre de propositions. L'auteur, en se soumettant à tout ce qu'on voulut, espérait que son ouvrage ne serait pas supprimé. Il le fut cependant par un décret du prélat, le 16 avril 1693. Son repos fut encore troublé par l'affaire du cas de conscience ; il fut l'un des docteurs qui le signèrent. Cette décision lui fit perdre sa chaire et le força de quitter la capitale ; exilé à Chatellerault en 1703, en se rétractant il obtint son rappel ; mais il ne put recouvrer sa place de professeur royal. Clément XI remercia Louis XIV de ce châtiment, et dans le bref qu'il accorda à ce monarque, il appela ce docteur *un homme d'une très mauvaise doctrine, et coupable de plusieurs excès envers le Siège apostolique*. *Dupin* ne fut pas plus heureux sous la régence ; il était dans une étroite liaison avec Guillaume Wake, archevêque de Cantorbéry, et était même avec lui dans une relation continuelle. On soupçonna du mystère dans ce commerce, et le 10 février 1719, on fit enlever ses papiers. « Je me trouvai au Palais-« Royal, dit Lafiteau, évêque de Sisteron, il y était dit que les « principes de notre foi peuvent s'accorder avec les principes de la

« religion anglicane. On y avançait que, sans altérer l'intégrité des
« dogmes, on peut abolir la confession auriculaire, et ne plus parler
« de la transsubstantiation dans le sacrement de l'eucharistie ;
« anéantir les vœux de religion, retrancher le jeûne et l'abstinence
« du carême, se passer du pape et permettre le mariage des prê-
« tres. » Des gens qui se croient bien instruits assurent que sa conduite était conforme à sa doctrine, qu'il était marié, et que sa veuve
se présenta pour recueillir sa succession. Si ce docteur était tel
qu'on nous le représente, le pape devait paraître modéré dans les
qualifications dont il le charge. Voici le portrait qu'en trace le duc
de Saint-Simon, dans ses *Mémoires*, ch. 53 : « Il fut réduit à impri-
« mer pour vivre ; c'est ce qui a rendu ses ouvrages si précipités,
« peu corrects, et qui enfin le blasa de travail et d'eau-de-vie, qu'il
« prenait en écrivant, pour se ranimer, et pour épargner d'autant
« sa nourriture ; bel et bon esprit ; *judicieux quand il avait le temps*
« *de l'être*, et un puits de science et de doctrine avec de la droiture
« et des mœurs. »

Dupin était partisan de Richer (*Voyez* RICHER), dont il prenait le
démocratique système, totalement destructif de la hiérarchie et de
l'unité de l'Église. Du reste, quelque idée que l'on se fasse de sa façon
de penser et de sa conduite, on ne peut lui refuser un esprit net, précis, méthodique, une lecture immense, une mémoire heureuse, un
style à la vérité peu correct, mais facile et assez noble, et un caractère moins ardent que celui qu'on attribue d'ordinaire aux écrivains
du parti avec lequel il était lié. Il mourut à Paris, en 1719, à
62 ans.

Ses principaux ouvrages, outre sa *Bibliothèque ecclésiastique*, sont :
Histoire de l'Église en abrégé, Paris, 1712, 4 vol. in-12. *Essai historique sur la puissance temporelle des papes ; sur l'abus qu'ils ont fait
de leur ministère spirituel et sur les guerres qu'ils ont déclarées aux
souverains, spécialement à ceux qui avaient la prépondérance en Italie*,
3e édit., Paris, 1811, 2 vol. in-8°. M. Dupin, aîné, dans son *Manuel du
droit ecclésiastique*, ne craint pas de recommander ces deux ouvrages.
Traité historique des excommunications, etc. La plupart de ces ouvrages ont été mis à l'*Index*.

DUPIN (DE LA NIÈVRE).

M. *Dupin*, aîné, ancien député de la Nièvre, président de la chambre des députés, de l'assemblée nationale, ancien procureur-géné-
ral, etc., est auteur d'un *Manuel du droit public ecclésiastique français*, 1 vol. in-12, Paris, Videcoq, 1844. Cet ouvrage qui avait pour
but de faire revivre les 83 articles des libertés de l'Église gallicane
de Pithou, et les maximes des anciens parlements, a été condamné,
à son apparition, par un mandement du cardinal archevêque de
Lyon et par presque tous les évêques de France. Il fut mis peu de
temps après à l'*Index*.

DUPUY.

Pierre *Dupuy*, né à Paris, en 1582, travailla avec ardeur à la recherche des droits du roi et à l'inventaire du trésor des chartres. Il fut reçu conseiller au parlement et garde de la bibliothèque du roi; et se signala dans ces deux charges par son amour pour les lettres. Il mourut à Paris en 1651, à 69 ans. Il publia un grand nombre d'ouvrages, parmi lesquels nous remarquons les *Preuves des libertés de l'Église gallicane*. Cet ouvrage ne déplut pas seulement à Rome, mais vingt-deux évêques ou archevêques de l'Église de France, le censurèrent avec autant de force que de raison. *Dupuy* s'est appliqué dans presque tous ses ouvrages à déprimer l'autorité ecclésiastique ; mais il faut avouer aussi que la force de la vérité lui a arraché des témoignages d'autant plus précieux, qu'il s'en était montré plus grand adversaire. Tel est celui-ci : « Ce qui regarde la religion et « les affaires de l'Église, doit être examiné et décidé par des ecclé- « siastiques, et non par des séculiers ; ce principe est reconnu des « deux partis. » Il a apporté en preuve le concile de Sardique, les paroles d'Osius à Constance et les plaintes de saint Hilaire au même empereur. Il poursuit : « Comme il y a deux sortes d'états dans le « monde, celui des ecclésiastiques ou des prêtres, et celui des sécu- « liers, il y a aussi deux puissances qui ont droit de faire des lois et « de punir ceux qui les violent, l'ecclésiastique et la séculière (1).

DURAND.

Guillaume *Durand* est né à Puimoisson, en Provence. Il enseigna le droit canon à Modène. Clément IV le prit pour son chapelain et lui donna la charge d'auditeur du palais. Grégoire V le nomma légat au concile de Lyon, tenu l'an 1274, et enfin évêque de Mende en 1287. Son habileté dans les affaires lui fit donner le surnom de *Père de la pratique*. On a de lui différents ouvrages. Son *Speculum juris*, Rome, 1474, in-folio, lui mérita le nom de *Speculator*, et c'est ainsi que le désignent ordinairement les canonistes. *Repertorium juris*, Venise, 1496, in-folio, moins connu que le précédent. *Rationale divinorum officiorum*, qui fut imprimé pour la première fois à Mayence, en 1453. Cette édition est très rare et fort recherchée des connaisseurs. M. l'abbé Pascal dit en avoir vu un exemplaire qui a coûté 2,700 francs. Cet ouvrage est en un seul vol. in-4°. On a encore de Guillaume *Durand : Commentaria in canones concilii Lugdunensis*. Ce savant évêque mourut à Rome le 1er novembre 1296, à l'âge de 64 ans.

DURAND DE MAILLANE.

Pierre-Toussaint *Durand de Maillane*, avocat, né en 1729, à Saint-Rémy en Provence, fut élu député du Tiers-État de la sénéchaussée

(1) *Libertés de l'Église gallicane*, tom. I, pag. 13 et 21, édit. de 1731.

d'Arles aux états-généraux, ensuite à la convention nationale par le département des Bouches-du-Rhône, puis au conseil des anciens. Il se montra toujours opposé aux Jacobins et favorable aux émigrés. En 1797, il fut mis au Temple, comme ayant favorisé leur rentrée; mais il fut acquitté par le tribunal criminel de la Seine, et recouvra sa liberté dans le mois de février 1799. Il devint, après la révolution du 18 brumaire, juge à la cour d'appel d'Aix, et mourut le 15 août 1814. *Durand de Maillane* était un profond casuiste et un canoniste fort habile; mais il n'a point assez respecté les droits du Saint-Siége, en favorisant les libertés de l'Église gallicane (1). Ses principaux ouvrages sont : 1o *Dictionnaire du droit canonique,* Lyon, 1761, 2 vol. in-4°; nouvelle édition, 1770, 4 vol. in-4° et 1776, 5 vol. et une en 6 vol. in-8° en 1787. Nous nous sommes servi de toutes ces éditions. 2o *Les Libertés de l'Église gallicane,* Lyon, 1770 et 1776, 5 vol. in-4°; 3o *Institutes du droit canonique,* traduites de Lancelot, Lyon, 1770, 10 vol. in-12, avec l'*Histoire du droit canon,* qui forme un vol.; 4o *Le Parfait notaire apostolique,* 1779, 2 vol. in-4°; 5o *Histoire du comité ecclésiastique de l'assemblée constituante,* 1791, in-8°.

Le *Dictionnaire du droit canonique* de *Durand de Maillane* doit être lu avec une extrême précaution, à cause de son gallicanisme parlementaire. Mais on doit remarquer que chaque article de cet ouvrage se compose ordinairement de deux parties bien distinctes. Dans la première, il émet sur la question qu'il traite les vrais principes qu'il emprunte au *Corpus juris canonici,* et, en général, à de bons canonistes, comme Fagnan, Barbosa, etc., qu'il copie et qu'il traduit purement et simplement. Dans la seconde partie, au contraire, marquée d'une astérisque, il établit et inculque, autant que possible, ses opinions gallicanes et détruit bien souvent dans cette partie ce qu'il a dit dans la première. Il en a fait autant dans la traduction des *Institutes* de Lancelot. Si ceux qui nous accusent d'être parlementaire, comme *Durand de Maillane,* avaient fait cette observation, ils se seraient convaincus que ce que nous avons pris à ce canoniste, il l'avait lui-même emprunté à des auteurs orthodoxes, et que nous avons souvent eu de là occasion d'attaquer et de combattre ses mauvaises tendances et ses principes hétérodoxes. Nous l'avons dit dans notre préface, et nous l'avons rappelé dans l'avertissement du tome troisième.

DUVAL.

André *Duval,* né à Pontoise, en 1564, docteur de la maison et société de Sorbonne. Il fut un des grands adversaires de Richer et du richérisme. Le judicieux docteur connut toutes les conséquences du démocratique système de ce novateur, et combien il tendait à une destruction totale de l'Église. (*Voyez* RICHER.) Il mourut en 1638,

---

(1) Voyez ce que nous en disons dans notre Préface.

à 74 ans. On a de lui un excellent ouvrage qui a pour tite : *De suprema Romani Pontificis in Ecclesiam potestate*, Paris, 1614, in-4°. Il a aussi écrit contre Richer, contre Dumoulin, etc.

ÉMERY.

Jacques-André *Émery*, supérieur général de la congrégation de Saint-Sulpice, né à Gex, le 26 août 1732, est mort à Paris, le 28 avril 1811. *Émery* est auteur de plusieurs ouvrages : nous avons consulté les suivants : *Conduite de l'Église dans la réception des ministres de la religion qui reviennent de l'hérésie et du schisme*, 1797 et 1801, in-12 ; *Nouveaux opuscules de Fleury*, Paris, 1807, in-12. *Des nouveaux chapitres cathédraux*.

On peut citer avec confiance *Émery*, dans les matières canoniques, car il était le dépositaire des anciennes traditions, le confident des évêques, l'oracle du clergé de France, le canoniste le plus éclairé et le meilleur interprète des lois de l'Église et de l'État; théologien aussi justement apprécié par Pie VII que par Napoléon. L'empereur disait au comte Molé : « Je ne puis me lasser d'admirer, dans ce saint prêtre, je ne sais quel mélange de simplicité presque primitive et de sagacité pénétrante, de sérénité et de force, j'ai presque dit de grâce et d'austère ascendant. Voici la première fois que je rencontre un ecclésiastique doué d'un véritable pouvoir sur les hommes, et auquel je ne demande aucun compte de l'usage qu'il en fera; loin de là, je voudrais qu'il me fût possible de lui confier toute notre jeunesse, je mourrais plus rassuré sur l'avenir. » L'empereur ne se trompait pas. Ce digne supérieur de Saint-Sulpice possédait au plus haut degré l'esprit de sagesse et la connaissance des hommes et des temps. « Je me rappelle, dit M. de Sambucy (1), que, prévoyant en 1789 que la révolution allait dissoudre les liens de la discipline ecclésiastique et précipiter le clergé dans l'ignorance du droit canonique, il nous en retraçait tous les principes dans les conférences du soir, avec un art de précision et d'analyse inimitable · il nous parlait toujours comme à de futurs évêques ou grands vicaires, pour nous révéler tous les secrets d'une bonne administration ; il insistait surtout sur la nécessité pour les évêques et les grands vicaires de vivre en bonne intelligence avec les chapitres. A cet effet, il nous recommandait de joindre à la lecture assidue du concile de Trente le *Traité des droits et des obligations des chapitres des églises cathédrales*, par le savant canoniste Ducasse, chanoine, grand archidiacre, vicaire général et official de Condom (*voyez* DUCASSE) ; il espérait beaucoup de l'union étroite des évêques avec leurs chapitres, pour le gouvernement des diocèses, s'il survenait un schisme dans l'Église de France; les événements ont justifié ses prévisions. »

---

(1) *Harmonie des évêques avec leurs chapitres, pag.* 139.

ENGEL.

Nous avons de Louis *Engel :* 1° *Collegium universi juris canonici,* Venise, 1693, in-folio, Salzbourg, 1712, in-4°, 13° édit., 2 vol. in-4°; 2° *Manuale parochorum,* 7° édit., un vol. in-8°.

ESPEN.

(*Voyez* VAN-ESPEN.)

ÉVEILLON.

Jacques *Éveillon,* né à Angers l'an 1572 ou l'an 1582. Il fut, fort jeune, professeur de rhétorique à Nantes, curé ensuite de Soulerre pendant 13 ans, puis de la paroisse Saint-Michel à Angers, chanoine en 1620, et enfin vicaire général sous quatre évêques différents. Nous avons de ce pieux et savant auteur un *Traité des excommunications et des monitoires,* dans lequel il réfute l'opinion assez commune, que l'excommunication ne s'encourt qu'après la fulmination de l'aggrage. (*Voyez* AGGRAVE.) Il y traite aussi à fond des excommunications et des monitoires en 36 chapitres, qui composent un volume in-4° imprimé à Angers en 1631 et à Paris en 1672. Il y en a aussi une édition en 2 vol. in-12. Ce traité, auquel nous avons emprunté plusieurs choses, est ce que nous avons de mieux sur cette matière. Il nous a été spécialement recommandé par un de nos plus savants prélats. Cependant l'auteur a trop négligé dans cet ouvrage ce qui regarde l'ancien droit et l'usage de l'Église des premiers siècles. Nous avons encore de lui un traité latin intitulé : *De processionibus ecclesiasticis,* imprimé à Paris en 1641, un vol. in-8°. L'auteur remonte, dans ce savant traité, à l'origine des processions : il examine ensuite le but, l'ordre et les cérémonies. *De rectâ psallendi ratione,* un vol. in-4°, La Flèche, 1646. Ce devrait être le manuel des chanoines.

Éveillon était très studieux, et il avait une grande connaissance des conciles, des Pères, du droit canon et de la langue grecque. Il avait aussi beaucoup de charité pour les pauvres, qu'il regardait comme ses enfants, et pour lesquels il s'est dépouillé de toutes sortes de commodités. Comme on lui reprochait un jour qu'il n'avait point de tapisseries chez lui, il répondit : « Lorsqu'en hiver j'entre « dans ma maison, les murs ne me disent pas qu'ils ont froid ; mais « les pauvres qui se trouvent à ma porte, tout tremblants, me di- « sent qu'ils ont besoin de vêtements. » Aussi mourut-il amèrement regretté des pauvres, ce qui arriva au mois de décembre 1651. La seule richesse qu'il possédait était sa bibliothèque qu'il légua aux jésuites de La Flèche.

EYBEL.

Joseph-Valentin *Eybel,* professeur de droit canon à Vienne, mort en 1805, a composé : *Ordre des principes de la jurisprudence ecclé-*

siastique, 1775 ; *Introductio in jus ecclesiasticum catholicorum*, 1777, 3 vol., Venise 1781, 4 vol. in-4°, mis à l'*index* par décret du 16 février 1784 ; *Qu'est-ce que le pape ?* pamphlet destiné à affaiblir le respect des peuples pour le chef de l'Église. Le cardinal Gerdil réfuta cet écrit, qui fut condamné par un bref du 28 novembre 1786 ; *Que contiennent les monuments de l'antiquité chrétienne sur la confession auriculaire ?* autre pamphlet qui fut proscrit le 11 novembre 1784. (*Voyez* GERDIL.)

EYBEN.

Huldéric *Eyben*, savant jurisconsulte protestant, né à Norden l'an 1629, d'une famille noble, devint conseiller et antécesseur à Helmstadt, puis juge dans la chambre de Spire, enfin conseiller au conseil aulique de l'empereur Léopold. Il mourut en 1699, laissant des ouvrages, imprimés à Strasbourg en 1708, in-fol. On ne les connaît guère en France, quoique estimés de leur temps. Les canonistes peuvent consulter celui-ci : *De origine et usu juris canonici in terris protestantium*, in-4°, Helmstadt, 1672.

EYMERIC.

Nicolas *Eymeric*, dominicain espagnol, inquisiteur général contre les Vaudois sous le pontificat d'Innocent VI, juge des causes d'hérésie sous Grégoire XI, mort à Girone en 1399, a laissé plusieurs écrits sur la puissance du pape, la logique, etc. Le plus remarquable a pour titre : *Directorium inquisitorum*, Rome, 1575, in-fol., avec les scolies et les commentaires de Péna, 1578, 1585, 1587 et Venise 1607. Ce livre est très utile et très curieux pour connaître le tribunal de l'inquisition. L'abbé Morellet en a publié un abrégé en 1762 sous le titre de *Manuel des inquisiteurs*. L'édition de Venise renferme les lettres des papes relatives à l'inquisition.

F

FABROT.

Charles-Annibal *Fabrot*, jurisconsulte, né à Aix en Provence en 1588. Ses connaissances dans la jurisprudence civile et canonique lui obtinrent l'amitié du fameux Peiresc, protecteur de tous les gens de mérite. Il mourut à Paris, le 16 janvier 1659, à l'âge de 79 ans. Nous citerons parmi ses volumineux ouvrages : *De vitâ et honestate clericorum*, Paris, 1671, in-4°.

FAGNAN.

Prosper *Fagnan* ou *Fagnani*, célèbre canoniste du dix-septième siècle, fut pendant près de 15 ans secrétaire de la sacrée congrégation. On le regardait, à Rome, comme un oracle, et plusieurs papes l'honorèrent de leur estime. Il devint aveugle à l'âge de 44 ans, ce qui ne l'empêcha pas de dicter souvent des écrits sur les matières qu'on lui proposait, ou qu'il voulait traiter lui-même. Ce fut après être tombé dans cet état, qu'il composa son grand commentaire sur les décrétales, intitulé *Jus canonicum, sive commentaria in libros decretalium.* Il le dédia au pape Alexandre VII, par l'ordre duquel il l'avait composé. Il fut imprimé à Rome en 1661, en 4 vol. in-folio, qui se relient en trois ; à Cologne en 1679, 1681, 1686 et 1704, et à Venise en 1697. La préface est un chef-d'œuvre en ce genre ; il en est de même de la table qui vaut seule autant que le commentaire. Ce qu'il y a de plus extraordinaire, c'est qu'un homme aveugle ait pu faire cette préface et dresser cette table, surtout d'une manière si exacte.

Fagnan avait une mémoire si heureuse qu'il n'avait presque rien oublié des poètes mêmes qu'il avait lus dans sa jeunesse, et qu'il citait des passages sans nombre des auteurs de droit sur toutes sortes de questions, avec autant de facilité que s'il les eût lus. Il mourut vers l'an 1678, âgé de plus de 80 ans. *Fagnan* avait une telle réputation de savoir que toute l'Europe le consultait.

FARINACCI.

Prosper *Farinacci,* jurisconsulte distingué, naquit à Rome en 1554, il y mourut le 30 octobre 1618, jour anniversaire de sa naissance, âgé de 64 ans. Ses ouvrages ont été recueillis en 13 vol. in-fol. à Anvers, 1600 et années suivantes. Ils méritent d'être recherchés. Voici ce qu'ils renferment : *Tractatus de hæresi,* Rome, 1616, un vol. in-fol. C'est le plus estimé de ses ouvrages. *De immunitate ecclesiarum,* Rome, 1672, in-fol. ; *Decisiones rotæ,* 2 vol. ; *Rotæ novissimæ, Rotæ recentissimæ,* un vol. ; *Repertorium judiciale,* un vol. ; *Concilia,* 2 vol. ; *Praxis criminalis,* 4 vol. ; *Succus praxis criminalis.*

FATINELLI.

Fatinelli ou *Fatinello,* savant prélat, mort à Rome en 1719, à l'âge de 91 ans, a donné : *De referendariorum votantium signaturæ justitiæ collegio,* Rome, 1696. *Observationes ad constitutionem 41 Clementis papæ VIII, nuncupatam bulla baronum et responsa juris, liber duo,* Rome, 1714, in-fol. ; *Tractatus de translatione pensionis et responsa juris,* Rome, 1708, in-fol.

FATTOLINI.

On a de Jean-Baptiste *Fattollini: Theatrum immunitatis et libertatis ecclesiasticæ,* Rome, 1704, 2 vol. in-fol.

FÉNELON.

Fénelon, dont tout le monde connaît la vie, a publié un ouvrage trop peu lu qui se trouve dans ses Œuvres sous le titre : *De Summi Pontificis auctoritate*. Au lieu de lire Télémaque au séminaire, remarque un auteur, on ferait mieux d'y lire cet excellent traité. Pour en rendre la lecture plus facile, on vient d'en publier une traduction en français.

FERMOSINUS.

Nous avons de Nicolas Rodriguez *Fermosinus* plusieurs ouvrages savants et estimés. En voici quelques-uns : *De potestate capituli sede vacante*, Lyon, 1666, in-folio ; *Commentaria in Decretales*, Lyon, 1662, 2 vol. in-fol. ; *Allegationes fiscales de confiscatione bonorum in sancto officio inquisitionis*, Lyon, 1663, in-fol. ; *De officiis et sacris Ecclesiæ*, Lyon, 1662, 2 vol. in-fol. ; *De legibus ecclesiasticis*, Lyon, 1662, in-fol.

FERRARIS.

Lucius *Ferraris*, de l'orde de saint François, consulteur du Saint-Office, est auteur d'un excellent ouvrage et que nous avons souvent consulté : il a pour titre : *Prompta bibliotheca canonica, juridica, moralis, theologica, nec non ascetica, polemica, rubristica, historica*, etc., *ordine alphabetico congesta*. Francfort, 1783, 8 vol. in-4°, Venise, 1782, 10 vol. in-4°, Rome, 1784, Bologne, 1763, 9 tomes en 5 vol. in-fol.

Les bénédictins du Mont-Cassin ont entrepris une nouvelle édition de cet important recueil avec de nouvelles additions ; mais les révolutions dernières leur en ont fait interrompre l'impression qu'ils ne tarderont pas à reprendre, nous l'espérons.

FERRIÈRES.

Claude-Joseph de *Ferrières*, doyen des professeurs en droit dans l'université de Paris, est auteur de l'ouvrage intitulé : *Tractatio institutionum juris canonici, sive paratilla in quinque libros decretalium Gregorii IX*, Paris 1711, in-12, et du *Dictionnaire de droit*, 1771, 5 vol. in-4°. On a de son père Claude de *Ferrières* qui mourut à Reims, en 1715, à 77 ans, beaucoup d'ouvrages de jurisprudence, puis un *Traité des droits de patronage, de présentation aux bénéfices, de préséance des patrons et des droits honorifiques dans les églises*. Paris, 1686, in-4°. Ce livre est curieux pour l'histoire.

FÉVRET.

Charles *Févret*, né à Semur en 1583, fut avocat au parlement de Dijon, dès l'âge de 19 ans, et mourut dans cette ville en 1681. On a de lui un *Traité de l'abus, et du vrai sujet des appellations qualifiées du nom d'abus*, Dijon, 1654 et 1667, Lyon, 1677 et 1736, 2 vol. in-folio, avec des notes du célèbre Gibert et de Brunet, avocat. Cet ouvrage fut composé à la prière de Louis II, prince de Condé. *Févret* a approfondi la matière des abus, et son ouvrage est le fruit des plus longues recherches. Mais ses principes sont loin d'être à l'abri de tout reproche. Haute-Serre l'a réfuté par ordre du clergé (*Voyez* HAUTE-SERRE) ; ce traité compromet les droits de l'Église. Le meilleur ouvrage que nous ayons sur cette matière et qui réfute indirectement *Févret*, c'est sans contredit le savant travail qu'a publié, en un vol. in-8°, Mgr Affre, archevêque de Paris, sur l'*Origine, les progrès et l'état présent de l'appel comme d'abus*. (*Voyez* AFFRE.)

FILESAC.

Jean *Filesac*, docteur de Sorbonne, et curé de Saint-Jean-en-Grève, mourut à Paris, sa patrie, doyen de la faculté de théologie, en 1638. Il a composé plusieurs ouvrages sur des matières ecclésiastiques et profanes, entre autres : *De sacrâ episcoporum auctoritate*, Paris, 1606, in-8° ; *De parœciarum, nec non de parœciis et origine missâ parœciali*, Paris, 1608, in-8°. Il y a de l'érudition dans ces ouvrages, mais trop de digressions.

FILLEAU.

Jean *Filleau*, professeur en droit, avocat du roi à Poitiers, mort en 1682, à l'âge de 82 ans. On a de lui : *Traité des droits, prérogatives et prééminences des églises cathédrales dans les conciles provinciaux*, Paris, 1628, in-8°.

FILLIUCIUS.

Vincent *Filliucius*, jésuite, né à Sienne en 1586, fut casuiste en chef du Saint-Office. Il mourut en 1622. On a de lui : *De statu clericorum*, Madrid, 1626, in-folio.

FLEURY.

Claude *Fleury*, originaire de Normandie, né à Paris, le 6 décembre 1640, d'un avocat au conseil, suivit le barreau pendant neuf ans avec succès. L'amour de la retraite et de l'étude lui donnèrent du goût pour l'état ecclésiastique. Il l'embrassa et il en eut les vertus. Nous ne parlerons pas des ouvrages de *Fleury* connus de tout le monde ; nous dirons seulement que nous avons cité les *Mœurs des chrétiens*, l'*Histoire ecclésiastique*, édit. in-12 et surtout l'*Institution au droit ecclésiastique*, en 2 vol. in-12 : ouvrage fort abrégé, mais plein de bonnes choses, quoiqu'il y en ait beaucoup d'autres répréhensibles, qui l'ont fait mettre à l'*index* à Rome par décret du 21 avril 1693. Boucher d'Argis en donna une nouvelle édition en 1764, enrichie de notes et réimprimée en 1767 : c'est cette dernière édition que nous avons toujours citée ; la première, publiée en 1677 sous le nom de Charles Bonel, docteur en droit canon à Langres, n'avait qu'un volume. *Fleury* le fit imprimer sous son nom en 1687, en 2 vol. in-12. M. Émery a publié en 1807, sous le titre de *Nouveaux opuscules*, in-12, quelques pièces inédites de *Fleury*, et surtout le manuscrit autographe du *Discours sur les liberté de l'Église gallicane* qui avait été imprimé après la mort de l'auteur, avec des notes violentes et erronées, attribuées à Débonnaire.

FLOREBELLO.

Antoine *Florebello,* de Modène, évêque de Lavellino, mort en 1558, fut l'ami du cardinal Sadolet, dont il a écrit la vie. On a de lui : *De auctoritate Summi Pontificis Ecclesiæ capitis,* 1546, in-4°. On trouve cet ouvrage dans la collection de Roccaberti ; *De concordiâ ad Germanos,* Anvers, 1640.

FLORENT.

François *Florent* d'Arnay-le-Duc, professeur en droit, à Paris et à Orléans, mort dans cette dernière ville, en 1650, a laissé des ouvrages de droit canon que Doujat a publiés sous ce titre : *Opera varia canonica collecta et emendata à Joanne Doujat,* Paris, 1679, 2 vol. in-4° ; Venise, 1763, in-fol. On a encore de lui : *Tractatus* IX *in* IX *priores titulos, lib.* I, *decretalium Gregorii* IX, *cum additionibus Joannis à Costa,* Paris, 1641, in-4°. La vie de ce jurisconsulte, également recommandable par sa probité et ses lumières, est à la tête de ses ouvrages. Elle a été écrite par Doujat.

On trouve dans le recueil des œuvres de *Florent* des dissertations sur l'origine du droit canonique, les collections qui le composent, la manière de l'étudier, des commentaires sur différents titres du décret, un traité des dispenses. On y trouve aussi un traité de Nicolas Janvier sur les droits et les devoirs de l'archidiacre. (*Voyez* JANVIER.)

FOGGINI.

Pierre-François *Foggini,* prélat romain, préfet de la bibliothèque du Vatican, né à Florence en 1713, mourut le 2 juin 1783. *Foggini* a laissé de nombreux ouvrages dont les principaux sont : *De romano divi Petri itinere et episcopatu, ejusque antiquissimis imaginibus,* 1741, in-4°. Il y réfute ceux qui prétendent que saint Pierre n'est jamais venu à Rome, et n'en a point été évêque, etc.

FORGET.

Germain *Forget,* avocat au bailliage d'Évreux, est auteur d'un *Traité des personnes et des choses ecclésiastiques et décimales, avec un traité des droits de régale et de pensions bénéficiales,* Rouen, 1625, in-8°.

FORNICI.

Jean *Fornici,* chanoine de la collégiale de Saint-Eustache, maître des cérémonies pontificales, secrétaire de la congrégation des cérémonies, etc., né vers 1762, mort le 11 avril 1828 à Rome. Il avait de grandes connaissances en liturgie. Il a laissé des *Institutions liturgiques* pour le sénat romain. Elles ont été traduites en français par M. Boissonnet, Paris, 1851, in-12.

FRAYSSINOUS.

Denis *Frayssinous*, mort évêque d'Hermopolis, est auteur des *Vrais principes de l'Église gallicane, sur la puissance ecclésiastique, la papauté, les libertés gallicanes, la promotion des évêques, les trois concordats, et les appels comme d'abus*, Paris, 1826, 3e édition.

FURGOLE.

Jean-Baptiste *Furgole*, avocat au parlement de Toulouse, né en 1690 à Castel-Ferrus, diocèse de Montauban, joignit à la science la plus profonde des lois, de la jurisprudence française, des usages, des coutumes, la connaissance de cette partie de l'histoire qui est relative à la législation de tous les temps et de tous les pays. *Furgole* a écrit de nombreux ouvrages de droit plusieurs fois réimprimés, tant séparément qu'en collection ; nous ne citerons ici que celui que nous avons consulté, le *Traité des curés primitifs*, Toulouse, 1736, un vol. in-4°. Ce savant jurisconsulte est mort en mai 1761, selon Feller, et 1771, selon M. Dupin.

G

GAGLIARDI.

Nous avons de *Gagliardi : Institutiones juris canonici*, Naples, 1766, 4 vol. in-4° ; *De beneficiis ecclesiasticis, cum addimentis Jos. Romani*, Naples, 1842, in-8°.

GALLANDUS.

André *Gallandi*, prêtre oratorien du dix-huitième siècle, a laissé deux ouvrages : *Bibliotheca veterum patrum antiquorumque scriptorum Ecclesiæ*, Venise, 1765-1781, 14 vol. in-4° ; *De vetustis canonum collectionibus*, Venise, 1778, un vol. in-fol., 1790, 2 vol. in-4°.

GALLEMART.

Jean *Gallemart* a donné une édition du concile de Trente *cum remissionibus et declarationibus cardinalium*, Douai, 1618, in-8°. « Cette édition, dit un auteur, basée sur les décisions mêmes de la congrégation instituée pour maintenir l'intégrité du texte et en fixer le sens, offre, sans contredit, toutes les garanties désirables pour l'authenticité de la leçon, et en facilite l'intelligence. » Cette édition cependant a été mise à l'*Index*, parce qu'il est défendu à qui que ce soit, excepté au pape et à ceux qu'il mandate pour cela, comme nous le disons sous le mot TRENTE, de commenter les décrets de ce concile. L'édition de *Gallemart* a néanmoins été souvent réimprimée,

Tournon, 1621, Lyon, 1626, in-8°, 1640, in-4°, 1643, in-8°, Anvers, 1644, in-8°, Lyon, 1650, Cologne, 1672, Lyon, 1676.

GAMACURTA.

On a de *Gamacurta : De Immunitate ecclesiarum*, Lyon, 1622, in-4°. Cet ouvrage fut mis à l'*Index* le 3 juillet 1623.

GAMBARI.

Pierre-Adrien *Gambari*, de Bologne, est auteur de : *Tractatus de officio atque auctoritate legati de latere*, Venise, 1572, in-fol. Cet ouvrage est important.

GARCIAS.

Nicolas *Garcias*, savant jurisconsulte espagnol du dix-septième siècle, est auteur d'un *Tractatus de beneficiis* estimé et qui a eu plusieurs éditions, 1618, in-fol., Genève 1658, Lyon 1680 et 1700. *Garcias* est un auteur profond, exact, solide et fort recherché autrefois. Nous l'avons souvent cité. Il ne faut pas confondre cet auteur avec un autre Nicolas *Garcias*, jurisconsulte du treizième siècle, natif de Séville, qui laissa des *Commentaires* sur les décrétales.

Fortuné *Garcias*, protestant, a publié aussi un ouvrage de droit canon intitulé : *De ultimo fine juris civilis et canonici*, Cologne, 1585, in-8°.

Et Jean *Garcias*, de Caralps, à qui nous devons : *De canonizatione sanctorum*, Rome, 1658, in-8°.

GARDELLINI.

Aloysius *Gardellini*, assesseur de la sacrée congrégation des rites, a donné : *Decreta authentica congregationum sacrorum rituum, ex actis ejusdem S. congregationis collecta*, Rome, 1824-1850, 8 vol. in-4°. Nous avons eu assez souvent occasion de citer cette précieuse collection.

GARNIER.

Jean *Garnier*, jésuite, naquit à Paris en 1612, et mourut à Bologne en 1681, en allant à Rome, où sa compagnie l'avait député. C'était un homme plein de piété et de savoir : les ouvrages qui nous restent de lui en sont les témoignages. Les principaux sont : une édition de Marius Mercator, 1673, in-fol.; une édition du Journal des papes, *Liber diurnus romanorum pontificum*, Paris, 1680, in-4°. Nous croyons que ce livre, fort rare et très important pour l'histoire de l'ancien droit pontifical, a été mis à l'*index*.

GASPARRO.

On a de François *Gasparro* : *Institutiones juris canonici*, Rome, 1702, 4 vol. in-4°.

GATTICUS.

Jérôme *Gatticus* ou *Gattici*, de l'ordre des frères prêcheurs, est connu par un traité *de Immunitate Ecclesiæ*, Bologne, 1636, 2 vol. in-4°.

GAVANTUS.

Barthélemy *Gavantus*, consulteur de la congrégation des rites et général des Barnabites, était de Milan, et mourut à Rome vers 1638. Il est principalement connu par son *Commentaire sur les rubriques du missel et du bréviaire romain*, ouvrage plein de recherches et très propre à entretenir la dignité et la régularité des cérémonies saintes. Les canonistes lui doivent aussi un très bon et très utile ouvrage, auquel nous avons fait des emprunts, et qui a pour titre : *Praxis visitationis episcopalis*, Rome, 1628, in-4°; *Manuale episcoporum*, 1647, in-4°. Le *Thesaurus sacrorum rituum cum novis additionibus R. P. Merati* a été réimprimé à Venise, en 1823, 5 vol. in-4°.

GÉNÉBRARD.

Gilbert *Génébrard*, archevêque d'Aix, né vers 1537, à Riom en Auvergne, prit l'habit de bénédictin de Cluni, et vint étudier à Paris, où il fit des progrès dans les sciences et dans les langues. Il fut reçu docteur de la maison de Navarre en 1563. Il se déclara pour la Ligue et la soutint de tous ses efforts. D'ailleurs, le parti protestant était également une ligue, et une ligue armée contre le trône et l'autel; ligue pour ligue, celle des catholiques lui parut plus légitime, et il eut raison. Il publia divers ouvrages, entre autres : *De sacrarum electionum jure et necessitate*, Paris, 1593, in-8°; Lyon, 1594, in-8°; Liége, 1601, in-8°. Il y soutenait les élections des évêques par le clergé et le peuple, contre la nomination du roi. Le parlement d'Aix le fit brûler par la main du bourreau, bannit l'auteur du royaume, avec défense d'y revenir, sous peine de la vie. On lui permit pourtant d'aller finir ses jours à son prieuré de Semur, en Bourgogne. Il y mourut en 1597, à soixante ans. On mit ce vers sur son tombeau :

Urna capit cinere, nomen non orbe tenetur.

Génébrard était certainement un des hommes les plus savants de son siècle. Ses vertus, et surtout la pureté de ses mœurs, le firent respecter des personnes les plus illustres. Saint François de Sales se glorifiait d'avoir été son disciple.

GERBAIS.

Jean *Gerbais*, né en 1629 à Rupois, village du diocèse de Reims, docteur de Sorbonne en 1661, mort en 1699 à 70 ans, avait un esprit vif et pénétrant. On a de lui plusieurs ouvrages en latin et en français. Les premiers sont mieux écrits que les seconds. Les principaux sont : *Dissertatio de causis majoribus*, Paris, 1679 et 1694, in-4°, pour prouver que les causes des évêques doivent être jugées en première instance par le métropolitain et par les évêques de la province. (*Voyez* CAUSES MAJEURES.) Ce traité déplut à Rome, non seulement par les assertions qu'il contenait sur les libertés de l'Église gallicane, mais aussi par la manière dure dont elles étaient exprimées. Innocent XI le condamna par un bref du 18 décembre 1680. *Traité du pouvoir de l'Église et des princes, sur les empêchements de mariage;* Paris, 1698, in-4°. L'auteur y prouve contre Launoy, que l'Église a toujours usé du pouvoir d'établir des empêchements dirimants. (*Voyez* EMPÊCHEMENT.) *Dissertation sur le pécule des religieux curés, sur leur dépendance du supérieur régulier, et sur l'antiquité de leurs cures;* Paris, 1697, 2 vol. in-12. *Trois lettres touchant le pécule des religieux curés ou évêques;* Paris, 1699, in-8°.

GERDIL.

Hyacinthe-Sigismond *Gerdil,* célèbre cardinal, naquit à Samoëns en Savoie, le 23 juin 1718, d'une famille estimée. A l'âge de 15 ans il entra chez les barnabites. Pie VI appréciant le mérite de *Gerdil,* l'appela à Rome, le nomma consulteur du Saint-Office, le fit sacrer évêque de Dibhon, et l'agrégea au sacré collége le 27 juin 1777. *Gerdil* montra dans ce haut rang beaucoup de zèle pour les intérêts de l'Église. Nommé préfet de la propagande et membre de presque toutes les congrégations, il était au milieu du sacré collége comme une lumière. C'était toujours son avis que l'on suivait dans les affaires les plus délicates, et *Gerdil* inclinait toujours pour le parti modéré dès que les principes ne devaient pas en souffrir : c'est dans ce sens qu'il agit dans l'affaire du concordat de 1801. Après la mort de l'infortuné Pie VI, *Gerdil* se rendit au conclave convoqué à Venise. Dès les premiers scrutins, un grand nombre de suffrages se réunirent en sa faveur, et son âge très avancé fut un des grands obstacles à son élection. Il mourut en effet deux ans après, le 12 août 1802, âgé de plus de 84 ans. Ce savant cardinal a composé un grand nombre d'ouvrages, dont plusieurs furent imprimés séparément. Le père Torelli les a recueillis et publiés, Bologne, de 1784 à 1791, 6 vol. in-4°. Ce recueil important renferme plusieurs traités curieux et savants qui ont rapport au droit canon. Le cardinal della Somaglia fit imprimer à ses frais : *Opuscula ad hierarchiam Ecclesiæ constitutionem spectantia,* Parme 1790. Il contient une réfutation de deux libelles contre la bulle *Auctorem fidei* et contre le livre d'Eybel : *Quest-ce que le Pape?* Eybel était professeur de droit canon à Vienne, du temps de l'empereur Joseph II, et pendant la chaleur des réformes de ce prince. Il attaque dans son libelle la puissance papale, et parle avec peu de respect du Souverain Pontife. *Gerdil* réfuta sa doctrine en lui opposant les théologiens les plus attachés aux libertés de l'Église gallicane, tels que Gerson, le

P. Alexandre, Bossuet et Fleury. On a encore de *Gerdil* sur le droit ecclésiastique : *Tractatus de primatu romani Pontificis ; In notas non- nularum propositionum synodi pistoiensis*, Rome 1795. Ces remar- ques tendaient à justifier sur quelques points le synode de Pistoie, *Gerdil* les réfuta. Ce célèbre cardinal fut, de notre temps, un des hommes qui marquèrent le plus dans les sciences, qui furent le plus utiles à la religion et à l'Église et firent le plus d'honneur au clergé. Nous avons remarqué surtout dans ses diverses controverses une admirable modération, il n'y laisse pas même échapper la moindre expression qui puisse offenser ceux qu'il réfute.

GERMOIN.

Anastase *Germoin*, archevêque de Tarentaise et savant canoniste, a écrit : *De jurisdictione ecclesiasticâ*, in-fol.; *De indultis cardina- lium*, Rome, 1614, in-fol., ouvrage aussi savant qu'exact; *De sa- crorum immunitatibus*, Rome, 1613, in-fol.; *Omnia opera canonica*, Rome, 1623, 2 vol. in-fol. Le duc de Savoie envoya *Germoin*, am- bassadeur en Espagne, où il mourut en 1627.

GIBALINUS.

Nous avons de Joseph *Gibalinus*, jésuite : *De scientiâ canonicâ*, Lyon, 1679, 3 vol. in fol.; *Disquisitiones canonicæ de clausurâ regulari ex veteri et novo jure*, Lyon, 1648, in 4°; *De simoniâ*, Lyon, 1659, in-8°; *De usuris, commerciis, et de æquitate et usu fori Lugdu- nensis*, Lyon,1656, in-fol.; *De irregularitatibus*, Lyon, 1652, in-4°.

GIBERT.

Jean-Pierre *Gibert*, docteur en théologie et en droit, naquit à Aix en Provence, au mois d'octobre 1660. Il enseigna la théologie dans les séminaires de Toulouse et d'Aix; il vint à Paris en 1793, et il y a toujours vécu dans l'étude et dans la retraite jusqu'à sa mort, arri- vée le 2 décembre 1726. Sa nourriture était simple et frugale ; toutes ses actions respiraient la candeur et la simplicité évangéli- que : il refusa constamment tous les bénéfices qu'on lui offrit. C'était un des plus renommés canonistes de son temps ; il a laissé un grand nombre d'ouvrages. Les principaux sont : *Institutions ecclésiastiques, suivant les principes du droit commun et les usages de France*. La se- conde édition, augmentée d'observations importantes, puisées dans les *Mémoires du clergé*, est de 1736, 2 vol. in-4°. Nous avons fait usage d'une édition plus récente, celle de 1750. *Consultations cano- niques sur les Sacrements en général et en particulier*, 12 vol. in-12, imprimées à Paris, en 1721 et 1725. *Usages de l'Église gallicane, con- cernant les censures et l'irrégularité, considérées en général et en parti- culier, expliquées par des régles du droit reçu*, Paris, 1724, 1 vol. in-4°. *Tradition ou Histoire de l'Église sur le sacrement de mariage*, 1725, 3 vol. in-4°. L'auteur y démontre, par une suite non interrompue de monuments les plus authentiques, tant de l'Orient que de l'Occident, que cette matière a toujours été soumise à la juridiction de l'Église. Cet ouvrage serait tout à fait de circonstance aujourd'hui contre certains légistes qui prétendent que le mariage est exclusivement de la compétence du pouvoir civil. (*Voyez* MARIAGE.) *Corpus juris canonici per regulas naturali ordine dispositas*, Lyon, 1735, 3 vol. in-fol. Cette compilation, assez bien digérée, a été recherchée, et l'est encore.

GIGAS.

Jérôme *Gigas* ou *Gigant* est auteur d'un traité *de Pensionibus ecclesiasticis et Responsa 50 in eâdem materiâ*, Lyon, 1563, Venise, 1570, in-4°, Cologne, 1619, in-8°.

GIRALDI.

Nous devons à Ubald *Giraldi* un ouvrage excellent qui a pour titre *Expositio juris pontificii juxtà recentiorem Ecclesiæ disciplinam*, Rome 1769. Il en a été publié une seconde édition à Rome, en 1829, en 3 vol. in-folio.

GOHARD.

Gohard, archidiacre et grand vicaire de Noyon, est auteur d'un *Traité des bénéfices ecclésiastiques, dans lequel on concilie la discipline de l'Église avec les usages du royaume de France*, Paris, 1765, 7 vol. in-4°. Nous avons quelquefois cité cet ouvrage qui n'est pas d'une grande utilité aujourd'hui, puisque les bénéfices proprement dits n'existent plus en France, et que les usages du royaume ont beaucoup changé depuis 1801.

GOLDAST.

Melchior *Goldast*, né le 6 janvier 1576 à Esperi, en Suisse, mort en 1635 à Bremen. On a de lui divers ouvrages, parmi lesquels on distingue : *Monarchia sancti imperii romani*, Hanovre, 1611 et 1613, 3 vol. in-fol. ; Francfort, 1668, 3 vol. in-fol. Cet ouvrage est compris dans la condamnation collective portée par le décret de l'*Index*, en date du 4 mars 1709, contre l'auteur. C'est une compilation de différents traités sur la juridiction civile et ecclésiastique, assez curieuse, mais pleine de faux titres. *Goldast* y a surtout ramassé, sans discernement ni critique, tout ce qui paraît favorable à sa secte, et propre à donner des idées fausses de l'Église catholique.

GOMEZ.

Louis *Gomez* naquit à Orihuela, en 1484, dans le royaume de Valence, où il enseigna le droit avec réputation ; il fut surnommé le Docteur subtil. Après avoir exercé divers emplois dans la chancellerie de Rome, où il avait été appelé et fait auditeur de Rote, il devint évêque de Sarno, dans le royaume de Naples, en 1543, et il y mourut en 1550. Plusieurs auteurs ont fait l'éloge de sa piété et de son érudition. On a de lui : 1° *In Regulas cancellariæ apostolicæ commentaria*, 1 vol. in-8°, Paris, 1554. 2° *Decisionum rotæ;* 3° *De Potestate et Stylo officii sacræ pænitentiariæ;* 4° *De litteris gratiæ;* 5° *Compendium utriusque signaturæ ;* 6° *Elenchi omnium scriptorum in jure ;* 7° *Clementinæ cum glossâ ;* 8° *De Nobilitate ;* 9° Des Commentaires sur quelques titres du sixième livre des Décrétales.

Il ne faut pas confondre Louis *Gomez* avec Alphonse *Gomez* auteur d'un traité *De Gratiis exspectativis*, 1553, in-fol., ouvrage utile pour sa spécialité.

GONNI.

On a de Rémi de *Gonni, de Immunitate ecclesiarum personisque ad eas confugientibus, tractatus*, Toulouse, 1549, in-fol.

GONZALEZ.

Jérôme *Gonzalez* nous a laissé un livre utile et exact pour les règles de la chancellerie romaine : *Commentaria ad regulas cancellariæ*, Rome, 1624, in-fol., Lyon, 1738, *cum decisionibus*, 4 vol. in-folio.

On a d'Emmanuel *Gonzalez Tellez*, professeur de droit à Salamanque en 1665, *Commentaria in decretales*, Lyon, 1673, 5 vol. in-fol. 1692, 5 vol. in-fol., Francfort, 1690, 5 vol. in-fol. Cet ouvrage est précieux pour ses notes succinctes et lumineuses.

GOUSSET.

Thomas *Gousset*, professeur de théologie au séminaire de Besançon, fut successivement élevé par son mérite à l'évêché de Périgueux, à l'archevêché de Reims et au cardinalat. On a de lui : *Le Code civil commenté dans ses rapports avec la théologie morale, ou explication du Code civil, tant pour le for intérieur que pour le for extérieur*, un vol. Cet ouvrage a eu plusieurs éditions. *Les actes ecclésiastiques de la province de Reims*, Reims, 1842, 4 vol. in-4°. *Théologie dogmatique, ou exposition des preuves et des dogmes de la religion catholique*, 2 vol. in-8° ; *Théologie morale à l'usage des curés et des confesseurs*, 2 vol. in-8°. Ces deux ouvrages, qui ont déjà eu six ou sept éditions, renferment plusieurs questions de droit canonique. Nous avons eu occasion de les citer plusieurs fois et de nous appuyer ainsi de l'autorité du savant cardinal. *Observations sur un mémoire adressé à l'épiscopat sous le titre* : « Sur la situation présente de l'Église gallicane, relativement au droit coutumier. » in-8° de 104 pages.

La lucidité, la méthode, et surtout l'orthodoxie de la doctrine, distinguent les ouvrages du cardinal *Gousset;* aussi ont-ils eu un grand succès. Son Éminence a daigné nous dire plusieurs fois qu'Elle se proposait de publier un ouvrage de droit canon dans le même genre que sa théologie dogmatique et morale. Nous faisons des vœux pour qu'Elle puisse réaliser promptement ce projet.

GOUSTE.

Claude *Gouste*, prévôt de Sens, est auteur d'un *Traité de la puis-sance et autorité des rois, et de par qui doivent être commandés les diètes ou conciles solennels d'Église; les États convoqués; en quel lieu et de-gré doivent être assis les rois, les gens d'Église, les nobles et le menu peuple.* Il fut publié à Sens en latin, in-4°, en 1561 et la même an-née à Paris en français, in-8°. Ce traité fut inséré dans la compila-tion de Goldast, M. Dupin, aîné le cite avec éloge dans son *Manuel,* ce qui suffit pour en apprécier l'esprit.

GRASSI.

Achille de *Grassi*, savant canoniste, né à Bologne en 1463, reçut le chapeau de cardinal l'an 1511, en récompense des services qu'il avait rendus au pape Jules II dans diverses négociations en France et en Allemagne, fut élevé à l'archevêché de Civita di Cas-tello qu'il permuta contre celui de Bologne, et mourut à Rome en 1523 avec le titre de trésorier du conclave de Léon X. Il laissa en manuscrit un *Recueil des décisions de la cour de rote.*

Achille de *Grassi*, son neveu, fils d'un sénateur de Bologne, nommé évêque de Montefiascone, puis auditeur de rote, fut envoyé auprès du roi de Naples pour engager ce prince à travailler avec le Saint-Siége au rétablissement de la paix en Italie, et mourut à Rome en 1558. Il augmenta le *Recueil des décisions de la cour de rote* que lui avait laissé son oncle.

César de *Grassi*, de la même famille que les précédents, chanoine de Saint-Pierre de Bologne, puis protonotaire apostolique et audi-teur de rote, mort à Rome en 1580, recueillit également des déci-sions de la cour de rote. Cette *Collection* fut mise au jour à Rome, en 1601, in-4°.

GRATIEN.

(*Voyez* DROIT CANON.)

GRIMAUDET.

François *Grimaudet*, avocat du roi à Angers, sa patrie, puis conseiller au présidial de cette ville, mourut en 1580, à 60 ans. On a de lui : *Paraphrases du droit des dîmes ecclésiastiques et inféodées,* Paris, 1571, in-8°, 1574, in-8°; *De la puissance royale et sacerdotale;* ce livre fut mis à l'*index* le 16 novembre 1662. On imprima ses œuvres à Amiens, 1669, in-fol. Elles sont citées par les juris-consultes.

GROS.

Nicolas le *Gros*, docteur en théologie de l'université de Reims, né dans cette ville en 1675. Il mourut à Rhinwick, près d'Utrecht, le 4 décembre 1751, à 75 ans. On a de lui plusieurs ouvrages, entre autres : *Du renversement des libertés de l'Église gallicane dans l'affaire de la constitution Unigenitus*, 1716, 2 vol. in-12. Il y étale ouvertement le système de Richer et de Marc-Antoine de Dominis. *Mémoires sur les droits du second ordre du clergé*, 1718, in-4°, ouvrage qui renferme le même système que le précédent. Le *Gros* fut un des principaux soutiens des églises jansénistes de Hollande.

GROTIUS.

Hugues *Grotius* ou *Groot*, savant hollandais, naquit à Delft le 10 avril 1583, d'une famille illustre. Il mourut à Rostock, le 28 août 1645, à 65 ans. Parmi ses principaux ouvrages, nous citerons : *De imperio summarum potestatum circà sacra, cum scholiis Davidis Blondelli*, Paris, 1647, in-8°, La Haye, 1652, in-8°, 1661, in-12, Amsterdam, 1677, in-12, Francfort, 1690, in-4°. Il fut traduit en français en 1751, in-12, sous ce titre : *Traité du pouvoir du magistrat politique sur les choses sacrées*. Si cet ouvrage accorde au pouvoir civil une influence trop marquée sur les choses religieuses, il faut se souvenir que l'auteur était protestant. Son livre a été mis à l'*Index*, par décret du 10 juin 1658.

GUÉRANGER.

Prosper *Guéranger*, restaurateur des Bénédictins en France, et prieur de l'abbaye de Solesmes, est auteur du *Droit de la liturgie — Institutions liturgiques*, 3 vol. in-8°. Dire que cet ouvrage a puissamment contribué à faire rétablir la liturgie romaine dans la plupart de nos diocèses de France, c'est en faire le plus bel éloge.

GUÉRET.

Louis-Gabriel *Guéret*, docteur de Sorbonne, vicaire général de Rodez, né à Paris en 1678, mort le 9 septembre 1759, âgé de 81 ans, s'est fait connaître par quelques brochures en faveur des réfractaires aux décrets de l'Église, et par l'ouvrage intitulé : *Droits des curés pour commettre leurs vicaires et les confesseurs dans leurs paroisses*, Paris, 1759, 1 vol. in-12. (*Voyez* VICAIRE de paroisse.) *Guéret* était un janséniste déclaré.

GUILLEMIN.

Alexandre *Guillemin*, docteur en droit, ancien avocat à la Cour de cassation et au conseil d'État, a publié en 1846 : *Memorandum des libertés et des servitudes de l'Église gallicane*, Paris, 1 vol. in-8°. Dans cet ouvrage, M. *Guillemin* combat les principes gallicans du *Manuel* de M. Dupin. Ses convictions pour la doctrine du Saint-Siége sont profondes, et l'on s'en aperçoit. « L'infaillibilité de l'Église n'est pas mise en doute, dit-il, la conséquence est palpable : donc le pape, le chef de l'Église, est lui-même infaillible en matière de foi. »

GUSMANN.

On a de ce canoniste un livre estimable et fait dans un bon esprit. Il a pour titre : *Examen juris canonici per quæstiones selectiores, rariores et difficiliores*, Erfurth, 1751, in-4°.

GUTHIÈRES.

Jean *Guthières* est auteur de l'ouvrage intitulé : *Quæstiones canonicæ utriusque fori*, Francfort, 1607, in-fol.; Anvers, 1618, in-fol.

GUYMIER.

Côme *Guymier*, conseiller clerc au Parlement de Paris, sa patrie, était un magistrat plein d'intégrité et de lumières. Il mourut l'an 1503. Il était chanoine de Saint-Thomas-du-Louvre. Il composa, vers l'an 1486, un *Commentaire* sur la Pragmatique sanction de Charles VII, roi de France, dont la meilleure édition est celle qu'en donna Pinsson, avocat au Parlement de Paris, en 1666, in-fol. (*Voyez* PINSSON.)

GUYOT.

Germain-Antoine *Guyot*, avocat au parlement de Paris, sa patrie, né en 1694, mort en 1750, a laissé : *Répertoire universel et raisonné de jurisprudence civile, criminelle, canonique et bénéficiale*, Paris, 1784, 17 vol. in-4°.

H

HABERT.

Isaac *Habert* fut docteur de la société de Sorbonne, théologal de Paris et nommé évêque de Vabres, en 1645. Il mourut en 1668. C'était un homme aussi estimable par ses vertus que par ses connaissances. Il montra un grand zèle contre les jansénistes. On a de lui : *De consensu hierarchiæ et monarchiæ, adversùs Optatum Gallum*, Paris, 1640, in-4°; *De cathedrâ seu primatu sancti Petri*, Paris, 1645, in-4°; *Traité du pouvoir de l'Église et des princes sur le mariage de leurs sujets; Écrits* contre Jansénius et contre Arnauld. Il est encore auteur de la lettre contre Jansénius, que signèrent presque tous les évêques de France, et qu'ils envoyèrent au pape en 1651.

Il ne faut pas le confondre avec Louis *Habert*, auteur d'un *Cours complet de théologie* un peu janséniste et qui mourut à Paris, en 1718, à l'âge de 43 ans.

HAGEMAJERUS.

On a de Joachim *Hajemagerus*, canoniste protestant: *De auctoritate juris civilis et canonici*, Francfort, 1662, in-4°.

HALLIER.

François *Hallier*, né à Chartres vers 1595, docteur et professeur de Sorbonne, fut successivement archidiacre de Dinan, théologal de Chartres, syndic de la faculté de théologie de Paris, enfin évêque de Cavaillon en 1656. Il ne garda pas longtemps ce siége, étant mort en 1658, à 64 ans, d'une paralysie qui lui fit oublier tout ce qu'il avait su, jusqu'à l'oraison dominicale. *Hallier* fit plusieurs voyages dans la Grèce, en Angleterre, en Italie, et partout il fit admirer ses talents. Urbain VIII l'aurait fait cardinal, si une forte brigue et des raisons d'État n'avaient fait passer le chapeau qui lui était destiné sur la tête du commandeur de Valency. Dans son second voyage de Rome, en 1652, il fit éclater beaucoup de zèle contre les cinq propositions de Jansénius, dont il sollicita et obtint la condamnation. De là tout le mal que les jansénistes ont dit de lui, ce qui n'a pas empêché les gens impartiaux de reconnaître dans ses ouvrages de la force dans les raisonnements, et de l'érudition dans les recherches. Les principaux sont : *De hierarchiâ ecclesiasticâ*, Paris, 1656, in-folio. *Des commentaires sur les règlements du clergé de France, touchant les réguliers*, qui l'engagèrent dans des disputes avec les jésuites et divers autres religieux. *Tractatus de sacris electionibus et de ordinationibus ex antiquo et novo Ecclesiæ usu*, 1636, in-fol., réimprimé à Rome en 1740, 3 vol. in-fol. C'est son chef-d'œuvre. Cet ouvrage lui valut une pension de la part du clergé de France ; il est clair et méthodique. M. l'abbé Migne l'a inséré dans le tome XXIV, page 139 de son *Cours complet de théologie*.

HAMMOND.

Henri *Hammond*, docteur en théologie de l'université d'Oxford, naquit à Chersey, dans la province de Surrey, en 1605, et mourut en 1660, chargé de la conduite du diocèse de Worcester, dont il devait être évêque. On a de lui : *Dissertationes quatuor pro episcopatu contrà Blondellum*, Londres, 1651, in-4°. Cet évêque anglais a très bien réfuté Blondel. Tous ses ouvrages ont été recueillis à Londres en 1684, en 4 vol. in-fol. Il y en a quelques-uns en latin; mais le plus grand nombre est en anglais.

HARDOUIN.

Jean *Hardouin*, né à Quimper en 1646, d'un libraire de cette ville, entra fort jeune chez les jésuites. Il mourut à Paris en 1729, à 83 ans. Nous avons de lui, entre autres ouvrages : *Collectio conciliorum*, Paris, 1715, 12 vol. in-folio. Cette collection *renferme plusieurs maximes contraires à celles de l'Église gallicane*, ce qui explique la fureur avec laquelle les parlementaires l'ont déprimée pendant un siècle.

HAUTE-SERRE.

Antoine-Dadin de *Haute-Serre* ou *Alte-Serra*, professeur en droit à Toulouse, naquit dans le diocèse de Cahors, et mourut en 1682, à l'âge de 80 ans, regardé comme un des plus habiles jurisconsultes de France. On a de lui : *Origines rei monasticæ*, Paris, 1674, in-4°. *Commentaria in decretales Innocentii III*, Paris, 1666, in-fol. *Ecclesiasticæ juridictionis vindiciæ*, Orléans, 1702, in-4°. C'est une réfutation du *Traité de l'abus de Févret*. (*Voyez* FÉVRET.) L'auteur l'entreprit à l'âge de soixante-dix ans par ordre du clergé. Des *Notes* pleines d'érudition, *sur les vies des papes*, par Anastase, et plusieurs autres ouvrages étrangers au droit canonique. Peu d'hommes ont possédé le droit canon, la discipline de l'Église et les libertés gallicanes plus à fond que lui, et ont enseigné avec autant de méthode.

HENRI DE SUZE.

Henri de Suze, surnommé dans son temps *la source et la splendeur du droit*, était cardinal et évêque d'Ostie, d'où lui est venu le nom d'*Hostiensis*. (*Voyez* CITATION, *in fin.*) Il avait été archevêque d'Embrun, et il mourut en 1271. On a de lui une *Somme du droit canonique et civil*, connue sous le nom de *Somme dorée*, qu'il composa par ordre du pape Alexandre IV. On en a trois éditions. Rome, 1473, 2 tom. in-fol. en un seul vol. ; Bâle, 1576, et Lyon, 1597. Les canonistes la consultent utilement.

HENRION.

Mathieu-Richard-Auguste *Henrion*, avocat et auteur de plusieurs ouvrages, a publié : *Code ecclésiastique français*, Paris, 2ᵉ édition, 1829, 2 vol. in-8°. C'est un abrégé très succinct des *Lois ecclésiastiques* d'Héricourt. (*Voyez* HÉRICOURT.) *Manuel de droit ecclésiastique*, un vol. in-18, Paris, 1835. Celui-ci est encore un abrégé de l'*Institution au droit ecclésiastique* de Fleury. Il a mis en note, ainsi que dans le précédent, plusieurs dispositions des chartes, lois, décrets et ordonnances émanés du pouvoir civil. M. *Henrion*, en faisant une nouvelle édition de ces deux ouvrages, aurait pu, ce nous semble, tout en les abrégeant comme il l'a fait, en tirer un meilleur parti. Cependant nous devons dire qu'il en a élagué à peu près ce qui les rendait dangereux.

HÉRICOURT.

Louis de *Héricourt*, célèbre avocat au parlement, né à Soissons, le 20 août 1687, passait pour le meilleur canoniste de son siècle. Il mourut à Paris, le 18 octobre 1752, aussi regretté pour son savoir que pour sa probité. Il est auteur des *Lois ecclésiastiques de France, dans leur ordre naturel, et une analyse des livres du droit canonique, conférées avec les usages de l'Église gallicane*, 1 vol. in-fol., imprimé à Paris, en 1729, et réimprimé en 1756 et 1771. C'est l'édition de 1756 que nous avons citée. Cet ouvrage est écrit avec beaucoup de méthode et de clarté ; mais en général il est peu favorable à la puissance ecclésiastique, et l'on y trouve des principes très-dangereux. Néanmoins nous nous sommes beaucoup servi de cet ouvrage, parce qu'il est plein d'érudition. Les jansénistes ont donné des éditions de cet ouvrage, où ils ont inséré des notes et des passages supprimés par l'auteur. Ce savant canoniste fit aussi un abrégé très estimé de la *Discipline de l'Église,* du père Thomassin (*voyez* THOMASSIN), ainsi que plusieurs autres ouvrages. Ses *Œuvres posthumes* ont été imprimées en 1749, 4 vol. in-4°. (*Voyez* ci-dessus HENRION.)

HERMANT.

Godefroi *Hermant,* savant docteur de la maison et société de Sorbonne, naquit à Beauvais en 1617, et mourut en 1690. Il s'attacha au parti janséniste. On a de lui, entre autres savants ouvrages : *Index universalis totius juris ecclesiastici,* Lille, 1693, in-folio. On y trouve des notes indignes de l'auteur, et imprégnées de l'esprit de secte.

HOTMAN.

Antoine *Hotman,* avocat général au parlement de Paris ; il mourut en 1596. On a de lui : *Traité de la dissolution du mariage pour cause d'impuissance et de froideur de l'homme et de la femme,* Paris, 1591, 1595, 1599 et 1610, in-8° ; *Traité des droits ecclésiastiques, franchises et libertés de l'Église gallicane* et quelques autres ouvrages.

Son frère François, né en 1524 et mort en 1590, a publié une satire lourde et plate au sujet de l'excommunication du roi de Navarre, et qui fut mise à l'*Index.* Elle a pour titre : *Fulmen brutum papæ Sixti V.*

HUNNOLD.

François *Hunnold,* né dans le pays de Nassau, entra chez les jésuites et se distingua par ses *Sermons.* Il mourut à Trèves en 1746. Outre ses sermons qui ont été imprimés à Cologne et à Augsbourg en 6 vol. in-folio, nous avons de lui : *Introductio ad jus canonicum,* 1692, in-12 ; *Notitia congregationum et tribunalium curiæ Romanæ,* 1633, in-12.

I

ISIDORE DE SÉVILLE.

Saint *Isidore* de Séville naquit vers 570 et mourut l'an 636. Le concile de Tolède, tenu l'an 753, l'appelle le *docteur de son siècle et le nouvel ornement de l'Église. Isidore* avait présidé à un grand nombre de conciles assemblés de son temps, et en avait fait faire les règlements les plus utiles. On a de lui plusieurs ouvrages qui décèlent beaucoup de savoir ; les principaux sont : *Des origines ou étymo-*

logies. Saint *Isidore* n'avait pas mis la dernière main à cet ouvrage ; Branlion, évêque de Sarragosse, le retoucha et lui donna la forme dans laquelle il est aujourd'hui. Cet ouvrage, qui est cité dans le corps du droit canon et par les canonistes, traite de presque toutes les sciences divines et humaines. *Traité des offices ecclésiastiques.* Une *Collection de décrétales,* encore manuscrite, examinée et vérifiée par le savant père Burriel. La collection la plus complète des œuvres de saint *Isidore* de Séville est celle de Madrid, 1778, 2 vol. in-fol. ; on estime aussi celle qu'a publiée Fauste Arevali, Rome, 1797-1805, 7 vol. in-4°.

ISIDORE MERCATOR.

(*Voyez* DÉCRÉTALES.)

J

JACOBATIUS.

Dominique *Jacobatius,* évêque de Lucera, fut employé en diverses affaires importantes par Sixte IV et par les papes suivants. Léon X le fit cardinal en 1517. Il mourut en 1527, à 84 ans. On a de lui un *Traité des conciles,* en latin. C'est le dernier volume de la collection du père Labbe. (*Voyez* LABBE.) Ce traité *de Concilio* avait été imprimé à Rome, en 1535 et en 1538, in-fol. Il était devenu très rare.

JANVIER.

Nicolas *Janvier* a publié en 1620 : *De visitatione ac synodis diœcesaná et provinciali, canonicæ conclusiones,* Paris, 1620, in-12. On a aussi de lui un traité sur les droits et les devoirs de l'archidiacre. (*Voyez* FLORENT.)

JOLY.

Claude *Joly,* né à Paris en 1607, mourut chanoine de la cathédrale en 1700, âgé de 93 ans. Parmi ses principaux ouvrages, nous citerons son *Traité historique des écoles épiscopales et ecclésiastiques,* 1678, in-12, ouvrage savant et important, mais rare. *De reformandis horis canonicis,* 1644, in-8° et 1675, in-12. Presque tous les ouvrages de ce pieux chanoine sont curieux, mais peu connus.

JOUSSE.

Daniel *Jousse,* conseiller au présidial d'Orléans, né dans cette ville le 10 février 1704, mort le 21 août 1781, s'est fait une réputation distinguée par ses travaux et ses lumières en matière de jurisprudence. Il fut l'émule et l'ami de Pothier. Il est auteur de plusieurs ouvrages estimés ; nous ne mentionnerons que les suivants dont nous avons fait usage. *Traité du gouvernement spirituel et tem-*

porel des paroisses, 1 vol. in-12, Paris, 1769. *Commentaire sur l'édit du mois d'avril* 1695, *concernant la juridiction ecclésiastique,* 2 vol. in-12, Paris, 1764. *Traité de la juridiction volontaire et contentieuse des officiaux et autres juges d'Église, tant en matière civile que criminelle,* 1 vol. in-12, Paris, 1769. Cet ouvrage fait suite au précédent dont il peut servir de supplément. Les ouvrages de *Jousse,* comme tous ceux des jurisconsultes de ce temps, favorisent le gallicanisme.

JOUVE.

M. l'abbé *Jouve,* chanoine de Valence, a publié, en 1850, chez Perisse frères, un ouvrage intitulé : *Exposition canonique des droits et des devoirs dans la hiérarchie ecclésiastique, considérés en eux-mêmes et dans leur application au régime actuel de l'Église de France; suivie d'un appendice sur les concordats intervenus depuis* 1801 *entre le Saint-Siége et divers États de l'Europe.* Un vol. in-8° de 442 pages, imprimé à Valence sous les yeux de l'auteur.

Dans vingt-trois chapitres différents, M. l'abbé *Jouve* traite de la hiérarchie, en général, de la juridiction temporelle, des droits et des devoirs du pape, des droits et des devoirs des archevêques ou métropolitains et des évêques, de leur nomination, de l'archidiacre, du grand-vicaire, des officiaux et officialités, des chapitres et de leurs droits, des devoirs des chanoines, des curés, de leurs droits, de leurs devoirs, de leur nomination et de la condition actuelle des desservants en France.

Ce plan présente assurément assez d'intérêt, mais M. l'abbé *Jouve* nous semble parler avec un peu trop d'amertume contre l'état actuel de l'Église en France, contre les abus et ce qu'il regarde comme tels. Il dit à cet égard des choses qui ne sont que trop justes et trop vraies, mais son ton parfois n'est point assez grave et ressemble un peu à de la diatribe. Sur certains points, nous ne saurions partager toutes ses vues, mais nous rendons pleine et entière justice à ses louables intentions. Nous savons que d'éminents personnages ont blâmé certaines tendances de son livre, mais que, sur les observations que son ordinaire a cru lui devoir faire à cet égard, notre honorable confrère, plein d'humilité, de bonne foi et de soumission à l'Église, s'est empressé de le retirer du commerce, ce que nous sommes heureux de mentionner ici à sa gloire et à son éloge.

JUSTEL.

Cristophe *Justel,* né à Paris, en 1580, mort en 1649, était l'homme, de son temps, le plus versé dans l'histoire du moyen-âge. Il possédait parfaitement celle de l'Église et des conciles. C'est sur les recueils de ce savant homme que Henri *Justel,* son fils, non moins savant, mort à Londres, en 1693, et Guillaume Voël, publièrent la *Bibliotheca juris canonici veteris,* en 3 vol. in-folio, Paris, 1651. C'est une collection très bien faite de pièces fort rares, sur le droit canon ancien. On y trouve plusieurs canons grecs et latins, tirés de manuscrits inconnus jusqu'à lui. On a de Christophe *Justel* le *Code des canons de l'Église universelle*, ouvrage justement estimé.

JUSTIS.

On a de Vincent de *Justis* un ouvrage savant et très pratique qui a pour titre : *Praxis dispensationum matrimonialium in curiâ romanâ*, Lucques, 1691, in-folio.

K

KARG.

Jean-Frédéric *Karg*, ministre de Maximilien-Emmanuel, électeur de Bavière, mort en 1719, est connu par plusieurs ouvrages sur la politique et le droit canon. Celui qui lui a donné le plus de célébrité est *Pax religiosa de exemptionibus et subjectionibus religiosorum*, Wurtzbourg, 1680, in-12. L'auteur envisage les religieux comme des corps auxiliaires, envoyés aux ministres de l'Église et dont les services et le zèle ne peuvent qu'être d'une utilité très marquée, pourvu qu'ils se déploient selon les règles et les constitutions de la hiérarchie ecclésiastique. La *Pax religiosa*, fut néanmoins mise à l'*index, donec corrigatur*, par un décret du 21 avril 1695, sans doute parce qu'elle montrait un peu de partialité contre les religieux. Le docile *Karg* a corrigé, en effet, son ouvrage, et en le corrigeant, il l'a augmenté et enrichi de plusieurs traits d'érudition. Mais les imprimeurs de Venise, ignorant ces changements, ont réimprimé, en 1778, le livre tel qu'il avait paru en 1680. On a encore de *Karg* : *De exemptionibus et subjectionibus clericorum*, Wurtzbourg, 1682, in-12; *Vues pacifiques sur la réunion des religions* qui divisent l'Allemagne, Wurtzbourg, un vol in-46, etc.

KEMPENERS.

Nous avons d'Augustin *Kempeners*, docteur en droit canon : *Dissertatio dogmatico-canonica de Romani Pontificis primatu ejusque attributis*, 1 vol in-8.

KEMPFEL.

Albert *Kempfel* est auteur de l'ouvrage suivant : *De Præscriptionibus tractatus canonico civilis*, Dillingen, 1721, in-4°.

KRIMERUS.

On a de Ferdinand *Krimère*, jésuite : *Quæstiones canonicæ in quinque libros decretalium*, Augsbourg, 1706, 5 vol. in-folio. Ce commentaire jouit d'une grande réputation en Allemagne.

KONIG.

On a de Robert *Konig* : *Principia juris canonici*, Salzbourg, 1690, 1701, 1714., 3 vol. in-4°.

KUGLER.

Kugler est auteur de *Tractatus theologico-canonicus de matrimonio*, 1713, 2 vol. in-folio.

L

LABBE.

Philippe *Labbe*, jésuite, né à Bourges, en 1607. Il mourut à Paris, en 1666, à 60 ans, avec la réputation d'un savant profond et d'un homme doux et poli. Il a publié beaucoup d'ouvrages ou plutôt de recueils, entre autres : *Conciliorum collectio maxima*, 17 vol. in-fol., 1672, avec des notes. Les huit premiers volumes de cette collection sont du père *Labbe;* les autres sont du père Cossart, son confrère, plus judicieux et meilleur critique que lui. On y a joint un 18e volume qui n'est autre chose que le *Traité des conciles* de Jacobatius. (*Voyez* JACOBATIUS.)

LACKIUS.

On a de *Lackius* : *Præcognita juris ecclesiastici universi*, Vienne, 1775.

LACOMBE.

(*Voyez* COMBE.)

LAIMAN.

Paul *Laiman* ou *Layman*, naquit à Inspruck, en 1576. Il entra dans la compagnie de Jésus et il enseigna la philosophie, le droit canon et la théologie à Ingolstadt, à Munich et à Dillingen. Il mourut à Constance en 1635, âgé de 60 ans.

On a de lui plusieurs ouvrages estimés : 1° *Jus canonicum seu Commentaria ad Decretales*. Nous en connaissons trois éditions imprimées à Dillingen, la première en 1666 en 2 vol. in-4°, la seconde en 1673, également en 2 vol. in-4°, et la troisième en 1692, en 3 vol. in-folio. 2° *Conclusiones canonicæ de Jurisdictione et foro competenti*, Dillingen, 1 vol. in-4°. 3° *Theologia moralis*, in-folio, en cinq parties, Munich, 1625; elle est d'un grand usage, non seulement pour les théologiens, mais aussi pour les canonistes. On en a fait plusieurs éditions; celle de Paris, 1622, est estimée.

LAMBERT.

Joseph *Lambert*, naquit à Paris en 1654, prit le bonnet de docteur de Sorbonne, et obtint le prieuré de Palaiseau, près Paris. Il mourut en 1722, à 68 ans. On a de lui, entre autres bons ouvrages: *Deux Lettres sur la pluralité des bénéfices,* Paris, 1710, in-12. Il les publia contre l'abbé Boileau. (*Voyez* BOILEAU.)

LANCELOT.

Jean-Paul *Lancelot* ou *Lancelloti,* jurisconsulte célèbre de Pérouse, mort dans sa patrie, en 1591, à quatre-vingts ans, composa divers ouvrages, entre autres celui des *Institutes du droit canon,* en latin, à l'imitation de celles que l'empereur Justinien avait fait dresser pour servir d'introduction au droit civil. Il dit, dans la préface de cet ouvrage, qu'il y avait travaillé par ordre du pape Paul IV, et que ces *Institutes* furent approuvées par des commissaires députés pour les examiner. Nous en avons diverses éditions avec des notes. La meilleure est celle de Doujat, en 2 vol. in-12. Durand de Maillane en a donné une traduction en français, avec des remarques, en 10 vol. in-12, Lyon, 1770. (*Voyez* DURAND DE MAILLANE.) Il y a une édition in-32 fort commode, Paris, 1670.

LEQUEUX.

M. l'abbé J.-F. M. *Lequeux,* ancien directeur du grand séminaire de Soissons, vicaire-général de Paris, est un des premiers qui, depuis le concordat de 1801, a écrit sur le droit canon, et qui a remis en honneur parmi nous cette science importante. C'est assurément un mérite dont on doit lui tenir compte. Mais, malheureusement, il ne s'est pas assez prémuni contre la doctrine des canonistes gallicans et parlementaires. Ses ouvrages, qui pouvaient avoir une grande utilité, sont écrits dans les principes erronés de ces canonistes. Le *Manuale juris canonici, ad usum seminariorum, juxtà temporum circumstantias accommodatum,* en 4 vol. in-12, et qui a eu plusieurs éditions, a été mis à l'*index,* par un décret du 27 septembre 1851. Par son cadre restreint et méthodique, ce *Manuel* était propre à être mis entre les mains des élèves et des professeurs. Il y apparaît, dans les formes, une modération et une modestie qui ont dû être une recommandation aux yeux d'un grand nombre de personnes, ce qui explique en partie le succès de cet ouvrage.

Nous devons dire que M. *Lequeux* s'est empressé de déclarer dans les journaux et d'écrire au Nonce apostolique à Paris qu'il se soumettait au décret de l'*index.*

Voici le jugement que porte du livre de M. l'abbé *Lequeux,* M. Feye, professeur de droit canon à l'université de Louvain : « Sans « mettre en doute la piété et la sagesse d'un auteur qui s'est hum- « blement soumis à la censure de l'*index,* nous avons des reproches « bien graves à faire à son livre. Avant tout, il faut ne pas perdre « de vue que c'est un *Manuel* destiné à apprendre la science cano- « nique aux élèves du sanctuaire. Or un tel *Manuel* n'est-il pas très

« blâmable quand il porte la modération jusqu'à proposer comme in-
« certaines et douteuses des doctrines qui ne le sont pas , quand il
« perce dans tout l'ensemble du livre une tendance vers des doctrines
« blâmées par le Siége apostolique , quand cette tendance se trahit
« partout par des insinuations , par le ton d'une modestie et d'une
« modération exemplaire, par la citation et la recommandation d'au-
« teurs, par le silence sur ce qui pourrait la représenter comme
« suspecte et blâmable ? Un tel *Manuel* n'est-il pas condamnable dans
« son ensemble ? »

Ce jugement , quoiqu'un peu sévère , nous paraît assez juste , et
c'est l'impression que nous a laissée la lecture de ce livre qu'à cause
de cela nous avons rarement cité.

On a encore du même auteur : *Synopsis juris canonici secundùm ordinem institutionum J. Devoti per tabulas disposita ; opusculum selec-
tissimis doctorum utriusque juris operibus collectum. In hâc editione
Parisiensi indicantur præcipua disciplinæ gallicanæ jure communi
discrimina per opportunas remissiones ad Manuale compendium juris
canonici.*

LEURENIUS.

Pierre *Leurenius* , jésuite, est auteur de : *Forum ecclesiasticum in
quo jus canonicum universum explanatur*, Venise, 1717, 5 vol. in-
folio ; *Forum beneficiale*, Cologne, 1735, 3 vol. in-fol. ; *de Episcoporum vicariis eorumdemque coadjutoribus,* etc., Venise, 1709, in-4°.

LIMBORCH.

Philippe de *Limborch* , calviniste, né à Amsterdam en 1667. Il
était grand partisan de la tolérance, et avec cela il a rempli ses
écrits du fiel le plus amer contre l'Église catholique. Il est mort
en 1712, à l'âge de 79 ans. Parmi ses principaux ouvrages, on distingue : *Historia inquisitionis, cui subjungitur liber sententiarum inquisitionis Tolosanæ,* Amsterdam, 1692, in-folio. Cette histoire fut
mise à l'*Index* par décret du 19 mai 1694.

LINKENS.

Henri *Linkens* est un protestant habile et modéré. On a de lui :
Tractatus de jure episcopali, Francfort, 1697, in-4° ; *De juribus tem-
plorum,* Leipsick, 1698, in-4°. Ce dernier ouvrage a été mis à l'*Index*
par décret du 15 janvier 1714.

LITTA.

Laurent de *Litta,* cardinal, naquit à Milan le 13 février 1754. Il
fut successivement protonotaire apostolique, membre de la consulte, archevêque de Thèbes et nonce en Pologne. Il mourut le
1er mai 1820, âgé de 66 ans. On lui attribue un ouvrage fort bien

écrit en français, qui a eu trois éditions, et qui a pour titre : *Lettres sur les quatre articles dits du clergé de France*, Bruxelles, 1818, in-8°.

LOCATI.

Hubert *Locati*, né à Plaisance vers 1520, entra dans l'ordre des prédicateurs, fut évêque de Bagnaria, et y mourut en 1587. Il a laissé entre autres ouvrages : *Praxis judiciaria inquisitorum*, Venise, 1583, in-4°.

LONDRES.

Théophile-Ignace Anker de *Londres*, naquit à Quimper le 1er octobre 1758. Il entra chez les jésuites, et survécut à leur suppression. Il est connu par : *Description historique de la tenue du conclave et de toutes les cérémonies qui s'observent à Rome depuis la mort du pape jusqu'à l'exaltation de son successeur*, Paris, 1774, in-8°.

On a de Jean de *Londres* : *Sententiæ juris SS. canonici*, 1510, in-4°.

LOTERIUS.

Melchior *Loterius* a publié un excellent traité sur les affaires bénéficiales, et qui a eu plusieurs éditions. *De re beneficiariâ, cum decisionibus rotæ romanæ*, Lyon, 1627, 1659, 1661, 1676 et 1700, in-fol. L'édition de Cologne, 1710, est la plus complète.

LOUET.

Georges *Louet*, d'une noble et ancienne famille d'Anjou, conseiller au parlement de Paris, et agent du clergé de France en 1584, s'acquit une grande réputation par sa science, par ses talents, par sa prudence et son intégrité. Il fut nommé à l'évêché de Tréguier; mais il mourut en 1608, avant d'avoir pris possession de cet évêché. On a de lui un *Recueil de plusieurs notables arrêts*, dont la meilleure édition est celle de Paris, 1742, 2 vol. in-fol., avec les commentaires de Julien Brodeau. *Notæ ad commentarium Caroli Molinæi in regulas cancellariæ apostolicæ*, Paris, 1656, 1699, in-4°.

LUCA.

Jean-Baptiste de *Luca*, savant cardinal, natif de Venosa, dans la Basilicate, mort en 1683, à 66 ans, s'éleva à la pourpre par son mérite; car il était d'une naissance très obscure. On lui doit : *Annotationes practicæ ad concilium Tridentinum in rebus concernentibus reformationem et forensia*, Cologne, 1684, in-4°; *De Pensionibus ecclesiasticis*, Rome, 1684, in-folio; *Relatio curiæ Romanæ omnium congregationum, tribunalium et jurisdictionum, urbis statum ac praxim repræsentans*, Cologne, 1683, in-4°. Une compilation étendue sur le droit ecclésiastique intitulée : *Theatrum veritatis et justitiæ, cum decisionibus Rotæ*, Rome, 1669, 21 vol. in-fol., Cologne, 1689, 10 vol. in-fol., Genève, 1697, 21 tomes en 11 vol. in-fol., Cologne, 1706,

17 vol. in-fol., Venise, 1734. La meilleure édition et en même temps la plus rare est celle de Rome. Les ouvrages du cardinal de *Luca* méritent d'être recherchés et étudiés. Cet habile et profond canoniste raisonne par principes, et n'est point un compilateur vulgaire.

LUCIDORI.

On a de Nicolas *Lucidori* : *De illegitimis clericorum matrimoniis,* Pérouse, 1648, in-4°.

LUCINI.

Louis-Marie *Lucini*, religieux de l'ordre de saint Dominique et cardinal, était né à Côme, dans le Milanais, en 1666, d'une famille illustre, et avait quitté les avantages que pouvaient lui procurer la naissance et le crédit de sa famille, pour embrasser la pauvreté religieuse. Aux vertus de son état, il joignait une rare capacité, et jouissait d'une grande estime dans son ordre, où il fut appelé à remplir les emplois les plus honorables. En 1724, il était commissaire du saint-office; en 1743, Benoît XIV, dans sa première promotion, le créa cardinal. C'était un homme instruit, d'un jugement solide et surtout d'une orthodoxie irréprochable. Il mourut en 1745, âgé de 79 ans. Il est auteur de plusieurs ouvrages pleins d'érudition, parmi lesquels nous distinguons celui-ci : *Romani Pontificis privilegia*, Venise, 1734, in-8°, Venise, 1775.

LUPI.

Marius *Lupus* ou *Lupi*, camérier du pape Pie VI, et chanoine de Bergame, est mort en 1789. On a de lui d'excellentes dissertations sur les antiquités. Son ouvrage intitulé : *De Parochis, ante annum Christi millesimum*, imprimé à Bergame en 1788, 1 vol. in-4°, est très estimé. Il y attaque les prétentions des curés de Pistoie, qui voulurent s'ériger en évêques dans le conventicule qu'ils tinrent en 1786, pour renverser la hiérarchie et la discipline de l'Église. Il prouve que les cures et les curés sont d'institution moderne; qu'il n'y avait anciennement aucune paroisse dans les villes épiscopales, si l'on excepte Rome et Alexandrie; expose les raisons pour lesquelles il y en avait dans ces deux villes, et réfute ceux qui, de là, ont conclu qu'il y en avait dans les autres. (*Voyez* CURÉS, PAROISSES.) Il prouve ensuite qu'il n'y a pas eu de paroisses dans les villes avant l'an mille.

LUPOLI.

Nous avons de *Lupoli* un excellent ouvrage de droit canon qui a pour titre : *Jus ecclesiasticum*, Bassano, 1787, 4 vol. in-8°.

LUPUS.

Chrétien *Lupus*, ainsi nommé parce que son nom de famille, Wolf, signifie loup, religieux augustin, né à Ypres, en 1612, enseigna la philosophie à Cologne, puis la théologie à Louvain, avec un succès distingué. Il exerça ensuite les premières charges de son ordre dans sa province. Le pape Clément IX voulut lui donner un évêché, avec l'intendance de sa sacristie ; mais le père *Lupus* préférant l'étude et le repos à l'esclavage brillant des dignités, refusa constamment l'un et l'autre. Il fut cependant quelque temps favorable au jansénisme ; mais il se détacha de ce parti, et mourut bon catholique à Louvain en 1681, à 70 ans. On a de lui un grand nombre d'ouvrages en latin. Les principaux sont : *Privilegium sancti Petri circà omnium sub cœlo fidelium ad Romanam ejus cathedram appellationes, adversùs profanas hodiernas novitates*, Cologne, 1681, in-4°. Cet ouvrage qui est excellent est dirigé contre Quesnel et ses adhérents. Le droit d'appeler au pape y est démontré par la nature de sa primauté, et par toute l'histoire ecclésiastique. *Synodorum generalium ac provincialium decreta et canones scholiis notis ac historica actorum dissertatione illustrati*, Bruxelles, 1673, et Louvain 1668, 5 vol. in-4. Ces dissertations sur les conciles sont remarquables de profondeur et d'érudition et respirent le plus absolu dévouement au Saint-Siége.

LUZERNE.

César-Guillaume de la *Luzerne*, cardinal évêque de Langres, pair de France, naquit à Paris, le 17 juillet 1738, d'une ancienne famille de Normandie. Il était allié par sa mère à la famille Lamoignon, et fut d'abord chevalier de Malte. En 1770, il fut nommé évêque de Langres. Il fut élevé au cardinalat le 24 août 1817. Il mourut le 21 juin 1821 à l'âge de 83 ans. On a de lui un grand nombre d'ouvrages ; nous ne citerons que le suivant : *Dissertations sur les droits et les devoirs respectifs des évêques et des prêtres dans l'Église*, un fort vol. in-4°, Paris, 1844. Dans l'avertissement placé en tête, Mgr Affre, archevêque de Paris, s'exprime ainsi, « L'ouvrage que nous publions était encore inédit, mais il ne pouvait être livré à l'oubli, et nous sommes heureux, grâce à la confiance de madame la marquise de Vibraye, de pouvoir le publier. Les circonstances lui donnent tout l'intérêt d'une controverse qui préoccupe vivement les esprits ; mais il n'en serait pas moins sans cela un ouvrage digne de l'attention de tous les théologiens instruits. Dans nul autre ils ne trouveront un exposé plus complet, plus méthodique de toutes les questions qui se rattachent aux droits des évêques et des prêtres. »

M

MACÉDO.

François *Macédo*, jésuite, né à Coïmbre en 1576, quitta l'habit de la société pour prendre celui de cordelier. Il mourut à Venise, en 1681, à 85 ans. On a de lui : *De clavibus Petri*, 1660 in-fol. Cet ouvrage se trouve dans la collection de Roccaberti, tom. XII. (*Voyez* ROCCABERTI.)

MAGISTRIS.

François de *Magistris*, chanoine de Naples, a publié : *Sylva et praxis ecclesiastica,* Naples, 1658, in-fol.

MAGNIN.

M. l'abbé A. C. M. *Magnin,* docteur en théologie, chanoine honoraire de la cathédrale d'Annecy, professeur de droit canon et d'éloquence sacrée, a publié : *Juris canonici institutiones ad usum seminarii majoris Anneciensis, lectionibus theologicis in eo habitis et Sabaudiæ, usibus accommodatæ,* Annecy, un vol. in-8°. Ces *Institutions,* un peu trop abrégées, ne valent sous aucun rapport celles de *Devoti,* ni celles de M. l'abbé Roquette. (*Voyez* ROQUETTE.)

MAIOLI.

Simon *Maioli* ou *Majoli,* né à Aoste en Piémont, devint évêque de Volturara dans le royaume de Naples, et mourut vers l'an 1598. C'était un grand compilateur. On a de lui, entre autres ouvrages : *Tractatus de irregularitate et aliis canonicis impedimentis,* Rome, 1610, in-4° et 1619, in-4°.

MAISTRE.

Joseph, comte de *Maistre,* ministre d'État à la cour de Piémont, et écrivain politique, naquit le 1er avril 1763, à Chambéry. Il mourut le 25 février 1821, âgé de 68 ans. Il laissa un grand nombre d'ouvrages, parmi lesquels tout le monde connaît les *Soirées de Saint-Pétersbourg,* 2 vol. in-8°, qui ont eu un succès prodigieux. Nous citerons particulièrement ceux-ci qui ont du rapport au droit canon : *Du pape,* Lyon, 1819, 2 vol. in-8°, Lyon, 1821, 2 vol. in-8°, édition augmentée et corrigée par l'auteur ; *De l'Église gallicane dans ses rapports avec le Souverain Pontife,* Lyon, 1821, in-8°. M. de *Maistre* considère le pape sous quatre points de vue, savoir : 1° dans ses rapports avec l'Église catholique; 2° avec les souverainetés temporelles ; 3° avec la civilisation et le bonheur des peuples ; 4° avec les Églises schismatiques.

Quelques auteurs cherchent à déprécier les deux ouvrages ci-dessus, sous prétexte que l'auteur n'était ni théologien ni canoniste. Mais le R. P. Perrone (1) nous dit savoir de science certaine qu'on estime beaucoup dans la capitale du monde chrétien les ouvrages de M. de *Maistre,* et que même son traité *Du Pape* a été traduit en italien avec d'autres de ses ouvrages et publié avec des notes de Mgr Marchetti.

(1) *Prœl. theol. vol.* II, *pag.* 1, *n.* 642, *note* 3.

MANCINI.

On a de Lœlius *Mancini : Controversiæ in jus canonicum*, Pise, 1630, 2 vol. in-fol.

Il ne faut pas le confondre avec François *Mancini* auteur de : *Juris Pontificii quæstionum selectarum continuatio*, Rome, 1714, in-4°.

MANDOSA.

(*Voyez* mendosa.)

MANFRÈDE.

On doit à Jérôme *Manfrède* les bons ouvrages dont voici les titres : *De Summo Pontifice*, Césène, 1686, in-4° ; *De cardinalibus*, Bologne, 1593, in-fol. ; *De perfecto cardinali*, Bologne, 1584, in-4°.

MANSI.

Jean-Dominique *Mansi*, archevêque de Lucques, nous a doué d'une collection de conciles qui est la plus complète et la plus estimée. Elle s'arrête à 1509. Il serait bien à désirer qu'elle fût continuée jusqu'à nos jours. L'édition de Florence, 1759, a 31 vol. in-fol. Il y a une autre édition publiée à Venise, 1728-1732. *Mansi* est mort le 27 septembre 1769.

MARCA.

Pierre de *Marca*, né à Gand, en Béarn, le 24 janvier 1594, fut d'abord engagé dans le mariage ; mais après la mort de son épouse, il entra dans l'état ecclésiastique. Il fut nommé en 1642 à l'évêché de Conserans ; il passa à l'archevêché de Toulouse en 1652, et dix ans après on lui donna l'archevêché de Paris, pour le récompenser du zèle qu'il avait montré contre l'*Augustinus* de Jansénius ; mais il mourut le jour même que ses bulles arrivèrent, en 1662, âgé de 68 ans. Ce prélat réunissait plusieurs talents différents : l'érudition, la critique, la jurisprudence. Son style est ferme et mâle, assez pur, sans affectation et sans embarras. Son principal ouvrage est : *De concordiâ sacerdotii et imperii et de libertatibus Ecclesiæ gallicanæ*, dont la meilleure édition est celle qui fut donnée après sa mort, par Baluze, Paris, 1704, in-folio. Les autres éditions sont de 1663 et de 1669. Cet ouvrage est l'un des plus savants que nous ayons sur la matière, mais il porte atteinte aux prérogatives du Saint-Siège ; c'est ce qui obligea Rome à refuser longtemps à l'auteur ses bulles d'institution canonique pour l'évêché de Conserans. Il ne les obtint qu'après avoir promis de faire les corrections nécessaires. De *Marca* est encore auteur de plusieurs autres ouvrages, par exemple, *De l'autorité ecclésiastique et séculière sur les mariages ; Dissertationes posthumæ*, etc. Paris, 1669, in-4°, ou in-12.

La *Concorde du sacerdoce et de l'empire,* disent les parlementaires, est un des ouvrages les plus *accomplis* que nous ayons sur les libertés de l'Église gallicane. Cet éloge fait connaître la valeur doctrinale de ce livre. On ne saurait donc le lire qu'avec une extrême réserve.

MARCHETTI.

Antoine *Flaminius* a laissé un ouvrage utile, intitulé : *Praxis vi-carii capitularis,* 1611, in-folio.

MARÉCHAL.

Mathieu *Maréchal* a laissé : *Traité des droits honorifiques des sei-gneurs ès-églises; avec des remarques de MM. Simon et Danty,* Paris, 1705, 2 vol. in-12.

MARTA.

Pierre *Marta,* a publié l'ouvrage suivant qui a été mis à l'*index,* par décret du 3 juillet 1623 : *De jurisdictione per et inter judicem ec-clesiasticum et sæcularem exercendâ,* Avignon, 1619, in-folio, Ge-nève, 1669, in-folio. M. Chavin de Malan dit, au contraire, que cet ouvrage est *exact.* On a encore de *Marta : Compilatio totius juris controversi ex omnibus decisionibus,* Venise, 1620, 2 vol. in-folio.

MASCHAT.

Nous avons de *Maschat* 1° *Institutiones canonicæ cum additionibus ab Giraldo et Cajetano,* Rome, 1757, in-4°; Ferrare, 2 vol. in-folio. Nous connaissons un savant prélat romain qui nous a dit qu'il travaillait à préparer une nouvelle édition de cet ouvrage peu connu en France. 2° *Resolutiones quæstionum in utroque jure contro-versarum.*

MASSA.

On a d'Antoine *Massa, De annalis,* 1583, in-4°; *Ad formulam ca-meralis obligationis,* 1607, in-4°.

MAUCLERC.

Michel *Mauclerc,* docteur de Sorbonne est auteur d'un ouvrage important, fait dans un bon esprit et fort savant sur la constitution et les droits de l'Église; il est dédié à Grégoire XV et a pour titre : *De Monarchiâ divinâ, ecclesiasticâ, et sæculari christianâ,* Paris, 1622, 2 vol. in-folio.

MAULTROT.

Gabriel-Nicolas *Maultrot,* jurisconsulte, né à Paris, en 1714, mort le 12 mars 1803, fut reçu avocat au parlement, en 1733. Quoique versé dans les questions de droit civil, il s'attacha presque tout en-tier au droit canon, et se dévoua au parti appelant. Le spectacle de la révolution le ramena à d'autres sentiments. Cet avocat zélé du *second ordre* devint tout à coup un ardent défenseur des droits de l'épiscopat, et fut un de ceux de son parti qui se prononcèrent avec le plus de force contre la constitution civile du clergé. On a lieu d'être surpris du nombre de ses ouvrages, d'autant plus qu'il en composa une plus grande partie dans un état de cécité dont il avait été frappé à l'âge de 50 ans. *Maultrot* aurait pu être utile à l'Église, s'il avait écrit dans un autre sens. Il a laissé un grand nombre d'ouvrages dont on trouvera la nomenclature dans la réfutation qu'en a faite le cardinal de la Luzerne. (*Voyez* LUZERNE.)

MEINARD.

François *Meinard* est auteur *de Juribus episcoporum*, Paris, 1606, in-8°, Poitiers, 1613, in-8°.

MENDOSA.

On a de Quintilien *Mendosa*, que nous avons cité plusieurs fois : 1° *Praxis signaturæ gratiæ*, Rome 1559, in-4° ; 2° *Praxis commissionum ad causas decidendas*, Venise, 1572 in-4° ; 3° *Opera juridica*, Venise, 1585, in-folio ; 4° *In regulas cancellariæ apostolicæ commentaria*, Venise, 1584 et 1606 in-folio.

MENICONI.

On a de *Meniconi : Juris ecclesiastici institutiones*, Rome , 1759, 2 vol. in-8°.

MENOCHI.

Jacques *Menochi* ou *Menochius*, jurisconsulte de Pavie, était si habile qu'il fut appelé le Balde et le Bartholde de son siècle; il mourut en 1607 à 75 ans. On a de lui entre autres ouvrages recherchés et estimés : *De jurisdictione ecclesiastica et sæculari, et de immunitate*, Genève, 1695, in-folio.

MERRE (LE).

Pierre le *Merre*, avocat du clergé de France, et professeur royal en droit canon, mort le 7 octobre 1728, est auteur de la collection intitulée : *Recueil des actes, titres et mémoires concernant le clergé de France*. C'est l'ouvrage connu sous le nom de *Mémoires du clergé*, dans lequel nous avons puisé beaucoup de documents. Nous avons cité l'édition en 14 vol. in-4°, imprimée à Paris, en 1771.

MESNIL.

Louis Du *Mesnil*, jésuite, est auteur d'un ouvrage très-estimé : *Doctrina et disciplina Ecclesiæ, ipsis verbis veterum monumentorum exposita*, Cologne 1730, 4 vol. in-folio, Venise, 1752, 4 vol. in-folio. C'est, comme le titre l'indique, le tableau de la doctrine et de la discipline des douze premiers siècles de l'Église. C'est ce que nous avons de mieux en cette matière.

MEY.

Claude *Mey*, avocat au parlement de Paris et canoniste, né à Lyon le 15 janvier 1712, embrassa l'état ecclésiastique, mais resta simple tonsuré. Très versé dans le droit canonique, il était consulté de tous côtés pour cette partie, et publia un grand nombre de *Mémoires* qui ne sont pas tous dictés par une sévère impartialité. On le regardait avec Piales (*Voyez* PIALES) comme les colonnes du *parti appelant*; *Mey* était cependant plus théologien. Il se déclara contre la constitution civile du clergé, et signa la consultation dressée par Jabineau le 15 mars 1790. Lors de la terreur, il se retira à Sens, et y mourut en 1796. Il présidait aux *Nouvelles ecclésiastiques*, et eut part à plusieurs actes de l'administration de M. de Montazet, archevêque de Lyon. Ses principaux ouvrages sont . *Apologie des jugements rendus en France par les tribunaux séculiers contre le schisme*, 1752, 2 vol. in-12 ; la première partie seulement est de *Mey*, la deuxième est de Maultrot. Cet ouvrage fut supprimé par arrêt du parlement, et condamné par un bref de Benoît XIV, du 20 novembre 1752. *Consultation pour les bénédictins contre la commission des réguliers*, 2 vol. in-4°. *Maximes du droit public français*, 1772, 2 vol. in-12. Maultrot et Blonde en donnèrent une deuxième édition en 1775. *Mey* concourut à plusieurs écrits sur les contestations du temps.

MINANO.

François-Fernandez *Minano* est auteur d'un ouvrage qui mérite d'être recherché et qui a pour titre : *Basis pontificiæ jurisdictionis et potestatis supremæ, sive de ejusdem origine, fundamentis et successivâ continuatione*, Madrid, 1674, in-folio.

MIRANDA.

Nous avons de Louis *Miranda* : *Manualis prælatorum regularium, in quo religionum omnium origines, progressus et dilationes recensentur cum additionibus Berti*, Plaisance, 1616, in-folio.

MOINE.

Jean le *Moine*, doyen de Bayeux, et ensuite cardinal, né à Cressi en Ponthieux, fut aimé et estimé du pape Boniface VIII. Ce pontife l'envoya légat en France, en 1303, pendant son démêlé avec le roi Philippe-le-Bel. Le cardinal le *Moine* mourut à Avignon en 1313. Son corps fut rapporté à Paris et enterré dans l'église du collège qu'il avait fondé. C'est à tort qu'on a dit qu'il avait été évêque de Meaux. On a de lui un *Commentaire sur les Décrétales*, matière qu'il possédait à fond. Les canonistes le citent ordinairement sous le nom de *Cardinalis antiqua*.

MOLANUS.

Jean *Molanus*, dont le nom véritable est Jean Vermeulen, naquit à Lille l'an 1533 et mourut le 18 septembre 1585. On a de lui, entre autres ouvrages, celui-ci qui est savant et curieux : *De canonicis et eorum officiis*, Cologne, 1585, in-8°, Cologne, 1587, et Louvain 1670.

MONACELLI.

François *Monacelli*, savant canoniste, né à Gubbio dans le territoire d'Urbin, mort vers 1725, a laissé un ouvrage utile aux évêques, aux grands vicaires, aux confesseurs, aux curés, etc., sous le titre de : *Formularium legale practicum fori ecclesiastici, in quo formulæ expeditionum de his quæ pertinent ad officium judicis nobile continentur, cum appendice*, etc., Venise, 1736, 1772, 2 vol. in-folio. Nous avons consulté la troisième édition imprimée à Rome en 1844, en 4 vol. in-folio, qui renferme l'ouvrage posthume de Jean-Baptiste *Monacelli*, son neveu, et plusieurs décisions du tribunal de rote.

MONETA.

Jean-Pierre *Moneta* a publié : *De decimis, de optione canonicâ et de distributionibus*, Cologne, 1620, in-8°; *De distributionibus quotidianis*, Rome, 1621, in-4°.

MORIN.

Jean *Morin*, né à Blois en 1591, de parents calvinistes, étudia les humanités à La Rochelle Un voyage qu'il fit à Paris l'ayant fait connaître du cardinal Du Perron, il abjura le calvinisme entre les mains de ce prélat. Le nouveau converti demeura quelque temps auprès de lui, entra dans l'Oratoire, congrégation qui venait d'être fondée par le cardinal de Bérulle. Son érudition et ses ouvrages lui firent bientôt un nom. Les prélats de France se faisaient un plaisir de le consulter sur les matières les plus épineuses et les plus importantes. Il mourut à Paris d'une attaque d'apoplexie en 1659, à 68 ans, également regretté pour ses connaissances et son caractère franc et sincère. Nous avons de lui plusieurs ouvrages; nous ne parlerons que des suivants : *De sacris Ecclesiæ ordinationibus*, Paris, 1655, in-folio ; *De Pœnitentiâ*, 1651, in-folio. L'auteur a ramassé dans cet ouvrage et dans le précédent tout ce qui pouvait avoir rapport à son sujet. L'un et l'autre sont très savants; mais ils manquent de méthode. Le premier semble favoriser un peu le presbytéranisme, mais contre l'intention de l'auteur. *Exercitationum ecclesiasticarum libri duo*, Paris, 1626, in-4°.

MORNAC.

Antoine *Mornac*, célèbre avocat au parlement de Paris, naquit à

Tours. Ses ouvrages ont été imprimés à Paris en 1724, en 4 vol. in-folio. Nous les avons cités quelquefois. *Mornac* mourut en 1619.

MUZZARELLI.

Alphonse *Muzzarelli*, célèbre théologien romain, naquit à Ferrare, le 22 août 1747. Il entra chez les jésuites à 18 ans. Après la suppression, il obtint un bénéfice à Ferrare. Pie VII l'appela plus tard à Rome, et le nomma théologien de la Pénitencerie. Son mérite était si connu, que le pape ne voulut point lui permettre d'aller se réunir à ses anciens confrères, les jésuites, rétablis à Naples en 1804. Cinq ans après, il fut proscrit de Rome, au moment où l'on venait d'arracher de sa capitale Pie VII et ses cardinaux. Arrivé à Paris, il prit un logement chez les dames de Saint-Michel, où il mourut le 25 mai 1813, à l'âge de 65 ans. Le père *Muzzarelli* a écrit en italien et en latin un grand nombre d'ouvrages et d'opuscules. Nous ne citerons que les suivants : *De auctoritate romani Pontificis*, Gand, 1815, 2 vol. in-8°; *Dissertation sur cette question : Le Souverain Pontife a-t-il le droit de priver un évêque de son siége, dans un cas de nécessité pour l'Église ou de grande utilité*, Paris, 1809, in-8° de 64 pages; *Observations sur les élections capitulaires; Dissertation sur l'origine et l'usage des offrandes*, Rome, 1807, in-8°. Tous les opuscules de *Muzzarelli* sont estimés et méritent d'être recherchés.

N

NARDI.

Louis *Nardi*, bibliothécaire de Rimini et archiprêtre dans ce diocèse, est auteur d'un ouvrage écrit en italien en deux forts volumes in-4°. Il a pour titre : *Des curés et de leurs droits dans l'Église, d'après les monuments de la tradition*. Cet ouvrage est revêtu de l'approbation de Marchetti, archevêque d'Ancyre. Comme *Nardi* répète souvent la même chose, qu'il cite à satiété des textes qui établissent la même vérité, et parfois se laisse aller à des digressions un peu étrangères à son sujet, M. l'abbé Sionnet, voulant rendre son livre plus facile à lire et plus utile, l'a fait traduire en français; en en retranchant quelques citations et les dissertations, il l'a réduit à un volume in-12 qui fut édité à Paris en 1845.

Le but de *Nardi* dans cet ouvrage est de réfuter une multitude incroyable d'écrits, nés dans les siècles postérieurs au concile de Trente sur le pouvoir et l'autorité des curés; il lève tous les doutes sur ce qu'est véritablement, selon les règles de la sainte Église, le respectable et très utile office du curé, renfermé dans ses bornes. Nous reprocherons à *Nardi* de n'être pas toujours assez modéré dans ses expressions à l'égard de ses adversaires qu'il appelle quelquefois *féroces* richéristes, *méchants, menteurs,* etc.

NAVARRE.

(*Voyez* AZPILCUETA.)

NAVARROT.

Jean de *Navarrot* a publié un *Traité sur la dignité des Cardinaux*, Paris, 1645, in-12.

NÉRI.

Jean-Baptiste *Néri* est auteur d'*Opusculum de judice sanctæ inquisitionis, seu Praxis inquisitoria*, Florence, 1635, in-4°.

NEVO.

Nous avons d'Alexandre de *Nevo* : *In decretales commentaria*, Venise, 1585, 2 vol. in-folio.

NICOLLIS.

Nous ne connaissons ce canoniste que par l'ouvrage suivant : *Praxis canonica, sive jus canonicum casibus practicis explanatum*, etc., Sarisbourg, 1729, in-folio.

NUYTZ.

Jean-Nepomucène *Nuytz*, professeur à l'athénée royal de Turin, auteur contemporain, a publié 1° *Juris ecclesiastici institutiones;* 2° *In jus ecclesiasticum universum tractationes*. Ces deux ouvrages qui renferment de très graves erreurs sur le mariage, la puissance de l'Église, etc., ont été condamnés par un bref de Pie IX, en date du 22 août 1851 et mis à l'*index* le 27 septembre suivant.

O

OLIVA.

Oliva a publié un ouvrage dont les trois premières parties ont été mises à l'*index* par décret du 14 avril 1682, *donec corrigatur*. Il a pour titre : *Tractatus de foro Ecclesiæ principaliter materiam utriusque potestatis*, etc. Gênes, 1678, 3 vol. in-folio, Cologne, 1705, in-folio.

OREGIUS.

Augustin *Oregius* ou *Oregi*, naquit à Sainte-Sophie, bourg de Toscane, en 1577, de parents pauvres. Urbain VIII le nomma cardinal en 1634 et lui donna l'archevêché de Bénévent, où il mourut, en 1635, à 58 ans. Le cardinal Bellarmin l'appelait son théologien, et le pape Urbain VIII son docteur. On imprima ses ouvrages à Rome en 1637 et en 1642, in-folio. On y distingue un traité *De ecclesiasticâ hierarchiâ*.

ORSI.

Joseph-Augustin *Orsi*, naquit à Florence en 1692. Il entra dans l'ordre de saint Dominique. Clément XII le nomma cardinal, en 1759. Il mourut en 1761. Outre son *Histoire ecclésiastique*, on a de lui : *De irreformabili Romani Pontificis in definiendis fidei controversiis judicio*, Rome, 1771, en 5 vol.; *De Romani Pontificis in synodos œcumenicas et earum canones potestate et dissertatio de monarchiâ ecclesiasticâ*, Rome, 1740, 2 vol. in-4°; *Della origine del dominio e della sovranità de Romani Pontifici sopra gli stati loro temporalmente suggetti*, avec les notes de Cenni, Rome, 1754, in-12, Rome, 1788, in-8°.

OTHELIO.

Marc-Antoine *Othelio*, natif d'Udine, enseigna, avec succès, le droit à Padoue, jusqu'à l'âge de 80 ans. Ses écoliers lui donnaient ordinairement le nom de père qu'il méritait par son extrême douceur. Il mourut en 1628. On a de lui : *Commentaires sur le droit civil et canonique; de Jure dotium; de Pactis; Concilia*.

OTTONELLI.

On a de César *Ottonelli*, un traité *De Reditibus Ecclesiæ*, Rome, 1586, in-8°.

P

PAGANI.

F. Antoine *Pagani* a publié à Venise, en 1570, in-4° : *De ordine, jurisdictione et residentiâ episcoporum*.

PALÉOTTI.

Gabriel *Paléotti*, cardinal, natif de Bologne, fut lié d'une étroite amitié avec saint Charles Borromée. Il parut avec avantage au concile de Trente, reçut le chapeau de cardinal de Pie IV, et mourut à Rome, en 1597, à 73 ans. On a de lui divers ouvrages qui font honneur à son savoir : *De sacri consistorii consultationibus*, Rome, 1594, in-fol., Venise, 1596, in-4°; *De administratione ecclesiæ Bononiensis*, Rome, 1594, in-folio. Ces ouvrages méritent d'être recherchés comme tout ce qui est sorti de la plume de ce savant cardinal.

PALLAVICINI.

On a de Nicolas-Marie *Pallavicini*, jésuite génois : *Defesa del pontificato romano, e della chiesa cattolica*, Rome, 1687, 3 vol. in-folio. Pour le récompenser de ce travail, Innocent XI le décora de la pourpre; il mourut en 1692.

Il ne faut pas le confondre avec le cardinal Sforza *Pallavini,* né à Rome en 1607, et mort le 5 juin 1667, à qui nous devons : *Historia del concilio di Trento,* Rome, 1656, 2 vol. in-folio ; 1664, 3 vol. in-4°. M. Migne a fait imprimer une traduction en français de cette curieuse et intéressante histoire, en 3 vol. in-4°, Montrouge,, 1844, à laquelle il a joint les notes de Zacharia et d'autres documents précieux relatifs au saint concile de Trente. On désirerait une traduction un peu plus châtiée, mais telle qu'elle est, elle rendra un véritable service à la science ecclésiastique.

PALUDE.

On a de *Palude* l'ouvrage suivant qui est une excellente réfutation des doctrines fébroniennes et qui a pour titre : *Romani pontificis potestas,* Rome, 1843, in-4°.

PANORME.

(*Voyez* TUDESCHI.)

PANVINI.

Onuphre *Panvini* ou *Panvinio,* religieux augustin, né en 1529 à Vérone, mourut à Palerme en 1568, à 39 ans. On a de lui entre autres ouvrages curieux et estimés : *De primatu Petri,* Venise, 1589, in-4°, 1591, in-4°. On trouve ce livre savant dans le recueil de Rocaberti. *De episcopatibus, titulis et diaconiis cardinalium,* Paris, 1609, in-4°.

PARADIS.

Léonard *Paradis,* curé de N. D. de Bonne-Nouvelle, à Paris, mort le 18 mars 1831, était né à Moulins. Il a publié : *De l'obéissance due au pape* ou *réfutation de l'adresse aux deux chambres, de l'abbé Vinson,* 1815, in-8°. L'abbé *Paradis* prouve par l'Écriture, la tradition et le témoignage d'un grand nombre d'évêques français, que le pape n'a fait qu'user de son droit en signant le concordat de 1801. *Tradition de l'Église sur l'infaillibilité du pape,* 1820, in-8°. Ce digne prêtre passa six ans dans l'exil à l'époque de la révolution.

PARAMO.

Louis de *Paramo,* inquisiteur espagnol, publia, à Madrid, en 1597, in-folio, l'ouvrage le plus rare et le plus curieux que nous ayons sur le tribunal appelé Saint-Office : *De origine et progressu officii sancti inquisitionis, ejusque dignitate et utilitate, libri tres.* L'auteur était parfaitement instruit de la matière qu'il traitait, il est exact dans les faits et les dates. Cet ouvrage fut réimprimé à Madrid en 1608, in-folio. Nous avons encore de lui : *Responsum adversùs objectiones contrà jurisdictionem sancti officii,* Madrid, 1599, in-4°.

PARISIUS.

Flaminius *Parisius* est auteur de *Tractatus de resignatione benefi-ciorum et de confidentiâ beneficiali pohibitâ* qui a eu plusieurs éditions. Rome, 1581, in-folio, Venise, 1605, Cologne, 1615, Venise, 1619, Toulouse, 1668, Cologne, 1683. On a encore de lui : *Practica omnium tribunalium rotæ,* Rome, 1631, in-8°. *Parisius* était un canoniste distingué.

PASQUALIGI.

Zacharie *Pasqualigi,* théatin de Vérone, vers le milieu du dix-septième siècle. Il a donné : *Variarum quæstionum moralium et cano-nicarum centuria,* Rome, 1647, in-folio; *Praxis jejunii,* Gênes, 1555, in-folio.

PASSAGLIA.

Charles *Passaglia* a publié à Ratisbonne, en 1850, in-8°, *De præ-rogativis beati Petri.*

PASSERINI.

Pierre-Marie *Passerini,* religieux de l'ordre des frères prêcheurs, et l'un des plus savants canonistes du dix-septième siècle, né à Sestola, dans le Modénois, en 1597, mort au couvent de la Minerve, à Rome, en 1677, après avoir été successivement inquisiteur de Bologne, et procureur général de son ordre, a laissé un grand nombre d'ouvrages. Nous nous bornons à citer les suivants : *Commentaria in tres libros Sexti decretalium,* Rome, 1667, 4 vol. in-folio; *De Electione Summi Pontificis,* Rome, 1670, in-folio; *Tractatus de electione canonicâ,* Rome, 1661, Cologne, 1694, 1696, in-folio; *De Pollutione ecclesiarum,* Plaisance, 1654, in-folio; *De Indulgentiis,* Rome, 1672; *Regulare tribunal,* Rome, 1677, in-folio.

PASTOR.

Melchior *Pastor* est auteur de *Tractatus de beneficiis et censuris ec-clesiasticis, ad usum utriusque fori,* Aix, 1660, in-4o, Toulouse, 1675, in-4 et avec toutes ses œuvres, Toulouse, 1710, in-folio.

PAULUTIUS.

On a d'Antoine *Paulutius : Jurisprudentia sacra seu de Hierarchiâ ecclesiasticâ,* Rome, 2 vol. in-folio, le premier parut en 1688.

PECKIUS.

Pierre *Peckius,* conseiller de Malines, puis chancelier de Brabant et conseiller d'État, se distingua par sa science, sa piété et un grand zèle pour l'orthodoxie. Ses talents pour les négociations écla-tèrent surtout à la cour de France, en Allemagne et en Hollande, où il fut envoyé en qualité d'ambassadeur. Il est mort à Bruxelles, en 1625. Nous avons de lui : *Commentaria ad regulas juris canonici; edente Waltero Gymnico*, Cologne, 1680, in-8°.

PECORELLI.

On a de ce canoniste : *Juris ecclesiastici maximè privati institutiones*, Naples, 4 vol. in-8°.

PÉGASE.

Manuel ou Emmanuel Alvarez *Pégase*, jurisconsulte portugais, natif d'Estremos, mort à Lisbonne en 1696, à 60 ans, laissa un *Recueil* des ordonnances et des lois de Portugal, qui a été continué après sa mort. Il a encore laissé un ouvrage aussi savant que curieux et qui a pour titre : *De competentiis inter archiepiscopos et nuntium apostolicum cum potestate legati à latere, et de eorum potestate, de foro etiam exemptorum, et ubi conveniri debeant*, Lyon, 1675, in-folio.

PELLEGRINI.

Alexandre *Pellegrini*, clerc régulier, né à Capoue au dix-septième siècle, a laissé quelques ouvrages sur les constitutions et priviléges de son ordre, et en outre : *Commentarius in pontificiis constitutis de duello*, Milan, 1614, in-4° ; *De Immunitate ecclesiasticâ*, Crémone, 1621, in-8°.

Il ne faut pas le confondre avec Charles *Pellegrini*, auteur de *Praxis vicariorum et omnium in utroque foro judicantium*, Venise, 1581, Rome, 1666, Venise 1719, in-folio,

PELLETIER.

On a de Jacques *Lepelletier* : *Instructions pour les expéditions de la cour de Rome*, Paris, 1680, in-12, et 1682, in-12.

PELLIZZARI.

François *Pellizzari*, jésuite de Plaisance, professa la théologie à Ferrare, et mourut sur la fin du dix-septième siècle. Il a donné deux ouvrages qui ont été condamnés à Rome : *Manuale regularium, seu tractatus varii de statu ac regimine universali regularium*, Lyon, 1665, 2 vol. in-folio, ouvrage mis à l'*index* le 18 juin 1651. M. Chavin de Malan se trompe donc lorsqu'il dit que cet ouvrage est *exact* et estimé. *Tractatus de monialibus*, Venise, 1651, in-4°. Mis à l'*index* le 21 avril 1693, *donec corrigatur. Correcta autem juxtà editionem Romanam anni* 1755 *permittitur.*

PÉRARD-CASTEL.

(*Voyez* CASTEL.)

PERRAY,

(*Voyez* DUPERRAI.)

PERSIN.

L'ouvrage de *Persin* intitulé : *Du droit et des pouvoirs des évêques de régler les offices divins dans leur diocèse*, a été mis à l'*Index*, par décret du 27 avril 1701.

PETAU.

Denis *Petau*, savant jésuite, né à Orléans, en 1585, étudia en philosophie dans sa patrie, et en théologie à Paris. Il n'était âgé que de 20 ans, quand il obtint au concours une chaire de philosophie, à Bourges. Il était sous-diacre et chanoine d'Orléans, lorsqu'il entra, en 1605, au noviciat des jésuites, à Nancy. Il professa la philosophie dogmatique, à Paris, pendant vingt-deux ans, avec une réputation extraordinaire. Les langues savantes, les sciences, les beaux-arts n'eurent rien de caché pour lui. Il s'appliqua surtout à la chronologie, et se fit dans ce genre un nom qui éclipsa celui de presque tous les savants de l'Europe. Il mourut au collége de Clermont en 1652, à 69 ans. Un nombre infini d'ouvrages sont sortis de la plume de ce savant jésuite. Les canonistes lui doivent : *De ecclesiasticâ hierarchiâ*, 1645, in-folio; ouvrage savant, bien propre à réfuter des erreurs que quelques faux canonistes tâchent d'accréditer de nos jours. *Dissertationum ecclesiasticarum libri* II, *in quibus de episcoporum dignitate ac potestate disputatur*, Paris, 1641, in-8°.

PETIT-DIDIER.

Matthieu *Petit-Didier*, bénédictin de la congrégation de Saint-Vannes, né à Saint-Nicolas en Lorraine, en 1659, enseigna la philosophie et la théologie dans l'abbaye de Saint-Mihiel; devint abbé de Sénones, en 1615, et évêque de Macra *in partibus*, en 1725, et, l'année d'après, assistant au trône pontifical. Benoît XIII fit lui-même la cérémonie de son sacre, et lui fit présent d'une mître précieuse. On a de lui un grand nombre d'ouvrages pleins d'érudition. Nous avons consulté les deux suivants : *Traité théologique sur l'autorité et l'infaillibilité des papes*, Luxembourg, 1724, in-12. M. l'abbé Migne a inséré ce traité dans son *Cours complet de théologie*, tom. IV, col. 1139. *Dissertation historique et théologique, dans laquelle on examine quel a été le sentiment du concile de Constance sur l'autorité des papes et sur leur infaillibilité*, etc., Luxembourg, 1725, in-12. L'auteur y soutient avec raison que les Pères ne décidèrent la supériorité du concile sur le pape, que relativement au temps de trouble et de schisme où se trouvait l'Église. (*Voyez* CONSTANCE.)

PETRA.

On a de Vincent *Petra*, cardinal : *Commentaria ad constitutiones apostolicas*, Rome, 1705, Venise, 1741, 5 tom. en 3 volumes in-fol. Cette collection de bulles commence à saint Léon le Grand.

PEY.

Jean *Pey*, né le 2 mars 1720 à Solliès, diocèse de Toulon, apparte-
tenait à une famille honnête, et montra dès sa jeunesse beaucoup
d'ardeur pour la piété et pour le travail. Il fit ses études à Toulon et
à Aix; et, en 1744, fut licencié en droit canon. Son goût l'aurait
porté à la prédication, mais sa santé le força de renoncer à la chaire.
Il fut d'abord vicaire à Ollioules, puis dans la cathédrale même de
Toulon. M. de Choin, évêque de cette ville, ayant connu son mérite,
le nomma chanoine de sa cathédrale et vice-gérant de l'officialité.
L'abbé *Pey* se prononça fortement pour les droits de l'Église dans
les disputes qui eurent lieu, vers 1754 et 1755, entre les magistrats
et le clergé; disputes qui s'étendirent aussi en Provence, et qui firent exiler M. de Brancas, archevêque d'Aix, à Lambesc. Sous
M. de Lascaris, qui, en 1750, succéda dans le siége de Toulon à
M. de Choin, l'abbé *Pey* devint official, et se trouva en cette qualité
en opposition avec le parlement. Il venait de paraître un ouvrage
anonyme sur les disputes du temps et contre les prétentions de la
magistrature. Le parlement d'Aix ordonna de publier des monitoires
pour en découvrir l'auteur. L'abbé *Pey* devait, comme official, transcrire l'arrêt sur ses registres, il s'y refusa; on voulut l'y contraindre, mais il aima mieux donner sa démission que de prendre
part à un acte qu'il regardait comme fort injuste. Il se retira dans
sa famille à Solliès, puis vint à Paris, où M. de Beaumont l'ac-
cueillit. Le prélat le plaça d'abord comme chapelain chez les dames
du Saint-Sacrement, et lui donna, en 1771, un canonicat de la
métropole. L'abbé *Pey* venait de publier un ouvrage de controverse
contre les philosophes; c'est la *Vérité de la religion chrétienne prouvée
à un déiste*, 1770, 2 vol. in-12. Cet ouvrage valut à l'auteur d'être
du nombre des écrivains que l'assemblée du clergé de 1775 encou-
ragea à travailler pour la défense de la religion. *Pey* remplit les intentions du clergé, et publia le *Philosophe catéchiste*, ou *Entretiens
sur la religion, entre le comte de *** et le chevalier de ****, Paris, 1779,
in-12. Cet ouvrage est solide et bien écrit. M. Dulau, archevêque
d'Arles, dans un rapport qu'il fit à l'assemblée de 1780, cita hono-
rablement le travail de l'abbé *Pey;* et l'assemblée du clergé de 1782
lui accorda une pension de mille francs. On voulut sans doute le récompenser d'un ouvrage important qu'il venait de publier sous ce
titre : *De l'autorité des deux puissances*, Strasbourg, 1780, 3 vol.
in-8. L'auteur y prenait la défense des droits de l'Église contre les
théologiens et canonistes modernes. Le parti janséniste et parlementaire attaqua vigoureusement l'ouvrage et n'épargna point à
l'auteur les accusations banales de molinisme et d'ultramontanisme.
Son livre fut mieux apprécié dans le *Journal historique et littéraire* de
Feller, et il en parut plusieurs éditions en 1788 et 1790. Il est effectivement très précieux, et il serait aujourd'hui un ouvrage de circonstance ; cependant un peu de gallicanisme le dépare; mais l'au-

teur, dans ses dernières années, se reprochait lui-même d'avoir cédé quelquefois aux idées accréditées en France par les jurisconsultes, et il voulait y faire quelques changements, quoique cet ouvrage eût fort déplu aux gens de parti. On trouva effectivement, après sa mort, dans ses manuscrits, des *Additions au traité des deux puissances*. Quand *Pey* rencontrait des magistrats exilés et errants comme lui, il ne manquait pas de leur faire remarquer où avaient abouti leur esprit d'opposition et leurs préventions contre l'autorité de l'Église. Nous avons fait plusieurs emprunts à l'*Autorité des deux puissances*, notamment dans les articles INDÉPENDANCE et LÉGISLATION. Nous avons toujours cité la première édition de 1780. Cet ouvrage a été traduit en italien et en espagnol, Bayonne, 1822, 2 vol. grand in-8°. *Pey* est encore auteur de plusieurs autres ouvrages, entre autres des *Vrais principes de la constitution de l'Église catholique*, qu'il opposa, au commencement de la révolution, au goût d'innovations qui prévalait alors.

L'abbé *Pey* n'était pas seulement un écrivain laborieux, il joignait à ses travaux les pratiques de piété, s'intéressait à tout ce qui était du bien de la religion, exerçait les bonnes œuvres, dirigeait les consciences, et montrait dans toute sa conduite autant de zèle que de régularité. Quand la révolution éclata, il se retira dans les Pays-Bas. Il résida d'abord à Liége, puis à Louvain. Une nouvelle invasion des Pays-Bas le força de se retirer à Vanloo; puis, obligé de fuir encore, il traversa l'Allemagne et se rendit à Ferrare, avec le projet de passer jusqu'à Rome. Sa piété et son attachement au Saint-Siége lui faisaient désirer vivement de finir ses jours dans cette capitale du monde chrétien : les circonstances où se trouvait l'Italie et les progrès des Français, le décidèrent à se retirer à Venise, où il espérait jouir de plus de tranquillité, sous un gouvernement qui était en paix avec la nouvelle république; mais la révolution devait aussi s'étendre dans cette partie : les Français pénétrèrent dans l'État de Venise et y excitèrent des révoltes. La vieillesse et les infirmités empêchèrent l'abbé *Pey* de chercher un autre asile, il vivait dans une retraite profonde, ne s'occupant qu'à revoir ses ouvrages, et à se préparer à la mort, qui le frappa le 15 septembre 1797, après une longue maladie.

PEYRAT.

Guillaume du *Peyrat*, d'abord substitut du procureur général, ensuite prêtre et trésorier de la Sainte-Chapelle à Paris, mourut en 1645. On a de lui : l'*Histoire de la chapelle des rois de France*, que nous avons citée, Paris, 1645, in-fol. *Origine des cardinaux*, Cologne, 1665, in-12.

PEYRINIS.

Nous avons les œuvres canoniques de *Peyrinis*, Gênes, 1632, in-4°, Lyon, 1668, in-fol. Elles se composent : 1° *De officio prœlati regularis*; 2° *De officio subditi regularis*; 3° *Formularium prœlatorum regularium*.

PFAFF.

Christophe *Pfaff*, protestant, a publié : *Origines juris ecclesias-tici, unà cum dissertationibus rarioribus jus ecclesiasticum illustrantibus*, Tubinge, 1756, in-4°. Cet ouvrage a été mis à l'*index*, le 10 mai 1755.

PHILLIPS.

Georges *Phillips*, professeur de droit romain à l'université de Vienne, primitivement professeur à la faculté d'Inspruck, est auteur de deux excellents ouvrages que M. l'abbé Crouzet a traduit de l'allemand en français. (*Voyez* CROUZET.) 1° *Du droit ecclésiastique dans ses principes généraux*, Paris, 1850, 3 vol. in-8°; 2° *Du droit ecclé-siastique dans ses sources considérées au point de vue des éléments qui les constituent*, Paris, 1852, 1 vol. in-8°.

Cet ouvrage qui a eu un grand retentissement en Allemagne et de nombreuses éditions, n'a pas peu contribué à faire sortir les gou-vernements et le clergé de ce pays de la funeste voie où les avaient engagés les doctrines schismatiques du fébronianisme et le système désastreux de Joseph II. Il produira aussi d'excellents résultats en France et, sous ce rapport, nous ne pouvons que savoir gré à M. l'abbé Crouzet de nous en avoir donné une bonne traduction. Nous avons souvent consulté ce livre et nous avons été heureux de lui faire quel-ques emprunts, car l'auteur, comme il le dit lui-même, *est animé d'une vive et filiale affection pour l'Église*. Des livres écrits dans de tels principes ne peuvent que mériter nos éloges et nos plus sym-pathiques recommandations. Car si nous avons entrepris nous-même un labeur qui, selon l'expression du docteur *Phillips*, « demande des talents et des forces qui se rencontrent difficilement chez un seul homme, » c'est que, comme lui, nous y avons été excité par un grand amour de l'Église, notre mère commune, pour la gloire et l'utilité de laquelle les peines, les travaux, les fatigues, et tous les sacri-fices possibles nous ont toujours parus légers.

On a encore du docteur *Phillips* un traité des *Synodes diocésains*, traduit par M. l'abbé Crampon, Paris, 1853, 1 vol. in-8°.

PIALES.

Jean-Jacques *Piales*, savant canoniste, né vers 1720, au Mur-de-Barrès, dans le Rouergue, fut reçu avocat au parlement de Paris le 4 décembre 1747. Il se lia avec les hommes d'un parti qui avait alors une grande influence, et devint l'intime ami de l'avocat Mey, re-gardé comme la colonne du jansénisme. Ils donnèrent l'un et l'autre un grand nombre de consultations, et prirent une part très active aux affaires du parti. *Piales* perdit la vue vers 1763, mais cet acci-dent ne lui ôta rien de son zèle pour la cause qu'il soutenait. Il est mort le 4 août 1789. M. Dupin, qui loue sa piété, sa modestie, sa frugalité, le fait mourir le 4 août 1785. Les ouvrages de *Piales*, que les changements survenus dans les matières ecclésiastiques rendent inutiles, sont au nombre de six : *Traité des collations des bénéfices,* 8 vol. in-12 ; *De la provision de la cour de Rome à titre de prévention,* 2 vol. in-12 ; *De la dévolution, du dévolu et des vacances de plein droit,* 3 vol. in-12 ; *De l'expectative des gradués,* 6 vol. in-12 ; *Des commendes et des réserves,* 3 vol. in-12 ; *Des réparations et reconstructions des églises,* 4 vol., et 5 dans l'édition donnée par Camus. M. Picot, dans une note du quatrième tome de ses *Mémoires ecclésiastiques,* attribue à *Piales* le premier volume (le seul qui ait paru) de l'*Histoire de la fête de la Conception.*

PIASECKI.

Paul *Piasecki,* évêque de Pzémysle en Pologne, est auteur de : *Praxis episcopalis, ea quæ officium et potestatem episcopi concernunt, continens,* Venise, 1612, in-4°; Cologne, 1620, in-4°, et 1620, in-8°.

PIATTI.

Jérôme *Piatti,* jésuite d'une noble famille de Milan, mort à Rome en 1591, âgé de 44 ans, a laissé les ouvrages suivants : *De bono statûs religiosi, libri tres,* Rome, 1590, Venise, 1591 ; *De cardinalium dignitate et officio,* etc., publié par J.-A. Tria, à Rome, en 1746, in-8°. *Piatti* avait écrit en outre un traité *De bono statûs conjugalis,* dont le manuscrit fut détruit par accident.

PIAZZA.

François *Piazza,* frère mineur de l'observance, mort, en 1460, à Bologne, sa patrie, se distingua dans son ordre par ses talents et son érudition dans tout ce qui concernait la théologie et le droit canon. Il a écrit un ouvrage *de Restitutionibus, Usuris et Excommunicationibus,* Crémone, 1472, Venise, 1474.

PICHLER.

Le R. P. Viton *Pichler,* jésuite allemand, professeur de droit canon dans l'université de Dillingen, occupa aussi une chaire dans l'université d'Ingolstadt, et mourut vers l'an 1750. On a de lui : 1° *Jus canonicum, secundùm quinque decretalium titulos Gregorii papæ IX explicatum,* etc.; *accedunt præter secundùm tomum, in quo decisiones casuum, ad singulos decretalium titulos, explicantur, utiles quædam adnotationes ac vindiciæ, morâ et studio Francisci Antonii Zachariæ, ejusdem societatis,* Pesaro, 1758, 2 vol. in-folio. Outre les notes dans lesquelles le P. Zacharie corrige et éclaircit, d'après les dernières constitutions pontificales, la première édition donnée par l'auteur en 1750, 2 tomes en un vol. in-folio, il a ajouté aux prolégomènes un appendice tiré des *Prænotiones canonicæ et civiles* de Jean Doujat (*voyez* DOUJAT); 2° *Epitome juris canonici juxtà decreta.*

Augsbourg, 1749, 2 vol. in-12 ; 3° *Theologia polemica, in quâ generalia theologiæ controversisticæ fundamenta et principia, ex quibus omnes infideles, hæretici et sectarii manifesti erroris convincuntur, et materiæ particulares cum protestantibus et modernis sectariis controversæ, et ab Ecclesiâ catholicâ contra eosdem decisæ traduntur,* Anvers, 1 vol. in-folio, 1746 ; Augsbourg, 1752, 2 vol. in-4°. Ces ouvrages meritent d'être consultés.

PIGHIUS.

Albert *Pighius,* né à Kimpen, vers l'an 1490. Il mourut en 1542 à Utrecht, où il était prévôt de l'église de Saint-Jean-Baptiste. On a de lui un grand nombre d'ouvrages. Le plus considérable est intitulé : *Assertio hierarchiæ ecclesiasticæ,* Cologne, 1544, in-folio, et 1572, in-folio. Il montre dans ses écrits un grand dévouement au Saint-Siége ce qui, à nos yeux, les rend fort estimables.

PIGNATELLI.

Jacques *Pignatelli,* savant canoniste, a publié un excellent ouvrage qui a pour titre : *Consultationes canonicæ,* et qui a eu plusieurs éditions, Rome, 1668, 1675, 3 vol. in-folio ; Venise, 1695, 5 vol. in-folio, et Lyon, 1700, 6 vol. in-folio. Il y en a une dernière en 12 vol. in-folio.

PILAIA.

Ce canoniste a publié : *Institutiones pontificiæ,* Catane, 1669, 2 vol. in-folio.

PINSSON.

François *Pinsson,* né à Bourges, mort à Paris en 1691, à quatre-vingts ans. Il était regardé comme l'oracle de son siècle, surtout pour les matières bénéficiales. Les savants ouvrages qu'il a laissés sur cette matière prouvent combien il y était versé. Les principaux sont un *Traité des bénéfices,* commencé par Antoine Bengy, son aïeul maternel, célèbre professeur à Bourges, imprimé en 1654 ; *Pragmatique sanction de saint Louis et de Charles VII,* avec de savants commentaires, Paris, 1666, in-4° ; (*Voyez* PRAGMATIQUE.) *Traité singulier des régales ou des droits du roi sur les biens ecclésiastiques,* Paris, 1668, 2 vol. in-4°. Cet ouvrage, fait dans un esprit parlementaire, est rempli de savantes recherches, et enrichi d'un grand nombre d'actes originaux qui sont d'une grande utilité pour l'étude du droit. On peut lire comme contrepoids le traité de la régale imprimé en 1680, in-4°, par l'évêque de Pamiers, qui défendait les priviléges de l'Église.

PIRHING.

Henri *Pirhing,* jésuite allemand, vivait à la fin du dix-septième siècle. Il avait fait une étude profonde de la théologie et du droit canon. Il est connu par les ouvrages suivants : 1° *Jus canonicum in V libros decretalium distributum, novâ methodo explicatum, omnibus capitulis titulorum, qui in antiquis et novis libris decretalium continentur, promiscuè et confusè positis, in ordinem doctrinæ digestis adjunctis aliis quæstionibus connexis, quæ ad plenam cujusque tituli, aut materiæ cognitionem, et expositionem pertinent*, Dillingen , 1674-1678, 5 vol. in-folio. Les deux derniers tomes sont réunis en un seul volume. C'est cette édition que nous avons citée. Il y en a deux autres, l'une imprimée à Dillingen en 1722, et l'autre à Venise en 1759. Cet ouvrage bien fait fut accueilli favorablement. Les canonistes en font cas et le regardent comme classique sur les matières dont il traite. Pie VII, qui l'estimait beaucoup, le fit demander à M. Garnier, directeur de Saint-Sulpice, lorsqu'il était au château de Fontainebleau. Nous recommandons cet ouvrage à ceux qui veulent se livrer à l'étude du droit canon, tant pour la méthode que pour la doctrine. Le temps et les livres du même genre qui ont paru depuis, dit avec raison Feller, n'ont pas diminué sa réputation ; 2° *Facilis et succincta sanctorum canonum doctrina*, Venise, 1639, in-4°.

PITHOU.

Pierre *Pithou* naquit en 1539, à Troyes en Champagne, d'une famille distinguée. Après son éducation domestique, il vint puiser à Paris le goût de l'antiquité. De Paris il passa à Bourges, et y acquit, sous le célèbre Cujas, toutes les connaissances nécessaires à un magistrat. Ses premiers pas dans la carrière du barreau ne furent pas bien assurés. La timidité glaçant son esprit, il fut obligé de renoncer à une profession qui demande de la hardiesse. Le calvinisme faisait alors des ravages sanglants en France : *Pithou*, imbu des erreurs de cette secte, faillit perdre la vie à la Saint-Barthélemy. Devenu catholique l'année d'après, quoique toujours prévenu pour les protestants et estimé d'eux, il fut substitut du procureur général, puis procureur général, en 1581, dans la chambre de justice de Guyenne. Il occupait la première place lorsque Grégoire XIII lança un bref contre l'ordonnance de Henri III, rendue au sujet du concile de Trente. *Pithou* publia un *Mémoire* où il défendit l'ordonnance du roi ; car il était toujours prompt à suivre son ancienne ardeur contre le siége de Rome : il était de la société des beaux-esprits qui composèrent contre la ligue la satire connue sous le nom de *Catholicon d'Espagne*, ce qui tenait un peu de l'inconséquence, dit Feller, car, étant devenu catholique, il était naturel qu'il tournât son génie caustique contre la ligue huguenote, formellement rebelle et sacrilège, plutôt que contre la ligue catholique. Il mourut le jour anniversaire de sa naissance, à Nogent-sur-Seine, le 1er novembre 1596, à cinquante-sept ans. On a de lui un *Traité des libertés de l'Église gallicane*, où l'on trouve plus d'un reste de la religion que l'auteur avait abandonnée, Paris, 1609, in-8°. On en fit depuis plusieurs éditions avec des preuves, commentaires, notes, etc. M. Dupin aîné en a donné une nouvelle édition. (*Voyez* DUPIN.) Pierre *Pithou* publia encore d'autres ouvrages et un grand nombre d'opuscules.

François *Pithou*, son frère puîné, né aussi à Troyes en 1543, où il mourut en 1621, eut part à la plupart des ouvrages de son frère, et il s'appliqua particulièrement à éclaircir le corps du droit canonique, imprimé à Paris en 1687, 2 vol. in-folio, avec leurs corrections, par les soins de Claude Le Pelletier.

PITTONI.

Jean-Baptiste *Pittoni*, prêtre vénitien, et laborieux compilateur, né vers 1666, s'est acquis de la célébrité par le soin et la patience avec lesquels il a recueilli et mis en ordre un nombre considérable de constitutions des papes et des décisions de différentes congrégations établies à Rome. Il fit paraître, en 1704, celles de ces constitutions et décisions qui regardent les confesseurs. Elles furent depuis réimprimées en 1710 et 1715. En 1711, parurent à Venise, in-12, *Constitutiones pontificiæ et decisiones congregationum ed concursum parochialium et beneficiorum collationem spectantes*; en 1709, et réimprimées en plus grand nombre en 1722, à Venise, in-12, *Constitutiones*, etc. *ad canonicos utriusque ecclesiæ spectantes;* en 1719, *Constitutiones*, etc. *ad regulares cujuscumque ordinis etiam militaris spectantes;* à Parme, la même année, *De controversiis patronorum; nec non ab eis præsentatorum ad beneficia;* à Venise, 1712, *Constitutiones*, etc. *ad episcopos et abbates*, in-12; en 1713, *Constitutiones*, etc. *ad parochos utriusque cleri spectantes*. Enfin, on imprima, en 1725, quelques-unes des décisions qui ont rapport au mariage. Ce recueil utile forme 14 vol. in-4°. Il fut imprimé par les soins de Léonard *Pittoni*, père de l'auteur, et il est fort recherché. On a encore de Jean-Baptiste *Pittoni* : la *vie de Benoît* XIII, Venise, 1730, en italien ; *Calendario romano decennale*, avec des notes et des décisions de la sacrée congrégation ; *de Octavis festorum, quæ in Ecclesiâ universali celebrantur*, 2 vol. in-8°.

Pittoni mourut le 16 novembre 1748, âgé de 82 ans. M. Crouzet semble faire deux auteurs différents de ce canoniste.

PLAT.

Josse Le *Plat*, docteur en droit de l'université de Louvain, né à Malines en 1733. En 1806, il fut nommé professeur de droit romain à Coblentz, et directeur de l'école de droit de cette ville, place qu'il conserva jusqu'à sa mort, arrivée le 6 août 1810 ; on a de lui plusieurs ouvrages, mais tous écrits dans les idées de Fébronius et de Van-Espen. Il publia même une édition du commentaire de ce canoniste, sur le nouveau droit canonique, avec une préface assez longue, Louvain, 1777, 2 vol. in-8°. Une édition des *Institutions de jurisprudence* de Riegger (*voyez* RIEGGER) 5 vol in-8°, 1780. Il donna, la même année, un abrégé de cet ouvrage ; une dissertation contre l'autorité des règles de l'*Index*, une dissertation sur le pouvoir d'établir des empêchements dirimants du mariage, et de l'origine des empêchements existants, 1782, in-8°. L'auteur s'y prononce en faveur de l'autorité civile. *Lettre d'un théologien canoniste à N. S. P. Pie VI, au sujet de la bulle Auctorem fidei*. Loin d'y conserver le respect dû au chef suprême de l'Église, Le *Plat*, oubliant toute mesure, s'y sert d'expressions injurieuses contre le Souverain Pontife. On a de lui aussi un *Recueil* des actes et pièces relatifs au concile de Trente, 7 vol. in-4°. Le *Plat* avait du talent et de la science, mais il ne s'en est servi que pour affaiblir l'autorité de l'Église et renverser sa discipline.

Il ne faut pas confondre Le *Plat* avec Jérôme *Plat* ou *Platus* auteur d'un ouvrage intitulé : *De dignitate et officio cardinalis*, Rome, 1602, in-4°.

POLACCHI.

Polacchi est connu par le traité : *De potestate prælatorum regularum in foro interno*, Venise, 1629, in-fol.

POLUS.

Renaud *Polus* ou *Pool*, cardinal et archevêque de Cantorbéry, né en 1500, dans le comté de Stafford, était proche parent des rois Henri VIII et Édouard IV. Il mourut le 25 novembre 1568. Il avait présidé au concile de Trente et fut sur le point d'être élu pape. On a de lui plusieurs ouvrages estimés : *De unitate ecclesiastica*, Rome, in-folio ; *De officio et potestate Summi Pontificis*, Louvain, 1569, in-folio ; *De concilio Tridentino*, un *Recueil des statuts* qu'il fit étant légat en Angleterre, etc.

PONSIO.

On a de Joseph *Ponsio* un ouvrage imprimé à Spolète, en 1807, in-4°, qui a pour titre : *De antiquitatibus juris canonici secundum titulos Decretalium*.

PORTALIS.

Le nom de *Portalis* est cité trop souvent dans cet ouvrage, les articles organiques dont il est le rédacteur, et les rapports qui les ont précédés, ont eu trop d'influence sur la discipline de l'Église de France, pour que nous ne consacrions pas ici une notice à cet homme d'État si célèbre.

Jean-Étienne-Marie *Portalis*, né le 1er avril 1746, au Beausset en Provence, fut reçu, à l'âge de vingt-un ans, au parlement d'Aix, et, dès son début, il se plaça parmi les jurisconsultes et les orateurs les plus distingués de cette époque. Plusieurs *mémoires* contribuèrent à établir sa réputation, entre autres sa *Consultation sur la validité des mariages des protestants en France*, Paris, 1770, in-12. Au commencement de la révolution, la modération de *Portalis* l'éloigna du rôle auquel auraient pu l'appeler ses talents, et dès 1790 il se retira à la campagne. Les troubles du midi et les préambules des persécutions révolutionnaires lui firent chercher un asile à Lyon, qu'il fut encore obligé de quitter. *Portalis* se rendit à Paris dans les derniers mois de 1793 ; il ne tarda pas à y être arrêté, et il ne recouvra sa liberté que plusieurs mois après la chute de Robespierre. Nommé en 1795 député du département de la Seine au conseil des anciens, il y développa un caractère plein de modération, et se montra constamment opposé au parti directorial.

Portalis fut inscrit dans la liste de déportation du 18 fructidor an V (4 septembre 1797), après avoir voté contre les sociétés populaires ; il se réfugia en Allemagne. Rappelé en France après la révolution du 18 brumaire (9 novembre 1799), il y arriva le 15 février 1800. Le 3 avril, on le nomma commissaire du gouvernement près du conseil des prises, et il entra dans le conseil d'État vers la fin de la même année. Il présenta plusieurs projets de loi au corps législatif, et défendit plus particulièrement le projet relatif à l'établissement des tribunaux spéciaux, qui éprouva une forte opposition. Peu de temps après, il présenta le projet du Code civil. Il fut chargé, dans le mois d'août 1801, de toutes les affaires concernant les cultes. Il fit reconduire à Rome le corps de Pie VI, resté jusque-là à Valence. Il ordonna d'effacer les inscriptions païennes qui restaient sur le frontispice des temples. Il rappela dans leur patrie les évêques démissionnaires qui en étaient exilés depuis tant d'années ; mesure qui fut le prélude d'un autre acte que réclamaient depuis longtemps la justice et l'humanité, le rappel des émigrés.

Le 5 avril 1802, il prononça devant le nouveau corps législatif, que l'on venait de convoquer pour cet effet, un *Discours sur l'organisation des cultes et exposé des motifs du projet de loi relatif à la convention faite entre le Saint-Siége et le gouvernement français* (1). *Portalis* établit dans ce discours des principes fort sages ; mais on voit qu'il craignait de paraître trop favorable à la religion catholique, qu'il redoutait les sarcasmes de la philosophie, et qu'il avait été nourri dans les maximes exagérées des anciens parlements. On dit aussi, pour l'excuser, qu'il voulait ménager les préventions que l'esprit révolutionnaire avait encore laissées chez beaucoup de gens en place contre la religion ; préventions telles, que le gouvernement pouvait craindre que le concordat ne fût pas adopté, si l'on heurtait trop les opinions. Le discours de *Portalis* d'ailleurs était grave, décent, et contrastait avec le langage révolutionnaire, inhumain et farouche dont cette même tribune avait retenti tant de fois. Quoi qu'il en soit des motifs qui ont guidé cet homme d'État, un catholique ne peut admettre tous les principes de ce discours et du rapport qui le précède. Ainsi, par exemple, on lit dans le rapport ces mots :

___
(1) Voyez ce discours sous le mot CONCORDAT.

« Le magistrat politique peut et doit intervenir dans tout ce qui
« concerne l'administration extérieure des choses sacrées. Il est
« quelquefois nécessaire à la tranquillité publique que les matières
« de l'instruction et de la prédication solennelle soient circonscrites
« par le magistrat ; que l'État a intérêt d'examiner la forme des dé-
« cisions dogmatiques ; de commander le silence sur des points dont
« la discussion pourrait agiter trop les esprits ; et d'empêcher
« même, dans certaines occurrences, que les consciences ne soient
« arbitrairement alarmées. » Ces principes conduiraient directement
au schisme.

M. Dupin (1) a retranché de ce discours, qu'il rapporte cependant
in extenso, ce qu'il a trouvé de favorable à la liberté d'enseignement.

En 1803, *Portalis* fut élu candidat au sénat conservateur, et au
mois de juillet 1804 il fut définitivement nommé ministre des cultes.
Le 1er février 1805, il fut créé grand officier de la Légion-d'Honneur. Il mourut le 25 août 1807. Bonaparte fit élever à ce ministre
une statue dans le conseil d'État.

En 1820, son fils a publié un ouvrage posthume intitulé : *Traité
sur l'usage et l'abus de l'esprit philosophique pendant le dix-huitième
siècle*, précédé d'une notice fort intéressante sur l'auteur, Paris,
2 vol. in-8°. C'est un livre très remarquable par la philosophie religieuse qui y règne, par l'esprit de méthode, d'analyse et d'impartialité qui a présidé à sa composition, et par un style noble et élégant.

Son petit-fils a publié, en 1845, les *Discours, rapports et travaux
inédits sur le concordat de 1801, les articles organiques publiés en même
temps que ce concordat, et sur diverses questions de droit public concernant la liberté des cultes*, etc., 1 vol. in-8°. Ce volume est précédé
d'une introduction où l'on trouve, contre l'indépendance de l'Église,
toutes les préventions des gallicans parlementaires.

POZZOLO.

On a de *Pozzolo* : *De papâ et symbolo opus theologicum, canonicum
et historicum*, Rome, 1727, in-fol.; *Rationale romani pontificis*, Rome,
1716, in-fol.

PROMPSAULT.

M. l'abbé Jean-Henri-Romain Prompsault, originaire du diocèse
de Valence, aujourd'hui chapelain de l'hospice des Quinze-Vingts aveugles à Paris, est auteur d'un *Dictionnaire raisonné de droit et de jurisprudence en matière civile eccclésiastique*, Petit-Montrouge, 3 vol.
in-4°, dont nous portons le jugement suivant dans la préface du
tome III° de notre *Cours de législation civile ecclésiastique* : « Ce *Dictionnaire* qui peut être utile à ceux qui possèdent déjà d'autres ouvrages, du même genre, renferme pourtant bien des décisions fausses, inexactes et dangereuses, de sorte qu'on ne peut s'en servir

_____

(1) *Manuel du droit ecclésiastique français.*

qu'avec une extrême réserve. Seul, il ne pourrait qu'induire en erreur dans une foule de questions. » Nous n'avons porté un jugement si modéré sur cet ouvrage, que parce que nous y sommes l'objet continuel des attaques de M. l'abbé *Prompsault*. Mais M. l'abbé Crouzet ne craint pas de dire dans son *Essai de Bibliographie canonique*, que « cet ouvrage renferme plus de soixante articles répréhensibles sous le rapport doctrinal et que l'auteur suppose que l'État peut réglementer les matières mixtes sans le concours et l'intervention de l'Église; qu'il émet plusieurs propositions qui sont en opposition directe avec la bulle *Auctorem fidei*. »

M. l'abbé *Prompsault*, dans une *Requête* adressée au mois de mars 1853 à Mgr l'archevêque de Paris, se plaignait « d'être signalé au public, par cet article, comme un écrivain répréhensible sur plusieurs points de doctrine, hérétique ou d'une foi suspecte sur plusieurs autres, parlementaire dans quelques-uns et dangereux pour ceux qui le consultent; que ces imputations, *dénuées de preuves*, rendent sa foi, ses intentions et sa doctrine suspectes. »

Ces *preuves*, M. l'abbé *Prompsault* s'est chargé de les fournir lui-même dans ses *Observations sur l'Encyclique du 21 mars* 1853. Voici dans quels termes et avec quelle témérité scandaleuse il ose s'exprimer en parlant du chef suprême et infaillible de l'Église : « Nous connaissons tous la haute sagesse du Souverain Pontife, le désintéressement de ses affections, la pureté de ses désirs et la droiture de ses intentions. S'il arrivait donc que l'Encyclique adressée aux évêques de France *fût mal motivée, comme nous le craignons*, et renfermât des avis *pernicieux* pour nos Églises, ce serait bien certainement contre le vœu de son cœur. Dire librement et franchement ce que nous pensons à cet égard, ne doit ni le contrister, ni passer aux yeux de qui que ce soit pour un *manque de respect*. Il serait sans doute *fâcheux* qu'une autorité aussi élevée *tombât dans l'erreur*, mais il serait *plus fâcheux encore* qu'on laissât la société chrétienne *subir la conséquence funeste de ses actes*, plutôt que d'oser se permettre de les *critiquer* : la vérité est au-dessus de tout. Nous n'avons été choisis de préférence à tant d'autres, pour être ses ministres, qu'afin de lui rendre témoignage en toute chose *selon notre conscience*, dans la sincérité de nos convictions. Ayons *le courage* de remplir fidèlement notre devoir, servons le dans la vérité et de tout notre cœur : car si nous marchions avec persévérance dans la mauvaise voie, nous péririons, et *celui qui nous dirige*. »

Nous pourrions citer quelques autres extraits de ce genre dans les divers écrits de M. *Prompsault*, mais celui-ci est plus que suffisant pour faire apprécier sa doctrine. Pithou l'aurait admirée, Fébronius l'eût signée et Richer lui-même n'eût pas hésité à la prendre sous ses auspices.

Tous les ouvrages de M. l'abbé *Prompsault* ont une assez mauvaise tendance pour mériter d'être condamnés par la congrégation de l'*Index*.

Q

QUIEN.

Michel Le *Quien*, dominicain, naquit à Boulogne en 1661. Il mourut à Paris, en 1733, à 72 ans. Parmi ses ouvrages, nous remarquons : *Nullité des ordinations anglaises démontrée tant par les faits que par le droit*, Paris, 1730, 3 vol. in-12. Il a publié cet ouvrage pour réfuter le Courayer qui prétendait, au contraire, qu'elles étaient valides. *Oriens christianus, in quatuor patriarchatus digestus, in quo exhibentur Ecclesiæ, patriarchæ, cæterique præsulis orientis*, Paris, 3 vol. in-folio ; ouvrage qui renferme toutes les Églises orientales, sous les quatre grands patriarchats de Constantinople, d'Alexandrie, d'Antioche et de Jérusalem. L'auteur y donne la description géographique de chaque diocèse, des villes épiscopales. Il rapporte l'origine et l'établissement des églises, leur étendue, leur juridiction, leurs droits, leurs prérogatives, leurs prétentions, la succession et la suite de leurs évêques, le gouvernement politique, les changements qui y sont arrivés, etc.

QUINTINI.

Il nous reste de Jean *Quintini : Commentaria in titulum decretalium de multitudine beneficiorum*, Paris, 1539, in-4°. *Prælectiones canonicæ de præbendis et beneficiis ecclesiasticis*, Paris, 1552, in-folio.

QUINQUARBORCUS.

On a de ce canoniste espagnol : *Tractatus de synodo diœcesanâ per episcopum indicenda*, Taragone, 1600, in-4°.

R

RACICOD.

On a de *Racicod* des *Notes sur le concile de Trente, touchant les points les plus importants de la discipline*, Cologne, 1706, in-8°.

RAGUCIO.

Antoine *Ragucio* a publié un ouvrage qui peut être très utile aux chanoines. Il est intitulé : *De voce canonicorum in capitulo, officio et missa ecclesiâ tractatus*, Naples, 1821, in-4°.

RAMON.

On a de Thomas *Ramon* un livre estimé et qui a pour titre : *De primatu Petri apostoli et Summorum Pontificum romanorum fasciculus aureus,* Toulouse, 1617, in-4°.

REBUFFE.

Pierre *Rebuffe* ou *Rebuffi*, savant jurisconsulte, naquit à Baillarques, à deux lieues de Montpellier, en 1500 (Feller dit en 1487). Il enseigna le droit avec beaucoup de réputation à Montpellier, à Toulouse, à Cahors, à Bourges, et enfin à Paris. Le pape Paul III lui offrit une place d'auditeur de rote à Rome. On lui offrit aussi, en France, plusieurs places importantes qu'il refusa, se contentant de celle de professeur qu'il avait. Il embrassa l'état ecclésiastique en 1547; Feller, qui le fait naître en 1487, dit qu'il avait alors soixante ans. Il mourut à Paris, le 2 novembre 1557 : il possédait le latin, le grec, l'hébreu ; sa modestie relevait son savoir. On a recueilli ses ouvrages à Lyon, en 5 vol. in-folio, 1586 et années suivantes. Les principaux sont : 1° *Praxis beneficiorum;* il explique dans cet ouvrage, avec beaucoup de méthode, les dispositions qu'il faut avoir pour parvenir aux bénéfices, ce qu'il faut pour les conserver, et la manière dont on peut les perdre ; 2° des *Notes* sur les *règles de la chancellerie.* On a publié une édition de cet ouvrage en 1664, un vol. in-folio, à laquelle on a joint les concordats et un traité de la régale; 3° un traité sur la bulle *In cœnâ Domini ;* 4° *Commentaires sur les Pandectes ;* 5° les *Édits des rois de France,* etc. Tous ces ouvrages sont en latin, fort savants et sagement écrits, dans les bons principes de jurisprudence et de morale chrétienne.

RECLUSIO.

François *Reclusio* a laissé un ouvrage intitulé : *Tractatus de re parochiali,* Rome, 1773, 2 vol. in-4°.

REDING.

Augustin *Reding* de Biberegg, abbé d'Ensiedlen en 1670. On a de lui un savant traité fait contre les parlementaires gallicans, et qui a pour titre : *OEcumenica cathedræ apostolicæ auctoritas ex occasione quatuor cleri gallicani propositionum asserta et vindicata,* 1689, in-folio. Il a laissé en manuscrit, dans la bibliothèque de son abbaye, 6 vol. in-folio de *Commentaires sur le concile de Trente,* et 13 volumes d'ouvrages de théologie scolastique.

RÉDOANI.

On a de *Redoani : De spoliis ecclesiasticis,* Rome, 1568, in-4°; *De alienationibus rerum Ecclesiæ,* Plaisance, 1589, in-fol.

RÉGINALD.

Antoine *Réginald,* dominicain, mort à Toulouse en 1676, se dis-

tingua par ses ouvrages. On a de lui, entre autres : *De mente conci-*
lii Tridentini, cum notis Bossu, Bruxelles, 1706, un vol. in-folio.

RÉGINON.

Réginon, abbé de Prum, de l'ordre de Saint-Benoît, mort l'an 915,
dans le monastère de Saint-Maximin, à Trèves, a laissé un recueil
de canons et de réglements ecclésiastiques intitulé : *De disciplinis*
ecclesiasticis, et de religione christianâ libri duo. Il composa cet ouvrage à la sollicitation de Ratbode, archevêque de Trèves. Il y en a
une édition de 1654, in-4°. Baluze en a donné une excellente, avec
des notes pleines d'érudition, en 1671, Paris, in-8°. *Réginon* a divisé
sa collection en deux parties : la première se rapporte au clergé et
au culte, et la deuxième aux laïques.

REIFFENSTUEL.

Anaclet *Reiffenstuel,* savant théologien allemand, était de l'ordre
des frères mineurs réformés de saint François, et florissait au commencement du dix-huitième siècle. Le principal ouvrage du père
Reiffenstuel a pour titre : *Jus canonicum universum juxtà titulos decre-*
talium cum tractatu de regulis juris. Cet ouvrage, que les canonistes
et les théologiens estiment et dont ils font beaucoup d'usage, eut
un grand nombre d'éditions en Allemagne et en Italie. M. l'abbé
Migne a inséré dans son *Cours complet de théologie,* tom. XVIII,
col. 690, les traités *De beneficiis ecclesiasticis jure patronatus deci-*
mis; De immunitatibus ecclesiasticis, extraits de cet ouvrage. Nous
nous sommes servi de l'édition de Munich, 1709, 4 vol. in-fol. Les
autres sont : Ingolstadt, 1739, 3 vol. in-fol.; Venise, 1778, 5 tomes
en 4 vol. in-fol.; Rome, 1831, 6 vol. in-folio. On a joint à cette édition un traité des règles du droit.

REYMOND.

Henri *Reymond,* évêque constitutionnel de l'Isère, puis évêque de
Dijon, naquit le 21 novembre 1737, à Vienne en Dauphiné. Il était
curé de Saint-Georges dans cette ville, lorsqu'il publia divers écrits
qui le mirent en opposition avec le haut clergé. Ayant embrassé, à
l'époque de la révolution, les opinions nouvelles, il fut élu second
évêque de l'Isère, et sacré à Grenoble le 15 janvier 1793. A l'époque du concordat, il fut nommé à l'évêché de Dijon, et signa la formule de rétractation demandée par le saint-père aux évêques
constitutionnels. Cependant on a prétendu qu'il ne l'avait pas fait,
et sa conduite postérieure n'a pas démenti cette assertion. Son
administration se ressentit constamment des opinions qu'il professait; et, dans des temps plus heureux, on n'eût pas souffert qu'un
évêque fît enseigner dans son séminaire des doctrines condamnées,
et s'écartât de la discipline reçue de l'Église. En 1818, il fit paraître

une *Circulaire* pour permettre de faire gras tous les samedis et même le vendredi pendant la vendange. On se tut sur cette licence et sur un abus aussi énorme ; et *Reymond*, qui avait vécu sans mériter l'estime, mourut sans exciter de regrets le 20 février 1820, frappé de mort subite (1). Il a publié les ouvrages suivants : *Droits des curés des paroisses, sous leur double rapport spirituel et temporel*, Paris, 1776, in-8º ; Paris (Nancy), 1780, 1 vol. in-8º ; Constance, 1791, 3 vol. in-12. M. Dupin recommande cet ouvrage, dans sa *Bibliothèque choisie*, comme un ouvrage *estimé* sur le droit canonique. Nous disons, au contraire, nous, qu'il est très mauvais : il fut même supprimé par arrêt du parlement de Grenoble ; *Mémoire à consulter pour les curés à portion congrue du Dauphiné*, 1780 ; *Analyse des principes constitutifs des deux puissances, avec une adresse aux curés*, etc.

RICCI.

On a de *Ricci* : *Praxis rerum quotidianarum ecclesiastici fori, seu resolutiones forenses materiarum ecclesiasticarum, ex decretis curiarum ecclesiasticarum collecta*, Venise, 1646, 2 vol. in-fol., 1674, in-fol. ; *Decisiones curiæ archiepiscopalis neapolitanæ*, Venise, 1656, in-fol.

RICCIOLI.

Jean-Baptiste *Riccioli* a publié l'ouvrage suivant, qui a été condamné *donec corrigatur* par un décret de l'*Index*, en date du 3 avril 1669 : *Immunitas ab errore Sanctæ Sedis apostolicæ in canonisatione sanctorum*, Bologne, 1668, in-4º.

Il ne faut pas le confondre avec Antoine *Riccioli* ou *Ricciulus*, auteur de : *Tractatus de jure personarum extrà Ecclesiæ gremium existentium, et alter tractatus de neophytis*, Rome, 1622, in-fol., et 1651, in-folio.

RICHAUDEAU.

M. l'abbé *Richaudeau*, professeur de théologie au séminaire de Blois, a publié en 1842, à Avignon, un volume in-8º intitulé : *De l'ancienne et de la nouvelle discipline en France*. Il y traite la question de l'inamovibilité des curés desservants, alors fort agitée. Nous ne partageons pas toutes les opinions de ce digne ecclésiastique.

RICHER.

Edmond *Richer*, syndic de la faculté de théologie de Paris, né à

_____

(1) Un ecclésiastique de notre connaissance, M. l'abbé D..., nous a assuré qu'il avait reçu le dernier soupir de cet évêque constitutionnel, qu'il l'avait confessé, et que M. Collin, son grand vicaire, l'avait administré, etc.; il nous a dit de plus qu'il savait positivement que *Reymond* était allé à Mâcon se prosterner aux pieds de Pie VII, qu'il avait rétracté ses erreurs entre les mains de Sa Sainteté et qu'il avait engagé tous les prêtres constitutionnels de son diocèse à abjurer les erreurs de la constitution civile du clergé.

Chaource, ancien diocèse de Langres, en 1560, vint achever ses études dans la capitale, et y fit sa licence avec distinction. Né avec un génie impétueux, il se distingua beaucoup dans le parti de la Ligue. Il prit le bonnet de docteur en 1590, devint grand-maître du collége du cardinal Le Moine, puis syndic de la faculté de théologie de Paris, le 2 janvier 1608. Il s'éleva avec force, en 1611, contre la thèse d'un dominicain qui soutenait l'infaillibilité du pape et sa supériorité sur le concile. Il publia la même année, in-4°, un petit écrit intitulé : *De la puissance ecclésiastique et politique*, pour établir les principes sur lesquels il prétendait que la doctrine de l'Église de France et de la Sorbonne, touchant l'autorité du concile général et du pape, était fondée. Mais il ne se borna pas là; il y établit presque tous les principes de Marc-Antoine de Dominis. Sous prétexte d'attaquer la puissance du pape, il étalait des principes qui renversaient la puissance royale aussi bien que celle du Souverain Pontife et des évêques. Tel est celui-ci : « Chaque com- « munauté a droit immédiatement et essentiellement de se gouver- « ner elle-même, c'est à elle et non à aucun particulier que la « puissance et la juridiction a été donnée. » Il ajoute : « Ni le temps, « ni les lieux, ni la dignité des personnes ne peuvent prescrire contre « ce droit, fondé dans la loi divine et naturelle. » Ce petit livre souleva contre lui le nonce, les évêques et plusieurs docteurs. On voulut faire déposer *Richer* du syndicat, et faire anathématiser son livre par la faculté de théologie ; mais le premier président du parlement eut assez de crédit pour parer ce coup. Le cardinal du Perron, archevêque de Sens, assembla tous les évêques de sa province, et, après plusieurs conférences, l'ouvrage de *Richer* fut condamné le 13 mars 1612 ; son livre, proscrit à Rome, le fut encore par l'archevêque d'Aix et par les évêques de sa province, le 24 mai de la même année. On vit alors paraître de tous côtés une foule d'écrits pour le réfuter. « Cet ouvrage, dit le cardinal du Perron, est un « levain de vieille doctrine qu'il a couvée et soutenue dès longtemps, « en laquelle, encore qu'il ait changé de procédure pour le fait de « l'Église, néanmoins il a conservé les mêmes maximes qu'il tenait « alors pour le fait de l'État. Car l'an 1591, au mois d'octobre, il « soutint publiquement en Sorbonne, que les États du royaume « étaient indubitablement pardessus le roi, etc. » Effectivement, lors de la révolution de 1789, on vit l'Assemblée nationale, composée dans sa partie dominante de richéristes, régler sur le système du vieux syndic toutes ses opérations, tant à l'égard de la constitution civile qu'à l'égard de la constitution ecclésiastique. La cour défendit à *Richer* de rien écrire pour sa justification, et ordonna à la faculté de le dépouiller du syndicat. Il cessa d'aller aux assemblées de la faculté, et se renferma dans la solitude, uniquement appliqué à l'étude ; mais on l'accusait de continuer à dogmatiser. Il fut enlevé et mis dans les prisons de Saint-Victor. Il donna, en 1620, une déclaration par laquelle il protestait qu'il était prêt à rendre raison des propositions de son livre *De la puissance ecclésiastique et politique.* Il en donna une seconde, où il reconnaît l'Église romaine pour *mère et maîtresse de toutes les Églises*, et déclare que ce qu'il avait écrit *était contraire à la doctrine catholique, exposée fidèlement par les saints Pères, faux, hérétique, impie, et pris des écrits empoisonnés de Luther et de Calvin.* Enfin, pour ne laisser aucun doute sur la sincérité de ses rétractations, il en donna une troisième en 1630. Il mourut le 29 novembre 1631. *Richer* était un homme qui, à l'obstination des gens de son état, joignait une inflexibilité d'esprit particulière. Vieilli sur les bancs, au milieu de la chicane, endurci dès l'enfance à la misère, il brava la cour, parce qu'il ne lui demandait rien, et qu'il pouvait se passer de tout. Nous avons de lui un grand nombre d'ouvrages, dont les principaux sont : *Vindiciæ doctrinæ majorum scholæ Parisiensi contra defensores monarchiæ et curiæ romanæ,* Cologne, 1683, in-4° ; *De potestate Ecclesiæ in rebus temporalibus,* 1692, in-4° ; une *Histoire des conciles généraux,* en latin, 3 vol. in-4°. Son plus fameux ouvrage est intitulé : *De potestate ecclesiasticâ,* avec une défense de sa doctrine et de sa conduite, Cologne, 1701, 2 vol. in-4°. Cet ouvrage fut mis à l'*index* par un décret du 4 mars 1709. *Traité des appellations comme d'abus ; que c'est un remède conforme à la loi de Dieu, lequel a donné aux rois et princes chrétiens, l'Église en protection,* etc., Paris, 1764, 2 vol. in-12.

Le richérisme n'est qu'un système combiné des maximes des calvinistes et des jansénistes.

RIDOLPHINUS.

On a de Pierre *Ridolphinus* : *De ordine procedendi in judiciis in romanâ curiâ,* Rome, 1675, in-folio,

RIEGGER.

Joseph-Antoine-Etienne, chevalier de *Riegger,* jurisconsulte et littérateur allemand, obtint, en 1764, la chaire de droit ecclésiastique au collége Thérésien, à Vienne, passa en 1765 à celle de droit civil, à Fribourg, et devint conseiller et professeur de droit public à Prague. Nommé ensuite, par l'empereur Joseph II, inspecteur des études et rapporteur de la censure, il seconda avec autant de zèle que de talents les vues de son souverain, et contribua puissamment au changement qui s'opéra dans le système des études. Il quitta cet emploi en 1782, et mourut en 1795, laissant plusieurs ouvrages savants et estimés, mais d'une mauvaise doctrine, parmi lesquels on cite : 1° *Bibliotheca juris canonici,* Vienne, 1761-1762, 2 vol. in-8° ; 2° *Prolegomena ad jus ecclesiasticum,* Vienne, 1764 ; 3° *Elementa juris ecclesiastici,* Vienne, 1774, 2 vol. in-8° ; 4° *Opuscula ad historiam et jurisprudentiam præcipuè ecclesiasticam illustrandam,* Ulm, 1774, in-8° ; 5° *Institutiones jurisprudentiæ ecclesiasticæ,* Vienne, 1780, 4 vol in-12.

RIGANTI.

Jean-Baptiste *Riganti*, né à Melfi, dans le royaume de Naples, l'an 1661, étudia en droit à Rome, en 1675, et y fit tant de progrès, qu'à l'âge de 22 ans, le célèbre Bandinus Pancurticus, cardinal pro-dataire, le prit pour son auditeur, emploi qu'il remplit avec honneur pendant trente-cinq ans. Sa science et ses vertus lui méritèrent l'estime et la confiance de plusieurs cardinaux et des savants, entre autres du cardinal Lambertini, depuis pape sous le nom de Benoît XIV, qui honorait souvent Riganti de ses visites. Ce savant jurisconsulte mourut à Rome le 17 janvier 1735. Il avait laissé des *Commentaires sur les règles de la chancellerie apostolique*, qui ont été publiés avec des notes par Nicolas et J.-B. *Riganti*, ses neveux, Rome, 1745 ; Cologne, 1751, 4 vol. in-folio.

On a encore du même auteur : *De protonotariis apostolicis dissertationes posthumæ*, Rome, 1751, un vol. in-folio.

RITTERSHUYS.

Conrad *Rittershuys*, protestant, jurisconsulte de Brunswick, est auteur et éditeur d'un grand nombre d'ouvrages dans lesquels on remarque beaucoup de critique et d'érudition. Le suivant a été mis à l'*Index* le 16 mai 1619 : *Differentiæ juris civilis et canonici*, 1638, in-4°, Halle, 1712, in-4°. *Rittershuys* mourut à Altdorf l'an 1613, où il était professeur de droit.

ROCABERTI.

Jean-Jacques de *Rocaberti*, né vers 1624, à Perelada, d'une maison illustre, entra jeune dans l'ordre de Saint-Dominique. Il fut nommé archevêque de Valence en 1676, et grand inquisiteur de la foi en 1695. Il s'acquit l'estime du roi d'Espagne, qui le fit deux fois vice-roi de Valence. Il employa le temps que lui laissaient ces places à composer plusieurs ouvrages. Les plus remarquables sont : *De romani pontificis Auctoritate*, en 3 vol. in-folio, Valence, 1691 à 1693. Cet ouvrage fut supprimé et condamné par arrêt du parlement de Paris, le 20 décembre 1695. En réponse à cet arrêt, le savant dominicain que toute l'Espagne vénérait et admirait, publia l'ouvrage suivant : *Bibliotheca maxima pontificia, in quâ auctores melioris notæ qui hactenus pro sanctâ romanâ Sede scripserunt ferè omnes continentur*, Rome, 1697-1699, 21 vol. in-folio.

ROCCA.

Ange *Rocca*, né en 1545 à Rocca-Contrata, dans la Marche d'Ancône, ermite de Saint-Augustin, sacristain de Clément VIII en 1595 et évêque de Taguste en 1605. Il mourut à Rome le 8 avril 1620. On a de lui divers ouvrages. Son *Thesaurus pontificiarum antiquitatum, necnon rituum ac cæremoniarum*, 2 vol. in-fol., Rome, 1745, est un recueil curieux; *De sanctorum canonizatione*, Rome, 1601, in-4°. *De sacrâ Summi Pontificis communione sacrosanctam missam solemniter celebrantis; De campanis*, Rome, 1612, in-4°. Ce traité est estimé.]

RODERIC.

Emmanuel *Roderic* a publié : *Quæstiones regulares et canonicæ*, Anvers, 1616, 2 vol. in-fol. ; *Nova collectio privilegiorum apostolicorum regularium mendicantium et non mendicantium*, Anvers, 1616, in-fol. et 1623, in-fol.

RODRIGUEZ.

Emmanuel *Rodriguez*, religieux franciscain, d'Estremos en Portugal, mourut à Salamanque en 1619, à 68 ans : on a de lui : *Quæstiones regulares et canonicæ*, 1609, 4 vol. in-fol. ; Anvers, 1628, 2 vol. in-fol. ; *Nova collectio privilegiorum apostolicorum regularium mendicantium et non mendicantium*, Anvers, 1616, in-fol., 1623, in-fol. On a de lui ou de Nicolas *Rodriguez* : *De potestate capituli, sede vacante, nec non sede plenâ*, Lyon, 1666, in-fol.

ROHRBACHER.

M. l'abbé *Rohrbacher*, docteur en théologie de l'université de Louvain, etc., à qui nous devons l'*Histoire universelle de l'Église catholique*, en 28 vol. in-8°, a publié, en 1838, *Des rapports naturels entre les deux puissances*, Paris, 2 vol. in-8°.

ROQUETTE.

M. l'abbé *Roquette* publie dans ce moment un ouvrage élémentaire qui sera fort utile pour les séminaires et qui, à notre avis remplacera très avantageusement le *Manuale compendium juris canonici* de M. l'abbé Lequeux. Il est écrit dans les principes d'une saine orthodoxie, et il paraît sous le patronage de Mgr Parisis évêque d'Arras. Cet ouvrage a pour titre : *Institutiones juris canonici publici et privati, ad usum scholarum accommodatæ*, Paris, 1853, 2 vol. in-8°.

ROSA.

On a de Thomas *Rosa* : *De exsecutoribus litterarum apostolicarum, cum notis sanctæ rotæ romanæ*, Rome, 1676, in-folio, Cologne, 1683, in-folio ; *De beneficiorum distributione*, Naples, 1682, in-fol. ; *De reditibus ecclesiasticis*, Naples, 1682, in-fol.

ROSAT.

Albéric de *Rosat, Rosate* ou *Roxiali*, de Bergame, était un des plus savants jurisconsultes du seizième siècle. On a de lui un *Dictionnaire de droit*, un traité *De Statutis*, des *Commentaires sur le code de Justinien et sur les Pandectes* et un *Commentaire sur le sixième livre des Décrétales.*

ROSKOVANY.

On doit à Augustin *Roskovany* : *Monumenta catholica pro indepen-dentiâ potestatis ecclesiasticæ ab imperio civili, à sæculo nono usque ad sæculum decimum nonum,* 1847, aux Cinq-Églises, 2 vol. in-8°.

ROUILLARD.

Sébastien *Rouillard*, avocat, mourut en 1639. On a de lui quel-ques ouvrages mal digérés, mais savants, entre autres : *Préséance par les abbés réguliers et commendataires contre les archidiacres, doyens, prévôts,* etc., Paris, 1608, in-8° ; *Priviléges de la Sainte-Chapelle de Paris,* in-8°, etc.

ROUSSEL.

On a de Michel *Roussel* : *Historia Pontificiæ juridictionis ex anti-quo, medio et novo usu,* Paris, 1625, in-8°, Paris, 1636, in-4°. Cet ouvrage a été mis à l'*Index* le 4 février 1627.

ROYE.

François de *Roye*, professeur de jurisprudence à Angers, sa pa-trie, mourut en 1686. Les ouvrages que nous avons de lui prouvent beaucoup de recherches et de savoir. *Institutiones juris canonici,* Paris, 1681, in-12. *De jure patronâtus, et de juribus honorificis in ec-clesiâ,* Angers, 1667, in-4°. *De missis dominicis eorumque officio et po-testate,* Angers, 1672, in-4°, Leipsick, 1744, Venise, 1772, in-8°. Traité sur le chapitre *Super specula, de Privilegiis,* Angers, in-4°, 1645. Non seulement *Roye* se distingua comme écrivain, mais il con-tribua encore par son zèle à faire fleurir l'université d'Angers.

RUBENS.

Paul Romain *Rubens* a publié : *Decisiones recentiones sacræ rotæ romanæ,* Venise, 1716, in-fol.

On a de Théodose *Rubens* : *Discursus circa litteras apostolicas in formâ brevis,* Rome, 1639, in-4°.

S

SACCHI.

Fortuné *Sacchi,* savant sacriste de Rome, s'est fait connaître par : *De notis sanctitatis in canonizatione sanctorum,* Rome, 1679, in-4° ; *De cultu et veneratione servorum Dei,* Rome, 1639, in-4°. Sacchi était fort habile en ces matières.

SACRIPANTE.

On a de Jean *Sacripans* ou *Sacripante : Defensio juridictionis ecclesiasticæ,* Rome, 1688, in-8°.

SALGADO.

François *Salgado,* canoniste espagnol, est auteur de deux ouvrages qui ont été mis à l'*Index* par un décret du 11 avril 1628. Ces ouvrages sont intitulés, le premier : *De supplicatione ad Sanctissimum, à litteris et bullis, et de earum interim in senatu retentione,* un vol. in-folio, Madrid, 1639, et Lyon, 1654 et 1664 ; le second : *De protectione regiâ vi oppressorum appellantium à causis et judicibus ecclesiasticis,* un vol. in-folio, Lyon, 1627, 1654, 1661 et 1669.

SALLÉ.

Jacques-Antoine *Sallé,* avocat au parlement, né à Paris le 4 juin 1712, fut reçu avocat en 1736. Une trop grande timidité, provenant, non du sentiment de sa faiblesse, mais de sa modestie naturelle et de l'étendue de ses connaissances, lui fit abandonner la plaidoierie, et s'adonna dans le silence du cabinet à l'étude des lois. A peine âgé de 26 ans, il avait déjà mis la dernière main aux commentaires des ordonnances de 1731 et 1735 sur les donations et les testaments qui donnèrent naissance et mirent le sceau à sa réputation. Il s'occupait en outre de travaux littéraires. Il mourut d'une hydropisie, le 14 octobre 1778. Nous avons de lui, entre autres ouvrages, le *Nouveau code des curés,* Paris, 1780, 4 vol. in-12 ; dans le 4ᵉ (page 413) il y a une notice de la vie et des ouvrages de *Sallé,* par Forestier, son gendre, qui acheva cet ouvrage. On trouve dans ce recueil des tables commodes. *Sallé* a encore donné, sans se faire connaître, des éditions nouvelles de plusieurs ouvrages de droit qu'il a enrichis de ses observations, entre autres du *Recueil de jurisprudence tant civile que canonique* de Guy du Rousseaud de la Combe.

SAMBUCY.

M. de *Sambucy,* chanoine de Paris, secrétaire du Sacré Collége pour la France à Rome, mort à Paris en 1849, a publié : *De l'harmonie des évêques avec leurs chapitres,* Paris, 1845, un vol. in-12; *De l'harmonie entre l'Église et l'État,* Paris, 1845, un vol. in-12. M. de *Sambucy,* que nous avons connu, nous a dit qu'il travaillait à un grand ouvrage sur le droit canon capitulaire. Sa mort l'aura sans doute empêché de terminer ce travail.

SAMUELLINI.

On a de François-Marie *Samuellini* un livre savant et qui mérite d'être recherché. Il est intitulé : *De canonicâ electione in regularibus prælatis,* Venise, 1644, in-folio.

SANCTARELLI.

Antoine *Sanctarelli* ou *Sanctarel*, jésuite, est connu par un excellent traité *De hæresi, schismate, apostasiâ, sollicitatione in sacramento pœnitentiæ, et de potestate papæ in his puniendis*, Rome, 1625, in-4°, reproduit dans Rocaberti.

SANDERUS.

Nicolas *Sanderus*, né à Charlewood, dans le comté de Surrey, en Angleterre, parvint par son mérite à la place de professeur en droit canon dans l'université d'Oxford. La religion catholique ayant été bannie de ce royaume par Élisabeth, il se retira à Rome, où il fut élevé au sacerdoce. Grégoire XIII l'envoya nonce en Espagne et ensuite en Irlande. Il y mourut de faim et de misère en 1583. Il a publié plusieurs ouvrages : nous distinguons : *Sedes apostolica seu de militantis Ecclesiæ romanæ potestate, Summorumque Pontificum romanorum primatu atque in omnes gentes auctoritate*, Rome, 1608, in-4°; *De visibili monarchiâ Ecclesiæ*, Louvain, 1571, in-folio; Anvers, 1581; Wurtzbourg, 1575. Il montre dans cet ouvrage l'autorité, la visibilité et l'infaillibilité de l'Église. Trois *Oraisons latines*, sur la transsubstantiation, les langues liturgiques et la pluralité des messes à célébrer dans la même église, Anvers, 1566, in-12.

SANNIG.

Bernard *Sannig* a publié : *Jus canonicum universum nova methodo digestum*, Prague, 1692, 2 vol. in-folio.

SAUSSAY.

André du *Saussay*, docteur en droit et en théologie, curé de Saint-Leu, à Paris, sa patrie, et ensuite évêque de Toul, naquit vers 1595. Il mourut à Toul en 1675, à 80 ans. Il est auteur de plusieurs ouvrages : *Panoplia episcopalis, seu de officiis episcopi*, Paris, 1646, in-folio; *De episcopali monogamia et unitate ecclesiasticâ dissertatio*, Paris, 1632, in-4°; *De sacro ritu præferendi crucem majoribus prælatis Ecclesiæ*, Paris, 1628, in-4°.

SAUTER.

Antoine *Sauter* a publié en 1816 à Fribourg : *Fundamenta juris ecclesiastici catholicorum sex partes, de judiciis ecclesiasticis*, in-8°.

SAVARON.

Louis *Savaron* a publié à Tours, en 1590, in-8°, un ouvrage sur le *Pouvoir des légats de notre saint-père le pape, et de la forme qui se doit garder quand ils entrent en France*. On y trouve l'esprit parlementaire.

SBROZZIO.

On doit à Jacques *Sbrozzio* un traité *de Officio et potestate vicarii episcopi,* Rome, 1604, in-4°.

SCACCIA.

On a de Sigismond *Scaccia : Tractatus de appellationibus,* Francfort, 1615, in-fol.

SCARFANTONI.

Jean-Jacques *Scarfantoni,* ecclésiastique et jurisconsulte célèbre, naquit à Pistoie, le 12 septembre 1674. Il mourut le 27 décembre 1748, à l'âge de 74 ans. On a de lui : *Dissertatio an cuncti regulares non habentes indultum Sedis apostolicæ, post editionem sacri concilii Tridentini, possint, extrà tempora à jure statuta, sacris ordinibus initiari,* Lucques, 1616 ; *Animadversiones ad lucubrationes canonicales Francisci Ceccoperii,* Lucques, 1723, 2 vol. in-folio, et 1737, 3 vol., ouvrage important et regardé comme capital. Il fut réimprimé à Venise, et Benoît XIV le cite avec éloge dans son bel ouvrage *De Synodo diœcesanâ.*

SCHELLIUS.

Schellius a publié à Wurtzbourg, en 1749, un traité *De episcoporum electionibus juxtà veterem et novam Ecclesiæ disciplinam.*

SCHELSTRATE.

Emmanuel *Schelstrate,* successivement chanoine d'Anvers, sa patrie, chanoine de Saint-Jean-de-Latran et de Saint-Pierre, à Rome, mourut dans cette dernière ville, en 1692, à 44 ans. Il y jouit de la considération que méritaient ses talents et l'usage qu'il en faisait. On a de lui un grand nombre d'ouvrages. Les plus connus sont : *Antiquitas illustrata circà concilia generalia et provincialia decreta et gesta pontificum,* Rome, 1692 et 1697, 2 vol. in-folio ; *De auctoritate ac sensu decretorum Constantiensis concilii,* Rome, 1686, in-4° ; *Dissertatio de auctoritate patriarchali et metropoliticâ,* Rome, 1637, in-8° ; *De disciplinâ arcani,* Rome, 1685, in-4° ; *Ecclesia africana sub primate Carthaginensi,* Anvers, 1679, in-4°.

SCHIARA.

Antoine-Thomas *Schiara,* dominicain, qu'il faut distinguer de Pie-Thomas *Schiara,* autre dominicain, est auteur d'un savant et important ouvrage dont voici le titre : *Romanus pontifex omnium jurium dispositione propugnandus christianæ reipublicæ exhibetur,* Rome, 1712, in-fol.

SCHILTER.

Jean *Schilter,* jurisconsulte protestant, né à Pégau en Misnie, l'an 1632, professeur honoraire de l'université de Strasbourg, où il mourut en 1705. On a de lui, entre autres ouvrages : *Institutiones juris canonici,* Iéna, 1699, in-8°, 1713, in-8°, dans lesquelles il se propose d'accommoder le droit canon aux usages des Églises protestantes ; *De libertate ecclesiarum Germaniæ,* Iéna, 1682, in-4°. Cet ouvrage fut mis à l'*index* le 3 avril 1685.

SCHMALZGRUEBER.

François *Schmalzgrueber,* de la société de Jésus, célèbre canoniste allemand, s'est fait connaître par le meilleur, le plus complet et le plus exact peut-être de tous les traités de droit canon. Il a pour titre : *Jus ecclesiasticum universum brevi methodo ad discentium utilitatem explicatum, seu lucubrationes canonicæ in quinque libros decretalium,* Rome, imprimerie de la chambre apostolique, 1843, 12 vol. grand in-4°. Cet ouvrage, dont nous faisons un très grand cas et que nous avons souvent consulté, est approuvé de plusieurs facultés de théologie. *Consilia seu responsa juris,* Dillingen, 1740, 2 vol. in-folio.

SCHMIDT.

Antoine *Schmidt* est auteur de *Thesaurus juris ecclesiastici, potissimum Germanici,* Heidelberg, 1772, 1776, 7 vol. in-4°; *Institutiones juris ecclesiastici Germaniæ,* Heidelberg, 1774, Bamberg, 1780, 2 vol. in-8°.

SCHMIER.

On a de François *Schmier* un fort bon traité de droit canon, *Jurisprudentia canonica civilis, seu Jus canonicum universum;* Saltzbourg, 1729, 3 vol. in-folio; Avignon, 1738, 3 vol. in-folio.

SCHOOCKIUS.

Le traité de Martin *Schoockius, De Bonis ecclesiasticis et de canonicis,* Groningue, 1651, in-4°, a été mis à l'*index,* le 4 mars 1709.

SCHRAM.

On a de Dominique *Schram : Jus ecclesiasticum publicum et privatum,* Augsbourg, 1774, 3 vol. in-4°.

SEGNERI.

Paul *Segneri,* né à Nettuno, dans la Campagne de Rome, en 1624, mourut en 1694 à 70 ans. Il était très habile prédicateur. Tous ses ouvrages furent réunis après sa mort dans un recueil en 3 vol. in-fol. Nous y remarquons : *De potestate papæ,* Rome, 1656, in-4°; *Pratique des devoirs des curés,* traduite par le père Buffier, en 1702, Avignon, 1834, in-12.

Il ne faut pas le confondre avec Dominique *Segneri,* auteur de : *Opus Dei admirabile, seu supremæ dignitatis ac potestatis plenitudo sancto Petro ac successoribus à Christo Domino concessa,* Rome, 1656. Il a été reproduit dans la collection de Roccaberti.

SEGNI.

Jean-Baptiste *Segni*, bolonais, et chanoine régulier de la congrégation de Saint-Sauveur, vivait au seizième siècle. Il était profond théologien, et professa cette science à Ferrare en 1610. Il a laissé les ouvrages suivants : *De ordine ac statu canonico, libri quatuor*, Bologne, 1601, in-4°, réimprimé dans la même ville, en 1611 ; *Peregrinatio bonorum spirituum ad impetrandum confirmationem veri status religiosi ac præcipuè canonici*, Ferrare, 1592; l'ouvrage est dédié à Clément VIII ; *Reliquiarum sivè de reliquiis et veneratione sanctorum liber unus*, Bologne, 1610; *De optimo episcopo*, Holstan, 1606, etc. Il faut ajouter à cela divers écrits restés inédits.

SEGURA.

On a de Jean *Segura : Directorium judicum ecclesiastici fori*, Venise, 1596, in-4°.

SELVAGI.

On a de Laurent *Selvagi : Institutionum canonicarum, tres libri*, Naples, 1846, 2 vol. in-8°.

SERRY.

Jacques-Hyacinthe *Serry*, fils d'un médecin de Toulon, entra fort jeune dans l'ordre de Saint-Dominique. Il devint consulteur de la congrégation de l'*Index*, et professeur de théologie dans l'université de Padoue, où il mourut en 1738, à 79 ans. On a de lui divers ouvrages, entre autres : *De Romano Pontifice in ferendo de fide moribusque judicio falli et fallere nescio*, Padoue, 1732, in-8°, mis à l'*index*, par un décret du 14 janvier 1733.

SFONDRAT.

Célestin *Sfondrat*, célèbre cardinal, né à Milan en 1649, entra dans l'ordre des Bénédictins, professa les saints canons dans l'université de Saltzbourg. Il mourut à Rome le 4 septembre 1696, âgé de 53 ans. Il est connu par plusieurs ouvrages savants, notamment par le *Gallia vindicata*, qu'il composa en 1687 contre les décisions de l'assemblée du clergé de France de 1682, sur l'autorité du pape. *Regale sacerdotium romano pontifici assertum*, imprimé au monastère de Saint-Gall dont il était abbé, 1693, in-4°. Cologne, 1684, in-4°.

SHGUANIN.

On connaît *Shguanin* par *Tractatus beneficiarius pro indemnitis salvandis juribus sanctæ matris Ecclesiæ quoad beneficia ecclesiastica*, Rome, 1752, 2 vol. in-4°.

SIBOUR.

Marie-Dominique-Auguste *Sibour*, né à Saint-Paul-Trois-Châteaux, le 4 août 1792, archevêque de Paris, a publié, étant évêque de Digne : *Institutions diocésaines*, Paris, 1846, 2 vol. in-8°.

SIGISMOND.

On connaît *Sigismond*, de Bologne, par son traité *De electione et potestate prælatorum et aliorum regularium*, Bologne, 1626, in-folio.

SIMANCA.

Jean *Simança* a publié : *De catholicis institutionibus ad extirpandas hæreses*, Rome, 1575, in-4°. Ce livre est rare et précieux. Toutes les œuvres de ce savant canoniste ont été réunies en un vol. in-fol., Ferrare, 1692.

SIMEONIBUS.

Simeoni ou *Simeonibus* est connu pour un très savant et très excellent traité *De Romani Pontificis potestate judiciariâ*, Rome, 1717, 2 vol. in-4°.

SIMONETTA.

Jacques *Simonetta*, né à Milan, mérita la confiance de Jules II et de Léon X, et fut chargé de plusieurs commissions importantes. Clément VII le fit évêque de Pésaro ; Paul III le plaça sur le siége de Pérouse, et le créa cardinal. Il mourut à Rome en 1539 : on a de lui : *Tractatus de reservationibus beneficiorum*, Cologne, 1585, in-8°.

SIMON.

Richard *Simon* naquit à Dieppe, le 13 mai 1638, et y mourut le 11 avril 1712. Il entra dans la congrégation de l'Oratoire, et fut curé de Belleville, paroisse du pays de Caux. Il eut des démêlés assez vifs avec plusieurs savants de son temps. Il est auteur d'un grand nombre d'ouvrages. Nous avons consulté son *Histoire de l'origine et du progrès des revenus ecclésiastiques*, imprimée en 1709, en 2 vol. in-12, sous le nom de Jérôme Acosta. C'est, dit-on, le résultat d'un mécontentement de *Simon* contre une communauté de bénédictins : or, on sait que la colère n'est pas propre à conduire à la vérité, ni à répandre des lumières sur un objet quelconque. Il y eut une édition en 1684 et une autre en 1691.

On remarque dans les ouvrages de Richard *Simon* beaucoup de critique et d'érudition, mais, assez souvent, peu d'exactitude dans les citations, et presque toujours des opinions singulières et extraordinaires, trop de hardiesse et de vivacité. Aussi son livre a été mis à l'*Index* le 21 avril 1693.

SLEVOGATIUS.

Jean-Philippe *Slevogatius* a publié sur l'union et la division des églises les deux ouvrages suivants : *De unione ecclesiarum*, Iéna, 1678, in-4°; *De divisione ecclesiarum et beneficiorum*, Iéna, 1681, in-4°.

SOARDI.

Victor Amédée *Soardi,* né d'une famille distinguée de Turin, dont son père était gouverneur, eut pour parrain le roi Victor Amédée, et reçut une excellente éducation qui le fit entrer dans le monde avec beaucoup de connaissances et d'avantages. Il s'engagea, en 1735, dans la congrégation de Saint-Lazare, à Paris. Il tourna dès lors tout l'essor de son génie vers la religion, et enseigna la théologie au séminaire de Saint-Firmin, travaillant en même temps à un ouvrage profond et très important à la hiérarchie de l'Église, intitulé : *De Suprema Romani Pontificis auctoritate hodierna Ecclesiæ gallicanæ doctrina,* Avignon, 1747, un vol. in-4°, dont M. de Buininck, conseiller de l'électeur palatin, a donné une nouvelle édition, Heidelberg, 1793, avec une préface intéressante et une épître dédicatoire au pape Pie VI. Ce livre est plein d'érudition et d'une sage critique. Le plus bel éloge que l'on en puisse faire sous le rapport de la doctrine, c'est que le parlement de Paris le condamna, par arrêt du 25 août 1748. Mgr Villecourt, évêque de La Rochelle, rapporte cet arrêt dans son savant ouvrage intitulé : *La France et le pape,* page 572, et l'accompagne de notes. Ce docte prélat rapporte que les exemplaires du livre de *Soardi* devinrent si rares après l'injuste sentence du parlement, que M. de Buininck paya 86 francs l'exemplaire qu'il se procura pour en faire une nouvelle édition. Le style de *Soardi* est clair, pur, attachant. Il mourut à Avignon en 1752.

SOCIN.

Marien *Socin* naquit à Sienne, en 1401, et professa le droit canon dans sa patrie avec un succès qui lui mérita l'estime de Pie II. Il mourut en 1467.

Son fils, Barthélemi *Socin,* mort en 1507, à 70 ans, professa le droit canon dans plusieurs universités d'Italie, et laissa des consultations qui furent imprimées avec celles de son père, sous ce titre : *Commentaria omnia quæ extant in jus canonicum, una cum tractatibus de Visitationibus et de Oblationibus,* Venise, 1579, 4 vol. in-fol.; Francfort, 1583; Venise, 1593, 3 vol. in-fol.

SOLERIUS.

Claude *Solerius* ou *Sollier* est auteur d'un traité *De juridica potestate confessariorum,* Lyon, 1618, in-4°.

SOLORZANI.

On a de *Solorzani* : *De juribus canonicis,* Rome, 1610, in-8°.

SPATHARIUS.

Octavien *Spatharius* a publié l'ouvrage suivant, qui a été mis à l'*index, donec corrigatur*, le 17 décembre 1623 : *Aurea methodus de modo corrigendi regulares*, Venise, 1620, in-4°.

SQUILLANTI.

On a de Paul *Squillanti* : *Tractatus de obligationibus et privilegiis episcoporum*, Naples, 1649, in-4° ; *De obligationibus clericorum*, Naples, 1639, in-4°.

STAPHILÉE.

Jean *Staphilée* a donné un traité *De Litteris gratiæ, de signaturâ gratiæ, et litteris apostolicis in formâ brevis*, Paris, 1558, in-8°, Rome, 1587, in-8°.

STREIN.

Jean *Strein*, auteur exact et judicieux, est d'une utilité spéciale pour l'étude du droit canonique romain. On a de lui : *Summa juris canonici*, Cologne, 1658, 3 vol. in-4°. Cet ouvrage est un des abrégés les plus estimés par les canonistes.

STROZZI.

Jacques *Strozzi* a publié : *Tractatus de officio et potestate vicarii episcopi*, Rome, 1604, 1623, in-4°.

T

TABARAUD.

Mathieu-Mathurin *Tabaraud*, canoniste janséniste, né à Limoges, en 1754, entra à Saint-Sulpice après avoir terminé ses études de collège, et fut admis dans la congrégation de l'oratoire en 1764. Lorsque la révolution éclata, *Tabaraud* appela l'attention des novateurs sur les nombreux abus qui, selon lui, se seraient introduits dans l'Église par suite de la négligence des gouvernants à y faire intervenir leur juridiction. La révolution ayant dépassé de beaucoup les limites qu'il aurait voulu lui voir respecter, *Tabaraud* renonça momentanément à l'attaque, et s'éleva même avec force contre la persécution dont le clergé était l'objet. Deux *lettres* qu'il adressa à l'évêque constitutionnel Gayvernon, et des *observations* sur une lettre pastorale du même, attirèrent sur lui la proscription, et il se retira, après les massacres de septembre, en Angleterre, où il demeura dix ans. On croit qu'il avait été un des signataires de la lettre adressée à Pie VI par environ soixante oratoriens, et qu'on trouve insérée dans son *Histoire du cardinal de Bérulle*. Lorsque *Tabaraud* quitta la France, il était, depuis quelques années supérieur dans la maison de l'oratoire de Limoges. Durant son séjour à Londres, il s'occupa de travaux littéraires, historiques et théologiques. Il paraît qu'il aida son confrère, le P. Mandar, dans la ré-

daction de la lettre de condoléance écrite à Pie VI, en 1798, par
plusieurs évêques français.

De retour en France, en 1802, *Tabaraud* fut porté, par une
attention de Fouché, son ancien confrère, sur une liste pour l'épiscopat. Mais cette dignité lui aurait d'autant moins convenu qu'il
n'exerçait point les fonctions du ministère. Nommé, en 1811, censeur de la librairie, il profita de sa position pour entraver la publication des livres contraires à ses idées jansénistes. Louis XVIII
le nomma, en 1814, censeur honoraire, et l'abbé de Montesquiou lui
fit avoir sa pension de retraite.

Les *Principes sur la distinction du contrat et du sacrement de
mariage,* qu'il publia en 1816, le jetèrent dans des controverses assez vives avec son évêque et quelques théologiens, et furent réfutés
par M. Boyer, de Saint-Sulpice. L'écrit fut condamné dans un manifeste du 18 février 1818, donné par l'évêque de Limoges, dont la
décision fut confirmée par le Souverain Pontife. L'auteur fit paraître plusieurs répliques où l'on rencontre des expressions trop peu
respectueuses pour le prélat et pour le Saint-Siége, une entre autres sous ce titre : *De la puissance temporelle sur le mariage,* ou *Réfutation* du décret de monseigneur l'évêque de Limoges, Paris, 1818,
in-8°. En 1825 parut une nouvelle édition du livre des *Principes.*
Le sens des paroles du concile de Trente, qui attribue aux juges ecclésiastiques les causes matrimoniales, ayant été clairement défini
par plusieurs brefs des Souverains Pontifes, il semblait que cette
question était dès lors sans objet, l'Église seule pouvant opposer
des empêchements dirimants au mariage. (*Voyez* EMPÊCHEMENTS.) Du
reste, l'attachement de *Tabaraud* à ses opinions et son zèle à les
défendre, ne se démentirent pas un instant dans sa longue carrière.
Affligé d'une cataracte depuis 1814, il dictait à un secrétaire les
ouvrages qu'il composait. Il recouvra la vue dans les derniers temps
de sa vie, et mourut à Limoges le 9 janvier 1832. Son testament
olographe, dicté le 5 janvier 1831, renfermait les paroles suivantes :
« Je rends grâce à Dieu de m'avoir fait naître dans le sein de l'É-
« glise catholique, apostolique et romaine ; de m'avoir inspiré la
« bonne croyance de toutes les vérités qu'elle enseigne et préservé
« de toutes les erreurs qu'elle condamne. J'espère de sa divine mi-
« séricorde qu'il me conservera dans ces sentiments jusqu'à ce qu'il
« lui plaise de m'appeler à lui. Si, dans les ouvrages que j'ai pu-
« bliés, il se trouvait quelque chose qui ne fût pas conforme à ces
« dispositions, je le soumets au jugement de ladite Église et je de-
« mande pardon à Dieu de tout ce qui, dans mes ouvrages, aurait
« offensé les personnes, etc. » Cette profession de foi catholique
n'est guère en harmonie avec les ouvrages de l'auteur. Puisse-t-elle
avoir été sincère !

Outre les productions de *Tabaraud,* que nous avons déjà indiquées, nous citerons les suivantes : *Traité historique et critique de
l'élection des évêques,* Paris, 1792, 2 vol. in-8°. L'auteur a pour but

de montrer que l'élection des évêques appartenait au clergé, et que le peuple n'y prenait part qu'en manifestant ses vœux. *De l'importance d'une religion de l'État*, 1803, in-18; seconde édition, considérablement augmentée, 1814, in-8°. L'auteur examine principalement le discours que prononça Portalis, lors de la présentation du concordat (1). *Des interdits arbitraires de la célébration de la messe,* 1809, in-8°, réimprimé à Paris, en 1820, avec l'*appel comme d'abus. Questions sur l'habit clérical.* Ce petit écrit était dirigé contre une ordonnance de monseigneur l'évêque de Limoges. *Essai historique et critique sur l'institution des évêques,* 1811, in-8°. Dans cet écrit, publié à l'époque où Pie VII était prisonnier à Savone, l'auteur essayait de prouver que lorsque le pape refuse des bulles à une grande Église, elle avait le droit de revenir à l'ancienne discipline et de faire instituer les évêques par les métropolitains (2). *Observation d'un ancien canoniste sur la convention du 11 juin 1817,* in-8°, écrit d'un janséniste chagrin qui blâme tout et tout le monde. *Examen de l'opinion de M. le cardinal de la Luzerne sur la publication du concordat,* 1821, in-8°. *De l'inamovibilité des pasteurs du second ordre,* 1821, in-8°. L'auteur plaide en faveur de tous les prêtres qui sont mal avec leurs supérieurs et qui ont été frappés d'interdit. (*Voyez* INAMOVIBILITÉ.) *Réflexions sur l'engagement exigé des professeurs de théologie, d'enseigner la doctrine contenue dans la déclaration de 1682,* Paris, 1824, in-8°. Ces *Réflexions* sont principalement dirigées contre M. de Clermont-Tonnerre, archevêque de Toulouse, qui refusait au gouvernement le droit de s'immiscer dans l'enseignement des séminaires. *Histoire de l'assemblée de 1682,* 1826, in-8°. Cette histoire est vide de faits. *Essai historique et critique sur l'état des jésuites* en France, 1828, in-8°. Cet essai parut en même temps que l'ordonnance du 16 juin 1828. *Tabaraud* est encore auteur de plusieurs ouvrages littéraires et historiques.

TALON.

Denis *Talon* mourut en 1698, président à mortier. On lui attribue le *Traité de l'autorité des rois touchant l'administration de l'Église,* Amsterdam, 1700, in-8° et in-12. Cet ouvrage, qui a contribué à préparer la ruine de l'Église et de l'État, est de Roland Le Voyer de Boutigny, mort intendant de Soissons en 1685. Il a été mis à l'*index* le 17 janvier 1703.

TAMBURIN.

Ascanius *Tamburin* ou *Tamburini,* de Marradio, était moine de Vallombreuse, dans le dix-septième siècle. Nous avons de lui un traité *De jure abbatum et aliorum prælatorum, tam regularium quàm*

(1) Voyez ce discours dans notre tome I, au mot ARTICLES ORGANIQUES, page 241.
(2) Voyez sous le mot NOMINATION, § II ce que nous disons de l'institution canonique des évêques.

sæcularium, episcopis inferiorum, Rome, 1640, Cologne, 1698, 3 vol. in-fol.; *De jure abbatissarum et monialium, sive praxis gubernandi moniales*, 1638, in-folio, Lyon, 1668, in-folio.

TANCRÈDE.

Tancrède, archidiacre de Bologne, au treizième siècle, est auteur d'une *Collection de canons*. Ciron l'a donnée au public avec des notes utiles. Les canonistes le citent ainsi en abrégé : *Tanc.*

TELLEZ.

(*Voyez* GONZALEZ.)

THEINER.

Le père *Theiner*, oratorien, est auteur d'un ouvrage intitulé : *Disquisitiones criticæ in præcipuas canonum et decretalium collectiones*, Rome, 1836, un vol. in-4°. Il a publié tout récemment une histoire de Clément XIV dans laquelle il ne montre pas assez d'impartialité à l'égard des jésuites.

THIERS.

Jean-Baptiste *Thiers*, savant bachelier de Sorbonne, naquit à Chartres, vers 1636, d'un cabaretier. Il mourut curé de Vibraie, au diocèse du Mans, en 1703, âgé de 65 ans. Ses principaux ouvrages sont : *Traité de la dépouille des curés*, Paris, 1683, in-12 ; *De stola*, 1674, in-12 ; *Traité de la clôture des religieuses*, Paris, 1681, in-12 ; *Dissertations sur les porches des églises*, Paris, 1679, in-12 ; *Dissertations ecclésiastiques sur les principaux autels, les jubés et la clôture du chœur des églises*, 1688, in-12 ; *Consultation sur la diminution des fêtes*, Paris, 1670, in-12 ; *De festorum dierum imminutione liber, pro defensione constitutionum Urbani VIII et gallicanæ Ecclesiæ præsulum*, Lyon, 1677, in-12, mis à l'*index, donec corrigatur*, le 23 mars 1672 ; *Traité des superstitions*, Paris, 1679, 4 vol. in-12, mis à l'*index* le 12 mars 1703 et le 30 mai 1757 ; *Traité de l'absolution de l'hérésie ; Traité des cloches*, 1721, in-12.

THOMASI.

Michel *Thomasius*, né à Majorque, évêque de Lérida. On lui est redevable de la correction du décret de Gratien. Il a laissé quelques ouvrages, tels que : *Disputes ecclésiastiques*, Rome, 1585, in-4° ; *Commentarius de ratione conciliorum celebrandorum; Privilegia collegii secretariorum apostolicorum*, Rome, 1587, in-fol.

THOMASSIN.

Louis *Thomassin*, prêtre de l'oratoire, naquit à Aix, en Provence, le 28 août 1619, d'une famille ancienne et distinguée dans l'Église et dans la robe. Il fut reçu, à l'âge de quatorze ans, dans la congrégation de l'oratoire, où il avait été élevé. Il s'y rendit habile, surtout dans la théologie et les matières ecclésiastiques. Il fut appelé à Paris en 1654, et il y commença, dans le séminaire de Saint-Magloire, des conférences de théologie positive, qu'il continua, avec un applaudissement universel, jusqu'en 1668. Sa réputation fut si grande que le pape Innocent XI voulut l'attirer à Rome, dans le dessein de le faire cardinal et de se servir de lui ; mais Louis XIV s'y opposa, en disant qu'un tel sujet ne devait pas sortir du royaume. Il mourut le 25 décembre 1695, à soixante-dix-sept ans.

Ce savant avait la modestie d'un homme qui unit de grandes connaissances à de grandes vertus et à un esprit parfaitement détrompé de la vanité des louanges humaines ; son esprit était sage et son caractère modéré. Il parut, pendant quelque temps, s'attacher à la secte janséniste ; mais il ne tarda pas à en revenir et à s'attacher inviolablement à la mère de toutes les Églises. Sa charité était si grande, qu'il donnait aux pauvres la moitié de la pension de mille livres que lui faisait le clergé. On ne peut lui refuser beaucoup d'érudition, mais il la puise moins dans les sources que dans les auteurs qui ont copié les originaux. Il lisait et recueillait beaucoup, mais il ne méditait pas assez. Son style est un peu pesant ; il n'arrange pas toujours ses matériaux d'une manière agréable. Il écrivait avec plus de facilité que d'élégance, et, en général, il est trop diffus. Il possédait mieux le latin que le français.

On a de *Thomassin* un grand nombre d'ouvrages. Le plus considérable, et dans lequel il traite de tous les ordres, dignités, fonctions et devoirs ecclésiastiques, est intitulé : *Ancienne et nouvelle discipline de l'Église, touchant les bénéfices et les bénéficiers.* Il est imprimé en 3 vol. in-folio, le 1er en 1678, le 2e en 1679, le 3e en 1681. Cet ouvrage, le plus estimé de ceux du père *Thomassin,* nous a été d'un très grand secours pour le nôtre : nous avons profité de l'immense érudition qu'il renferme. Le pape Innocent IX témoigna quelque désir de se servir de cet ouvrage, pour le gouvernement de l'Église : c'est ce qui détermina l'auteur, pour témoigner sa gratitude et son zèle au Souverain Pontife, à le traduire en latin, 3 vol. in-folio, 1706. L'édition française fut réimprimée en 1725, d'Héricourt en a donné un abrégé. *Thomassin* a donné ensuite divers traités sur les sujets particuliers de la discipline de l'Église et de la morale chrétienne : de l'*office divin,* in-8° ; *des fêtes,* in-8° ; *des jeûnes,* in-8° ; *de la vérité et du mensonge,* in-8° ; *de l'aumône,* in-8° ; *du négoce et de l'usure,* in-8°.

Nous avons encore de *Thomassin* quelques autres ouvrages, entre autres des *Remarques sur les canons apostoliques et sur les conciles,* remarques qui sont restées inédites et dont nous avons vu le manuscrit. Les conciles sur lesquels a travaillé *Thomassin* sont ceux d'Elvire, d'Ancyre, de Néocésarée, de Laodicée, de Nicée, de Sardique et quelques uns des plus célèbres de France, tels que ceux de Riez, d'Orange, d'Arles, d'Agde, d'Orléans, etc.; plusieurs d'Espagne ont eu aussi cet avantage. Cet ouvrage est en tout digne de l'auteur de la *Discipline de l'Église*, et l'on y trouve la même érudition et la même connaissance de l'antiquité ecclésiastique.

TIMOTHÉE.

On a de Michel *Timothée : De sacrosanctis Dei ecclesiis visitandis compendiosa institutio*, Venise, 1586.

TOMMEI.

Pierre *Tommei*, célèbre jurisconsulte, naquit à Ravenne, vers l'an 1430. Il était également instruit dans le droit civil et dans le droit canon. Il étudia dans l'université de Bologne, y reçut le bonnet de docteur, et occupa la chaire de droit pendant plusieurs années. De là, il passa à Pavie, où il professa avec un égal succès, ainsi qu'à Pise, Pistoie et Florence. Il prit l'habit religieux, et mena une vie exemplaire jusqu'à sa mort, arrivée en 1512. On a de lui : *Alphabetum aureum utriusque juris*, Rouen, 1508, Lyon, 1517.

Il ne faut pas le confondre avec Jean *Tomei*, à qui nous devons le traité : *Pro sacris ecclesiarum ornamentis*, Rome, 1635, in-8°.

TONDUTI.

Nous avons de Pierre François de *Tonduti : Tractatus de pensionibus ecclesiasticis ad stylum curiæ romanæ et ad praxim tribunalium Galliæ accommodatum*, Lyon, 1661, in-fol., 1670, Lyon, 1729, in-fol. *Tractatus de proventione judiciali, seu de contentione jurisdictionum*, Lyon, 1659, in-fol.

TORQUEMADA.

Jean de *Torquemada*, religieux dominicain, plus connu sous le nom de *Turrecremata*, naquit, en 1388, à Valladolid, d'une famille illustre. Il reçut, en 1439, le chapeau de cardinal. En 1480, furent nommés les premiers inquisiteurs des inquisitions modernes par une bulle de Sixte IV. Bientôt, en 1482, *Torquemada* fut du nombre. Il mit en usage le *Code inquisitorial* d'Eymerick (*voyez* EYMERICK) en y ajoutant quelques articles. On a de lui : *In Gratiani decretum commentarii*, Venise, 1578, 3 vol. in-fol. ; *De Pontificis romani concilii-que generalis auctoritate*, Venise, 1563, in-fol. ; *Summa de Ecclesiâ*, Lyon, 1495, in-fol. Ce cardinal mourut à Rome, en 1468, à 68 ans, avec la réputation d'un homme habile dans la théologie de l'école et dans le droit canonique. Il se distingua toujours par son zèle pour les intérêts du Saint-Siége et mérita le titre de défenseur de la foi.

TORREBLANCA.

Nous avons de *Torreblanca*, habile jurisconsulte espagnol, deux ouvrages importants sur ce qui regarde les sorciers et les magiciens. *Dæmonologia*, Mayence, in-4° ; *Épitome delictorum in quibus aperta vel occulta invocatio dæmonum intervenit*, Séville, 1618, in-fol.

TORRENSIS.

On a de François *Torrensis* : *De Summi Pontificis suprà concilium auctoritate*, Florence, 1560, in-4° ; *De residentiá pastorum ; De actis veris sextæ synodi*, Florence, 1551, in-8°.

TRAVERS.

Nicolas *Travers*, prêtre du diocèse de Nantes, né dans cette ville, en 1686, publia, en 1734 : *Consultation sur la juridiction et sur l'approbation nécessaire pour confesser*, etc., où il renverse la juridiction épiscopale et soutient des principes qui conduisent à une véritable anarchie. Cet ouvrage ayant été censuré par la Sorbonne, en 1735, et par plusieurs évêques, l'auteur publia une défense, en 1736, pleine des mêmes erreurs ; mais c'est surtout dans les *Pouvoirs légitimes du premier et du second ordre dans l'administration des sacrements, et le gouvernement de l'Église*, Paris, 1754, in-4°, qu'il développe ses principes et qu'il se livre à des emportements incroyables contre les papes, les évêques et tout ce qu'il y a de plus respectable dans l'Église, les accable d'injures atroces, révoque en doute l'authenticité du concile de Trente (pag. 173), et ramasse ce qu'on a dit de plus calomnieux contre cette grande assemblée. Ce livre fut condamné, en 1745, par l'assemblée du clergé de France, et vingt-sept propositions furent notées d'hérésie. *Travers*, qui, selon la remarque de M. Boyer, de Saint-Sulpice, ne se recommande pas plus par sa doctrine que par son nom, mourut le 15 octobre 1750.

TRIUMPHUS.

On a d'Augustin *Triumphus ; Summa de potestate ecclesiasticá*, Rome, 1582, in-fol. Ce célèbre canoniste est très explicite sur les droits du pape ; il résume la doctrine de saint Thomas d'Aquin et de tous les théologiens du moyen-âge. La puissance du pape est la seule qui vienne immédiatement de Dieu ; elle est plus grande que toute autre, puisqu'il est juge de tous et n'est jugé de personne. La puissance du pape est royale et sacerdotale. Le concile général ne reçoit son autorité que du pape. Le pape seul est l'époux de l'Église universelle. Il appartient au pape de punir les tyrans, même de peines temporelles ; le pape peut excommunier par tout le monde. Le pape ne tient point de l'empereur son domaine temporel. Le pape peut déposer l'empereur et les rois, et absoudre les sujets du serment de fidélité, etc.

TROMBELLI.

Jean-Chrysostôme *Trombelli*, chanoine régulier de Saint-Sauveur à Bologne, parvint aux premières charges de son ordre, s'appliqua constamment à divers genres d'étude, et mourut le 7 janvier 1784. On a de lui : *De cultu sanctorum dissertationes decem*, Bologne, 1740, 6 vol. in-4° ; *Tractatus de sacramentis per polemicas et liturgicas dissertationes*, Bologne, 1769 et suiv., 8 vol. in-4°.

TUDESCHI.

Nicolas *Tudeschi* ou *Tedeschi*, plus connu sous le nom de *Panorme*, et aussi appelé *Nicolas de Sicile*, l'*abbé de Palerme* et l'*abbé Panormitain*, était de Catane en Sicile, où il naquit vers 1370. Il se rendit si habile dans le droit canonique qu'il fut surnommé *Lucerna juris*. Son mérite lui valut l'abbaye de Sainte-Agathe, de l'ordre de Saint-Benoît, puis l'archevêché de Palerme. Il assista au concile de Bâle et à la création de l'antipape Félix, qui le fit cardinal en 1440 et son légat *à latere* en Allemagne. Il persista quelque temps dans le schisme ; mais y ayant renoncé, il se retira à Palerme en 1443 et y mourut en 1445. On a de lui un grand nombre d'ouvrages, principalement sur le droit canon, dont l'édition la plus recherchée est celle de Venise en 1617, 9 vol. in-fol.

TURRI.

Thomas *Turri* a laissé un traité important *De auctoritate legatorum à latere*, Rome, 1656, in-8°.

TURRICELLI.

On a de Jean-Baptiste *Turricelli* : *De rebus Ecclesiæ non alienandis*, Ferrare, 1674, in-fol.; *De beneficiorum unione*, Ferrare, 1674, in-fol.

TURRIEN.

François *Turrien*, dont le vrai nom est *Torrea*, né à Herrera, dans le diocèse de Valence, en Espagne, vers l'an 1504, parut avec éclat au concile de Trente en 1562. Il se fit jésuite, en 1566, à l'âge de plus de 60 ans, et alla en Allemagne, où il continua d'écrire avec assiduité. Il mourut à Rome, en 1584. On a de lui : *Pro canonibus apostolorum et epistolis decretalibus pontificum*, Anvers, 1578, in-fol., Venise, 1563, in-4°, Paris, 1573, in-8° ; *De votis monasticis*, 1566, in-4°. Il a aussi laissé des traités sur le célibat, sur l'eucharistie, sur les mariages clandestins, etc.

TYREUS.

Pierre *Tyreus* a publié les ouvrages suivants sur la puissance du démon : *De locis infestis ob molestantes dæmoniorum et defunctorum hominum spiritus*, Lyon, 1599 ; *De obsessis à spiritibus dæmoniorum*, Lyon, 1603, in-8° ; *De locis infestis et terriculamentis nocturnis*, Cologne, 1604, in-4°.

U

UGOLIN.

Barthélemi *Ugolini*, savant canoniste italien, né en Toscane vers 1540, demeura longtemps à Rome et fut protégé par plusieurs cardinaux. Il publia différents ouvrages latins qui eurent beaucoup de succès, surtout son traité *de Officio et potestate episcopi*, Rome, 1617, in-fol., et son *Traité sur les Sacrements*, Rimini, 1587, in-fol. Il présenta ce dernier ouvrage au pape Sixte V, qui récompensa largement l'auteur et lui confia, dit-on, plusieurs places importantes que *Ugolini* remplit avec distinction. On a encore de lui : *Responsiones ad tres jurisconsultos circà bona ecclesiastica*, Bologne, 1607, in-4°; *De usuris*, Venise, 1604, in-4°; *Tractatus de censuris Romano Pontifici reservatis*, Venise, 1602, 1609, in-4°; Bologne, 1594, in-fol.; *De irregularitatibus*, Venise, 1602, in fol. Il mourut à Rome dans un âge très avancé et montra, pendant toute sa vie, un grand attachement à la religion.

V

VAIRA.

Antoine *Vaira*, évêque d'Adria, naquit à Venise vers 1650. Il passait pour savant dans le droit canon et il en fut le premier professeur à l'université de Padoue. Il mourut à Rovigo, en 1732, âgé de 82 ans. Il a laissé une dissertation historique sous ce titre : *De prærogativâ œcumenicæ nomenclationis et potestatis romani pontificis à Contantinopolitanis præsulibus usurpata*, Padoue, 1704, in-fol.

VALENTE.

On a de François *Valente*, jésuite : *Concordia juris pontificii cum jure cæsareo et cum theologicâ ratione*, Paris, 1654, in-fol.

VALENTIBUS.

On doit à Ferdinand de *Valentibus : Sacri consistorii, fisci et R. C. apostolicæ advocati, opera omnia*, Rome, 1746, 3 vol. in-fol. en cinq parties.

VALLENSIS.

André *Vallensis* ou del *Vaulx*, jurisconsulte, né à Andenne, entre Hui et Namur, en 1569, fut professeur de droit canon à Louvain, où il mourut le 26 décembre 1636. Nous avons de lui : *De beneficiis*, Malines, 1646, in-4°. Cet ouvrage est adapté aux anciens usages des Pays-Bas. *Paratitla ad decretale*. Cet ouvrage est estimé ; il est court sans être obscur. On en a donné un grand nombre d'éditions,

Louvain, 1640, in-4°, Anvers, in-4°, Louvain, 1649, in-4°, Cologne, 1651, in-4°, Cologne, 1653, in-4°, Lyon, 1658, 1673, Cologne, 1684, 1700, in-4°. Enfin une en 1759, in-4°, qui est la meilleure.

VAN-ESPEN.

Zeger-Bernard *Van-Espen*, savant jurisconsulte et célèbre canoniste, naquit à Louvain, le 9 juillet 1646, et mourut à Amersfort, le 2 octobre 1728, à 83 ans. Le plus considérable de ses ouvrages est son *Jus ecclesiasticum universum, hodiernæ disciplinæ præsertim Belgii, Galliæ et vicinarum provinciarum accommodatum*, Louvain, 1700, 2 vol. in-fol., qui ne manque pas de mérite et dans lequel il fait paraître une grande connaissance de la discipline ecclésiastique ancienne et moderne. Mais nous devons dire qu'il a puisé abondamment dans le savant ouvrage de Thomassin. Toutes les œuvres de *Van-Espen* ont été imprimées en 4 vol. in-folio, Paris, 1753. On doit les lire avec précaution, car l'auteur, qui était janséniste, attaqua avec ardeur la bulle *Unigenitus* et fut suspendu de ses fonctions ecclésiastiques le 7 février 1728, par l'université de Louvain. Il est promoteur du schisme d'Utrecht dans lequel il est mort. Son droit canon a été condamné en 1704, et toutes ses œuvres en 1734. Il élève tellement les curés qu'en tirant de ses assertions des conséquences justes, on prouverait que l'évêque n'est rien.

VARGAS.

François *Vargas*, jurisconsulte espagnol au seizième siècle, a possédé plusieurs charges de judicature sous le règne de Charles-Quint et de Philippe II. Envoyé à Bologne en 1548, il protesta au nom de l'empereur contre la translation du concile de Trente en cette ville, appuya fortement le retour du concile à Trente, et y assista deux ans après, en qualité d'ambassadeur de Charles-Quint. Philippe II l'envoya résider à Rome, à la place de l'ambassadeur; il y jouit de la confiance du pape, qui l'employa dans bien des affaires relatives au concile de Trente. De retour en Espagne, il fut nommé conseiller d'État. Détrompé des plaisirs du monde, et des espérances de la cour, il se retira au monastère de Cissos, près de Tolède, et y mourut vers 1560. On a de lui : 1° *De auctoritate Pontificis maximi et episcoporum jurisdictione*, un vol. in-4°, Rome, 1563; 2° des *Lettres* et des *Mémoires concernant le concile de Trente*. Le Vassor les a données en français, Amsterdam, en 1700, in-8°, en les défigurant d'une manière révoltante, et prêtant à cet illustre Espagnol toute la haine que lui-même, depuis son apostasie, portait au concile de Trente, et à tout ce qui appartenait à l'Église catholique.

VENATORIO.

Daniel *Venatorio* a publié : *Analysis methodica juris pontificii*, Lyon, 1604, in-8°.

VENERI.

On a de Jérôme *Veneri : Examen episcoporum*, Venise, 1659, in-folio.

VENTRIGLIA.

Jean-Baptiste *Ventriglia* a laissé : *Tractatus de jurisdictione archiepiscopi*, Naples, 1656, in-folio ; *Praxis notabilium rerum fori ecclesiastici*, Naples, 1658, 2 vol. in-folio.

VERANI.

Verani est auteur d'un *Jus canonicum* publié à Munich, en 1702, en 5 vol. in-folio.

VERNANT.

Jacques de *Vernant* est le pseudonyme du père Bonaventure de Sainte-Anne, carme de Nantes, dont le nom de famille était Hérédie ; il est né à Oudon. On a de lui : *Défense de l'autorité du pape, des cardinaux et des évêques, contre les erreurs du temps*, Metz, 1658, in-4°. Réimprimé à Louvain en 1669. Cet ouvrage fit grand bruit ; la faculté de théologie de Paris le censura. Alexandre VII prit le parti de *Vernant*, dans un bref adressé à Louis XIV, le 6 avril 1665 ; n'ayant pas obtenu satisfaction, il publia, en faveur du livre excellent de *Vernant*, une bulle solennelle datée du 25 juin 1665. Le procureur général du parlement et de la secte interjeta appel comme d'abus de cette bulle.

VÉRONÈSE.

Véronèse, noble vénitien et cardinal, naquit à Venise le 4 mars 1684. Nommé à l'évêché de Padoue, il y fut un pasteur zélé, charitable, ami de la discipline dont il donnait l'exemple. Il porta dans le sacré collège les lumières d'un prélat savant, aussi pieux qu'éclairé. Il mourut le 1er février 1767, à l'âge de 83 ans, regretté de ses diocésains et de tous ceux qui l'avaient connu. On n'a de lui qu'un écrit intitulé : *De necessariá fidelium communione cum Apostolicá Sede*, 1783, in-4°.

VIA.

Antoine *Via* a réuni tous les priviléges des ordres religieux sous ce titre : *Collectanea privilegiorum omnium ordinum mendicantium et non mendicantium*, Venise, 1530, in-4°.

VICENTIA.

On doit à *Vicentia* le recueil des priviléges des réguliers : *De privilegiis regularium*, Venise, 1768, in-4°.

VICHERING.

Clément-Auguste, baron de Droste *Vichering*, mort récemment archevêque de Cologne, naquit le 22 janvier 1773, à Varhelm, près de Munster. Il reçut la prêtrise en 1798 et s'ensevelit dans la retraite pour se perfectionner dans l'étude de la science théologique et du droit canon. Il fut nommé archevêque de Cologne en 1836. Tout le monde sait ce qu'il eut à souffrir depuis cette époque pour l'honneur et la gloire de l'Église. On connaît son enlèvement et son exil à Minden. On a de lui : *De la paix entre l'Église et les États,* traduit de l'allemand en français, par le comte d'Horrer, Paris, 1844, un vol. in-8°.

VIGIL.

François de Paul G. *Vigil* est auteur d'un ouvrage en six volumes écrit en espagnol sous ce titre : *Defensa de la autoritad de los gobiernos y de los obispos contra las pretenciones de la curia Romana,* Lima, 1848. Ce livre qui renouvelle plusieurs erreurs du synode de Pistoie déjà frappées par la bulle dogmatique *Auctorem fidei,* a été condamné, par un décret de Pie IX, le 10 juin 1851.

Dans cet ouvrage, *Vigil* nie le pouvoir de l'Église relativement aux définitions dogmatiques et que la religion catholique soit la seule religion véritable ; il enseigne que chacun a la liberté d'embrasser et de professer la religion que la lumière de sa raison lui fait croire vraie. Il attaque impudemment la loi du célibat ; à l'exemple des novateurs, il donne la préférence à l'état de mariage sur l'état de virginité. Le pouvoir que l'Église a reçu de son instituteur d'établir les empêchements dirimants du mariage, il les fait dériver des princes temporels ; il porte l'impiété jusqu'à affirmer que l'Église se l'est arrogé. L'immunité de l'Église et des personnes qui a été établie par l'ordination de Dieu et par les sanctions canoniques, il l'a fait venir du droit civil ; il n'a pas honte de prétendre que la maison d'un ambassadeur doit être plus inviolable que le temple du Dieu vivant. Il attribue au gouvernement civil le droit de déposer les évêques de l'exercice du ministère pastoral, eux que l'Esprit-Saint a établis pour régir l'Église de Dieu. Il s'efforce de persuader aux gouvernements de ne pas se soumettre au Pontife romain en ce qui concerne l'institution des évêchés et des évêques. Les rois et les autres princes, que leur baptême a faits membres de l'Église, il les soustraits à sa juridiction, à l'égal des rois païens, comme si des princes chrétiens n'étaient pas enfants et sujets de l'Église dans les matières spirituelles et ecclésiastiques. Il établit une confusion entre le ciel et la terre, entre le sacré et le profane, au point de ne pas craindre d'affirmer que, dans la question de juridiction, le pouvoir temporel est supérieur à l'Église, colonne et soutien de la vérité. Enfin, sans parler d'autres erreurs, il porte l'audace et l'impiété jusqu'à accuser les Pontifes romains et les conciles œcuméniques d'avoir excédé les limites de leur autorité, d'avoir usurpé les droits des princes, et même d'avoir erré dans les définitions concernant la foi et les mœurs.

En conséquence le Souverain Pontife condamne et prohibe cet ouvrage « comme renfermant des doctrines et des propositions respectivement scandaleuses, téméraires, fausses, schismatiques, injurieuses aux Pontifes romains et aux conciles œcuméniques, subversives du pouvoir de la liberté et de la juridiction de l'Église, erronées, impies et hérétiques. »

VILLAGUT.

Alphonse *Villagut* a publié les ouvrages suivants : *De rebus Ecclesiæ non rite alienatis recuperandis*, Bologne, 1685, in-4° ; *Practica canonica criminalis*, Bergame, 1585, in-4° ; *De usuris*, Venise, 1589, in-folio.

VILLECOURT.

Clément *Villecourt*, né à Lyon, le 9 octobre 1787, fut appelé par ses talents et ses vertus à l'évêché de La Rochelle, le 6 octobre 1835, et sacré le 13 mars suivant. Si nous ne craignions de blesser la modestie de ce pieux et docte prélat, nous donnerions ici une notice fort intéressante sur ses travaux apostoliques et littéraires ; ce serait même une dette de reconnaissance que nous paierions à ce vénérable pontife, si digne de notre respect et de notre amour ; mais la postérité saura nous venger de la réserve qui nous est forcément imposée. Nous nous contenterons de dire que nous devons aux veilles de cet évêque, beaucoup trop modeste, ainsi qu'à son dévouement inviolable au Saint-Siége, le livre intitulé : *La France et le pape ou dévouement de la France au Siége apostolique*, un volume in-8°, Paris, 1849. La modestie de Mgr *Villecourt* est si grande qu'il ne consentit à la publication de ce livre, qu'à la condition que son auteur demeurerait toujours ignoré.

Plusieurs graves auteurs citent le livre de Mgr de La Rochelle comme un ouvrage important et très remarquable. M. l'abbé Rohrbacher, entre autres, en parle ainsi (1) : « Par son livre, *La France et le pape*, Mgr *Villecourt* contribue puissamment à réveiller, à augmenter dans l'épiscopat français cette antique et héréditaire dévotion envers l'Église mère, dévotion que nous avons admirée dans saint Irénée de Lyon, dans saint Avit de Vienne : dévotion que nous voyons de nos jours, avec une joie inexprimable, refleurir par toute la terre dans sa beauté toujours ancienne et toujours nouvelle. »

VITALINI.

Boniface *Vitalini*, célèbre canoniste jurisconsulte, naquit en 1320 à Mantoue. Il y fit ses études, et, après avoir pris les ordres, il passa à Avignon, où siégeait alors le Souverain Pontife. Sa réputation l'y avait précédé, et Clément VI lui donna une chaire dans l'université de cette ville, le combla d'honneurs et de bienfaits ; Ur-

---

(1) *Histoire universelle de l'Église catholique*, tome **XXVIII**, page 583.

bain V lui accorda l'emploi d'avocat de la chambre apostolique, et Grégoire XI, qui reporta le Saint-Siége à Rome, en 1377, lui conserva cette charge, et le fit auditeur du sacré palais. A la mort de ce pape, arrivée en 1378, l'Église fut divisée par un schisme qu'on nomma grand schisme d'Occident. *Vitalini* se retira à Avignon, où il mourut vers l'an 1389. On a de lui : *Commentarii in constitutiones Clementinas,* Venise, 1574, in-fol. ; *Tractatus universi juris,* Venise, 1548, in-fol. ; *Opus de maleficiis,* Milan, 1503, in-fol.

VIVIANI.

On a de Jean-Baptiste *Viviani* de Pise : *Regula universi juris canonici,* in-12; *Praxis juris patronatûs acquirendi, conservandi, ac amittendi,* Rome, 1628, in-fol., 1648, Venise, 1652 et 1673, in-fol.

VOEL.

(*Voyez* JUSTEL.)

W

WAGNERECK.

Henri *Wagnereck* ou *Wangnereck*, jésuite, né en 1595, à Munich, mort en 1664, à Dillingen, chancelier de l'académie de cette ville, a laissé entre autres écrits : *Commentarius exegeticus SS. canonum, seu expositio brevis et clara omnium pontificiarum decretalium,* Dillingen, 1672, in-fol.

WALTER.

Ferdinand *Walter* est auteur du *Manuel du droit ecclésiastique de toutes les confessions chrétiennes.* Ce manuel a été traduit de l'allemand, avec la coopération de l'auteur, par M. A. de Roquemont, docteur en droit, 1840, un vol. grand in-8°. Cet ouvrage est savant, mais peu clair.

WAMESIUS.

Jean *Wamesius*, né à Liége, l'an 1524, enseigna le droit avec réputation à Louvain, où il avait reçu le bonnet de docteur en 1553. Il mourut en 1590, à 66 ans. Don Juan d'Autriche voulut l'attirer dans le conseil d'Etat; mais ce savant préféra à tout le repos de la vie privée et les douceurs du cabinet. On a de lui : *Concilia canonica,* Louvain, 1605, 1618, 1643, 2 vol. in-fol.: *In titulum Decretalium de Appellationibus,* Louvain, 1599, 1604, in-4°, *Responsorum ad jus forumque civile pertinentium,* Anvers, 1639, 3 vol. in-fol.

WIESTNER.

On a de Jacques *Wiestner* : *Institutiones canonicæ, seu jus ecclesiasticum,* Munich, 1705, 5 vol. in-4°.

WILLERDING.

On a de *Willerding : De juribus capituli sede impeditâ,* Halle, 1704, in-4º.

WOLF.

(*Voyez* LUPUS.)

Y

YERMO.

On a de Joseph de *Yermo : Defensio cathedræ sancti Petri, seu in eâ pro tempore sedentis Romani Pontificis,* Madrid, 1719, in-fol.

YVES DE CHARTRES.

(*Voyez* DROIT CANON.)

Z

ZABARELLA.

François *Zabarella*, ou de *Zabarellis*, plus connu sous le nom de *cardinal de Florence*, étudia à Bologne le droit canonique, qu'il professa à Padoue, sa patrie. De Padoue il passa à Florence. Jean XXIII l'appela à sa cour, lui donna l'archevêché de Florence, l'honora de la pourpre, et l'envoya, en 1413, vers l'empereur Sigismond, qui demandait la convocation d'un concile. On convint qu'il se tiendrait à Constance. Le cardinal de Florence signala son zèle et ses lumières dans cette assemblée, et mourut, dans le cours du concile, en 1417, à 78 ans, un mois et demi avant l'élection de Martin V. L'empereur et tout le concile assistèrent à ses funérailles, et le Pogge prononça son oraison funèbre. On a de *Zabarella* plusieurs ouvrages, entre autres : *Commentaria in Decretales et Clementinas,* Venise, 1581, 3 vol. in-fol., 1602, 2 vol. in-fol. *De horis canonicis,* et un *Traité du schisme,* 1565, in-fol. Les protestants, dit Bergier, ont souvent fait imprimer ce traité, parce que *Zabarella* y parle avec beaucoup de liberté des papes et de la cour de Rome; et c'est aussi pour cette raison que ce livre a été mis à l'*index.* Il attribue tous les maux de l'Église de son temps à la cessation des conciles, et ce dernier désordre au pape. (*Voyez* CITATION, *in fin.*)

Barthélemi *Zabarella*, son neveu, professa le droit canon à Padoue, fut ensuite archevêque de Florence, sous le pape Eugène IV. Il mourut en 1445, à 46 ans, avec une grande réputation de savoir et de piété.

ZACCARIA.

François-Antoine *Zaccaria*, célèbre et savant jésuite, naquit dans le Milanais, en 1712. Pie VI, qui connaissait son mérite, l'appela à Rome, et le nomma professeur au collége de la Sapience. Peu d'hommes ont montré plus d'attachement au Saint-Siége, et plus de zèle à en défendre les prérogatives. Il mourut en 1786. Il a laissé un grand nombre d'ouvrages; nous recommanderons le suivant : *Antifebronius vindicatus, seu de supremâ potestate romani pontificis adversùs Febronium*, Cesène, 1771, 4 vol. in-8°, Bruxelles, 1829, 5 vol. in-8°.

ZALASZOWSKI.

Nicolas *Zalaszowski*, archidiacre de Posen, vers la fin du dix-septième siècle, a publié : *Jus regni Poloniæ*, Posen, 1699-1702, et Varsovie 1741, 2 vol. in-fol. Il parut après sa mort un autre écrit de lui, intitulé : *De Potestate capituli, sede vacante*, Posen, 1706, in-4°.

ZALLINGER.

Jacques-Antoine *Zallinger*, né à Botzen, dans le Tyrol, en 1735, entra chez les jésuites et mourut recteur du lycée Saint-Sauveur à Augsbourg, vers 1802. On a de lui quelques écrits de philosophie élémentaire et de droit ecclésiastique. 1° *Institutiones juris naturalis et ecclesiastici publici*, Augsbourg, 1786, in-8°; 2° *Juris ecclesiastici institutiones*, Rome, 1833, 5 vol. in-8°. Cet ouvrage est excellent.

ZALLEWEIN.

Grégoire *Zallewein*, bénédictin, né en 1712, à Oberwichtach, dans le Haut-Palatinat, fut professeur de droit canon à Saltzbourg, puis conseiller ecclésiastique de l'archevêque et recteur de l'université de la même ville, et mort en 1766. Ses principaux ouvrages sont : *Fontes originarii juris canonici*, Saltzbourg, 1763, 1781, 4 vol. in-4°; 1831, 5 vol. in-8°. La vie de l'auteur se trouve en tête de la deuxième édition.

ZAMBONI.

On a de *Zamboni* : *Collectio declarationum sacræ congregationis cardinalium sacri concilii Tridentini interpretum*, Vienne, 1812, 8 vol. in-4°.

ZANGERI.

Jean *Zangeri* a publié à Vittemberg, en 1620, un vol. in-4° qui a été mis à l'*index* le 8 mars 1662 et qui a pour titre : *Commentationes in secundum librum decretalium*.

ZECH.

François *Zech*, jésuite allemand, était savant dans le droit canon, qu'il professa à Ingoldstadt. On a de lui : *Institutiones juris canonici*, Munich, 1758, 6 vol. in-8°. Il a publié aussi trois *Dissertations* sur l'encyclique de Benoît XIV, concernant l'usure. Il mourut en 1770 ou 1771.

ZECCHI.

Lellio *Zecchi*, savant Italien, né à Bidiccioli, territoire de Brescia, florissait vers 1590. Il devint chanoine et pénitencier de Brescia. On a de lui les ouvrages suivants : *De beneficiis et pensionibus liber*, Vérone, 1601, in-4° ; *Casus episcopo reservati ; De instructione clericorum ; De statu et munere episcopali*, 1592, in-4° ; *De civili et christianâ institutione ; De principis administratione ; Summa theologiæ ; Tractatus de indulgentiis et jubilæo ; Tractatus de privilegiis ecclesiasticis ; Tractatus de sacramentis ; Tractatus de usuris ; De Republicâ ecclesiasticâ*, etc. Quelques-uns de ses ouvrages sont dédiés à Clément VIII, d'autres à Henri IV ou à des cardinaux. On ne dit point en quelle année *Zecchi* mourut.

ZÉROLA.

Thomas *Zérola*, évêque de Minori, ville et siége suffragant d'Amalfi, au royaume de Naples, dans la principauté citérieure, naquit à Bénévent, en 1448. C'était un prélat savant et attaché à ses devoirs. Il a publié les ouvrages suivants : *Praxis sacramenti pœnitentiæ ; De sancto jubilæo ac indulgentiis. Commentarium super bulla indictionis ejusdem anni. Praxis episcopalis*, 1597, in-4°, en deux parties et par ordre alphabétique. Nous avons cité l'édition de Lyon de 1606. Il y en a une autre édition fort utile à laquelle on a ajouté le formulaire épiscopal d'Augustin Barbosa, Cologne, 1680, in-4°.

ZIEGLER.

Gaspard *Ziegler*, protestant, né à Leipsick, en 1621, devint professeur en droit à Wittemberg, puis conseiller des appellations et du consistoire, et y mourut en 1690. On a de lui : *De juribus majestatis*, Wittemberg, 1694, in-4°, 1710, in-4°. Cet ouvrage a été frappé de plusieurs condamnations. *De episcopis eorumque juribus, privilegiis, vivendi ratione commentarius*, Nuremberg, 1686, in-4°. Cet ouvrage fut mis à l'*index* le 15 mai 1687. *De diaconis et diaconissis veteris Ecclesiæ*, Wittemberg, 1674, in-4°. *De Dote Ecclesiæ, ejusque juribus et privilegiis*, Wittemberg, 1676, in-4°. *Prælectiones in decretales*, Dresde, in-4°. Il y a dans cet ouvrage de précieuses recherches. En général, *Ziegler*, quoique protestant, se distingua par sa science et son bon esprit.

ZŒSIUS.

Nous avons d'Henri *Zœsius* : *Commentaria in Decretales epistolas Gregorii IX*, Louvain, 1647, un vol. in-fol. Il en parut cinq éditions à Cologne, in-4° en 1657, 1668, 1683, 1692, et 1701. Les deux dernières sont les plus complètes.

ZOLA.

Joseph *Zola,* théologien italien et professeur d'histoire ecclésiastique à Pavie, naquit en 1739 à Concejo, village voisin de Brescia, dans l'État de Venise. Il mourut à Concejo, sa patrie, le 5 novembre 1806. Il était l'ami de Tamburini et partageait ses préventions et son antipathie contre le Saint-Siége. Il a laissé un assez grand nombre d'ouvrages où l'on reconnaît du talent et de l'érudition. Nous citerons : *Commentaria de rebus christianis ante Constantinum Magnum,* 1780, 3 vol, in-8°. Ce livre a été mis à l'*index,* par décret du 10 juillet 1797, *donec corrigatur.*

ZONARE.

Jean *Zonare,* historien grec. On a de lui un commentaire sur les anciens canons de l'Église grecque, de peu d'usage pour notre droit canonique. *In canones apostolorum et sanctorum conciliorum commentarii,* grec latin, Paris, 1618, in-fol., *typis regiis.*

ZYPEUS.

François *Zipeus* ou *Vanden-Zype,* naquit à Malines, en 1580. Ses succès dans l'étude du droit le firent appeler par Jean le Mire, évêque d'Anvers, qui le fit son secrétaire particulier, ensuite chanoine, official et archidiacre de sa cathédrale. C'était un homme d'esprit, de mœurs douces et très profond dans la connaissance du droit civil et canonique. Il a composé sur ces matières plusieurs ouvrages latins, entre autres : *Analytica enarratio juris pontificii novi; Consultationes canonicæ,* Anvers, 1640, in-fol.; *Notitia juris Belgici; de Juridictione ecclesiasticá et civili,* Liége, 1649, in-fol.; *Judex, magistratus, senator.* On peut regarder ces ouvrages comme une réfutation des écrits de Dumoulin, de Nevert, de Van-Espen, de Febronius, etc. Ils sont estimés, et on les a recueillis en 2 vol. in-fol., à Anvers, 1646, 1675. *Zypeus* mourut en 1650, à 70 ans.

FIN DES NOTICES BIOGRAPHIQUES.

TABLE MÉTHODIQUE

POUR DIRIGER LES LECTEURS DANS L'ÉTUDE DU DROIT CANON

FIN DE LA TABLE MÉTHODIQUE.

TABLE CHRONOLOGIQUE

DES DIVERS DOCUMENTS INSÉRÉS DANS CET OUVRAGE (1).

---

(1) Le chiffre romain de cette table indique le volume, et le chiffre arabe la page.

FIN DE LA TABLE CHRONOLOGIQUE.

PARIS. — Impr. LACOUR ET Cᵉ, rue Soufflot, 16.

ERRATA

Tome Ier, page 158, note 1, au lieu de : *Innocent* III, lisez : *Innocent* VII.

— page 413, ligne 43, au lieu de : 1531, lisez : 1581.

Tome II, page 36, ligne 39, au lieu de : *Saleucides*, lisez : *Séleucides*.

— page 131, ligne dernière, au lieu de : 29 *novembre* 1849, lisez : 9 *novembre* 1846.

— page 141, ligne 6, au lieu de : *pondée*, lisez : *spondée*.

— page 274, ligne 41, au lieu de : *empêcha qu'on reçut*, lisez : *qu'on ne reçut*.

— page 277, ligne 31, au lieu de : *ad annum apicem*, lisez : *ad unum apicem*.

— page 281, ligne 5, au lieu de : *hors les conciles et les sentences des Pères*, lisez : *hors des conciles, et les sentences des Pères*.

Tome III, page 55, ligne 5, au lieu de : *recta regis*, lisez : *recta regit*.

— page 89, note 4e, au lieu de : *antorité*, lisez : *autorité*.

— page 157, ligne 27, au lieu de : *qui suivra immédiatement le jour de la Toussaint*, lisez : *le jour de l'octave de la Toussaint*.

— page 174, ligne 9, au lieu de : *Jean* XIII, lisez : *Jean* XXIII.

— page 241, ligne 41, au lieu de : *dans les lieux seulement la louable coutume de ne rien prendre n'est pas en vigueur, où ils ne pourront prendre que la dixième partie*, lisez : *dans les lieux seulement où la louable coutume de ne rien prendre n'est pas en vigueur, ils ne pourront prendre que la dixième partie*.

— page 344, ligne 8, au lieu de : *c'est eux que le Christ*, lisez : *ce sont eux que le Christ*.

— page 344, ligne 22, au lieu de : *décerné*, lisez : *discerné*.

Tome IV, page 320, ligne 15, au lieu de : *Église ramaine*, lisez : *Église romaine*.

— page 387, ligne 18, au lieu de : *non cessent*, lisez : *non essent*.

Tome V, page 30, ligne 14, au lieu de : 22 *mai*, lisez : 26 *mai*.

POST-SCRIPTUM

Nous disons ci-dessus, page 486, dans la notice concernant M. l'abbé Prompsault, que ses ouvrages nous semblent de nature à être condamnés par la Congrégation de l'*Index*; nous devons ajouter ici que ses *Observations sur l'encyclique du* 21 *mars* 1853, dont nous avons donné un extrait, viennent de l'être par le concile de La Rochelle.

Le même concile a aussi condamné le huitième volume de l'*Histoire de l'Église de France,* par M. l'abbé Guettée, dont les sept premiers avaient été mis à l'*Index* par un décret du 22 janvier 1852.

Ces Messieurs qui prétendent que les décrets de la Congrégation de l'*Index* n'obligent pas en France (*voyez* INDEX), et tous ceux qui, à cet égard, partagent leur sentiment ou plutôt leur erreur, admettront-ils davantage l'autorité et le jugement d'un concile provincial tenu en France? Il le faudra bien s'ils veulent être conséquents avec leurs principes.

www.ingramcontent.com/pod-product-compliance
Lightning Source LLC
Chambersburg PA
CBHW031356210326
41599CB00019B/2786

ESSAI

DE

STATIQUE CHIMIQUE.

PREMIÈRE PARTIE.

C.

ESSAI

DE

STATIQUE CHIMIQUE,

PAR C. L. BERTHOLLET,

MEMBRE DU SENAT CONSERVATEUR, DE L'INSTITUT, etc.

PREMIÈRE PARTIE.

DE L'IMPRIMERIE DE DEMONVILLE ET SOEURS.

A PARIS,

RUE DE THIONVILLE, N°. 116,

Chez FIRMIN DIDOT, Libraire pour les Mathématiques, l'Architecture, la Marine, et les Éditions Stéréotypes.

AN XI. — 1803.

TABLE DES MATIERES

CONTENUES DANS CE VOLUME.

SECTION III.

DU CALORIQUE.

SECTION IV.

DE L'EFFET DE L'EXPANSION ET DE LA CONDENSATION
DANS LES SUBSTANCES ÉLASTIQUES.

NOTES DE LA QUATRIÈME SECTION.

SECTION V.

DES LIMITES DE LA COMBINAISON.

SECTION VI.

DE L'ACTION DE L'ATMOSPHÈRE.

NOTES DE LA SIXIÈME SECTION.

ESSAI

DE

STATIQUE CHIMIQUE.

INTRODUCTION.

Les puissances qui produisent les phénomènes
chimiques sont toutes dérivées de l'attraction
mutuelle des molécules des corps à laquelle on
a donné le nom d'affinité, pour la distinguer de
l'attraction astronomique.

Il est probable que l'une et l'autre ne sont
qu'une même propriété ; mais l'attraction astronomique ne s'excerçant qu'entre des masses
placées à une distance où la figure des molécules, leurs intervalles et leurs affections particulières, n'ont aucune influence , ses effets
toujours proportionnels à la masse et à la raison inverse du carré des distances , peuvent
être rigoureusement soumis au calcul : les effets
de l'attraction chimique ou de l'affinité , sont
au contraire tellement altérés par les conditions
particulières, et souvent indéterminées , qu'on
ne peut les déduire d'un principe général ; mais
qu'il faut les constater successivement. Il n'y

I.

à que quelques-uns de ces effets qui puissent être assez dégagés de tous les autres phénomènes, pour se prêter à la précision du calcul.

C'est donc l'observation seule qui doit servir à constater les propriétés chimiques des corps, ou les affinités par lesquelles ils exercent une action réciproque dans une circonstance déterminée ; cependant, puisqu'il est très-vraisemblable que l'affinité ne diffère pas dans son origine de l'attraction générale, elle doit également être soumise aux lois que la mécanique a déterminées pour les phénomènes dus à l'action de la masse, et il est naturel de penser que plus les principes auxquels parviendra la théorie chimique auront de généralité, plus ils auront d'analogie avec ceux de la mécanique ; mais ce n'est que par la voie de l'observation qu'ils doivent atteindre à ce degré, que déjà l'on peut indiquer.

L'effet immédiat de l'affinité qu'une substance exerce, est toujours une combinaison ; en sorte que tous les effets qui sont produits par l'action chimique, sont une conséquence de la formation de quelque combinaison.

Toute substance qui tend à entrer en combinaison, agit en raison de son affinité et de sa quantité. Ces vérités sont le dernier terme de toutes les observations chimiques.

Mais, 1°. Les différentes tendances à la comp

binaison doivent être considérées comme autant
de forces qui concourrent à un résultat ,
ou qui se détruisent en partie par leur opposition ; de sorte qu'il faut distinguer ces forces
pour parvenir à l'explication des phénomènes
qu'elles produisent , ou pour les comparer
entr'eux.

2°. L'action chimique d'une substance ne dépend pas seulement de l'affinité qui est propre
aux parties qui la composent, et de la quantité;
elle dépend encore de l'état dans lequel ces parties se trouvent , soit par une combinaison
actuelle qui fait disparaître une partie plus ou
moins grande de leur affinité , soit par leur
dilatation ou leur condensation qui fait varier
leur distance réciproque : ce sont ces conditions
qui , en modifiant les propriétés des parties élémentaires d'une substance , forment ce que
j'appelle sa constitution : pour parvenir à l'a-
nalyse de l'action chimique , il faut apprécier
non-seulement chacune de ces conditions , mais
encore toutes les circonstances avec lesquelles
elles ont quelque rapport.

Les propriétés des corps qui peuvent ainsi
modifier l'affinité, ont encore d'autres effets qui
sont indépendants de ceux que produit la combinaison , et qui sont l'objet des différentes parties
de la physique. Il y a même plusieurs phéno-
nomènes qui , quoiqu'ils soient produits en tout

ou en partie par l'affinité , doivent cependant
être considérés sous un autre rapport , soit
parce que l'affinité n'y contribue que pour une
part trop faible, soit parce que l'expérience n'a
pu conduire encore à déterminer les affinités
particulières auxquelles ils sont dus. On désigne
comme propriétés physiques toutes celles qui
ne paraissent pas dépendre immédiatement de
l'affinité.

Il suit de là qu'il doit souvent exister un
rapport entre les propriétés physiques et les
propriétés chimiques ; qu'il faut souvent avoir
recours aux unes et aux autres pour l'explication d'un phénomène auquel elles peuvent
concourir, et qu'il convient d'établir une relation
intime entre les différentes sciences dont la
physique se compose , pour qu'elles puissent
s'éclairer mutuellement.

Les principes établis sur les résultats de faits
observés sous chaque point de vue , et l'explication des phénomènes chimiques fondée sur leurs
rapports avec toutes les propriétés dont ils sont
des conséquences , constituent la théorie qu'on
doit distinguer en théorie générale et en théories
particulières.

Il y a des sciences qui peuvent parvenir à
un certain degré de perfection sans le secours
d'aucune théorie, et seulement par le moyen
d'un ordre arbitraire qu'on établit entre les

observations des faits naturels dont elles s'occupent principalement ; mais il n'en est pas de même en chimie, où les observations doivent naître presque toujours de l'expérience même, et où les faits résultent de la réunion factice des circonstances qui doivent les produire. Pour tenter des expériences, il faut avoir un but, être guidé par une hypothèse ; et pour tirer quelque avantage de ses observations, il faut les comparer sous quelques rapports, et déterminer au moins quelques-unes des circonstances nécessaires auxquelles chaque phénomène observé doit son origine, afin qu'on puisse le reproduire. Ainsi des suppositions plus ou moins illusoires, et même des chimères qui sont aujourd'hui ridicules, mais qui ont engagé aux tentatives les plus laborieuses, ont été nécessaires au berceau de la chimie : par leur moyen les faits se sont multipliés, un grand nombre de propriétés a été constaté, et plusieurs arts se sont perfectionnés. Toutefois la chimie ne fesait que se grossir d'observations incomplètes, et de théories particulières qui n'avaient aucune liaison entre elles, qui se succédaient comme les caprices de l'imagination, et qui n'avaient aucun rapport avec les lois générales ; orgueilleuse et isolée de toutes les autres connaissances, plus elle fesait d'acquisitions, plus elle s'éloignait du caractère des véritables sciences.

Ce n'est que depuis que l'on a reconnu l'affinité comme la cause de toutes les combinaisons, que la chimie a pu être regardée comme une science qui commençait à avoir des principes généraux : dès-lors on a cherché à soumettre à un ordre régulier la succession des combinaisons, que différents éléments peuvent former, et à déterminer les proportions qui entrent dans ces combinaisons.

Bergman donna beaucoup plus d'étendue à l'application de ce premier principe : il fit appercevoir la plupart des causes qui pouvaient en déguiser ou en faire varier les effets : il fonda sur lui les méthodes des différentes analyses chimiques, qu'il porta à un degré de précision inconnu jusqu'à lui.

Cependant un grand nombre de phénomènes dépendent de la combinaison de l'oxigène qui est la substance dont les affinités paraissent le plus actives ; et son existence même n'était point connue : il fallait suppléer par des hypothèses à l'action qu'il exerce. Priestley n'eut pas plutôt fait connaître cette substance qui joue un rôle si important, que Lavoisier en détermina les combinaisons, et rappela à cette cause réelle les nombreux effets qu'elle produit. Le grand jour que ses découvertes immortelles répandirent non-seulement sur les phénomènes qui en dépendaient, mais encore sur l'action de

plusieurs autres gaz découverts à la même
époque, mérita à la révolution qu'il produisit
l'honneur d'être regardée comme une théorie
générale et nouvelle.

La considération précise d'une cause également puissante, par les modifications qu'elle
introduit dans les résultats de l'affinité, celle
de l'action de la chaleur était aussi nécessaire
pour l'interprétation de la plupart des phénomènes : on devait à Black la découverte des propriétés fondamentales de la chaleur ; elles avaient
occupé après lui plusieurs physiciens ; mais elles
furent soumises à des lois bien déterminées, dans
un savant mémoire qu'on doit à Laplace et à
Lavoisier.

On voit donc que la chimie a acquis de nos
jours la connaissance de ces propriétés génératrices qui accompagnent toute action chimique, et qui sont la source de tous les phénomènes qu'elle produit : cette science a donc pu
être fondée sur des principes dont l'application
a fait faire des progrès rapides à toutes les
connaissances qu'elle embrasse.

Comme les théories particulières bornent leurs
considérations à certains faits ou à quelques
classes de phénomènes, elles peuvent souvent
se restreindre à l'application rigoureuse des
propriétés bien constatées, et n'être, pour ainsi
dire, que l'expression réservée de l'expérience,

jusqu'à ce que les progrès de la science leur
donnent une plus grande extension : elles
peuvent donc être réduites à toute la certitude qui peut appartenir aux connaissances
fondées sur le témoignage de nos sens ; ce qui
est sur - tout vrai pour la détermination des
éléments des substances composées, et des méthodes par lesquelles on parvient à cette détermination.

Il n'en est pas de même de la théorie qui
embrasse la considération de toutes les théories
particulières, et qui cherche à démêler ce qu'il
peut y avoir de commun entre les propriétés
chimiques de tous les corps, et ce qui peut dépendre d'une disposition particulière à chacun :
occupée de répandre la lumière sur tous les
objets, de perfectionner toutes les méthodes,
de recueillir les résultats pour les comparer,
elle tâche de reconnaître toute la puissance de
chaque cause, et toutes les causes qui peuvent
concourir à chaque phénomène ; elle porte la
vue par-delà les limites de l'observation ; elle ne
compare pas seulement les phénomènes dont
les causes peuvent être clairement assignées ;
mais elle indique la liaison qui peut se trouver
entre les connaissances acquises et celles auxquelles on doit aspirer : si elle abandonne sans
explication un certain nombre de faits dont
elle n'apperçoit encore aucune conséquence,

soit parce qu'ils doivent être éclaircis par des
expériences plus exactes ou mieux dirigées,
soit parce qu'ils dépendent d'un conflit trop
grand de différentes propriétés, elle les ressaisit
dès quelle apperçoit une lueur qui peut la
guider.

Cette théorie repose nécessairement sur des
vérités bien établies, et sur des conjectures plus
ou moins fondées ; et, par l'application des principes auxquels elle s'élève, elle donne des explications plus ou moins complètes, plus ou
moins certaines des phénomènes divers; elle se
perfectionne et s'aggrandit par les progrès de
l'observation, et par son commerce avec les
autres sciences.

Dès que l'on a reconnu les propriétés générales auxquelles doivent aboutir tous les effets
de l'action chimique, on s'est hâté d'établir,
comme lois constantes et déterminées, les conditions de l'affinité qui ont paru satisfaire à
toutes les explications ; et réciproquement on
déduit de ces lois toutes les explications, et
c'est dans la superficie que la science acquiert
par là, que l'on fait principalement consister ses
progrès.

Persuadé que les principes adoptés en chimie,
et les conséquences immédiates qu'on en tire
pour qu'elles servent elles-mêmes de principes
secondaires, ne devaient point encore être admis

comme des maximes fondamentales, je les ai
rappelés à un nouvel examen, et j'ai déjà publié
dans mes recherches sur les lois de l'affinité les
observations qui m'ont porté à croire qu'on ne
s'était pas encore fait une idée très-exacte des
effets qu'elle produit.

Le but de cet essai est d'étendre mes premières
réflexions à toutes les causes qui peuvent faire
varier les résultats de l'action chimique, ou du
produit de l'affinité et de la quantité. J'examinerai donc quelle est la dépendance mutuelle
des propriétés chimiques des corps, comparées
d'abord entr'elles, et considérées ensuite dans
les différentes substances ; quelles sont les forces
qui naissent de leur action dans les effets qui
en proviennent, et quelles sont celles de ces
forces qui concourrent à ces effets ou qui leur
sont opposées.

L'essai est divisé en deux parties : dans la
première, je considère tous les éléments de l'action
chimique, et dans la seconde, les substances
qui l'exercent et qui contribuent le plus aux
phénomènes chimiques, en les classant par leurs
dispositions ou par les rapports qui existent
entre leurs affinités.

Le premier effet de l'affinité sur lequel je
fixe l'attention, est celui qui produit la cohé-
rence des parties qui entrent dans la composition d'un corps ; c'est l'effet de l'affinité réci-

proque de ces parties, que je distingue par le
nom de force de cohésion, et qui devient une
force opposée à toutes celles qui tendent à faire
entrer dans une autre combinaison les parties
qu'elle tend au contraire à réunir.

Toutes les affinités qui tendent par leur action
à diminuer l'effet de la cohésion, doivent être
considérées comme une force qui lui est opposée,
et dont le résultat est la dissolution. Lors donc
qu'un liquide agit sur un solide, sa force de
dissolution peut produire la liquéfaction du
solide, si elle l'emporte sur celle de cohésion ;
mais quelquefois cet effet a lieu immédiatement ;
quelquefois il faut que la cohésion soit d'abord
affaiblie par un commencement de combinaison ; il est des circonstances où le liquide
ne peut agir qu'à la surface du solide et le
mouiller ; enfin le solide ne peut pas même être
mouillé, lorsque son affinité avec le liquide ne
produit pas un effet plus grand que celui de
l'affinité mutuelle des parties de ce dernier. Ces
deux forces produisent donc, selon leur rapport, différents résultats qui doivent être distingués, mais qu'il ne faut pas attribuer, avec
quelques physiciens, à deux affinités dont ils
ont regardé l'une comme chimique, et l'autre
comme dérivée des lois physiques.

Les effets de la force de cohésion n'ont pu
échapper à l'attention des chimistes ; mais ils

ne l'ont considérée que comme une qualité des
corps actuellement solides, de sorte que la
solidité n'existant plus, ils l'ont regardée comme
détruite : au contraire, ses effets peuvent cesser
d'être sensibles sans qu'elle cesse d'agir, ainsi
que toutes les forces physiques qui sont comprimées : c'est ici l'une des principales causes
de la différence que l'on trouvera entre les explications que je présente et celles qui sont
adoptées, et dans lesquelles on a négligé de faire
entrer cette considération.

L'action réciproque qui tend à réunir les
parties d'une substance peut être surmontée par
une force dissolvante, et son énergie diminue
à mesure que la quantité du dissolvant augmente, ou que son action est accrue par la
chaleur ; au contraire, elle augmente si les circonstances précédentes s'affaiblissent, et elle
reproduit enfin des effets qui sont dus à sa
prépondérance : de là toutes les séparations et
précipitations qui ont lieu dans un liquide, et
qui sont dues à la formation d'un solide.

La cristallisation est un des effets remarquables
de la force de cohésion ; les parties qui cristallisent prennent un arrangement symétrique
qui est déterminé par l'action mutuelle des
petits solides que leur force de cohésion sépare
d'un liquide ; et les conditions d'un solide qui
se rompt plus facilement dans un sens que dans

un autre ; qui est plus ou moins fragile , plus ou moins élastique , plus ou moins ductile , dépendent de cet arrangement.

La différente solubilité des sels qui provient du rapport de leur force de cohésion à l'action du liquide dissolvant, est non-seulement la cause de leur cristallisation, mais aussi de leur séparation successive par le moyen de l'évaporation ; elle n'est pas seulement opposée à l'effet du dissolvant, mais à leur action mutuelle ; car pendant que différents sels sont en dissolution, ils ne forment qu'un liquide où toutes les actions particulières se contrebalancent jusqu'à ce que la force de cohésion ait acquis assez d'énergie pour faire passer à l'état solide ceux qui sont moins solubles.

Puisque l'effet immédiat de toute action chimique est une combinaison, la dissolution n'est elle-même qu'une combinaison considérée sous son rapport avec la force de cohésion ; or, dans toute combinaison on remarque que l'action d'une substance est toujours proportionnelle à la quantité qui peut se trouver dans la sphère d'activité : une conséquence immédiate de cette loi, c'est que l'action d'une substance diminue en raison de la saturation qu'elle éprouve.

Parmi les affinités d'une substance, il y en a quelquefois une qui est dominante, et qui imprime son caractère à ses propriétés distinc-

tives : ce sont ces affinités énergiques qui servent à classer les substances dans un système
de chimie, et qui donnent naissance à la plupart
des phénomènes chimiques.

Toutes les propriétés qui sont dérivées de cette
affinité dominante deviennent latentes ou reparaissent avec elles ; la combinaison en a de
nouvelles qui n'ont plus aucun rapport avec
celles qui ont disparu par la saturation, mais
elles sont une conséquence des changements qui
se sont opérés par la condensation ou par la
dilatation des éléments de la combinaison ; car
l'action réciproque des molécules d'une combinaison correspond à la condensation ou
à la dilatation qui approche ou éloigne les
molécules ; ainsi les sels qui sont dans l'état de
combinaison ont une solubilité et une cristallisation particuliere.

Lorsque les substances qui jouissent d'une
affinité dominante subissent une combinaison
qui est étrangère à l'action de cette affinité,
elles y portent toutes les propriétés qui en dépendent, et qui ne sont que modifiées par la
constitution qu'elles ont acquise, et par le
degré de saturation qu'elles ont éprouvé ; ainsi
un alliage conserve les propriétés métalliques ;
et celles qui proviennent de l'action réciproque
des molécules, soit simples, soit composées, telles
que la force de cohésion, la fusibilité, éprouvent,

ainsi que la pesanteur spécifique, un changement qui n'est produit que par celui de la distance
mutuelle des molécules dans la constitution
qu'elles ont acquise par la combinaison.

Une affinité dominante et énergique dans une
substance suppose une disposition analogue dans
une autre substance dont les propriétés caractéristiques doivent par là être regardées comme
antagonistes des siennes, puisqu'elles les font
disparaître par la saturation.

Les acides et les alcalis montrent au plus haut
degré ces propriétés antagonistes qui sont la
source principale des phénomènes chimiques ;
leur action réciproque mérite donc de fixer particulièrement l'attention.

Je considère d'abord comme un attribut général, cette propriété corrélative des acides et
des alcalis de se saturer mutuellement, indépendamment des affections particulières à chacun d'eux, et des propriétés qui dépendent
des éléments dont ils sont composés.

Comme cette saturation réciproque des acides
et des alcalis est un effet immédiat de leur
affinité réciproque, elle doit être regardée
comme la mesure de leur affinité, si l'on prend
en considération les quantités respectives qui
sont nécessaires pour produire cet effet. D'où
il suit que les affinités des acides pour les alcalis
ou des alcalis pour les acides sont proportion-

nelles à leur capacité de saturation. J'établis en conséquence que lorsque plusieurs acides agissent sur une base alcaline, l'action de l'un des acides ne l'emporte pas sur celle des autres, de manière à former une combinaison isolée, mais chacun des acides a dans l'action une part qui est déterminée par sa capacité de saturation et par sa quantité ; je désigne ce rapport composé, par la dénomination de *masse chimique* ; je dis donc que chacun des acides qui se trouvent en concurrence avec une base alcaline agit en raison de sa masse ; et pour déterminer les masses, je compare les capacités de saturation, soit de tous les acides avec une base, soit de toutes les bases avec un acide.

Pour expliquer les combinaisons qui se forment dans le concours de deux acides avec une base, et celles qui se produisent par l'action de deux acides et de deux bases, on a supposé une affinité élective qui, par sa graduation, substitue une substance à une autre dans une combinaison, et qui dans l'action réciproque de quatre substances, détermine deux combinaisons qui s'isolent.

Cette supposition ne peut point se concilier avec la loi générale des combinaisons ; mais la considération des deux effets distincts de l'affinité, en tant qu'elle produit les combinaisons et qu'elle est le principe de la force de cohésion,

m'a paru suffire à l'explication de tous les faits
qu'on attribue à l'affinité élective et à l'action
des doubles affinités.

La loi générale à laquelle est assujettie l'action chimique que les substances exercent en
raison de l'énergie de leur affinité et de leur
quantité, n'est pas seulement modifiée dans
les effets qui en dépendent par la force de
cohésion ; elle l'est encore par l'action expansive du calorique ou de la cause de la chaleur, qui est le principe de l'expansibilité.

Comme toutes les substances éprouvent dans
leur action l'influence du calorique, et qu'il
contribue par conséquent à tous les phénomènes
chimiques, il est important de déterminer avec
précision ses propriétés générales et les effets
qu'il peut produire dans différentes circonstances. J'entrerai à cet égard dans des détails
élémentaires qui paraissent étrangers au but
que je me suis proposé.

C'est du rapport de l'action réciproque par
laquelle les molécules d'une substance simple ou
composée tendent à se réunir, avec l'action
expansive que le calorique exerce sur elles,
que dépend la disposition de cette substance
à la solidité, à l'état liquide ou à l'état élastique : l'effet du calorique peut concourir,
selon les circonstances, à la combinaison de
cette substance avec les autres, ou lui être

I. 2

contraire. Lorsque le calorique produit l'état élastique, on doit considérer le gaz qui en provient comme dû à la combinaison qu'il forme, et l'élasticité comme une force opposée, soit à la solidité, soit aux combinaisons liquides ; mais il faut appliquer à l'élasticité ce que j'ai remarqué sur la solidité : son action précède l'instant où elle devient effective.

L'effort du calorique qui tend à accroître la distance des molécules serait toujours opposé aux combinaisons des substances entre elles, s'il ne produisait souvent un effet plus grand que ce premier, en diminuant la solidité qui est un autre obstacle à la combinaison, ou en augmentant l'élasticité qui seconde l'action des gaz : il favorise donc les combinaisons de quelques substances, et il est contraire à d'autres selon leurs dispositions. Il ne faut pas confondre ces effets avec ceux de l'affinité réciproque des substances.

Les fluides élastiques ont un grand désavantage relativement aux autres substances dans l'action qu'ils exercent sur elles, car ils ne peuvent porter dans la sphère d'activité qu'une très-petite masse.

Dans l'action réciproque des gaz, les résultats sont très-différents selon l'intensité de l'affinité ; lorsqu'elle est faible, elle se borne à une dissolution dans laquelle les dimensions respectives et les propriétés ne sont point altérées ; si elle est énergique, ces dimensions éprouvent une grande diminution, et il se forme des combinaisons qui ont des propriétés nouvelles ; mais il faut reconnaître les propriétés qui distinguent les gaz constants des vapeurs qui ne prennent l'état de gaz que dans certaines circonstances.

Tous ces effets varient par les changements de dimensions que produisent les changements de température, et qui sont beaucoup plus considérables que dans les liquides et les solides. Il importe donc de déterminer avec soin les lois que suit la dilatation des fluides élastiques, et de comparer sous ce rapport ceux qui sont permanents et ceux qui ne prennent cet état que par l'action des premiers ou par des élévations de température.

Les substances naturellement élastiques peuvent être ramenées par la combinaison à l'état liquide ou solide ; alors elles acquièrent des propriétés nouvelles par leur condensation. On doit distinguer l'action chimique qu'elles peuvent exercer dans cet état, et l'énergie qu'elles ont acquise et qu'elles peuvent communiquer à leur combinaison en regardant l'affinité de celle-ci comme une force résultante des affinités élémentaires qui lui succèdent lorsque la combinaison cesse, ou qui donnent naissance à

2..

d'autres affinités résultantes, lorsque l'état de combinaison vient à changer.

Tous les phénomènes de la nature se passent dans l'atmosphère qui concourt souvent à les produire par sa compression, sa température ou la combinaison des parties qui la composent; il faut donc avoir une connaissance exacte des qualités de l'atmosphère sous ces trois rapports.

Le résultat des différentes oauses qui interviennent dans l'action chimique est quelquefois une combinaison dont les proportions sont constantes; quelquefois au contraire les proportions des combinaisons qui se forment ne sont pas fixes et varient selon les circonstances dans lesquelles elles sont produites: dans le premier cas il faut une accumulation de forces pour changer les proportions, qui soit égale à celles qui tendent à maintenir leur état de combinaison: cet obstacle vaincu, l'action chimique continue à produire son effet en raison de l'énergie des affinités et de la quantité des substances qui l'exercent. J'ai tâché de déterminer les conditions qui limitent ainsi les proportions dans quelques combinaisons, et qui paraissent mettre une interruption dans la progression de l'action chimique.

Il y a encore dans l'action chimique une condition qui doit être prise en considération, et qui sert à expliquer plusieurs de ses effets; c'est l'intervalle de tems qui est nécessaire pour qu'elle s'exécute, et qui est très-variable selon les substances et selon les circonstances. J'examine sous ce rapport la propagation de l'action chimique.

Après avoir ainsi parcouru tous les éléments connus de l'action chimique, je passe à la seconde partie qui est destinée à considérer les dispositions des substances qui sont les plus remarquables par leurs propriétés chimiques, et classées par leur caractère distinctif ou par leur affinité dominante. Je tâche de trouver dans leurs propriétés l'origine de celles des combinaisons qu'elles forment, selon l'état dans lequel elles s'y trouvent et la raison des phénomènes auxquels elles concourrent.

J'examine sous cet aspect les propriétés des substances inflammables, celles de leurs combinaisons mutuelles, celles des acides composés et des différentes combinaisons qui en sont dérivées selon les proportions de leurs éléments, celles des alcalis, des terres, et enfin des substances métalliques.

Les substances végétales et les substances animales sont très-complexes, moins par le nombre des éléments qui entrent dans leur composition, que par les substances qui en proviennent, et qui agissent chacune par une force résultante; elles sont si mobiles et si variables qu'il est bien difficile de parvenir à une con-

naissance exacte des causes des phénomènes qui
leur doivent leur origine ; c'est dans leur considération qu'on doit porter la plus grande circonspection : je me bornerai à indiquer ce qui
me paraît le mieux constaté, ou ce qu'on peut
conjecturer de plus raisonnable sur les phénomènes de ce genre que la chimie a pu atteindre.

On trouvera une grande inégalité dans les
discussions dans lesquelles j'entrerai : je passerai
rapidement sur quelques objets qui sont importants, mais qui ne présentent rien d'incertain
aux chimistes, et je m'arrêterai avec beaucoup
de détails à d'autres qui sont moins intéressants,
mais qui me paraîtront exiger de nouveaux
éclaircissements.

PREMIERE PARTIE.

DE L'ACTION CHIMIQUE EN GÉNÉRAL.

SECTION PREMIÈRE.

DE L'ACTION CHIMIQUE DES SOLIDES ET DES LIQUIDES.

~~~~~~~~~~~~~~~~~~~~~~~~~~~~~~~~

CHAPITRE PREMIER.

De la force de cohésion.

1. L'ACTION chimique produit des effets dif-férents, selon qu'une substance est gazeuze, liquide, ou dans l'état solide; de sorte que toute action chimique n'est pas un effet simple de l'affinité, mais qu'elle est modifiée par la constitution des corps qui l'exercent; il importe donc pour reconnaître les causes des phénomènes chimiques, d'établir quelle peut être l'influence de la constitution des subs-tances, et quelle différence peut apporter chacune de ses conditions, soit qu'elle la pré-cède, soit qu'elle en devienne un résultat. Je

commence par considérer les rapports de l'état solide à l'état liquide.

2. La cohésion est l'effet de l'affinité que les molécules exercent les unes sur les autres, et qui les tient à une distance déterminée par l'équilibre de cette force avec celles qui lui sont opposées; car la propriété, que les corps les plus compacts possèdent, d'éprouver une diminution de volume par les abaissements de température, prouve qu'il n'y a pas de contact immédiat entre leurs parties.

Les corps dans lesquels les parties intégrantes sont composées, sont soumis à la cohésion comme ceux dont les parties sont similaires; le sulfate de baryte forme non-seulement des masses solides; mais toutes ses parties qui sont en état de combinaison prennent un arrangement symétrique, ainsi que les parties du cristal de roche.

La plupart des substances liquides prennent elles-mêmes une forme solide, lorsque l'effet de la liquidité est diminué par un abaissement de température; ainsi l'eau se congèle et forme des cristaux : on ne peut douter que le même effet n'eût lieu pour tous les liquides, si l'on pouvait produire un froid assez grand; mais l'on observe à cet égard une grande différence entre eux.

Les gaz même annoncent cette disposition entre leurs parties; le gaz muriatique oxigené prend un état concret, et cristallise à une tem-

pérature qui approche de celle de la congélation de l'eau ; et toutes les substances gazeuses,
lorsqu'elles ont perdu leur élasticité, en formant
une combinaison, sont disposées à prendre l'état
solide, si la température le permet; par exemple,
le gaz ammoniaque et le gaz acide carbonique deviennent solides dès qu'ils entrent en combinaison, et le gaz hydrogène le plus subtil des
fluides élastiques qui puisse être contenu dans
des vases, forme avec le gaz oxigène, l'eau qui
peut devenir concrète.

On ne peut donc douter que toutes les substances n'aient dans leurs parties une disposition constante à se réunir et à former un corps
solide : si cet effet ne peut se produire, c'est
que la force de cohésion est surmontée par
l'action du calorique.

3. Quoique les effets de la chaleur et les propriétés du calorique doivent être analysés en
particulier, il sera nécessaire cependant de
considérer dans ce qui va suivre la dilatation
qu'elle produit dans tous les corps : cette force
expansive est non-seulement contraire à la force
de cohésion, mais encore à la tendance que les
substances ont à se combiner les unes avec les
autres, quoique par son effet opposé à celui
d'autres forces, il arrive souvent qu'elle favorise
ces combinaisons.

4. La force de cohésion, soit celle qui réunit

des parties similaires, soit celle qui agit sur une combinaison, s'accroît dans une substance d'autant plus que ses molécules éprouvent un rapprochement plus grand ; l'alumine qui , après avoir été soumise à un haut degré de chaleur, a éprouvé une grande retraite, a non-seulement'pris beaucoup de cohésion mécanique, mais elle a acquis la puissance de résister à l'action des acides et des alcalis : le saphir qui n'est presque que de l'alumine pure, et dont la cohésion pourrait être comparée à celle de l'alumine qui a éprouvé le plus grand degré de chaleur, n'est point attaqué par les agents les plus puissants, jusqu'à ce que cette cohésion ait été détruite en grande partie ; le spath adamantin ou corindon, qui n'est presque que de l'alumine, présente encore une plus grande résistance ; d'où il résulte que la force de cohésion est non-seulement opposée à l'action du calorique, mais à celle de toute substance qui tend à changer l'état d'un corps solide.

Nous trouvons donc dans tous les corps une disposition à devenir solides, qui varie considérablement selon leur nature , qui toujours en opposition avec la force expansive de la chaleur, en est quelquefois détruite, parcequ'elle dépend de la distance des parties ; mais qui renaît , dès que l'expansion produite par la chaleur est diminuée, à un certain degré.

Quelques chimistes ont distingué sous le nom d'affinité *d'aggrégation* les effets de la force de cohésion de ceux de l'affinité de composition ; mais ils ne l'ont admise qu'entre les molécules de même espèce, et ils l'ont opposée à *l'affinité de composition*, quoique la force de cohésion soit souvent une cause qui détermine les combinaisons, et qui par conséquent devient alors ce qu'ils ont appelé *affinité de composition*.

5. J'ai remarqué que plusieurs substances gazeuses acquéraient par leur combinaison mutuelle la propriété de devenir solides : il résulte de là que leurs parties éprouvent par l'acte de la combinaison un changement semblable à celui que les liquides subissent par un abaissement de température qui produit leur rapprochement, ou que la figure des nouvelles molécules est plus favorable à leur action réciproque.

Il arrive aussi souvent que deux liquides forment par leur combinaison une substance solide, d'où il suit que dans ces circonstances la force de cohésion qui ne pouvoit produire aucun effet sensible, devient une force prépondérante, ce qui indique de même une analogie entre les effets produits dans une substance par un changement de température et ceux qui sont dus à la combinaison de deux substances.

6. Plus l'action du calorique sur un corps s'affaiblit, plus celle de l'affinité réciproque

acquiert d'énergie, et plus les parties se rapprochent; de là vient la diminution de volume que le refroidissement cause dans les corps; mais lorsqu'une substance passe de l'état liquide à l'état solide, la force de cohésion produit quelquefois elle-même un autre effet qui est contraire au premier.

7. Lorsque les corps passent de l'état liquide à l'état solide, leurs parties tendent à prendre la disposition dans laquelle leur affinité réciproque s'exerce avec le plus d'avantage : de là cet arrangement symétrique qu'elles prennent, et qui constitue la cristallisation.

Cette disposition symétrique produit quelquefois une augmentation de volume qui introduit une interruption apparente dans l'effet nécessaire du rapprochement des parties qui est dû à la diminution de l'action du calorique : ainsi lorsque l'eau se congèle, sa pesanteur spécifique diminue, et il y a des métaux dont la partie, encore solide, surnage celle qui est liquéfiée; de sorte qu'ils ont également une pesanteur spécifique moins grande, lorsqu'ils sont solides, que lorsqu'ils sont dans l'état liquide.

8. Les substances liquides dont le volume éprouve un accroissement en passant à la solidité, présentent un phénomène qui mérite d'être remarqué. Cette dilatation de volume ne s'observe pas seulement au moment de la

congélation, mais elle commence à se manifester dans le liquide, lorsqu'il approche du
terme de la congélation.

Mairan remarqua le premier la dilatation de
l'eau qui approche du degré de la congélation ;
mais c'est Deluc qui en détermina la quantité(1).
Il observa qu'elle commençait à se manifester
à-peu-près au 4e. degré au-dessus du terme de
la congélation, et que la diminution qui avait
lieu depuis le 8e. degré jusqu'au 4e, ne fesait
que compenser cet effet.

Il observa de plus que l'influence de la cause
qui produit cette dilatation se fait appercevoir
à plusieurs degrés qui précèdent celui où elle
se manifeste par un accroissement réel.

Blagden confirma non-seulement ces observations (2), mais ce savant physicien constata que
la dilatation de volume continuait, et même
dans une plus grande proportion, à mesure que
la température de l'eau était abaissée au-dessous
du zéro, sans entrer en congélation.

L'effet n'est pas limité au terme ordinaire
de la congélation de l'eau. Blagden a observé
que lorsque ce terme était abaissé par la dissolution d'un sel, l'augmentation de volume qui

_____

(1) Recherches sur les modifications de l'Atmosphère,
édit. in-8°, tom. 2.

(2) Trans. philos. 1788.

doit précéder la congélation se manifestait à-
peu-près à une époque égale, avant qu'elle devint effective.

9. Si, l'on considère que lorsque les liquides
approchent du terme de l'ébullition, l'influence
de l'état élastique auquel ils vont passer, se fait
appercevoir par une progression plus grande
de dilatation, quelque tems avant qu'ils se changent en fluides élastiques, et que la loi de dilatation à laquelle sont soumis les fluides élastiques, éprouve également, comme nous le
verrons, une modification, lorsqu'ils approchent
du terme de la liquidité, on est déjà conduit à
admettre comme un principe général, que les
causes qui déterminent les changemens de constitution des corps exercent une action dont les
effets sont même sensibles avant que le changement de constitution ait lieu.

Une première conséquence de ce principe,
c'est que l'affinité réciproque qui peut produire l'état solide, doit être considérée comme
une force qui agit, non-seulement lorsque
la solidité se manifeste, mais avant ce terme;
de sorte que toutes les fois qu'il se produit
quelque substance solide, soit par une séparation, soit par une combinaison, il faut chercher
dans l'action réciproque des parties qui acquièrent la solidité, la cause même qui la produit,
quoiqu'elle ne se manifestât pas auparavant.

10. Tous les corps qui passent de l'état liquide à l'état solide n'éprouvent pas une dilatation occasionnée par l'arrangement que prennent alors leurs parties ; il y en a au contraire, et c'est probablement le plus grand nombre, qui subissent une contraction ; ainsi l'acide nitrique et l'acide sulfurique dont la congélation devrait avoir une si grande analogie avec celle de l'eau, éprouvent cependant une contraction qui paraît même être considérable dans l'acide nitrique (1).

Plusieurs métaux prennent une pesanteur spécifique plus grande en se solidifiant : le mercure est de ce nombre ; et le célèbre Cavendish a expliqué, par la contraction qu'il éprouve, l'abaissement du thermomètre qui provient de la congélation du mercure au moment où elle s'opère, et dont on avait conclu des températures beaucoup plus basses que celles qui ont lieu réellement (2).

11. Ce ne sont pas seulement les substances qui éprouvent une dilatation en passant à l'état solide, qui peuvent conserver leur liquidité à un degré de température plus bas que celui de leur congélation : Cavendish a trouvé que cet effet avait lieu dans le mercure qui se congèle : il a même observé qu'il était beaucoup plus con-

(1) An account of exper made by John. Mr. Nab. by Henri Cavendish. Trans. philos. 1786.
(2) Trans. philos. vol. LXXIII.

sidérable dans la congélation de l'acide nitrique que dans celle de l'eau.

Cette espèce d'inertie, que possèdent également toutes les dissolutions salines, lorsqu'elles sont au terme de la cristallisation, et qui provient, soit de la difficulté des changements de position dans les molécules, soit de celle du passage du calorique d'une combinaison dans une autre, lorsqu'ils ne sont provoqués que par une force très-faible, se fait remarquer dans un grand nombre de phénomènes, lorsque l'action chimique a peu d'énergie, et c'est un objet sur lequel je reviendrai dans la suite.

12. Le mouvement, que l'on imprime aux parties de l'eau qui se trouvent au-dessous du degré qui est propre à sa congélation, en faisant passer ses molécules dans un grand nombre de positions, amène celles qui sont les plus favorables à l'action réciproque : par là il favorise la congélation ; mais Blagden a fait voir que cette cause indiquée par Mairan, n'avait point autant d'efficacité qu'on lui en attribuait, il a trouvé que rien ne déterminait plus promptement cet effet que le contact d'un fragment de glace ; et le contact d'un cristal salin produit un effet analogue dans une dissolution du même sel : mais du sable répandu dans l'eau qui était au-dessous du terme de la congélation, n'a point favorisé la formation de la glace ; au contraire,

les parties terreuses qui restent suspendues dans
l'eau et qui détruisent sa transparence, déterminent la congélation au terme où elle peut
s'opérer. Ces faits confirment non-seulement
que c'est à la force de cohésion qui provient de
l'affinité réciproque, qu'est dû l'état solide
qu'acquièrent les substances liquides; mais ils
prouvent encore que le contact des substances
déjà solides favorise cet effet lorsqu'elles ont une
affinité avec celles qui doivent passer à l'état
solide, et qu'au contraire elles n'exercent aucune
influence sensible sur le phénomène, si elles
sont dépourvues de cette affinité.

On peut déjà conclure de ces observations que
la cohésion qui est l'effet de l'affinité réciproque
des molécules doit être considérée comme une
force opposée à la liquidité, que cette force
agit non-seulement lorsque la cohésion existe,
mais que c'est elle qui la rend effective et qu'elle
s'exerce entre les parties intégrantes qui résultent
d'une combinaison, comme entre les molécules
d'une substance simple.

CHAPITRE II.

De la Dissolution.

13. Si les substances liquides peuvent acquérir
l'état solide par l'accroissement de la force de cohésion, une cause contraire peut procurer la liquidité à un corps solide : lorsque cet effet est produit
par l'action d'un liquide, il constitue la dissolution ; alors l'union devient telle, que tout
le solide qui s'est liquéfié se trouve distribué
dans le liquide et uniformément confondu avec
lui ; de sorte que l'un et l'autre ne présentent
plus qu'une substance homogène.

Deux liquides de pesanteur spécifique différente peuvent aussi, par leur action réciproque, se confondre et ne former plus qu'un
liquide uniforme.

L'action réciproque de deux corps peut être
assez faible pour ne pas balancer la résistance
de la force de cohésion ou de la distance de leur
pesanteur spécifique, et les effets qu'elle produit
doivent alors être différents, quoiqu'ils dérivent
de la même cause.

Nous devons trouver cet effet plus ou moins

complet dans tous les résultats de l'action réciproque des liquides et des solides; c'est donc
un phénomène général dans lequel il faut reconnaître les lois de l'action chimique.

L'action chimique des différentes substances
s'exerce non-seulement en raison de leur affinité,
mais encore en raison de leur quantité : une
conséquence immédiate, c'est que l'action chimique diminue à mesure que la saturation s'opère.

C'est par la correspondance exacte des phénomènes avec les conséquences immédiates de
ce principe et des circonstances qui doivent en
modifier l'application, que de simple supposition
il prendra le caractère de loi générale de l'action
chimique, et lorsque les explications de ces
phénomènes pourront en être déduites naturellement, on devra rejeter toute autre supposition comme fausse ou inutile : je vais donc
faire un premier essai de cette loi de l'affinité,
en l'appliquant à l'action réciproque des solides
et des liquides, et en déterminant les modifications qu'elle doit recevoir des conditions dans
lesquelles les solides et les liquides peuvent
exercer leur action réciproque.

14. Un liquide ne peut exercer son action sur
un solide qu'au contact de celui-ci, ou plutôt
dans la sphère d'activité que l'affinité peut avoir ;
en sorte que son action sur le solide n'est pas
plus forte, soit qu'il se trouve fort abondant,

3..

soit qu'il n'y en ait que ce qui est nécessaire pour établir tous les points de contact possibles.

Cependant, comme dans un liquide il s'établit un équilibre de saturation dans toute sa quantité, les parties qui peuvent agir sur le solide parviennent beaucoup plus lentement au degré de saturation où son action cesse ; de sorte que la quantité de solide qui se dissout est proportionnelle à celle du liquide, en conséquence de la loi générale de l'affinité.

Il suit encore de cette loi, qu'une substance qui est en dissolution dans une quantité plus grande de liquide que celle qui est nécessaire y est retenue par une action plus puissante, et qu'au contraire la quantité de liquide qui est superflue, est assujettie plus faiblement par l'affinité de la substance dissoute que celle qu'exige la dissolution ; ce qui est conforme à l'observation.

On voit donc que la loi générale que j'ai énoncée n'est ici modifiée que par la circonstance qui limite la quantité du liquide qui peut exercer simultanément son action.

15. L'action chimique est réciproque : son effet est le résultat d'une tendance mutuelle à la combinaison ; on ne peut pas, à la rigueur, dire plutôt qu'un liquide agit sur un solide, qu'on ne peut dire que le solide agit sur le liquide : la commodité de l'expression fait trans-

porter sans inconvénient toute l'action dans l'une des deux substances, quand on veut examiner l'effet de cette action plutôt que l'action elle-même.

Cette réflexion doit s'appliquer à toutes les propriétés et à tous les phénomènes chimiques ; mais il faut considérer séparément les deux substances, pour connaître l'état des forces qu'elles exercent l'une et l'autre, et les changements qui surviennent dans leurs propriétés ; prenons d'abord pour exemple l'action de l'eau et de la chaux.

16. Lorsque la chaux est placée dans l'eau, ces deux substances exercent une action mutuelle ; mais la force de cohésion est d'abord trop considérable pour que l'eau puisse opérer une dissolution ; c'est la chaux qui commence à s'imbiber du liquide ; à mesure qu'elle s'en sature, sa force de cohésion diminue, et lorsqu'elle se trouve suffisamment affaiblie, l'eau qui se trouve en contact avec elle peut la dissoudre : il s'établit donc alors deux combinaisons qui exercent des forces opposées, jusqu'à ce qu'elles soient parvenues à un état de saturation ou d'équilibre dans lequel elles sont stationnaires, pendant que les conditions restent les mêmes ; mais si la température ou la quantité de l'eau vient à varier, il faut qu'il s'établisse un autre équilibre.

Il en est de même de toutes les substances qui possèdent une force de cohésion assez considérable pour que l'action de l'eau ne puisse la surmonter avant qu'elle soit assez affaiblie par l'état de saturation qu'elle commence à éprouver elle-même; mais si elles n'ont qu'une cohésion très-faible, ou si elles se trouvent déjà saturées d'eau, de manière à ne conserver qu'une très-faible cohésion, elles pourront se dissoudre immédiatement dans l'eau, et les sels qui ont retenu de l'eau dans leur cristallisation se trouvent dans ce cas.

Si l'eau n'était pas dans une quantité suffisante relativement à celle de la chaux, il n'y aurait que l'un des deux effets mentionnés qui eût lieu, la chaux absorberait l'eau en entier, et lui communiquerait son état solide; cependant la cohésion réciproque des molécules de la chaux serait tellement affaiblie par la saturation qu'elle éprouverait, qu'elle pourrait se réduire d'elle-même en poudre.

17. Souvent l'eau qui se combine avec un corps solide ne peut point affaiblir assez sa force de cohésion pour pouvoir le dissoudre lui-même; alors le corps ne fait que s'humecter sans se dissoudre dans l'eau : lorsque son affinité pour l'eau, affaiblie par la saturation qu'elle éprouve, est en équilibre avec la force de cohésion, il cesse d'en imbiber. Souvent encore l'eau

a une action si faible, comparée à celle de cohésion, qu'elle ne fait qu'adhérer à la surface du corps solide et le mouiller.

18. Lorsque le solide est réduit en petites masses ou dans l'état pulvérulent, l'action par laquelle le liquide mouille ces petites masses peut quelquefois les y tenir suspendues et surmonter la différence de pesanteur spécifique sans produire de dissolution ; c'est ce qu'on observe dans quelques précipitations chimiques dans lesquelles le liquide ne reprend pas la transparence, malgré la différence de pesanteur spécifique qui se trouve entre lui et la substance qu'il cesse de tenir en dissolution; de sorte que cette suspension annonce une affinité réciproque qui maintient les deux substances en contact, mais qui ne suffit pas pour produire la dissolution.

Si l'affinité du liquide pour le corps solide est encore plus faible que l'affinité réciproque de ses parties, elle n'humecte, elle ne mouille pas le corps ; c'est ce qui arrive au mercure qui n'adhère qu'à un petit nombre de corps.

19. L'action des liquides sur les corps qu'ils ne peuvent dissoudre, est donc quelquefois supérieure à l'action mutuelle de leurs propres parties, et quelquefois elle lui est inférieure : de cette circonstance dépend la propriété qu'ont les fluides de s'élever au-dessus du niveau de

leur surface autour d'un solide qu'on y plonge,
ou de se déprimer, et par là s'expliquent les
propriétés des tubes capillaires et les attractions
et répulsions qu'on observe entre les corps qui
flottent à la surface d'un liquide, et qu'on avait
prises pour réelles, pendant qu'elles ne sont
qu'une suite des courbes qui se forment au
contact mutuel, comme Monge l'a fait voir pour
les différents cas que présente l'observation, et
dont il a donné une explication aussi complète
qu'élégante (1).

20. Deux liquides se dissolvent aussi lorsque
leur affinité respective l'emporte sur la force
de cohésion et sur la différence de pesanteur
spécifique qui tendent à les tenir séparées, et
l'on trouve dans cette dissolution les caractères
de la dissolution d'un solide, avec cette différence que la résistance à la force dissolvante
étant ici beaucoup moindre que celle qu'oppose
un solide, la dissolution peut s'opérer plus souvent en toutes proportions, sans qu'on apperçoive une différence dans les parties supérieures
et inférieures du liquide ; mais quelquefois
l'affinité respective est si faible, que dès qu'un
liquide se trouve saturé de l'autre à un certain
point, la résistance égale son action ; alors il
s'établit deux combinaisons qui varient par leur

(1) Mémoires de l'Académie des Sciences, 1787.

quantité, selon les proportions des deux liquides : par exemple, lorsqu'on ajoute un peu
d'éther à une quantité considérable d'eau, ou
un peu d'eau à l'éther, il se fait une dissolution
complète ; mais si l'on mêle quantités égales
d'eau et d'éther, il s'établit deux liquides qui
restent séparés, le supérieur qui tient une grande
proportion d'éther, et l'inférieur qui tient une
grande proportion d'eau : lorsqu'on change la
quantité de l'eau ou de l'éther, il s'établit d'autres
proportions dans les deux liquides qui se séparent.

Quelquefois encore l'affinité réciproque de
deux liquides ne peut surmonter la résistance
qui naît de l'affinité mutuelle de leurs parties
et de la différence de leur pesanteur spécifique :
il se produit alors un effet analogue à celui par
lequel un liquide mouille un solide ; le liquide
le plus léger s'étend à la surface du plus pesant,
comme il arrive à l'huile qu'on répand sur l'eau ;
c'est cette supériorité de l'affinité réciproque des
parties de l'eau sur celles de l'huile, qui fait
qu'une mèche imbibée d'eau n'admet dans la
suction que les parties aqueuses, ou seulement les
parties huileuses, si elle se trouve imbibée d'huile.

On ne peut douter que les molécules d'un
liquide n'exercent une affinité réciproque, qui
doit être confondue avec la force de cohésion,
puisqu'elle finit par produire la solidité par la
congélation. De là vient qu'elles se partagent

uniformément une substance qu'elles peuvent
dissoudre, et qu'elles résistent à l'action de
l'atmosphère pour se réduire en gouttes et conserver une convexité ; mais cette action peut
avoir une certaine énergie, sans que la mobilité
des parties soit détruite, comme un métal peut
être malléable, c'est-à-dire, permettre à ses
parties de glisser les unes sur les autres, et
cependant avoir une grande force de cohésion
entre les mêmes parties. L'effet d'une différence
dans la pesanteur spécifique peut aussi être
confondu avec celui de la force de cohésion ;
mais il est ordinairement si petit, comparati-
vement aux forces qui sont en action, qu'il
n'y a que quelques circonstances où il doive être
pris en considération.

21. Nous avons parcouru les différents effets
qui peuvent résulter de l'opposition de la force
de cohésion et de la force dissolvante, selon
leur intensité respective : on voit que la distinction que quelques physiciens ont voulu
établir entre l'affinité chimique et l'adhérence
physique n'est point fondée ; mais les effets
qu'on a voulu attribuer à la dernière dépendent de la même cause que ceux qui sont dûs
à l'affinité, et ils n'en diffèrent que par l'énergie
de l'action réciproque, comparée à la résistance
qui lui est opposée.

22. Il y a une autre force qui concourt avec

l'action des liquides sur les solides, et qui en favorise la dissolution, lorsqu'elle ne devient pas contraire comme principe de l'élasticité; c'est l'action expansive de la chaleur, qui, opposée à la force de cohésion, en détruit l'effet. Cette cause suffit même pour donner la liquidité à la plupart des corps solides; mais comme la dilatation que produit la chaleur dans les différents corps varie considérablement, son effet sur les dissolutions varie également.

Lorsque cette cause agit seule, on trouve dans les corps rendus liquides des propriétés analogues à celles que présentent les substances tenues dans l'état liquide par l'action d'une autre substance : cependant il faut séparer des effets comparatifs ce qui dépend de l'action du dissolvant que j'examinerai plus particulièrement ailleurs.

On observe ainsi dans l'action de deux corps rendus liquides par l'action seule de la chaleur selon leur quantité respective, et leur disposition à la liquidité, des effets qui correspondent à ceux qui ont eu lieu dans l'action d'un liquide sur un solide; par exemple, lorsque l'étain et le cuivre sont exposés à l'action de la chaleur, l'étain seul est réduit dans l'état liquide, et ne dissout qu'une petite portion de cuivre; lorsque la température n'est pas élevée au-dessus de celle qui peut liquéfier le premier métal;

si la chaleur est un peu plus grande, il agit davantage sur le cuivre, et d'autant plus que sa proportion est plus considérable; mais si la quantité est très-petite, son action se borne à la surface du cuivre qu'il ne peut liquéfier; il ne forme qu'un étamage. Deux métaux forment quelquefois un alliage en toute proportion, quelquefois leur action réciproque se trouve trop faible, et ils ne peuvent s'allier qu'en des proportions déterminées par la différence de pesanteur spécifique et de fusibilité : ils présentent à cet égard les propriétés des solides qui se dissolvent dans un liquide, ou des liquides qui ont une faible affinité mutuelle et une pesanteur spécifique différente.

23. La dissolution est donc l'effet d'une force qui peut surmonter la résistance de la force de cohésion, et la différence de pesanteur spécifique. Lorsque la résistance est trop considérable, il faut qu'elle commence par l'affaiblir par un commencement de saturation de la substance qui l'oppose.

Lorsque la résistance a assez d'énergie, il s'établit deux termes de saturation entre les forces contraires. Ces termes de saturation varient par les quantités respectives et par les autres circonstances qui peuvent favoriser ou affaiblir l'action chimique.

Dans l'action d'un liquide sur un solide, les

quantités qui déterminent l'énergie de l'action
sont celles qui peuvent se trouver dans la sphère
d'activité ; mais la quantité de la substance qui
se dissout est proportionnelle à celle du liquide
qui sert de dissolvant.

CHAPITRE III.

De l'action réciproque des substances qui sont
tenues en dissolution.

24. LORSQU'UN liquide est saturé d'une substance solide qu'il a dissoute, c'est-à-dire, lorsque son action affaiblie par la saturation ne peut
plus surmonter la force de cohésion qui réunit
les parties du solide, l'action réciproque de toutes
les parties actuellement liquides en compose une
substance homogène qui agit d'une manière
uniforme sur les rayons lumineux ; mais à moins
que la dissolution ne soit très-étendue par une
surabondance du dissolvant, et que par conséquent la distance introduite entre les parties
dissoutes ne soit portée à un certain terme,
pendant que l'action du liquide est accrue en
raison de sa quantité, la force de cohésion doit
toujours être regardée comme une résistance qui

continue d'agir : en effet, l'on n'a qu'à diminuer ou la quantité du dissolvant ou la chaleur dont l'action concourt avec celle du liquide, pour que la force de cohésion détermine
la séparation d'une partie de la substance dissoute, si l'on ne compense la diminution de
la quantité ou celle de la chaleur l'une par
l'autre : l'on a vu que cette action se manifestait
même par des effets sensibles, avant que de
devenir prépondérante (18).

25. Lorsque, soit par la diminution de la
quantité du liquide, soit par l'affaiblissement
de la température, la force de cohésion cause
la séparation d'une portion de la substance
dissoute, presque toujours les parties qui se
séparent prennent un arrangement régulier qui
est dû à un certain rapport entre leur figure
et leur affinité réciproque. De là, ces cristaux
que la nature présente avec tant de variété,
et qui sont produits dans un si grand nombre
de combinaisons chimiques.

Les lames qui continuent de s'appliquer, soit
parce que le cristal agit sur la substance dissoute, soit parce que la cause de sa séparation
continue d'exister dans le liquide, sont composées elles-mêmes de molécules semblables aux
premières, et continuent d'accroître le cristal
en conservant sa première forme ; cependant cet
accroissement peut être déterminé à se faire sur

une face plutôt que sur une autre , selon la position du cristal et les circonstances où se trouve la dissolution.

Le cristal qui résulte de cet arrangement symé+ trique des molécules intégrantes, se trouve tellement constitué, qu'en saisissant successivement les joints par lesquels les lames se trouvent réunies , on parvient à un noyau qui est le même dans les cristaux d'une même substance ; de sorte que toutes les formes secondaires de ces cristaux dépendent du décroissement des lames superposées au noyau.

Ce mécanisme de la cristallisation a été dé+ veloppé avec tant de supériorité par Hauy , qu'il est devenu une application des plus heu+ reuses de la géométrie aux opérations de la nature ; mais ces résultats de l'affinité et de la forme des parties intégrantes conduisent à des considérations qui se détachent de la chimie.

26. Les substances qui sont tenues en dissolution exercent une action mutuelle qui modifie les effets de la dissolution et de la cristallisation ; pour déterminer ce qui dépend de cette action , je choisirai les substances salines qui sont également remarquables par leur solubilité , par leur cristallisation et par leurs propriétés chimiques. Je ne les regarderai ici que comme des substances qui se dissolvent et qui reprennent leur premier état par la cristallisation , indé-

pendamment des causes qui peuvent changer leur combinaison.

Il faut d'abord remarquer que lorsque la dissolution d'un sel se trouve au terme de cristalliser, un cristal du même sel y détermine la cristallisation ; c'est ainsi que dans la cristallisation ordinaire toutes les molécules salines viennent se déposer sur les cristaux qui sont d'abord formés ; de sorte que tout le dépôt salin se groupe, si la cristallisation n'est pas trop précipitée.

27. Le contact des cristaux ne détermine pas seulement la séparation de la partie du sel qui est disposée à se déposer, parce qu'elle est en excès de ce que l'eau peut en tenir en dissolution dans une température donnée ; mais elle cause celle d'une partie que l'eau pourrait retenir, en sorte que cette dissolution se trouve ramenée au-delà de l'équilibre de la force dissolvante avec celle de cohésion.

Ce n'est pas seulement un cristal d'un même sel qui pourra produire cet effet , plusieurs corps agiront de même ; mais d'une manière moins efficace et inégale entre eux ; ainsi lorsqu'on plonge différentes substances solides dans la dissolution d'un sel, celui-ci adhère à quelques-unes et non aux autres.

Ces observations prouvent que les substances solides exercent une action efficace sur celles

qui sont encore liquides, lorsqu'elles ont avec
elles une affinité réciproque qui ait un peu
d'énergie, et ce qui a été exposé sur la congélation, produite par le contact de la glace, le
confirme encore, ainsi que les propriétés des
tubes capillaires.

28. Dans les dissolutions qui ne sont produites
que par une faible action chimique, la pesanteur spécifique de la substance qui est dissoute
produit un effet sensible, soit dans la proportion de la substance dissoute qui est plus grande
dans la partie inférieure du liquide, que dans
la supérieure, soit dans le dépôt des parties
salines qui viennent s'unir à celles qui sont déjà
solides, et dans ce dernier effet elle concourt
avec l'action du solide. Je citerai à cette occasion une observation intéressante de Leblanc.

« J'ai mis, dit-il (1), dans un vase d'environ
» deux pouces de diamètre sur deux pieds de
» haut, une dissolution assez rapprochée pour
» cristalliser : j'ai suspendu des cristaux de
» même espèce dans la liqueur, à différentes
» hauteurs, jusque vers la surface : j'ai répété
» cette expérience sur différents sels ; en voici
» les résultats : lorsque la liqueur se trouve
» suffisamment rapprochée, tous les cristaux
» croissent, avec cette différence que l'accrois-

(1) Journal de Phys. tom. XXXIII, p. 376.

» sement est d'autant plus considérable que le
» cristal se rapproche davantage du fond du
» vase, et à mesure que la liqueur se trouve
» par le repos assez dépouillée de molécules
» salines, les cristaux décroissent par les gra-
» dations semblables à celles des accroissements.
» De manière qu'il arrive un tems où les cris-
» taux qui se trouvent les plus voisins de la
» surface se dissolvent en entier, tandis que
» ceux qui occupent le fond prennent encore
» de l'accroissement ; il arrive même que ces
» derniers continuent de croître dans la partie
» qui touche le fond du vase, tandis que la
» partie opposée du même cristal se dissout à
» son tour par l'effet de l'action réciproque des
» parties dissoutes ».

29. Une dissolution saline peut être amenée
dans l'évaporation à un terme bien plus grand
de saturation que celui auquel elle pourrait
parvenir par la dissolution, avec une même
quantité d'eau et à une même température ; on
peut appliquer à cette dissolution surchargée,
ce que j'ai exposé sur l'eau qui peut subir un
degré de froid plus grand que celui qui est nécessaire à sa congélation. (8.) Le mouvement qu'on lui imprime produit aussi une cristallisation soudaine en déterminant dans ce liquide une position des parties salines dans
laquelle leur affinité réciproque s'exerce avec le

plus d'avantage ; mais cet effet ne serait qu'instantané , si les premiers cristaux n'agissaient
ensuite sur les molécules qui restent en dissolution (26).

Cette action mutuelle des solides qui tendent
à donner leur constitution aux substances qui
sont tenues en dissolution, et avec lesquelles
ils exercent une affinité réciproque , ainsi que
celle des liquides qui tendent au contraire à
donner la liquidité en détruisant la cohésion et
les effets successifs de ces deux forces qui peuvent devenir tour-à-tour supérieures par un changement de circonstances, méritent une grande
attention dans l'explication des phénomènes
naturels.

30. L'action mutuelle produit encore d'autres
effets qu'il faut remarquer ; l'expérience fait voir
que lorsque l'eau a dissous un sel avec saturation , elle pouvait encore en dissoudre d'une
autre espèce , que même elle pouvait reprendre
par là la faculté de dissoudre une nouvelle
quantité du premier sel (1); si la force dissolvante de l'eau n'était secondée par une autre
cause , comme elle diminue en raison de l'action
qu'elle exerce , elle ne pourrait se porter sur une
substance nouvelle sans abandonner celle qui
occupait sa force dissolvante , il faut donc qu'un

(1) Vauquelin, Ann. de Chim. tom. XIII.

4..

sel agisse sur l'autre, que leur action mutuelle
diminue la résistance de leur force de cohésion,
et concourre par là avec l'action de l'eau.

31. Lorsqu'on affaiblit l'action du dissolvant,
soit en diminuant sa quantité, soit en baissant
sa température, la substance qui était tenue en
dissolution se sépare en raison de l'insolubilité
qu'elle a dans ces nouvelles circonstances ; mais
lorsqu'il se trouve plusieurs sels qui agissent les
uns sur les autres, leur solubilité se trouve
augmentée d'une manière inégale en raison non-
seulement de leur affinité mutuelle, mais encore
en raison de la proportion dans laquelle ils se
trouvent : de là vient que lorsqu'un liquide contient plusieurs sels, on les sépare difficilement
dans une première cristallisation, à moins qu'ils
ne diffèrent beaucoup entre eux par leur force
de cohésion ; mais en répétant les cristallisations
après la première séparation, la quantité d'un
sel qui est confondu avec un autre, se trouve
de plus en plus diminuée ; elle n'apporte plus une
résistance assez grande à l'action du dissolvant
pour s'opposer à la séparation du sel qui a une
force plus grande de cristallisation, et l'on finit
quelquefois par obtenir une séparation complète ;
mais quelquefois les deux sels se confondent,
sur-tout lorsqu'ils ne diffèrent pas beaucoup par
leur solubilité, et ils prennent en cristallisant
une forme particulière, ou conservent celle

qui est propre à l'un des deux. C'est ainsi que
le sulfate de fer et le sulfate de cuivre se réunissent et composent un sel complexe, quoique
le premier ait une solubilité plus grande que
le second (1), et que dans la soude muriatée
gypsifère (2), le sulfate de chaux prend la forme,
du muriate de soude, quoiqu'il soit plus abondant que ce sel dans la combinaison ; souvent
enfin le liquide retient après la séparation des
cristaux un résidu incristallisable auquel on a
donné le nom d'eau-mère, et qui est dû en tout ou
en partie à l'action mutuelle des substances salines.

Si la force de cristallisation de deux sels n'est
pas considérable, l'action mutuelle qu'ils exercent
peut l'emporter sur elle ; de sorte que par là
ils perdent la propriété de cristalliser, et que
la puissance relative de l'eau se trouve augmentée, où l'on n'obtient qu'une partie des
deux sels, selon les proportions mises en dissolution ; le reste demeure confondu dans l'état
liquide, sans qu'on puisse le faire cristalliser
par la simple évaporation et le repos.

32. Il y a même des sels qui ont si peu de
force de cohésion, que l'action de l'ea, , en
quelle petite proportion qu'elle se trouve, suffit
pour empêcher leur cristallisation ; alors la résistance de la cohésion peut être considérée

(1) Leblanc, Journ. de Phys. tom. XXXI.
(2) Hauy, Traité de Minér. tom. II, pag. 365.

comme nulle ; aussi l'affinité de ces substances pour l'eau parait forte, parce qu'elle a tout son effet : les sels qui sont dans ce cas attirent facilement l'humidité, et tombent, comme on dit, en déliquescence ; mais ce qui prouve que quoique déliquescents, ils ont une cohésion active, c'est qu'ils prennent facilement la forme cristalline au moyen de l'alcool qui diminue l'action que l'eau exerce sur eux.

Par la même raison, ces sels agissent avec énergie sur les autres ; de sorte que s'ils ne trouvent pas une résistance considérable dans leur force de cristallisation, ils en retiennent une proportion plus ou moins grande dans le résidu incristallisable.

33. Lorsqu'on veut reconnaître cet effet des sels déliquescents, il faut examiner les substances qui restent dans le liquide incristallisable : si l'on ajoutait à la dissolution saturée d'un sel cristallisable, un sel déliquescent, mais dans l'état de dessication, on pourrait être induit en erreur, parce que l'action serait composée : le sel déliquescent tendrait à prendre de l'eau, en même temps qu'il agirait sur l'autre sel : l'effet serait donc aussi composé ; d'une part la saturation de l'eau tendrait à produire une précipitation, de l'autre l'action du sel déliquescent augmenterait la solubilité de celui qui peut cristalliser.

34. Nous avons vu (16), que lorsqu'un solide se dissolvait dans l'eau, il s'établissait deux combinaisons, l'une de la substance solide qui retenait une partie de l'eau, l'autre du liquide qui prenait en dissolution une partie du solide ; ces deux composés répondent à la force dissolvante et à la résistance de la cohésion ; de sorte que si la quantité du liquide se trouvait trop petite, il serait entièrement absorbé, comme le solide disparaît entièrement s'il est en trop petite quantité : dans chaque variation de ces rapports, il s'établit des proportions correspondantes des deux combinaisons, à part les deux extrêmes, c'est-à-dire; 1°. le terme ou tout le solide peut être pris en dissolution par le liquide ; 2°. celui où tout le liquide peut être réduit à l'état solide.

Lorsque par l'évaporation la quantité du liquide vient à diminuer, ou que sa force dissolvante est affaiblie par un abaissement de température ; une partie du sel se sépare et cristallise ; le liquide qui reste dans l'état de saturation n'oppose qu'une faible action à celle par laquelle le solide qui se sépare tend à retenir une portion d'eau qui favorise l'arrangement symétrique de ses parties, mais qui le modifie.

Cette eau interposée entre les parties salines perd sa liquidité par l'action qu'elle en éprouve, sans qu'on puisse dans cet état la comparer rigoureusement à la glace dans laquelle l'affinité réciproque a produit un arrangement qui a augmenté son volume : elle sert , par son action intermédiaire, à réunir en gros cristaux les molécules qui , en obéissant à leur affinité réciproque , ne pourraient former que des masses isolées beaucoup plus petites ; de sorte qu'en chassant cette eau par quelque moyen, la forme d'un cristal est détruite et la substance saline se réduit en masses beaucoup plus petites, dont l'affinité mutuelle ne produit plus d'effet , jusqu'à ce que leur force de cohésion soit encore surmontée par l'eau ou par la chaleur.

35. Cette eau intermédiaire n'est pas nécessaire à toute cristallisation , car il y a beaucoup de cristaux , sur-tout parmi les substances qui ont très-peu de solubilité, qui paraissent n'en point admettre ou n'en avoir qu'une quantité très-petite. Il y en a qui paraissent pouvoir cristalliser en retenant une certaine quantité d'eau de cristallisation , ou sans le secours de cette eau ; mais cette circonstance suffit pour changer la forme de leurs cristaux ; car il est vraisemblable que c'est à cette cause qu'est due la différence de la forme des cristaux de la chaux sulfatée anhydre et du sulfate de chaux (1) , et comme le conjecture Haüy, celle de l'arragonite avec les autres carbonates de chaux.

(1) Traité de Minér. tom. IV, p. 348.

Il paraît que les sels qui ont une force de cohésion considérable retiennent beaucoup moins d'eau que ceux qui sont doués d'une faible cohésion ; en effet l'affinité réciproque des molécules salines doit être un obstacle à leur action sur l'eau ; delà vient que des sels peuvent en conserver beaucoup et cependant n'exercer qu'une faible action sur elle, comme on l'observe dans plusieurs sels qui tombent naturellement en efflorescence, c'est-à-dire qui cèdent facilement à l'air leur eau de cristallisation. Une action plus forte sur ce liquide, réunie à une faible cohésion, leur donne la propriété d'être déliquescents.

Cette eau qui n'est retenue que par une action faible ne contribue qu'à quelques propriétés des substances salines dont les éléments exercent une action réciproque beaucoup plus puissante ; elle est plutôt un intermède qui fait varier les phénomènes dûs à la force de cohésion qu'une partie de la substance ; mais cet intermède contribue beaucoup aux phénomènes de la cristallisation qu'il faut distinguer de ceux qui dépendent de l'action que les substances peuvent exercer sur les autres par leur affinité distinctive. De là vient que les circonstances de la cristallisation peuvent apporter beaucoup de changements dans la forme des cristaux, quoiqu'elles n'influent pas sur les propriétés de la substance, et l'on

trouverait probablement peu de rapports entre
la forme que prendrait une substance liquéfiée
par la chaleur , et soumise à un réfroidissement
gradué qui permettrait à ses molécules de
prendre un arrangement symétrique , et celle
qu'elle prendrait en cristallisant par le moyen
de l'eau.

Les causes qui favorisent la liquidité des substances diminuent l'effet de la force de cohésion ,
même lorsqu'elles sont parvenues à l'état solide.
De là vient que les sels qui retiennent beaucoup
d'eau dans la composition de leurs cristaux ,
reprennent facilement la liquidité par la chaleur ; on distingue cette liquéfaction qu'on
appelle aqueuse , de celle qui est due à l'action
seule de la chaleur : cette première liquéfaction n'a pas lieu dans les sels qui jouissent d'une
force de cohésion considérable , et qui ont
retenu peu d'eau dans leur cristallisation.

L'action réciproque de deux substances produit
donc des effets comparables à ceux de l'action
que les molécules de chacune exercent entre elles.
Les uns modifient les autres dans leur rapport
avec la force qui produit la dissolution.

CHAPITRE IV.

De la Combinaison.

36. J'AI considéré dans les chapitres précédents les effets de l'affinité réciproque qui produit la cohésion de molécules, et ensuite ceux qui proviennent de l'action opposée de la force de cohésion, et d'un liquide qui tend à la détruire; mais toute action chimique entre deux substances différentes produit un effet analogue à celui qui est dû à l'affinité mutuelle des molécules similaires; elle forme ou tend à former entre elles une union qui est le produit de leur affinité réciproque, et qui diffère selon la force de cette action et selon la résistance qui lui est opposée. C'est à cette réunion de deux substances, ainsi qu'à l'acte qui l'a produite, que l'on donne le nom de combinaison.

Il résulte de là que la dissolution est une véritable combinaison, et que son action la plus faible est due à la même cause : la seule différence qu'il y ait entre elles est relative à l'aspect sous lequel on les envisage : dans la dissolution, on porte principalement son attention sur la liquidité qu'un corps solide acquiert par la combinaison et sur-tout sur l'uniformité des parties du liquide composé ; la même idée s'applique à la dissolution gazeuse. Dans la combinaison, on considère principalement les autres propriétés du combiné qui s'est formé et qui résultent de l'union de ses éléments, en les comparant avec celles qu'avaient les substances qui se sont combinées : le plus souvent la dissolution n'est due qu'à une faible combinaison qui n'a pas fait disparaître les propriétés caractéristiques du corps dissous.

Une conséquence des considérations précédentes, c'est que nous devons retrouver dans la combinaison les lois que nous avons observées dans l'action chimique qui produit la dissolution.

Puisque toute action réciproque produit une combinaison, toutes les propriétés chimiques qui distinguent une substance sont dérivées de ses affinités ou de sa tendance à la combinaison avec les autres substances, et tous les phénomènes auxquels elle concourt dépendent des combinaisons dans lesquelles elle entre ou dont elle est éliminée ; de sorte que la combinaison qui est le résultat de toute action chimique est la cause générale des effets chimiques qui sont produits, ou des phénomènes qu'on parvient à expliquer en les comparant entre eux pour reconnaître leur dépendance mutuelle ,et en les considérant sous leurs rapports avec toutes les combinaisons qui les produisent.

37. Parmi les affinités d'une substance, il s'en trouve quelquefois une qui domine et qui lui imprime un caractère particulier, et la plupart des propriétés qu'elles possède n'en sont qu'une dépendance. Ce sont ces affinités dominantes qui servent sur-tout à classer les propriétés chimiques des différentes substances et les phénomènes chimiques qui en sont dérivés ; ainsi l'affinité pour l'oxigène distingue les substances inflammables ; l'affinité réciproque des acides et des alcalis constitue l'acidité et l'alcalinité ; par là même ces affinités et leurs effets sont l'objet principal des considérations chimiques.

L'affinité caractéristique suppose dans les deux sujets de la combinaison (et ce que je dis de deux doit s'appliquer à tous ceux qui entrent dans une combinaison complexe) des propriétés qui les rendent antagonistes ; de sorte que l'une ne peut dominer qu'aux dépends de l'autre , et qu'une égalité de force produit un état dans lequel on n'apperçoit plus le caractère ni de l'un ni de l'autre ; c'est cet état qu'on appelle neutre , et qui ne s'apperçoit pas seulement dans l'action réciproque des acides et des alcalis , mais dans celles de toutes les forces antagonistes.

38. Si l'on considère ce qui se présente à l'ob-

servation dans la combinaison mutuelle de deux substances antagonistes, par exemple, d'un acide et d'un alcali, on trouve que l'acidité diminue à mesure que la quantité d'alcali augmente, et l'on parvient à un degré de saturation où l'acidité et l'alcalinité ont également disparu et sont devenues latentes; cependant si l'on continue d'ajouter de l'alcali, son caractère reparaît et devient de plus en plus dominant.

On voit donc, 1°. que l'acidité et l'alcalinité se saturent mutuellement et peuvent devenir alternativement dominantes, selon la proportion dans laquelle la combinaison s'opère : il n'y a aucun obstacle, aucune suspension dans la marche de la combinaison et de la saturation qui l'accompagne, à moins que la force de cohésion ou l'élasticité ne produisent une séparation dans laquelle les proportions se trouvent déterminées par l'une de ces deux conditions.

2°. Que les propriétés acides et alcalines diminuent, selon le degré de saturation qu'éprouvent l'acide et l'alcali; de sorte qu'on retrouve dans l'action chimique qui s'exerce avec le plus d'énergie, les mêmes caractères que nous avons observés dans le degré le plus faible qui produit la dissolution (14).

39. Les chimistes frappés de ce qu'ils trouvaient des proportions déterminées dans plusieurs combinaisons, ont souvent regardé comme une

propriété générale des combinaisons de se constituer dans des proportions constantes ; de sorte
que selon eux , lorsqu'un sel neutre reçoit un
excès d'acide ou d'alcali, la substance homogène
qui en résulte est une dissolution du sel neutre
dans une portion libre d'acide ou d'alcali.

C'est une hypothèse qui n'a pour fondement
qu'une distinction entre la dissolution et la
combinaison , et dans laquelle on confond les
propriétés qui causent une séparation avec l'affinité qui produit la combinaison ; mais il faudra
reconnaître les circonstances qui peuvent déterminer les séparations des combinaisons dans un
certain état, et qui limitent par là les effets de
la loi générale de l'affinité.

Ce n'est pas toujours au terme de la neutralisation que la séparation peut s'opérer : le tartrite acidule de potasse se sépare et cristallise
plus facilement que le tartrite neutre : dira-t-on
que c'est le dernier qui est tenu en dissolution
par l'excès d'acide ? je crois pouvoir me borner
pour ce moment à cet exemple.

40. Il faut en conséquence de ce qui vient
d'être exposé, distinguer deux espèces de saturation ; l'une est la limite de l'action chimique
qu'une substance peut exercer sur une autre ,
dans des circonstances données : par exemple,
on dit que l'eau est saturée d'un sel, lorsqu'elle
ne peut plus en dissoudre, quoique ni les pro-

priétés de l'eau, ni les propriétés du sel n'aient
éprouvé de saturation ; l'autre est le terme où
les propriétés antagonistes d'une substance sont
déguisées par celles d'une autre, et se trouvent
dans l'équilibre qui produit cet état d'indifférence qu'on appelle neutralisation ; cette seconde
saturation se rencontre rarement au même terme
que la première.

Lorsqu'une combinaison s'est formée, ses deux
éléments y sont retenus en raison de leur affinité
mutuelle, et en raison de leur quantité respective ; de sorte que conformément à la loi générale de l'action chimique, si l'un des deux domine, la partie qui se trouve en excès est d'autant
moins retenue par la substance antagoniste,
que l'excès est plus considérable ; mais comme
dans l'état neutre, l'action de chaque élément
sur la substance antagoniste est bien loin d'être
épuisée ; on voit comment un sel neutre peut
éprouver l'action dissolvante de l'eau, sans que
l'état de combinaison change ; cependant lorsqu'il y a une grande différence dans l'action que
l'eau exerce sur chacun des deux éléments, et
lorsque l'action qui les réunit n'est pas très-
énergique, celle de l'eau peut produire des
changements considérables dans la combinaison,
comme je l'observerai plus particulièrement en
traitant de l'action des dissolvants.

41. La force de cohésion oppose une résis-

tance à l'action énergique qui produit les combinaisons, comme elle le fait dans la dissolution; ainsi, de ce qu'une combinaison ne peut
s'opérer, il ne faut pas en conclure que deux
substances n'ont point d'affinité mutuelle : l'alumine la plus divisée ne peut être dissoute directement par l'acide acétique; mais si l'on mêle
une dissolution de sulfate d'alumine avec la
dissolution d'un sel qui contienne l'acide acétique,
cette combinaison peut se faire et se maintenir :
il ne pouvait y avoir que la force de cohésion
qui réunissait les molécules de l'alumine, qui
s'opposât à la combinaison dans la première
circonstance. Tous les acides peuvent tenir la silice
en dissolution, si celle-ci a été préalablement
dissoute par un alcali ; mais si l'on rapproche
les molécules de la silice par la dessication, la
force de cohésion qui les réunit s'oppose à leur
dissolution dans les acides, si ce n'est dans l'acide
fluorique.

43. Il suit de ce qui précède que l'action chimique la plus forte, ainsi que la plus faible,
s'exerce en raison de l'affinité réciproque des
substances et des quantités qui se trouvent dans
la sphère d'activité, que l'action diminue en
raison de la saturation, qu'il n'y a point de
terme où elle détermine des proportions ; mais
que c'est dans les forces qui lui sont opposées
qu'il faudra chercher les limites des proportions

I.   5

des combinaisons qu'elle forme, et celles de sa puissance ; enfin il faut distinguer deux effets de l'action chimique, celui par lequel il se produit une saturation réciproque, et celui qui apporte des changements de constitution.

Lorsque deux substances exercent une action chimique, les propriétés qui dépendent de l'affinité qui les réunit, et qui ne sont réellement que leur tendance mutuelle à la combinaison dans les différentes circonstances où elles peuvent se trouver, subissent une saturation qui est proportionnelle à l'action mutuelle ; elles deviennent latentes, et ne reparaissent dans chacune des substances qu'à mesure que son action devient dominante sur celle de l'autre, ou qu'elle acquiert de la liberté.

Les propriétés au contraire qui dépendent de la constitution n'éprouvent que des changements relatifs à ceux mêmes de là constitution, qui quelquefois devient moyenne de celle des deux substances qui se combinent ; pendant que dans d'autres circonstances l'une des deux substances communique son état à l'autre ; mais avec des modifications qui dépendent de cette nouvelle union. Il n'y a point de saturation dans cet effet ; on n'y apperçoit que l'action réciproque des molécules, qui selon la force de leur affinité mutuelle, et selon le rapport qu'elles ont avec le calorique, éprouvent une condensation plus ou moins grande, et acquièrent plus ou moins de disposition à la solidité, à la liquidité ou à l'élasticité; cette action réciproque produit des effets qui conservent beaucoup d'analogie avec les effets mécaniques.

Ainsi la même cause produit deux séries de propriétés qui doivent être considérées comme des forces particulières qui concourrent aux phénomènes chimiques, ou qui produisent des effets qui se compensent ou se détruisent.

L'une de ces deux forces peut tellement l'emporter sur l'autre, que l'une ne commence à agir que lorsque l'autre se trouve affaiblie; ainsi l'on ne retrouve dans l'argile condensée aucune des propriétés qui la caractérisent, jusqu'à ce qu'on ait détruit la force de cohésion qui réunit ses molécules.

Outre les affinités dominantes qui sont la tige des propriétés caractérisques des substances remarquables par l'énergie de leur action, elles en ont encore de secondaires qui leur donnent d'autres propriétés et qui suivent aussi les mêmes lois de saturation; mais leurs effets disparaissent lorsque l'affinité supérieure en force peut s'exercer.

Nous allons examiner plus particulièrement dans les rapports des acides avec les alcalis, l'action mutuelle des substances qui se combinent, et dont les propriétés se saturent réciproquement.

5..

SECTION II.

CHAPITRE PREMIER.

De l'action réciproque des acides et des alcalis.

44. ᴇɴᴛʀᴇ les substances qui sont douées d'une forte affinité réciproque, les acides et les alcalis méritent d'être distingués par l'énergie de leur action, par le nombre des combinaisons qu'ils forment, par l'influence qu'ils ont dans les phénomènes naturels et dans les opérations des arts ; de sorte qu'ils ont principalement fourni les matériaux qui ont servi à établir les principes de la science, et par cette raison je m'arrêterai particulièrement à l'examen de leur action chimique.

On peut considérer les acides et les alcalis sous différents rapports ; par exemple, sous celui de leur composition, des modifications qu'ils peuvent éprouver par un changement de constitution, et des différences qui les distinguent à cet égard entr'eux, ou sous celui de l'action réciproque qu'ils exercent comme acides et comme

alcalis. Je ne m'occupe ici que de l'exercice réciproque d'une propriété générale aux acides et
aux alcalis, de l'acidité et de l'alcalinité.

45. Il y a des substances qui se conduisent
comme acides avec des bases alcalines, et comme
alcalis avec les acides; telles sont la plupart des
oxides métalliques : on peut les assimiler aux
acides , lorsqu'elles en remplissent les fonctions, et aux alcalis , lorsqu'elles se combinent
avec les acides ; cependant cette ressemblance
est imparfaite , et ne peut servir à la classification de leurs propriétés. Il y a d'autres substances dans lesquelles les propriétés acides ou
alcalines sont tellement faibles qu'elles ne leur
imprime pas un caractère dominant : ces substances doivent être examinées dans leurs propriétés particulières ; mais tout ce qui appartient
à l'action chimique des acides et des alcalis se
retrouve dans toute action chimique , qui par
son énergie produit une saturation des propriétés
distinctives.

46. Les acides ont pour caractère distinctif
de former par leur union avec les alcalis des
combinaisons dans lesquelles on ne trouve plus
les propriétés de l'acidité et de l'alcalinité , lorsque les proportions de l'acide et de l'alcali sont
telles quelles donnent le degré de saturation
qu'on appelle neutralisation.

L'acidité et l'alcalinité sont donc deux termes

corrélatifs d'un genre de combinaison; mais les
acides et les alcalis ont, comme les autres corps,
des propriétés qui dépendent de l'action réciproque de leurs molécules, et qui peuvent modifier l'effet de leur tendance mutuelle à la combinaison : ces propriétés ne subissent point la
saturation ; mais elles s'accroissent ou elles diminuent, selon l'état où se trouvent les molécules
combinées qui se substituent en cela aux molécules simples de l'acide et de l'alcali non combinés.

Il faudra par conséquent distinguer avec soin
les effets de la saturation et ceux qui résultent de
l'action réciproque des parties intégrantes de la
combinaison, comme il faut distinguer dans un
acide et dans un alcali leur tendance réciproque
à la combinaison et les effets de leur volatilité,
de leur fixité, de leur cohésion, de leur pesanteur spécifique.

Outre son affinité pour les alcalis, un acide
en a de secondaires qui établissent entre les
autres et lui quelques différences ; mais c'est
celle qu'il a pour les alcalis qui exerce la plus
grande action, et qui produit ses principales
propriétés ; dès qu'elle peut se satisfaire, elle
détruit toutes les combinaisons qu'il a pu former
en conséquence de ses autres affinités ; de sorte
que l'on doit la regarder comme une affinité
dominante qui lui imprime son caractère.

47. Il suit de là que dans la comparaison des

acides, le premier objet qui doit fixer l'attention, c'est la puissance avec laquelle ils peuvent exercer l'acidité qui forme leur caractère distinctif ; or, cette puissance se mesure par la quantité de chacun des acides qui est nécessaire pour produire le même effet ; c'est-à-dire pour saturer une quantité donnée d'un même alcali. C'est donc la capacité de saturation de chaque acide qui, en mesurant son acidité, donne la force comparative de l'affinité à laquelle elle est due ; mais les propriétés de chaque combinaison doivent se déduire de celles de ses éléments, qui sont simplement modifiées par l'acte même de la combinaison.

En effet, tous les acides produisent un même résultat, exercent une force égale en neutralisant les alcalis ; mais on observe qu'ils ne possèdent pas tous la même puissance, si on établit la comparaison sur leur quantité ; il faut plus ou moins de chaque espèce pour produire le même effet ; c'est en cela que diffère l'énergie de leur affinité.

On peut donc dire que l'affinité des différents acides pour une même base alcaline, est en raison inverse de la quantité pondérale de chacun d'eux qui est nécessaire pour la neutralisation. avec une quantité égale de la même base alcaline ; mais en proportionnant les quantités à l'affinité, on produit le même effet ; de sorte que la force

que l'on met en action dépend de l'affinité et
de la quantité , et que l'une peut suppléer à
l'autre.

48. J'ai désigné par le nom de *masse chimique*
cette faculté de produire une saturation, cette
puissance qui se compose de la quantité pondérale d'un acide et de son affinité; selon cette
définition les masses qui sont mises en action
sont proportionnelles à la saturation qu'elles
peuvent produire dans la substance avec laquelle
elles se combinent.

Un acide est donc d'autant plus puissant,
qu'à poids égal il peut saturer une plus grande
quantité d'aicali; le même rapport de puissance
se conservera entre les acides lorsque leur action
devra surmonter la force de cohésion , et il faut
leur appliquer ce qui a été exposé sur l'action
réciproque d'un liquide et d'un solide avec les
modifications suivantes.

49. Il faut premièrement distinguer la puissance d'un acide qui se mesure par sa capacité
de saturation , de son énergie qui dépend de
sa concentration : un liquide homogène tel que
l'eau a toujours la même force dissolvante , à
un égal degré de température; mais un acide
peut être étendu par une quantité plus ou moins
grande d'eau; et par là la quantité qui peut
se trouver dans la sphère d'activité peut être
tellement affaiblie , qu'elle ne suffise point pour

vaincre la force de cohésion que le même acide plus concentré pourrait surmonter, c'est ordinairement dans ce sens qu'on appelle un acide fort ou faible.

En second lieu, la combinaison d'un acide avec une base acquiert une force de cohésion plus ou moins grande. Cette force de cohésion qui survient dans une combinaison est ordinairement la plus grande, au terme de la neutralisation; mais quelquefois elle se trouve à un autre degré de saturation.

50. Il suit des observations précédentes, 1°. que l'on doit classer parmi les acides toutes les substances qui peuvent saturer les alcalis et faire disparaître leurs propriétés, comme l'on doit placer parmi les alcalis toutes celles qui, par leur combinaison, peuvent saturer l'acidité.

2°. Que la capacité de saturation étant la mesure de cette propriété, elle doit servir à former l'échelle de la puissance comparative des acides, ainsi que celle des alcalis.

L'affinité présente dans la combinaison des acides avec les alcalis les deux effets bien distincts de la saturation et de l'action mutuelle à laquelle est due la force de cohésion : par la première les qualités antagonistes disparaissent; par la seconde les propriétés qui dépendent de la distance des molécules reçoivent au contraire un accroissement; car la force de cohésion est plus grande dans les combinaisons salines qu'elle n'était dans leurs éléments.

51. On ne reconnaît donc plus dans les combinaisons neutres les propriétés caractéristiques de leurs éléments ; mais celles qui appartiennent à ces combinaisons pendant qu'elles existent dans leur intégrité , sont presqu'entièrement dérivées de l'affinité réciproque des parties intégrantes de la combinaison ; telles sont la fusibilité , la volatilité , la fixité , la dureté , les attributs de la cristallisation , la pesanteur spécifique ; mais comme les propriétés des combinaisons qui dépendent de l'affinité réciproque des parties intégrantes de la combinaison ont un rapport constant avec les propriétés des parties élémentaires , je tâcherai dans la suite d'établir quel est ce rapport et quelles sont les conditions qui le font varier.

Je me servirai dans les chapitres suivants de la force de cohésion qui appartient aux combinaisons ou même à leurs éléments, pour expliquer les effets qui en dépendent et qui ont été confondus avec ceux de l'affinité qui produit la saturation ; mais je me bornerai à y considérer cette force, comme cause des séparations qui s'opèrent indépendamment des circonstances , qui en placent le plus grand effet dans un certain degré de saturation.

Il faut constater les principes exposés dans

ce chapitre, en examinant s'ils correspondent exactement aux phénomènes que présente l'action réciproque des acides et des alcalis dans les différentes circonstances où elle s'exerce.

CHAPITRE II.

De l'action d'un acide sur une combinaison neutre.

52. Nous venons de voir que tous les acides avaient la propriété de saturer les alcalis, et de former une combinaison neutre ; mais qu'il fallait différentes quantités pour produire cet effet ; de sorte que chaque acide, à poids égal, a une capacité de saturation qui lui est propre pour chaque espèce d'alcali.

Lorsqu'un sel neutre est dissous et qu'on ajoute un acide à sa dissolution, ou lorsqu'on opère sa dissolution par le moyen d'un acide, celui-ci entre en concurrence avec l'acide combiné, l'un et l'autre agissent sur la base alcaline, chacun en raison de sa masse, comme si la combinaison n'eût pas existé. Ils parviennent au même degré de saturation ; de sorte que la saturation commune est égale à celle qu'on aurait obtenue , si l'on eût employé une quantité d'un seul acide qui eût égalé par sa capacité de saturation les deux qui sont mis en action.

On ne peut donc pas dire, si toutes les circonstances restent égales, qu'un acide en chasse un autre de la base avec laquelle il était combiné ; mais il partage l'action qui était exercée sur la base pour produire la saturation en raison des masses employées : le premier qui était en combinaison perd de son union avec la base , autant que le second en acquiert, et par cette perte il recouvre de son énergie pour agir sur d'autres substances en raison de l'acidité qu'il conserve.

53. Ce sont là les conséquences qui se déduisent immédiatement des propriétés de l'affinité , mais on a établi une théorie différente ; on a regardé l'affinité d'un acide pour une base comme *élective*, c'est-à-dire qu'on lui a attribué la propriété d'éliminer entièrement un acide d'une combinaison pour le substituer à sa place , et l'on a construit les tables d'affinité sur cette puissance comparative.

Cependant si l'on considère qu'un acide exerce une action puissante sur une combinaison neutre, qu'à part un petit nombre d'exceptions , il dissout toutes les combinaisons neutres malgré la résistance de leur cohésion , et que son action est d'autant plus puissante qu'il est plus concentré ;

on doit reconnaître qu'il exerce son action chimique sur la combinaison, que par conséquent cette action doit être proportionnelle à son affinité ou à sa capacité de saturation et à sa quantité. L'eau elle-même exerce son action chimique; ce n'est que par cette force qu'elle produit la dissolution d'une combinaison neutre, et si elle ne change pas son état de saturation, ce n'est que parce que toute son action n'équivaut pas à la tendance mutuelle qui reste aux deux éléments de la combinaison; mais si celle-ci n'est due qu'à une faible affinité, l'eau suffit pour déterminer un autre état de saturation.

J'ai fait voir par des expériences directes (1) que les combinaisons qui étaient considérées comme produites par les affinités électives auxquelles on attribuait le plus de supériorité, cédaient à d'autres que l'on regardait comme inférieures, pourvu qu'on affaiblît les circonstances qui tendaient à maintenir les premières.

54. On a donc confondu les effets qui étaient dûs à la force de cohésion ou à l'élasticité qui produisent les séparations des combinaisons, avec l'affinité mutuelle par laquelle leurs propriétés acides et alcalines se saturent et parviennent à l'état neutre.

(1) Recherches sur les lois de l'affin. Mém. de l'Inst. tom. III.

Considérons dans l'action d'un acide sur une combinaison neutre , les effets de la force de cohésion qui résulte de l'action réciproque des éléments de cette combinaison, soit qu'elle existe avant l'intervention d'un acide , soit qu'elle en devienne une conséquence.

55. La disposition à la solidité qui appartient à des proportions déterminées d'acide et d'alcali , et l'insolubilité qui en provient , sont quelquefois si grandes , que cette combinaison se forme et se sépare en entier , quoiqu'il y ait un grand excès d'acide ; ainsi lorsqu'on mêle une dissolution de baryte avec l'acide sulfurique , toute la baryte se sépare et se précipite en sulfate, l'action que le liquide exerce sur la combinaison qui vient de se former ne peut surmonter la résistance que présente son insolubilité , et cet effet est indépendant de la différence des acides , puisque l'acide sulfurique lui-même n'aurait plus d'action sur ce précipité , à moins qu'il ne fût dans un état de concentration auquel les autres acides ne peuvent être réduits.

Mais si l'insolubilité n'est pas aussi considérable , elle pourra être surmontée par un excès d'acide plus ou moins grand , selon le degré de l'insolubilité ; ainsi l'acide oxalique ne précipite en oxalate de chaux qu'une partie de la chaux qui forme une combinaison neutre avec un autre acide : dès que

l'acide de la combinaison a acquis une certaine
énergie par la diminution de la base, il contrebalance l'effort de l'insolubilité, et l'oxalate de chaux cesse de se séparer ; l'insolubilité du phosphate ou du sulfite de chaux est
encore surmontée beaucoup plus facilement ;
une faible acidité suffit pour en faire disparaître
l'effet.

56. Lors donc que deux acides agissent sur un
alcali, il s'établit un équilibre de saturation qui
est le produit de la quantité de chacun des deux
acides, et de la capacité relative de saturation ;
mais lorsqu'il se forme une combinaison qui se
précipite, il s'établit deux composés qui exercent
des forces opposées (16); l'un est formé de
la combinaison insoluble, et l'autre l'est de la
combinaison qui reste liquide, et qui se trouve
avec un excès d'acide : celui-ci épuise son action
dissolvante sur la substance insoluble ; les résultats dépendent de l'insolubilité comparée à l'é-
nergie de l'acide ; mais comme l'action des acides
est proportionnelle à leur quantité, en augmentant la quantité de l'acide qui est opposé à l'insolubilité, on peut diminuer celle du précipité ou le faire disparaître, à moins que la
force de cohésion ne soit trop grande pour céder
à celle qui tend à la détruire.

57. Lorsqu'il se forme une séparation, soit
par une précipitation immédiate, soit par une

cristallisation, le liquide qui reste, à part les
cas rares où l'acide opposé est entièrement séparé en formant une combinaison insoluble,
est composé d'une partie des deux acides et
d'une partie de la base : on ne doit pas le regarder comme une dissolution de la combinaison
insoluble par l'autre acide ; l'un et l'autre acide
y exercent leurs forces sur la base, l'un et l'autre
agissent en raison de leur énergie et de leur
quantité, et se mettent en équilibre de saturation (35).

58. Les résidus incristallisables dans lesquels
on n'a considéré (31) que l'action réciproque des substances neutres, peuvent être
fort augmentés par l'excès de l'une des substances saturantes ; le moyen de les ramener
aux conditions mentionnées est de faire disparaître l'excès d'acide ou d'alcali qui s'oppose à
la cristallisation.

Quelquefois la substance qui est séparée par
la force de cohésion, n'est pas une combinaison
simple de l'un des acides et de la base alcaline ;
mais elle est formée de certaines proportions des
deux acides et de la base alcaline qui se trouvent
être douées d'une insolubilité qui détermine leur
séparation, comme il arrive à une simple combinaison et par la même raison.

59. On vient de voir ce qui se passe lorsque
deux acides établissent la concurrence de leur

action sur une base au milieu d'un liquide; mais les résultats diffèrent par quelques circonstances, lorsqu'un acide porte son action sur une combinaison insoluble et déjà formée ; parce que force de la cohésion peut beaucoup varier dans la même espèce de combinaison, comme nous avons vu qu'elle pouvait varier relativement à la dissolution, et il faut appliquer ici ce qui a été exposé sur cet objet.

L'acide n'agit donc pas alors en raison de sa quantité totale, mais en raison de la quantité qui peut se trouver dans la sphère d'activité, où son énergie doit lutter contre la résistance de la cohésion. (14, 49). Son action s'affaiblit à mesure qu'il approche de l'état de saturation; celle de la combinaison solide au contraire reste la même, parce qu'il n'y a que la surface qui puisse l'exercer successivement ; de sorte qu'il s'établit bientôt dans le liquide un degré de saturation auquel il ne peut plus surmonter la résistance : de là l'utilité de tous les procédés qu'on emploie, soit pour multiplier les points de contact, soit pour diminuer la force de cohésion des parties solides, et la différence qu'on observe entre une combinaison récente et très-divisée, et la même combinaison qui a été desséchée ou poussée à un grand feu.

60. L'action d'un acide ou d'un alcali sur une combinaison qui, dans le cas de liquidité, s'exerce

en raison de la masse , est donc modifiée lorsque la combinaison est solide , ou lorsque celle qui se forme le devient ; par là l'effet de la cohésion qui lui appartient, et le résultat varient selon l'état de cette force , et selon la quantité et l'énergie de l'acide et de l'alcali qui peuvent se trouver dans la sphère d'activité.

Ce qui précède doit s'appliquer à l'action d'une base alcaline sur une combinaison neutre ; mais la force de cohésion qui est beaucoup plus considérable dans quelques-unes de ces bases que dans les acides , a par là même une influence plus considérable dans cette action.

Si l'on amène à l'état de dessication un mélange de parties égales de soude et de sulfate de potasse , et que l'on enlève après cela l'excès d'alcali par l'action de l'alcool , le résidu se trouve composé de sulfate de potasse et de sulfate de soude.

Le sulfate de potasse étant beaucoup moins soluble que le sulfate de soude , c'est lui qui se séparerait le premier ; si l'on fesait évaporer le mélange sans avoir séparé l'excès d'alcali , il se saisirait par cette circonstance de la plus grande partie de l'acide , seulement il y aurait un résidu incristallisable avec excès de soude , dans lequel une partie du sulfate de potasse seroit retenue.

61. Comme l'alcool dissout également la soude et la potasse , son action ne change point sensiblement le résultat de l'action réciproque de

l'acide et des deux alcalis : cette expérience est
donc propre à faire voir le partage de l'action
d'un acide sur deux alcalis, indépendamment des
effets de la force de cohésion des deux combinaisons ; mais si l'on traite le muriate de soude
avec la chaux, l'on a à peine des indices de la
décomposition du premier, parce que la chaux
ayant très-peu de solubilité, elle ne peut agir qu'en
très-petite proportion, et à mesure que l'évaporation avance, son insolubilité tend à la séparer,
pendant que la soude lui oppose toute sa masse :
dans ce cas l'alcool ne peut servir à constater
l'action, parce qu'il ne peut séparer l'excès de
base alcaline.

L'action d'un acide ou d'un alcali sur une
combinaison qui, dans le cas de liquidité, s'exerce
en raison de la masse, est donc également modifiée lorsque la combinaison est solide, ou lorsque
celle qui se forme le devient; par là l'effet de la
cohésion qui lui appartient, et le résultat, varient
selon l'état de cette force et selon la quantité et
l'énergie de l'acide et de l'alcali qui peuvent se
trouver dans la sphère d'activité; de là les précipités dont les conditions vont nous occuper.

CHAPITRE III.

Des précipités produits par les acides ou par les alcalis.

62. LORSQU'UN acide forme un précipité par sa combinaison avec une base alcaline en la séparant d'un autre acide, l'insolubilité qui cause la précipitation tient aux qualités naturelles de chacun des éléments de la combinaison dont la disposition à la solidité se trouve accrue par la condensation qu'ils éprouvent.

L'insolubilité qui tire son origine de là, détermine les proportions des éléments de la combinaison qui se précipite, seulement elle cède plus ou moins à l'acide qui reste dans le liquide; de sorte que l'effet de l'acide surabondant se borne à diminuer la quantité de la combinaison insoluble; mais lorsqu'une base alcaline produit une précipitation, son effet peut être différent selon les propriétés de la base qui se précipite, parce que les alcalis diffèrent beaucoup entre eux, sous le rapport de la solubilité.

63. Si cette base est soluble par elle-même, si c'est la combinaison qu'elle forme qui devient

insoluble, elle se trouve dans le cas précédent : la combinaison qui se sépare doit également avoir des proportions déterminées ; un excès d'alcali la rend plus soluble et diminue la quantité du précipité, ou le fait disparaître.

Mais si la base insoluble par elle-même a besoin d'une certaine proportion d'acide pour être rendue liquide, alors une autre base alcaline en s'emparant d'une partie de l'acide, lui enlèvera la solubilité : elle se précipitera en formant une combinaison insoluble, qui pourra varier dans les proportions de ses éléments.

Un alcali qui agit sur la dissolution d'un sel à base terreuse, partage donc son action sur l'acide avec cette base, mais celle-ci a besoin de tout l'effet de l'acide avec lequel elle était combinée pour conserver la solubilité, telle qu'elle était ; à mesure donc que l'action de l'acide qu'elle éprouve, diminue, l'insolubilité s'établit et s'accroît, jusqu'à ce que la séparation se fasse ; l'acide se divise entre l'alcali et la base terreuse, en raison des forces qui sont en action au moment de la séparation ; de sorte qu'il se forme deux combinaisons, l'une qui est soluble et l'autre qui est insoluble.

Ainsi lorsqu'on a précipité par un alcali, l'alumine et la magnésie de l'acide sulfurique avec lequel elles formaient une combinaison soluble, l'on n'a qu'à dissoudre de nouveau ces précipités,

dans un acide tel que l'acide muriatique ou
l'acide nitrique, en y ajoutant ensuite une dissolution de baryte , on obtient une quantité assez
considérable de sulfate de baryte qui atteste que
l'acide sulfurique y était combiné. On peut se
convaincre également avec les dissolutions métalliques, principalement avec celles de mercure
que les précipités retiennent une partie de l'acide.

64. Il ne faudrait pas cependant conclure de
là que les précipités ne puissent jamais être
réduits à l'état de simplicité : il suffit même
quelquefois d'accroître la force de cohésion dans
une substance où cette propriété est énergique, pour la séparer d'un acide avec lequel elle
n'a d'ailleurs qu'une faible affinité ; il suffit
par exemple d'exposer à une forte dessication la
silice dissoute par un autre acide que le fluorique,
pour qu'elle l'abandonne et devienne insoluble :
nous verrons aussi que la force de cohésion de
quelques métaux eut décider leur précipitation
dans l'état métalli ne , sans qu'ils retiennent de
l'acide qui les tenait a dissolution; mais il paraît
que cette séparation complète n'a jamais lieu
entre les acides et les alcalis : seulement la quantité de l'acide peut être diminuée plus ou moins,
selon la force de l'alcali qui tend à l'enlever au
précipité, dont l'insolubilité ne dépend pas de
proportions déterminées.

Si la quantité du liquide qui sert de dissolvant

est assez grande pour contrebalancer l'insolubilité qui naît de la diminution dans l'action
de l'acide, il ne se forme pas de séparation, et
alors chaque base agit sur l'acide en raison de
sa masse ; ainsi Bergman a observé (1) que la
potasse ou la soude ne troublent pas la transparence d'un sel à base de chaux, lorsque dans
la solution ce sel se trouve étendu de cinquante
fois autant d'eau ; si l'acide ne continuait pas
d'agir sur la chaux, le précipité paraîtrait avec
une proportion d'eau beaucoup plus grande ; car
il faut à-peu-près sept cents parties d'eau pour
en dissoudre une de chaux.

Si l'ammoniaque ne produit pas un précipité
comme l'alcali fixe avec les sels à base de chaux,
c'est qu'elle a la propriété de se combiner en formant un sel triple, que l'on ne sépare par la
vaporisation, que lorsque l'action du liquide se
trouve plus faible que son insolubilité.

65. On peut donc distinguer deux espèces de
précipités : ceux dans lesquels l'acide et la base
acquièrent par la combinaison une insolubilité
qu'ils n'avaient ni l'un ni l'autre, étant isolés,
ou qu'ils n'avaient qu'à un degré beaucoup plus
faible ; tels sont plusieurs sels qui forment des
précipités, si l'eau n'est pas suffisante pour les
tenir en dissolution, ou qui cristallisent lors-

(1) De Attract. élect. § VII.

qu'on vient à diminuer celle dans laquelle ils
étaient dissous, et les précipités dont la base n'a
acquis de la solubilité que par l'action de l'acide,
et, qui forment une combinaison insoluble dès
que cette action vient à diminuer. Les précipités
de la première espèce ont des proportions constantes dans les éléments de leur combinaison,
ou du moins ces proportions ne peuvent éprouver
que des variations peu considérables, ainsi que
je le ferai remarquer ailleurs. Ceux de la seconde
peuvent être composés de proportions très-variables, jusqu'à ce qu'on soit parvenu à une
quantité d'acide que l'action croissante de la base
ne permette plus de diminuer; car ils peuvent
retenir des proportions différentes d'acide en se
précipitant, selon l'état des forces qui sont mises
en action. Ce qui le prouve, c'est si, après
avoir formé un sel insoluble à base terreuse,
lors même qu'il annonce une forte affinité, et
qu'il a une grande force de cohésion qui a déterminé sa précipitation, tel que le sulfate de
baryte, on peut lui enlever une portion de l'acide
en fesant agir sur lui un alcali concentré. On
obtient un plus grand effet en traitant de même
le phosphate de chaux.

Il est donc très-probable qu'alors les précipités
diffèrent selon les circonstances de l'opération;
selon l'énergie de l'alcali qui les a produits, et
par conséquent selon l'état de concentration où

il se trouve; mais comme les circonstances varient au commencement et à la fin de la précipitation; lorsqu'on ne fait pas tout-à-coup le mélange des liquides, l'action de l'alcali se trouvant beaucoup plus énergique en commençant que lorsque la saturation avance, il est très-probable que le précipité varie dans ses proportions en même raison; ce qu'il est sur-tout facile de remarquer dans les précipitations métalliques.

Ces variations doivent non-seulement suivre celles des circonstances de l'opération; mais elles doivent encore être différentes selon l'affinité réciproque des éléments de la combinaison qui forme un précipité, et selon la force de cohésion qui leur est propre, comme on vient de le voir relativement au sulfate de baryte et au phosphate de chaux.

66. C'est une fausse idée de la nature des précipités qui a conduit à la doctrine des affinités électives et à la construction de ces tables dont les modernes se sont tant occupés et qui en imposent par un appareil d'exactitude. Comme cette doctrine est suivie dans la plupart des explications chimiques, je crois devoir insister sur les apparences qui lui servent de fondement.

De ce qu'il se forme un précipité lorsqu'on oppose une base alcaline à une autre qui était engagée dans une combinaison avec un acide, on a conclu que la première éliminait la seconde, et prenait sa place dans la combinaison : de là vient que les alcalis ont été placés dans l'ordre des affinités, suivant les précipitations mutuelles qu'ils pouvaient produire.

On a suivi une marche opposée pour les acides. Quand un acide versé sur la dissolution d'une combinaison produit un précipité, on en conclut qu'il enlève la base à l'autre acide avec lequel elle était combinée. De là on donne l'antériorité d'affinité élective aux alcalis qui ont le moins de disposition à la solidité, et on la donne au contraire aux acides qui ont la plus grande disposition à former des combinaisons solides.

67. Toutefois les précipités qui se forment sont dûs aux mêmes dispositions, soit qu'on les produise en ajoutant un acide ou un alcali à une combinaison neutre ; toute la différence dépend de ces dispositions mêmes, et de l'état des forces qui leur sont opposées.

Que l'on ajoute de la chaux, de la potasse ou de l'ammoniaque à une dissolution de phosphate de chaux par son propre acide, on aura le même résultat ; le phosphate de chaux, insoluble par lui-même, recouvrera cette qualité, parce que l'acide dont la force pouvait la déguiser éprouvera une saturation qui fera cesser son action : la seule différence qu'il y aura, c'est que la chaux se réduira toute en sel insoluble, et que l'alcali fixe ou l'ammoniaque produiront une combinaison soluble avec la portion d'acide phosphorique excédant la quantité qui forme avec la chaux une combinaison insoluble.

Si au lieu d'un phosphate acidule de chaux on prend une dissolution de phosphate de chaux par un acide quelconque, on aura par le moyen des alcalis ou de la chaux un précipité semblable de phosphate de chaux, et la combinaison qui se formera en saturant l'acide qui servait de dissolvant, dépendra des propriétés de l'espèce d'acide et de l'espèce d'alcali.

Enfin, si l'on verse un acide qui ait la propriété de former une combinaison insoluble avec la chaux sur la dissolution d'une combinaison de chaux, il se forme un précipité analogue à ceux dont je viens de parler ; mais une partie de la base reste en combinaison avec le premier acide, et il s'établit un équilibre entre la force de cohésion et la force dissolvante, jusqu'à ce que par l'addition d'une base alcaline on fasse disparaître toute l'action de l'acide, comme dans les cas précédents.

Tous ces phénomènes sont indépendants des affinités électives, telles qu'on les a conçues, et si l'on veut classer les affinités par leur force relative, ce n'est point par les précipitations qu'on peut remplir cet objet, puisque celles-ci dépendent ou de l'accroissement de la force de cohésion par l'acte de la combinaison ou de la diminution de l'action qui la ferait disparaître ou la rendrait latente, et qu'elles sont modifiées par les quantités respectives des substances, par leur condensation, par la température.

J'ajouterai encore un exemple à ceux que j'ai rapportés sur les contradictions auxquelles peut conduire la détermination des affinités électives par les précipitations.

Lorsque l'on prend une dissolution étendue de muriate de strontiane, la soude et la potasse bien pures n'y produisent aucun précipité ; mais lorsqu'elle est concentrée, on a un précipité : si donc on l'examine dans le dernier état, on en conclut que la soude et la potasse ont plus d'affinité avec l'acide muriatique que la strontiane ; mais celle-ci décompose les sulfates et les carbonates de potasse et de soude : il faudra donc admettre un autre ordre d'affinité élective pour l'acide sulfurique et l'acide oxalique, que pour l'acide muriatique.

Comme la baryte est par elle-même beaucoup plus soluble que la strontiane, et qu'elle conserve cette propriété avec l'acide muriatique, la potasse et la soude ne produisent point avec le muriate de baryte de précipité dans les circonstances où le muriate de strontiane en donne : il faudrait donc lui attribuer par cette raison un ordre différent d'affinité élective, cependant ces effets

divers ont un rapport constant avec la solubilité des substances dans les circonstances où elles
se trouvent, et dès que la force de cohésion
devient prépondérante, elle produit les séparations que l'on prend pour témoignage de cette
élection que l'on suppose.

~~~~~~

CHAPITRE IV.

De l'action réciproque des combinaisons neutres.

68. J'AI considéré dans le chapitre premier de
cette section l'acidité et l'alcalinité comme deux
qualités antagonistes qui se saturent mutuellement; de sorte que lorsque leur combinaison
est parvenue à l'état neutre, ni l'acidité, ni
l'alcalinité n'exercent plus aucune action sensible;
il n'en est pas de même de l'action réciproque
des molécules qui continue d'opérer son effet:
les propriétés qui en dépendent ne sont pas,
à la vérité, celles des deux individus; elles sont
devenues communes aux parties intégrantes de
la combinaison, et quoiqu'elles soient dérivées
de celles des éléments de la combinaison, elles

n'en sont pas le terme moyen, parce qu'il se fait des changements de constitution.

Nous avons déjà vu (51) que l'un de ces changements, celui dont je vais examiner les conséquences dans l'action réciproque des combinaisons neutres, consiste dans un accroissement de la force de cohésion, qui doit résulter du rapprochement des parties (5).

69. Si les principes que j'ai établis sont exacts, l'acidité et l'alcalinité ne doivent plus avoir aucune influence sur l'action réciproque des sels qui sont dans l'état neutre, mais tous les phénomènes qu'elle produit doivent dépendre des propriétés qui émanent de l'action réciproque de leurs parties intégrantes : l'acidité et l'alcalinité devenues latentes ne doivent plus agir que dans les circonstances où elles acquerront une nouvelle liberté.

Nous avons vu que la force de cohésion n'exerçait pas seulement sa puissance dans les corps qui sont actuellement solides; mais que c'était elle qui, préexistante à cet état, le réalisait (9) : il suit de là que dans le mélange des substances liquides, les combinaisons qui doivent jouir d'une force de cohésion capable de les séparer, doivent se former et se séparer en effet, par la même raison que l'eau mêlée avec l'alcool s'en sépare pour se congeler; mais de même que dans cet exemple il faut un plus grand degré de froid pour congeler l'eau, l'action réciproque des autres substances doit diminuer les effets de la cohésion.

Dans l'hypothèse examinée dans le chapitre II, la force de cohésion d'une combinaison neutre avait à combattre non-seulement l'action de l'eau, mais encore celle de l'acide qui entrait en concurrence avec le premier les dispositions de la combinaison que l'acide ajouté pouvait former, fesaient varier le résultat de même que les quantités des substances : ici la force de cohésion est seule, et elle se mesure par la solubilité.

70. Parcourons donc les différentes conditions dans lesquelles peuvent se trouver deux combinaisons neutres, et examinons si les faits sont d'accord avec la théorie.

Lorsque l'on fait le mélange d'un sel soluble à base de chaux avec une combinaison soluble de l'acide sulfurique, celui-ci qui a la propriété de former avec la chaux un sel insoluble, se combine avec elle et se précipite en fesant un échange de sa base avec l'autre acide ; mais le sulfate de chaux a beaucoup plus de solubilité que le sulfate de baryte : si donc l'on mêle une dissolution de sulfate de chaux avec celle d'une combinaison plus soluble de baryte, il se fait un autre échange de base, et le sulfate de baryte se précipite.

Dans la supposition que les combinaisons étaient dans l'état neutre, le liquide n'oppose à la précipitation que l'action dissolvante de l'eau, ou la faible action que la combinaison soluble peut exercer sur celle qui se sépare, la force de cohésion n'a point à lutter contre celle d'un acide; de sorte qu'elle produit son effet beaucoup plus complètement, et qu'elle le produit dans des circonstances où elle aurait été surmontée par un faible excès d'acidité.

En effet, si l'on ajoute de l'acide oxalique à la dissolution d'un sel à base de chaux, on obtient un précipité d'oxalate de chaux beaucoup moins abondant que si l'on s'était servi de la solution d'un oxalate neutre, parce que l'action de l'acide ne permet qu'à une partie de l'oxalate de chaux de se former, au lieu qu'avec un oxalate cet obstacle n'existe pas.

71. Il suit de là que si la force de cohésion qui appartient à une combinaison est peu considérable, et si elle ne produit qu'une insolubilité qui cède facilement, il peut arriver qu'on n'obtienne point de précipité par le moyen d'un acide qu'on verse sur la dissolution d'un sel, quoiqu'il possède la propriété de former avec la base de ce sel une combinaison qui serait insoluble, si l'action de l'eau ne se trouvait secondée par celle d'un acide, mais l'on a une précipitation complète de cette base, lorsque l'on ajoute

au sel qu'elle forme une combinaison neutre de l'acide précipitant : c'est ce qui arrive avec l'acide sulfureux, qui ne produit pas de précipité avec une dissolution d'un sel à base de chaux ou de baryte, et qui précipite ces bases en sulfites lorsqu'il est employé dans un état de combinaison neutre ; l'on obtient un effet semblable si dans la circonstance précédente on sature l'excès d'acide.

De même le phosphate de chaux étant facilement soluble par les acides, l'on ne produit pas de précipité si l'on verse l'acide phosphorique sur la dissolution d'un sel à base de chaux ; mais si l'on mêle la dissolution d'un sel de chaux avec celle d'un phosphate d'alcali, le phosphate de chaux se sépare et se précipite.

Il serait inutile d'accumuler ici un plus grand nombre d'exemples : « que l'on parcoure toutes » les décompositions connues qui sont dues aux » affinités complexes, et l'on verra que c'est » toujours aux substances qui ont la propriété de » former un précipité ou un sel qu'on peut sé- » parer par la cristallisation, qu'on a attribué » un excès d'affinité sur celles qui leur sont » opposées ; de sorte qu'on peut prévoir, par le » degré de solubilité des sels qui peuvent se » former dans un liquide, quelles sont les subs- » tances dont Bergman et d'autres savants chi- » mistes auront prétendu représenter les forces

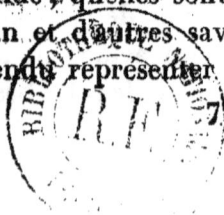

I.   7

» dans des tableaux symboliques, en attribuant
» toujours une supériorité d'affinité aux deux
» substances qui doivent former une combinaison
» insoluble relativement à la quantité du dis-
» solvant (1) ».

72. Cet effet de l'insolubilité peut être modifiée par quelques circonstances, qu'il faut
reconnaître, sur-tout lorsqu'elle diffère peu
entre les combinaisons qui sont en action :
ces circonstances sont l'action réciproque des
parties intégrantes des deux combinaisons, leurs
proportions respectives, et les changements qu'apporte la température dans la solubilité comparative.

Les substances salines exercent une action
réciproque qui augmente leur solubilité : cet
effet est nul ou très-petit, lorsque la différence
de solubilité est grande ; mais il peut devenir tellement considérable entre deux sels qui ont l'un
et l'autre beaucoup de solubilité, qu'il s'oppose
à toute cristallisation. (31, 32).

Le résultat varie par les proportions des substances qui sont en action ; ainsi lorsque celle qui
a plus de solubilité peut se former en plus grande
quantité, elle se sépare en partie la première ; les
combinaisons cristallisent successivement, selon
la faculté que l'eau possède de tenir en dissolution

(1) Recherch. sur les lois de l'affinité.

la quantité de chacune aux différentes époques de cristallisation ; une partie du sel moins scluble acquiert par l'action de l'autre une solubilité plus grande ; de sorte qu'il peut en être retenu une portion dans le résidu incristallisable, pendant qu'une quantité considérable d'un sel plus soluble cristallise jusqu'à ce qu'il soit parvenu aux proportions où l'action réciproque l'empêche également de se former ; alors une partie du premier peut encore cristalliser.

J'ai établi par plusieurs exemples ces effets successifs de l'action réciproque des combinaisons et de leurs proportions dans l'eau qui les tient en dissolution : je me bornerai à en rapporter ici quelques-uns.

73. Si l'on mêle du sulfate de potasse et du nitrate de chaux, quelles que soient les proportions, le sulfate de chaux qui peut se former se sépare par l'excès de son insolubilité comparée à celle du nitrate de potasse : le sulfate de potasse et le nitrate de soude qui diffèrent moins par leur solubilité que les deux sels précédent s donneront par la cristallisation une plus grande proportion de sulfate de potasse que de nitrate de potasse ; mais lorsque la proportion du premier sera diminuée par la cristallisation, on obtiendra aussi du nitrate de potasse, parce que l'eau qui reste à cette époque serait incapable de tenir en dissolution la quantité de ce

7··

sel qui pourrait se former, et que le sulfate de potasse de son côté est rendu plus soluble par l'action réciproque de l'autre sel : ce résultat aurait pu être déterminé dès la première cristallisation, en augmentant la proportion du nitrate de soude.

Un mélange de nitrate de potasse et de muriate de chaux donne encore un résultat dans lequel l'influence des proportions est plus marquée, parce que les deux sels les moins solubles qui peuvent se former, le nitrate de potasse et le muriate de potasse, diffèrent peu par cette propriété; aussi l'on peut obtenir l'un ou l'autre de ces sels par la première cristallisation, en fesant un peu varier les proportions du nitrate de potasse et du muriate de chaux.

74. Il arrive quelquefois qu'au lieu de combinaisons simples, c'est-à-dire qui soient formées de deux substances, il se produit des sels triples ou même plus complexes; ainsi lorsqu'on mêle du sulfate de potasse et du muriate de magnésie à poids égaux, ou deux parties de muriate de magnésie, et une de sulfate de potasse, on retire par les cristallisations successives, d'abord du sulfate de potasse, puis un sel triple, composé de magnésie, d'acide sulfurique, et de potasse, après cela du muriate de potasse, et enfin du sulfate de magnésie. Lorsqu'on mêle poids égaux de muriate de soude et de sulfate d'am-

moniaque, le premier sel qu'on retire est un sulfate de soude et d'ammoniaque ; dans ces cas qui se rencontrent rarement dans les sels non métalliques, l'on observe de même que les sels se séparent en raison de leur insolubilité modifiée par les proportions et l'action réciproque.

75. La solubilité des sels varie par la différence de température, mais elle ne suit pas pour tous la même progression. Dans quelques-uns elle prend un accroissement considérable par l'élévation de la chaleur ; dans quelques autres elle reste presque la même. Cette condition qui détermine la séparation des sels, peut donc produire des effets différents, selon l'état thermométrique ; de là vient que quelques sels dont la solubilité est à-peu-près égale à un degré de chaleur, peuvent cependant se séparer facilement, en introduisant un grand changement dans la température, et en faisant alterner l'effet des proportions et celui de la différence de solubilité.

Le nitrate de potasse et le muriate de soude nous donnent un exemple frappant de cet effet. Près du degré de la congélation, le nitrate de potasse a beaucoup moins de solubilité que le muriate de soude, mais elle augmente beaucoup par la chaleur, et celle du muriate de soude très-peu ; de sorte que la solubilité du dernier, qui n'était à-peu-près que la moitié de celle du

nitrate de potasse , passe par un degré où elle
est égale, et enfin elle devient au degré de
l'ébullition près de huit fois plus petite. En
fesant donc subir l'ébullition au mélange , on
fait cristalliser à une haute température le muriate de soude : ensuite par le réfroidissement
on fait cristalliser le nitrate de potasse : on diminue tour-à-tour la proportion de l'un et de
l'autre sel , et l'on parvient par des cristallisations réitérées à les séparer entièrement l'un et
l'autre.

76. On suppose ordinairement que les sels
étaient formés dans une dissolution tels qu'on
les retire ensuite par la cristallisation ; mais la
séparation qui s'en fait selon l'ordre de leur solubilité, et selon les proportions qui agissent,
fait voir que leurs parties exercent d'une manière égale leur action réciproque , comme je
l'ai supposé (59). Cependant lorsqu'on ne porte
pas son attention sur ce qui se passe dans le
liquide , et qu'on s'occupe seulement du résultat, l'expression vulgaire qui suppose l'existence des sels est commode , et n'a pas d'inconvénient; je continuerai donc à m'en servir.

77. L'action réciproque des combinaisons salines à laquelle sont dus les résidus incristallisables , s'exerce au moment de la cristallisation ,
comme si les sels préexistaient , ou comme si
après avoir formé ceux qui doivent cristalliser ,

on les eût mis directement en dissolution ; de sorte que les échanges de base n'apportent aucune différence dans le résultat. Mais quoique les effets de l'action réciproque des sels soient ordinairement assez peu considérables pour qu'on puisse les négliger ; il y en a cependant qui méritent d'être remarqués.

Lorsqu'on décompose le sulfate de potasse par le muriate de chaux, on n'obtient d'abord qu'une quantité de sulfate de chaux plus petite que celle qui devrait résulter de la combinaison immédiate d'acide sulfurique et de chaux, dans la même quantité d'eau ; c'est par la même cause que, selon l'observation de Guyton (1), la dissolution de sulfate de potasse, de muriate de potasse, etc., versée dans l'eau de chaux rendue laiteuse par l'eau chargée de gaz acide carbonique, fait disparaître sur-le-champ le précipité ; qu'il n'y a également aucun précipité lorsqu'on verse de l'eau chargée d'acide carbonique dans un mélange d'eau de chaux et de dissolution de ces sels neutres.

Cet effet très-petit dans les sels qui ont une force de cristallisation considérable, souvent même nul, parce que la force de cristallisation d'un sel peut l'emporter sur l'action d'un autre (72), devient beaucoup plus grand lorsqu'ils ont

(1) Mém. de Schéele part. II, note de la page 18.

l'un et l'autre peu de force de cohésion, tels que le sulfate de soude et le nitrate de soude qui dans certaines proportions se privent presqu'entièrement de la faculté de cristalliser : les sels incristallisables produisent par conséquent un grand effet sur ceux qui n'ont par eux-mêmes qu'une faible disposition à cristalliser ; mais il faut distinguer le partage de l'eau qui peut se faire entre différents sels et produire des précipitations (33), de l'effet de leur action réciproque.

78. C'est donc la même cause qui produit les séparations des combinaisons dans l'affinité complexe, et dans celle où deux acides sont en concurrence pour se combiner avec une base. La seule différence qu'il y ait, c'est que dans une circonstance il y a neutralisation, et dans l'autre, un excès d'acide qui joint son action à celle du dissolvant ; en effet, lorsqu'on supprime cet excès d'acide, soit par un alcali, soit par l'évaporation, la différence disparaît.

Cet excès d'acide empêche par son action que la séparation, qui serait produite par la disposition d'une combinaison, n'ait lieu, ou ne se fasse aussi complètement que dans l'affinité complexe.

Il peut aussi nuire aux proportions des parties constituantes de quelques combinaisons (65) ; de sorte que les précipités ou les combinaisons

solides qu'on obtient par l'action des sels neutres
sont dans un état beaucoup plus constant que
ceux qui ont dû surmonter un excès d'acide ou
d'alcali.

Ce qui a été exposé sur la concurrence de
deux acides pour se combiner avec une base,
et sur l'action de deux combinaisons salines,
doit s'étendre à l'action de toutes les substances
acides et alcalines, et de toutes les combinaisons
qui en sont formées, quelque soit le nombre des
substances qui agissent. Il faut toujours distinguer une puissance acide et une puissance alcaline; si ces deux puissances sont en équilibre,
c'est-à-dire s'il y a neutralisation, il faut leur
appliquer ce qui a été dit de l'action réciproque
des parties intégrantes des combinaisons neutres.
S'il y a au contraire excès de l'une des deux
puissances, leur action reçoit l'explication qui
a été donnée de l'action de deux acides sur une
base (52).

79. Une idée fausse de l'affinité a introduit
plusieurs suppositions sur les résultats de l'action
réciproque des substances salines; ainsi de ce
qu'on retirait un certain sel dans une première
cristallisation, on en a conclu qu'il s'était fait
un échange complet de base entre les acides,
pendant que des combinaisons opposées peuvent
se succéder ou se former dès le commencement,
selon les proportions des substances qui sont en

action à l'époque de la cristallisation (73), et que l'on est exposé par conséquent à tirer des conséquences contradictoires des résultats d'une opération, selon les circonstances qui accompagnent la cristallisation.

On a confondu les effets de la saturation, qui sont un résultat indépendant de la solidité et de la liquidité, avec ceux de l'action réciproque de leurs parties intégrantes et de la force de cohésion qui leur est propre, e l'on a cherché à représenter par des nombres la force des acides qui choisissaient leurs bases, pendant que les séparations ne s'opèrent qu'en raison de la solubilité de chaque combinaison.

Cette solubilité n'est pas une propriété absolue; mais elle dépend du rapport de l'action de l'eau à la force de cohésion; de sorte que si ce n'est pas l'eau qui sert de dissolvant, ou si elle contient quelque autre substance qui en modifie l'action, les effets sont différents. (Note I.)

Les phénomènes précédents n'offrent aucune différence avec ceux que nous avons analysés (section I, chap. III), où nous n'avons considéré que l'action mutuelle des substances qui sont en dissolution; de sorte que les séparations et les précipitations qui se font avec échange de bases, ne sont qu'un effet de la force de cohésion qui est propre aux combinaisons, et qui n'est modifiée que par leur

action réciproque : l'acidité et l'alcalinité devenues latentes n'y contribuent qu'indirectement;
mais la théorie que je viens d'exposer suppose
que par l'action mutuelle des substances salines,
l'état de saturation n'éprouve pas de changement; c'est ce que je tâcherai d'établir dans le
chapitre suivant.

CHAPITRE V.

De la capacité comparative de saturation des acides et des alcalis.

80. LES acides et les alcalis diffèrent entre eux
par la quantité réelle qui s'en trouve, soit dans
les liquides qui portent leur nom, soit dans les
combinaisons qu'ils forment ; mais la capacité
de saturation qui est la mesure de la puissance
des acides et des alcalis, ne peut être déterminée
qu'autant que l'on connaît leur quantité réelle.
En général, puisque l'action chimique varie
par la quantité, il importe de déterminer les
quantités réelles de chaque substance qui peut
être mise en action. S'il s'agit de combinaisons,
leur composition ne peut être établie que par

la proportion de leurs éléments, et pour parvenir à la fixer; il faut presque toujours savoir quelle est celle des agents qu'on emploie; les phénomènes auxquels ces combinaisons contribuent, exigent la même connaissance pour recevoir leur explication.

La détermination des proportions d'une substance qui peut être mise en action ou qui se trouve dans une combinaison, est donc le fondement de toutes les recherches chimiques ; le but de toutes les méthodes , de tous les procédés est d'y parvenir, et ce but doit toujours être présent à l'attention des chimistes.

Comme les acides et les alcalis sont les principaux agents dont on se sert pour l'analyse , et surtout pour l'analyse minérale , la connaissance de leur quantité réelle dans les liquides qui portent leur nom , ou dans les combinaisons qu'ils forment , est celle dont on doit le plus s'occuper. Mais comme les alcalis , à l'exception d'un seul, ont une fixité qui permet plus facilement de reconnaître leur quantité ; ce sont les acides dont il est le plus difficile d'obtenir un résultat d'une exactitude suffisante.

Ces motifs m'engagent à entrer dans quelques détails sur les méthodes qui ont été employées pour déterminer les quantités d'acide réel dans les liquides ou dans les combinaisons solides.

Kirwan est celui des chimistes auquel on doit sur cet objet les travaux les plus importants, et par la constance qu'il y a mise, et par l'autorité que son nom leur prête ; mais en choisissant pour les considérations suivantes ses résultats, comme ceux qui méritent le plus de confiance, je chercherai à en démêler les incertitudes et je croirai seconder par là les vues de ce savant chimiste.

Kirwan a d'abord cherché à déterminer la quantité d'acide *réel* qui entrait en combinaison soit avec l'eau des acides ordinaires, soit avec les bases alcalines ; il s'est servi pour cet objet du gaz acide muriatique. Mais ce gaz contient une portion d'eau qui est indéterminée, et il peut perdre cette eau en tout ou en partie, lorsqu'on pousse au feu les combinaisons qu'il a formées. Ce qui le prouve, c'est que, lorsqu'on décompose le muriate de soude par l'acide sulfurique et lorsque la masse a subi une longue chaleur, on ranime le dégagement du gaz acide muriatique en y introduisant de l'eau, qui par sa combinaison et sa vaporisation favorise ce dégagement, comme elle le fait avec les carbonates. Cette quantité d'eau est une cause assez considérable d'incertitude dans une substance qui passe de l'état gazeux à l'état liquide, ou qui entre dans des combinaisons solides.

Pour déterminer la quantité d'acide réel dans les combinaisons des autres acides, il a d'abord supposé que les bases alcalines prennent une égale quantité de chaque espèce d'acide réel : cette supposition l'a conduit à des déterminations éloignées de la réalité ; mais l'observation en a instruit Kirwan, et il a établi son dernier travail sur des bases plus sûres.

Dans l'ouvrage où Kirwan présente les fruits mûris de ses longues observations (1), il décrit d'abord celles qu'il a faites sur la dilatation qu'éprouvent l'acide sulfurique, l'acide nitrique, et l'acide muriatique, lorsqu'on les fait passer du 8ᵉ degré du thermomètre de Réaumur à 16,9 ; étendue de l'échelle thermométrique, qui est suffisante pour les observations chimiques : et, d'après ses observations, il ramène les quantités d'acide qui se trouvent dans les acides de différentes pesanteurs spécifiques à la température de 60 degrés de Fahreneith. Voyons comment il s'y est pris, 1°. pour mesurer les dilatations produites par l'élévation de température ; 2°. pour déterminer la quantité d'acide réel qui se rapporte aux différentes pesanteurs spécifiques.

Il a fait ses épreuves de dilatation sur l'acide sulfurique, à trois degrés différents de pesanteur spécifique : le premier avait pour pesanteur spé-

─────────

(1) Bibl. Britan. tom. **XIV**.

cifique 1,856, il a gagné en se réfroidissant, ou
perdu en s'échauffant 0,00068 par degré, entre
60 et 70 degrés de Fahreneith, et 0,00043 par
degré, entre 60 et 49; le second dont la pesanteur spécifique à 60 degrés était 1,700, a perdu
ou gagné 0,00036 par degré de température entre
60 et 70, et 0,00051 par degré, entre 60 et 50;
le troisième avait pour pesanteur spécifique
1,333, il a perdu ou gagné 0,00043 par degré,
entre 60 et 70, et 0,00034 entre 49 et 60.

Ce qui me ferait craindre qu'il n'y eût quelques
inexactitudes dans ces observations, c'est que
les résultats ne suivent pas une marche régulière
sans qu'on puisse apperçevoir aucune raison de
cette différence. Le second acide acquiert moins
de pesanteur spécifique que le premier et le
troisième, entre 70 et 60 degrés; mais il en
acquiert davantage aux degrés inférieurs.

L'auteur a aussi éprouvé la dilatabilité de l'acide
nitrique, selon sa concentration par différents
degrés de chaleur, et il a observé que plus il
était concentré, plus il était dilatable, et qu'il
l'était plus aux degrés supérieurs qu'aux degrés
inférieurs; ce qui sert à expliquer des observations de Proust, qui a remarqué qu'en dis-
tillant un acide nitrique concentré de manière
qu'il en reste une portion dans la cornue, ce
résidu a moins de pesanteur spécifique que la
partie qui passe à la distillation, et que plus l'acide

est concentré, plus sa distillation est facile (1).

Kirwan a remarqué que l'acide muriatique avait une expansibilité plus grande que l'acide nitrique, d'une même pesanteur spécifique ; mais cet acide présente une propriété particulière.

82. L'acide sulfurique et l'acide nitrique éprouvent dans leur combinaison avec l'eau une concentration qui fait que la pesanteur spécifique acquise par leur mélange, n'est pas celle qui résulte de leur pesanteur spécifique primitive ; au lieu que les pesanteurs spécifiques de l'acide muriatique, mêlé avec différentes proportions d'eau, répondent exactement à celle qui résulte des poids d'eau et d'acide, et qu'il désigne par la dénomination de pesanteur spécifique mathématique.

Cette propriété qui distingue l'acide muriatique de toutes les combinaisons dans lesquelles on observe que les volumes des éléments subissent une condensation, lorsqu'il n'y a pas une cause particulière de l'effet contraire, dépend probablement de ce que le gaz muriatique en passant à l'état liquide éprouve une telle condensation par la grande proportion d'eau qui est nécessaire, que des proportions plus grandes n'exercent plus sur lui une force qui produise une altération sensible dans l'état où il se trouve.

(1) Journ. de Phys., messid. an 10.

Kirwan a construit une table en combinant l'effet de la condensation de l'acide sulfurique et de l'acide nitrique, avec les différences de pesanteur spécifique, pour en déduire la quantité d'acide réel; et pour déterminer celle-ci, il a regardé comme acide réel celui qui est contenu dans le sulfate de potasse, dans le nitrate de soude et dans le muriate de potasse fortement desséché; comme l'acide muriatique n'éprouve pas de condensation par l'action de l'eau, il n'exige pas de tables différentes de celles de sa pesanteur spécifique.

On est obligé de supposer que l'acide ne contient plus d'eau dans les sels desséchés, ou de la négliger; il faut supposer de plus que la quantité de la base est bien déterminée; on voit donc que chaque évaluation, avec quelque soin qu'elle soit faite, est nécessairement accompagnée de quelque incertitude qui s'étend ensuite sur tous les résultats.

La table ainsi construite peut être employée pour comparer les quantités d'acide qui se trouvent dans la même espèce d'acide selon les différentes pesanteurs spécifiques ou les quantités d'acide de différente espèce; son utilité n'est pas douteuse dans plusieurs circonstances; mais elle me semble l'être pour la détermination des éléments des combinaisons salines auxquelles l'auteur l'a particulièrement destinée. Il me paraît que son usage dans ce cas n'a point d'avantage sur la méthode directe qu'emploient les chimistes : en effet, il faut toujours commencer par déterminer la proportion de la base ; après cela, ou on la sature par une quantité d'acide dont l'acide réel est donné par la table de Kirwan, ou l'on procède à la cristallisation, et ensuite à une forte dessication pour reconnaître la quantité d'eau que la chaleur peut séparer de la combinaison, et alors on regarde comme acide réel le poids que la base acquiert et retient malgré la chaleur, et comme eau, le poids qu'a perdu la combinaison en éprouvant une forte dessication ; mais comme cette détermination de l'eau est toujours utile, les chimistes peuvent rarement se passer de cette dernière épreuve ; il ne s'agit plus que de savoir s'il convient de s'en tenir à la table de Kirwan, ou de regarder comme acide réel le poids qu'a acquis une base bien déterminée, et qu'elle retient à une forte dessication : il me paraît qu'on a pour le moins autant d'exactitude en se bornant à cette augmentation de poids ; car la table de Kirwan ne fixe les quantités d'acide réel que sur l'épreuve faite avec une base ; elle porte donc avec elle l'incertitude qu'a nécessairement cette détermination, et de plus elle a celles qui accompagnent une détermination établie sur plusieurs données.

Je ne vois pas la raison qui a pu décider le

choix de Kirwan pour les sels dont il s'est servi : il me semble que les combinaisons qui sont les plus propres à remplir cet objet , sont celles qui ont une base qui ne s'évapore pas lorsqu'on la pousse à la dessication , et qui n'attaque pas facilement les vases dans lesquels on fait cette opération préalable pour en connaître la quantité; telles sont la baryte, la strontiane et la chaux : ces bases ont de plus l'avantage de former avec plusieurs acides des combinaisons insolubles par le moyen desquelles on peut reconnaître la quantité de ces acides dans d'autres combinaisons; mais l'acide nitrique, - qui ne forme avec les bases alcalines que des sels solubles qui éprouvent une décomposition facile par la chaleur , présente des difficultés difficiles à surmonter , et Kirwan convient que ses évaluations des nitrates n'ont pas autant d'exactitude que les autres.

82. Les considérations précédentes font voir que les tables par lesquelles Kirwan fixe les éléments des substances salines ne doivent pas être regardées comme une détermination rigoureuse : Guyton a proposé , pour faire la vérification des proportions qu'elles supposent , un moyen qui me paraît réunir à la simplicité une exactitude à laquelle on ne peut opposer aucune difficulté : « Ce moyen consiste dans la compa-
» raison des résultats de l'expérience et du calcul,

» pour la concordance de l'effet très-sensible de
» l'excès ou du défaut de l'une des substances
» après la décomposition réciproque (1) ».

Guyton observe en conséquence que dans le cas
d'un échange de base entre deux sels, le résultat du
mélange doit être ou neutre, ou avec excès d'acide
ou avec excès de base, et qu'en rendant complète
la décomposition de l'un des sels, on doit obtenir
par le calcul le même résultat que par l'expérience : il examine donc ce qui doit arriver,
d'après les proportions de Bergman, lorsqu'on
mêle le muriate de baryte avec le sulfate de
soude, et il fait voir qu'il devrait y avoir un excès
considérable d'acide ; cependant le mélange reste
dans l'état neutre : d'où il faut nécessairement
conclure que les proportions de Bergman s'éloignent de la réalité.

Guyton fait une observation semblable sur le
mélange du nitrate de chaux et du sulfate de
potasse, d'après les proportions d'une table déjà
amendée que Kirwan publia en 1791, et sur le
sulfate de soude et le muriate de magnésie.

Richter paraît être le premier chimiste qui
ait fait attention à cette propriété remarquable
des combinaisons salines de n'éprouver point de
changement dans l'état de saturation, lorsqu'elles
sont confondues dans une même dissolution.

(1) Ann. de chimie, tom. XXXVI, p. 292, Mém. de l'Inst.
tom. II.

L'on trouvera dans une note que je tire de la
traduction de Fischer , un précis de ses opinions. (*Note II.*)

Je me suis assuré par mes propres expériences
que l'état de saturation n'éprouvait pas de changement, lorsque l'on mêlait différents sels neutres
qui produisaient des précipités ou dont on retirait par la cristallisation des sels qui avaient
fait un échange de base , pourvu qu'on n'em-
ployât pas de sels métalliques dans lesquels cette
correspondance de saturation ne paraît pas exister. (*Recherches sur les lois de l'affinité.*) J'ai
réitéré les épreuves avec différentes combinaisons
des acides sulfurique, sulfureux, phosphorique,
oxalique, acétique et tartareux, et je n'ai apperçu
un léger changement qu'avec les phosphates de
potasse et de soude qui ont laissé une très-faible
acidité dans le liquide , en les mêlant avec des
sels solubles à base de chaux , ce qui indique
seulement dans les phosphates une disposition
à prendre un excès de base qu'on observe en
effet dans quelques-unes des combinaisons de
l'acide phosphorique.

J'ai appliqué la méthode de Richter et de
Guyton au mélange du sulfate de potasse et
de muriate de baryte, suivant les proportions
des dernières tables de Kirwan : le sulfate de
potasse contient, selon ces tables 82,48 d'acide
sur 100 de base ; le muriate de baryte 31,80

d'acide sur 100 de base, et le muriate de potasse 56,30 d'acide et 100 de base : pour que l'échange de base puisse avoir lieu sans que l'état neutre soit changé, il faut qu'il y ait une quantité d'acide muriatique qui puisse saturer 100 parties de potasse, c'est-à-dire 56,30 d'acide ; or 56,30 d'acide muriatique satureraient 177,04 de baryte ; mais 177,04 de baryte exigeraient suivant la table 88,52 d'acide sulfurique, et il ne s'en trouve que 82,48 dans le sulfate de potasse, où il faudrait que, dans le muriate de baryte il n'y eût que 164,96 de baryte, au lieu de 177,04 avec 56,30 d'acide muriatique.

2°. Au mélange du sulfate de soude et du muriate de baryte : pour qu'il pût se décomposer en changeant de base, il faudrait que dans le sulfate de soude il y eût 115,42 d'acide au lieu de 127,65, ou que dans le muriate de baryte il y eût 253,36 de baryte au lieu de 230,84 avec 73,41 d'acid

3°. Si l'on applique le même calcul au mélange de nitrate de chaux et le sulfate de potasse, on trouve que pour 100 de chaux il faudrait 179,50 d'acide au lieu de 143 ; de sorte qu'il manque dans les proportions données 36,50 d'acide sulfurique pour produire la saturation de toute la chaux, ou bien cette base doit se trouver en plus petite proportion dans le nitrate de chaux.

4°. Le sulfate d'ammoniaque et le muriate de baryte présentent dans leur décomposition mutuelle des disproportions encore plus considérables : pour que le sulfate d'ammoniaque et le sulfate de baryte pussent faire un échange de base en conservant l'état de neutralisation, il faudrait que dans le sulfate d'ammoniaque, il y eût 268,86 d'acide, au lieu de 383,80, ou que dans le muriate de baryte il y eût 767,60 de baryte, au lieu de 537,73 avec 171 d'acide.

Si l'on peut rejeter une partie de cette différence sur l'évaluation du muriate de baryte, la plus grande partie doit certainement être attribuée à celle du sulfate d'ammoniaque dans laquelle il se trouve une proportion beaucoup trop forte d'acide, comme d'autres considérations le font voir, et dans sa première table Kirwan l'avait fixée dans le rapport de 100 à 95, rapport qui est trop faible dans un sens opposé.

Ces écarts sont trop considérables pour pouvoir s'expliquer par la proportion plus ou moins forte d'acide qu'on peut supposer dans le sulfate de baryte qui se forme ; d'ailleurs cette supposition qu'on n'est point fondé à faire lorsque l'échange a lieu entre deux sels qui sont dans l'état neutre, ne pourrait s'appliquer au mélange de nitrate de chaux et de sulfate de potasse.

Lorsque l'on fait subir cette épreuve au sulfate

d'ammoniaque, il faut préalablement faire disparaître la légère acidité qu'a ce sulfate , après
la cristallisation ; mais la quantité d'ammoniaque nécessaire pour cet objet est si petite,
qu'elle ne change pas sensiblement les proportions des éléments de ce sel.

84. Les observations précédentes me paraissent
conduire nécessairement à cette conséquence
que je n'ai fait qu'indiquer dans mes recherches
sur les lois de l'affinité, mais que Richter a établie
positivement, savoir que les différents acides
suivent des proportions correspondantes avec les
différentes bases alcalines pour parvenir à un
état neutre de combinaison : cette considération
peut être d'une grande utilité pour vérifier
les expériences qui sont faites sur les proportions des éléments des sels ; et même pour déterminer celles sur lesquelles l'expérience n'a pas
encore prononcé , et pour établir la méthode
la plus sûre et la plus facile de remplir cet objet
si important pour la chimie ; mais 1°. elle ne
peut être appliquée qu'aux substances salines
dont on peut opérer la décomposition sans former
de sels triples ; ou du moins il ne faut établir
la comparaison que sur des combinaisons dans
lesquelles elles ne donnent pas des sels triples ;
2°. On ne peut faire entrer dans cette comparaison que les substances qui peuvent former
des combinaisons neutres, propriété que j'ai

établie comme le caractère distinctif des acides
et des alcalis : par cette raison les sels à base
d'alumine doivent en être exclus , parce que
non-seulement l'alumine ne produit pas de saturation complète avec les acides , mais qu'elle
a besoin du concours d'un alcali pour former
le sulfate d'alumine , et qu'alors même ce sel
conserve un excès d'acidité ; 3°. on ne peut employer les combinaisons que dans l'état neutre,
parce que l'excès d'acide ou d'alcali ne pourrait
être mesuré que par l'intermède d'une substance
qui compliquerait trop le résultat.

On n'a, à part ces exceptions, qu'à déterminer avec soin les proportions d'un acide avec
les différentes bases alcalines : il suffit ensuite
de reconnaître les proportions d'une seule combinaison de chacun des autres acides avec une
base alcaline, en choisissant celle qui offre le
plus de convenance pour l'expérience , et un
calcul facile donne les proportions de toutes les
autres.

85. Cette correspondance exacte des proportions d'un acide avec différentes bases , et d'une
base avec différents acides , vient se lier avec la
théorie que j'ai exposée sur l'action mutuelle
par laquelle les acides et les alcalis se saturent
mutuellement ; elle prouve que cette action mutuelle n'est pas seulement une force qui existe
dans un certain degré entre deux individus ; mais

qu'elle est la même dans toutes les substances
qui sont douées de l'acidité et de l'alcalinité,
ou que ses effets ne varient que par l'intensité avec laquelle les substances la possèdent.
Comme Kirwan est, de tous les chimistes qui
m'ont précédé sur cet objet, celui dont l'opinion
a le plus d'analogie avec celle que je présente,
j'ai cru devoir m'arrêter à discuter des différences
qui paraissent d'abord légères, et qui nous ont
conduits cependant à des résultats opposés.

86. Pour classer les affinités relatives des bases
alcalines, Kirwan établit 1°. que la quantité
d'acide réel qui est nécessaire pour saturer un
poids donné de chacune des bases est en raison
inverse de l'affinité des bases avec l'acide ; 2°. que
la quantité de chacune des bases nécessaire pour
saturer une quantité donnée de chaque acide,
est en raison directe de l'affinité du même acide
avec la base ; de sorte que d'un côté une plus
grande affinité exige une moindre quantité de
l'un des principes saturants, et que de l'autre
elle en exige une plus grande quantité, et c'est
par le moyen de cette contradiction qu'il maintient l'existence de l'affinité élective, et qu'il en
évalue la force indépendamment des quantités
qui sont en action, et dont il avait cependant
reconnu l'influence ; c'est ensuite sur les déterminations des affinités électives qu'il établit les
résultats des affinités doubles, et la balance des

affinités quiescentes et des affinités divellentes.
Ainsi en divisant ingénieusement les forces qui
déterminent deux combinaisons en forces quiescentes et en forces divellentes, il ne fait plus
entrer dans la comparaison de ces forces, la
considération des quantités qui agissent, et
il regarde comme force constante l'affinité d'un
acide, mesurée par la quantité de base alcaline
qu'il peut saturer; de sorte que la décomposition
se fait complètement, selon qu'une force calculée,
comme je viens de le dire, l'emporte sur l'autre;
mais j'ai fait voir (75) que lorsque l'échange des
bases n'était pas sollicité par une force de cohésion considérable, les sels qui se formaient dans
un mélange variaient par les proportions des
substances opposées qui se trouvaient en action.

Ce savant chimiste prétend appuyer sa théorie
des affinités quiescentes et divellentes déterminées par sa méthode, par quelques exemples
dans lesquels il trouve que les nombres affectés
à chaque affinité satisfont aux combinaisons qui
se forment; mais si l'on veut donner quelque
valeur à des nombres choisis pour représenter
quelques effets, j'en prendrai dans sa table même
qui ne peuvent pas soutenir cette épreuve; ainsi
l'affinité de l'acide sulfurique déterminée par
la quantité de potasse qui peut le saturer, est
représentée par 121, et celle de l'acide muriatique par 314; ce qui fait pour les affinités

quiescentes 435 , lorsqu'on mêle le sulfate de
potasse avec le muriate de baryte ; et les affinités
divellentes du sulfate de baryte et du muriate
de potasse ne donnent que 377 : de sorte qu'il
ne devrait point se faire de décomposition , et
cependant elle est complète ; de même lorsqu'on
mêle le muriate de strontiane avec le sulfate de
potasse , on a pour affinités quiescentes 337 ,
et seulement 315 pour affinités divellentes.

88. L'action chimique est réciproque ; l'affinité lui est proportionnelle ; la saturation est
un terme commun à tous les acides et à toutes
les bases alcalines : si l'on veut comparer l'action
saturante des acides avec une base , il faut comparer les quantités de chaque acide qui sont
nécessaires pour produire le même effet , c'est-
à-dire la saturation de la base : on devra donc
regarder l'affinité de deux acides pour une base
comme étant en raison inverse de la quantité de
chacun des deux acides qui pourra saturer la
base, ainsi que je l'ai établi chapitre Ier ; si ce
sont les bases alcalines que l'on compare , il
faudra les considérer de même ; et la base qui ,
en moindre quantité, produira la saturation
sera celle qui exercera une action plus énergique, qui aura une plus grande affinité ; enfin
l'on vient de voir que les rapports de ces deux
forces se conservent dans toutes les combinaisons formées par les acides et par les alcalis.

87. Si les observations que j'ai présentées prouvent que la capacité de saturation est la mesure de la puissance ou de l'affinité qu'ils exercent comme acides, on doit prendre une idée de cette affinité comparative, bien différente de celle qu'on a établie dans les tables d'affinité.

L'acide fluorique, d'après les expériences de Richter, doit être le premier acide en puissance, puisque 1000 parties en saturent 1882 de chaux.

Le phosphorique doit être placé après; selon Vauquelin 1000 parties en saturent 1440. Vient ensuite l'acide muriatique, puis le sulfurique et le nitrique dont la différence n'est pas bien établie.

En appliquant la même méthode aux alcalis, c'est l'ammoniaque qui marche la première d'après les expériences de Kirwan, qui me paraissent beaucoup plus exactes que celles de Richter: la magnésie et la chaux la suivent; ensuite la soude, la potasse, la strontiane et la baryte.

Je ne fais pas entrer l'acide carbonique dans cette comparaison, parce que les carbonates que Kirwan a soumis à ses épreuves ont presque tous un excès variable d'alcali, pour les autres acides, les portions des éléments de leurs combinaisons sont déterminées dans un si petit nombre, et avec une telle imperfection, qu'on ne peut s'en servir pour fixer leur place dans l'ordre des affinités; quoiqu'ils suivent la même progression dans les quantités des différentes bases nécessaires à leur saturation.

88. Pour accorder ce résultat avec l'ordre des affinités qu'on a admis, il faut reconnaître dans les affections des substances qui se combinent, et dans les conditions où elles peuvent se trouver, l'explication naturelle des faits qui ont conduit à des déterminations si différentes ; c'est ici dans la seule force de cohésion dont on a confondu les effets avec ceux de l'affinité élective, que je place la cause de cette différence, sans examiner encore les circonstances qui établissent les proportions d'une combinaison. Le sulfate de baryte jouit d'une force de cohésion considérable relativement aux combinaisons qui peuvent être rendues solubles par l'eau, et il se trouve à l'égard de tous les acides dans le même cas que l'alumine qui a éprouvé une forte concentration comme dans la porcelaine ou dans le saphir. Ne dirait-on pas, si l'on ne connaissait l'alumine que dans cet état de condensation, que l'acide sulfurique n'a point d'affinité avec elle ? L'alcali qui est combiné avec la silice dans le verre, ne devient-il pas insoluble par les acides qui l'en sépareraient si facilement si la force de cohésion que cette combinaison a acquise n'était devenue supérieure à leur action ?

Lorsque l'on prononce que l'acide sulfurique a plus d'affinité avec la baryte que les autres acides, on ne fait pas attention que cet acide lui-même, à moins qu'il ne soit très-concentré, et que son action ne soit aidée par celle de la chaleur, n'a pas plus d'action sur le sulfate de baryte que les autres acides, et que son affinité par conséquent n'a pas plus d'énergie contre la force de cohésion du sulfate qu'il ne faut pas confondre avec la puissance de saturation, ou avec la puissance antagoniste de l'alcalinité.

Regarder la baryte comme douée d'une affinité beaucoup plus forte que l'ammoniaque pour l'acide carbonique, c'est prononcer qu'il faudrait une force beaucoup plus grande pour surmonter la résistance de l'élasticité d'une petite quantité de fluide élastique que d'une grande quantité.

89. Quelle que soit l'opinion que l'on conserve sur l'affinité élective, on ne pourra se refuser à reconnaître un rapport frappant entre la capacité de saturation des acides, et les proportions constantes des différents alcalis qui les peuvent saturer, et l'on devra convenir que ces propriétés doivent être en relation avec l'affinité des acides pour les alcalis; d'où l'on doit conclure qu'il ne peut y avoir qu'une différence peu considérable entre l'affinité de l'acide sulfurique et celle de l'acide muriatique pour la baryte, si l'on refuse d'admettre la supériorité du dernier; cependant on suppose dans le premier la plus grande affinité pour cette base, et le muriate de baryte

est décomposé facilement par l'acétite de plomb et par le nitrate d'argent, quoique ces oxides ayent si peu d'action sur les acides avec lesquels ils forment ces combinaisons solubles, qu'ils ne peuvent en saturer complètement l'acidité. Pour expliquer les précipitations, on fait balancer l'excès de force de l'acide muriatique sur celle de l'acide acétique, par la différence qui se trouve entre l'affinité des oxides pour l'un et pour l'autre des acides : on s'arrête à cette différence s'il se trouve des nombres qui puissent correspondre à cette supposition, quelqu'éloignés qu'ils soient de représenter les propriétés réelles, telles que la capacité de saturation ; enfin l'on néglige toute considération de l'insolubilité des précipités, quoiqu'ensuite on la fasse entrer dans l'explication de leurs propriétés.

Ce que je viens d'exposer dans cette section sur les affinités, ne doit plus s'appliquer à l'action de plusieurs acides sur une base, ou de plusieurs bases sur un acide, lorsqu'il y a des changements de température qui font varier la force de cohésion, et sur-tout lorsqu'il y a une différence de dilatabilité qui s'accroît encore par la chaleur qui se dégage dans l'action chimique ou qui est ajoutée.

Après avoir examiné les effets de l'action opposée de la liquidité et de la solidité, de l'acidité et de l'alcalinité, je passerai aux changements que le calorique produit dans l'affinité réciproque des molécules des corps et dans celle qui forme les combinaisons.

~~~~~~~~~~~~~~~~~~~~~~~~~~~~

NOTES DE LA SECONDE SECTION.

NOTE PREMIÈRE.

ON peut juger par le degré de solubilité des combinaisons qui peuvent se former, des sels qui peuvent se trouver ensemble dans un liquide, par exemple, dans une eau minérale, en considérant pour la commodité du langage ces combinaisons comme jouissant dans le liquide d'une existence isolée : ainsi une eau ne peut contenir en même temps du carbonate de soude et un sel à base calcaire. Elle ne peut tenir en dissolution un sel à base de chaux avec un sulfate dans une proportion plus grande que celle qui peut produire la quantité de sulfate de chaux qui peut être tenue en dissolution, en accordant cependant une petite latitude pour l'augmentation de solubilité que peut produire l'action mutuelle des sels.

La différence de solubilité par différents degrés de température, est la cause d'un phénomène qui a d'abord été observé par Schéele, et ensuite par Gréen (1) : une eau qui contient de la soude, de la magnésie, de l'acide sulfurique

(1) Journal des Mines, n9. XXVI.

et de l'acide muriatique, donne pendant l'évaporation, du muriate de soude, et par le réfroidissement du sulfate de magnésie ; mais si cette eau est exposée à la congélation, c'est au contraire du sulfate de soude qui cristallise.

La solubilité du sulfate de soude diminue si rapidement par l'abaissement de température, que selon l'observation de Blagden (1) ce sel ne peut abaisser le degré de la congélation de l'eau que d'un degré du thermomètre de Fahreneith., et alors il se sépare et cristallise promptement, pendant que celle du muriate de soude diminue très-peu, et que ce sel peut abaisser la température de 28 degrés du même thermomètre au-dessous de la congélation, sans se précipiter lorsque sa proportion est d'une partie contre quatre d'eau. Une température un peu plus basse que celle de la congélation doit donc produire la cristallisation de sulfate de soude, et la chaleur de l'ébullition qui augmente beaucoup la solubilité comparative du sulfate de soude, celle du muriate de soude. Cette différence, produite par la température, est donc une suite naturelle de la cause de la séparation des sels par la cristallisation, et elle fait voir d'une manière convaincante qu'on ne doit point dans la réalité regarder les sels comme tout formés dans un liquide dont on peut les retirer, puisqu'en changeant les rapports de solubilité, on fait alterner les combinaisons qui se forment ; mais que c'est leur différence de solubilité dans les circonstances où ils se trouvent, qui produit leur séparation et leur cristallisation successive.

Gréen, qui regarde avec les autres chimistes les sels dans un liquide tels que les produit l'évaporation, dit que dès que le sulfate de soude est séparé par le froid, il ne donne plus du muriate de soude, lorsqu'on le mêle avec du muriate de magnésie et qu'on le soumet à l'évaporation, et qu'il a fait sur cet objet plusieurs tentatives in-

(1) Trans. philos. 1788.

fructueuses : je ne sais ce qui a pu le tromper, mais ayant mêlé poids égaux de muriate de magnésie et de sulfate de soude desséché, et ayant fait évaporer leur dissolution, il s'est formé une croûte épaisse de muriate de soude; l'action mutuelle des sels ne fait qu'augmenter jusqu'à un certain point la solubilité du muriate de soude.

Quoique le sulfate de soude ait beaucoup de solubilité dans l'eau, il retient cependant faiblement cette eau dans ses cristaux, comme le prouve la facilité avec laquelle il tombe en efflorescence à l'air; j'explique par là un fait qui paraît au premier coup-d'œil se soustraire à la règle que j'ai établie sur la formation des sels, en raison de leur solubilité; lorsqu'on fait évaporer les eaux des salines de la Meurthe, il se forme un dépôt abondant de sulfate de soude, dépourvu d'eau de cristallisation, cependant une partie du sulfate de soude reste dans l'eau-mère, et ne cristallise que par le réfroidissement : il arrive ici la même chose que lorsqu'on mêle un muriate ou nitrate de chaux desséché à une dissolution saturée de nitrate de potasse; une partie du nitrate de potasse est précipitée, parce que le sel à base de chaux s'empare d'abord d'une partie de l'eau, quoique par son action il ait la propriété d'augmenter la solubilité du nitrate de potasse.

On a encore un résultat semblable, lorsqu'on fait évaporer un mélange de sulfate d'ammoniaque et de muriate de soude; il se forme un précipité considérable de sulfate de soude privé d'eau, quoique ce sel ait une solubilité à-peu-près égale à celle du muriate d'ammoniaque.

Davy a fait des observations intéressantes sur les quantités d'eau que le nitrate d'ammoniaque retient dans sa cristallisation, selon la température à laquelle l'évaporation s'opère (1); et sur les changements que cette circons-

(1) Bibliot. Britan. nº, 148.

tance produit dans sa cristallisation. Les deux extrêmes paraissent être le nitrate prismatique obtenu à la température de l'atmosphère et qui contient le plus d'eau de cristallisation, et le nitrate compact ou en aiguilles très-fines qui résulte de l'évaporation à la température de 119 degrés de Réaumur; le nitrate fibreux dont l'évaporation a été faite à 17 degrés de Réaumur, tient le milieu entre les premières espèces.

Il peut se faire que l'insolubilité d'un sel soit tellement dominée par l'action de l'une des substances qui sont en présence, que son effet soit détruit et qu'il se produise un autre ordre de combinaison auquel on n'aurait pas été conduit par la connaissance des solubilités des substances isolées; ainsi lorsqu'on mêle la dissolution de l'oxide de plomb par la soude avec une eau de sulfate de soude, il ne se fait qu'un petit précipité (1). La plus grande partie de l'oxide de plomb reste en dissolution, quoique le sulfate de plomb soit insoluble, et qu'il résiste même fortement à l'action des acides; mais il est très-soluble dans la soude avec laquelle il se trouve alors en contact, et il forme avec elle un sel triple, comme la magnésie avec l'ammoniaque et l'acide muriatique.

Les effets que j'attribue à la force de cohésion ne sont réellement dûs qu'à l'insolubilité, c'est-à-dire au rapport de la force de cohésion, à l'action chimique de l'eau; de là vient que les combinaisons que cette cause détermine, sont souvent très-différentes, lorsque la liquidité est produite par l'action seule de la chaleur.

Si l'on pousse au feu, dans un creuset de platine, un mélange de muriate de chaux et de sulfate de baryte; il entre en fusion si liquide qu'il a l'apparence de l'eau; après le refroidissement on trouve que la masse est composée de

(1) De l'influence des prop. Mém. de l'Inst. tom. III.

sulfate de chaux et de muriate de baryte qu'on peut séparer en grande partie par une prompte lotion ; car si l'on se servait d'une ébullition prolongée , le sulfate de chaux serait décomposé : cette expérience curieuse que j'ai répétée est , à ce que l'on m'a dit , due aux travaux qui s'exécutent dans le laboratoire de Séguin.

Lorsqu'on soumet également à l'action de la chaleur un mélange de sulfate de soude et de carbonate de chaux , celui-ci entre en fusion très-liquide , et c'est par l'action qu'exercent alors ses éléments que le sulfate , changé en sulfure au moyen d'un mélange de charbon , se convertit en carbonate dans le procédé qu'on doit au citoyen Leblanc pour obtenir une soude propre à remplacer celle du commerce.

Ces observations prouvent que la force de cohésion qui peut produire les effets les plus énergiques , lorsque l'eau sert de dissolvant , peuvent en produire de contraires lorsque les mêmes substances exercent une action mutuelle sans le concours de l'eau : elles confirment encore que les séparations qui ont lieu ne sont pas l'effet immédiat de l'affinité comparative , mais de la force de cohésion qui devient plus grande entre quelques substances qu'entre quelques autres dans les circonstances où elles se trouvent.

Les chimistes avaient distingué , à la vérité , les affinités qui s'exercent *par la voie humide*, et celles qui s'exercent *par la voie sèche*, mais sans indiquer les causes qui fesaient varier les effets d'une force qu'ils regardaient comme constante ; et ils confondaient ceux qui sont dûs à l'état différent de liquéfaction , et à la volatilité accrue par l'action du calorique. Dans l'une des notes savantes que Fischer a ajoutées à la traduction allemande de mes recherches sur les affinités , il remarque que Hahnemann avait prononcé avant moi dans une traduction des arts chimiques de Demachi , que les décompositions des combinaisons

chimiques ne dépendaient que de leurs rapports de solubilité.

NOTE II (DE FISCHER).

LE sujet que Berthollet traite à la fin de la première
suite de son ouvrage sur les affinités a déjà été traité en
1792 par Richter dans sa stéchiométrie, S. 1ʳᵉ, pag. 124.
Guyton en parle aussi dans les Mémoires de l'Institut,
pour l'année 1797, sans avoir eu connaissance de l'ouvrage de Richter, qui, quoique rempli d'expériences et
d'observations très - intéressantes, est très-peu connu en
Allemagne. Mais c'est la faute de l'auteur, qui devait les
séparer des hypothèses, et ne pas vouloir les mêler toujours
avec des calculs qui le rendent obscur pour beaucoup de
lecteurs.

Voici comment Richter l'exprime :

« Si deux solutions neutres sont mêlées ensemble, et
» qu'il s'en suive une décomposition, les produits qui en
» résulteront seront presque sans exception, également
» neutres. Mais si les deux solutions, ou une des deux,
» n'étaient pas neutres, les produits ne le seraient pas
» non plus ».

Richter n'a pas cité les exceptions, mais Berthollet en
cite quelques-unes qui ont lieu dans le cas où, dans le
mélange, il y a des sels métalliques : il n'y aurait peut-
être d'ailleurs aucune exception. L'idée de neutralité ne
semble point applicable à ces sels ; ils conservent tous un
excès d'acide dans l'état liquide ; leurs bases ne sont point
solubles dans l'eau, et elles n'agissent point avec les acides
comme des alcalis. Ce sont cependant des conditions nécessaires à la neutralité. Quoiqu'il en soit, on pourra regarder avec Richter, Guyton et Berthollet, la loi comme

stable, lorsqu'il s'agira d'une base alcaline et d'un acide. On peut tirer de là les conclusions suivantes ;

1°. Les quantités de deux bases alcalines qui sont nécessaires pour neutraliser des parties égales d'un acide, sont en proportion des quantités de ces mêmes bases, nécessaires pour neutraliser tout autre acide.

Soient A et B deux acides, *a* et *b* deux bases alcalines. Les deux sels neutres Aa, Bb, sont supposés tels que, dans leur mélange, ils changent complètement de base. Il résultera donc de cette supposition, que A d'abord neutralisé par *a*, le sera ensuite par *b*, et que par conséquent les quantités de *a* et de *b*, qui sont capables de neutraliser A, doivent être capables de neutraliser une autre quantité de B, qui est fixe.

Il est clair qu'on peut changer les mots *bases* et *acides* et que la loi est applicable à toutes les combinaisons neutres, même lorsque Aa et Bb ne changent pas de bases, puisqu'on pourra toujours renverser l'expérience en mélant Ab avec Ba.

2°. Si on connait Aa, Ab, Bb par l'expérience, on pourra trouver Ba par le calcul. Richter se sert de cette conclusion pour trouver la proportion de neutralisation, lorsqu'il est difficile de la fixer immédiatement ; mais il a déterminé en grande partie les proportions par l'expérience.

3°. Lorsqu'on aura trouvé par l'expérience combien il faut d'alcali et de terre pour neutraliser 1,000 parties d'acide sulfurique, nitrique ou muriatique, on verra bien que chaque table contient d'autres nombres ; mais les nombres de chaque table seront entre eux dans la même proportion que les nombres de l'autre la donnent. Le même cas aurait lieu si l'on examinait combien il faut d'acide pour neutraliser 1,000 parties de soude, d'ammoniaque ou de chaux.

· C'est d'après cette vue que Richter a traité la matière. Il s'est donné la peine d'examiner chaque acide, dans sa relation envers les bases, par l'expérience et le calcul, et de donner ses résultats en tables; c'est ce qui remplit la plus grande partie de ses ouvrages depuis 1791, jusqu'à 1800.

· Il semble que Richter n'ait pas fait attention que toutes ses tables peuvent être réduites dans une seule de 21 nombres, divisée en deux colonnes, au moyen desquelles on peut les réduire toutes par une règle de trois. Voici celle que j'ai calculée, d'après les nouvelles tables de Richter, dont plusieurs diffèrent des précédentes. (Voyez les cahiers 8 et 10 de ses idées sur de nouveaux objets de la chimie.)

BASES.		ACIDES.	
Alumine.	525	Fluorique	427
Magnésie	615	Carbonique	577
Ammoniaque	672	Sébacique	706
Chaux	793	Muriatique.	712
Soude	859	Oxalique.	755
Strontiane	1329	Phosphorique.	979
Potasse	1605	Formique	988
Baryte.	2222	Sulfurique	1000
		Succinique.	1209
		Nitrique.	1405
		Acétique.	1480
		Citrique	1683
		Tartareux	1694

Cette table veut dire que si l'on prend une matière d'une de ces deux colonnes, par exemple la potasse de la première, à laquelle correspond le nombre 1605, les nombres de l'autre colonne montreront combien il faut de chaque acide pour neutraliser ces 1605 parties de potasse; il leur faudra, par exemple, 427 parties d'acide fluorique, 577 d'acide carbonique, etc. Si on prend une matière de la seconde colonne, on se servira de la première colonne pour savoir combien il faut de terre ou d'alcali pour la neutraliser.

Tous ces nombres peuvent, pour ainsi dire, être regardés comme les représentants de la force d'affinité; et les matières d'une colonne, qui sont proches l'une de l'autre, sont en proportion inverse des deux nombres de l'autre colonne qui leur correspondent. (Voyez Berthollet, art. X et XV.) La potasse et la soude sont en proportion de 859 à 1605 envers chaque acide; mais il suit de l'examen de Berthollet que les nombres ne suffisent pas pour expliquer, par le calcul, les phénomènes de l'affinité simple et double.

On voit que l'ouvrage de Richter contient des choses excellentes pour la théorie des affinités; mais il contient aussi beaucoup d'hypothèses insoutenables, parmi lesquelles je range ce qu'il dit de la grandeur des masses.

Richter donne à ses tables un ordre déterminé d'après la grandeur des nombres; mais il fait des sous-divisions à chaque colonne, plaçant séparément les trois alcalis du côté des bases, ainsi que les acides fluorique, sulfurique, muriatique et nitrique du côté des acides. Il croit à la fin qu'il doit exister une autre loi dans la manière dans laquelle les nombres se suivent; et il trouve, après de longs calculs, que ces nombres du côté des bases doivent être regardés comme faisant partie d'une progression arith-métique, et ceux du côté des acides, comme faisant partie d'une progression géométrique (1).

(1) La série des trois alcalis est représentée par a, a+b, a+5b; la série des terres par a, a+b, a+3b, a+9b, a+19b. La série des quatre acides minéraux est représentée par c, cd³, cd⁵, cd⁷, et la série des autres acides (excepté l'acide phosphorique), par c, cd¹, cd⁴, cd⁸, cd¹¹, cd¹⁴, cd¹⁵, cd¹⁶.

Il est certain que les nombres des tables peuvent être regardés comme des séries en progression; mais Richter se trompe, s'il croit y avoir trouvé la loi des proportions de neutralité, ou des forces d'affinité. C'est la propriété de tout nombre de pouvoir être considéré comme fesant partie d'une série arithmétique ou géométrique (1). Richter pouvait faire la même chose sans sa sous-division, comme je l'ai fait dans la table que je viens de donner. C'est encore plus facile, si on prend la liberté que prend de temps en temps Richter, d'augmenter ou de diminuer un nombre pour rendre la série plus complète.

(1) Si on prend des logarithmes d'une série de nombres, on voit qu'ils peuvent être regardés comme faisant partie d'une série arithmétique : les nombres de la série font alors partie d'une série géométrique.

SECTION III.

DU CALORIQUE.

∿∿∿∿∿∿∿∿∿∿∿∿∿∿∿∿∿∿∿∿∿∿

CHAPITRE PREMIER.

Des effets du calorique indépendants de ceux
de la combinaison.

90. LA cause de la chaleur que je désigne par
calorique, quelle qu'en soit la nature, a une
puissance si étendue, elle l'exerce dans des circonstances si variées, qu'il importe de bien apprécier chacun de ses effets pour les évaluer
dans les phénomènes plus compliqués. Je com-
mencerai donc par rappeler les notions les plus
élémentaires sur les changements qu'elle produit
dans les corps qui ne sont soumis qu'à son action.

Lorsque plusieurs corps qui sont à différents
degrés de chaleur sont mis en contact, il s'établit
plus ou moins rapidement une température uniforme et commune à tout le système.

Si l'eau, à la température de zéro, mais encore
liquide, est mêlée avec un poids égal d'eau à
60 degrés, le mélange prend une chaleur de

3o degrés ; de sorte que le calorique se distribue
entre les substances homogènes en raison de leur
quantité.

91. Le partage de température ne se fait pas
d'après la même loi, lorsque les corps sont de
nature différente ou dans un état différent. L'expérience fait voir, par exemple, qu'un métal
plongé dans un poids égal d'eau de température supérieure, gagne plus de degrés de chaleur
thermométrique que l'eau n'en perd, et cela
se fait suivant des proportions différentes pour
chaque espèce de métal.

Il faut conclure de là que le calorique qui
augmente d'un degré la température de l'eau
élèverait d'une quantité plus forte celle d'un
poids égal de métal, et qu'il y aurait pour chaque
métal un accroissement différent.

92. Une disposition analogue se manifeste dans
tous les corps ; ils prennent des températures
différentes par l'acquisition d'une même quantité de calorique. On peut mesurer cette disposition ; pour cela on regarde comme unité
de calorique la quantité nécessaire pour élever
d'un degré la température de l'unité pondérale
d'un corps auquel on compare les autres. On
détermine par l'expérience la quantité de calorique nécessaire pour élever aussi d'un degré la
température d'une unité pondérale d'un autre
corps. Cette quantité comparative de calorique

s'appelle le *calorique spécifique* du corps. On a encore donné le nom de *capacité de calorique* à cette propriété des corps d'exiger des quantités différentes de calorique pour parcourir les mêmes degrés de température, en la considérant comme une puissance comparative dont ils jouissent. Je me servirai indifféremment de ces deux expressions.

Un exemple rendra ceci plus sensible : supposons qu'un corps dont la température est égale à zéro soit plongé dans un poids égal d'eau à 5o degrés, et que la température du mélange étant arrivée à l'état d'équilibre, elle soit de 3o degrés : l'eau en communiquant au corps une partie de son calorique, a perdu 2o degrés de sa température, et la même quantité de calorique, à laquelle cette perte est due, en passant dans le corps plongé, en a augmenté la température de 3o degrés.

Il est évident que si une même quantité de calorique fait éprouver des changements différents de température à deux corps de même poids, celui des deux qui aura éprouvé le plus grand changement, a besoin de moins de calorique pour varier d'un degré, et que cette quantité sera plus petite en proportion de ce que sa variation aura été plus grande : donc les caloriques spécifiques de deux corps sont en raison inverse des variations de température que la même quantité de calorique produit dans deux poids égaux de ces corps. Si l'un des deux corps était de l'eau, son calorique spécifique pourrait être pris pour l'unité, et il serait facile , d'après ce qui vient d'être dit , de déterminer le calorique spécifique de l'autre corps en le rapportant à cette unité.

En reprenant la supposition précédente , on trouverait que le calorique spécifique du corps est à celui d'un poids égal d'eau comme 20 à 30, ou comme 2 à 3 ; c'est-à-dire que celui de l'eau étant égal à 1 , celui du corps sera $\frac{2}{3}$.

D'après ce qui précède, on peut établir la règle suivante : *Si, ayant plongé un corps dans un poids égal d'eau de différente température, et ayant laissé établir l'équilibre, on écrit une fraction qui ait pour numérateur la variation de température éprouvée par l'eau, et pour dénominateur la variation éprouvée par le corps; on aura l'expression du calorique spécifique de ce corps.*

Si l'on n'avait pas employé un poids d'eau égal à celui du corps, il faudrait multiplier le résultat par le poids de l'eau, et le diviser par le poids du corps.

93. Ce que l'on vient d'observer n'est vrai qu'autant que les corps mis en expérience demeurent dans un état constant ; mais si étant préservés de toute combinaison, ils passent de

l'état solide à l'état liquide ou réciproquement, il se présente d'autres phénomènes : l'eau en offre un exemple remarquable.

Lorsqu'on mêle un poids quelconque d'eau solide ou glace, dont la température soit à zéro du thermomètre avec un poids égal d'eau à 60 degrés ; il en résulte un poids double d'eau liquide à la température de la congélation.

Ce phénomène ne pouvait être prévu, d'après ce que nous avons dit jusqu'ici relativement au partage de la température. En l'examinant en lui-même, nous voyons que l'eau solide est devenue liquide sans gagner de température, et que l'eau liquide en a perdu 60 degrés. Le calorique qui la tenait à cette température a donc été totalement employé à la liquéfaction de la glace, et les vraies conclusions de ce fait sont les suivantes :

Lorsque la glace passe à l'état liquide elle se combine avec une quantité de calorique capable d'élever un poids égal d'eau depuis zéro jusqu'à 60 degrés du thermomètre.

A la température zéro, l'eau solide diffère de l'eau liquide en ce que celle-ci contient de plus le calorique capable d'élever le même poids d'eau depuis la température zéro jusqu'à 60 degrés; mais ce calorique, en se combinant, a perdu sa puissance sur le thermomètre.

Il est facile d'après cela de concevoir comment

il arrive au milieu d'une température supérieure
à la congélation , que le thermomètre environné
de glace pilée reste constamment à zéro, et ne
commence à s'élever que lorsque toute la glace
a pris l'état liquide.

94. La liquéfaction n'est pas la seule circonstance où le calorique se combine en perdant sa
puissance sur le thermomètre.

Un thermomètre plongé dans l'eau qu'on
échauffe , indique les degrés de la température
que l'eau prend successivement, jusqu'à l'ébullition, mais il demeure stationnaire à ce degré ;
la chaleur qu'on ajoute ne fait qu'accélérer la
réduction de l'eau en vapeur , et ne produit
aucune variation de température ; le thermomètre, transporté dans la vapeur , est encore
stationnaire pendant qu'il reste de l'eau dans
l'état liquide ; mais dès que sa conversion en
vapeur est totale, le calorique qui continue de
se combiner exerce la puissance thermométrique, et la température s'élève.

Ce fait prouve que lorsque l'eau passe de
l'état liquide à celui de vapeur , le calorique s'y
accumule en perdant, comme dans la liquéfaction , sa puissance sur le thermomètre ; la
quantité de calorique qui disparaît par là, éle-
verait, suivant les expériences du célèbre Watt,
un même poids d'eau qui ne se réduirait pas
en vapeur à 943 degrés du thermomètre de

Fahreneith , ou à-peu-près à 500 degrés du centigrade.

95. Le calorique qui s'est ainsi combiné, reparaît en produisant les effets thermométriques ;
lorsque la vapeur de l'eau , par exemple , reçue
dans un récipient, lui cède le calorique auquel elle
doit l'état de vapeur et reprend l'état liquide ; la
réduction en liquide continue jusqu'à ce que le
récipient ait acquis la température de l'ébullition.

De même l'eau qui étant exposée au froid , a
pris , sans cesser d'être liquide , une température
inférieure à la glace , fait remonter le thermomètre à la congélation , au moment où elle se
solidifie. La quantité de glace qui se forme dans
cet instant dépend de la proportion d'eau qui
demeure liquide , et peut absorber le calorique
abandonné par l'autre portion , et du degré de
froid qui existait dans toute la masse ; de sorte
qu'en connaissant le poids de l'eau et le degré
de froid auquel elle est parvenue , on peut déterminer la quantité de glace qui se formera.

96. Des effets analogues ont lieu dans tous les
corps, lorsque par l'influence seule du calorique
ils passent de l'un à l'autre des trois états de
solide , de liquide , et de vapeur.

Le calorique qui s'accumule en perdant sa
puissance sur le thermomètre , a été appelé *chaleur latente* ou *calorique latent*, et l'on a désigné

I.   10

par *calorique libre* celui qui produit les effets thermométriques.

97. Lorsqu'un corps est exposé dans une atmosphère de température supérieure à la sienne, il s'échauffe insensiblement jusqu'à ce que toutes ses molécules ayent pris la température du fluide environnant ; mais si ce corps est une masse de glace dans l'état de température qui précède immédiatement la liquéfaction, les molécules qui forment sa couche la plus extérieure se combineront avec le calorique, et se résoudront en liquide : la couche suivante se liquéfiera à son tour : à chaque opération le calorique qui liquéfie la glace devient latent et perd le pouvoir d'altérer la température du noyau ; elle demeure donc constamment à zéro ; mais à des degrés inférieurs elle prend, comme les autres corps, une température uniforme.

Concevons actuellement un espace fermé de tous les côtés par une enceinte de glace à la température de zéro ; il n'y aura pas de communication entre l'intérieur et l'extérieur ; la surface de glace présentant de chaque côté des limites au-delà desquelles le calorique ne peut agir, les couches intérieures se liquéfieront jusqu'à ce qu'elles aient épuisé tout le calorique qui élève la température intérieure au-dessus de zéro, et il n'en sera pas liquéfié au-delà.

98. On a été conduit par ces considérations

à mesurer la quantité de calorique qui se dégage pendant un phénomène quelconque, par un moyen différent de celui qui a été exposé (92) : il suffit que le phénomène ait lieu dans l'espace intérieur de l'enceinte de glace ; si on recueille soigneusement toute l'eau qui s'est formée, elle indiquera le calorique qui s'est dégagé et qui est devenu latent par la liquéfaction de la glace.

Pour ramener le résultat de cette épreuve à l'unité de calorique établie ci-dessus, on n'a qu'à multiplier le poids de l'eau par 60, et on aura la quantité d'eau dont la température serait élevée d'un degré par le calorique dégagé.

Les quantités de calorique éliminées pendant le refroidissement d'un corps, sont comparables à celles qui se dégagent pendant un phénomène chimique au moyen des poids d'eau dont elles sont capables d'augmenter la température d'un degré, car elles sont directement proportionnelles à ces poids.

99. Pour donner de la précision à ce genre d'épreuve, on a imaginé un instrument appelé *calorimètre*. C'est aux expériences faites avec cet instrument par Lavoisier et Laplace, qu'on doit et les connaissances les plus précises sur les effets du calorique et la théorie la plus exacte sur la chaleur. C'est cet ouvrage important qui me sert principalement de guide (1).

(1) Mém. sur la chaleur. Acad. des Sciences, 1780.

10..

Le calorimètre doit être considéré comme composé de deux capacités concentriques, et séparées par une cloison métallique : l'une et l'autre renferment de la glace pilée.

Il est important que la glace extérieure soit toujours au terme de la liquéfaction, afin que son contact maintienne la glace intérieure à la température zéro.

Celle-ci doit être humectée avant que d'être mise en place, afin que l'eau qu'elle retient, lorsque l'expérience finit, n'affaiblisse pas le résultat. (*Note III.*)

100. Pour déterminer la capacité de calorique d'un corps, on en place dans l'enceinte intérieure une unité pondérale élevée à une température déterminée; on recueille exactement, par le moyen d'un robinet, l'eau qui est due à la liquéfaction de la glace par le calorique que communique le corps mis en expérience pour passer de la température où il était au degré de la congélation ; l'épreuve détermine donc la quantité de calorique qui se dégage de l'unité pondérale de ce corps : la température du corps s'est abaissée d'un certain nombre de degrés, pour prendre celle de la glace; on divise par ce nombre et on a le dégagement de calorique correspondant à la variation d'un degré.

Si la masse du corps soumis à l'épreuve n'était pas égale à l'unité pondérale, on diviserait le résultat de l'expérience par le poids du corps , et on aurait le résultat correspondant à l'unité pondérale.

101 Si l'on compare les éléments employés dans la méthode (92), avec ceux de la déter-mination actuelle, on verra qu'ils sont les mêmes et que les deux méthodes conduisent aux mêmes résultats ; cependant elles diffèrent par quelques circonstances qui donnent presque toujours à l'une beaucoup d'avantage sur l'autre.

La méthode des mélanges exige qu'on fasse entrer dans les résultats l'effet des grands vases dont on fait usage , et la dissipation de la chaleur qui est communiquée, soit à l'atmosphère , soit aux corps environnants, tandis que la tempé-rature du mélange parvient à l'uniformité ; la différence de pesanteur spécifique des subs-tances, telles que l'eau et le mercure , est un obstacle qui rend l'équilibre de température dif-ficile à obtenir ; l'action que l'eau exerce sur plusieurs corps comme dissolvant, complique le résultat, et la difficulté de démêler les effets devient insurmontable , lorsqu'il se forme une combinaison, ou qu'il y a changement de cons-titution , comme dans la combustion et la res-piration : enfin on ne peut employer les subs-tances gazeuses qu'en si petite quantité, que cette espèce d'épreuve devient alors tout-à-fait illusoire.

L'usage du calorimètre n'exige qu'une cor-rection facile , celle de l'effet produit par la capacité du calorique du vase qui contient les corps liquides mis en expériences ; il est propre à déterminer le calorique qui se dégage dans tous les phénomènes chimiques, ainsi que celui qui abandonne un corps pendant qu'il se réfroidit.

Il est cependant difficile de déterminer par son moyen le calorique spécifique des substances gazeuses, parce qu'il faut en employer des volumes considérables pour liquéfier une certaine quantité de glace : pour cet objet on en fait passer un volume déterminé dans une espèce de serpentin contenu dans le calorimètre; on observe la température, qu'on lui a donnée, par le moyen d'un thermomètre placé dans le tube qui le conduit, et celle qu'il conserve en sortant de l'appareil : l'on juge du calorique qu'il a abandonné par la quantité de glace qu'il a pu liquéfier. Quoique les expériences sur les substances gazeuses n'aient pas été faites avec la précision que les auteurs se proposaient d'y porter , leurs premiers résultats doivent être regardés comme des approximations beaucoup plus grandes que celles qu'on a obtenues par les mélanges.

102. Les observations précédentes expliquent les différences considérables que l'on trouve entre les déterminations de Crawford qui s'est servi de la première méthode (1). et celle de Lavoisier

(1) On animal heat.

et Laplace. On n'est plus surpris des vacillations de Crawford, qui dans les premières épreuves a attribué au gaz oxigène une capacité de calorique 87 fois plus grande que celle de l'eau, et qui dans des épreuves postérieures l'a réduite à 4,749, pendant que les derniers ne la trouvent que de 0,65 (1); et quoiqu'ils ne proposent cette détermination qu'avec beaucoup de réserve, elle doit cependant inspirer plus de confiance que celle de Crawford.

103. On a vu que dans les modifications de température qui s'opèrent par des mélanges, le calorique se distribue en raison des capacités et des quantités, et que dans les changements d'état des corps, il s'accumule ou s'exprime de manière que dans les changements inverses, les corps en reprennent la même quantité. Un effet semblable a lieu dans les successions de combinaisons qui sont accompagnées d'une absorption ou d'un dégagement de calorique; les auteurs du mémoire sur la chaleur ont établi sur ces considérations les principes suivants.

Si dans une combinaison ou dans un changement d'état quelconque, il y a un diminution de chaleur libre; cette chaleur reparaîtra toute entière lorsque les substances reviendront à leur premier état, et réciproquement, si dans

(1) Recueil de Mém. par Séguin, tom. I.

*la combinaison ou dans le changement d'état,
il y a une augmentation de chaleur libre, cette
nouvelle chaleur disparaîtra dans le retour des
substances à leur état primitif.*

*En généralisant ce principe, toutes les va-
riations de chaleur, soit réelles, soit apparentes qu'éprouve un systéme de corps en changeant d'état, se reproduisent dans un ordre
inverse, lorsque le systéme repasse à son premier état.*

104. Le calorique produit sur les corps un
autre effet dont il faut reconnaître les rapports
avec les changements de température ; il les
dilate et accroît leurs dimensions.

La dilatation que les corps éprouvent par
une certaine élévation de température est beaucoup plus considérable dans les fluides élastiques
que dans les liquides, et dans ceux-ci que dans
les corps solides.

Les liquides ne différent pas seulement entre
eux par l'expansibilité, mais on a observé que les
dilatations d'un même liquide n'étaient pas proportionnelles aux accroissements de température,
et elles augmentent progressivement lorsqu'il
approche du terme où il doit se réduire en
vapeurs (1).

Dans les expériences qui ont été faites par

_____

(1) De Luc. modif. de l'atm. tom. II, édit. in-8°.

par Ellicot, Sméathon (1), le général Roy (2), Laplace et Lavoisier (3), sur la dilatation des corps solides par la chaleur, on ne trouve aucun rapport entre ces dilatations et la capacité de calorique des corps, leur dureté et leurs autres propriétés connues, si ce n'est, à ce qu'il me paraît, avec leur fusibilité ; ainsi parmi les métaux, c'est le platine qui se dilate le moins, et le plomb et le zinc qui présentent cette propriété au plus haut degré ; parmi les verres, celui où il entre de l'oxide de plomb se dilate beaucoup plus que ceux qui n'en contiennent pas.

On peut donc présumer qu'il en est des solides, relativement à la fusibilité, comme des liquides, par rapport à la vaporisation, et qu'une même substance solide n'éprouverait pas des degrés uniformes de dilatation à des températures éloignées ; mais qu'en approchant du terme de la liquéfaction, les dilatations deviendraient proportionnellement plus grandes.

On trouve ici une confirmation du principe que les causes chimiques exercent une influence avant que les effets qu'elles doivent produire puissent se manifester (11).

105. Ces observations font voir que la chaleur dilate les corps d'une manière inégale entre eux.

(1) Trans. philos. 1788.
(2) Ibid, 1785.
(3) Mém. recueillis par Séguin, tom. II.

Les liquides éprouvent par les mêmes températures un effet beaucoup plus grand que les solides, et fort inférieur à celui des fluides élastiques ; mais dans le passage d'un état à l'autre,
les dilatations participent à celles qui appartiennent à l'état que la substance doit prendre ;
enfin les dilatations de volume ne correspondent
pas aux changements de température, lorsqu'un
corps passe de l'état solide à l'état liquide, ou
de celui-ci à l'état de fluide élastique : il faut
voir comment l'on peut concilier ces apparences
diverses avec les lois auxquelles l'action du calorique est soumise, et qui viennent d'être exposées, et quelle correspondance peut exister
entre les effets thermométriques et les quantités
de calorique qui se combinent.

106. Dans quelqu'état qu'une substance se trouve, sa température se met en équilibre avec celle
des autres corps (90); de sorte que le calorique
tend toujours à se mettre dans des proportions
correspondantes, selon l'état des substances entre
lesquelles il se distribue.

Pictet désigne par *tension* cette propriété du
calorique, de se distribuer uniformément entre
différents corps, non en raison de leur masse
mécanique, mais de la capacité qu'ils ont dans
l'état où ils se trouvent, de manière à produire
entre eux un équilibre de température : on peut
la comparer à l'effort d'une substance élastique

qui se met en équilibre d'élasticité avec les autres substances semblables qui réagissent contre elle ; cependant il faut la distinguer de cette force ex · pansive qui appartient aux fluides élastiques , quoiqu'elle en soit le principe : elle agit dans tous les corps indifféremment , quelque soit leur état ; mais son effet est d'autant plus grand qu'il y a plus de distance entre leurs tempé- ratures , d'où l'on peut tirer cette conclusion , *que le calorique agit avec d'autant plus d'é- nergie entre les corps dont la température est différente , que sa tension est plus grande.*

107. Nous avons vu que la température n'était point élevée pendant que la glace se liquéfiait, le même phénomène a lieu dans les autres corps solides qui passent à l'état liquide , à moins que cet effet ne soit déguisé par d'autres : ce qui fait voir que l'élévation de température dans les corps solides ne dépend que de la résistance qu'oppose la force de cohésion à celle du calo- rique , et l'observation nous avait déjà conduit à considérer ces deux forces comme opposées. Mais lorsque l'on change par la compression la distance que les molécules obéissant à leurs dispositions naturelles doivent avoir entre elles , suivant l'action qu'elles éprouvent du calorique , elles abandonnent le calorique qui est en excès dans la condition où elles se trou- vent , et leur température est élevée de tout cet

excès, jusqu'à ce qu'elles l'aient cédé aux autres
corps, ou qu'elles aient pu reprendre l'état de
dilatation dans lequel elles se trouveraient en
équilibre de température; de là la chaleur produite par la compression et par la percussion.

Les effets qui sont produits dans les liquides
par le calorique, ont d'une part de l'analogie
avec ceux que l'on observe dans les solides, et
d'autre part avec ceux qui ont lieu dans les
fluides élastiques; mais dans ceux-ci c'est
la compression de l'atmosphère qui paraît subs-
tituée à l'action réciproque des molécules, et
qui détermine les proportions de calorique,
selon les changements de température; c'est aussi
de cette compression que dépend la température
à laquelle un liquide peut parvenir avant de se
réduire en vapeur. Il convient donc d'examiner
d'abord les rapports qui existent entre la compression et la température dans les fluides élastiques pour en distinguer les effets de ceux de
l'action réciproque des molécules, et pour cela
il faut reconnaître ce qui arrive aux fluides élastiques lorsqu'ils sont soumis à une compression
égale, mais à différentes températures, et lorsqu'ils éprouvent une différente compression, la
température restant la même.

108. Les physiciens ont tâché depuis longtemps de déterminer les dilatations que les gaz
éprouvaient par l'élévation de température, mais

les opinions étaient restées flottantes par la diversité des résultats de leurs expériences : un jeune chimiste, Gay Lussac, dont les talents me sont en particulier d'un grand secours, a fixé les incertitudes dans un mémoire qu'il a lu à l'institut (1), et dont je vais présenter l'extrait.

Deluc, en comparant les hauteurs trouvées par le baromètre à celles qu'il avait mesurées géométriquement, a trouvé que vers la température $16^{o}\frac{1}{4}$ qu'il appelle température fixe, l'air atmosphérique se dilate de $\frac{1}{215}$ de son volume pour chaque degré.

Vers le 15e degré, le général Roy a attribué à l'air sec, une dilatation de $\frac{1}{172}$, et à l'air humide une dilatation beaucoup plus forte. Saussure observe à cet égard que ce physicien ayant introduit dans son appareil, soit de l'eau liquide, soit de la vapeur d'eau, il a confondu deux choses qu'il était essentiel de séparer, savoir la conversion de l'eau en vapeur élastique, et la dilatation de l'air unie à cette vapeur. D'après des expériences faites depuis le 6e degré jusqu'au 22e, il fixe à $\frac{1}{215}$ la dilatation de l'air sec, et de celui qui est plus ou moins humide, mais tenant toujours son eau en parfaite dissolution, évitant d'ailleurs soigneusement qu'il pût se former de nouvelles vapeurs.

(1) Ann. de Chim. Therm. an 10.

Priestley est le premier qui se soit occupé de la dilatation des autres gaz ; mais ses expériences ne donnent que des dilatations relatives très-différentes les unes des autres , et lui-même ne leur accorde pas beaucoup de confiance.

Enfin Guyton et Prieur ont attribué à chaque gaz une dilatation particulière et très-croissante en approchant du terme de l'ébullition de l'eau. Ils ont trouvé pour le gaz azote, par exemple, que depuis 0 jusqu'à 20°, il se dilate de $\frac{1}{588}$ de son volume pour chaque degré ; depuis 20 jusqu'à 40° de $\frac{1}{108}$; depuis 40° jusqu'à 60 de $\frac{1}{36}$, et depuis 60 jusqu'à 80 de plus de $\frac{1}{7}$; mais cette progression très-croissante et la différence de leurs résultats doivent être rapportées principalement à l'eau qu'ils auront laissée dans leur appareil, et qui comme l'on sait, prend d'autant plus facilement l'état élastique que sa température est très-élevée. Il sera donc arrivé à 80° que l'eau en se convertissant abondamment en vapeur, aura expulsé de leur appareil beaucoup d'air qui ne l'aurait pas été sans elle , et que par conséquent ils auront attribué à l'air restant une dilatation trop forte.

Ce sont ces grandes variations dans les résultats des physiciens sur la dilatation des gaz , qui ont déterminé Gay Lussac à traiter de nouveau cet objet. En évitant dans ses appareils toutes les causes d'erreurs qu'il a pu prévoir, sur-tout la

présence de l'eau, il a reconnu que l'air atmosphérique, les gaz oxigène, hydrogène, azote,
nitreux, ammoniacal, acide carbonique, acide
sulfureux, acide muriatique, et la vapeur de
l'ether sulfurique se dilatent également par les
mêmes degrés de chaleur, et que depuis o jusqu'à 80°, 100 parties de chacun des gaz permanents prennent un accroissement de 37 p. 50,
ou de $\frac{1}{213}$ du volume par chaque degré.

Ce coefficient $\frac{1}{213}$ semble différer bien peu de
de celui $\frac{1}{215}$ de Deluc; mais Gay Lussac observe
que la différence des températures desquelles ils
sont partis, en établit une très-sensible entre leurs
résultats. Il fera voir ailleurs que les coefficients
varient avec les températures d'où l'on part, et
il déterminera la loi des variations.

Il a remarqué qu'en approchant du terme de
l'ébullition de l'éther, les condensations de sa
vapeur sont un peu plus rapides que celles des
gaz, ce qui correspond à la plus grande dilatation que les liquides éprouvent lorsqu'ils approchent de l'ébullition, et à celle qui se fait
remarquer dans quelques liquides près de la
congélation; mais l'effet n'est plus sensible quelques degrés au-dessus de celui où s'est fait le
passage de l'état liquide à celui de fluide élastique.

Priestley, Guyton et Prieur ont trouvé au
gaz ammoniacal une très-grande dilatation. Si

l'on reçoit directement dans un appareil le gaz
ammoniacal provenant de la décomposition du
muriate d'ammoniaque par la chaux ordinaire,
on trouvera aussi une très-grande dilatation ;
mais dans ce cas on observera sur les parois de
l'appareil, lorsque la température sera abaissée,
un peu de liquide et quelques points cristallins
qui sont du muriate ou du carbonate d'ammoniaque ; si l'on fait séjourner le gaz sur la potasse caustique avant de l'introduire dans son
appareil, on trouvera qu'il se dilate comme les
autres gaz, mais alors on ne verra dans le récipient ni liquide, ni molécules cristallines. Cela
prouve qu'outre les liquides il faut encore éviter
scrupuleusement, dans les recherches sur la
dilatation des gaz, les corps solides qui sont
susceptibles de prendre l'état élastique à la température à laquelle on les expose.

Puisque la solubilité plus ou moins grande
des différents gaz, ni leur plus ou moins grande
densité sous la même pression et à la même
température, ni la nature particulière des gaz
et des vapeurs n'influent point sur leur dilatation, et qu'elle dépend uniquement de leur
état élastique, on peut conclure généralement
que tous les gaz et toutes les vapeurs se dilatent également par les mêmes degrés de chaleur.

Il est donc confirmé par là que tous les gaz

et l'air atmosphérique qui tiennent plus ou moins d'eau en dissolution, sont également dilatables. Saussure avait reconnu cette propriété dans l'air atmosphérique.

Tous les gaz étant également dilatables par la chaleur, et également compressibles, et ces deux propriétés dépendant l'une de l'autre, les vapeurs qui suivent les mêmes lois de dilatation doivent aussi être également compressibles; mais cette conclusion ne peut être vraie qu'autant que les vapeurs comprimées restent entièrement dans l'état élastique, ce qui exige que leur température soit assez élevée pour les faire résister à la pression qui tend à leur faire prendre l'état liquide.

109. Ces expériences font voir que l'action réciproque des molécules n'a plus aucun effet sensible dans les gaz, mais que la compression étant constante, les dilatations produites par la température sont les mêmes pour tous, et que tous les liquides qui ont pris l'état de gaz se trouvent soumis aux mêmes lois; de sorte que leur constitution ne dépend plus que de l'action du calorique et de la résistance de la compression. L'effort élastique d'un gaz pour occuper le volume qui convient à sa température, croît dans le même rapport dans tous les gaz et dans toutes les vapeurs, si elles ne peuvent effectivement recevoir ce volume, et l'effet comparatif du calorique à différentes températures, est mesuré

I.   II

par la tension qui en résulte dans le fluide élastique; mais si le volume peut se dilater en liberté, la tension reste la même, et tout l'effet du calorique se borne à la dilatation du volume.

Ce n'est donc que parce que la compression s'oppose à la dilatation, que la température s'élève, et l'un de ces deux effets peut suppléer à l'autre. La compression remplace l'action réciproque des molécules; avec cette différence, que c'est une même force pour tous les gaz, et que ses effets sont uniformes et proportionnels à son intensité, au lieu que l'action réciproque des molécules varie dans chaque substance.

110. Puisque la compression remplace l'action réciproque des molécules, il est manifeste qu'en diminuant la compression sans changer la température, on doit accroître le calorique en proportion de la dilatation du volume.

Si l'on dilate l'air par le moyen d'une machine pneumatique, il doit donc se faire une absorption de calorique proportionnelle aux changements qui sont produits dans le volume de l'air, pour qu'il puisse être en équilibre de température avec les corps dont il est environné. Cependant le thermomètre, plongé dans cet air, n'éprouve qu'un abaissement léger qui paraît ne pas correspondre à l'effet que je suppose : c'est que le changement qu'indique le thermo-

mètre est dû à la distribution du calorique
entre lui et les substances avec lesquelles il se
trouve en contact selon leur masse respective,
et selon leur capacité de calorique. Lorsqu'on
plonge un thermomètre dans un liquide, surtout lorsque la quantité du liquide est considérable relativement à lui, l'influence qu'il a
par lui-même, en partageant sa propre température avec celle du liquide, est si petite qu'on
la néglige sans qu'il en résulte aucune erreur
sensible : il en est tout autrement lorsqu'on fait
l'expérience avec l'air; celui-ci, dont 100 pouces
cubes ne pèsent qu'environ 46 grains, se trouve
en contact non-seulement avec le thermomètre
qui a plusieurs fois autant de pesanteur, mais
sur-tout avec une grande circonférence dont
une partie est métallique, et par conséquent
très-propre à soustraire promptement la chaleur
dégagée : il ne doit donc y avoir qu'une très-
petite partie de l'effet de son changement de
température qui agisse sur le thermomètre, et
son indication se trouve affectée de toute la différence qui dépend de la quantité de l'air qui
absorbe du calorique et des corps qui lui en
fournissent. Il n'est donc pas surprenant que
les changements très-grands qui se font dans
les proportions du calorique relativement à l'air,
n'en produisent que de très-petits dans la température du thermomètre.

11..

C'est au changement considérable de température qui a lieu dans l'air qu'on dilate par la pompe pneumatique, qu'est due la formation de ce nuage dont on a donné différentes explications, et qui se redissout promptement, parce que l'air reprend la température des corps ambiants. Si l'abaissement de température n'était beaucoup plus grand qu'on ne le suppose, il ne serait pas une cause suffisante du phénomène.

Ce que je viens de dire sur la dilatation doit s'appliquer aux effets de la compression ; lors donc que l'on comprime l'air, il en sort une quantité de calorique qui est proportionnelle à la diminution du volume. (*Note IV.*)

On peut opposer que lorsque l'air éprouve une compression, l'augmentation de son ressort fait voir qu'il tient une quantité de calorique, qui, étant lui-même dans un état de compression, est la cause de cet effort ; ce qui prouve que c'est la même quantité de calorique qui produit l'équilibre de température dans les deux circonstances, c'est que si après avoir comprimé l'air on le remet en liberté, il se produit un refroidissement qui correspond à la chaleur qui avait été dégagée. S'il eût retenu dans la compression une plus grande quantité de calorique que celle qui convenait à la réduction de son volume, dans la température donnée, il ne reprendrait pas les dimensions qu'il doit

avoir sous la nouvelle compression; il s'arrêterait au terme où le calorique comprimé se
trouverait en équilibre avec l'action des corps
voisins, et il n'y aurait pas de réfroidissement
dans ces corps; ce n'est donc point par l'effet du
calorique plus comprimé, qu'il tend à reprendre
son premier état. Je ne puis confirmer plus solidement cette théorie que par l'opinion de Laplace,
qui a bien voulu me remettre la note ci-jointe.
(*Note V.*)

La chaleur qui se dégage des corps solides par
les moyens mécaniques qui en rapprochent les
molécules, et celle qu'on exprime des fluides
élastiques par la compression, étant un effet du
rapprochement des molécules, (*Note VI.*) on
voit pourquoi le frottement, l'agitation et la
compression des liquides ne produisent pas de
chaleur appréciable, puisqu'ils ne sont pas sensiblement compressibles.

112. Résumons à présent pour déterminer
quelle est la différence de l'action du calorique
sur les corps, selon l'état dans lequel ils se
trouvent, et quels sont les phénomènes qu'il
produit dans leur passage d'un état à un autre.

Il y a cette différence entre les corps solides,
les liquides, et les fluides élastiques; que dans
les premiers le calorique a une proportion déterminée avec l'état de dilatation qu'ils éprouvent
en raison de la température et de l'action ré-

ciproque de leurs molécules ; lorsqu'un corps
devient liquide, celle-ci cesserait d'avoir son
effet sans une compression étrangère ; mais
cette compression maintient les molécules à
une distance où leur action réciproque peut
encore produire un effet : la diminution de la
résistance permet au calorique de s'accumuler jusqu'à un certain point, sans accroître la température ; et l'on trouve dans cette diminution la cause
pour laquelle les liquides peuvent éprouver une
dilatation plus grande que les solides, par les
mêmes élévations de température ; enfin la résistance continuant de s'affaiblir, le calorique devenu prépondérant la détruit entièrement, et il
s'accumule jusqu'à ce que l'élasticité qu'il peut
communiquer au fluide élastique soit en équilibre
avec la compression : celle-ci est devenue le seul
obstacle qui, selon son intensité, fait varier l'état
du nouveau gaz.

Dans cette suite de phénomènes on trouve
un rapport constant entre les quantités de calorique et les conditions sous lesquelles se
trouve placé le corps qui en éprouve l'action :
la température qu'il reçoit ne correspond point
à l'accumulation du calorique, puisqu'un corps
peut en prendre une grande quantité sans qu'elle
change ; la dilatation en est un indice plus sûr ;
mais on voit aussi qu'elle n'est point proportionnelle à sa quantité, puisqu'elle est incompara-

blement plus considérable dans les fluides élastiques que dans les liquides, et dans ceux-ci que
dans les solides, et que dans le passage d'un
état à l'autre elle participe à ces deux conditions.
(*Note XI.*) Le calorique qui devient latent dans
le passage d'un solide à l'état fluide, et d'un
liquide à celui de fluide élastique, produit son
effet dans les changements d'état contraires,
comme celui qui élevait la température et qui était
latent pour les corps qui étaient au même degré,
affecte les corps qui sont à une température plus
basse.

Un corps solide peut prendre une température d'autant plus élevée, qu'il a moins de disposition à se liquéfier, ou qu'il oppose plus de
force de cohésion à l'action du calorique, et
pendant qu'il entre en liquéfaction, sa température reste la même : tout le calorique est employé
à produire le liquide.

Si les élévations de températures dans les corps
solides ne dépendent que de la résistance que
le calorique éprouve de l'action réciproque des
molécules, et dans les fluides élastiques de la
compression à laquelle ils sont soumis, les deux
causes agissent dans les liquides : nous ne pouvons, comme dans les solides, y accroître l'action
réciproque par la compression, mais nous pouvons en diminuer ou en faire disparaître l'effet,
comme dans les fluides élastiques.

113. Les effets qui, dans les circonstances que nous avons examinées, sont dus aux changements de dimensions produits par une cause mécanique ou par l'équilibre de température, sont encore les mêmes lorsqu'ils proviennent de l'action de l'affinité; mais dans ce cas ils se compliquent souvent avec d'autres résultats de l'affinité; ce n'est que lorsque celle-ci a peu d'énergie, que l'on retrouve dans son intégrité le rapport de la quantité du calorique avec les dimensions que prend une substance, telle est l'évaporation.

Si le refroidissement produit par l'évaporation paraît beaucoup plus grand avec une substance très-évaporable, telle que l'éther, que celui qu'on obtient par la dilatation d'un fluide élastique, c'est que l'effet se concentre sur le thermomètre, il est au fond le même, ou il n'y a de différence que dans la quantité de la dilatation.

On peut même, dans une température assez élevée, produire la congélation de l'eau, ainsi que l'a fait Cavallo, par le moyen d'une quantité peu considérable d'éther; si l'on ramenait par la compression la vapeur de l'éther qui s'est formée, il s'en dégagerait toute la quantité de calorique qui avait servi à lui donner l'état élastique, et cependant le thermomètre n'indiquerait alors qu'une très-petite partie de cet effet; c'est que le calorique qui serait éliminé passerait dans toute la surface de l'ap-

pareil, et le thermomètre qui n'en fait qu'une
petite partie, ne serait que faiblement affecté,
pendant que si on l'humectait du liquide,
c'est du thermomètre même que les vapeurs
recevraient directement le calorique. On convient
que dans l'évaporation, la vapeur qui se forme
par la dissolution dans l'air, contient autant de
calorique que celle qui est produite par la chaleur ; Watt a même conclu de ses expériences,
que l'eau tenue en dissolution par l'air avait
plus de calorique latent qu'un égal volume de
vapeur, mais cette différence ne me paraît devoir
être attribuée qu'aux inexactitudes inséparables
de ce genre d'expérience. (*Note VII.*)

114. L'observation des phénomènes prouve
donc que les principes énoncés (103) doivent s'appliquer aux changements de dimensions produits
dans les corps par le calorique, lorsque l'affinité n'y apporte point d'obstacle, et qu'il
y a un rapport constant entre les dimensions
qu'ils en reçoivent, selon l'état de leur action
réciproque ou de la compression qui se substitue
à cette action, comme il y en a un entre leur
capacité de calorique et l'état dans lequel ils se
trouvent ; quant à la température, elle est en
rapport avec les obstacles qui s'opposent à l'action
expansive du calorique.

Si l'on augmente progressivement la chaleur
d'un corps solide, il parvient à un degré où

la force de cohésion est tellement affaiblie, qu'il ne peut plus conserver son état, et prend celui de liquide ou de fluide élastique, et si jusqu'à présent quelques corps ont été réfractaires, on ne doit l'attribuer qu'à l'impuissance des moyens qu'on peut employer pour accumuler le calorique. Lorsque la chaleur a écarté les molécules d'une substance au point que leur affinité mutuelle cède à l'action du calorique, cette substance en absorbe subitement une grande proportion; ses molécules se combineraient sans interruption, et formeraient immédiatement un gaz qui se dilaterait de plus en plus, en conservant la même température, si cet effet n'était limité par la compression de l'atmosphère qui concourt par là aux résultats de l'action chimique, et par celle du gaz même qui s'est formé; de sorte que le calorique qui élève la température au-dessus de l'équilibre d'un système de corps ne produit cet effet que par la résistance qu'opposent à sa combinaison l'affinité réciproque des molécules et la compression de l'atmosphère. Le calorique qui devient latent dans ces changements d'état, reparaît dans le retour d'un fluide élastique à l'état liquide, et de celui-ci à l'état solide. On voit donc que le calorique qui devient latent dans une circonstance, produit les effets thermométriques dans une autre, et que ceux-ci sont différents

selon la résistance qu'il éprouve, et varient dans
les différents états d'une substance, et dans
le passage d'un état à un autre. (*Note VIII.*)

115. Les corps diffèrent encore par la propriété de communiquer plus ou moins facilement la chaleur, et de parvenir plus ou moins
promptement à l'équilibre de température du
système dans lequel ils se trouvent placés, ou
par la faculté conductrice ; mais il faut, en considérant cette faculté comparative, distinguer
dans les liquides et les fluides élastiques les effets
dus au mouvement que le changement de pesanteur spécifique imprime à leurs parties, de ceux
qui sont dus à la communication immédiate,
comme je le ferai observer plus particulièrement.

CHAPITRE II.

Des différents états du calorique.

116. Les résultats de l'action du calorique qui
sont déduits de l'expérience immédiatement, ou
par des raisonnements rigoureux, sont vrais,
indépendamment des idées qu'on peut se former
de la nature du calorique, et soit qu'on le re-

garde comme une force qui n'est connue que
par ses effets, ou comme une substance qui
exerce les propriétés qui lui appartiennent.

Toutefois il importe à la théorie, pour indiquer
les rapports que les propriétés du calorique ont
entre elles, et l'influence qu'elles peuvent avoir
dans les phénomènes compliqués, de déterminer
les différences qui peuvent distinguer cette puissance de toutes celles qui entrent dans l'action
chimique : on aura non-seulement cet avantage si
l'on peut prouver que l'action du calorique est
analogue à celle d'une substance qui entre en
combinaison avec les autres, mais encore celui
de faire dépendre ses effets d'une cause commune à tous les phénomènes chimiques, en
le considérant cependant comme un fluide qui
est éminemment élastique et qui peut éprouver
une condensation indéfinie. Il ne s'agit que de
voir si les explications établies sur cette hypothèse s'appliquent exactement aux phénomènes,
seule méthode que l'on puisse employer pour un
objet qui lui-même échappe au poids et à la
mesure qui peuvent seuls certifier incontestablement l'existence d'un corps; et si ces explications correspondent d'une manière satisfaisante, on sera autorisé à ne le considérer que
comme une substance qui a la propriété d'entrer
en combinaison avec les autres, en négligeant
des discussions qui sont inutiles pour l'explication

des phénomènes chimiques, et qui ne pouvant être jugées par l'expérience sont interminables.

117. Pour classer les effets du calorique, on a distingué le calorique sensible et le calorique latent; le calorique spécifique et le calorique absolu; le calorique libre et le calorique combiné; il faut reconnaître ce qu'il peut y avoir de réel dans les modifications du calorique qui ont conduit à ces distinctions, et examiner si elles peuvent toutes se déduire des propriétés de la combinaison chimique.

C'est au calorique libre qu'on a attribué les effets qu'il produit lorsqu'il affecte nos sens, ou lorsqu'il fait varier la température et la dilatation des corps. On a représenté ceux-ci comme une éponge dont les vides se remplissaient du calorique qui tendait à les occuper en cherchant à se mettre en équilibre par une propriété commune à tous les fluides; cependant de célèbres physiciens ont reconnu l'action d'une affinité qui tendait à condenser le calorique; mais on l'a distinguée de l'affinité chimique qui produit les combinaisons, sous le nom d'affinité physique ou d'affinité d'adhérence ou de cohésion, et on a attribué l'union du calorique à cette première affinité, et celle du calorique combiné à la seconde (1).

(1) Pictet, Essais de Pphys. p. 13.

Cette manière d'envisager l'action du calorique me paraît peu conforme aux indications de l'expérience. Il est facile de se convaincre que le calorique qui produit des effets sensibles ne correspond point aux interstices qu'on peut supposer entre les molécules des différents corps : la capacité de calorique d'un poids égal d'eau, c'est-à-dire la quantité de calorique qu'elle peut abandonner, en passant d'un degré déterminé de température à un autre, comparée à celle de l'alcool, est dans le rapport de 1000 : 678 (1), les dilatations qu'une même quantité de chaleur produit dans le volume d'un gaz, sont incomparablement plus grandes que celles qu'éprouvent les liquides et sur-tout les solides, et il n'y a aucun rapport entre les dilatations et les quantités de calorique qui sont absorbées.

Pour produire le même effet, le calorique se combine en différentes proportions avec les différentes substances en raison de l'affinité qu'il a pour elles, et non des interstices qu'il y trouve.

180. La différence qui existe entre le calorique qu'on regarde comme libre, et celui qu'on appelle combiné n'autorise point à attribuer leur état à deux affinités distinctes ; car nous avons vu dans le chapitre précédent que le calorique n'élevait la température d'un corps que parce qu'il trouvait

(1) Mém. sur la Chaleur.

un obstacle qui l'empêchait de lui donner les
dimensions qui étaient nécessaires pour maintenir une tension égale à celle des corps voisins :
la seule différence qu'il y ait donc entre le calorique que l'on a regardé comme combiné, et
celui que l'on a désigné par le nom de calorique
libre, consiste en ce que l'un produit une saturation dont l'équilibre ne change pas dans les
circonstances données, et que l'autre au contraire se trouve dans un autre degré de tension,
à cause des forces qui s'opposent à une dilatation
proportionnée à sa quantité, et qu'il est par
conséquent plus disposé à entrer dans d'autres
combinaisons qui ne sont pas au même terme
de saturation ; on n'a qu'à lever cet obstacle et
l'excès de saturation disparaît ; le calorique que
l'on regarde comme libre devient latent.

Le calorique, dès qu'il produit un effet sur
un corps qui n'éprouve pas de changement dans
son état de combinaison, augmente ses dimensions ; il accroît la distance de ses molécules ;
il surmonte leur affinité réciproque ; effort qui
est immense, si on le compare aux forces mécaniques que l'on peut attribuer à des parties extrêmement subtiles et d'une grande mobilité, et qui
ne présente aucune analogie qu'avec cette force
puissante qui produit les combinaisons chimiques:
Dans l'union qu'il contracte, il suit les mêmes
lois que nous avons remarquées dans celles des

acides, et que l'on retrouve en général dans toute espèce de combinaison, avec cette différence que son affinité se mesure avec tous les corps qui se trouvent dans un systême exposé à une même température, c'est-à-dire, qui parviennent à un même degré de saturation, pendant qu'un acide n'établit son équilibre de saturation qu'avec des alcalis, et qu'il trouve relativement aux autres substances, dans la force de cohésion ou dans l'élasticité qu'il doit vaincre et dans celles qui lui appartiennent à lui-même, une résistance qu'il ne peut surmonter : nous allons nous en assurer par la comparaison des effets.

De même qu'il faut des quantités différentes des mêmes acides, pour produire le même degré de saturation avec différentes bases alcalines, il faut aussi différentes quantités de calorique pour produire le même degré de saturation dans différents corps, ou, ce qui est la même chose, pour les élever d'une même température à une autre température déterminée.

Le calorique spécifique, ou la quantité comparative de calorique qui peut produire un même effet, un même degré de saturation avec différents corps, correspond donc à la quantité d'un même acide qui est nécessaire pour produire un même degré de saturation, la neutralisation, par exemple, avec différentes bases ou avec la quantité de différents acides qu'il fant pour produire cet effet avec une même base ; mais toute l'acidité nécessaire pour produire la neutralisation peut être déterminée, au lieu qu'on ne peut que comparer les quantités de calorique par les effets constants qu'elles produisent dans une substance qui sert d'objet de comparaison.

Un acide devient latent dans une combinaison ; son acidité reparaît lorsqu'une autre substance vient partager l'action qu'il exerçait sur la base avec laquelle il était combiné sans concurrence.

Ainsi le calorique sensible est celui qui passe d'une combinaison dans une autre qui n'est pas au même degré de saturation : il s'établit un équilibre de saturation, et les proportions qui sont nécessaires pour cet effet dépendent des affinités pour le calorique comme pour un acide, et de la quantité pondérale de la base ; l'un et l'autre deviennent latents jusqu'à ce qu'une force supérieure les oblige à passer dans une autre combinaison, ou plutôt à subir un nouveau partage. Le combiné prend des qualités qui dépendent des proportions qui le composent, et les forces antagonistes se saturent selon l'élément qui domine ; mais comme l'alcalinité est la force antagoniste d'un acide, c'est la force de cohésion qui l'est du calorique.

119. Le calorique latent est donc celui qui, dans les mêmes circonstances, conserve son état de

combinaison; mais dans d'autres circonstances il peut devenir à son tour calorique sensible : or le calorique spécifique étant la quantité de calorique qui peut devenir sensible en quittant une combinaison dans une étendue déterminée de l'échelle thermométrique, comparée à celle qu'abandonne une autre combinaison dans cette même circonstance, il ne diffère du calorique latent que par la saturation comparative que l'un et l'autre produisent.

En procurant la liquidité aux corps solides, le calorique met leurs parties en état d'exercer leur affinité mutuelle; c'est ainsi que les corps solides et non solubles dans l'eau deviennent par la fusion capables de former une substance vitreuse qui est homogène, et qui peut prendre la forme cristalline déterminée par la figure de ses parties, quand la température s'abaisse, c'est-à-dire quand son action diminue, comme il arrive dans les dissolutions par l'eau.

De même qu'un liquide peut dissoudre une plus grande quantité de deux substances salines que d'une seule, parce que l'action mutuelle de ces deux substances concourt avec celle qu'il exerce, le calorique liquéfie plus facilement deux corps solides, dont les parties exercent une affinité mutuelle que s'il agissait sur ces corps isolés, comme on le voit dans les alliages qui sont plus fusibles que les métaux qui les forment, et

comme on l'observe dans la vitrification où les
terres non vitrifiables servent de fondants à
d'autres terres qui seules résisteraient également
au degré de chaleur qui produit alors la vitrification.

Lors donc que le calorique procure la liquéfaction des corps solides, soit immédiatement,
soit par l'action intermédiaire d'un liquide, il
agit comme les dissolvants, et sous ce point de vue
il peut leur être assimilé; comme eux, il n'opère
la liquéfaction réciproque qu'en diminuant l'effet
de l'affinité des parties de chaque corps, par un
effet analogue d'affinité. Plus il se trouve surabondant dans une combinaison, plus ses propriétés
dominent, et plus la substance devient élastique:
alors son action devient nuisible à la combinaison de cette substance avec une autre qui
n'acquiert pas la même élasticité, et il peut être
considéré comme un dissolvant qui opère la
séparation de deux substances.

120. Avant que de détruire la force de cohésion, ou de séparer une substance par la volatilité qu'il lui communique, il faut que sa proportion se soit accrue jusqu'à un certain terme;
alors il s'accumule subitement (114), et lorsque son action cède à celle des forces opposées, les corps se retrouvent avec lui dans les
mêmes proportions.

Si nous portons notre attention sur la liqué-

12..

faction même produite par un dissolvant, nous y reconnaissons des effets pareils.

L'eau commence par se combiner avec un solide, jusqu'à ce que sa force de cohésion soit assez affaiblie ; alors le solide se dissout tout-à-coup, il prend immédiatement l'état liquide sans passer par des états intermédiaires : un autre liquide se dissout en toute proportion si sa pesanteur spécifique n'y met obstacle ; mais plus l'eau est abondante, moins celle qui est superflue tient à la combinaison ; si par l'évaporation ou par l'action d'une autre substance, l'eau se sépare de la dissolution, le corps solide reprend son état en retenant la même quantité d'eau qu'il avait au moment où il était passé à l'état liquide.

Si l'on ne veut pas regarder cette conformité entre les propriétés du calorique et celles d'une substance qui subit une combinaison, comme une preuve rigoureuse de son existence substantielle ; on ne pourra se refuser à convenir que l'hypothèse de son existence n'a aucun inconvénient, avec l'avantage de n'introduire dans les explications des phénomènes que des principes généraux et uniformes.

10. Quoique le calorique spécifique d'une substance ait un rapport constant avec les dilatations qu'elle éprouve à différentes températures, et qu'il soit probable qu'il y en ait un entre les dilatations des différentes substances et

leur calorique spécifique, on ignore encore quel il peut être dans la plupart des circonstances : on voit seulement que les dilatations des fluides élastiques indiquent moins de calorique spécifique que celles des liquides, et celles-ci que les dilatations des solides ; ainsi la condensation d'un métal est accompagnée d'un dégagement de calorique beaucoup plus grand qu'une condensation semblable dans une même quantité pondérale d'un gaz.

Il me paraît donc que plus la condensation d'une substance augmente, plus la quantité de calorique qui s'en sépare par un même changement de dimensions est grande, ou en d'autres termes, que le calorique est dans un état d'autant plus condensé, que sa quantité diminue ; ce qui est conforme à l'action croissante des affinités lorsque la proportion diminue.

Toute la quantité de calorique qui peut former le calorique spécifique paraît donc avoir un rapport constant avec l'état d'expansion d'une substance, mais non avec son calorique absolu ; par exemple, le calorique spécifique de la vapeur de l'eau n'a point de rapport avec celui de l'eau : quand la vapeur est réduite en liquide il ne s'en est dégagé que le calorique qui la réduisait en état gazeux, et tout celui qui appartient à l'eau n'a point influé sur ce phénomène ; il en est de même du calorique que l'eau peut aban-

donner jusqu'à ce qu'elle soit réduite en état
de glace, et qui forme le calorique spécifique
de l'eau; mais la glace peut retenir et retient
probablement une quantité de calorique beaucoup plus grande que celle qui s'est dégagée
depuis l'état de vapeur jusqu'à celui de la congélation; puisque l'action chimique s'accroît
à mesure que la proportion d'un élément diminue, il faut donc qu'il se trouve beaucoup
plus condensé que celui qui constituait la vapeur.

Il y a cette différence, sur laquelle j'insisterai
ailleurs, entre les substances solides et liquides,
et les fluides élastiques, que lorsque ceux-ci subissent une forte combinaison, ils éprouvent
une condensation beaucoup plus grande. Cette
condensation doit être incomparablement plus
considérable dans le calorique que dans les
autres substances qui lui doivent à lui-même
leur état élastique.

Si le calorique n'était pas plus condensé dans
les corps à mesure que leurs molécules se rapprochent, ou plutôt si celui qui est le plus voisin
de chaque molécule n'était pas dans un plus
grand état de condensation que celui qui s'en
trouve à une plus grande distance, les caloriques spécifiques devraient être proportionnels
aux dilatations : on conçoit donc comment sa
quantité doit toujours correspondre au volume

ou à la pesanteur spécifique d'un même corps,
pourvu que sa tension reste la même ; car
ayant la propriété de se combiner avec tous
les corps, il abandonne celui dont les molécules se rapprochent, parce qu'il est chassé,
pour ainsi dire, par celui qui se trouve
autour des molécules dans l'état de condensation
qui est déterminé par leur action, pour produire
dans les autres corps une dilatation au moyen
de laquelle il se trouve encore dans un état de
condensation qui convient à l'action qu'il éprouve.

122. Je n'ai considéré jusqu'ici le calorique
que dans les effets qu'il produit sur les corps,
et par conséquent dans les circonstances où il
exerce une action sur eux : j'ai fait voir que
cette action était parfaitement analogue à celle
d'une substance qui se combine; mais l'élasticité
dont il jouit dans un degré éminent lui donne
une propriété qui le distingue des combinaisons
dans lesquelles cette force ne contribue point
aux effets, et dont nous pouvons prendre une
idée, en considérant ce qui se passe dans une
faible combinaison d'une substance élastique,
par exemple, dans une dissolution d'acide carbonique par l'eau, d'autant plus que c'est lui-
même qui est le principe de cette propriété dans
toutes les substances qui la possèdent.

Si après avoir saturé l'eau d'acide carbonique
à une certaine pression de l'atmosphère, on vient

à diminuer cette pression, une partie de l'acide carbonique s'échappe et reprend l'état élastique; le dégagement de ce gaz a également lieu, si l'on augmente son élasticité en élevant la température : plus ces deux causes de séparation seront énergiques, plus grande sera la quantité de l'acide carbonique qui reprendra l'état élastique.

Le même phénomène a lieu dans le calorique combiné avec une substance : si les circonstances qui sont nécessaires pour qu'un corps échauffé prenne un certain degré de température, viennent à s'affaiblir, une partie du calorique s'échappe et conserve son état élastique, jusqu'à ce qu'il le perde en se combinant avec un corps; c'est alors le calorique rayonnant dont je vais examiner les propriétés.

123. Le calorique rayonnant apperçu par Mariote fut soumis à l'expérience sous le nom de chaleur obscure, par Lambert; Schéele le distingua plus particulièrement sous le nom *d'ardeur rayonnante* (1); Saussure s'en occupa ensuite (2); mais c'est sur-tout le citoyen Pictet (3) qui en a fait connaître les propriétés par des expériences très-délicates.

(1) Traité chim. de l'Air et du Feu, p. 118.

(2) Voyages dans les Alpes, tom. IV, édit. in-8°.

(3) Essais de Phys.

Schéele observa que le calorique rayonnant est réfléchi par les miroirs métalliques, qui ne reçoivent aucune chaleur par son action, mais qui s'échauffent si l'on noircit leur surface ; qu'il est absorbé par le verre qui ne transmet que la lumière, laquelle peut être réfléchie ensuite par un miroir métallique sans chaleur ; que l'air n'en reçoit point de chaleur, pendant qu'un corps échauffé lui en communique ; que par cette raison l'haleine d'une personne placée dans un courant de calorique rayonnant est visible en hiver, quoiqu'une température beaucoup moins sensible la rende invisible en été ; que par la même un courant d'air n'est point affecté par le calorique rayonnant ; de sorte qu'une lumière y conserve sa direction, et qu'il ne produit pas dans les ombres cette ondulation qu'excite un corps chaud avec lequel il se trouve en contact.

Le calorique rayonnant s'échappe donc des corps échauffés et placés dans l'atmosphère sans produire de lumière, ou bien il est confondu avec la lumière : dans ce dernier cas, il est réfléchi par les miroirs métalliques avec la lumière ; mais il est absorbé par les miroirs et par les lentilles de verre qui ne réfléchissent ou ne transmettent que la lumière, jusqu'à ce que le verre soit assez échauffé pour donner lui-même du calorique rayonnant.

Lors donc que Pictet a éprouvé les variations

d'un thermomètre exposé dans un récipient à l'influence d'une bougie, ce n'est pas le calorique rayonnant, envoyé directement par la bougie, qui produisait les variations, mais celui qui provenait du verre échauffé, et c'est avec cette modification qu'il faut adopter ses résultats.

Le calorique rayonnant est absorbé ainsi après des réflexions plus ou moins multipliées par la surface des corps environnants, plus promptement par les uns, par exemple par les corps noirs ; plus lentement par les corps blancs : le poli des surfaces contribue aussi à sa réflexion, et alors il paraît être réfléchi entièrement par les corps métalliques ; il finit par se combiner en entier si les corps voisins parviennent à un parfait équilibre de température, et ce n'est qu'autant qu'il se combine qu'il produit quelqu'effet sur eux.

Si au contraire cet équilibre est rompu, une partie du calorique combiné dans les corps les plus chauds, se dégage sous la forme de calorique rayonnant, et vient se combiner avec les corps d'une température inférieure ; une conséquence de cet effet, ainsi que l'a fait voir Pictet, est qu'un corps froid placé au foyer d'un miroir concave métallique, produit un abaissement dans le thermomètre qu'on a mis au foyer d'un autre miroir concave qui se trouve vis-à-vis du premier, comme si le froid lui-même pouvait être réfléchi. Il prouve que l'un et l'autre effet ne diffèrent que par la direction selon laquelle se meut l'émanation du calorique, et selon le degré de tension qu'il a dans les corps; de sorte que par les circonstances, un effet devient l'inverse du premier. Ce savant physicien a observé les différences que présente le calorique rayonnant dans le vide, dans la vapeur de l'eau, et dans le gaz de l'éther sulfurique. Il n'en a trouvé que dans l'intensité de cette propriété, qui est un peu plus grande dans le vide que dans la vapeur de l'eau, et dans celle-ci que dans le gaz éthéré. On peut donc regarder comme une propriété générale des gaz de donner un passage libre au calorique rayonnant, et il parait que plus est grande leur expansion, plus ils possèdent cette propriété; cependant il ne faut pas l'y considérer comme absolue.

Au contraire, les liquides ne paraissent pas permettre la transmission du calorique rayonnant, ou du moins il est si promptement absorbé, que cet effet peut être regardé comme nul, et la tension du calorique qui est en raison directe de l'élévation de température, et inverse de la capacité de calorique, ne doit être considérée dans les liquides, et à plus forte raison dans les solides entre eux, que comme une tendance à l'équilibre de saturation.

124. Il résulte de la propriété que l'air pos-

sède, selon l'observation de Schéele, ainsi que
les autres gaz, de ne pas se combiner avec le
calorique rayonnant, que lorsqu'il se fait dans
l'air une combustion ou un dégagement de calorique dû à une autre cause, il n'y en a qu'une
partie qui soit employée immédiatement à re-
hausser sa température ; de sorte qu'un thermomètre exposé à l'influence du calorique rayonnant, peut quelquefois tromper sur la température de l'air, puisqu'il peut absorber le calorique rayonnant qui ne se combine pas avec
l'air.

Ce n'est qu'au calorique rayonnant qu'on peut
faire une application rigoureuse de la dénomination de calorique libre ; mais en le désignant
ainsi, il ne faut pas perdre de vue qu'il ne
produit un effet réel sur les corps, que lorsqu'il entre en combinaison avec eux, et que
son existence n'est encore prouvée que dans les
fluides élastiques.

CHAPITRE III.

De l'action de la lumière et du fluide électrique.

125. La lumière contribue beaucoup aux phénomènes chimiques, elle détermine plusieurs combinaisons, elle est produite au moyen de plusieurs autres : c'est donc l'un des agents dont il convient de reconnaître les propriétés caractéristiques ; mais on doit toujours distinguer les conséquences où conduisent l'observation et l'analogie relativement aux êtres qui ne peuvent être soumis au poids et à la mesure, des déterminations qui sont assises sur cette base invariable. Lorsque les corps changent de dimension, ils prennent ou ils abandonnent du calorique, selon que leurs nouvelles dimensions sont plus resserrées ou plus étendues ; si ces changements se font avec rapidité, ils sont accompagnés non-seulement de chaleur, mais encore de lumière ; ainsi le fer devient chaud et lumineux par une percussion vive, le muriate oxigéné de potasse détonne avec le soufre et les autres corps facilement combustibles, par le moyen d'une simple percussion, et il s'en dégage beaucoup de lu-

mière ; un mélange de fer et de soufre, convenablement humecté fait perdre son élasticité au gaz oxigène, et selon que l'absorption est plus ou moins prompte, plus ou moins abondante, il ne se dégage qu'une chaleur à peine sensible, mais prolongée, ou une chaleur plus vive, ou enfin une combustion accompagnée de beaucoup de lumière, et les résultats plus ou moins lents sont les mêmes.

Il est inutile d'accumuler des faits si notoires, pour en tirer les conclusions qu'ils présentent, et qui sont, en les combinant avec ceux qui ont été exposés précédemment; 1°. que lorsque les dimensions d'un corps diminuent, le calorique qui excède la proportion qu'il doit contenir, passe en combinaison dans les corps voisins, en y produisant la dilatation qu'exige son introduction, suivant la quantité et la capacité de ces corps; 2°. que si le phénomène se passe dans un gaz, une partie du calorique prend l'état de calorique rayonnant, qui passe ensuite en combinaison, soit avec les corps liquides, soit avec les corps solides; 3°. que dans ce dernier cas, si la quantité du calorique qui est éliminée est considérable, ou plutôt si l'élimination est rapide, il se dégage plus ou moins de lumière; 4°. que les combinaisons produisent en cela des effets analogues à ceux de la compression mécanique; mais ces effets sont ordinairement beaucoup plus considérables, parce que la puissance de l'affinité est beaucoup plus énergique que les puissances mécaniques qui sont à notre disposition, ou que nous pouvons observer ; cependant comme l'action des deux éléments d'une combinaison sur le calorique peut varier considérablement, selon celle que l'un et l'autre pouvaient exercer dans l'état isolé, et selon leur affinité réciproque, les résultats de la combinaison peuvent être très-différents, et ne répondent point à l'énergie qui la produit.

126. Selon cette théorie adoptée par le plus grand nombre des chimistes, la lumière peut se fixer dans les corps, et elle reprend par là les propriétés du calorique combiné ; en effet, les corps colorés, et sur-tout s'ils sont noirs, s'échauffent en l'absorbant ; les corps blancs s'échauffent beaucoup moins, parce qu'ils la réfléchissent ; les verres la transmettent pour la plus grande partie, mais ils en absorbent une petite quantité, et prennent en conséquence un peu de chaleur ; lorsqu'elle est recueillie dans le foyer des lentilles, ou réfléchie dans celui des miroirs concaves, elle produit tous les effets du calorique accumulé par tout autre moyen, avec cette différence que les corps en subissent d'autant plus l'effet, qu'ils sont plus opaques ou plus colorés.

Cette différence dans le mode de communica-

tion entre le calorique et la lumière, se fait remarquer, dans une expérience indiquée par
Schéele : « En exposant, dit-il, aux rayons du
» soleil deux thermomètres égaux, dont l'un est
» rempli d'esprit-de-vin coloré d'un rouge foncé,
» et l'autre d'esprit-de-vin non coloré, la liqueur
» rouge s'élèvera bien plus promptement que la
» blanche ; mais si vous mettez ces deux ther-
» momètres dans l'eau chaude, leurs liqueurs
» monteront en même temps ».

De même le calorique rayonnant devient calorique combiné, lorsqu'il est fixé ; mais ce qui
le distingue de la lumière, c'est qu'il est absorbé
plus facilement, et par des corps qui transmettent la lumière ; les verres et les liquides transparents, ne donnent point de passage au calorique rayonnant ; mais ils en donnent un à la
lumière (123). Il paraît donc qu'il faut admettre
cette distinction entre le calorique rayonnant
et la lumière, que le premier possède moins les
qualités d'une éminente élasticité, ou qu'il est
doué d'une moindre vélocité : cette différence
ne dépend que des circonstances de leur émission, puisque l'un peut prendre la nature de
l'autre, et qu'ils peuvent ensuite remplir les
fonctions du calorique, lorsqu'ils obéissent à
l'action des corps ; mais l'un et l'autre, ne produisent aucun effet, qu'autant qu'ils entrent en
combinaison.

127. Si l'observation indique que le calorique rayonnant et la lumière remplissent les fonctions du calorique, en se fixant dans les corps qui n'éprouvent pas de changement dans leur combinaison, et en perdant les propriétés qui les caractérisaient ; si par conséquent on est fondé à les regarder comme une seule et même substance qui ne diffère que par l'état dans lequel elle se trouve, il y a cependant quelques combinaisons chimiques qui paraissent éprouver des effets différents de la lumière et de la chaleur, et qui sembleraient conduire à les considérer comme des substances distinctes ; ainsi, lorsque l'acide nitrique est exposé à la lumière, il s'en dégage du gaz oxigène, et il se forme du gaz nitreux ; la chaleur, au contraire, dégage le gaz nitreux de l'acide nitrique : l'acide muriatique oxigéné abandonne son oxigène par l'action de la lumière, et il peut, par celle de la chaleur, être distillé sans décomposition ; les effets produits dans d'autres combinaisons paraissent les mêmes ; par exemple, lorsqu'on expose à l'action de la lumière une dissolution de prussiate de potasse, dans laquelle on a mêlé un peu d'acide, la dissolution est promptement décomposée ; une partie de l'acide prussique est dégagée, parce qu'elle reprend l'état élastique ; une autre partie se précipite en prussiate de fer : lorsque l'on fait subir l'ébullition à cette dis-

solution, elle subit la même décomposition; mais si elle ne reçoit que la température qu'elle aurait prise par l'action de la lumière, elle n'éprouve point de changement.

Il faut examiner quelles sont les circonstances qui peuvent produire ces effets qui n'annoncent quelquefois qu'une différence dans l'énergie de l'action de la lumière et de la chaleur, et qui paraissent prouver d'autres fois qu'il y a une distance plus grande entre elles; il convient pour cela d'en suivre quelques-uns dans leurs détails, en comparant les deux agents qui les produisent.

128. Nous devons au célèbre comte de Rumford des expériences très-intéressantes sur les effets de la lumière solaire, ainsi que sur ceux de la chaleur (1).

Je diviserai ces expériences en deux classes; celles dans lesquelles il a produit avec la dissolution d'or une couleur pourpre, et avec la dissolution d'argent une couleur jaune brune, et celles dans lesquelles il a obtenu une réduction de ces métaux.

Il a donc imprégné de dissolution d'or de la soie blanche, de la toile de lin et de coton, de la magnésie blanche, et en exposant ces substances à la lumière du soleil ou à la chaleur

(1) Philosop. papers. vol. I.

d'une bougie, elles ont pris une belle couleur pourpre ; mais dans l'obscurité elles n'ont subi aucun changement. Lorsqu'elles n'étoient pas humides, la chaleur et la lumière y produisaient peu d'altération ; mais en les humectant, l'effet avait lieu.

Avec la dissolution d'argent les mêmes substances prenaient une nuance de jaune brun, mais elles n'acquéraient point de couleur dans l'obscurité sans chaleur.

J'ai fait sur le muriate d'argent quelques expériences qui peuvent jeter du jour sur ces résultats. Schéele avait observé que le muriate d'argent recouvert d'eau et exposé à la lumière, abandonnait de l'acide muriatique ; de sorte que l'eau qui surnageait formait avec la dissolution d'argent un nouveau précipité de muriate ; mais il avait supposé que l'argent noircissait, parce que la lumière l'avoit rapproché de l'état métallique en lui donnant du phlogistique. Pour expliquer les effets de la lumière d'une manière plus conforme à l'observation (1), j'avais présumé que le muriate d'argent laissait exhaler son oxigène, lorsqu'on l'exposait à la lumière, de même que l'acide muriatique oxigéné ; qu'il prenait une couleur noire en se rapprochant par là de l'état métallique, et qu'il abandonnait l'acide muriatique

(1) Journ. de Phys. 1786.

13..

avec lequel il ne pouvait plus rester en combinaison dans cet état. J'ai soumis cette ancienne conjecture à l'expérience.

Le muriate d'argent recouvert d'eau, puis
exposé aux rayons du soleil pendant plusieurs
jours, n'a laissé dégager dans le commencement
que quelques bulles qui paraissent n'être dues
qu'à l'air adhérent au muriate d'argent, et
chassé par l'eau; car, passé le premier effet, il
ne s'est plus dégagé de gaz, quoique la quantité de muriate d'argent fût assez considérable,
et qu'il ait fallu l'agiter plusieurs fois pour en
renouveler la surface exposée aux rayons de la
lumière : l'eau qui était devenue acide, rougis-
sait le papier teint avec le tournesol, sans détruire sa couleur ; elle ne contenait donc pas
de l'acide muriatique oxigéné ; saturée avec la
soude, elle a donné par l'évaporation du muriate de soude ; le muriate noirci par la lumière
se dissout en entier dans l'ammoniaque, comme
celui qui a conservé sa blancheur.

C'était donc sans fondement que j'avais supposé que dans ce cas l'oxigène était déterminé
par l'action de la lumière à reprendre l'état élastique, et à abandonner le métal.

J'ai exposé à la chaleur le muriate d'argent
noirci par la lumière dans une petite cornue de
verre placée sur le sable; il s'est fondu en se
combinant avec le verre; il ne s'est point dégagé

d'oxigène, mais de l'acide muriatique. On a soumis du muriate d'argent qui n'avait pas éprouvé l'action de la lumière à une chaleur moins forte, et l'on a observé qu'il noircissait avant d'entrer en fusion, et qu'il s'en dégageait en même temps un peu d'acide muriatique; mais point d'oxigène. Il paraît donc que la lumière ne fait qu'occasionner la séparation d'une portion de l'acide muriatique qui est combiné dans le muriate d'argent, et que la chaleur seule peut produire le même effet.

Du muriate d'argent laissé dans un lieu obscur, mais exposé à un courant d'air, y a noirci assez promptement, comme s'il eût subi l'action de la lumière : l'air a donc favorisé le dégagement de cette partie d'acide muriatique qui doit se séparer pour que le muriate d'argent prenne une couleur noire, et cette séparation peut être l'effet de causes très-différentes.

Il y a apparence que le muriate d'or éprouve le même effet que le muriate d'argent, et que la lumière, ainsi que la chaleur, en sépare une partie de l'acide, mais que l'intermède de l'eau favorise cet effet, puisque les substances sèches n'ont pas pris la couleur pourpre. La couleur que prennent les combinaisons de l'or et de l'argent est celle même des oxides de ces métaux lorsqu'ils dominent : ce qui explique la remarque de Rumford, que les couleurs qu'on obtient, ressemblent

à celles des émaux dans lesquels on fait entrer
ces oxides.

129. Je passe aux expériences dans lesquelles
Rumford, dirigé par celles que Mistriss-Fulhame
avait faites précédemment, a obtenu la réduction des deux métaux. Il a exposé à la lumière
du soleil un flacon qui renfermait des morceaux
de charbon et une dissolution d'or : bientôt
l'or a été complètement réduit; la dissolution
d'argent a éprouvé une réduction semblable;
les métaux formaient une couche brillante sur
le verre auquel ils s'appliquoient, où ils se
déposent en pellicules et en cristaux à la surface du charbon. De pareils flacons furent en-
fermés dans des cylindres de fer-blanc, et exposés
à la chaleur de l'eau bouillante, et l'événement fut le même, de sorte que la chaleur de
l'ébullition de l'eau produisit un effet pareil à
celui des rayons du soleil; ce qui est contraire à
l'idée que Rumford s'était faite de la haute température que la lumière peut communiquer aux
molécules sur lesquelles elle porte son action,
ainsi qu'il l'observe lui-même avec la candeur
qui le caractérise.

J'ai répété ces expériences sur la dissolution
d'argent, en adaptant au flacon un tube pour
examiner le gaz qui pourrait se dégager, et j'ai
obtenu dans l'une et l'autre circonstance un
mélange de gaz nitreux et d'acide carbonique :

j'ai également exposé à l'action de la lumière et à celle de l'eau bouillante, de l'acide nitrique dans lequel j'avais mis des fragmens de charbon, et il s'est également dégagé dans l'une et l'autre épreuve du gaz nitreux et de l'acide carbonique.

130. Rumford a soumis à l'action de la lumière la dissolution du muriate d'or dans l'éther, et il a observé qu'elle rendait promptement à l'or l'état métallique, pendant que cette dissolution se conservait dans l'obscurité sans éprouver d'altération ; la dissolution d'or, et celle d'argent, mêlées avec l'huile de thérébentine et l'huile d'olive, exposées ensuite soit à l'action de la lumière, soit à celle de la chaleur, se sont également réduites ; mais l'alcool n'a pu produire l'effet de ces huiles, et les dissolutions qui ont été mêlées avec lui se sont maintenues dans l'une et l'autre épreuve.

Les huiles se sont colorées par l'action qu'elles ont exercée dans cette réduction : il est facile de voir que l'hydrogène a produit ici les mêmes effets que le charbon dans les expériences précédentes, et de là vient que les huiles ont éprouvé le changement qu'on observe dans toutes les circonstances où elles perdent une portion d'hydrogène, et où le carbone devient prédominant ; Rumford n'a pu observer la même altération dans l'éther, parce que, comme il contient une moindre proportion de carbone, il peut supporter une beaucoup plus grande perte d'hydrogène, sans prendre sensiblement plus de consistance, et sur-tout sans se colorer.

Il me paraît donc que dans les premières expériences de Rumford, le métal est resté dans l'état d'oxide, et qu'il n'a fait que perdre une partie de son acide qui l'a abandonné pour s'unir à l'eau, soit par le moyen de la lumière, soit par la chaleur ; ce qui est resté d'acide a été un obstacle à la réduction du métal, par la même raison qu'une substance terreuse et vitrifiable empêche par son action les oxides de se réduire, lorsqu'ils entrent dans les émaux ou dans les verres : c'est donc le concours d'une affinité qui empêche que l'oxigène n'abandonne dans ces circonstances l'oxide d'or et d'argent, quoiqu'il n'y soit que faiblement retenu. Cependant à une haute température, ces affinités auxiliaires ne suffisent pas ; de là vient que les couleurs qui sont dues à l'oxide d'or sur les porcelaines sont plus fugitives que celles des autres oxides, et ne peuvent supporter les opérations qui exigent un grand feu (1).

Dans les dernières expériences, l'oxide a été réduit par le charbon et par l'hydrogène de l'éther et des huiles, et la lumière a favorisé

(1) Alex. Brongniart. Journ. des Mines, n°. 67.

cette réduction comme la chaleur ; mais cet effet
est limité : on ne l'obtient qu'avec des oxides
qui abandonnent facilement leur oxigène ; de
sorte qu'en reconnaissant l'identité d'action, on
ne peut comparer l'effet de la lumière des rayons
solaires qui ne sont pas réunis par le moyen de
la réflexion ou de la réfraction, qu'à celui d'une
température peu élevée.

13. Jusqu'ici nous trouvons des effets pareils
dans l'action de la lumière et de la chaleur, en
fesant varier l'intensité de l'une et de l'autre.
Cependant la lumière, qui a paru n'avoir qu'une
supériorité égale à celle d'une faible élévation
de température, dégage le gaz oxigène de l'acide
muriatique oxigéné et de l'acide nitrique, et la
chaleur ne peut produire cet effet que lorsque les
acides sont retenus par un alcali qui les met en
état d'éprouver l'action d'une haute température. Examinons de quelles circonstances peut
dépendre la différence qui se présente dans cette
occasion : son explication pourra s'appliquer à
tous les cas semblables.

Rumford a fort bien observé que la lumière
devait élever la température des molécules sur
lesquelles elle agissait, quoique celle de la substance dans laquelle se trouvaient ces molécules,
parût recevoir peu de chaleur : la circonstance
qui empêche que la température commune ne
mesure l'effet produit sur quelques parties ; est

celle même qui fait qu'un thermomètre n'indique qu'une petite partie du changement qu'éprouve une petite quantité d'air, comparée à toute la masse avec laquelle elle partage sa température (110). Mais cet effet a beaucoup moins d'intensité que ses premières considérations ne l'avaient porté à le croire.

Dans l'acide muriatique oxigéné, la lumière ne peut être réduite à l'état de combinaison que par l'action de l'oxigène; c'est à lui que se borne son action : elle peut donc produire sur lui seul les effets d'une haute température; de sorte qu'il reprend l'état élastique comme il l'aurait fait à une température élevée.

Si la chaleur est communiquée au liquide par un corps échauffé, elle agit également sur tout le liquide dont la température, en s'élevant, rend volatils l'eau et l'acide muriatique; de sorte que le liquide passe dans la distillation sans qu'il se soit établi une différence qui puisse produire la séparation de l'oxigène; mais si l'acide muriatique est retenu par une base alcaline, sa température peut être assez rehaussée pour que le dégagement de l'oxigène ait lieu.

Lors donc que la lumière produit le dégagement du gaz oxigène de l'acide muriatique oxigéné, de l'acide nitrique, d'une plante qui végète, il faut en conclure qu'elle est entrée en combinaison, qu'elle a donné la quantité de

calorique qui manquait au gaz qui se dégage,
et qu'en élevant sa température elle a augmenté
son élasticité ; et si le calorique rayonnant ou
la chaleur ne peuvent produire le même effet,
c'est que dans les circonstances données, ils ne
peuvent former une pareille combinaison, ou en
isoler l'effet.

132. Ces observations me paraissent confirmer
l'identité de la substance de la lumière avec celle
du calorique ; mais elles confirment indubitablement l'identité de leurs effets avec quelques
différences qui ne dépendent que des conditions
dans lesquelles elles agissent.

Les couleurs n'ont aucune influence sur l'action du calorique, mais elles rendent les corps
plus ou moins propres à fixer la lumière et à
la changer en calorique ; de sorte qu'un corps
blanc, exposé même au foyer d'un verre ardent,
éprouve des effets beaucoup moins considérables
qu'un corps noir, parce qu'il n'y a que la partie
de la lumière qui entre en combinaison qui
puisse produire des effets chimiques dans une
substance.

La lumière est quelquefois fixée par un élément d'une combinaison plutôt que par un autre ;
de sorte qu'elle agit alors sur lui d'une manière
isolée, pendant que le calorique se serait combiné uniformément avec tous les éléments. Ces
effets de la lumière solaire ne peuvent être com-

parés qu'à ceux d'une température peu élevée ; mais si les rayons sont concentrés, ils agissent avec la plus grande puissance qu'il soit possible de procurer au calorique ; à en juger par les effets, le calorique rayonnant paraît être dans un état intermédiaire entre la lumière et le calorique combiné.

Tels sont les résultats de l'observation : quelques physiciens ont prétendu que la lumière était une substance distincte de la chaleur : Deluc a beaucoup insisté sur leur différence ; mais Saussure me paraît avoir prouvé la faiblesse des fondements sur lesquels il a voulu l'établir (1). Un savant célèbre s'est appuyé récemment sur quelques phénomènes encore obscurs et d'une faible intensité pour distinguer les rayons calorifiques des lumineux ; en supposant que cette distinction se réalisât, elle ne changerait rien dans l'explication des phénomènes chimiques qui est fondée sur les effets de la lumière, telle qu'elle nous parvient.

133. Mais la lumière se divise en rayons différents, et nous supposons que le calorique est une substance identique ; c'est que nous comprenons, sous le nom de calorique, le sujet auquel appartiennent indifféremment les propriétés que nous attribuons au calorique, comme plusieurs effets

(1) Voyez dans les Alpes, tom. IV, édit. in-8°.

de l'air atmosphérique s'expliquent sans qu'on ait besoin d'avoir égard aux différences des parties qui le composent. Il est donc possible, il est même probable que le calorique renferme plusieurs substances réellement différentes, et qu'il est un genre auquel appartiennent plusieurs espèces ; mais jusqu'ici on a observé peu de différences dans l'action chimique des rayons lumineux ; cependant Schéele a remarqué que le rayon violet agissait plus que les autres sur le muriate d'argent.

Sennebier a examiné l'effet des rayons prismatiques sur cette même substance, et il a déterminé la différence de leur action par celle du temps que chacun d'eux exigeait pour l'amener à la même nuance. Le rayon violet a produit dans quinze secondes le même effet que le rayon rouge dans vingt minutes ; les autres rayons ont été intermédiaires (1) : il y a sans doute beaucoup de connaissances à acquérir sur la physique des couleurs, et la théorie du calorique, ainsi que sur la plupart des autres objets.

134. Si le dégagement de la lumière ne diffère de l'élimination du calorique que par les circonstances de l'émission, on ne doit pas être surpris qu'il puisse être dû à des causes très-différentes ; sa source la plus ordinaire est la com-

(1) Mém. Physico-Chim. tom. III.

binaison de l'oxigène, avec quelque substance inflammable ; mais d'autres combinaisons et la compression même d'une substance peuvent la produire ; il suffit qu'il se fasse sous certaines conditions un changement dans la proportion du calorique d'un corps, ou d'un système de corps (*Note IX*).

Le calorimètre rend compte de tout le calorique qui se dégage ; mais la combustion qui se fait dans l'atmosphère, laisse toute la partie qui prend l'état de lumière s'échapper, et toute celle qui s'est dégagée en calorique rayonnant se disperser au loin jusqu'à ce que des subtances solides ou liquides aient pu réduire l'une et l'autre à l'état de combinaison.

La lumière paraît être retenue par quelques substances qui changent peu son état élastique, et qui lui permettent de se rétablir facilement par une cause peu active, comme l'on voit l'air atmosphérique adhérer à quelques corps, et s'en dégager facilement. Il est probable que c'est ainsi que quelques corps deviennent lumineux dans l'obscurité, après avoir été exposés à une lumière vive ; mais il ne faut pas confondre cet effet avec celui que présentent d'autres substances qui éprouvent une véritable combustion (*Note X*).

135. Outre les effets qui constituent les phénomènes électriques, l'action du fluide électrique

produit des changements dans les propriétés chimiques des corps, de sorte qu'il favorise la formation ou la décomposition de plusieurs combinaisons ; par là il doit être compté parmi les agents chimiques.

Si l'on compare les effets chimiques de l'action de l'électricité avec celle du calorique, on trouve entr'eux la plus grande analogie.

L'étincelle électrique enflamme le mélange du gaz oxigène et du gaz hydrogène, d'où résulte la formation de l'eau, comme le fait une élévation de température ; l'une et l'autre favorisent l'évaporation et augmentent la légéreté spécifique des fluides élastiques (1) : l'une et l'autre décomposent l'ammoniaque ; et, par le moyen d'un métal, l'eau tenue en dissolution par l'acide carbonique ; elles favorisent également la combinaison de l'azote avec l'oxigène ou la production de l'acide nitrique, la combustion du tournesol par l'air (2), ainsi que celle des liqueurs inflammables, le dégagement de l'hydrogène, de l'éther, des huiles et de l'alcool, l'oxidation des métaux, ou selon leur intensité, le dégagement de l'oxigène des oxides (3).

Cependant le fluide électrique n'agit pas toujours comme le calorique qui passe en combi-

(1) Van Marum, 1re suite des Exp. p. 210.
(2) Cavendish. Trans. philos. 1785.
(3) Descrip. d'une très-grande machine électriq. p. 168.

naison par communication immédiate avec une substance; mais son action se concentre sur quelques molécules d'une substance, et alors il produit des effets analogues à ceux que nous avons remarqués relativement à la lumière (131); seulement ces effets sont beaucoup plus considérables que ceux de la lumière ordinaire du soleil; ainsi, pendant que cette dernière dégage de l'oxigène de l'eau ordinaire et de l'acide nitrique, le fluide électrique peut en dégager non-seulement de l'acide nitrique, mais même de l'acide sulfurique; il peut décomposer l'eau en entier, lorsqu'on fait passer des commotions à travers des couches de ce liquide, quoique dans d'autres circonstances dont je tâcherai d'expliquer la différence, il en opère la production.

Il ne faut pas conclure de l'identité de ces effets, que les agents sont les mêmes; au contraire, l'observation paraît prouver qu'il y a une différence essentielle entre eux ; on observe peu de changement de température par l'action de l'électricité : lorsque les métaux entrent en combustion, c'est à elle seule que la chaleur qu'ils acquièrent doit être attribuée ; car si l'on soumet à une forte commotion un métal incombustible , tel que l'or, l'argent ou le platine, on n'apperçoit pas qu'il ait pris une chaleur capable d'opérer sa fusion , ce qui devrait

arrivent avec la seule différence d'une plus forte
commotion qui ne produirait la liquéfaction
que par une élévation de température. La chaleur produite dans ce cas me paraît n'être qu'un
effet de la compression que les parties qui se
dilatent le plus exercent sur les autres ; on né
pourrait même rien conclure contre cette opinion quand on parviendrait à faire rougir un
métal sans le contact de l'oxigène ; puisque la
percussion peut produire cet effet. (*Note XI*).

L'action du fluide électrique cause dans la
partie des corps sur lesquels elle se porte, une
dilatation telle qu'elle paraît les réduire en gaz
plus facilement que celle du calorique qui parviendrait à les liquéfier, à en juger du moins par
l'effet qu'elle produit sur les métaux, et que Van
Marum a décrit avec tant de soin.

Cette dilatation me paraît propre à expliquer
l'analogie des effets chimiques : dans l'une et
l'autre circonstance la force de cohésion se trouve
diminuée par la distance introduite entre les
molécules, et par là les combinaisons, auxquelles
cet obstacle s'opposait, s'effectuent.

136. Dans ces derniers temps, des effets électriques qui ont d'abord paru avoir un caractère particulier, et dont on a indiqué la cause
sous le nom de *galvanisme*, ont exercé la sagacité des physiciens et des chimistes ; quoique
la série des phénomènes auxquels ce genre d'ob-

I.   * 14

servations a donné naissance, mérite de former une partie distincte de la physique ; leur connexion avec plusieurs phénomènes chimiques, m'engage à tirer du célèbre Volta (1) une esquisse de la théorie lumineuse qu'il en a donnée.

Tous les phénomènes de la pile ou de l'appareil électromoteur se déduisent, par la théorie de Volta, d'une propriété générale que possèdent principalement les métaux.

Les métaux exercent une action mutuelle, relativement au fluide électrique qui leur est naturel, ou à l'équilibre d'électricité pendant qu'ils sont isolés : ils se partagent inégalement celle qui leur appartient dès qu'ils sont en contact ; les uns se surchargent de fluide électrique aux dépens des autres, mais d'une manière inégale, de sorte que cet effet est plus grand entre certains métaux que entre d'autres ; on peut composer une série de métaux sous ce rapport, et ceux qui forment les deux termes extrêmes de la série sont le zinc, qui prend de l'électricité à tous les autres, et l'or ou l'argent qui en cèdent à tous. Les métaux intermédiaires en prennent à ceux qui occupent des places inférieures dans la série, et en donnent à ceux qui remplissent des places supérieures.

Cette propriété n'est pas limitée aux métaux, le charbon peut être comparé aux métaux

(1) Ann. de Chim. Frim. an 10.

qui sont le plus disposés à donner du fluide électrique par le contact, et l'oxide de manganèse cristallisé en cède une plus grande quantité, même que l'or ou l'argent.

Pendant que les métaux restent isolés dans leur contact, cette action mutuelle ne produit qu'un premier effet ; mais, s'ils ont une communication établie d'un côté avec un réservoir d'électricité, de l'autre avec des corps conducteurs, le métal qui a cédé du fluide électrique à un autre, par exemple, l'argent qui en a donné au zinc, en reçoit du réservoir, et le pousse continuellement dans le zinc qui le transmet aux corps conducteurs ; il s'établit ainsi un courant continu ; une substance conductrice liquide, telle que l'eau, reçoit donc le fluide électrique qui passe de l'argent au zinc ; mais si elle communique avec une plaque d'argent qui soit elle-même en contact avec une plaque de zinc, et qui exerce pareillement une action mutuelle, l'effet des deux dernières plaques est accru de celui des deux premières, d'où résulte une plus grande tension dans l'électricité qui se dégage ; de là toutes les propriétés de la pile, dont l'action augmente en raison arithmétique du nombre de ses éléments ; mais si la pile est isolée, cette action de ses éléments accumule le fluide électrique dans la partie supérieure, aux dépens de la partie inférieure, de sorte que la moitié

14..

supérieure surchargée de fluide électrique, se
trouve dans un état positif, et la moitié inférieure dans un état négatif, pendant que le
centre de ces forces, qui se contrebalancent,
reste dans l'état naturel.

Cependant le courant électrique qui s'établit
avec une pile qui n'est pas composée de nombreux éléments, n'a pas une tension qui produise un effet sensible sur les électromètres,
mais on peut augmenter la tension de l'électricité
qui provient de cette pile, par le moyen d'un con-
densateur, et déterminer l'augmentation qu'elle
reçoit en augmentant les éléments, par le moyen
d'un électromètre dont la graduation a été établie
sur les effets comparables des étincelles produites
par un électrophore : c'est ainsi que Volta a pu
mesurer l'action de chaque élément de la pile,
et l'action composée de tous ses éléments.

Il prouve de plus, par la rapidité avec laquelle
un grand réservoir se charge au contact le plus
instantané de la pile, en prenant la même tension d'électricité que la pile, que la quantité de
fluide électrique qui circule dans un temps
donné, est beaucoup plus grande que celle qu'il
pourrait recevoir même d'une vaste machine
dans le même intervalle de temps.

Cette propriété de la pile, de donner le mouvement à une grande quantité de fluide électrique, en rend les effets analogues à ceux d'une

bouteille de Leide, dont l'action se soutiendrait
sans interruption, et rend raison de tous les
phénomènes qu'il paraissait jusques là naturel
d'attribuer à une action chimique des substances
mises en présence ; action qui semblait perpétuer les effets électriques.

Il faut distinguer ici l'action des conducteurs,
et les décompositions chimiques qui ont lieu.
Plus les liquides intermédiaires entre les éléments de la pile sont bons conducteurs, plus le
courant est rapide, et plus les effets sont sensibles, sans qu'on ait besoin de faire intervenir
leurs propriétés chimiques : Volta a prouvé que
ce n'était que par cette propriété que le muriate de soude, le muriate d'ammoniaque, l'acide
nitrique, etc. augmentaient les effets de la pile,
tels que la commotion qu'on peut en recevoir,
sans accroître la tension du fluide électrique.

Priestley avait déjà remarqué que l'alcali *caustique*, et que l'acide muriatique ne pouvaient
rendre visible l'étincelle électrique, d'où il avait
conclu, *qu'ils doivent être de bien meilleurs
conducteurs de l'électricité que l'eau et les autres
substances fluides* (1). Morgan a fait la même
observation sur tous les acides minéraux (2).

Les dimensions en surface des éléments de la

(1) Exp. et obs. sur diff. espèces d'acid. vol. I, p. 321.
(2) Trans. philos. 1785.

pile et des cartons humides qui sont interposés
produisent un effet particulier dont Volta convient qu'il ne peut donner qu'une explication
probable. Un appareil électromoteur ainsi composé de plaques larges, produit un grand effet
sur les métaux dont il procure facilement la
combustion, ainsi que l'ont fait voir Hachette,
Tenard, Fourcroy et Vauquelin (1), et cependant la tension du fluide électrique n'est pas
plus grande que celle d'une pile ordinaire, non
plus que les commotions qu'elle excite.

Volta conjecture que cette différence dépend de
ce que le corps humain, plus mauvais conducteur que les métaux, oppose une résistance au
courant électrique mu avec une faible tension,
et que cette résistance plus grande empêche que
la quantité du fluide électrique n'augmente en
raison de ce que peuvent en fournir les grandes
plaques, pendant que les fils métalliques peuvent la recevoir et en subir l'influence (2).

Quant aux effets chimiques qui ont lieu, ils
paraissent n'être que des conséquences de l'action électrique, et nous avons déjà observé que
l'électricité favorisait plusieurs combinaisons et
plusieurs décompositions, comme le faisait une
élévation de température, et que pour produire
cet effet il suffisait que l'électricité tendit à

(1) Journ. de l'Ecole Polyt. tom. IV.
(2) Bibl. Brit. vol. XIX.

écarter les molécules des corps qu'elle affecte, parce qu'elle détruit par là l'obstacle de la force de cohésion ; le calorique lui-même ne favorise les combinaisons et les décompositions que comme une force opposée à celle de la cohésion.

L'action par laquelle deux substances en contact se font un partage différent du fluide électrique qui convenait à leur état isolé, n'est pas propre aux seuls métaux et à quelques substances solides analogues, elle appartient encore, comme la fait voir Volta, aux liquides ; de sorte que l'action mutuelle de deux liquides différents peut produire un courant électrique, pourvu qu'un métal interposé serve alors de conducteur ; un troisième liquide peut même remplacer le métal.

138. Cependant plusieurs physiciens ont continué de recueillir des faits intéressants sur la nature et sur l'action de cette électricité : Wollaston entre autres (1) a fait voir qu'un fil métallique extrêmement mince et recouvert d'une couche de verre, pouvait, par son extrémité découverte, décomposer l'eau même, avec une machine électrique d'une force médiocre ; de sorte qu'il est prouvé qu'il suffit de rétrécir les dimensions du passage de l'électricité pour produire cet effet, quoiqu'en elle même elle soit peu considérable. Van Marum a confirmé d'une

_____

(1) Bibl. Britan. tom. XVIII.

manière lumineuse l'identité du courant du fluide électrique mu par une pile ou par une machine électrique (1).

139. Toutefois il existe encore une différence entre la manière dont l'eau est décomposée par l'électricité ordinaire ou par celle de la pile : la première sépare dans toutes les expériences connues jusqu'à présent les deux éléments de l'eau, et les dégage confondus en un seul fluide élastique ; mais par l'action de la pile l'hydrogène s'échappe du fil métallique qui communique avec l'argent, c'est-à-dire avec l'extrémité de la pile qui a l'électricité négative et l'oxigène de celui qui communique avec le zinc ou à l'extrémité animée de l'électricité positive. Il paraît, si l'on ne veut admettre des propriétés inconciliables avec celles qui sont le mieux établies en physique, que l'on doit expliquer ce dégagement isolé de chacun des éléments de l'eau, d'une part à la propriété que l'eau a de recevoir, ainsi que toutes les combinaisons connues, des proportions différentes des substances qui la composent, lorsque les forces qui produisent sa composition se trouvent contrariées par d'autres forces ; d'autre part à la propriété qu'il faut supposer dans l'électricité positive de favoriser plus le dégagement de l'oxigène, et dans l'électricité néga-

(1) Ann. de Chim. Frim. an 10.

tive, d'être au contraire plus favorable au dégagement de l'hydrogène, mais la circonspection
qu'il convient de s'imposer dans les recherches
physiques, conseille d'attendre que l'expérience
ait prononcé sur un objet qui conserve encore
quelqu'obscurité, et il est probable qu'on ne
tardera pas à en recevoir une réponse décisive.
La chimie a acquis par ces découvertes qui font
époque dans l'histoire des sciences, un agent dont
l'énergie sera peut-être portée à un degré qu'on
ne fait qu'entrevoir, et qui donnera le moyen
de produire dans la formation et la décomposition des combinaisons chimiques des effets
inattendus et supérieurs, dans quelques circonstances, à ceux qu'il est possible d'obtenir de
l'action du calorique.

CHAPITRE IV.

Du calorique considéré relativement aux combinaisons.

139. Ce qui a été exposé au chapitre premier
ne concerne que l'effet du calorique sur les corps
isolés; mais les résultats que nous avons recueillis de l'observation ne peuvent plus s'appli-

quer aux changements qui s'opèrent lorsque les mêmes substances entrent en combinaison avec d'autres, et sur-tout lorsqu'elles éprouvent en même temps des altérations dans leur constitution.

Lorsqu'il se forme une combinaison énergique, on voit toujours une chaleur plus ou moins considérable accompagner l'acte de la combinaison; ainsi, lorsque les alcalis se combinent avec les acides, il y a toujours de la chaleur dégagée: cet effet a lieu dans la combinaison qui produit la liquéfaction d'un solide, tel que la chaux, et même dans celle qui opère le dégagement d'une substance élastique, comme l'acide carbonique; de sorte que l'on voit par cela seul combien il serait illusoire de regarder comme un principe d'une application générale, celui qui ne serait établi que sur la considération d'un genre de ces phénomènes.

Dans la dissolution des sels, et dans la liquéfaction de la glace, il se produit du froid, ou il s'absorbe du calorique; cependant il y a un acte de combinaison, et les effets varient par différentes circonstances; c'est qu'alors plusieurs causes agissent, que leurs effets peuvent se contrebalancer, et qu'ils ne donnent pour résultat que l'excès des uns sur les autres.

Comme cet objet a exercé la sagacité de plusieurs physiciens, je l'examinerai avec quelques

détails, je tâcherai de fixer les circonstances qui
font varier les résultats en comparant les effets
qu'on observe dans les corps isolés avec ceux
qui ont lieu dans les dissolutions et dans les
combinaisons, selon l'énergie de l'affinité qui
produit celles-ci ; enfin, avec ceux qui sont accompagnés d'un changement considérable de
constitution.

140. Lorsqu'un liquide tel que l'eau passe à
l'état solide, il se fait un dégagement de chaleur,
comme lorsque de l'état de vapeur elle passe à
l'état liquide ; seulement il est beaucoup plus
considérable dans cette dernière circonstance :
l'observation fait voir que lorsque les corps
passent de l'état liquide à l'état solide, ils éprouvent une condensation : et si l'eau et quelques autres substances augmentent de volume,
on ne doit l'attribuer qu'à l'arrangement des
molécules qui cristallisent ; d'où il suit que lorsque les corps passent de l'état liquide à l'état
solide, il s'effectue par la prédominance de l'affinité réciproque un rapprochement des molécules, qui est analogue à celui qui a lieu lorsque les vapeurs passent à l'état liquide, mais
qui est beaucoup moins considérable, parce que
les volumes sont alors beaucoup moins compressibles.

Ce rapprochement des molécules, dû à la prépondérance de l'affinité réciproque, est accom-

pagné d'une élimination de calorique dont la
proportion est toujours déterminée pour les dimensions actuelles d'un corps.

Lorsqu'il se forme une combinaison, il se fait
aussi un rapprochement des molécules, qui
est d'autant plus grand pour l'état actuel des
corps, que la combinaison est plus énergique;
mais en même temps il y a des changements
d'état, de sorte qu'une substance solide peut
devenir liquide par l'influence de celle avec
laquelle elle se combine. examinons d'abord
ce qui se passe, lorsque l'action de la combinaison est faible telle qu'elle est dans les dissolutions ordinaires.

141. Lorsque deux liquides agissent, il y a
toujours condensation de volume, et en même
tems dégagement de calorique, ainsi qu'on l'observe dans l'union des acides et des alcalis liquides, et même dans l'union de l'alcool avec
l'eau; mais si un liquide dissout un solide, deux
causes agissent, et sur les dimensions et sur
le calorique. le corps, qui passe de l'état solide
à l'état liquide par l'action du dissolvant, éprouve
une modification semblable à celle qui serait
due à sa liquéfaction par le calorique, et opposée à celle qu'on remarque lorsqu'il passe de
l'état liquide à l'état solide, c'est-à-dire, qu'il
éprouve une augmentation dans ses dimensions,
et que par là même il absorbe et rend latente

une certaine quantité de calorique ; mais , d'un autre côté, la combinaison produit un effet opposé : elle diminue les dimensions , et elle dégage du calorique : le résultat dépend de celui de ces effets qui domine , de sorte qu'un acide , en dissolvant la glace , peut donner de la chaleur , si celle qui devrait résulter de son union avec la même quantité d'eau , surpassait celle que la glace doit absorber pour se réduire en eau ; mais il produira un effet contraire si l'absorption du calorique par la glace , l'emporte sur le dégagement dû à la dissolution d'une même quantité d'eau : d'où il suit que l'effet doit varier par la concentration de l'acide , c'est-à-dire, par la quantité d'eau qu'il tient en dissolution , et qui a déjà produit son effet , par la proportion de la glace sur laquelle il agit , et par l'action qu'il peut exercer sur la force de cohésion, à certaines températures. Ces effets observés par Wilke, et sur-tout par Cawendish , ont été présentés d'une manière lumineuse par les auteurs du mémoire sur la chaleur. « Si le mélange d'un acide avec une quan- » tité donnée d'eau , produit de la chaleur, en » mélant cet acide avec la même quantité de » glace , il produira de la chaleur ou du froid, » suivant que la chaleur qui résulte de son » mélange avec l'eau est plus ou moins consi- » dérable que celle qui est nécessaire pour fondre

» la glace ; on peut donc supposer à cet acide
» un degré de concentration que nous nom-
» merons K., tel qu'en le mettant avec une partie
» infiniment petite de glace , il ne produise ni
» froid ni chaleur. Cela posé , le plus grand froid
» que puisse produire le mélange de l'acide avec
» la glace , est celui auquel l'acide concentré
» au degré K , cesse de dissoudre la glace ; on
» peut déterminer le *maximum* dé froid sans le
» produire , en observant , à des degrés de froid
» moindres , la loi qui existe entre les degrés
» du thermomètre et les degrés correspondans
» de concentration auxquels l'acide cesse de dis-
» soudre la glace ».

142. On observe les mêmes effets dans la dissolution des sels par l'eau ou dans celle de la
glace qu'ils opèrent.

On doit à Lowitz une observation qui rend le
contraste très-sensibles. Il a fait voir (1) que la
potasse et la soude desséchée qui produisent une
chaleur considérable en se dissolvant dans l'eau ,
donnent au contraire un froid remarquable ,
lorsqu'étant dans l'état cristallin , on opère leur
dissolution dans l'eau , et beaucoup plus grand
lorsqu'on les fait agir sur la glace ou sur la
neige.

Ces alcalis ne diffèrent alors relativement au

_____

(1) Ann. de Chim. tom. XXII.

calorique, qu'en ce que, dans la cristallisation, ils en abandonnent une partie, et qu'ils éprouvent une contraction dans leur volume; mais ils reprennent ce calorique en se dissolvant dans l'eau, et ils subissent une dilatation de volume égale à la contraction précédente; par conséquent la quantité d'eau qu'ils retiennent dans leur cristallisation, a fait ou occasionné une perte de calorique qui équivaut à toute celle qui aurait produit la chaleur qui se serait .... La loi qui existe entre les degrés de .... après les avoir fortement desséchés .... dissous dans l'eau; il résulte en effet des observations de Watson (1) et de Vauquelin (2) qu'il y a une dilatation de volume .... On observe les mêmes effets dans .... dissolution de tous les sels neutres par l'eau. Lorsque ces sels dissolvent la glace, l'effet se compose de celui qu'ils auraient produit sur une même quantité d'eau, et de celui du calorique que cette quantité aurait absorbé pour passer de l'état de glace à l'état liquide.

La degré de froid qui provient de la dissolution mutuelle des sels et de la glace serait donc beaucoup plus considérable que celui qui est dû à la liquefaction de la glace par les acides, qui produisent de la chaleur avec l'eau, s'ils pouvaient en dissoudre une quantité égale; mais

(1) Trans. philos. 1773.

(2) Ann. de chim. tom. XIII.

cet effet est limité, parce que la force de cohésion des sels augmente beaucoup plus rapidement par le froid que celle des acides, et qu'elle
suspend, pour ainsi dire, leur action, comme
on le verra ci-après.

Cependant l'avantage reste à quelques sels, et
le même Lowitz a fait voir que le muriate de
chaux était la substance la plus propre à produire un grand refroidissement, de sorte que c'est
par les proportions de ce muriate qu'il a déterminées, que Fourcroy et Vauquelin ont congelé
l'ammoniaque et l'éther (1), et que Pepys (2) a
solidifié 56 livres de mercure.

C'est donc par leur solubilité à une température basse, que les sels doivent principalement
les différences qu'ils présentent, en donnant du
froid par leur action; ce qui le confirme, c'est
que le sulfate de soude produit à peine un refroidissement avec la glace, parce que comme
l'a observé Blagden (3), dès que l'eau qui le
tient en dissolution s'abaisse un peu au-dessous
du terme de la congélation, il cristallise et se
sépare (4); mais si on le dissout par l'acide nitrique, ou bien que qu'il soit dans l'état cristallisé,
il produit un très-grand froid, comme l'a éprouvé

(1) Ann. de Chim. tom. XXIX.
(2) Bibl. Britan. n°. 140.
(3) Trans. philos. 1788.
(4) Ibid. 1788.

Walker (1), et il peut remplacer la neige pour cet objet : le phosphate de soude et le sulfate de magnésie ont la même propriété.

L'action mutuelle des sels est si faible, qu'elle change peu leur volume respectif : elle diminue cependant leur force de cohésion, et augmente par là leur solubilité; il résulte de là que ce mélange doit augmenter la propriété frigorifique des sels, et c'est ce que Blagden et Walker ont établi; mais si un sel par lui-même est très-soluble, l'addition d'un autre sel n'augmente pas sensiblement son action, comme Walker l'a observé pour le muriate de chaux.

La plupart des sels qui sont privés d'eau de cristallisation, font monter le thermomètre en se dissolvant dans l'eau; de sorte que l'effet de la condensation qui est due à la combinaison, l'emporte alors sur celui du passage de l'état solide à l'état liquide; mais cette propriété des sels desséchés n'est pas générale; Walker remarque que le muriate d'ammoniaque, quoiqu'évaporé jusqu'à dessication, produit cependant un froid considérable; il y a apparence que cette combinaison et toutes celles qui sont dans le même cas, éprouvent une dilatation considérable en se dissolvant dans l'eau.

143. Il y a d'autres phénomènes parallèles à

_____

(1) Nicholsons, journ. sept. 1801.

ceux que je viens d'analyser , et sur lesquels
Blagden a fait des observations très-intéressantes.
Ce savant physicien a fait voir que les sels abaiss-
sent le terme de la congélation de l'eau , chacun
en raison simple de la quantité qui est tenue
en dissolution , et que l'effet qu'ils peuvent produire sur la glace est proportionnel au degré
de température auquel ils peuvent faire descendre l'eau , sans qu'elle puisse se congeler ; de
sorte que la glace qu'ils peuvent liquéfier à une
température , est égale à la quantité d'eau dont
ils peuvent empêcher la congélation à ce même
degré.

Il a observé qu'un sel ajouté à la dissolution
d'un autre abaissait le terme de la congélation
de cette dissolution presque d'une quantité égale
à l'abaissement qu'il produirait par sa seule
action , et que le même effet avait lieu si l'on
ajoutait un troisième sel au précédent ; de sorte
qu'on peut juger par la quantité des sels qui
peuvent être maintenus en dissolution par une
proportion d'eau , et par la température à laquelle ils la maintiennent elle-même dans l'état
liquide sans se précipiter , de la quantité de
glace qu'ils pourront dissoudre , et du degré de
froid qu'ils pourront produire.

Il fait remarquer que la température à laquelle
les sels peuvent abaisser le thermomètre , est
limitée par cette circonstance , de sorte que s'il

se trouve une grande proportion de sel, l'effet
est prolongé, le froid se maintient à un degré
constant; et la liquéfaction de la glace continue, jusqu'à ce qu'elle ait pu absorber successivement tout le calorique qui lui est nécessaire
pour se réduire en eau, et tout celui qu'exigerait le même sel pour se dissoudre dans l'eau.

144. Les expériences de Vauquelin (1) jettent
encore du jour sur l'effet que produit le mélange
des sels: il a fait voir que lorsqu'on dissolvait du
muriate de soude dans la solution saturée d'un
autre sel, il arrivait souvent qu'il n'y avait pas
production de froid, qu'il se dégageait au contraire quelquefois du calorique, et qu'il s'en
dégageait toujours lorsqu'il y avait précipitation
d'une partie du sel préalablement dissous. Ces
observations s'expliquent par la petite condensation que l'action mutuelle des sels doit nécessairement produire dans leur volume, quoique
leur solubilité se trouve augmentée par les raisons
qui seront développées dans la suite.

Relativement au calorique, l'effet qui est dû
à la concentration du volume diminue celui qui
l'est à la dilatation qui serait produite, si les sels
se dissolvaient séparément, et lorsqu'il y a dépôt
d'une partie du sel, il faut ajouter à cette première quantité tout le calorique qui se dégage

_____

(1) Ann. de Chim. tom. XIII.

du sel qui prend de l'eau en se séparant, comme dans une cristallisation ordinaire ; mais si les sels agissent sur la glace, leur augmentation de solubilité domine dans le résultat.

On voit cependant par là pourquoi Blagden a trouvé que l'addition d'un sel ne procurait pas au terme de la congélation de l'eau tout l'abaissement qu'il aurait pu produire étant séparé, il en faut déduire tout l'effet de la condensation du volume produit par l'action réciproque ; la liquéfaction de la glace par le mélange des sels doit aussi être diminuée de cette même quantité ; ainsi tous ces phénomènes se correspondent.

Les compensations des effets produits par la dissolution et par les altérations de volume qui dépendent de l'action chimique et du passage de l'état solide à l'état liquide, n'ont pas lieu dans le passage de l'état liquide à l'état élastique, parce que l'action mutuelle des gaz n'apporte aucun changement dans le volume qu'ils doivent occuper (169) ; ainsi, les observations précédentes ne doivent pas s'appliquer à l'évaporation.

145. Dans la plupart des faits que je viens d'exposer, l'effet de la liquéfaction l'emporte sur celui qui est dû à la combinaison ; il n'en est pas de même lorsque celle-ci a quelque énergie ; alors l'action de la combinaison couvre et ne laisse point appercevoir l'effet qui est dû à la

liquéfaction ; ainsi , les alcalis desséchés produisent de la chaleur en se dissolvant dans l'eau ; mais cette chaleur est beaucoup plus considérable, si on les combine avec un acide qui exerce une action beaucoup plus puissante que l'eau ; cet effet varie selon le degré de concentration de l'acide ; s'il s'est déjà dégagé beaucoup de calorique par sa combinaison avec l'eau , il s'en élimine beaucoup moins lorsqu'il se combine avec l'alcali , parce que la condensation qu'il a éprouvée avec l'eau diminue celle qu'il subit en se combinant avec l'alcali , et que celle que l'eau a éprouvée est rétablie en partie , puisque par la combinaison de l'acide avec l'alcali , elle reçoit une restitution dans son volume , qui équivaut à la diminution de l'action exercée sur elle.

116. Lorsque les combinaisons qui se forment sont accompagnées d'un grand changement de constitution , les phénomènes deviennent plus compliqués ; on n'apperçoit plus de rapport entre les changements de volume et les températures qui s'établissent : ainsi, lorsqu'on dissout un carbonate d'alcali dans un acide un peu concentré , il se dégage beaucoup d'acide carbonique, et cependant il y a production de chaleur : dans la dissolution du cuivre par l'acide nitrique, il y a liquéfaction du cuivre , dégagement d'une grande quantité de gaz nitreux , et cependant grande production de chaleur : dans

la détonation du nitrate de potasse avec le charbon, un développement de beaucoup de chaleur est accompagné de la formation d'une grande quantité de gaz.

Il faut se rappeler, 1°. que les gaz reçoivent par les mêmes changements de température des accroissements de volume qui sont beaucoup plus considérables que ceux des liquides, et sur-tout des solides (112); 2°. que lorsque les fluides élastiques sont retenus dans une combinaison, leur tendance à l'élasticité est un effort qui continue à agir, et qui produit son effet dès que la force qui le maintenait se trouve assez affaiblie.

Lors donc qu'une substance gazeuse peut se former, soit parce que cette même substance éprouve une résistance moindre que celle qui la contenait, soit parce qu'elle est le produit d'une combinaison qui se forme, elle doit s'échapper en gaz, et cependant elle n'exige pour cela qu'une quantité de calorique qui ne produirait qu'un petit changement dans les dimensions de la substance qui reste solide ou liquide.

On voit par là comment l'acide carbonique qui se dégage dans le premier exemple que j'ai donné, peut occuper un volume beaucoup plus considérable qu'auparavant, et quoiqu'il n'absorbe qu'une partie du calorique éliminé par la combinaison.

Cependant cet effet de l'action d'un acide sur un carbonate n'est pas général ; mais ses exceptions sont propres à faire distinguer les effets produits par la combinaison de ceux qui sont dus à la formation du fluide élastique, ainsi que l'a fait Lavoisier (1).

La solution de carbonate d'ammoniaque qui contient une grande proportion d'acide carbonique, a donné un peu de froid avec l'acide nitrique ; mais en enlevant au carbonate une portion de l'acide carbonique par la chaux, il y a eu production de chaleur, et d'autant plus que la quantité d'acide carbonique enlevée par la chaux était plus grande.

Dans le second exemple, l'oxigène qui s'est combiné avec le cuivre a peut-être éprouvé toute la perte de calorique qui a été nécessaire au gaz nitreux pour prendre l'état élastique ; de sorte que toute la chaleur provenant de l'action de l'acide nitrique sur l'oxide a pu se dégager.

Pour l'explication du troisième cas, il faut encore observer que les circonstances qui avaient réduit l'oxigène à l'état solide ont changé, et il ne faut plus le comparer qu'à ce qu'il aurait été s'il se fût trouvé dans l'état élastique ; on voit alors que la combinaison a réellement été accompagnée d'une grande réduction de volume.

(1) Mém. de l'Acad. 1777.

147. Cependant il ne faudrait pas conclure
que la quantité de calorique qui se dégage a
des rapports constants avec les dimensions qui
s'établissent même dans les combinaisons qui
restent dans l'état solide et dans l'état liquide ;
cette conclusion ne peut s'appliquer rigoureusement qu'aux substances isolées et qui ne subissent pas de combinaison : la différence de
l'action des éléments qui entrent en combinaison
sur le calorique, les changements qui résultent
de leur action réciproque et qui varient par les
températures, altèrent considérablement le résultat ; ainsi l'oxigène retient la plus grande
partie de son calorique dans l'acide nitrique,
et il en abandonne beaucoup plus dans d'autres combinaisons , dans lesquelles il éprouve
une condensation moins grande ; mais l'observation nous apprend que quoiqu'il n'y ait
point de rapport entre les quantités, il y a
cependant toujours élimination de calorique,
lorsqu'une substance passe d'une combinaison
plus faible en une combinaison plus forte , à
moins que cet effet ne puisse être déguisé par celui
des changements de volume qui accompagnent les
changements d'état ; ainsi le gaz oxigène qui se
combine avec le gaz nitreux , abandonne un
peu de calorique ; il en abandonne encore en
s'unissant avec l'eau, puis en se combinant avec
un alcali. Il n'y a parmi toutes les combinaisons

connues jusqu'à présent, que l'acide muriatique suroxigéné, et quelques oxides métalliques que l'on puisse conjecturer faire une exception.

148. Il résulte de tout ce qui précède, que l'effet immédiat de toute combinaison est une élimination de calorique, que cet effet peut être déguisé dans les combinaisons faibles, par les changements de dimensions qui proviennent du passage de l'état solide à l'état liquide, ou de celui de liquide à l'état de fluide élastique; mais que lorsqu'elles sont énergiques, l'effet de la combinaison relativement au calorique, l'emporte toujours sur celui de la dilatation acciden-telle du volume, et que néanmoins il n'y a pas dans les combinaisons, entre les changements de dimensions et les éliminations de calorique, les rapports qu'on observe entre les substances isolées; de sorte que l'on tomberait dans une erreur, si l'on établissait comme principe gé-néral que la dilatation est toujours accompagnée de réfroidissement, et dans une autre, si l'on prétendait que la combinaison produit constam-ment de la chaleur. Ces effets peuvent quel-quefois se compenser, ou l'excès de l'un sur l'autre produit le résultat.

149. Le calorique qui se dégage pendant une binaison est une quantité aussi constante que celui qui est déterminé par les dimensions d'un corps isolé, mais on ne peut pas la conclure des dimen-

sions qui se sont établies, comparées à celles
qui précédaient; d'autres conditions qui dérivent, soit de l'affinité des éléments de la
combinaison, soit de leur action réciproque,
limitent la proportion dans laquelle il y entre,
et l'état de condensation dans lequel il s'y
trouve. C'est avec cette modification des rapports
du calorique avec les dimensions, qu'il faut
appliquer aux corps isolés et aux substances
qui subissent une combinaison les principes qui
ont été établis (103).

Non-seulement on a souvent confondu ces
deux genres de phénomènes, mais encore le
calorique spécifique, ou la quantité de calorique combiné qu'un corps peut prendre ou
abandonner, en passant d'une température déterminée à une autre, avec tout le calorique
combiné ou le calorique absolu : je vais tâcher
de fixer l'état de nos connaissances sur cet objet.

Crawford a prétendu établir en principe que
les capacités de calorique ne changent pas pendant qu'un corps conserve son état, d'où il a
conclu que la capacité de calorique d'un corps
était proportionnelle à son calorique absolu;
de sorte que par l'un il a cherché à déterminer
quel était l'autre.

150. Les gaz et les vapeurs suivent tous les
mêmes lois de dilatation, ainsi qu'on l'a vu;
ils prennent tous à une même température une

quantité de calorique proportionnelle aux dimensions qui sont déterminées par la compression; ainsi l'on peut dire que leur capacité de
calorique est proportionnelle à leurs dimensions;
mais on ne connaît pas quelles sont les différences
de ces capacités entre elles, et quelle quantité de
calorique chaque gaz exige pour parvenir à une
même dilatation : on ignore encore si ces capacités changent par des élévations de température, quoiqu'elles conservent le même rapport
entre elles, mais si l'on fait attention que le
gaz oxigène n'a qu'une faible capacité de calorique, pendant que certaines combinaisons font
voir qu'il en contient une grande proportion,
on trouvera probable que les capacités de calorique des gaz éprouvent de grandes variations à
des températures éloignées : pour les liquides,
et particulièrement l'eau, les expériences de
Deluc et de Crawford paraissent prouver qu'elles
restent les mêmes dans l'intervalle thermométrique qui sépare la congélation et l'ébullition;
dans cet espace, l'action des molécules sur le
calorique et leur action réciproque, ne paraissent
pas éprouver de changement assez considérable
pour qu'il en résulte un effet sensible dans les
capacités, ou du moins s'il y a quelque variation
dans le terme qui approche de la congélation, et
sur-tout dans celui qui approche de l'ébullition,
parce que le passage d'un état à l'autre qui a une

influence sur les dilatations en a probablement une sur la capacité du calorique ; on peut, pour l'explication des phénomènes, adopter cette constance dans le calorique spécifique ; mais ce que l'on a observé dans cette partie de l'échelle thermométrique ne peut plus s'appliquer aux différentes températures que peuvent recevoir les corps solides.

Ceux-ci prennent l'état solide, non parce que leurs molécules se touchent, il y a apparence qu'elles sont encore à de très-grandes distances relativement à leurs dimensions ; mais parce que l'action qu'elles exercent sur le calorique et par laquelle elles le condensent, est en équilibre avec leur action réciproque : plus on rapproche leurs parties, plus le calorique qui reste se trouve condensé, et plus forte est l'affinité qui le retient.

Cette supposition qui est fondée sur les attributs de l'affinité, me paraît réalisée par les observations que j'ai présentées sur l'accumulation du calorique, lorsque son action devient plus puissante que celle de la force de cohésion ou de la compression, et sur la distinction qu'il faut établir entre le calorique spécifique de la glace, de l'eau, de la vapeur de l'eau qui est formée sous différentes compressions à la chaleur de l'ébullition, ou qui est exposée à des degrés supérieurs de température (120, 121).

Il devrait résulter de là que le calorique spé-

chaque des corps solides augmente à mesure que
leurs dimensions diminuent ; mais d'un autre
côté, par les élévations égales de température , les
dimensions vont en croissant en plus grande proportion , et la résistance de la cohésion diminue :
l'expérience n'a point appris si ces effets se compensaient, ou si l'un était plus grand que l'autre.
Je conclus donc qu'il n'y a aucun rapport connu
entre les capacités de calorique des corps solides
à différentes températures, quoique dans la petite
étendue de l'échelle thermométrique qui sépare
la congélation et l'ébullition de l'eau , ces changements puissent être assez petits pour n'être
pas sensibles , puisque les dilatations que ces
degrés de chaleur produisent , sont elles-mêmes
extrêmement petites.

M. Crawford a donné une grande extension
aux principes qu'il avait d'abord adoptés sur la
constance des capacités de calorique pendant que
les corps ne changeaient pas d'état ; il a déduit
des variations de capacité qu'il a observées dans
une combinaison malgré même les changements
d'état que pouvaient avoir subi ses éléments ,
l'absorption ou le dégagement de calorique qui
devait s'être opéré : ainsi il a expliqué les phénomènes de la respiration par la capacité de
calorique de l'acide carbonique qui se forme ,
comparée à celle du gaz oxigène.

Je négligerai ici les incertitudes qui provien-

nent de la méthode qu'il a employée pour déterminer les capacités de calorique des substances gazeuses, et de celles qui forment des
combinaisons.

Les auteurs du mémoire sur la chaleur ont
cherché quelle devait être la quantité absolue
de calorique dans l'eau, en déterminant par
l'expérience son calorique spécifique, ainsi que
celui de plusieurs substances avec lesquelles ils
l'ont combinée, et la quantité de chaleur qui
se dégageait dans ces combinaisons ; mais ces
épreuves ont donné des valeurs très-différentes
pour le calorique absolu de l'eau, et leur ont
paru détruire l'hypothèse que le calorique spécifique est proportionnel avec lui : cependant
ils observent eux-mêmes qu'une petite erreur
dans la détermination du calorique spécifique
suffirait pour introduire cette différence, parce
qu'il ne peut être qu'une très-petite quantité,
relativement au calorique absolu ; mais ils ont
fait une autre épreuve dont la conséquence n'a
rien de douteux. Ils ont mêlé une partie de
nitrate de potasse avec huit parties d'eau ; on
sait que dans la dissolution du nitrate de potasse
il y a un refroidissement produit, et qu'en conséquence le calorique spécifique de la dissolution devrait être plus grand que celui des deux
substances séparées ; or le calorique spécifique
de la dissolution qui dépend seulement de l'eau,

et sans y faire entrer tout celui qui appartient au nitrate de potasse, et l'accroissement dont on vient de parler, devrait être de 0,88889, en donnant au calorique spécifique de l'eau la valeur de 1,0000, et l'expérience n'a donné pour le calorique spécifique de la dissolution que 0,81670.

Le nitrate de potasse qui a diminué dans cette expérience le calorique spécifique de l'eau, contient cependant plus de 0,30 d'oxigène, lequel a conservé presque tout le calorique qu'il a dans l'état de gaz; et selon Crawford, le gaz oxigène a presque cinq fois autant de calorique spécifique que l'eau: on pourrait facilement accumuler de semblables considérations qui démontrent qu'on ne peut rien conclure du calorique spécifique des éléments isolés d'une combinaison, relativement à celui de la combinaison, ni du calorique spécifique d'une substance, relativement à la quantité totale qu'elle en contient, quoique toutes ces quantités soient constantes quand les conditions se trouvent les mêmes.

Comme la proportion du calorique fait varier non seulement la force de cohésion, mais qu'en changeant les dimensions d'une manière inégale, elle introduit une force qui modifie l'action chimique des différentes substances, il convient de considérer à présent les propriétés qui en dérivent.

~~~~~~

NOTES DE LA IIIᵉ SECTION.

NOTE III.

W.ᴇᴅɢᴡᴏᴏᴅ (1) fait contre l'usage du calorimètre deux objections qui méritent d'être examinées d'autant plus qu'elles l'ont empêché de s'en servir pour déterminer les quantités de calorique qui sont représentées par les degrés de son thermomètre ; ce qui aurait établi une comparaison exacte entre les degrés de ce thermomètre, et ce qui lui aurait donné un avantage dont sont privés même les thermomètres à mercure.

La première de ces objections est fondée sur la propriété qu'a la glace d'absorber une certaine quantité d'eau, ce qui rend selon lui les résultats incertains ; il n'a pas fait attention que les auteurs ont prescrit, lorsque la glace se trouvait au-dessous de zéro, *de la piler, de l'étendre par couches fort minces, et de la tenir ainsi pendant quelque temps dans un lieu dont la température soit au-dessus de zéro. Il faut observer, ont-ils ajouté, qu'au commencement de chaque expérience, la glace est déjà imbibée de toute la quantité d'eau qu'elle peut ainsi retenir.*

On voit qu'avec ces précautions l'eau que la glace peut absorber ne peut point être une cause d'erreur, puisque

(1) Trans. philos. 1784.

la dernière se trouve à cet égard dans le même état avant l'expérience et lorsqu'elle finit.

La seconde objection de Wedgwood porte sur la propriété qu'a l'eau qui vient de se liquéfier de reprendre l'état de glace à la même température : il a fait sur cet objet des expériences curieuses qui prouvent que le contact des corps solides peut réellement produire une nouvelle congélation dans l'eau qui vient de se liquéfier, et qu'ils diffèrent entre eux par le degré de cette propriété : il explique ce phénomène sur-tout par une évaporation qu'il suppose produite par le froid.

Sa véritable cause me parait être l'attraction que le solide exerce et par laquelle il se serait mouillé si l'eau se fut trouvée plus éloignée du terme de la congélation ; mais dans l'état où elle est, cette action suffit pour surmonter ce qu'il restait de force au calorique pour produire la liquidité. C'est donc un phénomène analogue à la séparation d'un sel qui est tenu en dissolution, par le contact d'un cristal du même sel, ou même par un autre corps solide, ou à la congélation de l'eau, qui est déterminée par le contact de la glace (27) ; mais cette cause ne peut produire aucune erreur sensible dans les épreuves qu'on fait avec le calorimètre, et ce qui prouve bien que cette épreuve n'est pas sujette aux incertitudes que suppose Wedgwood, c'est que les mêmes expériences répétées plusieurs fois ont donné des résultats dont les différences étaient très-petites, et telles qu'elles existent dans les expériences de physique qu'on regarde comme très-exactes.

NOTE IV.

LES changements de température qui ont lieu dans l'air qui éprouve une dilatation ou une condensation, et qui abandonne ou prend du calorique selon les dimensions qu'on lui donne, ont reçu différentes explications ; mais toujours dans la supposition qu'ils étaient conformes à l'indication du thermomètre : Cullen qui paraît avoir observé le premier l'abaissement du thermomètre par la dilatation de l'air dans la machine pneumatique, l'attribua au réfroidissement produit par une évaporation ; mais Saussure prouve que l'air desséché par l'alcali fait baisser le thermomètre à-peu-près autant que l'air humide, lorsqu'on le dilate par la pompe pneumatique, qu'alors l'hygromètre reste immobile à la plus haute sécheresse, et que par conséquent l'évaporation ne peut être la cause du froid produit (1). Lambert avait observé que le réfroidissement était d'autant plus considérable, que l'on raréfiait plus promptement l'air, et il l'avait expliqué par des particules de feu entraînées par l'air, et remplacées peu-à-peu par d'autres particules émanées du récipient ; c'est à cette idée un peu vague que Saussure lui-même s'arrête.

Cependant ce célèbre physicien est obligé de faire d'autres suppositions pour expliquer d'autres faits qui dérivent naturellement de la cause que j'ai indiquée : Nollet avait prétendu que lorsqu'on pompait l'air du récipient le plus sec, on voyait toujours se former cette vapeur ou ce nuage qui paraît tomber ou se condenser au bout de quelques instants ; Saussure fait voir que cette apparence n'a pas lieu lorsqu'on a pris les précautions nécessaires pour avoir une dessication par-

(1) Essais sur l'Hygrométrie.

faite; de sorte que la formation de ce nuage exige un air
qui ait un certain degré d'humidité, ou que quelque partie
de l'appareil contienne de l'humidité : il croit que dans les
expériences de Nollet, *il y avait dans les tuyaux de sa
pompe une humidité cachée, qui se changeant en vapeurs
élastiques, lorsque l'air se raréfiait, s'élançait avec force
dans l'intérieur du récipient.*

Il pense que les vapeurs vésiculaires se forment à une
distance du cheveu de l'hygromètre qui n'en est pas affecté,
et qui marche au sec; ce qui est contraire à l'observation;
car lorsque l'air se trouve saturé d'eau au point convenable, on apperçoit à l'instant les vapeurs vésiculaires et
les couleurs dont elles brillent dans toute l'étendue du
récipient : la dilatation oblige l'eau du cheveu de se réduire
en vapeurs; il doit donc marcher au sec, mais lorsque la
quantité d'eau tenue en dissolution est suffisante, le froid
qui survient en oblige une partie à se réduire en vapeur
vésiculaire, parce que son intensité est telle dans ce moment, que son effet l'emporte relativement à la vapeur
sur celui de la dilatation; cette partie précipitée par le
froid est bientôt redissoute au moyen de la température
communiquée, de sorte que les vésicules disparaissent; si
après avoir comprimé l'air on fait cesser la compression,
le froid produit par sa dilatation donne également naissance à la vapeur vésiculaire; mais lorsque l'on comprime
l'air, on n'apperçoit point de vapeurs vésiculaires, quoique
l'hygromètre marche à l'humide, parce qu'alors la température de l'air est trop élevée, et que c'est aux parois de
l'appareil que l'humidité doit se déposer par l'abaissement
de température qui succède.

Pictet (1) cite des faits qui le portent à supposer que
le feu emporte dans le mouvement qui lui est propre
l'eau qui se trouve dans un cheveu hygrométrique, ou la

(1) Essais de Phys. p. 145.

16..

lui rapporte, selon la direction de son mouvement; il emprunte en conséquence de Deluc la qualification de *fluide déférent* qu'il donne au feu auquel il a attribué ce transport de la vapeur.

　Cette supposition me paraît incompatible avec l'idée qu'on doit se faire du calorique soit combiné avec une substance, soit rayonnant, et à celle qu'on peut concevoir de la force mécanique du feu qui se meut dans un sens horizontal; de sorte que si les faits étaient inexplicables, ce ne serait pas une raison pour l'admettre. Voici les faits :

　Ayant mis un thermomètre et un hygromètre dans un ballon vide d'air, mais rempli de vapeurs aqueuses à la température de 4 degrés, il transporta le ballon dans une chambre voisine, dont la température était précisément au terme de la congélation ; l'hygromètre qui marquait 98 degrés marcha à la sécheresse, et au bout de 4 minutes, il ne marquait plus que 91, le thermomètre dans le ballon s'était refroidi d'un degré; l'hygromètre continua à descendre au sec, et quelques minutes après il n'était plus qu'à 89; mais au bout de 20 minutes, le thermomètre du ballon étant arrivé à zéro, il trouva l'hygromètre remonté à 94; et 5 minutes plus tard il fut à 91 ½, où il demeura stationnaire. A peine le ballon était-il resté une minute dans la température plus basse, qu'il avait paru une rosée. Ayant transporté le ballon d'une température plus basse dans une température plus élevée, il observa les mêmes phénomènes dans un ordre inverse.

　Pendant que la partie d'une vapeur qui reçoit la première un abaissement de température, se réduit en liquide, celle qui reste dans l'état de vapeur doit conserver à-peu-près la même température, comme il arrive à l'eau dans laquelle il se forme de la glace ; parce que la partie qui devient solide la maintient par le calorique qu'elle abandonne ; le cheveu s'est donc trouvé dans une vapeur plus rapé, mais à une température semblable ou peu différente, il a donc dû marcher au sec jusqu'à ce que la température se soit abaissée et mise en équilibre avec les corps environnants; alors le cheveu est parvenu à l'état hygrométrique qui convenait à l'humidité et à la température ; dans le cas contraire l'évaporation a eu une influence égale sur la température, et par conséquent sur l'état hygrométrique. Ce qui confirme cette explication, c'est que le thermomètre a suivi lui-même cette marche, et il y a apparence qu'il n'a pas indiqué précisément l'état de la température, à cause du calorique rayonnant qu'il a pu recevoir du ballou, ou lui envoyer.

NOTE V.

« ON sait depuis long-temps qu'à la même température, » le ressort d'une même quantité d'air, est à très-peu-près » réciproque à son volume. Cette propriété est commune à » tous les gaz, et même à tous les fluides dans l'état de » vapeurs. Il en résulte qu'à températures égales, deux » molécules d'air plus ou moins rapprochées se repoussent » toujours avec la même force ; ensorte que si l'on repré- » sente leur force répulsive par l'action d'un ressort tendu » entre elles, la tension de ce ressort est la même, quel- » que soit leur écartement naturel. Concevons en effet une » masse de gaz ou de vapeurs renfermée dans une vessie » qui communique avec un tube recourbé, en partie rempli » de mercure, et supposons que son ressort élève une » colonne de 75 centimètres de hauteur; concevons ensuite » qu'en comprimant la vessie, on réduise le gaz à la moitié » de son volume, il est visible que dans ce nouvel état

» la couche de gaz contigue à la surface du mercure, aura
» une densité deux fois plus grande que dans son premier
» état, et qu'il y aura par conséquent deux fois plus de
» ressorts appuyés sur cette surface; ainsi, puisque suivant
» l'expérience, la hauteur de la colonne de mercure de-
» vient double, il faut que la tension de ces ressorts soit
» la même; cette tension ne change donc point par le
» rapprochement des molécules du gaz; elle ne fait que mul-
» tiplier le nombre des ressorts appliqués sur une même
» surface.

» De là il suit que les molécules d'un gaz n'obéissent
» sensiblement qu'à la force répulsive de la chaleur, et que
» leur action d'affinité les unes sur les autres, est très-
» petite relativement à cette force. Ainsi, leur ressort ne
» dépend que de la température, et la quantité de chaleur
» libre qui existe dans une masse de gaz ou de vapeurs,
» est à température égale proportionnelle à son volume;
» car s'il y en avait plus sous le même volume, dans
» l'état de condensation, que dans celui de dilatation, la
» force répulsive de deux molécules voisines, en serait
» augmentée.

» En diminuant donc d'un tiers ou de moitié le volume
» d'un gaz, il doit s'en dégager un tiers ou une moitié
» de la chaleur libre qui existe entre ses molécules. Si
» l'on pouvait mesurer exactement cette chaleur dégagée,
» on en concluerait la quantité de chaleur libre, contenue
» dans un volume donné de ce gaz; mais cette mesure est
» très-difficile à obtenir au moyen du thermomètre, soit
» parce qu'une partie de la chaleur dégagée se répand sur
» les corps environnants, ou se développe en chaleur
» rayonnante; soit parce que la masse du thermomètre,
» quelque petit qu'il soit, est fort grande relativement à
» celle du gaz que l'on condense. Des expériences faites
» avec le calorimètre la donneraient d'une manière très-

» précise. L'effet de la chaleur ainsi dégagée est sensible
» sur la vîtesse du son; elle produit l'excès de cette vîtesse
» sur celle que donne la théorie ordinaire, comme je m'en
» suis assuré par le calcul.

» Il suit encore de ce qui précède que si l'on conçoit
» des volumes égaux de deux différents gaz renfermés dans
» deux enveloppes de même capacité, et inextensibles ; si
» l'on suppose qu'à une température donnée, le ressort
» de ces deux gaz soit le même en augmentant de la même
» manière leur température, l'accroissement de leur ressort
» sera le même, puisqu'il ne dépend que de la température.
» Concevons maintenant que les enveloppes qui les con-
» tiennent, cessent d'être inextensibles ; les deux gaz se
» dilateront jusqu'à ce que leurs ressorts soient égaux à
» la pression de l'atmosphère qui environne ces enveloppes ;
» et comme pour chaque gaz le volume est en raison in-
» verse du ressort, les deux gaz prendront le même volume
» et se dilateront également. C'est en effet ce que le citoyen
» Gai Lussac a constaté par un grand nombre d'expériences.
» On voit par ce que nous venons de dire, que ce fait
» intéressant est lié à celui de l'accroissement du ressort
» des gaz en raison inverse de leur volume, et par con-
» séquent à ce principe général que la force répulsive des
» molécules des gaz est indépendante de leur écartement
» mutuel, et ne dépend que de la température ».

NOTE VI.

Le comte de Rumford a fait une expérience curieuse
sur la chaleur qui peut être produite par le frottement (1) ;

(1) Essais, vol. II.

il a fait mouvoir avec rapidité un foret obtus dans un cylindre de bronze de 13 livres, poids anglais, et il a observé que le foret avait, dans l'espace de deux heures, par une pression qui équivalait à 100 quintaux, réduit en poudre 4115 grains de bronze, et qu'il s'était dégagé pendant cette opération une quantité de chaleur qui aurait amené 26,38 livres d'eau, de la température de la congélation à celle de l'ébullition, il n'a pas trouvé de différence entre le calorique spécifique de la poudre métallique, et celui du bronze qui n'avait pas subi de frottement; ce qui lui fait croire que la chaleur n'est due qu'à un mouvement imprimé, et non au calorique, tel que le considèrent la plupart des chimistes.

Je me bornerai à examiner si le résultat de cette expérience oblige de renoncer à la théorie du calorique, considéré comme une substance qui entre en combinaison avec les corps, et si l'on ne peut pas en donner une explication satisfaisante par l'application des lois déduites de la comparaison de ses autres effets.

En regardant le dégagement du calorique comme l'effet de la diminution de volume produite par la compression, ce n'est point la limaille seule qui a dû contribuer à ce dégagement; mais toutes les parties du cylindre de bronze, quoique d'une manière très-inégale, par l'effort d'expansion de la partie qui était la plus comprimée, et qui éprouvait la plus haute température sans pouvoir prendre les dimensions qui convenaient à cette température, sur les parties les moins échauffées et les moins dilatées, de sorte qu'il y a dû avoir une condensation de métal relativement à ses dimensions naturelles, qui diminuait depuis le lieu de la compression la plus forte jusqu'à la surface : supposons l'effet uniforme dans tout le cylindre.

Il a dû se dégager par la diminution de volume une chaleur égale à celle qui aurait produit une augmentation

pareille de volume en supposant que les chaleurs spécifiques du métal ne changent pas dans cette étendue de
l'échelle thermométrique, et que les dilatations soient uniformes; ce qui doit s'éloigner peu de la réalité pour des
températures et des dilatations voisines. Toute la chaleur
qui s'est dégagée aurait donné à-peu-près 160 degrés du
thermomètre de Réaumur au cylindre, et si la dilatation
du bronze par la chaleur était égale à celle qu'on a reconnue dans le fer qui est de $\frac{1}{75000}$ pour chaque degré du
thermomètre, les 180 degrés auraient produit une dilatation de $\frac{11}{7500}$ dans chacune de ses dimensions, et la réduction du volume due à la compression supposée égale
à cette augmentation, a dû produire le même degré de
chaleur.

Or la percussion, l'action du balancier, la compression
des filières produisent un changement quelquefois considérable dans la pesanteur spécifique des métaux; il paraît,
par exemple, qu'elle peut l'augmenter de plus d'un
vingtième dans le platine et dans le fer que l'on forge.

On voit donc que l'expérience du comte de Rumford
est bien éloignée d'atteindre les limites d'une explication
fondée sur une propriété connue et incontestable.

Il est facile de faire des rapprochements imposants sur
les phénomènes du calorique; mais si l'on disait à une personne peu habituée aux spéculations chimiques : le cylindre
du comte de Rumford a donné pendant deux heures d'un
frottement violent autant de chaleur que 15 kilogrammes
de glace en auraient absorbé pour se réduire en eau sa
changer de température, ou deux hectogrammes de gaz oxigène pour se combiner avec le phosphore, je ne sais lequel
de ces phénomènes la surprendrait le plus.

Les petits changements qui peuvent survenir dans la
quantité du calorique combiné, ont une si faible influence
sur la capacité du calorique dans une petite étendue de

l'échelle thermométrique, qu'elle devient entièrement inappréciable, et nous n'avons point encore les données nécessaires pour reconnaître quels sont les changements qui ont lieu à cet égard dans un corps solide, selon l'état de condensation dans lequel on l'a mis par une force mécanique et à des températures éloignées.

D'ailleurs, dans l'expérience que Rumford a faite pour examiner la chaleur spécifique de la limaille de bronze qu'il avait formée, il l'a échauffée jusqu'à la température de l'eau bouillante ; mais ce minéral très-élastique a dû reprendre en partie, dès qu'il s'est trouvé libre et surtout dans cette dernière opération, l'état de dilatation et la proportion de calorique qui lui convient à une certaine température, et par là l'effet de la compression qu'il avait éprouvée a dû disparaître en partie, comme on voit qu'un métal écroui reprend ses propriétés dans le recuit.

NOTE VII.

« Voici, dit Deluc (1), une expérience par laquelle
» Watt s'est assuré que l'eau perd proportionnellement
» plus de chaleur par l'évaporation ordinaire que par l'ébul-
» lition. Cette expérience qu'il voulut bien répéter en ma
» présence, il y a six à sept ans, fut faite dans un vase
» de ferblanc, d'environ huit pouces de diamètre, con-
» tenant de l'eau plus chaude que le lieu, et mise en
» évaporation dans l'air libre : ce vase contenait aussi un
» thermomètre qui, en agitant doucement l'eau, indiquait
» exactement les pertes de chaleur qu'éprouvait celle-ci,

(1) Ann. de Chim, tom. VIII, p. 79.

» en même temps que ses pertes de poids étaient indi-
» quées par une balance à laquelle le vase était suspendu.
» Un autre vase semblable à celui-là, contenant une même
» quantité d'eau, à la même température, fut placé à
» une petite distance; mais cette eau était couverte d'un
» papier huilé, pour empêcher son évaporation. Après
» l'expérience, la chaleur perdue par ce dernier vase, fut
» déduite de la perte de chaleur essuyée en même temps
» par le vase où l'eau s'évaporait, et le restant de cette
» perte ayant été comparée à celle du poids, le résultat
» fut que l'eau évaporée considérée seule, avait enlevé à
» ce vase une quantité de feu proportionnellement plus
» grande que n'en contenaient les vapeurs de l'eau bouil-
» lante ».

D'après les principes que j'ai exposés, l'eau qui dans
l'évaporation prend l'état élastique par sa combinaison avec
l'air, doit prendre une quantité de calorique proportionnelle
à son volume réel, et à la température de laquelle dépend
sa tension : or la vapeur de l'eau qui se forme sous la
pression de l'atmosphère, et à un degré de chaleur de
80 degrés doit l'emporter par ces deux conditions sur celle
qui est tenue en dissolution par l'air, sous une même
compression et à une température plus basse.

Il paraît que c'est de cette expérience que Watt a conclu
que la vapeur de l'eau avait d'autant moins de calorique
spécifique, qu'elle était formée sous une plus forte compression.

N'y a-t-il point quelque circonstance qui en a imposé
sur le véritable résultat? Dans le vase qui était à découvert, et dont l'eau avait une température supérieure à
celle de l'air, la partie du liquide qui prenait l'état élastique en se combinant avec l'air, donnait à celui-ci une
légèreté spécifique plus grande que si l'air eût été échauffé
au même degré sans se combiner avec l'eau, il a donc

dû s'établir un courant plus rapide sur le vase découvert que sur l'autre, et une beaucoup plus grande quantité d'air a dû s'échauffer et contribuer au réfroidissement du premier.

NOTE VIII.

DELUC prétend (1) que le mercure est de tous les liquides, celui dont les changements dans le volume représentent avec le plus d'exactitude les variations de la chaleur, même dans les températures très-basses; pour établir cette opinion, il suppose 1°. que le mercure n'éprouve pas de contraction en se congelant; 2°. que l'alcool se dilate en se congelant, et que cette dilatation affecte sa marche par les abaissements de température, comme celle de l'eau qui approche de la congélation; mais Cavendish a fait voir que le mercure éprouve une contraction qui équivaut à la dilatation que causerait l'élévation de 404 degrés de Fah : elle paraît même avoir passé dans une expérience de Braun celle de 500 degrés, ce qui donnerait une contraction de $\frac{1}{25}$ de son volume. On n'a point obtenu la congélation de l'alcool par le plus grand froid qu'on ait produit. D'ailleurs rien ne porte à croire qu'il éprouverait une augmentation de volume, si l'on parvenait à le congeler. L'analogie même conduit à penser que c'est une contraction qu'il doit éprouver, puisque les huiles se contractent, selon l'observation de Deluc, et que selon celle de Cavendish l'acide nitrique et l'acide sulfurique subissent le même effet; de sorte que la contraction, qui est une conséquence de l'accroissement de l'action réciproque, paraît être le

(1) Recherch. sur les Mod. de l'Atm. tom. II.

phénomène le plus général, et la dilatation qu'on a observée dans la congélation de l'alcool mêlé avec l'eau, ne doit être attribuée qu'à la dernière.

Il n'y a aucune raison de croire que la contraction qu'éprouve un liquide qui passe à l'état solide, ne produit pas un effet dans les degrés de température qui précèdent celui de leur congélation, comme la dilatation qui est due à la cristallisation en produit un contraire, et comme le fait également la dilatation qui est due à la chaleur; car Deluc a fait voir que plus les liquides approchent de la vaporisation, plus les dilatations qu'ils éprouvent par un même degré de chaleur sont grandes.

Il y a donc dans tous les liquides deux causes qui empêchent que leur dilatation et leur condensation ne soient une mesure exacte des changements de température : la première est la dilatation progressive qu'ils éprouvent en approchant de la vaporisation, la seconde est la dilatation ou la condensation auxquelles ils sont sujets en approchant de la congélation, et les effets de ces deux causes se compliquent et varient selon la distance qui les sépare dans chaque liquide.

La marche du mercure doit être plus régulière dans les degrés élevés de température que celle de l'alcool, et celle des huiles qui diffèrent à cet égard selon leur volatilité. Dans les degrés inférieurs, au contraire, l'alcool doit représenter avec plus d'exactitude les différences de température, et il me paraît qu'on ne doit pas regarder comme une irrégularité, qu'il faut attribuer entièrement à l'alcool, la différence qui se trouve entre son indication et celle du thermomètre à mercure; car Deluc observé qu'un thermomètre fait avec l'alcool n'était qu'à 7,7, lorsque celui à mercure marquait 10, et Blagden ayant mis deux thermomètres faits avec l'alcool avec un thermomètre à mercure dans un mélange fulgorifique, l'un

des deux premiers marquait 29, l'autre 30, pendant que
celui à mercure était à 40 de Fahr (1), quoique ces thermomètres eussent été mis d'accord au terme de la congélation.

NOTE IX.

DE ce que le calorique se dégage le plus ordinairement
sous la forme de lumière de cette espèce de combinaison
qu'à cause de cette circonstance on appelle inflammation
ou combustion, on a été tenté de regarder tout dégagement de lumière comme l'effet d'une combustion ou d'une
combinaison dans laquelle l'oxigène éprouve une condensation, et de conclure si l'expérience fesait découvrir des
combinaisons avec dégagement de lumière, sans que l'oxigène
y eût part, que la théorie adoptée sur la combustion se trouvait démentie. On a cru trouver cet avantage dans des expériences publiées par les chimistes hollandais dont l'association
a produit des travaux si importants pour la chimie, sur une
ignition qui présente les apparences d'une inflammation,
quoiqu'elle ne soit pas due à la condensation de l'oxigène (2); mais à une combinaison du soufre avec les
métaux.

Schéele avait déjà observé le phénomène qui fait l'objet
des recherches des chimistes hollandais : « On voit, dit-
» il (3), que presque dans toutes les combinaisons que
» les métaux qui en sont susceptibles forment au feu avec

(1) Historg. of the congel. of quiet silver. Trans. philos. 1783.

(2) Expér. sur l'inflammation du mélange du soufre avec différents
métaux. Journ. des Mines, n°. II.

(3) Traité chim. de l'Air et du Feu, p. 192.

» le soufre, le mélange s'enflamme au même instant. Il
» se produit un effet de la même nature, lorsque ces mé-
» langes se font dans des vaisseaux clos. Je mêlai trois
» onces de limaille de fer avec une once et demie de
» soufre en poudre fine, et je les mis dans une petite
» cornue de verre qui en fut remplie aux trois quarts ;
» j'attachai à son cou une vessie humectée et vidée d'air,
» et je posai peu à peu la cornue sur des charbons ar-
» dents. Lorsque le fond de la cornue commença à rougir,
» les bords de la masse brûlèrent d'une belle lumière
» d'un rouge pourpre qui s'étendit de plus en plus, jusqu'à
» ce que le milieu fut aussi rouge; alors les bords s'obs-
» curcirent, et la lumière pourpre du milieu disparut
» aussitôt.... Je distillai du soufre avec de la limaille de
» plomb, j'obtins la même lumière rouge foncée ».

Les chimistes hollandais qui ont fait des expériences
semblables, ont observé que le cuivre était le métal le
plus propre à produire ce phénomène; que la proportion
la plus convenable était de 40 grains de métal, et de
15 grains de soufre, et qu'en diminuant ou en augmentant le dernier, l'effet devenait plus faible; qu'après le
cuivre venaient le fer, le plomb, l'étain, et enfin le zinc;
mais que l'antimoine et le bismuth ne présentaient pas
cette propriété.

J'ai répété l'expérience avec le cuivre, et même sur des
proportions beaucoup plus considérables, et j'ai observé
que le dégagement de la lumière pourpre était accompagnée
d'une grande chaleur, qui, produite soudainement, fesait
éclater le vase de verre dans lequel était contenu le mélange, et que cet effet était instantané et ne durait que
pendant que la combinaison du soufre et du métal pouvait
s'opérer.

Je n'ai point pu produire cette ignition avec le zinc,
mais le soufre s'est volatilisé en entier, et en effet le soufre

n'entre pas en combinaison avec le zinc ; ce qui me fait conjecturer que les chimistes hollandais ont confondu la véritable combustion du zinc avec l'ignition dont Il s'agit ; aussi ont-ils été obligés d'employer l'action vive des souf-flets , et la flamme a été dans ce cas vive , claire et blanche ; ce qui est le caractère de la combustion du zinc.

Ces expériences ont été répétées à Turin (1), où l'on a observé que lorsqu'on soumettait à une chaleur suffi-sante un sulfure de fer formé par un feu doux pour ré-duire le mélange en une masse, il avait , après la fulgo-ration , l'aspect d'une substance beaucoup plus solide qu'auparavant.

Les auteurs de ces expériences ont éprouvé qu'avec les oxides et le soufre on formait de l'acide sulfureux sans dégagement de lumière , et qu'au contraire avec les métaux on obtenait l'apparence lumineuse sans production d'acide : ils en concluent que ces faits « semblent confirmer la doc-» trine de Sthal , et détruire au moins en partie celle des » chimistes pneumatiques sur la nature des régules métal-» liques ».

Il me semble qu'on ne devrait pas choisir pour com-battre cette doctrine qu'on appelle pneumatique , des faits qui s'expliquent complètement par ses principes. Les oxides peuvent former de l'acide parce qu'ils peuvent céder de l'oxigène au soufre ; ils ne donnent pas de la lumière dans l'acte de leur combinaison , parce que l'acide volatil qui se dégage peut prendre le calorique en combinaison.

(1) Mém. de l'Acad. de Turin, tom. VI.

NOTE X.

Plusieurs corps deviennent lumineux dans différentes circonstances ; il me semble que les causes de ce phénomène doivent être rapportées aux suivantes.

Un corps devient lumineux ou parce que sa température s'élève, ou parce qu'il subit une combustion, c'est-à-dire une combinaison avec l'oxigène, ou parce qu'exposé aux rayons de la lumière, il en absorbe une certaine quantité qui n'entre qu'en faible combinaison, et qui conserve son état élastique, comme on voit l'air être retenu par l'affinité de quelques corps, et n'y perdre qu'en partie son état élastique.

La lumière produite par le frottement peut venir ou de la température exhaussée par la compression et le rapprochement des molécules qui l'éprouvent, ou de la combustion ; ces deux causes peuvent se trouver réunies : Thomas Wedgwood a prouvé que les corps solides devenaient lumineux lorsqu'ils parvenaient à une certaine température qui ne paraît pas différer beaucoup entre eux (1) ; lors donc que la compression peut produire dans quelques molécules un rapprochement assez grand pour élever leur température au terme convenable, elles doivent devenir lumineuses, quoique cette différence de température ne puisse avoir qu'une faible influence sur le thermomètre et sur les corps voisins.

Le même chimiste a fait une observation intéressante sur ce phénomène, c'est qu'un corps devient lumineux lorsque sa chaleur provient d'une substance qui n'avait point cette propriété, comme d'un gaz, de même que si elle lui avait été communiquée par un corps lumineux; ce qui

(1) Trans. philos. 1792.

17

confirme l'identité substantielle de la lumière et du calorique.

La lumière qui provient de l'élévation de température
des corps se produit lorsqu'ils sont placés dans le gaz azote
et l'acide carbonique ainsi que dans le gaz oxigène; celle
qui est due à la combustion au contraire n'a lieu qu'autant
qu'il y a de l'oxigène pour la produire.

C'est à cette seconde espèce qu'appartient la propriété
lumineuse de plusieurs substances que l'on a confondues
sous le nom de phosphores ; tels sont le phosphore de
Canton, le phosphore de Bologne, quelques nitrites, etc.

On augmente la propriété de ces substances en haussant
leur température, mais on en accélère la destruction.

Hulme a publié dernièrement des expériences curieuses
sur une lumière de cette espèce que donnent spontanément
quelques poissons et quelques autres substances (1).

Les poissons qui ont été principalement l'objet de ses
expériences sont les maquereaux et les harengs.

La lumière qui en émane précède la putréfaction qui
la détruit, elle est produite également par les parties in-
ternes que l'on met à découvert, et par la surface, elle
est fixée dans un liquide qui suinte à la surface, et dont
on peut la séparer par le moyen d'une lame.

Cette matière communique sa propriété lumineuse à quelques liquides et non à d'autres : l'eau seule ne devient
pas lumineuse, non plus que celle qui est imprégnée d'acide
carbonique, ou d'autres acides, d'alcali, de chaux, d'hydrogène sulfuré, etc.; elle devient lumineuse lorsqu'elle
tient en dissolution la plupart des sels neutres, mais il
faut que la proportion des sels ne soit pas trop grande,
alors le liquide acquiert cette propriété par une addition
suffisante d'eau : l'agitation augmente l'effet. C'est la sur-

(1) Trans. philos. 1800.

face qui est sur-tout lumineuse ; cette lumière dure pendant quelques jours après lesquels elle finit.

Les apparences que j'ai observées moi-même me por-
teraient à croire qu'elles peuvent dépendre du gaz hydrogène
phosphuré ; mais c'est à des expériences précises à prononcer sur la cause de cette propriété.

Hulme a encore observé qu'un ver-luisant, placé à une
température très-basse, a cessé d'être lumineux, qu'il a
repris cette propriété en le faisant passer dans une température plus élevée, que le vieux bois et les autres substances lumineuses sont affectés de même par les change-
gemens de température, qu'une chaleur qui approche de
l'ébullition de l'eau détruit également cette propriété, que
les vers luisants peuvent être lumineux après leur mort ;
ce qui prouve que ce n'est pas la respiration qui leur donne
cette qualité : le thermomètre n'éprouve aucune impression
de tous ces corps lumineux, sans doute parce que le
calorique se dégage sous forme de lumière.

Enfin certains corps deviennent lumineux, lorsqu'on les
a exposés à une lumière vive ; ils paraissent n'éprouver
aucun changement dans leur composition, quoiqu'on réitère
souvent le phénomène. C'est dans ceux-là que j'admets une
faible combinaison de lumière qui a retenu en partie son état
élastique ; mais ce n'est qu'une analogie qui me conduit à
cette explication, et cette cause de la propriété lumineuse
est beaucoup plus obscure et incertaine que les précédentes.

J'ai dit que la présence de l'oxigène était nécessaire pour
le dégagement de la lumière qui était due à une combinaison ; cependant il ne faut pas regarder cette cause comme
unique, ainsi que je le remarque dans la note précédente.

17..

NOTE XI.

Il m'a paru important de déterminer la différence qui pouvait exister entre l'action du fluide électrique et celle du calorique, et la cause qui pouvait souvent rendre leurs effets semblables ; d'autant plus que dans les leçons des écoles normales cette similitude d'effet m'avait fait adopter l'opinion de ceux qui ont regardé le fluide électrique comme le calorique même ; j'ai en conséquence prié le citoyen Charles de me permettre de me servir de ses appareils puissants pour faire des expériences qui me paraissaient propres à cet objet. Il a bien voulu se charger de les faire lui-même avec cette obligeance que ses confrères sont toujours sûrs de trouver en lui : je vais en présenter le résultat tel qu'il m'a été communiqué par Gay Lussac, qui a coopéré à ces expériences.

Un fil de platine a été soumis à des commotions qui approchaient de celles qui pouvaient en opérer la combustion, et pour s'en assurer on a excité une commotion par laquelle une grande partie du fil a été fondue ou dispersée, on a ensuite employé des commotions un peu moins fortes, et aussitôt après chacune, on touchait le fil pour juger de la température à laquelle il se trouvait ; on sentait une chaleur qui, après quelques minutes, était dissipée, mais qu'on a évaluée semblable tout au plus à celle de l'ébullition de l'eau. Si l'électricité liquéfiait les métaux et les mettait en combustion par la chaleur qu'elle excite, le fil de platine aurait dû approcher, après une commotion qui différait peu de celle qui aurait produit sa dispersion et sa combustion, du degré de température qui peut causer sa liquéfaction : or ce degré qui est le plus élevé que l'on puisse obtenir, serait, selon l'évaluation plus ou moins exacte de Wedgwood, de 32277 degrés de Fahreneit.

Lorsque la commotion est assez forte pour détruire l'aggrégation du fil de platine, elle commence par détacher
de la surface des molécules qui s'exhalent comme une
fumée ; si elle est assez forte pour produire la combustion,
ce qui reste du fil paraît déchiré en filaments.

Un thermoscope noirci par l'encre et placé dans le courant d'une forte étincelle électrique, n'a éprouvé qu'une
dilatation qui équivalait à-peu-près à un degré du thermomètre de Réaumur, et ce léger effet pouvait dépendre de
l'oxidation du fer de l'encre : placé à côté de ce courant, il n'a
présenté aucune dilatation, quoique l'air fût nécessairement
affecté de l'action électrique : il en a été de même lorsqu'il a été mis en contact avec un conducteur métallique qui recevait un courant moins énergique que dans
les expériences précédentes.

Un cylindre de verre rempli d'air avec un excitateur à
chacune de ses extrémités, à l'une desquelles était fixé
un tube qui communiquait avec un autre cylindre rempli
d'eau, produisait à chaque commotion une impulsion qui
élevait l'eau de plus d'un décimètre au-dessus de son
niveau ; mais son effet était instantané.

Ces expériences me paraissent prouver que ce n'est
point par une élévation de température que l'électricité
agit sur les substances et sur leurs combinaisons ; mais
par une dilatation qui éloigne les molécules des corps. La
faible chaleur qui a été observée dans le fil de platine,
n'est que l'effet de la compression produite par les molécules qui éprouvent les premières l'action électrique,
ou qui l'éprouvent à un plus haut degré ; elle doit être
comparée à celle qu'on excite par la percussion ou par
la compression.

Si la dilatation était un effet de la chaleur, celle qu'a
éprouvée un gaz dans l'expérience rapportée ci-dessus n'aurait
pas été instantanée, elle n'aurait éprouvé qu'une diminution

progressive par le réfroidissement, comme lorsque son expansion est due à la chaleur.

. Dans l'expérience par laquelle on décompose le gaz ammoniaque, ce gaz éprouve indubitablement l'action de l'électricité, et cependant il ne s'échauffe point, et dès que la décomposition est finie, son volume reste constant, parce que l'action électrique dont on se sert dans cette expérience n'est pas assez énergique pour produire une dilatation que l'on puisse appercevoir : on ne cause point de dilatation sensible dans un gaz par une commotion qui n'est pas très-forte, parce que l'impulsion n'étant point graduée comme l'expansion qui est due au calorique, et étant excitée instantanément, la résistance du liquide devient très-grande, et ne peut être vaincue que lorsque la dilatation a beaucoup d'énergie.

. Une expérience de Deïman et de ses savants associés confirme cette explication : ils ont fait passer une commotion à travers du plomb placé dans un vase rempli de gaz azote qui ne pouvait l'oxider ; il s'est réduit en poudre en conservant toutes ses propriétés métalliques : s'il eût éprouvé une liquéfaction semblable par l'action de la chaleur, son réfroidissement eût été graduel, et il se serait congelé en une seule, ou du moins en plusieurs masses.

. Il faut donc distinguer, lorsqn'on soumet un métal à l'action électrique, les effets produits immédiatement par l'électricité, de ceux qui sont dûs à son oxidation : les premiers se bornent à diminuer ou à détruire les effets de la force de cohésion, à écarter ses molécules et à les disperser : s'il se dégage par là un peu de chaleur, elle n'est due qu'à la compression qu'éprouvent quelques parties; mais ceux qui sont dûs à l'oxidation produisent un haut degré de chaleur, et alors les effets prennent toute l'apparence de ceux d'une combustion ordinaire; de là vient que les métaux les plus oxidables sont ceux qui rougissent

le plus facilement, et qui offrent le plus les propriétés
d'un métal qui est liquéfié par la chaleur.

L'électricité favorise cette oxidation, par là même qu'elle
diminue la force de cohésion; c'est ainsi qu'un alcali rend
l'action du soufre beaucoup plus puissante sur l'oxigène,
en détruisant la force de cohésion qui lui était opposée,
et qu'un métal dissous dans une amalgame s'oxide beaucoup plus facilement que lorsqu'il est dans l'état solide.
Ce n'est qu'en détruisant ainsi les effets de la force de
cohésion, que la chaleur elle-même produit l'oxidation des
métaux, mais l'action expansive de l'électricité doit avoir
beaucoup d'avantage sur celle du calorique, parce que son
action est bornée au solide qui se trouve dans son courant; de sorte que le gaz n'éprouve pas lui-même une
dilatation qui soit contraire à la condensation qui accompagne la combinaison; on peut appliquer à cette circonstance ce que l'on observe sur l'action du gaz hydrogène
qui peut réduire complètement un oxide de fer placé au
foyer d'un verre ardent, quoique l'eau, dont les deux
éléments reçoivent également la chaleur, soit décomposée
par ce métal.

Il est probable que c'est également à l'effet expansif
d'un courant électrique qui s'établit entre deux métaux
entre lesquels s'interpose une couche d'eau, qu'est due
l'oxidation que Fabroni a observée entre ces substances
mises en contact dans l'eau, et qui paraît se borner dans
ce cas à la combinaison de l'oxigène qui est tenu en dissolution dans ce liquide (1).

Tous les effets chimiques produits dans les substances
soumises à l'action de l'électricité me paraissent pouvoir
se déduire de ces considérations, et s'expliquer par la
diminution de la force de cohésion qui est un obstacle

_____

(1) Journal de Phys. Vendém. an 8.

aux combinaisons que tendent à former leurs molécules ; mais il reste à déterminer les différences que peuvent présenter l'électricité positive et l'électricité négative ; les effets chimiques de la pile de Volta peuvent être beaucoup plus considérables que ceux de l'électricité ordinaire , quoique celle-ci soit douée d'une tension beaucoup plus grande ; parce que son action étant nécessairement interrompue, les effets chimiques qui exigent du temps pour se consommer , ne pourraient que commencer à s'exécuter , et seraient même détruits par le rétablissement subit du premier état du corps , au lieu que la permanence de l'action de l'appareil électromoteur , quoique plus faible à chaque instant , peut donner lieu aux changements chimiques qu'elle favorise en diminuant les effets de la force de cohésion.

Je ne regarde moi-même les explications que je viens de hasarder que comme des conjectures que l'observation peut confirmer ou détruire.

SECTION IV.

CHAPITRE PREMIER.

*Des propriétés caractéristiques des fluides
élastiques.*

162. Les substances sont différemment affectées par le calorique, de sorte que quelques-unes ne font qu'éprouver une dilatation en conservant l'état solide au plus haut degré de chaleur que l'on puisse obtenir, à moins qu'on ne fasse concourir quelqu'affinité avec l'action du calorique; d'autres, au contraire, conservent l'état élastique aux plus grands abaissements de température, et sous les plus fortes pressions connues, et il n'y a que l'énergie de l'affinité plus puissante que ces moyens qui puisse détruire leur élasticité.

Quelques substances tiennent le milieu entre ces extrêmes ; à une température et à une pression données, elles restent dans l'état liquide ;

une autre température ou une autre pression
les réduit à l'état de fluide élastique : on les
distingue alors des gaz sous le nom de vapeurs.

Ces différentes propriétés dépendent de
l'énergie plus ou moins grande de l'affinité réciproque des molécules d'une substance et de
on rapport avec l'affinité que ces molécules
ont avec le calorique ; mais ces deux effets ne
pouvant être distingués, il faut se borner à en
considérer le résultat, en le regardant comme
une force variable dans les différentes substances,
selon leur nature, et dans chaque substance
selon les circonstances où elle se trouve.

Ainsi, après avoir regardé la solidité comme
une force qui favorise les combinaisons ou qui
leur est opposée, je considérerai dans ce chapitre l'élasticité comme une autre force dont
il faut évaluer les effets. Je l'examinerai dans
les différentes circonstances de l'action chimique,
indépendamment des causes auxquelles une
substance doit cette disposition, et des lois que
le calorique suit dans cette action.

153. L'acide carbonique ne peut se combiner
qu'en petite proportion avec l'eau à une température un peu élevée ; ce n'est pas que l'eau
ne tende à s'unir avec une plus grande quantité
de cet acide ; car, en diminuant la force de
l'élasticité par la compression, on peut augmenter indéfiniment cette dissolution : on produit

aussi le même effet en abaissant la température ,
mais alors il est limité par la force de cohésion
que l'eau acquiert au degré de la congélation ,
et qui, l'emportant sur son affinité pour l'acide
carbonique , l'oblige d'abandonner celui-ci : et il
y a apparence que la force qui prépare la cristallisation qui s'annonce par une dilatation , quelques degrés au-dessus du terme de la congélation ,
produit un effet analogue sur la dissolution
des substances gazeuses par l'eau , de sorte que
ce n'est pas au degré même de la congélation
que l'eau peut dissoudre la plus grande quantité
de ces substances , mais quelques degrés au-
dessus : enfin , l'on aurait un résultat opposé ,
en diminuant la compression ou en élevant la
température , si l'on agissait sur une combinaison
de l'acide carbonique avec l'eau saturée à une
température basse , ou à une forte compression.
Comme ces effets peuvent s'observer dans
toutes les combinaisons des substances gazeuses
avec les différences qui dépendent de l'intensité
de la combinaison , il en résulte , 1°. que
l'élasticité doit être considérée comme une force
opposée aux combinaisons d'une substance qui
en est douée avec les substances liquides ou
solides , ou qui ont un degré différent d'élasticité ; 2°. que cette force s'accroît par l'accumulation du calorique qui fait varier par-là les
combinaisons qui peuvent se former à différentes

températures : il suit encore de-là que l'on peut
comparer l'action que deux substances liquides
exercent sur un fluide élastique par les quantités
de ce fluide que chacune, à égalité de poids,
peut assujéttir.

154. Lorsqu'une substance liquide, qui tend
à se combiner avec l'acide carbonique, ne peut
plus surmonter son élasticité, à température et
compression données, la tendance à la combinaison qui lui reste pour cet acide, est égale
à celle de toutes les substances qui se trouvent
dans le même cas ; mais le terme, où s'arrête
l'action d'une substance qui devient solide, est
quelquefois fort éloigné de celui où elle pourrait parvenir, si l'on commençait à diminuer
les effets de l'élasticité par une dissolution préliminaire ; ainsi le carbonate de chaux peut
être dissous par l'eau chargée d'acide carbonique.

Comme le carbonate de chaux est encore bien
éloigné du terme où la tendance à la combinaison
de sa base pour l'acide carbonique, serait épuisée
à la température ordinaire de l'atmosphère ;
ce n'est qu'en l'exposant à un haut degré de
chaleur, que l'acide carbonique a acquis une
disposition assez grande à l'élasticité, pour
pouvoir commencer à se dégager, et à mesure
que la proportion d'acide carbonique s'y trouve
diminuée, il faut que la chaleur augmente pour
que le dégagement continue : ce n'est que lorsque

la disposition à l'élasticité est devenue supérieure à toute l'action, que la chaux peut exercer, que celle-ci se trouve entièrement dépouillée de cet acide.

La grande quantité d'acide carbonique, que les bases alcalines peuvent prendre en combinaison, en surmontant sa force élastique, prouve quelle force énorme elles exercent. On voit donc que l'élasticité agit contre les affinités qui tendent à produire une combinaison, comme la force de cohésion agit dans un sens contraire : elle doit être considérée comme un effort qui peut être comprimé ; mais elle peut croître jusqu'à un terme auquel elle l'emporte sur l'affinité qui produit les combinaisons, et elle cause de même des séparations lorsqu'elle devient prédominante ; l'une produit la précipitation et l'autre la volatilisation, et ces deux effets opposés, que nous allons comparer, peuvent concourir également aux combinaisons qui se forment dans plusieurs circonstances, et que l'on a attribuées aux affinités électives.

Nous avons remarqué que la force de cohésion devenait active avant de réaliser l'état solide (9) : l'élasticité montre encore plus clairement la force qu'elle exerce avant qu'il y ait production d'un fluide élastique, puisque la tension élastique d'un liquide est accrue par les causes qui augmentent cette force, à mesure qu'elle approche du terme où elle peut produire son effet.

155. Si l'on met en concurrence un acide, dont l'état naturel est la liquidité, avec un acide naturellement élastique, tel que l'acide carbonique, mais qui se trouve combiné avec une base alcaline qui comprime son élasticité; la tendance, à la combinaison de cette base, partage son action entre les deux acides, en raison de leur capacité de saturation et de leur quantité, de sorte que l'acide carbonique éprouve une saturation d'autant plus petite que la force qui lui est opposée est plus grande; si donc il étoit combiné en quantité considérable avec la base alcaline, par exemple, jusqu'au point de neutralisation, il obéit en partie à la force élastique qui est devenue relativement plus grande que la saturation, et se volatilise : il n'oppose donc plus la même masse à celle de l'autre acide ; par là sa force relative se trouve diminuée; ainsi, quoique l'acide opposé n'aurait qu'une affinité ou capacité de saturation beaucoup plus faible, il pourrait éliminer l'acide carbonique, s'il se trouvait en assez grande quantité pour saturer la base; mais si la base alcaline ne tient qu'une petite proportion d'acide carbonique, un autre acide ne pourra chasser celui-ci que lorsqu'il se trouvera en quantité suffisante ; de sorte qu'au commencement du mélange, il n'y aura point d'effervescence ; c'est en effet ce qu'on observe, lorsqu'on ajoute

par parties successives un acide à la solution d'un alcali qui n'est combiné qu'avec une petite proportion d'acide carbonique. L'effervescence ne se manifeste que lorsque la quantité de l'acide ajouté est devenue assez considérable. L'effet devient plus prompt et plus complet, si l'on accroît la force de l'élasticité par la chaleur.

C'est à cet effet de l'élasticité qu'on doit attribuer les décompositions que les acides les plus fixes font des combinaisons qui sont composées d'une base fixé et d'un acide volatil, sur-tout lorsqu'on augmente l'élasticité par la chaleur, indépendamment des capacités de saturation ; alors la force qui dépend des proportions d'une substance, disparaît peu-à-peu, et l'action de l'élasticité s'accroît relativement ou effectivement si la température s'élève ; c'est ainsi que l'acide sulfurique décompose, par le moyen de la chaleur, les muriates et nitrates à base fixe : j'ai distillé un mélange d'acide oxalique et de muriate de soude, et le liquide qui a passé contenait beaucoup d'acide muriatique ; cependant lorsque la volatilité des deux acides est peu différente, la plus forte affinité de l'un peut l'emporter sur l'effet de la seule élasticité ; ainsi, ayant répété la même expérience avec l'acide acétique, celui-ci a passé seul dans la distillation.

156. Si une base est volatile, et qu'à une température peu élevée elle partage avec une base fixe, son action sur un acide élastique, la chaleur qui augmente l'élasticité de la base et de l'acide volatil, déterminera leur séparation et leur combinaison, comme la force de cohésion détermine la séparation des combinaisons aux-quelles elle appartient.

Ces séparations, décidées par la volatilité et par la fixité, s'opèrent plus facilement et plus complétement, lorsque les substances, qui sont en action, sont toutes dans l'état neutre : parce que c'est dans cet état que l'action relative des acides et des alcalis est la plus forte ; en ap-pliquant ce que j'ai dit sur les décompositions réciproques par la force de cohésion (*Chap. IV*, *Sect. II.*) à toutes les observations qui ont été faites sur celles qui ont lieu par l'élévation de température, on trouvera qu'elles peuvent être expliquées complétement par cette seconde cause analogue à la première ; une table de volatilité respective ferait également prévoir les combi-naisons qui doivent se former par l'action de la chaleur dans le mélange de différentes subs-tances, si ce n'est dans le cas où les dispositions de deux substances, qui sont en concurrence de combinaison, diffèrent peu, et où l'affinité peut alors décider une combinaison complexe plutôt qu'une combinaison binaire, ainsi que je l'ai fait remarquer, relativement aux combinaisons qui diffèrent peu par leur solubilité.

Comme le rapport de la force de cohésion à l'élasticité varie par les différents degrés de chaleur, il arrive souvent, qu'après avoir formé une combinaison par la prépondérance de la première, on en produit une opposée en augmentant la dernière ; ainsi, lorsque l'on mêle du carbonate d'ammoniaque avec le muriate de chaux dans un état liquide, le carbonate de chaux, qui est insoluble, se forme et se précipite ; mais si on expose à l'action de la chaleur le muriate d'ammoniaque et le carbonate de chaux, c'est le carbonate d'ammoniaque qui se sépare et se sublime.

Lors donc qu'un liquide agit sur une substance gazeuse, celle-ci se combine jusqu'à ce que la résistance de l'élasticité se trouve en équilibre avec l'action du liquide, de sorte qu'en faisant varier les circonstances qui augmentent ou diminuent l'action mutuelle de ces substances par la quantité du liquide, par la compression du gaz, ou par la température, on change l'équilibre entre l'action du liquide et celle de la substance gazeuse, d'où il faut conclure que, lorsqu'on a pour but de combiner une substance avec un liquide, il faut abaisser la température, et faire en cela le contraire de ce qu'exige l'action d'un liquide sur une substance solide.

Cependant l'action du calorique peut favoriser la combinaison d'une substance élastique en diminuant la force de cohésion, ce qui a sur-tout lieu avec les corps solides ; mais alors un degré de chaleur, supérieur à celui qui produit cet effet, détruit la combinaison même qui s'est formée ; ainsi, le mercure a besoin d'un certain degré de chaleur pour se combiner avec l'oxigène ; un degré plus élevé rend l'état élastique à celui-ci.

Ce qui prouve que c'est principalement en diminuant la force de cohésion que la chaleur agit, c'est qu'un métal qui ne peut s'oxider qu'à un degré de température élevée, s'oxide à la température de l'atmosphère, s'il est dissous par le mercure ; c'est que le phosphore, dissous par l'hydrogène, s'enflamme à un degré de température beaucoup moins élevé que lorsqu'il est dans l'état solide.

Lorsqu'une substance élastique se trouve réduite à l'état liquide par une combinaison, elle se conduit comme les liquides, pendant que l'action qu'elle éprouve ne change pas ; mais dès qu'elle vient à diminuer, ou que la température s'élève, l'élasticité qu'elle acquiert doit être regardée comme une force qui, ajoutée aux précédentes, influe sur les résultats, comme le fait la force de cohésion dans un sens opposé.

157. Les gaz exercent aussi une action mu-

tuelle, et ils en exercent une sur les liquides et sur les solides, de sorte que si ceux-ci ont la propriété de leur faire perdre l'état élastique, ils peuvent réciproquement les réduire dans leur propre état ; mais cette action varie beaucoup dans ses résultats, selon son intensité et selon les circonstances qui l'accompagnent. De plus les liquides prennent l'état gazeux, par une élévation de température qui varie pour chacun d'eux, et alors leur action chimique se trouve changée. Tous ces objets appellent un examen approfondi.

Cavendish a observé (1) qu'en agitant un mélange de dix parties d'air atmosphérique et d'une partie d'acide carbonique avec un volume égal d'eau distillée, celle-ci n'enlevait à l'air que la moitié de l'acide carbonique ; ayant transporté l'air sur de nouvelle eau distillée, elle n'a absorbé que la moitié du restant de l'acide carbonique, comme l'a fait voir une absorption ultérieure produite par l'eau de chaux.

J'ai éprouvé (2) que si, dans la combustion d'un gaz hydrogène carburé ou oxicarburé, on avoit un résidu, celui-ci retenait près d'un dixième de l'acide carbonique formé, quoiqu'on

(1) Exper. en air. Trans. philos. 1784.
(2) Mém. de l'Instit. tom. IV.

18..

l'agitât sur une quantité d'eau considérable ;
c'est par cette action que l'air exerce sur l'acide
carbonique, qu'il peut priver l'eau de celui
qu'elle tient en dissolution ; d'où vient que,
lorsque l'on renferme dans un vase une eau
acidulée avec une certaine quantité d'air,
celui-ci fait un effort pour s'échapper, il surmonte les obstacles qui s'opposent à la dilatation
qu'il éprouve par l'accession de l'acide carbonique, s'ils sont trop faibles ; mais l'action de
l'air est limitée par la quantité qui peut l'exercer et par l'action de l'eau qui s'accroît à mesure
que la quantité d'acide carbonique diminue.

On retrouve donc dans cette action de l'air
sur l'acide carbonique, toutes les circonstances
qui accompagnent celle de l'affinité chimique,
avec la différence qui dépend de l'élasticité,
laquelle augmente relativement l'action de l'air
sur l'acide carbonique, lorsqu'on en accroît
l'énergie, ou par une élévation de température,
ou par une diminution de compression.

Cette propriété des gaz doit être regardée
comme générale, puisqu'on l'a observée dans
ceux dont la pesanteur spécifique, qui s'oppose à son effet, a le plus de différence.

Vassali, qui a fait des observations intéressantes
sur cet objet (1), rappelle que dix ans auparavant

_____

(1) Mém. de la Soc. Méd. d'Emul. 3e. année.

Volta lui fit voir que le gaz hydrogène descendait à travers le gaz atmosphérique, pour se répandre également dans toute sa masse et qu'il employait quelque temps pour parvenir à une diffusion égale : il fit en conséquence lui-même des expériences qui confirment cette propriété, et il constata aussi celle que l'acide carbonique possède, de se dissoudre également dans une masse d'air, avec un espace de temps suffisant.

158. Il faut donc reconnaître entre les gaz une action réciproque comparable à celle qui produit les dissolutions des liquides entre eux, ou des solides par les liquides ; mais elle a ses caractères particuliers.

158. Lorsqu'on mêle différents gaz dont l'action se borne à cette dissolution, on n'observe aucun changement dans la température ou dans le volume qui résulte du mélange ; de-là on doit conclure que cette action mutuelle de deux gaz ne produit aucune condensation, et qu'elle ne peut surmonter l'effort de l'élasticité ou de l'affinité du calorique, de sorte que les propriétés de chaque gaz ne se trouvent point sensiblement altérées, au lieu que dans les dissolutions mutuelles des liquides il se fait une condensation, et que dans celle des solides on observe souvent une dilatation qui est accompagnée de refroidissement et qui est due à ce que l'affinité réciproque qui s'opposait à la combinaison du

calorique se trouve diminuée ; ainsi , quoique
la dissolution et la combinaison de deux gaz
soient l'une et l'autre l'effet d'une action chimique qui ne diffère que par l'intensité , on
peut établir entre elles une différence réelle ,
parce qu'il y a une distance bien prononcée
entre les résultats ; la combinaison de deux gaz
entraîne toujours une condensation de leur volume et donne naissance à des propriétés nouvelles ; dans leur dissolution les gaz n'éprouvent
qu'en commun les changements dûs à la compression et à la température , et ils conservent
leurs propriétés individuelles qui ne se trouvent
diminuées qu'en raison de la faible action qui
les tient unis.

Lorsque les liquides dissolvent un gaz , celui-
ci perd considérablement de son volume et se
condense , car l'eau qui dissout un volume égal
d'acide carbonique change très-peu de pesanteur
spécifique ; cette dissolution a donc les caractères de la combinaison ; mais lorsque par son
action l'air dégage cet acide de l'eau , il reprend
le volume qui convient à la température et à
la pression , il reçoit pour cela le calorique que
ses dimensions exigent.

Nous trouvons donc ici un résultat de l'action
réciproque de deux substances qui est très-dif-
férent à cause de l'état respectif de condensation dans lequel elles sont ; comme les liquides

prennent eux-mêmes les propriétés des gaz par l'action de la chaleur, et qu'ils peuvent se dissoudre dans l'air et dans les autres gaz, il faut examiner les rapports qui se trouvent entre leurs différents états et les forces qui sont mises en action pour les produire.

169. Appliquons d'abord à l'eau, qui est réduite en vapeur, les observations qui ont été faites sur l'action que le calorique exerce sur les gaz (108). Si la température est plus élevée que celle de l'ébullition, et si la compression reste la même, la vapeur de l'eau se conduit absolument comme les autres gaz, ainsi que le prouvent les expériences de Gay-Lussac (108), et il n'y a aucune observation à faire qui les concerne particulièrement : lorsqu'elle n'est qu'au degré de l'ébullition à une température de 100 degrés du thermomètre centigrade et sous une pression de 28 pouces, elle a un degré d'élasticité qui correspond à cette température, et par lequel elle se maintient dans l'état gazeux ; qu'on diminue alors la compression, elle se dilate encore comme un autre gaz, et sa tension diminue en raison de sa dilatation ou du nombre des ressorts comparé à l'espace (*Note V*). Dans cet état, elle peut recevoir une addition de vapeur proportionnelle à l'augmentation de volume, jusqu'à ce qu'elle soit parvenue au degré de tension qu'elle avait d'abord ; mais si l'on réduit l'espace à ses premières di-

mensions, toute la partie de la vapeur ajoutée reprend l'état liquide et la quantité de celle qui reste est la même que celle qui existait d'abord, ainsi que la tension élastique.

Si on abaisse la température, elle ne peut plus conserver l'état élastique, elle cède à la pression supposée la même, et se réduit en un liquide qui conserve cependant lui-même une tension élastique qui correspond au degré actuel de température.

Si la compression seule augmente, elle reprend encore l'état liquide, et l'eau qui est reproduite exerce un effort élastique qui répond à la tension de la vapeur qui pourrait se former sous une autre pression.

160. Comparons à présent les vapeurs avec l'état des liquides qui sont tenus en dissolution par les gaz permanents.

L'eau qui se dissout dans l'air y prend l'état élastique. Deluc avait observé (1) que l'air humide était plus léger que l'air sec; mais il regardait la vapeur élastique de l'eau comme mêlée simplement à l'air, et comme tendant à s'en séparer et à s'élever par la différence de pesanteur spécifique.

Saussure (2) prouva que l'air agissait comme

(1) Recherch. sur les mod. de l'Atm. §. 709.
(2) Essais sur l'Hygrométrie.

dissolvant, il modifia la théorie de Leroi, qui avait eu le premier cette idée, mais qui comparait cette dissolution à celle d'une substance saline; il fit voir que l'eau se réduit en fluide élastique en se dissolvant dans l'air, que le volume de celui-ci en est affecté, selon la compression et la température, jusqu'au terme de la saturation où la dissolution cesse de s'opérer; de sorte que dans l'état de saturation complète, un pied cube d'air ne peut en tenir qu'environ onze grains en dissolution, à une température de 15 degrés, que cette quantité diminue par les abaissements de température; mais relativement à l'effet de la compression sur la vapeur élastique, son opinion présente quelques incertitudes que je discuterai; après cela je déduirai des observations de ce célèbre physicien les conséquences qui me paraîtront en résulter, et enfin je tâcherai de confirmer ces conséquences par d'autres observations.

Ayant chassé, par le moyen de la pompe pneumatique, le huitième du volume contenu dans un récipient, Saussure a observé que l'hygromètre marchait au sec; ayant continué des opérations semblables, le progrès de la dessication a continué; cependant l'hygromètre n'a pas marché d'une manière uniforme, il a indiqué un excès d'humidité d'autant plus grand, que la quantité d'air diminuait, et lorsque la pompe n'a plus produit d'effet, l'hygromètre est resté fixe à 25 degrés de la sécheresse extrême.

161. Il faut distinguer ici les indications de l'hygromètre, de l'humidité réelle; lorsque Saussure a terminé son expérience, sans pouvoir amener l'hygromètre au-delà du 25ᵉ degré de sécheresse, on aurait indubitablement pu le faire passer au degré de sécheresse extrême par l'action de l'alcali que Saussure emploie pour cela, puisque tous les airs, quelque dilatés qu'ils soient, parviennent par ce moyen au degré de la plus grande sécheresse; mais si alors on eût introduit de l'eau dans le récipient, l'hygromètre eût commencé à reprendre les 25 degrés auxquels il s'était arrêté; puis il aurait continué de marcher jusqu'à l'extrême humidité; la quantité d'eau qui est nécessaire pour produire l'humidité extrême, dans une température donnée, est donc égale, soit qu'un espace soit vide, soit qu'il soit occupé par un air plus ou moins dense; ce qui n'infirme pas la différence des indications de l'hygromètre dans un air plus ou moins dense, déduites d'observations directes; il faudrait seulement en conclure que dans le vide l'hygromètre peut retenir un peu d'humidité, qui naturellement ne se réduit pas en vapeur.

D'autres observations de Saussure me paraissent prouver que lorsque l'hygromètre approche de l'humidité extrême ou du terme de son action, il suit une marche contraire, et qu'il se met difficilement en équilibre d'humidité ; de sorte que les quantités d'eau sont plus grandes que sa marche n'en indique : « ainsi, dit-il, §. 333, » quand l'hygromètre est à 70 degrés, il faut, » suivant ma table, un réfroidissement de 12 » degrés $\frac{1}{10}$ pour ramener l'air au terme de la » saturation, et cependant j'ai éprouvé qu'un » jour où l'hygromètre était à 70, et le ther- » momètre à 10, la surface extérieure d'un verre » commençait à se couvrir de rosée, lorsque » l'eau contenue dans ce verre n'était que de » 8 degrés $\frac{1}{2}$ plus froide que cet air.

Saussure donne lui-même l'explication de la dissonnance de l'hygromètre, avec l'humidité réelle de l'air peu condensé : « d'après les » lois générales, dit-il §. 146, l'air doit » attirer les particules des vapeurs avec moins » de force lorsqu'il est rare, lorsque ses molé- » cules sont en petit nombre, que quand il » est dense. Par conséquent le cheveu, auquel » la raréfaction de l'air n'ôte rien à sa force » attractive, doit avoir une force d'attraction » relativement plus grande dans un air rare que » dans un air dense ; et par cela même il doit » alors absorber une plus grande quantité de » vapeurs, et indiquer une humidité plus grande

» qu'il ne ferait, toutes choses d'ailleurs égales,
» dans un air plus dense. Ainsi lors même que
» l'air en sortant du récipient a entraîné avec
» lui une moitié des vapeurs, la moitié restante
» plus fortement attirée par le cheveu que par
» l'air raréfié qui reste., affecte ce cheveu plus
» qu'elle n'aurait fait si l'air eût conservé toute
» sa densité ; et ainsi l'hygromètre indique plus
» de vapeurs qu'il n'en reste réellement dans
» le récipient ».

Je ne saurais donc adopter la conséquence qu'il tire des mêmes expériences, et qu'il établit en principe pour la suite de son ouvrage , §. 148 :
« qu'à mesure que l'air devient plus rare, il
» faut une quantité d'eau moins considérable
» pour le saturer. Par exemple., si jusqu'à la hau-
» teur du Saint-Bernard , 8 grains $\frac{1}{10}$ produisent
» l'effet qu'auraient produit 9 $\frac{1}{7}$ dans la plaine,
» il ne faudra , toutes choses d'ailleurs égales,
» pour saturer l'air du Saint-Bernard , que les
» $\frac{110}{911}$ de la quantité qu'il eût fallu dans la plaine.
» Et en appliquant les mêmes raisonnements
» aux mêmes expériences, on verra que si l'air
» était raréfié au point de ne soutenir que
» 2 lignes $\frac{1}{2}$ de mercure; il ne faudrait , pour
» le saturer , que la vingtième partie de ce qu'il
» faut quand il soutient le baromètre à 27
» pouces ».

162. Il me paraît donc que les expériences même

de Saussure font voir directement que la quantité pondérale de vapeur aqueuse est la même, dans le même espace, quelle que soit la quantité de l'air avec lequel elle se trouve unie, que la température seule détermine cette quantité, qu'elle conserve sa tension indépendamment des différences de compression, comme si elle était un gaz permanent ; de sorte qu'elle contribue à l'effort élastique quelque soit le volume auquel elle est réduite par la compression de l'air, comme le ferait une quantité correspondante d'air à différentes compressions.

Les expériences de Saussure ont encore prouvé que la tension de la vapeur élastique de l'eau était proportionnelle à la quantité qui se dissolvait dans un volume d'air à une température donnée; comme ces expériences sont fondamentales, je rappellerai le procédé par lequel elles ont été exécutées.

Un baromètre renfermé dans un ballon bien luté n'est plus sensible qu'à l'élasticité de l'air ; sous ce rapport, Saussure l'appelle *manomètre*.

Il a donc placé dans un grand ballon un manomètre, un thermomètre et deux hygromètres pour comparer les effets de l'élasticité, de l'humidité et de la chaleur : il a introduit successivement un petit rouleau de linge humecté et pesé très-exactement ; il l'a retiré quand il a eu produit un effet déterminé sur le manomètre;

de sorte qu'il a pu comparer l'effet d'un poids d'eau sur l'élasticité de l'air contenu dans le ballon. Il a suivi une marche opposée en plongeant dans un ballon rempli d'air humide, un vase qui contenait de la potasse desséchée : et en comparant l'augmentation de poids qu'elle acquérait, et la diminution de pression qu'il observait dans le manomètre, il a obtenu des résultats qui correspondaient aux précédents.

Il conclut de ses comparaisons faites avec beaucoup de soin, et en introduisant dans les résultats les corrections qu'exigeaient les variations de température qui étaient survenues, que la vapeur élastique de l'eau a une pesanteur spécifique qui est à celle de l'air, dans la même température et sous la même compression, comme 10 à 14.

163. Deluc (*Note XII*) et Volta ont aussi fait de nombreuses expériences qui prouvent que les quantités de vapeurs élastiques qui se forment dans le vide sont exactement les mêmes que celles qui occupent le même espace rempli d'air au même degré de saturation, quelle que soit sa compression : il est à desirer que ce dernier ne tarde plus à publier les expériences qu'il a faites sur cet objet, et qu'il a bien voulu me communiquer ; mais ces deux physiciens ont conclu que l'eau n'était point tenue en dissolution par l'air, qu'elle ne devait son état élastique qu'à

l'action du calorique, indépendamment de toute affinité de l'air.

Si cette opinion était fondée, il faudrait supposer qu'un liquide, qui tend à prendre l'état élastique, ne pénétrerait dans l'air qu'en raison des vides qu'il peut occuper, et que son élasticité répondrait exactement à la quantité de ces vides; il suivrait de-là que le volume de l'air ne devrait point augmenter; or, il s'accroît précisément dans le rapport du fluide élastique qui s'est formé. Peut-on dire avec Deluc (1) qu'une attraction semblable à celle qui produit l'ascension des liqueurs dans les tubes capillaires, distend les pores des corps qui s'humectent? mais une attraction qui réunit une substance à une autre, et qui surmonte la résistance de l'élasticité de ses molécules, n'a-t-elle pas tous les caractères de l'affinité chimique? cette opinion ne peut se concilier avec les faits qui prouvent que les gaz se dissolvent mutuellement, de manière à former un gaz uniforme, malgré la différence de pesanteur spécifique, ainsi que Volta lui-même l'a fait voir; et la même chose a lieu avec les liquides qui se dissolvent dans l'air; elle ne peut non plus se concilier avec la compression uniforme que l'atmosphère exerce sur les liquides.

(1) Trans. philos. 1791.

164. Cette compression et la dissolution mutuelle des gaz prouvent que, tandis qu'il existe
une vapeur dans un espace, il n'y a point de
vide dans le sens qu'on attache ordinairement
à ce mot ; car il existe entre toutes les molécules qui s'y trouvent une action non interrompue, seulement elle s'affaiblit à proportion
de l'éloignement des molécules qui en sont le
centre et si le calorique rayonnant et la lumière
passent à travers les gaz, c'est que le mouvement qui leur est propre est plus fort que
l'action qu'ils éprouvent, et n'en est pas sensiblement affaibli.

Il me paraît donc incontestable que c'est
une véritable action chimique qui produit les
dissolutions des liquides dans les gaz et l'évaporation, ainsi que l'a établi Saussure. Mais
l'observation confirme l'opinion de Deluc et de
Volta, relativement à la quantité de vapeur
élastique qui se forme dans un espace donné et
qui est égale, soit que cet espace soit vide,
ou qu'il soit occupé par un air plus ou moins
dense, mais qui est au même degré hygrométrique et à la même température.

165. Les expériences de Saussure ont prouvé
directement que la tension de la vapeur élastique de l'eau était proportionnelle à la quantité
qui se dissolvait dans un volume d'air à une
température donnée, et qu'elle agissait alors

comme un gaz dont la pesanteur spécifique était à celle de l'air, comme 10 à 14 : d'où il suit que l'on peut juger de l'effet d'un liquide qui est réduit en fluide élastique par les tensions qu'on lui trouve à une température donnée, même dans le vide, ainsi que les observations suivantes le confirmeront ; mais pour déterminer ses rapports de quantité avec l'air, lorsqu'il est mis en dissolution par celui-ci ; il faut de plus savoir quelle est la pesanteur spécifique de la vapeur élastique qu'il forme comme l'on connaît celle de la vapeur élastique de l'eau.

La différence que produit la compression de l'air dans cette vapeur n'altère pas le rapport de sa pesanteur spécifique, de sorte que celle qui aurait occupé un espace vide avec une pression de 6 lignes, n'en occupe plus que la 54e partie, si l'air saturé de cette eau peut élever la colonne de mercure de 27 pouces, pendant que sec il ne l'aurait élevée que de 26 ½ pouces.

Van Marum en répétant avec soin des expériences entreprises par Lavoisier et Laplace, a observé (1) que lorsqu'on introduisait dans différents tubes barométriques placés sur un bain de mercure, de l'eau, de l'ammoniaque, de l'éther ; la température étant de 10 degrés,

(1) Descriptions de quelques appareils chimiques.

l'eau faisait descendre le mercure de o pouces, 4, l'ammoniaque de 7,2 , et l'éther de 12,5.

Saussure a trouvé que l'air étant saturé d'eau à 16 degrés du thermomètre de Réaumur, et par conséquent à une température plus élevée et à une pression de 27 pouces de mercure, l'eau contribuait à l'effort élastique, pour à-peu-près 6 lignes de mercure ; ces deux nombres coïncident autant qu'on pourrait s'y attendre, et correspondent aux expériences qu'a faites Deluc.

166. Lorsqu'on sature l'air d'éther à différentes températures, il acquiert aussi la même tension que dans le vide, aux températures correspondantes, ainsi que Volta s'en est assuré par des expériences délicates.

Parconséquent l'éther ayant, à une température de 10 degrés, une tension de 12,5, il doit être réduit par une pression de 15,5 dans l'état qu'il a lorsqu'il est dissous par l'air jusqu'à saturation, à 28 pouces de pression : l'air en éprouve aussi une compression dans le manomètre : nous verrons dans la section suivante les effets qui doivent résulter lorsque les deux gaz acquièrent la liberté de se dilater.

La différence qu'il y a entre la vapeur de l'éther qui est seule ou qui est dissoute par l'air, c'est que lorsque l'espace est vide, si l'on abaisse le tube dans le bain de mercure d'une quantité égale à la dilatation , ainsi que l'a fait Van Marum , tout le fluide élastique redevient liquide ; mais si l'on comprime la dissolution de l'éther par l'air , le volume de celui-ci diminue en raison de la compression , et l'éther ne reprend l'état liquide qu'en raison de la diminution de l'espace.

167. Cette dernière expérience est très-propre à rendre sensibles les effets que j'analyse : qu'on prenne une dissolution d'éther par l'air , en la comprimant sur un bain de mercure , on voit l'éther se réduire en gouttes , ou même en couche liquide , à mesure que la compression augmente; l'on fait disparaître les gouttes et l'on rétablit la transparence du tube en faisant succéder une dilatation de volume égale à la première.

Tout l'effet de la compression est alors limité à faire prendre l'état liquide à une partie du fluide élastique, et la tension de celui qui est en dissolution reste la même ; il faut donc distinguer l'effet de la compression réciproque , dans laquelle la vapeur élastique paraît se conduire comme les autres gaz , et celui de la compression qui produit une diminution de volume. Nous avons vu (*Note I.*) que la tension des gaz permanents ne paraissait augmentée par la compression , que parce qu'on multipliait par là le nombre des ressorts

19..

qui s'appliquent à une surface : cet effet n'a
pas lieu pour la vapeur élastique, parce qu'il
lui est plus facile de reprendre l'état liquide.

168. On peut donc établir comme principe,
1°. que l'air dissout les liquides évaporables par
l'action de son affinité ; 2°. que dans cette dissolution, ils prennent la forme de fluide élastique, et que dans cet état ils jouissent de toutes
les propriétés des fluides élastiques jusqu'au
terme de la saturation.

Il suit de là que l'eau tenue en dissolution
par l'air, acquiert par l'état élastique qu'il lui
procure exactement les mêmes propriétés qu'elle
a lorsqu'elle est réduite en vapeur par l'action
seule de la chaleur ; de sorte que l'action de
l'affinité de l'air consiste à maintenir l'eau dans
l'état élastique, et à lui donner les propriétés
d'un gaz permanent jusqu'au terme de la saturation ; ce que je dis de l'air et de l'eau doit
s'appliquer aux autres dissolutions des liquides
par les gaz.

La propriété par laquelle l'air maintient la
vapeur de l'eau dans l'état élastique, jusqu'au
terme de la saturation, peut être comparée à
celle qu'a le muriate de soude, selon l'observation de Blagden, que j'ai déjà rappelée, de
maintenir l'eau liquide jusqu'à un certain degré
au-dessous de la congélation ordinaire ; de sorte

qu'alors elle subit par le froid un décroissement progressif, comme l'eau simple fait dans un degré plus élevé ; mais lorsqu'elle parvient enfin au terme qui appartient à sa congélation, elle éprouve une dilatation pareille à celle qu'on observe dans l'eau simple qui approche de la congélation et reprend les propriétés qui lui appartiennent.

169. Il suit de là que la vapeur élastique de l'eau doit éprouver, par les élévations de température la même dilatation que les autres gaz et par conséquent avoir la densité de la vapeur de l'eau bouillante, lorsqu'elle est parvenue au 100ᵉ degré du thermomètre centigrade.

Saussure (161) a prouvé en comparant les quantités d'eau qu'il dissolvait dans l'air sec, et l'accroissement de tension qui en résultait, qu'il y avait un rapport constant entre la tension et la vapeur produite, et que cette vapeur élastique avait une pesanteur spécifique qui est à celle de l'air, comme 10 à 14, à égalité de température et de compression. Or Lavoisier a conclu de ses propres expériences que la pesanteur spécifique de l'air à 10 degrés du thermomètre, était à celle de l'eau comme 842 à 1 ; ce qui donne, en évaluant à $\frac{1}{3}$ l'augmentation de volume de la vapeur d'eau, depuis 10 degrés du thermomètre jusqu'à 80, une pesanteur spécifique de 1570.

On doit à Watt ce qu'on a de plus précis sur la pesanteur spécifique de la vapeur de l'eau au terme de l'ébullition : voici comment il s'exprime(1) : *il est connu par quelques-unes de mes expériences, et par celles du docteur Black que la vapeur de l'eau, en comptant depuis 6o, ou du tempéré, est plus que deux fois le volume d'un poids égal de gaz oxigène.*

Quoique cette indication soit un peu vague, et quoiqu'on ne puisse compter sur une parfaite exactitude dans les résultats de Saussure, on trouve cependant le rapport le plus satisfaisant entre le premier résultat et celui de Watt ; car, selon les déterminations de Lavoisier, la pesanteur spécifique du gaz oxigène est au 10e degré de Réaumur de 765 ; de sorte que l'expression de Watt fixe la légèreté spécifique de la vapeur de l'eau au-delà de 1530.

170. En établissant que l'air agit sur les liquides qu'il dissout, comme sur les autres gaz, par là même on prouve que les vapeurs élastiques doivent se trouver en même quantité dans un espace vide ou dans un espace rempli d'air, pendant que la température et la tension ou la saturation restent les mêmes ; car pour qu'il y eût un autre effet, il faudrait que l'air agît autrement par la compression qu'il ne fait

(2) Trans. philos. 1784, p. 352.

sur un gaz, qu'il exerçât sur la vapeur de l'eau une
force différente que sur un autre gaz, et alors
il y aurait une grande distance entre les effets.

Lors donc que la compression diminue l'espace qui contient un air saturé, une partie de
la vapeur élastique doit devenir liquide pour
permettre à l'autre d'occuper celui qui lui convient, et comme il lui arriverait, si l'on diminuait l'espace qu'elle occupe par l'effet de sa
seule force élastique, ou comme il arriverait à
la vapeur de l'eau au degré de l'ébullition. Il y
a cette différence entre les liquides, qu'ils ont
à une même température des tensions inégales
qui sont relatives à leur élasticité, jusqu'à ce
qu'ils soient parvenus à l'ébullition : alors leur
tension se trouve égale à la résistance de la
compression de l'atmosphère ; ils se changent
en fluides élastiques, et suivent les mêmes lois
de dilatation : avant ce degré de température
l'affinité des gaz leur donne les propriétés des
gaz permanents, mais sans produire aucun
changement dans le terme de leur plus grande
tension, comme l'action réciproque des gaz
permanents n'influe point également sur les
tensions qu'ils doivent avoir dans des circonstances données.

171. Saussure pense que l'air ne dissout l'eau
que *lorsque l'action du feu l'a convertie en
vapeur élastique*, §. 191. En cela je diffère de

son opinion ; l'action de l'air et celle du calorique sont simultanées ; mais c'est la première
qui détermine la seconde, la compression de
l'atmosphère s'oppose à la formation de la vapeur de tout l'excès qu'elle a sur la tension
du liquide ; ainsi dans la circonstance où s'est
faite l'expérience de Van Marum que j'ai citée,
une pression de 15 pouces de mercure suffit
pour empêcher la vapeur de l'éther de se produire, comme elle peut aussi lui rendre l'état
liquide si elle était formée.

L'action de l'affinité de l'air sur l'eau se manifeste d'une manière frappante dans la dissolution de la glace, malgré la résistance de la
force de cohésion ; Saussure a observé qu'à 2,7
degrés au-dessous du terme de la congélation,
l'hygromètre qui était à 36,70 monta dans l'air
où il avait mis un linge glacé dans une heure
de 18°, et dans trois de 49,52. Cependant il ne
parvint dans cet espace de temps qu'à 86,22,
de sorte que l'obstacle de la force de cohésion
retarde non-seulement la dissolution, mais l'empêche probablement de se compléter. Il est vraisemblable que l'effet diminuerait par les abaissements de température, et qu'enfin l'on parviendrait à un degré où la dissolution ne pourrait
plus s'opérer.

172. Puisque les vapeurs élastiques que les
liquides peuvent produire sont déterminées

par l'espace, et puisque la compression qu'elles éprouvent lorsqu'elles sont dans l'état de dissolution ne peut faire varier leur quantité pondérale, on conçoit d'où vient que Saussure a trouvé les mêmes propriétés hygrométriques dans le gaz hydrogène, l'air atmosphérique et l'acide carbonique. Priestley avait déjà observé que différents gaz prenaient le même accroissement de volume lorsqu'on les mettait en contact avec l'éther; j'ai répété cette expérience avec Gay Lussac sur le gaz oxigène, le gaz azote, l'hydrogène, l'air atmosphérique et l'acide carbonique, et nous avons observé qu'ils éprouvaient tous la même dilatation, excepté le gaz acide carbonique dans lequel elle a été un peu plus légère; mais il est naturel d'attribuer cette différence, qui était très-petite, à un peu d'acide carbonique qui aura pu être réduit en liquide par une portion de l'éther. On voit que l'eau doit se dissoudre également en pareille quantité dans les différents gaz, et qu'elle doit y porter une tension proportionnelle à la température et à l'état de saturation.

173. Il ne faudrait cependant pas conclure de ce qui précède, que les substances gazeuses ne contiennent point d'autre eau que celle qui est dans l'état gazeux, et sur le volume de laquelle elles n'agissent par compression que

comme elles font entre elles : je prouverai au
contraire que quelques-unes peuvent en tenir
en véritable combinaison ; mais ce n'est point
celle-là qui produit les effets hygrométriques,
parce que retenue par une plus forte affinité,
elle ne contribue pas à l'humidité et à la sécheresse des corps qui se partagent l'eau de l'atmosphère : ainsi l'argile retient une certaine
quantité d'eau qu'elle n'abandonne qu'aux degrés
extrêmes de la chaleur, et que les substances
hygrométriques sont bien éloignées de pouvoir
lui enlever.

L'affinité réciproque des molécules de l'eau
qui finit par la réduire en un corps solide,
lorsque la force qui lui est opposée devient trop
faible, produit encore des effets entre la vapeur
de l'eau et le liquide ; de là vient, comme l'a
observé Gay Lussac, que lorsqu'on distille sans
communication avec l'air une substance dont il
se dégage des vapeurs aqueuses sans aucun gaz
permanent, et en recevant ces vapeurs dans un
récipient rempli d'eau, on ne peut éviter un
balancement qui fait refluer l'eau dans la cornue ;
mais on prévient facilement cet inconvénient
en interposant entre l'eau et la cornue une
petite couche de mercure.

Welter avait auparavant imaginé le moyen
de se servir de la compression même de l'atmosphère pour prévenir cet effet par les tubes

de sûreté, qui depuis lors sont employés avec succès dans un si grand nombre d'opérations, et qui ont donné toute son utilité à l'appareil que l'on doit à Woulfe; mais lorsqu'on a intérêt d'éviter le mélange de l'air, le premier moyen a un grand avantage : par là même que le mercure a beaucoup moins d'affinité avec la vapeur de l'eau, que l'eau n'en a elle-même, les effets de résorption qui sont très-difficiles à éviter, n'ont plus lieu.

C'est par un effet analogue, que dans les machines à feu une petite quantité d'eau froide produit une soudaine condensation dont l'effet est secondé par la dilatation qui en résulte dans le reste de la vapeur, et par le réfroidissement qui l'accompagne, comme l'a observé Darwin (1). Cette action réciproque sert encore à expliquer l'effet de l'eau qui favorise le dégagement d'une substance gazeuse, d'où vient que l'absence de l'eau, comme l'a fait voir Vithering (2), distingue le carbonate de baryte natif, qui ne peut être décomposé par la chaleur, du carbonate artificiel, qui peut l'être au moyen de l'eau qu'il contient; mais le premier peut se décomposer dans un tube, en y faisant passer un courant de vapeur d'eau, comme l'a fait Priestley, ou

(1) Trans. philos. 1788.

(2) *Ibid*, 1784.

en y suppléant par un courant d'air, selon Clément et Désorme.

174. Lors donc que l'eau est faiblement retenue dans une combinaison, et qu'elle se réduit en vapeurs, elle sollicite et détermine une autre substance à prendre l'état gazeux par toute l'affinité qu'elle a pour le gaz qu'elle dissout. Cette propriété peut être d'une grande utilité dans plusieurs opérations de chimie.

L'affinité mutuelle des gaz peut donc produire entre eux un effet qui est plus grand que leur différence de pesanteur spécifique, mais qui est inférieur à la tension élastique qui appartient à chaque molécule des uns et des autres; de sorte que le volume n'est point altéré par cette action; les liquides qui prennent l'état élastique se conduisent dès-lors comme des gaz.

Quelques solides paraissent se dissoudre dans l'air comme les liquides; ainsi le phosphore se dissout dans l'azote en accroissant son volume, et l'observation intéressante de Gay Lussac sur le muriate d'ammoniaque (108) prouve qu'il en fait de même : il y a apparence que les corps odorants se dissolvent ainsi, puisqu'ils conservent dans leur union avec l'air, les propriétés qui les caractérisent; mais si l'affinité mutuelle des gaz est plus forte que celle qui se borne à la dissolution, et si elle peut effectuer un changement dans les dimensions respectives, il se produit d'autres phénomènes qui appartiennent à la combinaison, et qui en séparent d'un grand espace, ce que je désigne ici par dissolution, parce que par là même que les dimensions respectives diminuent, l'action réciproque s'accroît, et l'effet n'est limité que parce que cette action s'affaiblit en raison de la saturation qui s'opère.

175. On doit distinguer la dissolution de la combinaison, non-seulement parce que dans la première chacune des substances est retenue par une si faible affinité, qu'elle conserve ses dimensions; mais encore parce que toutes les propriétés qui la caractérisent, toutes ses autres tendances à la combinaison se trouvent à peine affaiblies; au lieu que dans la combinaison les propriétés antagonistes sont diminuées de toute la saturation qu'elles ont éprouvée.

Il y a donc, dans les combinaisons des gaz, une condensation qui est ordinairement plus grande que celle qu'on observe dans les liquides, parce qu'ils peuvent beaucoup plus diminuer de volume par les mêmes causes.

On observe en effet une condensation quelquefois considérable dans les combinaisons gazeuses qui se forment; ainsi la vapeur de l'eau à la chaleur de l'ébullition occupe beaucoup moins d'espace que le gaz hydrogène et le gaz oxigène qui la produisent n'en occuperaient à la même température : le gaz nitreux a une pesanteur spécifique plus grande que celle du simple mélange de ses deux éléments; il en est de même du gaz ammoniaque.

Le rapprochement des molécules peut être tel, que l'action réciproque se trouve augmentée au point que la substance combinée prenne l'état liquide, ou même l'état solide; ainsi le gaz ammoniaque dans lequel les éléments ont déjà subi une grande condensation en éprouve une nouvelle lorsqu'il se combine avec le gaz muriatique, et l'un et l'autre prennent l'état solide.

Le gaz hydrogène et le gaz oxigène réduits en eau, ne peuvent plus conserver l'état gazeux que sous un certain degré de pression : à une pression trop considérable, ils prennent l'état liquide, et enfin par une diminution de température, ils deviennent solides. Cette combinaison se trouve donc, par le rapprochement des molécules, dans un état intermédiaire entre celui où l'affinité réciproque ne produit aucun effet sensible, et celui où elle produit la liquidité, et enfin la solidité, et selon l'état de la température et de la compression, la force expansive ou la force de cohésion deviennent prépondérantes.

176. On retrouve donc dans les gaz qui se combinent et qui subissent une assez grande condensation, les phénomènes que j'ai observés

dans les autres combinaisons dans lesquelles la disposition à la solidité est augmentée toutes les fois que l'affinité a assez d'énergie : mais ici ils sont beaucoup plus considérables, parce que la condensation est beaucoup plus grande.

Les liquides et les solides qui se combinent avec les substances gazeuses les assujettissent à leur état, où ils prennent eux-mêmes l'état gazeux, selon l'énergie des forces qui sont en action, et quelquefois selon les proportions.

Lorsqu'un solide passe en combinaison avec un fluide élastique, il est difficile d'estimer la condensation qui résulte de la combinaison, parce que l'on ignore quel volume prendrait un solide à une température basse, si la force de cohésion cessait d'agir sur lui; cependant cette condensation est manifeste, puisque dans la plupart des cas, le volume de la substance gazeuse est réduit par la combinaison, et que toujours la pesanteur spécifique de la combinaison est plus grande que celle qu'avait la substance gazeuse; ainsi la pesanteur spécifique du gaz muriatique oxigéné, de l'acide sulfureux et de l'acide carbonique, est beaucoup plus grande que celle du gaz oxigène; celle du gaz hydrogène carburé, phosphuré, sulfuré, plus grande que celle du gaz hydrogène.

177. Si dans les combinaisons qui se forment, une portion du calorique est toujours éliminée,

si l'action du calorique a toujours pour effet immédiat la dilatation des corps, et si elle augmente leur disposition à l'élasticité, il paraît d'abord difficile de concevoir comment une augmentation de calorique peut produire la combinaison de l'hydrogène et de l'oxigène dont il doit s'en éliminer une grande quantité, et comment il se fait, selon l'expression de Monge (1), *qu'en augmentant la dose du dissolvant, on diminue l'adhérence qu'il avait pour ses bases.*

J'ai emprunté de Monge lui-même une explication qui me paraît résoudre cette difficulté (2). La compression en rapprochant les molécules de deux gaz augmente leur action réciproque, elle peut être portée à un point où elle détermine la combinaison; or la partie d'un gaz qui la première reçoit la chaleur, éprouve une dilatation d'autant plus grande que la chaleur est plus intense, elle doit comprimer avec un grand effort les parties du gaz qui n'ont pas encore reçu le même degré de température, elle décide par là leur combinaison; mais le calorique qu'abandonne cette combinaison, et qui l'élève à une température beaucoup plus haute produit par la tension qui en est la suite une réaction beaucoup plus grande, de sorte que la partie

(1) Mém. de l'Acad. 1783.
(2) *Ibid*, 1788.

qui n'avait d'abord fait que se dilater, est obligée d'entrer elle-même en combinaison.

Le calorique ne ferait donc que causer par la dilatation d'une partie d'un gaz une compression sur celle qui est la moins échauffée; mais l'effet total serait dû au rapprochement subit des molécules produit par la combinaison, comme il est dû à cette même cause dans la percussion des corps solides, et dans celle des corps qui contiennent des substances dont la combinaison n'exige qu'une petite cause, et qui se trouvent, pour ainsi dire, sur la limite de leur existence.

Trembley a fait contre cette explication des observations qui ne me paraissent fondées que sur l'obscurité avec laquelle je l'ai présentée. » Comment donc, dit-il, le calorique peut-il » produire à-la-fois l'élasticité et la compression? » et une compression par laquelle il se chasse » lui-même des aggrégats qu'il avait formés avec » l'oxigène? Dans le premier cas, l'on admet » un moyen nouveau et inconnu qui a été oublié » dans la théorie, et qui en prouve l'insuffi- » sance; dans le second, on fait jouer au ca- » lorique des effets si différents et si opposés, » qu'il n'est pas possible de s'en former une » idée, et l'on retombe par là dans le défaut » qu'on a tant reproché au phlogistique (1) ».

(1) Mém. de Berlin, 1797.

I.   20

Trembley a donc établi son objection sur la supposition que le calorique augmentait à-la-fois l'élasticité , et produisait une compression par laquelle il se chassait lui-même de la combinaison qu'il formait; ce n'est pas ce que j'ai voulu dire.

La dilatation soudaine , produite dans une partie des deux gaz qui sont mêlés , ou en simple dissolution , cause , selon l'explication que j'ai cru pouvoir adopter , une compression proportionnelle dans la partie qui n'a pas encore pu partager la température , et produit par là la combinaison des deux éléments.

1°. La compression favorise la combinaison d'une substance gazeuse par le rapprochement des parties qui exercent l'action chimique ; ainsi l'on augmente par son moyen la dissolution du gaz acide carbonique dans l'eau , et une compression beaucoup plus grande peut exercer une action efficace sur des combinaisons beaucoup plus difficiles à former.

2°. C'est un fait que la compression peut produire des combinaisons qui sont accompagnées de détonnation ou d'élimination du calorique ; car par elle seule on fait détonner le muriate oxigéné de potasse , mêlé avec des substances inflammables , ainsi que l'argent , l'or et le mercure fulminant. Il suffit donc que la dilatation d'une partie du gaz soit un effet plus prompt que la communication de la température à l'autre partie.

3°. On ne peut douter que la détonnation ne soit un effet successif, et que par conséquent la dilatation produite dans une partie ne puisse causer la compression supposée dans une partie contiguë.

Howard a très-bien expliqué par cette circonstance les différences que présentent dans leur force la poudre ordinaire, et les autres poudres détonnantes (1).

On voit donc comment l'électricité peut produire deux effets opposés, selon les circonstances (135); elle décomposera l'eau par l emoyen de l'expansion qui accompagne son action; mais cette même expansion pourra la former de nouveau lorsque l'effet se passera dans le mélange qui s'est formé de gaz hydrogène et de gaz oxigène; la dilatation produite dans une partie pourra agir par la compression sur les autres, ce qui correspond aux expériences des chimistes hollandais (2) qui ont été répétées par Silvestre et Chappe, et par Tennant.

(1). Trans. philos. 1800.
(2) Journ. de Phys. tom. XXXV.

CHAPITRE II.

De l'affinité résultante.

178. Les substances élastiques éprouvent une contraction plus ou moins grande, lorsqu'elles entrent en combinaison ; mais les caractères de ces combinaisons dépendent en grande partie de l'état où les substances gazeuses s'y trouvent réduites ; elles agissent quelquefois comme une substance simple ; dans d'autres circonstances elles se décomposent, et leurs parties forment de nouvelles combinaisons, dont les propriétés dépendent encore de l'état des substances élastiques qui les composent ; de sorte que ces substances portent dans les combinaisons des dispositions qui déterminent leur constitution particulière, et qui contribuent par là plus ou moins à l'action que celles-ci peuvent exercer.

L'action chimique des substances qui ont dans leur composition quelqu'élément naturellement élastique reçoit donc par les changements de constitution, des modifications dont il faut déterminer les conditions et les différences caractéristiques avec celles des substances qui ne changent pas sensiblement de constitution : je devrai encore, dans ce chapitre, comparer les différences qui distinguent la décomposition de ces substances.

J'appelle affinité résultante, celle dont l'action procède de plusieurs affinités dans une même substance, pendant que celle-ci l'exerce collectivement, et je distingue celle des parties qui la composent, lorsqu'elles deviennent individuelles, par le nom d'affinités élémentaires; par exemple, lorsque l'acide nitrique, qui est composé d'oxigène et d'azote, se combine avec la potasse, il agit sur cet alcali par une affinité qui résulte de celle de l'oxigène et de celle de l'azote; mais si les parties élémentaires se séparent pour entrer dans d'autres combinaisons, les affinités élémentaires sont substituées à l'affinité résultante. Comme l'action chimique est réciproque, je donne également le nom d'affinité résultante à celle d'une substance simple pour une substance composée, dont elle n'altère point la composition.

179. Si l'eau dissout une combinaison saline sans changer l'état respectif de saturation, et si elle ne peut y produire de changement, quelle que soit la proportion dans laquelle on la fait agir, on peut bien dire que l'action réciproque de la substance saline est résultante; ce qui provient de ce que les parties élémentaires de

la combinaison sont encore éloignées de l'état
de saturation, de sorte que ce qui leur reste
à satisfaire de leur tendance réciproque est
encore plus considérable que l'action que l'eau
exerce sur l'une des parties élémentaires, préférablement à l'autre ; mais si l'eau agit sur le
sulfate de mercure oxigéné, elle produit une
séparation des parties élémentaires, elle change
l'état de la combinaison selon sa quantité
et selon la température qui la seconde ; alors
il faut comparer, comme isolées, toutes les
forces qui influent sur le résultat : on ne doit
plus considérer l'eau comme un simple dissolvant.

L'espèce d'affinité résultante dont je viens de
parler, et qui appartient aux dissolvants, proprement dits, ne mérite ici aucune considération
particulière ; il suffit de remarquer, si un dissolvant agit sans altérer l'état de combinaison,
ou si une action relativement plus forte ne
laisse plus subsister les mêmes rapports entre
les éléments de la combinaison : dans le premier
cas, le liquide ne change pas sensiblement l'état
des forces, il procure seulement la faculté
de les exercer en donnant la liquidité, et
dans le second, en changeant l'état de combinaison, il amène bien un autre résultat, par
la force qu'il exerce, mais sans altérer sensiblement les forces qui agissaient avant son in-

tervention : il n'en est pas de même lorsque les substances élémentaires changent d'état en passant dans d'autres combinaisons ; alors les forces qui agissent éprouvent une révolution qu'il convient de distinguer, et dont il faut considérer la cause et les effets.

180. L'action d'une substance dépend de l'énergie de son affinité, et de la quantité avec laquelle elle se trouve dans la sphère d'activité; si donc l'élasticité qu'on lui suppose dans l'état libre est surmontée par l'action d'une autre substance, si par là elle se trouve très-condensée, et si la combinaison qu'elle vient de former est liquide, elle jouit de toutes les propriétés des liquides et elle peut agir avec une masse beaucoup plus grande.

Cependant l'effet de son affinité est diminué de toute la saturation qu'elle éprouve par la combinaison qu'elle subit; mais cet effet est souvent beaucoup plus petit dans l'affinité résultante, que l'augmentation d'énergie qu'elle acquiert par sa condensation. D'ailleurs, si la substance avec laquelle elle s'est combinée est devenue liquide, quoique son action soit également affaiblie de toute celle qu'elle exerce sur l'élément gazeux, elle peut cependant acquérir plus par l'avantage de la liquidité qu'elle ne perd par la combinaison, et concourir avec l'action de la substance gazeuse.

On voit par là comment le soufre et le phosphore peuvent former, par la condensation de
l'oxigène, des combinaisons qui ont une action
si puissante sur les alcalis, et dont les propriétés dérivent particulièrement de celle de
l'oxigène, tandis que dans l'état gazeux son élasticité était un obstacle à toute combinaison avec
eux.

181. Il ne faudrait pas conclure de ce qui
précède, que plus la condensation d'une substance gazeuse est grande, plus est considérable
l'énergie qu'elle porte dans tous ses effets; mais
il y a deux conditions qu'il faut distinguer, la
condensation et la diminution de l'affinité par
la saturation qu'elle éprouve.

Plus la condensation est forte, plus grande
est la perte qui est due à la saturation, le reste
étant égal; on doit donc retrouver dans la combinaison, d'autant moins des propriétés qui sont
dues à l'affinité d'une substance gazeuse, que
cette substance se trouve réduite à un plus grand
état de condensation.

L'acide sulfureux contient une proportion plus
petite d'oxigène, que l'acide sulfurique; mais
il est moins condensé, de là il est plus volatil,
il abandonne même difficilement l'état gazeux,
ce qui l'a fait regarder comme beaucoup plus
faible; cependant il possède les propriétés acides
à un plus haut degré; car si l'on expose le

sulfite de potasse au gaz oxigène, il en absorbe une quantité considérable, et tout le sulfite se convertit en sulfate, sans qu'il y ait aucun changement dans l'état de saturation, et sans qu'il se fasse aucun dégagement, ainsi que je m'en suis assuré en fesant l'expérience dans un récipient rempli de gaz oxigène sur l'eau.

Je remarquerai à cette occasion, que dans les évaluations que l'on a données des proportions de l'acide et de l'alcali dans les sulfites et dans les sulfates, on est nécessairement tombé dans une erreur, lorsqu'on a établi les proportions de l'acide sulfureux dans les sulfites plus grandes que celles de l'acide sulfurique dans les sulfates.

Lorsqu'on pousse au feu un sulfite, il se sublime du soufre, il se dégage même du gaz sulfureux; et le résidu se trouve changé en sulfate, ce qui m'avait fait croire qu'il restait moins de soufre dans l'acide sulfurique qui reste combiné avec la potasse (1); mais une partie de l'alcali est surabondante, et se trouve dans l'état de sulfure, de sorte que la conclusion que j'avais tirée de cette expérience n'est pas exacte.

Le nitrate de potasse dont on a dégagé une portion de l'oxigène, se dissout après cela facilement dans l'eau; la dissolution ne donne aucun indice d'alcalinité, comme l'a constaté Gay Lussac;

(1) Mém. de l'Acad. 1782.

cependant il s'en dégage beaucoup de gaz nitreux lorsqu'on y verse un acide ; mais il ne faut pas pousser l'action du feu trop loin , parce qu'alors l'acide nitreux lui-même commencerait à se décomposer , et l'alcalinité se développerait ; l'acide nitreux a donc autant d'acidité que l'acide nitrique.

Le muriate oxigéné de potasse abandonne par l'action de la chaleur tout son gaz oxigène , et cependant le résidu est encore parfaitement neutre , quoiqu'on ait avancé le contraire.

On ne peut douter que les phosphites ne se changent en phosphates , de même que les sulfites en sulfates , sans que l'état de saturation change.

182. Ces faits prouvent que la propriété acide qui consiste à saturer des quantités déterminées d'alcali , n'est point proportionnelle à la quantité d'oxigène qui se combine avec une base ; mais que plus il se trouve condensé , plus forte par conséquent est l'action qu'il éprouve, moins il donne d'acidité à quantité égale ; parce que la propriété acide qu'il communique par son affinité qui reste libre , se trouve diminuée en raison de cette action.

Mais les propriétés qu'il doit à la condensation sont beaucoup plus grandes dans l'acide sulfurique ; il acquiert une pesanteur spécifique beaucoup plus considérable , il a par conséquent beaucoup plus de puissance contre la force de cohésion (49), et il résiste beaucoup plus à sa décomposition.

On ne peut établir ce rapport de l'action entre l'acidité et la condensation de l'oxigène, que lorsque la base est la même, et non lorsque l'on en fait la comparaison dans ses différentes combinaisons, parce que les propriétés de la base concourrent elles-mêmes à l'action qu'il exerce sur les alcalis, et peut modifier ses effets jusqu'à un certain point ; le soufre et le phosphore nous en offrent un exemple : l'un et l'autre ont à-peu-près la même pesanteur spécifique ; le phosphore agit beaucoup plus puissamment que le soufre sur l'oxigène, de sorte que celui-ci s'y trouve fixé en plus grande quantité, et dans un plus grand état de condensation, et l'acide phosphorique acquiert par là plus de pesanteur spécifique, et beaucoup plus de fixité que l'acide sulfurique : cependant si les expériences qui ont été faites pour déterminer les proportions ont été exactes, on trouve que l'oxigène produit un plus grand effet acide dans l'acide phosphorique que dans le sulfurique : 100 parties d'acide sulfurique, selon les expériences de Chenevix, qui diffèrent peu des évaluations de Thenard (1), contiennent 38 parties pondérales d'oxigène, et selon celles de

(1) Bibl. Britan. tom. XVIII.

Lavoisier, 100 parties d'acide phosphorique en ont 60 d'oxigène. Or, 100 parties d'acide sulfurique, ou 38 d'oxigène, neutralisent 70 parties de chaux (1), tandis que 100 parties d'acide phosphorique, ou 60 parties d'oxigène, en neutralisent 174 (2); cependant il me parait probable qu'une circonstance peut en imposer : j'ai remarqué que le phosphate de chaux prenait en se précipitant un excès de chaux; de sorte qu'il est possible que le phosphate que Vauquelin a obtenu, eût une portion de chaux qui excédait l'état neutre, et si l'on fesait l'expérience sur un phosphate exactement neutre, on pourrait trouver que l'oxigène communique en moindre proportion les propriétés acides dans sa combinaison avec le phosphore, que dans celle avec le soufre.

183. En appliquant les principes que ces observations paraissent confirmer aux différentes combinaisons que forment les substances élastiques, on peut juger par les propriétés de ces combinaisons de l'état de saturation qu'elles éprouvent; ainsi l'eau ne laissant appercevoir aucune propriété de l'oxigène, ni de l'hydrogène, on peut en conclure que ces deux substances se trouvent combinées au terme où l'af-

(1) Syst. des Conn. Chim. tom. III.
(2) *Ibid.*

finité réciproque exerce le plus grand effet, et qu'elles sont dans un état comparable à celui d'un sel neutre dans lequel les propriétés acides et alcalines sont également devenues latentes : elles ont éprouvé par leur combinaison une condensation par laquelle leur volume a été réduit à $\frac{1}{1000}$. Dans les acides, les qualités de l'oxigène restent dominantes ; dans les liquides inflammables, ce sont celles de l'hydrogène qui le sont ; de sorte que dans les premières combinaisons, l'oxigène éprouve un degré de saturation plus petit que dans l'eau, et dans les dernières, c'est l'hydrogène qui est dans ce cas.

Ces observations nous font reconnaître dans les combinaisons gazeuses, des propriétés analogues à celles que nous avons observées dans les combinaisons des acides avec les alcalis : la saturation rend latentes les propriétés caractéristiques des deux gaz ; mais celles qui appartiennent à l'un des deux peuvent n'être pas neutralisées, comme dans les sels acidules et alcalinules ; alors la combinaison conserve les propriétés distinctives de l'un des éléments ; c'est ce qui arrive dans les acides qui doivent leur acidité à l'oxigène. Son influence est d'autant plus grande, qu'il éprouve moins de saturation : de là vient qu'il conserve autant de capacité de saturation dans l'acide sulfureux que dans l'acide sulfurique, quoiqu'il y soit en plus petite proportion ; cependant il faut pour cela qu'il ait acquis assez de solubilité dans l'eau pour pou- voir agir dans un degré de concentration assez considérable ; car s'il ne pouvait être suffisam- ment condensé, il perdrait,, par l'état de dila- tation, ce qu'il aurait gagné par la faiblesse de la combinaison, comme on l'observe dans l'acide muriatique oxigéné. Enfin il faut distinguer dans les combinaisons gazeuses, comme dans celles des acides et des alcalis, les effets qui dépendent de la condensation de ceux qui proviennent de la saturation.

184. Après ces considérations générales sur les combinaisons des substances gazeuses, nous allons examiner l'action résultante de ces com- binaisons, et les modifications qu'elle éprouve.

Pendant qu'une substance agit par une force résultante, l'état respectif de ses parties élé- mentaires ne change pas, de sorte qu'il ne faut pas considérer, par exemple, un mélange d'acide nitrique et d'acide sulfurique dans l'eau, comme une dissolution d'oxigène, d'azote et de soufre, ainsi qu'on doit le faire relativement à des subs- tances qui, par leur combinaison, ne changent pas sensiblement de constitution ; mais il faut regarder dans ce mélange l'acide nitrique et l'acide sulfurique comme deux substances sim- ples, pendant qu'ils conservent leur constitution.

Lorsque la substance composée, en agissant

par une force résultante, entre dans une combinaison, l'union des parties élémentaires se trouve affermie de toute la saturation qu'elle éprouve par là ; ainsi le fer qui pourrait décomposer facilement l'acide nitrique, ne le peut plus, dès que celui-ci est combiné avec la potasse ; et l'acide muriatique oxigéné, qui cède si facilement son oxigène, le retient beaucoup plus dans le muriate oxigéné de potasse.

Le contraire a lieu, lorsqu'au lieu d'une substance saturante qui sert d'appui à l'affinité résultante, on en ajoute une qui tend à former une combinaison où doit entrer l'une des parties élémentaires ; par exemple, lorsqu'on ajoute de l'acide sulfurique au mélange de l'eau et du fer, cet acide favorise la décomposition de l'eau, parce qu'il tend, ainsi que l'oxigène, à se combiner avec le métal, et la décomposition de l'eau est décidée par la réunion de leurs forces : c'est dans cette réunion de forces que consistent les effets de l'affinité qu'on a appelée *prédisposante*.

Le calorique qui tend à rendre l'élasticité aux substances condensées, affaiblit par là même, ou détruit l'union de laquelle dépendait l'affinité résultante, et lui fait succéder les affinités élémentaires, ou par l'effet seul de son action ou par le concours d'autres affinités ; ainsi le nitrate de potasse étant exposé à une forte chaleur, l'acide nitrique est réduit en gaz oxigène et en gaz azote, et mis en contact à un degré beaucoup moindre de chaleur, avec le fer, le soufre ou le charbon ; il se détruit, et les affinités de l'oxigène remplacent les siennes dans les combinaisons qui se forment. On voit donc que la chaleur qui se dégage dans beaucoup d'opérations, par exemple, dans le simple mélange de l'eau et de l'acide sulfurique peut intervenir efficacement dans les phénomènes qui se produisent.

185. Lorsqu'une substance étrangère exerce sur l'une des substances élémentaires une action plus forte que la tendance à la combinaison qui tient celle-ci dans un composé, elle en produit la séparation ; mais comme son action s'affaiblit par la saturation qu'elle éprouve, et comme au contraire la substance qui tend à retenir celle qui est l'objet d'un effort opposé, agit avec d'autant plus de force, que la proportion de la dernière diminue, ces deux actions contraires peuvent parvenir à un état d'équilibre qui ne sera changé qu'en fesant varier les masses, ou en changeant la température ; mais une circonstance qui doit encore être remarquée, c'est que l'action chimique ne s'épuise quelquefois qu'après un temps considérable ; or si une combinaison qui résulte de certaines proportions prend l'état gazeux, elle se soustrait avant que la substance opposée ait épuisé l'action qu'elle

exerce sur l'une des substances élémentaires ; de sorte qu'on prendrait une idée fausse des forces qui sont opposées, si l'on regardait les deux combinaisons qui se séparent comme le terme fixe des puissances qui les produisent.

186. Pendant que les affinités élémentaires substituent leur action à celle de l'affinité résultante, il arrive souvent qu'une partie de la substance composée agit sur un résultat de la décomposition par une affinité résultante; de sorte que par la combinaison qu'elle tend à former, elle favorise d'une part la décomposition, et d'un autre côté elle est préservée de sa propre décomposition. C'est ainsi que dans la plupart des occasions où un métal agit sur l'acide nitrique, il n'y en a qu'une partie qui se décompose, pendant que l'autre entre en combinaison avec l'oxide; il y a apparence que la distance cause cette différence d'action, et que la partie de l'acide qui est la plus voisine du métal, se décompose, pendant que celle qui est plus éloignée se combine avec l'oxide.

On voit donc que les quantités des substances qui peuvent agir, que la température initiale et celle qui peut s'établir successivement, que l'action résultante d'une partie de la substance composée, que la constitution qui est attachée à certaines proportions qui entrent en combinaison, peuvent faire varier indéfiniment les

I. 21

résultats de l'action de deux substances, lors même qu'une seule est composée, comme on peut l'observer dans l'action mutuelle de l'acide nitrique, et d'un métal qui donne naissance à des gaz, des oxides, des nitrates très-différents, et encore à l'ammoniaque qui vient modifier diversement tous les produits.

187. Les observations précédentes prouvent combien l'action chimique est plus mobile dans les substances qui reçoivent dans leur composition des éléments gazeux, que dans celles qui sont composées d'éléments fixes, combien l'on perd pour la connaissance des propriétés chimiques et des phénomènes auxquels elles concourrent, lorsqu'on se borne à la détermination de leurs parties élémentaires, et même de leurs proportions.

188. Pour bien concevoir la différence qui existe dans l'action des substances, suivant leur constitution, comparons les propriétés qu'elles présentent dans différents états.

Pendant que les molécules du soufre sont soumises à la force de cohésion, cette substance ne peut vaincre la résistance de l'élasticité du gaz oxigène; mais si elle perd sa cohésion par le moyen d'un alcali, elle peut alors exercer une action beaucoup plus puissante; elle se trouve dans le même cas que si la chaleur eût détruit l'effet de sa cohésion; elle peut donc se combiner avec l'oxigène jusqu'au terme où la résistance de celui-ci est égale à ce qui lui reste d'action : l'alcali affaiblit, à la vérité, sa tendance à la combinaison avec l'oxigène, de toute la quantité par laquelle il agit sur lui ; mais il apporte lui-même une disposition à se combiner avec l'oxigène : cette disposition ne produisait point d'effet, pendant qu'il était seul, parce qu'il ne pouvait surmonter la résistance de l'élasticité : le résultat est un effet pareil à celui qu'aurait produit un degré de température assez élevé pour changer le soufre en acide sulfurique.

Le soufre, dans cette circonstance, n'a fait que recouvrer l'exercice de l'affinité qui était rendue latente par la force de cohésion, il n'en est pas de même du fluide élastique.

Si l'on dissout l'acide carbonique par l'eau, son volume se trouve très-condensé, comme le fait voir la pesanteur spécifique de cette eau, et sur-tout celle qu'il a dans les carbonates alcalins, selon les expériences de Kirwan, et quoiqu'il perde par là cette partie de son affinité qui répond à la saturation qu'il éprouve, il n'est pas surprenant qu'il puisse alors produire des effets beaucoup plus énergiques que dans l'état élastique ; aussi l'eau imprégnée d'acide carbonique dissout le carbonate de chaux qui n'a plus d'action sur l'acide carbonique libre, et qui a une grande force de cohésion, et elle peut elle-même, au moyen de ce carbonate, absorber une beaucoup plus grande quantité d'acide carbonique; cependant ce même acide n'aurait pu se combiner, même avec la chaux, sans le concours de l'eau; mais une fois condensé par la chaux, son affinité a acquis une telle énergie, qu'il ne peut plus en être séparé que par le concours de l'eau qui agit alors elle-même par l'élasticité qu'elle reçoit de la chaleur.

Le soufre a acquis une énergie d'action par la destruction de la force de cohésion, et l'acide carbonique par la condensation de son volume. Cette dernière condition pouvant varier indéfiniment dans les combinaisons qui fixent l'acide carbonique, il en résulte que l'action de son affinité peut s'y trouver très-différente.

L'action de l'eau est très-faible dans la plupart des circonstances, si on la compare à celle de l'acide nitrique; cependant c'est elle qui procure la plus grande énergie à cet acide, qui sans elle resterait dans l'état gazeux, et ne serait que de la vapeur nitreuse; ses éléments qu'elle rapproche, acquièrent une grande puissance, et dès qu'il est entré en combinaison avec une base, l'eau est devenue inutile, elle peut être chassée sans que l'acide cesse de conserver le nouvel état qu'il doit à cette combinaison, jusqu'à ce que la chaleur ait enfin produit une dilatation qui contrebalance l'action mutuelle de ses éléments, et celle de la base avec laquelle ils étaient réunis.

189. L'oxigène en se combinant peut donc acquérir une grande énergie à la faveur de sa condensation; mais cette énergie dépend encore du degré de saturation qu'il éprouve, et du concours de la substance avec laquelle il s'est combiné.

Si la saturation est faible, l'avantage produit par la condensation peut être tel, que l'on n'ait pas besoin de détruire les effets de la saturation par la chaleur, pour qu'une combinaison qui ne pouvait s'opérer avec la substance pendant qu'elle était dans l'état élastique, ne se fasse immédiatement; c'est ce que l'on observe dans l'acide muriatique oxigéné, qui décompose l'ammoniaque; l'oxigène et l'hydrogène se réunissent, quoiqu'ils fussent l'un et l'autre en combinaison; mais si l'une des deux substances éprouve une nouvelle saturation, si par exemple l'ammoniaque est combinée avec l'acide muriatique, la combinaison de l'oxigène avec l'hydrogène ne peut plus avoir lieu dans la même circonstance; au contraire lorsqu'une substance tend à se combiner avec l'un des éléments, elle agit en sens opposé à la force résultante, elle tend à la détruire, et concourt par là avec l'action de la chaleur; alors celle-ci n'a pas besoin d'être aussi forte pour effectuer cette destruction.

C'est en augmentant l'action réciproque des éléments par la nouvelle condensation qu'une combinaison produit, qu'elle affermit l'union de ces éléments, et c'est au contraire par la dilatation que la chaleur affaiblit cette action réciproque, et finit par en détruire l'effet.

C'est ainsi qu'une substance accélère, par son concours avec la chaleur, la décomposition d'une combinaison qui contient un élément élastique; par exemple, lorsque le charbon détonne avec le nitrate de potasse, celui-ci n'a pas besoin d'une température si élevée pour la séparation de ses éléments que s'il était seul; l'affinité du charbon pour l'oxigène concourt avec l'action de la chaleur pour séparer l'oxigène de l'azote; mais dès que cette séparation s'opère, l'oxigène qui entre en combinaison avec les parties du charbon, est soumis aux mêmes conditions que si le gaz oxigène se fût combiné immédiatement; tout ce qui lui est superflu en calorique est éliminé dans l'une et l'autre circonstance; l'acide carbonique se trouve revêtu des mêmes propriétés; les affinités élémentaires ont succédé à l'affinité résultante; ou bien il s'est établi une nouvelle affinité résultante.

Une substance inflammable hâtera d'autant plus la décomposition de celle qui est oxigénée, qu'elle aura une plus grande tendance à se combiner avec l'oxigène, et que celui-ci sera plus

faiblement retenu dans sa combinaison : elle
produira donc cet effet plus facilement avec le
muriate suroxigéné qu'avec le nitrate de potasse;
un métal très-oxidable exigera moins de chaleur
que celui qui l'est peu ; et enfin par la réunion
des conditions favorables , la compression suffira pour produire la décomposition.

190. Si l'on ne distingue pas la différence qui
existe dans l'action d'une même substance ,
selon la constitution dont elle jouit dans la circonstance où elle l'exerce, on peut tirer de
l'observation des conséquences très-opposées sur
les lois de l'affinité ; ainsi on trouve , en considérant l'action des liquides et des solides ,
que plus est grande la quantité d'une substance
qui se combine avec une autre, plus son action
diminue; mais si l'on porte son attention sur
l'acide sulfureux, comparé à l'acide sulfurique,
on observe que quoique le soufre se trouve en
plus grande proportion dans le premier, et que
par conséquent il devrait, conformément à la
théorie générale , retenir l'oxigène avec plus de
force que le dernier, c'est cependant le contraire qui a lieu ; car le gaz hydrogène sulfuré , le fer et plusieurs autres métaux décomposent l'acide sulfureux en lui enlevant l'oxigène, pendant qu'ils n'ont pas d'action sur
l'acide sulfurique, dans les mêmes circonstances
de liquidité ; de même le gaz nitreux cède plus

facilement son oxigène aux substances métalliques que l'acide nitrique (1).

Lorsque des substances élastiques passent de
l'état de condensation à un état de dilatation
plus ou moins grande, selon les combinaisons
qu'elles forment, elles portent d'autres dispositions dans ces combinaisons. Leur état produit
des effets opposés à ceux qui sont dus à la
condensation; de là naissent des combinaisons
déterminées par les circonstances, et qui diffèrent pour l'état de condensation et pour les
proportions des parties élémentaires : ces différentes combinaisons exercent en conséquence de
leur constitution une action qui est aussi différente
de la précédente, que si elles avaient d'autres
parties constituantes; ainsi à part les circonstances où l'acide sulfureux et l'acide sulfurique
peuvent être transformés, ils présentent dans
leurs combinaisons et dans leurs modes, autant
de différences que deux acides qui ont d'autres
parties élémentaires.

191. Ces phénomènes divers se rangent sous
les lois générales, si l'on fait entrer dans les
causes qui concourrent à les produire les effets
de l'élasticité qui s'oppose aux combinaisons,
qui diminue la quantité qui peut se trouver
dans la sphère d'activité relativement aux liquides

(1) Système des Conn. Chim. tom. VI, p. 350.

et aux solides, lesquels sous un même volume agissent en beaucoup plus grande quantité, et si l'on distingue les propriétés qu'une substance acquiert par la condensation de ses éléments gazeux, de la saturation que ces éléments éprouvent.

C'est pour n'avoir pas considéré ces effets de l'élasticité et de la disposition à l'élasticité, qu'ils ont été confondus avec ceux de l'affinité indépendante des circonstances qui la modifient, et que l'on a prononcé que les acides, naturellement élastiques, possédaient une affinité plus faible qne ceux qui sont plus fixes ; c'est également pour n'avoir pas distingué les effets dûs à la condensation et à la capacité de saturation qui est la mesure de l'action des acides sur les alcalis, que l'on a regardé l'acide sulfureux comme un acide beaucoup plus faible que l'acide sulfurique, pendant qu'à quantité égale il peut saturer une plus grande quantité de base alcaline; enfin en négligeant les considérations de la théorie, on a souvent tiré de quelques observations des conséquences qui se contredisent, avec celles qui ont été déduites d'autres observations.

Ainsi quoique plusieurs faits soient une preuve d'une plus grande disposition de l'hydrogène, que du carbone à se combiner avec l'oxigène, à toutes les températures, quoique à poids égal

il produise une plus grande saturation d'une
plus grande quantité d'oxigène, comme l'on a
vu que lorsque l'on expose à l'action de la chaleur l'eau qui passe en vapeur sur le charbon,
celle-ci se décompose, on en a conclu que le
carbone a plus d'affinité avec l'oxigène que l'hydrogène. Il y a ici un concours de circonstances qui participent au résultat : l'hydrogène
se dégage pour se combiner avec le carbone; de
sorte que c'est de l'hydrogène carburé qui se
forme, et non de l'hydrogène qui est éliminé;
et en même temps l'oxigène se combine avec
une autre partie du carbone, mais l'hydrogène
carburé et l'acide carbonique ont l'un et l'autre
une grande disposition à l'élasticité qui s'accroît
d'autant plus que la température est plus élevée,
et la somme de la dilatation à laquelle ils
parviennent, est beaucoup plus grande que celle
de l'eau.

Le phosphore décompose l'acide sulfurique,
mais il ne décompose pas l'acide sulfureux;
l'on en conclut qu'il ne peut décomposer l'acide
sulfurique que jusqu'à un certain terme, que
l'action du soufre, devenue plus puissante à
mesure que l'oxigène diminue, contrebalance
alors l'affinité du phosphore pour l'oxigène,
et que par conséquent l'affinité du premier
est plus grande; mais l'on a perdu de vue
les observations que j'ai rapportées (190), et qui

prouvent que l'oxigène abandonne plus facilement
le soufre dans l'acide sulfureux que dans l'acide
sulfurique. Ce n'est donc que par des circonstances qui dépendent de la force de cohésion
du phosphore et de la volatilité de l'acide sulfureux que le phosphore agit moins sur l'acide
sulfureux que sur l'acide sulfurique, quoique
l'oxigène tienne beaucoup plus à ce dernier ;
la chaleur requise pour diminuer la force de
cohésion du phosphore accroît l'élasticité de
l'acide sulfureux ; de sorte qu'il se soustrait à
l'action du phosphore, pendant que d'autres
substances qui exercent une action beaucoup
plus faible, peuvent le décomposer.

192. Ainsi les substances naturellement élastiques ont une disposition qui apporte de grandes
différences dans leur action, selon les circonstances dans lesquelles elles l'exercent ; pendant
qu'elles sont retenues dans une combinaison,
et qu'elles n'éprouvent qu'une condensation
commune aux autres substances, elles doivent
être considérées comme elles , et les changements de dimension n'influent sur elles que
par la disposition plus ou moins grande à l'état
solide ; mais dès que leur élasticité change la
constitution de la substance, leur action se
modifie proportionnellement : la chaleur diminue par là leur action résultante ; les substances
qui agissent sur elles par une force résultante

contribuent à maintenir leur état , celles qui portent leur action sur l'un des éléments de la combinaison , plutôt que sur l'autre , concourrent avec la chaleur à le détruire ; dans cet effet les affinités élémentaires se substituent à l'affinité résultante.

~~~~~~~~~~~~~~~~~~~~~~~~~~~~~~~~~~~

NOTES DE LA IVᵉ SECTION.

NOTE XII.

Lᴇs expériences que Deluc a faites (1) prouvent incontestablement que la quantité de vapeur qui se forme dans un espace vide , est la même que si cet espace est rempli d'air.

Le thermomètre étant à 65 degrés de Fahr , le maximum de l'évaporation dans le vide élève le mercure d'un petit manomètre de 0,5 pouces , comme il résulte de la moyenne de plusieurs expériences , à la même température : le récipient étant rempli d'air sec , et ensuite porté à l'humidité extrême , le baromètre , considéré comme manomètre , recevra également une élévation de 0,5 pouces.

Il conclut d'un grand nombre d'expériences faites avec l'exactitude qu'on lui connait , que *le produit de l'évaporation est toujours de la même nature*, c'est-à-dire un

(1) Trans. philos. 1793.

fluide élastique qui, soit seul, soit mêlé avec l'air affecte le manomètre par la pression, et l'hygromètre par l'humidité, sans aucune différence qui soit produite par la présence ou l'absence de l'air, au moins d'une manière sensible jusqu'à présent.

Il fait voir de plus que l'hygromètre à cheveu est un indice trompeur pour les degrés qui approchent de l'humidité extrême : ce qui confirme les observations que je me suis permises sur cet objet.

La correspondance qui existe entre la température et l'évaporation, fait conclure à Deluc que la dernière n'est due qu'à l'action de la chaleur ; la différence qu'il y a, selon lui, entre l'évaporation et la vaporisation, c'est que dans celle-ci la vapeur doit surmonter la pression que l'atmosphère exerce sur l'eau, et que dans la première la vapeur se forme à la surface de l'eau à toute température, parce qu'elle n'y trouve qu'une résistance qu'elle peut toujours vaincre ; elle ne fait que se mêler avec l'air, et se dilater en proportion de sa quantité, comme si c'était une nouvelle quantité d'air.

SECTION V.

CHAPITRE PREMIER.

Des proportions des éléments dans les combinaisons.

193. J'AI examiné les causes qui produisent la séparation et l'isolement des combinaisons, et je les ai trouvées dans les effets de la solidité et de l'élasticité ; il reste un problème intéressant à résoudre ; c'est de déterminer quelles sont les dispositions et les circonstances qui décident des proportions fixés dans certaines combinaisons, pendant que d'autres se font en toutes proportions, et quels rapports il y a à cet égard entre les combinaisons qui se forment par le moyen de la solidité et celles qui sont produites sans perdre l'état élastique, et qui conservent leurs propriétés et leurs proportions au milieu des autres fluides élastiques, pendant qu'il y en a également qui peuvent recevoir des proportions variables ; mais à l'égard de ces

combinaisons fixes, il convient encore d'examiner ce qu'il y a de constant, ou ce qui peut
se trouver d'exagéré dans cette propriété qu'on
leur attribue.

Parmi les résultats de l'action chimique, il
n'y en a point dont la cause ait été plus négligée que celle de la détermination des proportions qu'on observe dans quelques circonstances, pendant que dans d'autres occasions les
combinaisons se font en toutes proportions,
et celle de la différence qui peut se trouver à cet
égard entre les solides, les liquides et les fluides
élastiques.

De ce qu'on a trouvé une composition plus
ou moins fixe dans un certain nombre de combinaisons, on a regardé comme un attribut des
affinités électives de déterminer par la différente énergie de leur action les proportions des
combinaisons qu'elles formaient, et l'on n'a plus
cherché à reconnaître ce qu'il y avait de positif
dans la constance des proportions, jusqu'où s'é-
tendait réellement cette propriété, et ce qui distinguait l'action chimique des corps qui la possèdent, de celle des substances qui en sont privées.

Cependant on a observé que les effets de la
tendance à la combinaison ne sont pas toujours
limités à ces proportions, même dans les substances salines dans lesquelles se manifeste l'action d'une affinité énergique; alors pour ne

pas s'écarter des idées que l'on avait adoptées, on a supposé qu'il y avait alors différents termes de saturation; deux, par exemple, dans les sels qui peuvent cristalliser dans l'état neutre, ou qui peuvent être acidules; mais l'on a vu que des combinaisons se formaient en proportions très-variées, et à l'égard de celles-ci, on n'a pas méconnu entièrement la loi que suit l'action chimique dont l'effet est d'autant plus grand, que la quantité de la substance qui l'exerce est plus considérable : quelquefois on a distingué une affinité physique qui agit en raison de la quantité des substances, de l'affinité chimique à laquelle on a attribué une faculté élective pour former les combinaisons de substances qui se choisissent ou s'excluent indépendamment des quantités qui sont en action.

Enfin dans ces derniers temps, on a trouvé que la forme des molécules d'une substance ou des parties intégrantes d'une combinaison déterminait toutes les formes secondaires qu'elles pouvaient produire par leur réunion, et l'on a conclu que cette forme primitive déterminait les combinaisons elles-mêmes, et par conséquent les proportions de leurs éléments.

Je vais tâcher de trouver l'explication des différents états de combinaison dans les circonstances qui font varier l'effet de l'affinité qui produit une saturation réciproque des tendances à la combinaison, et d'établir une ligne de démarcation plus prononcée que je ne l'ai fait entre ses effets immédiats, et ceux de l'action réciproque à laquelle est due la solidité.

194. Si nous reportons notre attention sur les phénomènes que présentent les combinaisons faibles qui produisent la dissolution, nous observons qu'un corps solide, un sel, par exemple, se dissout en toute proportion dans l'eau, jusqu'au terme extrême qui donne la saturation, et auquel la force dissolvante se trouve plus faible que la force de cohésion qui lui est opposée, mais que le degré de saturation varie selon la température qui diminue la résistance de la cohésion : un degré de température trop élevé donne une telle tension élastique à l'eau, qu'elle abandonne le sel qu'elle tenait en dissolution.

Les métaux qui s'allient se dissolvent en toute proportion, lorsque la différence de pesanteur spécifique et de fusibilité ne vient pas interrompre cette dissolution mutuelle.

Les substances qui se vitrifient, se combinent aussi en toute proportion, jusqu'au terme où l'insolubilité de quelques-unes et le degré de température mettent un obstacle à cette dissolution qui est uniforme et transparente, et qui par conséquent a tous les caractères

d'une combinaison chimique où toutes les propriétés sont devenues communes.

La dissolution d'une substance élastique par
l'eau, nous présente des phénomènes analogues;
plus la quantité d'eau est considérable, plus
est grande la proportion de la substance élastique qui se dissout; mais la chaleur qui pouvait favoriser la dissolution du sel, en diminuant la résistance de la cohésion produit ici
un effet contraire, parce qu'elle accroît l'élasticité qui est l'obstacle à la combinaison.

Si nous mettons à présent en opposition deux
combinaisons, nous observons que les séparations qui peuvent se produire sont encore un
effet qui dépend des quantités qui agissent,
et de la résistance qu'opposent, ou la force de
cohésion, ou l'élasticité : que l'eau soit très-
saturée d'acide carbonique, l'air lui en enlèvera
plus ou moins, selon sa quantité, et selon la
température qui réglera l'effort élastique de
l'acide carbonique : si au contraire l'air tient
en dissolution beaucoup d'acide carbonique,
l'eau qui en est dépourvue, et qui par conséquent possède toute sa puissance, lui en prendra
jusqu'à une certaine limite : lorsque son action
cessera d'être efficace, l'eau de chaux pourra enlever à l'air la portion qu'il avait pu défendre
contre la force de l'eau.

Que l'on expose de l'éther à l'action de l'air,

il y en a une partie qui prend l'état élastique, et qui correspond au volume que l'air occupait, et à la température ; mais si alors on le met en contact avec l'eau, celle-ci rend l'état liquide à la vapeur éthérée : elle agit en raison de sa quantité, et sa puissance diminue par la saturation ; car lorsqu'elle est parvenue à un degré avancé de saturation, c'est l'air qui lui en enlève, et le partage se fait selon l'état des forces, et par conséquent selon le degré d'élasticité déterminé par la température.

Dans ces phénomènes simples dont il serait inutile d'accumuler un plus grand nombre, c'est l'affinité qui produit des combinaisons qui ne diffèrent que par l'intensité de celles qu'on regarde spécialement comme chimiques : la marche qu'elle suit se montre sans obscurité, et si lorsqu'elle agit avec plus d'énergie les phénomènes n'ont plus la même régularité ; c'est sans doute parce que les circonstances qui l'accompagnent alors changent l'état des forces qui produisent le résultat.

195. J'ai assez multiplié les preuves qui font voir qu'il est de l'essence de l'action chimique de croître en raison des quantités des substances qui l'exercent, et de produire des combinaisons dont les proportions sont graduelles depuis le premier jusqu'au dernier terme de saturation ; mais dans un grand nombre de combinaisons

les proportions ne suivent point cette progression, et il se fait des séparations dues à des
partages déterminés des éléments de ces combinaisons. La force de cohésion ou l'élasticité
deviennent prépondérantes pour produire ces
séparations ; mais il ne suffit pas de recueillir
ces résultats de l'observation dans chaque cas
particulier ; il faut examiner les dispositions
et les circonstances dont ces propriétés peuvent dépendre, et qui quelquefois en rendent
l'effet constant, pendant que dans d'autres occasions on ne l'observe point, où il ne paraît assujetti à aucune régularité.

Kirwan a examiné les pesanteurs spécifiques
de l'acide sulfurique et de l'acide nitrique,
mêlés avec différentes proportions d'eau, et il
a observé que non-seulement ces pesanteurs
étaient plus grandes que celles qui résulteraient
des pesanteurs spécifiques des deux liquides
séparés ; mais qu'il y avait une proportion dans
laquelle elle était plus grande que dans les
autres.

L'expérience fait donc voir qu'il y a dans les
combinaisons une proportion des substances qui
les forment, dans laquelle leur action a le plus
grand effet, et où l'affinité mutuelle s'exerce
avec le plus d'avantage, relativement à la condensation ; l'on apperçoit déjà que c'est dans
ces proportions que la force de cohésion doit

acquérir l'accroissement le plus considérable, et que les combinaisons élastiques doivent recevoir le plus de densité; mais cette conclusion suppose une égalité de dispositions dans les substances qui subissent la condensation.

On observe même, lorsque l'action se passe entre deux liquides qui ne font qu'éprouver un certain degré de condensation qui ne produit aucune séparation, deux termes auxquels l'effet de la condensation est le plus grand; l'un, dans lequel l'un des deux liquides domine par sa quantité, et l'autre dans lequel c'est le second liquide qui se trouve en plus grande proportion; c'est ce qu'indiquent les observations de Blagden sur les mélanges de l'alcool et de l'eau, dans la vue de reconnaître, par les pesanteurs spécifiques, les proportions des deux liquides qui se trouvent dsns une eau-de-vie (1) : il résulte de ses expériences faites avec un grand soin sur des proportions croissantes d'alcool avec cent parties d'eau, et sur des proportions d'eau mêlées successivement à cent parties d'alcool, que c'est à-peu-près dans le mélange de 15 à 20 parties de l'un des liquides avec cent parties de l'autre, que le plus grand effet de condensation est produit par l'addition d'un liquide à l'autre.

Ainsi la théorie que j'ai exposée sur la force de l'affinité qui croît en raison de la quantité

(1) Trans. philos. 1792.

avec laquelle une substance peut agir, doit être modifiée relativement à la condensation, parce que cet effet ne dépend pas seulement de l'action qu'elle exerce, mais de celle qu'elle éprouve elle-même, et c'est dans certaines proportions, très-variables selon les dispositions des deux substances qui exercent une action mutuelle, que cet effet est le plus grand : pour les liquides qui ne changent pas d'état par cette action, il y a deux termes où la plus grande condensation a lieu ; cependant il faudrait supposer une égalité parfaite dans les dispositions de chacun des liquides, pour que la quantité de la condensation fût la même dans l'un et l'autre ; de sorte que l'on peut établir en général, que dans l'action chimique de deux substances liquides, il y a une proportion dans laquelle se trouve le plus grand effet de la condensation.

Ce terme de la plus grande condensation qu'éprouvent les liquides, doit être celui où ils sont le plus disposés à se congeler, où à prendre l'état solide, puisque la solidité est elle-même l'effet d'une condensation des molécules, qui exercent alors leur action réciproque avec plus d'énergie ; on peut expliquer par là quelques observations de Cawendish et de Keiv.

Cawendish a observé que lorsqu'on soumettait au grand froid un mélange d'acide et d'eau, si celle-ci était en trop grande proportion, il s'en congelait une partie qui se separait; que lorsque cette séparation était parvenue à un certain degré, c'était le mélange lui-même qui restait en congélation ; de sorte qu'il a distingué la congélation aqueuse et la congélation spiritueuse : il a remarqué que cette dernière avait plus facilement lieu dans certaines proportions d'eau, que dans d'autres; de sorte que ce n'est pas au plus grand point de concentration d'un acide que se trouve sa plus grande disposition à se congeler.

Keiv a confirmé les observations de Cawendish (1), il a fait voir qu'il y a dans l'acide sulfurique un terme de concentration où il possède au plus haut point la propriété de se congeler, et que ce terme est à-peu-près celui où sa pesanteur spécifique est 1800; de sorte qu'en deça et au delà de cette pesanteur, la congélation exige un plus grand froid.

Cependant la condensation qui appartient aux proportions ne peut avoir qu'une part plus ou moins grande dans les faits précédents; parce que la disposition à la congélation peut être très-inégale dans les deux liquides qui sont mêlés, et que leur combinaison est trop faible pour contrebalancer l'effet de l'abaissement de température ; de sorte que la congélation pourra

(1) Trans. philos. 1787.

séparer, par exemple, une partie de l'eau mêlée
avec l'alcool, qui dépassera de beaucoup la proportion où la condensation est la plus grande,
lorsque l'eau domine ; elle pourra peut-être
passer encore la proportion où l'alcool dominant produit la plus grande condensation ; parce
qu'à ce terme l'effet se compose encore de celui
que le froid produit sur l'alcool, et de celui
qu'il produit sur l'eau ; il n'en est pas de même
avec l'acide sulfurique qui a une disposition
assez grande à se congeler : la séparation de l'eau
passera encore le premier terme ; mais il est
probable qu'elle s'arrêtera à-peu-près au dernier.

Les effets de la condensation se compliquent
donc dans les substances qui ne sont retenues
que par une faible combinaison, et qui peuvent céder à une cause peu efficace pour se
séparer ; mais ils doivent être beaucoup plus
constants lorsque la combinaison est plus énergique, et qu'il ne se produit par la condensation aucun changement dans l'état de saturation.

196. Si l'on observe dans les liquides qui
n'exercent qu'une faible action réciproque, que
la condensation qui en résulte, est plus grande
dans certaines proportions que dans d'autres,
cet effet doit sur-tout avoir lieu dans les combinaisons qui sont produites par une forte affi-

nité, telles que les combinaisons salines ; mais les dispositions qui se trouvent dans chacun des éléments de la combinaison doivent contribuer inégalement à la séparation qu'une plus grande condensation doit produire ; de sorte que ce n'est pas seulement la plus grande condensation qui doit déterminer les séparations spontanées des combinaisons ; mais que cet effet doit dépendre aussi des dispositions de leurs éléments, et des circonstances qui donnent plus d'influence à une cause qu'à l'autre.

Si la condensation accroît la force de cohésion, ou l'action réciproque des molécules, la combinaison qui se sépare par cette raison, résiste à une action contraire, de toute l'augmentation de force produite par le rapprochement des parties ; de sorte qu'il s'introduit une espèce d'interruption dans les progrès de l'action chimique, comme, dans un sens opposé, on en trouve une dans les effets thermométriques du calorique, pendant qu'il s'accumule dans un corps qui passe de l'état solide à l'état liquide, ou de celui-ci à l'état élastique. Cette résistance sera d'autant plus considérable, que la force de cohésion acquise sera plus grande ; mais dès qu'elle sera vaincue, les lois de l'action chimique reprendront leur entier effet, c'est-à-dire que l'action de toutes les substances sera proportionnelle à leur masse.

La cause qui produit la séparation d'une substance qui acquiert l'état solide, est donc celle même des proportions avec lesquelles elle se sépare; ces proportions sont celles avec lesquelles la force de cohésion a l'énergie suffisante pour produire la séparation; elles doivent être constantes lorsque les circonstances sont les mêmes, ou lorsque l'effet de la condensation l'emporte sur celui qu'elles peuvent produire, comme l'eau se congèle à-peu-près au même degré de température, lorsque l'action chimique de quelque substance ne s'y oppose pas; dans cet état, la combinaison résiste à l'action chimique jusqu'à ce qu'elle ait acquis un accroissement qui soit plus considérable que l'effet de la condensation. La loi générale de l'affinité ne paraît donc interrompue que parce qu'un obstacle qui naît de son action même s'oppose à la progression de ses effets, jusqu'à ce qu'elle ait acquis assez de force pour le surmonter.

197. De ce que la force par laquelle une combinaison est formée produit une condensation et augmente par là les effets de l'action réciproque, il doit en résulter que ces effets doivent avoir lieu particulièrement au terme de saturation où les deux éléments de la combinaison exercent le plus haut degré de leur puissance, si l'un et l'autre possèdent une égale

disposition à la solidité, ou si une même cause
produit un effet équivalent sur l'un et sur
l'autre; mais si l'un des deux avait naturellement
une plus grande disposition à la solidité que
l'autre, c'est un excès de celui-là qui devrait
entraîner la séparation du combiné. Dans les
combinaisons dont les éléments paraissent avoir
des dispositions à-peu-près égales à la solidité,
tels que les sels à base de soude, de potasse,
et d'ammoniaque, et qui ont pour acides, l'a-
cide muriatique, le nitrique, et l'acétique, le
plus grand degré de concentration doit être
conséquemment au terme de la neutralisation;
et ce qui le confirme, c'est le dégagement de
la chaleur, qui est un effet de cette condensation; car si l'on dissout ces sels neutres dans
un excès d'acide, quoique privés d'eau de cristallisation, ou il se produit du froid comme
avec le muriate d'ammoniaque, ou il ne se dégage que très-peu de chaleur, et incomparablement moins que lorsqu'on arrête la combinaison à l'état de neutralisation; de sorte que
la liquéfaction produit une dilatation de volume
qui l'emporte sur l'effet de la conden. tion qui
est due à la combinaison, et qui fait voir que
passé l'état neutre, cette condensation est
beaucoup plus faible.

C'est donc dans l'état neutre que les combinaisons, dont les éléments ont à-peu-près une

égale disposition, se séparent par la cristallisation, parce que c'est à ce terme que la condensation est la plus grande ; mais l'insolubilité
sera d'autant plus considérable, l'action réciproque étant supposée peu différente, que les
éléments de la combinaison auront une plus
grande disposition à cette propriété ; ainsi l'acide
phosphorique, l'oxalique, le tartareux, le sulfurique doivent produire facilement des sels
insolubles avec les bases terreuses ; au contraire,
le muriatique, le nitrique, l'acétique en doivent
former de beaucoup plus solubles ; cependant
l'influence de la capacité de saturation peut se
faire appercevoir dans ces effets : ainsi la magnésie et la chaux qui diffèrent beaucoup plus
à cet égard de la baryte et de la strontiane,
que l'acide muriatique et l'acide nitrique ne
diffèrent entre eux ; doivent agir beaucoup
moins par leur disposition à la solidité que la
baryte et la strontiane : il n'est pas même surprenant qu'elles forment des sels déliquescents
avec ces deux premiers acides, pendant que la
potasse même et la soude produisent des sels
qui cristallisent, puisqu'il entre moins de ces
terres dans la combinaison.

Ainsi nous trouvons dans les propriétés des
sels que forment les bases alcalines avec les
acides, une correspondance exacte avec la supposition que leur insolubilité dépend de la dis-

position naturelle de leurs éléments, accrue par
la condensation qui est due à l'affinité qui les
réunit; nous n'avons besoin de faire intervenir
quelques explications, qui peuvent paraître douteuses, que pour la formation de quelques sels
déliquescents qui ont néanmoins une base terreuse douée d'une grande solidité; mais ces explications se fortifient par la considération des
précipités que ces combinaisons mêmes donnent,
dès que l'action de leur acide vient à diminuer.

198. La force de cohésion propre aux éléments de la combinaison doit être considérée
comme une propriété latente qui conserve sensiblement son influence, ou qui la reprend dès
que la force qui l'a fait disparaître vient à diminuer, ainsi que nous l'avons vu dans l'action
réciproque de l'acidité et de l'alcalinité, et
même avec une énergie nouvelle qui est due
à la condensation; en effet les alcalis terreux
qui sont peu solubles par eux-mêmes, forment
facilement des combinaisons peu solubles, ou,
lorsque par l'influence de l'acide et de sa quantité,
leurs combinaisons se trouvent solubles, elles
perdent leur solubilité, si l'on vient à diminuer
la quantité de l'acide, ou ce qui revient au même,
à affaiblir son action en la divisant : de là
viennent les précipités qui ont lieu lorsqu'une
autre base alcaline vient partager leur action
sur l'acide qui les rendait solubles.

Ces précipités doivent donc être considérés comme des combinaisons qui ont un excès d'alcali, parce que l'insolubilité propre à ces alcalis a produit leur séparation, lorsqu'elle est devenue prépondérante; il est rare que l'on puisse produire immédiatement ces espèces de combinaisons, à cause de la force de cohésion qui apporte un trop grand obstacle : je vais cependant en donner un exemple, et si l'observation se dirige sur cet objet, on en découvrira sans doute quelques autres; d'ailleurs les sels métalliques présentent plusieurs faits de cette espèce.

Bucholz avait obtenu de beaux cristaux, en fesant bouillir de la chaux avec son muriate; Tromesdorff a vérifié ce fait (1) : il prescrit, pour obtenir ces cristaux, de faire bouillir une quantité de muriate de chaux avec un quart ou même moins de chaux caustique : il faut débarrasser par l'alcool les cristaux longs et fins qui se sont formés.

J'ai répété cette expérience, et j'ai constaté que ces cristaux n'étaient point de la chaux, comme on l'a annoncé; mais un muriate de chaux avec excès de chaux; si on traite ces cristaux avec l'eau, il s'établit d'autres proportions, la partie qui se dissout est du muriate qui ne retient qu'un peu d'excès de chaux,

(1) Journ. de Chim. de Van Mons. n°. 2.

et la portion qui ne se dissout pas retient
un plus grand excès de chaux : on peut obtenir
des séparations successives par des additions
d'eau, et les proportions qui s'établissent dépendent du rapport de la force dissolvante à la
résistance de la cohésion.

199. Les acides qui ont une force de cohésion
considérable, présentent des phénomènes analogues, ou qui n'annoncent d'autre différence
que celle qui provient de leur plus grande solubilité, c'est de cette qualité que dépend la propriété qu'ont les acides tartareux et oxalique
de former, avec des bases qui ont beaucoup
de solubilité, des combinaisons avec excès d'acide
qui sont beaucoup moins solubles que leurs
combinaisons neutres, et qui doivent leur existence à cette insolubilité, pendant qu'avec des
bases peu solubles elles forment immédiatement
des combinaisons neutres ; dans ce cas, l'insolubilité est attachée à un excès d'acide, comme
dans la circonstance précédente elle l'est à un
excès d'alcali : par l'addition d'un alcali soluble,
on augmente la solubilité, et l'on obtient,
par la cristallisation, un sel qui en a une plus
grande ; mais un alcali peu soluble produit un
effet contraire, et forme un précipité.

On voit par là pourquoi l'on ne forme des
sels acidules qu'avec les acides qui annoncent
une force de cohésion considérable ; aussi peut-

on remarquer que cette propriété se trouve
unie à celle de former des sels insolubles
avec les bases alcalines qui ont elles-mêmes
peu de solubilité, et que l'on désigne comme
terreuses. Les acides qui ont par eux-mêmes
peu de disposition à la cohésion, tendent donc
à former des combinaisons solubles ; il en est
de même des alcalis ; les uns et les autres produisent des combinaisons insolubles lorsqu'ils
ont une grande disposition à la solidité ; mais
les effets de ces dispositions se combinent lorsque l'acide et l'alcali se réunissent.

L'ammoniaque en effet ne produit point de
sel insoluble, lorsqu'elle est en assez grande
quantité pour donner seule l'état neutre à un
acide ; il en est de même de la soude et de la
potasse ; mais ce sont la chaux, la baryte et la
strontiane qui ont sur-tout la propriété de
former des sels insolubles.

La théorie des précipitations se trouve par-là
ramenée à celle de la détermination des proportions dans les combinaisons ; lorsque l'on
forme un précipité, on ne fait que changer les
proportions, et que rendre dominante l'insolubilité d'une substance qui était déguisée par
l'action d'une autre qui était suffisante pour
produire cet effet, mais qui cesse de l'être.

Le degré de solubilité propre aux acides ne
correspond pas exactement à la propriété qu'ils

ont de devenir solides par l'évaporation ou par
la congélation , parce que l'affinité qu'ils ont
avec l'eau peut diminuer l'effet de leur disposition à prendre l'état solide ; ainsi l'acide phosphorique qui perd facilement l'eau qu'il contient
pour passer à l'état solide , annonce cependant
dans quelques combinaisons une disposition à la
solidité, qui est même inférieure à celle de l'acide
sulfurique; c'est donc plutôt par les propriétés
que les acides portent dans leurs combinaisons,
que l'on peut juger de leur disposition à la solidité.

Je suis bien loin de prétendre que dans la
comparaison des phénomènes que j'analyse , on
n'en trouve pas quelques-uns qui ne correspondent point aux conditions que je viens d'assigner ;
mais dans l'explication des phénomènes auxquels un grand nombre de propriétés concourrent, on ne peut se flatter de déterminer toutes
les causes qui agissent, et qui peuvent apporter
quelques modifications dans les résultats ; le
nombre et l'accord de ces résultats peuvent
cependant être assez grands pour reconnaître
les principes dont ils dérivent, sur-tout lorsqu'ils sont établis sur des propriétés générales
qui ne peuvent plus être contestées , et qu'ils
ont l'avantage de lier à ces propriétés générales
des phénomènes qui paraissaient en être indépendants.

Ce n'est qu'en séparant ainsi les propriétés

qui concourrent aux mêmes phénomènes, que l'on parvient à distinguer les effets du calorique et des autres causes physiques, et à établir une théorie qui doit être fondée sur leur dépendance mutuelle.

200. Si les observations précédentes prouvent que la force de cohésion détermine les proportions de plusieurs combinaisons au degré de neutralisation où l'action mutuelle produit son plus grand effet ou dans un autre degré de saturation, selon les dispositions plus grandes de l'une des parties constituantes, il ne faudrait pas en conclure que hors de ces proportions, il ne peut exister des combinaisons des mêmes éléments, qui soient engagées à se séparer par un degré inférieur de force de cohésion, ou que si cela arrivait, ce serait encore avec des proportions fixes, de sorte qu'il ne pourrait y avoir de séparation ou de cristallisation que dans l'une ou l'autre proportion. Cette opinion que l'on applique à plusieurs combinaisons, et dont on a presque fait une loi générale, a été sur-tout établie sur la considération du sulfate acidule de potasse, et du phosphate acidule de chaux; je vais examiner ce qui a rapport à ces sels et à quelques autres, en attendant que l'observation se dirige sur un plus grand nombre de combinaisons analogues.

Bergman avait expliqué la décomposition du

sulfate de potasse par l'acide nitrique, observée d'abord par Beaumé, en regardant ce sulfate comme composé de deux parties, l'une qui avait les proportions du sulfate acidule, et l'autre qui était la portion de potasse qui réduisait le sulfate acidule en sulfate neutre : l'acide n'exerçait qu'une partie de sa force sur cette dernière, parce que le reste était consommé par le sulfate acidule ; de sorte qu'un acide beaucoup plus faible que le sulfurique pouvait enlever la portion de potasse à moitié libre, en la séparant du sulfate acidule ; mais c'était la limite de la décomposition possible, et le sel passait immédiatement de l'un à l'autre terme de saturation, et ne pouvait recevoir d'autres proportions. En prouvant dans mes recherches sur les lois de l'affinité, qu'il était contraire à l'observation de prétendre que l'action de l'acide sulfurique fût bornée au terme qui forme le sulfate acidule, et qu'elle se prolongeait indéfiniment en perdant progressivement de son intensité, j'avais conservé le préjugé que ce sulfate acidule était une combinaison constante et décidée par une force de cohésion propre à la figure que je supposais appartenir à certaines proportions.

201. J'ai rappelé cet objet à un nouvel examen, et j'ai observé que le sulfate acidule de potasse pouvait recevoir différentes proportions

d'acide en excès depuis l'état neutre , jusqu'à celui où la solubilité qui devient de plus en plus grande , ne lui permet plus de se séparer du liquide acide dans lequel il doit se former; de sorte que je me suis convaincu que la supposition que j'admettais doit être rejetée, et que l'explication ingénieuse de Bergman n'est qu'un jeu de l'imagination.

Un sulfate acidule de potasse a été dissous dans une certaine quantité d'eau , puis soumis à la cristallisation après une évaporation convenable ; il s'est formé de nouveaux cristaux un peu moins solubles que les premiers ; ensuite on a évaporé le liquide ; un sulfate plus acide et plus soluble a cristallisé : on a fait plusieurs cristallisations successives , et dans chaque opération il s'est fait un partage; le sel qui cristallisait le premier avait un peu moins d'acide que celui dont il provenait ; celui au contraire qui restait en dissolution , donnait par l'évaporation un autre sel qui avait un plus grand excès d'acide , et les propriétés qui appartiennent à ces proportions : chaque dissolution se séparait par une évaporation convenable en deux combinaisons. On est parvenu à n'avoir plus que le sulfate parfaitement neutre ; mais les états intermédiaires entre celui-ci et le premier sulfate acidule ne dépendent que des circonstances de chaque cristallisation. On a

comparé les proportions d'acide de quatre sulfates acidules obtenus par la première cristallisation des quatre dernières opérations, en en
décomposant des quantités égales par l'acétite
de plomb; le précipité obtenu de celui qui
s'était réduit à un état parfaitement neutre, a
pesé 30,2, celui qui le précédait immédiate-
tement 32,4, le troisième dans cet ordre 33,3,
et le quatrième près de 35.

La forme des cristaux subit plusieurs variations; cependant ses changements ne suivent
pas ceux de la proportion de l'acide; ainsi le
sel reprend la forme du sulfate, quoiqu'il conserve encore un certain excès d'acide.

Le sulfate acidule de soude a présenté des
propriétés analogues : il forme de gros cristaux
parfaitement semblables à ceux du sulfate neutre, quoiqu'il contienne un excès assez considérable d'acide; ces cristaux sont tombés en
efflorescence, mais moins promptement que
ceux du sulfate neutre : avec un plus grand
excès d'acide, les cristaux prennent une forme
différente, et ils se conservent à l'air sans tomber
en efflorescence : le sel neutre ne contenait que
la moitié de l'acide qu'avait le sel qui avait
retenu le plus d'acide, et qui se maintenait sans
déliquescence et sans efflorescence.

202. On avait remarqué qu'après avoir décomposé la matière osseuse par l'acide phos-

phorique, il se formait par l'évaporation un dépôt que l'on avait confondu avec le sulfate de chaux. Bonvoisin prouva (1) que c'était un phosphate de chaux, mais Fourcroy et Vauquelin ont fait voir (2) que cette substance était un phosphate acidule : ils l'ont regardé comme une combinaison dont les proportions n'étaient pas variables, puisqu'ils les ont déterminées à 54 d'acide et 46 de chaux, et celles du phosphate neutre à 41 d'acide et 59 de chaux.

On a formé ce phosphate acidule pour lui faire subir un examen semblable à celui des sulfates acidules.

L'eau n'a pas dissout ce phosphate acidule comme l'annoncent mes savants collègues; mais elle a produit une séparation : il s'est dissous un phosphate plus acide, et le résidu a été insoluble, mais avec une moindre proportion d'acide ; par quelques lotions qui ont encore produit de semblables séparations, il n'a plus conservé aucun excès d'acide. Comme le phosphate acidule de chaux peut contenir, ainsi que cette expérience le prouve, différentes proportions d'acide, il y a apparence que celui qui a servi à mes essais contenait moins d'acide que celui qui a été analysé par Fourcroy et Vauquelin. (*Note XIII.*)

(1) Mém. de Turin, 1785.
(2) Mém. de l'Instit. tom. II.

L'alcool a séparé du phosphate acidule la plus grande partie de l'excès d'acide qui ne retenait qu'un peu de chaux ; mais il n'a pu le priver entièrement de cet excès ; l'eau a ensuite achevé cette séparation.

Si l'on met à-la-fois une grande proportion d'alcool sur le phosphate acidule de chaux, il prend de l'acide phosphorique qui ne retient que peu de chaux ; mais si l'on n'emploie qu'une petite proportion d'alcool, alors il se dissout beaucoup plus de chaux, parce que l'acide plus concentré peut agir plus efficacement sur cette base.

Il est donc constaté que le phosphate acidule de chaux contient un excès d'acide différent selon les circonstances : en effet, Fourcroy et Vauquelin disent eux-mêmes qu'ayant versé de l'acide sulfurique sur une dissolution de phosphate acidule de chaux obtenu des os par l'acide muriatique ou l'acide nitrique, il s'est précipité du sulfate de chaux, d'où ils concluent que l'acide sulfurique peut enlever à l'acide phosphorique une plus grande quantité de chaux que les deux autres acides. Un grand nombre d'autres circonstances peuvent également faire varier les proportions qui s'établissent dans le phosphate acidule, qu'il ne faut regarder par conséquent que comme le résultat variable d'une affinité qui se mesure avec celles qui lui sont opposées.

Le phosphate acidule de chaux a donc des propriétés parfaitement analogues à celles des sulfates acidules de potasse et de soude, et la différence qui existe entre ces sels ne consiste que dans l'insolubilité qui devient proportionnellement plus grande dans le phosphate acidule de chaux, que dans les sulfates acidules ; de sorte qu'il suffit de lui faire subir des lotions suffisantes pour faire une division des combinaisons plus ou moins acides, pendant qu'avec les sulfates on n'obtient cet effet que par des cristallisations successives.

203. On voit par là à quoi se réduit cette théorie des deux termes de combinaison dans l'un desquels un sel est neutre, et dans l'autre il a une autre proportion d'acide, mais également fixe ; bien loin que ces deux termes soient les seuls, tous les degrés intermédiaires entre eux peuvent exister, et les propriétés, sur-tout la solubilité, suivent ces proportions ; plus l'on s'éloigne de l'état neutre, plus la solubilité diminue, parce que c'est dans cet état que l'effet de l'affinité est le plus grand ; mais dans le phosphate acidule, deux causes concourent à augmenter l'insolubilité : la force de l'affinité de la chaux qui augmente à mesure que la quantité de l'acide phosphorique diminue, et la prépondérance de sa force de cohésion qui s'accroît par la même raison.

Le sulfate de baryte présente encore des propriétés semblables. Withering avait observé que lorsqu'on en fesait une dissolution dans l'acide sulfurique très-concentré, et au moyen de l'ébullition, il se formait des cristaux en laissant cette dissolution exposée à l'air (1); j'ai répété cette expérience, et j'ai vu la cristallisation se former à mesure que l'acide attirait l'humidité : on a décanté le liquide, et l'on a lavé les cristaux un peu confus avec des quantités successives d'alcool; on les a même soumis à l'ébullition avec ce liquide qui, éprouvé ensuite avec une dissolution de nitrate de baryte, n'a donné que de faibles indices d'acide sulfurique; mais l'eau avec laquelle on l'a traité alors, a donné un précipité abondant avec cette même dissolution. Ces cristaux étaient donc un sulfate acidule de baryte : l'alcool n'a pu leur enlever qu'une partie de l'acide sulfurique; mais l'eau a agi avec plus d'énergie : je me suis assuré que l'acide sulfurique qu'elle avait pris ne retenait point de baryte; mais je n'ai pas éprouvé s'il fallait plusieurs lotions pour réduire ce sulfate acidule à l'état neutre, ou plutôt s'il fallait une grande quantité d'eau pour produire cet effet.

204. Ces observations doivent mettre les analystes en garde contre les erreurs qui peuvent

(1) Trans. philos. 1784.

résulter des différentes proportions, soit dans les précipités, soit même dans les sels qu'ils obtiennent par la cristallisation.

Nous venons de voir que le sulfate de baryte même peut avoir un excès d'acide, mais le sulfate de potasse et de soude peuvent en retenir beaucoup plus facilement en excès dans leur cristallisation, sans même que leur forme en soit altérée; ces différences dans les proportions se remarquent sur-tout dans les combinaisons de l'acide phosphorique; ce qui me paraît dépendre de sa grande capacité de saturation, et par conséquent de la forte action qu'il exerce, comme la propriété que l'ammoniaque et la magnésie ont de former facilement des sels triples, me paraît aussi dépendre de cette cause : Klaproth a fait voir que le phosphate de soude pouvait cristalliser avec un excès d'acide ; cependant il tend à avoir un excès de base, et Thénard (1) a prouvé qu'il pouvait cristalliser dans cet état, au milieu d'un liquide légèrement acide : lorsque l'on précipite, par le moyen de l'ammoniaque, un phosphate de chaux tenu en dissolution par un excès d'acide, le sel qu'on obtient par la cristallisation, est un sel triple qui contient une certaine proportion de chaux; mais si l'on se sert pour la précipitation d'un

(1) Ann. de Chim. Fruct. an 9.

carbonate d'ammoniaque; on a un phosphate qui a une plus petite proportion de chaux, et ces sels, sur-tout le dernier, ne peuvent point se distinguer par la forme des cristaux, et par les autres apparences, de celui qui n'est composé que d'ammoniaque et d'acide phosphorique.

205. Nous n'avons considéré que les effets qui sont dûs à la contraction du volume des éléments d'une combinaison, qui produisent dans le combiné une force de cohésion plus grande que celle des éléments ; mais nous avons remarqué (30) que l'action mutuelle des sels augmentait leur solubilité ; quelques combinaisons sont plus disposées à la liquidité que les substances qui les composent ne le sont séparément, telles que le soufre et le phosphore, qui par leur union acquièrent beaucoup de fusibilité, ainsi que l'a fait voir Pelletier (1) : ces faits pourraient paraître contradictoires.

Il faut distinguer ici, comme je l'ai fait pour le calorique qui se dégage des combinaisons, deux causes dont l'une domine quelquefois sur l'autre ; lorsque deux substances agissent l'une sur l'autre, leur action réciproque diminue de toute la force qu'elle exerce l'effet de l'affinité mutuelle des molécules de chacune des substances ; de sorte qu'elle rendrait toutes les combinaisons plus solubles qu'elles ne le sont naturelle-

(1) Mém. de Chim. tom. I.

ment, si la condensation, qui est une suite
nécessaire de la combinaison même, n'anéantissait cet effet et n'en produisait un contraire;
lorsque cette seconde cause n'a pas assez d'é-
nergie, ce sont les effets de la première qui
dominent; ainsi c'est dans les faibles combinaisons, telles que celles qui sont dues à l'action
mutuelle des sels qu'on doit trouver une augmentation de solubilité.

L'effet qui est dû à la plus grande condensation doit disparaître dès que l'action du calorique introduit une distance suffisante entre
les molécules, et c'est ce que l'observation confirme : lorsqu'une combinaison s'est séparée
d'un liquide par la force de cohésion qu'elle
a acquise, elle montre, si on élève la température, une disposition à la liquidité plus
grande que la moyenne des liquidités des substances élémentaires séparées; ainsi le muriate
d'argent qui s'est précipité d'un liquide, entre
en fusion à une chaleur peu élevée, quoiqu'il
ne contienne qu'une petite proportion d'acide :
le sulfate de baryte qui ne se vitrifie qu'à une
haute température, acquiert une fusibilité beaucoup plus grande par l'action du muriate de chaux
dont il s'était séparé dans l'état liquide : de même
le sulfate de soude favorise considérablement
la liquéfaction du carbonate de chaux. (*Note I.*)

C'est parce que les effets de l'affinité réciproque qui produit la force de cohésion, se trouvent ainsi diminués par l'action des molécules d'une autre substance, que les alliages métalliques acquièrent une fusibilité plus grande que celle des métaux dont ils sont composés, quoiqu'ils fussent et plus durs et plus élastiques, à la température ordinaire, propriété qui était due à la condensation, mais qui fait place à une plus grande fusibilité, dès que la cause en est détruite ; c'est par la même raison que les terres infusibles par elles-mêmes acquièrent la fusibilité par leur mélange, et que les fondants agissent non-seulement en communiquant une partie proportionnelle de leur fusibilité, mais sur-tout en diminuant l'action réciproque des molécules de la substance dont ils accélèrent la fusion.

Ce n'est donc que par une exception qui est due à la faiblesse de leur action, que quelques substances peuvent augmenter la solubilité moyenne à une basse température ; elles agissent alors comme les dissolvants qui accroissent les dimensions qu'avaient les sels dans l'état de cristal, en fesant disparaître l'effet de l'affinité réciproque de leurs parties intégrantes ; mais dès que l'élévation de température tend à détruire l'effet qui est dû au rapprochement des parties, l'affinité mutuelle concourt avec l'action du calorique et en accroît l'effet ; c'est ainsi

qu'un liquide dissout un sel en plus grande
quantité par le secours de la chaleur.

206. Les effets de l'action réciproque qui produit les combinaisons sont plus considérables
dans des substances gazeuses que dans les autres,
parce que les changements de dimensions produits par une même force y sont beaucoup plus
grands. Examinons, relativement aux proportions des éléments, à la constance et aux caractères distinctifs des combinaisons qu'ils forment,
cette propriété que nous avons déjà considérée
sous d'autres aspects.

Nous avons vu que les fluides élastiques exerçaient une action réciproque, même lorsque
leur force était insuffisante pour apporter quelque changement dans leurs dimensions (157),
qu'alors elle ne produisait qu'une faible combinaison que nous avons désignée comme une
dissolution; mais lorsqu'ils peuvent agir sur
leurs dimensions respectives, ils forment une
combinaison, et pendant qu'elle se conserve,
ils exercent une affinité résultante.

La quantité de la condensation, quoiqu'elle
ne puisse pas être regardée comme une mesure
de l'action chimique, doit cependant en être un
indice, et doit produire des propriétés différentes
dans les combinaisons.

Lorsque les circonstances accroissent l'action
mutuelle des substances élastiques et que leur

combinaison se décide, elles doivent se réunir dans les proportions où leur action a le plus de force (197); elles doivent donc prendre des proportions plus uniformes que les autres combinaisons, parce que la contraction qui est beaucoup plus grande dans les fluides élastiques que dans les substances liquides, doit apporter un beaucoup plus grand obstacle à l'établissement d'autres proportions : nous ne devons donc pas trouver dans les combinaisons élastiques qui sont accompagnées d'une grande condensation, ces combinaisons progressives, telles que les sels acidules que nous avons examinés ; mais l'on doit tout-à-coup passer à des combinaisons dont les proportions sont constantes, ou du moins ne reçoivent que de petites variations.

La condensation produit ici le même effet que l'accroissement de force de cohésion dans les combinaisons liquides : plus la condensation est grande, plus elle isole la combinaison, comme le fait la force de cohésion dans les précipitations; et lorsque la combinaison est formée, elle se maintient jusqu'à ce que les forces qui lui sont opposées l'emportent sur l'affinité qui a produit la condensation (196).

197. On voit donc comment l'oxigène et l'hydrogène, qui pendant qu'ils étaient en simple dissolution, et que par conséquent ils conservaient leur même volume, possédaient en même

temps leurs propriétés isolées, passent tout de suite à l'état d'eau, dès qu'ils entrent en combinaison, et qu'ils éprouvent par là une diminution dans leurs dimensions, en se séparant de ce qui est superflu aux proportions où ils exercent la plus grande action, ou du moins en ne prenant de l'un ou de l'autre élément qu'une petite quantité qui peut être assujettie par l'action de l'eau; mais qui n'éprouvant pas la même condensation, peut être séparée par une cause beaucoup plus faible.

La condensation des éléments est telle, que le mélange de gaz oxigène et de gaz hydrogène dont la pesanteur spécifique serait 19,47, celle de l'air étant 46, forme une vapeur élastique qui a 33 pour pesanteur spécifique; mais cet état de vapeur n'est dû qu'à une action si peu énergique du calorique, qu'il ne produit qu'une faible tension élastique, et il l'abandonne par une légère pression; de sorte que la pesanteur spécifique de cette substance gazeuse devient mille fois plus petite à une même température.

L'ammoniaque est encore composée de deux éléments élastiques qui ont subi une grande condensation; car lorsque l'on décompose le gaz ammoniacal par le moyen de l'étincelle électrique, il prend des dimensions presque doubles : aussi l'ammoniaque a des proportions constantes.

Au contraire, le gaz nitreux, dans lequel les éléments n'ont subi qu'une faible contraction, peut facilement former d'autres combinaisons ; au simple contact il se combine avec le gaz oxigène qui tend à s'unir à lui dans les proportions où l'action respective produit le plus d'effet ; mais il éprouve une contraction beaucoup plus grande par le concours de l'eau, et par son moyen se forme l'acide nitrique.

Quoique le gaz nitreux soit composé d'éléments peu condensés, qu'il forme très-facilement d'autres combinaisons, et qu'il cède son oxigène à des substances peu énergiques, il résiste cependant à l'action de la chaleur qui tend à séparer ses éléments, et il paraît que la faible contraction de ses éléments sert à maintenir sa combinaison, parce que la chaleur ne produit que très-peu de différence dans l'effort élastique qui tend à les séparer.

208. Je vais appliquer ces considérations aux propriétés d'une combinaison dans laquelle une substance gazeuse se trouve condensée, et une substance solide a pris l'état élastique : toutes les autres présentent des propriétés analogues.

Le soufre à une température peu élevée se combine avec l'oxigène, jusqu'au terme où dans l'état fixe il n'a plus assez d'action pour vaincre la force de l'élasticité. Jusque là il paraît en prendre des proportions qui peuvent augmenter progressivement, parce que la condensation qu'il éprouve est si faible, qu'elle ne change pas sensiblement l'état de son action, et qu'il n'y a également pas de différence dans l'état de condensation de l'oxigène qui se fixe.

Si au lieu de laisser le soufre à la température où cette combinaison peut s'opérer, on le réduit en vapeur, il passe tout de suite à ce degré de saturation qui forme l'acide sulfureux, dont les éléments éprouvent déjà un degré de condensation considérable relativement à l'expansion qui leur était propre dans cette température : dans cet état ils opposent une résistance assez grande aux changements, par conséquent à l'action même du gaz oxigène ; si la température ne s'élève pas davantage, il faut vaincre tout l'effet de cette condensation pour qu'ils puissent passer à un autre état de combinaison ; mais si la température est assez élevée pour l'emporter tout de suite sur l'effet de cette condensation, l'affinité réciproque de l'oxigène et du soufre continuera à recevoir son effet, et elle produira l'acide sulfurique avec les proportions de l'un et de l'autre où cet effet a le plus d'intensité ; mais au-delà elle s'affaiblit, et elle ne peut plus équivaloir à la résistance de l'élasticité du gaz oxigène, qui continue à croître par la haute température qui est nécessaire.

C'est donc au terme où l'action réciproque a

le plus d'effet que l'acide sulfurique est formé ;
c'est à ce terme que la condensation est la plus
grande relativement à la température, et que
la combinaison est la plus énergique ; ce qui
le prouve, c'est que c'est dans cet état qu'il
retient l'oxigène avec le plus de force

Un plus haut degré de chaleur qui compense-
rait par la dilatation l'effet de cette condensation,
détruirait l'acide par l'accroissement qu'il donnerait à l'élasticité de l'oxigène comparée à celle
du soufre.

Si l'oxigène a subi une condensation dans une
combinaison qui ne le retient cependant que
par une faible affinité, et si le soufre de son
côté ne lui oppose pas une résistance de cohésion
comme dans les sulfures, l'oxigène peut compléter à une température basse, l'état où s'exerce
la plus forte action, sans que le soufre passe
par la gradation de l'acide sulfureux.

Lorsque l'on expose à l'action du feu un sulfite, on détruit l'effet de la condensation qui
maintient l'acide sulfureux, celui-ci passe au
degré de combinaison où la plus grande action
s'exerce, et le sulfite devient sulfate.

209. Je ne fais qu'appliquer ici ce que l'observation nous fait voir plus distinctement dans la
cristallisation des sels qui peuvent être acidules ;
ils prennent un excès d'acide dans une circonstance ; ils cristallisent dans un état neutre,

24..

lorsque la plus forte action que puissent exercer
leurs éléments n'éprouve pas une résistance qui
s'oppose à cet effet : ici l'oxigène se combine
au terme de la plus forte action, si l'état du
soufre et l'état où lui-même se trouve le permettent ; il forme une autre combinaison, lorsqu'il ne peut compléter celle-là ; mais comme
il y a des sels dont la force de cohésion est telle,
qu'ils se séparent avec des proportions à-peu-
près uniformes, il y a aussi des combinaisons
élastiques dont les proportions sont constantes.

Si donc la chaleur favorise la combinaison
d'une substance solide avec un fluide élastique,
en diminuant la résistance de la cohésion (156) ;
elle produit des effets différents relativement
aux proportions, selon son intensité et selon
l'état de la vapeur qu'elle peut produire.

Que dans les circonstances où la chaleur produit des combinaisons avec les substances élastiques qui ne peuvent se former à une température plus basse, elle n'agisse qu'en mettant
les substances dans la condition où elles peuvent exercer la plus forte affinité, on ne peut
en douter, si l'on considère qu'il suffit de détruire la force de cohésion pour que la même
combinaison s'opère à une basse température :
il faut une chaleur très-élevée pour combiner
l'argent avec le cuivre ; mais si l'on prend du
muriate d'argent, on l'allie avec le cuivre par

le moyen d'un léger frottement ; cependant la combinaison qu'il formait avec l'oxigène et l'acide muriatique était un obstacle à une autre combinaison ; mais l'isolement de ses parties l'emporte sur l'effet de cette combinaison, et il s'allie avec le cuivre sans le secours de la chaleur.

Bien plus, la chaleur doit nuire dans la combinaison des substances élastiques de toute la tension qu'elle communique à ses éléments ; mais l'effet qu'elle produit par les dispositions qu'elle donne aux substances qui doivent se combiner entre elles, l'emporte sur cette cause de séparation ; cependant elle décompose, par une trop grande intensité, les combinaisons dont elle a décidé la production, et c'est ainsi qu'elle détruit l'affinité résultante, et que par là les affinités élémentaires lui succèdent (184).

210. Pour résumer ce que j'ai exposé dans ce chapitre, il faut distinguer ce qui est commun à toutes les combinaisons, et ce qui appartient aux combinaisons solides, liquides ou élastiques, et enfin ce qui est propre au passage d'un état à l'autre.

1°. Les combinaisons qui éprouvent peu de condensation, peuvent se faire en toute proportion, elles ne sont limitées que par la saturation, c'est-à-dire par la diminution qu'éprouve l'action qui doit vaincre ou la force de

cohésion, ou la différence de pesanteur spécifique, ou toute autre force opposée ; aussi les
alliages, les verres, les combinaisons minérales
se font en des proportions très-variées, et dans
lesquelles on apperçoit rarement les interrup-
tions qui proviennent d'une résistance due à
la condensation : les sels s'unissent à l'eau en
toute proportion, jusqu'au point de la saturation.

2°. Lorsqu'un obstacle s'oppose à la progression continue de la combinaison, et exige qu'il
se fasse une accumulation de force, au moment
où il est vaincu, la combinaison prend tout-
à-coup toute la quantité et les propriétés qu'elle
aurait acquises si la progression eût été continue,
ainsi que l'eau prend par l'ébullition tout le
calorique qui convient à l'état de vapeur.

Dans les combinaisons qui se séparent, parce
qu'elles sont insolubles, cet obstacle est dans la
force de cohésion; mais elles ne prennent pas
toujours les proportions qui auraient la plus
grande insolubilité; elles peuvent avoir un excès
de l'un ou de l'autre élément, selon les quantités qui peuvent exercer leur action ; de sorte
qu'il n'y a qu'un petit nombre de combinaisons insolubles dont les proportions soient constantes.

3°. La force de cohésion qui est due à l'action
réciproque, doit être plus grande pour pro-

duire une séparation, que la diminution de
cohésion propre à chaque élément qui résulte
de cette même action réciproque; mais l'effet
de la condensation cesse d'avoir lieu par l'é-
loignement des molécules qui est causé par le
calorique, de sorte que les combinaisons qui
s'étaient séparées par insolubilité, deviennent
ensuite plus solubles, au moyen de l'action
réciproque de leurs éléments. C'est parce
que l'affinité de l'eau l'emporte sur l'affinité
réciproque des molécules d'un sel, lorsqu'il se
dissout et que la concentration produite par
cette combinaison est plus faible que celle qui
existait dans le corps solide, qu'il se fait une
augmentation de volume dans la dissolution,
et qu'elle est accompagnée de réfroidissement;
mais cet effet ne peut avoir lieu que dans les
combinaisons faibles.

Il faut donc distinguer dans une combinaison
faible, l'effet de la condensation de celui qui
est dû à l'affinité réciproque de deux substances; le premier accroît la force de cohésion,
le second diminue celle qui appartenait aux
éléments de la substance avant la combinaison :
si le premier est faible, c'est le second qui
l'emporte, et de là viennent les combinaisons
dont la solubilité est plus grande que celle des
substances isolées.

4°. Dans l'action réciproque des substances

élastiques, les effets de la condensation peuvent
être beaucoup plus considérables : de là vient
qu'ils forment souvent des combinaisons dont les
proportions sont constantes. Cependant lorsque
l'action réciproque n'est pas forte, et qu'elle
ne produit pas une différence trop grande de
condensation, ces proportions peuvent varier
considérablement ; ainsi les gaz hydrogènes car-
burés, les oxicarburés, les hydrogènes sulfurés,
les hydrogènes phosphurés peuvent recevoir des
proportions très-différentes.

211. Lorsqu'un fluide élastique se trouve
condensé dans une combinaison, il forme alors
une substance particulière qui agit comme une
substance simple, pendant que les causes qui
ont produit la combinaison ne sont pas détruites;
ainsi cette combinaison peut être tenue en dissolution ou se surcomposer, soit avec des fluides
élastiques, soit avec des liquides, soit avec des
solides.

Les combinaisons d'un fluide élastique peuvent donc comme les autres, ou se faire en
toute proportion, ou rencontrer des obstacles
qui les limitent plus ou moins; si c'est une
combinaison de deux gaz qui se forme, et s'ils
exercent une action réciproque assez puissante
pour changer leurs dimensions respectives, elle
prend les proportions qui sont déterminées par
le terme où l'action est la plus forte; si c'est

la combinaison d'un gaz avec un liquide, il paraît que les proportions ne sont bornées que par la résistance de l'élasticité, parce qu'en se dissolvant le fluide élastique est réduit à un état à-peu-près uniforme ; également si un liquide est dissous par un fluide élastique, il n'y a de limité que celle de la constitution du liquide qui a pris la forme élastique, parce que dans cet état un autre gaz ne peut changer ses dimensions que par la compression commune.

Lorsqu'un fluide élastique passe en combinaison avec une substance solide, il est d'autant plus condensé que l'action qu'il éprouve est plus forte, et cette différence peut quelquefois être assez grande pour établir des points fixes de saturation ; tel est le cas de quelques oxides métalliques, ainsi que je le remarquerai plus particulièrement en traitant des oxides, mais en général les solides paraissent prendre des proportions successives des fluides élastiques jusqu'à ce qu'ils ne puissent vaincre la force de cohésion ; ainsi le soufre, le phosphore, et le charbon se combinent avec une proportion variable d'oxigène, jusqu'à ce qu'ils soient parvenus dans une température donnée à toute la quantité dont ils peuvent surmonter l'élasticité.

Les proportions qui s'établissent dans les combinaisons qui se séparent et s'isolent, ne sont qu'une conséquence de l'effet par lequel l'action chimique produit une condensation ; mais elles ne s'établissent que lorsque la condensation est assez grande pour changer l'action chimique qu'elles exercent en une affinité résultante : elles sont rarement fixes ; mais elles peuvent varier avec une certaine latitude qui dépend du degré de condensation, et alors les propriétés de la combinaison sont modifiées, ou par la surabondance de l'un des éléments, comme dans les sels acidules et alcalinules, ou par le concours de l'action d'une autre substance qui diminue celle de l'un des éléments, comme dans les précipitations.

212. Toutes ces observations concourent à prouver , 1°. que la même force qui étant accrue par le froid ou par la diminution du calorique, produit la congélation et la séparation de la glace d'avec l'eau, et qui étant plus considérable dans les combinaisons, détermine la cristallisation et les précipitations, est encore la cause qui fixe les proportions des éléments qui s'établissent dans les combinaisons , et de la stabilité de ces combinaisons ; 2°. que la cause de la réduction des vapeurs en liquides et en solides, est encore celle qui dans des circonstances où la même force a beaucoup plus d'énergie, produit la condensation des fluides élastiques dans les combinaisons , et les pro-

portions qui sont déterminées principalement par le degré le plus élevé de l'action réciproque ; et toutes me paraissent confirmer que lorsque les causes qui augmentent les effets de l'action réciproque des molécules, ne sont pas assez puissantes pour les isoler par la force de cohésion ou par la contraction, toutes les substances qui sont en présence exercent une action chimique en raison composée de leur quantité et de leur affinité.

213. J'ai distingué les effets de l'affinité qui produit les combinaisons et la saturation mutuelle des propriétés des substances ou de leurs tendances à la combinaison, de ceux de l'affinité réciproque des molécules d'une substance ou d'une combinaison (43); mais je n'ai point indiqué encore le point de séparation qui doit se trouver entre ces deux résultats d'une même cause.

Les fluides élastiques n'exercent aucune action réciproque que l'on puisse comparer à la force qui produit la cohésion dans les solides, cependant ils se dissolvent mutuellement, et quelques-uns exercent une affinité si puissante qu'elle exclut une grande quantité du calorique que chacun contenait, et qu'ils forment ensemble une combinaison nouvelle dans laquelle leur élasticité se trouve considérablement diminuée, et leurs propriétés ont éprouvé une saturation plus ou moins complète.

Les liquides eux-mêmes ne présentent que
de faibles indices de cette force qui produit la
cohésion : l'on n'a qu'à diminuer la compression
qu'ils éprouvent, et ils prennent d'eux-mêmes
l'état élastique; cependant ils possèdent toute
l'activité de l'affinité qui produit les combinaisons.

Je conclus de là que l'affinité, comme principe de la combinaison, a une étendue d'action
beaucoup plus grande que la force de cohésion,
que l'action réciproque des molécules qui produit celle-ci, n'est dans les combinaisons qu'une
conséquence de la première, qu'elle ne peut y
avoir qu'une faible influence, et que par conséquent la figure de ces molécules est presque
étrangère aux effets de l'affinité qui les produit.

Pourrait-on croire, en supposant que les molécules du gaz oxigéné et du gaz hydrogène
jouissent d'une figure qui leur est propre,
qu'elle a quelqu'influence sur la formation de
l'eau, pendant que dans celle-ci même, qui
est près de deux mille fois plus condensée, la
forme des molécules ne commence à se manifester et à produire des effets sensibles, que
lorsqu'elle a éprouvé une nouvelle condensation.

Ce n'est que lorsque les parties intégrantes
d'une combinaison ont éprouvé un rapprochement assez grand, qu'elles commencent à exercer
une action mutuelle dont l'effet augmente

à mesure que le rapprochement devient plus grand ; ainsi la gravitation affecte tous les corps, et il n'y a que des masses très - considérables qui puissent en modifier sensiblement l'effet dans les petits corps qui en sont voisins.

Il y a même apparence que lorsque les molécules se trouvent très-éloignées, elles n'ont point de figure déterminée ; mais qu'obéissant à l'action expansive du calorique, elles prennent celle qui résulte d'un effort qui agit en tout sens : aussi n'observe-t-on point dans les fluides élastiques et rarement dans les liquides de phénomènes que l'on puisse attribuer à une figure particulière des molécules. Il paraît qu'elles ne prennent une forme déterminée que lorsque par un effet de l'affinité, elles subissent une condensation, ou sans changer d'état de saturation, elles sont sollicitées par l'effort qui les rapproche et par la résistance de leur calorique qui s'oppose à son effet.

La forme que les molécules intégrantes reçoivent alors ne peut contribuer aux propriétés chimiques qu'autant qu'elle accroît ou diminue la pesanteur spécifique ou même la cohésion : lorsqu'il se forme un précipité dans une dissolution terreuse ou métallique, la quantité et les propriétés de ce précipité sont indépendantes des circonstances qui pourraient favoriser l'action mutuelle des molécules, en raison de leur formę : la force de cohésion est produite, mais la figure n'a point encore eu d'influence sur les propriétés des molécules intégrantes isolées; ce n'est que lorsqu'elles peuvent exercer mutuellement une action tranquille et lente, que cette figure peut déterminer celle, des groupes qui se forment. Là commencent les phénomènes de la cristallisation.

Newton a indiqué avec la profondeur que l'on trouve dans toutes ses vues, la distinction des phénomènes qui sont dûs à l'affinité qui produit les combinaisons, et à celle par laquelle leurs molécules prennent l'arrangement symétrique de la cristallisation.

Après avoir décrit les effets de l'affinité qui produit plusieurs combinaisons, il passe ainsi à ceux de la cristallisation (1). « Lors-
» qu'une liqueur saturée de sel s'est évaporée
» jusqu'à pellicule, et suffisamment réfroidie,
» le sel se forme en cristaux réguliers. Avant
» d'être rassemblées, les particules salines flot-
» taient dans la liqueur, également distantes
» les unes des autres ; elles agissaient donc
» mutuellement sur elles-mêmes, avec une force
» qui était égale à distances égales, et inégale
» à distances inégales; ainsi en vertu de cette
» force, elles doivent se ranger d'une manière

(1) Opt. Liv. III.

» uniforme, et sans cette force elles ne peuvent
» que flotter sans ordre dans la liqueur, ou
» s'y unir fort irrégulièrement ».

Ce n'est que lorsque cette action mutuelle
peut produire des effets sensibles que la forme
des molécules commence à contribuer aux
effets ; alors les molécules prennent l'arrangement selon lequel l'affinité qui tend toujours à les réunir s'exerce avec le plus d'a-
vantage. Ce n'est qu'au degré qui précède la
congélation que l'on apperçoit dans l'eau un
effet qui dépend de la figure que ses molécules
tendent à prendre, et si la congélation est trop
soudaine, leur arrangement n'a plus de symétrie;
cependant tous les autres effets de la force de
cohésion n'éprouvent aucune altération.

La forme que l'on peut supposer dans un
métal malléable, ne peut se conserver ou change
entièrement de rapports, lorsqu'on fait subir la
malléation à ce métal, ou qu'il passe dans une
filière ; cependant ses propriétés restent absolument les mêmes, ou elles n'éprouvent que le
changement qui doit naturellement résulter du
rapprochement de ses parties.

Les phénomènes de la cristallisation ne sont
donc qu'une conséquence de la faiblesse même
de l'action chimique qui la produit, et du calme
qui la met à l'abri des perturbations ; mais elle
ne détermine point les combinaisons, ou si elle

peut y avoir dans quelques circonstances une petite influence, il faut se garder dans l'explication des phénomènes chimiques de lui en attribuer une étrangère, et sur-tout d'en faire dépendre l'état des combinaisons. Si l'on voulait prêter une action à la forme des molécules, comment ferait-on plier les différentes figures supposées dans cinq à six acides confondus dans l'eau, et celles des éléments de chaque acide et de l'eau, en sorte cependant que le tout puisse former un liquide homogène et qui permet la transmission des rayons lumineux.

Si l'on prétendait que le sulfate d'ammoniaque, a dans ses molécules intégrantes une forme qui détermine non-seulement sa cristallisation, mais sa combinaison, il faudrait dériver cette forme de celle des molécules de l'oxigène et du soufre qui ont produit une première combinaison, et ensuite de celle de l'hydrogène et de l'azote. Mais le sulfate d'ammoniaque peut former plusieurs surcompositions qui varient par leur cristallisation : des éléments si nombreux qui devraient contribuer chacun par les propriétés géométriques d'une figure particulière, peuvent-ils être assujettis à des résultats réguliers et circonscrits ?

214. Il me parait donc qu'il faut séparer les phénomènes de la cristallisation, qui sont dûs à une action faible et secondaire, dans laquelle

par là même l'eau peut produire beaucoup de modifications, quoiqu'elle n'exerce qu'une faible affinité sur les parties intégrantes des cristaux (35); qu'il faut séparer, dis-je, ces phénomènes de ceux qui sont dûs à l'affinité qui produit les combinaisons et la force de cohésion qui modifie leurs propriétés. (*Note XIV.*) Ils ne doivent être considérés que comme une conséquence de la force de cohésion qui vient de naître et qui s'exerce avec assez de lenteur et de modération, pour que la forme qu'ont prise les aggrégats puisse affecter leur réunion ; mais elle n'est point entrée dans les forces qui ont produit la combinaison ; elle n'a pu qu'apporter quelque modification à la force de cohésion. On ne peut donc la regarder comme une cause des combinaisons qui se forment, et des proportions qu'elles reçoivent. Cela est si vrai, que quoique l'on fasse disparaître la cohésion par la dissolution, les propriétés d'un sel qui dépendent de son état de saturation ne sont point altérées, à part l'inertie de la cohésion dont j'ai décrit les effets.

Si les combinaisons sont rarement constantes dans leurs proportions, si la forme des cristaux n'est qu'un indice incertain de leur état, il ne faut pas accorder moins de latitude, aux indications de la nomenclature, que l'observation n'oblige d'en donner aux proportions des combinaisons elles-mêmes.

I. 25

L'on ne peut s'assurer de la constance des proportions dans les combinaisons que lors- qu'elles sont dans un degré correspondant de saturation, ce qu'il est difficile de reconnaître, si ce n'est par l'état neutre, pour les combi naisons des acides et des alcalis, et par l'uni- formité des propriétés caractéristiques telles que celles de l'eau. Le plus grand nombre des combi- naisons n'a que deux degrés de saturation qui puissent être regardés comme fixes, le terme de la plus grande et celui de la moindre saturation.

Les noms qui expriment la composition d'une substance ne doivent pas recevoir une interpré- tation moins étendue; mais lorsqu'ils doivent désigner les propriétés caractéristiques d'une substance et sa composition, désignation sur laquelle est fondée la principale utilité de la nomenclature, il est important que l'on puisse prendre une idée juste de l'acception que l'on doit leur donner, et il est à desirer que tous les chimistes puissent s'accorder à suivre les mêmes conventions : pour les expressions par lesquelles on indique les substances simples, ou que l'on adopte pour d'autres convenances, elles peuvent varier avec beaucoup moins d'in- convénient. (*Note XV.*)

CHAPITRE II.

De l'action des dissolvants.

215. EN traitant de la dissolution (*Chap. II*, *Sect. I.*) je n'ai considéré que les effets qui résultaient de l'action mutuelle des deux substances qui prenaient un état uniforme de liquidité ou de gazéité, selon l'énergie relative de l'une et de l'autre ; j'ai ensuite examiné les séparations des combinaisons qui avaient lieu en raison de leur solubilité. Dans ces circonstances, l'eau que je prends ici pour représenter les dissolvants, ne change point sensiblement l'état de saturation des substances qui sont en combinaison ; les effets qu'elle produit se bornent à modifier ceux de l'action réciproque des parties intégrantes des combinaisons, de sorte qu'elle peut n'être considérée que comme antagoniste de la solidité.

Cependant les propriétés de la dissolution, soit des substances solides dans les liquides (14), soit de deux liquides (20), soit enfin d'un fluide élastique par un liquide (153), font voir non-seulement qu'elle est l'effet de la tendance à la com-

binaison qui produit une saturation de propriétés, et qui ne diffère que par l'intensité de
celle qui forme les combinaisons salines, mais
que c'est dans les phénomènes qu'elle présente,
que l'on reconnaît les lois des combinaisons avec
le moins de déguisement.

Ce n'est donc que parce qu'un dissolvant
ne produit qu'un effet inférieur à celui qui
réunit les éléments d'une combinaison, que l'on
se borne à considérer les effets de solubilité
qui en dépendent ; mais il exerce dans la réalité
une même force que l'affinité qui produit la
combinaison, et dont l'effet se trouve limité
dans la dissolution d'un solide par la force de
cohésion, dans la dissolution d'un liquide par
la différence de pesanteur spécifique, dans l'action
d'un liquide sur un gaz par l'élasticité, et dans
celle d'un gaz sur un liquide par son volume
et par la température.

L'action des dissolvants ne se borne pas toujours à cet effet sur les combinaisons chimiques ; mais selon l'action réciproque de leurs
éléments, elle peut altérer l'état de saturation,
et alors elle doit être comptée parmi les forces
qui servent à produire les combinaisons.

Je m'occuperai particulièrement, dans ce chapitre, des changements qui peuvent résulter dans
l'état des combinaisons, sur-tout dans les proportions dont j'ai établi les causes, dans le cha-

pitre précédent, de cette action des substances qu'on emploie comme dissolvants, et dont on néglige le plus souvent de comprendre l'effet dans l'explication des résultats de l'action chimique.

Je tâcherai de distinguer les circonstances où leur action doit être négligée, et celles où elle doit être comptée parmi les causes des phénomènes dont on donne l'explication : pour cela il est nécessaire de rappeler des propriétés que j'ai déjà examinées sous d'autres rapports.

219. L'action de l'eau sur les acides et sur les alcalis est ordinairement si faible, relativement à la force qui produit leur combinaison mutuelle, qu'elle doit être entièrement négligée, quoique dans la réalité, la tendance mutuelle à la combinaison soit affaiblie de toute la force par laquelle chaque partie élémentaire est retenue par un dissolvant, moins celle qu'il conserve pour tenir en dissolution la combinaison formée : ainsi lorsqu'un acide agit sur une base alcaline, l'action de l'eau ne produit ordinairement aucun changement sensible dans leur saturation mutuelle ; seulement elle diminue l'énergie de l'acide opposé à la force de cohésion, parce qu'elle diminue sa concentration en raison de sa quantité ; mais lorsque le liquide agit sur une combinaison faible, et lorsque l'action qu'il exerce sur chacune des substances qui la composent est très-différente, le résultat dépend

du rapport de ces forces; le liquide peut produire alors un changement qui dénature la combinaison, et qui en change les proportions; c'est ainsi que l'eau agit sur le sulfate de mercure; employée en petite quantité, elle ne fait que le dissoudre; mais si elle est plus abondante, son action s'accroît en proportion de sa quantité, et il s'établit de nouvelles combinaisons, dont les proportions dépendent de l'état des forces respectives : dans ce cas le liquide ne doit plus être considéré comme un simple dissolvant, son action est l'une des forces qui doivent être évaluées dans le changement qui s'opère, et il devient l'un des éléments des combinaisons qui se forment.

Il se présente un grand nombre de circonstances pareilles, où l'eau ne produit pas simplement une séparation de combinaisons, sans changer leur saturation comparative; mais où elle détermine d'autres proportions dans les combinaisons qui se séparent : nous avons vu que le phosphate acidule de chaux était amené par l'action de l'eau à l'état de phosphate neutre (202) : elle ne produit cet effet qu'en déterminant successivement deux combinaisons, dont l'une est plus acide et dont l'autre a une plus grande proportion de base, jusqu'à ce qu'on soit parvenu à une insolubilité et à un état de combinaison qui résistent enfin à toute son action :

lorsqu'on décompose le sulfate acidule de potasse par des cristallisations successives, on forme à chaque cristallisation par l'action de l'eau deux combinaisons dont l'une est plus acide, et dont l'autre approche plus de l'état neutre; et enfin lorsqu'on est parvenu à celui-ci, l'action réciproque des éléments a acquis une énergie qui ne permet plus à l'eau d'altérer leurs proportions. Si donc l'action de l'eau n'apporte aucun changement dans l'état de saturation d'une combinaison, ce ne peut être que parce qu'elle est inférieure à ce qu'il reste de tendance mutuelle à satisfaire dans les éléments de cette combinaison (40).

217. Ainsi l'action chimique d'un dissolvant doit être négligée relativement à l'état des combinaisons, lorsque d'autres affinités, beaucoup plus puissantes, produisent ces combinaisons; mais elle prend de l'importance à mesure que ces affinités sont plus faibles, et enfin dans quelques circonstances, elle décide par sa force relative les composés qui se forment; l'action d'un liquide sur un solide est non-seulement limitée par la force de cohésion; mais si ce solide est un composé qui n'ait pas une grande énergie, il peut s'établir deux nouvelles combinaisons, dont la quantité et les proportions des éléments dépendent de la quantité de l'eau et de la chaleur, et le concours de ces agents diminue la combinaison qui doit rester dans l'état solide :

en employant des quantités d'eau successives,
on produit une série de combinaisons entre les
deux extrêmes.

Lors même que l'eau ne change pas l'état
respectif de saturation, et qu'elle paraît diviser
simplement les combinaisons, son affinité concourt réellement à la réunion d'une base avec
un acide, et de l'autre base avec l'autre acide ;
c'est elle qui détermine la combinaison la plus
soluble, c'est-à-dire, celle qui lui oppose moins
d'obstacle, celle sur laquelle son action est plus
forte, à se former, et à se séparer de l'autre ;
mais ces effets sont représentés sans inconvénient par la solubilité d'une combinaison, ou
par la force de cohésion de l'autre, ainsi que
je l'ai fait lorsque j'ai considéré l'action des deux
acides sur une base, et celle de deux acides et
de deux bases. (*Sect. II.*)

Il résulte de là que la seule distinction réelle
qu'il y ait à faire relativement à l'action de l'eau,
c'est de considérer si elle produit quelque changement dans l'état de saturation, ou si elle opère
des séparations et détermine des combinaisons
dont la saturation reste la même.

218. Les observations que j'ai présentées sur
les effets de l'eau, lorsqu'elle agit comme force
antagoniste de la cohésion ou comme principe
de combinaison, doivent s'appliquer aux autres
dissolvants ; mais comme leur force et leurs

autres propriétés varient, il en doit résulter des effets différents qu'il faut tâcher d'évaluer ; je ne considérerai, sous ce rapport, que l'alcool, dont on fait le plus d'usage après l'eau.

Il faut se rappeler que lorsque j'exprime les effets de l'insolubilité par la force de cohésion, je n'entends par là que le rapport de solubilité dans le dissolvant qui produit les phénomènes pour lesquels je me sers de cette expression, car la force de cohésion absolue ne répond pas exactement à l'effet du dissolvant. Elle est beaucoup mieux représentée par la fusibilité ou par l'effet que produit la chaleur. La baryte et la chaux, par exemple, qui résistent complètement à la chaleur, se dissolvent cependant en assez grande proportion dans l'eau. Il faut donc que l'affinité de l'eau ait pu surmonter une grande partie de la force de cohésion absolue de ces substances ; mais ce premier effet étant produit par l'affinité, il paraît que ce n'est que la solubilité accrue par l'action du calorique, comme elle le serait sans la présence du dissolvant, qui augmente dans la dissolution les proportions de la substance naturellement solide, et que l'on peut alors considérer la dissolution comme l'effet d'un double dissolvant du liquide et du calorique, » à-peu-près comme l'a fait Lavoisier : « On peut » distinguer (1) plusieurs cas différents, suivant

(1) De la Solut. des Sels par le Calor. Trait. Elém. tom. II.

» la nature et la manière d'être de chaque sel.
» Si par exemple un sel est très-peu soluble par
» l'eau, et qu'il le soit beaucoup par le calo-
» rique, il est clair que ce sel sera très-peu
» soluble à l'eau froide, et qu'il le sera beau-
» coup au contraire, à l'eau chaude ; tel est
» le nitrate de potasse, et sur-tout le muriate
» oxigéné de potasse. Si un autre sel, au con-
» traire, est à-la-fois peu soluble dans l'eau,
» et peu soluble dans le calorique, il sera peu
» soluble dans l'eau froide comme dans l'eau
» chaude, et la différence ne sera pas très-
» considérable ; c'est ce qui arrive au sulfate de
» chaux.

» On voit donc qu'il y a une relation néces-
» saire entre ces trois choses, solubilité d'un
» sel dans l'eau froide, solubilité du même sel
» dans l'eau bouillante ; degré auquel ce même
» sel se liquéfie par le calorique seul, et sans
» le secours de l'eau ; que la solubilité d'un sel
» à chaud et à froid est d'autant plus grande
» qu'il est plus soluble par le calorique ; ou,
» ce qui revient au même, qu'il est suscep-
» tible de se liquéfier à un degré plus inférieur
» de l'échelle du thermomètre ».

L'alcool paraît conserver les mêmes rapports
que l'eau avec un grand nombre de substances, et
particulièrement avec les acides, les alcalis et les
combinaisons salines, et la différence qui existe

entre ces deux dissolvants, consiste principalement en ce que l'action de l'alcool est plus
faible, de sorte que la force de cohésion lui
oppose une résistance dont l'effet est plus grand :
de là vient que les acides qui ont une force de
cohésion considérable, tels que l'acide oxalique
et l'acide sédatif, ne se dissolvent pas dans l'alcool; il en est de même des alcalis; ceux qui
ont peu de solubilité dans l'eau, comme la
chaux, la strontiane, la baryte, ne se dissolvent
pas dans l'alcool; mais ceux qui sont très-solubles
dans l'eau, tels que la potasse, et en général les
sels déliquescents peuvent cristalliser, ou cristallisent beaucoup plus facilement avec l'alcool
qu'avec l'eau.

La différence de l'action de l'eau et de l'alcool
ne se borne pas à ces séparations, qui ne sont
dues qu'au plus grand effet de la force de cohésion opposée à l'alcool; il peut résulter encore
de cette différence d'action des changements de
proportions, dont la véritable cause peut échapper, et qui ont pu souvent conduire à de fausses
conséquences.

219. On se sert quelquefois de différents dissolvants, et même successivement, pour opérer, par
leur moyen, la séparation de différentes substances; mais il faut distinguer les circonstances où il
n'y a qu'un mélange de ces substances, et celles
où il existait une combinaison.

C'est dans cette dernière circonstance qu'il arrive souvent que le dissolvant qu'on emploie intervient pour produire des combinaisons qui n'existaient pas, pendant que l'on croit n'opérer qu'une simple séparation; et c'est la faiblesse même de son action qui détermine les combinaisons qui se forment, parce qu'avec plus d'énergie toute la dissolution pourrait s'opérer, et la combinaison se conserverait dans son intégrité. L'alcool agit alors sur les combinaisons qui se maintiennent dans l'eau, comme nous avons vu que l'eau le fesait relativement aux sulfates et aux phosphates acidules, en les séparant en deux combinaisons qui diffèrent non-seulement par leur solubilité, mais même par leur état de saturation.

220. Que l'on ait un résidu incristallisable composé de potasse, d'acide nitrique, d'acide muriatique et de chaux, l'action mutuelle de ces substances et celle de l'eau qu'elles retiennent, empêchent que la potasse ne puisse cristalliser avec les deux acides, ou avec celui des deux qui doit l'emporter, en raison de sa quantité (58): on mêle de l'alcool à ce liquide : celui-ci prend la combinaison de la chaux avec les acides, et celle que forme la potasse se précipite : on ne sépare pas simplement le nitrate ou le muriate de potasse, du nitrate ou muriate de chaux; car ces substances produisaient une seule com-

binaison, dans laquelle chacune exerçait son action. C'est l'alcool qui détermine la formation et la séparation de ces sels, en concourant par sa disposition à s'unir au sel à base terreuse, avec la force de cohésion qui appartient au nitrate et au muriate de potasse, et qui s'oppose à leur dissolution dans l'alcool avec plus d'efficacité qu'à leur dissolution dans l'eau.

Cette séparation n'est pas rigoureuse, il se dissout dans l'alcool une petite portion du sel cristallisable par l'effet de l'action du sel à base de chaux qui la rend un peu soluble dans ce dissolvant.

Quand il y a dans un liquide incristallisable un excès d'acide ou d'alcali qui est soluble par l'alcool, on change les conditions du liquide en séparant cet excès ; de sorte que, si l'on veut juger de l'état dans lequel il était, par les résultats qu'on obtient au moyen de cette séparation, on s'en fait une idée fausse ; ainsi lorsqu'on enlève un excès de potasse qui s'opposait à la cristallisation du sulfate de potasse, une combinaison réelle avec excès de potasse est détruite, et il se forme deux combinaisons qui se séparent, l'une est l'alcool de potasse, et l'autre est le sulfate de potasse ; mais le premier retient une petite portion de sulfate de potasse, qui est rendu soluble dans l'alcool par l'action de la potasse, et dont on ne la prive que par la cristallisation, et le second retient un petit excès de potasse; la cristallisation même ne suffit pas toujours pour obtenir une combinaison constante; par exemple, on obtient le carbonate de potasse dans l'état cristallisé, en traitant la potasse ordinaire avec l'alcool, qui dissout la plus grande partie de l'excès de potasse; mais les cristaux en retiennent assez pour être déliquescents à l'air.

Je viens de supposer un excès d'alcali dans le carbonate de potasse; cependant c'est une combinaison aussi exacte que celle du carbonate neutre, mais l'alcali qui se trouve en excès relativement à l'état neutre, et qui produisait une plus grande solubilité, peut être séparé plus facilement, parce que l'action chimique s'affaiblit par la saturation. L'action de l'alcool change donc la combinaison qui existait, et lui en substitue deux nouvelles; le sel qui cristallise retient un excès d'alcali, parce que la force de cohésion qui cause la cristallisation n'appartient pas à des proportions déterminées, mais qu'elle commence à avoir de l'énergie avant que de parvenir à la plus grande intensité.

On produit un effet semblable par le moyen des autres substances qui peuvent également former avec la potasse une combinaison plus soluble que le carbonate de potasse; ainsi Lowitz a fait voir qu'on pouvait obtenir le carbonate

de potasse par une petite quantité d'acide acétique dont la combinaison soluble permet au
carbonate de potasse de cristalliser, ou par l'addition d'un peu de soufre qui forme aussi un
sulfure hydrogéné très-soluble (1); enfin l'acide
muriatique oxigéné produit le même effet lorsqu'il
n'est pas employé en quantité suffisante pour
former le muriate oxigéné de potasse : si la
dissolution de potasse mi-carbonatée est assez rapprochée, il se forme des cristaux de carbonate
de potasse au commencement de l'opération.

221. On voit que les dissolvants doivent être
considérés sous deux rapports, ou comme opposés à la force de cohésion, ou comme partie
constituante des combinaisons elles-mêmes, et
qu'il faut leur appliquer sous ces deux rapports
les principes qui ont été exposés sur l'action
chimique, mais un dissolvant peut être employé
dans la vue seulement de favoriser ou de modérer l'action d'un acide sur un corps solide,
alors sa quantité peut affecter d'une double
manière cette action, et parce qu'elle en exerce
une sur lui en affaiblissant proportionnellement
son énergie, et parce qu'elle diminue la concentration sous laquelle il se trouve dans la
sphère d'activité.

Les dissolvants affaiblissent ainsi l'énergie des

(1) Journ. de Chim. par Van Mons. n°. 3.

acides ou des alcalis, lors même qu'ils ne peuvent produire aucun effet sensible sur leur saturation respective, et si l'on jugeait alors de
l'affinité d'une substance par l'effet qu'elle produit sur une autre, on en prendrait une idée
très-fausse. On pourrait la regarder comme
inactive et comme très-inférieure à celle qui
lui est opposée, pendant qu'en diminuant
seulement la quantité du dissolvant, on aura un
effet tout différent ; c'est ainsi que la potasse
ne peut attaquer le sulfate de baryte et le phosphate de chaux, si elle est étendue d'une certaine quantité d'eau ; mais si on la fait bouillir
avec ces sels, et la quantité d'eau qui est seulement nécessaire à la liquidité de l'alcali, elle
les décompose en partie.

Ces effets des dissolvants qui dépendent de
la différence de leur énergie contre la force de
cohésion ont été négligés, lorsque l'on a établi
l'ordre des affinités électives auxquelles seules
on a voulu attribuer la formation des combinaisons ; ainsi Bergman ayant dissous du phosphate de potasse par l'acide arsénique, et ayant
ajouté à cette dissolution, de l'alcool, qui par
la dissolution de l'acide arsénique concourait
avec la force de cohésion du phosphate de
potasse, et qui par là devait opérer la séparation du dernier, attribue cet effet à une plus
forte affinité élective de la potasse pour l'acide

phosphorique que pour l'acide arsénique, et c'est souvent par un semblable moyen que l'on a déterminé les affinités électives.

Si l'on ajoute de l'alcool à une dissolution assez étendue de chaux par l'acide muriatique à laquelle on a mêlé de l'acide sulfureux, il se précipite du sulfite de chaux : il faudrait également en conclure que l'acide sulfureux a plus d'affinité avec la chaux que l'acide muriatique ; cependant lorsqu'on verse de l'acide muriatique concentré sur le sulfite de chaux, il s'exhale de l'acide sulfureux : les mêmes principes conduiraient donc à une conséquence contradictoire. De plus, l'alcool produit les mêmes précipités lorsqu'un sel est rendu soluble par un excès de son propre acide ; ainsi l'alcool précipite de la solution du phosphate acidule de chaux, un phosphate moins acidule.

222. Les considérations exposées dans ce chapitre font voir que les dissolvants exercent réellement une action chimique, qui ne diffère que par l'intensité de celle qui produit les plus fortes combinaisons ; mais comme elle varie en elle-même, et sur-tout par le rapport qu'elle a avec les forces qui produisent d'autres combinaisons, il y a des cas où elle peut être négligée, parce qu'elle n'apporte aucun changement sensible dans la saturation, et il y en a d'autres où elle intervient comme principe de combinaison.

Lorsqu'elle ne change pas l'état respectif de

saturation, son effet est borné à la solubilité des combinaisons, et l'on ne doit la regarder que comme une force antagoniste de la solidité : elle affaiblit, en raison de sa quantité qui excède celle qui est nécessaire à la liquidité, l'action des autres substances contre la solidité, en diminuant la quantité de ces substances qui peut l'exercer, et en occupant une partie de leur énergie : elle sépare une combinaison unique en deux combinaisons, dont l'une est plus soluble, et dont l'autre s'isole par la force de cohésion qu'elle peut lui opposer.

Souvent les dissolvants exercent les deux actions, et contribuent par l'une aux séparations qui se font, et par l'autre aux proportions des éléments qui s'établissent.

De la différente intensité de l'action de deux dissolvants, tels que l'eau et l'alcool, peuvent résulter des différences considérables dans les combinaisons qui se séparent : une plus forte action s'oppose à une cristallisation qui a lieu dans le dissolvant plus faible, et par là même celle-ci peut produire des séparations et des proportions de combinaisons qui restent confondues dans l'état liquide, lorsque le dissolvant a plus d'énergie.

On trouve ici un exemple frappant de l'influence que les mots peuvent avoir sur les idées que l'on se forme, et sur les résultats mêmes de l'observation. On commence par regarder un dissolvant comme un agent qui ne fait que disposer les autres substances à former des combinaisons , parce qu'effectivement il ne produit aucun autre effet sensible , lorsqu'il ne se fait pas de séparation , et l'on néglige en conséquence son action dans les autres circonstances , parce qu'il s'y trouve sous le nom de dissolvant.

Il est difficile d'atteindre par le langage à une précision qui prévienne toute confusion ; mais il faut toujours se rappeler que toutes les substances qui sont en présence exercent une action , et que s'il est des circonstances où elle doive être négligée, il peut s'en trouver d'autres où elle contribue efficacement au résultat.

CHAPITRE III.

De l'efflorescence.

323. Quelques substances salines, et particulièrement le carbonate de soude , ont la propriété de se séparer des substances avec lesquelles elles se trouvent en combinaison dans un certain degré d'humidité ; Scheele est le

26..

premier qui ait apperçu que cette propriété
pouvait produire des changements dans les
combinaisons (1).

Cette force par laquelle les molécules se réunissent dans les proportions convenables pour
former une combinaison constante, et se séparent des autres substances qui ont une action
sur elles, a beaucoup d'analogie avec celle qui
produit la cristallisation dans un liquide, quoique par la différence des circonstances l'effet
soit opposé; il paraît que par ces circonstances
une combinaison qui serait promptement détruite, si son action était en concurrence avec celle
des substances qui sont contenues dans un liquide, se sépare continuellement et par très-
petites parties à la surface; par là ses molécules
sont soustraites successivement, et alors leur
action réciproque les groupe, de même que dans
la cristallisation; mais quelle que soit la cause
de la différence qui existe entre cet effet, et
celui de la cristallisation ordinaire, je vais tâcher
d'en indiquer les conséquences dans les phénomènes auxquels elle contribue, en la désignant
sous le nom d'efflorescence, et en la considérant
principalement comme une qualité qui appartient à quelques substances.

224. Si le muriate de soude se trouve en con-

(1) Mém. de Chim. tom. II.

currence avec la chaux dans un degré convenable d'humidité, l'action de la soude sur l'acide
muriatique est affaiblie par là; elle partage celle
de la chaux sur l'acide carbonique qui se trouve
dans l'air atmosphérique; mais diminuée par la
saturation, elle serait bientôt insuffisante contre
la force de cohésion du carbonate de chaux,
s'il ne se faisait une séparation décidée par
l'efflorescence : la décomposition du muriate
de soude continue donc jusqu'à ce qu'il se
soit formé assez de muriate de chaux, parce
que l'acide muriatique devant se partager entre
les deux bases en raison de leur action, il arrive
un terme où leurs forces se balancent.

La petite quantité d'acide carbonique qui se
combine d'abord dans la masse totale, ne produit pas une force de cohésion qui puisse l'emporter sur les forces opposées (77); seulement
elle suffit pour déterminer successivement l'efflorescence; mais si l'on met en dissolution tout-
à-coup la quantité de carbonate qui s'est séparée, la force de cohésion a alors assez d'intensité pour précipiter le carbonate de chaux,
et l'on obtient des combinaisons opposées par
cette seule condition des quantités.

L'efflorescence produit de même une séparation de carbonate de soude, lorsque celui-ci se
trouve en contact avec le carbonate de chaux dans
un degré d'humidité convenable; alors il se fait

une très petite dissolution du carbonate de chaux, au moyen de l'action qu'exerce sur lui le muriate de soude ; mais la combinaison de l'acide carbonique avec la soude, et sa séparation simultanée sont décidées par la disposition à l'efflorescence, et le phénomène se continue. Les circonstances qui peuvent favoriser l'efflorescence sont un mélange convenable de muriate de soude et de carbonate de chaux, et une humidité soutenue à une température élevée ; le voisinage d'un corps poreux favorise encore la décomposition du muriate de soude, en facilitant l'efflorescence, et la séparation du carbonate de soude ; mais quoiqu'il y ait peu de différence entre les conditions de cette décomposition, et celle qu'on obtient par la chaux, il paraît que la première exige un intervalle de temps beaucoup plus grand, et peut-être quelques circonstances plus favorables, telles qu'une température plus élevée ; d'où vient, probablement, que Schéele n'a pas obtenu cette décomposition en se servant du carbonate de chaux.

225. C'est par ces circonstances, que j'ai observées sur les bords du lac Natron, que j'ai cru pouvoir expliquer la formation continuelle d'une immense quantité de carbonate de soude (1), et il est probable que c'est à des circonstances

_____

(1) Mém. sur l'Egypte.

semblables ou peu différentes, qu'est due la production du carbonate de soude qu'on observe dans d'autres déserts, ainsi que sur la surface de quelques voûtes et de quelques murs.

C'est encore à une cause semblable qu'il faut rapporter la décomposition du muriate de soude par des lames de fer tenues dans un lieu humide : le carbonate de soude effleurit à leur surface, et il se décompose, si on le plonge dans les gouttes du muriate de fer qui se forme en même temps.

Schéele auquel on doit les principales observations sur cet objet, a éprouvé que les décompositions avaient également lieu avec le sulfate et le nitrate de soude, mais non avec les mêmes sels à base de potasse, et il attribue fort bien cette différence à la propriété efflorescente du carbonate de soude.

C'est probablement par la même raison que plusieurs plantes sur les bords de la mer peuvent décomposer le muriate de soude dans les circonstances favorables, c'est-à-dire lorsqu'elles ne croissent pas dans l'eau; car alors elles ne contiennent que le muriate de soude qui n'éprouve pas de décomposition ; le carbonate ne se forme que lorsqu'elles végètent sur les bords, et dans un terrain imprégné de muriate de soude, et qui n'a que l'humidité qu'exige l'efflorescence, tandis que cette décomposition n'a pas lieu dans les plantes qui ne contiennent que des sels à base de potasse.

226. Quoique l'efflorescence soit une propriété plus énergique dans le carbonate de dans les autres sels, plusieurs de ceux-ci n'en sont pas dépourvus ; c'est elle qui me paraît être cause que dans les plâtras imprégnés de salpêtre, le nitrate de potasse se sépare des sels à base terreuse, et se trouve principalement dans les parties les plus élevées, pendant que celles qui sont voisines du sol contiennent sur-tout du sel à base de chaux.

C'est à la même propriété que me paraît due la formation du sulfate d'alumine qui a lieu à la surface des granites, des porphires qu'on tient pendant long-temps humectés d'acide sulfurique, comme l'a fait Bayen (1), lequel s'en est servi avantageusement pour l'analyse de ces pierres.

Enfin par la propriété efflorescente que possède le sulfate acidule de potasse, il s'élève et forme des arborisations au-dessus d'une combinaison qui retient un excès d'acide plus grand qu'il ne convient à la constitution de ce sel, ce qui fait voir que dans ce phénomène, tandis qu'une nouvelle combinaison tend à se séparer par efflorescence, une autre tend à conserver l'excès de l'élément qui s'oppose à cet effet.

(1) Journ. de Phys. 1779.

Quoique l'efflorescence ne produise qu'un petit nombre d'effets, elle ne doit cependant pas être négligée, puisqu'elle sert à expliquer la production de quelques combinaisons qui sont opposées à celles qui se forment dans les circonstances ordinaires, et qu'elle peut devenir d'une application utile dans les arts.

On retrouve ici un exemple frappant de combinaisons qui sont décidées par une légère circonstance dans un ordre inverse à celui que l'on attribue aux affinités électives.

~~~~~~~~~~~~~~~~~~~~~~~~~~~~~~

CHAPITRE IV.

De la propagation de l'action chimique.

127. L'ACTION chimique s'exerce plus ou moins rapidement, et cette circonstance a souvent une grande influence sur ses résultats ; l'action du calorique présente, avec cette propriété des autres substances, des rapports qu'il est utile d'examiner.

Des combinaisons qui paraissent constantes dans leurs proportions, se détruisent par une action plus lente que celle qui les a produites ; d'autres proportions s'établissent, et font place

à leur tour à de nouvelles combinaisons ; par
là les conclusions que l'on tire de l'observation
varient selon l'instant où elle se fait : l'on prend
pour le dernier résultat de l'action chimique,
celui qui précède d'autres changements que
l'on néglige, et l'on attribue à l'élection de l'affinité un état qui n'est que transitoire.

Quelquefois donc l'action chimique paraît
instantanée, quelquefois ses effets sont très-
lents, et il faut un espace de temps considérable pour que les forces qui sont en présence
parviennent à un état d'équilibre. Quelles sont
les dispositions dans les substances qui produisent cette différence? quelles sont les circonstances qui favorisent ou atténuent cet effet?

228. On peut d'abord remarquer, qu'indépendamment de toute autre circonstance, l'action chimique est beaucoup plus lente lorsqu'elle
est faible, que lorsqu'elle est vive; et comme
l'action d'une substance s'affaiblit à mesure que
sa saturation fait des progrès, ce sont les derniers termes de cette saturation qu'elle ne peut
parcourir que dans un intervalle de temps beaucoup plus considérable que celui qui est nécessaire pour y parvenir ; ainsi dans les effets
mécaniques une forte impulsion fait parcourir
à un corps le même espace, dans un temps
beaucoup plus court qu'une impulsion beaucoup
plus faible.

C'est donc sur-tout dans les combinaisons
faibles qu'on peut observer cette résistance à la
saturation; telles sont les dissolutions des sels
par l'eau, comparées à la combinaison des acides
avec les alcalis, et l'on remarque encore une
grande différence entre le commencement de la
dissolution et sa fin; ce n'est qu'avec peine que
l'eau achève de se saturer au point où le permettent son action et la résistance qu'elle doit
vaincre.

La combinaison d'un acide par un alcali qui
s'opère par une force beaucoup plus grande que
celle qui produit la dissolution d'un sel par
l'eau, est aussi beaucoup plus prompte, jusqu'à ce qu'elle approche de l'état de saturation;
mais alors sa progression devient lente, et l'on
arrive à un terme où les papiers qui nous servent d'indices annoncent souvent en même temps
l'acidité et l'alcalinité; ce n'est qu'après un espace de temps assez considérable qu'on peut
reconnaître celle des deux qui domine réellement.

L'agitation accélère beaucoup le complément
d'une dissolution ou d'une combinaison : son
effet dépend précisément de la différence qu'il
y a entre l'action d'une substance lorsqu'elle
est éloignée de l'état de saturation, ou lorsqu'elle
est voisine de cet état: on substitue par là une
action forte et prompte à une action faible et
lente.

Lorsque l'eau agit sur un sel pour le dissoudre, la couche qui est contiguë au sel est d'abord dans un état de saturation plus avancé que celle qui lui est superposée, et ainsi de suite, jusqu'à la surface; il n'y a donc qu'une légère différence de saturation entre chaque couche, et elles se trouvent, les unes respectivement aux autres, dans cet état de saturation où l'action est la plus faible et la plus lente, et la différence de pesanteur spécifique peut encore avoir une influence marquée sur l'effet d'une faible tendance à la combinaison; mais si je mets en contact les parties du liquide les plus saturées avec celles qui sont le plus éloignées de la saturation, j'établis une action beaucoup plus vive, j'en accélère les effets; l'agitation doit donc servir à rendre une dissolution beaucoup plus promptement uniforme; ce qui doit s'appliquer aux combinaisons mêmes les plus fortes, lorsque l'action des substances qui les forment, approche de l'état d'équilibre.

On peut obtenir cet effet de la pesanteur spécifique qui s'établit d'elle-même entre les couches d'un liquide, par la dissolution d'un sel, si cette dissolution s'opère à la surface du liquide; de sorte que cette seule circonstance peut produire une dissolution beaucoup plus prompte; alors à mesure que l'eau dissout les molécules salines, .

elle descend par la pesanteur spécifique qu'elle acquiert, et la partie du liquide qui était au fond s'élève à la surface par sa légèreté spécifique. Il s'établit par là une circulation qu'il est facile de rendre sensible en plongeant un tube rempli d'acide sulfurique sur une soucoupe remplie d'eau ; ce courant assez rapide entraîne les petits corps insolubles que l'on a pu ajouter au liquide.

Il me paraît que c'est le citoyen Beaumé qui a le premier fait attention à la circulation qui s'établit en conséquence du changement de pesanteur spécifique, lorsqu'un sel est dissous à la surface de l'eau, et qui en a fait en même temps une application utile pour dissoudre les résidus salins qui se trouvent au fond d'un vase : en effet, lorsqu'on plonge à la surface de l'eau le col d'un vase qui contient un sel durci en masse, on voit l'eau, qui a opéré une dissolution, descendre en formant un courant, et l'eau pure ou moins saturée former un courant opposé en venant la remplacer ; d'où il suit que la dissolution du sel s'opère beaucoup plus promptement au moyen du renouvellement continuel d'une eau dont l'action est moins affaiblie par la saturation, que si l'on fesait séjourner sur ce sel une quantité d'eau dont les différentes couches auraient peu de différence de saturation. Velter a fait depuis long-temps

une application de cette propriété à toutes les
substances solides qui se dissolvent plus promptement lorsqu'on les tient à la partie supérieure du
dissolvant, et j'en ai indiqué, d'après lui, un
exemple pour la dissolution de la potasse commune destinée aux lessives dans l'art du blanchi-
ment par l'acide muriatique oxigéné (1), pendant
que, par une raison contraire, on doit opérer
la dissolution des substances gazeuses dans le fond
du liquide. Ces considérations sont devenues
familières aux chimistes.

229. Il y a apparence qu'indépendamment de
la lenteur de l'action qui dépend de la faiblesse
de l'affinité, les substances sont distinguées par
une propriété que l'on peut comparer à la propriété conductrice de la chaleur que je vais
examiner ; de sorte que dans quelques-unes
l'action a une lenteur particulière qui est indépendante de son énergie ; ainsi quoique l'acide
sulfurique exerce d'abord une action vive sur
l'eau, quoiqu'il la retienne fortement, il parvient cependant difficilement à une dissolution
uniforme, de manière à ne pas laisser appercevoir de stries, lorsqu'on interpose le liquide
entre l'œil et la lumière : il en est de même
de l'alcool, pendant que l'acide muriatique et
l'acide acétique acquièrent beaucoup plus promptement l'uniformité de dissolution.

(1) Journ. des Manufactures et des Arts.

Les effets hygrométriques sont dûs, ainsi que la dissolution d'un sel, à la tendance à la combinaison d'une substance pour l'eau qui est tenue en dissolution par l'air. On observe également que l'action des substances hygrométriques se rallentit à mesure qu'elle approche du terme extrême, et quelques-unes de ces substances parcourent les différents degrés avec beaucoup plus de rapidité que d'autres ; ainsi le cheveu a un effet plus prompt que la baleine : cette différence ne dépend pas de la faiblesse de la puissance hygrométrique ; car la chaux qui l'exerce, au moins avec autant d'énergie que le muriate de chaux, produit cependant son effet beaucoup plus lentement ; il faut donc qu'elle soit due à une faculté plus ou moins grande de propagation qui distingue les substances, et qui est indépendante de l'énergie de l'affinité

La lenteur de l'action des fluides élastiques est très-grande, lorsque la force qui tend à en produire la combinaison est faible ; ainsi le gaz oxigène ne dissout que lentement l'acide carbonique, ce n'est que dans un espace de temps très-long qu'il épuise son action sur le fer ; quoique les sulfures d'alcali exercent une action assez vive sur l'oxigène, ce n'est cependant qu'avec lenteur qu'ils l'absorbent, l'air acquiert difficilement le degré extrême d'humidité, et cependant la vapeur de l'eau parvient promptement

dans le vide au degré de tension que peut lui donner
la température : quelques substances odorantes
au contraire se dissolvent et se disséminent rapidement dans un espace étendu de l'atmosphère.

On accélère également l'action des fluides élastiques par l'agitation qui rapproche les parties
les moins saturées, et il est probable qu'il peut
s'établir, par les différences de pesanteur spécifique, des courants qui accélèrent l'équilibre de
saturation, comme dans les liquides ; mais ces
effets doivent également varier selon la position
de la substance qui se dissout ou qui entre en
combinaison, et ils doivent se compliquer avec
ceux de la température.

230. La faculté de se combiner plus promptement avec une substance qu'avec une autre,
produit quelquefois des précipitations que l'on
peut regarder comme accidentelles, et qui n'ont
pas lieu si les circonstances rendent l'action plus
lente. Bergman observe que si l'on verse de
l'acide sulfurique concentré sur les solutions
saturées de sulfate de potasse, d'alun, de sulfate
de fer, de muriate mercuriel corrosif ou d'autres
sels que l'eau dissout difficilement, ces sels se
précipitent subitement ; mais si l'on ne verse
l'acide sulfurique que par petites portions et
en agitant le liquide ; ces précipitations n'ont
pas lieu. On observe le même phénomène
en mêlant tout-à-coup une dissolution aqueuse

de muriate de baryte avec l'acide muriatique concentré, et dans un grand nombre d'autres circonstances où l'on voit un précipité se former dans le premier moment du mélange, et ensuite se redissoudre lentement ou plus promptement par le secours de l'agitation ou de la chaleur.

Si l'affinité exige un temps plus ou moins long pour produire des combinaisons, cet effet n'est pas moins marqué dans l'action réciproque des molécules, par lesquelles elles adhèrent et forment des cristallisations; mais si le mouvement qu'on leur imprime peut accélérer la formation des cristaux en amenant les positions des molécules qui lui sont le plus favorables, il faut qu'il soit assez modéré pour déterminer seulement la première formation des cristaux, qui doivent ensuite se compléter au milieu du calme pour que la cristallisation puisse être régulière.

Il paraît que l'action par laquelle les molécules d'un solide adhèrent mutuellement, se prolonge fort au-delà du moment où elles entrent en contact; car l'on éprouve souvent qu'un précipité qui s'est formé récemment dans un liquide, acquiert peu-à-peu une dureté considérable, sans qu'on puisse l'attribuer à une autre cause, et que différents corps se durcissent par la vétusté depuis même que leur évaporation a cessé.

231. Les corps présentent, relativement à la

communication de la chaleur, une propriété analogue à celle que je viens d'observer; pendant que la différence de température entre deux corps est grande, la communication est prompte; mais elle se ralentit lorsque ces corps approchent d'une saturation uniforme; ainsi lorsqu'on plonge un thermomètre dans un liquide beaucoup plus chaud ou beaucoup plus froid, son ascension ou son abaissement est d'abord rapide, puis sa marche se ralentit en approchant de l'équilibre de température.

Newton a supposé avec beaucoup de probabilité que les quantités de chaleur qu'un corps perd dans des petits espaces de temps, sont proportionnelles à l'excès de sa température sur celle du milieu ambiant; ainsi lorsqu'un corps a une chaleur qui surpasse celle de l'atmosphère de 180 degrés, la quantité de chaleur qu'il perdrait dans un moment donné sera double de celle qu'il perdrait dans un espace égal de temps, si sa température ne surpassait celle de l'atmosphère que de 90 degrés, d'où il suit que si les temps étaient en proportion arithmétique, les décroissements de chaleur seraient en progression géométrique, et que la chaleur qui resterait, considérée comme différence entre la température du corps et celle de l'air extérieur, suivrait aussi la même loi (1).

(1) Crawford on animal heal.

Indépendamment de cette cause générale de ralentissement dans les changements de température , les corps diffèrent par la propriété de communiquer plus ou moins facilement la chaleur , d'être plus ou moins bons conducteurs.

La communication inégale de la chaleur à des corps qui parviennent cependant à une température uniforme , est remarquable dans une observation que rapporte Deluc : il avait fait pour ses hygromètres une monture dans laquelle , par une combinaison du verre et du cuivre , les effets de la chaleur sur ces deux substances se compensaient, pourvu que les changements de température fussent lents : mais s'ils étaient brusques en passant du chaud au froid , l'échauffement plus prompt du cuivre produisait un racourcissement dans la substance hygroscopique qu'il servait à fixer , et ce racourcissement était suivi d'un effet contraire produit par la dilatation plus lente du verre (1).

Cette propriété a sur-tout été observée entre les solides qui la présentent, sans qu'une cause étrangère en altère les résultats ; mais les liquides la possèdent également, et de là vient que les thermomètres à l'alcool ont une marche plus lente que ceux à mercure, comme l'a observé Crawford ; mais dans les liquides il faut distinguer les effets qui sont dûs à la locomotion,

(1) Trans. philos. 1791.

27..

de leurs parties, de ceux qui dépendent de la faculté conductrice.

L'agitation produit dans la communication de la chaleur un effet semblable à celui que nous avons remarqué pour la dissolution ; en rapprochant les parties les plus distantes par la température, elle accroît leur action réciproque et accélère l'équilibre de température : il s'établit aussi par la différence de pesanteur spécifique une circulation qui éloigne du point où la chaleur est communiquée, la partie la plus échauffée, et y conduit la partie la moins dilatée ; mais ces effets qui sont dûs à une même cause suivent une marche opposée, parce que la pesanteur spécifique diminue dans un cas et augmente dans l'autre ; de sorte qu'il faut appliquer à la chaleur qui est communiquée à la partie inférieure d'un liquide, ce que j'ai observé sur la dissolution d'un sel qui s'opère à la surface (228).

Il résulte de là que l'on doit observer une grande différence dans la communication de la chaleur, selon qu'elle se fait par la partie inférieure ou par la partie supérieure d'un liquide ; la dernière doit être beaucoup plus lente, puisqu'il y a un effort constant des molécules à se tenir dans des couches séparées qui n'ont qu'une différence graduelle et légère de température, pendant que dans la première la différence de

pesanteur spécifique tend à rapprocher continuellement les parties les moins échauffées du
centre d'où part la chaleur.

Une autre cause vient encore augmenter cet
effet : pendant que la chaleur pénètre difficilement des couches supérieures aux inférieures,
il se forme à la surface, des vapeurs qui ré-
froidies ensuite par le corps qu'elles rencontrent,
font place à celles qui les suivent ; de sorte
que le liquide perd peu-à-peu sa température,
par les parois qui le contiennent, et sur-tout
à la surface : par là, la communication de la
chaleur entre les différentes couches devient de
plus en plus lente et difficile.

Ces différents effets doivent être distingués
avec soin, lorsque l'on considère les phénomènes
que présente la communication de la chaleur
entre des corps qui se trouvent dans différents
états.

La résistance qu'oppose la différence dans la
faculté conductrice, produit quelquefois, soit
dans les liquides, soit dans les solides, une distribution de chaleur dans laquelle une substance
paraît la prendre presque en entier, pendant
qu'une autre éprouve peu de changement dans
sa température ; ainsi lorsqu'une substance peu
conductrice se trouve en concurrence avec d'autres
corps, la chaleur qui pourrait se communiquer
lentement à cette substance, et la porter à l'uni-

formité de température, si elle était contenue au
milieu d'une atmosphère dont elle recevrait peu-
à-peu la chaleur, passe beaucoup plus rapidement
aux autres corps, pendant qu'elle se communique d'une couche peu conductrice à la suivante ; elle se trouve donc promptement affaiblie et comme l'effet s'accroît à mesure que la
température baisse, cette substance prend à peine
une chaleur sensible à une petite distance du
centre de l'émanation du calorique.

232. La propagation de l'action chimique a
sur-tout un caractère particulier dans les substances composées, selon qu'elles agissent par
une affinité résultante, ou par leurs affinités
élémentaires.

Si une substance agit par l'affinité résultante,
elle produit, plus ou moins promptement son
effet, qui ne se ralentit sensiblement que lorsque son action se trouve très-affaiblie ; elle se
comporte comme les substances simples ; mais
si elle agit par ses affinités élémentaires, à moins
que l'action ne soit très-vive, elle prend une
lenteur beaucoup plus grande que celle qui
ne provient que de la faiblesse de l'action ; ainsi
lorsqu'on mêle de l'acide nitrique avec une base
alcaline, on parvient promptement à l'amener
à l'état de neutralisation, même lorsque l'acidité et l'alcalinité sont très-affaiblies par une
grande quantité d'eau ; mais lorsqu'on mêle

l'acide nitrique et l'acide muriatique, quoiqu'on
emploie une agitation suffisante, l'oxigène se
sépare lentement de l'azote pour se combiner
avec l'acide muriatique, et s'exhaler avec lui
en acide muriatique oxigéné; l'acide nitrique
dissout insensiblement d'un autre côté le gaz
nitreux pour rester combiné avec une autre
portion de l'acide muriatique, dans l'état d'acide
nitro-muriatique. Ce n'est qu'au bout d'un long
espace de temps que les forces qui peuvent
agir parviennent à un état d'équilibre.

De là vient que souvent une substance commence à agir par une affinité résultante, et
qu'ensuite elle agit lentement par ses affinités
élémentaires ; ainsi une dissolution métallique
par l'acide nitrique, change souvent de nature
lorsqu'on la conserve ; elle perd l'état de saturation qu'elle avait d'abord, le métal s'oxide de
plus en plus, et quelquefois il se forme une
quantité de plus en plus grande d'ammoniaque,
quoique la température et les autres circonstances n'ayent pas été favorables à ce changement.

Plus les affinités élémentaires perdent leur
force par de nouvelles combinaisons qui produisent un plus haut degré de saturation, plus
leur action immédiate est diminuée (184); plus
elle prend de lenteur. Lorsque l'on verse de l'acide
muriatique oxigéné sur une dissolution de fer

peu oxidé, ce métal s'oxide bientôt complètement, parce que l'affinité résultante de l'acide
muriatique oxigéné est très-faible, et que par
conséquent elle apporte peu d'obstacle à l'action
du fer ; si l'on emploie une dissolution de muriate oxigéné de potasse, dans lequel l'oxigène
se trouve en plus grande proportion, mais
retenu par une plus forte affinité résultante,
le même effet ne se manifeste qu'après un espace
de temps beaucoup plus considérable, et se
prolonge davantage. L'action du calorique, qui
diminue la force résultante, accélère aussi celle
des affinités élémentaires ; de sorte que dans l'expérience précédente on peut obtenir, par son
moyen, un effet très-prompt.

Lorsque le fer décompose l'acide nitrique et
en dégage le gaz nitreux, son action est quelquefois très-lente dans le commencement, et même
si l'acide a trop peu de concentration, et si la
température est trop basse, elle a de la peine
à s'établir ; l'action devient ensuite vive et tumultueuse, quoique l'état des proportions lui
devienne de plus en plus défavorable ; c'est que
la chaleur qui se dégage diminue proportionnellement l'effet de l'affinité résultante ; elle agit
aussi sur le fer, en diminuant sa force de cohésion ; mais dans cette circonstance cet effet est
très-petit relativement à l'autre.

Cette lenteur d'action dans l'affinité résultante

se remarque dans les dissolutions métalliques que l'on mêle, et dans lesquelles les métaux se trouvent à différents termes d'oxidation : ce n'est qu'après un temps plus ou moins long qu'ils parviennent à une oxidation uniforme, et qu'ils prennent les proportions d'acide qui conviennent à leur état, soit pour rester en combinaison liquide, soit pour former des précipités; mais comme mon opinion diffère, relativement à ces derniers phénomènes, de celle qui est le plus généralement adoptée, j'en renvoie la discussion à une autre partie de cet ouvrage.

233. Les considérations que j'ai présentées dans ce chapitre font voir combien il est important, pour estimer les effets de l'action chimique, de porter son attention sur sa propagation et sur les circonstances qui peuvent la modifier, et combien l'on pourrait se tromper si l'on posait pour limites de l'affinité d'une substance, les combinaisons qu'elle peut produire dans les premiers moments où elle agit.

Lorsque l'action chimique est faible, sa propagation est lente ; de sorte qu'il est facile d'être induit en erreur si l'on se hâte trop d'en saisir le résultat : l'on a vu ainsi beaucoup de combinaisons, que l'on ne regardait pas comme possibles, se réaliser en employant le temps nécessaire : je choisirai deux exemples dans le grand nombre qui se présentent.

On regardait le gaz hydrogène comme une substance que son élasticité garantissait de l'action de l'acide muriatique oxigéné, cependant Cruickshank a observé qu'en laissant pendant vingt-quatre heures le gaz hydrogène en contact avec le gaz muriatique oxigéné, il se fesait une décomposition complète de l'acide muriatique oxigéné, qui revenait à l'état d'acide muriatique, pendant que l'hydrogène formait de l'eau : la décomposition lente du gaz hydrogène carburé a eu également lieu avec le gaz muriatique oxigéné (1), et il en est résulté de l'eau et de l'acide carbonique. C'est par le moyen d'une action très-lente que le gaz hydrogène s'est changé dans la germination en gaz oxicarburé dans les observations de Sennebier et de son intéressant coopérateur Huber (2); il paraît même qu'ils ont apperçu que lorsque l'on abandonne long-temps sur l'eau un mélange de gaz oxicarburé et de gaz oxigène, il se forme peu-à-peu de l'acide carbonique.

La lenteur de la propagation de l'action chimique est diminuée par les moyens qui rapprochent les parties dont l'état de saturation est le plus éloigné ; c'est ainsi que l'agitation produit un équilibre plus prompt de saturation dans les liquides et dans les fluides élastiques.

(1) Bibl. Britan. tom. XVIII.
(1) Mém. sur la Germination.

La différence de pesanteur spécifique qui tend à tenir dans l'éloignement les couches d'un liquide, qui sont distantes par la saturation, lorsque l'eau dissout un sel auquel elle est superposée, produit un effet différent lorsque la dissolution s'établit à la surface ; il s'établit alors un courant qui apporte le liquide le moins saturé à la surface du sel qu'il doit dissoudre, et l'effet de cette circulation est le même que celui de l'agitation : il met en contact les parties dont la saturation a le plus de différence, et il accélère l'action réciproque.

Indépendamment de l'énergie de leur action, les substances paraissent avoir une disposition différente à produire plus ou moins promptement les combinaisons qu'elles forment : elles sont plus ou moins conductrices de l'action chimique, et lorsque cette propriété varie à un certain degré, elle peut occasionner d'abord des combinaisons auxquelles une action plus lente en substitue d'autres jusqu'à ce que l'équilibre d'affinité soit parvenu à s'établir.

Les corps ont, relativement à la chaleur, une propriété analogue à la précédente ; ils en sont plus ou moins conducteurs : la propagation de la chaleur est aussi beaucoup plus rapide lorsqu'il se trouve une grande distance dans les températures ; en sorte que dans les liquides et dans les fluides élastiques, l'agitation ou la cir-

culation qui s'établit en raison des différences
de pesanteur spécifique, y produit les mêmes
effets que l'on observe dans la dissolution des
sels : il faut donc faire entrer dans l'explication des phénomènes dûs à la communication
de la chaleur dans les liquides et les fluides
élastiques , leur propriété conductrice , la
distance des températures et les effets de la
pesanteur spécifique qui fait varier la position
de leurs molécules. (*Note XVI.*) La chaleur
intervient dans les dissolutions, et par le mouvement qu'elle occasionne en changeant les pesanteurs spécifiques , et par la diminution qu'elle
apporte dans la résistance de la cohésion, elle
établit par là une plus grande différence entre
les forces opposées.

L'analogie que j'ai indiquée entre les combinaisons du calorique et les autres combinaisons
chimiques, vient se réunir ici à celle que nous
observons entre la propagation de l'action chimique qui produit les dissolutions et celle de
la chaleur qui tend à se mettre en équilibre dans
les corps qui diffèrent par la température.

Dans les substances composées, sur-tout lorsqu'elles contiennent des éléments naturellement
gazeux, l'affinité résultante est beaucoup plus
prompte dans son action que les affinités élémentaires, même lorsque les forces qui lui sont
opposées suffisent pour la détruire , à moins

qu'elles n'aient une grande prépondérance, d'où
il résulte que l'on voit souvent une combinaison
se former par une affinité résultante, et faire
place peu-à-peu à l'action des affinités élémentaires.

~~~~~~~~~~~~~~~~~~~~~~~~~~~~~~

NOTES DE LA V° SECTION.

NOTE XIII.

Aprés avoir établi que l'acide phosphorique que l'on
obtient en dissolvant les os calcinés dans l'acide sulfurique, ne retient pas de quantité sensible du dernier, et
qu'on en sépare tout le sulfate de chaux par la cristallisation, pourvu qu'on n'ait pas employé une trop grande
proportion d'acide sulfurique, qu'il restreint pour cette
raison à quatre parties sur six d'os calcinés ; Bonvoisin
fait voir, ainsi que je l'ai dit, que l'acide phosphorique
retient une portion de chaux : il a prouvé qu'en le saturant avec l'ammoniaque, on produisait un précipité qui
était un phosphate de chaux, comme l'avait déjà observé
Bergman, et qu'une partie seulement de la chaux était précipitée par l'ammoniaque ; de sorte que le liquide saturé
ne donnerait qu'un phosphate d'ammoniaque et de chaux
analogue au phosphate de magnésie et d'ammoniaque, que
Fourcroy a fait connaître ; il a observé qu'après la fin de
la précipitation par l'ammoniaque, on obtenait, par le

moyen du carbonate, un nouveau précipité, qui était du carbonate de chaux, et que l'on pouvait précipiter ainsi en carbonate de chaux toute la chaux tenue en dissolution par l'acide phosphorique ; de sorte qu'il a conseillé d'employer ce procédé en fesant évaporer et cristalliser le phosphate d'ammoniaque après la précipitation, pour faire la préparation du phosphore et tirer de l'acide phosphorique tout l'avantage possible : il a même prétendu que l'on pouvait, par ce moyen simple, se procurer un acide phosphorique parfaitement pur, en chassant l'ammoniaque par la chaleur dans un vase d'argent. Ces expériences m'ont paru exactes, si ce n'est que le précipité par le carbonate d'ammoniaque n'est pas dépourvu de phosphate de chaux, et que le phosphate d'ammoniaque retient encore une portion assez considérable de chaux que l'on peut y rendre sensible, en mêlant à sa dissolution du carbonate de potasse ou de soude ; de sorte que ce sel est très-convenable pour l'opération du phosphore, mais que l'acide phosphorique qu'on en obtient n'est pas aussi pur que celui que donne la combustion du phosphore qu'on sature ensuite d'oxigène, en le traitant avec l'acide nitrique.

Gay Lussac a trouvé le moyen d'obtenir immédiatement l'acide phosphorique encore plus dépouillé de chaux que par le procédé précédent. Ce moyen consiste à ajouter de l'acide oxalique à l'acide phosphorique, épaissi et débarrassé de sulfate de chaux ; alors il mêle une quantité considérable d'alcool qui dissout l'acide phosphorique, et laisse l'oxalate de chaux ; cependant il est resté encore dans les épreuves une très-petite proportion de chaux unie à l'acide phosphorique. On a cru que l'alcool ne dissolvait pas l'acide phosphorique, et Bouelle qui fit dans le temps des observations intéressantes sur le procédé que l'on venait de faire connaître sous le nom de Schéele (1),

(1) Iourn. de Médecine, octobre 1777.

s'en servit pour précipiter l'acide phosphorique des os qui avaient été dissous dans l'acide nitrique, après avoir séparé une partie de la chaux par le moyen de l'acide sulfurique; mais le précipité que l'on obtient est un phosphate acidule de chaux, et par des lotions répétées on le réduirait en phosphate de chaux.

La propriété de former un verre transparent et déliquescent, n'est pas une preuve que l'acide phosphorique ne retient point de chaux ; car Bonvoisin a obtenu un verre pareil d'un acide phosphorique qu'il avait saturé d'ammoniaque, et de celui pour lequel il avait employé le carbonate d'ammoniaque; or, le premier contenait encore une proportion considérable de chaux, ainsi qu'il résulte de ses propres expériences, et le dernier en retenait encore une portion.

Fourcroy et Vauquelin prétendent que le carbonate d'ammoniaque n'a pas la propriété de décomposer le phosphate de chaux, et de précipiter du carbonate de chaux; il faut qu'ils aient fait l'expérience sur un phosphate de chaux calciné, dont la force de cohésion sera devenue un obstacle à l'action du carbonate d'ammoniaque ; mais ce n'est pas dans ce cas que Bonvoisin a fait cette décomposition. Je ne suis pas encore d'accord, avec mes savants collègues, sur l'emploi de l'acide oxalique pour précipiter la chaux de l'acide phosphorique, et par le moyen duquel ils ont cherché à déterminer la proportion de chaux qui est dans l'émail des dents : je suis à cet égard de l'opinion de Bonvoisin, qui prouve par ses expériences que l'acide oxalique ne précipite qu'une partie de la chaux qui est tenue en dissolution par un acide, et cet effet est d'autant plus petit, que l'excès d'acide qui s'oppose à la formation de l'oxalate de chaux est plus grand, puisque l'oxalate de chaux est soluble dans les acides. A l'égard du procédé pour la préparation du phosphore, c'est à l'expérience à décider par la comparaison des frais, entre celui de Bonvoisin, et celui conseillé par Giobert, Fourcroy et Vauquelin, et qui consiste à précipiter l'acide phosphorique par le nitrate ou l'acétite de plomb pour se servir ensuite de ce précipité; cependant ce qui me donnerait quelque préjugé contre ce dernier procédé, c'est que le phosphate de plomb est soluble dans les acides; de sorte qu'une partie peut rester en dissolution; Trommsdorff affirme de plus que le plomb réduit qui reste dans la cornue qui a servi à l'opération du phosphore, est du phosphure de ce métal (1).

Il faut qu'il y ait une grande différence entre le phosphate acidule dont j'ai fait usage, et celui qu'ont employé Fourcroy et Vauquelin, puisqu'ils disent qu'il est *dissoluble dans l'eau avec absorption de calorique*, pendant que le mien, quoique préparé de différentes manières, n'a jamais été dissoluble qu'en partie, et en se partageant en deux combinaisons différentes, ainsi que je l'ai exposé. D'un autre côté Bonvoisin dit que ce sel est *insoluble dans l'eau.*

Dans le savant mémoire dans lequel Vollaston a décrit les substances et les combinaisons que l'on trouve dans les calculs humains (2), et qui sont l'acide lithique, soit qu'on doive le regarder comme un acide, ou selon l'opinion de Pearson, comme un oxide; l'oxalate de chaux qui caractérise le calcul mural, le phosphate ammoniaco-magnésien, et le phosphate calcaire qui donnent à quelques espèces de calcul une apparence cristalline, il trouve une différence entre ce phosphate de chaux et celui qui entre dans la composition des os, et il paraît regarder ce dernier comme un phosphate avec excès de chaux; cependant cet excès n'est dû qu'au carbonate de chaux que Fourcroy

(1) Ann. de Chim. tom. XXXIV.
(2) Trans. philos. 1797.

ai indiqué, et dont Hattchet a prouvé directement l'existence : en effet, la chaux ne pourrait se conserver en excès au milieu d'autres substances qui ont une assez forte tendance à se combiner avec elle.

NOTE XIV.

Si les observations que j'ai présentées ne me font pas illusion, lorsque l'affinité produit une combinaison, les propriétés particulières des éléments de cette combinaison éprouvent une saturation plus ou moins grande, et ainsi modifiées, elles donnent naissance à celles de la combinaison : il s'établit sur-tout, dans les substances qui n'étaient pas dans l'état élastique, des proportions très-variables, selon les quantités de celles qui exercent une action mutuelle, et selon les causes qui la favorisent ou qui lui sont opposées ; la figure des éléments ne paraît avoir qu'une faible influence sur la formation de la combinaison, sur ses proportions et sur ses propriétés chimiques. La forme des molécules intégrantes de la combinaison étant un résultat de l'action réciproque de ses éléments et de celle du calorique, elle doit être la même, ou à-peu-près la même dans les combinaisons de même espèce ; mais elle peut encore se trouver la même dans des combinaisons très-éloignées : c'est un résultat semblable qui peut dériver de l'action réciproque de substances très-différentes.

Lorsqu'ensuite les molécules intégrantes exercent une action réciproque très-faible, et qu'elles tendent à se grouper dans la cristallisation, leur figure doit avoir une influence très-grande, et les résultats de cette faible action doivent lui être subordonnés et être assez constants : alors naissent

les phénomènes particuliers de la cristallisation et les rapports de structure qui ont été développés avec tant de
supériorité par Hauy; mais si l'action réciproque est trop
vive, si ses effets sont trop rapides ou s'ils sont contrariés
par des obstacles, la figure des molécules ne peut intervenir, et cependant la substance composée jouit de toutes
les propriétés qui dépendent de sa tendance à la combinaison, ou de sa force de cohésion.

Ces principes sont contradictoires avec ceux qui ont
servi de base au système minéralogique de Hauy; cependant la profonde estime que m'inspirent ses lumières et
ses savants travaux, m'engage à entrer dans une discussion
qui puisse servir à fixer la communication que la chimie
et la minéralogie doivent entretenir entre elles, et que
Hauy lui-même n'a pas eu l'intention d'interrompre : je
considérerai dans cette discussion les résultats de l'observation minéralogique beaucoup plus que ceux que l'on peut
recueillir des phénomènes chimiques isolés.

En parlant de la méthode qu'il a adoptée pour la classification des minéraux : « Je me suis d'abord déterminé, dit Hauy,
» à en diriger la marche autant que je le pourrai, d'après
» les résultats de la chimie. Où trouver en effet des rap-
» ports plus propres à lier étroitement entre elles diverses
» substances minérales, que ceux qui sont fondés sur l'exis-
» tence d'un principe identique? Où trouver des différences
» plus tranchées entre les mêmes substances, que celles
» qui dépendent des principes particuliers à chacune d'elles?
» Or, classer les êtres d'un même règne, c'est établir
» entre eux une comparaison suivie, d'après les rapports
» qui les lient et les différences qui les séparent. Cette
» comparaison sera donc la plus exacte, et en même temps
» la plus naturelle possible, celle qui prêtera le moins à
» l'arbitraire, si le moyen choisi pour l'établir est celui
» qui nous dévoile la composition intime et le fond de

» chaque substance, qui nous apprend ce qu'elle est en
» elle-même, plutôt que celui qui ne nous en montre que
» les alentours, ou tout au plus les effets extérieurs.

» Remarquons, avant d'aller plus loin, qu'il y a dans
» le cas présent deux problèmes à résoudre. Le premier
» consiste à diviser et à sous-diviser l'ensemble des subs-
» tances que doit embrasser la méthode, de manière que
» chacune y soit à sa véritable place. C'est ce qu'on appelle
» *classer*. Le second a pour objet de fournir des moyens
» faciles et commodes pour caractériser tellement chaque
» substance, que l'on puisse la reconnaître par-tout où elle
» se présente, et retrouver dans la méthode la place qui
» lui a été assignée ».

Il résulte manifestement de ces considérations pleines
de justesse, que les propriétés chimiques qui caractérisent
les minéraux, doivent servir autant qu'il est possible à
les classer; et en effet, Hauy établit seulement sur les
caractères chimiques sa première division en quatre grandes
classes.

Toutes les sous-divisions devront, par la même raison,
être fondées, autant qu'il est possible, sur l'analyse chimique, lorsque celle-ci aura mis en état de prononcer sur
la composition, et lorsque des propriétés assez prononcées
n'exigeront pas une classification particulière.

Mais on apperçoit bientôt qu'il y a des substances qui
ne sont qu'un mélange mécanique, pendant qu'il y en
a d'autres qui sont dans un état de combinaison; or,
quoique les premières puissent être dans un état aussi
constant que les autres, il est clair qu'elles doivent être
distinguées, même lorsque l'analyse chimique indiquerait
des quantités semblables des mêmes éléments.

La composition d'une substance dont les parties intégrantes sont dues à une combinaison, peut être astreinte
à des proportions fixes, ou bien elle peut être sujette à

28..

une latitude dans les proportions, qui diminuerait plus ou moins la précision de la méthode. L'observation prouve bientôt que c'est la dernière de ces alternatives qui a lieu dans le plus grand nombre de cas; de sorte qu'en suivant le guide le plus sûr, on ne peut parvenir à une classification qui corresponde rigoureusement aux éléments des substances minérales, et l'on doit renoncer à une précision que la minéralogie ne comporte pas.

De plus, une même composition dans les minéraux peut donner naissance à des qualités physiques assez différentes, pour qu'il soit nécessaire de les distinguer; ainsi l'on ne devra pas confondre le cristal de roche avec le silex, quoiqu'ils aient une même composition. Il faudra donc souvent, dans les sous-divisions, d'autres caractères, même pour les substances simples, ou dont les parties intégrantes sont dans un état de combinaison, mais ils doivent être subordonnés aux chimiques; et dans tous les cas il convient de recueillir tous les indices faciles à reconnaître, tels que ceux que l'on doit au célèbre Werner, afin qu'ils puissent servir de signalement à la composition d'une substance, sans qu'on ait besoin d'avoir recours à l'analyse chimique.

Parmi ces caractères secondaires, se trouvent les formes de la cristallisation; mais quelle est la valeur qu'il faut leur attribuer? C'est ici que je diffère de l'opinion de Haüy, qui me paraît leur avoir donné une importance beaucoup trop grande, et qui, négligeant les principes qu'il a d'abord exposés, n'établit ses espèces et ses variétés que sur les rapports de structure.

Après avoir fait voir que l'analyse chimique n'établit pas toujours les différences qu'on doit admettre entre les minéraux, ce que je ne conteste pas, il s'exprime ainsi : « Il existe un caractère beaucoup plus solide et plus propre » par son invariabilité, c'est celui qui se tire de la forme » exacte de la molécule intégrante, parce que cette forme

» existe sans aucune altération sensible, indépendamment
» de toutes les causes qui peuvent faire varier les autres
» caractères.....

» Dira-t-on qu'il y a des formes de molécules inté-
» grantes qui sont communes à des substances de diffé-
» rente nature? J'observerai d'abord que cela n'a lieu que
» pour les solides qui ont un caractère particulier de ré-
» gularité; ensorte que dans tous les autres cas, la forme
» de la molécule intégrante suffit seule pour en déter-
» miner l'espèce. Je répondrai ensuite que la plupart des
» substances qui ont une molécule commune (et il en
» faut dire autant de celles qui, comme les métaux ductiles,
» n'ont jamais le tissu lamelleux), sont faciles à distin-
» guer par d'autres caractères; par exemple : le cube
» convient, comme molécule intégrante, à la magnésie
» boratée, à la soude muriatée, au plomb sulfuré, au
» fer sulfuré, etc.; toutes substances très-reconnaissables
» indépendamment de la division mécanique ».

Convient-il de donner une confiance si étendue à un
caractère qui n'indique aucune différence entre des substances si opposées que celles qu'on vient de nommer, et
auxquelles on peut en ajouter plusieurs autres? On dit
qu'on peut facilement dans ce cas avoir recours à d'autres
caractères, et on les tire de la méthode chimique; mais
la conclusion qui se présente d'abord, c'est que cette
méthode a plus d'étendue et plus de sûreté, quoique seule
elle fût insuffisante.

Dans les substances simples, et qui sont naturellement
dans l'état solide, on peut croire que la forme des
molécules a des rapports plus décisifs que celle des
substances composées; mais comme une même forme peut
appartenir à différentes substances, il faut encore que
l'analyse ait constaté préliminairement la nature de la substance à laquelle elle appartient; d'ailleurs, si cette forme

n'est pas distincte, faudra-t-il renoncer à nommer et à classer
la substance, et si d'autres propriétés font reconnaître
qu'elle appartient à une espèce déterminée, faudra-t-il
conclure qu'elle a telle composition qui explique ses
propriétés, ou bien se borner à prononcer que ses molécules ont telle forme; c'est-à-dire, que si elles eussent pu
se réunir par la cristallisation, elles auraient produit une
sorte de cristaux ?

Pour établir que la molécule intégrante est le type de
l'espèce, et que celle-ci est constante dans sa composition, Hauy est obligé de regarder comme substance hété-
rogène toutes les différences que l'analyse trouve dans les
minéraux qui ont cependant une même forme : « Tout
» ce qui précède, dit-il, nous conduit à une considération
» intéressante relativement à la composition chimique des
» minéraux, c'est que les principes qui concourent à
» former leurs molécules intégrantes doivent, ce me semble,
» être constants quant à leurs qualités et à leurs quantités;
» en sorte que les substances qui font varier les produits
» de l'analyse sont étrangères aux molécules, et seule-
» ment interposées entre elles dans la masse du minéral ».
Et il ajoute en note : « Je pense même que dans le cas
» où l'on dit qu'il y a excès de l'un des principes, d'ail-
» leurs essentiels à la composition d'un minéral, la partie
» surabondante n'entre pour rien dans la formation de la
» molécule, et doit être rangée parmi les principes hété-
» rogènes purement accidentels ». *Tome I, p.* 161.

Selon cette doctrine, les combinaisons chimiques ne se
font que dans des proportions déterminées, et tout ce qui
se trouve dans une combinaison hors de ces proportions
n'est qu'un mélange de substances hétérogènes, et qui ne
contribuent point par leur affinité à l'état et aux propriétés
de la combinaison: en effet, cette supposition qui ne peut
résister à l'observation chimique est nécessaire pour établir

que la forme des molécules est le type de chaque espèce, et que celle-ci est une combinaison constante.

Par une conséquence de ces principes, Hauy regarde les parties colorantes de quelques minéraux, par exemple, celles de l'oxide de chrôme qui colorent l'émeraude verte, comme simplemeut disséminées, de manière qu'elles ne nuisent pas à la transparence. *Tom. IV, p.* 415.

L'uniformité dans la composition malgré la différence de pesanteur spécifique des parties élémentaires, la transparence qui prouve qu'elles n'exercent plus une action séparée sur les rayons de la lumière, des propriétés communes, mais différentes de celles des parties élémentaires séparées, sont cependant une indication irrécusable de la combinaison.

Tous les caractères de la combinaison se trouvent indubitablement dans un verre qui peut être composé de proportions très-différentes, et l'on ne peut dire que cette combinaison a des proportions déterminées et une forme qui appartient à ses parties intégrantes, et que tout le reste est interposé sans entrer dans la formation du combiné. Ce que je dis ici du verre, s'applique à tous les minéraux transparents qui contiennent des oxides ou d'autres éléments étrangers à ceux auxquels on attribue la forme de trois molécules intégrantes.

Par une conséquence du principe précédent : « Je conçois, » dit Hauy, p. 243, tom. III, que les granits, les gneiss, » etc., les mélanges peuvent passer de l'un à l'autre ; » mais il n'en est pas de même des espèces proprement » dites ; si malheureusement il en était ainsi, nous » n'aurions plus que des séries de nuances ; la minéra- » logie deviendrait une sorte de dédale où l'on ne se » reconnaîtrait plus, et tout serait plein de passages qui » ne meneraient à rien ».

Daubuisson qui témoigne pour Hauy toute la vénération qui lui est due, observe à l'occasion de ce passage : « que

» dans nos laboratoires, nous combinons à volonté l'or
» et l'argent ; et le mélange forme une masse entièrement
» homogène qui a ses caractères particuliers. La nature
» peut en faire et en fait réellement autant : nous trouvons
» de l'or pur, de l'or mêlé d'un peu d'argent, la quantité
» relative de ce dernier métal augmente successivement
» par degrés, nous finissons par avoir l'argent pur ». Il
cite d'autres exemples pris dans l'observation minéralogique (1).

Les sels même les plus constants dans leurs proportions
peuvent se surcomposer ou se combiner ensemble, sans
que leur forme cristalline et leur transparence soient altérées,
ils peuvent varier dans leurs proportions, sans que leur forme
subisse de changement, comme avec la même composition
la forme des parties intégrantes peut être différente.

Leblanc (2) a combiné de l'oxide de mercure avec le
muriate de soude, de sorte qu'il entrait un peu plus de
douze grains d'oxide par once de sel qui donnait par
la cristallisation, *des cubes* et *des trémies*, à la manière
du muriate de soude ordinaire.

On ne peut méconnaître ici l'action réciproque qui non-
seulement rend soluble un oxide qui ne l'est pas par lui-
même, mais qui le maintient dans une même combinaison
avec le muriate de soude, malgré la grande différence des
pesanteurs spécifiques. *Une dissolution à parties égales
de sulfate de fer et de sulfate de cuivre, donne des prismes
tétraèdres rhomboidaux d'un bleu verdâtre ; la forme de
ces cristaux est parfaitement bien déterminée, et il est
aisé de reconnaître à l'œil simple l'homogénéité de leurs
substances. On peut les faire dissoudre et cristalliser à
plusieurs reprises, sans que cette substance, ni la confi-*

(1) Journal de Phys. tom. LIV.
(2) Journal de Phys. tom XXXI, p. 95.

guration de ses cristaux, soit changée en aucune ma-
nière.... Un mélange de trois parties de sulfate de fer
et d'une partie de sulfate de cuivre, donne des cristaux
d'un vert d'émeraude et de même forme que les précé-
dents ; seulement quelque différence dans la couleur dis-
tingue ces deux espèces de surcomposés.

Vauquelin a fait voir que le sulfate d'alumine contenait
indifféremment sept parties sur cent de potasse ou d'ammoniaque, sans qu'on apperçoive aucune différence dans
la cristallisation ; la proportion de l'acide lui-même peut
changer, ainsi que je m'en suis assuré, et Leblanc a
prouvé que le sulfate d'alumine pouvait se surcomposer
d'une quantité considérable de sulfate de fer, et cependant
fournir, par la cristallisation, des octaëdres réguliers.

Quoique les chimistes aient jusqu'à présent négligé de
porter une attention particulière sur les formes des sels
surcomposés, il serait facile d'accumuler les observations
qui prouvent que les sels peuvent se surcomposer sans
éprouver dans leurs formes un changement qui réponde
à la surcomposition ; et cependant ces surcompositions qui
conservent leur transparence, sont l'effet de l'action réciproque des éléments qui les composent.

Si cette vérité est incontestable pour les substances
salines qui ont une solubilité considérable, et qui par
conséquent éprouvent de la part de l'eau une action énergique, relativement à leur force de cohésion, l'affinité réciproque des substances qui ont peu de solubilité, doit être
beaucoup plus efficace pour les réunir dans un état de
combinaison.

Il n'est donc pas étonnant que l'on trouve, dans les
minéraux, des variétés considérables dans les proportions
des éléments qui les composent, quoiqu'ils présentent les
indices d'une combinaison complète, telle que la transparence ; et ce serait se fonder sur un système arbitraire,

que de méconnaître dans ces combinaisons l'action réciproque des parties qui les constituent.

Ainsi l'on trouve dans les analyses du grenat données
par deux chimistes également remarquables par l'exactitude de leurs procédés, par Klaproth et par Vauquelin,
une différence qui s'éloigne beaucoup de celle qu'on peut
attribuer aux procédés mêmes; leurs déterminations varient
pour la silice de 54 à 36, pour l'alumine de 28 : 6,
pour l'oxide de fer de 41 : 10. De Lametherie rapporte
d'autres exemples pareils (1).

Il y a même des combinaisons dans lesquelles l'un des
principes imprimé la forme qui lui est propre, quoiqu'il
s'y trouve en proportion plus petite que les autres : ainsi
la soude muriatée gypsifère conserve l'aspect du muriate
de soude, et se divise, comme lui, parallèlement aux
faces d'un cube. Tom. II, p. 365 ; quoique selon l'analyse de Klaproth elle contienne, sur 100 parties 31,2 de
muriate de soude, 37,8 de sulfate de chaux, et 11 de
carbonate de chaux.

L'arsenic sulfuré rouge parait avoir la même forme primitive que le soufre, quoique celui-ci n'entre que pour
un dixième dans la combinaison; ce qui conduit Hauy à
une réflexion qu'il est difficile d'accorder avec les principes qu'il a suivis : « Il s'agirait donc de savoir si le
» principe auquel on doit avoir égard dans la classifi-
» cation, est celui qui abonde le plus dans une subs-
» tance, ou celui qui la marque de son empreinte ».
Tom. IV, p. 233. Il me semble qu'il aurait fallu se décider sur ce point capital, avant que d'établir un système
minéralogique sur l'opinion que la forme des molécules
intégrantes est le type des espèces minéralogiques.

La considération des formes cristallines n'a pas seule-

(1) Journal de Phys. tom. LIV.

ment l'inconvénient de réunir des substances qui sont très-éloignées par leur composition ; mais elle en a un plus grave encore, celui d'obliger de séparer, en espèces différentes, des substances que l'analyse prouve être parfaitement identiques ; ainsi l'analyse, que Klaproth et Vauquelin ont faite de l'aragonite, faisait voir qu'elle était un carbonate calcaire ; Tenard reprit cette analyse en employant tous les moyens que la chimie peut fournir pour reconnaître les autres substances qui pourraient s'y trouver, et il a constaté que non-seulement l'aragonite était un carbonate de chaux, mais que le rapport entre l'acide et la base était le même dans ce carbonate, et dans celui qui est connu sous le nom de *spath* d'Islande.

« Si c'était là le dernier mot de la chimie, dit Haüy,
» il faudrait en conclure que la différence d'environ $11° \frac{1}{2}$
» qui existe entre les angles primitifs des deux substances
» et qui en indique une considérable entre les formes
» des molécules intégrantes, est un effet sans cause, ce
» que la saine raison désavoue ; il est plutôt à présumer
» que de nouvelles recherches ramèneront ici cet accord
» qui a constamment régné jusqu'à présent entre les ré-
» sultats de l'analyse chimique, et ceux de la géométrie
» des cristaux ». Tom. III, p. 347.

Haüy s'arrête à soupçonner quelque matière étrangère dans ce minéral, qui est d'une composition si simple et si facile à constater, et qui a été traité par les plus habiles chimistes ; mais que pourrait-on en conclure, si ce n'est qu'une très-petite circonstance peut, dans quelques occasions, produire un changement dans la forme, comme on va le voir dans l'exemple suivant, pendant que des différences très-considérables dans la composition peuvent se rencontrer avec la même forme ?

Vauquelin a prouvé par des expériences, qui, ce qu'il suffit de remarquer, lui ont paru convaincantes, que

l'anatase et l'oisanite étaient la même substance, et que l'un
et l'autre de ces minéraux étaient dûs à l'oxide du titane :
« Il resterait maintenant à examiner, dit - il, si les
» formes de ces deux minéraux pourraient être rapportées
» au même type primitif; mais d'après les observations du
» citoyen Hauy, ces formes sont incompatibles (1) ».

La chaux sulfatée anhydre éprouve une division mécanique qui se fait avec une égale netteté dans tous les
sens, et qui conduit à des molécules intégrantes, d'une
forme cubique, ou à bien peu de chose près. Tom. IV,
p. 349. Il résulte de là : « qu'en comparant cette subs-
» tance avec la chaux sulfatée ordinaire, avant que leur
» composition chimique fût connue, on aurait pu pro-
» noncer d'avance qu'elles devaient constituer deux espèces
» différentes ».

L'analyse chimique qui reçoit ici l'aveu de Hauy, prouve
qu'il n'y a de différence entre ces deux substances que
par l'eau de cristallisation, dont la chaux sulfatée anhydre
se trouve dépourvue ; et cependant l'eau de cristallisation
n'exerce qu'une action très-faible relativement à l'action
réciproque de l'acide sulfurique et de la chaux, de sorte
qu'elle cède facilement à l'action du calorique, et abandonne les deux autres principes. On ne peut trouver dans
cette eau, à moins qu'on ne veuille négliger entièrement la
considération des propriétés chimiques, une différence qui
autorise à mettre entre ces deux substances une distance plus
grande qu'entre le carbonate de chaux et la chaux carbonatée
ferrifère, et égale à celle qu'on établit entre la chaux
carbonatée et la chaux sulfatée.

Une observation de Lowitz fait voir combien est grande
l'influence de l'eau sur les accidents de la cristallisation,
quoiqu'elle n'exerce qu'une action chimique très-faible,

(1) Journal des Mines, n°. 65.

et que par conséquent elle contribue très-peu aux propriétés caractéristiques d'une substance.

En exposant une solution de muriate de soude à un
grand froid, Lowitz a obtenu des cristaux qui présentaient
une forme héxagonale, qui avaient deux pouces de diamètre et une ligne d'épaisseur, qui se résolvaient en
liquide à une température de quelques degrés au-dessous
du zéro, et qui tombaient en poudre très-fine et très-
blanche, à une température très-froide (1).

J'ai parlé (*Note I*), des différences de cristallisation
que Davy a observées dans le nitrate d'ammoniaque, selon
la température qu'il employait.

Hauy se croyant obligé de restreindre l'indication de
l'espèce par la forme de la mólécule intégrante, quoiqu'il
la regarde comme le type de l'espèce, parce qu'il y a
de ces formes qui sont communes à des substances de
différente nature, lorsqu'elles ont un caractère particulier
de régularité, tom. I, p. 159. fait intervenir la chimie
et se détermine à définir l'espèce en minéralógie, *une
collection de corps dont les molécules intégrantes
sont semblables et composées des mêmes éléments unis
en même proportion*; mais on voit assez par les passages que j'ai cités, qu'il s'est fréquemment soustrait à
ce principe, quoiqu'il ne fût point question de substances
douées d'un caractère particulier de régularité, et en effet
comment aurait-il pu s'y astreindre, puisque l'analyse chimique et la forme des molécules intégrantes donnent si
souvent des indications opposées ? Il fallait donc choisir
entre l'analyse et la forme des molécules intégrantes.

Quoique l'analyse soit le seul moyen propre à faire
reconnaître la composition des minéraux, comme Hauy
lui-même l'a établi ; je le répète, on ne parvient pas ce-

(1) Ann. de Chimie, tom. XXII, p.27.

pendant par son moyen à les distinguer en espèces constantes et uniformes dans leur composition, parce que cette
composition peut varier, quoique les propriétés que l'on
doit regarder comme caractéristiques n'autorisent pas à les
séparer, et l'on ne peut se borner à elle seule pour leur
classification, parce qu'elle la resserrerait dans des limites
trop étroites, et qu'elle n'est point d'ailleurs assez avancée
pour suffire aux demandes de la minéralogie ; mais l'incertitude
que laisse l'analyse est beaucoup plus restreinte que celle
qu'entraîne avec elle la forme des molécules intégrantes, s'il
fallait nécessairement choisir entre l'une et l'autre exclusivement, indépendamment des contradictions que présentent les
deux résultats. D'où vient donc cette incertitude qui paraît
attachée aux méthodes minéralogiques ? tient-elle à l'imperfection de la science ou à la nature des objets dont elle s'occupe ?
sans doute la minéralogie ne peut pas devancer les progrès
de l'analyse ; mais il me paraît que l'espèce minéralogique,
telle qu'elle a été conçue par Hauy et par Dolomieu, ne
peut se réaliser que dans un si petit nombre de substances, qu'il est impossible d'établir sur un pareil fondement la distinction des minéraux ; et que c'est parce qu'on
s'en est fait une définition imaginaire qu'on est conduit à
des principes exagérés et que l'observation dément. De Lamé-
therie me paraît avoir fait des réflexions très-justes sur l'insuf-
fisance de la forme, pour reconnaître les espèces, sur les
propriétés qui doivent servir à les distinguer, et sur les
gradations qui conduisent des unes aux autres.

Son idée dominante a conduit Hauy à établir des variétés
dans les substances minérales, selon les accidents qu'il
a observés dans les formes secondaires de la cristallisation,
quelque puisse être leur caractère chimique ; ainsi il décrit
et nomme quarante-sept variétés de chaux carbonatée :
*la primitive, l'equiaxe, l'inverse, la métastatique, la
contrastante, la mixte, la basée, l'inimitable, la bir-*

Rhomboïdale, etc. Tom. II, p. 132. A côté de ces variétés se trouve la chaux carbonatée ferrifère, qui se divise en *primitive*, *équiaxe*, *inverse*, *contrastante*, *basée*, *dihéxaèdre*. Cette chaux carbonatée ferrifère, ne contient quelquefois qu'un tiers de son poids de carbonate calcaire, le reste est oxide de fer avec plus ou moins d'oxide de manganèse. Voilà donc un minéral que l'analyse prouve contenir une quantité considérable et même dominante d'une substance très-active par ses propriétés, d'un métal qu'on a grand intérêt à reconnaître pour son utilité dans les arts, et dont la nature ne se trouve pas plus fortement désignée dans la méthode, que la plus petite variété de cristallisation secondaire.

L'abus de la méthode se montre encore d'une manière plus frappante dans des substances qui ayant une composition simple et constante, et qui pouvant être reconnues par un essai chimique très-facile, et presque toujours indispensable, éprouvent cependant quelques variations dans leur cristallisation. Je prendrai pour exemple le sulfate de magnésie, ou magnésie sulfatée; quoique ce sel ait une composition invariable, il se trouve cependant divisé en *bis alterne*, *pyramidé*, *triunitaire*, *tri-hexaèdre*, *équivalent*, *plagièdre*, et combien ne pourrait-on pas multiplier cette division et ces dénominations; si l'on s'amusait à varier la cristallisation de ce sel par tous les moyens qui ont de l'influence sur elle!

Pendant que l'on décrit ces nuances de formes qui sont très-intéressantes, lorsque l'on a pour but de vérifier les lois de la cristallisation, mais qui sont inutiles pour la connaissance de l'objet, on exclut du système minéralogique des minéraux amorphes qui sont plus constants dans leur composition et dans leurs propriétés que certains cristaux réguliers. Daubuisson cite à cette occasion le Klingstein de Werner, « qui a été trouvé dans l'Amérique, formant

» des masses de montagnes, des sommités semblables à
» celles que l'on voit en Bohême, en Silésie, en Ecosse,
» dans le Velai, etc. C'était par-tout la même pierre,
» par-tout placée de la même manière, par-tout affectant
» une forme semblable, et présentant les mêmes carac-
» tères; ainsi cela suffit, il doit avoir un nom particulier
» qui le distingue des autres pierres...... Les cristaux,
» a-t-on dit, sont les fleurs des minéraux; mais les vastes
» forêts doivent être comprises pour quelque chose ».

Je m'arrête aux observations précédentes, parce qu'elles
me paraissent suffire pour prouver que les caractères tirés
de la forme des substances ne sont point des indices assez
sûrs et assez constants pour diriger seuls dans la connaissance
de la nature des minéraux, et dans leur classification.

Le choix de ces caractères a obligé de faire un grand
nombre de divisions inutiles, et d'introduire des dénominations nouvelles qui n'ont aucun rapport avec les propriétés intimes, non-seulement pour les variétés, mais
même pour les espèces telles que la *mésotype*, *l'harmo-
tome*, *la grammatite*.

Ainsi la minéralogie, au contraire des autres sciences
qui dans leurs progrès perfectionnent et simplifient leurs
méthodes, se hérisserait de difficultés qui n'éclairent point
sur les propriétés des minéraux. Qu'a-t-on appris sur la
propriété des carbonates de chaux quand on a fait la pénible étude des formes géométriques, de quarante-sept
variétés connues des cristaux de cette substance? et malgré
ce travail on devra se croire bien peu avancé, puisque
le nombre des cristaux possibles est beaucoup plus grand,
et que l'observation en fera connaître successivement de
nouveaux; en effet, ces recherches si laborieuses n'ont
encore conduit qu'à une indication intéressante pour la
minéralogie, celle de l'identité de composition dans
l'émeraude et le béril, qui a été constatée par Vau-

quelin, et qui se trouve liée à la découverte d'une terre nouvelle.

Cette méthode a encore l'inconvénient de ne pouvoir s'appliquer immédiatement qu'aux substances qui ont une cristallisation régulière, et pour les autres, si elles ne forment pas continuité avec les premières, il ne reste pour les déterminer que des caractères moins sûrs, selon Hauy, tom. I, p. 159, que celui qui se tire de la structure. Il faut avouer que la chimie serait resserrée dans des limites bien étroites, si elle ne devait se confier qu'aux rapports de structure pour se décider sur la nature des substances qu'elle examine, et cependant le but de la chimie et de la minéralogie est le même sous ce rapport.

NOTE XV.

Établir des règles simples pour que les chimistes puissent suivre une direction uniforme dans le choix des dénominations par lesquelles ils doivent désigner les résultats de leurs recherches, indiquer par ces dénominations, les substances qui ont une analogie de composition, désigner les éléments sur lesquels l'esprit doit fixer son attention dans les différentes combinaisons que leur fait subir leur action mutuelle, énoncer avec clarté et sans périphrases traînantes, les produits d'opérations compliquées; tels sont les avantages que les auteurs qui ont proposé la nomenclature chimique ont eus en vue, et l'usage qui s'en est introduit paraît les avoir irrévocablement confirmés, soit dans l'enseignement, soit dans les ouvrages qui présentaient un si grand nombre d'objets nouveaux à graver dans la mémoire, et à soumettre à la discussion;

I. 29

mais leur premier essai dut avoir des imperfections, et ils étaient loin de se le déguiser.

C'est sur-tout par la composition des mots qui désignent des combinaisons, et par les terminaisons qui indiquent leurs analogies, que l'on devait remplir l'objet que l'on s'était proposé, et c'est la partie de la nomenclature sur laquelle il est important que les chimistes adoptent des conventions uniformes.

Relativement aux dénominations des substances simples, ou d'une composition indéterminée, les mots insignifiants par eux-mêmes me paraissent non-seulement ne devoir pas être repoussés, mais ils me semblent les plus propres à remplir leur objet, pourvu qu'ils se prêtent aux combinaisons de la nomenclature.

Ce sont des noms propres qu'il faut apprendre à appliquer par la connaissance de l'objet : ils se lient à cette connaissance, qui est indispensable, et la rappellent : il ne s'est élevé aucune difficulté sur les mots chaux, fer, magnésie; ce n'est que lorsqu'un de ces mots, appliqué à une substance déterminée, est ensuite employé pour exprimer le mode d'une autre substance dont il donnerait une fausse idée, qu'il devient une dénomination vicieuse; ainsi le mot chaux, appliqué à l'oxide de fer, pouvait tromper sur les propriétés de la substance, et formait une discordance dans le langage.

Il a donc fallu changer quelques noms qui étaient fondés sur des propriétés erronées, et en choisir pour indiquer des substances peu connues jusque-là : on a cherché dans les propriétés de ces substances celles qui ont paru le plus propres à les désigner pour en tirer les nouvelles dénominations; mais ce sont les mots formés ainsi, qui, quoiqu'en petit nombre, ont produit le plus de discussions, et ont fait naître le plus d'opposition : ce sont eux qui ont été l'objet de ces fades plaisanteries, dont la nomen-

clature méthodique fut accueillie à sa naissance, dans le
Journal de Physique : où l'on trouve l'étymologie mal
établie, l'on veut substituer une autre propriété à celle
qui a été choisie. Lorsque l'on consent à ne pas réformer
le mot, on prétend soutenir sa signification dans les mots
composés auxquels on doit l'appliquer, et toutes les vues
se divisent : si l'on trouve que l'étymologie soit établie
sur une propriété inexacte, même dans une langue étrangère, on la repousse; ainsi, parce que *tangstein* signifie
en allemand une pierre pesante, on propose de substituer
le nom de *Schéelin* à celui de Tunstein, qui est reçu
depuis long-temps pour exprimer une substance particulière.
Chenevix, qui vient de publier un ouvrage très-philo-
sophique sur les principes de la nomenclature, et dont je
m'empresse de profiter, cherche cependant, à mon avis,
avec trop de soin, à conserver dans les combinaisons de
la nomenclature la précision de l'étymologie, quoiqu'il préfère les dénominations qui n'en ont point.

Il me paraît que pour l'intérêt commun des chimistes,
il convient de se conduire pour les dénominations qui
sont tirées d'une propriété connue, comme pour celles
qui ne le sont pas ; que si l'on a recours à l'étymologie
pour engager à adopter une dénomination nouvelle
qu'une découverte rend indispensable, il faut l'oublier
entièrement, dès qu'elle est adoptée, et ne plus en faire
pour les combinaisons des mots, qu'un usage pour ainsi
dire mécanique : le chimiste qui établit l'expression doit
porter beaucoup plus son attention sur l'euphonie et sur les
convenances de nomenclature que sur l'indication d'une
propriété.

Ne voit-on pas en effet des expressions dont l'application étymologique est devenue fausse, continuer de remplir leur emploi avec le même avantage. L'eudiomètre ne

(1) Remarks upon chemical nomenclature, 1802.

donne-t-il pas une idée de l'instrument ou du procédé
par lequel on détermine la proportion de l'oxigène qui
se trouve dans l'air atmosphérique ou dans un autre gaz,
quoique l'on soit bien convaincu qu'il n'indique pas la
salubrité qui a servi à dénommer cet instrument? La désignation de brun, de blanc ou de noir, s'applique-t-elle
avec quelqu'obscurité aux descendants de ceux qu'une
qualité a fait désigner par ces noms?

Je pourrais peut-être justifier les auteurs qui ont proposé la nomenclature, de s'être écartés pour l'acide nitrique, de la règle qu'ils avaient suivie dans les dénominations de l'acide sulfurique et de l'acide phosphorique,
par la différence même des propriétés que l'acide nitrique
présente dans les différents états de combinaison ; mais,
quoi qu'il en soit du moment où la nomenclature a été
proposée, je crois devoir retenir la dénomination de l'azote
indépendamment des motifs qui l'ont fait choisir, parce
que c'est la plus généralement adoptée, et parce qu'elle
se classe bien dans les combinaisons de la nomenclature.

Si l'on voulait substituer à l'azote le mot nitrogène,
proposé par Chaptal, parce qu'appliqué à l'acide nitrique
il aurait de l'analogie avec ceux par lesquels on a désigné
les substances que l'on a considérées comme productrices
de l'eau et des acides, quelqu'un ne pourrait-il pas représenter qu'il est plutôt le radical de l'ammoniaque que
de l'acide nitrique, ou trouver mauvais qu'on abandonnât
sans radical l'ammoniaque, alcali puissant, ou qu'elle fût
regardée comme composée de nitrogène ou d'hydrogène, de
deux substances génératrices qui annoncent des composés
qui en sont à une si grande distance?

Je ne fais entrer dans les combinaisons des mots que
des abréviations mécaniques; ainsi par hydro, je désigne
l'hydrogène; par oxi, l'oxigène : d'après cette explication,
Chenevix verra que par le mot hydrogène oxi-carburé,

je n'ai prétendu désigner qu'une substance composée d'hydrogène, d'oxigène et de carbone, et que je n'ai point voulu y porter l'indication de l'acidité : lorsque j'ai proposé de désigner par hydro-sulfure la combinaison de l'hydrogène sulfuré avec une base, j'ai perdu de vue le sens propre du mot hydro, et je n'y ai vu qu'un diminutif d'hydrogène : je me suis conduit de même dans la désignation des autres états de combinaison du soufre et de l'hydrogène : je conviens que ces dénominations ont l'inconvénient de n'être pas assez distinctes ; mais il est difficile de l'éviter, parce que les combinaisons ne sont elles-mêmes distinguées que par de faibles caractères ; cependant ces désignations épargnent des périphrases qui ne seraient pas elles-mêmes exemptes d'obscurité, et elles indiquent des états de combinaison qu'il est essentiel de distinguer.

J'adopte d'ailleurs les observations de Chenevix sur la construction de quelques mots composés, dans laquelle on s'est éloigné des principes qu'on avait établis pour indiquer l'analogie des combinaisons : j'appelle avec lui hydrogène-carburé la combinaison de l'hydrogène et du carbone, qui est analogue à l'hydrogène sulfuré, et j'avais déjà fait une réforme pareille dans la dénomination de l'hydrogène phosphuré (1).

Il fait des observations qui me paraissent très-justes sur l'état d'une substance végétale qui devient acide, et qui ne peut être considérée comme le radical de cet acide, de même que le phosphore et le soufre dans les acides qu'ils forment. Ils devraient donc avoir tous une terminaison uniforme. Celle en *ique* étant la plus générale, devrait être adoptée pour tous, sur-tout depuis qu'il est prouvé que l'acide acétique ne doit pas être distingué de

(1) Ann. de Chim. tom XXV.

l'acide acéteux; aussi je ne retiens dans ce traité que cette dénomination ; cependant je ne fais pas difficulté de conserver celle de l'acide tartareux , parce qu'elle s'applique plus convenablement en français à ses composés , et qn'elle est reçue généralement.

En général , je mets moins d'importance à la stricte observation des principes de la nomenclature qui ne sont réellement que des conventions dans lesquelles on peut faire entrer plusieurs considérations ; l'essentiel , à mon avis , est de composer les mots de manière qu'ils ne laissent aucune équivoque sur les parties qui entrent dans la composition d'une combinaison, et sur le rapport de ses propriétés caractéristiques avec celles des autres substances.

Lorsqu'un genre de combinaison n'est point soumis à des proportions qui en limitent les propriétés, la nomenclature a nécessairement le vague qui se trouve dans la composition , ou dans la connaissance que l'on a pu en acquérir ; ainsi dans les oxides , on ne peut désigner avec quelque précision que les deux extrêmes : on pourrait adopter , pour le plus faible degré d'oxidation , le mot oxidule employé par Hauy; mais on est obligé d'indiquer les états intermédiaires par la couleur ou par quelqu'autre accident.

C'est un danger commun à la nomenclature et à la science dont elle est un instrument, que de poser des barrières imaginaires dans la composition et dans la désignation des substances. Voyez Brugnatelli , qui sur des distinctions souvent idéales, vient vous proposer le thermoxigène , qu'il distingue confusément de l'oxigène , les oxides , les thermoxides , les oxiques , le phlogogène , etc. Il prétend que ces innovations ont commencé à s'établir sur les rives de la Tamise ; mais Chenevix, qui s'est arrêté à en combattre quelques-unes , nous-apprend , même

au nom des chimistes ses compatriotes , que Brugnatelli
a été mal informé sur ses progrès; cette cacophonie dans
les mots et dans les idées ne devait pas être accueillie
par les savants chimistes, qui aujourd'hui honorent en si
grand nombre l'Angleterre.

Je dois justifier, par quelques exemples, le jugement
que je porte sur la nomenclature de Brugnatelli. On connaît
le procédé par lequel on réduit le phosphore en acide
phosphorique par l'action de l'acide nitrique, et l'explication simple que l'on en donne : Voici comment Brugnatelli présente cette opération qu'il a compliquée de l'addition de l'alcool.

« Brugnatelli, dit-on dans une note communiquée par
» lui (1), a trouvé un moyen facile et prompt de retirer
» l'oxiphosphorique très-pur, et concentré par la décom-
» position à froid du thermoxigène de l'oxiseptonique.

» Connaissant que l'oxiseptonique, lorsqu'il vient en
» contact avec l'alcool, se décompose en partie à l'ins-
» tant, et change la proportion du thermoxigène relati-
» vement aux autres parties composantes de cet oxique;
» il a saisi ce moment pour présenter à l'oxiseptonique
» le phosphore. Ce combustible oxigénable décompose alors
» le thermoxigène de l'oxiseptonique, et se change en
» oxiphosphorique. Qu'on plonge, par exemple, un demi-
» gros de phosphore dans environ deux gros d'alcool,
» contenu dans un verre; qu'on verse ensuite une demi-
» once d'oxiseptoneux concentré, etc. »

Brugnatelli donne le nom d'*ammoniure* aux combinaisons des oxides avec l'ammoniaque, et cette terminaison
en *ure* ne doit, selon les conventions reçues, comme le
remarque fort bien Chenevix, être appliquée qu'aux combinaisons des substances combustibles; or l'on ne connaît

(1) Journ. de Van Mons.

point de combinaison des métaux, mais des oxides qui ne sont plus combustibles, avec l'ammoniaque.

Ce n'est pas seulement dans cette fausse dénomination que consiste l'erreur de Brugnatelli dans la description qu'il a donnée des ammoniures de mercure et de zinc (1); mais il a supposé celui du mercure dans une circonstance où il n'existe pas, et il a décrit comme nouveau celui de zinc que Lassône a fait connaître depuis long-temps. Voici comment il prépare son prétendu ammoniure de mercure.

« Pour obtenir cet ammoniure, on fait dissoudre du » mercure dans l'oxique sulfurique, et on évapore jusqu'à » concrétion : il reste un mélange de sulfate neutre, de » sulfate acidule et de mercure : on sépare le dernier à » l'aide de l'eau froide; on allonge la solution saturée » avec la moitié de son poids d'eau, et on précipite avec » l'ammoniaque liquide ; il se forme un précipité blanc » d'oxide de mercure très-abondant ». C'est ce précipité qu'il dissout par l'ammoniaque pour faire l'ammoniure d'ammoniaque ; mais Fourcroy a prouvé depuis long-temps (2) que le précipité blanc ou gris que l'on obtient n'est pas de l'oxide de mercure, mais une combinaison très-variable de cet oxide, avec une certaine proportion d'acide sulfurique et d'ammoniaque; et qu'en ajoutant de l'ammoniaque on n'obtient pas un ammoniure, mais une combinaison qui ne diffère de la précédente que par une plus grande proportion d'ammoniaque.

(1) Journ. de Chim. par Van Mons. Vendem. an 10.
(2) Mém. de l'Acad. 1790. Ann. de Chim. tom. X.

NOTE XVI.

Le comte de Rumford a publié plusieurs mémoires par lesquels il a prétendu prouver que les liquides et les fluides élastiques ne sont point conducteurs de chaleur, et qu'ils ne transmettent le calorique qu'au moyen du contact avec les corps solides qu'ils doivent au mouvement de leurs parties : comme cette propriété mettrait entre les états d'une substance, une différence beaucoup plus grande que l'on n'a besoin de la supposer pour l'explication des autres phénomènes; comme d'ailleurs les expériences de ce célèbre philosophe ont fixé l'attention sur un objet qui avait été négligé et qu'il en a tiré des applications heureuses pour les arts et les usages de la vie, je crois devoir proposer quelques doutes sur les principes qu'il a déduits de ses observations. J'examinerai d'abord si les faits sur lesquels il s'appuie ne peuvent recevoir une explication naturelle des propriétés que j'ai analysées jusqu'ici, ou s'ils obligent à avoir recours à des propriétés particulières; mais je m'arrêterai aux considérations qui peuvent servir à éclairer cette discussion sans entrer dans les détails qu'elle exigerait, si je prétendais l'approfondir.

Les expériences que l'auteur a faites sur la communication de la chaleur ont été exécutées avec un appareil dont il convient de rappeler la description : « Il employait » une jarre cylindrique de verre de 4,7 pouces de dia- » mètre, et de 13,8 pouces de haut; il mettait au fond » de cette jarre une quantité connue d'eau (environ 2 » livres), qui était destinée à former au fond de ce vase » un gateau de glace. On mettait à cet effet la jarre avec » cette eau dans un mélange frigorifique de sel et de » glace, dont l'action ne tardait pas à convertir l'eau en » un disque solide, adhérent au fond et aux parois de la » jarre ; on enlevait ensuite ce vase pour le plonger jus-

» qu'au niveau du gâteau intérieur dans un mélange d'eau
» et de glace, qui lui donnait la température de la glace
» fondante ou de zéro du thermomètre commun. Alors
» après avoir couvert la surface du gâteau avec un disque
» de papier, on versait de l'eau chaude aussi doucement
» qu'on pouvoit, et à la quantité d'environ 74 onces ;
» cette eau s'élevait d'environ 8 pouces au-dessus de la
» surface du gâteau.

» On enlevait ensuite très-doucement le papier, et après
» avoir laissé l'eau en contact avec la glace pendant un
» certain nombre de minutes, on la versait et on pesait
» immédiatement la jarre avec la glace qu'elle contenait
» encore ; la différence d'avec le poids primitif établissait
» la quantité de glace qui avait été fondue pendant que
» l'eau chaude avait séjourné au-dessus (1) ».

Ayant observé que le mouvement imprimé en versant
l'eau chaude produisait d'abord un effet considérable et
étranger à la communication de la chaleur, l'auteur imagina successivement plusieurs moyens pour le diminuer :
« Il fit arriver l'eau chaude le long d'un tube de bois,
» fermé au bas et percé latéralement de plusieurs petits
» trous par lesquels l'eau jaillissait sur un disque de bois
» percé lui-même comme un crible, et surnageant à l'eau
» à mesure qu'elle s'élevait dans le vase. On enlevait ce
» disque dès que l'eau était versée, et on couvrait le vase
» d'un couvercle de bois au centre duquel un thermo-
» mètre était suspendu ; enfin en mettant préalablement
» sur la glace une couche d'eau froide d'environ un demi
» pouce d'épaisseur, sur laquelle nageait le disque de
» bois, en façon de crible, qui lui-même recevait l'eau
» chaude ; l'auteur parvint à diminuer encore beaucoup
» l'irrégularité des résultats ».

(1) Bibliot. Britan.

Outre ces précautions , l'auteur a séparé de ses résultats la quantité de glace qui se liquéfiait dans le premier moment, et qui surpassait celle qui se fondait dans les espaces de temps qui succédaient : dans ces différentes expériences, pendant que la partie du cylindre qui contenait la glace , était tenue à la température constante de la glace fondante , la partie supérieure a été laissée en contact avec l'air environnant, ou couverte d'une enveloppe peu conductrice , ou plongée aussi dans le mélange d'eau et de glace : l'eau versée sur la glace a reçu différentes températures. Je fais trois divisions des résultats de toutes les expériences ; 1°. l'eau qui n'avait qu'environ quatre degrés au-dessus de zéro , a fondu un peu plus de glace dans les mêmes espaces de temps que l'eau bouillante ; 2°. lorsque la partie supérieure du cylindre a été enveloppée d'une substance peu conductrice , l'eau chaude a fondu plus de glace que lorsqu'elle était en contact avec l'air; 3°. lorsque la partie supérieure du cylindre a été plongée dans le mélange d'eau et de glace, il s'est liquéfié plus de glace que lorsqu'elle était laissée en contact avec une atmosphère de 61 degrés du thermomètre de Fahrenheit.

Pour rendre raison de ces observations , il faut appliquer aux phénomènes observés par Rumford , les propriétés que nous avons reconnues dans les substances liquides et dans les fluides élastiques , et desquelles nous avons conclu les changements qui s'opèrent dans leurs différents états de combinaison.

Nous avons vu , 1°. que les parties liquides entraient d'autant plus promptement en combinaison , qu'elles se trouvaient dans une plus grande distance de saturation , parce qu'alors la force qui sollicite la saturation est plus grande : de sorte que les effets qui dépendent de la communication de température doivent être très-faibles, lorsqu'il n'y a que de petites différences.

2°. La locomotion qui sert à rapprocher les molécules qui se trouvent à un plus grand intervalle de saturation, accélère l'effet de l'action réciproque par lequel son équilibre s'établit; de sorte qu'il faut séparer l'effet qui en dépend, de celui qui est dû à la communication immédiate.

3°. L'eau et quelques autres substances acquièrent une légèreté spécifique plus grande en approchant du terme de la congélation, d'où il résulte que la locomotion produite par les variations de température dans les autres circonstances, doit éprouver des modifications qu'il faut apprécier, lorsque l'eau et les liquides qui peuvent avoir cette propriété commune avec elle, approchent du terme de la congélation.

Pour faire une application de ces propriétés, il faut encore prendre en considération la direction que l'on donne à l'émanation de la chaleur ; car la combinaison des effets sera différente, si elle parvient par la partie inférieure d'un liquide, ou par la partie supérieure.

Pour qu'il puisse s'établir un mouvement facile entre les parties qui sont au fond d'un vase, et celles qui sont à la surface, il faut qu'il y ait peu de différence entre leur température ; alors les parties qui sont voisines de la glace, et qui prennent de l'expansion, s'élèvent au-dessus de celles qui ont une température précisément supérieure ; mais si la température introduit une grande différence entre les pesanteurs spécifiques, ce mouvement doit être beaucoup plus borné ; de sorte que la glace reste environnée d'une eau qui est à sa température, ou qui en est peu éloignée ; on voit donc que la partie de l'effet qui dépend du mouvement doit être beaucoup moindre, lorsqu'il y a une grande distance dans la température ; mais lorsque cette distance existe, le résultat qui appartient à la communication de la chaleur, indépendamment du mouvement, doit varier selon la manière dont la température est con-

servée dans le liquide : s'il a une enveloppe non conductrice, la chaleur étant conservée, il s'en communique
une quantité plus grande que si elle passe dans les corps
environnants ; mais si la température du liquide n'a pas
une différence assez considérable , comme dans l'expérience, où l'eau a été employée à 16 degrés ; il est plus
avantageux d'augmenter l'effet dû à la translation des parties, en réfroidissant tout le cylindre, que de conserver
celui qui est dû à la communication simple du calorique.
Il me semble que cette explication découle très-naturel-
lement des propriétés connues , et que les observations
de Rumford ne conduisent point à de nouvelles inductions.
Il faut remarquer qu'en séparant l'effet qui avait lieu
dans les premiers instants dans lesquels une différence
considérable de température pouvait occasionner une communication prompte, il n'a plus observé que celui qui
était produit lorsqu'il n'y avait plus que de très-petites
différences entre les couches successives du liquide, et la
glace elle-même : or, lorsqu'il n'y a qu'une petite différence de saturation, soit entre les combinaisons chimiques, soit entre les températures , l'équilibre ne s'établit que
très-lentement , et les effets deviennent difficiles à apprécier.
Les expériences que Rumford a faites en plongeant un
petit cylindre de fer échauffé au degré de l'ébullition de
l'eau, dans l'eau et le mercure, qui recouvraient un ma-
melon de glace sans y produire de liquéfaction, confirment
seulement que lorsque deux corps diffèrent peu par leur
température , l'équilibre s'établit difficilement, car il faut
observer que le fer qui a une faible chaleur spécifique ,
et qui est bon conducteur , a dû, dans la partie du liquide
qu'il a traversée lentement, perdre promptement la plus
grande partie de sa chaleur, et cependant n'élever que
très-peu celle du liquide, même du mercure, vu la masse
de celui-ci.

Mais je trouve dans les expériences même de Rumford, des preuves de la propriété qu'il refuse aux liquides.

1°. Dans toutes les expériences que j'ai indiquées, excepté dans celles faites avec le cylindre de fer échauffé, la liquéfaction de la glace a eu lieu à un degré assez considérable, et chaque partie liquéfiée suppose une quantité de chaleur qui aurait pu élever un poids égal d'eau du terme de la congélation à 75 degrés du thermomètre centigrade.

2°. Il a fait congeler de l'eau à la surface du mercure, refroidi par un mélange frigorifique : donc la température du mercure s'est communiquée à l'eau, et celle-ci a cédé du calorique au mercure pour remplacer celui qu'il perdait.

Si la communication de la chaleur n'était que l'effet du mouvement des parties d'un liquide, le mercure d'un thermomètre ne devrait presque plus changer de température, dès qu'il est parvenu au degré de la congélation de l'eau : en effet, dans plusieurs de ses expériences (*Essai 7*), Rumford suppose qu'à ce degré le mercure n'a plus communiqué de chaleur : or, un thermomètre prend très-promptement la température des corps voisins, et l'indique à plusieurs degrés au-dessous du terme de la congélation de l'eau, et jusqu'à sa propre congélation ; alors il se conduit comme les corps solides, et ses dilatations deviennent proportionnellement plus petites que les précédentes.

Rumford a prouvé que le pouvoir conducteur du mercure était à celui de l'eau, comme 1000 à 313.

Cet effet du mercure qui prend beaucoup plus promptement que l'eau la température du système où il se trouve placé , quoiqu'il ait une pesanteur spécifique beaucoup plus grande, qu'il soit beaucoup moins dilatable par les mêmes degrés de chaleur, et que par conséquent la chaleur doive causer beaucoup moins de locomotion dans ses parties que dans celles de l'eau ; cet effet, dis-je, confirme que les changements de température, dépendent non-seulement de la communication immédiate et des changements de pesanteur spécifique qui produisent le rapprochement des parties d'une température inégale, mais aussi de la propriété plus ou moins conductrice de chaque substance.

3°. Rumford ne fait aucune attention au calorique rayonnant, ni aucune exception pour lui; cependant la communication de la chaleur qui s'établit par son moyen, entre les corps solides et les liquides à travers les gaz, ne peut être douteuse, et l'on peut remarquer que lorsqu'il a approché un boulet échauffé, de la glace et du suif, il s'est fait une communication de chaleur qui a fondu la surface de l'une et de l'autre, sans qu'on puisse attribuer cette communication à une circulation telle qu'il l'a prétendue nécessaire.

Les expériences ingénieuses de Rumford ont exercé la sagacité de quelques physiciens qui ont déjà prouvé que les principes auxquels elles le conduisaient n'étaient pas conformes aux véritables résultats de l'observation.

Nicholson a fait, avec le concours de Pictet, des expériences par lesquelles il s'est assuré qu'en échauffant un liquide à sa surface, par la superposition d'un corps, la chaleur pénétrait et fesait hausser le thermomètre plongé au fond de ce liquide : pour éviter la communication par les parois du vase, on a choisi une substance très-peu conductrice, et l'on a constaté par le moyen d'un thermomètre placé dans le même liquide près des parois du vase, qu'il ne s'était point établi de courants qui fussent différents par la température : enfin la marche des bulles qui se dégageaient, et les autres apparences du liquide ont convaincu qu'il ne s'était pas formé de courants.

On a confirmé dans ces expériences que les liquides différaient par leur faculté conductrice ; La pénétration de la chaleur du haut en bas a été cinq fois plus lente dans l'huile que dans le mercure (1).

Rumford a supposé que les plus légers changements de pesanteur spécifique étaient accompagnés d'une locomotion qui produisait un courant qu'il a cherché à rendre visible, en exposant à un changement de température une liqueur alcaline dans laquelle étaient suspendus des fragments très-subtils d'ambre qui se trouvaient avoir la même pesanteur spécifique que le liquide ; mais Tomson a fait voir (2) combien étaient illusoires les mouvements que l'on observait dans ces molécules, et qui paraissent n'être dûs, dans les variations de température qui ne sont pas brusques, qu'à la différence de pesanteur spécifique qu'ils acquièrent eux-mêmes, et à l'adhérence de vésicules aériennes ; de sorte que quelques-unes de ces molécules marchent en sens contraires, et viennent se heurter sans suivre des directions de courants : il a même fait voir que ces corpuscules flottants pouvaient recevoir différents mouvements, pendant que les couches du liquide conservaient une tranquillité parfaite : il a mis dans un vase de verre une eau colorée en bleu par le suc du choux rouge, puis il a instilé avec beaucoup de précaution, et par le moyen d'un tube à extrémité capillaire, de l'eau claire ; il est parvenu par ce moyen à avoir les deux liquides séparés sans confusion ; alors il a échauffé lentement le vase par la partie inférieure : il est clair que s'il se fût établi un courant, il aurait été marqué par le liquide coloré ; mais la séparation des deux liquides s'est maintenue dans son intégrité ; bien plus, des corpuscules placés dans le premier liquide, s'élevaient, s'abaissaient et traversaient la ligne de séparation sans produire le mélange des deux liquides ; de sorte que

(1) Bibl. Britan. tom. XVIII.

(2) Journ. of Nicholson, febr. 1802.

leurs mouvements variés n'étaient point l'effet d'un courant qui les entraînât; cependant la chaleur se communiquait à tout le liquide. La propagation de la chaleur et l'agitation des corpuscules qui ont à-peu-près la même pesanteur spécifique, peuvent donc avoir lieu indépendamment du mouvement circulatoire, qui ne s'établit que lorsqu'il y a une différence de température d'une certaine intensité entre les différentes couches d'un liquide.

Murrai a opposé à l'opinion de Rumford des expériences encore plus directes et non moins concluantes (1); il a placé la boule d'un thermomètre dans un cylindre de glace qu'il a rempli alternativement d'huile et de mercure; puis il a approché un corps échauffé de la surface du liquide; le thermomètre est monté dans l'une et l'autre épreuve de plusieurs degrés; cependant la chaleur ne pouvait parvenir par les parois de la glace dont la surface devait l'absorber en se liquéfiant; il ne s'établissait pas de courant, car les molécules du liquide, devenues plus légères, ne pouvaient prendre une direction contraire, et l'auteur avait évité d'employer l'eau qui se contracte en passant du degré de la congélation à une température un peu plus élevée : il faut donc qne la chaleur se soit communiquée à la boule du thermomètre, sans que le courant, que l'on suppose nécessaire, se soit établi, et celle qui a servi à le dilater, n'était que l'excès de celle qui avait liquéfié une partie de la glace.

Les observations de Murrai confirment en même temps que le mercure est un conducteur de chaleur plus efficace que l'huile; car l'élévation du thermomètre s'est manifestée par son intermède dans un temps beaucoup plus court, et elle a liquéfié plus de glace.

Il me semble que les expériences de Nicholson, de Thomson et de Murrai ne laissent aucun doute sur la

(1) Ann. de Chim., floréal an 10.

I.

communication de la chaleur entre les molécules des liquides ; les unes font voir que les mouvements des corpuscules solides qui s'agitent dans un liquide, peuvent
souvent en imposer sur les courants que l'on croit appercevoir ; mais il ne faudrait pas pour cela nier l'existence de
ces courants, lorsqu'il s'établit une différence assez prompte
entre les pesanteurs spécifiques et lorsque la chaleur se
communique par la partie inférieure d'un liquide ; les
autres prouvent que la communication de la chaleur peut
se faire à travers un liquide dans lequel on ne peut supposer un courant qui serve à la transporter immédiatement à
un corps solide, et elles confirment que les liquides jouissent
d'une faculté conductrice qui diffère par son intensité,
mais il ne faudrait pas en conclure que la locomotion
des parties des liquides ne concourt pas à établir un prompt
équilibre de température ; il y a même apparence que ce
dernier effet est ordinairement le plus grand.

Les considérations qui ont précédé, et dans lesquelles
j'ai fait une application de la faculté de communiquer la
chaleur commune à tous les corps, de la différence conductrice et de la distribution plus prompte de la chaleur
au moyen de la différence de pesanteur spécifique qu'elle
introduit entre les parties d'un fluide, me paraissent rendre
raison de tous les phénomènes que la sagacité de Rumford
a fait connaître.

Ces considérations me conduisent à une opinion bien
différente de la sienne : on sait avec quelle rapidité les
thermoscopes ou thermomètres à air, indiquent les variations de température : Pictet n'a pu observer une seconde
de différence entre l'élévation d'un thermomètre de cette
espèce, et l'émanation de calorique rayonnant d'un corps
placé à distance : on a observé que les aérostats éprouvaient
une soudaine dilatation par l'apparition du soleil (1) ; ces

(1) Descrip. de l'aréostat de l'Acad. de Dijon.

phénomènes me paraissent indiquer que les fluides élastiques, bien loin d'être de mauvais conducteurs, reçoivent
au contraire très-promptement la température des autres
corps ; car peut-on supposer que ce n'est qu'au contact
de l'enveloppe de l'aérostat que toutes les parties du gaz
viennent prendre la température qu'elles acquièrent, et
comment conçoit-on que les parties inférieures qui sont
contiguës à la portion de l'enveloppe qui ne reçoit pas
l'émanation solaire, seraient portées vers celle qui lui est
exposée? et comme à chaque contact ces molécules ne
recevraient qu'une partie de la température à laquelle elles
parviennent, quel prodigieux tourbillonnement ne faudrait-
il pas supposer dans le gaz!

Il me paraît donc que les fluides élastiques, loin d'être
de mauvais conducteurs, possèdent cette propriété à un
haut degré, quoiqu'ils diffèrent probablement entre eux à
cet égard ; et si l'air qui est contenu produit des effets qui paraissent prouver le contraire, ils sont dûs à quelque circonstance qui modifie cette propriété.

Il me paraît probable que cette circonstance est l'état
de compression dans lequel un gaz se trouve lorsqu'il ne peut
prendre la dilatation qui convient à la température qu'il
reçoit : nous avons vu que le calorique, en se combinant avec
les gaz, n'élevait la température que parce que la dilatation
trouvait un obstacle (107) : il doit résulter de là, que plus l'air
se trouve éloigné de l'état de dilatation qu'il devrait avoir pour
être en équilibre de température, plus il doit opposer de résistance à la combinaison du calorique, et plus par conséquent il doit perdre de sa faculté conductrice; de sorte
que l'air qui prendrait facilement la température des
corps voisins, s'il pouvait recevoir les dimensions convenables sous une pression donnée, deviendrait de plus en
plus mauvais conducteur, à mesure qu'il parviendrait à une
température plus éloignée des dimensions qu'il devrait avoir.

30..

L'air éprouve alors un effet que l'on peut comparer à celui d'un corps qui résiste par la force de cohésion à l'action d'un liquide, pendant que celui-ci peut en opérer la dissolution, dès que cette résistance vient à diminuer.

Cette explication pourrait s'appliquer à la propriété conservatrice de la chaleur que Rumford a prouvé appartenir à l'air qui adhère à des parties telles qu'à celles de l'édredon ; cet air n'adhère que par une véritable affinité qui réduit probablement ses dimensions, ou qui s'oppose du moins à sa dilatation ; et si l'eau peut l'en chasser, ce n'est que parce qu'elle vient se combiner avec ces substances, ou adhérer à leur surface par son affinité ; de sorte que l'air doit éprouver alors par l'action de l'affinité des corps auxquels il est adhérent, le même effet que produit sur son effort élastique un espace où il est contenu, et dans lequel il reçoit une température plus élevée, sans pouvoir se dilater.

Ainsi les fluides élastiques, qui se dilatent beaucoup plus par un même changement de température que les liquides et que les solides, auraient la faculté correspondante d'entrer plus facilement en combinaison avec le calorique : ils résistent peu à leur compression, ils s'échauffent par la réduction de leur volume, et ils se refroidissent lorsqu'on les dilate : ces effets n'annoncent-ils pas une grande disposition à se combiner avec le calorique ou à l'abandonner, et à en recevoir différents degrés de saturation ? et cependant, selon l'opinion de Rumford, il y aurait une barrière insurmontable entre les températures les plus éloignées des différentes parties d'un gaz lorsque ces parties ne viendraient pas à rencontrer un corps solide.

Il serait possible que les substances liquides fussent elles-mêmes beaucoup plus propres à conduire la chaleur que lorsqu'elles sont dans l'état solide : les propriétés de l'affinité réciproque qui produit la cohésion, paraissent l'in-

diquer ; car par cela même que cette affinité s'oppose à la dilatation , elle doit apporter un obstacle à la combinaison du
calorique : cette résistance à son introduction est même
prouvée par la prompte accumulation qui s'en fait , dès
que la force de cohésion est détruite ; de sorte qu'elle
est opposée à la combinaison du calorique , comme à
celle des autres substances : en effet , l'eau paraît prendre
plus facilement la température commune , indépendamment
de la locomotion de ses parties, que la glace qui est très-mau-
vais conducteur , et c'est peut-être par cette différence que la
glace , ainsi que tous les solides qui passent à l'état liquide ,
se liquéfie à sa surface plutôt que de prendre une température commune.

Je ne présente ces dernières explications que comme
des conjectures qui peuvent inviter à tenter des expériences
sur un objet qui n'est pas indifférent à la théorie chimique.

SECTION VI.

~~~~~~

CHAPITRE PREMIER.

De la constitution de l'atmosphère.

234. L'ATMOSPHÈRE intervient dans un grand
nombre de phénomènes chimiques par l'action
dissolvante qu'elle exerce sur les liquides et sur
les fluides élastiques, par l'obstacle qu'elle oppose à leurs dispositions naturelles, ou par la
combinaison de l'un de ses éléments.

Il faut donc la considérer sous ces rapports
pour reconnaître la part qu'elle a dans les phénomènes ; mais sa constitution fait varier son
action.

La constitution de l'atmosphère est le résultat
des conditions dans lesquelles elle se trouve,
c'est à-dire de la compression qu'elle éprouve,
de sa température et de son humidité. J'ai déjà
examiné les effets comparatifs de la compression
et de la température sur les gaz en général (109);

mais il faut en faire une application plus particulière, relativement à l'action de l'atmosphère
et aux dispositions des liquides qu'elle tend à
prendre en dissolution.

L'expérience a appris que le volume de l'air
diminue en raison inverse du poids qui le comprime : tous les gaz permanents suivent la même
loi, mais relativement à la vapeur élastique de
l'eau qui y est tenue en dissolution, il faut faire
une distinction, selon la proportion qui s'y
trouve : si l'air en est saturé, la vapeur élastique ne peut éprouver une diminution dans
l'espace qu'elle occupait, sans qu'une partie
proportionnelle à la diminution ne reprenne
l'état liquide (167); mais si l'on augmente l'espace, elle se dilate comme les autres gaz, et
alors l'hygromètre marche au sec; lorsque l'air
se trouve éloigné de l'état de saturation, il s'approche de la saturation à mesure qu'il est comprimé, et l'hygromètre marche à l'humidité;
mais lorsqu'il est parvenu au terme de la saturation, il ne peut plus être contracté, sans qu'une
partie de la vapeur aqueuse ne se sépare en
eau; tout ce qui reste en dissolution conserve
le même degré de tension : ainsi la compression
réduit le volume des vapeurs élastiques comme
celui des gaz permanents, jusqu'au terme de
la saturation; alors elle réduit la quantité.

235. Nous avons vu (108) quelle loi suivait la

dilatation des gaz par la chaleur ; mais l'élévation de température produit sur la vapeur
élastique, ou plutôt sur le liquide qui tend à
former cette vapeur des effets qui méritent une
considération particulière.

1°. Elle dilate la vapeur élastique comme un
gaz, et elle augmente sa tension ; de sorte que
cette vapeur fait équilibre avec une colonne de
mercure, qui est à celle qui produisait la première tension, dans le même rapport que les
tensions: la vapeur d'eau qui, à quinze degrés,
pouvait élever le mercure de six lignes, l'élevera
à-peu-près de neuf à une température de 80 degrés, ou devra être comprimée de cette colonne
pour conserver son premier volume.

2°. Elle augmente la quantité qui doit occuper
un espace déterminé, ou qui se dissout dans
un volume d'air ; de sorte que s'il n'y a pas
assez d'eau pour satisfaire à cette condition, l'air
qu'on échauffe s'éloigne par là du degré de
saturation, et fait marcher l'hygromètre au sec.

Mais s'il se trouve de l'eau pour produire la
saturation, la tension s'accroît dans une beaucoup plus grande proportion que dans la supposition précédente ; de sorte qu'un effet beaucoup plus considérable s'ajoute au premier.

Les quantités d'eau qui se dissolvent dans
un volume d'air, par des élévations de température, suivent donc un rapport beaucoup

plus considérable que les dilatations : à 15 degrés du thermomètre le pied cube d'air saturé d'eau en contient, selon l'observation de Saussure, à-peu-près 11 gr.; et à 6,78, il n'en peut contenir que 5 gr.

On voit par là pourquoi l'air, qui est refroidi par la dilatation, dépose de l'eau lorsqu'on le dilate ; le froid produit par la dilatation a un effet beaucoup plus grand sur la quantité d'eau qui peut être tenue en dissolution que l'augmentation de l'espace qu'il occupe; ce qui explique comment il peut se faire que l'air comprimé par le poids d'une colonne de 200 pieds d'eau, dans une machine employée dans les mines de Hongrie (1), dépose de la neige et de petits glaçons, lorsqu'on lui permet, par l'ouverture d'un robinet, de reprendre l'état qu'il doit avoir à une compression ordinaire.

236. Puisque l'effort de l'élasticité est le même lorsque l'eau élève, par sa tension, une colonne de mercure dans le vide, ou lorsqu'elle a déjà pris l'état élastique (165), on peut conclure de l'effet qu'elle produit dans une circonstance, celui que l'on en obtiendrait dans l'autre, et juger, par la tension d'un liquide, de la force élastique de la vapeur à différentes températures.

(1) Trans. philos. vol. LII.

Betancourt a fait des expériences très-intéressantes sur cet objet (1); mais quoiqu'elles
aient un degré d'exactitude suffisant pour le
but qu'il s'était proposé, elles n'en ont pas assez,
sur-tout dans les degrés inférieurs, pour reconnaître la loi que suit cette dilatation; ainsi il n'a
point obtenu d'effet pour les quatre premiers
degrés du thermomètre, et pour 10 degrés il
n'a que 0,15 p. , pendant que l'observation de
Van Marum donne 0,40.

Volta a distingué dans ses recherches, comme
je l'ai fait d'après lui, l'effet qui est dû à l'accroissement de tension par l'élévation de température, lequel suit la loi commune à tous
les gaz, et celui que produit la formation d'une
nouvelle vapeur qui prend elle-même la tension
que donne la température; de sorte qu'il s'est
rendu compte par là des deux causes qui produisent l'accroissement de l'action élastique d'un
liquide ou de la vapeur qu'il forme par la chaleur : il a vu que tous les liquides suivaient
dans ces effets la même loi, non-seulement
lorsqu'ils étaient parvenus au terme de l'ébullition, mais à des termes également distants
de l'ébullition : il a observé que l'effort élastique
doublait à-peu-près de 13 degrés en 13 degrés du

(1) Essai expérimental et analytique, etc. Prony, jour.
Polytechnique, cahier I.

thermomètre de Réaumur. Je ne présente sans doute ces résultats, que j'ai recueillis de sa conversation, que d'une manière incomplète, et il se proposait d'y porter une plus grande précision.

237. Dalton vient de publier un mémoire important sur le même objet : Je vais en présenter le précis, tel qu'il se trouve dans la Bibliothèque Britannique (1). J'y appliquerai les principes que j'ai tâché d'établir, et je discuterai l'hypothèse physique dont il fait usage pour expliquer ses résultats.

« L'auteur prend un tube de baromètre parfaitement sec, il le remplit de mercure préalablement bouilli, et il marque l'endroit du tube où le mercure reste suspendu, formant le baromètre de Torricelli. Il gradue ce tube en pouces et dixièmes, par des traits de lime; il l'humecte ensuite, après en avoir sorti le mercure, avec de l'eau ou tel liquide dont il veut éprouver la vapeur; il le remplit de nouveau de mercure en excluant bien l'air, et lorsque le tube a été redressé quelque temps, le liquide dont il a été humecté en dedans se ramasse peu-à-peu au haut de la colonne de mercure où il forme une petite couche.

» Pour donner à la vapeur qui se forme alors

(1) Bibl. Brit. tom. XX et XXI.

dans le vide de Torricelli, telle température qu'il
desire lui procurer, l'auteur introduit à demeure
et au travers d'un bouchon ce tube barométrique
dans un tube de verre de deux pouces de diamètre et de 14 pouces de long. Le baromètre
est maintenu dans l'axe de ce tube par deux
bouchons qu'il traverse, et dont le supérieur
a une seconde ouverture par laquelle on remplit
le gros tube, d'eau plus ou moins chaude,
jusques à la température de 155. (54 $\frac{6}{9}$ R.)

» Pour les températures plus élevées, l'auteur
emploie un baromètre à syphon dont il renferme la longue branche dans un tube de fer-
blanc, qui peut supporter l'eau bouillante ; et il
juge de la descente du mercure dans la partie invisible du tube, par son ascension dans la branche
inférieure. Cette méthode suppose que le tube
est bien d'égal diamètre dans toute sa longueur.

» On peut encore déterminer, par la pompe
pneumatique, munie d'une éprouvette à baromètre, la force de la vapeur aqueuse à diverses
températures au-dessous de l'eau bouillante. On
met sous le récipient une fiole à moitié pleine
d'eau chaude, dans laquelle on plonge un thermomètre ; on fait le vide lentement, et au moment où l'eau commence à bouillir par la diminution de la pression de l'air, on marque le
degré du thermomètre et celui de l'éprouvette.
La hauteur du mercure dans celle-ci est la me-

sure précise de la force de la vapeur : cette méthode est applicable à d'autres liquides.

» En employant ces divers procédés, et par des expériences répétées, dont il a comparé soigneusement les résultats, l'auteur a dressé une table des forces expansives de la vapeur aqueuse, de degré en degré du thermomètre de Fahrenheit entre la glace et l'eau bouillante ; et l'examen des résultats lui ayant fait découvrir une loi assez régulière dans leur marche, qui se rapproche beaucoup d'une progression géométrique, dont la raison décroîtrait lentement, il s'en est prévalu pour étendre sa table, d'une part jusques à la congélation du mercure, de l'autre jusques à 325° F. (130 $\frac{2}{9}$ R.) (Les rédacteurs donnent cette table).

» On sait qu'il existe des liquides plus évaporables que l'eau, tels que l'ammoniaque, l'éther, l'alcool, etc. Il y en a d'autres qui le sont moins, tels que le mercure, l'acide sulfurique, le muriate de chaux, la solution de potasse, etc.; et il paraît, dit l'auteur, que la force de la vapeur de chacun de ces liquides dans le vide est proportionnelle à son évaporabilité. M. de Betancourt établit que la force de la vapeur de l'eau et celle de l'esprit-de-vin sont en rapport constant ; savoir à-peu-près, comme trois à sept. Les premières expériences de l'auteur le rapprochèrent de ce résultat; mais

il a dû s'en écarter ensuite; et d'après un travail fait sur six liquides différents, il est arrivé à cette conclusion générale, savoir : « qu'en par-
» tant d'une certaine vapeur d'une force donnée,
» la variation de cette force par les changements
» de température, est la même dans tous les
» liquides ». Ainsi prenant pour terme com-mun la force qui soutient 3o pouces anglais de mercure, c'est-à-dire, celle de *tout liquide en ébullition à l'air ouvert*, on trouve que la vapeur *aqueuse* perd la *moitié de sa force* par une diminution de 3o° F. dans sa température; il en est de même de *tout autre liquide*; sa vapeur perd *la moitié de sa force* par un réfroi-dissement de 3o° au-dessous de son terme par-ticulier d'ébullition; et cette même force *double* pour la *vapeur de tout liquide*, comme pour celle de l'eau, par un accroissement de 4o° F. au-dessus de la température de l'ébullition du liquide dont il est question. ...

» L'auteur commence par l'éther sulfurique, la série d'expériences qui l'amena aux conclu-sions que nous venons d'énoncer; ce liquide entrait en ébullition à 1o2° F. (31 ½ R.) Il en in-troduisit une petite quantité dans le vide d'un baromètre, et trouva que sa vapeur, à la tem-pérature de 62° F. (13 ⅓ R.) soutenait 12,75 pouces de mercure. C'est la force de la vapeur aqueuse à 172°; or, ces deux températures sont

respectivement distantes de 40° F. des termes
de l'ébullition de l'éther et de l'eau, savoir 102
et 212. L'auteur vérifia ce même rapport dans
d'autres parties de l'échelle au-dessous du terme
de l'ébullition ; il a vérifié aussi dans les températures au-dessus de ce même terme, au
moyen d'un tube à syphon, dans la courte
branche duquel il introduisit quelques gouttes
d'éther, dont la vapeur soulevait une colonne
de mercure plus ou moins considérable dans
la longue branche, à raison de la température
qu'il donnait à l'éther, en plongeant la branche
courte dans l'eau chaude. Il trouva que la vapeur
de l'éther à 147° avait une force équivalente à
64,75 pouces de mercure. C'est aussi la force
de la vapeur de l'eau à 257°, terme éloigné
de 45° de celui de l'ébullition de l'eau, tout
comme le précédent est éloigné aussi de 45° du
terme de l'ébullition de l'éther.

» Par une disposition ingénieuse de l'appareil,
l'auteur a pu soumettre la vapeur de l'éther à
la température de l'eau bouillante : sa force
égalait alors 137,67 pouces de mercure. Cette
température (212°) est de 110° au-dessus de
l'éther bouillant. Or, l'eau à 322°, c'est-à-dire,
à 110° au-dessus de son terme d'ébullition, sou-
lève 137,28 pouces de mercure ; donc la loi en
question se maintient dans toutes les températures éprouvées.

» Dans les expériences sur la vapeur de l'esprit-de-vin , l'auteur trouva que la force de cette vapeur surpassait un peu celle de la vapeur aqueuse à même distance du terme d'ébullition. Il attribue la différence à la difficulté de maintenir l'alcool au même degré de rectification pendant l'expérience. La différence, au demeurant, n'excède guère 2 p. $\frac{2}{5}$, quantité qui est dans les limites des erreurs inévitables dans ce genre d'expériences. La même difficulté qu'il avait éprouvée dans les expériences avec l'esprit-de-vin, se présenta avec plus d'inconvénient encore dans celles avec l'ammoniaque.

» Le muriate de chaux, qui entrait en ébullition à 230°, c'est-à-dire, à une température plus élevée de 18° que celle à laquelle l'eau bout, introduit dans le vide de Torricelli et chauffé successivement à 55, 65, 70 et 95° F., produisit dans la colonne mercurielle des dépressions qui s'accordaient fort bien avec celles produites par la vapeur aqueuse, à même distance du point d'ébullition de l'eau pure ».

Les résultats que je viens de présenter, et qui font connaître la marche régulière de tous les liquides et de tous les fluides élastiques dans la progression de l'élasticité qu'elles reçoivent du calorique, font voir que l'action réciproque de leurs molécules ou ne produit aucun effet ou devient uniforme depuis le terme

auquel on voit cesser l'influence de la force de cohésion; elle n'est plus modifiée que par l'action
du calorique, qui en se combinant au même
degré de saturation doit produire des effets qui
sont semblables lorsqu'ils sont dégagés de ceux
des causes qui agissent en sens contraire.

238. Dalton a examiné une autre suite de
phénomènes; il a déterminé les dilatations que
l'air éprouve, lorsqu'il se trouve en contact avec
un liquide, selon la tension élastique de ce
liquide : « Il a employé, dans cette suite d'expériences, des manomètres composés de tubes
droits et cylindriques, scellés hermétiquement
à l'une de leurs extrémités, et de $\frac{1}{4}$ de pouce
de diamètre intérieur. Ils étaient divisés en
parties égales; on introduisait au fond une
goutte ou deux du liquide à soumettre a l'expérience, et après avoir bien desséché le tube
en dedans, on y laissait entrer l'air commun,
ou tel autre gaz, et on l'enfermait par une colonne de mercure, longue depuis $\frac{1}{10}$ de pouce
jusqu'à 30 pouces, selon les circonstances. On
plongeait ensuite l'extrémité fermée du manomètre dans de l'eau d'une température donnée,
et on observait, par le mouvement du mercure,
l'expansion du fluide élastique à raison de cette
température.

» On avait préalablement déterminé la dilatabilité de l'air sec; et ici l'auteur nous annonce

I.   31

en passant, que d'après des expériences dont il sera question dans un essai suivant, l'expansibilité de tous les fluides élastiques est la même, ou à-peu-près, dans les mêmes circonstances. Mille parties de l'un quelconque de ces fluides occupent un volume de 1370 à 1380 parties par 180° F. (80° R.) de chaleur, et cette dilatation se fait selon une marche à-peu-près uniforme.

« Voici la formule simple de la dilatation combinée, dans le cas du mélange de la vapeur au gaz, telle qu'elle résulte de toutes les expériences qu'il a faites entre les températures de la glace et de l'eau bouillante.

» Soit i l'espace occupé par un gaz sec dans une température donnée ; p, la pression qu'il éprouve, exprimée en pouces de mercure ; f, la force élastique de la vapeur du liquide, dans cette même température et dans le vide : au moment du mélange, une dilatation a lieu, et l'espace occupé par les deux fluides devient bientôt $= \dfrac{p}{p-f}$.

» Ainsi, dans le cas de la vapeur aqueuse mêlée à l'air, par exemple, on a $p = 30$ pouces ; $f = 15$ pouces, à la température donnée, (180° F.) alors $\dfrac{p}{p-f} = \dfrac{30}{30-15} = 2$; c'est-à-dire que le volume a doublé.

» Si la température est 203° F., $f = 25$ est sextuplé.

» Si $p = 60$ pouces, $f = 30$ pouces, à la température de l'eau bouillante, alors l'espace $= \dfrac{60}{60-30} = 2$; c'est-à-dire, que l'eau sous la pression de 60 pouces de mercure, et à la température de l'eau bouillante, produit une vapeur qui double précisément le volume de l'air.

» Si on emploie de l'éther; soit sa température $= 70°$ F. ($17°$ R.) on aura $f = 15$; si l'on suppose $p = 30$, on aura dans ce cas le volume de l'air doublé ».

239. Dalton examine les différentes suppositions que l'on peut faire sur les rapports de deux gaz qui occupent ensemble un espace; on présente ainsi celle qu'il adopte.

« Les particules de l'un des deux fluides peuvent n'exercer ni attraction, ni répulsion sur celles de l'autre; c'est-à-dire qu'elles seront soumises, dans cette supposition, aux loix des corps élastiques.

» Dans ce cas, si l'on mêle ces deux fluides, ils se distribueront de manière que leurs forces réunies égaleront la pression de l'atmosphère. Chacun des deux ne sera pour l'autre qu'un obstacle qui occupera l'espace laissé vide entre les molécules homogènes; la pression exercée sur une molécule donnée d'un fluide mixte ainsi composé, proviendra exclusivement de l'action répulsive des molécules homogènes.

31..

» L'auteur trouve que cette hypothèse résout toutes les difficultés, dans le cas des mélanges des gaz sans combinaison. Ainsi tous les composants de l'atmosphère, les gaz oxigène, azote, hydrogène, acide carbonique, la vapeur aqueuse, etc., s'arrangent ensemble, sous une pression et une température données ; et par une disposition paradoxale, mais vraie, chacun d'eux occupe tout l'espace destiné à l'ensemble de ces fluides. Ils sont si rares, au demeurant, que l'espace qui les renferme tous ne diffère pas beaucoup du vide.

» Indépendamment des gaz azote et oxigène, les deux composants principaux de l'air atmosphérique, l'auteur regarde la vapeur aqueuse et l'acide carbonique comme deux autres ingrédients constamment mélangés dans ce fluide. Il assigne à ces quatre substances les proportions suivantes.

» Le gaz azote soutiendrait à lui seul 21,2 pouces anglais de mercure dans le baromètre.

» Le gaz oxigène en soutiendrait environ 7,8 ; l'un et l'autre de ces gaz ne changent d'état par aucun réfroidissement connu.

» La vapeur aqueuse varie en quantité, à raison de la température ».

240. Ainsi deux fluides élastiques, de nature différente, n'exercent pas plus d'action réciproque que si l'un était le vide par rapport à l'autre ;

on regarde celui qui occupe le premier espace
comme un obstacle que l'on ne fait connaître
que par une comparaison inexacte dont je par-
lerai , mais qui n'agit point sur la force expansive du gaz, et qui n'exerce point d'action
chimique , et on n'assigne à cet obstacle qu'une
existence momentanée.

Deluc , auquel on doit tant de recherches laborieuses et importantes sur cet objet, n'avait
d'abord attribué tous les phénomènes de l'évaporation qu'à l'action du feu; il admit ensuite
une force qu'il compara à celle des tubes capillaires, laquelle introduisait les molécules d'un
fluide élastique (1) entre celles d'un autre, jusqu'à ce qu'il y eût équilibre entre l'action et
la réaction, ce qui est au fond une manière
de désigner l'affinité; mais ni lui, ni les physiciens qui ont suivi son opinion, n'avaient
imaginé qu'un gaz dût être considéré à l'égard
d'un autre , comme privé d'action mécanique ou
comme le vide. Il faut donc opposer de nouvelles
observations à une opinion à laquelle des résultats
bien saisis et très-intéressants doivent donner de
l'importance.

Je remarquerai d'abord que dans l'hypothèse
que j'ai choisie , c'est-à-dire , en admettant que
la vapeur élastique prend , par l'action d'un gaz,

(1) Trans. philos. 1793.

les propriétés d'un gaz permanent, les phénomènes qui viennent d'être exposés s'expliquent
d'une manière naturelle : je prends pour exemple
le cas où la tension élastique d'un liquide étant
15, et la pression 30, le liquide est contenu
dans un espace avec un volume d'air, en produisant les effets manométriques (166), et où
le gaz composé passerait ensuite à l'état qu'il
aurait dans l'atmosphère sous une pression de
30, et toujours en contact avec le liquide ; dans
le manomètre, l'air éprouve une pression de
45 degrés, son volume doit donc diminuer dans
le rapport de 45 à 30, mais il doit se dilater
dans le même rapport, lorsqu'il passe à une
pression de 30 : la vapeur élastique doit éprouver
une dilatation semblable, et acquérir une légèreté spécifique correspondante ; mais le volume
étant augmenté par la dilatation de l'air, il doit
se former une nouvelle vapeur correspondante
à l'augmentation de l'espace : ces trois causes
réunies doivent donner précisément pour résultat
un volume double de celui que l'air avait ; en
effet, si l'on introduit dans un espace de l'air
sec à 30 de tension, de manière qu'il puisse se
dilater, et si l'on y place un liquide qui a 15 de
tension, il suit, du principe établi sur l'observation, qu'une vapeur élastique qui se forme est en
même quantité dans un espace qui est vide ou qui
est rempli par l'air; que la vapeur occupera la

moitié de l'espace où l'air était contenu ; il faudra donc qu'une moitié de celui-ci en sorte , mais elle exigera un nouvel espace, égal à celui de la première moitié, et qui se trouvera dans la même circonstance; il devra donc se former une quantité de vapeur égale à la première , et le volume sera doublé conformément à la formule de Dalton.

Cependant, comme on le verra bientôt, il n'est pas indifférent de préférer une hypothèse physique qui s'accorde avec les propriétés desquelles dérivent les phénomènes , à une autre qui ne peut qu'en représenter les résultats : je dois donc discuter la supposition sur laquelle Dalton établit ses explications.

1°. Il n'est point de l'essence des gaz d'être privés d'action réciproque; le gaz nitreux et le gaz oxigène , le gaz ammoniaque et le gaz muriatique, le gaz muriatique oxigéné et le gaz hydrogène sulfuré ou phosphuré n'entrent-ils pas en combinaison , ou ne se décomposent-ils pas très-facilement par leur action réciproque?

2°. Le gaz hydrogène et le gaz oxigène forment de l'eau dans une circonstance donnée ; le gaz azote et le gaz oxigène peuvent aussi pro-duire l'acide nitrique; mais l'action réciproque qui décide les combinaisons ne peut être considérée comme une force qui prend naissance à l'époque précise où elle se manifeste, elle a dû exister long-temps avant que de produire son effet, et s'accroître peu-à-peu jusqu'à ce qu'elle soit devenue prépondérante.

3°. Le gaz azote se conduit avec le gaz oxigène dans les changements occasionnés par la température et par la pression, précisément comme un seul et même gaz ; faut-il avoir recours à une supposition qui oblige à admettre une si grande différence d'action que rien n'indique ?

4°. Lorsqu'un gaz est mêlé avec un autre qui a une grande différence de pesanteur spécifique, par exemple, lorsque le gaz hydrogène est superposé au gaz acide carbonique, ce n'est qu'après quelques jours que le mélange devient uniforme : si le premier n'offrait à l'acide carbonique qu'un espace vide, celui-ci devrait s'y élancer avec rapidité; mais, dira-t-on, le gaz hydrogène présente un obstacle qu'il faut surmonter ? si cet obstacle est une force mécanique, il faut que l'action élastique devienne plus puissante que lui; mais alors l'un et l'autre gaz doivent continuer d'agir réciproquement par leur élasticité.

5°. Si un gaz n'offre à une vapeur qui se forme, que des espaces qu'on doit regarder comme vides, et s'il ne lui oppose qu'une résistance que l'on compare à celle du gravier, qui laisse passer l'eau à travers ses interstices, il ne pourra que retarder la formation de la vapeur, comme on l'avance; mais le volume qu'il occupe ne doit point changer, et cependant celui de la vapeur

s'ajoute en entier au sien ; on dit qu'alors il se
dilate, parce qu'il supporte une moindre partie
de la compression. Ce partage d'une même compression de l'atmosphère a-t-il quelqu'analogie
avec une propriété physique déjà connue ? Peut-
on concevoir une substance élastique qui ajoute
son volume à celui d'une autre, et qui cependant n'agit point sur elle par sa force expansive ?

241. Ce qui a porté Dalton a rejeter l'affinité
chimique entre les gaz, c'est que dans l'action
de l'affinité *il y a pénétration réciproque, dégagement de calorique, changement dans les
densités, et les phénomènes sont essentiellement
différents de ceux du mélange simple.*

Ces effets de l'affinité ne peuvent être con-
testés, lorsqu'elle est assez énergique pour les
produire, ou lorsqu'ils ne sont pas déguisés par
des effets contraires; mais il arrive souvent que
son action est trop faible, pour causer un changement de dimension ou de température, ou
même des causes plus puissantes ne laissent
paraître qu'un effet contraire.

Le mercure qui adhère à la surface d'une
masse métallique, y exerce bien une action,
et cependant il ne produit pas de changement
de dimensions : si la cohésion ne s'y opposait,
il dissoudrait complétement le métal par la même
force qui le fait adhérer à sa surface.

Un sel ne se dissout dans l'eau qu'au moyen

d'une action chimique, et bien loin qu'il y ait diminution de volume, il y a dilatation, et au lieu d'y avoir dégagement de calorique, il s'en fait une absorption (142).

Cette dissolution d'un sel a des rapports frappants avec celle d'un liquide par l'air : à une température donnée, il ne peut y avoir qu'une quantité déterminée du sel qui se dissolve ; si l'on diminue la quantité de l'eau, et par là son volume, une portion du sel correspondante à cette diminution se dépose, la force de cohésion opère alors ce que la disposition à la liquidité fait dans la dissolution d'un liquide par un gaz : la chaleur produit encore un effet analogue dans l'une et l'autre : la comparaison que Leroi a faite de ces dissolutions eût été exacte s'il eût pris en considération, comme l'a fait Saussure, la gazéité qu'acquiert le liquide en prenant l'état de vapeur.

242. Dalton conteste cette assertion de Lavoisier, que la pression atmosphérique seule maintient l'eau à l'état liquide, dans la température ordinaire : « Si, dit-il, l'on anéantissait tout-à-coup l'atmosphère aérienne, en ne laissant subsister que sa portion aqueuse, celle-ci ne s'augmenterait que peu, parce qu'elle existe déjà dans l'air, à-peu-près au maximum de ce que peut produire et entretenir la température : seulement la suppression de l'obstacle

accélérerait l'évaporation , sans en augmenter bien sensiblement la quantité absolue.

» Cette notion que la pression empêche l'évaporation des liquides , notion qui fait axiôme chez les physiciens modernes, a produit peut-être plus d'erreur et de perplexité dans la science qu'aucune autre opinion également mal fondée ».

L'observation de Dalton ne me paraît pas juste , et par une conséquence de son opinion, il me semble qu'il est conduit à une idée fausse sur la quantité de vapeur qui se formerait par la suppression de l'atmosphère , et celle qui peut se dissoudre dans l'atmosphère.

En examinant les effets de la compression de l'atmosphère, opposée à l'action du calorique, Lavoisier remarque que sans elle *les molécules s'éloigneraient indéfiniment, sans que rien limitât leur écartement, si ce n'est leur propre pesanteur qui les rassemblerait pour former une atmosphère* (1)

Il décrit ensuite les observations qu'il a faites avec Laplace , sur la vaporisation de l'éther et de l'alcool dans le vide et sur la force élastique de la vapeur qui croît selon la température, et qui réduit le liquide en fluide élastique, lorsque sa tension devient plus grande que la compression de l'atmosphère : je ne vois

(1) Traité élém. de Chim. Ire. part. p. 8.

dans ces idées rien qui ne soit conforme aux phénomènes.

En effet, si l'on exécute une distillation en empêchant l'accès de l'air; et en réfroidissant le récipient, on supprime par le réfroidissement la plus grande partie de la résistance de la vapeur élastique, qui par là continue à se reproduire et à se condenser : on vérifie le principe que sans la compression de l'atmosphère aérienne ou de celle qui se forme, les liquides passeraient à l'état élastique.

L'observation a fait voir que la quantité de vapeur élastique était la même dans un espace vide ou dans le même espace occupé par l'air saturé d'humidité, au même degré de température : il faut conclure de là que la quantité de vapeur élastique qui se forme dans l'atmosphère, est différente de celle qui serait produite si l'atmosphère était supprimée; dans le premier cas, en supposant un degré de température uniforme, la quantité d'eau contenue dans un même espace à la partie supérieure de l'atmosphère, ou à la partie inférieure serait la même, indépendamment des différences de compression; cet effet du moins aurait lieu, jusqu'à ce que l'action chimique de l'air fut devenue inférieure à l'effet du poids de la vapeur elle-même. La diminution de la compression n'agirait que sur la quantité de l'air qui serait

diminuée par là pendant que celle de la vapeur
élastique resterait la même ; ainsi, à 14 pouces
de pression, un pied cube d'air n'aurait que
la moitié de l'air qu'il a à une pression de
28 pouces ; mais la quantité d'eau serait la même
à la même température, et au même degré de
saturation, d'où il résulte que les variations du
baromètre qui sont dues à celles de l'humidité
de l'atmosphère, peuvent être beaucoup plus
grandes que ne l'ont cru Saussure, §. 228, et
Deluc (1).

Dans le second cas, il ne pourrait se former
qu'une quantité de vapeur déterminée par sa
pesanteur ; ainsi, à 10 degrés du thermomètre, la
quantité de vapeur répandue dans tout l'espace atmosphérique ne pourrait surpasser celle qui équivaut à la pesanteur de 0,4 pouce de mercure.
Comme la quantité d'eau qui peut être tenue
en dissolution par les gaz est la même pour
tous, et comme elle est proportionnelle à leur
volume et à leur température, l'état de dessication et d'humidité peut produire des variations considérables dans ceux qui ont peu de
pesanteur spécifique : ainsi lorsque le gaz hydrogène à 10 degrés est saturé d'humidité, l'eau qu'il
tient en dissolution en forme à-peu-près le
dixième, et à 16 degrés elle en fait près du sixième.

(1) Ann. de Chim. tom. VIII.

243. C'est à la propriété, que les gaz possèdent, de dissoudre l'eau, qu'est due l'évaporation : un volume d'air sec prend, pour se saturer, la même quantité d'eau qui remplirait dans le vide l'espace occupé par l'air saturé : il reçoit par là un accroissement de tension égal à celle de la vapeur; la seule différence qu'il y ait, c'est que l'évaporation se ferait plus rapidement dans le vide; mais elle s'arrêterait lorsque la vapeur formée aurait acquis la tension qu'elle ne peut passer à une température déterminée; l'air au contraire, en se renouvelant, présente à l'eau de nouveaux espaces à remplir; de sorte que l'effet total de l'évaporation est beaucoup plus grand, et il l'est d'autant plus que l'air se trouve plus éloigné du degré de saturation, et plus échauffé : pendant que les circonstances ne varient pas, on voit que les quantités de liquide qui s'évaporent, doivent être proportionnelles à la tension déterminée par la température. Dalton a non seulement confirmé, par des expériences d'un grand intérêt, le rapport de la quantité d'un liquide qui subit l'évaporation à différents degrés de température avec la tension qu'il a à ces degrés; mais il a fait voir encore que les liquides tels que l'eau, l'alcool et l'éther, ne différaient à cet égard entre eux que par la distance à laquelle ils se trouvaient du degré de eur ébullition particulière; de sorte qu'à

une même distance de ce terme, la quantité de leur évaporation se trouve égale.

Lorsqu'une fois l'eau est parvenue à l'ébullition, sa vapeur, pendant qu'elle conserve sa température, ne se mêle avec l'air que comme un gaz; mais elle reprend l'état liquide, ou par une augmentation de compression, la température restant la même, ou par un refroidissement, la compression étant la même.

Dalton a éprouvé que la vaporisation produite par une chaleur maintenue au *minimum* nécessaire à l'ébullition, pouvait être augmentée par l'agitation de l'air; ce qui fait voir qu'alors, outre la vaporisation, l'air peut encore agir par son action dissolvante, et que par conséquent le résultat se compose de l'évaporation et de la vaporisation; mais il y a apparence que lorsque l'ébullition est forte, l'air ne peut plus agir par son contact, et qu'alors l'effet est entièrement dû à la vaporisation.

244. La distillation participe aux effets de la vaporisation ou de l'évaporation, selon le degré de température.

Si le liquide que l'on distille est en ébullition, c'est la vapeur qui se forme; lorsque la tension est devenue égale à la pression de l'atmosphère, elle chasse l'air qui se trouve dans le récipient, et en se condensant par le froid, elle fait place à la nouvelle vapeur.

Si la chaleur est inférieure à celle de l'ébullition, le liquide ne prend pas une tension qui
puisse contrebalancer la compression de l'atmosphère; à moins donc que la distillation ne
se fasse dans un appareil vide, il ne se formera de la vapeur que par l'intermède de l'air,
et pour qu'il y ait quelque distillation, il faudra
qu'il s'établisse un courant; l'air qui acquerra
une plus grande tension par l'accession de la
vapeur, se dilatera et poussera devant lui l'air
qui n'a pas reçu de vapeur; il s'établira un
courant qui ramènera l'air qui aura été obligé
d'abandonner une partie de sa vapeur par le
refroidissement, comme nous avons vu qu'il
s'en formait un dans la dissolution des sels (228).

Fontana a publié des expériences curieuses,
qui prouvent que l'expulsion de l'air ou la circulation de celui qui tient des vapeurs en dissolution est nécessaire pour que la distillation
puisse s'opérer (1), même au degré de l'ébullition qui alors n'a pas lieu.

Il a fait communiquer deux matras par un
tube scellé hermétiquement, il a placé de l'eau
dans l'un des deux, puis il lui a fait subir longtemps la chaleur de l'ébullition, et il ne s'est point
fait de distillation : l'éther tenu pendant vingt-
quatre heures à une chaleur de 5o degrés de

(1) Journ. de Phys. 1779.

Réaumur, pendant que l'autre matras était environné de glace, n'a également point subi de distillation. La compression qui résulte du premier effet de la vapeur qui se dissout, s'oppose à ce qu'il s'en produise de nouvelle ; mais si l'espace était vide, la distillation aurait lieu par la plus faible température, ainsi que le remarque Saussure.

Fontana conclut de ses expériences, que l'évaporation n'est pas due à l'action seule du feu sur un liquide ; *car si la chose était ainsi, l'eau pénétrerait à travers l'air, quoique renfermée, comme le feraient tous les autres corps, qu'une impulsion quelconque pousserait contre ce dernier fluide.*

Dalton prétend « que la présence de l'atmos-
» phère est un obstacle, non à la formation,
» mais à la diffusion de la vapeur, diffusion
» qui aurait lieu instantanément comme dans
» le vide, si les molécules de l'air ne s'y oppo-
» saient par leur inertie. Cet obstacle est écarté
» en proportion de la force absolue de la va-
» peur : il ne provient pas de la pression ou
» du poids de l'atmosphère, ainsi qu'on l'a sup-
» posé jusqu'à présent ; car si cela était, aucune
» vapeur ne pourrait se former au-dessous du
» degré de l'ébullition ; mais c'est un obstacle de
» rencontre analogue à celui qu'éprouve un cou-
» rant d'eau qui descend au travers du gravier ».

L'éditeur, dont Dalton a adopté en cela l'opinion déjà ancienne, ajoute : « la comparaison
» serait plus juste encore, si l'on suppose de
» l'eau qui, remontant pour atteindre son ni-
» veau, traverse une couche de gravier ; la
» pression de ce gravier est en entier supportée
» par sa base ; et l'eau qui se distribue en
» montant dans les interstices qu'elle rencontre,
» n'en éprouve aucun effet ; seulement elle est
» gênée dans son ascension, selon qu'elle trouve
» moins ou plus de place pour se loger ».

Dans les expériences de Fontana, toute la
place est prise par le gravier ; il n'y a pas seulement obstacle à la diffusion, mais à la production de la vapeur.

Peut-on comparer l'obstacle que des molécules
dures et inflexibles opposent au passage d'un
liquide incompressible, à celui de molécules élastiques ? Cet obstacle mutuel ne doit-il pas s'opposer à l'effort expansif de l'un et de l'autre : par
là même un fluide élastique ne peut être semblable au vide à l'égard d'un autre, après la diffusion, et le partage entre eux d'une compression commune est une supposition gratuite.

Si un gaz se plaçait dans les interstices d'un
autre, comme dans le vide, il n'y aurait aucune
augmentation de volume, lorsque la vapeur
aqueuse ou éthérée s'unit à l'air ; mais il y en a une
qui est proportionnelle à la quantité de vapeur

qui s'ajoute; l'air humide devrait être spécifiquement plus pesant que l'air; mais il est spécifiquement plus léger, ainsi que l'avait déjà remarqué Newton. Une table par laquelle Dalton a prétendu représenter comment différentes molécules gazeuses pouvaient se loger dans un même espace, n'est donc qu'un tableau d'imagination.

245. Tous les liquides ont la propriété de se dissoudre dans l'air, tous ont une tension plus ou moins grande dans le vide; mais les phénomènes changent lorsque deux liquides exercent une action mutuelle; soit lorsqu'ils sont l'un et l'autre dans l'état liquide, soit lorsque l'un des deux est en vapeur élastique.

L'acide sulfurique concentré ne paraît point se dissoudre dans l'air humide; mais il s'empare de l'humidité, et il la partage selon la force qu'il exerce sur la vapeur aqueuse, et selon la force dissolvante de l'air : ces deux forces peuvent se trouver en équilibre; mais il est facilement rompu par une légère différence de température; de sorte que l'acide qui prend de l'eau à une température, en cède à une autre : il paraît que ce n'est que lorsque l'air est très-sec et l'acide très-concentré, que celui-ci pourrait agir par sa tension, et se dissoudre dans l'air en raison de cette tension.

Un phénomène analogue a lieu, lorsque l'on soumet à la distillation deux liquides inégalement évaporables, par exemple, l'eau et l'acide sulfurique ; quand la proportion de l'eau est grande, elle passe d'abord seule à la distillation : mais il en distille une moindre quantité que si elle n'était pas retenue ; sa tension est diminuée de l'effet de l'action que l'acide sulfurique exerce sur elle : le degré de son ébullition est éloigné, comme nous avons vu dans les expériences de Dalton, qu'il l'était par le muriate de chaux. Enfin on parvient à un terme où la tension que reçoit l'acide sulfurique lui-même par la chaleur, l'emporte sur l'action par laquelle il tend à retenir l'eau ; alors celle-ci lui communique de sa volatilité, et produit un effet contraire au précédent : l'acide sulfurique passe donc, en plus grande quantité, à une chaleur donnée, que s'il était dépourvu d'eau.

Cet effet de l'action mutuelle de deux liquides se remarque également lorsque l'on soumet deux liquides différemment évaporables dans le vide de la colonne barométrique ; un mélange d'éther et d'alcool déprime moins cette colonne que l'éther seul.

Si donc l'on soumet à la distillation un mélange d'alcool et d'éther, il faut une température plus élevée pour produire le même effet sur l'éther que s'il était seul ; dès qu'il passe à la distillation, sa vapeur permet non-seulement à l'alcool de fournir sa part en raison de sa propre tension ; mais elle avance le terme de son ébullition, et la quantité d'alcool qui passe avec lui, est plus grande que s'il n'obéissait qu'à la tension qu'il doit avoir à la même température, d'où il résulte que l'on ne peut obtenir, par la distillation, un éther qui soit absolument privé d'alcool, à moins qu'on n'ajoute une substance qui puisse, par son action, retenir l'alcool.

C'est ce que l'on fait, au moyen de l'eau qui n'a qu'une très-faible action sur l'éther, mais qui en a une plus énergique sur l'alcool ; de là vient que si l'on fait passer, dans le vide barométrique, de l'éther ordinaire, c'est-à-dire, tenant de l'alcool ou une liqueur plus soluble dans l'eau que l'éther, sa tension augmente lorsque l'on y introduit un peu d'eau, de même que si l'on ajoutait un alcali à l'acide sulfurique qui retiént de l'eau ; c'est ainsi qu'une base fixe rétablit la propriété élastique de celle qui est volatile, lorsqu'elle partage avec elle l'action qu'elle exerçait sur un acide (15o).

L'on avait présenté cette action de l'eau sur l'éther, comme un phénomène inconciliable avec les lois de la dilatation des vapeurs(1) ; mais ayant engagé Gay Lussac à examiner cet objet, il l'a facilement éclairci, et il a consigné les résultats de ses expériences dans une note que je joins ici. (*Note XVII.*)

(1) Ann. de Chim. tom. XLIII.

~~~~~~~~~~~~~~~~~~~~~~~~~~~~~~~~~

CHAPITRE II.

Des parties élémentaires de l'air atmosphérique.

246. L'AIR concourt, par les combinaisons
qu'il forme, à un si grand nombre de phénomènes chimiques, qu'il est important d'avoir
une idée précise des parties qui le composent,
des proportions dans lesquelles se trouvent ses
éléments, soit dans l'état naturel, soit dans les
différents produits des opérations chimiques et
des méthodes par lesquelles on détermine ces
proportions.

Le gaz oxigène et le gaz azote qui entrent dans
la composition de l'air atmosphérique n'exercent
que cette action mutuelle qui produit l'espèce
de combinaison que j'ai distinguée particulièrement dans les fluides élastiques par le mot
de dissolution, et qui ne porte aucune atteinte
aux dimensions propres à chaque espèce de gaz.

Cette action suffit pour surmonter la résistance qu'oppose la pesanteur spécifique, de
sorte qu'un fluide élastique, qui résulte de différents gaz qui se dissolvent mutuellement, a
une pesanteur spécifique uniforme et déterminée

par la proportion de ces gaz et par la compression qu'ils éprouvent à une certaine température ; de là vient que, même sur la cîme
du Mont-Blanc , l'air atmosphérique contient
de l'acide carbonique (1), et peut-être en même
proportion qu'au niveau de la mer; cependant
la différence de pesanteur spécifique peut limiter
les quantités qui peuvent se dissoudre; par là
s'expliquerait la plus grande proportion d'azote
que l'on admet, d'après l'observation de Saussure, à la hauteur des cîmes élevées des montagnes ; mais on peut encore avoir, sur l'observation de ce célèbre physicien , quelque
doute fondé sur l'inexactitude des moyens eudiométriques, qui étaient adoptés alors avec confiance ; et le fils qui marche avec tant de succès
sur ses traces, m'a confirmé lui-même ce doute
par des observations postérieures qu'il a faites ;
d'ailleurs les différences indiquées étaient très-
petites, établies sur un petit nombre d'observations qui n'avaient pas même été constantes,
et l'on en trouvait de pareilles entre l'air de
Genève et celui des plaines du Piémont ; or,
nous verrons combien est douteuse cette dernière différence.

Dans la simple dissolution de l'eau et des autres
liquides par l'air, celui-ci agit sur la vapeur

(1) Voyage dans les Alpes, tom. VIII, édit. in-8°.

comme sur un gaz, sans éprouver lui-même
aucun changement dans ses proportions; mais
l'eau qui le dissout et qui agit par une masse
beaucoup plus considérable, paraît opérer en
partie cette décomposition; car celle qui est
exposée librement à l'atmosphère, s'imprégne
d'un air plus pur ou dans lequel la proportion
de l'oxigène est plus grande que dans l'air atmosphérique, et quand elle a dissous du gaz
azote, elle en abandonne une partie pour prendre
du gaz oxigène à sa place; de là vient que le
gaz oxigène, exposé long-temps sur une quantité considérable d'eau, s'altère, à moins que
la lumière ne l'oblige à garder son état élastique, ou ne le lui rende.

247. Il y a des substances qui exercent une
action beaucoup plus puissante sur le gaz oxigène, et qui surmontent et la force de son
élasticité et l'action du gaz azote, pour former
avec lui des combinaisons intimes.

On s'est servi de cette propriété que plusieurs
substances ont de soustraire le gaz oxigène à
l'air atmosphérique, en laissant l'azote dans l'état
élastique, pour déterminer les proportions de
gaz azote et de gaz oxigène qui forment l'atmosphère, ou qui entrent dans les produits des
opérations chimiques : on a donné le nom d'eudiomètres aux moyens qui ont été employés,
en comprenant sous cette dénomination et la

substance qui se combine avec l'oxigène , et l'appareil dont on se sert pour mesurer l'effet qu'elle produit ; mais les chimistes ne sont pas d'accord sur le choix de ces moyens , et sur les conséquences qu'on doit en tirer.

On peut distinguer les eudiomètres en deux espèces : dans les uns on fait agir un volume déterminé d'une substance gazeuse sur un volume aussi déterminé d'air atmosphérique : une partie de la substance gazeuse , en s'unissant avec l'oxigène de l'air atmosphérique, forme une combinaison soluble par l'eau, et dont le volume est soustrait par là : la diminution sera d'autant plus grande , que la quantité d'oxigène aura été plus considérable ; on pourrait donc , par ce moyen , comparer les quantités d'oxigène qui se trouvent dans différents gaz, si elles étaient proportionnelles aux diminutions ; mais il n'est pas propre à déterminer la quantité absolue d'oxigène qui existait, à moins qu'on ne connaisse exactement , dans quelle proportion il se combine avec la substance gazeuse qui perd son état élastique avec lui.

Dans la seconde espèce d'eudiomètre , l'oxigène se combine avec une substance oxigénable, solide ou liquide ; alors le résidu est le gaz azote qui est pur , ou du moins qui ne reçoit par la combinaison qu'il peut éprouver qu'un changement que l'on peut évaluer ; et l'on parvient immédiatement à la détermination de la quantité absolue des deux parties de l'air atmosphérique. Cet apperçu paraît indiquer la préférence que l'on doit donner à ces derniers moyens; cependant examinons avec plus de détails les avantages et les inconvénients qui peuvent appartenir aux uns et aux autres.

248. On doit à Priestley l'idée ingénieuse de mesurer la pureté de l'air par la diminution qu'y produit le gaz nitreux, et l'on a reconnu ensuite que cette diminution dépend de la proportion de gaz oxigène qu'il contenait. Fontana imagina un appareil pour rendre cette épreuve exacte, et le procédé a depuis été désigné le plus ordinairement sous le nom d'eudiomètre de Fontana.

Cet eudiomètre a d'abord le désavantage de donner des variations assez considérables dans ses résultats, selon l'agitation, la température, la proportion, les qualités de l'eau, et les dimensions de l'appareil, ainsi que l'ont remarqué Fontana, et sur-tout Inghenouze; Cavendish a cherché à prévenir ces causes d'incertitude, en fesant parvenir le gaz nitreux dans l'air bulle à bulle, et en établissant une parfaite égalité dans toutes les parties du procédé (1); mais on doit conclure de ses observations, que si

(1) Trans. philos. 1783.

l'on ne porte son attention sur toutes les circonstances, ainsi qu'il a fait, on ne peut plus
tirer des épreuves aucun résultat comparatif :
de là vient une grande incertitude et beaucoup
de discordance dans les observations qui ont été
faites par ce moyen.

Cavendish a sur-tout constaté avec exactitude
quelques-unes des causes qui font varier les
résultats : selon ses observations, lorsqu'on ne
remue pas le vase dans lequel on fait le mélange de gaz nitreux et d'air, la diminution est
plus lente et plus faible que lorsqu'on l'agite :
la différence est comme 99 à 108. Celle qui provient du temps employé pour introduire par
bulles un gaz dans l'autre, est encore plus grande :
l'eau distillée produit une plus grande diminution que celle qui ne l'est pas, et l'eau qui
a été en contact avec le gaz nitreux, une plus
petite que celle qui ne l'a pas été : si l'eau
contient de l'oxigène, elle cause une plus grande
diminution que si elle a été quelque temps en
contact avec le gaz azote : lorsque l'on fait passer
l'air dans le gaz nitreux, la diminution est plus
grande qu'avec la manœuvre contraire, dans le
rapport de 108 à 90. Nous examinerons dans
la suite la cause de ces différences.

Ce qui mérite d'être remarqué, c'est que la
diminution n'a pas varié sensiblement dans les
expériences de Cavendish, soit que le gaz ni-

treux fût impur, soit qu'il fût sans mélange,
pourvu qu'une quantité suffisante fût employée.
Fontana avait déjà fait la même observation. On
voit par là combien sont inutiles les mesures
qu'a prescrites Humbold, pour déterminer la
quantité de gaz azote qu'il supposait se trouver
toujours dans le gaz nitreux, dans le but de
déduire les proportions d'oxigène et de gaz nitreux qui se combinent et produisent la diminution ; la séparation du gaz azote se fait bien
par le moyen du sulfate de fer qu'il a indiqué ;
mais l'existence du gaz azote dans le gaz nitreux
est accidentelle, et celle est étrangère à l'absorption (1). Les expériences exactes de Davy ont
fait voir que le gaz nitreux, retiré par un procédé semblable à celui de Humbold, ne laisse
presque pas de résidu lorsqu'on le fait absorber
par le sulfate de fer, épreuve sur laquelle s'ap-
puyait Humbold, pour prouver la co-existence
de cet azote : son absorption est aussi à-peu-
près totale par le gaz muriatique oxigène (2).

Parmi les observations de Cavendish, il y en
a une dont il ne pouvait, à l'époque où il la
fit, indiquer la véritable explication : il a trouvé
que, pendant que le gaz nitreux, retiré par le
moyen du mercure, du cuivre ou du laiton,

(1) Ann. de Chim. tom. XXVIII.

(2) Ibid, tom. XXXIX.

produisait des diminutions égales, celui qu'il formait, par le moyen du fer, donnait une diminution plus grande, quoique, lorsqu'il était employé en petite proportion, la diminution se trouvât moindre : il me paraît que ces effets dépendent d'une portion de gaz oxide d'azote qui se trouve unie au gaz nitreux qui est produit par le fer, mais qui s'absorbe dans l'eau sans agir sur le gaz oxigène, et celui qu'on obtient par les autres moyens indiqués, s'en trouve privé.*

Si les résultats qu'on peut obtenir, en évitant exactement toutes les causes d'erreur, peuvent être comparables entre eux, ils ne le sont plus avec ceux des épreuves qui n'ont pas été faites avec le même soin, et avec la même méthode. De plus, ils cessent de l'être pour des proportions très-différentes d'oxigène et d'azote ; car Humbold a observé lui-même que le gaz oxigène isolé produit proportionnellement une plus grande diminution, que lorsqu'il entre dans la composition de l'air atmosphérique.

Enfin cette méthode, par laquelle on peut parvenir à comparer différents airs, lorsque aucune attention n'a été négligée, ne fait pas connaître la proportion d'oxigène et d'azote qui se trouve dans l'air qu'on éprouve ; ou si l'on veut la conclure, on rencontre de nouvelles causes d'incertitude, et les données que l'on

adopterait ne pourraient être employées que
pour la méthode dont on fait usage, puisque
la diminution de volume varie, comme on vient
de le voir, selon les circonstances du procédé.

249. L'épreuve que l'on fait par la combustion
du gaz hydrogène, et qui est connue sous le
nom de Volta, auquel on doit l'appareil par
lequel on l'exécute, a beaucoup plus de précision que la précédente, et elle a l'avantage
de faire connaître la proportion de gaz oxigène,
qui est réduite en eau par la détermination
exacte des proportions des éléments de l'eau,
que l'on a obtenue dans les opérations faites
sur de grandes quantités, et avec toute la précision qui peut être portée dans les expériences
chimiques.

Il est difficile de concevoir pourquoi l'on s'est
livré à tant de soins pour perfectionner l'usage
du gaz nitreux dans lequel on reconnaissait
beaucoup de causes d'erreur, et dont on ne
pouvait conclure les proportions du gaz oxigène, pendant que l'on possédait une méthode
qui avait le double avantage, d'avoir moins d'incertitude, et d'indiquer les proportions.

Cependant l'eudiomètre de Volta, qui a beaucoup de précision avec le gaz oxigène qui ne
contient que peu de gaz azote, a l'inconvénient
de ne pas produire la combustion de tout le
gaz oxigène, lorsqu'il se trouve confondu avec

une grande quantité de gaz azote, comme dans l'air atmosphérique : si même il ne se trouve qu'une petite proportion de gaz oxigène, l'inflammation n'a pas lieu : on peut parer à ce dernier inconvénient, en ajoutant une quantité connue de gaz oxigène qui détermine la combustion de celui qui préexistait, et en divisant le résultat ; cependant il y a toujours une portion de gaz oxigène qui échappe à la combustion, comme le fait voir le résidu qu'on obtient par le procédé de Monge pour la formation de l'eau ; car ce résidu contient du gaz oxigène et du gaz hydrogène qui ont résisté à la combustison, parce qu'ils se sont trouvés mêlés à une trop grande quantité de gaz azote et de gaz acide carbonique.

250. Un grand nombre de substances ont la propriété de se combiner avec l'oxigène, sans qu'il s'en dégage aucun gaz, et sans absorber le gaz azote, et peuvent par conséquent servir à reconnaître la quantité d'oxigène qui se trouve dans un gaz ; mais il faut choisir celles qui agissent avec une force assez grande pour que l'absorption ne soit pas d'une trop longue durée, et qu'elles puissent enlever à l'azote tout l'oxigène qu'il tend à retenir par une force croissante : ces moyens eudiométriques ont l'avantage d'indiquer directement la proportion d'oxigène qui se trouve dans un gaz quelqu'il soit,

pourvu qu'il y soit en simple dissolution : il faut discuter la préférence que quelques-uns méritent.

Les sulfures d'alcali dissous dans une petite quantité d'eau, me paraissent avoir cette propriété à un haut degré, et ils n'exigent qu'un appareil très-simple ; un tube gradué avec exactitude suffit. Le mélange de soufre et de limaille de fer agit avec plus de promptitude ; mais son action a deux causes d'incertitude : lorsque le gaz oxigène est absorbé, il peut, comme l'a fait voir Priestley, se dégager du gaz hydrogène sulfuré, ou peut-être les deux effets sont simultanés, et Macarty (1) attribue à cette cause la diminution un peu moins grande qu'il a obtenue en employant ce mélange, que lorsqu'il s'est servi d'un sulfure d'alcali : en second lieu, il se produit un peu d'ammoniaque, comme il résulte des observations de Kirwan et d'Austin. C'est probablement cette cause qui a pu augmenter la diminution dans les expériences de Schéele, qui a indiqué cet eudiomètre, et qui a conclu de ses expériences, que l'air atmosphérique contenait 0,27 de gaz oxigène.

Un sulfure d'alcali dissous dans une petite quantité d'eau, n'a point ces inconvénients ; dès que le gaz oxigène est absorbé, son action

_____

(1) Journ. de Phys. tom. LII.

cesse, et le résidu n'éprouve plus de diminution, ce qui prouve qu'il n'a point d'action sur l'azote; cependant Macarty prétend que le sulfure absorbe une portion d'azote, et que ce n'est que lorsqu'il en est saturé, que son action est bornée à la condensation du gaz oxigène; il assure même avoir fait absorber, par un sulfure de chaux récent, la moitié de l'azote que contenait un petit volume d'air atmosphérique. Pour moi, je n'ai pas observé la plus petite différence dans la diminution produite par un sulfure récent, ou par le même sulfure qui avait été agité avec l'air atmosphérique; mais je n'ai fait mes épreuves qu'avec les sulfures de potasse et de soude: on peut donc employer ces derniers sulfures, sans aucune crainte d'erreur.

Les sulfures d'alcali ont cependant l'inconvénient d'exiger un temps assez long pour que leur opération soit achevée; temps qu'il faut prolonger pour être assuré qu'elle est terminée, parce qu'aucun autre indice que la diminution du volume du gaz n'annonce sa fin; mais on peut l'abréger par l'agitation.

251. Le phosphore pour lequel Achard, Reboul et Séguin ont imaginé des appareils, produit instantanément son effet par sa vive combustion; mais son action est tumultueuse, et peut facilement entraîner des accidents.

La combustion lente du phosphore a l'avantage d'être beaucoup plus expéditive que l'action des sulfures, et d'indiquer la fin de l'opération, parce que le nuage qui l'accompagne et qui est lumineux dans l'obscurité, disparaît; mais pendant que le phosphore absorbe l'oxigène, l'azote dissout du phosphore, ou plutôt l'oxigène se combine successivement avec le phosphore qui avait été dissous par l'azote, et celui-ci reste saturé de phosphore qui a pris l'état élastique, d'où résulte une augmentation dans le volume de l'azote ; cette augmentation est indifférente lorsqu'on veut simplement comparer l'état de deux airs; mais elle exige une correction, si l'on veut déterminer la quantité du gaz oxigène par celle du résidu : l'expérience m'a appris qu'il fallait retrancher $\frac{1}{40}$ du volume du dernier.

Davy a proposé un autre moyen eudiométrique, qui est le sulfate ou le muriate de fer imprégné de gaz nitreux (1) : cette dissolution, sur-tout celle par le muriate de fer, opère l'absorption du gaz oxigène dans quelques minutes; mais il avertit qu'il faut saisir le moment de la plus grande diminution, parce que le gaz nitreux est décomposé en partie, et qu'à mesure que le sel de fer devient plus oxidé, il se dégage et du gaz nitreux et du gaz azote.

252. Il est important, pour l'évaluation com-

(1) Bibl. Britan. tom. XVII.

plète d'un grand nombre de phénomènes, de connaître, avec toute la précision à laquelle on peut parvenir, quelles sont les proportions d'oxigène et d'azote qui entrent dans la composition de l'atmosphère, et quelles variations elles peuvent subir : les chimistes, qui s'étaient d'abord flattés de pouvoir comparer les propriétés vitales de l'air atmosphérique, se sont beaucoup occupés de cette recherche, et quoiqu'on ait bientôt perdu l'espérance qu'on avait conçue relativement à la salubrité de l'air, on a cru appercevoir une variation relative aux lieux, et à la disposition météorologique : on a annoncé des différences sensibles à quelques heures d'intervalle ou à quelques pas de distance.

Cependant Cavendish, en fixant avec soin toutes les circonstances de l'épreuve par le gaz nitreux, avait fait voir dès 1783 que les proportions des deux éléments de l'air étaient constantes, malgré la distance des lieux, et la différence de température : les observations que Macarty a faites en Espagne ont confirmé les résultats de Cavendish : je me trouvais au Caire dans une saison où le thermomètre de Réaumur passait ordinairement 30 degrés, et où une grande inondation pouvait affecter l'air ; je n'opposais aux préjugés que je partageais, que quelques observations que j'avais faites ; car j'avais perdu de vue les expériences de Cavendish, et j'ignorais celles de Macarty : mes observations me conduisirent aux mêmes résultats, et furent confirmées par celles que je fis à mon retour (1).

Les expériences de Davy, suivies aussi dans différentes circonstances, et l'épreuve d'un air envoyé à Beddoes de la côte de Guinée, ont encore confirmé que l'on ne trouve pas de différence sensible dans l'air atmosphérique, relativement aux proportions de ses éléments.

Il paraît donc que c'est uniquement aux incertitudes qui accompagnent l'action du gaz nitreux, dont on s'est principalement servi pour les épreuves eudiométriques, que sont dues les différences dans les proportions que l'on attribue au gaz oxigène, et que l'on a portées depuis 0,20 jusqu'à 0,30.

Macarty, qui s'est servi d'un sulfure, établit la proportion de l'oxigène depuis 21 à 28 : l'épreuve par l'eudiomètre de Volta ne donne à-peu-près que 20 ; mais Volta n'a point observé ces variations, que l'on trouvait par la méthode du gaz nitreux ; j'attribue à la portion de gaz oxigène, qui échappe à la combustion, la petite différence que donne son eudiomètre avec l'action des sulfures.

Les expériences multipliées que j'ai faites avec toute l'exactitude que j'ai pu y apporter, me

(1) Mém. sur l'Egypte.

paraissent prouver que la véritable proportion est de 0,22 de gaz oxigène, et une fraction : mes épreuves faites en Egypte m'ont donné à-peu-près un 200e de plus d'azote, et j'ai expliqué ce petit excès dans le résidu par l'eau que pouvait dissoudre l'air à la haute température à laquelle j'opérais : elle n'était peut-être due qu'à une petite inexactitude de graduation dans le tube.

Davy ne porte qu'à 0,21 la proportion de l'oxigène, mais il a observé lui-même que les sulfures d'alcali produisent une absorption un peu plus grande. J'attribue cette légère différence à la disposition qu'a le gaz nitreux à prendre la forme élastique; car il observe que dans le vide, ce gaz se dégage des dissolutions de fer; il doit donc s'en dissoudre dans le gaz azote, et par là le volume du résidu se trouve un peu augmenté : ce qui me paraît un désavantage pour cette espèce d'eudiomètre, lorsque l'on veut parvenir à une grande précision.

Si le procédé des sulfures et du phosphore me paraît avoir une exactitude un peu plus grande, pour la détermination des proportions, que l'eudiomètre de Volta, celui-ci a l'avantage de servir au procédé inverse par lequel on éprouve le gaz hydrogène par l'oxigène; et souvent il convient, dans les recherches sur la composition des substances gazeuses dont on a beaucoup à s'occuper, de faire alterner les deux moyens.

L'air atmosphérique contient toujours une certaine quantité d'acide carbonique, et nous avons vu que Saussure en avait trouvé à la cime du Mont-Blanc; on évalue cette quantité à 0,01, mais il paraît que cette évaluation est beaucoup trop forte.

Outre les parties constantes, l'air atmosphérique peut tenir en dissolution différentes substances qui y prennent la forme élastique, et dont quelques-unes sont le principe des odeurs; mais jusqu'à présent ces émanations ont échappé aux moyens chimiques qui peuvent en détruire quelques-unes, mais non les indiquer : Cavendish a déjà observé qu'on ne trouvait point de différence dans les airs qui avaient été en contact avec des fleurs odorantes, ou avec des substances en putréfaction. (*Note XVIII.*)

NOTES DE LA VIᵉ SECTION.

NOTE XVII.

Les citoyens Désormes et Clément ont avancé (1) que si l'on fait passer de l'eau dans un tube barométrique où il y a de l'éther, *la force élastique de ce dernier est prodigieusement augmentée.*

Si l'éther et l'eau n'avaient aucune action l'un sur l'autre, on conçoit que lorsque ces deux fluides seraient mis ensemble dans un tube barométrique, leurs vapeurs agiraient sur la colonne de mercure, indépendamment l'une de l'autre; c'est-à-dire, que la quantité dont la colonne de mercure baisserait, serait égale à la somme des deux colonnes que chaque vapeur pourrait soutenir séparément dans le vide; mais l'on ne conçoit pas en même temps comment deux fluides élastiques ayant une action assez marquée l'un sur l'autre, peuvent soutenir, lorsqu'ils sont mélangés, une colonne de mercure plus forte que la somme de celles qu'ils pourraient soutenir séparément dans le vide. Si cela était, on n'aurait plus aucune idée précise de l'attraction chimique, puisque ce serait une force qui tantôt rapprocherait les molécules des corps qui se combinent, et tantôt les éloignerait. Au reste, l'état de composition des substances qu'on emploie, peut facilement en imposer; par

(1) Ann. de Chim. Fruct. an 10, p. 305.

exemple, si l'on mêle de la potasse concentrée avec de l'ammoniaque, il n'y a pas de doute que la potasse n'augmente considérablement l'élasticité de l'ammoniaque, en agissant fortement sur l'eau, et en diminuant, par conséquent, son action sur le gaz ammoniacal. C'est exactement ce qui se passe dans l'expérience des citoyens Désormes et Clément. L'éther dont ils se sont servi contenait de l'alcool, qui diminuait son élasticité en raison de sa proportion, et l'eau qu'ils lui ont ajoutée l'a au contraire augmentée en raison de son action, beaucoup plus forte sur l'alcool que sur l'éther. Les expériences suivantes vont confirmer cette explication.

Le thermomètre centigrade indiquant 15°, et le baromètre 76 centimètres, on a pris deux tubes barométriques, et on a introduit dans l'un de l'éther sulfurique, préparé avec soin, et dans l'autre, du même éther, mais qui avait été lavé avec environ trois fois son volume d'eau. La vapeur du premier éther a soutenu une colonne de mercure de 31,cent.3, et celle du second une colonne de 35,cent.5 ; d'où il est déjà évident que l'eau a la propriété d'enlever à l'éther un principe qui diminuait son élasticité, et ce principe ne peut-être que de l'alcool. Après cela, on a introduit dans chaque tube un volume d'eau à-peu-près égal à celui de l'éther qui y était renfermé, et il est arrivé que l'élasticité de l'éther non lavé a été augmentée d'un centimètre, et celle de l'éther lavé de trois millimètres seulement ; ce qui s'accorde parfaitement avec ce qu'on vient de dire sur la propriété qu'a l'eau d'enlever à l'éther de l'alcool, qui par son action diminuait son élasticité. On voit d'ailleurs que le ressort de l'eau ne s'est pas ajouté entièrement à celui de l'éther lavé, puisque l'abaissement de la colonne de mercure n'a été que de 3 millimètres, tandis qu'à la température de 15°, il aurait dû être de plus d'un centimètre ; ce qui provient sans doute de l'action qu'il y a entre l'eau et l'éther. En ajoutant encore de l'eau dans les deux tubes, de manière cependant qu'il n'y en eût pas assez pour dissoudre tout l'éther, la colonne de mercure n'a pas varié sensiblement dans chaque tube ; mais aussitôt que la proportion d'eau a été plus grande que celle nécessaire à la dissolution complète de l'éther, le mercure s'est élevé considérablement dans les deux tubes, puis, par une nouvelle addition d'éther, il est revenu à-peu-près à son premier niveau, en tenant compte du poids de l'eau ajoutée. Tous ces faits sont d'accord avec les phé-nomènes chimiques, et s'expliquent clairement.

Pour être plus intimement convaincu que c'est à la forte action de l'eau sur l'alcool qu'est due la grande augmentation d'élasticité de l'éther qui en contient, on a pris un autre tube, où on a d'abord introduit un peu d'éther lavé avec l'eau, et soutenant une colonne de 33,$^{cent.}$5, puis un peu d'alcool. Le premier effet instantané a été un abais-sement de 2 millimètres dans la colonne ; mais par une légère agitation le mercure s'est élevé rapidement ; de sorte que la vapeur du mélange d'éther et d'alcool ne soutenait plus qu'une colonne de 25 centimètres ; de l'eau introduite alors dans le tube, a fait baisser subitement le mercure de 5,$^{cent.}$7.

Il paraît donc bien démontré, par les expériences qu'on vient de rapporter, que la grande augmentation d'élas-ticité de l'éther qu'ont obtenue les citoyens Désormes et Clément, est due à l'impureté de l'éther qu'ils auront employé. Ces mêmes expériences prouvent que des recti-fications faites avec soin ne dépouillent pas l'éther de tout l'alcool qu'il peut contenir, et que les lavages par l'eau, ou par d'autres corps qui agiraient fortement sur l'alcool, et peu sur l'éther, sont d'excellents moyens pour lui donner toute l'élasticité qui lui est propre. Il n'est pas à craindre que l'éther ainsi lavé retienne une quantité sensible d'eau ; car l'ayant distillé à une chaleur très-modérée, en ne retenant que les premières portions, son ressort n'était que de un millimètre plus fort que celui de l'éther simplement lavé.

NOTE XVIII.

LAPLACE, que j'avais consulté sur les changements que l'élasticité des gaz éprouve dans leur compression, me remit la note V, que je fis imprimer aussitôt : après un examen plus attentif, il me donna celle que je joins ici : il en résulte qu'il faut modifier ce que j'ai exposé (111, 150) ; que les quantités de calorique qui sont contenues dans un gaz ne suivent pas les rapports des volumes, indépendamment des effets de la compression, et que les gaz ne diffèrent pas des liquides et des solides, relativement au calorique qu'ils peuvent abandonner dans une circonstance, et à celui qui est retenu dans un plus grand état de condensation (121).

« La note V de la page 245 ayant été écrite à la hâte,
» j'ai reconnu depuis son impression qu'elle doit être mo-
» difiée, il n'est point exact de dire que la force répulsive
» de deux molécules voisines d'un gaz est toujours la
» même, à température égale, quelque soit sa con-
» densation. Cette force est proportionnelle à la tempé-
» rature, et réciproque à la distance mutuelle de ces mo-
» lécules, où, ce qui revient au même, à la racine cu-
» bique du volume du gaz dans ses divers états de con-
» densation ou de raréfaction. Pour le démontrer, con-
» sidérons un volume de gaz réduit par la compression
» à sa huitième partie : il y aura dans ce nouvel état quatre

» fois plus de molécules, et par conséquent quatre fois
» plus de ressorts, appliqué à une surface donnée; ainsi
» puisque la pression est huit fois plus grande, il est né-
» cessaire que la tension de chacun de ses ressorts soit
» deux fois plus considérable; elle est donc réciproque,
» à la distance mutuelle des molécules voisines; qui dans
» cet état est deux fois moindre. Le raisonnement qui
» termine la note citée, lie cette propriété générale à celle
» d'une dilatation égale pour tous les gaz, par des accrois-
» sements égaux de température. Il paraît encore que dans
» le gaz condensé, il y a plus de chaleur à volume égal,
» puisque le ressort des molécules voisines est alors aug-
» menté; par conséquent si le volume est réduit par la
» compression à la moitié, il s'en dégage moins que la
» moitié de la chaleur qu'il contenait dans son premier
» état, ce qui est conforme à l'expérience et à la vitesse
» observée du son ».

CONCLUSION

DE LA PREMIÈRE PARTIE.

253. On a admis comme cause des effets qui sont dûs à l'action mutuelle des corps, deux espèces d'affinité, et on a attribué des lois particulières à celle que l'on regarde spécialement comme chimique : je trouve dans les essais sur l'hygrométrie de Saussure un exposé exact des propriétés qui m'ont paru satisfaire à l'explication de tous les phénomènes qui sont dûs à cette action, ainsi que de la distinction que l'on a cru devoir établir entre eux.

« Les différents corps ont une aptitude diffé-
» rente à se charger des vapeurs qui sont con-
» tenues dans l'air, et ils s'en chargent en raison
» de leur affinité avec ces vapeurs, ou avec l'eau
» dont elles sont formées.

» Exposez dans le même air des quantités
» égales de sel de tartre, de chaux vive, de
» bois, de linge, etc.; que tous ces corps soient,
» s'il est possible, parfaitement desséchés; quel-
» ques-uns d'entre eux imbiberont de l'eau, et

» augmenteront de poids, mais en quantité iné-
» gale : le sel en prendra plus que la chaux,
» celle-ci plus que le bois, d'autres corps n'en
» prendront point du tout.

» Or, ces différences ne peuvent venir que des
» différents degrés d'affinités de ces corps avec
» l'eau ; car elles ne tiennent ni à la forme,
» ni au volume de ces corps, ni même à la na-
» ture de leur aggrégation, puisque des corps
» déjà liquides, tels que l'acide vitriolique, atti-
» rent l'eau contenue dans l'air avec la plus
» grande force. Ce qui prouve encore que cette
» absorption des vapeurs dépend d'une affinité,
» c'est que l'union des vapeurs condensées avec ces
» corps est vraiment celle qui résulte d'une affi-
» nité chimique ; cette eau est chez eux dans
» un état de combinaison, elle ne peut leur être
» enlevée par aucun moyen mécanique, elle est
» intimement liée avec leurs éléments ; les
» moyens chimiques peuvent seuls la séparer de
» ces corps en lui offrant des combinaisons aux-
» quelles elle tende par une affinité plus forte.

» Toutes choses d'ailleurs égales, l'affinité de
» ces corps avec l'eau est d'autant plus grande,
» qu'ils en contiennent moins, et qu'ils sont,
» pour ainsi dire, plus fortement altérés.

» L'alcali fixe, parfaitement desséché, attire
» l'humidité de l'air avec une force extrême ;
» placé dans le bassin d'une balance, on voit

» son poids augmenter sensiblement de minute
» en minute ; mais à mesure qu'il boit des va-
» peurs, sa soif, ou sa force attractive diminue,
» et enfin sa pesanteur n'augmente que par
» degrés insensibles.

   » Il en est de même des autres dissolvants
» chimiques ; ils agissent d'abord avec la plus
» grande célérité et la plus grande force, et leur
» activité diminue à mesure qu'ils approchent
» du point de saturation ; mais ce qu'il y a de
» particulier dans l'affinité qui existe entre les
» vapeurs et les corps qui les absorbent, ou
» *l'affinité hygrométrique*, c'est que non-seu-
» lement leur activité, mais le degré même de
» leur affinité diminue à mesure qu'ils appro-
» chent de la saturation. Ainsi, lors même qu'un
» corps n'a que très-peu d'affinité avec l'eau,
» ce défaut d'affinité peut être compensé par
» un plus haut degré de sécheresse, et récipro-
» quement celui qui en a le plus, tombe au niveau
» de celui qui en a le moins, lorsqu'il approche
» beaucoup plus que lui de son point de saturation.

   » Je renferme une ou deux onces de sel alcali
» fixe très-caustique et très-sec dans un ballon
» de quatre pieds cubes de contenance, rempli
» d'air médiocrement humide, mais sans aucune
» humidité surabondante ; ce sel absorbe le poids
» de 24 ou 25 grains d'eau qu'il tire de ces 4 pieds
» cubes d'air. Alors le sel, par l'imbibition de

» cette eau, se trouve avoir perdu un peu de
» sa force attractive, et en revanche celle de
» l'air s'est tellement augmentée par la déper-
» dition qu'il a faite de ces 24 grains d'eau,
» que bien qu'il en contienne encore, le sel
» ne peut plus la lui enlever, parce que l'air
» la retient avec une force égale à celle avec
» laquelle le sel la demande, et ce n'est pas que
» le sel soit saturé, ni près de là ; car dans un
» air humide et renouvelé, il en absorberait
» encore pour le moins deux cents fois autant ;
» mais c'est que cette quantité, toute petite
» qu'elle est, a diminué sa force absorbante. En
» effet, si l'on introduit dans ce même ballon
» deux nouvelles onces du même sel parfaite-
» ment desséché, elles enleveront encore à l'air,
» renfermé avec elles, quelques portions d'hu-
» midité, et ainsi successivement, jusqu'à ce que
» l'extrême desséchement ait mis la force attrac-
» tive de l'air en équilibre avec celle de l'alcali
» fixe.

    » Ce genre d'affinité diffère donc en cela des
» autres affinités chimiques, dont la nature ou
» le degré ne change pas en approchant de la
» saturation ; car si plusieurs menstrues, dont
» les affinités avec un certain corps sont iné-
» gales entre elles, se trouvent à portée d'agir
» tous à-la-fois sur ce même corps, le plus puis-
» sant commencera par attaquer ce corps, et

» quoiqu'il marche continuellement vers la sa-
» turation, la supériorité de ses forces sur celles
» des autres dissolvants, ne diminuera point
» pour cela; il ne laissera rien dissoudre aux
» autres menstrues qu'il ne soit lui-même com-
» plétement saturé, ou si dans les premiers mo-
» ments il s'était emparé de quelques portions
» du dissolvant, il les leur reprendrait jusqu'à
» sa complète saturation. Si par exemple on pro-
» jetait peu-à-peu de la craie dans un mélange
» d'acide vitriolique d'acide nitreux et de vinai-
» gre, il faudrait que l'acide vitriolique fut
» complétement saturé de craie avant que l'acide
» nitreux et le vinaigre pussent s'en approprier
» un atome; l'acide nitreux se saturerait ensuite,
» et enfin le vinaigre n'en prendrait qu'après
» la parfaite saturation des deux autres.

» Au contraire, si dans un espace donné il
» ne se trouve pas une quantité d'eau ou de
» vapeur suffisante pour saturer d'humidité tous
» les corps qui sont renfermés dans cet espace,
» aucun d'eux ne se saturera complétement,
» tous en auront un peu; cette eau se parta-
» gera entre eux, non pas, à la vérité, en parties
» égales, mais en parties proportionnelles au
» degré d'affinité que chacun de ces corps a avec
» elle. Ceux qui l'attirent le plus fortement en
» prendront assez pour que cette quantité ra-
» baisse leur force attractive au niveau de ceux

» dont l'attraction est la moindre , et il s'éta-
» blira ainsi entre eux une espèce d'équilibre.
» C'est par l'intermède de l'air que se fait cette
» répartition ; il en prend à ceux qui en ont
» trop , il en rend à ceux à qui il en manque ,
» et il en conserve lui-même la part que lui
» assigne le degré de son affinité avec l'eau.
» Si dans le temps où cet équilibre est com-
» plétement établi , il s'introduisait tout-à-coup
» dans l'air même de nouvelles vapeurs, dont
» la quantité ne fût pas assez considérable, pour
» saturer et l'air et les corps renfermés avec lui ,
» ces corps ne permettraient pas à l'air de les
» garder toutes pour lui seul ; il faudrait qu'il
» leur en cédât , pour ainsi dire , leur quote-
» part ; et alors les hygromètres , s'il y en avait
» dans cet espace, iraient à l'humide , quoique
» l'air ne fût point encore rassasié. Une nouvelle
» portion de vapeur se répartirait de la même
» manière , et ainsi successivement , jusqu'à la
» parfaite saturation de tous ces corps ; enfin ,
» si après leur saturation on continuait de faire
» entrer des vapeurs dans cet espace , cette eau
» surabondante s'attacherait à leur surface , les
» mouillerait , et quoique retenue sur cette sur-
» face par une adhérence qui appartient peut-
» être encore aux affinités chimiques , elle pour-
» rait être essuyée ou séparée de ces corps par
» des moyens purement mécaniques.

I.   34

» Introduisez alors dans cet espace une nou-
» velle substance, plus avide d'eau que les corps
» qui y sont renfermés, cette substance com-
» mencera par s'emparer de cette eau surabon-
» dante qui mouille la surface de ces corps, sans
» être combinée avec leurs élements : puis si cette
» eau ne suffit pas pour la saturer, elle en dé-
» robera aux corps qui sont renfermés avec elle,
» jusqu'à ce qu'elle ait diminué son altération
» et augmenté la leur au point qu'elles devien-
» nent égales, et qu'il leur reste à tous une
» égale tendance à s'unir avec l'eau.

» De même si la chaleur ou quelqu'autre cause
» augmentait la tendance de quelqu'un de ces
» corps à s'unir avec l'eau sans augmenter pro-
» portionnellement celles des autres, il s'empa-
» rerait aussi d'une portion de l'eau contenue
» dans les autres, suffisante pour réduire sa
» force attractive au niveau de la leur ».

254. Le passage que je viens de citer présente,
avec beaucoup d'exactitude, des faits qui sont très-
propres à faire connaître les lois que suit l'action
chimique, et l'on peut observer que Saussure
éprouve quelqu'embarras pour marquer une
différence entre l'affinité physique et l'affinité
chimique ; il cède à une opinion établie, ou plutôt
à une apparence qui semble indiquer un autre
genre d'action ; mais cette distinction fait tomber
ce savant observateur dans une contradiction ; car

il a prononcé plus d'une fois que l'union de la vapeur avec l'air était due à l'affinité chimique, et dans ce passage même, il la compare aux dissolutions chimiques.

Pour mieux faire sentir la différence que les chimistes ont mise entre l'affinité qui produit les combinaisons, et celle que Saussure a décrite, et qui a été adoptée par les physiciens pour l'explication de plusieurs phénomènes, je ne puis mieux faire que de citer la définition de la première par Guyton qui a traité si savamment de toutes les propriétés qu'on lui a attribuées. « Cette attraction (chimique) est » élective, comme l'a dit Bergman, c'est-à-dire » que de deux substances présentées à une troi- » sième, elle en chasse une, et laisse l'autre ; que » deux substances étant primitivement unies, » une troisième exerce sur l'une d'elles, une » action qui déplace l'autre (1) ».

Cependant si je consulte l'opinion que se sont formée de l'action mutuelle des corps, ceux qui ont embrassé les phénomènes naturels dans leur plus grande étendue, je trouve qu'ils n'ont indiqué qu'une origine commune de tous ses effets.

Monge en discutant deux hypothèses propres à expliquer la formation de l'eau, trouve que l'une paraît exiger, *qu'en augmentant la dose*

_____

(1) Encyclop. Méthod. au mot *affinité.*

34..

du dissolvant, on diminue l'adhérence qu'il avait pour ses bases; ce qui est absolument contraire à ce qu'on observe dans toutes les opérations analogues de chimie (1). Il faut remarquer que par dissolution, il entend ici combinaison chimique, de sorte qu'il a regardé la force qui la produit comme modifiée par la quantité, ainsi qu'on l'admet dans les phénomènes physiques.

Laplace après avoir décrit le moyen d'estimer l'action des différents acides sur la glace, selon la température, ajoute : *Si l'on considère de la même manière toutes les autres dissolutions, on pourra mesurer avec précision les forces d'affinité des corps les uns avec les autres ; mais cette théorie ne peut être développée en aussi peu de mots, et nous en ferons l'objet d'un mémoire particulier.* Il aurait donc fait entrer, dans l'évaluation des affinités, la quantité d'un acide, par exemple, son énergie et la résistance variable de la cohésion, comme il l'a fait relativement à l'action des acides sur la glace ; on doit avoir bien des regrets de ce qu'il n'a pas rempli sa promesse.

Newton, qui jeta un coup d'œil sur les phénomènes dont la chimie s'occupe, a tracé dans les explications qu'il en donne, les lois de l'at-

(1) Mém. de l'Acad. 1783, p. 88.

traction qui doit les produire, telles qu'il les concevait en descendant des phénomènes généraux aux faits particuliers, et s'il s'est trompé dans quelques applications, parce que les circonstances des phénomènes et les parties élémentaires des combinaisons qui les produisent n'étaient point déterminées avec assez d'exactitude à l'époque où il les expliquait, on trouve cependant que ces explications peuvent convenir également aux faits mieux éclaircis.

« La déliquescence du sel de tartre, dit-il (1), » n'est-elle pas produite par une attraction entre » les particules salines et les vapeurs aqueuses » de l'atmosphère? Pourquoi le sel commun, » le salpêtre et le vitriol ne deviennent-ils pas » de même déliquescents, si ce n'est faute d'une » pareille attraction? Et pourquoi le sel de » tartre n'attire-t-il qu'une certaine quantité » d'eau, si ce n'est parce qu'aussitôt qu'il en est » saturé, il n'a plus de force attractive? Quel » autre principe que cette force, empêcherait » l'eau (qui seule s'évapore à un degré de cha- » leur assez faible) de ne se détacher du sel de » tartre qu'au moyen d'une chaleur violente.

» N'est-ce pas de même la force attractive qui » se déploie entre les molécules de l'acide vitrio- » lique et les globules de l'eau, qui fait que cet

(1) Opt. tom. II.

» acide attire l'humidité de l'air jusqu'à satu-
» ration, et qu'il ne la rend ensuite qu'avec
» beaucoup de peine, quand on le soumet à
» la distillation »?

Newton explique de même la production des
autres combinaisons chimiques, sans laisser appercevoir aucune distinction entre les lois que
suit l'attraction, dans ces différentes circonstances : il n'y voit qu'une propriété qui est
plus ou moins énergique, et qui s'affaiblit à
mesure que la saturation s'établit : la saturation
est le terme où elle cesse de produire des effets.

Il remarque qu'il faut d'autant plus d'acide
pour dissoudre un métal, que l'attraction est plus
forte ; de sorte que, selon son opinion, la quantité d'acide nécessaire pour produire la saturation, est proportionnelle à la force de l'affinité.

Il attribue à la condensation qui résulte de la
combinaison, la solidité et le degré de fixité qu'elle
acquiert : lorsque, par exemple, le muriate d'ammoniaque se forme de l'ammoniaque et de l'acide
muriatique, l'un et l'autre beaucoup plus volatils, « les particules réunies de ces esprits
» deviennent moins volatiles, parce qu'elles sont
» plus grosses et plus dégagées d'eau ».

Il dérive les propriétés d'une combinaison,
de celles que doivent avoir les éléments qui la
composent dans les conditions où ils se trouvent ; ainsi, en expliquant la formation du mu-

riate d'antimoine par le muriate oxigéné de mercure, il ajoute : quand la chaleur est plus » forte, l'esprit de sel emporte le métal sous la » forme d'un sel fusible , nommé beurre d'anti- » moine, quoique l'esprit de sel soit presque aussi » volatil que l'eau, et que l'antimoine soit presque » aussi fixe que le plomb ». C'est ce principe lumineux que les propriétés d'une combinaison dépendent de celles qu'avaient les éléments, à part les modifications qui résultent de l'action réciproque, qui lui a fait pressentir que l'eau devait contenir une substance inflammable.

255. Les observations que j'ai recueillies dans cette première partie, me paraissent établir, comme un fait général, que l'affinité propre à chaque substance, agit en raison de la quantité qui se trouve dans la sphère d'activité, confor- mément aux opinions que je viens de rapporter : il en résulte que la quantité peut suppléer à la force de l'affinité, ce qui exclut les affinités élec- tives qui réunissent deux substances, quelle que soit l'opposition des affinités que l'on regarde comme plus faibles et indépendamment des quantités.

Une conséquence immédiate de ce principe, c'est que la mesure de l'affinité propre à chaque substance est la saturation qu'elle peut produire dans celles qui peuvent se combiner avec elle, comme Newton l'a pensé : de là j'ai cherché la mesure de l'affinité des différents acides avec les alkalis dans leur capacité de saturation.

Il fallait expliquer les faits qui avaient porté à admettre une affinité qui déterminait le choix des substances qui se combinent, et les proportions des combinaisons qu'elles forment. J'ai cherché cette explication dans l'action du calorique, et dans l'affinité réciproque des molécules d'une même substance ou des parties intégrantes d'une combinaison, en fesant concourir ces causes avec l'affinité, dans la formation des combinaisons et dans l'explication des phénomènes chimiques; j'ai dû en conséquence porter une grande attention sur les effets de l'expansion et de la condensation, sur la constitution des substances, et sur celle qu'elles acquièrent dans les différentes circonstances.

Les effets du calorique sont différents, non-seulement selon les dispositions des corps sur lesquels il agit, mais selon l'état où il se trouve lui-même; il a donc fallu examiner la différence de son action lorsqu'il se communique immédiatement, ou lorsqu'il forme le calorique rayonnant, et les rapports qu'elle a avec celle de la lumière et de l'électricité. Les propriétés que les corps acquièrent par la combinaison du calorique, sont quelquefois favorables à l'action de l'affinité, et quelquefois elles leur sont contraires; je les ai considérées comme des forces

qui sont soumises à des lois régulières, et
dont il faut évaluer les effets selon les circonstances.

J'ai tâché de séparer les effets de l'action immédiate de l'affinité qui sature plus ou moins les
tendances à la combinaison lesquelles forment les
propriétés distinctives des substances, de ceux
de la condensation qui en est une conséquence;
l'une tend à réunir toutes les substances qui
exercent une action chimique, l'autre devient
souvent un obstacle à cet effet par la résistance
qu'elle oppose, ou par les séparations qu'elle
occasionne, et par là elle distribue, pour ainsi
dire, la saturation à laquelle elle ne contribue
pas elle-même.

La condensation que produit l'action réciproque des substances m'a servi à expliquer les
limites dans lesquelles les proportions des éléments se trouvent circonscrites dans quelques
combinaisons; comme le plus grand effet de
l'action réciproque a lieu dans certaines proportions, ces combinaisons doivent se séparer avec
une composition déterminée, ou bien elles acquièrent une existence particulière, en opposant
une résistance qui est égale à l'effort qui a produit la condensation, et qui doit être surmontée
par un accroissement de force, pour que la
progression de l'action chimique puisse continuer, à moins que les dispositions naturelles

des éléments d'une combinaison ne fassent varier ce résultat.

La force de cohésion qui constitue l'état solide est un effet de l'affinité réciproque des molécules ou des parties intégrantes ; laquelle devient plus puissante que l'action expansive du calorique : cette prédominance peut être due à la condensation produite par la combinaison : elle devient une résistance plus grande à l'action des autres affinités, non-seulement parce qu'elle résulte d'une forte action réciproque, mais encore parce qu'elle fait que les autres substances ne peuvent se trouver qu'en petite quantité dans la sphère d'activité, et qu'alors une plus grande proportion cesse de produire un effet.

Ainsi, l'affinité réciproque de deux substances tend souvent à produire une saturation de propriétés : un effet de cette action est une condensation qui chasse ou comprime le calorique ; de cette condensation suit une augmentation de l'affinité réciproque des molécules d'une substance ou des parties intégrantes d'une combinaison : cette affinité réciproque fait passer par là une substance gazeuse à l'état liquide ou à l'état solide.

L'affinité qui produit la combinaison, agit en raison de la quantité ; mais elle se sature : l'affinité réciproque des molécules, faible d'abord , presque nulle dans une substance gazeuse , et indépendante des quantités, s'accroît par la combinaison en raison de la condensation à laquelle elle peut ensuite contribuer elle-même de plus en plus : elle se compose de celles des éléments de la combinaison, ainsi que la pesanteur spécifique : l'une et l'autre affinité produisent des effets qui se compliquent avec ceux du calorique, et qu'il faut tâcher de distinguer dans les phénomènes physiques , comme dans ceux que l'on regarde comme chimiques.

Enfin j'ai tâché de démêler la part que pouvaient avoir dans l'action chimique les substances dont on néglige le plus ordinairement l'effet , en les regardant simplement comme des dissolvants, et la propagation plus ou moins lente de l'action chimique , qui est analogue à la faculté conductrice de la chaleur.

J'ai été conduit par ces différentes considérations à conclure que l'affinité chimique ne suivait point de lois particulières, mais que tous les phénomènes qui dépendaient de l'action mutuelle des corps , étaient l'effet des mêmes propriétés dont la chimie cherchait à embrasser tous les résultats, qu'il ne fallait à cet égard établir aucune distinction entre la physique et cette science, et que l'affinité de différentes substances qui produit leurs combinaisons, n'est pas élective ; mais qu'elle est variable selon les quantités qui agissent, et selon les conditions qui concourrent à ses effets.

Il suit de là que les qualités chimiques des différentes substances dépendent, 1°. de leurs tendances à la combinaison qui se saturent mutuellement, et qui restent plus ou moins dominantes dans les combinés; 2°. de leurs rapports avec le calorique qui produit leur disposition plus ou moins grande à l'expansion, et qui modifie leur faculté de combinaison, en fesant varier la quantité qui peut se trouver dans la sphère d'activité, et en opposant l'élasticité à la condensation, qui est un effet de la combinaison; 3°. de l'action réciproque de leurs molécules, qui s'ajoute à l'effet de l'affinité qui a produit une combinaison, mais qui s'oppose à leur action réciproque avec les autres substances; 4°. de leurs rapports avec les autres substances qui en se combinant avec elles, ne produisent pas une saturation réciproque de propriétés; mais en font un partage et une distribution variables, et principalement de celles qui dépendent de la constitution. D'où il suit, qu'en considérant l'état de saturation des éléments d'une combinaison, et la condensation qu'ils ont éprouvée, on peut reconnaître dans un combiné l'origine des propriétés qui le distinguent.

256. Je me suis écarté de la marche ordinaire des chimistes : ils ont déduit les lois de l'affinité

des phénomènes dans lesquels l'action chimique
se montre puissante; j'ai cherché au contraire à
la suivre depuis qu'elle commence à produire un
effet sensible jusqu'à sa plus grande énergie,
en remarquant les causes qui pouvaient la modifier, et il m'a paru que c'était principalement
dans ces premiers effets, que l'on pouvait surtout en distinguer le caractère, parce que son
action même fait naître dans les substances des
affections qui deviennent des forces nouvelles
qui déguisent sa marche; ainsi lorsque l'on observe une combinaison qui est accompagnée d'une
forte contraction, on est tenté de prendre les
proportions fixes qui sont déterminées par cette
circonstance, comme un attribut de l'affinité,
pendant que si l'on suivait l'affinité, ou lorsque
les proportions sont très-inégales, ou lorsqu'elle
ne produit qu'une faible contraction, on verrait
que l'action est proportionnelle aux quantités
qui l'exercent.

En rappelant à un nouvel examen toutes les
puissances qui concourrent aux résultats de
l'action chimique, et sur lesquelles doit être
établie la théorie générale de la chimie, je ne
me flatte pas d'avoir assigné à chacune ses véritables limites, et encore moins d'avoir indiqué
toutes les causes qui peuvent contribuer aux
faits dont je me suis appuyé : j'ai manifesté dans
l'introduction quelle opinion je m'étais formée

d'une théorie générale. C'est une discussion que j'ai cherché à établir sur des principes auxquels l'on m'a paru donner trop d'extension.

On doit, dans toute discussion dans laquelle on tâche de reconnaître les causes des phénomènes, ne pas perdre de vue qu'il arrive souvent qu'un ou plusieurs phénomènes analogues peuvent également s'expliquer par deux hypothèses, et qu'alors on peut soutenir deux opinions quelquefois contradictoires, jusqu'à ce que l'on soit parvenu à une modification des effets, qui exclut enfin l'une des deux hypothèses; c'est là une circonstance qui peut maintenir par l'expérience même quelques opinions opposées, et il est difficile que l'intérêt naturel que l'on attache à ses conceptions, n'engage à multiplier ces espèces de faits qui peuvent recevoir l'une des deux interprétations; cependant l'esprit philosophique qui donne tant d'éclat à la chimie en particulier, ne tarde pas à dissiper les incertitudes qui peuvent partager les opinions; il est difficile de trouver dans les annales de l'esprit humain une époque qui l'honore plus que cette unanimité qui s'est si promptement établie sur une théorie qui était dominante, celle du phlogistique.

Lorsque l'on est parvenu à distinguer les causes générales des phénomènes chimiques, il est cependant facile de se tromper dans plu-

sieurs applications, soit parce que les circonstances qui ont de l'influence sur ces faits, ne
sont pas assez connues, soit parce que plusieurs
causes peuvent y concourir, et que l'on attribue
aux unes ce qui dépend des autres.

C'est ce concours de plusieurs causes pour produire un même effet, qui produit sur-tout des
anomalies apparentes, qui conduit quelquefois à
des explications douteuses, ou qui les rend même
impossibles : alors, sans infirmer par ces faits obscurs les conséquences déduites de faits plus posi-
tifs, on doit suspendre l'explication, ou s'arrêter
à des vues conjecturales.

Je ne me déguise pas que pour exécuter le
projet auquel j'ai été conduit par l'établissement
momentané des écoles normales, et par le désir
que j'ai eu de revoir le travail précipité auquel
il m'avait engagé, pour qu'il pût me guider dans
l'enseignement de l'école polytechnique, j'aurais
dû avoir une connaissance plus étendue des travaux qui se sont beaucoup multipliés depuis quelque temps : distrait pendant plusieurs années par
des occupations étrangè   à la science, je n'ai
pu suppléer qu'imparfaitement, depuis qu'il
m'est permis de reprendre mes études, aux
recherches qui m'eussent été nécessaires.

FIN DE LA PREMIÈRE PARTIE.

Défauts constatés sur le document original

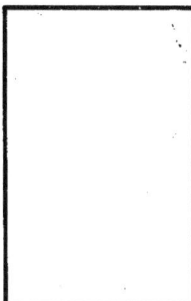

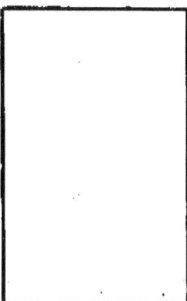

Contraste insuffisant ou différent, mauvaise qualité d'impression.

Undercontrast or different, bad printing quality.